세계정치론

전쟁과 평화 그리고 세계질서

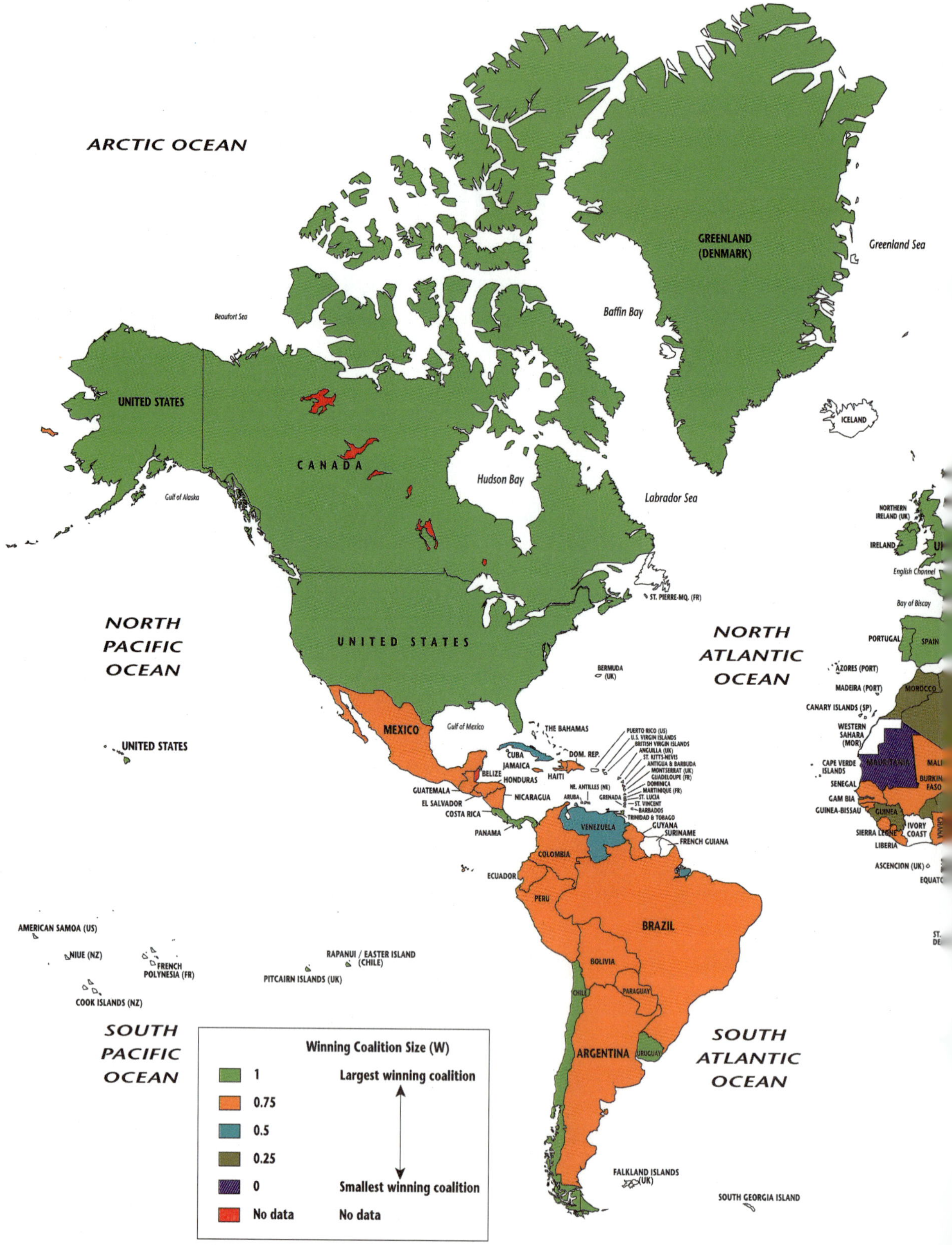
ARCTIC OCEAN
GREENLAND (DENMARK)
Greenland Sea
Baffin Bay
Beaufort Sea
UNITED STATES
CANADA
ICELAND
Hudson Bay
Labrador Sea
Gulf of Alaska
NORTHERN IRELAND (UK)
IRELAND
English Channel
ST. PIERRE-MQ. (FR)
Bay of Biscay
NORTH PACIFIC OCEAN
UNITED STATES
NORTH ATLANTIC OCEAN
PORTUGAL
SPAIN
BERMUDA (UK)
AZORES (PORT)
MADEIRA (PORT)
MOROCCO
CANARY ISLANDS (SP)
MEXICO
Gulf of Mexico
THE BAHAMAS
WESTERN SAHARA (MOR)
UNITED STATES
CUBA
DOM. REP.
PUERTO RICO (US)
U.S. VIRGIN ISLANDS
BRITISH VIRGIN ISLANDS
ANGUILLA (UK)
ST. KITTS-NEVIS
ANTIGUA & BARBUDA
MONTSERRAT (UK)
GUADELOUPE (FR)
DOMINICA
MARTINIQUE (FR)
ST. LUCIA
ST. VINCENT
BARBADOS
TRINIDAD & TOBAGO
JAMAICA
BELIZE
HONDURAS
HAITI
MAURITANIA
CAPE VERDE ISLANDS
SENEGAL
GAMBIA
GUINEA-BISSAU
GUINEA
SIERRA LEONE
LIBERIA
IVORY COAST
GUATEMALA
EL SALVADOR
NICARAGUA
NE. ANTILLES (NE)
ARUBA
GRENADA
COSTA RICA
PANAMA
VENEZUELA
GUYANA
SURINAME
FRENCH GUIANA
COLOMBIA
ECUADOR
PERU
ASCENCION (UK)
BRAZIL
AMERICAN SAMOA (US)
NIUE (NZ)
FRENCH POLYNESIA (FR)
RAPANUI / EASTER ISLAND (CHILE)
PITCAIRN ISLANDS (UK)
BOLIVIA
CHILE
PARAGUAY
COOK ISLANDS (NZ)
SOUTH PACIFIC OCEAN
ARGENTINA
URUGUAY
SOUTH ATLANTIC OCEAN
FALKLAND ISLANDS (UK)
SOUTH GEORGIA ISLAND
Winning Coalition Size (W)
1
0.75
0.5
0.25
0
No data
Largest winning coalition
Smallest winning coalition
No data

ARCTIC OCEAN
SVALBARD (NORWAY)
RUSSIA
SWEDEN
FINLAND
Gulf of Bothnia
ESTONIA
LATVIA
LITHUANIA
Baltic Sea
BELARUS
POLAND
CZECH
SLOVAK REPUBLIC
UKRAINE
MOLDOVA
HUNGARY
AUSTRIA
ROMANIA
CROATIA
BOSNIA
SERBIA
BULGARIA
ALBANIA
ITALY
MACEDONIA
GREECE
Black Sea
GEORGIA
ARMENIA
AZERBAIJAN
TURKEY
Caspian Sea
KAZAKHSTAN
UZBEKISTAN
TURKMENISTAN
KYRGYZSTAN
TAJIKISTAN
MONGOLIA
CHINA
AFGHANISTAN
KASHMIR (INDIA)
TIBET (CHINA)
NEPAL
BHUTAN
PAKISTAN
IRAN
IRAQ
SYRIA
CYPRUS (T)
CYPRUS (G)
LEBANON
ISRAEL
JORDAN
TUNISIA
Mediterranean Sea
LIBYA
EGYPT
SAUDI ARABIA
KUWAIT
BAHRAIN
QATAR
U.A.E.
OMAN
Persian Gulf
Gulf of Oman
Red Sea
YEMEN
Gulf of Aden
Arabian Sea
INDIA
BANGLADESH
Bay of Bengal
MYANMAR
LAOS
THAILAND
VIETNAM
CAMBODIA
Andaman Sea
SRI LANKA
MALDIVES
CHAD
SUDAN
South Sudan
ERITREA
DJIBOUTI
SOMALIA
ETHIOPIA
CENTRAL AFRICAN REPUBLIC
CAMEROON
GABON
DEMOCRATIC REPUBLIC OF THE CONGO
UGANDA
KENYA
RWANDA
BURUNDI
TANZANIA
ANGOLA
ZAMBIA
MALAWI
COMOROS
MAHORE (MAYOTTE) (FR)
ZIMBABWE
MOZAMBIQUE
MADAGASCAR
MAURITIUS
RÉUNION (FR)
NAMIBIA
BOTSWANA
SOUTH AFRICA
SWAZILAND
LESOTHO
SEYCHELLES
INDIAN OCEAN
Sea of Okhotsk
Bering Sea
NORTH KOREA
East Sea
SOUTH KOREA
JAPAN
NORTH PACIFIC OCEAN
East China Sea
TAIWAN
MACAO (China)
HONG KONG (CHINA)
South China Sea
Philippine Sea
PHILIPPINES
NORTHERN MARIANAS (US)
GUAM (US)
MARSHALL ISLANDS
KIRIBATI
MICRONESIA
PALAU
NAURU
TOKELAU (NZ)
BRUNEI
MALAYSIA
SINGAPORE
INDONESIA
EAST TIMOR
PAPUA NEW GUINEA
TUVALU
WALLIS & FUTUNA ISLANDS (FR)
SOLOMON ISLANDS
WESTERN SAMOA
CHRISTMAS ISLAND (AUSTRALIA)
COCOS (KEELING ISLANDS) (AUSTRALIA)
Timor Sea
Coral Sea
VANUATU
FIJI
TONGA
NEW CALEDONIA (FR)
NORFOLK ISLAND (AUSTRALIA)
AUSTRALIA
Tasman Sea
NEW ZEALAND
chatham islands (N.Z)

아브라함과 클라라 부에노 데 메스키타, 오르갠스키, 윌리엄 라이커
그리고 로버트 잭맨을 추모하며.

그들은 마스터 멘토이고 제대로 사는 삶의 본보기였다.
그들은 나에게 세계의 일들이 어떻게 반영되는지에 대해
영원히 갚을 수 없는 가르침을 주었다.
그들로부터 더 이상의 조언을 받을 수는 없지만
아직도 나는 바람에 실려 오는 그들의 속삭임을 듣는다.

세계정치론

전쟁과 평화 그리고 세계질서

김우상 · 김재한 · 황태희 외 옮김

BRUCE BUENO DE MESQUITA

Principles of

INTERNATIONAL POLITICS:

WAR, PEACE, AND WORLD ORDER, 5TH EDITION

SAGE | CQPRESS

Los Angeles | London | New Delhi
Singapore | Washington DC

카오스북 CHAOS BOOK

세계정치론

전쟁과 평화 그리고 세계질서

발행일 2015년 2월 25일 초판 1쇄

지은이 브루스 부에노 데 메스키타 | **옮긴이** 김우상, 김재한,황태희, 황지환, 박상현, 임지혜
발행인 오성준 | **발행처** 카오스북 | **주소** 경기도 파주시 광인사길 121(문발동, 출판정보산업단지)
전화 031)949-2765 | **팩스** 031)949-2766 | **등록번호** 제406-2012-000111호
디자인 Moon & Park | **인쇄** 이산문화사
웹사이트 www.chaosbook.co.kr | **ISBN** 978-89-98338-72-5 93340

정가 29,000원

저자 머리말

국제정치를 더 쉽게 이해하고 공부하고 실행하는 방법을 제공하고자 하는 나의 꿈이 〈세계정치론〉 다섯 번째 개정판을 통해 이루었다는 점에서 매우 기쁘게 생각한다. 이번 개정판은 국제문제에 관한 거의 모든 연구를 망라하고 있으며, 완전히 새롭게 구성했다. 최근의 이슈들 —아랍의 봄부터 가장 최근의 지구온난화 문제를 해결하기 위한 노력— 을 다루었으며, 마지막으로 국제정치의 이론적 견해의 폭을 강조하고자 하는 의도에서 새로운 테마(전쟁, 평화 그리고 세계 질서)를 수록했다. 이 새로운 장에서는 국제 안보문제(전쟁), 국제 정치경제문제(평화) 그리고 세계 사람들의 삶의 질적 향상에 관련된 주제(세계 질서)를 이해하는 데 있어 논리와 근거를 발전시킬 수 있는 접근법을 제공한다. 이러한 주제들은 국내정치 이익이나 분권이 현재 국제문제에서 일어나는 이슈들과 깊은 관련이 있다.

개정판은 어떻게 국제기구가 운영되는지 면밀히 살펴보았으며, 국제협정을 통한 지구 기후변화를 해결하려는 주요 과정에서의 문제와 전망을 고찰했다. 또한 국제법과 국내정치 이익에 관해 새로우면서도 세심한 평가를 내리고 어떻게 이러한 것들이 인권에 영향을 주는지 알아본다. 특히 국제화와 이와 관련된 국내정치 나아가 이러한 문제들이 자본, 서비스 그리고 재화를 주고받는 국제무역에는 어떠한 영향을 주는지 생각하게 한다. 해외원조 정책, 민주주의를 전파하려는 노력, 테러리즘을 지양하려는 노력 그리고 왜 국내정치는 때때로 뜻하지 않는 결과를 낳게 되는지 자세히 학습한다.

지난 개정판에 비해 이번 개정판에 나타난 많은 변화들은 이 책을 가르치고 공부한 많은 사람이 내게 준 사려 깊은 피드백들을 고민하여 엮은 결과물이다. 많은 사람의 통찰력 덕분에 이번 개정판이 단지 최신 자료를 업데이트한다거나 재구성하는 것에만 머물러 있지 않게 되었다. 개정판은 처음부터 새롭게 쓰여졌다. 이 책은 국제문제의 모든 측면을 설명하는 주요 이론과 그 주요 이론과 경쟁하는 대체 이론들을 비전문가도 쉽게 이해할 수 있도록 설명하고, 현실주의와 현실주의의 파생인 구조주의 및 구조주의와 관련된 아이디어의 장점과 약점을 연구한다. 그런 면에서 다른 국제정치 개론서에 비해 이 개정판은 국제정치와 국내정치는 떼려야 뗄 수 없고 서로 연결되어 있다는 것을 더욱 강조하고 있다.

또한 이 책은 세력균형이론의 중요성이나 국제협약의 이익과 같은 많은 규정화된 개념들이 지나치게 과장되어 있고 때로는 좋지 않은 결정으로 이끌 수 있음을 보여준다. 나는 우리가 구조주의 이론을 넘어서도 된다는 결론에 도달할 수 있을 만큼 충분한 논리와 근거가 있다고 생각한다. 또 어떠한 근거와 논리가 옳은 것인지 알아낼 수 있을 지혜를 가지고 있다고 생각한다. 이 책은 논리와 근거에 대한 설명을 쉽게 이해하면서도 수업 중에 그 논리와 근거를 재미있게 토론하고 증명할 수 있도록 많은 노력을 기울였다.

많은 학생들이 이 책을 통해 처음으로 국제문제를 접하게 될 것이고 이 책이 그 학생들의 삶 내내 국제문제를 어떻게 생각해야 할지 영향을 줄 것이다. 이 책을 쓰면서 내가 느낀 가장 큰 매력이 바로 내가 그렇게 중요한 영향을 줄 수 있는 기회를 가졌다는 점이다. 오늘날의 학생들은 정부, 산업, 학업 분야에서의 미래의 지도자다. 그러므로 역사적 사실뿐만 아니라 그들의 생각을 올바르게 이끌 수 있도록 잘 가르쳐야 한다. 나는 학생들에게 국제정치를 이해하는 관점을 제공하고자 노력했다. 그것은 과학적 방법론에 기반을 두고, 역사와 현재 사건들의 이해를 바탕으로 하며, 통일된 이론적 테마에 초점을 맞추었을 때 가능하다. 나는 선생님들이 학생들에게 이 책과 연관되어 있는 역사적 부가물을 읽도록 권장하기를 희망한다. 이를 통해 학생들은 국제문제를 어떻게 이해해야 하는지 배우는 동시에 지난 500년부터 현재까지의 근본적인 역사 발전과 경향에 관한 상식적 · 기초적 지식을 얻을 것이다. 결국에는 생각과 역사가 오늘날의 국제 환경을 만들었기 때문이다.

나는 중요한 정책적 질문을 탐구하거나, 직관에 도전하기 위해 이론을 사용해왔다. 각 장의 시작은 깊이 있는 통찰력을 바탕으로 만들어진 질문(ASSUMPTIONS CHECK)과 중요한 이슈들의 평가를 살피는 것으로 구성되어 있다. 이 개정판은 대외정책을 만들고 평가함에 있어 개인적 의견이나 예상보다는 우리 모두가 논리와 근거를 가질 수 있도록 했다.

국제관계는 종종 우리의 평범한 일상과는 단절되어 있는 것처럼 공부하곤 한다. 국제관계는 추측과 아이디어의 무차별적 추출에 불과하고 과학적 방법과 타협할 수 있는 주제라기보다는 과학의 도움 없이 직관에 의존하는 미스터리한 학문으로 여겨져 왔다. 그리고 분석적 도구의 신중한 적용과 경험적 검증을 통해 설명되고 예측될 수 있었을 때도 마치 그 사건들이 예상될 수 없었던 것처럼 여겨지고 있다. 이 책은 이러한 학생들에게 논리와 도구들을 제공해준다.

접근법

〈세계정치론〉은 이론적 초점이 국제관계의 모든 측면(논리, 경험, 분석적 엄격함, 역사적 개괄)을 아우른다는 점에서 독특하다. 나의 확신의 중심에는 국제정치가 곧 국내 문제와 국내 지도자의 정치적 결정, 그리고 그 지도자가 집권하기 위한 여러 정책의 결과물이라는 생각이 있다. 지도자의 결정은 전략적이고, 반대자와 지지자에 의한 예상된 반응을 고려하고, 지도자의 안녕을 최대화할 수 있도록 디자인되어 있다. 나는 이러한 견해를 전략적 관점이라 부른다. 개인이 정치적 힘을 추구하는 것은 정책 선택으로 이어지고, 정치적 선택의 누적된 노력이 국제체제를 만든다. 그러므로 국내정치, 외교정책, 국제정치는 불가분으로 연결되어 있다. 이 3개를 고려하지 않고는 결코 국제관계를 이해할 수 없다.

이론적 토대로서 전략적 관점은 내가 테러리즘, 무역과 통화정책, 지구온난화, 인권 남용, 주권 국가의 탄생 등 무엇을 설명하든 그 설명과 비교에서 항상 중심에 있다. 제5 개정판은 애로우(Arrow)의 '불가능성 정리'와 그 의미를 소개하고, 왜 국가이익이라는 것이 있을 수 없는지 또는 만약 있다 해도 왜 우리가 정확하게 이해하지 못하는지 보여준다. 이 한 가지 예에서도 우리는 국제정치에서 이해할 수 없는 결정이 왜 종종 내려지는지 배울 수 있다. 그러나 제5 개정판은 한 발 더 나아간다. 애로우의 정리와 그것에 관련된 생각들을 바탕으로 왜 평화와 번영을 이룬 지도자는 자주 바뀌면서 한편으로는 한 나라를 경제 파탄에 이르게 하고 해외원조를 훔치고 시민을 괴롭히는 나쁜 지도자는 오랫동안 권력을 잡고 있는지 설명한다.

분쟁의 시작과 단계적 확대에서 힘의 역할에 대해 설명하고 민주평화 이론과 같은 경험적 규칙도 설명한다. 또한 무역제재, 보호무역에 대한 압력, 국내정치 상황과의 연결성, 국제법/국제기구와의 연결성, 국가를 재건하고 해외원조 정책들을 만드는 데 있어 '우리, 국민'의 역할, 세계에서 가장 가난하고 억압받는 나라에 나타나는 불운한 결과들을 깊이 고민한다. 왜 북한과 이란이 핵무기를 포기하라는 국제사회의 압력에 반대하고, 또 기후변화와 같은 문제가 왜 국제적으로 해결될 수 없는지 설명한다. 학생들은 왜 원하지 않는 무역전쟁이 일어나고, 어떠한 상황에서 경제제재가 가장 효과적인지 배우고 자유무역을 통한 승리자와 패배자에 관한 핵심 주장을 통해 국제화를 학습한다. 전쟁과 평화의 통로, 국제기구의 기능, 국제법, 인권의 증진과 남용에 관한 여러 이슈도 살펴본다. 국가재건, 군사개입 등 많은 주제들이 이 책의 이론적 틀과 깊은 관련이 있다.

제5 개정판은 서로 경쟁하는 여러 주장을 시작으로 그 주장의 논리적 일관성이나 경험적 신뢰를 뒷받침하는 역사적 사례와 통계자료를 평가한다. 즉 현실주의, 자유주의, 구성주의를 평가하는 것을 시작으로 각 이론의 견해를 전략적 관점에서 여러 관점들과 비교 대조한다. 이러한 비교를 통해 종종 복잡하게만 보이는 주제에서 일관성을 찾아보고자 한다. 새로운 개정판은 쉽게 이해될 수 있는 스타일로 집필되었으며 각 장은 많은 실제 사례를 제공해 가장 어려운 개념도 쉽게 이해되고 흥미를 가질 수 있도록 최선을 다했다. 이해의 핵심은 쉬운 과학적 방법론과 인과관계에 대한 사고 사이에서 경험적이면서도 논리적으로 현상에 대한 설득력 있는 분리를 해낼 수 있는 방법이다.

나는 책의 도입 부분부터 전문지식을 가장 비전문적 방법으로 지금 현재에도 지속되는 여러 사례를 통해 기술했다. 독자는 도입 부분에서 선택된 이론부터 시작해 책에 계속 나오는 이슈들에 적용된 게임이론적 방법론에 이르기까지 다양하게 접하게 된다. 동시에 나는 개론 수업을 끝낸 후 오랜 시간이 흘러도 이 책을 다시 보길 원할 만큼 충분한 내용을 다양하게 시도했다. 독자는 이 책을 국제사회의 궁금증을 해결할 수 있는 준비된 가이드로 활용할 수 있다.

방법론

이 책의 집필에서 가장 우선되는 목표는 학생들이 국제관계를 잘 이해하는 데 있다. 그런 의미에서 학생들에게 복잡한 분석적 도구를 어떻게 사용하는지 가르치고 그 도구를 어떻게 잘 이해하고 활용해 오늘날 문제에 쉽게 적용할 수 있도록 설명한다. 그 도구들은 공간모델, 중위투표자정리(어떻게 그것이 안보를 추정하는 데 사용되는지), 승리집합, 기대효용 계산, 비협력 게임이론, 베이즈 규칙을 포함하고 있다. 각 방법론은 북한이 핵무기로 인해 일으키는 국제분쟁과 같은 —하나의 사례이지만— 넓은 사례뿐 아니라 매우 다양한 질문과 이슈에 의해서도 보여진다.

이러한 방법으로 학생들은 어떻게 분석적 방법과 다양한 생각이 주요 외교정책의 문제를 설명하는지, 즉 여러 접근법이 갖는 미묘한 함축을 어떻게 풀어내는지 익히게 된다. 비록 이 아이디어가 복잡하긴 해도 대학 신입생이 이해할 수 있을 정도의 능력만을 요구한다. 나는 학생들이 어떠한 국제관계나 통계 또는 모델을 모른다고 가정하고 책을 집필했다. 덧붙이면 방법론이 쉽게 이해되는지, 쉽게 적용되는지, 관련성이 명확한지 확인하였다. 〈세계정치론〉은 규모가 큰 주립대학부터 작은 대학, 전문대학까지 교과서로 사용되어왔다. 나는 그 학생들의 피드백을 받아 이 책에 꼼꼼히 반영했다.

학생들은 국제문제(그것이 협력이든 분쟁이든)에 영향을 주는 주요 요소를 찾는 것을 넘어서도록 배운다. 집합행동의 문제점과 국제관계, 국제 위법행위에 제재를 가하거나 감시하는 것이 쉽지 않고, 국제적으로 협력할 때 발생하는 문제, 가치 있는 희소자원의 분배 문제를 알게 된다. 사유재, 공공재, 조직재, 공유재를 구분하는 것과 각각에서 발생하는 분배적, 정보적, 협력적 문제와 그 대책에 대해서도 배운다. 각각의 경우에서 학생들은 어떻게 문제를 해결할지 방법을 알게 되고, 진정성 있는 대화와 소통, 약속 이행문제와 약속을 이행하게 하는 제도를 만드는 방법, 희망과 현실을 구분하는 법도 학습한다.

책의 구성

이 책은 서론과 14개 장으로 구성되어 있으며 한 학기 또는 반 학기를 사용할 수 있도록 했다. 제5 개정판은 그간(제1 개정판부터 제4 개정판까지)의 목적을 그대로 따르면서 그 외에 국제정치에 대한 근본적 통찰력의 포괄적 이해를 제공한다. 책은 크게 4부로 구성되어 있다. 1)기초: 서론과 1장~4장, 2)전쟁: 5장~6장, 3)평화: 7장~11장, 4)국제질서:12장~14장이다.

서론에서는 국제정치의 다양한 관점을 논하고 왜 국가를 합리적이고 일원화된 집단으로 보는 것이 문제인가를 설명한다. 애로우의 정리와 그것을 뒷받침하는 예를 보여줌으로써 국가가 스스로의 이익을 추구한다는 믿음에 정면으로 도전한다. 제1장에서는 국제관계를 이해하고 공부하기 위해 논리와 근거들을 과학적 방법을 사용해 어떻게 제시하는지 가르친다. 제2장에서는 이 책의 중심 개념인 전략적 관점과 특히 선택집단이론에 대해 설명한다. 이를 통해 국가이익이 아닌 국내정치가 어떻게 국제관계에 영향을 미치는지 설명한다. 제3장과 제4장에서는 국제문제에 관해 더 깊게 생각할 때 필요한 모든 분석적 틀을 제공한다. 모든 장은 책의 부록과 잘 연결되어 있다. 이것은 학생들에게 역사의 기본 지식을 제공하고 수업에서 다른 역사적 예를 이끌어낼 수 있도록 한다. 제4장에서는 전쟁의 구조주의 이론을 진단하고 제5장에서는 전략적 관점에서 그 문제를 다시 짚어본다. 제5장은 학생들에게 간단한 청중비용모델을 소개한다. 청중비용모델은 국내정치가 관련이 없을 때(현실주의와 자유주의 이론에서 보여지는)와 관련이 있을 때(청중비용모델과 그 이론에서 보여지는) 위기 상황에서 예상 가능한 결과를 비교할 수 있게 해주며, 위기협상과 위기의 단계적 확대에 대해 설득력 있는 설명을 제공한다. 여러 장에 걸쳐 현실주의와 자유주의 이론을 면밀히 검토하고 구성주의 이론을 평가하고 토론한다. 그리고 전략적 관점과 구성주의가 상호보완적으로 어떻게 연결될 수 있는지 보여준다.

제7장은 평화에 관한 토론으로 어떻게 국제기구가 작동하고 작동하지 않는지 살펴보면서 시작한다. 그것은 집단행위와 무임승차 문제를 간단하고 넓게 적용할 수 있는 모델과 왜 좋은 의도는 때때로 좋지 않은 결과로 나타나는지 많은 사례를 통

해 깊이 있게 다룬다. 제8장은 제7장과 연결해 지구온난화 문제를 살핀다. 최대 온실가스 배출국인 미국과 브라질 때문에 지구온난화 등의 문제가 부분적 성공을 거두는 것에 그치는 이유를 살피면서 왜 지구적 문제가 종종 지구적 해결책을 내놓지 못하는지 알아본다. 제9장에서는 또 하나의 지구적 문제인 인권유린에 대해 학습한다. 국제법의 의미와 한계, 강점을 살펴보고 인권정책을 움직이는 국내와 국제정치를 자세히 배운다. 여기서 구조주의 이론과 선택집단적 접근에서 예상되는 결과와 경험적 현실을 조심스럽게 대조한다.

제10장과 제11장은 무역정책에 관한 것이다. 제10장은 자유무역과 공정무역(보호무역)의 배후에 존재하는 국내정치를 알아보고 제11장에서는 국제화와 국제화에 따른 승리자와 패배자라는 관점에서 무역문제를 다룬다. 제10장과 제11장에서는 중요한 경제용어, 예를 들어 비교우위, 생산가능곡선, 기회비용, 수요와 공급 등의 개념을 소개하고 국제무역에 국제정치와 국내정치가 어떻게 영향을 주는지 알아본다. 부유한 나라와 가난한 나라에서 노동자와 투자자의 복지나 소득불균형에 다양한 무역정책이 어떻게 영향을 주는지 통계적 분석의 평가를 제공한다. 학생들은 당파적 미사여구와 현실의 차이를 보고 놀라게 될 것이다.

제12장에서는 해외원조 정책에 대해 배운다. 해외원조를 통해 이익을 얻는 사람과 불이익을 얻는 사람이 누구인지 공부하고 해외원조의 목적은 무엇인지 설명한다. 나아가 해외원조가 아랍의 봄에서 우리가 관찰할 수 있었던 혁명 가능성에 어떻게 영향을 주는지 자세히 들여다본다. 제12장에서 얻은 교훈의 핵심을 제13장으로 가지고 가서 테러리즘과 그에 관련된 가난과 원조정책을 설명한다. 우리가 일반적으로 채택하는 테러방지 대책이 테러를 증가시키는지 아니면 감소시키는지 알아보고 중동이나 테러 피해국에서 테러 위협을 해결하는 데 어떠한 어려움이 있는지 게임이론을 통해 학습한다. 마지막으로 제14장에서는 왜 전 세계에 민주주의를 전파하려는 노력과 국가 재건 노력이 대부분 실패했는지 또 어떻게 하면 성공할 수 있는 기회를 증가시킬 수 있는지 우리가 배운 것을 적용하여 이해하고자 한다.

모든 장은 적절한 사례와 이론적 관점에서 본 역사적 증거, 최신 연구의 설명을 담고 있다. 역사적 사례와 다양한 개념, 기술들이 상호 보완하면서 섞여 있기 때문에 이 책은 다양한 관점에서 가르칠 수 있다. 선생님들은 역사적 사건, 생각, 역사적 분석, 가정, 형식분석 또는 통계분석을 각자의 스타일이나 필요, 선호에 따라 강조할 수 있다.

제5 개정판은 더 나은 교육을 위해 다양한 교육학적 특징과 유익성을 제공한다. 각 장은 주제와 중심 주장을 대략적으로 설명하면서 시작하고, 핵심 정리와 토론을 이끌 수 있으며, 논리적 결론에 다다를 수 있는 SUMMARY로 끝맺는다.

'OVERVIEW' 다음으로 각 장은 간단하고 재미있는 'ASSUMPTIONS CHECK'에서 문제를 풀 수 있도록 했다. 재미있다고 표현한 이유는 대부분의 문제는 매우 광범위한 것으로 많은 사람이 답을 알고 있다고 생각하지만 그들이 안다고 생각하는 답은 맞지 않거나 미완성이기 때문이다. 문제들은 국제이슈를 어떻게 섬세하고 미묘한 방법으로 생각해야 하는지를 고민하기 위해 고안했다. 나의 수업 경험을 바탕으로 하면, 문제를 고민하는 것은 새로운 아이디어(선별효과, 표본편향, 역사실적 추론, 역인과성, 전략적/내생적 선택들)를 소개하는 데 매우 유용하다. 선생님과 학생들이 질문을 탐구하고 대안적 답의 의미를 깊이 고민하기 바란다.

이 책이 학생들에게 많은 중요한 개념들을 새롭게 소개하기 때문에 주요 개념을 볼드로 표시했다. 또한 책 끝에 중요 개념과 잘 정리된 'Glossary'가 있는데 단순히 그 용어를 암기하기보다는 생각하고 배울 수 있게 했다. 이 책은 인명과 주제의 2가지 인덱스가 있다. 둘 모두 각 분야를 더 깊이 배우고자 하는 학생들이 연구를 시작하거나 도서목록을 만들 때 중요한 가이드가 될 것이다.

지난 개정판에서는 이론적 주장과 역사, 현재의 예들을 그림, 차트, 표, 이미지로 표현했다. 여기에 포함된 설명은 그림과 표 그 자체가 중요한 개념의 요약으로서 역할을 할 수 있게 도와준다. 또한 'Try This'는 모든 장에 수록되어 있는데, 학생들이 책에 소개된 개념을 적용해보고 풀어볼 수 있는 문제들로 구성되어 있다(몇 개는 워크북 Applying the Strategic Perspective에 선보인 문제들이다). 모든 것이 학생들의 흥미와 이해, 국제관계를 계속 공부할 수 있도록 디자인되어 있다. 그러면서 학생들이 주제에 흥미를 느끼고 뉴스를 들으면서 감탄하는 순간을 맞게 될 것이다.

감사의 글

〈세계정치론〉은 어떻게 이 주제를 가르쳐야 하고 어떻게 국제관계를 바라보아야 하는지 설명하고자 하는 노력의 결실이다. 만약 그 목적이 성공한다면 나를 이 길로 갈 수 있게 도와준 사람들의 몫이다. 이 책은 직접적 도움을 준 분들뿐만 아니라 나만의 생각하는 방법을 가질 수 있게 가르쳐주고 영감을 불어 넣어주고 인도한 분들께 감사드릴 수 있는 책이다. 이 기회를 빌려 그분들께 감사의 인사를 전한다.

이 책은 나의 스승이며 멘토이자 친구인 케네스 오르갠스키에게서 영감을 얻었다. 그의 용기 없이는 절대 집필되지 못했을 것이다. 사실대로 말하면 케네스가 나에게 이 책을 쓰자고 제안했으며 거기에는 숨겨진 이야기가 있다. 이 책은 원래 켄과 나의 합작품이었으나 그의 딸의 비극적인 불치병과 켄의 갑작스런 죽음으로 합작으로 완성되지 못했다. 내가 그의 지혜와 통찰력, 우아한 문체를 나눌 수 있었다면 얼마나 좋았을까? 그를 사랑한 많은 사람들이 그를 그리워한다.

윌리엄 라이커의 영향은 이 책의 모든 페이지에서 발견될 것이다. 라이커의 정치에 대한 이해가 〈세계정치론〉에서 마치 내 것인 양 묻어 나온다. 나는 라이커보다 심오한 사상가를 알지 못한다. 그는 세기에 한번 나올까 말까한 진정한 지성인이다. 나는 내 노력을 통해 그의 발자취가 조금이나마 바로 잡힐 수 있기를 바란다.

아버지 아브라함과 어머니 클라라 부에노 데 메스키타는 히틀러 독재에서 살아남았고, 고향에서 탈출해 힘든 시기임에도 성공적이고 생산적인 삶을 보냈다. 부모님은 여동생 미레일레 바니와 주디 버튼 그리고 내가 꿈을 실천할 수 있도록 최선을 다하셨다. 부모님의 교훈과 열망은 아직도 영감을 불어 넣어준다. 매일 나는 바람이 속삭이듯 부모님의 지혜를 듣는다.

스승님들 또한 인생에서 커다란 역할을 하셨다. 가장 중요한 선생님과 더 이상 우리와 함께하지 못하는 선생님들께 감사를 전한다. 헨리 모턴(퀸즈대학), 리차드 파크(미시건대학), 솔로몬 레스닉(퀸즈대학), 도날드 스톡스(미시건대학), 필리즈 테일러(3학년 때 선생님), 니오넬 야드(스투베센 고등학교) 그리고 학생을 가르치는 길로 나를 인도해주신 그 밖의 많은 선생님들께 감사드린다. 그들이 내게 한 것처럼 내가 학생들의 삶을 어루만질 수 있다는 것은 인생에서 소중한 보람이다.

나는 동료와의 대화를 통해 많이 배울 수 있었다. 물론 모두의 충고를 다 수용하지 못한 것은 동료의 책임이 절대 아니다. 당연히 내가 받은 충고들은 이 개정판을 만드는 데 기여했다. 〈세계정치론〉의 초판부터 그동안의 개정판을 만드는 데 조언해준 모든 사람을 일일이 거명하지는 못하지만 특히 스캇 베넷, 윌리엄 클락, 유세프 코헨, 마크 크레센지, 앤드류 엔터린, 알잔드로 뷔로즈 플로에즈, 에릭 가츠키, 안나 제매스키, 그리고 너무 보고 싶은 로보트 잭맨, 데이비드 르블랑, 더글라스 램키, 로즈 맥더모트, 무척이나 그리운 피오나 맥길브레이, 클리프 모간, 제임스 모로우, 글랜 파머, 알렌산더 로젠버그, 생커 사타나스, 랜돌프 시벌슨, 키론 스키너, 아라스태어 스미스, 데트레프 스프리즈, 알랜 스탬, 더글라스 밴 벨라, 그리고 나에게 실용적 조언과 통찰력을 제공해주는 익명의 검토자들에게 감사드린다. 그들의 코멘트는 이 책의 많은 변화를 이끌었다. 또 에단 부에노 메스키타는 개정판의 테러리즘 부분에서 개인적 도움을 제공했다. 나의 제자들 중에 많은 시간과 고민을 함께 한 학생들이 있는데, 나 또한 그들의 제자이기도 했다. 이름을 언급하기엔 너무 많지만 내가 국제정치의 원리를 설명하고 이해하듯 나의 제자들도 그렇게 되게끔 만들려는 욕심 때문에 고통을 겪은 많은 학생들에게 감사한다.

CQ프레스는 저자에게는 꿈의 출판사이다. 랜돌프 시벌슨은 이 프로젝트를 CQ의 대학담당 이사 브렌다 카터에게 처음 제시했다. 그에게 감사드린다. 브렌다는 나를 설득했고 CQ는 올바른 길을 선택했으며 나는 이 결정을 절대 후회하지 않는다. 처음부터 브렌다에게 흔해빠진 교과서를 쓰는 것보다는 나의 견해가 뚜렷한 책을 쓰고 싶다고 말했다. 그녀와 CQ프레스의 모든 직원은 이러한 비전을 실천하는 데 혼신을 다했다. 나의 첫 번째 책의 편집장 차리세 키노는 나 혼자서는 도저히 만들 수 없는 멋진 책이 나올 수 있게 해주었으며 지지의 원천이 되어주었다.

이 개정판은 엘리스 프레이저가 총괄했다. 그녀는 날카로운 아이디어와 통찰력으로 원고를 면밀히 감독했으며 함께 일하기 즐거운 동료다. 또한 낸시 로에게 무척 감사한다. 그는 디자인과 사진 담당이었다. 제작 편집자 로라 베렛, 원고 정리를 해준 매간 마카니치가 지닌 정확성과 깔끔함 덕분에 훨씬 나아진 원고를 작성할 수 있었고, 여러 실수로부터 구해주었다. 이 뛰어난 팀은 지도와 수치를 통해 어떻게 개념과 정보를 전달하는지 아이디어를 제공했고 나의 주장을 굳건하게 해주었으며 간결하게 쓰도록 이끌어 아이디어가 더 명확하고 내적 논리의 일관성을 지닐 수 있게 해주었다. 이 팀이 발휘한 질적 충고와 편집, 창의적 통찰력, 재미는 그 누구에게도 뒤지지 않는다. 나는 그들보다 더 나은 사람과 일하는 것을 상상할 수 없다. 뉴욕대학의 정치학과와 알렉산더해밀턴정치경제센터에 감사한다. 그들은 책을 쓰고 연구할 때 필요한 모든 것을 제공해주었다. 용기와 지지를 계속해서 보내준 뉴욕대학에도 감사드린다.

마지막으로 나의 가족, 인내와 용기의 끊임없는 원천이 되는 가족에게 가장 많은 빚을 지고 있다. 아내 알리인은 아름다운 주말과 저녁들을 이 프로젝트를 끝낼 수 있도록 희생해주었는데 아직도 우리는 오페라 시간을 지키기 위해 노력 중이다. 그런 아내에게 찬사를 보내지 못했다. 아내는 모든 것이 성공적으로 끝날 수 있도록 만들어준다. 나는 알리인뿐만 아니라 에린, 제이슨, 에단, 레베카, 그웬, 아담 그리고 나의 손자들인 나산, 클라라, 에브라함, 해나, 이지에게 내 인생이 충만하도록 해준 것에 감사한다.

한국어판 출판에 부치는 글

Principles of International Politics: War, Peace and World Order

I am delighted and honored to have the opportunity to introduce The Principles of International Politics to a Korean audience. I am delighted because my many visits to Korea have filled me with awe for its great successes in the face of daunting threats. I am honored because this translation provides an opportunity to help shape the thinking of future generations of Korean leaders and citizens about how international politics really works. My task is made easier because of the extraordinary ability of the team of translators which includes some of my most distinguished former Ph.D. students who are themselves greatly accomplished scholars and statesmen.

The logic of international politics and foreign affairs is not nearly as complex as many think. In fact, it is surprisingly easy to grasp most of what goes on in the political world by adjusting our thinking ever so modestly. We should think about leaders and what helps them survive and thrive in power rather than focus on nations and the balance of power. Thinking about leaders and their incentives will give us a better understanding of Korea's governance, the actions of its friends and foes, especially the actions of Kim Jong-un and his cadre of cronies, and it will provide us with a rigorous and, I believe, logically compelling way to think about the future prospects of the people of the Korean peninsula.

The traditional subjects of international politics, such as the balance of power or the polarity of the international system, are carefully addressed in this volume and are shown to be logically and empirically inconsistent with how the world of international affairs actually works. In place of these faulty theories I offer a strategic perspective that explains what prior theories have tried to explain and that explains much more in addition. Korean readers, living as they do with a continuous threat from the North, will, I believe, especially appreciate and understand the lessons this book tries to teach.

What makes international affairs different from ordinary, day-to-day politics can be easily expressed and is nowhere more evidently true than in the Republic of Korea. Most politicians must worry about political rivals who want to oust them and take their job. This is true whether we speak of the mayor of Seoul or Pusan, or the leader of a local government in the Democratic Republic of Korea or in China or in the United States or anywhere else. National leaders must worry about the same problem – political threats, whether through the democratic process, through military coups or revolution, from within – but they must also worry about external, foreign threats. The fundamental challenge of international politics is to manage to handle foreign political and economic threats in such a way that the leadership diminishes the risk from abroad without enhancing the position of their rivals at home. Sometimes it is not possible simultaneously to satisfy both domestic constituents and foreign foes and then the strategic problems of international politics become most interesting. Most of this book is about how best to manage and understand political choices in such circumstances whether they concern war and peace; human rights and the environment; trade and globalization or any other aspect of international relations. Many examples are drawn from the Korean Peninsula but also from every corner of the globe. In each instance, careful strategic reasoning, through the application of game theory, is utilized to help us see how choices evolve, how they influence leadership political survival, and how they shape foreign policy outcomes for better or for worse.

I hope as you read this book you will see many additional ways in which the principles introduced here can prove helpful in promoting peace and prosperity not only in Korea but elsewhere around the world. I hope as well that you will recognize how well positioned the Korean government is to be a force for good in helping to mediate solutions to problems in other troubled parts of the globe such as the Middle East where Korea can provide a wonderful example of how a society can rise through the promotion of democracy and market forces even in the face of severe external threats. Palestinians and Israelis, for instance, or Iraqis, Iranians, Turks and Kurds can learn a great deal from the evolution of Korean foreign and domestic policy. And the Korean government, with its stake in promoting peace and commerce, may be just the honest broker needed to help guide troubled parts of the world to better foreign policy outcomes; outcomes that can benefit all. I could have no fonder hope than that some student in Korea reading this book will one day apply its logic to being just such an honest broker for peace in the world.

Bruce Bueno de Mesquita

January 18, 2015

저자에 대해

브루스 부에노 데 메스키타는 뉴욕대학 정치학의 율리어스실버 교수이자 정치경제학의 알렉산더해밀턴센터의 이사이며 스탠포드대학의 후버재단 이사다. 국제분쟁, 외교정책 형성, 평화 과정, 국가재건, 민주주의와 독재의 정치경제, 정책 예측의 전문가다. 코미디센트럴의 데일리쇼와 콜베어 리포트에 출연했으며 프리드 자카리아의 CNN GPS를 비롯해 많은 국가 공영 라디오, 주요 TV 등 여러 미디어에 출연했다. 140개에 달하는 학문적 아티클과 17권에 달하는 책의 주요 저자 또는 공저자이다. 〈The Dictator's Handbook〉(Alastair Smith 공저, Public Affairs Press 2011), 〈The Predictioneer's Game〉(Random House, 2009), 〈The Strategy of Campaigning〉(Kiron Skinner, Serhiy Kudelia, Condoleezza Rice 공저, Michigan Press 2007), 〈The Logic of Political Survival and Reason〉(David Lalman 공저, Yale University Press, 1992), 〈The War Trap〉(Yale University Press 1981), 소설 1권도 포함된다. 또한 〈New York Times〉의 선데이 매거진, 〈Economist〉, 〈Wall Street Journal〉, 〈US News & World Report〉, 런던에서 발행하는 〈Independent〉, 〈Financial Times〉, 〈Good Magazine〉, 〈Computer World〉에 자주 거론되며, 역사채널에서 정치적 예측에 관한 2시간짜리 다큐멘터리 필름에 등장했다.

메스키타는 〈Foreign Policy〉에서 선정하는 세계 100명의 사상가 중 1명으로 뽑혔다. 2007년에 한반도 평화의 발전에 이바지한 공을 인정받아 DMZ평화상을 수상했다. 그 외에 수많은 상을 받았으며, 구겐하임 펠로우이고, 칼도이치상 수상자이며, 미 예술과과학아카데미, 미 외교협회 회원이기도 하다. 2001년과 2002년에 국제학협회 회장직을 맡았다. 또한 뉴욕대학에서 최고의 12명의 선생에게 주는 Golden Dozen Award를 받았다.

역자 머리말

대학 도서관이나 시내 서점에서 다양한 시각과 분야에 초점을 맞춘 국제정치학 교과서를 쉽게 찾을 수 있다. 우리나라 학자가 직접 집필한 책도 있고 외국에서 베스트셀러인 국제정치학 교과서를 번역한 것도 있다. 우리 대학가에서 잘 알려진 수많은 국제정치학 교과서에 충분히 만족하지 못한 세 명의 국제정치학 교수가 사뭇 새로운 시각의 국제정치학 교과서를 우리 대학생, 대학원생들에게 소개하기로 마음먹었다.

국제관계를 이해하는 데 있어 브루스 부에노 데 메스키타의 사회과학적 접근은 과감하다. 직접 또는 간접적으로 경험한 역사적 사건들이 왜 일어났는지, 현재 어떤 국제정치 사건들이 일어나고 있는지를 스스로 이해하고 다른 이들에게 설득력 있게 설명할 수 있도록 해준다. 미래에는 어떻게 사건이 전개될지, 어떻게 결말을 맺을지 등에 대해서도 나름대로 예측까지 시도할 수 있게 도와준다. 국제정치를 이해하는 데 도움이 되는 분석틀과 일관성 있는 논리, 그 논리를 뒷받침하는 경험적 증거인 역사적 사실을 중심으로 다양한 국제관계 이슈를 풀어나간다. 이러한 부에노 데 메스키타의 실용학문을 우리나라 국제정치학도들에게 소개하고자 하니 가슴이 설레기까지 한다.

김우상, 김재한, 황태희 모두 미국 로체스터대학에서 박사학위를 취득했다. 로체스터 학파의 일원으로 전략적 시각에 근거한 국제정치이론을 발전시킨 부에노 데 메스키타 교수의 문하생인 셈이다. 처음 접하는 학생들이 이해하는 데 다소 어려운 교과서 내용을 세 명의 역자가 주도하여 저자의 의도를 벗어나지 않는 범위 내에서 가능한 한 쉽게 읽어 나갈 수 있도록 번역하는 데 역점을 두었다.

이 책의 번역을 구상하고 출판하는 데 여러분의 도움을 받았다. 무엇보다도, 해외에서 베스트셀러인 부에노 데 메스키타 교수의 국제정치학 교과서를 우리 학계에 소개하기 위해 번역 작업을 서둘러야한다고 오래전부터 주장해온 김재한 교수의 열정에 감사한다. 또한 번역 작업에 동참해준 서울시립대학교 국제관계학과의 황지환 교수, 한국국방연구원 박상현 박사, 조지메이슨대학교 임지혜 박사과정생에게 감사드린다. 이 책의 국제정치학적 가치를 이해하고 번역판을 선뜻 출판하기로 결정하신 오성준 카오스 출판사 대표, 멋진 책으로 교정과 편집을 해주신 여러분께도 감사드린다.

이 책을 로체스터 학파를 만드신 윌리엄 라이커 교수께 바치고 싶다. 돌아가신 지 22년이 지났는데도 문하생인 브루스 부에노 데 메스키타, 김우상, 김재한, 황태희는 아직 라이커 교수를 그리워하고 있기 때문이다.

2015년 2월
김우상, 김재한, 황태희

차례

SECTION 1. FOUNDATIONS

SECTION 3. PEACE

Chapter 9 인권, 국제법과 규범 329

Chapter 10 자유 혹은 공정무역: 관세를 둘러싼 국내정치 361

부록

서장

일반적으로 오바마(Barack Obama) 대통령과 같은 민주국가 지도자는 국내정책에 대한 지지로 선출되는데, 대외정책 때문에 선출되었든 아니든 대외정책을 만들어내야 한다. 오바마 대통령이 미래의 히스패닉(Hispanic) 유권자들 사이에서 선거운동을 하고 있다. 이들을 위한 이민정책으로 오바마는 공화당 후보 롬니(Mitt Romney)에 비해 중요한 우위를 점했다. 이들의 지지로 오바마는 세계 전역의 경제와 안보 문제를 안고 두 번째 임기를 시작했다. 세계의 경제와 안보 문제 다수는 유권자의 우선순위에서 높지 않았다. 모든 국제문제는 국내정치적 고려에 의해 형성된다.

OVERVIEW

- 비(非)전통적 접근방법을 먼저 소개하면서 국제정치 공부를 시작한다. 국가 대신 지도자와 유권자에 초점을 맞춘다.
- 국가이익 또는 단일행위자 국가의 접근방법은 국제관계의 정책이나 설명에서 실수를 저지르기 쉬운데, 이를 애로우 정리(Arrow's theorem)가 보여준다.
- 이 책에서 지도자는 국가 이익이 아닌 개인 이익에 의해 움직인다고 여겨진다. 지도자의 대외정책 결정은 국외의 요인만큼이나 국내정치에 의해 좌우된다.
- 지도자는 정책 선호가 어떠하든 국내외의 다른 지도자 그리고 경쟁자들과 함께 대외정책을 조율해야 한다.
- 국제관계는 전쟁, 평화, 세계질서 등을 형성하는 여러 개별적으로 동기화된 전략들로 가장 잘 이해될 수 있다.

ASSUMPTIONS CHECK

본격적으로 시작하기 전에 몇 가지 사실을 고찰해보자. 다음 5가지 질문에 답해보라. 국제정치를 공부하는 방법을 간파하게 될 것이다.

1. 타국의 공격을 받았을 때 공격받은 국가의 동맹국 중 약 70%는 그 국가를 돕지 않았다. 다음 중 어느 주장이 더 옳다고 생각하는가?
   a. 동맹은 신뢰할 수 없다.
   b. 동맹은 신뢰할 수 있다.
2. (외제 상품이 생산비용보다 더 싸게 팔리는) 외국의 불공정경쟁으로부터 자국 노동자를 보호하면 어떻게 될까?
   a. 자국 고용을 증가시킨다.
   b. 자국 고용을 감소시킨다.
3. 경쟁국 간에 힘이 균형을 이루면 전쟁 발발 가능성은?
   a. 더 높다.
   b. 더 낮다.
   c. 높지도 않고 낮지도 않다.

4. **온실가스 배출감축에 대한 범세계적 합의가 이루어진다면?**
   a. 합의가 잘 준수되고 온실가스 배출도 잘 감축된다.
   b. 합의가 잘 준수되나 온실가스 배출은 별로 감축되지 않는다.
   c. 합의가 잘 준수되지 않고 온실가스 배출도 별로 감축되지 않는다.

5. **정부 대 정부 차원의 대외원조는?**
   a. 빈곤국 빈곤층의 삶의 질을 향상시킨다.
   b. 빈곤국 빈곤층의 삶의 질을 하향시킨다.

몇 가지 생각할 거리를 보았다. 이 책의 남은 부분에서 왜 이 대답이 옳은지에 대해 정리하고, 더 많은 질문과 답들을 마주하게 될 것이다.

ANSWERS

1. b 이 사실은 동맹이 신뢰할 수 있다는 점과 모순되지 않는다. 잠재적 도발국은 상대국의 동맹국이 그 상대국을 도울 것이라고 믿을 때 그 상대국을 잘 도발하지 않는다. 따라서 우리가 실제 관찰하는 도발 사례는 치우친 표본에 불과하다. 잘 준수된 동맹(대다수의 사례)은 검증되지 않았을 뿐이다.
2. b 보호무역정책은 보호산업의 고용을 증가시킬 수 있으나 경제 전반의 고용은 감소시킨다. 일반 소비자는 보호된 국산 상품의 구입에 더 많은 돈을 지불해야 하고 따라서 다른 상품을 살 돈이 줄어든다. 상대국 또한 보호무역으로 보복하기 때문에 자국의 고용은 감소하게 되는 것이다.
3. c 경쟁자 간 힘의 균형 혹은 불균형은 평화롭게 살지 아니면 전쟁을 벌일지의 가능성과 유의하게 관계되지 않는다. 과거 200년 동안 전쟁의 40% 이상은 약한 국가가 강한 국가를 상대로 일으킨 전쟁이었다.
4. b 구속력이 없을 때 전 세계적 합의가 가능하다. 모두가 합의문에 서명하도록 만드는 방법은 서명을 가장 주저하는 국가에게 큰 부담을 지우지 않는 물타기이다. 이는 보통 서명자의 행동을 감시할 수 없고 위반자를 제재할 수 없을 때 이루어진다. (온실가스에 관한 1997년 교토의정서와 같은) 느슨한 합의문은 실제 누구라도 자신의 행동을 바꾸도록 요구하지 않기 때문에 참여율이 높다. 그래서 준수율이 높지만 실제 온실가스 감축은 거의 없는 것이다.
5. b 양국 간 원조(다른 형태의 원조도 마찬가지)는 빈곤국 대다수 국민의 삶을 나쁘게 하지 않는다. 원조의 극소수 수혜자는 대체로 부유층이다. 그러나 빈곤층은 거의 도움을 받지 못하고 오히려 원조가 있음으로써 더 오래 유지되는 나쁜 정부로 인해 고통 받게 된다. 원조는 독재자의 권력을 유지할 뿐이다.

국제정치는 전쟁, 평화, 세계질서에 관한 것이다. 이 3가지 범주는 단순해 보이지만 매우 복잡하다. 모든 사람이 전쟁에 반대하고 평화를 주장하지만 전쟁은 (비록 과거보다는 줄어들었으나) 일어나고 있으며 북한, 짐바브웨, 쿠바 같은 지역의 일반 주민들에게 평화는 근심거리다. 모두가 질서 있고 예측 가능한 세계를 원한다고 말하지만 국제문제의 세계는 어지럽고 심지어 혼란스럽다. 전쟁, 평화, 세계질서의 원인과 장애요인에 관한 질문이 이 책의 세 부를 구성한다. 이 3가지는 국제정치, 즉 모든 종류의 정치에 관한 주요 주제다. 이 주제에 관해 다루기 전에 그것들에 관한 생각을 조직화하는 방법이 필요하다. 이에 대해서는 서장에서 학습한다. 그런 다음에야 전쟁이든 평화든 세계질서든 왜 그렇게 이루어지는지에 대해 분석할 수 있다.

우리는 전쟁의 원인과 결과에 대해 매우 신중하게 살펴볼 것이다. 전쟁과 무력사용은 평화의 와해이지만 동시에 지속적 평화에 필요한 토대를 만든다는 사실을 인정하게 될 것이다. 전쟁은 서로 다름을 해결하는 형편없는 방법임에도 히틀러가 강요한 평화는 전쟁보다 분명히 더 나빴을 것이다. 사실 전쟁은 지옥이지만 때때로 전쟁 대신 평화를 정당화시키기가 불가능할 때도 있다. 따라서 평화에 찬성하는 것과 전쟁에 반대하는 것이 꼭 같지만은 않다.

전쟁에 관해 매우 중요한 2가지 질문이 있다. 첫째, 왜 전쟁이 일어나는가? 만일 전쟁 결과가 어떻게 될지 교전자들이 안다면, 전쟁으로 얻을 동일한 결과를 미리 주고받아 전투로 인한 유혈과 파괴를 피할 수 있다. 둘째, 전쟁에서는 승자와 패자가 있는가 아니면 모두가 패자인가? 전쟁에서 패자가 다수인 반면 승자는 소수이고 그 소수의 승자는 종종 정부 지도자임을 이 책에서 보여줄 것이다. 국가 지도자는 개인적 정치 이익으로 인해 국민이 위험에 빠지더라도 이에 개의치 않는 경우가 매우 잦다. 이 두 질문에 대한 대답의 함의는 우리를 매우 불안하게 만들 수 있다.

전쟁에 대한 질문을 자세히 살펴본 후 상대적 평화 시기의 국제문제들을 평가한다. 전쟁과 평화는 하나의 연속체이지, 완전히 구분되는 별개 상황이 아니다. 상대적 평화 시기에 정부는 자국의 무역 증대와 산업 촉진을 위해 더 많은 힘을 쏟을 수 있다. 물론 국내 산업의 발전 정책은 무역 증대 정책과 상충할 수도 있기 때문에 정부 지도층은 번영을 이루기 위해 어느 정도로 다른 한쪽을 강조할 것인지 계산해야 한다. 그러한 평화 시기의 국내산업과 대외 무역 간의 우선 문제는 때때로 차후 전쟁의 원인이 되기도 한다.

평화 시기는 평화와 번영의 증진이라는 희망을 갖고 우호국과의 친선을 강화하거나 과거 적대국과의 이익 공유를 구축하는 기회가 되기도 한다. 또한 지속적인 평화를 위해 법과 행동규범을 만드는 동시에 미래에 갈등으로 전개될 수도 있는 서로 다름을 다루는 때이기도 하다. 상대적 평화 시기에는 기본적인 인권과 시민자유의 존중을 장려하는 기회가 증대되고, 일부에게는 타국과 자국 시민들에 대한 좋은 행동규범을 지키라는 압력에 저항할 수 있는 기회도 동등하게 주어진다.

어떤 정부는 국제연합(UN), 국제통화기금(IMF), 아시아개발은행(ADB)과 같은 국제 다자간 기구에게 책임을 전가함으로써 난제를 회피한다. 이러한 기구들은 때때로 난제를 다룰 방법을 강요하기도 한다. 이로써 지도층에게는 국외에서 제시한 규범을 따라가는 것이 국내에서 관련 규범을 만드는 것보다 더 쉽다는 사실을 입증할 수 있다. 개별 정부가 실패한 평화와 질서를 국제기구가 언제 증진시킬 수 있는지 살펴보고, 이러한 노력이 지구온난화 문제처럼 언제 그리고 왜 실패하는지도 학습해보자.

평화와 전쟁은 둘 다 세계질서의 주춧돌을 놓을 시간을 제공한다. 실제 세계질서는 평화라는 이상적 개념과 전쟁이라는 극단적 상황 사이에 있다. 세계질서의 일상적 상호작용을 구조화하고 근본적인 대외(대내) 정책 문제에 좋든 나쁘든 해결책을 제공하기 위해 당근과 채찍, 보상과 처벌, 발전과 국가건설, 동맹과 카르텔 등이 모두 사용되고 있다.

1 국내정치는 국제정치를 형성한다

국제정치에 관한 대부분의 설명은 국가가 중심 행위자라고 가정한다. 저자는 이에 동의하지 않는다. 의사결정자가 주요 행위자이다. 국제무대에서 그의 정책을 이해하기 위해서는 그의 행동이 국내정치와 경제에 의해 어떻게 색칠되고 빚어지는지를 평가해야 한다. 국내정치가 국제정치를 형성한다는 주장의 강력한 논리와 증거를 제공할 것이다. 만약 우리가 국가 내부에서 일어나는 일은 중요하지 않다고 여긴 채 국가를 행위자로 보는 관점에서 벗어나지 못한다면 국제정치는 왜곡되고 심지어 때로는 삐뚤어져 보일 것이며, 주요 대외정책 문제에 대해 잘못된 해결책을 내놓는 실수를 범하게 될 것이다. 만약 우리가 국내 환경에서 국가 내부를 살펴본다면 혼란스러워 보이는 것들의 대부분이 바로잡힐 것이다.

국민이 자유로운 정도는 삶의 질뿐 아니라 정부 간 무역 및 안보정책에도 두드러진 영향을 준다. 평화와 번영에 관한 지표에서 자유국가는 독재국가를 거의 예외 없이 앞선다. 더 자유로운 국가, 즉 더 민주적 국가는 서로 절대 싸우지 않고, 독재정권에 비해 거의 늘 자유무역에 더 개방적이다. 자유가 한 국가 내에서는 긍정적 영향을 미치더라도 이러한 국내의 자유가 세계 다른 곳의 자유 신장을 때때로 해친다는 사실을 보게 될 것이다. 예를 들어 현실세계의 가장 강력한 두 국가인 1) 미국 그리고 2) 유럽연합 회원국 대부분은 실제 자유 증진의 행동을 거의 하지 않으면서 자유 옹호의 발언은 일상적으로 행한다. 사실 미국의 거의 모든 대통령들, 적어도 우드로 윌슨(Woodrow Wilson, 1913~1321) 이후의 대통령들은 자신이 자유, 민주주의, 민족자결의 확산에 헌신한다고 주장했다. 그러나 우리 모두 알고 있듯 미국 대통령들은 그럴 기회가 있을 때조차도 자유, 민주주의, 민족자결에 대한 약속을 지키지 않았다. 국제 상황이 민주국가 건설을 어렵게 만들기도 하지만 외국의 고분고분한 독재보다 적대적 민주주주가 더 선호될지 아닐지는 그 외국 정부의 정책적 호응을 원하는 국내 압력이 그 국제 상황보다 더 중요하게 작용할 것이다.

이를 너무 냉소적이라 생각하지 않도록 오바마 대통령이 2011년 UN 대사에게 팔레스타인이 독립국가로 UN 회원국이 되는 것에 대한 반대표를 행사하라고 주문했던 사실을 돌이켜보자. 이 투표가 미국이 팔레스타인의 국가 지위 신청에 대해 반대하는 것을 의미하는가? 미국 정부는 알맞은 조건 하의 팔레스타인 국가 수립을 지지한다고 반복적으로 말해왔다. 그렇다면 미국 대통령이 개인적으로 팔레스타인 국가 수립을 반대한다는 의미인가? 오바마는 2009년 6월 4일 카이로에서 개인적으로 그 반대 입장을 표명했다. 그는 "팔레스타인 사람들의 현재 상태는 처참하다. 미국은 존엄, 기회, 독립국가에 대한 팔레스타인의 열망을 저버리지 않을 것이다"[1]라고 말했다. 그렇다면 UN에서 팔레스타인의 국가 지위가 미국 안보를 위협하기 때문일까? 팔레스타인에 대한 투표가 미국 대통령선거에 중요한 영향을 미칠까? 미국은 팔레스타인보다 이스라엘의 이익을 더 염두에 둔 것일까? 팔레스타인에서 자유롭고, 민주적이고, 경쟁적으로 선출된 정부가 UN 내에서는 북한의 독재적이고 공격적인 정부보다도 대표성이 떨어질까? 이 모든 질문들에 대답하는 것은 분명 어렵고 심지어 고통스러울 수 있다. 그러나 이 대답들이 대외정책의 선택에 있어 무엇이 중요한 동기가 되는지에 대해 생각해보게 할 것이다.

각각의 질문은 '국가'의 행동에 따라 국가의 이익이 결정된다는 개념에서부터 지도자가 자신이 속한 국가의 이름으로 행한 것에 따른 개별 지도자의 이익에 따른 개념에 이르기까지 국제문제들을 다양한 방면으로 깊게 생각하는 방법을 제시한다. 이 책은 국내외의 모든 정치가 지도자들이 자신의 개인적 이익을 극대화시킨다고 믿는 쪽으로 움직인다고 생각하는 사람들의 편에 서 있다. 때때로 지도자를 선택하는 방법에 따라 지도자의 개인적 이익이 국민 대부분이 원하는 것과 일치해 지도자

1. www.nytimes.com/2009/06/04/us/politics/04obama.text.html?pagewanted. 2009년 오바마 대통령의 카이로 연설을 참고하라.

의 이익이 우리가 생각하는 국가 이익과 다르다고 말하기 어려워지기도 한다. 그러나 '국민 전체'가 원하는 것과 지도자가 원하는 것이 완전히 다를 때가 있고, 이때 우리는 지도자가 자신의 정치적 안녕을 선택하는지 아니면 국가와 국민을 선택하는지 쉽게 알 수 있다. 지도자의 이익과 국민의 이익 사이에 다른 점을 말하는 방법을 배우는 것은 까다롭고 우울하지만 매우 유용하다. 사실 이것이 국제정치, 즉 모든 정치를 이해하는데 중심이 된다.

지도자의 이익과 '국가 이익' 사이에 존재하는 차이를 말하는 것이 왜 까다로운지를 이해하기 위해 개인들이 무엇을 원하고, 이것을 어떻게 국가 이익 혹은 모두의 복지라는 개념으로 변화시키는지 체계적으로 학습할 필요가 있다. 개인의 바람들을 명쾌한 국가 이익 형식으로 변환하는 것은 근본적으로 어려울 수 있고 우리가 그렇게 해오고 있었는지 아닌지를 아는 것은 사실상 불가능하다. 왜 그런지 살펴보자.

2 정책과 합리성

국제문제를 국가 행동의 결과로 여기든 개인 행동의 결과로 여기든, 어떻게 행동과 목적을 선택하는가에 대한 몇 가지 가정을 먼저 세워야 한다. 행동이 행위자의 목적을 달성하기 위해 선택된다는 것에는 우리 모두 동의할 수 있지만 정확히 어떻게 일어나는지는 복잡한 문제다. 가령 문화적 관심이 사람들의 바람을 지배한다면 우리는 사람들이 문화적으로 학습한 선호에 따라 행동한다고 가정해야 한다. 국내적 세력 편재, 지도자의 동기, 국가안보 문제, 그 외 다른 어떤 것이 국민이나 정책결정자 혹은 국가가 바라는 바와 그것을 이루기 위한 행동을 결정한다고 가정하는 것도 마찬가지다. 행동과 바람을 연결해 가정을 만드는 대안은 흩날리는 모래처럼 사람들이 원하는 것에 대한 고민 없이 눈을 가린 채로 선택을 결정하는 것이다. 저자는 마치 브라운운동을 하는 미립자와 같은 혼란스러운 움직임을 사람에게 대입하는 이 방법을 버리겠다. 대신 개개인은 자신에게 가장 좋은 결과를 선택한다는 분명한 목적의식을 가진 개체라고 생각하겠다.

사람들이 자신에게 최선이라고 생각하는 방식으로 행동한다고 분석한다면(물론 그 생각이 잘못되었다고 판명되기도 한다), 이는 개인의 목적과 개인의 행동을 연결하는 관계에 관한 간단한 사고방식이다. 이 간단한 방식은 선택을 하는 자가 어떤 사람이든(즉 개별 시민이나 지도자) 그리고 어떤 조직이든(즉 국가나 국제기구) 모두 합리적으로 선택한다고 가정한다. 국제문제에서 국가를 주요 행위자로 보는 기존의 시각은 국가를 합리적 행위자로 가정한다. 따라서 이 합리성의 가정은 새로울 것도 없고 특별하지도 않다. 일반적 관행이다. 그러나 저자는 대부분의 국제관계 사상에서 벗어나 국가 전체가 아니라 개별 결정권자가 합리적이라고 여긴다. 앞으로 보겠지만 이것이 매우 중요한 차이를 가져올 것이다.

안타깝게도 합리성은 내가(그리고 다른 많은 이들이) 사용하려는 용어의 뜻과는 다른 일상적 의미가 대단히 많다. 그래서 먼저 무엇이 내가 사용하려는 의미의 합리성이 아닌지, 무엇이 최소한 나에게는 필요한 합리성인지를 설명하겠다. 역사학자 드레이크(H. A. Drake, 2000)의 훌륭한 연구는 합리적 행위자 모델의 특징과 오해를 정치학이나 경제학을 공부하는 사람들이 사용하는 용어로 간결하게 설명한다. 드레이크는 이렇게 서술했다.

> 본래 합리적 행위자 이론은 [드레이크가 서술한 콘스탄티누스 황제와 같은] 인물이 모든 관련 정보와 대안을 완벽하고 객관적으로 연구해서 신중하게 합리적으로 분석한 후 목표를 결정하고 또 그 목표를 달성하려는 완전한 자유를 갖는다고 간주한다. 동시에 이 중심적 행위자는 정부기구를 완전히 통제하고 있어서 그의 결정은 실제 실행된 것이나 다름없다고 간주한다. 의지할 참모도 없고, 제약할 유권자도 없고, 구슬릴 장관이나 총독도 없다. 언제나 완전한 통제 속에서 모든 대안을 신중하게 검토한 후에야 행동하는 한 명의 중심인물이 모든 결정을 내리기 때문에 합리적 행위자 접근을 사용하는 학자들은 관련없는 세부 사항들을 모두 걸러내고 중심 이슈에만 집중해야 한다.(Drake 2000, 24)

드레이크의 서술은 이 책이나 많은 경제학자들이 전제하고 있는 합리성 관점과 근본적으로 다름을 보여준다. 가령 드레이크에게 합리적이라는 것은 "모든 관련 정보와 대안의 완벽하고 객관적인 연구가 수반된 분석"[저자 강조]을 의미한다. 이러한 연구는 확실히 비합리적이다. 합리적인 사람은 정보와 대안의 지속된 연구에 대한 기댓값이 기대이익과 같다는 결론을 내릴 때까지의 대안적 행동과정만을 고려한다. 만약 더 많은 정보를 찾는 비용이 그로 인한 이익을 넘어서면 찾는 것을 그만둔다. 생각해보라. 25센트를 얻기 위해 1달러를 사용하겠는가, 아니면 99센트를 얻기 위해 1달러를 사용하겠는가? 물론 아니다. 1달러를 그냥 아껴두는 것이 낫다. 그 이상을 벌 수 있는 가능성이 있어야 그 돈을 사용한다. 사람들이 복권을 사거나 교육에 투자하는 것도 마찬가지다. 돌려받을 수 있는 기댓값이 비용보다 작다면 비용을 감당하지 않는 것이 상식이다.

드레이크는 또한 결정의 주체가 조언자나 유권자 등 다른 사람은 무시하고 혼자서 결정한다고 말한다. 이는 국가가 단일행위자이기 때문에 국경 내에서 선택에 영향을 줄 수 있는 것은 아무것도 없다는 관점과 일맥상통한다. 확실히 합리적 행위자는 자신에게 가장 이익이 될 선택을 하지만 우리가 앞으로 배울 유형의 문제에서 합리적인 정치 행위자는 다른 사람들이 어떤 대응을 기대하는지를 포함해 행동의 결과에 대한 고민 없이 선택을 하기 어렵다. 합리적 정치인의 근본적 문제는 자신의 선호뿐 아니라 아군이든 적군이든 다른 사람들의 바람과 기대되는 행동에 대한 믿음까지도 선택에 반영해 최선의 결정을 내려야 한다는 것이다. 이 구분이 얼마나 중요한지에 대해서는 제4장의 게임이론에서 더 자세히 논하겠다. 게임이론은 국제문제로 특징지어지는 전략적 상호작용을 분석하는 도구다. 이러한 기준은 이 책 전체에 적용되며 국제정치에 관한 생각, 친구들과의 저녁식사 장소 결정, 빵 한 조각 구입과 같은 일상적 일을 하는 데에도 유용하게 쓰인다.

최소한의 형태로 가장 단순하게 보면, 합리성은 사람들이 어떻게 선택을 하는지에 대한 가정이 거의 없다. 각 선택자는 완전하고 이행적인 선호를 가지고 있고 그에 따라 행동한다고 가정한다. 완전하다는 것은 선택에 놓인 개인이 대안인 x와 y 사이에서 “나는 y보다 x를 선호해” 혹은 “나는 x보다 y를 선호해” 혹은 “둘 다 나한테는 똑같아”라고 말할 수 있다는 뜻이다. 가령 10억 달러를 국방에 써야 하는지 실업수당에 써야 하는지를 결정해야 하는 모든 합리적 행위자는 선호에 따라 “나는 10억 달러를 실업수당이 아니라 국방에 쓰는 게 좋아”, “나는 10억 달러를 국방이 아니라 실업수당에 쓰는 게 좋아”, “나는 10억 달러를 국방에 쓰든 실업수당에 쓰든 똑같아”라고 말할 수 있다. ‘나는 선호한다’는 >로 나타내고, ‘나는 똑같아’는 ≈로 나타낸다.

합리적 결정을 한다고 여겨지는 사람에게는 추가적으로 이행성 조건이 부과된다. 어떤 사람이 가외의 10억 달러 사용처를 국방, 실업수당, 교육 (혹은 10억 달러를 아예 쓰지 않는 것) 가운데 선택해야 한다고 가정해보자. 완전하다는 조건으로 합리적 개인은 둘 중 어떤 선택을 해야 하는지 대답할 수 있다. 이행성은 이 선호에 제약을 가한다. 선택을 하는 사람이(앤이라고 하자) 실업수당보다는 국방을, 교육보다는 실업수당을 선호한다면 이행성에 따라 앤은 교육보다 국방에 10억 달러를 쓰는 것이 낫다고 생각해야 한다. 앤에게 x>y이고 y>z라면 x>z이다. 이는 사람들에게 일관성을 요구하는 최소한의 조건이다. 만약 이것이 지켜지지 않는다면 어떤 일이 일어나는지 살펴보자.

앤은 6000만 달러를 사용하는 로비스트이고 x, y, z라는 정책을 결정해야 하는 의회에 영향력을 행사하려 한다. 앤은 이행성을 가지고 있지 않아서 x>y>z>x의 선호도를 가진다. 편의상 앤이 2000만 달러를 사용하면 의회 구성원의 투표를 바꿀 수 있다고 하자. 현재 의회의 정책은 y이다. 앤은 y보다 x를 선호하기 때문에 우리는 앤이 6000만 달러 중 2000만 달러를 사용해 정책을 x로 바꾸는 것이 이익이라는 것을 안다. 이제 의회는 x에 투표를 할 예정인데, 앤은 x가 아니라 z로 정책을 바꾸기 위해 2000만 달러를 더 사용해야 한다는 사실을 깨달았다. 앤은 x보다 z를 선호하기 때문이다. 그러나 z가 새로운 정책으로 결정되기 직전 앤은 z보다 y가 낫다는 사실을 깨닫는다. 결국 앤은 남은 2000만 달러를 모두 사용해 y로 정책이 결정될 수 있게 만든다. 이제 앤은 의회의 정책이 처음 결과로 돌아왔다는 사실을 발견한다(초기에 의회는 y 정책을 선택하려 했다). 그러나 앤에게는 결정을 x로 바꿀 만한 돈이 없다. 비이행적 선호로 앤은 로비예산을 모두 사용했고 아무것도 이루지 못했다. 선호가 비이행적일 때는 이익이 일관되게 배열되지 않기 때문에 최고의 이익을 가져다준다고 생각되는 것을 할 수 없게 된다.

합리성의 가정은 이론들을 구성하는 출발점이다. 합리성의 조건은 사람들이 동기와 선호가 주어질 때 어떤 행동을 선택하는가에 대한 이론가들의 관점의 시작이다. 합리성은 이 선호의 내용에 대해서는 아무것도 알려주지 않는다(Zagare 1990; Jackman 1993). 합리적 선택 모델은 행동모델이다. 이 모델은 사람들의 개별적 선호와 다른 사람의 선택과 같은 제한요소에 따라 사람들이 어떤 행동을 할지 예측한다. 이론에 따라 행위자가 무엇을 선호할지에 대한 가정은 다양하다. 가끔 비평가들은 합리성의 가정을 오해하여, 자기이익을 추구하는 행위자는 반드시 금전적 수입이나 부를 극대화하려 한다는 조건이 바로 합리성 가정이라 해석한다. 이 조건은 시장경제학의 개인 혹은 기업의 행동모델에서 흔하게(그러나 분명하게도 보편적이지는 않게) 가정되어 왔지만 정치학의 합리적 행위자 모델, 심지어 국제관계의 과점 모델에서는 드문 조건이다(Powell 1993, 1999).

국제관계의 모델은 궁극적 목표나 행위자의 목표를 무엇으로 가정하느냐에 따라 다양하다. 이 목표는 국가안보, 국력, 개인의 부, 국제적 규칙, 규범 혹은 정책에 대한 통제, 개인의 세력, 정권 유지, 정책결정 재량권, 기타 가능성에 대한 지배 등이 될 수 있다. 행위자는 개별 국민, 엘리트, 지도자, 국가, 비정부기구(NGO), 국제기구, 다자협력체 등이 될 수 있다. 따라서 합리성의 가정은 연구될 목표도, 목표를 추구하는 행위자의 정체성도 제한하지 않는다. 단지 행위자가 자신의 바람이나 믿음에 따라 어떻게 행위를 선택하는지에 대한 제약만 있을 뿐이다.

저자는 합리적 행동에 대한 최소한의 필요조건으로 완전성과 이행성이라는 전제를 규정했다. 앞으로 합리성의 정의를 더욱 까다롭게 하기 위해 몇 가지 제약을 더 추가하겠지만 위의 2가지 전제는 계속 사용할 것이다. 그리고 이 2가지 최소 조건과 함께 국가이익의 내용 그리고 국제관계와 대외정책의 논의에서 국가이익 개념의 한계에 대해 신중하게 생각해볼 수 있다. 국가를 합리적이고 단일한 행위자로 보는 관점과, 국제정치는 국내외 정치 행위자들이 서로 밀고 당기며 형성된다는 관점 사이에는 중요한 차이가 있다. 앞으로도 살펴보겠지만 국가가 합리적 단일행위자라고 가정할 때 국가이익은 쉽게 (물론 의미 있지는 않겠지만) 구체화된다. 이러한 가정은 국가 내부의 어떤 개인이 아닌 국가가 완전하고 이행적인 선호를 가지며 그에 따라 행동한다는 것을 의미한다. 그렇다면 유일하고 독단적인 결정권자인 국가가 무엇을 선택하든 그것이 국익이다. 그러나 만일 국가 내 정치적 분열이 존재한다면(분열이 없을 수 있을까?), 국가가 국가이익을 반영하기 위해서는 개개인의 선호를 합산해 집단적이고 국가적인 이익으로 산출하는 규칙을 국가가 먼저 시행해야 한다. 차후에 논의하겠지만, 개개인의 바람들을 모아 하나의 구체적인 국익으로 정확하게 관례대로 바꾼다고 확신할 수 있는 규칙은 불가능하다. 즉 우리는 다수의 개인이 원하는 것에서부터 '국민 전체'가 원하는 것으로 가는 방법을 갖고 있다고 전혀 확신할 수 없음을 보게 될 것이다. 이제 국제정치에 대해 생각했던 많은 것들이 근본적으로 변하게 될 것이다.

3 국익은 존재하는가?

국제관계 연구의 두 중심축은 국익이 존재한다는 것과 국가가 그 이익을 추구한다는 것이다. 다양한 사람들이 국익에 대한 서로 다른 핵심 견해를 주장했다. 현대 현실주의의 아버지라 불리는 한스 모겐소(Hans Morgenthau [1948] 1978)는 타국들의 행동을 원하는 대로 이끌 수 있도록 힘을 증대시키는 것이 국가의 최상위 이익이라 생각했다. 케네스 왈츠(Kenneth Waltz 1979)는 현실주의의 우호적 수정판이라 할 수 있는 신현실주의를 소개했다. 신현실주의는 국가가 가장 우선이고, 국가는 자신의 생존을 최상위 가치로 여긴다고 주장한다. 따라서 신현실주의자는 국가가 외부 위협으로부터 자국을 안전하게 지킬 수 있다면 어떤 행동이든 취한다고 주장한다. 모겐소와 다른 점이 있다면 안보를 위해 힘을 포기할 수도 있다는 점이다(Niou, Ordeshook, and Rose 1989).

로버트 코헤인과 조셉 나이(Robert Keohane and Joseph Nye 1972, 1977)와 같은 자유주의자와 신자유주의자는 국가가 이익을 우선적으로 추구한다는 것에는 동의하지만 더 중요한 이익은 안전 범위 내에서 번영을 추구하는 것이라 주장했다. 세력전이이론을 주창한 오르갠스키(A. F. K. Organski 1958)는 국가가 국제관계를 지배하는 법과 규범에 대한 통제를 추구하며, 이때 세력과 성장은 이러한 통제의 결정적 방법이 된다고 주장했다. 그밖에 다른 이들도 국가가 무엇을 원하고, 국익이라고 칭해지는 것을 위해 무엇을 하는가에 대한 원칙을 제공했다.

다른 관점들이 국가이익 뒤의 다른 이익들을 매우 중요하게 강조한다는 사실은 국가이익 개념에 문제가 있음을 경고하는 것이다. 만약 국익이 존재하고 모든 국가들이 그렇게 생각한다면, 그 국익이 무엇인지에 대해 모두가 동의해야 한다고 생각함이 타당하다. 그러나 현실주의자, 신현실주의자, 자유주의자, 신자유주의자, 세력전이 이론가, 패권 이론가 등 수많은 이론가들 사이에서 국익이 무엇인지 혹은 무엇이어야 하는지, 국가마다 다른 것인지 등에 대한 합의가 이루어지지 않고 있다. 이 차이점들은 국익이 무엇인지를 우리가 어떻게 알 수 있는가에 대해 정당한 걱정을 야기하지만 이 걱정들은 사실 시작에 불과하다. 애로우(Arrow 1951)의 불가능 정리를 통해 더 심각한 문제를 살펴보자.

애로우의 정리에 따르면, 어떤 집단에서 셋 이상의 대안 중 하나를 선택해야 할 때, 각 결정권자 개개인의 완전하고 이행적인 선호 체계를 대변할 수 있고, 완전하고 이행적인 집단의 순위 또한 만들 수 있으며 그것이 집단의 의지를 대표할 수 있는 공정한 기준을 만족시키는 규칙이나 투표체계는 불가능하다. 확실히 모든 사례에 적용되는 규칙이 없으므로 그 규칙이 선택한 정책이 실제로 일반적 이익이라는 틀에 있는지 아닌지를 알 수 없다. 이 정리는 국가에 속한 국민, 유권자들, 위원회의 구성원들, 클럽의 구성원들 혹은 다른 어떤 사회집단의 구성원들에게도 적용되기 때문에 꽤 보편적이고 그 함의점이 매우 심각하다.

애로우의 공정성 기준과 국익에 대한 애로우 발견의 의미를 설명하기 전에, 국익 용어에 대한 직관적 정의에 대해 먼저 논의해보자. 최소한 다수의 사람들, 가급적 대다수의 사람들이 지지한다면 대외정책을 국익의 관점에서 보는 것이 개인적으로는 분별 있는 관점이라 생각한다. 그러나 안타깝게도 국익이라는 이 간단한 개념은 제 기능을 하지 못한다. 이제 국익으로 설명하는 국제관계가 얼마나 많은 것을 놓치고 있는지 확실한 예시를 제시하겠다.

대외정책의 중대한 두 분야인 1) 국방, 2) 무역을 살펴보자. 국방은 외부 위협으로부터 국가안전을 보장하는 심장부다. 무역은 국가자산을 형성하는 주요 정책이고 이로써 국방을 위한 자원을 마련한다. 편의상 미국의 유권자가 같은 크기의 세 집단으로 나눠진다고 가정해보자. 현실에서 미국의 정치나 다른 어떤 나라의 정치체제에서는 분명 이보다 더 많은 분파가 형성될 것이다. 집단이 더 많아지면 앞으로 설명하고자 하는 문제를 더 크게 만들 뿐이다. 첫 번째 집단은 보호무역정책(미국에서 자국의 상품을 보호하기 위해 높은 관세 부과)을 옹호하고, 외부 위협으로부터 미국을 보호하기 위해 국방비 지출 증액을 주장한다. 2010년 공화당에서 주목받았던 티파티운동(tea party movement)이 첫 번째 집단에 해당된다. [그림 I-1]에서 이들의 선호는 TP(trade protectionists, 보호무역)와 DH(defense hawks, 국방강화)로 나

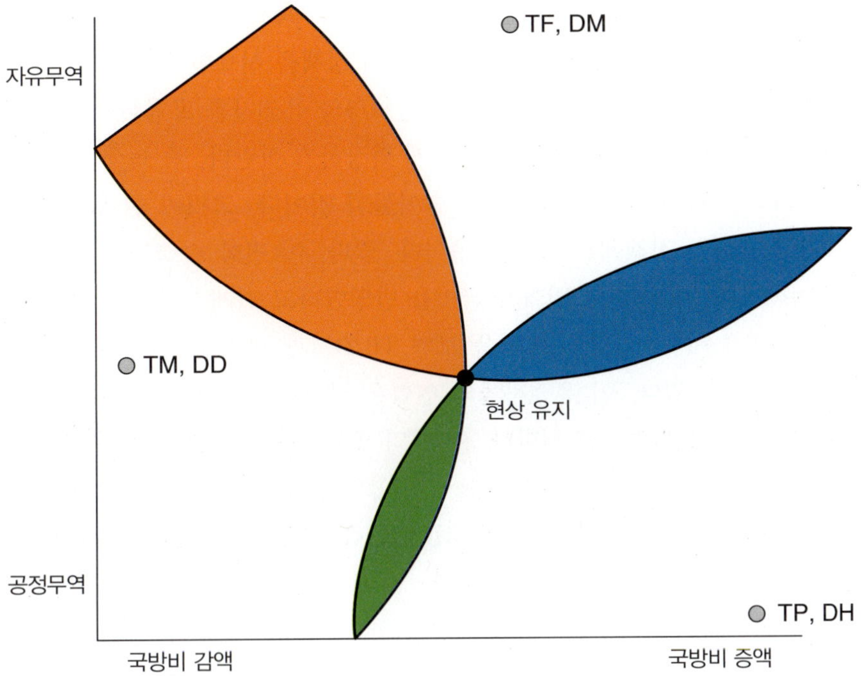

그림 Ⅰ-1 국익에는 무엇이 있는가?

타난다. 두 번째 집단은 TF(free trade, 자유무역), DM(defense moderates, 적정국방)으로 자유무역(미국에 수입되는 상품에 대한 규제에 반대; TF)을 옹호하고 현재 수준의 국방비 지출(DM)을 지지한다. 많은 중도주의자와 독립 유권자들이 이에 해당한다. 세 번째 집단은 관세와 자유무역 사이에 정부가 올바른 균형을 유지하고 있다고(TM) 생각하지만 국방비 지출은 감소시켜야 한다고 주장(defense doves; DD, 국방감축)하는 이들이다. 자유민주주의자의 견해다. 각 집단은 국익 관점에서 국가안보의 극대화에 동의한다. 이들은 단지 어떤 정책이 목표를 달성하는 데 가장 효과적인지에 대한 합의를 이루지 못할 뿐이다.

각 집단들은 현재 상태보다 [그림 Ⅰ-1]의 회색 점에 가까운 무역과 국방정책을 선호한다. 이들이 선호하는 정책 범위는 가장 선호하는 지점을 중심으로 현재 상태를 통과하는 호(혹은 원)를 그려서 알 수 있다. 호의 반지름은 해당 집단이 선호하는 정책, 즉 회색 점과 현재 상태의 거리다.[2] 가령 녹색 영역은 TM/DD와 TP/DH

2. 물론 해당 집단이 2개의 정책 중 한쪽을 더 강하게 주장할 수도 있다. 만약 그 집단이 원이 아니라 타원을 그려서 2개의 반지름을 갖는다면 이 정책결정의 두 차원 중 상대적으로 더 돌출된 부분을 찾으면 된다.

가 선호하는 정책들이 겹치는 부분을 나타낸다. 녹색 영역은 각 집단의 호에 포함되기 때문에 각각은 현재 상태보다 이 영역의 정책을 선호한다.

두 집단이 공유하는 녹색정책 연합은 2/3의 유권자를 포함한다. 이 연합은 국방비를 약간 줄이고 보호무역정책을 크게 확장하기 바란다. 즉 녹색 영역의 국방과 무역정책의 조합이라면 어떤 정책도 받아들일 것이다. 그것이 현재의 정책보다는 이들이 선호하는 정책에 가깝기 때문이다. 좋다. 이 변화 속 2/3의 유권자 중 누군가는 녹색 영역 내 정책의 변화가 국익을 반영한다고 쉽게 생각할 수 있다. 여기서 잠깐 [그림 Ⅰ-1]의 파란색 영역을 보면 TF/DM과 TP/DH가 좋아하는 부분의 정책 변화를 볼 수 있다. 이 유권자들의 연합은 국방비를 증액하고 관세를 감소시켜 자유무역의 방향으로 가길 원한다. 이 영역 또한 2/3의 유권자를 가지고 있다. 이 2/3의 국익은 2/3의 유권자를 가진 녹색 연합의 반대되는 국익을 원한다. 그리고 마지막으로 또 다른 2/3의 유권자는 TM/DD와 TF/DM가 겹쳐지는 영역에서 국방비 감소와 자유무역을 원한다(주황색 영역). 정리하면, 국방비가 대폭 증액되기를 바라는 2/3와 국방비의 감액을 주장하는 2/3가 있고, 자유무역을 주장하는 2/3와 관세정책을 바라는 2/3가 있다. 그리고 이 모두는 유권자 개개인의 선호와 의견을 바꾸지 않는다. 이것은 국가가 국익을 대변하는 단일한 합리적 행위자라고 주장하는 이들에게 분명 난제이다. 하지만 이것은 예시일 뿐이고, 아마 이러한 상황은 매우 드물 것이다. 이제 애로우의 정리로 돌아가 더 일반적인 문제를 살펴보자.[3]

애로우와 사회(국가)복지

합리적인 사람이 완전하고 이행적인 선호에 의해 행동한다는 것을 보았다. 중요한 결정을 앞두고 있을 때 거의 모든 사람들이 합리적이지 않다고는 상상하기 힘들다. 개개인이 합리성의 정의에 충실하게 행동한다 해도 무역과 국방에 관한 어떤 정책 조합도 유권자 2/3의 합리적 지지를 받을 수 있음을 이미 보았다. 우리가 해야 했던 일은 2가지 결정을 연결시키는 일뿐이었다. 문제들을 개별적으로 다루었거나 국익에 정말로 무엇이 들어가는지를 계산하는 다른 규칙을 적용했더라면 아마 이렇게 이상한 결과를 얻지는 않았을 것이다.

3. 애로우정리의 증명은 이 교과목 수준보다 더 어렵기 때문에 여기서 제공하지 않는다. 더 알고 싶다면 온라인에서 증명을 찾아보거나, 1951년에 출판된 Social Choice and Individual Values (New York: John Wiley)를 참고하라. 둘 이상의 이슈 차원 그리고 이슈 차원 수보다 적어도 하나 더 많은 의사결정자로 이루어진 정책 공간에서 합리적 경로가 있다는 증명은 맥켈비(McKelvey 1976, 1979)와 스코필드(Schofield, 1978)를 참고하라.

국익을 결정하는 우선순위는 다양한 환경에서 쉽게 변할 수 있기 때문에, 국방과 무역 같은 특정 정책을 선택하는 것보다는 다른 어떤 주어진 상황에서 국익이 무엇인지를 밝혀내는 메커니즘을 알아보는 편이 나을 것이다. 예를 들어 튼튼한 국방은 갈등이 심화되는 상황에서 매우 중요하다. 경제를 희생시키는 경우에도 그렇다. 반면 평화 시기에는 대다수의 국민이 국방비 지출을 줄이고 국가의 부와 번영에 힘쓰는 것을 원할 것임을 생각해 볼 수 있다. 따라서 국익을 특정 정책으로 정의하기보다는 언제나 적용할 수 있고 예측 여부와 관계없이 어떠한 상황에서도 우리가 늘 의존할 수 있는 국익 산출 규칙을 찾아야 한다. 즉 우리는 국익, 즉 '국민 전체'가 원하는 것이 무엇인지를 알기 위해 개인의 선호를 모두 합칠 수 있는 방법이 필요하다. 이것은 당신과 내가 늘 모든 상황에서 국익이 무엇인지 안다고 자의적으로 가정하는 것보다 훨씬 나은 접근일 것이다.

애로우는 개인이익의 집합에 기초해 국가이익과 사회복리를 논할 수 있도록 거의 모든 사람이 동의하는 4가지 기본 원칙을 제시했다. 그는 다수결원칙처럼 공정하고 어떤 상황에서도 일반적인 이익이 무엇인지를 밝혀낼 수 있는 규칙이 필요하다고 생각했다. 애로우는 공정성을 위해 선호–집합 규칙이 준수해야 하는 4가지 기준을 구체화했다. 그리고 우리가 공정하고 일반적인 복지를 반영하는 하나 이상의 법칙을 발견할 수 있는지 질문했다.

1. 보편적 영역
2. 사회적 이행성
3. 파레토 개선 (예, 만장일치)
4. 무관한 대안으로부터의 독립

보편적 영역

보편적 영역이란 우리 각각이 무엇을 원하든 자유롭게 믿고, 우리의 선호를 합치는 방식이 우리가 원하는 것을 반영한다는 것을 말한다. 가령 우리가 정부 지출에 대해 국방, 보건, 교육, 사회보장연금, 오페라회사 보조금, 로데오 보조금 등에 대한 선호의 순서를 정해야 한다면, 저자는 어떤 선호 순서를 가질 수 있고, 다른 누구도 마찬가지다.

보편적 영역을 만족시키는 것은 우리가 공정한 규칙으로서 선호를 합산하기 위한 어떤 규칙을 볼 경우에 매우 중요하다. 가령 어떤 정부의 법이나 제도가 사회보장연금을 국방비 증액보다 선호한다거나, 반대로 국방비 증액을 사회보장연금보다 선호하지 못하게 막고 있다면 이것은 공정하지 못하다. 게다가 보편적 영역은 우리가 미래에 해야만 하는 어떤 선택을 준비하게 한다. 보편적 영역은 우리가 상상도 못했던 정책 논쟁이 적용될 수 있는 조건을 만든다. 예를 들어 사상의 자유는 19세기 흑인들에게 투표권의 확장을 이끌어냈고(미국에는 20세기 후반) 20세기에는 여성에게도 투표권을 확장시켰다. 보편적 영역은 게이의 결혼, 사이버 전쟁, 유로의 발생과 해체, 그리고 워싱턴(George Washington)은 상상도 못했을 그 밖의 수많은 정책 논쟁을 가능하게 했다.

제3장에서 보편적 영역의 약점에 대한 주장을 살펴보게 될 것이다. [그림 Ⅰ-1]은 각 집단이 실제 원하는 것에서 (현재 상태와 같이) 멀리 떨어져 있는 정책보다 가까이에 있는 정책을 선호한다고 규정함으로써 보편적 영역을 어기는 가정을 이미 사용했다. 이 특정 가정을 단봉이라 칭하고, 그 장점과 한계점의 측면에서 자세히 살펴볼 것이다.

사회적 이행성

합리적 개인이 이행적인 선호를 가지고 있어야 한다는 사실은 우리 모두 이미 알고 있다. 만약 모든 개인의 선호가 이행적이라면 사회가 원하는 것을 찾아내기 위해 모든 개인의 선호를 합산할 때 사회적 선호의 순서 또한 이행적이라고 생각하기 쉽다. 그러나 꼭 그렇지만은 않다. 실제로는 종종 그렇지 않기 때문에 국익이 무엇인지에 대해 주장하는 흥미로운 규칙들이 문제를 안고 있는 것이다. 가령 사회적으로 이행적 선호가 없다면 다수결원칙은 무너진다. 이것이 실제 사례에서 어떻게 작동하는지 살펴보자.

대외정책에서 의회가 매, 비둘기, 중도라고 불리는 세 분파로 나뉜다고 가정해보자. 앞에서도 살펴보았듯, 매파는 최고의 방어가 최선의 공격이라 생각한다. 이들은 초기 공격의 싹을 잘라 미국을 공격하려는 시도를 아예 차단할 수 있도록 하는 것이 중요하다고 믿는다. 따라서 현재보다 더 많은 국방예산을 투자해야 한다고 주장한다. 만약 더 많은 국방예산을 확보하지 못했다면 이들은 그 예산을 대외원조 등의 다른 정책에 쓰기보다는 현재 정책을 유지하는 것이 낫다고 생각할 것이다. 비둘기파는 미국이 전 세계적 해외원조를 통해 정부와 사람들의 마음을 얻음으로써 가장 안전해진다고 믿는다. 이들은 국방비를 줄이고 그 돈을 해외 경제원조에 사용해야 한다고 주장한다. 비둘기파는 현재 정책은 효력이 없기 때문에 만약 의회에서 더 많은 원조 예산을 끌어오지 못한다면 차라리 국방을 강화하는 편이 낫다고 생각한다. 중도파는 미국의 이익은 현재 상태의 국방예산과 해외원조 정도에 의해 지켜지고 있다고 믿는다. 그러나 만약 변화가 일어난다면 국방보다는 원조를 주장한다. 이제 의회가 국방비와 원조비에 얼마나 지출해야 하는지에 관해 논쟁하고 있다고 생각해보자. 아래는 국방비 증액, 원조예산 증액, 균형 상태 유지에 대한 각 분파의 선호도이다.

매파: 국방>균형>원조
비둘기파: 원조>국방>균형
중도파: 균형>원조>국방

각 분파는 이행적 선호를 가지고 있다. 보편적 영역에 따라 정책 선택에 대한 개인의 선호 순서 각각은 실현 가능하고 누구도 취할 수 있다. 물론 가능한 다른 선호 순서도 있다. 그러나 각 분파가 동등한 투표권을 가지고 있다고 할 때 다수결원칙에 의해 무슨 일이 일어나는지 먼저 살펴보자.

만약 국방과 균형을 맞붙이면 매파와 비둘기파는 균형보다 국방에 투표하므로 국방이 2/3 다수로 이김을 알 수 있다. 국방 대 원조에서는 중도파와 비둘기파의 표로 원조가 승리한다. 이 결과에 만족하지 못하는 중도파는 원조 대 균형의 투표를 제안할 것이고 이때는 매파와 중도파의 선호에 따라 균형이 채택된다. 요컨대, 세 분파는 (세 분파로만 구성되어 있는) 하나의 기구인 의회의 선호가 국방>균형>원조>국방임을 발견하게 된다. [그림 Ⅰ-1]의 예에서 살펴본 두 정책 사이에 놓인 유권자들의 거래처럼, 다수결원칙은 의회를 절망적인 난관에 빠뜨린다. 각각의 개인이 완전하고 이행적인 선호를 가지고 있고, 한 번에 한 가지 정책만을 결정하면 된다 해도, 개별적 이행성이 사회적 이행성을 보장하지는 않는다. 이는 18세기 프랑스 학자 콩도르세(Marquis de Condorcet)에 의해 이미 증명된 바 있다. 방금 우리가 살펴본 것은 각 개인 선택자가 합리성의 최소 요구 조건을 만족시키는 경우에도, 다수가 지지하는 규칙이 항상 다수가 원하는 것을 찾아주지는 않는다는 것이다.

한 번에 한 가지 문제만 살펴볼 경우, 사람들이 자신이 가장 선호하는 정책에서 먼 대안보다는 좀 더 가까운 대안을 좋아한다는 생각(단봉성)은 사회적 비이행성의 문제를 해결한다. [그림 Ⅰ-1]처럼 2가지 정책이나 한 정책의 2가지 차원을 살펴볼 때는 문제를 해결하기 어렵다. 가령 총과 버터 사이의 거래에 대해 고민하고 있다면 사회적 지출과 방어적 지출을 연결시켜야 한다. 이때 우리는 단봉성의 가정만으로 사회적 비이행성의 위험을 벗어날 수 없다. 만약 사회적 지출과 방어적 지출을 독립적으로 본다면, 단봉성으로 사회적 이행성을 가질 수 있다. 다만 보편적 영역에서 벗어나는 대가는 치러야 한다.

파레토 개선(예, 만장일치)

다수결원칙은 분명 실패할 수 있다. 2/3와 같은 압도적 다수의 원칙도 실패할 수 있다. 그러나 더 강력한 규칙인 만장일치는 실패하지 않는다. 만약 어떤 정책이 만장일치로 다른 어떤 정책에 우선한다면 공정한 체계에서는 만장일치의 정책을 선택한다. 결국 모두를 더 좋게 만들면 만들지 어느 누구도 더 나쁘게 만들지 않는 것이 남을 희생시켜 누군가를 좋게 만드는 것보다 바람직하다는 생각이 공정한 규칙에는 포함되어야 한다. 이것이 파레토 개선이다. 파레토 개선은 어떤 결과를 만장일치로 선택할 때 보장된다. 그렇게 되어야 함은 매우 당연하게 보인다. 사실 만장일치로 선호된 결과가 아무도 그만큼 좋아하지 않는 선택에게 공정한 절차에 의해 질 것이라고 상상하기는 어렵다. 그러나 그럴 수도 있다. 공정하게 선택한 결과가 모두의 이익을 위협할 수 있다. 이기는 선택보다 만장일치로 열등하다고 여겨지는 정책을 선택할 수도 있다.

의회로 돌아가 이 문제에 해당하는 예를 살펴보자. 의회 위원회가 무역 정책에 관심을 돌린다고 생각해보자. 위원회 구성원들은 현행법을 개정해야 하는지 아닌지, 개정한다면 어떻게 해야 하는지에 대해 토론하고 있다. 위원회는 팻, 크리스, 다나로 구성되어 있다. 이들의 논의는 다나가 새로운 법을 제정해야 한다고 주장하면서 시작되었다. 크리스는 다나의 제안에 대한 수정안을 내놓았다. 다나와 크리스의 제안이 마음에 들지 않는 팻은 크리스의 개정안에 대한 개정안을 내놓았다. 위원회 절차상 개정안의 개정안(팻의 제안)과 첫 번째 개정안(크리스의 제안)을 투표에 붙였다. 누가 이기든 다음은 다나의 제안과 겨룬다. 그리고 그 결과에 따라 찬반투표를 실시한다. 반대는 현행법의 유지를 의미하고 찬성은 그때까지 살아남은 개정안(팻이 제안한 개정안의 개정안, 크리스의 개정안, 다나의 새로운 법)의 선포를 의미한다.

다나는 자유무역정책(F)을 제안했다. 이 정책은 모든 관세를 제거하는 것이다. 앞서 설명했듯 관세는 수입 상품에 과세해 수입 상품을 국내 상품보다 비싸게 만드는 것이다. 제10장에서 보겠지만 많은 경제학자들은 자유무역정책이 경제성장을 자극하는 가장 좋은 방법이라 주장한다. 물론 소비자에게는 좋은 반면 국내 생산자에게는 독이 된다. 크리스는 다나의 제안을 그다지 옹호하지 않는다. 크리스는 가장 우호적인 국가와 같은 특정 국가에만 자유무역을 확장하는 것이 가치가 있다고 본다. 그러나 크리스는 전반적인 자유무역에 반대한다. 어떤 국가가 미국 물건을 자국에 들이는데 관세나 다른 가격 인상 장벽을 철폐하지 않는다면, 미국에 수출하는 그 국가에 관세를 철폐할 이유가 없다. 사실 이 의견은 제조업에 의존하는 지역을 대표하는 의회의 구성원들이 실제로 주장하는 바이다. 크리스는 양자 간 합의가 이루어진 국가에 한해서만 자유무역을 허가해야 한다고 주장한다. 이 제안을 B라 부르겠다.

팻은 다나와 크리스의 주장이 모두 마음에 들지 않는다. 팻은 미국의 노동자와 일자리가 외국과의 경쟁에서 보호받아야 한다고 생각한다. 따라서 팻은 크리스의 개정안을 한 번 더 수정한다. 팻은 자유무역의 관계는 없어야 한다고 제안한다. 팻의 개정안은 보호무역정책을 담고 있다. 이 제안은 *P*로 표기한다. 팻은 충분한 관세를 통해 해외에서 만들어진 상품이 미국에 들어올 경우 국내 생산품보다 비싸게 가격이 책정되어야 한다고 생각한다. 이러한 방법으로 소비자는 자신이 원하는 것을 사기 위해 더 높은 가격을 감당해야 하지만 국내 생산자는 외국과의 경쟁에서 보호받는다.

만약 투표에서 이 3가지 제안이 모두 탈락한다면 현재의 무역정책을 유지해야 한다. 현행법은 관세, (유럽을 비롯한 특정 지역에서 특정 식품을 수입하는 것을 제한하는 보건 기준과 같은) 무관세 장벽, 몇몇 양자 간 합의의 자유무역이 엉켜 있다. 현행법은 S라 칭하자. 팻, 크리스, 다나의 첫 번째 선호는 알고 있지만, 의회의 개정절차에 따라 어느 것이 이기는지를 알기 위해서는 두 번째, 세 번째, 네 번째 선호도 알아야 한다. 그 선호 순서를 다음과 같이 가정하자.

팻: $P > B > S > F$
크리스: $B > S > F > P$
다나: $F > P > B > S$

의회 절차에 따라 첫 번째 투표는 *P*와 *B*의 대결이다. *P*가 이긴다(팻과 다나는 양자무역 합의보다 보호무역을 선호한다). 이제 *P*는 *F*와 맞붙고 다나와 크리스의 투표로 *F*가 이긴다. 이제 모두는 *F*에 대해 찬반투표를 실시한다. 만약 *F*에 대해 반대라는 결과가 나오면 기존의 *S*를 유지한다. 팻과 크리스가 *S*에 투표하므로 결과적으로 *S*가 미국의 무역정책으로 남는다. 다시 한 번 선호도의 순서를 살펴보자. 팻, 크리스, 다나는 만장일치로 *S*보다 양자 자유무역 합의인 *B*를 선호한다. 즉 파레토 개선의 결과를 선택하는 것이 바람직하다는 원칙을 어기고 의회는 *S*를 선택한 것이다. 심지어 만장일치로 *B*가 *S*에 우선하는 데도 말이다. *S*는 *B*에 대해 파레토 열위(Pareto inferior)이다. 모두는 *S*가 되면 *B*보다 더 나빠진다. 확실히 이것은 보편적 이익도 아니고 공정한 결과도 아니다. 그러나 이것이 미국 의회가 개별 구성원들의 선호를 합산하기 위해 채택하고 있는 방법이다.

무관한 대안으로부터 독립

지금까지 우리는 사람들이 자신이 좋아하는 정책에 관해 어떤 의견도 가질 수 있어야 한다는 사실에 동의해왔다. 즉 사회는 x보다 y를 선호하거나, y보다 x를 선호하거나, 어떤 선호도 없는 것을 제약할 수 없다. 사회가 개인의 선호에 대해 개방적인 상태에서 우리는 다수결원칙이 모든 개인이 원하는 것을 사회적인 정책결정으로 변환시켜주는 좋은 방법이 될 수 있다고 보았다. 그러나 집합적 선호가 이행적이지 않을 때 다수결원칙은 사회적으로 원하는 정책이 확실히 선택되도록 하지는 못한다. 비이행성은 대안이나 선택자가 많아지면 증가한다(Niemi and Weisberg 2001). 이제 다수결원칙은 바로 국익을 드러내는 도구로는 쓸모가 없어졌다. 문제점을 확인하면서 만장일치라는 더 까다로운 방법을 찾아냈다. 그런데 놀랍게도 만장일치를 이뤄내기가 얼마나 어려운지에 대한 생각을 하기도 전에, 만장일치의 결과라도 그에 따른 정책이 '국민 전체'가 정말로 원하는 것을 반영한다는 보장을 할 수 없음을 발견했다. 심지어 1941년 12월 8일(진주만 공격 다음날) 일본에 전쟁을 선포한 표결도 만장일치는 아니었다.

개방적이고 투명한 규칙으로 국익이 무엇인지를 찾을 때 생길 수 있다고 인정될 또 다른 병리가 있다. 이 마지막 병리는 사회적 선택이 무관한 대안이 있고 없고에 영향을 받지 않을 규칙과 관련 있다. 우리는 사회선택의 결과가 무관한 대안으로부터 독립(줄여서 IIA)되기를 원한다. 그러한 대안들은 결국 무관하기 때문이다!

우리가 알아야 할 것은 만약 어떤 선택 x가 y에 우선한다고 밝혀지면, 선호를 합산하는 규칙에 의한 결론이 새롭게 소개되는 z로 바뀌지 말아야 한다는 것이다. 즉 사회가 y보다 x를 좋아한다면, 그 사회는 z에 대해 고려할 때도 y보다 x를 좋아한다는 결론이 나와야 한다는 것이다. x 혹은 y에 비해 z에 대한 그 사회의 선호가 어떻다고 말하지 않음을 명심하라. 물론 사회는 z를 x보다 그리고 y보다 더 선호할 수 있다. 그러나 z에 대해 언급하지 않았다면 x를 선택하고, z를 언급했다면 y를 선택한다는 선택 규칙은 말이 안 된다. 지금 당신이 생각하는 것처럼 이는 엄청난 문제다. 선택되지 않았음에도 결과를 변화시키는 무관한 대안의 소개에 민감한 규칙들이 많다. 그리고 y를 옹호하는 소수가 z를 개입시켜 y를 선택하게 만드는 과정을 생각해볼 수 있다.

IIA 문제를 설명하기 위해 1962년의 쿠바미사일 사태를 살펴보자. 냉전이 극에 달했던 1962년 9월 케네디(John Kennedy) 대통령은 미국 U-2 정찰기를 통해 소련의 쿠바 핵미사일 배치 계획을 알아냈다. 이것은 쿠바에 방어무기를 제외한 어떤 것도 배치하지 않는다는 소련과 미국의 사적, 공적 합의를 명백하게 위반한 행위였다. 케네디 대통령은 엑스콤(ExComm)으로 알려진 국가안보협의회 집행위원회(Executive Committee of the National Security Council)를 소집해 소련의 도발에 어떻게 대응해야 하는가를 논의했다. 여기서 쿠바위기 이슈를 깊게 살펴볼 필요는 없으며 핵전쟁에 결코 가까이 가지 않았다고 말하는 정도로 충분하다. '국익' 관점의 정책이 요구된 때가 있었다면, 쿠바 미사일 위기가 그때였다.

엑스콤의 구성원들은 사태의 심각성을 파악했다. 그들은 대응방식에 대해 빠른 결정이 필요하다고 생각했다. 늑장을 부리는 것은 곧 재앙이었다. 일단 미사일 기지가 완성되면 군사적 충돌이 일어났을 때 핵전쟁의 위험이 엄청나게 증가한다. 대통령의 신뢰도가 연결된 문제라는 사실도 알고 있었다. 케네디 대통령은 쿠바에 공격형 무기를 배치하지 않겠다는 소련 서기장 흐루시초프(Nikita Khrushchev)의 약속을 믿고 있었다. 따라서 케네디는 대중들 앞에서 쿠바에 방어용 무기는 몰라도 공격용 미사일을 묵인하지도 않고 묵인할 수도 없다고 선언했다. 이제 그는 자신의 기대와 달리 자신에게 거짓말을 한 소련 지도부를 마주했다. 케네디는 1962년 10월 22일 연설에서 이렇게 말했다.

> "소련 정부는 보복용 무기를 쿠바와 같은 다른 나라로 옮길 필요가 없고" 또 "소련은 핵탄두를 운반할 수 있는 강력한 로켓이 있기 때문에 소련 영토 밖에 미사일 기지를 둘 필요가 없다"고 소련 정부는 말했다. 그러나 이 말은 사실이 아니었다.[4]

확실히 대통령은 강력한 한방을 날렸고, 엑스콤은 케네디가 미국 영토 인근에 무기를 허락할 수 없다고 대중들 앞에서 한 약속을 쉽게 철회하지 못할 것이란 사실을 알고 있었다.

이제 위원회 구성원들을 4개 분파로 나누어 각 주장을 살펴보자. 사실과 비교한다 해도 꽤 정확한 분류가 될 것이다. 각 분파는 동등한 권력을 가지고 있다고 가정하자. 국방장관 맥나마라(Robert McNamara)는 쿠바로 들어오는 미사일 보급품과 핵탄두를 차단하기 위한 해상봉쇄를 주장했다. 법무장관 로버트 케네디(Robert Kennedy, 케네디의 동생으로 대통령이 가장 신뢰했던 인물)도 이에 동의했다. 합동참모본부장 테일러(Maxwell Taylor)는 군대를 대표한 인물로 공습을 통해 미사일을 제거하자는 주장을 내놓았다. 케네디의 국가안보 보좌관이었던 번디(McGeorge Bundy) 또한 처음에는 공습에 찬성했다.

우리가 이들의 선호 순서를 모두 알 수는 없겠지만 활발하게 논의되었던 3가지 대안의 선호를 생각해보자. 대안은 (1) 봉쇄 (2) 공습 (3) 쿠바 침략이었다. 그리고 이후에 UN을 통한 외교적 해결에 대한 가능성도 포함시켜 논의를 확장하겠다. 이

---

4. 연설 전문은 www.americanrhetoric.com/speeches/jfkcubanmissilecrisis.html을 참고하라. 온라인에 이 연설에 대한 오디오 및 비디오 파일이 있다. 그것을 참고하는 것도 좋다. Allison and Zelikow(1999)의 The Essence of Decision은 그동안 밝혀지지 않았던 쿠바 미사일 사태의 내용을 담고 있다. 조금 덜 분석적인 설명이지만 직접 체험을 담은 Robert Kennedy([1969] 1999)의 〈Thirteen Days〉도 있다.

네 번째 대안이 바로 엑스콤의 결정을 뒤집을 무관한 대안이 될 것이다. 먼저 3가지 대안의 선호 순서를 살펴보자.

1. 맥나마라: 봉쇄 > 공습 > 침략
2. R. 케네디: 봉쇄 > 공습 > 침략
3. 테일러: 공습 > 침략 > 봉쇄
4. 번디: 공습 > 봉쇄 > 침략

이들이 마주한 결정은 매우 중대한 사안이었기 때문에 위원회는 각 분파 선호순서의 전체 조합을 중요시 여겼다고 가정하자(여기서 언급하지는 않았지만 분파에는 다른 구성원들도 있었다). 따라서 우리는 여러 위원회에서 흔히 쓰이는 방식인 보다점수제(Borda Count)로 집계해 엑스콤의 정책선호(국가이익)를 평가한다고 가정한다. 보다점수제에 따르면, 유권자들은 자신의 선호순서에 따라 대안에 점수를 할당한다. *N*개의 대안이 있다면 가장 선호하는 대안에 *N*−1점을 매긴다. 그러면 두 번째로 선호하는 대안은 *N*−2점이 되고, 세 번째로 선호하는 대안은 *N*−3이 되어 선호순서의 마지막에 있는 대안은 0점을 받게 된다. 가령 위원회가 3가지 대안에 투표한다면 유권자 각각은 자신이 가장 선호하는 대안에 2점(*N*=3이므로 *N*−1=2가 된다)을 주고 두 번째 대안에 1점, 세 번째 대안에 0점을 매긴다.

보다 방식을 사용해보면, 봉쇄가 5점, 공습이 6점, 침략이 1점을 받게 된다. 그러므로 공습이 가장 좋은 대안이다. 그러나 엑스콤의 선택은 달랐다. 봉쇄를 선택했다. 봉쇄, 공습, 침략에 대해 토론을 벌이는 자리에서 한 위원(번디라고 가정하자)이 현재 상황에 대한 올바른 대응은 UN을 통한 외교적 해결이라고 제안하는 상황을 생각해보자. 두 차례(1952년과 1956년) 민주당 대통령 후보였던 스티븐슨(Adlai Stevenson) 대사가 UN에 영향력을 행사할 수 있었다. 결과적으로 해상봉쇄는 선박 조사를 의미하는 것이고 국제법에 따라 이는 전쟁행위로 보일 수 있다. 공습과 침략 또한 확실한 전쟁행위이며, 처참한 결과를 낳을 수도 있다.

외교적 접근을 '외교'라 하고, 외교를 포함한 선호를 다시 나열해보자.

1. 맥나마라: 봉쇄 > 외교 > 공습 > 침략
2. R. 케네디: 봉쇄 > 외교 > 공습 > 침략
3. 테일러: 공습 > 침략 > 봉쇄 > 외교
4. 번디: 외교 > 공습 > 봉쇄 > 침략

이제 각 분파에서 가장 선호하는 대안은 3점(N=4, N−1=3), 두 번째 대안은 2점을 얻게 된다. 그 결과 봉쇄는 8점, 공습은 7점, 외교도 7점, 침략은 2점이다. 외교적 접근을 대안에 추가하면 엑스콤은 해상봉쇄를 선택한다. 무관한 대안에 해당하는 외교적 접근이라는 대안이 없었더라면 위원회는 공습을 제안했을 것이다. 그러나 외교적 접근이라는 대안의 소개로 집합적 선호는 바뀌었다. 사실 번디가 외교적 대안을 세 번째로 선호했다면, 외교가 공습과 동점을 받지는 못했을 것이다. 이러한 상황이었다면 봉쇄가 9점, 공습이 8점, 외교가 5점, 침략이 2점이다. 무관한 대안이 공습과 봉쇄에 대한 엑스콤의 선호를 바꿔 놓았다. 선호 순서대로 점수를 매겨 집합적 선호를 결정하는 방식은 이처럼 무관한 대안의 개입에 매우 취약하다.

이러한 집합적 선호의 변화가 단지 이론상에서만 가능할 뿐 현실에서는 일어나지 않는다고 생각하는 이들을 위해 2000년 대통령선거에 대해 살펴보겠다. 랄프 네이더(Ralph Nader)라는 제3의 정당 후보가 없었더라면 앨 고어(Al Gore)가 일반 투표뿐 아니라 선거인단 투표에서도 승리했을 것이다. 그러나 네이더의 합류로 조지 부시(George W. Bush)가 대통령이 되었다. 부시는 선거인단 집계에서 고어에게 승리했다. 네이더가 출마하지 않았더라면 고어에게 갔을 표들이 네이더 출마로 고어에게 가지 않고 네이더에게 감으로써 플로리다에서 부시가 승리했기 때문이다[역자주: 주별 집계에서 승리한 후보가 그 주의 모든 선거인단을 가져간다]. 사실 네이더에게 투표한 어느 누구도 부시를 네이더보다 더 선호하지 않았다. 네이더는 이 선거의 무관한 대안이었고 투표 규칙은 무관한 대안에 영향을 받을 수밖에 없었다.

이제 우리는 진퇴양난에 빠져 있다. '국민 전체'가 원하는 바를 공정하게 반영할 수 있는 사회의 선호를 합산할 일반적 규칙은 없는 듯하다. 사실 애로우가 증명한 것은 사회적인 결과가 개인의 선호를 정확하게 반영할 수 있는 규칙은 딱 하나뿐이라는 것이다. 오직 하나뿐인 이 규칙은 바로 독재다. 즉 절대적 독재자가 있어서(앞서 드레이크의 인용문에서 살펴보았듯) 그 사람의 선호만을 계산한다면 독재자가 완전하고 이행적인 선호를 가지고 행동하는(가령 독재자가 합리적인) 한 그 선호에 따라 선택하면 된다. 매우 실망스런 결론이지만 그것이 냉혹한 현실이다. 만약 우리가 사회적 선택의 규칙(개인적 선호들에서 사회적 선택이나 정책을 뽑아내는 수단)의 공정성이 보편적 영역, 사회적 이행성, 만장일치(파레토 개선), 무관한 대안으로부터 독립을 필요로 한다는데 동의한다면, 한 명 이상의 사람들이 가진 선호를 합산할 수 있는 방법은 없으며 이들의 선택과 그 결과 사이의 행복한 일치는 보장할 수 없다. 요컨대, 모든 정치는 공정한 처리에 민감하다. 부패한 조작은 말할 나위가 없다. 이를 아는 모든 정치인은 선호를 결과로 바꿔 그 결과가 자신에게 우호적인 편이 되도록 애쓴다. 그러나 정치인들이 그렇지 않다 해도 애로우는 독재자 외에 어떤 규칙도 우리가 원하는 것을 합산해 반영하는 결과를 확신할 수 없다고 말했다.

어떤 규칙도 공정하고 진솔하게 우리가 원하는 것을 국익에 반영할 수 없다는 사실을 일단 받아들이면 어떻게 국내정치가 정책을 결정하는지에 관심이 갈 수밖에 없다. 합리적 단일행위자로 국가를 보는 관점에는 문제가 있다. 왜냐하면 본질적으로 이 관점은 국가가 정책을 지배하거나 연구자들이 국가가 원하는 것을 알고 있다는 가정을 하고 있기 때문이다. 이 책은 그러한 접근에 질문을 제기하고, 국내 제도와 정치적 분열이 밑바닥에서부터 가장 중대한 것까지 모든 결정을 만든다는 전략적 접근을 소개한다. 제1장에서 설명하겠지만 모든 이론은 단순화된 가정을 가지고 있어야 한다. 그래서 합리적인 단일행위자 가정이 다양한 상황에 잘 맞았던 것이다. 이 말은 곧, 각 장에서 다룰 주장들이 국내정치가 없는 단일행위자로 국가를 다룬 단순화 관점에서도 여전히 맞는지 확인해야 한다는 의미다. 이 내용은 민주주의, 독재 등 서로 다른 형태의 정부가 전쟁, 평화, 세계 질서의 문제를 어떻게 다르게 접근하는지를 살펴보면서 다시 한 번 등장할 것이다.

4 이 책 그리고 다른 중요한 대안적 관점

앞으로 다룰 내용은 일반적으로 국제문제를 보는 관점과 다르기 때문에 **전략적 시각** 외의 3가지 주요 국제관계이론적 시각인 (1) 신현실주의, (2) **자유주의**, (3) **구성주의**를 소개한다. 그 과정에서 전략적 시각에 사용될 주요 아이디어 또한 강조한다. 각각의 시각은 앞으로 계속 등장하기 때문에 기본적 특징을 이해하는 것은 중요하다.

신현실주의

케네스 왈츠(Kenneth Waltz 1979)는 규칙, 규범, 법을 강요하는 지배적 권위체가 없는 세계 속의 국제정치를 이해하기 위한 방법으로 신현실주의를 소개했다. 신현실주의는 다음의 4가지 핵심 가정을 제시한다.

1. 국제정치는 **무정부**상태이다. 즉 국가 간의 합의를 강제할 수 있는 어떤 초국가적 권위체도 없기 때문에 단지 **자기이익 추구**만이 가능하다.
2. 합리적인 단일 개체로서 국가는 국제정치에서 중심 행위자이다.
3. 국가는 무엇보다도 안보를 극대화 하고자 한다. 다른 문제들은 그 다음이다.
4. 국가는 안보가 위험에 빠지지 않는 한, 세력의 증대를 추구한다.

이 가정들은 국가 내부에서 일어나는 일들, 즉 국내정치는 근본적으로 국제문제와 무관하다는 신현실주의의 관점을 만든다. 물론 신현실주의자는 이것이 현실의 단순화라는 것을 알고 있지만 **간결성**과 정확성 간에 유용한 교환이 있다고 믿는다. 본질적으로 독재자로서의 국가라는 개념을 받아들이고 있다. 따라서 그게 무엇이든 그 국가의 이익은 '국익'으로 취급한다.

현실주의자와 다른 신현실주의의 가장 중요한 변화는 국가가 힘의 극대화가 아닌 안보의 극대화에 관심을 기울인다는 주장이다. 안보에 초점을 맞추는 것은 국가들이 다른 국가와의 경쟁에서 상대적 이익을 중시한다는 것을 의미한다(Grieco 1988a, 1988b; Powell 1991; Snidal 1991). 신현실주의자의 접근에 따르면 한 국가가 새로운 자원을 가지게 되었다 해도 그 과정에서 다른 국가들이 더 많이 가졌다면, 그 국가에게는 상대적으로 나빠진 것이다. 왈츠는 그가 강조하고 있는 상대적 이익을 이렇게 설명했다.

> 불안하게 느끼는 국가들은 상호이익을 위한 협력 가능성에 임해서 그 이익을 어떻게 분배할지를 생각해야 한다. 이 국가들은 "우리 둘 다에게 이익인가?"가 아니라 "누가 더 이익인가?"를 자문해야 한다. 만약 두 국가에게 돌아갈 이익이 2:1로 나누어진다면, 큰 쪽을 받은 국가는 상대보다 더 얻게 된 이익을 사용해 상대를 무너뜨리거나 위협을 가하는 정책을 펼 것이다. 각각 다른 상대가 증가된 능력을 어떻게 사용할 것인가에 대한 두려움을 가지고 있는 한, 두 집단 모두에게 절대적인 이익이 크다 해서 협력을 이끌어 낼 수는 없다.(1979, 105)

신현실주의자는 세계가 본래 전쟁의 상태라고 보고, 각각의 모든 국가의 국가안보에 대한 노련한 추구만이 전쟁을 피할 수 있는 유일한 길이라고 말한다. 국가(혹은 정부)가 장기간 서로 협력을 유지할 수 있는 가능성은 매우 낮다. 국가에게 자신 외에는 안전을 보장해 줄 믿을 만한 어떤 장치도 없다. 이것이 바로 신현실주의자가 국제정치를 자구 체제라 보는 이유다. 동맹, 국제기구, 기타 국제협력 수단들은 국가가 자국 안전을 보호하고 향상시키기는 데에 (보통 단기적으로) 편리하다. 이러한 수단들은 그것이 국가의 안보를 향상시키는지 아닌지에 따라 즉시 깨질 수도 있다. 이와 같은 관점으로 신현실주의는 국제정치에 대해 주요 3가지 주장을 제시한다.

1. 국가 간 **힘의 균형**은 상황을 안정시키고, 힘의 불균형은 불안정하게 하여 안보를 변화시킬 전쟁이나 다른 방도로 이끈다. 신현실주의자 논리에서 0.50 이상의 전쟁 승리 **확률**은 전쟁을 위한 충분조건은 아니지만 필요조건이다(Niou et

al 1989; Bueno de Mesquita and Lalman 1992). 이는 불균형 혹은 상호 낙관주의(가령 분쟁의 양측 모두 승리 확률을 0.50 이상으로 볼 때)가 전쟁의 전조라는 추정의 토대를 제공한다(Blainey 1988; 다른 견해는 Fey and Ramsay 2007 참조).

2. 거의 모든 국가가 지배 세력이 이끄는 2개의 블록 중 하나에 포함되는 양극체제는 국가들이 전쟁에서 어떻게 제휴할 것인가에 대한 불확실성이 매우 낮다. 따라서 양극체제는 다극체제에 비해 더 예측이 가능하고 안전하며 안정적이다. 둘 이상의 극이나 블록이 있을 경우 국제체제는 불확실성으로 점철된다. 타인의 행동에 대한 불확실성은 국가가 어떤 상황에 대해 계산착오, 판단착오, 오해의 가능성을 높인다(Waltz 1964, 1979; Deutsch and Singer 1964).
3. 동맹은 그 생명력이 짧고 무역관계는 신중하게 균형을 유지해야 한다. 그렇지 않으면 불균형한 이익을 초래해 손해 보는 국가의 안보를 위태롭게 할 수 있다(Gowa 1989, 1994; Gowa and Mansfield 1993; Morrow, Siverson and Tabarse, 1998도 참고하라).

물론 신현실주의자의 가정에는 다른 함의도 있다. 그렇지만 이 3가지가 중심 주제다. 제5장과 제6장에서 살펴보겠지만 역사는 이 중 어떤 가설도 뒷받침해주지 않는다.

자유주의

자유주의는 신현실주의의 부족한 부분을 채우면서 출현한 이론이다. 현실주의적 접근과 달리 자유주의는 국제적인 협력이 빈번하게 그리고 장기적으로 이루어지고 있음에 집중한다. 사실 이러한 협력을 설명하고자 했던 열망은 신현실주의가 그 첫 번째 출발점이다. 더구나 자유주의적 이론가에게 구조적 위계는 국제정치의 중심이 되는 조직상 원칙이다. 구조적 위계는 국가들이 다른 누구에게도 의지할 수 없기 때문에 자구책을 찾아야 한다는 무정부주의와 달리 국가 간에 협력을 권위적으로 강요할 수 있는 행위자의 존재를 인정한다. 패권적 국가(두드러지게 지배적인 국가)의 존재는 행동의 규범을 강제하고 레짐(regime) 그리고 국제적 평화와 안정을 유지하는 데 도움이 된다고 주장된다(Organski 1958; Keohane and Nye 1977; Gilpin 1981). 자유주의 이론들은 협력을 강조하기 때문에 상대적 이익보다는 모두에게 기회이고 희망이 될 수 있는 절대적 이익을 중시한다.

규범은 자유주의와 신자유주의의 사상에서 중심 역할을 차지한다. 규범은 광범위하게 존중되는 행동 양식이다. 가령 대부분의 국가들은 대부분의 시기에 이웃 국가들과 국경을 지킨다. 자유주의자(다음에 설명할 구성주의자도 마찬가지)에 따르면 이것이 용납되고 있는 행동방식이기 때문이다. 따라서 영토의 보전이 법으로 쉽게 강요될 수 없는 문제라 해도, 공유하고 있는 가치나 규범에 의해 일반적으로 받아들여지고 있다는 것이다. 이렇게 공유된 가치와 규범은 무정부가 국제정치의 중심 원리라고 주장하는 신현실주의자와 대조되는 부분이다. 자유주의와 신자유주의의 견해에 따르면 레짐은 국가들 사이에서 공유하는 이익을 가지고 함께 조율할 수 있도록 만들어진 국제법, 규칙, 기구 등의 집합체이다(Krasner 1983; Organski 1958). 규범과 레짐이 제공하는 행위적 토대로 국제체제의 위계구조는 국가들의 협력을 증진시키고 부를 극대화하려는 국가들의 자연적 경향을 지지한다.

자유주의 이론들 중에 가장 두드러진 것은 로버트 코헤인과 조셉 나이(Robert Keohane and Joseph Nye 1977)의 상호의존 이론이다. 이 이론은 오로지 안보 관련 문제에만 초점을 맞추지 않고, 국제정치 경제에 관심을 기울인다. 자유주의와 신현실주의는 근본적으로 다른 변수들에 주목한다. 자유주의 이론에서 힘의 분포는 무역 레짐이나 문화적 규범 등에 의해 생산된 공유 이익의 분배만큼 중요하지 않다. 무역 레짐은 합의이자, 특정 무역정책을 실시하고 규제하도록 설계된 관련 제도 혹은 기관이다. 이러한 것들의 기능은 참여자들의 협력을 증진시키는 것이고 사실상 상대적 이익의 불균형이나 상대적 세력에 관계없이 그러한 역할을 성공적으로 수행해내고 있다.

문화적 규범이나 공유된 가치 역시 어떤 종류의 행동이 받아들여지지 않고, 제재를 받을 수 있는지를 명확히 함으로써 협력을 증진시킬 수 있다. 물론 규범이나 레짐을 어겼을 때 받을 수 있는 제재의 실행 가능성은 국제체제가 무정부적일 때보다 위계적일 때 더 크다. 자유주의적 관점을 지지하는 이론들은 국제법이 단기적인 국가 이익에 상충된다 해도, 이 법이 국가들의 행동을 제한할 수 있을 것이라 주장한다. 무정부주의를 주장하는 신현실주의와 같은 이론들은 국제법이 국가안보의 향상에 도움이 될 때는 편리하다고 하는 반면, 그렇지 못할 때는 골칫거리에 불과하다고 무시한다. 따라서 신현실주의가 국가의 상호작용이 단기적 결과에 의해 좌지우지된다고 주장하는 반면 신자유주의자는 국가의 행위를 더 광범위하고, 장기적인 전략적 관점에서 인지한다.

구성주의

신현실주의와 자유주의는 국가의 목표를 가정하고 국가 상호작용을 전략적으로 보기 때문에 게임이론적 분석에 잘 맞는다. 신현실주의에서는 안보가 목표이고, 자유주의에서는 부와 협력이 목표이다. 반면 구성주의는 목표들의 특정한 유형이 어떻게 유지되고 변화하는가를 설명하는데 초점을 맞추는 이론적 관점이다. 구성주의는 국내 문화, 국내 힘의 위계와 개인의 가치 혹은 선호 간 본성적 관련성을 소개하지만, 제한된 조건을 제외하고는 국제무대에서의 행위를 전략적으로 보지 않는다.

구성주의는 정체성의 형성, 즉 우리가 어떻게 우리 자신을 보는지를 이론화시키는 것에 목적이 있다(Keck and Sikkink 1998; Risse-Kappen, Ropp, and Sikkink 1999; Wendt 1999). 구성주의에서 개인의 선호와 정체성은 (1) 정당화, (2) 역할 재정립, (3) 반성의 세 과정에 의해 형성되기도 하고 변화하기도 한다.

구성주의 논리가 어떻게 작동하는지 살펴보기 위해 제9장에서 다시 깊게 살펴볼 인권문제에 대해 생각해보자. 한 국가의 지도자는 그가 국내에서 인권에 반하는 일을 저지르고 있다 해도 인권에 관한 국제적인 조약에 찬성할 수 있다(Cherif 2005). 이를 통해 구성주의자는 지도자가 국제사회의 이목이 집중될 때 정당화를 추구한다고 가정한다. 즉 구성주의자는 이 초기 단계를 전략적 동기가 부여된 단계로 본다. 이 지도자의 인권 지지가 미사여구에 불과해도, 지도자는 그가 비준한 조약에 포함된 행동규범을 행해야 한다는 국제 압력을 느끼게 된다고 구성주의자는 주장한다(Risse-Kappen et al. 1999). 결국 그는 말과 행동 사이의 괴리감과 그가 수사적 지지를 보낸 행동규범에 따르라는 국제조약의 압박에 직면해, 행동을 바꾸도록 설득당하고 자신이 동의한 행동규범을 존중하게 된다. 즉 지도자는 애초에 비난에서 벗어나기 위해 동의했던 규칙과 규범의 내재화를 초래하는 역할 재정립과 반성에 이르게 된다.

따라서 구성주의는 정책결정자가 매우 전략적이라고 보지는 않는다. 지도자는 처음에 정당성을 얻기 위한 전략적 이유로 일련의 행동을 채택하지만, 그 이후엔 사회적으로 받아들여지는 행동규범을 준수하고, 자신에 대한 지각과 자기 이익에 관한 주관을 바꿀 때까지 외부 압력과 설득을 받는다는 것이다. 지도자는 만약에 변화된 행동이 그 자신의 정치적 입지를 위협할지라도 새로운 행동규범을 받아들이도록 사회화된다는 것이다.

불행하게도 이 이론의 추측을 평가하는 경험적 연구의 대부분은 이를 뒷받침해주지 못한다. 그렇기 때문에 구성주의는 규범, 압력, 설득과 관계있는 독립변수들이 예견된 효과(예: 국제적 가치의 변화나 행동의 진전)를 일반적으로 발생시키는지 알기 위해 무작위 사례를 추출하기보다는, (설명되어야 할) **종속변수**가 어떤지를 미리 알고 사례들을 선택하는 경향이 있다. 제1장에서 설명하겠지만 이러한 연구 설계는 의도치 않더라도 이론 주장의 반박을 방해하는 쪽으로 치우칠 수 있다.

구성주의를 **과학적인 방법**에 부합하는 시각으로 평가하려는 노력들은 일반적으로 구성주의자의 가정을 지지하지 못하고 있다. 이와 관련해, 상식선에서는 구성주의자에 대한 낙관적 기대보다 문제가 더 많다. 가령 UN의 시민적 및 정치적 권리에 관한 국제규약(UN International Covenant on Civil and Political Rights)은 규약 당사국들이 삶에 대한 권리, 종교의 자유, 언론의 자유, 집회의 자유, 정당한 법 절차 등 다수의 인권을 존중하도록 하고 있다.

1966년 12월에 승인된 이 규약은 1976년 이래로 계속 그 효력을 발휘하고 있다. 벨라루스(1973년 비준), 중국(1998년 서명), 북한(1981년 비준), 이란(1975년 비준), 시리아(1969년 비준), 짐바브웨(1991년 비준)를 포함한 거의 모든 정부가 이 규약에 속해 있다. 그러나 지난 20~40년 간 이 규약의 내용과 조건을 받아들였음에도, 위에 언급된 국가 중 어느 하나도 그들이 동의한 이 규약의 내용을 준수하지 않았다. 확실히 이 국가들과 다른 많은 국가들은 오랜 시간을 거쳤고 지도자가 바뀌었음에도 여전히 이 규약의 내용을 지키지 않는다.

행위를 체계적으로 조사하기 위해 토마스 쾨닉(Thomas Kõnig, 2007)은 구성주의자의 이론과 **공간모델**(제3장 참고)이라고 불리는 합리적 행위자 모델의 서로 다른 경험적 예측을 비교하려는 목적으로 유럽연합 내 법적 의사결정 과정을 조사했다. 이 연구는 유럽연합을 구성하고 있는 국가들이 의견을 모아 정책 수렴을 이룰 것이라는 구성주의자의 예상과 시간이 지날수록 이들 사이에 다양한 정책이 나올 것이라는 공간모델의 예상에 초점을 맞추고 있다. 이 연구는 구성주의자의 **가설**을 실험해 보았다는 의의를 가질 뿐 아니라 유럽연합 구성원의 확대에 따른 법제적 예측에 관해 중요한 함의를 가지는 경험적 결과를 내놓았다는 점에서 매우 중요하다. 쾨닉은 "구성주의자의 주장과 달리, 답사 분석이나 통계 분석 모두 회원국들 사이에 수렴효과를 발견하지 못한다"(2007, 419)고 주장한다. 유로화 위기에 대한 신문기사들은 쾨닉의 메시지에 더욱 힘을 실었다. 언론은 회원국들이 유럽연합의 생존에 영향을 미치는 근본적인 정책서 의견과 행동을 하나로 모으지 못한다고 보도했다.

쾨닉의 큰 표본통계 분석이 구성주의자의 주장을 반박하긴 했으나, 구성주의자가 수렴성을 뒷받침하는 **사례연구**를 성공적으로 내놓은 것은 주목할 만한 성과다. 가령 체켈(Checkel 2003)은 회원국 대표들 사이의 정책 수렴을 뒷받침하는 사례 분석을 발표했다. 이는 의도되지 않은 반-반증(anti-falsification) 바이어스를 보여주는 **선별효과**에 불과하다고 쾨닉(2007)은 주장한다. 마찬가지로 구성주의자의 견해

무바락(Hosni Mubarak) 대통령이 사임하고 군대에 권력을 이양한 후 2011년 2월 카이로에서 이집트 국민이 자축하고 있다. 18일 동안의 민주주의 촉구 평화시위가 무바락을 군부에 항복하게 만든 후, 수십만 명이 즐거운 대혼란 속에서 춤추고 울며 기도했을 때 "이집트는 자유다"라는 함성이 울려 퍼졌고 불꽃들이 하늘을 밝혔다. 이것이 30년 권위주의 통치의 종말인지는 불확실하다.

와 다르게, 쉐리프(Feryal Cherif, 2005)는 여성 권리에 관한 특정 행동규범을 준수해야 한다는 국제조약에 서명하고 국제압력을 받는다 해서 권위주의 정권 하의 인권이 향상된다는 증거는 별로 없다고 주장한다. 구성주의자는 외부적 압력과 개인적 재정리가 점진적으로 일어나듯이 일반적으로 선호와 행동의 변화는 시간이 걸린다고 주장한다. 그러나 15년 기간을 대상으로 조사한 쉐리프의 연구는 이러한 구성주의자의 주장이 적어도 여성의 정치참여에서는 사실로 판명되지 않음을 보여준다.

이제 '아랍의 봄' 사건을 살펴보고 이집트 무바락(Hosni Mubarak)과 시리아 알 아사드(Bashar al-Assad)와 같은 독재자가 대규모 시위와 민주화 요구에 평화적으로 정권을 내놓지 않았던 일에 대해 언급해보겠다. 무바락과 아사드는 개혁을 오랜 동안 약속해왔고, 둘 다 앞서 언급했던 인권규약에 가입했었다. 구성주의자의 주장과 달리, 둘 다 수년 심지어 수십 년 동안 그렇게 할 수 있었지만 정당성 단계에서 역할 재정립 혹은 반성의 단계로 넘어가지 못했다. 무바락의 경우 그렇게 넘어갈 수 있는 기회가 여러 해 심지어 수십 년 동안 있었다. 카스트로(Fidel Castro) 또한 민주적 절차에 따른 선거를 약속했고 국제적 압력에 부딪쳤지만 거의 50년 동안 경쟁 정당을 허락하지 않았다. 처음 권력을 잡았을 때 선거에 대한 지지를 선포하는 것으로부터 얻고자 했던 합법성이 무엇이었든 그것은 한 번도 구체적인 조치로 이어지지 않았다.

몇몇 경험적 연구들이 구성주의자의 설명에 관한 정확성에 의문을 제기하고 있지만 확고한 결론을 내기에는 아직 충분한 체계적 연구가 이루어지지 않은 것이 사실이다. 따라서 문제는 남아 있지만 구성주의는 여전히 국제법이나 국제기구와 같은 국제관계의 특정한 측면들에 대해서는 그럴 법한(혹은 보충적인) 대안이다. 이에 대해서는 Ⅲ부에서 더 살펴본다.

전략적 관점의 첫 검토

신현실주의와 자유주의와는 다르지만, 구성주의적 시각과 같이 전략적 관점은 국내외의 이익과 영향력 사이에 일어나는 상호작용에 그 뿌리를 두고 있다. 그러나 구성주의자와 달리 전략적 관점은 국제문제에 관여된 모든 집단이 전략적이라고 가정하기 때문에 관점이라는 이름이 붙는다. 여기서 의미하는 '전략적'은 결정에 영향을 미치고자 하는 개인이나 집단 그리고 정책결정자가 어떤 행동을 선택했을 때 가능한 반응을 고려해 앞일을 내다보는 것이다. 그런 후 앞을 내다보고 동시에 현재로 거슬러 따져보면서 최선의 결과를 가져다 줄 것으로 믿어지는 행동을 선택한다. 다시 말해, 전략적 관점의 모든 사람들은 많은 사람과 여러 면에서 복잡한 체스게임을 하는 체스 선수이다.

전략적 관점과 그 구체적 적용인 선출인단이론의 3가지 기본 원칙을 살펴보자. 선출인단이론은 앞으로 더 집중적으로 보게 될 것이다.

1. 지도자가 영향력을 행사하는 국제무대의 사건 행위는 자신의 개인적인 부, 특히 직위를 유지하고픈 욕망에서 비롯된다. 지도자는 국익을 자신의 개인 이익에 일치시킨다.
2. 국제관계와 국내정치는 분리될 수 없다. 모든 대외정책 행위는 그 행위로 인해 기대되는 국내정치적 결과에 따라 결정된다. 따라서 만약 어떤 대외정책이 장기적으로는 국가에 이익이지만 단기적으로 그 지도자를 물러나게 할 수도 있는 일이라면, 지도자는 그 정책을 선택하지 않을 것이다.
3. 국가 간, 지도자들 간의 관계는 전략적인 고려에 의해 움직인다.

대외정책 결정은 국제관계뿐 아니라 지도자의 안녕에도 영향을 끼치도록 만들어진다. 효과성을 위해 대외정책은 적군과 아군들 사이에서 그들이 만들어낼 반응을 고려해 결정되어야만 한다. 선택된 정책의 예상 반응은 다른 정책 대안에서 예상되는 반응과 비교된다. 지도자는 국내외 정적들이 자신의 이익을 향상시킬 수 있는 정책을 선택한다는 것을 인지한 상태에서 가장 좋은 결과를 가져다 줄 정책을 선택한다.

이 3가지 원칙은 국제문제가 게임이론으로 가장 잘 이해될 수 있음을 지적한다. 게임이론은 다른 개인이나 그룹의 선택에 대한 기대치에 따른 개인의 선택을 기반으로 한 전략적 상호작용을 평가하는 수단이다. 단순히 비유적인 분석이 아니라 엄밀한 기준을 사용할 때, 이 이론은 명확하고, 논리적으로 일관되며, 직관적인 방법으로 사람들이 어떻게 선택하는지 설명한다. 사람들은 다른 사람들이 어떻게 반응할지를 예상하며 그에 따른 최선의 선택을 하고, 마찬가지로 다른 사람들도 자신 이외 사람들의 행위를 예측하려 한다.

이 책의 첫 번째 원칙은 지도자에게, 그리고 그의 지도력이나 국내의 사회, 정치, 경제적 상황 등에 초점을 맞춘다는 것이다. 국제관계에서 가장 중요한 것은 어떤 국가의 지도자가 자신의 이익을 어떻게 대외정책 결정이나 행동에 투영하느냐이다. 연구 초점을 지도력에 맞추면서, 왜 성공적이고 효율적이라고 일컬어지는 지도자가 직위에서 쫓겨나게 되고, 반면에 확실히 그 반대인 끔찍한 지도자가 오랜 기간 그 자리를 유지하고 있는지에 대해 생각해보아야 한다. 제2차 세계대전 때 영국 수상이었던 윈스턴 처칠(Winston Churchill)의 예를 보자. 나치 독일에 대항해 확고한 승리를 쟁취하기 이전 전쟁의 가장 어두웠던 기간에 수상으로서 영국을 유럽 내 마지막 민주주의 요새로 남게 했다. 그러나 전쟁이 끝날 무렵 영국인들은 처칠에게 투표하지 않았다. 반면 카자흐스탄의 누르술탄 나자르바예프(Nursultan Abishuly Nazarbayev)나 쿠바의 피델 카스트로(Fidel Castro), 짐바브웨의 로버트 무가베(Robert Mugabe), 리비아의 무아마르 카다피(Muammar Quddafi) 등 과거부터 현재까지의 수많은 독재자들은 국민을 가난에 내몰고 심지어 대량학살을 저질렀음에도 지도자의 위치를 굳건히 지켜왔다. 이러한 독재자는 전쟁에서 졌다는 이유로 권좌에서 물러나지도 않는다(Bueno de Mesquita and Siverson 1995; Bueno de Mesquita et al. 2003; Chiozza and Goemans 2004). 이는 분명 대외정책의 동기이자 결과 혹은 지도자의 지도력이나 도덕성 등에 관해 질문을 제기한다.

두 번째 원칙 또한 국제관계에 관한 많은 이론들과는 차이가 있다. 현재 주류 이론들은 국제정치가 국제체제를 정의하는 구조적 요인에 의해 움직인다고 보는 경향이 있다. 즉 국가 간 상호작용의 패턴은 힘의 분포가 얼마나 균형적 혹은 편향적으로 이루어졌는가와 같은 요인에 의해 결정된다는 것이다. 이러한 이론들은 경제력이나 국방력이 강한 국가들이 국제관계의 많은 부분을 움직인다고 주장한다. 예컨대 닉슨(Richard Nixon) 대통령의 국가안보보좌관, 이후 닉슨 대통령의 국무장관, 포드(Gerald Ford) 대통령의 국무장관이었던 헨리 키신저(Henry Kissinger)는 이렇게 주장했다.

> 지금까지의 역사는 국제적 안정으로 가는 길로 지배와 균형 이 2가지만을 보여주었다. 우리는 현재 지배로 나아갈 수 있는 자원도 없을 뿐더러 그것은 우리의 가치와 양립할 수 없다. 따라서 우리는 미국 지성사 대부분의 비난을 받아온 개념인 힘의 균형으로 되돌아간다.(Kissinger 1992, 239)

키신저가 말하는 '힘의 균형' 혹은 '지배'는 무엇이 몇몇 국가들을 다른 국가보다 더 영향력 있게 만드는가에 대한 것이다.

> 역사적으로 국가의 정치적 영향력은 군사력과 긴밀하게 연관되어 있었다. 국가 내에서 그 국가의 도덕적 가치와 제도적 우선순위 사이의 갈등은 있을 수 있지만, 외교기술은 군사력과 절대 따로 떨어져 생각할 수 없다. 최후의 순간에 약한 자는 언제나 공격을 당하고, 무력함은 정책의 후퇴를 가져온다.... 힘의 균형 ... 사실 평화의 전제조건이다.(Kissinger 1979, 195)

이것이 바로 사람들이 오늘날의 미국과 같은 슈퍼파워가 그 의지를 약한 국가에게 강요한다고 말하는 이유다. 이른바 약소국은 슈퍼파워에게 강요받는 대로 따라갈 뿐이다. 선택의 여지가 없다. 그러나 이러한 견해와 달리 미국의 식민지가 약했고 영국이 세계 최고 강대국이었던 1776년, 영국에 대항한 미국혁명에서 승리했던 것은 식민지들이었다. 뿐만 아니라 두 세기가 지난 후 미국이 두 슈퍼파워 중 하나였고, 베트남은 약소국에 불과했을 때도 베트남전의 승자는 미국이 아닌 베트남이었다. 오늘날 미국이 아프가니스탄의 민주정부 수호를 위해 수십억 달러를 쏟아 부었음에도 그 국가는 여전히 부패하고, 이란과는 더욱 돈독해지고 있으며 종교적 근본주의자인 탈레반을 무력화시키지 못한다. 일련의 사례들이 보여주듯 "약한 자는 언제나 공격을 당하고, 무력함은 정책의 후퇴를 가져온다"는 것이 언제나 맞는 말은 아니다. 아니 심지어 일반적으로 맞는 말이 아니라고 볼 수 있다. 전략적 관점은 국제관계상의 힘 자체에 그리 많은 신뢰를 부여하지 않는다. 오히려 힘은 동기와 함께 대외정책의 선택과 그 기댓값을 평가할 때 영향력을 행사할 것이다.

세 번째 원칙은 국제관계의 진행을 이성적인 정책결정의 기능으로 보는 관점이다. 2차대전 이후 현실주의나 자유주의와 같은 주류 이론들은 개인의 선택에 큰 관심을 기울이지 않았다. 결과적으로 이러한 관점은 국제관계의 중심이 되는 정치적 전략의 필수요소를 놓치게 된다. 이 책에서는 다른 관점들, 특히 전략적 접근의 장단점을 탐구할 것이다.

5 책의 구성

불확실한 국익 개념 때문에 단일행위자 접근은 국제정치의 중요한 측면을 설명하는 데 한계가 있다. 이 책은 국내정치가 국제문제에서 중요하다는 개념을 중심으로 진행된다. 제1장은 엄격한 과학적 방법으로 국제문제에 대한 주장과 증거를 평가하는 방법을 안내하는 원리를 소개한다. 제2장은 정치 세계의 거의 모든 것을 통제하는 5가지 간단한 법칙을 소개한다. 이 5가지 규칙을 따르는 데 성공한 지도자는 매우 오랜 기간 통치하겠지만 특별히 잘 하진 못할 것이다. 이 '잘'이 피통치자들의 평화와 번영을 증진시키는 것을 의미한다면 말이다. 이 속에 국제문제의 근본 문제가 있다. 많은 사람들에게 이익이 되는 행동은 권력에 목마른 지도자가 할 수 있는 가장 최악의 선택이다. 그리고 아마 거의 모든 지도자가 권력에 목말라 한다.

이 지도자 중심의 관점은 우리가 국제문제를 어떻게 이해하고 설명하는가를 변화시킨다. 30여 년 전까지 그리고 지금도 상당 부분 여전히 국제관계는 국가와 국가의 행동으로 설명되었다. 국가는 예나 지금이나 국제정치의 주요 행위자로 간주되었다. 안타깝게도 국가에 쏠린 이 모든 관심이 상당한 혼란과 나쁜 정책과 엄청난 오해를 낳았다. 국가들의 이름이 자주 등장하고 미국, 중국 혹은 그 어떤 국가의 특정한 결정권자 혹은 이익집단의 이름을 의미하면서 "미국은 …을 원했다", "중국은 …라고 믿었다"라는 말이 쉽게 사용될 수도 있지만 이 책은 국가에 관한 것이 아니다. 이 책은 대외정책이 지도자가 내리는 결정에서 비롯되고, 그런 결정들이 어떻게 전쟁, 평화 그리고 세계질서를 형성하는가에 대한 내용이다. 국제문제에서 무슨 일이 일어나고 왜 그런 일이 일어나는지가 국제관계에서 신성시되는 불가침 영역의 사상과 거의 관계없다는 사실을 알게 되면 아마 놀랄 수도 있다. 힘의 균형은 대부분의 사람들이 생각하는 것보다 훨씬 덜 중요하다. 세계가 양극인지, 단극인지 혹은 다극인지는 그다지 영향력이 없다. 문제는 지도자가 직업을 잃지 않으려 노력하고 가능한 정부예산의 사용에 대한 재량권을 행사하고자 한다는 것이다. 일단 지도자의 정치 생존의 관점으로 국제관계를 바라보면 거의 모든 것이 제자리를 찾는다. 왜 어떤 국가는 안정적이고 어떤 국가는 불안한지, 왜 어떤 국가는 절망 속에 살고 어떤 국가는 기쁨을 누리는지, 왜 어떤 국가는 공격적이고 어떤 국가는 국경 내에서 자신만의 방법으로 살아가는 것에 만족하는지를 이해하게 될 것이다.

제2장에서 전략적 접근법을 소개한 후, 제3장과 제4장에서는 국제문제를 정의하는 전략적 상호작용 속에서 무슨 일이 일어나는지에 관한 주장을 형성하는데 필수적인 분석틀을 소개한다. 제3장은 보편적 영역에 몇 가지 제약을 부과할 때, 사람들의 선호와 힘이 어떻게 대외정책 행위를 예측하는 수단을 제공하는지에 집중한다. 제3장에서는 이러한 지도자가 선택한 행위에 대한 반응으로 다른 이들이 행동한다는 전략적 방법을 적용하지 않는다. 제4장은 게임이론을 소개함으로써 우리의 틀을 확장한다. 게임이론은 지도자와 정부가 아군이나 적군과 흡사한 예상 반응을 고려하면서 취할 행동을 분석하는 수단이다. 따라서 4장은 정부 지도자를 수많은 선

수가 참가한 복잡한 체스게임의 선수로 간주한다. 여기서 우리는 아마 롤링 스톤즈(Rolling Stones)가 옳았음을 알게 될 것이다. "당신이 원하는 것을 언제나 가질 순 없어요. 그러나 노력하면 필요한 것을 얻는다는 걸 알게 될 거에요."

이제 우리의 틀을 가지고 전쟁에 관심을 돌려보자. 제5장은 전쟁이 일어나는 환경과 왜 이러한 환경이 점점 덜 나타나는지에 대해 광범위한 개괄을 제공한다. 제6장에서는 국내정치적 차이가 전쟁으로 가는 결정을 어떻게 형성하는지 자세히 살펴봄으로써 전쟁의 원인과 결과에 대해 더 깊이 공부한다. 여기서 우리는 민주정권 혹은 독재정권이 얼마나 효과적으로 외교적 위협을 가하는 엄포를 놓는지, 또 다른 유형의 정부들이 전쟁 승리와 전후 평화 실시에 얼마나 열심히 노력하는지에 대해 국내정치적 제도가 큰 영향을 끼치고 있음을 보게 될 것이다.

제6장을 마침으로써 이제 평화로 넘어갈 준비가 되었다. 이 책의 제3부는 국제법과 UN과 같은 국제기구를 포함한 전 지구적, 지역적 안보 합의가 평화와 협력의 규범을 증진시키는 수단으로서 가지는 효율성에 대해 알아본다. 제7장이 전쟁에서 평화를 집행하는 제도로의 이행을 다룬다면, 제8장은 지구온난화를 억제하는 전략을 찾는 국제기구 원리의 적용으로 범위를 좁힌다. 여기서 우리는 왜 지금까지 만족스러운 해답을 찾지 못하고 있는가 라는 질문을 마주한다. 미국-브라질의 예를 통해, 이 장에서는 온실가스 배출을 제한하는 실제 과정이 어떻게 성사되는지를 보여준다. 제9장은 인권을 보장한다고 하는 조약들과 그 집행에 초점을 맞추어 국제법의 강점과 실패를 알아보는 것으로 국제기구를 통해 무엇을 배울 수 있는지 살펴본다. 제10장과 제11장은 무역을 다룬다. 제10장은 무역정책 속의 국내정치를 알아본다. 제10장과 같이 제11장에서는 세계화의 정치와 경제를 통해 무역의 세계 정치경제를 다룬다. 제11장의 세계화에 대한 검토를 통해 제9장에서 논의되었던 자유인권 운동을 기반으로 통화정책을 이해하고 돈과 사람이 평화로운 세계에서 자유롭게 움직일 수 있을 때 무슨 일이 일어나는지 살펴본다.

마지막으로 제4부에서는 세계질서에 관한 문제들을 조명한다. 제12장은 해외원조의 관점에서 정치적, 경제적 발전을 다룬다. 왜 해외원조는 빈곤을 완화시키는데 더 큰 성공을 거두지 못했는지, 어떻게 해외원조가 최근 중동에서 보이는 것과 같은 혁명운동의 진압에 기여하는지를 평가한다. 제13장은 해외원조 정책의 의도치 않은 결과로서 한 부분을 차지하는 테러리즘을 조사한다. 이 장에서는 테러리즘의 합리성에 대해 살펴보고, 테러리스트 집단, 파벌과의 협상과 협상의 회피에 관련된 문제를 풀어본다. 그 후 제14장에서는 민주주의 확산을 통한 국가 수립으로 넘어간다. 제14장을 통해 우리는 민주주의 확산이 왜 그리고 어떻게 전쟁의 위험을 감소시키는 영향을 끼치는지 알게 될 것이다. 동시에 이러한 민주화의 진정효과에도 불구하고 민주정부가 해외에 민주주의를 수립하는데 대한 유인이 거의 없음을 보게 될 것이다. 이 모든 장이 끝난 후 또 다른 한 장 분량의 역사 부록이 있다. 이는 지난 600여년의 세계사를 광범위하게 포함한다. 이 부록의 목적은 국제정치의 무대를 형성하고 변화시킨 중요한 힘에 대한 지식의 토대를 제공한다.

SUMMARY

대부분의 사람들이 이 세계를 더 좋은 세상으로 만들고 싶어 한다. 사실, 저자는 단 한번도 세계를 더 절망적으로 만들고 싶다는 정반대의 소망을 가지고 있는 학생을 만나본 적이 없다. 나 역시 이 세계를 더 나은 곳으로 만들고 싶다. 누군가는 의심 없이 어떻게 이 세계를 개선할지에 대한 생각을 가지고 있다(나 역시 그렇다). 가령 부자 나라가 가난한 사람들의 빈곤과 질병을 완화시키기 위해 국내외적으로 더 많은 일을 할 수 있다고 믿는 이들이 있다. 또는 인도, 중국, 멕시코, 태국 등지의 상대적으로 저렴한 노동력을 이용하는 기업들이 이러한 나라의 가난한 노동자들을 착취한다고 생각할 수도 있다. 이들을 착취하는 대신 더 많은 돈을 지불해 기업이 가난한 노동자들을 더 잘살게 만들 수도 있을 것이다. 이것이 모두의 번영으로 가는 길이다. 다른 누군가는 정부가 못된 독재자를 수용하지 말고 민주주의, 자유, 인권을 전 세계적으로 전파하기 위해 더 많은 일을 해야 한다고 생각할 것이다.

이러한 생각이 옳을 수도, 아닐 수도 있다. 그러나 한 가지 확실한 것은 이 책의 끝에서 독자들은 논리와 증거의 균형이 각각의 생각에 대해 말하고 있는 것이 무엇인지를 알게 될 것이라는 점이다. 무엇이 더 나은 세계를 향한 열망을 진전시키고, 무엇이 아닌가를 통해 생각하는 방법을 훨씬 더 많이 알게 될 것이다. 세계를 진전시키는 최선의 방법은 먼저 그것이 왜 그런 방식으로 운영되고 있는지 이해한 후, 현실의 한계에서 어떻게 그것을 더 나은 방향으로 바꿀 수 있는지 찾는 것이다. 이 책을 다 읽었을 때는 아마 왜 그렇게 일들이 일어나고 있는지, 미래의 사건들을 어떻게 바꿀 수 있는지를 설명할 수 있는 기술과 통찰을 갖게 될 것이다. 이 책은 단지 상아탑 속의 연습이 아니다. 이 책은 당신의 세계와 세계에 대한 이해를 향상시키기 위한 것이다.

연습문제

1. 3가지 선택의 순서를 정하는데 몇 가지 방법이 있는가? 3가지 선택을 3명의 결정권자가 한다면 그 방법은 몇 가지인가? 이 중 몇 가지가 사회적으로 비이행적인지 알 수 있는가?
2. 수입 할당이 경쟁, 비슷한 상품의 생산자 그리고 그런 상품의 소비자에게 어떤 영향을 미치는가? 가령 당신이 수입차 제조업자이고 미국에 수출할 수 있는 자동차 수에 제한이 생겼다면, 할당량에 맞서 수익을 지키기 위해 자동차에 어떤 변화를 주겠는가?

추천도서

앞으로 이 책에서는 관련 도서가 각주로 표시될 것이다. 서장에서는 내용의 흐름이 깨지는 것을 막기 위해 인용을 거의 하지 않았기 때문에 몇 편의 추천도서를 제시한다. 서장에서 다룬 내용을 더 심도 있게 학습하기 원한다면 책의 맨 뒤에 정리된 참고문헌에 앞서, 다음에 소개된 책들로 시작하는 것이 좋다.

- 국내정치와 국제관계 간의 연계에 대해서는 다음을 참조: James Rosenau (1963, 1969); Robert Putnam (1988); Alex Mintz (1993); James Fearon (1994); Kenneth Schultz (1998); Bruce Bueno de Mesquita et al. (2003).
- 국제문제의 전략적 상호작용에 관한 초기 연구의 예로 다음을 참조: Thomas Schelling (1960); Graham Allison (1972); Steven Brams (1985); Robert Powell (1990).
- 대외정책과 정권 연장에 대해서는 다음을 참조: Bruce Bueno de Mesquita and Randolph M. Siverson (1995); Suzanne Werner (1996); Hein Goemans (2000); Bruce Bueno de Mesquita et al. (2003).

핵심 용어

무역 4
규범 4
인권 5
시민자유 5
국제기구 5
자유무역 5
호응 6
반대표 6
가정 7
세력 7
국가안보 7
생각 7
합리성 7
이론들 10
신현실주의 11
세력전이이론 11
관세 12
다수결원칙 15
보편적 영역 15
대외원조 16
파레토 개선 18
무관세 장벽 19
보호무역 19
파레토 열위 19
전략적 시각 24
자유주의 24
구성주의 24
무정부 24
자기이익 추구 24
간결성 25
힘의 균형 25
확률 26
양극 26
불확실성 26
동맹 26
위계 26
패권적 26
안정 26
조율 27
변수 27
정당화 28
역할 재정립 28
반성 28
말 28
독립변수들 28
종속변수 29
과학적인 방법 29
공간모델 29
가설 29
사례연구 29
선별효과 29
선출인단이론 31
세계화 35
테러리즘 35
민주화 35

1 국제정치 주장의 평가

2009년 4월 9일 이란 대통령 마흐무드 아흐마디네자드(Mahmoud Ahmadinejad, 오른쪽 두 번째)가 연료제조공장(Fuel Manufacturing Plant: FMP)을 방문해 제스처를 취하고 있다. 이 공장은 테헤란 남쪽 255마일(410km) 지점에 위치한 이스파한(Isfahan) 시 외곽에서 조직적 중수로를 위해 우라늄 연료를 생산하는 새로운 시설이다. 미국은 핵무기 개발을 막기 위해 필요하다면 이 지역을 공격할 계획을 갖고 있다. 문제는 이란이 그러한 의도를 가지고 있는가이다. 현재까지 관찰된 사실들은 우라늄을 평화적 목적으로 농축한다는 이란의 주장에 부합되지만 동시에 핵무기 개발을 계획할지도 모른다는 두려움과도 부합된다.

OVERVIEW

- 국제문제 이해에 필수적인 사실들을 정리하는 데는 이론들이 매우 도움이 된다.
- 모든 이론은 증거에 의해 반증될 수 있어야 하고 논리적 일관성의 관점에서 평가되어야 한다.
- 윙 워킹의 제1원리(first principle of wing walking)에 따라, 이론은 다른 설명 방식의 증거가 충분하기 전에는 폐기되지 않아야 한다.
- 상충하는 이론들의 강점을 판단하는 주요 요소는 개인의 취향이 아니라 논리와 증거이다.
- 과학적 접근은 같은 현상에 대한 대안적 설명들의 강점을 평가하는 데 가장 덜 주관적이고 가장 유용한 방법이다.

ASSUMPTIONS CHECK

1. 어느 것이 일반적으로 가설을 검증하는데 더 나은가?
   a. 설명하기 어려운 사례
   b. 무작위의 표본 사례
2. 단일 사례 연구는 다음에 관한 가설을 반증할 수 있다.
   a. 필요조건
   b. 충분조건
   c. 확률적 조건
3. 어느 것이 경험적으로 검증하기에 더 나은가?
   a. 가정의 정확성
   b. 가정의 논리적 함의
4. 유용한 이론이 되기 위해서는
   a. 설명하는 양에 비해 이론이 가능한 간단해야 한다.
   b. 설명하는 양에 비해 이론이 가능한 자세해야 한다.
   c. 가능한 한 사실이나 역사를 미묘하게 재해석해야 한다.

ANSWERS

1. b 어려운 사례보다 무작위 샘플이 더 낫다. 적절히 선정하면 무작위 샘플은 모든 사례를 대표할 수 있고, 이에 따라 일반화에 대해 믿을 만한 기초를 제공하기 때문이다. 정의에 따르면 어려운 사례는 예외적이고 특이하기 때문에 쉽게 일반화하기 어렵다. 또한 그 사례를 어렵게 만드는 요인들이 다른 사례에도 유익한지 확신할 수 없다.
2. b 단일 사례 연구는 확률적 예측 혹은 가설을 반증할 수 없다. 독립변수나 설명변수의 특정값이 주어졌을 때 종속변수의 값은 다양하다는 기대가 바로 확률적 예측의 속성이기 때문이다. 필요조건은 A가 아니면 B가 아니라는 뜻이기 때문에 A가 아닌데 B인 사례가 필요성 가설을 반증한다. 충분조건은 A이면 B라는 의미다. A이고 B가 아닌 사례를 관찰하면, 충분성의 가설은 반증된다(역자주: 따라서 A인 단일 사례로 반증할 수 있는 가설은 충분성 가설이다).
3. b 경험적 검증은 가정의 논리적 함의를 조사한다. 이 검증은 가정을 검증하는 것이 아니다. 가정은 의미하는 바가 있다고 기대되는 환경을 규정한다. 가정은 주어지는 것으로 여긴다.
4. a 이론이 예측하는 것에 비해 간단할수록(즉 가정이 적을수록) 더 좋은 이론이다. 이론화의 목적은 수많은 세세한 것을 제외하고 관심 현상을 이해하는데 결정적이라고 여겨지는 사실에만 집중하는 것이다. 따라서 간결성은 매력적이고 바람직한 이론의 특징이다. 현실을 모사하기 위해 너무 많은 세부 사항을 이론에 집어넣는 것은 미래 사례를 일반화 할 가능성, 즉 예측력을 감소시킨다.

이 책에 나올 모든 내용의 목적은 국제정치에 대한 이해를 돕는 것이다. 아마도 누군가는 수많은 과거의 사건들과 환경들에 대한 역사적 검토가 그 이해로 가는 길이라 생각할 것이다. 확실히, 이것이 보통의 견해다. 그러나 앞으로 이 책에서 보게 될 모든 것들이 과거 그리고 무엇보다도 중요한 미래를 이해하는 것은 단지 역사적 사실로만 이루어져 있지 않다는 사실을 인식하게끔 계획되어 있다. 우리 주변에서 무슨 일이 일어나고 있는가를 이해하는 것은 단지 무슨 일이 일어나고 있는지를 아는 것보다 더 많은 것을 필요로 한다. 결국 사실은 설명하지 않는다. 사실은 설명의 증거일 뿐이다. 이것이 바로 역사를 공부하는 중요한 한 가지 이유다. 역사는 상충되는 설명들의 옳고 그름을 밝힐 수 있는 증거로서 사건의 흐름을 제공한다. 그러나 설명은 사실들을 엮어놓은 끈이 아니다. 설명에는 이론이 필요하다. 이론은 가정, 가정 사이의 논리적 연결, 논리적 연결에서 파생되는 함의이다. 이 장에서는 과거와 현재, 미래의 사건들에 대해 상충하는 설명들을 평가하기 위해 기초가 되는 근본 원칙들을 세운다.

어떤 이론이든 그것은 경험적 현상의 설명이다. 가령 전쟁을 초래하거나 막는 조건, 경제적 번영을 장려하거나 저지하는 조건, 별과 행성들의 움직임을 지배하는 조건, 날씨의 변화에 영향을 미치는 조건 등의 설명을 제시하는 이론을 세울 수 있다.

한 이론의 근본적인 구성요소는 다음과 같다.

1. 가정
2. 논리
3. 예측

이론을 평가하기 위해 필요한 요소는 다음과 같다.

1. 이론의 가정들이 가진 논리적 일관성
2. 이론의 예측에 부합하거나 반박할 수 있는 증거
3. 대안적 이론이 평가받고 있는 이론을 능가하는가 아니면 평가받고 있는 이론이 대안적 이론을 능가하는가를 나타내는 증거

역사는 과거에 무슨 일이 있어났는지에 대해 서술하는 한편, 이론은 과거의 사건이든 미래의 사건이든 특정 종류의 사건에 대해 전망하면서 설명한다. 이론은 연역적이다. 이론은 현실을 어떻게 보는지를 제한하는 가정의 집합으로 이루어져 있다. 가정은 예측을 이끌어내기 위한 논리의 규칙에 따라 서로 잘 맞을 수 있다. (가설이

라고도 불리는) 예측은 관련된 현실의 일부에 대한 이론적 설명을 나타낸다.

모든 이론은 우리가 이 세계의 실제 상태로 여기는 것을 단순화시켜 대표한다. 각 이론은 다양한 가정을 함으로써 우리가 알고 믿는 것을 그만의 방식으로 단순화시킨다. 이론화는 정책결정자에게 필수적이다. 단지 학문적으로만 추구되어야 하는 무언가가 아니다. 정책결정자는 전망을 갖고 결정해야만 한다. 소 잃고 외양간 고치는 격으로 정책을 만들거나 실행해서는 안 된다. 정책결정자는 갖고 있는 정보와 그 정보가 의미하는 바를 이해하고 행동해야 한다. 즉 정책결정자(그리고 정치학도)는 어떻게 선택해야 할지 그리고 그 선택들이 어떻게 될지에 대해 이해하는 것이 필요하다. 그리고 어떤 결정의 결과가 밝혀지기 전에 그 결정에 관한 정보를 제공하려면 다른 주장들을 평가하고 또 과거 증거들을 사용할 방법이 필요하다. 이러한 방법이 바로 이론 구축과 검증인 것이다.

가령 이란은 핵무기를 건설하려는 의도가 있는가, 아니면 이란 지도부의 주장대로 민간 핵에너지와 의료용 동위원소 사용을 위한 개발에 관심이 있는가? 다음과 같은 수많은 사실들이 있다. 이란은 우라늄을 농축하고 있다, 이란은 수천 개의 원심 분리기를 건설해왔다, 이란은 예전에 지하 비밀 핵 연구시설을 가지고 있다, 이란은 외화벌이를 위해 원유를 수출하기 때문에 국내 석유 부족을 겪는다, 이란 최고 지도부는 핵무기가 이슬람적이지 않다는 칙령을 발표했다. 이러한 수많은 사실들은 이란 지도부가 핵무기를 만들려는 것인지 아니면 이란 정부 스스로 말하는 대로 행하려는 것인지를 정책결정자에게 알려주지 않는다. 이 모든 것이 중요한 사실이지만 정책결정자에게는 이란이 의도하는 바에 대해 상충적인 설명들의 분별을 도울 수 있는 특정 사실들을 찾아낼 안내자 역할의 이론들이 필요하다.

상충하는 이론들의 설명은 중첩될 수 있다. 가령 이란의 종교지도자들이 정권을 위협하는 미국과 이스라엘을 억지하기 위해 핵 확장을 매우 중시 여긴다고 가정하는 이론은 관측된 사실에 부합한다. 이스라엘을 파괴한 순교자는 천국으로 간다고 이란 지도부가 믿는다고 추론하는 이론은 실제 관찰된 사실들과 모순되지 않는다. 이란이 민간 핵에너지 개발에 관심이 있다는 주장을 뒷받침하는 사실도 있다. 이 모든 사실이 이란의 의도를 정리하는 데 도움되지는 않는다.

여러 의견들(가령 이란에 대한 위협의 억지, 이스라엘 정복, 민간 핵에너지 개발) 가운데 어느 것이 이란 의도를 더욱 정확하게 반영하는지를 정책결정자가 정리하기 위해서는, 어떤 전망적 사실들이 모든 이론에 부합하지 않고 그 이론들 중 한두 가지에만 부합하는지를 밝혀내야 한다. 예컨대 이란에서 소규모의 핵폭탄 폭발 실험이 감지된다면, 정책결정자는 이란의 행위가 정권을 교체하려는 외부 압력에 대항하거나 이스라엘을 공격할 의도에 부합하는 것이지, 단지 민간 핵에너지를 개발하려는 의도라고는 생각하지 않을 것이다. 이때 이론은 상충하는 설명들을 정리해 사실을 확인하는 안내 역할을 한다. 관련 사실을 찾는 것은 사실상 정보기관의 주요 업무다. 관련 사실들을 캐내는 것이 관측된 행위에 대해 상충하는 설명들의 숫자를 압축시킬 수 있기 때문이다. 이러한 정보만이 정책결정자의 정보에 입각한 좋은 결정에 결정적인 역할을 한다. 따라서 이론은 그림의 떡이 아니다. 국내외 정책을 선택하는데 중요한 역할을 하는 구성요소다.

이 장은 상충하는 설명과 증거들 가운데, 선택하는 방법을 개발하여, 사실을 증거로 판단하게끔 공유된 기초를 제공한다. 여기서 소개되는 과학적 방법을 사용함으로써 국제관계에 대한 대안적 설명의 논리와 증거를 평가하는 법을 배울 수 있다. 또한 가정과 가설을 구별한다. 가설과 가정 사이에 **경험적 정확성**(가령 사실이 이론의 예측과 얼마나 잘 맞는가)의 차이를 구분하고, 많은 상충이론 중 하나를 선택하는 지침으로서 윙 워킹의 제1원리에 익숙해질 것이다. 이 구분은 국제문제에 과학적 방법을 적용하는 토대를 세웠다.

이란의 의도에 대한 논의에서 강조했듯, 국제관계에 대한 주장과 증거의 이해는 사실과 이론적 관점 모두에 달려있다. 사실에만 집중하는 관점(온전한 귀납적 접근)만으로는 그 이해가 불가능하다. 사실을 어떻게 해석하는지가 이론적 견지에서 형성되듯, 우리가 가진 이론들을 기반으로 그 사실들을 선택한다. 사실을 이해하는 데 유용한 도구를 선택하는 것, 즉 효과적인 이론적 접근은 국제문제에서 정책결정자의 가능한 행위의 범위를 예측할 수 있게 하고, 심지어 앞으로 일이 어떻게 진행될지를 예측할 수 있게 해준다(Bueno de Mesquita 2009). 그렇게 함으로써 과거에 했던 것보다 더 나은 미래의 결정을 내릴 수 있게 될 것이다.

협력과 갈등의 발생을 설명하는 데 중요하다고 생각되는 것을 고르는 것에서부터 이론화는 시작된다. 가령 군사력 분포, 무역의 흐름, 정치제도의 다양성, 지도자의 성격, 문화, 언어, 종교적 믿음의 다양성 중 어디에 초점을 맞추어야 하는가? 보는 이의 입장에서 무엇이 가장 중요하게 보이는가? 보는 이의 시각이 맞고 틀리고는 그 사람의(그 이론가의) 생각이 증거와 얼마나 잘 맞는지에 달려있다.

1.1 이론은 무엇인가?

이론은 변수 간에 예상되는 관계를 설명한다. 예상은 원인 혹은 확률적 요인으로서의 어떤 변수와 논리적으로 연결된 일련의 주장의 결과인 다른 변수들을 연결함으로써 형성된다. 논리적 연결은 변수들 간의 관계를 규정한다. 변수는 한 가지 이상의 값을 가질 수 있는 특징이고 사건이고 아이디어다. 변함없는 것(즉 특징이나 사건, 아이디어 등이 하나의 값만을 가지는 것)은 변수가 아니다. 결과적으로 이론은 변함없는 것들에 관한 것이 아니다.

군비경쟁 이론에서 종속변수는 일반적으로 국가의 군비지출과 국가가 전쟁에 참가할 가능성과 같은 개념을 포함한다. 이는 군비경쟁 이론이 설명하도록 설계된 현상이다. 종속변수는 제1차 세계대전이나 2012년 미국의 국방예산과 같은 개별 사건이 아니다. 제1차 세계대전은 '전쟁의 가능성' 같은 종속변수를 반영한 많은 사건들 중 하나로 간주되는 사건일 것이다. 2012년 미국의 국방예산 또한 국방비 결정의 사례이다. 이 사건들은 그 자체로 변수가 아니라 단일값 혹은 단일 관측이다. 이러한 값이나 관측들의 집합이 변수를 만든다.

모든 이론은 종속변수와 독립변수를 포함한다. 종속변수는 우리가 설명하고자 하는 것이고, 독립변수는 종속변수에 의해 다른 값이 취해지는 설명의 일부 혹은 전체를 제공할 것이라고 생각되는 무엇이다. 독립변수가 어떻게 종속변수와 연관되어 있는가에 대한 기술은 제안, 다른 말로 이론의 가설이 된다. 이러한 가설은 과거 그리고 무엇보다 중요한 미래에 종속변수의 값을 예측하는 토대를 제공한다.

변수들 간의 관계는 일반적으로 다음의 4가지 형태 중 하나이다.

- 독립변수 A의 값 혹은 값들은 종속변수 B의 값 혹은 값들을 예측하기 위해 필요하다(필요조건은 다음을 만족한다: A가 아니면 B가 아니다).
- 독립변수 A의 값 혹은 값들은 종속변수 B의 값 혹은 값들을 예측하기 충분하다(충분조건은 다음을 만족한다: A라면 B이다).
- 독립변수 A의 값 혹은 값들은 종속변수 B의 값 혹은 값들을 예측하기 위해 필요하기도 하고, 예측하기 충분하기도 하다(A가 아니면 B가 아니고, A이면 B이다).
- 독립변수 A의 값 혹은 값들은 확률적으로 종속변수 B의 값 혹은 값들을 예측한다(A라면 아마도 B일 것이다).

군비경쟁 이론에서 2가지 일반적인 독립변수는 1) 적으로부터 인지되는 위협의 강도(종종 국가의 군비지출 수준으로 측정), 2) 국방 외의 소비재, 공공서비스 등에 대한 국내의 요구(가령 총이냐 버터냐 또는 국방이냐 소비자 운동이냐)이다. 독립변수 값의 변화는 종속변수 값의 변화를 야기한다고 예상된다. 예를 들어 리처드슨(Lewis Fry Richardson, [1960] 1949)이 발전시킨 유명한 군비경쟁 이론에 따르면, 인지된 위협이 증가하고 대신 소비재 및 공공서비스에 대한 수요가 감소하면 전쟁 가능성이 증가한다. 군비경쟁 이론은 이론의 독립변수와 종속변수 사이의 관계를 서술한다. 단일 사건의 자세한 설명을 하는 것이 아니다. 대신 최소한 한 종류의 사건들에 대한 설명을 제공하고자 한다.

예측은 이론에서 논리적으로 추론된 제안으로부터 비롯된다. 예측은 이론의 설명을 검증하는 방법의 역할을 한다(Friedman 1953). 측정과 관찰의 필수적인 도구를 사용 가능하다는 전제 하에, 믿을 만한 설명은 거의 확실히 최소한 몇 가지 믿을 만한 예측이 가능함을 시사한다. 그러나 정확한 예측은 심지어 유의미한 설명 없이도 가능하다. 그리고 유의미한 설명은 제한된 예측의 정확성만을 이끌어낼 수 있을 뿐이다. 설명을 제공하지 않는 정확한 예측의 예를 생각해보자. 귀뚜라미의 울음소리는 대기의 온도와 높은 관련성을 보인다. 1분당 귀뚜라미의 울음소리가 얼마나 되는지 알면, 왜 귀뚜라미가 그만큼 우는지를 몰라도 밖의 온도를 꽤 정확하게 예측할 수 있다. 귀뚜라미의 울음이 기온에 영향을 미친다는 것보다 기온이 귀뚜라미에게 영향을 미친다는 것이 확실히 더 그럴듯하다.

1.2 이론 수립

이론은 어떻게 세우는가? 어찌 보면, 이론이나 이론가의 수만큼 이 질문에 대한 많은 대답이 존재한다. 그러나 일반적으로 모든 이론들은 몇몇 핵심적 특징을 가지고 있다. 예컨대, 모든 이론에는 가정의 집합이 있다. 이론의 가정은 건물의 벽돌과 같이 중요하다. 가정은 관련된 현상을 설명하고 예측하는데 유용한 도구가 될 것으로 기대되는 이론 하에서 단순화된 조건의 집합을 구체화한다. 국제정치 연구에서 연구자들은 국제문제에 대한 자신의 이해와 관점을 반영한 가정을 선택한다. 결과적으로 서로 다른 연구자들은 광범위한 국제적 사건을 설명하고자 하는 것만큼이나 서로 다른 가정을 차용한다.

한 가지 예로 국제정치학에서 좋은 평가를 받고 있는 이론 중 하나가 신현실주의다(이 책 서장을 참고하라). 신현실주의 이론가는 세계의 국가들과 그들의 관계가 언제 안정적이고, 언제 그렇지 않은지를 설명하는 데 관심을 기울인다. 이를 위해 모든 국가에서 국제정치에 영향을 미치는 결정에 다양한 의견의 많은 개인들이 관여하고 있다는 것을 알면서도 국가가 어떤 내부의 국내 분열이나 분파도 없는 단일 행위자라고 가정한다. 신현실주의자는 정책결정자들 간의 의견차는 국가가 총체적인 단일행위자라고 가정하는 이론이 내놓는 예측을 틀리게 할 정도로 크지 않다고 은연중에 판단한다.

반대로 관료제가 외교정책을 형성한다는 개념에 입각한 이론가들은 국가가 단일행위자라는 생각을 거부한다. 대신 지도자와 특정 관료제의 조직적 임무에 초점을 맞춘다. 물론 이 연구자들도 1941년 12월 8일 미국이 일본에 전쟁을 선포한 것과 같은(의회 내 반대표는 1표) 어떤 사안에 대해서는 미국의 책임 있는 정책결정자들 간에 사실상 만장일치가 있었다는 것을 알고 있다. 이들은 단일행위자 가정이 어떤 사례에서는 매우 편리할 수 있다는 사실을 알지만, 이 단일행위자 가정이 너무 많은 사례의 현실을 과도하게 단순화시켜 국제문제에 관한 신뢰할 만한 설명을 구조화하는 데 도움되지 않는다고 믿는다. 신현실주의는 군사비 지출이나 국가안보에 대한 위협의 인지가 군 장성들에 의해 조작되어 국방부 예산을 증액시키고 있다는 주장에 반대한다. 그러나 관료제에 관한 이론은 국방비를 증액시키기 위해 군 장성들이 위협인지를 조작하려 한다는 생각을 담고 있다. 따라서 신현실주의와 관료정치 이론은 국방비와 전쟁의 위험성에 대해 서로 다른 예측을 내놓는다. 같은 상황의 서로 다른 예측들은 그 이론들을 검증하고 또 각 이론이 군비지출과 전쟁 위험에 대한 실제 관찰을 더 정확하게 반영하는 상황적 조건을 발견하게 해준다.

가정은 이론가들이 현실을 단순화시키는 주요 수단이다. 가정은 그 이론의 예측이 맞을 것으로 기대되는 조건들을 서술하는 것이다. 즉 이론에 관한 가장 중요한 의문 중 하나는 그 이론이 설명할 수 있는 상황의 범위가 그 이론의 가정에 의해 너무 제한되어 그 이론이 하찮게 보이느냐는 것이다. 만약 이론의 가정이 애초에 이론 수립의 동기가 된 실제 세계의 현상을 다루지 못하게 막고 있다면, 그 이론의 가치는 확실히 제한적이다.

예를 들어 우리가 왜 소규모의 전쟁들이 일어나는가를 설명하는 데 관심이 있다면 전 세계적 규모의 전쟁 원인만을 설명하는 이론은 도움이 되지 않는다. 그런 이론은 애초의 이론 수립에 동기가 되었던 질문에 대한 답을 주지 못하는 것이다. 이론이 가정의 제한적인 집합으로 더 많은 사건이나 사실을 설명할 때, 그 이론은 더 유용해진다. 이것이 간결성의 원리다. 따라서 전쟁 규모의 구분을 요구하지 않는 전쟁이론이 핵전쟁, 양자전쟁, 무역전쟁 등에 대한 전쟁이론보다 연구로서 잠재적 가치가 더 높다. 전쟁만을 설명하기 위해 고안된 이론이 아닐지라도(오히려, 그렇기 때문에) 부, 무역정책, 부패, 인권 등을 설명하고 대규모 전쟁, 소규모 전쟁, 합의의 평화까지도 설명하는 정치이론은 더더욱 유용하다.

1.3 이론 평가

어떤 이론의 가치를 판단하는 것은 이론의 논리가 옳은지 아닌지, 예측이 유용한지 아닌지에 달려있다. 이론의 논리적 진실성은 일관성의 문제이다. 즉 한 이론 내에서 가정이 서로를 반박하면 안 된다. 세계에서 무슨 일이 일어나는가에 대한 경험적 예측의 정확성은 우리와 관련된 현실세계의 사건에 대한 설명으로서 이론의 유용성을 판단해야 하는 주요 수단이다. 인간이기 때문에 종종 가치 판단을 내릴 수 있지만 이론의 찬반을 위한 논리와 증거의 평가에 있어서는 감정에 휘둘리면 안 된다. 함의가 사실이라고 이론의 함의를 좋아할 필요는 없다. 확실히, 불쾌하고 불편한 현실들을 외면하고는 세상을 더 나은 곳으로 만들 수 없다. 사실 논리와 증거를 통해 이러한 현실과 부딪침으로써 자연의 법칙을 거스르지 않고 이 세계를 개선하는 방법에 대해 생각할 수 있다.

TRY THIS

다음의 상황이라면, A 국가가 B 국가와 전쟁할 가능성에 어떤 영향을 미치는가?

1. B가 A를 위협하고 A의 국민은 자국의 국방비 증액을 감당하기 위해 희생할 준비가 되어 있다.
2. B가 A를 위협하고 A의 국민은 자국의 국방비 증액을 감당하기 위해 희생할 준비가 되어 있지 않다.
3. B는 A에 대한 위협을 감소시키고, A의 국민은 자국의 국방비 증액을 감당하기 위해 희생할 준비가 되어 있다.
4. B는 A에 대한 위협을 감소시키고, A의 국민은 자국의 국방비 증액을 감당하기 위해 희생할 준비가 되어 있지 않다.

A의 국방비 증액이 A에 대한 B의 위협을 저지하는지, 아니면 B로 하여금 A가 공격에 대비하고 있다고 믿게 만드는지 생각해보라. A의 국방비 증액이 B에 대한 대응책인지 아니면 A의 장군들이 예산을 증액시키기 위해 내놓은 정치공작의 결과인지 생각해보라. A의 국민에게 국방비 지출을 위한 희생이 민주 지도자의 재선과 독재자의 정권 연장에 이득이 될지 아닌지를 묻는다고 생각해보자. 이는 정책결정자가 인지된 외부 위협의 변화에 어떻게 반응해야 하는지를 결정하기 위해 반드시 거쳐야 하는 계산 중 일부이다.

논리적 일관의 중요성

이론의 가치를 판단하는 데 좋은 출발점은 가정이 서로 모순인지 아닌지 평가해보는 것이다. 즉 내부적 불일치성을 확인해보는 것이다. 만약 불일치성이 확인되면, 이론이 예측하거나 설명하는 것에 상당한 혼란이 생길 것이고, 이 혼란이 불화를 초래할 것이다. 내부적 불일치성이 존재한다는 것은 최소한 이론의 일부분은 논리적으로 틀렸음을 뜻한다. 이 경우에는, 이론의 유용성을 판단하기 위해 현실을 볼 필요도 없다. 논리적 모순에 따른 예측은 유용할 수 없다. 무엇이 관찰되든 그 반대되는 사실도 쉽게 같은 이론이 옹호하는 예측이 될 수 있기 때문이다. 이러한 예측은 "A이면 B이지만 A이면 B가 아니고, A가 아니면 B이다"라는 유형과 같다. 그런 이론은 독립변수 A와 종속변수 B 사이의 관계에 대해 말할 가치가 없다.

가끔 학자들은 국제문제에 대해 이론화하면서 의도치 않게 모순을 간과하거나 회피한다. 이러한 실수는 가정을 분명하고 명쾌하게 서술해야 한다고 주장함으로써 막을 수 있고, 막아야만 한다. 이론의 모든 가정에 대해 알고 있어야만 이론의 독립변수와 종속변수를 연결하는 논리적 연결고리를 밝혀낼 수 있다. 경솔한 추론에 대한 여지는 없다. 그러한 추론이 우리(와 이 세계)를 너무나 자주 혼란에 빠뜨리기 때문이다. 논리적 부정확성이 야기할 문제가 얼마나 심각한지를 알기 위해 저명한 국제정치학 이론의 가정을 살펴보자.

> 세력을 극대화하고자 하는 열망은 보편적이기 때문에 모든 국가는 자신의 계산착오를 걱정해야 하고, 다른 국가가 세력을 증가시킴으로써 자신이 열위가 되는 상황을 피하기 위해 모든 노력을 쏟아 부어야 한다. 나아가 다른 경쟁국에 비해 확실한 우위를 가진 모든 국가들은 그 이점을 더욱 공고히 하고, 자국에 유리한 방향으로 세력 분배를 영구히 유지시키고자 한다.... 평화의 추구에 헌신하고 현재 자신이 가진 것만을 원하는 현상유지의 국가들은 제국주의적 확장에 열을 올리는 국가들의 역동적이고 급격한 세력 확장에 보조를 맞추기 어렵다(Morgenthau [1948] 1978, 215-217).

이 내용은 제2차 세계대전 이후, 수십 년 동안 국제관계에서 가장 영향력 있는 이론으로 꼽히는 한스 모겐소(Hans J. Morgenthau)의 주장이다. 현실주의에 해당하는 그의 이론은 국가들이 서로 어떻게 관계를 맺는가에 대한 필수적인 결정요소로서 힘에 집중한다. 이 이론은 국가 간 정치에 관한 종합적인 개념과 법칙을 발전시키기 위한 멋지고 간결한 노력이다. 그의 이론 대부분이 예리한 통찰력과 지혜를 제공한다. 그것이 현재까지도 그의 저서가 많은 정책결정자들에게 영향을 미치는 이유다. 그러나 인용한 부분에 나타나는 것처럼 이 이론에는 근본적인 모순이 있다. 그리고 이 모순으로 인해 모겐소가 주장하는 것 혹은 그의 이론이 예측하는 것을 명확히 밝혀내는데 어려움을 겪는다.

먼저, 모겐소의 현실주의 이론은 각각의 모든 국가들이 힘을 몹시도 원하기 때문에 어떤 대가를 치르더라도 점점 더 큰 힘을 얻고자 하는 세계에 관한 것이다. 한편 이 세계에는 최소한 두 종류의 국가들이 있다. 하나는 현상유지 세력으로 현재 가진 것에 만족하기 때문에 세력을 확장하려 하지 않는다. 다른 하나는 제국주의적 세력으로 현재 가진 것에 만족하지 못하기 때문에 더 큰 세력을 가지려 애쓴다. 그렇다면 이 이론이 국가의 힘과 행동의 관계에 대해 어떻게 예측할까?

순수하게 논리적인 문제를 살펴보면 국가들은 1) 현상유지 국가, 2) 제국주의 국가의 2가지 유형으로 나뉜다. 인용문의 첫 번째 부분은 모든 국가의 보편적 특성을 기술한다. 즉 A가 국가라면(가령 A는 현상유지 국가이거나 제국주의 국가), A는 비용에 상관없이 자국의 이익을 위해 세력의 분배를 변화시키고자 한다. 따라서 A가 국가이고 B는 간단하게 말해 '세력 분배에서 유리한 변화 추구'를 뜻한다면, 모겐소는 만약 A라면 B이다 라고 예측한 것이다. 다시 말해, 국가는 세력 확장 추구를 하기에 충분하다. 그러나 인용문의 뒷부분에서 A가 현상유지 국가라면, A는 힘의 분배를 자신에게 우호적인 방향으로 굳이 변화시키려 하지 않는다고 말한다. 즉 A가 현상유지 국가라는 조건하에, A라면 B가 아니다. 두 번째 주장은 첫 번째 주장의 보편성을 부정한다. 둘 다 참일 수는 없다. 동시에 A라면 B이고, A라면 B가 아니다라고 주장할 수 없다.

제국주의적 세력의 행동은 이론에 부합할 수 있다. 그러나 현상유지 국가의 행동은 언제나 이론의 어떤 조건에는 모순되고, 나머지 조건에는 부합한다. 그러므로 최소한 현상유지 국가의 행동은 사실상 이론이 예측하지 못하고, 이론은 심지어 원칙상 틀렸다고 증명될 수도 없다. 물론 모겐소는 국가 유형을 사전(즉 행위를 관찰하기 이전)에 어떻게 규정하는지에 관한 지침을 제공하지 않았다. 일관성은 이론적 명제 혹은 예측의 근본적 불변의 조건이다. 논리적 일관성이 없는 이론은 예측과 설명에 아무런 지침을 주지 못하는 매우 가벼운 주장에 불과하다.

가정의 참과 거짓

가정은 유용하면 진지하게 받아들여지고, 그렇지 않을 때는 무시해도 좋은 가벼운 언급이 아니다. 가정은 이론의 특징을 정의한 것이다. 이론은 가정 밖에서 존재할 수 없다. 이론의 가설을 내포하는 가정들 간의 논리적 연결이 바로 이론이기 때문이다. 일관성을 강조하는 이유는 이론가들이(혹은 정책결정자들이) 스스로에 모순이면, 무엇을 주장하고 있는지 알기가 사실상 불가능하기 때문이다. 그리고 주장이 무엇인지를 모른다면, 그 주장을 평가할 수 없다. 가정이 이처럼 중요하기 때문에, 진술된 가정이 맞느냐 틀리느냐를 판단하는 것은 적절하고도 심지어 중요해 보인다. 그러나 내 생각에 이것은 이론을 평가하는 생산적 기반이 아니다. 이에 대한 나의 관점은 물리학이나 대부분의 경제학에서 꽤 보편적이지만 사회과학자들 사이에서는 논란이 될 수도 있다.

TRY THIS

만약 현상유지 국가들이 모든 비용을 부담하며 세력의 열위를 피했던 것이 아니라, 비용을 줄이기 위해 세력 열위를 기꺼이 참았고, 그 결과 제국주의 국가보다 낮은 지위를 갖게 된 것이라면 모겐소의 이론적 함의는 어떻게 달라질까? 제국주의 국가와 현상유지 국가가 공존할 수 있었을까?

우선, 참 또는 거짓이 의미하는 바가 정확히 무엇인가? 우리는 순전히 논리적 배경에서 이 둘 사이의 차이를 구분할 수 있다. 참인 이론은 가정으로부터 논리적으로 예측이 얻어지는 것이다. 이는 용어를 다소 한정적으로 사용하므로, 논리적으로 참이라는 문구가 앞으로의 논의에 더 어울릴 것이다. 만약 가정이 논리적으로 어떤 제안을 이끌어내지 못한다면 그 이론은 거짓이라 말할 수 있다. 모순이 있는 이론은 거짓이다(최소한 모순된 가정에 영향을 받은 부분은 그러하다). 이러한 관점에서 모겐소의 이론 혹은 최소한 그 일부는 거짓이다. 내가 모겐소의 가정에 동의하지 않기 때문에 이러한 판단에 다다른 것은 아니다. 그의 개별 가정들에 내가 동의하지 않는 것은 취향이나 개인적 판단일 뿐이다. 모겐소의 주장을 반박하기 위해 모든 국가들이 힘의 극대화를 추구하는지 혹은 국가가 2가지 유형(현상유지 국가와 제국주의적 국가)으로 나뉘는지의 여부에 대해서는 굳이 의견을 가질 필요가 없다. 두 조건 모두가 동시에 논리적으로 참일 수는 없고, 그것이(개인적 견해가 아니라) 바로 우리가 짚고 넘어가야 할 문제이다. 2개(이상)의 가정이 상호모순인지 아닌지는 개인적 취향의 문제가 아니다. 논리의 문제다.

또한 개념의 유용성으로 참과 거짓을 구별할 수 있다. 이론의 유용성은 경험적 문제이다. 만약 이론이 이론의 수립에 동기를 부여했던 질문을 이해하는데 확실히 도움이 되는 예측을 했다면 그 이론은 유용하다. 만약 그 예측이 무관하거나 지나치게 부정확하다면 그 이론은 별 것 아닌 것이 된다. 따라서 참과 거짓이 이론의 내부 논리를 말하는 것이라면, 유용성의 여부는 경험적 가치다. 거짓인 이론은 필연적으로 유용하지 못하다.[1] 참인 이론도 유용하지 못할 때가 있다. 그 이론이 우리가 설명하

1. 논리적으로 비(非)일관적인 이론의 몇몇 예측들이 경험적 사실에 의해 뒷받침될지라도 이론은 거짓이어야 한다. 경험적 기록은 틀린 이론의 추정에 의해 '예측된' 사건에 관한 예측을 올바르게 이끌어내는 이론을 만들 필요가 있음을 제시할 수는 있다. 그러나 이론이 틀렸다는 사실에는 의심의 여지가 없다. 논리적 비일관성은 거의 모든 주장이나 진술을 할 수 있게 한다. 논리적으로 일관적이지 않은 이론의 어떤 부분도 그 자체로 경험적인 관심이 소용없다. 이론의 유용성에 대한 경험적 검증의 명시된 기준을 통과하지 못한 부분도 마찬가지다.

고자 하는 것을 설명하지 못할 때 그러하다. 모두가 찾는 것은 참인 동시에 유용한 이론이다.

그렇다면 가정의 참과 거짓은 무엇을 의미하는가? 참과 거짓은 내부적 일관성을 말하는 것이기 때문에 가정 하나하나가 참인지 거짓인지에 대해서는 다루지 않겠다. 여기서 밝힐 것은 이론 속에 있는 가정의 집합이 참인 동시에 유용한지의 여부다. 가정이 서로 모순되지 않고 가정에서 예측이 논리적으로 얻어진다면, 다시 말해 내부적 일관성을 유지한다면 이 집합은 참이다. 또한 가정이 이론의 경험적 수행을 평가하는 몇몇 제시된 기준에 따라 현실에 부합하는 예측과 설명을 제공한다면 이 집합은 유용하다. 개별 가정이 우리 관심 밖의(아마도 사소한 것들) 세계를 묘사하고 있다 해도, 하나의 가정은 그 자체로 모순일 수 없고 참도 거짓도 아니다.

이를 인식하고 있다 해도, 어떤 가정이 현실의 중요한 부분을 왜곡하고 있다는 점에서 그것이 참이 아니란 점에 여전히 반박할 수 있다. 그러나 사람들이 그런 가정을 참이 아니라고 말할 때 사실 그 가정이 유용하지 않음을 의미하는 것이다. 예컨대, 국가이익(Krasner 1978)이나 국가의 대외정책에 관해 이야기하는 것은 많은 국제관계 연구자들 사이에 흔한 일이다. 그들은 국가를 마치 인간처럼 단일하고, 유일한 행위자인 듯이 다룬다. 국가에 대한 이러한 묘사는 분명히 참이 아니다. 한 사람으로 이루어졌거나, 많은 수의 사람들이 모든 외교정책 문제에 대해 만장일치로 같은 의견을 가지는 국가는 없다.

단일행위자 가정은 현실에 부합하지 않는 경우가 대부분인 듯 보인다. 그렇다면 반드시 이 가정을 버려야만 한다는 뜻일까? 그것이 유용한 가정이 아닐 수 있을지라도, 가정이 진술된 그 순간 그러한 판단을 내릴 수 없다는 것은 확실하다. 이론은 실현 가능하고 실용적인 설명과 예측을 하기 위해 필연적으로 현실을 단순화시킨다는 점을 항상 기억해야만 한다. 이론가들에게 가정이란 단순화의 매개이다. 단일행위자 가정은 지나친 단순화일 수도, 그렇지 않을 수도 있다. 오직 결과물의 관점에서만 (이론 내에서 내부적 논리의 일관성을 제외하고는) 가정의 가치를 판단할 수 있다. 이런 저런 가정이 사건에 대한 이론의 설명과 예측에 어떤 기여를 하고 있는가? 이것이 그 가정의 가치를 판단하기 위한 질문이다. 단일행위자 가정을 버리는 것은 국가정책, 국가 이익 등에 대해 이야기하는 경향을 버려야 한다는 의미다. 국가 용어가 유의미한 개념으로 박혀 있기 때문에 현실을 더 생산적이고 더 유용하게 설명할 수 있음을 보여주기 전에는 단일행위자 가정을 버리는 것에 신중을 기해야 한다.

만약 가정의 집합이 정확한 예측을 높은 가능성으로, 다수 제공한다면 그것은 현실을 지나치게 단순화시킨 것이 아니다. 그러나 이론의 가정이 유용하고 정확한 예측을 많이 내놓지 못한다면, 그것은 현실을 지나치게 단순화시킨 것이다. 어떤 이론의 전체를 평가하고, 가정을 차례로 하나씩 버렸을 때 어떻게 되는지를 관찰한 후에야 이와 같은 판단을 내릴 수 있다. 철학적 관점에서 가정이 얼마나 가치 있을지에 대해서는 말할 수 없다. 가정의 가치는 실질적인 문제이다. 만약 한 가정이 그것을 제외시켰을 때에 비해 이론의 예측력을 더해준다면, 그것은 유용하다. 가정을 추가함으로써 이론의 영역은 더욱 제한되므로, 관심 영역을 다룰 수 있는 가정이면 충분하다. 더 많은 가정을 추가할수록, 이론을 적용할 수 있는 범위는 줄어든다. 따라서 이론의 어떤 가정이 가설을 만들어내는데 필요한지를 정확히 아는 것이 유용하다. 어떤 가설은 몇 개의 가정만을 필요로 하고, 어떤 가설은 가정 전체가 모두 필요하다. 만약 어떤 가정이 이론의 예측에 필요하지 않다면 굳이 이론에 그 가정을 포함시킬 필요가 없다.

이론의 비평가들이 개별 가정이 틀렸다고 주장할 때는 그 가정에 따른 함의나 예측이 유용하지 않거나 논리적으로 틀렸다는 증거가 있거나, 개인적인 싫고 좋음, 즉 취향에 근거한 것이다. 일반적으로 취향의 차이에 따른 주장은 생산적이지 못하다. 서로 다른 사람들이 서로 다른 음악이나 그림, 문학, 영화, 음식, 옷을 찾는 것과 다를 바 없다. 이처럼 다른 사람들은 자신에게 더 적합한 다른 이론적 접근을 찾는다. 잠재적으로 유익한 가정이 무엇인가에 대한 의견의 차이를 다루는 가장 좋은 방법은 그 세계의 대안적 관점을 과거와 미래의 사실에 대입해 검증해보는 것이다. 이 점에서는 실용적인 것이 현명하다. 물리의 세계가 어떻게 작동하는지 아무도 장담할 수 없듯, 아무도 국제관계가 정확히 어떻게 돌아가는지 알지 못한다. 과학 또는 인간 연구의 영역이 실제로 어떻게 작동하는지 완벽하게 안다면, 그 주제는 더 이상 연구로서 가치가 없다. 새로운 사실이 얼마나 쌓였는지 혹은 시간이 얼마나 지났는지에 상관없이 더 이상의 새로운 연구가 필요치 않다. 어떤 현상을 완벽하게 설명한다면 더 이상 새롭게 말할 것이 없다. 가령 사람들은 더 이상 천연두의 치료와 원인에 대해 연구하지 않는다. 모두 밝혀졌기 때문이다. 아마 새로운 종류의 천연두가 출현한다면(결핵에서 그러했듯) 그때서야 새로운 이론과 새로운 경험적 연구들이 생길 것이다. 그러나 현재로서는 연구할 것이 아무것도 없다. 물론 이것은 국제관계 연구에는 해당하지 않는 이야기다. 우리는 국제정치에 대해 완벽한 설명을 가지고 있지 않다. 단지 어떤 이론이 혼란을 야기하지 않고 현실을 더 잘 설명하는가에 대한 판단을 해야 할 뿐이다.

날개 위에서 걸을 때는 단단히 붙잡는 것이 가장 좋다. 비행기 위에서든 협상 테이블에서든 잡고 있는 것을 놓치면 더 나아질 게 없고 치명적 결과를 초래할 수 있다.

1.4 윙 워킹의 제1원리

설명은 언제나 잠정적이다. 이론은 같은 현상에 대한 경쟁 설명을 능가해야만 우세한 것으로 예상된다. 더 정확하고, 더 예측력 있는 설명이 나타난다면, 자리를 내주게 될 것이다. 이는 순식간에 일어날 수도 있고, 몇 세대를 거쳐 일어날 수도 있지만 결국 더 나은 아이디어가 그보다 못한 것의 우위에 있다.

틀렸다고 판명된 이론이 가끔은 일부 모순되는 증거를 발견하는 데 도움이 될 수 있다. 모순되는 증거가 충분할 때 이론은 틀렸다고 판정된다. 뉴턴(Isaac Newton)의 이론을 앞섰던 톨레미(Ptolemy)의 역학이론을 생각해보자. 뉴턴역학, 아인슈타인(Albert Einstein)의 상대성이론과 함께 톨레미 법칙은 항상 거론되지만, 오늘날 아무도 톨레미의 이론에 따라 행성과 별의 움직임을 설명하지는 않는다. 톨레미의 이론은 오랫동안 존재해왔지만 코페르니쿠스(Nicolaus Copernicus), 케플러(Johannes Kepler) 등의 아이디어가 결국 이 이론의 신뢰성을 떨어뜨렸다. 톨레미의 천문학은 (아인슈타인보다 못한) 뉴턴의 이론에 비해 맞게 예측할 수 있는 부분이 적다. 예를 들어 톨레미 이론은 천체의 움직임에 대한 예측에는 뛰어나지만 지구로 떨어지는 물체에 대한 궤도를 예측하지 못한다.

톨레미 이론은 행성들이 태양을 중심으로 타원 궤도를 그리는 것이 아니라 지구를 중심으로 원(대략, 공중제비)을 그린다고 주장한다. 이러한 운동 패턴은 밤하늘의 관측과 맞아 떨어진다. 1년 동안 밤마다 먼 행성의 움직임을 따라가 보면 질서 있는 움직임의 경로를 관측할 수 없을 것이다. 그러나 시간마다 행성이 왕복운동을 한다고 가정하면 그 경로를 예측할 수 있다. 그러나 지구가 아니라 태양이 태양계의 중심이라는 코페르니쿠스의 이론을 일단 받아들이면 톨레미의 천문학은 상식에 어긋난다. 결국 톨레미의 관점에 반하는 증거가 확실하기 때문에 더 이상 그 이론은 유지되기 어렵다. 경쟁 주장들이 톨레미의 관점이 제공하지 못한 것을 포함한 사실들을 더 잘 설명했다.

주장의 근거나 허점이 문제의 이론 혹은 주장이 적절하지 않다고 결론 내리기에 충분할 때, 이에 대한 판단을 도와줄 지침이 필요하다. 일상의 삶에서 우리는 언제나 그러한 판단을 한다. 점성술을 사용해 일상의 행동을 계획하는 이는 아마 거의 없을 것이다. 점성술을 읽는 것은 재미있겠지만, 현실과 예측 사이에 믿을 만한 관계를 밝혀내는 것 같지는 않다. 따라서 점성술은 적절한 도구가 아니라고 결론지었다. 상충하는 이론들 중 하나를 선택하는 핵심은 현실에 무슨 일이 일어나는지에 관한 증거와 반론의 축적이다. 대외정책 결정자가 점성술에 따라 행동을 선택한다면, 그것은 굉장히 놀랄 일이다. 사실 레이건(Ronald Reagan)이 고르바초프(Mikhail

Gorbachev)와의 협상에서 점성술에 의존했다는 잘못된 소문은 파문을 일으켰고, 레이건에게 좋지 않은 농담이 돌았다.

가끔은 이론이 신뢰할 만하지 않더라도 그 이론에 매달리곤 한다. 윙 워킹의 제1원리에 따르는 것이 보통 그러하다. 만약 당신이 비행중인 비행기의 날개 위에 있다면(실제로 이러한 상황에 처했다고 생각해보라) 잡을 수 있는 더 좋은 것이 없는 이상 지금 잡고 있는 것을 놓을 수 없다. 그러면서도 현 상태를 유지하는 것에 대해 다시 한번 생각해 보아야만 할 것이다. 더 나은 무엇인가 가능하다는 것을 아는 것이 당장에 그쪽으로 옮기고 싶을 만큼 그 대안이 충분히 매력적이라는 의미는 아니다. 특히 대안에 위험이나 비용이 따른다면 더욱 그러하다. 이것이 바로 톨레미의 역학이 그토록 오랫동안 지속되었던 이유다. 행성이나 별이 스스로 왕복한다는 사실은 믿기 어려웠음에도, 더 나은 무엇(뉴턴의 역학과 같은)이 나올 때까지 이전의 이론을 포기할 수는 없었다. 그때까지도 변화에는 비용이 수반되었고, 그래서 사람들은 오랫동안 기존의 생각을 좋아했다. 영국의 학교에서는 뉴턴의 이론이 출현하고 난 이후에도 100년 동안이나 학생들에게 이 이론을 가르치지 않았다.

윙 워킹 제1원리는 이 세계가 어떻게 돌아가는지에 대한 믿음을 다룰 때 특히 적절하다. 믿음을 버리는 것에는 비용이 발생한다. 새로운 믿음의 이익은 이전의 것을 버리는 비용을 보상할 만큼 커야 한다. 국제정치가 예측 가능한 이유 중 하나는 사람들이 믿음을 쉽게 버리지 않기 때문이다. 지도자가 자신의 믿음을 지속하는 것에 너무 큰 비용이 든다는 것을 깨달을 때까지 그 믿음을 고수하기 때문에 행위가 예측 가능하다.[2]

더 나은 도구로 옮겨가는데 드는 비용의 간단한 예를 살펴보자. 지금 우리는 집에서 물건을 수리하고 있는 상황이다. 새 TV 장식장을 조립하거나 오디오의 선을 연결하는 것 정도로 상상해보자. 무엇을 하고 있든 지금 우리는 나사와 드라이버가 필요하다. 그런데 딱 맞는 나사와 드라이버는 없고, 크기가 약간 맞지는 않지만 그런대로 쓸 만한 세트가 있다. 대부분의 사람들은 더 잘 맞는 나사와 드라이버가 있는 줄 알지만, 굳이 더 나은 것을 사오는데 돈과 시간을 투자하지 않을 것이다. 결국 새로운 도구가 그렇게 자주 필요한 것은 아니므로 가지고 있는 것이 최상은 아닐지라도 적절한 것이 된다. 이제 이론의 선택과 사용으로 가보자. 우리는 언제나 최고의 이론을 사용하기 위해 고군분투하지 않는다. 그러한 이론을 찾는 것에 너무 많은 비용이 들고, 심지어 어떤 것을 사용해야 할지 알았다 해도 그것의 사용법을 배우는데

2. 제13장에서 베이즈의 규칙(Bayes' rule)을 소개하면서, 믿음의 변화를 어떻게 측정하는지 학습한다.

큰 비용이 들기 때문이다. 매우 중요한 일이고, 오류의 대가가 충분히 크다면 아마 시간과 돈을 들여서라도 더 나은 방법을 배울 것이다. 가령 전투기 수리를 위한 나사와 드라이버가 필요하다면 그에 딱 맞는 것을 찾아서 사용할 것이다. 오류에 대한 비용이 너무 커서 잘못된 도구를 사용하기에는 큰 위험이 따른다. 오디오 선이 엉킨 것과 소리의 2배 속도를 가지고 40,000피트에서 고장 나는 것은 확연히 다르다.

윙 워킹의 제1원리는 레이건정부의 미국 국가안보 논쟁에 핵심적(말하진 않았지만) 특징이었다. 당시 유명한 물리학자(이자 수소폭탄의 아버지) 텔러(Edward Teller)는 핵무기 대학살의 위협에 대한 방어책을 내놓았다. 텔러가 제안한 정책은 날아오는 미사일에 대한 방어체계를 발전시키는 것이었다. 공식적으로는 전략방위구상(Strategic Defense Initiative: SDI)이고 비평가들은 '스타워즈(Star Wars)'란 별칭을 붙였다. 텔러의 제안은 당시 미국의 정책과 다른, 2차대전 이전에 흔히 사용되던 군사정책으로의 회귀였다.

2차대전 이전 군사정책의 중요한 특징은 외부 공격에 대비할 수 있는 강력한 국방을 유지하는 것이었다. 그러나 핵 위협의 출현은 이러한 미국의 생각을 바꿔놓았다. 미국은 상호확증파괴(mutually assured destruction: MAD)라는 아이디어를 소개했다. MAD에서는, 핵전쟁에 대한 최선의 방어는 상대의 성공적인 선제공격을 받은 이후라도 상대가 견디기 힘들 만한 큰 타격을 확실히 입힐 수 있을 정도의 강력한 공격이라 여겨졌다. MAD에서는 무기나 군사시설보다 도시나 민간인이 공격의 주요 대상이다. 이 엄청난 손실에 대한 두려움이 전쟁을 막을 수 있다고 여겨지기 때문이다. SDI는 도시 파괴에 대한 방어책을 제공하는 방어적 전략에서 변화했다. SDI에 반대하는 많은 주장들 중 하나는 이 프로그램의 기술적 비현실성을 공략했다. 또 다른 반대 주장이 윙 워킹의 제1원리에 따른 것이었다. 즉 많은 사람들이 MAD를 통한 핵 억지가 수십 년 동안 평화와 안정을 성공적으로 제공했음을 지적했다. 그들은 기존의 정책보다 확실히 더 낫다고 확신할 수 없는 다른 접근을 채택할 이유가 없다고 믿었다. 방어(SDI)에 기반을 둔 새로운 이론을 선택하기보다 핵안보(핵 억지)의 기존 이론과 함께 살아가는 쪽을 택했다. SDI에 대한 논쟁은 여전히 진행 중이다. 어떤 사람은 미사일방어시스템의 개발을 주장하고, 이에 반대하는 이들은 그것이 국제적 안정을 위험에 빠뜨리는 노력이라고 비난한다.

윙 워킹의 제1원리는 문제에 대해 생각하는 대안적 방식의 이익뿐 아니라 비용에도 집중한다. 비용과 이득을 모두 저울질하는 것은 설명이나 예측력이 부족하다고 증명된 이후에도 국제정치의 이론 중 실망스런 몇몇이 오래 남아 있는 이유들 중 하나다. 결국 윙 워킹의 제1원리는 이론을 버리는데 신중해야 함을 말한다. 이는 우리가 새로운 아이디어에 의심을 품어야 하는 동시에 기존의 이론에 반박하는 증거를 받아들일 수 있어야 함을 일깨운다. 이러한 개방성에 대한 위협은 생각할 때 도움이 되는 특정 '사고방식'을 가지고 있기 때문에 일어난다(Margolis 1993). 간단한 예시를 하나 살펴보자. 주위를 한번 둘러보고, 움직이는 것과 그렇지 않은 것의 목록을 만들어보라. 아마도 지금 앉아 있는 의자는 멈춰 있고(혹은 발로 흔들거리고 있는가?) 주변의 사람들은 움직일 것이다. 당연히 움직이는 것과 멈춰 있는 것에 대해 긴 목록을 만들 수 있다. 그러나 사실 움직이지 않는 물체는 없다. 당신, 의자, 이 책 그리고 모든 것이 우주에서 엄청난 속도로 돌진하고 있다.

갈릴레오(Galileo)의 위대한 지적 업적 중 하나가 바로 일부러 멈추지 않는 한 물체는 자연적으로 움직인다고 가정함으로써 이론화를 시작한 것이다. 그는 자기 자신이든, 지구든, 별이든, 모든 것에 이것이 해당된다고 가정했다. 갈릴레오의 가정은 당시 확실히 자리 잡은 '사고방식'에 반하는 것이었고 아마 우리도 그랬겠지만, 사람들은 그 사고방식을 따랐다. 갈릴레오 시대의 사람들은 돌이나 나무, 특히 지구는 움직이지 않는다고 생각했다. 그 시대에는 (해와 달 같은) 어떤 물체는 움직이고, 나머지는 멈춰 있다는 것이 통념이었다. 당시 사람들에게 갈릴레오의 가정은 이상했고 이론의 함의나 예측도 마찬가지였다. 심지어 오늘날 황혼과 새벽을 묘사하는데 사용되는 언어는 지구가 태양 주변을 궤도에 따라 움직인다기보다 태양이 지구 주변을 움직여 뜨고 진다는 갈릴레오 이전의 개념에 근거한다.

물체가 자연적으로 움직인다는 개념은 갈릴레오 시대의 전통적 통념을 깨뜨리는 급진적 사고였다. 이는 진실이 무엇인가에 대한 사람들의 상식을 깨뜨릴 뿐 아니라 성서를 반박해 결과적으로 가톨릭교회의 가르침에 위배되는 사실이었다. 물론 갈릴레오는 위험에 빠졌다. 그는 이단이 되기보다 지구가 움직인다는 가르침을 마지못해 멈추는 것에 동의했다. 그러나 갈릴레오의 주장 철회나 당시의 상식이 현실을 바꾸지 못했고 또 갈릴레오가 옳음을 보여주는 증거의 점진적 축적을 막을 수도 없었다. 사람들이 그 가정을 좋아했는지 아닌지, 그리고 갈릴레오가 정치적으로 부적절한 견해를 철회했는지 아닌지에 따라 그 문제의 해결이 결정되는 것은 아니다. 그것은 가정(또 다른 가정과의 관계 속에서 마찰이 없는 표면처럼 논란이 덜 되는 가정)에서 비롯된 예측, 그리고 현실의 증거와 사물이 움직일 때까지 멈춰 있는 것이 아니라 멈출 때까지 움직인다고 가정하는 이론의 기대 사이의 일관성에 달려있다. 갈릴레오의 일화는 가정 앞에 겸손하고 새로운 아이디어에 대해 과도한 망설임을 보이지 말라는 교훈을 준다. 가정을 의심해서 이론을 너무 빨리 철회해서는 안 된다. 오히려 이론의 예측에 대한 증거를 기다려야 한다. 이론의 증명은 가정의 질에 대한 판단이 아니라 검증을 통해 이루어진다.

가정과 윙 워킹의 제1원리에 대해 한 가지만 더 짚고 넘어가자. 사람들은 때때로 가정에 바이어스가 있다고 믿기 때문에 이론을 버리려 한다. 사실 맞을 수도 있다. 이는 사람들이 취향의 차이로 가정에 반대하는 또 다른 모습이다. 맑시스트들이 종종 이념적 편견에 근거해 시장 지향의 이론을 버리듯 자본주의자들은 그런 근거로 맑시스트 주장을 버리는 경향이 있다. 이론이 사건을 얼마나 잘 설명하고 예측하는가 하는 것으로 가정의 유용성이 평가된다면, 특정 가정이 편견 때문에 선택되었는가 아닌가는 별 상관이 없다. 만약 검증이 편향되어 있다면 문제가 될 것이다. 그러나 이론의 수립 동기와 상관없이 이론이 설명하고 예측하려는 사실들을 잘 설명하는가의 여부에 따라 이론은 가장 잘 평가된다. 편향된 가정은 그렇지 않는 가정(그게 무엇이든)보다 경험적 성과의 측면에서 더 좋지 않다.

1.5 사례연구 방법과 이론 검증

국제관계 연구에서 이론의 예측에 부합하는 하나 혹은 몇 가지 역사적 사례를 제시함으로써 이론의 경험적 유용성을 평가하는 것은 흔한 일이다. 단일 사건과 관련 세부 사항의 철저한 조사를 통해 이론을 평가하는 것을 사례연구라 한다. 사례연구는 어떤 현상에 대한 생각을 발전시키거나 특정 사건을 보다 자세히 살펴보는 데 유용한 도구다. 그러나 특정한 주장에 부합하기 때문에 그 사건을 선택한다면 주장에 대한 검증의 정확성 면에서 공정성의 문제가 생긴다.

예를 들어 군비경쟁이 전쟁을 초래한다는 다음의 주장에 대한 검증을 살펴보자. 나폴레옹 전쟁, 제1차 세계대전, 제2차 세계대전 이전에 관련국들이 놓여 있었던 환경에 대해 알아보고, 각각의 사례에서 군비경쟁 과정을 살펴볼 것이다. 그러면 군비경쟁이 전쟁을 초래한다는 주장은 참이라고 추론할 수 있다. 그러나 이 추론은 다양한 이유로 증거에 의해 반박될 수 있다. 그중 하나가 군비경쟁이 전쟁을 초래하지 않는다는 다른(간과된) 사례들이 다수 존재한다는 점이다. 이론에 부합한다는 이유로 사례를 선정하면 이론을 반박하는 다른 모든 사례들을 놓치게 되는데, 이는 **표본 편차**의 유형이다. 위의 사례에서는 전쟁이 있었던 경우의 군비경쟁만을 선택했고, 따라서 종속변수의 값을 **사후**에 알고 사례들을 선택한 셈이다. A를 B의 필요조건으로 보는 이론이 아니라면 이론의 검증에 사례를 사후적으로 선별해서는 안 된다. A를 B의 필요조건으로 보는 이론에 대해서는 A가 먼저 있지 않았던 B(종속변수)의 사례를 찾을 수 있는지에 대해 알고 싶어진다. 군비는 전쟁에 필요하기 때문에 군비 증강이 전쟁을 초래한다기보다 전쟁 예상이 군비 증강을 초래한다는 주장이 오히려 더 그럴듯하다.

가끔 사람들은 구하기 '어려운' 사례를 골랐다고 밝힘으로써 이론에 부합하는 사례들의 선정을 정당화하려 한다. 통상 어려운 사례란 그 이론이 설명하고자 하는 사건의 종류를 잘 대표하지 않기 때문에 문제가 된다. 즉 극단적으로 이례적인 경우로 만드는 특징을 갖고 있기 때문에 어려운 것이다. 조사를 위해서는, 종속변수의 특정값만을 대표하는 사례도 아니고, 또 복잡한 요인들이 작동해 어렵게 보이는 사례도 아닌, 단지 독립변수와 종속변수의 다양한 값들을 대표하는 사례들이 선택되어야 한다. 이러한 무작위 사례 선택의 원칙은 통계학자들 사이에서 수세기에 거쳐 잘 정리되었다.

이론은 고정값이 아닌 변수들 사이의 관계에 관한 것이란 사실을 상기하라. 그러나 대규모 전쟁의 원인에 대한 수많은 연구들이 고정값에만 초점을 맞춘다. 1차대전에 대해 말 그대로 수천 건의 연구가 있다. 그중 몇몇은 혹은 최소한 몇몇 가설들은 그토록 처참하고 길었던 다자 전쟁의 원인에 관한 이론을 평가한다. 그러나 이 연구들은 종속변수의 특정값에 근거한 사실들을 선택한다. 사실 종속변수는 결국에 변수가 되지 않는다고 밝혀진다. 그 사례 내에서는 고정변수이기 때문에 설명할 것이 없다. 가령 대규모 전쟁의 원인을 이해하기 위해 이 원인이 소규모 전쟁이나 다른 형태의 갈등의 원인과는 어떻게 다른지를 알아야 한다. 단순히 대규모 전쟁만 살펴보는 일은 대규모 전쟁의 원인에 대한 설명에 아무런 차이를 낳지 못한다. 무엇이 전쟁을 확대시켰는지를 알고 싶다면 다른 갈등에서는 어떤 요소가 그 갈등이 대규모 전쟁이 되는 것을 막았는지 찾아보아야 한다. 다양한 수준의 전쟁을 서로 비교할 수 있는 사례가 필요하다.

유사한 표본편중 문제는 레짐과 협력에 초점을 맞추고 있는 국제정치경제의 연구에서 흔히 나타난다. 많은 연구자들이 레짐이 협력을 장려하는데 어떤 영향을 미치는지를 평가하는 것에 관심을 갖는다. 이 맥락에서 레짐은 행동패턴을 규제하는 기관, 제도, 규범을 말한다(Ruggie 1975; Krasner 1983; Keohane 1984; Morrow 1994a). 이에 대한 내용은 제7장에서 더 자세히 다룰 것이다. 보통 레짐 연구에 대한 관심은 국가 간 협력을 설명하는 데 있다. 연구자들은 이미 알려진 협력의 결과를 가지고 사례를 선택하고 그 협력의 결과를 조성했다고 말할 수 있는 국제 레짐 혹은 기관의 존재를 찾는다. 그 저자가 레짐의 역할에 대해 옳은 평가를 했는지도 모른다. 그러나 국가 간 협력이 없는 상황에서 비슷한 레짐이 같은 역할을 하는지에 대해서는 전혀 알 수 없다.

특정 레짐이 협력을 촉진시키는가(레짐의 유무, 협력의 유무를 포함한 변수들 간의 관계)의 여부에 관한 질문은 레짐이 있는 상황과 그렇지 않은 상황에서 협력의 결과를 비교해보지 않고서는 간단히 평가할 수 없다. 협력을 조성하고자 고안된 레짐이 결국 갈등을 생산한 경우가 있을까? 물론 있다. 그러나 많은 연구들이 이러한 실패는 무시하고 편향된 추론을 한다. 석유 생산국과 수입국 간의 협력을 돕고자 만들어진 석유수출국기구(Organization of the Petroleum Exporting Countries: OPEC)는 빈번하게 석유생산 할당량이 얼마나 되어야 하는지에 대한 갈등의 장이 된다. 경제학자들이나 카르텔에 관심이 있는 사람들의 광범위한 연구에도 불구하고, 국제협력을 다루는 레짐 이론가들은 OPEC에 거의 관심을 가지지 않는다.

TRY THIS

회원국들이 서로 (말로 혹은 폭력적으로) 빈번하게 싸우는 국제기구의 다른 사례를 생각해보라. 협력 조건에 관한 공식적 협약 없이 협력하는 사례도 생각해보라.

레짐 없이 협력한 예는 없을까? 물론 있다. 수십 년 동안 미국 정부와 이스라엘 정부는 공식적 동맹협약에 의존하지 않고 높은 수준의 협력을 이어왔다. 미국과 이스라엘 관계에 관해 수많은 연구가 있지만, 협력을 강화시키는 레짐의 역할에 관심을 갖는 국제관계 전문가들의 연구는 역시나 거의 없다. OPEC이나 미국-이스라엘의 관계는 레짐이 협력을 강화시키거나 그 반대의 경우 얼마나 중요한 역할을 하는지에 대한 이해를 돕는다(Downs and Rocke 1990, 1995). 레짐 내 협력의 사례만을 선정하듯 종속변수에 근거한 사례 선택은 분석의 편차를 생산하고, 정책결정자가 그 사실 발생 이전에는 결코 가질 수 없었던 그 사실에 대한 사후 지식을 이용하는 것이다. 대안적 이론이 경험적으로 얼마나 잘 작동하는가를 평가하는 방법을 만드는데에 있어 이 분석 편차와 사후의 지식을 조심해야 한다.[3]

사례연구에 대한 논의를 마치기 전에 논의해 보아야 할 것이 하나 더 있다. 하나의 사례로 분명하게 이론의 주장을 뒷받침하거나 반박할 수 있는 경우가 있다. 이해를 돕기 위해 사례연구, 필요성, 충분성, 국가 간 협력에 대해 생각해보자. [표 1-1, 1-2, 1-3]은 각 상황에서 레짐의 존재(독립변수)를 나타내고, 그 상황이 협력에 이르는지, 아니면 갈등에 이르는지(종속변수)에 연결시킨다. 레짐에 관한 문헌들은 레짐이 협력을 강화시킨다는 가설을 제시한다(7장 참고). [표 1-1]은 40개의 가상 관찰 사례를 통해 레짐의 존재가 협력에 필요조건이기는 하나 충분조건은 아니라는

3. 가설의 충분조건을 만족시키고 결과가 일어나지 않는 것이 아니라면, 종속변수에 근거한 사례 선택은 결과를 초래하는데 충분한 요인을 밝히는 주장에 사용되는데 문제가 있다. 마찬가지로 문제가 결과에 필요한 요인만을 밝히는 것이고, 필요조건을 만족하지 않았지만 사건이 일어났다면, 반증 사건으로서 한 가지 사례를 사용할 수 있다(Most and Starr 1989 참고).

표 1-1 레짐과 협력: 필요조건이나 충분조건은 아님

레짐	협력	갈등
있음	10	10
없음	0	20

표 1-2 레짐과 협력: 충분조건이나 필요조건은 아님

레짐	협력	갈등
있음	20	0
없음	10	10

표 1-3 레짐과 협력: 필요충분조건

레짐	협력	갈등
있음	20	0
없음	0	20

추론을 뒷받침한다. [표 1-2]의 40개 가상 관찰 사례는 레짐이 협력의 충분조건이긴 하나 필요조건은 아니라는 주장을 뒷받침한다. [표 1-3]의 40개 가상 관찰 사례는 레짐이 협력의 필요충분조건임을 보여준다. 방금 읽은 것 혹은 표의 값들을 기억해두자. 이 표의 칸에 있는 숫자들은 열과 행의 변수값에 해당하는 사례가 얼마나 되는지를 나타낸다.

[표 1-1]에서는 협력이 일어날 때마다(종속변수) 레짐이 존재했음을 알 수 있다. 동시에 레짐은 협력을 보장하지 않는다는 것도 알 수 있다(**충분조건**은 아니다). 50%의 가능성으로 레짐이 존재할 때 갈등이 야기되었다. 그러나 레짐 없이 협력은 일어나지 않았다. 이러한 것을 우리는 **필요조건**이라 한다. 표에 나타난 사례들에 문제가 없다면 미국-이스라엘 관계와 같이 레짐 없이 일어난 협력의 사례는 레짐이 협력에 필요하다는 가설을 반박할 수 있다.

[표 1-2]는 레짐이 있을 때마다 협력이 일어나지만 레짐 없이도 협력이 일어난다는 사실을 보여준다. 따라서 [표 1-2]에서는 레짐의 존재가 협력을 이끄는 데 충분하지만(충분조건) 필요하지는 않음을 알 수 있다. 보다시피 레짐이 없어도 협력은 일어났다. 레짐이 협력을 보장하는데 충분하다는 가설은 OPEC 사례처럼 레짐이 있

지만 협력이 없는 사례(갈등)로 반박할 수 있다.

[표 1-3]은 레짐이 있을 때만 협력이 일어나고, 레짐이 없을 때만 갈등이 일어남을 나타낸다. 즉 레짐은 협력의 필요충분조건이다. 미국-이스라엘의 사례나 OPEC의 사례가 레짐이 협력을 보장하는데 충분하고도 필요하다는 주장을 반박할 수 있다.

이론이 필요성, 충분성 혹은 둘 다에 함축된 것보다 약한 예측을 한다고 가정해보자. 이론이 어떤 조건에서(필요하다거나, 충분하다거나, 심지어 그럴듯한 것도 아닌) 무언가가 가능하다고 예측한다면, 하나의 사례만으로 그 주장을 입증할 수 있다. 특정 조건이 있고, 가능한 결과가 발생하는 단일 사건은 이렇게 약한 주장을 입증하는데 적합하다. 이러한 주장은 실존 주장(existence claims)으로 알려져 있다. 예를 살펴보자.

국제관계의 구조(특히 가장 강력한 국가들의 관계)를 근본적으로 변화시키는 전쟁은 크고, 희생이 큰 전쟁이라고 주장하는 비슷하고도 널리 알려진 두 이론이 있다.[4] 국가 간 전략적 경쟁이론인 대안적 관점은 전쟁이 짧고 상대적으로 적은 희생을 치르고도 체계를 변화시킬 수 있음을 주장한다. 1866년 이탈리아와 작은 독일공국들이 참가해 프로이센과 오스트리아 간에 치러졌던 7주전쟁이 그 예다(Bueno de Mesquita 1990b). 전략적 관점에 대한 실존 주장은 앞의 두 이론에 대한 반박인 전략적 관점이 주장한 바와 같이, 짧고 상대적으로 저비용인 전쟁이었던 유럽 국가들의 관계를 변화시킴으로써 입증되었다. 이 하나의 사례가 이론의 주장이 사실임을 입증할 수는 없다. 단지 어떤 이론에 모순되는 특정한 상황이 존재할 뿐이다.

그러나 보통 단일 사례를 사용한 검증은 충분하지 않다. 국제관계나 다른 어떤 사회 현상에 대한 대부분의 이론이 확률론적 예측을 한다. 이러한 가설은 일반적으로 "독립변수의 값이 증가할수록 종속변수가 증가할 가능성이 높아진다"와 같은 형태다. 예컨대 "라이벌 국가 사이에 힘이 균형을 이룰수록 서로 평화를 추구할 가능성은 높아진다"라는 가설이 가능하다. 단일 사례연구는 이러한 가설의 신뢰도에 관한 어떠한 정보도 주지 못한다. 그 가설은 독립변수 값에 따라 여러 결과가 혼합(이것이 확률의 의미임)된다고 주장하지만, 동시에 라이벌 간의 힘이 동등해질수록 평화로운 관계로 더 가까이 간다고 주장한다. 가설의 정확성을 설득력 있게 평가하려면 두세 사례로는 충분하지 않다. 가설이 단정적이지 않고 확률적일 때, 더 많은 수의 관련 사례를 관찰할수록 주장 혹은 반박에 대한 신뢰도가 향상한다. 즉 확률적 가설

4. 이 이론에 관해서는 제5장에서 논의한다. 세력 전이 이론과 패권 안정 이론이다.

표 1-4 레짐과 협력: 필요조건도 아니고 충분조건도 아님

레짐	협력	갈등
있음	10	10
없음	10	10

은 몇몇 개별적 역사 사례보다 통계적 방법으로 검증하는 편이 낫다.

단순히 이론의 주장에 부합하는 몇 가지 사례가 존재하기 때문에 역사의 기록이 그 이론을 뒷받침하는 증거가 되지는 않는다. [표 1-4]를 보자. 앞서 제시했던 표처럼 레짐의 존재와 협력의 결과에 관한 40개의 사례가 있다. 만약 연구를 위한 사례를 선별한다면 [표 1-4]를 통해 레짐과 협력이 존재하는 10가지 사례를 찾아낼 수 있고, 레짐이 없고 갈등이 일어나는 또 다른 10가지 사례도 찾아낼 수 있다. 이렇게 선택한 20가지 사례로 순진한 지도자는 최소한 확률적으로는 레짐이 협력을 이끌어낸다는 결론을 내는 실수를 저지를 수 있다. 그러나 이 가상의 사례들은 또한 협력과 갈등이 레짐에 관계없이 동일하게 일어남을 보여주고 있다. 이 표에서 레짐과 협력 간의 상관관계는 0이고, 인과관계는 없다.

이론을 비교하는 기준

그렇다면 상충하는 이론 사이에서 어떻게 선택할 수 있을까? 윙 워킹의 제1원리를 사용할 수 있다. 어떤 이론이 상충이론을 확실히 능가할 수 있다면, 그 이론을 선택한다(Popper 1963; Laudan 1977; Lakatos 1978). 여기에 적용되는 기준은 간단하다. 같은 현상이나 사건들의 집합에 대해 예측하는 두 이론이 있을 때, 다른 경쟁이론이 설명하는 사실들을 어떤 이론이 설명하고 또 그 경쟁이론이 설명하지 못하는 사실들까지 추가적으로 설명할 수 있으면 그 이론이 더 좋다고 판정된다. 나아가 더 좋은 이론으로 주장되려면, 설명되지 못하는 새로운 조건들을 추가하지 않고도 그 추가적 사실들을 설명해야 한다.

따라서 우리의 판정 기준은 꽤 실용적이다. 이론이 더 많이 설명할 수 있고, 다른 이론에 비해 오류가 적다면 더 나은 것이다. 상대 이론이 현실을 더 잘 설명한다는 증거가 있을 때만 기존의 이론을 버릴 수 있다. 더 많은 부분이 옳다는 것으로는 충분하지 않다. 이론은 이전에 설명한 것에 대해 틀려서도 안 된다. 예측에 있어서 순수한 향상이 있어야만 한다. 물론 이것의 실행 혹은 기준에 있어서는 실질적 어려움이 따른다. 그러나 최소한 이러한 기준이 개인의 취향을 논쟁에서 배제시키고 사람들이 모두 동의할 수 있는 기준으로 뿌리 내릴 것이다.

1.6 과학적 방법

사실을 축적하고, 결정을 하는 것이 벅찬 임무가 될 수 있는 국제관계에는 무슨 일이 일어나는가에 대한 수많은 대안적 방법들이 존재한다. 다행히도 우리와 지도자에게는 국제적인 문제를 다루는 이 방법들의 효율성을 평가하고 언제 그 관점이 틀린지를 결정해주는 합리적인 지침이 있다. 이 지침을 사용함으로써 우리는 다양한 주장의 자질과 이 주장의 옳고 그름에 대한 증거의 신뢰성에 관해 합리적이고 유용한 판단을 내릴 수 있다.

여기서 말하고자 하는 것은 과학적 방법의 사용이다. 즉 논리적 일관성과 실측의 혹은 경험적 증거가 논리적으로 함축하는 예측에 일치한다는 관점에서 주장을 평가하는 것이다. 과학적 방법은 몇 가지 기본 가정만을 사용한다. 이를 통해 언제 기존의 이론을 고수해야 하는지, 혹은 언제 그것을 보내고 새로운 이론을 받아들여야 하는지를 알게 됨으로써 윙 워킹의 제1원리를 적용할 수 있다. 앞서 강조했듯 과학적 분석에는 논리적 일관성이 필요하다. 요인의 한 집합이 다른 요인의 집합을 어떻게 나타내는지 혹은 어떻게 초래하는지를 명확히 밝혀야 한다는 의미다. 상충하는 주장들은 복합적이고 대안적인 설명들을 통제하는 실험을 통해 평가될 수 있다. 이는 사회과학보다 자연과학에서 충족하기 훨씬 쉬운 조건이다.

국제정치학에서의 통제된 실험은 보통 이론적 예측을 역사적 자료로 평가하는 것을 의미한다. 물론 엄격한 실험실 실험에 대한 요구가 크고 늘어나는 추세지만(예, Gerring and McDermott 2007; Zeitzoff 2011; 그 외 다수). 평가를 위해 선택된 사례들은 우리가 관심을 갖는 사건의 종류를 대표할 수 있어야 한다. 사례의 대표성을 보증하기 위해, 주장의 일부가 아닌 요인을 무작위로 택한다. 무작위성은 그 실험이 다른 요인의 가능한 효과를 통제하도록 한다. 실험은 반복이 가능해야 한다. 즉 서로 상대의 실험에 익숙하지 않더라도 같은 관측 혹은 경험적 증거를 조사하는 다양한 연구자들이 같은 결론을 얻을 수 있어야 한다. 결론은 개인의 판단이나 가치에 근거하지 않아야 한다. 이론은 경험적 예측을 이끌어낸다. 이것이 이론에 찬성하거나 반대하는 논리와 증거가 둘 다 중요한 이유다.

예측은 언제나 불확정적이다. 특정 조건을 만족하면 특정 결과가 따라올 것이라고 예상되는 과학적 예측의 예언과는 다르다(Gaddis 1992; Ray and Russett 1996; Bueno de Mesquita 2009). 다른 조건을 만족할 때, 이론은 다른 결과를 예측할 것이다. 예언은 어떤 결과가 나오기 위한 조건에는 관심이 없다. 오직 결과만을 다룰 뿐이다. 과학적 예측은 이미 일어난 일 혹은 아직 일어나지 않은 일에 관한 것일 수 있다. 가령 뉴턴역학을 사용해 과거에든, 현재에든, 미래에든, 언제든 밤하늘 화성의 위치를 예측할 수 있다. 만약 화성이 예측된 장소가 아닌 다른 곳에 있는 것으로 관찰된다면, 그 예측의 기반이 된 이론에 문제가 제기될 것이다. 화성이 과거 혹은 미래의 어느 날 다른 어떤 곳에 있었다는 사실이 밝혀지면 이론에 대한 문제 제기는 현실화된다.

국제문제에 관한 이론들의 검증 또한 예측에 의존한다. 때때로 증거는 과거의 사건이 주어진 이론의 기대와 얼마나 비슷하게 맞는지에 근거한다. 이론의 증거란 아직 일어나지 않았지만 곧 일어날 사건에 관한 예측이다. 새롭게 발생할 사실들로 이론이 조만간 평가될 수 있게 말이다. 어느 정도로 곧 일어나야 할까? 이론의 속성에 따라 몇 주, 몇 달, 몇 년이 될 수도 있다.

과학적 방법은 사실의 대안적 설명에 대한 내부적, 논리적 일관성에 초점을 맞추고, 상충하는 주장에 대해 이론적으로나 경험적으로 옹호할 수 있는 결론에 다다를 수 있는 비판적이고 반복 가능한 실험을 찾게 한다. 증거에 대한 해석이나 이론의 장단점을 평가하는데 주어진 가중치에 동의하지 않을 수도 있다. 그러나 공통의 판단이나 기대를 공유하지 않더라도, 최소한 같은 기준에 준거해 이러한 문제에 대해 논쟁할 수 있어야 한다. 국제문제에 대한 잘못된 결정의 비용은 엄청난 파괴력을 일으킬 수 있기 때문에 과학적 방법에 기초해 대안적 이론에 대한 신중한 판단을 내리는 것이 중요하다. 잘못된 아이디어의 사용이나 해당 문제를 다루는데 적절하지 않은 아이디어는 확실히 피해야 한다.

이론이 틀렸을 때

이론이 '틀리다'라는 개념은 그리 복잡해 보이지 않는다. 아마 대부분이 이 구절을 비슷하게 이해할 것이다. 만약 이론이 현실과 다른 예측을 계속 내놓는다면, 현실이 아니라 그 이론이 틀렸다는 데 동의하는 것에 큰 문제가 없을 것이다. 결국 현실이 있는 그대로이기 때문이다. 현실은 도덕적 관점에서 '틀릴' 수 있지만(일어나길 원치 않을 수 있지만), 여지없이 일어난다. 그러나 어떤 이론가들은 일어나야 하는 일에 대한 이론가의 기대와 다른 일이 실제로 일어났을 때 현실이 틀렸다고 주장한다. 일어나는 일들에 대한 바람보다는 어떻게 일이 일어나는지를 평가하는 실증주의적 관점을 규범적 관점(어떻게 돌아가길 원하는가)과 혼동하는 것은 문제가 된다. 가령 맑스주의 이론에 대한 검증이 때때로 이와 같은 규범적 특징을 나타낸다. 맑스주의자들은 자신의 이념적 잣대로 증거를 해석하기 때문이다. 이론으로서 맑스주의는 시간이 흐르면서 나타나는 경제적, 사회적 관계의 변화를 설명하고자 했다. 역사를 설명하고 사건에 대한 미래의 과정을 예측하려는 노력이었다. 맑스주의 이론에서 계급갈등은 피할 수 없는 것으로 간주된다. 계급갈등이 나타나지 않는다면 맑스주의 이론가들은 사람들의 계급에 대한 의식이 무언가 '잘못'되었다고 추론했다. 이론은 맞고 사람들이 실수하고 있다고 여긴 것이다.

혁명 지도자인 동시에 이론가인 소비에트 설립자 레닌(Vladimir Ilyich Lenin)은 예측되는 행동과 관찰되는 행동 간의 불일치 문제를 다루기 위해 노동조합정신과 프롤레타리아 선봉이라는 개념을 고안했다. 요즘 말로 노동조합정신은 허위의식과 같다. 레닌은 노동자계급의 몇몇 구성원들이 자신의 실제 이익을 오해할 수 있기 때문에(즉 노동조합정신을 지니기 때문에) 프롤레타리아를 이끌기 위해서는 공산당 엘리트와 같은 집단이 필요하다고 개념화했다. 레닌에 따르면 정당의 수뇌부, 즉 프롤레타리아의 선봉은 무엇이 노동자계급에 진짜 이익인지 노동자들보다 더 잘 알 수 있다. 사실 많은 사람들은 프롤레타리아의 선봉이라는 레닌의 개념이 현실에서 레닌주의자들의 노선에 따르며 맑스주의 이론의 독재 이념을 발전시키는데 큰 몫을 했다고 주장한다. 레닌(1902)은 〈무엇을 할 것인가?〉라는 그의 책에서 사회주의자들의 이념에 관해 논쟁했다. 그의 논리는 필연적으로 관찰된 사실이 사회주의 혹은 맑스주의의 예측을 벗어난다면 그 사실은 부르주아의 이념을 반영하고 있는 것이기 때문에 틀렸다는 결론을 도출한다.

1914년, 맑스주의의 예측과 현실은 서로 부합하지 않음을 보였다. 맑스주의 이론가들은 전 세계의 노동자들이 공통적인 계급 이익을 인지하고, 전쟁을 일으켰던 귀족계급, 자본가계급과의 이익 차이를 인식하기 때문에 세계전쟁은 일어날 수 없다고 예측했다. 이론가들은 노동자들이 다른 국가의 노동자계급과 싸우려고 자국의 군대에 들어가 싸우는 일에 동의하지 않을 것이라고 예측했다. 확실히 맑스주의 이론가들은 사람들을 모으고, 심지어 같은 계급의 구성원에게도 대항하는 민족주의적 감정의 힘을 저평가했다. 사실 맑스주의에는 애국심에 대한 여지가 없었다. 애국심은 구성 원리로서의 계급과 상충하는 개념이었기 때문이다. 1차대전에 대한 맑스주의의 예측은 틀렸지만 이들은 이론의 오류가 아니라 허위의식(애국심, 노동조합정신 등)에 찬 노동자들의 문제라고 보았다. 이들은 예측의 실패를 해결하기 위해 보조 주장을 만들었다. 1990년대 초 대부분의 맑스주의 이론가들이 통치방식에 관한 실용적 접근으로서 자신의 이론적 접근이 틀렸다는 압도적 증거들을 받아들이기 전까지, 이론은 실패를 반복했다. 윙 워킹의 제1원리가 주장하듯 맑스주의자들은 선호하는 이론을 포기하는데 보수적이었다. 그들은 엄청나게 우세한 증거를 요구했다. 그리고 자신의 보조 주장이 더 이상 유지될 수 없음을 깨달을 수밖에 없는 지점에 이르렀다.

이론에 보조 주장을 추가하는 것이 근본적으로 문제가 되는 것은 아니다. 이전에 설명하던 사건에 추가 주장을 적용했을 때, 그릇됨 없이 이전에 설명하지 못하는 부분들을 설명한다면 간결성을 포기하는 대가를 충분히 치르는 셈이다. 이론이 더 간결한지 덜 간결한지를 판단할 때는 예측을 하는데 필요한 가정의 수와 설명해내는 사실의 수를 비교해야 한다. 일반적으로 제한된 가정의 집합으로 많은 사건이나 사실을 설명해내는 이론일수록, 이론의 잠재적 유용성과 간결성은 높아진다. 따라서 보조 주장들(애국심, 노동조합정신, 부르주아 국가의 포위 등)이 더해지면서도 하나의 사건만을 설명하는 것은 간결성을 향상시키지 못한다.

사실상 이렇게 주장을 추가하는 것은 문제의 이론이 퇴보하고 있다는 증거다. 즉 이론이 새로운 환경을 특별한 설명으로 보충하는 것이기 때문에 결국 아무것도 설명하지 못하는 것이나 다름없다(Lakatos 1976, 1978; Elman and Elman 1997; Vasquez 1997). 사실 이론의 간결성 혹은 효용성의 정도를 평가하는 실용적 소프트웨어가 발전되어 왔고, 수많은 국제관계 이론을 검증해왔다(Zinnes 2004). 그리고 가장 유명한 현실주의 이론들 중 몇몇은 전혀 간결하지 않았다. 이 이론들은 가정보다 많은 일반화를 가지고 있지 않다.

간결성의 법칙은 우리가 이론을 선택하는 데 기준점을 제공하기 때문에 중요하다. 이론이나 보조 문장들이 다양한 새로운 현상에 맞게(어떤 때는 모든 현상마다) 바뀌어야 한다면, 이론이 잘못되고 있다고 의심해야만 한다.

과학적 이론은 반증 가능해야 한다

예측을 어떻게 판단하는가에 대한 논쟁은 확실히 열려 있다. 어떤 이론은 증거로 그것이 틀렸음을 밝힐 수 있는 가능성 자체가 없다. 이러한 이론을 우리는 반증 가능하지 않다고 말한다. 그러한 이론들은 맞겠지만(혹은 틀리겠지만), 믿는 것 외에 그것이 참인지, 유용한지에 대한 확신을 가질 수 있는 방법이 없다(검증할 수 없다). 사실 종교적 믿음을 인간의 행위와 자연현상을 설명하기 위해 고안된 이론 혹은 도구의 집합으로 생각해 볼 수 있다. 아마 이 믿음은 맞겠지만(혹은 틀리겠지만), 보통의 과학적 기준으로는 그 진실성을 판단할 수 없다. 단지 신앙심에 의존해야 한다. 언제 이 세상의 종말이 오는가와 같은 덜 종교적인 주장은 틀렸음을 보일 수 있지만(믿는 사람들에게는 설득력이 없겠지만), 신의 존재에 대한 믿음과 같은 종교적 믿음의 핵심은 반증할 수 없다. 과학의 승인을 추구하는 이론은 가능한 반증을 허용하는 것이 필수적이다. 과학적 지위를 가진 이론은 반증이 가능하다. 즉 검증이나 검증의 집합의 결과가 이론이나 최소한 이론의 주요 예측이 틀렸다는 결론을 낼 수도 있음을 생각할 수 있어야 한다. 이러한 검증을 상상조차 못한다면 그 이론은 과학의 영역이 아니라 신앙의 영역이다.

사람들은 가끔 **반증가능성**의 개념을 혼란스러워 한다. "글쎄, 이론이 옳다면 반증할 수 없어야 하는 것 아냐? 어떻게 반증가능성이 이론에 유용할 수 있지?"라고 생각한다. 여기서 한 가지 확실하게 하고 넘어가자. 반증가능성은 주장이 옳고 그른 것과는 상관이 없다. 그 주장이 틀렸다는 결론을 내릴 수 있는 원칙적 조건들이 존재하느냐 아니냐는 것과 상관이 있다. 요컨대, 옳은 주장은 반증되지(틀리다고 입증되지) 않겠지만, 반증 검증이 가능해야 한다.

가령 공기의 마찰이 없다고 가정하면 지구 표면 근처에서 낙하하는 모든 물체는 초당 32피트(95.09m)의 가속도가 붙는다. 공기 마찰이 없다는 단순한 가정은 실현 불가능하지만 물체의 가속도에 관한 이 값은 거의 정확한 근사치다. 이 또한 반증이 가능한 주장이다. 예를 들어 공기 마찰이 없고 물체를 잡거나 방해하는 것도 없는 지구 표면 근처에서 돌을 떨어뜨렸을 때 돌이 떨어지지 않고 위로 올라간다면, 이 가설이 틀렸음을 입증할 수 있다. 이제 우리는 반증의 조건에 대해 말할 수 있다. 조건이 만족하는지 아닌지는 반증과 관련이 있다. 조건을 말할 수 있다는 것은 반증 가능성이 성립되기 충분하다는 의미다.

TRY THIS

한 국가가 다른 국가에게 행동을 바꾸지 않으면 비참한 결과가 나타날 것이라고 위협하는 외교정책 논쟁을 생각해보라. 그런 결과의 정확한 본질이 명백했었나(예, 경제 제재, 군사 행동, 외교관계 단절 등)? 어떤 것을 말하지만 다른 행동을 하면서 진의를 숨기고 있는 것처럼 보이는 한 국가의 분쟁을 생각해보라. 어느 쪽이 더 믿을 만한 정보인가? 국가 지도자가 자신이 한다고 말하는 것? 혹은 한다고 관찰되는 것?

이 책 전체를 관통하는 한 가지 목적은 어떤 국제관계 이론이 반증 가능하고, 어떤 것이 아닌지를 밝히는 것이다. 각 이론의 논리와 대안 이론과의 비교를 통해 그 이론을 지지하고 반박하는 증거를 살펴봄으로써 이 목적을 달성할 수 있다. 모겐소의 현실주의 이론이 가지고 있는 중요한 부분은 과학적 기준으로 반증 가능하지 않음을 앞서 살펴보았다. 그것의 일부를 지지하는 사람들이 세계가 어떻게 돌아가는지에 대해 맞을 수도 있지만, 아무도 알 수는 없다. 반증가능성과 논리, 증거의 검토는 윙 워킹의 제1원리를 지키면서 상충하는 이론들의 상대적 장점을 평가할 수 있는 방법이다.

1.7 이론의 실제적 활용

신문에서 무역장벽, 민족 대립, 국경분쟁, 종교갈등 등의 국제적 갈등을 어렵지 않게 찾아 볼 수 있다. 아마 그리스가 유로를 포기하고 원래 화폐단위였던 드라크마로 회귀하겠다는 문제로 독일과 그리스는 계속 논쟁 중일 것이다. 인도와 파키스탄은 카슈미르(Kashmir)에 대한 입장차로 갈등에 쌓여 있을 것이다. 미국과 캐나다는 북미자유무역협정(North American Free Trade Agreement: NAFTA) 문제로 불협화음을 겪고 있을 것이다. 멕시코는 아마 자국을 통과해 미국으로 가는 중앙아메리카 불법 이민자들을 막기 위해 국경을 봉쇄하겠다는 위협을 하고 있을 것이다. 중국, 베트남, 말레이시아, 대만 등의 국가들은 남중국해에 있는 남사군도 근처에 매장된 석유에 대한 권리를 서로 주장하고 있을 것이다. 이란과 미국은 이란의 무기 수준의 우라늄 농축 문제로, 콜롬비아와 베네수엘라는 마약 문제로 논쟁하고 있을 것이다. 루마니아와 몰다비아 사람들은 국경 문제로 갈등 중일 것이다.

헤드라인이 무엇이든 이러한 이익 갈등 각각을 설명하는 다양한 방법이 있다. 민족 갈등, 힘의 균형, 경제 의존성, 제국주의 등에 대한 뉴스는 국제문제를 설명하는 이론 혹은 구성원리의 아이디어를 담고 있다. "다른 사람이 너에게 해주었으면 하고 바라는 대로 너도 그에게 하라", "눈에는 눈, 이에는 이", "누군가 오른쪽 빰을 때리거든 왼쪽 빰도 내주어라"와 같은 일반적 생각은 어려움을 해결하기 위해 정부에게 장려하는 것, 혹은 그렇게 하지 않았으면 하는 것에 대해 사람들이 생각하는 몇 가지 방식이다. 각각은 국가들이 서로 어떻게 관계를 맺는가에 대한 이해를 도울 도구로서 지금까지 발전되어 온 국제관계 이론의 일부이기도 하다. 각각의 도구들은 우리가 서로 다른 사실들에 집중할 수 있도록 안내하고, 사건에 대한 다른 해석을 내놓는다.

규범에 관한 이론은 특정 국가 사이에 벌어졌던 과거 관계의 역사로 관심을 돌린다. 규범에 집중하면 지도자가 처한 국내의 사회적, 문화적 제약에 관심을 갖게 될 가능성이 높다. 어떤 국가의 문화적, 사회적 가치는 특히 정치지도자에게 폭력적 전략 사용의 대가를 크게 만든다. 이 경우 규범은 외교정책에 평화적 영향을 끼칠 수 있다. 반면 세력균형이론은 국가들의 세력 자원에 관한 사실을 찾게 하고, 국가들은 본래 서로 적대적이라고 가정한다. 협력적 규범의 관점에서 경쟁에 접근하지 않고, 세력 균형적 관점을 택했다면 국가의 군사력에 더 집중해야 한다. 자유주의나 구성주의와 같은(서장을 참고하라) 협력적 규범에 관한 이론에서 힘은 가령 공유된 이익이나 문화적 가치보다 영향력이 덜하다고 여겨진다.

대안적 이론이나 도구와 이들을 평가하는 기준의 선택은 학생이자 국민인 우리뿐 아니라 국가들의 관계를 만드는 무수한 결정을 내리는 책임을 가진 사람들에게도 중요하다. 정책결정자들이 선택지를 놓고 다트를 던져 결정을 내리지는 않을 것이다. 우리의 지도자가 생사가 달린 결정을 그렇게 무책임한 태도로 처리한다면, 우리는 바로 그를 쫓아낼 것이다. 그리고 이것이 지도자가 되고자 하는 사람들이 쉽게 결정을 내리지 않는 이유라는 것을 기억하라. 전 세계의 모든 지도자는 고의로 혹은 의도치 않게 국제정치 이론의 도움을 받아 정책을 결정한다. 지도자는 자신의 결정을 정당화하기 위해 이론을 인용하기도 한다. 중요한 외교정책의 상황에서 지도자가 사용했던 원칙의 2가지 사례를 살펴보자.

일본의 진주만 공습을 설계한 해군제독 이소로쿠 야마모토(山本 五十六)는 "유능한 매는 발톱을 숨긴다"라는 속담을 좋아했다(Prange 1981, 13). 이러한 국제문제에 관한 일반화는 일본의 공격 계획과 실행에 있어 비밀성을 인도했다. 이는 일본에게 도움이 된 원칙이었을 수도 있고 그렇지 않은 원칙이었을 수도 있으나, 중요한 원칙이었음은 분명하다. 결국 일본이 1941년 12월 7일에 수행하기로 선택한 비밀스럽고 공격적인 행동이 피할 수 없었던 것만은 아니었다.

일본 국민은 다른 관점을 가지고 있었을지도 모른다. 그들은 억지 이론을 믿는 이들이 공통적으로 주장하는 가설을 받아들였을지도 모른다. 만일 일본이 억지 관점을 받아들였다면 실제 다른 선택을 했을 것이다. 일본은 미국이 대일 통상봉쇄를 풀지 않거나 태평양에서의 대일 위협을 중단하지 않는다면 미국 이익에 반하는 심각한 공격을 감행하겠다고 1941년 공개적으로 선언했을 것이다. 아마도 일본 지도자는 언제, 어떤 위협적 보복을 행할지에 대해 정확히 말하려 하지 않았을 것이다. 굳이 그것을 알리는 것은 자신의 항공모함 편대를 불필요한 위험에 빠뜨리기 때문이다(Colaresi, Thompson, and Rasler 2008).

그럼에도 불구하고 일본은 미국의 행동을 바꾸기 위해 공개적인 위협을 선택했을 것이다. 이러한 접근은 비밀 공격을 인도한 이론보다, 일본의 목적을 달성하기에 적절한 이론에 관한 완전히 다른 평가에 의존했었을 것이다. 만약 일본이 루스벨트(Franklin Roosevelt)에게 당시 미국의 대일정책 비용이 그 이익보다 크다고 설득함으로써 미국을 억지할 수 있다고 일본이 믿었더라면, 제재의 위협만으로 충분했을 것이다. 그랬다면 일본은 미국의 시설들을 그렇게 공격하진 않았을 것이다. 이는 주요한 정책 선택이 정책결정자가 갖고 있던 국제문제 이론에 좌우된 사례이다. 이론을 버리고 단순한 사실들의 축적에 기대고 싶어질 때마다 이를 마음속에 떠올려야 한다.

TRY THIS

반증 가능한 대외정책의 설명을 생각해보라. 반증이 가능하지 않은 설명도 생각해보라. 기자가 민족집단 간의 갈등을 설명하면서 그 갈등이 문화적 차이 혹은 수백 년 동안 서로를 미워했던 마음에서 비롯된 것이라고 말한다면, 이 기자의 주장은 반증이 가능한가? 틀린 주장인가? 이 갈등에 대한 기자의 설명에서 그런 민족집단 간의 평화적 공존 기간은 어떻게 설명할 수 있을까?

SUMMARY

웡 워킹의 제1원리에 따르면 새로운 이론이 관련 사건에 대해 더 나은 설명을 제공한다는 것을 입증하기 전까지 기존의 이론을 포기하면 안 된다. 예측의 신뢰도는 사건에 대해 상충하는 설명들의 상대적 장점을 판단하기 위한 주요 기준이 된다. 이론은 가정과 경험적 일반화의 연결고리를 제공한다. 이론은 변수들이 서로 어떻게 연결되어 있는가를 규정한다. 이로써 이론은 독립변수와 종속변수 간 인과적 혹은 확률적 관계를 나타낸다. 이론은 필수 구성요소로 현실세계의 복잡성을 감소시켰다고 여겨지는 현실의 단순화된 시각을 제공한다.

가정은 이론이 관련된 현상에 적용할 것으로 기대되는 조건의 집합을 묘사한다. 나아가 가정은 이론이 적용될 수 있는 세계를 정의한다. 만약 가정된 세계가 실제 우리가 살고 있는 세계와 너무 다르다면, 이론의 예측은 신뢰할 수 없는 것으로 밝혀질 것이고 그 이론은 쓸모없거나 하찮은 것으로 결론지어질 것이다. 만약 가정이 논리적 영역에서 서로 모순된다면 이론은 논리적으로 틀리고, 우리가 살고 있는 세계에 대해 바르게 설명할 수 없다. 결과적으로 논리적 일관성과 경험적 유용성에 의거해 이론을 판단해야 한다. 취향이나 심미적 주장은 국제문제에 대한 대안적 설명들을 평가하는 데 적절하지 않다. 과학적 방법의 고수가 중요하다.

핵심 용어

검증 42	비용 54	충분조건 60
수출 42	전략 55	필요조건 60
경험적 정확성 43	억지 55	필요충분조건 61
인지 46	표본편차 57	실존 주장 61
내부적 불일치성 47	사후 57	반증가능성 67

2

전략적 관점

대외정책이 국내정치와 충돌할 때

로버트 무가베(Robert Mugabe)는 1980년부터 짐바브웨를 통치해왔다. 국내외의 비판이 증가했음에도 무가베는 제1정당, 짐바브웨아프리카민족동맹(ZANU Alliance), 군대와의 긴밀한 제휴를 통해 통치를 이어왔다. 2008년 7월 4일 무가베(오른쪽), 중앙정보국(Central Intelligence Organization: CIO) 국장 해피톤 본용웨(Happyton Bonyongwe, 왼쪽) 장군, 군 사령관 콘스탄틴 치웬가(Constantine Chiwenga, 가운데) 장군이 하라레(Harare) 국제공항에 도착해 이야기를 나누고 있다.

OVERVIEW

- 전략적 관점은 대외정책이 통상적인 국내정치에 포함되고 국가지도자는 유권자의 이익과 경쟁국의 요구 사이에 균형을 이루는 데 어려움을 겪는다고 경고한다. 국내의 이익들을 충족시키면 대외관계에서 갈등을 유발할 수 있고, 또 대외 이익을 충족시키면 정치지도력에 대한 국내의 도전을 불러일으킬 수 있다. 이러한 이중의 압력이 국제관계와 다른 모든 정치 사이의 근본적인 차이점이다.

- 국제문제에는 4가지 기본 범주가 있다. 1) 조율, 2) 분배, 3) 감시, 4) 제재이다. 각각은 대리인 문제에 의해 내부적으로 발생한다. 지도자(개념상 국민의 대리인)가 자신이 원하는 것을 하는가 아니면 국민(대리인의 주인, 즉 상관)이 원하는 것을 하는가? 지도자의 행동이 국민의 뜻과 차이가 있을 때, 그것은 역선택의 결과인가? 즉 국민이 원하는 것을 유능하게 실행할 수 없는 지도자가 뽑힌 것일까 아니면 도덕적 해이(moral hazard)의 문제일까? 즉 지도자는 의도적으로 국민이 원하는 것이 아니라 자신이 원하는 것을 택했을까? 이러한 문제들을 해결할 수 있다면 더 평화적이고, 덜 싸우며, 더 질서 있는 세상을 기대해 볼 수 있다.

- 민주제, 군주제, 독재 등과 같은 정부 분류 용어들로 정부에 대해 말하기보다, 그 정부를 구분시키는 2가지 중요한 국내적 요소를 사용한다. 1) 선출인단(selectorate: 지도자 선택의 발언권이 있는 사람들)의 크기, 2) 지배연합(winning coalition: 선출인단 가운데 지도자가 권력을 유지하는 데 필수적인 지지자)의 크기

- 이 2가지 요인을 함께 고려함으로써 모든 정부를 2차원의 제도적 공간에 놓을 수 있고, 이러한 정부의 지도자가 어떻게 행동하고 반응하는지 예측할 수 있다.

- 큰 지배연합에 의존하는 정치조직은 연합 구성원들에 대한 사적 보상보다 공공재의 생산을 강조한다. 이 정부는 더 번영하고, 거버넌스(governance)가 더 효율적이며, 부패율이 낮다. 그렇지만 정부 지도자의 재직기간은 상대적으로 짧다.

- 선거 조작이 있는 독재국가처럼 작은 지배연합과 큰 선출인단에 의존하는 정치 조직은 도둑정치(kleptocracy), 빈약한 공공정책, 높은 부패율과 지대추구(rent-seeking)의 가능성이 크다. 그렇지만 이들의 지도자는 장기간 권력을 유지한다.

- 큰 지배연합 체계를 가진 국가는 국가의 번영뿐 아니라 평화, 특히 국가 간의 평화를 누릴 가능성이 높다. 반면 작은 지배연합 체계를 가진 국가는 가난할 뿐 아니라 다른 국가와 많은 전쟁을 하고, 혁명, 내전, 쿠데타 등을 겪는 경향이 있다.

- 큰 지배연합 체계의 국가는 대외원조, 군사 개입, 전쟁 그리고 기타 국제문제의 결정적인 선택에서 작은 지배연합 정권의 국가와 다르다.

ASSUMPTIONS CHECK

1. 다음 중 어떤 지도자가 10년 혹은 그 이상 직위를 유지할 가능성이 높은가?
   a. 평화, 번영, 시민적, 정치적 권리를 증진시킨 지도자
   b. 빈곤, 억압, 기대수명의 단축, 절망적 상황을 초래한 지도자

2. 다른 나라의 민주주의 발전에 누가 더 반대할 것 같은가?
   a. 민주국가
   b. 독재국가
   c. UN

3. 천연자원이나 해외원조로 생긴 부는 ______________________.
   a. 일반적으로 국민 대부분의 복지를 증진시킨다.
   b. 소득에 대한 세금 비율을 감소시킨다.
   c. 세금을 높이고 국민을 더 못살게 만든다.

4. 민주주의 국가는 자국이 시작한 전쟁에서 대부분 승리를 거두는 반면, 독재주의 국가는 그렇지 못하다. 왜일까?
   a. 민주국가가 전쟁에서 더 잘 싸운다.
   b. 민주국가는 언제 전쟁을 할지에 대해 더 신중하게 선택한다.
   c. 민주국가가 운이 좋다.

ANSWERS

1. b. 빈곤, 억압, 기대수명의 단축, 절망적 상황을 초래하는 지도자는 보통 권력을 유지하기 위해 극히 소수의 필수적인 지지자 연합에 의존한다. 나머지 사회의 희생에 대한 대가로 이들에게 보상하는 것이 오랜 시간 지도자의 자리를 유지할 수 있는 방법이다.
2. a. 타국의 진정한 민주화를 추진할 가능성은 민주적 정권이 가장 낮다. 민주적 정권은 권력을 유지하기 위해 자신의 전체 국민이 좋아할 공공정책을 수행할 필요가 있다. 이는 가능하다면 외국 정부에 정책을 강요할 것임을 의미한다. 만일 그 외국 정부가 민주적이지 않다면 매수할 수 있다. 만일 민주적이라면 그 외국 정부 지도자도 자국 유권자들이 원하는 정책을 수행해야 하고 이는 개입하는 민주적 정권에게 손해를 끼칠 수 있다.
3. c. 천연자원과 해외원조로 생긴 부는 둘 다 일반 국민의 세율을 높이고 삶의 질을 하락시키는 경향이 있다. 성숙한 민주국가에 부가 발생했을 때는 예외다. 그러나 성숙한 민주국가는 거의 대외원조를 받지 않는다.
4. b. 민주적 지도자는 수행할 전쟁을 고르는 데 매우 신중하다. 전형적으로는 갈등을 평화롭게 해결하고, 상대가 훨씬 더 약해서 쉽게 승리할 수 있겠다고 여겨질 때 싸운다.

제2장에서 소개할 선출인단이론은 위의 질문 각각에 대한 답을 제공할 것이다. 그 답들 가운데 몇 가지는 당신이 생각한 대로일 것이고, 몇 가지는 의외일 것이다. 이 모든 것은 국가 내부 통치구조의 주요 특징 그리고 지도자가 하는 것 혹은 하려고 하지 않는 것에 통치구조가 어떻게 영향을 끼치는가에 달려있다. 이 짧은 퀴즈에서 보듯, 권력을 유지하고자 하는 지도자에게 정치체계가 제공하는 유인에는 큰 차이가 있다.

어떤 거버넌스 제도는 국민을 속이고 약탈하는 국가 지도자에게 유인을 주는 듯 보이는 반면, 어떤 국내정치 방식은 지도자가 양질의 경제, 군사정책에 심혈을 기울이게 만든다. 어떤 정치체제가 지도자로 하여금 평화와 번영 혹은 전쟁과 기아를 생산하는 것에 무관심하게 만들까?

제2장에서는 두 국내 정치제도가 지도자의 동기와 그가 국가 이름으로 행하는 행동을 어떻게 형성하는지를 보여주는 전략적 접근인 선출인단이론을 설명한다. 정책결정자가 국제적 행동을 선택할 때 국내외 압력에서 오는 개인적, 국가적 비용과 이익을 당연히 고려해야만 한다는 것이 그 출발점이다. 국내외 압력의 균형 없이는 권력을 유지하지 못할 가능성이 크다. 정책결정자가 이 균형을 어떻게 맞추느냐 하는 것이 이 장의 주제이다.

2.1 국제정치: 국내정치와의 연계

국제관계는 지구상에 있는 모든 국가들의 대외정책으로부터 파생되어 축적된 영향의 산물이다. (저자를 포함한) 많은 대외정책 연구자들은 국내정치와 국제정치가 분리될 수 없고 많은 공통점을 갖는다고 주장한다. 그러나 국내정치와 국제정치 사이에는 적어도 하나의 분명한 차이점이 있다. 순수한 국내정치 영역에서 정치지도자는 그의 행동으로 외국 정부가 그의 직위를 박탈할 것이라고 염려하지 않아도 된다.[1] 국내정치는 자리를 지키기 위한 지도자의 (대외정책을 포함한) 정책 및 행동의 선택에 관한 것이다. 국제문제에서 지도자는 자신의 대외정책이 자신을 몰아낼 수 있는 국내의 반대 세력을 일으키는 것뿐 아니라 공격과 패배를 유발할 수 있는 외국의 경쟁자들을 자극하는 것까지 고려해야 한다. 이러한 구분이 국제정치의 중심 원리다(Putman 1988).

1. 사실 이 주장도 국내정치와 국제관계의 차이를 과장한 것이다. 실제로는 아마도 순수한 국내정치적 이슈가 거의 없다. 심지어 가장 일상적인 국내정치 문제에도 국제적 영향이 있다. 가령 미국 애리조나주의 법인세 우대 조치는 멕시코, 남아프리카공화국, 스리랑카 대신에 애리조나에 공장을 세우도록 회사를 설득하기에 충분할 것이다.

팔레스타인 정부가 영유권을 주장하는 지역에 이스라엘 정부가 정착촌 확대를 추진한 것처럼, 국내에서는 인기 있는 대외정책이 국외에서는 실패로 입증될 수도 있다. 반대로 1938년 영국 수상 네빌 챔벌린(Neville Chamberlain)의 대(對)독일 유화정책과 같이, 외국의 적대국을 억지하거나 요구를 충족시켜주는 대외정책은 국내의 반대세력들을 자극하거나 국내의 지지자들을 잃게 만들 수도 있다. 국내 유권자(즉 지도자가 기여할 것이라고 예상되는 이익을 가진 사람들)가 누구이고 영향력이 얼마나 큰지는 물론 정권의 속성에 따라 다양하겠지만, 이러한 어려움은 해당 정부가 독재체제인지 아니면 민주체제인지에 따라 나타날 수 있다. 다음에서는 2001년 아프가니스탄의 독재정치와 이스라엘의 민주정치의 2가지 사례를 통해 국내와 국외의 압박 사이에 존재하는 긴장이 국내정치 체제에 따라 어떻게 다르게 해결되는지 살펴본다.

TRY THIS

전쟁 중이거나 군사적 패배 직후에 국민에 의해 타도당한 정치지도자의 예를 들어보라. 또 군사적 패배 이후 국외 세력에 의해 쫓겨난 정치지도자를 알아보라. 마지막으로, 군사적 패배 이후에도 자국민이나 국외 상대 중 누구로부터도 쫓겨나지 않은 지도자의 예를 들어보라.

2001년 아프간 탈레반의 문제

아프가니스탄 탈레반(Taliban) 정부의 과거 지도자는 미국에 대한 9.11 테러 이후 국내 압박과 외교적 반대세력 사이에서 긴장을 느꼈다. 아프가니스탄 탈레반의 지도자는 오사마 빈 라덴(Osama bin Laden)과 그 외 알카에다(Al Qaeda) 테러조직의 지지를 끌어들였었고, 알카에다는 아프가니스탄을 베이스캠프로 삼았었다. 탈레반이 관계를 끊으면 알카에다와 그 동맹들은 아프간의 지도자를 내몰고 자신에게 더 협력적인 다른 이들로 그 자리를 대체하려는 적극적 노력을 할 것이 분명했다. 한편 미국과 주요 동맹국들은 9.11 이후 더욱 견고하게 뭉쳐 있었고, 탈레반이 오사마 빈 라덴과 관계를 지속한다면 그 정부를 전복시키겠다고 위협했다.

탈레반은 미국의 위협이 알카에다와 관계를 끊는 것과 관련된 위험보다는 덜 위험하다는 도박을 선택했다. 분명 아프가니스탄의 지도부는 빈 라덴과 테러리스트들에게 등을 돌리는데 실패해도 미국과 동맹국들이 결단력 있는 행동을 취하지는 않을 것이라고 믿었다. 더 정확하게 말하자면, 탈레반 정부는 빈 라덴을 배신하는 것이 미국의 압력을 피하는 결과보다 훨씬 더 큰 악영향을 가져올 것이라 생각했다.

물론 미국이 아무 행동도 하지 않을 것이라 믿었던 예상은 틀렸지만, 미국과 그 동맹국들보다 알카에다가 더 위협적일 것이라는 예상은 적중했다. 결국 이 글을 쓰고 있는 2012년 현재, 탈레반의 최고지도자는 여전히 살아있고, 빈 라덴이 없는 카불(Kabul)에서는 아직도 미국을 지지하는 정부에 반대하는 캠페인을 벌이고 있다. 만약 그들이 알카에다를 배신했다면 현재 권력에서 멀어졌을 뿐더러 오래전에 알카에다 지지자들의 손에 죽었을 것이다. 미국과 북대서양조약기구(North Atlantic Treaty Organization: NATO) 동맹은 아프가니스탄에서 병력을 철수할 계획을 세웠고, 탈레반은 살아있을 뿐 아니라 향후 몇 년 안에 아프가니스탄의 통제권을 다시 한번 손에 넣을 기회를 가지게 된 것 같다.

물론 가끔은 상대방이 결정적인 행동을 하지 않을 것이라는 믿음은 정확했다. 미국은 1993년 2월의 세계무역센터 폭탄 테러나, 1993년 4월 조지 H.W. 부시(George H. W. Bush) 대통령의 쿠웨이트 방문 중 일어난 이라크의 암살 시도 이후에 어떠한 결정적 행동도 하지 않았다. 미국 정부는 1998년 케냐와 탄자니아에 위치한 미국 대사관 폭파 이후에도 적당한 수준의 조치만을 취했고, 2000년 10월 예멘 아덴(Aden)에서 일어난 미국의 해군함 이지스구축함(USS Cole)에 대한 공격 이후에도 그랬다. 알카에다가 반역자에게 가하는 처벌이 더 신속하고 확실한지에 대해서는 알기 어렵다. 단지 그런 정보를 일부만 관찰할 수 있을 뿐이다. 확실한 것은 2001년 아프가니스탄에 기반을 둔 알카에다 지도부가 탈레반 정부에게 부과한 책임감이 미국이나 여타 외국 경쟁자가 부과한 것보다 더 컸다는 것이다. 지난 10년간 고위 지도자들에 대한 공격으로 현재 알카에다가 약해지면서, 탈레반은 미국의 지지를 받고 있는 아프간 정부와 거래하는 일이 더 쉬워졌을 것이다. 그러나 미군이 2014년까지 아프가니스탄에서 철수할 예정임을 알고 있는 아프간 정부는 (미국 정부가 10년간 그랬듯이) 아프간 지도자에게 대규모 자금을 제공하고 있는 이란 그리고 탈레반 가운데 새로운 후원자를 찾을 것이다.

이스라엘 총리의 문제

이제 팔레스타인인들이 점유를 주장하는 땅에 이스라엘인들의 새로운 거주지 건설을 고려하면서 이스라엘 총리가 직면한 문제들을 생각해보자. 대부분의 이스라엘 총리가 그러했듯, 만약 총리가 선거에서 종교단체의 큰 지지를 받았다면, 총리는 그 지지를 유지시키기 위해 거주지를 짓는 것으로 유권자의 이익을 증가시켜야 한다. 어떤 이스라엘 총리도 친-이주민 정책에 찬성하지 않고는 권력을 유지하기 어렵다. 이스라엘의 비례대표 선거체제가 작은 극단 정당을 장려하고, 보수적인 리쿠드(Likud) 정당, 중도주의의 카디마(Kadima) 정당 둘 다 크네세트(Knesset: 이스라엘의 의회)에서 다수가 되기 위해서는 종교집단의 지지에 기대야 한다는 것을 고려하면, 이 정당들이 종교단체 투표자들의 친-이주 정책과 멀어져서는 권력을 유지할 수 없음을 알 수 있다.

이스라엘에서는 국내 권력 동기가 친-이주민 정책을 장려하는 듯하다. 그러나 특정 지역에 정착촌 건설을 허가함으로써 총리는 팔레스타인 정부와 평화협약을 체결하기가 훨씬 더 어려워진다. 사실 2011년 가을, 팔레스타인 총리 마흐무드 아바스(Mahmud Abbas)는 이른바 2국가 해결안에 대한 이스라엘과의 협상에서 긍정적 결과를 도출할 수 없다는 결론을 내린 후, UN으로 가서 팔레스타인의 국가 지위 인정을 신청했다. 이스라엘의 정착촌 건설 중지 거부는 평화협상의 가능성을 감소시켰을 뿐 아니라 이스라엘의 생존권을 부정하고 팔레스타인의 조건에 따른 1국가 해결안을 옹호하는 이슬람지하드(Islamic Jihad)나 하마스(Hamas) 같은 더 극단주의의 팔레스타인 집단에 대한 지지를 증대시켰다.

그러나 이것은 이스라엘 지도부에 대한 국내 압박의 영향을 제한하는 데 도움이 되고, 이스라엘 입장에서 2국가 해결안을 규정함으로써 팔레스타인의 책략에 대응하는 이스라엘 정부에게 기회를 주는 것이다. 이스라엘 지도부는 팔레스타인의 영토 경계 지도를 그려서 그 지역들을 더 이상 관리하지 않겠다고 말할 것이다. 이로써 자신의 2국가 방안을 강요할 것이다.

선거에 대한 단기적 고려로 하마스, 이슬람지하드 등 강경파와의 긴장을 고조시키면, 이스라엘의 정책은 전쟁 위험을 일으킨다. 그러나 강경 혹은 심지어 중도적 팔레스타인 사람들의 요구에 합의하는 것은 이스라엘 총리의 정부가 정착촌 확장에 반대하지 않을 새 행정부에게 자리를 내주거나 불신임투표로 물러나게 될 가능성을 매우 증가시킨다. 이것이 바로 국제정치적 선택의 어려움을 보여주는 난제들의 한 종류다. 전쟁은 모든 당사자에게 지옥이고, 정착촌 폐지는 총리가 되고자 하는 이스라엘 정치인들에게 지옥이다. 그리고 이에 못지 않게 무조건적 거주권을 이스라엘에게 인정하는 것은 팔레스타인 지역의 평화 증진이겠지만 하마스와 같은 집단의 응징을 걱정해야만 하는 누군가에게는 지옥이 될 것이다.

이스라엘은 전쟁과 테러로 수천 명의 젊은 남녀를 잃은 작은 국가이다. 팔레스타인은 이스라엘과의 갈등으로 더 큰 비율의 국민을 잃은, 아직 국가 여건을 다 갖추지는 못한 더 작은 국가이다. 이 싸움은 양측 모두에게 대가가 너무 크다. 민주적으로 선출된 총리는 미래에 이러한 손실이 될 위험을 가진 정책을 수행하기 전에 이 대가에 대해 다시 한번 생각해보게 될 것이다. 그런 면에서 이스라엘의 지도자는 그

표 2-1 치킨게임: 팔레스타인–이스라엘 문제

구 분		팔레스타인 총리	
		피함	직진
이스라엘 총리	피함	1,1	−2,5
	직진	5,−2	−10,−10

가 무슨 행동을 하든 어려움에 처하는 코너에 몰렸다. 그 정착촌을 해체시킨다면 팔레스타인인들과의 갈등은 줄일 수 있겠지만(혹은 반대로 압박이 효과적인 것으로 보아 갈등이 고조될 수도 있고) 국내 지지는 잃는 것을 감수하면서 수행해야 한다. 만약 정착촌을 해체하는 데 실패한다면, 하마스와 지하드 같은 팔레스타인 단체의 국경을 넘은 폭력 시비를 상대해야 한다. 그러나 이 경우에는 권력을 유지하는 데 필요한 국내정치적 지지를 놓치지 않아도 된다. 여기에 엄청난 조율의 문제가 있다. 거의 확실히, 갈등 중인 모든 집단은 전쟁보다는 평화적 해결을 원하지만, 그런 해결의 세부 내용에 합의하기가 어렵다(Fearon 1995). 각각의 이익(분배의 문제)은 가능한 대안적 합의마다 확실히 다르다. 어려운 분배의 문제에서 모두가 동의할 수 있는 안을 찾기 어렵다.

이제 치킨게임이라 불리는 두 행위자 게임의 예로 이 문제를 아주 단순화시켜 생각해볼 것이다. 이 게임에서 두 참가자는 상대와의 충돌을 막기 위해 방향을 틀거나, 자신이 원하는 선호정책을 밀고 나가기 위해 전진해야 한다. [표 2–1]의 두 열은 이스라엘 총리의 선택지를, 두 행은 팔레스타인자치정부 총리의 선택지를 나타낸다. 이들이 치킨게임을 하고 있다고 가정한다. 누구든 피하는 쪽이 치킨이다. 그 쪽은 자신과 지지자들이 원하는 것을 지키기 위해 대가를 지불할 용의가 없다는 의미다. 만약 둘 다 직진한다면 충돌은 불가피하고 모두 엄청난 대가를 치르게 된다.

[표 2–1]의 숫자들은 이스라엘 총리(각 칸의 첫 번째 숫자)가 직진(정착촌 건설 지속)하거나 피하는 것(팔레스타인에 양도하게 될 영토에서 정착민들을 철수하게 함으로써 굴복)이 어느 정도의 가치가 있는지를 의미한다. 보다시피 총리의 행동이 가지는 값은 팔레스타인 총리가 선택하는 행동에 달려있다. 팔레스타인 총리의 선택도 대칭적인 값으로 나타나 있지만 반드시 그럴 필요는 없다. 그는 직진(이스라엘이 요구를 수용할 때까지 이스라엘 승인을 거부)할 수도 있고 피할(반환권, 예루살렘 통제, 1967년 이전 국경 회복 등의 요구를 포기할) 수도 있다. 총리의 행동이 가지는 값은 이스라엘 총리가 선택하는 행동에 달려있다. 방향을 바꾸거나 전진하는

데 대한 팔레스타인 총리의 값은 각 칸의 두 번째 숫자이다.

각 정책결정자의 득실(순수한 비용과 편익)은 상대가 어떤 행동을 하느냐에 달려있는 것이 전략적 상황의 본질이다. 어떤 행위자도 자신의 보상(혹은 비용)을 혼자 결정할 수 없다. 여기서는 정확한 숫자는 중요하지 않고 상대적인 크기가 중요할 뿐이다. 빼기가 클수록 순이익(편익 비용)이 크다. 가령 두 행위자 모두 자신은 전진하고 상대는 피하는 것을 좋아할 것이다. 이러한 조합에서는 전진하는 쪽이 5를 갖는다. 피하는 쪽은 −2를 갖지만, 둘 다 전진(각각 −10)해 충돌하는 것보다는 상대는 전진하고 나는 피하는 편이 낫다.

2011년 9월 16일, 팔레스타인 대통령 마흐무드 아바스(Mahmouf Abbas)가 라말라(Ramallah)의 웨스트뱅크(West bank)에서 TV 연설을 통해 UN 내 국가지위 인정을 위한 자신의 노력에 대해 연설하고 있다. 아바스는 이후에 UN총회 전 연설에서 UN의 정회원국 자격을 요구했다. 정회원국의 지위 추구의 결정은 협상 실패에 좌절한 유권자들을 달래려는 노력을 반영하는 동시에 이스라엘, 미국과의 외교적 마찰을 촉발시켰다.

제4장에서 이와 같은 전략적 상황을 풀어나가는 방법에 대해 학습한다. 지금 알아야 할 중요한 것은 각 행위자에게 상대가 어떤 행동을 할지에 대한 통찰력이 있다면 한쪽은 전진하고, 한쪽은 피하는 결과가 나올 것이란 사실이다. 즉 정치적 용어로 어떤 양보가 요구되고 주어지지만 상대가 어떻게 게임을 할 것인지에 대한 공동의 추측을 공유하지 않으면(Morrow 1994a, 2002; Aumann and Brandenburger 1995) (상대가 어떻게 할 것인지에 대한 믿음이 없어서) 둘 다 피한 후 나중을 기약하거나 엄청난 대가를 감수하며 둘 다 전진하는 경우가 가능하다. 매우 단순화된 형태이지만, 요점은 충분히 명확하다. 상대가 피한다면(양보한다면) 더 나은 결과를 얻을 수 있다. 그러나 둘 다 한쪽만 전진해 얻을 이익을 추구하다가 결국 둘 다 전진한다면 둘 다에게 좋지 않은 결과(가령 전쟁에서의 충돌)이다.

단순화된 형태에서 이것은 이스라엘과 팔레스타인 분쟁 역사의 나쁜 묘사가 아니다. 때때로 둘 중 하나는 양보할 수도 있고(한쪽은 전진하고, 다른 한쪽은 피할 수 있고), 둘 다 피해서 충돌도 진전도 없을 수도 있다. 그리고 종종 그러하듯, 둘 다 전진해 폭력 사태를 일으킬 수도 있다.[2] 앞으로 보겠지만, '피하는' 데 드는 국내정치적 비용은 너무 크기 때문에 조화를 추구할 위험을 부담할 수 없고 그 결과 야기

2. 나중에 순수전략과 혼합전략에 대해 학습할 것이다. 그러면 이스라엘–팔레스타인 분쟁에서 참가자들과 관측자들 사이에 희망과 절망을 모두 주면서도, 왜 같은 결과가 되풀이 되지 않는지 알게 될 것이다.

되는 갈등의 교착상태를 이해하는 데 선출인단이론이 도움이 될 것이다.

이스라엘 총리와 아프가니스탄 통치자와 같은 대외정책 결정자들이 수행해야 할 (권력을 유지하면서 목적을 달성하려는) 균형적 행동은 (가령 시장과 같은) 순수 국내정치인 행동보다 확실히 더 어렵다.

2.2 국제문제에 대해 누가 무엇을 연구하는가

팔레스타인자치정부 지도자와 이스라엘 총리 혹은 탈레반과 아프가니스탄 지도자가 직면한 정책 문제는 국제문제에 일어나는 4가지 범주 1) 조율, 2) 분배, 3) 감시, 4) 제재를 나타낸다. 조율은 국가나 지도자가 공동의 목표를 추구하기 위해 함께 행동하는 방법을 찾는 것이다. 이스라엘과 팔레스타인 모두 충돌을 원하지는 않는다. 그들 모두 평화를 위해 협조하고 싶어 한다. 문제는 이 협조가 가끔 비용과 이익이 어떻게 분배되느냐의 문제를 수반하는 것이다. 이것은 확실히 사실상 모든 갈등에 해당된다. 분배는 국민, 지도자, 국가 간에 부족한 자원을 할당하는 것과 관련이 있다. 분배 문제의 해결은 어려울 수 있다. 물론 그것이 협상의 목적이지만, 협상으로 양측이 모두 받아들일 수 있는 타협점을 언제나 찾을 수는 없다. 결국 이스라엘과 팔레스타인이 평화에 대한 이익을 공유한다 해서 그것이 서로 같은 조건의 이익 공유라고는 볼 수 없다. 조건은 분배의 문제다. 이를 포함한 모든 갈등에서 누가 큰 실속을 챙기느냐가 관건이다.

논쟁이 합의에 도달했더라도 어려운 문제들이 남아 있다. 미국의 레이건(Ronald Reagan) 대통령은 소련과의 군축협정에 대한 협상에서 "믿어야 하지만 확인도 해야 한다(trust, but verify)"는 말을 좋아했다. 약속을 하는 것이 반드시 그렇게 한다는 것을 보장하지는 않기 때문이다. 상대의 행동을 감시하는 것은 중요하다. 감시는 상대 지도자나 국가가 약속에 속임수를 쓰는지 알아내는 방안을 실천하는 것이다. 속이는 쪽은 행동을 숨기거나 고의적인 위반이 아니라고 설명하려 하기 때문에 감시는 유난히 어렵다. 속임수가 발각되었을 때 적절한 처벌을 하기로 더욱이(비공식적 합의는 말할 것도 없고) 협정 체결국들이 합의하기란 매우 어렵다. 물론 합의를 무효화 할 수 있지만 때로는 그 대가가 너무 클 수 있다. 미(未)준수 행위를 처벌하는 제재에 관한 규칙은 조약 이행에서 종종 가장 골치 아픈 문제 중 하나다. 제재 문제는 속임수 행위의 처벌 사례에 관한 것이다. 속임수 행위를 처벌하는 것은 준수한 체결국(들)에게도 손해가 되기 때문에 협약 재협상을 결정한 당사국들에게는 제재가 언제나 민감한 문제다.

이 4가지 포괄적 사안은 협력과 경쟁의 핵심이고 모든 국제정치에서 어떤 하나의 모습으로 나타난다. 국제문제에 제기되는 많은 문제가 이 4가지 사안의 다양한 조합을 다루는 방법 중심으로 돌아간다. 예를 들어 국가들은 왜 전쟁을 하는가? 어떤 이들은 영토의 획득, 부의 취득, 정책의 시행, 가치의 전파 등을 위해 전쟁이 일어난다고 주장한다. 이러한 각각은 상대와의 분배 문제에 관한 것이다. 동맹국이 전시에 도울 것이라고 믿을 수 있는가는 종종 조율, 분배, 감시의 문제다. 제재는 보상(분배)처럼 순응을 이끌어낸다. 제재는 '채찍' 역할을, 보상은 '당근' 역할을 한다. 한 곳에서는 자동차, 전기, 직물과 같은 부품을 생산하고 다른 곳에서 이들을 조합하는 것은 일반적으로 여러 정부의 결정을 조율하는 데 어려움을 수반한다. 이러한 조율이 어떻게 달성되는지가 국제무역 관계의 중요한 문제다. 위험에 처한 고래나 한 국가의 영해에서 다른 국가의 영해로 이동하고 심지어 양국의 공동 해역에서 서식하는 야생 연어를 보호하는 일은 조율과 분배의 문제를 모두 포함한다. 더욱이 서로의 관할권을 넘나들 수 있는 자원(가령 상업용 어류나 수력 발전)의 이용을 감시하는 일은 매우 어려울 수 있다. 한 국가의 어부가 국제수역에서 너무 많은 물고기를 잡았는지의 여부는 알아내기 힘들며, 처벌하는데도 비용과 위험이 따른다. 이 모든 문제들이 이 책의 3부(평화)에서 자세히 다루어진다.

국제조약은 이러한 문제들을 처리하는 데 일반적인 방법을 제시하고 협력에 대한 국제적 노력의 중요한 특징을 나타낸다. 무역분쟁이나 전쟁은 협력적 이해에 도달하는 데 실패한 노력의 산물이다. 가령 이웃하고 있는 국가 사이에 일어나는 분쟁의 일반적인 원천은 국경을 통과해 흐르는 강에서 나오는 이익에 대한 불협화음에 관련되어 있다. 만약 강의 상류를 차지한 정부가 댐을 건설한다면 강 하류의 정부는 생활 에너지, 식수, 어류, 조류, 휴양지까지 빼앗기게 된다. 이 모든 것이 갈등을 촉발시킬 수 있다. 사실 급수 문제는 이스라엘과 시리아가 골란고원(Golan Heights) 통제권을 두고 벌였던 문제의 핵심이자, 인도와 파키스탄이 (UN의 도움으로 해결될 때까지) 카슈미르(Kashmir)를 두고 벌였던 갈등의 중요한 근원이었다.

국내정치는 조율, 분배, 감시, 제재의 문제에 복잡한 한 층을 더 얹는다. 1988년 퍼트남(Robert Putnam)은 국제정치 이해에 근본이 될 만한 문제를 관찰했다. 협상 당사자들이 국내 유권자가 받아들이도록 설득할 수 있는 것, 그리고 협상의 상대가 동의한다고 확신할 수 있는 것 모두를 고려하지 않고서는 국제적 협상을 이해할 수 없다는 것이었다. 협상안을 받아들이기 위해 해외의 협상 상대와 자국의 이익을 모두 납득시켜야 할 때, 협상가는 국내 유권자의 핵심이나 협상 상대의 핵심 중 하나를 잘못 전할 가능성이 생긴다. 그러면 협상과 갈등 고조의 위험은 주인-대리인 문제(principal-agent problem)에 쉽게 영향을 받고, '국가적' 신뢰성의 문제뿐 아니라 정보의 국내적 불균형 문제와도 관련이 있게 된다.

주인-대리인 문제는 애로우 정리의 중요한 함의를 강조한다. 말하자면 지도자는 사람들의 이익을 대변하기 위해 국민이 고용했다. 이 점에서 지도자는 상관(지도자의 주인인 '국민 전체')이 원하는 바를 하도록 기대되는 고용인(대리인)이다. 그러나 지도자는 종종 표면적으로 국민에게 봉사하는 것만으로도 큰 이득을 취할 수 있다. 지도자는 당시의 이슈에 관해 자기 마음대로 사용할 수 있는 정보가 훨씬 많은 경향이 있다. 그는 보통 주인(국민)의 소망을 국가정책으로 바꾸는 것에 근거해 규칙을 선택한다. 그래서 지도자는 자신에게 득이 되는 것을 하고 사람들이 원하는 것을 한 것처럼 꾸밀 수도 있다. 간단히 말해, 이것이 주인-대리인 문제다. 우리는 우리의 지도자가 자신의 이익을 위해 상황을 잘못 전달하고 있는지, 아니면 정말로 우리를 위해 최선을 다하고 있는지 확신할 수 없다. 지도자는 일반적으로 우리가 가지고 있지 않는 많은 정보를 가지고 있고, 사실상 우리가 알고 있는 외국과의 논란에 대한 정보의 유일한 근원이다.

그 결과 지도자가 우리의 이익을 위해(할 수 있는 최선을 다해) 충실히 일하고 있는지 아니면 정보를 왜곡해 자신의 이득을 취하고 있는지에 대한 충분한 정보를 얻지 못한다. 우리가 원하는 바를 공공정책으로 실현시키는 규칙에 대한 통제와 정보의 엄청난 불균형은 대리인이 자신에게 유리한 선택을 하기 쉽게 만든다. 그리고 이것은 우리의 지도자(대리인)가 우리의 이익을 위해 일하고 있는지 아닌지를 알아내기 위한 좋은 메커니즘을 가지고 있어야 한다는 의미이기도 하다. 대리인이 우리가 원하는 것을 하고 있다고 보장하는 규칙은 아마 찾지 못할 것이다. 우리가 우리의 복지를 가능한 좋게 만들 수는 없다 해도, 대리인에 의해 나빠지기보다는 좋아질 가능성을 증가시키는 메커니즘은 찾을 수 있을 것이다. 가능하다면 지도자가 적어도 파레토 개선의 선택을 하길 바란다. 즉 지도자가 우리 중 누구도 더 나빠지게 만들지 않고 적어도 우리 중 누군가는 더 나아지게 만들 것을 바란다. 물론 그럴 것이라고 확신할 수는 없다.

주인-대리인 문제와 함께 국민으로서 우리는 지도자에 대한 감시와 제재의 총체적 문제도 안고 있다. 지도자가 외교정책에 대한 감각 덕에 선택되는 경우는 드물다. 오히려 국가경제나 기타 순수한 국내 문제 운영 능력에 대한 기대로 지도자(최소한 민주주의 지도자)를 선택한다. 클린턴(Bill Clinton)의 가까운 조언자였던 제임스 카빌(James Carville)은 1992년 클린턴의 캠페인과 이후 재임기간 동안 "문제는 경제야, 멍청아(It's the economy, stupid)"라는 말을 모두에게 자주 상기시키곤 했다. 그러나 경제 능력에 대한 기대든, 개인적 카리스마든 혹은 다른 어떤 이유로 선택된 모든 국가의 지도자는 반드시 대외문제를 다루어야만 한다. 이 목적으로 선택된 사람이 아니기 때문에 역선택의 위험까지 안고 있다.

즉 지도자를 선택하는 유인 구조가 대외문제에 무능력한 지도자의 선택을 초래한다는 것이다. 그러나 종종 대외정책의 실패가 무능한 전술이나 전략의 결과인지 아니면 자연재해나 경기순환의 하강 국면과 같은 불운하고 아마 예상하지 못한 외부 환경의 결과인지 말하기는 어렵다. 무능한 지도자를 쫓아내고 싶지만 불운의 피해자인 유능한 지도자를 몰아내고 싶지는 않다. 그러나 무능과 불운을 구분하는 것은 관찰하기 어려운 문제다. 앞으로 보겠지만 이 모든 국내 문제들이 대외정책과 국제 문제를 형성한다. 국가를 단일행위자로 보는 이론에서는 상상할 수 없는 일이다. 그리고 이러한 문제들과 씨름하고 때로는 해결하는 과정에서 국제정치란 도대체 무엇인지를 알게 될 것이다.

전략적 관점

인용을 하자면, 전략적 관점에서는 모든 정치가 국내적이다. 앞선 예시들은 지도자가 외교정책 결정에 대한 국내의 압력을 다루고, 그 결정의 영향에서 완벽하게 보호받는 지도자가 없음을 이해하면서, 지도자가 직면하는 실제 위험을 강조한다. 또한 이 예시들은 국내 유권자가 누구인지를(그리고 그들이 성패를 쥐고 있음을) 정확히 이해하는 것이 중요함을 보여준다. 다음의 논의로 가보자.

정치는 특히 부와 권력을 통제하는 특별한 이권을 둘러싸고 개인과 단체들 사이에서 일어나는 경쟁의 영역이다. 이러한 정치적 경쟁은 누군가의 행동에 대한 보상의 기회뿐 아니라 처벌의 위험도 포함한다. 국제정치에서 지도자는 지속적으로 국내외의 적으로부터 처벌을 받을 수 있는 위험을 안고 있다. 국제문제에서는 국가들이 서로 어떻게 관계 맺을지를 효과적으로 규제하는 국내의 경찰력이나 법원과 같은 기관이 거의 없다. 국내문제와 달리 국제관계에서는 행위를 규제하는 데 공통적으로 용인되는 수단은 소수에 불과하고, 용인된 규칙과 행동규범을 강제할 수단은 훨씬 적고 약하다. 이렇게 적은 강제 수단들은 원칙적으로 행동을 규제하고 순응을 감시하며 불응을 제재하기 위해 고안된 국제법이나 국제기구에 반영된다. 제7장부터 제9장까지의 논의 대부분에 등장하는 수많은 증거들이 이해관계가 복잡하고 국가지도자가 일반적 행동규범을 따르지 않으려 할 때 국제법과 국제기구가 얼마나 유명무실한지를 보여줄 것이다.

지도자는 그가 마주하는 수많은 잠재적 문제를 어떻게 처리하는가? 한 가지, 모든 정치지도자가 다음의 질문에 어떻게 대답할지 생각해보아야 한다. 내가 계속 이 자리에 앉아 있으려면 어떻게 해야 할까? 바보 같은 질문이 아니다. 이 대답이 정치의 심장부로 가는 길을 제시할 것이다.

한 가지 확실해 보이는 답은 모든 지도자가 국가의 평화와 번영을 추구할 필요가 있다는 것이다. 결국 평화와 번영은 국가의 안녕을 보장한다. 그런데 그것이 지도자의 인기와 수명도 향상시킬까? 평화와 번영은 모든 지도자에게 좋은 것이지만 모든 지도자에게 꼭 필요하거나 심지어 똑같이 중요한 것은 아니다. 왕이나 독재자는 권력유지를 위해 상대적으로 평화와 번영이 거의 필요하지 않다. 물론 평화와 번영이 그에게 나쁘지도 않다. 다만 필수적이지는 않다는 것이다. 결과적으로 권세를 갖게 된 왕이나 독재자에 의한 메커니즘은 평화와 번영을 추구하는데 좋은 선택의 기준을 포함하지 않을 가능성이 크다. 사실 왕이나 독재자는 도덕적 해이에 직면할 수 있는데 평화와 번영을 추구하기보다 부정부패를 일삼는 편이 자신에게 더 나을 수 있기 때문이다.

TRY THIS

만약 당신이 왕, 대통령 혹은 독재자라면 무엇을 얻고자 하겠는가? 자신의 역할을 가장 잘 해내고, 지금의 자리에서 쫓겨나지 않기 위해 부족한 자원을 어떻게 분배하겠는가? 당신의 친구들은 어떻게 할 것 같은가? 당신의 친구들(혹은 당신)이 왕인지, 대통령인지, 독재자인지에 따라 대답이 달라지는가?

대통령, 적어도 민주국가의 대통령은 평화와 번영을 가져오지 못했을 때보다 그것들과 함께했을 때 직위를 더 오래 유지할 수 있다. 그러나 대통령은 심지어 전쟁을 일으키고 국민 대부분에게 가난과 고통을 안겨준 왕이나 독재자만큼 오래 직위를 유지하는 경우가 드물다. 따라서 민주주의자들은 도덕적 해이에 빠질 가능성이 낮다. 즉 국민 삶의 질을 향상시킬 때보다 국민을 도탄에 빠트릴 때 자신이 더 나아질 가능성은 낮다. 그러나 민주국가 지도자가 평화와 번영 가운데 평화에서 유능하지 않을 수 있다는 역선택의 문제는 해결되지 않는다. 그리고 설사 민주국가 지도자가 평화에 유능하다 해도 오랫동안 권력을 유지하기는 유난히 어렵다(곧 이유를 설명한다). 심지어 임기 제한이 없어도 매우 어렵다.

민주국가에서 독재자만큼 오래 지도자로 재직하는 경우는 드물다. 최소한 지도자가 된 후 1년이 지나서 직위를 유지하는 기간은 그러하다. 과거 200년 동안 민주주의 지도자는 평균 4년이 채 못되는 기간 동안 권력을 유지한 반면 독재자는 평균적으로 거의 9년 동안 권력을 지켰다. [그림 2-1]은 민주국가냐 독재국가냐(이 구분 개념은 흔히 사용되는 용어임)에 따라 지도자가 권력을 잃을 가능성을 나타낸 것이다.

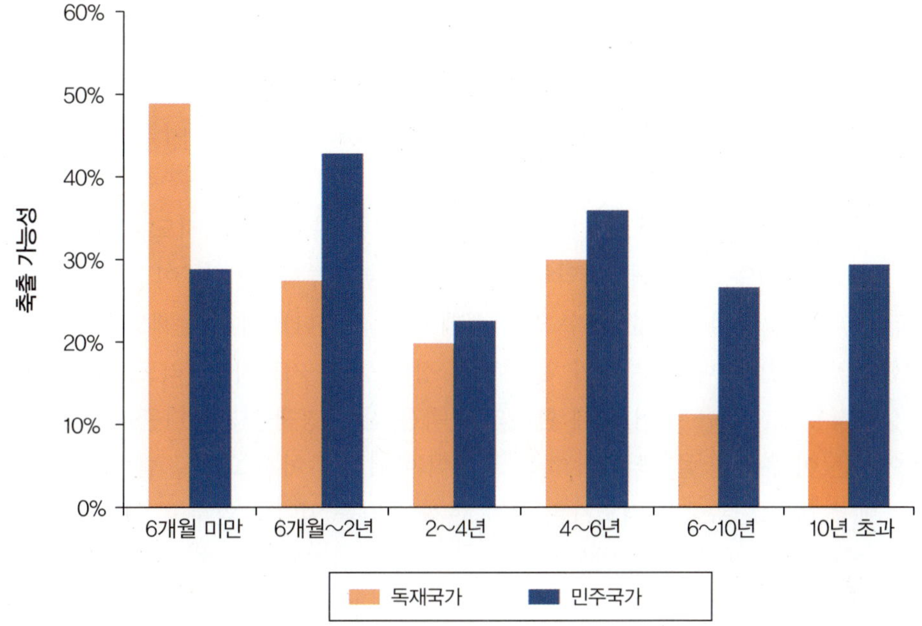

그림 2-1 축출 위험, 권력유지 기간, 정권 유형

수직축은 권력에서 축출당할 가능성을 나타낸다. 처음 몇 달 간은 민주 국가의 지도자보다 독재자가 쫓겨날 위험이 더 크지만(이 조건에 대해서는 더 정확히 정의하겠다) 독재정권의 위험기간은 그리 길지 않다. 사실 처음 몇 달을 제외하고는 민주주의 지도자가 언제나 더 위험하다. 독재자의 생존 가능성은 자리를 잡고 시간이 지나면서 점점 더 늘어난다.

독재국가의 지도자는 국내에서 기아, 빈곤, 질병 등을 양산하거나 해외에서 전쟁에 패배해도 비교적 거의 처벌을 받지 않는다. 상대적으로 이들은 평화와 번영을 달성하든 그렇지 않든 크게 신경 쓰지 않는다. 다음 장에서 다루겠지만, 이것이 각기 다른 정부의 유형에 따라 무역, 해외투자, 경제원조, 인권, 제재, 군사 개입, 평화유지, 심지어 복지 등을 다르게 다루어야 하는 이유다. 이러한 차이점을 이해하기 위해서 제도적 틀이 지도자의 행동과 직위 유지 여부에 중요하다는 관점이 필요하다. 국내외 사정의 전략적 상호작용에 의거한 국제정치로의 몇몇 중요한 관점들은 계속 발전되어 왔다. 이제 이러한 방식으로 생각하는 방법 중 몇몇을 살펴보고 선출인단 이론을 더 자세히 알아보자.

국제문제의 국내적 이론: 첫 걸음

전략적 모델과 그에 따른 경험적 평가는 정책 선택을 국내 제도에서 비롯된 행동으로 평가하게 한다. 이 모델은 권력을 유지하려 하고 자신에게 이익이 되는 것을 선택하려는 국가지도자 그리고 그 지도자의 권력 유지에 영향을 줄 수 있는 자들의 동기에 부합하는 대외정책이 선택된다고 가정한다. 다시 말해, 지도자의 행동은 권력을 유지하고 수입 분배를 장악하려는 욕망에 유인부합적이다. 이 지도자의 동기는 많은 국익의 개념과 모순될 수 있다(실제 종종 그렇다). 국내의 제도적 구조(지도부 선출의 경쟁성이나 정부 책임 및 투명성 정도 등)는 지도자, 엘리트, 일반시민 간의 상호작용에 영향을 주어 국제 환경의 윤곽을 잡는 정책을 가져다준다. 다른 접근들에서는 이 윤곽을 설명되어야 하는 요인이 아니라 주어진 요소로 받아들인다.

예를 들어 민주국가 지도자는 그가 현재 선거를 얼마나 앞두고 있는지, 선거제도는 어떻게 돌아가는지를 비롯한 기타 국내정치 환경의 다양한 면을 고려해 전쟁에 언제 나아갈지 결정한다(Gaubatz 1991; Fordham 1998, 2002; Smith 2004). 독재자는 이러한 제한요소들을 고려하지 않는다. 전쟁 시기에 대한 결정은 국내정치적 요소보다 날씨나 지형 등의 요소에 더 의존하는 것 같다.

정권 유형에 따라 다르게 나타나는 전쟁의 속성은 비단 전쟁 시기뿐이 아니다. 피어론(James Fearon 1994)과 스미스(Alastair Smith 1998) 외 몇몇 학자들은 국내정치적 청중비용 때문에 민주국가의 지도자가 대외정책적 위협 발언을 실제 실천할 가능성은 독재자에 비해 더 크다고 주장한다. 청중비용을 간단히 말하자면, 민주국가 지도자는 자신이 천명한 가장 중요하고 위협적인 국제선언을 이행하지 않을 때 재선될 가능성이 감소되는 어려움을 겪는다. "끔찍한 결과를 초래할 것이다"라는 말은 그 위협을 가하는 자가 민주주의자가 아닌 독재자일 때 확실히 덜 와 닿는다.[3]

슐츠(Kenneth Schultz 1998, 2001)는 국내 청중이 있을 때 파생되는 다른 특징을 보여준다. 이것은 특히 현재 집권자를 제치고 그 자리를 차지하려는 하나 이상의 야당을 가진 민주국가에서 더욱 그러하다. 슐츠는 국내 정적의 존재가 민주적 대외정책 모험을 제한한다고 주장한다. 이는 민주주의자(여기서는 민주국가의 지도자를 의미하는 것이지, 민주당 지도부를 의미하지 않음)가 아니라면 경험하지 않을 일이다. 즉 성공하지 못한 대외정책 모험에 뒤따를 권력 박탈의 위험 때문에 선별효과가 발생한다. 세계를 개편할 권력 면에서 비교할 만한 국가의 독재자와 비교했을 때 합법적이고 강경하게 항의하는 반대에 부딪친 민주주의 국가의 지도자는 위험한 외교

3. 청중비용에 대한 논리는 제6장에서 더 자세히 설명한다.

정책을 선택할 가능성이 적다.

제6장과 제14장에서 보겠지만, 일단 시작한 전쟁에서 민주주의 국가의 지도자는 독재국의 지도자보다 승리할 확률이 훨씬 더 높은데 이것은 단지 그가 전쟁을 잘하기 때문이 아니라(그럴 수도 있고 아닐 수도 있다), 슐츠가 강조한 것처럼 재선이 되고 싶은 지도자는 패배할 여유가 없기 때문이다. 그러므로 더 심혈을 기울여 전쟁을 선택하고 독재자인 상대보다 이기기 위해 더욱 노력한다.

슐츠의 주장은 양당적 미국 대외정책의 출현과 소멸에 설득력 있는 설명을 제공한다. 간단히, 그리고 슐츠의 다소 엄격한 방식으로 설명하자면 그의 주장은 다음과 같다. 일반적으로 미국의 대외정책은 초당파적이고 국가 이익의 증진을 위한 노력으로 설명되어 왔다. 그러나 왜 당파성이 보통 정치지도자의 일상적인 국내 결정만큼 외교정책 결정에서는 중요하게 다루어지지 않는가에 대한 설명은 거의 없다. 초당파적 외교정책의 입장을 대변하자면, 전쟁이나 평화와 같은 외교정책의 '대단한' 문제들에 있어서는 미국의 양당 사이에 큰 이견이 없다는 사실을 알아야만 한다는 것이다. 무심한 이들은 이 사실로부터 최소한 '대단한' 문제들에 있어서 대외정책은 사실 초당파적이거나 비당파적이라는 추론에 도달한다.

그러나 전쟁이나 국제적 위기 상황에서의 주요 정당들의 실제 협력에 관한 훨씬 더 설득력 있는 대안적 설명이 있다. 민주주의에 근거한 미국의 정치체제는 지도자가 큰 유권자 연합의 지지에 의존하도록 한다. 이는 선출된 공무원이 정책으로 유권자를 지켜내야 한다는 뜻이다. 재선을 원한다면(개인이든 정당이든 대부분 그러하다) 투표자들을 만족시킬 만한 정책을 펴야만 한다.

그러나 국내의 경쟁자 또한 다음번에는 선출되기를 원한다. 상대 당원들은 현재의 주지사나, 의원, 대통령을 끌어내리고 자신이 그 자리를 차지하고 싶어 한다. 이를 위해 현재 여당을 지지하는 유권자들이 다음번에는 자신을 지지할 수 있도록 설득해야 한다. 비슷한 논리로 현재 직위를 차지하고 있지만 다수의 지지를 받지는 못하고 있는 현직자는 유권자들이 좋아할 정책을 실행함으로써 재선을 준비해야 한다. 대통령과 그의 대외정책 조언자들은 이를 매우 잘 알고 있다. 상하원의 다수당 의원들도 이를 매우 잘 알고 있다.

정부 여당과 그 지도부는 자신이 인기 없거나 실패할 것 같은 대외정책을 선택한다면 야당의 지도부와 후보자들이 이 다수당의 대외정책에 반대함으로써 표를 얻을 기회를 갖게 될 것이라 예상할 것이다. 대외정책이 논의될 때 대중의 의견을 가늠해 보는 초기 시안은 현재 집권당이 주목해야 할 반대가 있는지 없는지를 알게 해주는 유용한 수단이 된다. 그런 반대는 야당이(다당제의 국가에서는 야당들이) 정부가 고려중인 정책에 반대하는 의견을 내놓음으로써 선거에서 이득을 볼 수 있다고 믿는다는 신호다. 권력 밖에 있는 정당이 보기에 대통령의 대외정책이 성공적이고 대중에게 인기가 있을 것 같다고 믿는다면 이러한 초기의 반대가 일어나지 않는다. 따라서 대통령은 특히 전쟁과 평화, 자유무역이나 보호주의와 같이 눈에 띄는 대외정책을 선택할 때 성공할 가능성이 큰 정책, 그래서 소수당의 조직적인 반대가 일어나지 않을 것 같은 정책을 선택하고자 한다.

대통령이 잘못된 계산을 하거나 정책이 예기치 않게 실패할 경우에도 상대당의 반대가 일어난다. 이때 초당파적 지지는 점점 줄어든다. 2003년(미국 의회에서 공화당과 민주당의 열렬한 지지를 받으며 정책이 시행되었을 때)부터 2008년 선거운동 기간까지 미국의 이라크에 대한 정책이 바로 그러했다. 이라크가 예상과 다르게 움직이면서 초당파적 정책은 명백히 당파적으로 나뉘었다. 그러나 대부분의 경우 전쟁에 관한 정책은 꽤 성공한 것으로 드러나거나, 예상되는 이익으로 정당화되는 수준보다 정치적으로 더 큰 대가를 치르게 될 전쟁은 기피된다. 전쟁과 평화의 문제에서 정책 선택의 결과가 거의 당파적이지 않은 것은 비(非)당파성 때문이 아니라 그 정책이 상대당의 선거 승리를 막으려는 의도로 선택된 것이기 때문이다(Fearon 1994; Smith 1996; Schultz 2001).

현재까지 논의되었던 어떤 관점도 현실주의자의 관점에는 맞지 않다. 왜냐하면 현실주의 관점에서 국가의 국내적인 특징은 국제무대에서의 기본 행위와 무관하기 때문이다. 그러나 국제문제를 이해하는 데 국가 내부를 들여다보는 것이 낫다는 점은 실제로 관찰되는 것이다.

이제 전략적 접근법의 한 가지 예인 선출인단이론을 소개한다. 이 이론은 정치조직의 정치제도적 크기가 전쟁수행 능력에서부터 민주화를 권장하거나 방해하는 대외원조와 군사개입까지의 다양한 국제적 상호작용을 어떻게 설명하고 그리고 이른바 민주평화론에 대해 어떻게 평가하는지 보여준다. 또한 왜 민주국가들이 제국주의적 목적과 식민지 확장을 위해 전쟁을 벌였는지 그리고 왜 독재국가들에 비해 국외의 적을 타도하려고 더 많은 준비를 하는지 설명한다.

2.3 선출인단 이론

선출인단 이론은 전략적 관점을 드러낸다. 선출인단 이론에서 지도자는 선출인단 가운데 지지자의 연합을 만든다. (S로 나타내는) 선출인단은 지도자를 선택하는 데 있어 적어도 명목적으로 발언권을 갖고 있고 또 지배연합의 구성원이 될 자격이 있는 사람들로 구성되어 있다. (W로 나타내는) 지배연합은 그들의 지지 없이는 지도자 자리가 유지될 수 없는 선출인단의 부분집합이다. 그 지지자들에게 국내의 정치적 경쟁자의 신뢰할 만한 약속보다 더 많은 혜택을 제공함으로써 지지자의 충성을 얻으려 시도한다. 보상에는 2가지가 있다. 1) 사유재와 2) 공공재이다.[4] 사유재는 그것을 얻는 자들(즉 지도자의 핵심 지지 연합의 구성원들)만이 혜택을 보는 보상이다. 특별 정부계약, 지하경제 이용, 기소 면제 등의 그런 예다. 공공재는 지도자의 핵심층에 있든 아니든 모든 국민이 혜택을 보는 정부정책과 프로그램이다. 국방, 언론자유, 집회자유, 공원, 법 앞의 평등, 무상교육 등이 그런 예다.

지도자는 국민의 노동에 과세하거나 천연자원(예컨대 오일이나 다이아몬드)을 채취하거나 외국의 경제원조를 받아 사적, 공적 혜택으로 지급한다. 집권자의 필수 지지자들의 충성심을 유지시킬 목적으로 쓰이지 않아도 되는 정부 수익은 지도자 재량으로 쓰거나, 모으거나, 투자할 수 있다. 지도자가 자기 재량으로 쓸 수 있는 재화가 많아질수록 더 오래 지도자 자리를 지킬 수 있다. 왜 그러한지는 앞으로 살펴보게 될 것이다.

곧 자세히 설명하겠지만, 선출인단 이론은 지도자의 생존을 결정하는 5가지 규칙으로 요약된다. 이 규칙들은 지배연합과 선출인단의 크기, 세율, 공적 · 사적 혜택에 쓰일 금액 등과 관련이 있다. 이 규칙들은 권력을 유지하고 자원분배 재량권을 지키고자 하는 지도자의 유인에 부합하는 행동범위를 정한다. 통치에 관한 선출인단 이론의 5가지 규칙은 다음과 같다.

1. 권력을 유지하기 위해 가능한 한 적은 수의 주요 인사에 의존하라.
2. 가능한 한 많은 사람들 중에서 작은 연합 필수 구성원들을 뽑아내라.
3. 가능한 한 많은 세금을 부과하라. 그러나 낮잠 자기보다 계속 일해서 세금을 내려는 범위여야 하고 또 현 정치체제에서 계속 사느니 차라리 반란을 일으키겠다는 생각이 들 정도로 비참하지는 않은 범위여야 한다.
4. 필수 지지자들에게는 충분히 보상하라. 그러면 더 많은 보상을 해 줄 새 지도자를 찾아 나서지 않고 당신 곁에 머물 것이다.
5. 필수연합 구성원들의 충성심을 유지하기 위해 필요한 자원이라면 보통사람들에게 쓰지 말라.

---

4. 선출인단 이론의 최근 연구에는 제7장에서 소개될 개념인 클럽재(club goods)의 배분을 포함하고 있다 (Smith and Bueno de Mesquita 2012; Smith, LaGatta and Bueno de Mesquita 2012). 이러한 전개에서, 개별 선출인들은 '유권자' 블록을 조직해 혜택 배분에 영향을 미친다.

이 5가지 규칙은 어떻게 일들이 일어나고 왜 그렇게 일어났는지에 대한 생각을 제공하는 선출인단 이론의 논리를 통해 관련지어질 수 있다. 대부분의 민주국가에서 사실이듯이 지도자가 광범위한 지지를 얻어야 하는 국내 제도에서 사적 보상은 권력 유지의 효율적 수단이 아니다(de Tocqueville 2000; Lake and Baum 2001; Bueno de Mesquita et al. 2003; Bueno de Mesquita and Smith 2011). 민주국가 지도자는 많은 사람들에게 보상을 해야 하기 때문에 개인의 입장에서는 지도자에 대한 충성심에 대해 너무 적은 이익을 보게 된다. 이러한 상황에서 지도자는 그의 권력을 유지하는 가장 좋은 수단인 공공재에 의존하는 것이 효과적이다. 많은 지지자가 필요한 정치제도의 지도자는 직위를 유지하기 위해 공공재를 보상으로 내세우기 때문에 통치제도가 지지자들의 약한 충성심을 유도하는 셈이다.

결국 현재 지도자를 지지했든 안했든 모든 사람들이 공공재로부터 이익을 얻는다. 반대로 지도자가 직위를 유지하기 위해 소수의 지지만이 필요하다면 그 소수의 지지자들은 사적 이익으로 잘 보상받을 것이고, 지도자의 정적이 그 자리를 차지했을 때 더 이상 특권을 누리지 못하기 때문에 현재 지도자에게 충성을 다한다. 따라서 (국방 제공을 포함한) 자원의 분배는 국제적인 강요, 문화, 지도자의 행운보다 국내 정치제도에 의해 상당 부분 이루어진다. 이에 대해 더 자세히 살펴보기 전에 선출인단 이론의 핵심부터 알아보자.

역사적으로 우리는 민주나 독재와 같은 정권의 범주적 유형을 언급해왔다. 그러나 실제로는 어떤 정부도 똑같지 않다. 이러한 범주로 사실은 너무나 다른 정부들을 한 덩어리의 정권으로 분류한 것이다. 이스라엘의 비례대표제 민주주의는 표면상 영국의 최다득표제 승자독식 의회민주주의와 비슷하고, 영국과 이스라엘 둘 다 미국의 선거인단에 의한 대통령 간접선거와는 매우 다르다. 따라서 이러한 범주적 분류에서 벗어나 통치제도(그리고 그것에 의한 유인)에 관한 새로운 관점을 발전시키는 것이 유용하다. 그 새로운 통치제도의 관점은 여러 정권들을 총체적으로 구분할 뿐 아니라 정교하게 구분할 수 있을 만큼 적어도 개념적으로는 지속적이어야 한다. 선출인단 이론이 그 길을 제시한다.

모든 정치체제는 사람들이 어떻게 지도자를 선택하고 유지시키는가에 대한 2가지 제도적 특징을 가진다. 앞서 말했던 선출인단(S)은 지도자를 선택하는데 참여할 수 있는 정치조직체 내 사람들의 집합이다. 지배연합(W)은 선출인단의 부분집합으로 지도자가 권력을 유지하기 위해 필요한 지지자다([그림 2-2]를 보라). 선출인단과 지배연합은 지배연합이 선출인단보다 클 수 없다는 조건 하에서 극도로 작은 경우부터 극도로 큰 경우까지의 범위를 가질 수 있다. 분석적인 편의를 위해 모든 부문을 같은 가중치로 다루기로 하자. 이는 선출인단과 지배연합의 크기를 해당 국가

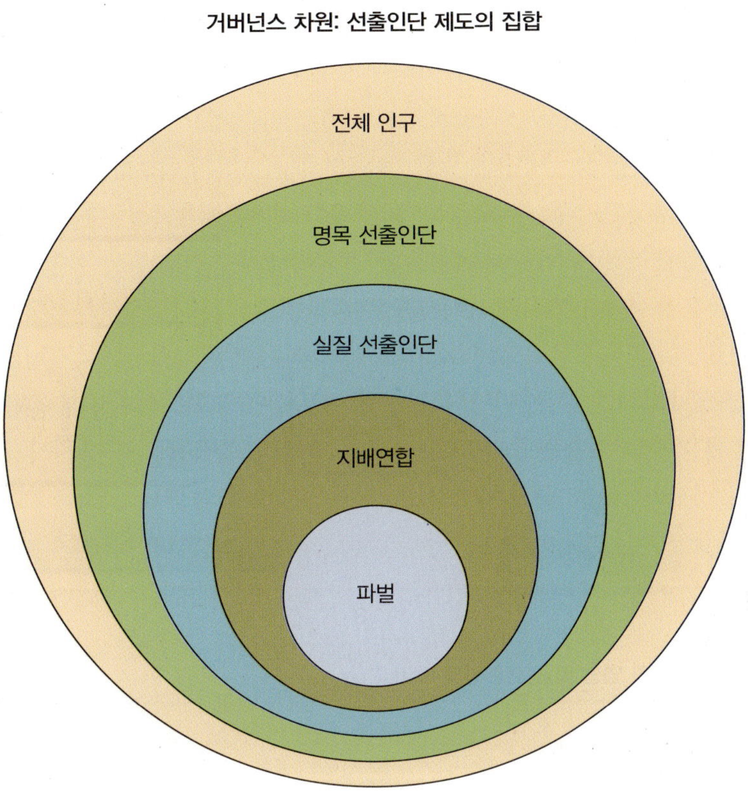

그림 2-2 거버넌스 제도

인구의 일부나 숫자로 나타낼 수 있게 해준다. 연합의 크기가 *W*보다 작아진다면 지도자는 선출인단으로부터 최소한 *W* 크기의 연합을 만들 수 있는 도전자에게 쫓겨나고 자리를 내어줄 위험에 처한다.

사람들이 흔히 민주주의로 묘사하는 정부 유형은 참정권 범위와 지도자 선출 규칙에 따라 정확한 크기가 다르지만 보통 선출인단과 지배연합이 크다는 공통점이 있다. 일당 독재의 국가는 선출인단의 크기가 크거나 물론 다양한 크기라 해도 민주주의에 비해 작은 지배연합을 가진다. 군주국이나 군사독재 국가는 각각에 따라 크기가 다양하긴 해도 선출인단과 지배연합의 크기가 모두 작다([그림 2-3]을 보라). *W*와 *S*가 모두 상대적으로 큰 민주주의 국가나, *W*와 *S*의 크기가 상대적으로 모두 작은 군주국, 군사독재국과 같이 *W*/*S*가 크면 지도자에 대한 충성도가 떨어진다. 다음 지도자의 지배연합이 될 가능성(*W*/*S*의 비율)이 그만큼 커지기 때문이다. 부정선거로 당선된 독재자의 경우와 같이 *W*/*S*가 작으면 강한 충성 규범이 있기 때문에 지도자가 권력을 유지하는 일이 훨씬 쉬워지고 다음에 설명하는 것처럼 수입에 대한

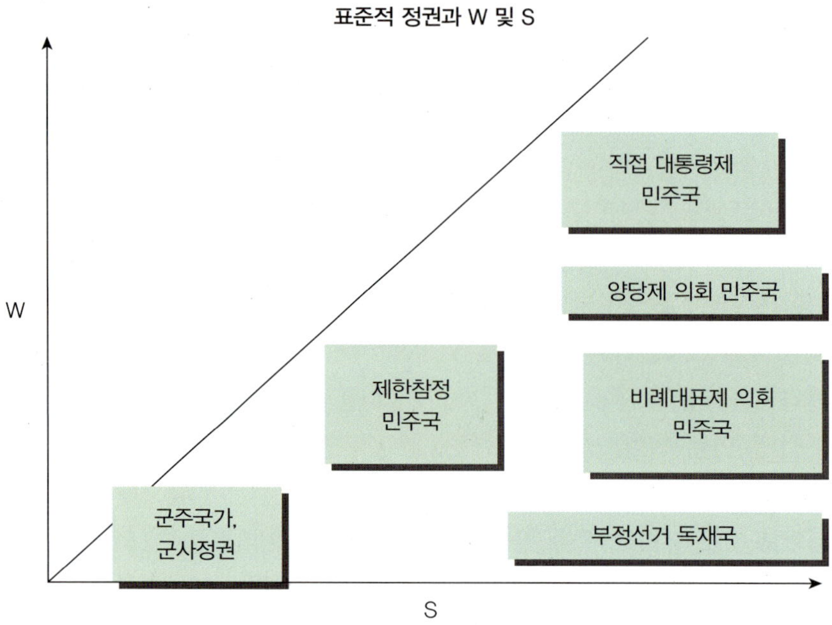

그림 2-3 표준적 정권 유형과 연합 및 선출인단의 크기

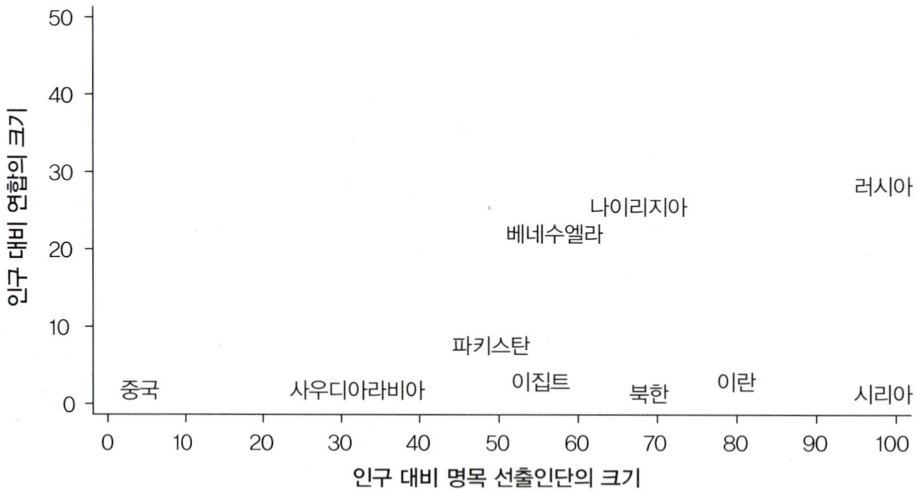

그림 2-4 2006년 10개 국가의 W와 S

엄청난 재량권을 가진다.

몇 가지 실제 예를 보자. [그림 2-4]는 2006년 10개국에서 측정한 지배연합과 선출인단의 크기를 보여준다. 이 자료는 저자와 동료들이 1955~2006년까지 10개국에

대해 실시한 시범 프로젝트의 일부인 국가 전문가 조사에 근거한다. 그림에서 독재국가(예, 시리아와 북한)나 민주국가(예, 러시아와 베네수엘라)와 같은 일반적인 정권 분류에 따라 또 나라에 따라 지배연합과 선출인단의 크기가 다름을 알 수 있다. 가령 중국과 이집트는 모두 성인인구의 0%에 가까운 작은 지배연합을 가지고 있었는데 이집트는 당시 성인인구를 기준으로 중국보다 큰 실질 선출인단을 가지고 있었다. 이는 두 정권이 모두 사유재를 지향하고 있지만 중국보다 이집트의 지도자가 수입에 대한 더 많은 재량권을 행사하고 있다는 의미다. 모든 조건이 동일하다면 이집트의 지도자 무바락(Hosni Mubarak)은 중국의 후진타오(胡錦濤)보다 일상적인 정치적 도전에 맞서 권력을 유지하기가 더 용이할 것이다.

사실 이러한 기대는 구조적으로 실제 사실과도 부합하고, 중국보다 이집트에서 혁명의 유혹이 상대적으로 더 큰 원인이 된다. 중국은 최고지도자의 경우에도 정년제를 실시하고 있기 때문에 재직 기간이 제한적이지만 이집트는 그렇지 않다. 따라서 불만이 있는 중국 유력자들은 후진타오의 임기(2012년 은퇴)가 끝나기를 기다릴 수 있었지만 이집트에는 임기 제한이 없고, 무바락이 죽기 전에(2011년 그는 83세였다) 정상적인 국내정치적 변혁이 일어나지 않을 것이었기 때문에 사람들은 참을 여유가 없었다. 이집트에서 지도부를 교체하는 유일한 방법은 쿠데타나 혁명이었다. 이에 대해서는 제12장에서 자세히 살펴볼 것이다.

중국과 이집트 모두 사회 전반적으로 매우 부패하지만 중국은 국제투명성기구(Transparency International)의 2011년 부패지수(Corruption Index)[5] (182개국 중) 75위, 이집트는 112위를 기록하고 있다(75위가 112위보다 덜 부패했다는 의미임). [그림 2-4]에서 나타나듯, 시리아와 나이지리아는 매우 다른 결과를 보인다. 나이지리아는 시리아보다 적은 선출인단을 가지고 있지만(인구 대비로 환산) 지배연합의 크기는 훨씬 더 크다. 선출인단 이론에 따르면, 충성 규범이 나이지리아에 비해 시리아에서 더 강하다는 뜻이다(*W*/*S*가 시리아에서 더 작다). 나이지리아에 비해 상대적으로 시리아의 지배연합 구성원들은 현재 지도자의 정권 유지를 위해 어떤 행동도 할 준비가 되어 있다. 이 또한 사실이다. 2011년 시리아에서는 바샤르 알 아사드(Bashar al-Assad) 레짐에 반대운동을 벌이는 이들을 잔혹하게 진압했다. 사실 이러한 무자비함은 억압적이고 반민주적인 통치의 긴 역사를 가진 아랍 국가들의 동맹인 아랍연맹(Arab League)에게조차 규탄을 받은 정권에 대한 항의를 막기 위해 벌인 연합의 노력이었다.

5. Transparency International http://www.transparency.org/policy_research/surveys_indices/cpi

TRY THIS

[그림 2-4]에 없는 다른 형태의 정부를 가진 몇몇 국가를 선택하라. 각국의 충성 규범(즉 W/S)을 계산하고, 인터넷에서 국제투명성위원회(TI)의 2006년과 최근의 부패지수를 찾아보라. 또 (저자가 특정 연도만의 연합과 선출인단 크기에 대한 자료만을 보여주었다는 사실을 기억하면서) 평균적으로 지도자가 몇 년을 재직했는지 그리고 그것이 W/S 크기와 관계가 있는지 없는지 알아보라.

이 국가들 중 한 국가를 1955~2006년까지 살펴보면, 범주의 정권 유형이 그대로 유지된 해에도 선출인단과 지배연합의 크기가 크게 달라짐을 알 수 있다. 선출인단 이론의 장점 중 하나는 모든 정부 각각이 그림에서 어느 지점에 있는지 구체적으로 알려준다는 것이다. 국가의 선거제도가 국가들이 서로 꽤 달라 보이게 만듦에도 불구하고 하나의 동일한 형태의 정부를 갖고 있는 것처럼 모든 민주국가들을 취급하는 것에서 벗어나야, 즉 독재, 군사정권, 군주제 등 다양한 정부 형태를 정확히 이해할 수 있어야 국가 행동에 대한 잘못된 예측을 덜 하게 된다. 사실 이론상(실제로는 어렵겠지만) 정밀하게 측정될 수 있는 2가지 변수인 *W*와 *S*의 크기를 아는 것으로 대외정책 및 국내정책의 선택을 정확하게 예측할 수 있다.

[그림 2-4]는 또 다른 중요한 차이를 강조한다. 선출인단 이론은 선거제도와 절차에(이러한 규칙이나 절차가 없다는 것도 포함한다) 의해 결정되는 *W*와 *S*의 크기를 기반으로 행동을 예측한다. 지배연합 *W*와 선출인단 *S*의 크기는 모든 사회와 모든 조직의 기본적 특징이다. 이것들은 근본적인 제도의 변화 없이는 변하지 않는다. 예를 들어 지도자가 얼마나 많은 대중의 지지를 받았는가의 변화는 선거의 맥락에서 말하는 것이지 지배연합의 크기와는 관련이 없다. 이 점을 설명하기 위해 [그림 2-4]의 러시아 위치를 보도록 하자. 러시아의 지배연합은 유권자의 25% 정도이다. 러시아 대통령 푸틴(Vladimir Putin)은 2012년 대통령 선거에서 64%의 득표율로 당선되었고 그의 정당인 통합러시아당(United Russia)은 두마(Duma: 러시아 의회)에서 450석 중 238석을 차지했다. 전문가 조사의 업데이트가 러시아 제도를 2006년의 것과 같이 본다고 가정하면, *W*는 *S*의 25%로 측정된다. 푸틴과 메드베데프(Dmitry Medvedev) 총리는 두마를 통한 입법 프로그램을 갖기 위해 의회 구성원 절반의 지지가 필요했고, 양당이 겨루고 있는 상황에서 각 후보는 선출되기 위해 자신을 지지하는 50%의 투표자가 필요하기 때문에 러시아의 가장 큰 최소승리연합은 25%이다 [0.5(의석을 얻기 위한 표)×0.5(의석의 수)=0.25]. 정당이 2개가 넘을 때(2011년 러시아 두마 선거에서는 7개 정당이 경쟁)에는 권력을 얻기 위해 필요한 실제 최소승리연합이 더 작아진다.

지도자는 필요한 이상의 지지를 얻을 것이고, 일단 승리가 확실시 되는 사람은 더 많은 표를 얻을 것이라 예상될 수 있어야 한다(Smith, La Gatta, and Bueno de Mesquita 2012). 그러나 혜택은 그에게 투표한 모두가 아니라 연합의 구성원들에게만 돌아간다. 푸틴과 상호작용이 필요하고 러시아에 관한 대외정책을 고안해야 하는 다른 나라의 지도자 입장에서 이 기본적인 상황을 이해하는 것은 매우 강력한 힘이 된다.

이 이상의 논의를 진행하기 위해 2가지 정치체제를 더 살펴보자. 미국의 대통령이 큰 표 차이로 당선되든(1984년 레이건과 1996년 클린턴처럼) 간신히 당선되든(2000년 부시와 1960년 존 케네디처럼) 모든 선거 해에 *S*의 크기는 미국 선거법에 의해 고정되어 있고 *W*의 크기는 투표 참가자 수의 변동에 따라 어떻게 표를 종합하는지에 대한 주의 법과 대통령선거에 대한 헌법적 필요조건에 따라 고정되어 있다. 마찬가지로 북한의 전체 인구가 김정은을 응원하든 아니든 상관없이 전문가의 조사에 따르면 (사유재를 받을) 그의 지배연합은 수백만이 되는 엄청난(혹은 더 적절하게는 나약한) 규모의 선출인단 가운데 적게는 9명, 많게는 250명에 불과하다.

공공재와 사유재: W와 S의 변화에 따라 누가 혜택을 받을까?

모든 정치체제는 공공재와 사적 이익을 생산한다. 이 둘의 조합은 선택 제도에 따라 다양하다. 지배연합의 크기가 증가할수록 지도자는 사유재의 생산을 줄이고 공공재를 더 생산하는 조합으로 움직인다([그림 2-5]를 보라). 이는 큰 지배연합을 가진 지도자가 반드시 국민을 더 생각하기 때문은 아니다. 지배연합이 크다는 것은 지도자가 기쁘게 해야 할 지지자가 많다는 것이기 때문에 사적 이익을 나누어 공공재를 만드는 것이 지도자 지배연합의 지지를 유지시키는 효과적인 방법이다. 이것이 큰 지배연합을 가진 지도자가 대개 자신에 대한 충성심을 유지시키기 위해 공공재를 생산하는 이유다.

지배연합의 크기가 증가할수록 연합에 분배되는 재화의 조합은 사유재에서 공공재로 변한다. 왜 작은 지배연합 정권은 사유재를 강조하고, 큰 지배연합 정부는 공공재를 강조하는지 더 정확한 논의를 위해 숫자로 나타낸 간단한 사례를 보자. 독재국과 민주국이라는 두 국가가 있다고 상상해보자. 둘 다 200만 명의 인구를 가지고 있고 선거가 있으며, 100만 명의 유권자(선출인단)를 가지고 있다. 독재국은 100명의 고급장교, 고위 공무원과 정부의 통제를 유지하기 위한 주요 친족들에게 의존하는 전직 장군들이 지배한다. 독재국의 선거는 부패했다. 민주국은 결선투표제에 의해 선출된 대통령이 다스린다. 50% 이상의 득표율을 획득해야 승리해 대통령이 될 수 있다. 선거는 정직하게 이루어진다. 간단한 계산을 위해 50%의 '초과'는 무시하

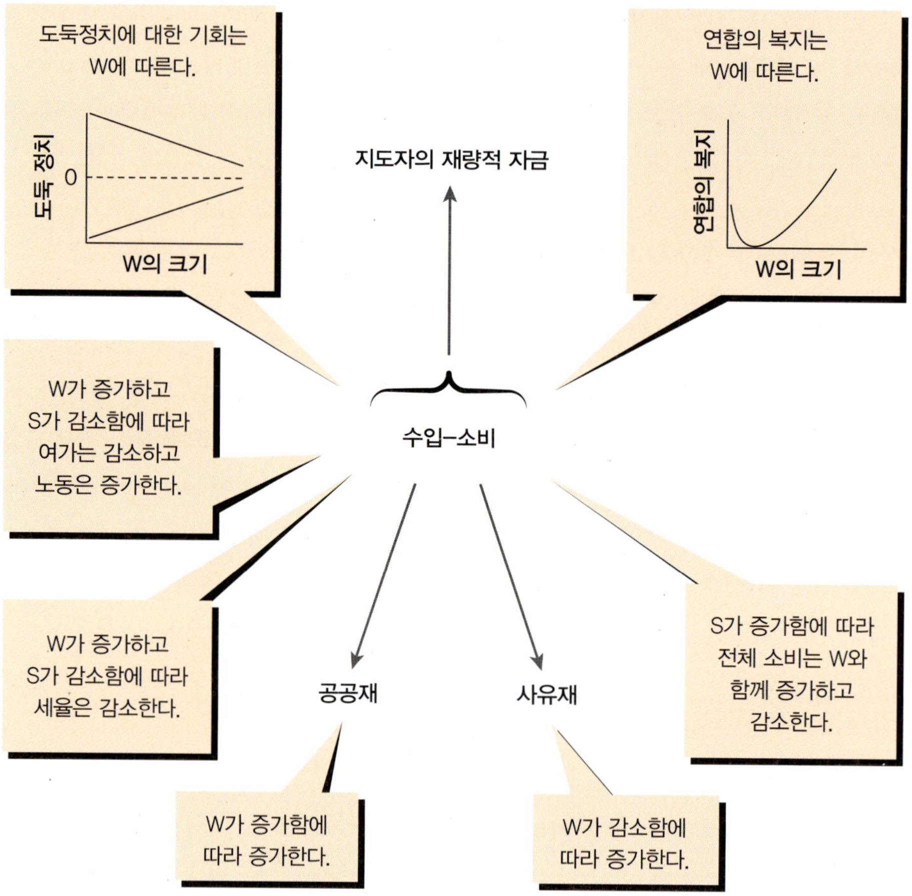

그림 2-5 정책 선택에 대한 선출인단의 관점

고 50만 표를 획득하면(유권자의 50%) 대통령이 될 수 있다고 하자. 독재국과 민주국 둘 다 10억 달러의 정부수입이 있고 모든 국민은 1년에 500달러씩 세금을 낸다.[6] 독재국의 지도자는 현직 장군을 퇴임시키고 정부를 넘겨받고자 하는 대령의 반대에 부딪쳤다. 민주국의 대통령도 다음 선거에서 당선이 되고자 하는 라이벌을 만났다.

각 국가의 지도부가 모든 수입을 지배연합의 충성심을 유지시키기 위해 사용한다고 생각해보자. 독재국의 지배연합 구성원 100명 각각은 10억 달러를 나누어 1,000만 달러씩 갖게 될 것이다. 민주국의 50만 지배연합 구성원은 정부의 수입을 2,000달러씩 나눠가질 것이다. 민주국 정부가 500달러의 세금을 걷는다는 사실을 감안하

6. 독재국 (500)보다 큰 지배연합(500,000)을 가지고 있는 민주국은 더 낮은 세율과 큰 경제규모를 가지고 있을 것이라 예상된다는 것을 나중에 보게 될 것이다. 그러나 지금은 이러한 것들이 같다고 본다. 이는 선출인단 이론과 다르게 작동하는 것이다.

면 필수 투표자 당 2,000달러는 적지 않은 액수다(2백만 국민과 10억 달러의 수입). 민주국의 대통령에게 투표한 이들은 자신이 내는 세금보다 4배나 많이 돌려받는 셈이다. 물론 이들은 주로 사적 보상이 아니라 효과적인 공공정책으로 돌려받겠지만 이는 나중에 살펴보기로 하고 논의를 계속하자. 독재국에서도 국민은 민주국과 같이 500달러씩 세금을 내지만 100명의 주요 인사들은 1,000만 달러라는 엄청난 액수를 돌려받는다. 이는 200만 국민에게 걷은 돈을 100명의 연합 구성원들에게 재분배한 것이다. 다른 모든 조건을 고정시킨다면, 이 엄청난 보상 차이가 왜 소규모 지배연합의 지도자(독재자)는 자신의 지지자들의 절대 지지를 받고, 대규모 지배연합의 민주적 정권에서는 지도자가 자주 버림받고 새로운 정책적 아이디어를 가진 새 지도자 집단이 나타나는지에 대한 단서를 제공한다.

물론 지도자가 지지자들에게 현금을 재분배하지는 않을 것이다. 사실 민주주의에서는 이러한 모습을 거의 볼 수 없다. 왜 그럴까? 공공재(정부가 제공하는 교육정책, 보건정책, 국방 등)의 '단위당' 가격이 p라고 하자. 정권이 분배할 수 있는 사유재의 양은 얼마나 많은 사람이 보상받아야 하는지에 달려있음을 인식하자. 즉 사적 보상의 한 단위에 내재된 가격은 지배연합의 크기와 같다. 이제 약간의 수학을 이용해 민주국가와 독재국가 정부의 근본적인 차이를 살펴보자.

방금 한 것처럼 큰 지배연합 정권과 작은 지배연합 정권, 즉 민주국과 독재국이 같은 수입을 가지고 있다고 상상하라. 그러나 이번엔 수입의 수적 양을 가정하는 대신 R이라는 임의의 수입을 사용하고 이를 공공재(q)와 사유재(z)에 소비할 수 있다고 해보자. 만약 정부가 전체 수입(R) 이상의 자원을 사용할 수 없다면 $R \geq pq+Wz$라는 식이 성립한다. 풀어서 설명하면, 공공재에 사용하는 전체 지출(pq)과 사유재에 대한 전체 지출(Wz)의 합은 정부 수입 R에 의해 정의된 예산 제약을 초과할 수 없다. 이제 약간의 수학 계산으로 지배연합의 크기에 따라 사적 이익에 대한 소비가 얼마나 달라지는지를 정확히 알 수 있다. 전체 예산이 모두 소비된다면 $R=pq+Wz$이고, $R-pq=Wz$이다. 이는 연합의 구성원 각각이 사유재로부터 얻을 수 있는 이익은 $z=(R-pq)/W$로 결정된다는 의미다.

사유재의 가치, 즉 지배연합의 구성원에게만 주어지는 이익은 연합의 크기가 커질수록 작아진다(큰 W로 나누면 $(R-pq)/W$는 0에 수렴한다). 따라서 작은 지배연합의 정부(독재국가, 군주국, 군사독재국)는 큰 지배연합 정부에 비해 사유재와 공공재의 조합에서 사유재를 더 많이 분배한다. 다양한 독재국가의 형태보다 큰 연합에 의존하는 민주국가는 독재국가에 비해 공공재의 생산에 더 집중한다. 이 간단한 계산이 정부의 외교정책 연구에 중요한 역할을 하게 될 차이를 만들어낸다. 이제 선출인단 관점의 논리 속으로 더 깊이 들어가보자.

W/S가 작을 때 필요한 가치

연합 크기의 기능에 따른 공적 혹은 사적 보상에 대한 선택을 더 명확히 하기 위해 숫자로 나타낸 예시를 계속 살펴보자. 독재국의 지도자는 10억 달러를 가지고 100만 명의 선출인단과 100명의 지배연합으로 이루어진 정치 조직을 통치한다. 차기 지도자의 연합에 들어갈 가능성은 *W/S*, 이 경우 100/1,000,000 혹은 1/10,000인 상황에서, 현재 지배연합의 구성원이 차기 지도자의 지배연합에 들어갈 수 있는 가능성은 1/10,000이다. 이미 알고 있듯 정부의 모든 수입을 지배연합 100명의 구성원에 대한 사적 이익으로 사용한다면 각각은 1,000만 달러를 받을 것이라고 기대할 수 있다. 그런데 만약 이 100명 중 누군가가 독재국의 지도자가 못마땅해 반대파의 대령을 지지해야겠다고 생각하기 시작하면 어떻게 될까?

만약 현재 지도자의 연합이 패배한다면 연합의 구성원들은 새 정권으로부터 1,000만 달러를 받을 수 있는 1/10,000의 가능성과 사유재를 받지 못할 9,999/10,000의 확률을 가지게 된다. 미래의 배신자가 차기 정권에 의해 사유재를 받을 수 있는 기댓값은 1,000달러에 불과하다(1,000만 달러×0.0001, 여기서 0.0001은 사유재를 받을 수 있는 확률로 W/S의 값 1/10,000과 같다). 그렇기 때문에 집권자가 그 기대를 만족시켜주고 도전자가 제안하는 것보다 훨씬 더 나쁘지는 않은 공공정책을 제공하는 한 배신자가 될 수도 있는 그 사람은 만족하고 충성심을 유지할 수 있다. 집권자는 1,000만 달러를 나눠 받을 수 있는 지지자들과 1,000달러 이상의 무언가를 나눠 받아야 하는 지지자들 사이에 어느 정도 차이를 유지할 수 있다.

만약 현직에 대한 도전자가 특별히 매력적인 공공정책을 제시한다면 집권자는 그에 대한 지지자들의 지속적인 충성심을 사기 위해 '비자금'을 약간 포기할 수 있다. 많은 독재자들이 스위스은행에 큰돈이 담긴 계좌를 보유하고 그렇게도 오래 권력을 유지하는 것은 놀랄 일이 아니다. 독재국의 현재 지도자에 대한 정치적 충성을 지속하는 대가로 엄청난 현금 보상을 보증하는데 어느 누가 왜 지도자를 대령으로 바꾸면서 큰 보상을 잃게 되는 도박을 하겠는가. 반대파의 대령도 더 큰 보상을 약속할 수도 있겠지만 더 저렴한 비용으로 같은 충성심을 제공할 다른 이들을 찾을 수 있다면 이전 지도자의 충복들을 그의 연합에 굳이 안고 가야할 필요를 결국 못 느낄 것이다.

지도자는 권력을 유지하는 수단으로 사유재를 제공하는 것을 자연스럽게 선호한다. 이러한 선호는 방금 우리가 했던 계산에서 나온다. 만약 경쟁이 사유재 분배로만 이루어지고 모두가 분배와 배신에 관련된 모든 정보를 알고 있다면, 현 지도자의 지지자들이 자신의 지도자를 배신했을 때 사유재 분배에서 배제될 수 있다는 점은 현직자가 도전자를 늘 물리칠 수 있게 만든다. 도전자는 사유재의 영역에서 태생적으로 불리하다는 사실을 인식하고 있기 때문에 이에 상응하는 정책으로 방향을 전환한다. 따라서 집권자는 다른 조건이 같다면 그의 지지자들에게 사유재로 보상하려 하고 도전자는 다른 조건이 같다면 공공정책의 개선을 약속한다. 물론 다른 조건이 모두 같을 확률은 희박하다. 이것이 문제의 핵심이다.

W/S가 클 때 필요한 가치

모든 조건이 같지는 않을 수도 있을 때 중요한 한 가지는 선출인단의 크기에 준한 지배연합의 크기다. 이 두 집단의 크기는 매우 다양하다. 지배연합의 크기가 커질수록, 선출인단 집단의 크기가 작아질수록 현직자가 사유재를 분배할 수 있다는 장점은 급격하게 감소한다. 예시로 돌아가서 살펴보자. 우리가 독재국이 아니라 민주국에 있다고 가정하자. 지배연합의 구성원 50만 명은 지도자가 소비해야 하는 사적 이익 10억 달러 중 최대 2,000달러를 기대해 볼 수 있다. 물론 독재국의 최대 기대치에는 한참 못 미친다. 더욱이 민주국의 집권자는 사실 이 정도의 사유재를 약속할 필요가 없다. 직접 선거 대통령제의 민주주의라도 배신자(말하자면 민주당에서 공화당으로 투표를 바꾼 사람들)는 차기 지도자의 지배연합에 속하지 않을 50%의 위험이 있기 때문이다(훌륭한 통치의 명목 하에 지역 개발사업 법제화, 이익에 대한 권리 변경, 혹은 이익이 되는 조세제도의 변경으로 지배연합의 이익을 빼앗을 수 있다).[7] 그리고 대부분의 도전자는 지배연합의 구성원들에게 W/S×사유재에 전체 공공재의 가치를 더한 것을 제공할 것이라고 믿을 만하게 약속할 수 있다(공공재는 연합에 속해 있든 아니든 모두에게 좋은 것이다).

즉 대통령에 도전하는 사람은 투표자들에게 최대한 믿을 만하게 1인당 1,000달러의 기댓값을 줄 수 있을 뿐이다. 사유재 거래는 확실히 민주주의 국가 지도자의 지지자에게보다는 독재국가 지도자의 지지자들에게 훨씬 좋아 보인다.[8] 독재국의 지도자를 떠남으로써 잃게 되는 사유재의 예상 비용은 거의 1,000만 달러다. 민주국의 대통령이 물러나고 반대파로 정권이 바뀔 때 예상되는 손실은 사유재 가치의 반 정

---

7. 물론 미국은 대통령을 직접 선출하는 체계가 아니다. 선거인단제도와 인구비례 투표 방식으로 미국의 대통령은 30% 이하의 득표율로도 당선될 수 있다.

8. 사유재에 대한 지불은 보통 독재국가보다 민주국가에서 더 교묘하다. 민주주의 국가에서 지도자는 그의 지지자들을 위해 세금정책이나 다른 재분배 정책을 시행한다. 반면 독재국가의 지도자는 그의 파벌에게 부패를 저지를 권리를 분배한다.

도 액수이다.

일반적인 원리는 간단하다. 지배연합이 커질수록 사유재는 굉장히 적게 분배되고 공공정책의 실패를 쉽게 메울 가능성이 적다. 선출인단이 줄어들면 사적 보상을 사용하는 데 대한 현직자의 이점이 점점 더 작아지면서 변절의 위험도 줄어든다. 따라서 유권자들을 만족시키는데 사유재를 사용함으로써 현직자가 얻는 가장 큰 이득은 작은 지배연합과 큰 선출인단 집단을 가진 정치체제의 지도자가 될 때다. 이는 평균적인 지지자들에게 현재 사유재의 가치를 높여주고 정치적 배반에 대한 사유재의 기댓값을 작게 만든다. 또한 지도자가 하려고만 한다면, 자신의 목적을 위해 사유재 예산의 많은 부분을 빼돌릴 수 있음을 의미한다.

공공재를 기반으로 하는 큰 연합 환경의 지지자들은 선거 후와 같이 지도자가 바뀌어도 공공재의 혜택을 누린다. 이들은 어떤 상황에서도 사유재를 거의 받고 있지 않기 때문에 큰 변화 없이 다른 정치인을 지지할 수 있다는 의미다. 뿐만 아니라 선출인단 집단이 커질수록 도전자가 지도자가 되었을 때 배제될 위험은 더 커진다. 더 큰 선출인단 집단은 도전자가 자신의 새로운 지지연합으로 선택할 수 있는 범위가 더 넓어짐을 의미한다. 결국 지지자들은 특히 작은 지배연합과 연합을 구성할 바탕인 큰 선출인단 집단을 가진 지도자에게 더욱 충성해야 한다. 그런 지도자는 도전자가 제공하는 것보다 적은 사적 이익을 제공해도 되고 그러면서도 지지자들의 충성심을 지킬 수 있다. 짧게 언급했듯, 집권자에게 지지자들이 얼마나 충직한지는 사실 *S*에 대한 *W*의 크기로 결정된다.

TRY THIS

조건이 달라지면 모든 약속이나 확언을 믿을 수 없다. 사유재를 공유하겠다고 믿을 만한 약속을 한 유망한 지도자가 세력을 얻는다면, 예비 지지자들에게 어떻게 행동할까? 이에 대한 대답을 하면서 약속을 받는 사람은 그 약속을 믿어야 하는지 아닌지, 왜 그런지 생각해보라(힌트: 예비 지도자가 약속을 하는 것이 어느 정도의 가치가 있는지에 대해 생각해보라).

충성 규범(W/S)과 전통적인 정권 유형

흔히 사람들이 민주주의라고 부르는 국가의 *W/S* 비율은 크다. 북한처럼 부정선거를 기반으로 운영되는 국가의 *W/S*는 작다. *W/S*가 클 때 연합의 구성원들은 상대적으로 미래에도 연합의 구성원이 될 높은 가능성을 가진다. 이는 *W/S*가 다음에도 선택될 것인지에 대한 가능성과 연관되어 있기 때문이다. *W*가 절댓값도 크고 *S*와 비교해서도 클 때, 충성심을 상대 정치인에게로 전향하는 것이 특히 더 위험하지도,

또 대가가 크지도 않다. 왜냐하면 미래의 지배연합에 들어갈 가능성(*W/S*)이 크고, 특별히 대가가 크지도 않기 때문이다. 이는 *W*가 크면 연합의 구성원에게만 주어지는 사유재보다는 대부분이 연합에 상관없이 혜택이 모든 사람에게로 돌아가는 공공재가 되기 때문이다. 주어진 수준의 정부 수입 하에서, 지도자가 사적인 보상을 공공재로 바꾸기에 더 효과적인 연합의 크기가 있다. 공공의 이익을 강조하는 것을 발견했다면 그것은 시민의식의 산물이 아니라 권력을 지키고 싶어 하는 지도자의 합리적 선택이다.

작은 지배연합의 지도자는(자유재량의 돈에 대해 시민의식을 갖고 있다 해도) 정치적 환경에 의해 파벌을 위해 보상의 일부로 비효율적 통치를 할 수밖에 없는 반에, 큰 지배연합의 지도자는 지지자들의 충성심을 유지시키기 위해 효과적인 공공정책을 강조할 수밖에 없다(그리고 그는 뇌물이나 부정부패에 사용할 수 있는 재량적 자원이 거의 없다). 권력을 유지하고 수입의 재량적 처분을 행사할 수 있도록 자기 연합의 충성심을 충분한 보상으로 유지하려는 지도자의 강박 충동이 연합적 정치에서 구현되는 유인부합성(incentive compatibility)의 핵심이다. 요컨대 지도자는 권력을 유지시키고 수입에 대한 가능한 한 많은 재량권을 주는 것이 권력을 유지하는 일에 부합한다.

지도자의 생존

*W/S*의 비율은 지도자의 생존 전망을 그려보는 가장 큰 단일 요소다. 지지연합이 커야만 할 때 지도자는 공공재를 더 많이 강조한다. 연합이 작을 때는 사유재가 더 중요해진다. 그러나 이것은 단지 모든 사람 혹은 소수를 위한 정부정책의 일부를 말하는 것이다. 이러한 이익을 위해 얼마나 지출이 되고 있는가를 말하는 것이 아니다.

충성 규범인 *W/S*는 지도자가 연합의 충성심 유지를 위해 얼마나 지출해야 하고 이로써 지도자의 재량적인 사용이 얼마나 가능한지를 결정한다. *S*에 대한 *W*가 큰 민주주의 국가와 같이 충성심이 약할 때는 연합의 구성원들이 다른 지도자로 바꾸는 것을 막기 위해 더 많은 돈을 지출해야 한다. *W/S*가 작을 때는 배반(1−*W/S*)의 위험이 매우 높고, 비용이 커서 현재 지도자를 버리지 않는다. 따라서 충성심은 더 강해진다. 이는 독재국의 지도자가 민주국의 지도자보다 자신의 통제 하에 더 많은 돈을 가질 수 있다는 의미다. 그리고 또 이것은 작은 연합과 큰 선출인단을 가진 집권자가(예, [그림 2-4]의 시리아) 더 많은 돈을 비상자금이나 자신을 위한 프로젝트에 지출할 수 있다는 의미다. 그래서 지도자는 자기 재량권 하의 돈을 스위스은행 계좌에 넣거나 많은 국민을 향상시키기 위해 사용할 수 있다. 시리아의 바샤르 알 아사드는 확실히 전자를 선택했다. 최근 리비아의 독재자 무아마르 카다피(Muammar Qaddafi)도 그랬다. 사실 카다피는 리비아의 석유 수입 중 무려 2,000억 달러를 자신과 가족들을 위해 모아둔 것으로 유명하다.

재량적 자금을 좋은, 공공적인 의도로 사용한 지도자도 있다. 중국의 덩샤오핑(鄧小平)과 싱가폴의 리콴유(李光耀)가 그 예다. 마오쩌둥이나 피델 카스트로도 아마 포함될 수 있겠다. 둘 다 상당한 양의 돈을 훔친 것 같지는 않아 보인다. 그러나 이러한 지도자는 어떻게 삶의 질을 높이는지에 대한 생각이 부족했다. 의무에 대한 압박보다 지도자의 좋은 의도 자체에 사람들이 의존해야만 할 때 지도자가 효과적인 정책을 시행할 가능성은 그리 높지 않다. 지배연합이 큰 체제 내에서는 큰 숫자의 법칙이 효과적인 정책 쪽에 있지만 작은 지배연합에서는 아니다. 재량권을 자신의 부를 축적하기 위한 수단으로 사용하는 도둑정치의 예는 사람들을 더 잘살게 하려는 지도자의 예보다 훨씬 더 많다. 아무도 김정일이 북한 주민들을 걱정했다고 생각하지는 않을 것이다. 작은 연합의 현재 지도자 목록을 만들어 그 중 누가 국민을 도우려 하고, 누가 도둑에 가까운지 가려보면 알 수 있다.

선출인단 이론에 따르면 모든 지도자는 직위를 유지하고 가능한 한 많은 자원에 대한 재량권을 갖고 싶어 한다는 동일한 목적을 가지고 있다 가정해도 독재국가나 민주국은 근본적인 결과의 차이를 보인다. 선출인단 이론에서 민주정치는 공공재를 생산하는 능력의 경쟁이고, 독재정치는 뇌물이나 부정부패, 지대추구를 통해 중요한 핵심 지지자들의 충성심을 사는 것이 핵심이다.

이 패턴들이 절대적이진 않다. 주요 경향일 뿐이다. 큰 지배연합을 가진 체제에서도 사적 이익을 누릴 수 있다. 작은 지배연합의 지도자 또한 연합의 요구에 따라 공공재를 생산하고, 연합의 충성심을 유지시키기 위해 쓰일 필요가 없는 지도자의 재량적 자원으로 공공재를 더 만들 수 있다. 그러나 모든 조건이 동일하다면 큰 지배연합은 지도자가 사적 이익을 공공정책으로 변화시켜 공공재를 생산하도록 유도한다.

선출인단 이론은 이 책에서 반복적으로 적용될 몇 가지 정치의 기본 원리를 논리적으로 함축하고 있다. 가장 중요한 원리들은 다음과 같다.

1. 지배연합이 큰 정권은 대외정책을 포함해 효과적인 정책에 초점을 맞춘다. 지도자의 정책이 별로라면, 지도자는 정책을 바꾸거나 정책이 성공할 수 있도록 더 많은 자원을 쏟아 붓는다.
2. 지배연합이 작은 정권은 큰 지배연합의 정권보다 실패한 국내외 정책들에 대

해 관대하다. 왜냐하면 작은 연합의 환경에서 지도자에 대한 충성심은 공공의 이익보다는 사적 보상을 받는 것에 달려있기 때문이다. 결과적으로 지도자는 정책이 실패하고 있더라도 대부분 그 정책을 계속 끌고 간다. 그는 큰 지배연합의 지도자만큼 빠르게 정책을 바꾸지 않고, 대부분의 환경에서 외교 안보나 무역정책을 포함한 정책들을 성공시킬 목적으로 더 많은 자원을 투자하지도 않는다.

3. 정책의 실패에도 불구하고 지도자의 생존 가능성은 *W/S*가 감소할 때 증가하고(정치체가 더 독재적이기 때문에) *W/S*가 증가할 때 감소한다(정치체가 더 민주적이기 때문에).
4. *W/S*가 증가하면 지도자는 지배연합 구성원들의 충성심을 유지시키기 위해 더 많은 정부수입을 지출해야 한다. 그 결과 이에 비례해서 이러한 지도자는 큰 선출인단으로부터 작은 지배연합을 가진 지도자에 비해 적은 양의 재량적 자원을 갖는다.
5. 부패와 도둑정치는(도둑이 통치하는) *W*가 작아질수록, 그리고 특히 *S*가 함께 커질수록 그 명성이 높아진다.
6. 작은 지배연합 지도자의 대외정책은 외교 상대의 정책 순응을 이끌어내는 것보다 영토 정복, 공물을 통한 이득을 위한 기회 추구에 더 무게를 두고 이루어진다.
7. 큰 지배연합 지도자의 대외정책은 이득의 추구보다 외국 정부의 정책적 순응을 이끌어내는 것에 더 무게를 두고 이루어진다.
8. 지도자가 정치제도를 바꿀 수 있을 때 지배연합의 크기는 감소시키고 선출인단의 크기는 증가시키는 것을 선호한다.
9. 연합 구성원들이 정치제도를 바꿀 수 있을 때(예, 쿠데타를 통해서) 항상 *W/S*의 증가를 선호한다. 그리고 상황에 따라서는 *W*를 *S*보다 더 빨리 증가시키거나 *W*를 *S*보다 더 느리게 감소시킨다.
10. 연합 구성원이 아닌 사람들이 정부의 제도를 바꿀 수 있는 기회가 있을 때(예, 혁명이나 내전을 통해) 항상 *W*와 *W/S*를 증가시키길 선호한다.

이 10가지 원칙은 대외정책을 수행하는 최선의 방법이 무엇인지, 국내외 통치와 정부정책에 영향을 끼치는 자원(해외원조 같은)을 사용하는 최선의 방법은 무엇인지를 선택하는 근간을 형성한다. 이 책을 통해 이 원칙은 국제문제를 평가하는 기초가 되어 때로는 놀라운 결과를 보일 것이며, 그중에는 종종 비관적인 것도 있을 것이다. 또 이 원칙은 심지어 전쟁을 일으킬 수 있는 문제를 포함한 어려운 국제문제를 풀어나가는 데 방향을 제시할 것이다. 국내의 지배연합이나 선출인단의 크기 차이에 의존하는 예상은 국가를 단일하고 내부적 차이가 없는 행위자로 보는 기준에서는 알 수 없는 국제문제들을 예측한다.

SUMMARY

이 장에서 국내 제도와 대외정책의 전략적 관점 모델을 소개했다. 힘과 권력을 유지하고자 하는 지도자는 지배연합으로 규정된 핵심 유권자들을 만족시켜야 한다. 지배연합은 법적으로 정부의 지도자를 선택하는 사람들인 선출인단으로부터 추출된다. 지도자는 모든 사람이 혜택을 받는 공공정책과 지배연합의 구성원들만 혜택을 누리는 사유재의 이익 조합을 분배한다.

지도자의 관점에서 최선의 정치체제는 부정선거에 의한 체제가 보통 가지고 있는 것처럼 작은 지배연합과 큰 선출인단 집단을 갖는 것이다. 이러한 제도 하에서 지지자들은 정책 실패가 있더라도 사적 이익을 취함으로써 지도자에 대한 충성심을 더욱 강화한다. 뿐만 아니라 충성심은 상대 정치인으로 변절하는 것에 대한 높은 정치적 위험으로 인해 더욱 강화된다. 선출인단 집단의 크기가 커질수록, 지배연합의 크기가 감소할수록 이러한 위험은 증가한다.

군주제나 군사독재는 지배연합 구성원의 관점에서는 최상의 정치제도다(예, 귀족정치나 군부독재정치). 군주국과 군사정부 둘 다 작은 지배연합과 작은 선출인단을 가지고 있어서 사유재의 현재 가치가 높다. 독재국도 마찬가지다. 그러나 군주제나 군사독재 하에서 지배연합의 구성원들은 배반에 따르는 위험이 독재국가 만큼 크지 않다는 사실로부터 이익을 얻는다. 이는 선출인단 크기에 대한 지배연합 크기의 비율이 부정선거에 의존하는 독재국보다 군주제나 군사독재 하에서 더 크기 때문이다. 현재 왕이나 여왕, 총독 등에 대한 충성심이 약하다는 것은 지도부가 주요 지지자들의 지지를 유지시키기 위해 더 많은 양의 수입을 연합의 부귀영화를 위해 분배해야 함을 의미한다. 물론 나머지 사회가 연합 구성원들의 이득을 위한 대가를 치를 것이다.

민주주의는 일반 국민의 관점에서 최상의 정치 형태다. 상대적으로 사유재는 적게 돌아가지만 공공재가 지도자의 관심사다. 좋은 공공정책은 모든 사람에게 혜택을 주기 때문에 지배연합의 구성원이 아니더라도 꽤 잘 생활할 수 있다. 결과적으로 민주주의에서는 인구의 상당 부분이 최고의 혜택을 본다. 이것이 성공적인 공공정책 대신에 사유재의 생산에 초점을 맞추는 군주제나, 군사정권, 그리고 독재국과 다른 점이다.

선출인단 이론은 국제정치의 원리에 대한 몇 가지 힌트를 제공했다. 이것들은 자원의 분배와 대외정책, 무역정책, 인권정책 그리고 심지어 전쟁에 대한 영향과 관련이 있다. 이 책의 남은 부분에서는 이 원리들이 어떻게 국제문제를 더 잘 이해하게 하고, 어떻게 풀어나가는지 학습할 것이다.

핵심 용어

감시 74	공공재 74	청중비용 88
제재 74	공공정책 74	민주평화론 90
역선택 74	지대추구 74	사유재 91
도덕적 해이 74	속임수 82	충성 규범 93
선출인단 74	주인-대리인 문제 83	예산 제약 99
지배연합 74	유인부합적 88	

3

국제문제 분석의 틀

2012년 4월 15일 평양 김일성광장, 북한 건국자 김일성의 100번째 생일을 기념하는 군사 퍼레이드에서 미사일 탑재 차량이 지나가고 있다. 미사일을 운반하고 있는 16륜의 대형 트럭은 평양의 미사일 프로그램을 억제하려는 UN 제재를 위반하면서 중국에서 들여온 것으로 보인다고 전문가는 말한다. 그러나 제제를 어긴 책임을 베이징에 돌리기는 어렵다. 중국이 군사적 목적으로 기술을 제공했음을 증명하기 어렵고 차량을 북한에 직접 팔았다고 증명하는 것도 어려울 것이기 때문이라고 전문가는 말했다.

OVERVIEW

- (실제 현실 그 자체보다) 현실에 대한 사람들의 인식이 국제관계의 주요 결정들을 좌우한다. 이 장에서는 의사결정에서의 인식 역할을 설명할 수 있는 3가지 틀을 전개한다. 이 3가지 틀로 전략적 상호작용의 설명 방법을 정확히 서술할 수 있다.
- 중간투표자 정리와 같은 개념에 기초한 공간모델은 지도자의 정책 선호를 한 직선 위에 나타내어, 지도자가 어떤 정책을 가장 선호하고 가장 선호하지 않는가를 논리적 연속선상에서 보여준다. 마찬가지로 다른 이들과의 관계 속에서 다양한 지도자들의 정책 선호를 나타낼 수 있고, 이 선호들이 얼마나 가깝게 혹은 멀리 떨어져 있는지 알 수 있다.
- 지도자들의 선호가 어디서 가장 많이 겹쳐지는가를 판단하게 하는 승리집합은 연계, 즉 다차원의 이슈들에서 가능한 승리연합과 정책합의를 찾게 해준다.
- 기대효용은 지도자가 다른 행동의 비용과 편익을 어떻게 평가하고 그것이 일어날 확률에 따라 비용과 편익을 어떻게 계산하는지를 보여준다. 다른 행동과 관련된 기대효용을 비교함으로써 의사결정자가 취할 행동의 방향을 예측할 수 있다.

ASSUMPTIONS CHECK

1. 다른 국가보다 강해지는 것이 안전을 보장하는가?
   a. 힘은 안전을 보장한다.
   b. 약한 국가도 적이 누구일지에 상관없는 적절한 아군을 확보하도록 안보정책에서 스스로의 위치를 잘 선정하면 안전을 보장받을 수 있다.
   c. 약한 국가는 동맹국에 상관없이 가장 강력한 나라에 대한 안전을 보장할 수 없다.
2. 가장 약한 국제적 행위자도 외국의 위협에서 가장 안전할 수 있는 조건은?
   a. 강력한 국가와 친구가 되는 것
   b. 세계에서 멀리 떨어져 있는 것
   c. 중요한 문제에서 절반의 힘은 한쪽에, 나머지 절반은 다른 쪽에 위치시키는 것

3. 논쟁이 되는 문제를 한 번에 하나씩 처리하는 것과 한꺼번에 묶어서 처리하는 것 중 어느 편이 더 좋은가?

   a. 이 문제는 문제를 독립적으로 혹은 함께 다루는 것 중 어느 것이 국내 그리고/또는 국외에서 정부에게 더 큰 지지를 주느냐에 달려있다.

   b. 한 번에 하나씩 처리하는 것이 협상을 간단하게 만든다.

   c. 논란이 되는 이슈들을 연결시키는 것이 최선이다. 이를 통해 한 번에 많은 진전을 이끌어낼 수 있다.

4. 모두가 같은 정보를 가지고 있다면 논쟁에서 언제나 합의의 해결이 가능한가?

   a. 그렇다. 모두가 같은 정보를 가지고 있다면 타협점을 찾을 수 있다.

   b. 아니다. 정부의 합의를 믿을 수 없거나 그 문제가 승자독식의 문제라 타협의 여지가 없기 때문에 타협은 불가능할 수 있다.

ANSWERS

1. b. 약한 국가가 선택한 정책이 중간 '투표자' 연합의 일부를 보장한다면 강하지 않아도 안전을 보장 받을 수 있다.

2. c. 국제적 힘의 과반이 어떤 이슈에 대해 당신을 지지하도록 만들면 안보가 보장된다. 이것은 단일 차원의 이슈에서 중간 '투표자' 위치에 있음으로써 가능하다. 다차원의 이슈에서는 신중하게 선택된 여러 위치가 늘 최소한 과반의 지지를 얻게 한다.

3. a. 논쟁중인 문제를 한 번에 하나씩 다루는 것이 안전을 보장하거나 협의의 결과를 찾는데 성공적인 것도 아니고, 문제들을 연결시킨다 해서 성공적인 협의나 안전이 보장되는 것도 아니다. 문제를 연결시킬지, 독립적으로 다룰지는 개인의 이익에 달려있고, 그 자체로 전략적 문제다.

4. b. 그렇지 않다. 믿을 만한 거래의 어려움은 협상된 합의를 불가능하게 한다. 만약 어떤 이슈가 분리될 수 없다면 마찬가지로 실제 합의에 도달하기 어렵거나 불가능하다.

제3장은 국제문제에서 정책 선택을 이해(그리고 나아가서는 결정)하는 데 특히 유용한 분석 기술의 도구를 소개한다. 이는 지도자와 추종자들이 어떻게 행동하는지를 이해하는 데 기초를 제공하는 논리와 증거에 의존한다. 특정 분석틀이 어떻게 작동하고, 언제 그것이 국제정치에 대한 관점을 이끌어내는데 유용한지에 관한 기억을 환기시키기 위해 이따금씩 이 장과 다음 장을 다시 언급하게 될 것이다. 정책결정자로서 혹은 사회공학자로서 문제를 어떻게 해결하고 정책 목표를 어떻게 달성할지에 관한 구조적 방법을 제시하는 '방법' 매뉴얼에 대한 지침을 여기서 생각해 볼 수 있다.

대외(그리고 국내)정책의 선택은 너무 자주 실제 증거나 정밀한 추론 없이 설득하는 영리한 말장난에 의해 결정된다. 가령 보통 미국 정부의 관료들은 핵무기가 전쟁을 막는 주요한 억지수단이 된다고 주장한다. 이 주장은 미국 무기고에 있는 다량의 핵무기를 정당화시켜주며 경험적 연구에 의해 사실이라고 할 수도 있다. 그러나 또 한편으로 미국 정부는 핵 확산이 평화를 위협한다고 주장한다. 사실 미국의 지도자들은 (북한이나 이란과 같은) 다른 국가의 핵무기가 평화를 위협한다고 주장하는데, 심지어 이와 같은 확산을 막기 위해 군사력을 사용할 수도 있다고 말한다. 그러나 만약 핵무기의 억지가 통한다면, 이 확산이 전쟁 위험을 증가시키는 것이 아니라 감소시켜야 한다. 그런 이유라면, 그리고 전쟁을 막는 것에 초점을 둔다면, 핵 확산을 환영해야 할 것 같다. 물론 억지나 확산의 위험에 대한 주장이 각각 맞을 수 있다. 그러나 이 두 주장은 양립할 수 없다. 어느 쪽이 더 중요한가에 대한 논의는 그 필요성에 비해 거의 다루어지지 않았다. 한 가지가 다른 하나에 모순이라는 자각 없이 그동안 너무 자주 각각의 설득력 있는 수사(修辭)만을 취했다.

직관, 직감, 의견, 이념은 믿음을 형성할 수 있겠지만 사람들이 평화와 번영을 누릴지 혹은 전쟁이나 빈곤으로 고통 받을지에 영향을 끼치는 의사결정의 근거로는 부족하다. 개별 일화들은 유용한 정보를 줄 수 있지만 그 일화들이 일반적이고 예상되는 상황을 반영하는지 혹은 일어날 것 같지 않은 특이한(심지어 고유한) 환경을 반영하는지에 대해 판단하지 못하게 한다. 수사는 대중이나 정치인들이 특정 정책에 지지(혹은 반대)하도록 설득하는 데 늘 일정 부분 작용하고 있다. 효과적인 수사가 '좋은' 정책 선택을 가져다줄 것이라는 희망 속에서, 보호무역의 찬반, 전쟁의 찬반, 협상이나 제재의 찬성, 상대의 비방 혹은 상대와의 동조 등에서 서로 경쟁적인 정치인들과 이익집단들은 일화로 뒷받침된 수사를 늘 사용한다. 수사적 설득의 도구가 아무리 중요해도, 일화와 수사 어느 것도 정책 선택의 좋은 근거를 제공하진 못한다. 따라서 엄격히 추론된 주장을 인정하고 만드는 방법, 그리고 우리의 논리적 결론이 현재 및 미래 세계에 유용한지를 밝히기 위한 증거, 즉 일부만 골라 담는 대신 전체를 대표하는 증거를 동원하는 방법에 대해 학습하고자 한다.

이 장과 다음 장에서는 상대적으로 간단하지만 강력한 통찰력으로부터, 더 복잡하고 복합적인 분석으로 나아간다. 물론 이는 시작 단계이고 앞으로 더 많은 것이 남아 있다. 이후의 부분에서 여기서 소개한 몇몇 분석틀을 확장시키겠지만 대부분의 필수적인 틀들은 이 장과 다음 장에서 살펴볼 것이다. 먼저 중간투표자 정리와 이 정리가 제공하는 강력한 통찰력을 몇 가지 살펴보는 것에서 시작하자. 이로부터 서로 연결되어 있거나 다차원의 문제들 전반에 걸쳐 가능한 승리연합과 정책 합의를 드러내는 승리집합을 알아본다. 그런 다음 기대효용의 계산을 소개한다. 다음 장에서는 어떤 상황에 대한 중요한 특징이 불확실할 때 국제관계에서 전략적 문제들을 해결하는 방법을 포함하는 게임이론을 소개한다. 지속적인 전개를 위해 이 장과 다음에서는 계속 진행 중인 사례(북한의 핵 능력 개발에 대한 접근)의 맥락에서 이러한 아이디어들을 발전시킨다. 전략적 선택의 다양한 모델 접근을 소개하기 전에 잠시 예를 먼저 설명하도록 하겠다.

3.1 사례: 북한의 핵정책

제2차 세계대전 이후 한반도는 친미국 지대와 친소련 지대로 나뉘어졌다. 조선민주주의인민공화국(Democratic People's Republic of Korea: DPRK)의 정부는 1948년 UN 감시하의 자유선거에 참가하는 것을 거부했다. 출범부터 북한 정권은 한국(Republic of Korea: ROK)으로부터의 위협으로 인지되는 것에 직면해 정치적 생존을 걱정했다. 1950년 한반도를 적화통일하려는 북한 지도자(김일성)가 일으킨 전쟁이 실패한 후 남북은 여전히 대치하고 있다. 냉전시기에 북한 정권은 안보와 (원조를 통한) 경제적 안정을 소련에 의존했지만 동시에 김일성은 소련 지원의 신뢰성에 심각한 의심을 품었다. 이러한 의심이 한국과 미국에 의한 북한 정권 전복을 억지하기 위한 핵 개발을 부추긴 것이다. 핵에 대한 관심은 소련의 붕괴를 직접 목격하며, 경제적 군사적 지원을 잃게 된 후 더욱 급박해졌다. 북한 정부는 언제 일어날지 모르는 위협으로부터 보호받기 위해 중국에 의지하고 또 자구책을 강구했다.

1991년 12월 31일 한반도의 핵무기 도입 혹은 개발에 반대한다는 남북한의 공동선언에도 불구하고 북한 정부는 1993년 3월 핵확산방지조약(Treaty on the Non-Proliferation of Nuclear Weapons: NPT)에서 탈퇴했다. 이 조약은 비(非)핵 가입국의 핵무기 개발을 금지한다. 북한의 핵개발 의도를 걱정한 미국의 클린턴(Bill Clinton) 대통령은 북한과 비확산 합의에 대한 협상을 시도했다. 당시 협상안에는 미국의 대규모 경제원조 그리고 전력수급용 경수로 제공이 포함되었다. 이는 북한이 핵을 개발하는 목적이라고 주장하던 민간 핵에너지를 대신할 수 있는 것이었다. 그러나 거래가 이루어진 후 곧바로 미국 의회 중간선거에서 공화당이 40년 만에 처음으로 하원 다수를 차지하게 되었다. 의회의 새로운 다수는 핵을 제한하고 대신 원조를 제공한다는 거래가 북한의 협박에 지나지 않는다고 보고, 지원을 반대했다. 미국이 1994년 기본 합의로 불리는 그 거래의 목표를 달성하는 데 실패하고 북한은 은밀하게 핵무기 건설을 진행시켜 핵무기 능력을 발전시켰다. 2006년 10월 김정일 정부(1994년 김일성 사망 이후 그의 아들 김정일이 정부를 물려받음)는 핵무기 실험에 성공했음을 선언했고, 이 사실은 미국의 지진계에 의해 확인되었다.

북한의 핵무기 개발과 핵무기를 운반하는 능력을 가진 장거리 미사일 개발은 평화를 위협하는 중요한 잠재적 위협이다. 크게 2가지 이유로 설명할 수 있는데, 첫째는 북한이 빈번하게 한국에 호전적인 태도를 보인다는 것이다. 1953년 남북한 간 전쟁을 멈추는 휴전조약이 맺어졌지만 평화조약은 아직 이루어지지 않았다. 이는 사실상 남북한이 전쟁상태로 남아 있다는 의미다. 사실 북한은 반복적으로 한국에 심각한 결과를 동반한 공격적 행동을 해왔다. 북한 정부는 1987년 11월 29일 대한항공 858편에 폭탄을 설치해 115명의 사상자를 낸 바 있다. 또한 한국의 몇몇 장관급 인사를 살해한 것으로 여겨진다. 북한 정부는 한국과 일본 국민의 납치를 시인했고, 수백 명에 달하는 한국의 전쟁포로를 불법으로 감금해왔다. 그중 몇몇은 여전히 살아있다고 추정된다. 북한은 2010년 5월 20일 아무 이유 없이 한국의 천안함을 공격해 46명의 병사들을 사망시켰다. 그리고 2010년 11월 북한군은 급작스럽게 이유 없이 한국의 한 섬을 공격했다. 북한의 호전성과 군사위협은 단순한 공상이 아니다. 북한은 한국 사람들의 이익을 해치는 공격적인 행동을 반복적으로 보여왔다.

둘째, 북한의 핵 프로그램과 장거리 미사일 개발은 빈곤한 북한 경제의 중요한 원인을 제공한다. 북한은 중동을 비롯한 다른 나라의 정부와 기타 집단에 핵기술과 미사일을 팔고 있다. 북한의 고객은 대부분 테러국가나 테러집단이기 때문에 이 세계의 다른 부분에서 평화를 위협하는 진짜 잠재적 위협이 된다.

북한의 관점에서는 미국과 한국 정부에 대한 억지이자 자국 영향력과 수입의 근원으로 분명히 의도된 이러한 북한 핵활동 현황이라는 배경에서, 북한 핵 프로그램 폐기 협상에 큰 이해관계가 있다. 이러한 논의의 주요 장소는 자주 중단되고 있는 6자회담이다. 6자회담의 구성원은 북한, 한국, 미국, 중국, 일본, 러시아다. 북한은 미국과의 양자 대화를 선호하지만 미국 정부는 이 사안과 깊게 연관되어 있는 나머지 국가들의 참여 없는 협상을 거부해왔다.

2011년 12월 김정일의 사망과 더불어 지명후계자 김정은이 북한 정부의 장악력을 견고히 하는 동안 6자회담은 계속 연기될 가능성이 높다. 따라서 지금이 6자회담의 재개 가능성에 대해 생각하고 또 분석적으로 엄격한 방법으로 생각해 볼 좋은 기회다.

3.2 중간투표자 정리: 공간모델

국제관계에 관한 주요 주장 중 하나는 국가나 국가지도자가 국가안보를 증진시키는 일에 관심이 있다는 것이다. 이러한 생각이 아무리 중요할지라도 불행하게도 이 개념에 대한 명확한 정의는 없다. 국가안보는 종종 국가가 얼마만큼의 군사력을 가지고 있는가와 대등하게 여겨진다. 더 큰 군사력은 종종 더 큰 안보와 동일시된다(Kissinger 1979; Morgenthau [1948] 1978). 이러한 생각은 국가 간의 조약과 평화를 강요하는 데 의존할 수 있는 국제적인 합의체가 존재하지 않는 세계에서 모든 국가들이 제 힘으로 살고 있다는 개념에 기초한 것이다. 무정부(Waltz 1979; Milner 1998; Powell 1994)로 일컬어지는 이 개념은 서장에서 다루었다.

각국이 외부 공격에 대항해 자신의 안보를 지키는 길은 자기 자신에 기대는 것뿐이라는 자위적 체계가 국가들의 국제체계라는 점을 받아들인다 해도 엄청난 군사력이 항상 안전을 보장해주는 것은 아님을 쉽게 알 수 있다. 자익이라는 개념 밖에서도 약한 국가의 헌신적인 방패막이 되어 안보를 보장해주면서 이들을 주도하는 정책적 입장을 구축하는 것이 가능하다.

공간모델은 특히 일직선상에 그려질 수 있는 이슈 선호에 대해 중간투표자 정리의 맥락에서 안보에 대해 생각하는 방법을 제시한다. 공간모델은 우리가 의사결정자들과 정책 선호를 일렬로 혹은 둘 이상의 차원을 포함하는 공간(x와 y의 축 또는 x, y, z의 축 등)에 위치시킬 수 있다고 가정하는 일종의 추상화이다. 앞서 살펴본 국익 개념으로 돌아가면 [그림 I−1]은 이익의 2차원적 묘사를 나타낸 것이다.

선호와 정책 결정에 대한 몇 가지 기본적인 가정들만 가지면 공간모델을 사용할 수 있다. 즉 선과 그래프로 정책결정자들이 어떻게 국가안보에 영향을 미치는 문제를 포함한 정책 문제들에 대해 제시된 해결책에 반응하는지 예상할 수 있다. 이를 위해 먼저 1차원의 공간모델에서 무엇이 국가를 안전하게 만드는지 살펴보자. 정책 하나에 대한 선호 상의 정책 결정에 관한 모델이다. 국가에 대해 잠깐 이야기하자면, 패전국의 자원, 일부 시민 생명, 국가 존망 등을 박탈하는 과정에서 다른 국가들이 연합해 자국을 이기려는 능력과 의도가 있을 가능성을 최소화하는 것이 국가안보라 정의한다. 안보에 대한 이 관점은 국제정치에서 현실주의자나 신현실주의자가 일반적으로 사용하고 있는 개념을 따른다(Waltz 1979).

국가안보를 평가하는 한 가지 방법은 투표와 입법과정의 정책결정 연구에서는 흔히 사용되는 정치 원리를 적용하는 것이다. 국가 중심적 관점에서는 정책 선호에 대해 거의 이야기하지 않기 때문에 이러한 방법은 국제관계에서 거의 무시되었다. 중간투표자 정리를 염두에 두자. 중간투표자 정리(Black 1958)는 이슈들이 한 차원에 있고, 선호가 단봉이며(서장에서 소개된 애로우의 보편적 영역 가정을 폐기하고), 과반수로 승리하고, 투표권을 가진 자는 자신의 선호에 따라 모두 투표한다면, 중간투표자의 위치가 승리를 가져다주는 결과라는 것이다. (약간의 설명이 곧 제공될) 국제적인 맥락에서 이 사실은 중간투표자 정리의 가정을 염두에 둔다면 국가안보를 극대화하는 정책 위치(중간 국가의 정책 위치)가 존재함을 의미한다. 이 정리의 제약 하에서, 중간 국가의 정책 선호는 패배할 수 없다.

나아가 개별적으로 강한 국가이든 약한 국가이든 중간투표자의 지지를 받는 정책을 지지해 온 국가는 해당 정책에서 자신의 안보를 최적화 할 수 있다. 피타고라스 정리처럼 이것도 정리이다. 이는 가정에서부터 논리적으로 결론이 도출되었고, 그러므로 그 결론이 논리적으로 옳고, 정리의 가정을 만족시키는 어떤 상황에서도 이기는 정책의 위치를 정확히 예측한다는 의미다. 앞으로 보겠지만, 이 정리는 국제관계에서도 중요한 의미를 가진다. 어떻게 정책 갈등이 해결되는지를 생각해보는 데에 정리는 좋은 출발점이 될 수 있다. 이제 의미가 불명확할 수 있는 가정 중 몇몇을 더 자세히 살펴보자.

가정 1: 단일차원

이 정리의 첫 번째 요소는 우리가 단일차원의 (즉 차원이 하나인) 이슈를 조사한다고 규정한다. 만약 어떤 사안을 해결하는 가능한 방안들이 한 직선 위에 잘 나타내진다면 그 이슈도 단일차원적이다. 이러한 방법으로 선택들을 나열하기 위해서는 의사결정자의 선호가 단봉적이라는 추가적인 조건 하에, 이슈 해결에서 각 참가자들이 가장 선호하는 결과, 즉 참가자의 이상점이라 불리는 지점을 가지고 있고 이 이상점들의 집합을 단일 직선에 나타낼 수 있으면 유용하다.[1]

예를 들어 미국 대통령이 당연히 해야 하듯, 북한의 핵 프로그램과 관련한 그의 선호가 무엇인지를 밝혀야 한다고 가정해보자. 그는 이렇게 말할지도 모른다.

1. 참가자, 당사자, 행위자, 결정권자, 의사결정자, 이해당사자, 선수 등의 용어를 구분 없이 사용한다. 다른 말이 없다면 이는 모두 정책 선택에 영향을 미치는 개인 혹은 집단이다.

- 일단 북한 핵무기 프로그램의 해체가 확인되면 원조와 평화를 보장해준다는 조건으로 북한 핵무기 프로그램이 해체되는 것을 선호하기보다, 북한에게 어떤 약속도 제공할 필요 없이 북한의 핵시설이 파괴되는 것을 선호한다. 그러나 일단 북한 원조와 평화조약의 조건이 충족되면 북한 핵무기 프로그램이 단지 불능화되는 것보다는, 핵무기 프로그램의 해체가 확인되면 원조와 평화를 보장해준다는 조건으로 북한 핵무기 프로그램이 해체되는 것을 선호한다.

미국 대통령의 시각에서 더 나쁜 대안들이 그 뒤로 차례차례 선호될 것이다. 그러나 김정은의 입장에서 첫 번째 선택은 무기 비축량을 증가시킴으로써 북한의 핵 프로그램을 확장시키는 것이고, 뒤이어 한참 뒤에 미국 상위 3가지 선택의 거래가 위치할 것이다. 다른 관련 집단들은 중간 정도의 입장에서 시작할 것이다. 그리고 더 엄하게 혹은 관대하게 협상을 진행시켜 나갈 것이다.

북한 핵 문제에 관련된 다양한 국제 행위자들뿐 아니라 모든 주요 의사결정자들과 유권자들을 1차원의 선분에 위치시킬 수 있다. 이 선분의 양 끝점과 그 사이의 특정 점들은 어떤 핵정책이 채택되어야 하느냐는 문제에서 단계적으로 더(혹은 덜) 극단적인 입장들을 반영한다. [그림 3-1]은 선분을 따라 다른 지점에 각각 숫자값

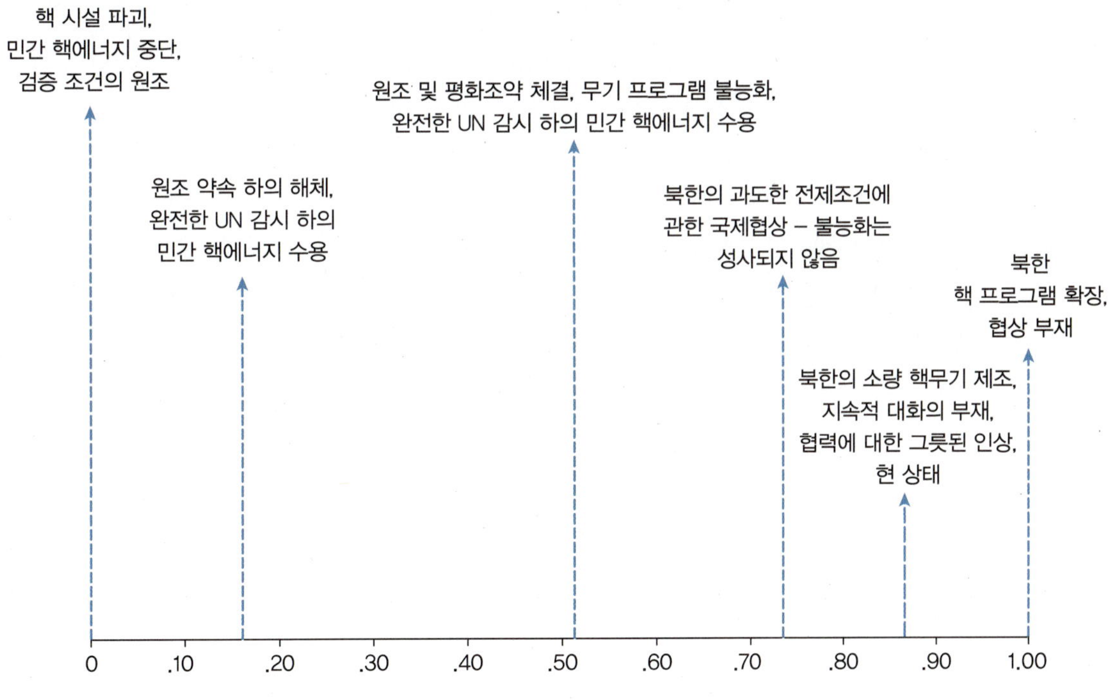

그림 3-1 **김정은이 북한 정권을 이어간다면, 향후 5년간 북한 핵정책의 어떤 변화를 기대해 볼 수 있을까?**

을 할당하고, 핵정책 조건에 관해 서로 다른 숫자값의 의미를 정의함으로써 이러한 아이디어를 표현한 것이다. 정의했다시피 0에 가까워질수록 북한의 핵 개발 능력에 반대하는 것이고 1.00에 가까워질수록 점점 더 북한에 우호적인 핵정책 결과를 지지하는 것이다. [그림 3-1]에서는 핵정책에 따른 숫자의 범위를 0에서 1.00까지로 정의했지만, 범위의 선택은 임의적이다. 숫자의 범위는 0에서 100이 될 수도 있고 −32에서 15, 혹은 다른 어떤 것도 될 수 있다. 중간투표자와 공간모델의 다른 특징들을 계산하는 데 중요한 것은 점들 간의 상대적인 거리다. 가령 0~1의 범위에서 0.35는 0에서부터 35% 떨어진 것이고 0.50은 50%, 0.75는 75%가 떨어진 것이다. 우리는 0.50이 0.75보다 0.35에 더 가깝다는 사실을 알 수 있다. 이는 곧 설명할 단봉성의 가정에 따라 0.35에 있는 누군가와 0.75에 있는 누군가 사이의 갈등에서 0.50에 있는 누군가가 0.35쪽에 설 것이라는 뜻이다. 0.35의 위치는 0.75보다 0.50에 있는 누군가의 이상점과 더 가깝다. 물론 유한한 척도에서 이쪽 혹은 저쪽 끝점으로부터 35%, 50% 혹은 다른 %에 해당하는 지점을 찾을 수 있다.

0.89는 현재 이 글을 쓰고 있는 시점에 북한 정부가 견지하고 있는 현재 정책이다. 0.89는 사실상 북한이 소수의 핵무기를 건설했고 지속적인 외교 협상에 참가하지 않을 것이며 협력의 그릇된 인상을 주는 전제조건 없이 대화할 것을 요구하는 상황이다. 이것이 북한 정부의 현재 정책이기는 하나, 북한 지도부 중 몇몇의 선호는 아닐 수 있다. 가령 김정은은 북한의 핵 능력을 확장하려는 1의 정책을 지지하고 최소한 지금은 협상을 원하지 않는다. 미국 정부의 입장은 0(공화당)과 0.25(민주당) 사이이다. 오바마(Obama) 대통령은 2011년 3월 〈Solving Foreign Crises〉라는 저자의 학부 수업 수강생들이 이 자료를 모으고 있었을 당시 0.20의 입장을 나타내고 있었다. 따라서 2011년 미국 정부 입장에서 측정된 이상적인 결과는 북한이 해외원조에 대한 약속을 받고 핵능력을 해체하면 UN 감시 하에 민간 핵에너지 개발은 허락이 되는 0.20 정도에 위치해 있다. 이것은 오바마의 입장이기도 하다. 만약 미국 대통령이 공화당으로 바뀐다면 미국이 선호하는 정책은 0으로 바뀔 것이라는 신호다.

러시아 푸틴(Vladimir Putin)의 이상점(가장 선호되는 정책)은 0.49 정도이고, 공적 발언 자료에 따르면 러시아의 외교장관은 0.40, 러시아 총리 메드베데프(Dmitri Medvedev)는 0.47이다. 푸틴의 이상점을 통해 그가 많이는 아니지만 공화당의 정책보다는 북한이 내세우는 현재 상태를, 현재 상태보다는 오바마의 정책을 선호한다는 것을 알 수 있다. 현재 상태와 푸틴의 이상점 간 차이는 0.40(=0.89−0.49)이고, 미국의 가장 극단적인 정책(공화당)과 푸틴 간의 거리는 0.49(=0.49−0)로 0.40보다 크며, 오바마 입장과의 거리는 0.29로 0.40보다 작기 때문이다.

[그림 3-2]는 [그림 3-1]에서 정의된 연속선상에 정책결정자들이나 그외 이익

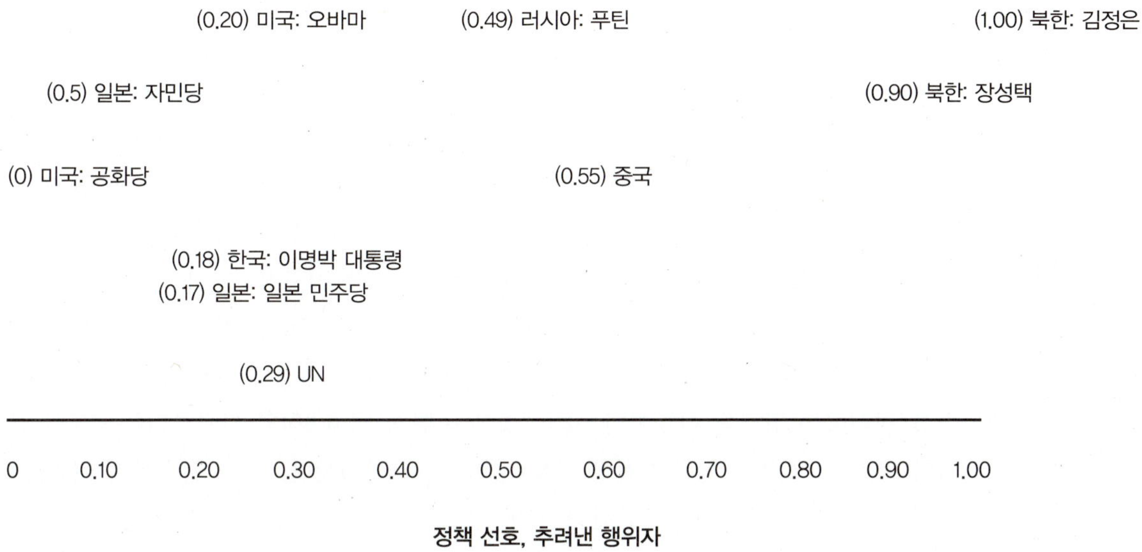

그림 3-2 선택된 정책 선호들

집단들의 정책 입장(즉 선호하는 정책)을 나타낸 것이다. [그림 3-2]는 북한의 핵 프로그램을 늦추거나 반전시키기 위한 입장에도 상당히 다양한 정책 선호가 있음을 나타내는 미국, 러시아, 중국, 일본, 한국, 북한에서 선택된 집단의 입장을 담았다. 물론 계속해서 발전시킬 더 복잡한 자료에는 기타 6자회담의 정치 행위자들뿐 아니라 6자회담 틀에 속하지 않은 국제 행위자들의 입장까지 포함되어 있다. 정책 선호 정보와 같은 자료(정치적 영향력, 이 이슈에 집중하는 정도, 합의에 다다르기 위한 노력, 자기 선호를 고수하는 정도 등의 측정)들은 저자의 학부 수업 〈Solving Foreign Crises〉의 학생들에 의해 완성되었다. 학생들은 누가 북한의 정책에 영향을 미치려 하는지, 이러한 집단들이 핵문제에 어떤 입장을 견지하고 있는지에 대해 꼼꼼한 온라인 검색뿐 아니라 다른 미디어의 자세한 조사를 통해 선호 자료와 다른 변수들을 발전시켰다.

[그림 3-2]의 정보들은 결과(즉 중간투표자의 위치)를 예측하기에는 충분치 못하다. 이는 이 그림이 저자의 학생들이 선정한 30개 모든 이익집단의 정보를 모두 담고 있다 해도 마찬가지다. 중간투표자의 위치를 계산하고 왜 그 위치의 이익집단이 중요한 의사결정자가 되는지를 알아보기 위해 중간투표자 정리의 또 다른 가정의 의미를 이해할 필요가 있다.

가정 2: 단봉적 선호

단봉적 선호의 가정은 이익당사자기 가장 선호하는 결과로부터 멀어지는 선택일수록 가까운 선택에 비해 이해당사자에게 덜 선호된다는 것이다. 예를 들어 0.05에 위치한 일본 자민당은 북한이 핵 프로그램을 전혀 갖지 않는 것(0)만큼 북한의 민간 핵에너지 능력 개발(0.18)을 좋아하지 않는 것으로 되어 있다. 그러나 북한이 핵무기 (해체가 아닌) 불능화를 하기 전에 원조, 국제적 안전보장, 민간 핵에너지를 받는 것(0.51)보다는 UN 감시 하의 민간 핵에너지 프로그램이 더 낫다고 생각한다. 0.55의 정책 선호를 가지고 있는 중국 정부는 0.51에 해당하는 정책보다 약간 덜 북한을 제약하는 정책을 선호한다. 중국 정부도 현 상태(0.89)의 지속보다는 UN의 입장(0.29, 0.18보다는 약한 수준의 UN 사찰)을 더 선호한다. 사실 행위자가 가진 정책 선택권의 연속선상을 따라 선택의 대안들을 비교할 수 있고 단봉적 선호의 가정에 의거해 행위자의 완벽한 선호 순서를 말할 수 있다.

어떤 행위자가 가장 선호하는 위치와 어떤 주어진 대안 사이의 거리가 짧을수록 행위자가 더욱 선호하는 대안이므로 단봉적 선호를 통해 이러한 정보를 얻을 수 있다. 가령 0.55의 중국은 현재 상태(0.89)보다는 0.29에 해당하는 UN의 입장을 선호한다. 중국의 입장과 현재 상태의 차이는 0.89−0.55=0.34이고, 이는 UN 입장과의 거리(|0.55−0.29|=0.26)보다 크기 때문이다.[2]

실제 세계의 모든 사안이나 모든 이해당사자가 반드시 단봉적 선호를 가지는 것은 아니다. 선호가 단봉적이라는 가정을 할 때 다른 가능한 선호의 배치는 무시한다. 이 가정에서 배제하고자 하는 바를 명확히 하기 위해 단봉의 특징을 가지지 않은 몇 가지 가능한 논리적인 선호 배치를 살펴보자. 가령 한국의 이명박 대통령이 북한이 핵 프로그램을 전혀 갖지 않는 것, 민간 핵에너지 프로그램 수준으로 제한하는 것, 혹은 핵무기를 확장하는 것 등에 대해 어떻게 생각하는지를 알고 싶다고 생각해보자. 이명박 대통령이 이들 중 어떤 조합에 대해서도 무차별하다는 가능성을 배제한다면 이 3가지 선택지를 6가지 다른 방법으로 배열할 수 있다. 물론 선택지가 늘어나면 배열할 수 있는 가짓수 또한 늘어난다. '보다 큰'이라는 기호(>)를 사용해 선호를 나타낸다면, A>B는 "B보다 A를 선호한다"로 읽을 수 있다. 가능한 선호 배열은 다음과 같다.

2. 점들 사이의 거리는 움직임의 방향과는 관계가 없다. 즉 거리는 항상 양수로 나타난다. 따라서 절대값을 사용한다.

1. 핵 프로그램 없음>민간 핵에너지 산업>핵무기 확장
2. 핵 프로그램 없음>핵무기 확장>민간 핵에너지 산업
3. 민간 핵에너지 산업>핵 프로그램 없음>핵무기 확장
4. 민간 핵에너지 산업>핵무기 확장>핵 프로그램 없음
5. 핵무기 확장>민간 핵에너지 산업>핵 프로그램 없음
6. 핵무기 확장>핵 프로그램 없음>민간 핵에너지 산업

3가지 선택지 사이에 선호를 배열하는(무차별의 가능성은 무시하고) 6가지 방법 중 지금 초점을 맞출 것은 단봉적 선호의 가정이 배제하는, 즉 이상점이 무엇인지에 상관없는 선호 배열인 2와 6이다. 이 문제에 대한 이명박 대통령의 정책 입장은 민간 핵에너지 산업, 핵 프로그램 없음, 핵무기 확장 순이다. 즉 그는 단봉적 선호 가정의 조건에서 3번의 선호 순서를 가지고 북한과의 협상에서 0.18의 정책을 가장 선호한다. 이제 왜 2와 6의 배열이 단봉적 선호의 가정에서 벗어나는지 더 자세히 살펴보자.

단봉적 선호의 가정에 의해 나타나는 몇 가지 규칙들을 보자. 이를 통해 이 사례에서와 같이 행위자가 가장 선호하는 바를 알 때, 다른 정책들에 관한 그 행위자의 추정 선호 순서를 계산할 수 있다. 선호가 단봉이라는 가정에서 알 수 있는 것은 개인이 가장 선호하는 선택에서 멀어질수록 그 선택의 가치가 떨어진다는 것이다. 개인은 이행적 선호 배열을 가지고 있다. 이것은 만약 B보다 A를 선호하고 C보다 B를 선호한다면 C보다 A를 선호한다는 의미다. 이것이 이명박 대통령에 대해 말하고 있는 바를 생각해보라. 이 대통령이 가장 선호하는 북한 핵정책은 [그림 3-1]의 양 끝이 아니라 0.18이다. 즉 어떤 방향으로든 이 지점에서 멀어질수록 그가 덜 원하는 정책이 된다.

이러한 선호의 감소를 나타낼 수 있는 한 가지 방법은 그가 다른 정책들을 얼마나 많이 좋아하는지 혹은 싫어하는지 측정해보는 것이다. 효용이라 부르는 이 측정을 사용해 그가 핵정책의 다른 대안들을 얼마나 많이 혹은 적게 선호하는지를 나타내는 기울기를 가진 선을 그려볼 수 있다. 만약 그가 정책의 대안들을 얼마나 좋아하는지 혹은 싫어하는지를 선으로 그릴 수 있다면 그것은 하나의 봉우리를 가질 것이고 가장 높은 점은 이명박 대통령이 가장 선호하는 정책일 것이다. 그가 정책 대안들을 얼마만큼 좋아하는지 보여주는 선은 북한의 핵능력을 해결하는데 그가 가지고 있는 최고의 선호에서 멀어지면 멀어질수록 점점 감소할 것이다. 만약 이 선이 어떤 구간에서는 경사가 거의 없이 정책의 값을 나타내는 선([그림 3-1]의 x축)과 평행하다면 이것은 그 선호의 강도를 측정한 부분이 반영된 정책들이 정책결정자가 무차

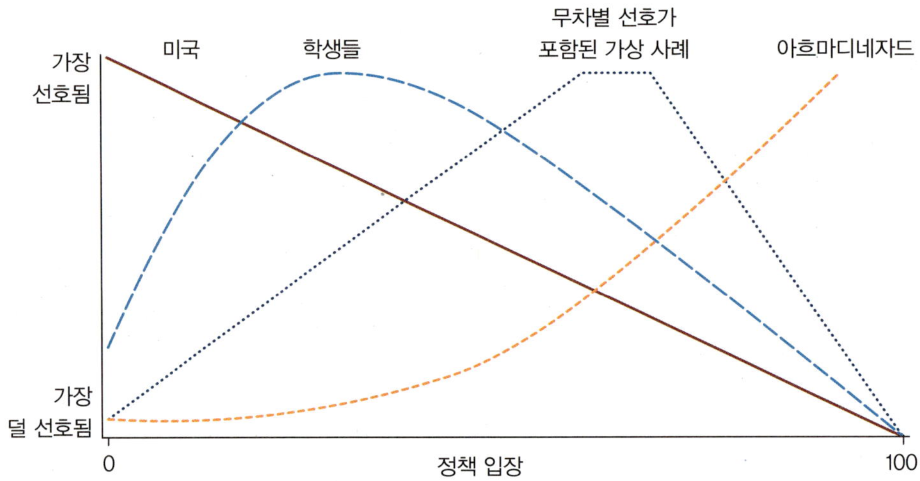

(a) 단봉적 선호의 예

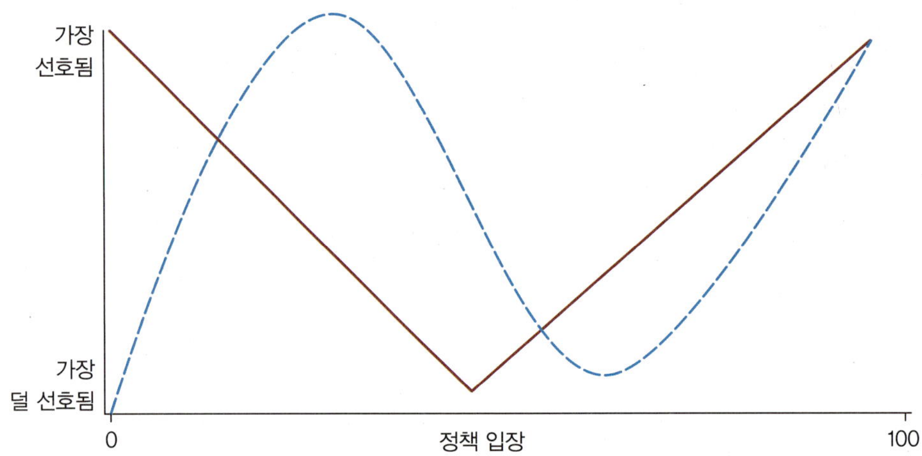

(b) 비(非)단봉적 선호의 예

그림 3-3

별한 정책을 나타낸다는 의미다. [그림 3-3a]는 행위자의 무차별이 존재할 때와 그렇지 않을 때의 단봉적 선호의 예를, 무차별 선호의 경우와 그렇지 않은 경우로 구분해 나타낸 것이다.

문제에 대한 연속선상에 이해당사자가 가장 선호하는 정책이 어디 있는지에 관계없이 단봉적 선호의 가정은 연속선상에서 각 점의 결과에 대한 선호의 강도를 나타내는 선의 높이로 이상적인 지점으로부터 선을 그릴 수 있음을 의미한다. 또한 선호의 강도를 측정한 이 선은 하나의 봉우리를 가지며 행위자의 이상점에서 오른쪽이든 왼쪽이든 더 멀리 움직일수록 감소한다.

목록의 2나 6의 선호 배열을 가지고 있는 이해당사자의 선호를 표시한다면 2개의 봉우리가 있는 선을 보게 될 것이다([그림 3-3b]의 단봉적 선호가 없는 예를 참고). 하나 이상의 최대점을 가지는 선호의 배열은 선이 올라갔다 내려갔다 다시 올라가기 때문에(혹은 내려갔다 올라갔다 내려감) 단봉적 선호의 가정에서는 배제된다.

물론 어떤 이해당사자도 여러 개의 최고점이 있는 선호를 가지지 않는다는 가정이 실제로 그런 선호가 존재하지 않는다는 의미는 아니다. 단봉적 선호의 가정에도 불구하고 실제 이해당사자는 2와 6 같은 선호의 배열을 가질 수 있다. 만약 경험적으로 그러한 선호의 배열을 배제하는 실수를 저지르고 있는 것이라면 중간투표자의 예측을 포함해 이 가정에 기초한 어떤 예측도 틀린 것으로 밝혀질 수 있다. 결국 가정은 세상에 대한 우리의 생각을 제한하고, 이로써 예상 구축에 중요한 역할을 한다. 가정은 예측의 토대를 제공하는데, 모두가 우리 예측의 토대에 대해 알 수 있도록 우리의 가정을 늘 명확하고 분명하게 해야 한다. 가정의 명확화는 엄격하고 논리적인 추론에 중대한 요소다.

TRY THIS

2번과 6번의 선호 배열을 나타내는 선호 강도의 선을 그려보라. 단봉으로 그려지는가?

가정 3: 다수결원칙

끝으로, 중간투표자 정리는 단봉적 선호와 단일차원 이슈의 상황에서 승리에 과반이 요구될 때 중간투표자(정책선상에서 투표자의 절반은 왼쪽에, 다른 절반은 오른쪽에 있는 투표자)가 승리 위치에 있음을 알려준다. 중간투표자가 승리한다는 이 아이디어는 2가지 질문을 제기한다. 첫째, 투표자의 위치를 예측된 승리자로 만드는 중간투표자의 특별함은 무엇인가? 둘째, 대부분의 상황에 보통 투표가 존재하지 않는 국제문제의 맥락에서 다수결원칙은 무엇을 의미하는가?

중간투표자 정리의 가정 하에서는(단일차원, 단봉적 선호, 다수결원칙) 중간투표자의 입장이 다른 어떤 정책 대안보다 다수의 지지를 얻는 유일한 정책이기 때문에 중간투표자가 이기는 쪽에 있다고 말한다. 연속선상에서 다른 어떤 위치와 정면승부를 벌일 때, 단봉적 선호가 나타내듯 다른 어떤 위치들보다 중간투표자의 위치가 많은 지지를 받기 때문에 중간투표자는 고유하다. 이를 알아보기 위해 중간투표자의 위치와 그보다 조금 왼쪽의 다른 위치가 겨루고 있는 상황에서 사람들이 어떻게 '투표'할지 생각해보자. 중간투표자의 위치나 그보다 오른쪽에 있는 모든 투표자들은 단봉적 선호의 가정에 의해 중간투표자의 왼쪽에 있는 어떤 위치보다도 중간투표자의 위치를 선호한다. 왜냐하면 그 위치가 왼쪽에 있는 지점보다는 중간투표자에 더 가깝기 때문이다. 중간의 정의에 따라 모든 투표자 수에서 1을 뺀 수의 절반 이하만이 중간의 왼쪽(혹은 오른쪽)에 있을 수 있다. 따라서 중간 왼쪽의 위치는 최대로 계산해도 중간투표자 위치보다 1표 적게 얻게 되고, 다수결원칙에 따라 중간투표자 위치가 승리한다. 물론 중간투표자 위치의 오른쪽에 대해서도 마찬가지다. 중간투표자의 지지자 연합은 중간투표자 위치 왼쪽의 모든 사람들을 포함하고, 중간투표자를 포함한 그 연합은 적어도 단순과반이 되는 것이다. 중간에서 먼 곳일수록 확실히 상대 중간투표자의 지지는 증대된다. 따라서 이 정리의 가정 하에서는 중간투표자 위치가 언제나 적어도 단순과반의 표를 얻는다. 정책선상에서 그런 주장을 할 수 있는 다른 위치는 존재하지 않는다.

그러나 각 국가, 각 의사결정자, 영향력 있는 행위자 각각이 1표의 투표권을 갖는다는 원칙은 대부분의 세계 문제에서 사실이 전혀 아닌데, 이러한 국제적 맥락에서의 다수결원칙의 의미는 무엇인가? 지금부터는 해당 이슈에서 각각의 이해당사자들이 관리하는 전체 힘의 과반을 과반으로 부르고, 다수결원칙은 이 힘의 과반을 축적한 첫 위치(중간투표자)가 선택되는 위치임을 의미한다. 다른 사람들은 다른 것을 하고자 하나, 이해당사자들이 원하는 바를 다른 이들이 하게끔 설득할 수 있는 능력을 힘이라고 생각할 수 있다. 힘 혹은 다른 사람을 설득할 수 있는 능력은 다양한 맥락에서 다양한 기준에 달려있다. 힘은 어떤 사안이 관련되어 있는지에 따라 군사력이나 경제적 영향력, 혹은 전문기술, 다른 영향력의 차원에 근거한다(Keohane and Nye 1977). 가령 무역문제에서 군사력은 경제력만큼 밀접하게 관련되지는 않는다. 반면 군사적 대치 상황에서 군사력은 다른 어떤 영향력이나 설득보다도 우선한다.

북한의 핵 문제에서 힘은 정책결정자에게 다른 이들을 설득하거나 강압하는 능력을 더 혹은 덜 주는 조건의 복잡한 조합을 반영한다. 어떤 힘의 관계는 군사력에 근거하기도 하고 경제적 영향력에 근거하기도, 국내정치적 입지에 근거하기도, 그리고 공유된 문화나 윤리적 가치에 근거하기도 한다. 우리가 알아야 할 중요한 사실은 북한의 정책에 영향을 미치는 관련 집단 사이에 힘이 고르게 분배되어 있지 않다는 것이다. 이것은 1인 1표의 사례가 아니다. 북한의 두 최고지도자(가령 김정은과 그의 고모부 장성택)는 말하자면 미국이나 UN보다 북한 핵정책을 형성하는 데 더 큰 힘을 갖고 있다. 국제적인 지지는 쉽게 동원할 수 없을 것 같지만 김정은은 장성택과 함께 북한의 군대, 정치인 그리고 심지어 국민도 동원할 수 있다. 김정은이 북한 나머지 실력자들의 모든 지지를 받으며 엄청난 힘을 행사한다 해도 미국, 러시아, 중국, 일본, 한국의 공동 노력에서 비롯된 영향력을 견뎌낼 수 있는 힘을 가지진 않는다.

그러나 이들의 잠정적 영향력을 상쇄하는 것은 최소한 지금 북한 정부가 취하는 정책에 대해 김정은이 공식적 거부권을 가지고 있다는 단순한 사실이다. 만약 그가 제안된 거래에 대해 "안 돼"라고 말하면 그 거래는 불가능하다. 결과를 지배하는 힘과 거부권을 행사하는 힘을 헷갈리지 않는 것이 중요하다. 협상에서 거부권이 있는 행위자는 눈여겨보아야 한다. 그러나 가령 그의 이상점 선택은 확신할 수 없다(Tsebelis 2002). 만약 제시되는 협상안이 그의 이상점에서 너무 멀리 떨어져 있으면 그 제안은 합의로 나아가지 못할 것이라는 사실만이 확실하다. 추후 이 장에서 보겠지만 '너무 멀리'가 얼마나 멀리인지는 꽤 정확히 측정할 수 있다.

[그림 3-4]와 같이 각각의 잠재적 정책 결과에 힘이 얼마나 분배되어 있는지를 10 단위로 나누어 표시해 이해당사자들의 선호 정책 결과를 배열하면, 북한의 핵 능력에 대한 가능한 합의점에 미치는 정치적 영향력의 그림을 볼 수 있다. 그림에서 국제적 협상이나 협약을 피하면서 북한의 핵 프로그램을 확장하는 아이디어(위치 0.90~1.00)에 상당한 힘이 실려 있다는 것을 알 수 있지만, 이 힘이 우세하지 않음은 확실하다. 0.90과 1.00 사이의 북한 입장은 북한 내부 압력과 국제 압력을 참작해 계산되었기에, 확실히 그것이 북한의 선택을 지배할 것이라고 믿는데 충분한 설득력이 있다. 그러나 이러한 입장은 힘의 다수를 통제하지 못한다. 즉 중간투표자의 입장이 아니다. 거부권을 제외하면, 이것은 이 문제에서 대부분의 영향력을 통제하고 합의에 반드시 필요한 연합의 지지를 모으지 못한다. 그러므로 핵 확장은 김정

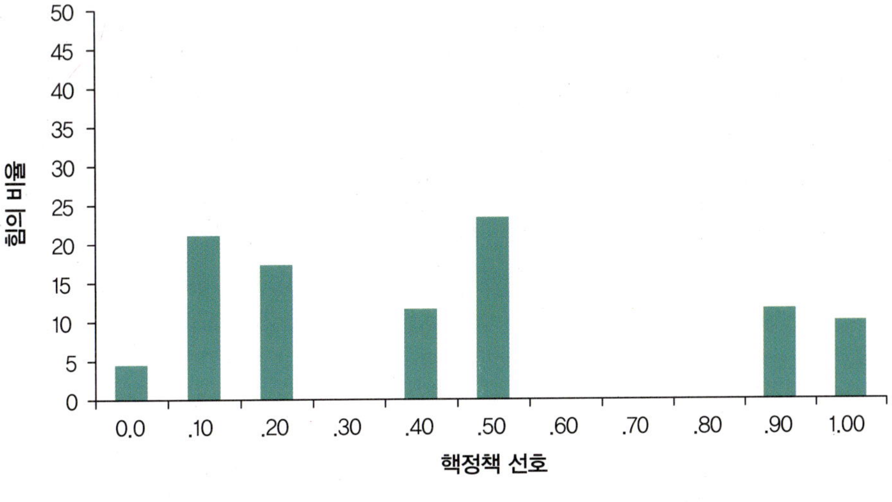

그림 3-4 핵정책 선호와 힘의 분배

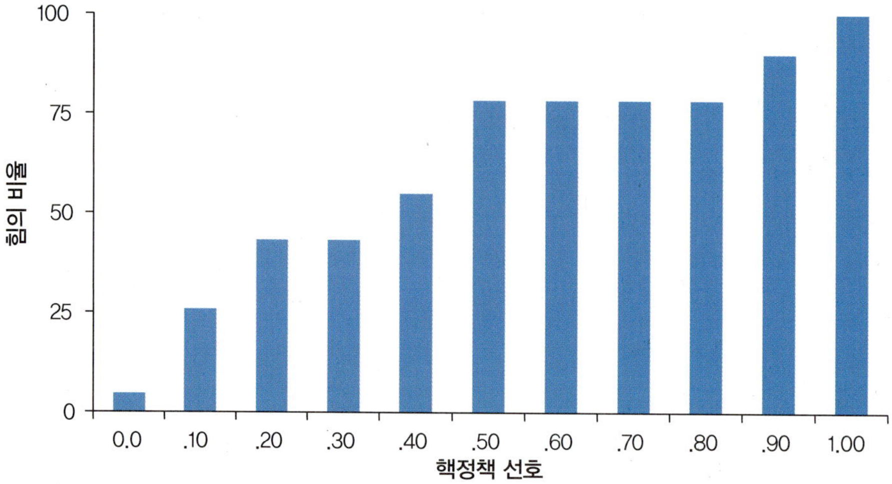

그림 3-5 **힘의 합산: 중간투표자 찾기**

은이 6자회담의 제안을 거부하고 이로써 맞게 될 경제적, 군사적(덜 가능한) 결과를 준비할 때만 가능하다(아마 그는 당연히 준비했을 것이다).

[그림 3-5]는 [그림 3-4]에서 나타난 각 정책의 위치들에 숫자를 부여하고 연속선의 왼쪽에서 오른쪽으로 가면서 축적된 힘의 합계(말하자면 득표 수)를 알기 위해 그 숫자들을 더한 것이다. 물론 중간투표자의 위치는 힘의 축적이 오른쪽에서 왼쪽 방향으로 바뀐다 해도 변하지 않는다. [그림 3-5]에서 볼 수 있듯이 중간투표자의 위치, 즉 먼저 과반의 힘을 얻는 위치는 러시아 정부가 취하고 있는 정책(이슈 기준의 약 0.45)이다. [그림 3-2]를 떠올려보면, 러시아 지도부는 북한이 불가침조약(북한이 6자회담에 참가하는 어떤 국가의 침략을 받지도 않고 침략하지도 않는다는 평화조약)과 같은 안전보장을 받아들이는 거래를 지지한다. 이 경우 북한은 경제원조를 받고 UN의 감시 하에 민간 핵에너지를 개발할 수 있으며, 현재 핵 능력의 다양한 부분을 해체하고 불능화하는 조합을 받아들인다. 이는 중간투표자 정리에 의해 예측된 결과다. 이 이슈가 적절히 정의되었고 관련 이해당사자 집단이 적절히 추출되었으며 그들의 선호와 힘이 정확히 평가되었고 6자의 전략적 이해관계보다 직설적 이해관계에서의 과반수 '투표'로 결정이 이루어진다면(필요하지만 실제 그렇지는 않음), 국제사회와 북한이 동의할 것으로 기대되는 정책이다. 그런데 중간투표자 정리가 부과한 제약 중 마지막 조건(의사결정자가 전략적이 아니라 직설적으로 선호에 따라 행동함)은 현실과 다르다. 제4장에서 전략적이고 게임이론적인 관점으로 이 문제에 대해 살펴보겠지만 지금은 더 간단한(그러나 강력한) 중간투표자 정리에

집중하자.

앞 문단은 3가지를 내포한다. 1) 중간투표자의 위치는 정책 결과를 예측하기 위한 예비적인 토대로 이용할 수 있다, 2) 중간투표자(러시아 행위자 중 1명)는 상대적으로 힘이 약한 블록에 속하나 가장 안전한 위치를 차지하고 있다, 3) 예측이 틀릴 수도 있는 몇 가지 이유를 부각시킨다. [그림 3-4]에서 볼 수 있듯 0.40과 0.50 사이에 위치한 결과를 옹호하는 세력은 전체 세력의 11% 밖에 되지 않는다. 이는 작은 세력의 블록 중 하나이지만 잠재적으로 이길 수 있는 위치다. 전 국무장관 키신저(Henry Kissinger)와 같은 많은 현실주의자의 시각과는 달리 중간투표자 정리는 자국의 힘보다 강한 동맹의 지원이 더 중요함을 보여준다.

이제 이 예측이 왜 틀릴 수 있는지에 대해 살펴보자. 중간투표자의 위치는 앞서 말했던 거부권을 가지고 있는 북한이 받아들이지 않을 만한 타협점이다. 북한의 핵시설 불능화에 대한 대가로 평화조약이나 다른 어떤 보장을 거부할 수 있다는 점에서 거부권을 가진 미국 정부도 아마 받아들이지 않을 것이다. 6자회담은 북한의 합의를 이끌어내는 것뿐 아니라 회담에 참가한 나머지 5개 정부의 합의에 대한 기대까지 포함하고 있기 때문에 중간투표자의 예측은 미국, 일본, 한국, 북한, 중국 중 어느 한 국가, 혹은 모든 국가의 국내정치적 사정에 의해 뒤집힐 수 있다. 러시아는 짐작컨대 자국의 내부 정치적 압력을 반영해 정책 입장을 정했기 때문에 중간투표자에 해당하는 정책이 완벽하게 이해관계에 맞을 것이다.

일단 국내의 압력과 국내 중간투표자의 관점을 고려하기 시작하면 북한 정부가 무엇에 동의할까뿐 아니라 국내에는 무엇이 좋을까를 고려해야만 한다(Putnam 1988). 이들이 항상 같을 수는 없다. 관련된 전략적 환경, 즉 국제무대, 국내무대 혹은 그 둘 모두를 살펴볼 필요가 있다. 국내외 어느 쪽의 청중에게 무게를 두느냐 하는 정도는 정치적 환경에 따라 달라지겠지만 보통 대답은 '둘 모두'가 된다(Fearon 1994; Smith 1996; Schultz 2001). 이 책의 남은 부분은 대부분 이 문제들을 어떻게 해결할까에 관한 것이다.

국내정치적 검토를 거치면 북핵 문제에 대한 전 세계적 중간투표자의 위치는 아마 살아남기 어려울 것이다. 이는 우리가 지금까지 해왔던 것처럼 모든 행위자들을 다룬 방식이 아니라 각 정부의 중간투표자 결과 각각을 모아서 다루어야 한다는 의미다. 물론 각 정부의 입장은 아마 국내의 중간 계산을 반영했겠지만 국제적 협상에서 국내 압력이 더 강력한 영향력을 행사할 것이라는 뜻이다. 결정이 만들어지는 정치적 구조를 고려하는 것은 매우 중요하다. 단순한 중간투표자 정리의 관점으로 모든 행위자를 다루는 것은 잘못된 결과를 이끌어낼 수 있다. 미국의 중간 정책은 오바마의 입장인 0.20이다. 일본은 0.17, 중국은 0.55, 러시아의 메드베데프는 0.47,

한국의 이 대통령은 0.18이다. 국내 의견을 기반으로 한 5개 정부의 의견 중 6자회담의 틀에서 북한의 핵 능력에 대한 중간투표자의 정책은 오바마의 0.20, 즉 북한 핵시설을 해체(불능화가 아님)한 후 (안전보장 없는) 원조를 제공하고 UN 감시 하에서 민간 핵에너지 개발을 허락하는 것이다. 만약 김정은이 권력에 있는 현재 회담이 열린다면 첫 번째 대화에서 추진될 가능성이 가장 높은 정책이다. 이 정책은 미국, 한국(국내적 중간 0.18), 일본(국내적 중간 0.17)이 지지할 수 있다. 그러나 이 정책은 북한(국내적 중간 1)이 원하는 정책과 너무 거리가 멀기 때문에 아마도 고려할 가치가 없는 것이며, 따라서 당분간 대화는 없을 것이라는 예측(2012년 1월 제시)을 가능하게 한다. 그렇지만 전략적 환경을 고려하면, 이것은 시간에 따라 달라질 수 있고, 사실 달라질 것으로 예상된다.

3.3 승리집합: 중간투표자와 이슈 연계

국제사회는 2011년 12월 17일 '친애하는 지도자' 김정일이 사망한 이래로 특히 지도부가 교체되는 동안 북한이 핵 문제에 관한 한 견고한 입장을 유지할 것이란 사실을 잘 알고 있다. 이러한 고집과 믿을 수 없는 북한의 약속이 국제사회 대부분을 걱정하게 한다. 그러므로 우리는 다음과 같이 질문할 수 있다. 북한 지도부가 북한 핵 능력에 관한 안보 극대화의 중간투표자 관점을 거부하지 않도록 만들기 위해 국제사회는 김정은 정부가 선호하는 핵정책을 어떤 정치적 책략으로 바꿀 수 있을까? 한 가지 가능성은 대외원조액 변경을 통한 북한 경제 조건의 변화에 북한의 핵 입장 변화를 연계하는 것이다. 두 번째 이슈 차원을 제시함으로써 핵 문제에 대한 타협점을 찾아나갈 수 있다. 핵정책과 원조액을 연결시킨 것은 중간투표자 정리를 사용할 수 없음을 의미한다. 중간투표자 정리는 1차원을 가정하기 때문이다. 그러나 중간투표자 정리의 단봉적 선호 가정과 다수결원칙을 유지시킨 채, 첫 번째 가정인 단일차원 가정만을 완화하면 어떻게 되는지를 알 수 있다. 물론 가정을 완화시킨다는 것은 더 이상 그 정리의 결과가 유효하지 않다는 뜻이다. 피타고라스정리가 직각삼각형에 한해 적용되고 다른 삼각형에는 쓰일 수 없듯이 중간투표자 정리도 오직 단일차원, 단봉, 다수결원칙 하에서만 적용된다.

사실 국제사회에는 북한에 대해 어떤 접근이 최선이냐를 둘러싼 상당한 논란이 있다. 중국 지도부와 같이 북한에 가장 가까운 우호국들은 핵 잠재력을 감소시키라고 북한을 강제하기보다는 북한을 유인할 수단으로서 충분하고도 조건 없는 경제원조를 주장한다. 일본은 북한이 납치한 일본인에 대한 전적인 책임을 지고 풀어준 다음 그에 상응하는 보상을 하기 전까지 충분한 원조를 제공하는 것에 반대한다. 미국은 북한 원조에 대한 변덕이 심했다. 보통 민주당은 에너지와 식량원조에 관대한 반면 공화당은 그런 원조에 회의적이었다. 이들은 과거 미국이 제공했던 식량원조의 대부분이 굶주리고 있는 북한 사람들에게 돌아가지 않았다고 한다(미국 정부는 가끔 엄청난 양의 식량원조를 제공했다). 북한 정부, 특히 군대에서 원조를 가로채거나 암시장에서 거래해 정권 연장에 보탰다.[3] 이러한 시각에서 경제원조는 북한 정부의 정치적 입지를 강화시키는 돈에 불과하다. 그러나 정치적 입지가 더욱 굳건해진다면 핵무기 정책을 추구할 필요가 덜하다고 느낄 수도 있다.

분명 어떤 사람들은 보상이 더 나은 행동을 이끌어낸다고 완벽하게 합리적으로 믿고, 반대편의 사람들은 완벽하게 합리적으로 과거의 나쁜 행동에 대한 보상이 미래의 더 나쁜 행동을 유발한다고 믿는다. 이러한 관점에서 북한의 핵 위협에 대한 적절한 대응은 북한 정부가 핵시설을 확실히 해체하지 않는 한 심각한 경제제재를 가하는 것이다. 일각에서는 한 발 더 나아가 군사력을 사용해 북한의 핵시설을 해체시키거나 불능화시켜야 한다고 주장한다.

이제 보상(원조를 주는) 전략에 대해 살펴보자. 이어지는 제4장에서 제재의 효율성에 대해 살펴보겠다. 어느 것이 확실히 더 낫다고 말하는 것은 아니다. 둘 다 해보지 않고서는 모르고, 알 수도 없다. 어느 쪽이 맞는지 아무도 알 수는 없지만 김정은 정부가 핵을 최대한 양보하게 만들 적정 원조의 수준(혹은 제재 수준)은 예측할 수 있다. 물론 북한이 핵에 관한 약속을 지키지 않는다면 원조를 줄일 수 있다는(제재를 강화한다는) 지속적인 감시가 동반된 거래여야 할 것이다. 그리고 북한 입장에서는 거래의 핵에 대한 부분을 준수하면 지속적으로 원조를 받을 수 있다는 확신을 가질 수 있어야 한다.

각 접근에 대한 논리를 간단히 요약할 수 있다. 각각의 접근은 사람들이 행동을 바꾸어야만 하는 유인을 다룬다. 행동의 변화에 따른 보상이나 이를 지키지 않았을 때 받을 처벌 중 하나다. 처벌의 효과를 옹호하는 입장은 효과적인 억지의 긴 역사가 뒷받침한다. 그러나 억지가 실패한 수많은 예도 분명 존재한다. 편의점에서 가격을 제시하듯이 행동의 비용을 제시하는 것은 사람들의 행동을 변화시킨다. 김정은 정권이 핵 프로그램으로부터 얻을 수 있는 이익은 같지만 정책에 소요되는 비용이 커지면, 사람들은 점점 그 정책을 지속하지 않는다. 비용을 피하고자 하는 바람에 의해 그 정책을 단념하고 정책적 입장을 누그러뜨릴 것이다. 반대로 행동의 개

---

3. 선출인단 이론을 대외원조에 적용하는 제12장에서 보듯, 이것이 바로 원조에서 기대되는 목적이다. 이는 사실 수혜자뿐 아니라 공여자의 합리적 기대이고 따라서 균형적 원조 전략의 하나이다.

선으로 얻는 보상 또한 성공과 실패의 긴 역사를 지닌 그럴 듯한 접근이다. 주유소에서 셀프 주유하는 사람들이 더 싼값에 기름을 넣을 수 있는 이유는 그 작은 행동이 주유소의 비용을 절감시키기 때문이다. 고객에 의한 주유소의 혜택이 고객에게 다시 돌아가는 이치다. 마찬가지로 정부가 정책양보에 대한 보상으로 가치 있는 이익(대외원조와 같은)을 얻을 때, 정책을 완화시킬 가능성이 높다. 따라서 미국의 원조가 보장되고 국제사회의 비난을 덜 받을 수 있다면 북한 지도자는 국제사회의 바람에 더 책임 있게 행동할 것이다. 설득의 수사를 대입해 보자면, 식초보다 꿀로 더 많은 파리를 잡을 수 있다. 이것은 특히 북한이 흉작에 시달리는 것과 같은 경제적 문제가 있는 시기에 더 그렇다. 식량 공급에 대한 부담으로 정부는 국내의 잠재적인 정적들에게 더 취약해지고, 해외 경제원조에 더 큰 책임을 지게 된다.

어떤 접근이 최선이냐 하는 것은 선악의 생각이나 영리한 말씨의 문제가 아니다. 어떤 것이 가장 잘 작동할 것인가는 다양한 정책결정자들이 정책양보에 대한 대가로 어느 정도의 비용과 이익을 거래할 의향이 있는지에 달려있다. 현저성, 즉 비용과 이익의 상대적 중요성을 고려함으로써 경제학자들이 한계대체율로 부르는 그런 교체 비율을 측정할 수 있다. 이로써 무차별곡선의 기울기를 계산하고, 그 기울기로 예컨대 특정 수준의 핵 양보를 '구입'하는 데 어느 정도의 추가 원조가 필요한지를 알 수 있다.[4] 이제 승리집합의 논리를 발전시켜 나가며 더 자세히 살펴보게 될 것이다.

비용과 보상의 접근은 북한에 대한 국제사회의 레퍼토리 중 일부다. 미국과 여타 동맹국들은 북한에 제재를 가했다. 그러나 미국의 가장 가까운 동맹국 중 누구도 북한과 무역 등의 협력관계를 맺고 있지 않았기 때문에 효과는 극히 미미했다. 한국과 중국 같은 국가들은 더 협력적인 태도를 보이라고 북한 정부를 설득해왔고, 과거에는 긴밀한 관계를 맺고자 무조건적 원조를 제공했다. 제재도 무조건적 원조도 여태까지 만족스러운 결과를 이끌어내진 못했다. 그러나 이제 북한 정부에 새로운 최고 지도자가 나타났다. 지도부의 변화는 원조의 양이 북한의 핵정책 변화에 따라 조건적으로 주어질 때 무슨 일이 일어나는지를 관찰할 수 있는 좋은 시기를 제공한다.

6자회담에 참가한 6개 정부의 지도자가 각각 선호하는 핵정책과 북한 원조의 양을 찾는다고 생각해보자. [그림 3-6]이 이를 나타낸다. 가로축은 6개 정부의 핵 문제에 대한 선호이다. 이는 [그림 3-2]에 나타난 입장과 동일하다. 안타깝게도 북한 원조에 대한 각 정부의 입장에 관한 정확한 정보는 부족하다. 그래서 각 정부 고위

4. 무차별곡선은 x축과 y축의 2차원 위에서 가치가 동일한 2차원 상의 점들(x와 y, 말하자면 어떤 핵정책과 어떤 대외원조액의 조합)을 모두 연결한 것이다. 이 곡선 위의 모든 점은 당사자에게 정확하게 동등한 가치를 지녀서 곡선 위 어떤 결과의 조합도 무차별하기 때문에 무차별곡선이라 부른다.

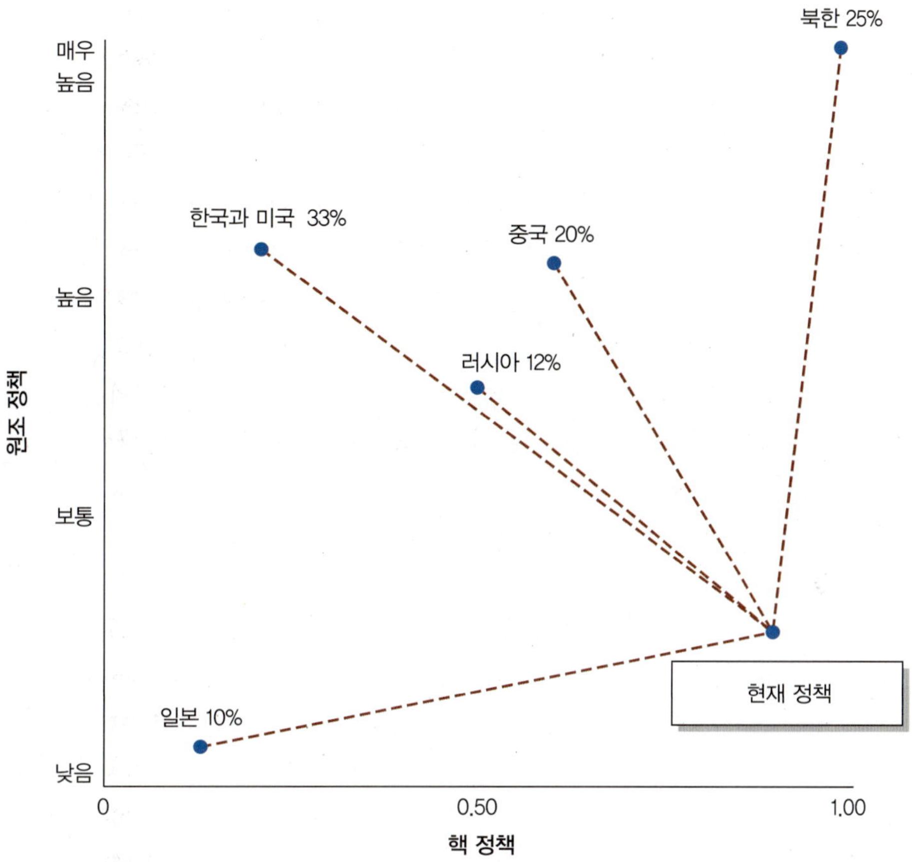

그림 3-6 북한 핵정책과 대북 원조에 관한 주요 행위자들의 선호

공무원들의 최근 정책 성명과 북한에 대한 과거 행동 패턴의 조합에 의존했다. 김정은은 핵을 확장하면서도 자신의 정부를 재정적 어려움에서 해방시켜 줄 상당한 양의 원조를 원한다고 가정한다. 미국, 한국, 중국은 각자의 이유로 각각이 원하는 핵 정책을 이끌어내기 위해 북한에 충분한 양의 원조를 줄 수 있는 준비가 되어 있다고 가정한다. 러시아 정부는 (거의 확실히, 러시아가 지불하지는 않는) 대북 원조에 찬성하고 일본은 현재 정치환경 하에서 복잡한 밀고 당기기를 하며 아주 적은 양의 원조만을 허락한다. 이는 일본의 말과 행동을 관찰해 얻어낸 결과다. 가령 일본은 북한이 핵 프로그램을 포기하면 (수십억 달러에 해당하는) 충분한 원조를 제공하겠다고 약속해 왔지만 실제로는 자주 그에 미치지 못하는 원조를 제공했다.

[그림 3-6]은 국내 중간투표자의 선호에 근거해 2차원 위에 6개 정부의 이상점을 나타낸 것이다. 각각이 선호하는 이상적인 정책은 파란색 작은 점으로 표시했다. 이 그림은 또한 2차원 위 현재 상태의 정책도 나타내고 있다. 원조정책의 차원에서 현

재 상태는 일본보다는 상당히 많은 원조가, 한국보다는 상당히 적은 원조가 보장됨을 반영한다. 현재 핵정책은 김정일이 북한의 지도자였던 시절에 세운 정책을 반영하고 있다. 이제 그의 막내아들로 지도자가 변한만큼, 새로운 원조정책을 제공하는 것으로 새로운 핵정책에 대한 협상의 기회가 생겼다. [그림 3-6]과 같이 이 2가지를 연결시켜 6명의 모든 행위자를 현재 상태보다 낫게 만들 타협점을 찾아볼 수 있다. 즉 6자회담 참가국들의 정책에 대한 파레토 개선을 하나 이상 확인할 수 있게 될 것이다.

이 두 차원의 연결이 북한의 정책에 어떻게 영향을 끼치는지 이해하기 위해서는 다수결원칙과 단봉적 선호 외에 한 가지 추가 가정이 더 필요하다. 거부권이 있는 집단이 존재하기 때문에 어떤 거래든 거부권을 행사할 수 있는 행위자(미국, 북한, 한국)에게 현재보다는 나은 선택이거나 최소한 현재와 같은 수준의 선택이어야 한다. 다수는 필요조건이지만 합의에 이르는 충분조건은 될 수 없다는 의미다. 이러한 거부권이 북한, 한국, 미국에게 있다고 가정하면 반드시 이들이 받아들일 만한 대안이 나와야 한다.

각 국가의 이상적인 정책([그림 3-6]의 파란 점) 옆에 쓰인 %는 해당 국가의 상대적인 영향력이다. 가령 일본, 중국, 북한의 영향력을 합치면 여섯 행위자에게 속한 힘 전체 중 54%이다. 이들은 다수가 될 수 있지만 한국과 미국을 제외하고는 거래가 이루어지기 어렵다. 이들이 해외원조와 관련된 거래에 거부권을 가지고 있기 때문이다. 결국 이들이 핵 프로그램의 협상안에 포함된 해외원조의 상당량을 제공하게 될 것이다. 일본이나 러시아가 거부권을 가질 가능성은 적기 때문에 이들을 제외해도 거래는 성사될 수 있다. 따라서 우리가 거래에 얼마나 충분한 힘을 행사하는지 뿐만 아니라 그 힘에 거부권이 포함되어 있는지도 생각하며 진로를 결정해야 한다(Tsebelis 2002).

단봉적 선호의 가정은 각 이해당사자들이 현재 상태에 비해 정확히 어느 정도의 핵정책과 원조 수준의 조합을 선호하는가에 대한 답을 준다. 예를 들어 러시아 정부는 현재 상태보다 러시아 총리 메드베데프의 이상점(이 점은 러시아의 중간투표자를 계산한 것이고 푸틴 대통령의 것과도 가깝다)에 더 가까운 핵정책과 원조의 조합을 선호하고, 현재 상태보다 그의 이상점에서 먼 정책의 조합은 현재 상태를 대체하는 정책으로 받아들이지 않을 것이다. 이것이 바로 단봉적 선호의 가정이 함축하는 바다. 각 행위자의 이상점에서 같은 거리에 있는 모든 점들은 해당 정책결정자에게 똑같이 좋고, 똑같이 나쁘다.[5] 의사결정자의 이상점에서 같은 거리에 있는 원형

5. 이 논의는 두 차원이 이해당사자들에게 똑같이 핵심적이거나 중요하다고 가정한다. 만약 두 차원의 중요도가 다르다면 이해당사자는 원이 아닌 타원형의 무차별곡선을 가진다. 계산이 너무 복잡해지는 것을 피하기 위해 여기서 이 가능성은 무시한다.

무차별곡선은 봉우리(단봉)가 행위자의 2차원 이상점에 위치한 산의 등고선과 같이 생각할 수 있다. 원형 무차별곡선(즉 행위자의 이상점을 중심으로 한 원 혹은 링)의 반지름이 커질수록 이해당사자의 이상점에서 멀어진다. 따라서 더 작은 (이상점에서 더 가까운) 동심원은 더 큰 (행위자의 이상점에서 더 멀리 떨어진) 원형 무차별곡선에 비해 의사결정자가 더 선호하는 정책임을 나타낸다. 이러한 식으로 무차별곡선은 산 경사의 위상학적 지도를 만드는 것으로 생각해 볼 수 있다. 원이 커지면 커질수록 봉우리, 즉 의사결정자의 이상점에서 점점 더 멀어진다. 이렇게 가능한 원형 무차별곡선 가운데에서 현 정책조합 지점을 접하는(살짝 건드리는) 무차별곡선이 특히 중요하다. 이 무차별곡선은 2차원에서 의사결정자의 이상점에서 현 상태를 나타내는 점까지의 반지름 거리가 동일하다.

이에 우리가 관심을 갖는 이유는 바로 현 정책을 바꾸고 싶기 때문이다. 가령 [그림 3-7]의 원주는 러시아의 시각에서 현재 정책과 같은 가치를 가진 정책들이다.

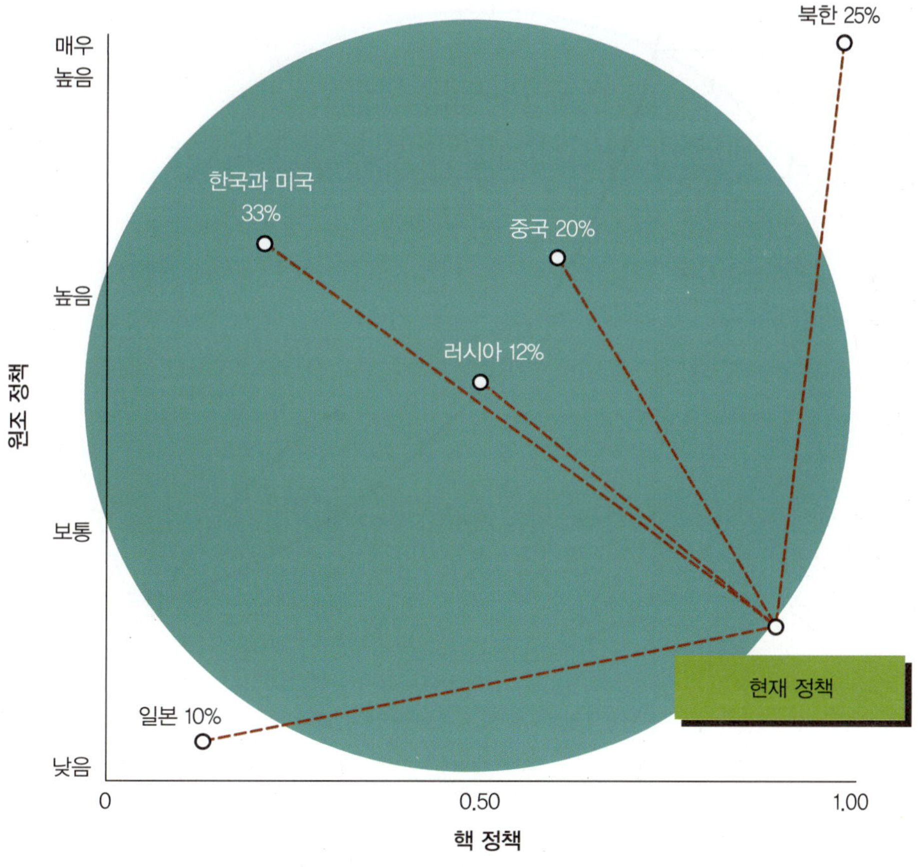

그림 3-7 러시아의 선호 집합: 러시아 지도자가 현 상태보다 더 좋아하는 정책들

이 정책들이 서로 비교될 때, 러시아는 무차별한 선호를 가진다. 그러나 러시아 지도부에게 이 원 안의 모든 정책조합은 현재 상태보다 낫다. 따라서 원 안의 모든 정책조합은 러시아가 현재의 원조 및 핵정책보다 더 선호하는 러시아의 선호집합이다.

[그림 3-8]은 [그림 3-7]을 기반으로 6자회담국의 원형 무차별곡선과 현재 상태의 접선을 나타낸다. 조금 복잡해 보일 수 있지만 이 그림은 핵문제를 해결할 수 있는 영역과 그렇지 않은 영역에 대해 상당한 정보의 원천을 제공한다. 각 행위자의 무차별곡선이 현상유지점과 접한 내부의 점들은 현재의 핵정책과 원조 수준보다 각 행위자들이 더 선호할 만한 정책의 조합이다. 이미 [그림 3-7]에서 러시아의 사례를 살펴보았다. 보라색으로 그려진 중국의 무차별곡선 내 모든 정책들은 중국이 선호하는 정책조합을 나타낸다. 마찬가지로 미국과 한국의 선호는 파란색, 북한은

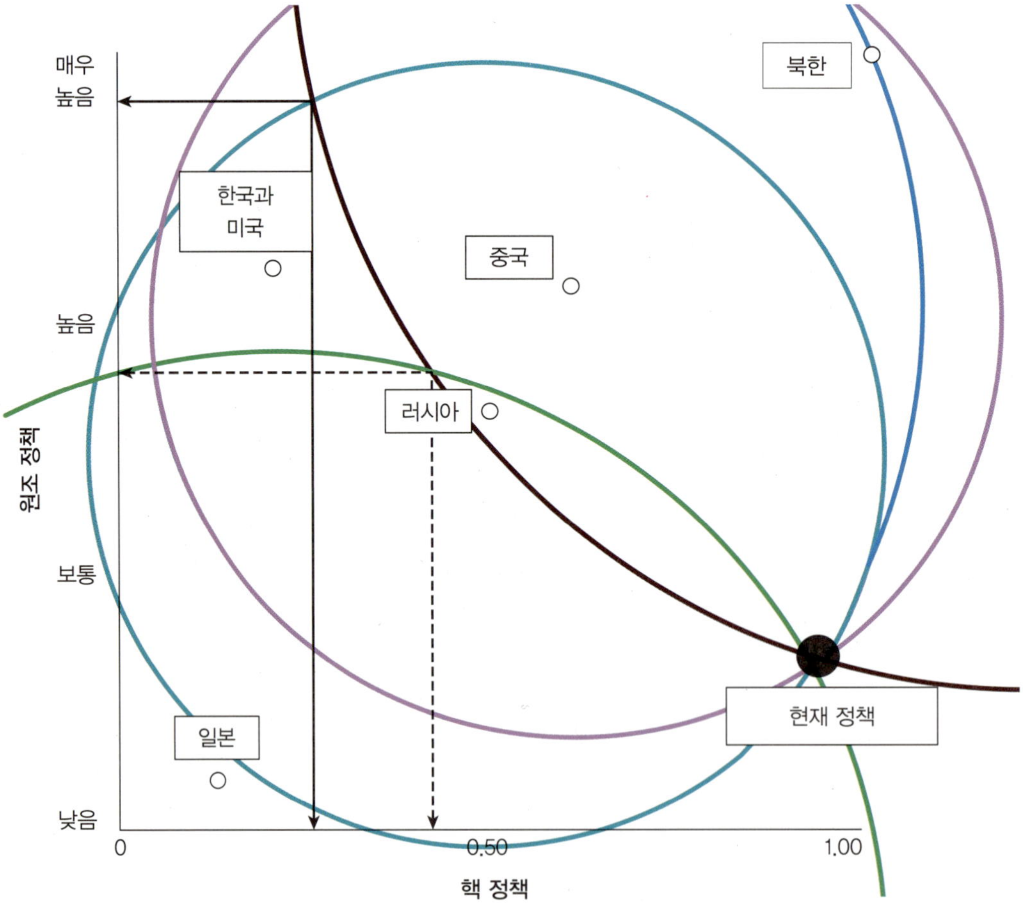

그림 3-8 원조정책 대 핵정책의 승리집합

갈색이다. 일본의 선호는 녹색으로 나타냈고, 보기에 쉽도록 내부는 색칠하지 않았다.

[그림 3-8]에서 겹치는 부분은 이해당사자들이 공유하는 선호이다. 각각의 겹치는 부분은 해당 행위자들의 조합이 현상유지보다 선호하는 정책조합을 반영한다. 그중 어떤 것은 다수가 아니기도 하고 거부권을 행사하는 행위자들이 빠져 있기도 하다. 이러한 부분은 현재 정책을 이길 수 없다. 가령 바나나 모양의 부분은 북한이 빠져 있기 때문에 이 지역의 어떤 정책도 현재 정책을 대체할 수 없다.

거부권을 가진 행위자(미국, 한국, 북한)를 포함한 중복 영역은 잠재적 합의 영역이다. 거부권을 행사할 수 있는 국가들이 현재의 핵 및 원조정책과 비교해 이 영역이 더 낫다고 판단할 것이고, 이 영역의 모든 점들이 과반의 힘을 차지하기 때문이다. [그림 3-8]에는 가장자리에 러시아가 있고 거의 한가운데에 중국이 있는 꽃잎 모양의 영역이 있다. 그 꽃잎은 일본을 제외한 미국, 북한, 한국, 중국, 러시아가 현 상황보다 더 선호하는 정책들을 나타내고 있다. 그리고 러시아만을 포함하는 더 작은 꽃잎 모양 영역이 있다. 이 작은 꽃잎 영역은 모든 6자회담 참가국이 받아들일 만한 거래안들을 나타낸다. 이 작은 꽃잎 영역을 포괄적 거래를 나타내는 정책의 집합으로 부를 것이다. 일본을 포함하지 않는 큰 꽃잎 영역의 점들은 가능한 제한적 거래의 집합으로 부른다.

방금 살펴본 꽃잎 모양의 영역은 둘 다 승리집합이다. 이름이 보여주듯, 이 영역은 [그림 3-6]의 이해당사자들 중 다수 세력을 포함하고 거부권을 행사하는 행위자 또한 포함한다. 그림에는 또 다른 승리집합도 존재한다. 가령 [그림 3-6]의 오른쪽 상단 영역은 러시아와 일본을 제외한 미국, 한국, 북한, 중국이 현재의 정책보다 더 선호하는 정책집합이다. 그러나 러시아를 포함한 승리집합에 비해 이 승리집합은 미국과 한국에 더 제공할 수 있는 것이 아무것도 없는 반면 더 많은 경제원조를 부담시키기 때문에 여기서 더 논의하지는 않겠다. 정책선택의 가능한 영역이겠지만 미국과 한국이 러시아를 포함한 제한적 거래 승리집합을 두고 그것에 동의할 이유는 없는 것이다.

이제 우리의 목적을 위해 위에서 강조했던 두 승리집합을 살펴보자. [그림 3-8]의 가로 실선 화살표는 북한이 최대로 핵정책을 양보할 때 제공되어야만 하는 대외원조의 양이다. 이러한 높은 수준의 대북 원조가 일본을 제외한 승리집합에서 북한의 최대 핵 양보를 가능케 한다. 일본 동의를 포함시킬 때 가능한 최선의 핵정책은 [그림 3-8]의 세로 점선 화살표로 표시되어 있는데, 이는 가로 점선 화살표가 가리키고 있는 적은 양의 대외원조와 결합된 포괄적 거래의 하나인 것이다. 일본은 다른 모든 참가국이 그렇듯 현재 정책보다 이를 더 선호한다. 그러나 일본은 선호정책인 녹색 원형 무차별곡선 밖에 위치한 승리집합의 거래(혹은 기타 가능한 거래의 다수)에는 동의하지 않을 것이다. 만장일치의 협상을 한다는 것은 원조의 양을 줄이는 대신 핵정책에 있어서도 희생을 감내해야 한다는 뜻이다. 거부권을 가진 모든 국가들이 이 승리집합 안에 포함되므로 이 협상안은 거부되지 않을 것이다. 그러나 분명 일본을 제외한 제한적 협상이 5개국에게는 더 낫고, 북한에게도 일본을 포함한 포괄적 협상보다 나쁘지 않다.

제한적 협상의 승리집합이 현상유지보다 북한에 훨씬 더 협력적인 원조 제공의 접근을 지지한다. 그러나 북한은 그 대가로 핵 프로그램의 상당 부분을 포기해야 한다. 굵은 화살표 오른쪽 위에 인접한 승리집합은 핵정책에 대해 큰 조건을 걸고 그에 따라 북한이 요구하는 원조보다 적은 양의 원조를 제공하는 조합이다. 북한 지도부는 오바마 대통령의 이상점보다 아주 약간 더 우호적인 핵정책에 동의해야 할 것이다. 그 정책은 상당한, 그러나 완전하지는 않은 수준의 핵시설 해체와 UN 감시하의 민간 핵에너지 개발이 될 것이다. 다른 분석에 의하면 이 거래를 성사시키기 위한 대외원조 금액은 연간 12억 달러 정도로 추산된다(Bueno de Mesquita 2009).

만약 일본이 협상안에 포함된다면 원조는 연간 4억~5억 달러 정도의 적당한 수준이 될 것이다. 이에 대한 핵정책은 중국이 제안한 것보다는 더 많은, 그러나 미국이 현재 원하는 수준에는 가깝지 않은 수의 북한 핵시설을 불능화 하는 것이다. 위에서 강조한 승리집합 중 어느 것도 누군가의 이상점은 아니지만, 둘 다 모든 주요 정책결정자에게 현상유지보다는 낫다. 따라서 승리집합에 포함된 다양한 정책조합은 모두 북한과 그외 6자회담 참가국 사이에 유의미한 협상의 기초를 제공한다.

승리집합 분석은 서로 연관된 문제들이 어떻게 교착상태를 풀고 정책 문제에서 다양한 타협점을 어떻게 찾을 수 있는지 보여준다. 또한 다차원의 문제일 때 중간투표자 정리를 적용할 수 없는 문제들을 다루고 이로써 1차원에서 얽혀 있는 이슈들을 다룰 때 놓칠 수 있는 전략적 이해관계에 주목한다. 승리집합은 정책 문제가 구성에 따라 달라진다는 가정에 의거한다. 구체적으로, 정책조합들을 특정 기준점과 비교한다. 종종 현 상태가 이 기준점으로 사용되는데, 이는 대안들과 비교되는 자연스러운 최소보장점이 바로 현 상태이기 때문이다. 이것은 현 상태에게 특정한 정책 지위를 부여하는데, 정책 변화란 다수가 새 정책 조합을 '좋아' 할 뿐 아니라 구체적으로는 다수가 새 정책조합을 현 상태보다 더 좋아해야 한다는 것을 의미한다. 예를 들어 승리집합 밖에 위치한 모든 정책조합은 과반의 의사결정자 혹은 거부권 행위자에게 현 상태보다 더 나을 수 없기 때문에 현재 정책을 대체할 수 없다. 적어도 현 상태 수준이 보장되는 구조 혹은 선택을 제약하는 다른 구조적 조건이 없다면, 말 그대로 정책 혼란에 빠질 수 있다. 사실 하나로 묶어 혼돈의 정리라고 알려진 매우 중요한 이론 연구들에 따르면, 그런 구조가 없을 때 선호가 단봉이고 행위자들이 가능한 대안들 가운데 자신에게 가장 좋은 대안을 선택한다는 조건 하에서, 다차원 공간의 특정 지점에서 그 지점보다 다수에 의해 더 선호되는 어떤 다른 지점으로 이동하는 것이 합리적이고 전략적이다(McKelvey 1976; Schofield 1978). 이는 중간투표자의 위치가 잠재적으로 과반수의 지지를 받을 수 있는 수없이 많은 정책조합 중 하나에 불과하다는 의미다. 그러므로 혼돈의 정리는 우리가 안정적이고 가능한 결과를 얻고자 한다면, 몇몇 추가적인 구조가 필요하다는 것을 알려준다. 승리집합에서 검토된 최소보장점 외에 다른 형태의 많은 구조가 가능하다. 그런 구조들에 대해서는 정부제도 및 지도자 동기에 관한 선출인단 정치 그리고 그 함의에 집중하면서 이 책 전체에서 다룰 것이다.

핵과 원조의 이슈들이 분리되어 있었다면, 과거에 그랬듯 북한은 아무런 정책양보 없이 국제사회에서 상당한 원조를 받아낼 수 있었다. 문제들이 서로 얽혀 있을 때 핵 능력과의 교환으로 북한 정부는 더 큰 원조를 받아낼 수도 있다. 거래의 크기는 미국, 한국, 북한이 6자회담에서 모든 국가의 만장일치를 주장하는가 아니면 위에서 살펴본 예와 같이 일본을 제외한 거래를 성사시킬 의지가 있느냐에 달렸다. 따라서 거부권은 어떤 타협안이 가능한지 혹은 타결될지에 대한 추가 구조적 제약을 제공한다. 사실 체벨리스(Tsebelis 2002)는 거부권의 숫자가 늘어날수록 합의에 도달하기가 얼마나 더 어려워지는지(혹은 가능한 합의의 범위가 얼마나 제한되는지)를 보인 바 있다. 최소보장점의 위치처럼 거부권 행위자들의 관점은 가능한 타협안과 불가능한 타협안의 전망에 중심적 역할을 한다.

이러한 공간 분석에서, 다른 가능한 정책 결과의 매력은 각 이해당사자가 가장 원하는 결과와의 유사 정도에 따라 좌우된다. 이러한 점은 선택들을 분류하는 데는 확실히 도움 되었지만, 다른 연합에 대응해 연합을 결성하려는 참가자들의 채택 가능 전략에 대해서는 식견을 제공하지 않았다. 그리고 문제를 해결하는 대안들의 비용과 이익뿐 아니라 위험을 판단하는 데도 제한적인 방법만을 제공했다. 공간모델은 목표 추구의 한 가지 방법, 즉 같은 생각의 행위자들과 연합을 결성해 정책 결과에 영향을 주는 방법만을 제공한다. 다른 이들과의 협력은 확실히 목표를 달성하는 데 유용하지만 유일한 방법은 아니다. 때로는 이슈들이 협력뿐 아니라 강요를 통해서도 해결된다. 확실히 미국과 북한 간의 핵 갈등은 협력과 강요 중 한쪽을 취하겠지만 공간모델은 강요의 외교에 큰 여지를 남겨두지 않는다(George 1971).

의견이 달라도 (가령 유럽연합 내에서 혹은 미국과 영국 사이에서 일어난 의견 불일치가 그렇듯) 협력적 결과가 가능할 때, 단일차원과 다차원의 공간모델은 유용하게 적용할 수 있는 강력한 틀이다. 물론 상당히 협력적인 분위기에서도 문제들이 한

번에 하나씩 협의되는지, 문제들이 본래 연결되어 있는지, 혹은 본래 연결되어 있지 않은 것 같은 문제이더라도 정책결정자들이 문제를 연결시키는 것에서 이익을 얻게 되는지 등을 살펴보아야 한다. 이로써 단일 차원 분석이 더 적절한지 아니면 다차원 분석이 더 적절한지를 분류할 수 있다(Riker 1996; Thomson et al. 2006).

예컨대 유럽연합 정부들은 유로화를 사용하는 국가들이 이를 포기하고 자국의 화폐로 돌아가도록 만들 위협을 제공하는 광범위한 경제위기로 진통을 겪어왔다. 제11장에서 살펴보겠지만 유럽의 정부들과 다른 이해당사자들은 채무위기에서 벗어나기 위한 긴축 혹은 부양정책의 정도에 대해 의견이 다르다. 또한 유럽중앙은행(European Cental Bank: ECB)이 화폐를 더 공급해야 한다는 쪽과 유로화의 가격하락과 심각한 잠재적 인플레이션을 감당해도 위기에 빠진 정부와 은행을 구출하기 위해 저금리 대출을 제공해야 한다는 쪽에서 다양한 집단들이 논쟁을 벌인다. 여기에는 독립적으로 혹은 결합해 해결될 수 있는 최소한 2차원의 문제가 있다. 이 문제를 독립적으로 다룰지 결합해 다룰지는 그 자체가 전략적 결정이다.

왜냐하면 대안적 접근이 유럽연합의 어떤 회원국에게는 더 이익인 반면 다른 회원국에게는 덜 이익이기 때문이다. 가령 저금리와 인플레이션은 그리스나 이탈리아와 같이 빚에 허덕이는 국가에는 이득이지만 독일이나 네덜란드와 같이 튼튼한 경제에는 타격이다. 긴축재정은 국민이 단기 경제원조의 제공을 요청하는 국가의 요구는 만족시키지만 그리스나 영국과 같이 삶의 질을 떨어뜨리고 이익의 손해를 감내해야 하는 국가들의 노동자들은 강하게 반대할 것이다. 이러한 문제를 해결하기 위해서는 선호와 영향력뿐 아니라 누군가에게는 해가 되더라도 한 집단의 이익을 증진시키도록 설계된 전략적 방법으로 각각을 적용하는 것까지 고민할 필요가 있다. 이것이 제4장의 주제인 게임이론의 핵심이다. 게임이론으로 넘어가기 전에 누군가 행동의 최선의 선택을 어떻게 계산하는지에 대해 먼저 기초 지식을 살펴보자. 이제 기대효용의 측정에 대한 기술을 살펴보게 될 것이다.

3.4 기대효용

북한 핵 능력에 관해 미국과 북한이 닥친 것과 같은 대외정책 결정에 관여하는 주요 요인은 무엇일까? 대외정책을 결정할 때 정책결정자들은 그 문제의 대안들이 주어져 있다면 핵 이슈 척도 위 어느 한 점과 같은 어떤 한 결과가 일어날 가능성[6]을

6. 가능한 결과 모두를 계산에 넣으면, 각 결과의 가능성 합은 1이 되어야 한다.

평가한다. 이들은 또한 다른 접근에 수반된 기대비용(자원을 소비하는 것 혹은 다른 선택을 하기 위해 포기한 기회에 대한 손실)과 이익(결정의 결과에 대한 이득)을 측정한다. 정책결정자들은 우리가 할 것처럼 실제로 계산식을 쓰지는 않지만, 마치 그런 것처럼 행동한다. 사실 실제 정책결정자들이 여기서 논의된 등식과 틀을 토대로 만드는 선택을 예측할 수 있다고 주장하는 상당한 증거 기록이 있다(Feder 1995, 2002; Ray and Russett 1996; Mcgurn 1996; Tetlock 2011).

그리스 시위자들이 가혹한 긴축정책에 대항해 봉기하자고 사람들을 부르면서 고대 아크로폴리스의 방어벽에 현수막을 펼치고 있다. 그리스 정부는 유로존의 일부로 남자는 국민의 반 긴축정책 시위와 유로존에 그리스를 남게 할 재정적 긴급구제의 조건으로 엄격한 긴축정책을 실시하라는 유럽 지도자들 요구 사이에서 갈피를 잡지 못하고 있다.

더 나은 결정을 위해 정확한 평가를 하고 유용한 아이디어를 만들기 위해 가능성, 비용, 이익 등 결정의 핵심 구성요소들을 이용할 수 있어야 한다. 이를 행하는 데 상당히 성공한 듯한 한 가지 방법은 목표를 추구하는 대안들과 연관된 기대효용의 측정과 이 정보들을 결합시키는 것이다. 기대효용의 계산은 특정 행동에서 발생할 수 있는 이익과 비용의 차이에 관한 다양한 결과들을 검토한다. 일이 발생할 가능성에 가능한 각 결과를 곱하고, 이 값들과 주어진 행동이 일어날 가능성이 있는 다양한 결과들을 모두 합산한다. 그 결과로 얻을 수 있는 값이 행동의 기대효용이다. 이 값은 행동이 일어나기에 앞서 계산될 수 있고, 선택될 수 있는 행동 대안들의 기대효용과 비교할 수 있기 때문에 정책결정자들은 기대되는 순이익이 가장 큰 값을 선택할 수 있다. 이것이 무슨 의미인지 구체적으로 살펴보자.

TRY THIS

2가지 이슈에서 한 번에 하나씩 문제를 해결하기보다는 두 이슈를 연계시킴으로써 3명의 행위자 중 2명이 더 나아질 수 있는 상황을 만들어보라. 그런 다음 연계가 일어날 것 같지 않은 2가지 이슈와 3명의 행위자가 포함된 다른 예를 만들어보라.

기대효용의 계산

승리집합에 관한 논의에서 정책결정자들이 북한 정부에 대한 접근으로 핵정책과 원조를 연관시켜 해외원조를 주는 것에 대해 얼마나 다르게 평가하는지 살펴보았다. 원조와 핵 프로그램을 연결시킨 데는 2가지 이유가 있었다. 첫째, 원조는 북한의 입장에서 핵을 희생하는데 보상이 될 수 있다. 둘째, 큰 보상을 제공함으로써 이 연계는 인접국에 대한 북한의 공격성을 더 평화적인 접근으로 전환하도록 설득하는 역할을 한다. 이제부터는 이 문제를 또 다른 접근법으로 더 깊이 있게 살펴보겠다.

이제 우리는 김정은이다. 가능한 그와 비슷하게 생각하고자 해보아라. 조금만 속도를 늦추자. 핵 문제에 관한 한 0에 위치해 있는 공화당 정치인이 오바마를 대신해 미국 대통령에 당선되었다고 가정하자. 이 경우 김정은은 공화당이 제공하는 거래를 받아들일까 아니면 한국 정부에게 자신의 핵 지위를 인정하라는 압박의 메시지로 한국을 공격할까? 이 분석에 담겨 있는 아이디어는 싸우는 것과 거래를 하는 것 중 어느 쪽이 김정은의 입장에서 더 나은 선택인지를 합리적으로 계산해보는 것이다. 물론 우리가 적용할 논리는 다른 어떤 행위자의 선택을 처리하는데도 마찬가지로 사용될 수 있다.

전략적 선택을 통해 김정은이 마주한 문제(미국과 한국 정부가 제공하는 거래를 받아들이거나 그의 의지를 내세우기 위해 무력을 사용하거나)를 어떻게 생각할지 계산하기 위해서 무력을 사용했을 경우 승리할 확률과 패배할 확률 그리고 무력 사용에 대한 비용과 편익을 측정해야 한다. 특히 우리가 가정한 새 미국 정부는 어떤 타협안을 제공할지 계산해야 하고, 김정은은 그의 입장에서 타협안이 받아들일 만한 것인지 아니면 공격을 하는 것이 나은지를 평가해야 한다. 물론 실제로는 김정은이 대안을 제시할 수도 있지만 이에 대해서는 다음 장에서 살펴보기로 하자. 지금은 문제를 간단하게 먼저 살펴보자. 0에 해당하는 결과를 선호하는 공화당의 대통령은 승리집합의 타협안 중 하나인 오바마가 선호했던 정책을 제시하거나 약간의 가능성을 언급한 중국의 정책을 제시할 것이다. 각각은 현재 공화당의 정책에서 벗어난 것으로, 만약 받아들여진다면 북한 지도부에 대한 주요 정책 변화가 될 거래이다.

미국에서는 공화당의 새 대통령이 선출되었고, 북한 또한 김정은이라는 새로운 지도자가 나타났을 때, 어떤 타협안이나 다른 타협안이 미국(한국)과 북한 모두에게 받아들여질 것이라는 조건을 규정하는 가능성, 비용, 이익의 추정치를 사용할 수 있다. 여기 저자가 만든 시나리오에서 북한 핵 문제에 대한 3가지 가능한 결과가 있다.

1. 북한이 한국을 공격하고, 한국과 미국의 연합군에 패배한 후 핵 프로그램을 강제로 포기한다.
2. 북한이 한국을 공격하고 승리해 어려움 없이 한국(과 미국)으로부터 핵 프로

그램의 확장을 합의로 얻어낸다.

3. 미국, 한국, 북한 정부가 핵 문제에 관한 타협안에 도달한다.

미국, 한국, 북한 정부가 합의에 이르고 전쟁을 피할 수 있을지는 전쟁비용뿐 아니라 제안된 거래와 전쟁에서 승리하거나 패배할 확률에 달려있다. 이 3가지 결과에 각각 값을 부여해보자. 앞서 선택을 하는 결정자들이 가지고 있는 선호의 강도 측정에 대해 이야기한 바 있다. 선호의 강도 측정은 보통 효용이라 부른다. 효용값은 몇 가지 중요한 특징을 갖고 있다. 지수나 로그 혹은 정책결정자의 이상점에 가까워지는 다른 대안에 앞서 선형 효용의 기본 관점을 먼저 살펴보겠다.[7]

효용에 부여된 수 값의 범위는 중요하지 않다. 효용은 (일정 값을 더하거나 곱하는 것과 같은) 값의 선형변환 결과로서 상대적 크기가 변하지 않는 한, 어떤 척도 위에서도 표시할 수 있기 때문이다. 가령 최악의 결과를 0, 최선을 100으로 하고 어떤 특정 대안 X가 30이라고 하자. 최악을 0, 최선을 1로 변환한다면 X는 0.3이 된다. 변한 것은 아무것도 없다. 최악을 −42, 최선을 658이라고 하면 X는 210이 되고, 최댓값이나 최솟값과 비교해 X에 대한 나의 선호 강도는 역시 아무것도 변하지 않았다. 오직 상대적인 값이 중요하다. 심지어 모든 값이 양수든, 음수든 혹은 둘 다 가지고 있든 상관없다. 어느 한 효용값을 해석하는 것은 불가능하다. 효용값은 다른 결과에 대한 효용값과 비교하거나, 같은 당사자의 다른 전략에서 얻어지는 같은 결과와 비교해야 유의미하다. 효용을 다른 이해당사자들 간에 비교하는 것도 의미가 없다. 어떤 정책 X에 대한 나의 효용은 0.7이고 당신의 효용은 70일 수 있다. 당신의 효용이 나와 같은 방법으로 정의되어 있는지 아닌지를 알 수 없기 때문에 0.7의 효용이 70보다 큰지, 작은지 아니면 같은지 알 수 없다. 결국 나는 내가 그 정책에 대해 가진 의미를 유지한 채 0.7에 100이나 1000 등을 곱하든가 아니면 다른 어떤 숫자로도 바꿀 수 있다. 내가 얼마만큼 정책 X를 좋아하는가는 바뀌지 않는다. 단지 내가 선호의 강도를 측정하는 나의 효용값을 정의하는 척도를 바꾼 것이다.

효용값에서 알고자 하는 것은 사람들이 다른 것과 비교해 지금 이 결과를 얼마나 더 좋아하는가이다. 선호는 누군가가 무엇을 더 좋아하는지 알려주는 것이고, 효용

7. 효용이 어떤 '목적' 혹은 가치의 외부 평가에 따라 증가하는 비율은 어떤 사람이 얼마나 도박을 하고자 하는지 혹은 도박을 하는데 얼마나 신중한지를 말해준다. 기하급수적으로 증가하는 효용은 모험수용적(risk acceptant)의 사람들에 부합한다. 예를 들면, X가 그 사람이 원하는 것에 가까워지면 X에 대한 효용은 X^2이 된다. 모험수용적 효용함수가 가진 요지는 매력적인 결과일수록 증가율이 높아진다는 것이다. 대수적으로 증가하는 효용은 모험회피적(risk averse)으로 서술되는 사람들을 나타낸다. 대수곡선의 기울기는 언제나 증가하지만 감소율 면에서 더 나쁜 결과에 비해 덜 나쁜 결과가 얻는 한계이익이 더 좋은 결과가 이보다 덜 좋은 결과에 비해 얻는 한계이익보다 크다. 선형 효용함수는 모험중립(도박에 찬성하지도 반대하지도 않는다)으로 이러한 효용함수는 결과가 매력적일수록 가치가 일정한 비율로 증가한다. 복잡함을 최소화하기 위해 정책결정자는 모험중립적(risk neutral)이라고 가정하긴 하나, 여기서 논의되는 것들에는 불필요할 것이다.

은 얼마나 더 좋은가를 알려주는 것이다. 숫자는 상대적인 선호의 강도를 반영해 쓰인다. 종종 계산상의 이유로 이해당사자가 가장 선호하는 결과에 효용값 1을 부여하고 가장 덜 선호하는 결과에 0을 부여하는 방법을 사용한다. 0을 곱하면 0이 되고, 1을 곱하는 것이 쉽고, 틀릴 가능성이 적기 때문에 이것은 계산상 편리하다. 그리고 0부터 1까지의 범위에 단봉적 선호와 선형효용을 가정함으로써 행위자의 이상점에서 떨어진 정도에 따라 그 대안이 얼마나 좋은지 혹은 나쁜지를 판단할 수 있다. 사실 선형 선호의 간단한 가정으로 대안인 X에 대한 효용과 행위자의 이상적 결과인 X*을 비교할 수 있다. 식은 다음과 같다.

$$효용=1-(|X^*-X|) \qquad 식\ (3.1)$$

식 (3.1)은 매우 간단한 효용함수이지만, 최솟값과 최댓값이 0과 1인 척도로 선택들을 비교하면 훨씬 더 간단하게 나타낼 수 있다. 그리고 이를 공화당 대통령과 김정은이 내려야 하는 결정을 살펴보는 데 활용할 수도 있다. 0~1 이슈 척도 위의 어느 한 점 X의 제안을 두고, X에서의 타협에서 오는 김정은의 효용을 X로, X에서 오는 미국 공화당 대통령의 효용을 1−X로 정의하자. 만약 핵정책의 결과가 0, 즉 공화당 대통령의 이상점으로 된다면 그 결과로 인한 공화당 대통령의 효용은 1−0=1이 된다. 이를 $U_{US}(0)=1$이라고 표현하는데, 괄호 안의 값은 결과 X가 0이라고 나타내는 것이다. 반대로 척도 위 위치 1, 즉 김정은이 북한 핵 능력을 확장하는 결과에 대한 미국 정부의 효용이 0이면 $U_{US}(1)=0$로 나타낼 수 있다. 효용은 행위자의 이상점에 대한 제안의 근접성에 따라 선형으로 나타난다는 가정 하에 더 일반적으로 말하면 $U_{US}(X)=1-X$라고 나타낼 수 있다. 실제 타협안이 되기 위해 어떤 제안도 미국 정부에 대해 $0<U_{US}(X)<1$을 만족해야 한다. 반대로 X에 대한 김정은의 효용은 $U_{DPRK}(X)=X$이다. X=1이라면 북한 정부의 효용은 1이고, X=0이라면 효용은 0이다. 그리고 $0<U_{DPRK}(X)<1$을 만족해야 한다. 이는 타협안이 0보다는 크고 1보다는 작은 값이어야 함을 의미한다.

무엇을 할지 결정하기 위해 김정은은 그가 바라는 핵정책을 관철시키기 위한 방편으로 한국을 공격했을 때 얻으리라 예상하는 가치와 타협의 가치를 비교할 필요가 있다. 만약 한국과의 전쟁에서 승리하고 자신의 핵 야망을 실현시킬 수 있다면 김정은은 자신이 원하는 것을 얻게 된다. 이 경우 북한의 효용은 $U_{DPRK}(1)=1$로 최상의 결과다. 전쟁에 패배한다는 것은 핵 능력의 포기를 의미한다. 이때의 결과는 0으로 김정은의 입장에서는 최악의 결과다. 그러나 전쟁을 일으키면 승패와 관계없이 생명과 재산을 대가로 치르게 된다. 이 비용을 k라 하자(현실에서는 물론 k값이 다르겠지만 수학적 편의를 위해 미국과 한국의 전쟁비용도 k라 하자). $k>0$이라 가정한다.

전쟁은 비용을 수반하기 때문에 김정은이 전쟁을 일으키고 그 전쟁에서 승리했을 때 그의 전체 효용은 핵정책에서 얻을 수 있는 것에서 치러야 하는 전쟁비용을 제한 $1-k$이다. 전쟁에서 패배한다면 효용은 $U_{DPRK}(0,k)=0-k$로 $-k$이다. k값에 따라서 $1-k$는 타협안 X보다 클 수도 있고 작을 수도 있다. 사실, 최소 타협안 X를 미국 정부가 받아들일 수 있는 수준이라는 전제하에 미국 대통령은 적어도 북한 정부가 받아들일 수 있는 수준의 타협안 X를 선택한다.

전쟁비용이 너무 커서 $1-k$가 X보다 작은 경우가 가능하다는 사실을 인지하는 것도 좋지만 이것이 전부는 아니다. 김정은이 전쟁비용을 감당하지 못하는 것(김정은의 적들은 공격에 대한 대응으로 얼마만큼의 군사력을 움직일 것인지에 관해 자주 말해왔다)은 차치하고라도, 전쟁에서 승리하지 못하거나 제안된 거래를 놓치게 될 가능성도 있다. 김정은이 전쟁에서 승리할 가능성과 패배할 가능성이 있다. 김정은이 전쟁과 타협 중 어느 것을 결정할지 이해하기 위해서는 이 확률 또한 고려해야 한다.

확률

김정은에게 성공이나 실패의 값이 얼마가 될지는 알지만, 그가 군사공격에 어떤 기대를 갖는지는 그 행동이 성공할지 말지에 달려있다. 북한이 군사력을 사용할 때 승리할 확률을 p, 패배할 확률을 $1-p$라 하자. 확률은 정의에 따라 항상 0~1 사이의 값을 갖는다. 가능한 모든 결과(승리의 정도와 타협 같은)의 확률을 모두 더한 값은 1이 되어야 한다. 이는 어떤 것이 될지는 모르지만 결과 중 하나는 일어나야만 함을 확신한다는 의미다. 이것이 바로 그 행동이 모험인 이유다.

미국이 북한을 상대로 적극적으로 참전하게 될(것으로 가정한) 북한의 대남 도발 결과는 계산을 쉽게 하기 위해 2가지뿐이라고 가정한다. 북한의 완전한 승리(p의 확률)와 완전한 패배($1-p$의 확률)이다.

북한이 승리할 가능성은 p이고, 패배할 가능성은 $1-p$이다. $p+1-p=1$이기 때문에 이 분석에서 중간의 다른 가능성($p1$, $p2$, ⋯, pn)은 열어두지 않는다.

확률, 비용, 편익의 결합

한국에 대한 군사공격을 결정하기 전에 김정은은 다른 북한의 정책결정자들과 함께

짐작컨대 행동의 결과를 평가해 볼 것이다. 이러한 평가는 기대효용의 개념을 사용함으로써 가능하다. 기대효용의 계산은 대안의 결과에 관련된 효용과 각각이 일어날 확률에 의한 그런 효용의 무게를 고려한다. 이것은 계산된 위험을 산출하거나 행동에 따라 일어날 수 있는 문제를 미리 해결하는 방식이다. 가령 동전 뒤집기 게임을 생각해보자. 당신은 앞면이 나올 확률에 1달러를 걸었고, 앞면이 나오면 2달러를 받게 된다. 이때 이 게임에 대한 기대효용은 앞면이 나올 확률(0.5)에 앞면이 나오면 받게 될 돈 2달러를 곱한 값이다. 게임을 위해 낸 돈(1달러)을 빼고, 여기에 뒷면이 나올 확률(0.5)과 게임에 졌을 때 잃는 돈, 그러니까 게임을 위해 건 비용인 1달러를 곱해서 더하면 이 게임에 대한 비용을 얻을 수 있다. 이 긴 문장을 식으로 표현하면 EU|Bet Heads=0.5($2−$1)+0.5(−1)=0[8]이다. 효용은 선호에 따라 선형이라는 가정에 따르면 이것은 '공정한' 내기다. 만약 승리에 대한 부상이 2달러를 넘는다면 매력적인 도박이 될 것이다. 그리고 그 부상이 2달러보다 적다면 돈을 걸기보다는 1달러를 그냥 가지고 있는 편이 낫다.

기대효용의 측정은 지도자가 행동에 기대되는 결과를 먼저 생각할 수 있게 만든다. 위험한 상황에서 그는 행동을 해 볼 때까지 실제 결과를 확신할 수 없고, 그때는 이미 다른 선택을 하기에는 너무 늦는다. 행동 과정에서 일어날 수 있는 대안의 결과를 평가함으로써(사소하게는 동전의 앞면인지 뒷면인지, 중대하게는 전쟁인지 평화인지) 정책결정자는 행동 결과에서 기대되는 비용과 이익, 대안의 결과에서 기대되는 비용과 이익을 비교할 수 있다. 비용과 이익에 그 발생 가능성이 곱해지기 때문에, 결과값은 이것 혹은 저것을 행하면 나중에 이뤄질 것의 지금 가치에 대한 이해당사자의 가장 나은 추정치다. 북한 사례에서 북한이 한국을 공격했을 때의 기대효용 계산은 다음과 같다.

$$EU(\text{북한}\mid\text{한국을 공격})=p(1-k)+(1-p)(0-k) \qquad \text{식 (3.2)}$$

또한 미국 공화당 대통령의 시각에서 전쟁에 대한 기대효용을 계산해 볼 수 있다. 여기서 구성된 방식대로 미국 행정부는 북한이 일으킨 전쟁에 참전하는 것보다 더 나을 것으로 기대되는 제안을 만들 수 있기 때문에 이러한 계산은 중요하다. 미국의 시각에서 전쟁보다 나쁘지 않은 타협안을 선택하는 적절한 제안을 하기 위해서는 전쟁에서 오는 미국의 이익과 비용을 알아야 한다. 북한 정부와 마찬가지로 미국 정부에게도 전쟁 수행 전략은 전망되는 이익뿐 아니라 위험(확률)과 비용으로 계

8. |는 '조건 하에'라고 읽는다.

산된다.

$$\text{EU(미국|공격)}=p(0-k)+(1-p)(1-k) \quad \text{식 (3.3)}$$

p는 북한이 전쟁에서 승리할 확률이기 때문에 $1-p$는 미국이 승리할 확률이다. 0의 정책에 대한 미국의 효용 $U_{US}(0)$은 1이고 전쟁비용은 k다. 이 기대효용 등식의 각각을 펼치고 다시 간단하게 정리하면 북한이 선제공격에서 얻을 수 있는 기대효용은 $p(1-k)+(1-p)(0-k)=p-k$이고, 미국의 입장에서 새로운 대통령의 기대효용은 $p(0-k)+(1-p)(1-k)=1-p-k$이다.

제1장에서 학습했듯, 합리적인 정책결정자는 최상의 결과가 나올 것이라고 믿는 바에 따라 행동을 선택한다. 이는 선호관계에 의해 대안의 결과들을 연결시킬 수 있어야 하고, 선호는 이행적이어야 하며, 확률과 다른 제한요소들에 관한 신념과 인식을 고려해 선호에 따라 행동한다는 의미다. 김정은의 계산은 잠시 잊고, 핵 문제에 관해 0에 해당하는 정책을 선호하는 미국의 합리적인 정책결정자의 선택을 보자. 타협안이 있다면, 제공될 타협안은 이 타협안에 대한 정책결정자의 효용과 북한이 타협 대신 전쟁을 선택하게 만드는 수준의 제안에 대한 효용에 달려있다. 타협안 X에 대한 미국의 효용은 $U_{US}(X)=1-X$이었다. 따라서 미국의 대통령은 타협안에서 기대되는 이익$(1-X)$이 최소한 한국을 방어하기 위해 치르는 북한과의 전쟁에서 기대되는 효용만큼 크다면, 타협을 선호할 것이다. 식으로 표현하면, $1-X \geq 1-p-k$라면 미국은 타협을 할 것이다. X가 0에 가까울수록(작은 값일수록) 미국에게 좋다(타협하기 쉽다). 만약 $1-X<1-p-k$라면 미국은 전쟁을 하는 편이 낫다.[9] 미국이 협상을 추구할 $X(1-X=1-p-k)$의 가장 관대한 타협안을 구분하기 위해 기호들을 재정리하면, $p+k \geq X$일 때 미국이 전쟁보다 타협을 선호함을 알 수 있다.

풀어서 설명하면, 이는 미국 대통령이 전쟁비용과 패배의 위험을 피할 최소한의 정책양보를 예측하는 것이다. 타협안의 최대는 전쟁 패배의 확률에 전쟁의 기대비용을 더한 값이다. 그러나 김정은도 공격보다 이 제안을 선호할까? 김정은이 X에 갖는 가치와 전쟁에 대한 기대효용을 비교함으로써 그 답을 찾을 수 있다. 김정은이 전쟁에 기대하는 효용값은 $p-k$이다. 김정은에게 제시될 타협안은 최소한 이 값과 같거나 그가 전쟁을 피할 것으로 기대되는 것보다 더 커야 매력적이다. 따라서 타협

9. 공격의 가치와 타협의 가치가 같다면 미국은 타협을 함으로써 전쟁비용의 불확실성을 피할 것이라 가정한다. 여기에는 몇 가지 기술적인 이유가 있다. 일반적으로 비용이 있거나 모험적인 결과가 확실한 결과와 같은 기대효용을 가지고 있을 때, 선택은 확실한 결과로 귀결된다. 실제로 정확하게 똑같을 확률은 0에 가깝다.

안 X는 김정은에게 $X \geq p-k$가 되어야 매력적이다.

여기서 간단한 기대효용의 계산으로 미국과 북한의 행동을 예측하는 방법을 얻을 수 있다. 전쟁을 피하기 위해 기대효용 추론의 논리에 따라 다음을 만족해야 미국, 한국과 북한 사이의 전쟁을 막을 수 있다는 가설을 세운다. $p+k \geq X \geq p-k$. 즉 미국과 한국 정부는 전쟁에서 싸우는 것보다 타협에서 더 나은 결과를 예상할 수 있어야 하고, 이는 북한 정부에게도 마찬가지다. 예를 들어 미국이 전쟁에 승리할 확률$(1-p)$은 0.75이고 군사공격에 대한 한국과 미국의 기대비용(k)은 0.20이라 해보자. 그러면 군사력을 사용하는 것에 대한 미국의 기대효용은 0.75(1−0.20)+0.25(0−0.20)로 0.55이다. 이 경우 공격을 하지 않는다고 결정하기 위한 타협안은 미국에게 최소한 0.55 이상의 가치를 가져야 한다. 미국의 효용은 $1-X$이기 때문에 타협안이 정책 척도 위에서 0.45나 그 아래 값으로 위치해야 미국이 공격 대신에 타협을 선택할 것이라고 예상할 수 있다.

미국에게 받아들여질 수 있는 정책 타협이 성공 확률이 변하거나 공격 비용이 변함에 따라 어떻게 변하는지 또한 알 수 있다. 미국의 공격 성공 확률이 0.75가 아니라 0.50이라 해보자. 그러면 군사공격에 대한 미국의 기대효용은 0.50(1−0.20)+0.50(0−0.20)=0.30이고 이 경우 미국은 0.70에 해당하는 정책에서 군사공격보다 거래를 선택하게 될 것이다. 0.70에서 미국이 얻을 수 있는 결과는 이전 예시인 0.45의 결과보다 좋지 않다. 전쟁비용은 0.20으로 고정된 상태에서 만약 승리 확률이 0.75라면 미국은 0.50에서의 타협을 받아들이지 않겠지만, 미국의 군사공격이 승리할 확률이 0.50으로 떨어질 경우에는 0.50의 타협을 기꺼이 받아들일 것이다.

TRY THIS

공격의 기대비용이 0.80이고 가능한 타협은 0.2에 위치해 있을 때, 미국에게 타협과 공격이 같은 효용을 갖는 공격 성공의 확률을 찾아보라. 타협안이 0.6에 있다고 가정하고 다시 계산해보라.

그런데 비용이 훨씬 더 높아지면 어떨까? 북한의 군사공격에 미국이 성공적으로 대응할 확률은 0.75이지만 이 성공에 따르는 비용이 더 높아져 0.80이라 가정해보자. 만약 미국과 한국의 정책결정자가 김정은이 전쟁에서 원하는 바를 얻어내기 위해 핵을 사용한다고 생각하면 이와 같은 계산이 나올 수 있다. 물론 그럴법하지 않은 시나리오다. 나중에 살펴보겠지만 핵무기는 억지로서 효과적일 뿐 핵을 보유한 두 국가가 싸우는 상황에서 승리를 위해 사용하는 것은 거의 말도 안 된다. 어쨌든 높은 비용의 시나리오로 돌아가면 군사력의 사용으로부터 얻을 수 있는 기대효용은

0.75(1−0.80)+0.25(0−0.80)=−0.05이다. 이 경우 북한 정권에 굴복하는 것을 포함한 어떤 타협안이라도, 미국은 전쟁보다 타협을 선호할 것이다. 결국 미국에게 가장 나쁜 결과는 0의 효용인데 이 예시에서는 이 또한 공격에서 기대되는 효용보다는 높다. 김정은이 믿을 만한 위협을 가한다면 높은 성공 확률을 가지고 있다 해도 전쟁의 높은 기대비용 때문에 미국은 김정은에게 굴복할 것이다. 이 예시들로부터 미국 정치지도자의 행동이 공격의 성공 확률과 비용에 대한 인식에 깊이 관련되어 있다는 사실을 알 수 있다. 또한 미국이 한국 및 미국 연안에 상당한 반격 능력을 유지하는 이유도 알 수 있다. 미국과 한국은 북한을 억지하는 기득권을 가지고 있고 이로써 전쟁 승리 가능성을 높이고, 가능한 한 전쟁비용을 줄이며, 전쟁에 대한 북한의 기대비용을 높여 북한이 군사를 일으킬 수 없게 만든다. 만약 북한의 전쟁비용 또한 0.80이라면 기대효용($p-k$)은 0.25−0.80=−0.55로 타협안의 최솟값인 0, 즉 미국의 이상점보다 작아진다.

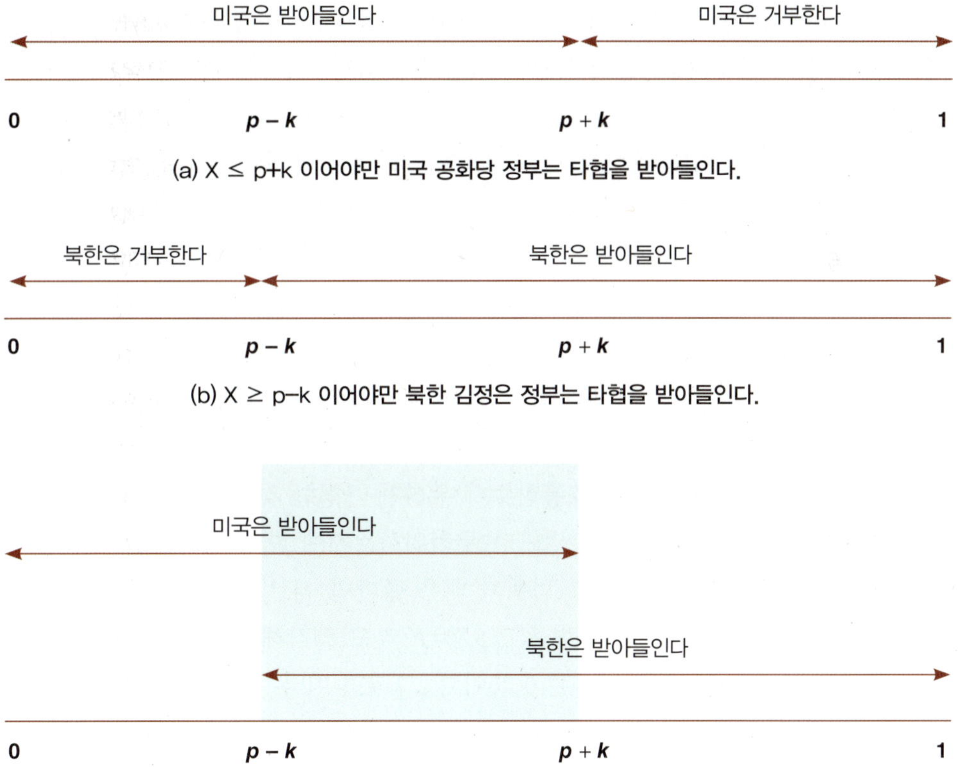

(a) X ≤ p+k 이어야만 미국 공화당 정부는 타협을 받아들인다.

(b) X ≥ p−k 이어야만 북한 김정은 정부는 타협을 받아들인다.

(c) 양측 모두 받아들일 수 있는 타협

그림 3-9 미국이 받아들일 수 있거나 받아들일 수 없는 타결안

물론 거래를 성사시키는 것은 두 집단이다. 김정은의 계산이 어떻게 보이는가? 미국은 $p+k$보다 나은 제안은 하지 않는 것이 이익이다. 북한은 $p-k$보다 작은 제안은 받아들이지 않을 것이다. k가 그렇게 크지 않다는 가정 하에 [그림 3-9]는 미국이 받아들이거나 거부할 타협안의 점들을 나타낸다. 가장 위쪽의 그림은 미국의 공화당 대통령이 받아들일 만한 타협안의 범위다. 가운데는 김정은과 북한이 받아들일 타협안의 범위이고 마지막은 둘을 합쳐 두 집단 모두가 받아들일 수 있는 타협안의 범위를 표시했다. 이 범위 내의 점에서는 합의가 이루어질 수 있다. 또한 한쪽은 받아들일 수 있지만 둘 다 받아들일 수는 없는 범위도 그림에서 볼 수 있다. 이 경우에는 공격이 일어날 것이다.

미국이 전쟁에 패배할 확률 p가 0.25를 넘지 않고, 전쟁비용은 0.20을 넘지 않는다고 가정하자. 이때 미국이 제안할 수 있는 최대치는 X=0.45로 러시아의 입장과 같다. 김정은이 제안을 받아들이기 위해 0.45는 최소한 전쟁 승리 확률(p)에서 전쟁비용(k)을 뺀 값과 같아야 한다. 미국이 0.45의 타협안을 제시하고, 김정일의 승리 확률이 0.25라면 전쟁비용을 0이라 예상한다 해도 전쟁보다 거래가 낫다 (X=0.45이고 k는 음수가 아니기 때문에 0.45>0.25−k이다). 이 경우 미국과 한국은 잃을 것이 없다. 만약 북한의 승리 확률이 이렇게 낮다면, 미국과 한국이 받아들일 수 있는 거래라 해도, 0.45 수준의 타협안조차 제시하지 않을 것이다. 제안될 거래는 미국과 한국에 최대의 기대효용값을 돌려줄 수 있는 수준에서 이루어질 것이고 이것은 북한이 받아들일 타협안의 최소 수준이 될 것이란 뜻이다. 이 경우 북한의 k값은 당연히 0보다 크기 때문에 타협안은 0.25 이하가 될 것이다(미국 민주당의 입장에 해당).

이제 왜 북한 정부가 핵무기와 강력한 재래식 군대를 건설하는데 유인을 얻는지 알 수 있다. 이는 북한이 전쟁에서 승리할 수 있는 가능성을 증가시키고, 아마도 전쟁의 기대비용을 감소시킬 것이다. 승리 가능성이 높아지고, 비용이 낮아지면 전쟁으로 갈 수 있는 가능성이 커지므로 거래에서 레버리지(leverage)를 향상시킬 것이다. 나아가 북한 지도부의 효용함수가 우리가 가정한 것처럼 선형이 아니라면, 미래의 도박을 어떻게 평가하고 얼마나 두려워하는지에 따라 받아들일 거래 범위가 넓어지거나 좁아진다. 만약 그 범위가 매우 좁다면 서로 받아들일 수 있는 타협안은 거의 없다고 볼 수 있다. 가령 $U_{DPRK}(X)=X^2$라고 생각해보자. 미국이 전쟁에 승리할 확률은 50:50이고, 전쟁비용은 0.20이다. 그러면 미국은 0.70에서 거래를 제안할 수 있고, 모험중립적 북한 ($U_{DPRK}(X)=X$)은 전쟁을 피하기 위해 0.30 정도의 거래는 받아들일 수 있다. 그런데 $U_{DPRK}(X)=X^2$ 라면 북한의 전쟁 승리 확률은 0.50이고 기대비용(효용은 그 값의 제곱이다)은 0.20이라는 가정 하에, 미국이 제안할 X가 받아들여지기 위해서는 다음 식을 만족해야 한다.

$$U_{DPRK}(X) \geq 0.50(1-0.20)^2+0.50(-(0.20)^2). \qquad 식\ (3.4)$$

미국이 전쟁을 피하기 위해 제공해야 하는 제안을 찾기 위해, 미국이 북한에게 줄 수 있는 최상의 조건을 계산하면 $U_{DPRK}(X)=0.5(0.64)-0.5(0.04)=0.32-0.02=0.30$이다. $U_{DPRK}(X)=0.28=X^2$이므로 전쟁을 피하기 위한 타협안은 $0.28^{1/2}$, 즉 0.53이다. 만약 김정은이 모험수용적 효용함수를 가지고 있다면 미국이 제시할 타협안의 최대치는 중국 정부의 입장인 0.55보다 조금 더 나은 수준이 될 것이다. 미국에게는 훨씬 더 안 좋은 결과가 되겠지만, 이 예시에서 거래는 가능하다. 만약 미국 지도부도 모험을 할 생각이 있다면 $U_{US}(X)=1-X^2$이고 그러면 미국은 0.47 이상의 타협안에 동의하지 않을 것이다. 양쪽 모두 모험을 부담하려고 하는 경우에는 거래가 불가능하다. 미국이 양보할 수 있는 최대치는 0.47이고 김정은은 최소 0.53을 받아야만 하기 때문이다.

이 모든 것들은 정책결정자와 조언자들이 어떤 타협안을 제공할지 결정하기에 앞서 상대의 기대이익과 손실을 현실적으로 신중하게 평가해야 함을 말한다. 정책결정자는 또한 적이 무모한(전쟁의 위험을 감수한다는) 척 가장하는 허세로 실제 얻을 수 있는 것보다 더 큰 양보를 이끌어 내려는 것은 아닌지 조심해야 한다. 김정일 정권 말기 북한 정부가 이따금씩 불합리성을 반영하는 듯 보이는 제한적 군사행동을 취한 것을 떠올려보라. 그러나 실제로는 위험함에도 큰 모험을 두려워하지 않는 듯 행동하는 것은 무모한 듯 보이는 이익을 가져다 줄 수 있다(Schelling 1965; Powell 1990). 이러한 방식의 모험은 포커게임에서 흔히 보는 허세와 논리적으로 다르지 않다. 미래의 손실, 그리고 이익을 엄청나게 키우는 것이다. 허세는 불확실성을 이용하는 방법이다. 자세한 내용은 뒤에서 살펴보겠지만, 모든 갈등이 협상된 해결책을 쉽게 찾는 것은 아니다. 갈등에는 타협을 막는 최소한 3가지의 조건(불확실성, 믿을 만한 약속의 부재, 불가분의 승자독식 이슈)이 있다(Fearon 1995).

확률과 비용의 상대적인 크기에 대한 믿음은 확실히 논쟁 중에 선택을 하는데 영향을 미친다. 주지하건대, 믿음을 말하는 것이지 실제 값의 '객관적인' 측정치가 아니다. 성공이나 실패의 진짜 확률은 미리 알 수 없다. 마찬가지로 실제 비용도 미리 알 수 없다. 수많은 요인이 선택에 영향을 미치기 때문에 지도자가 얼마나 다양한 반응을 보일지도 물론 알 수 없다. 가령 북한의 지도자는 보상과 처벌 중 어느 쪽에 더 반응하는 사람인가? 국가의 미래에 모험을 걸만한 사람인가(예, $U_{DPRK}(X)=X^2$) 아니면 미국, 한국과의 전쟁을 신중하게 결정할 사람인가(예, $U_{DPRK}(X)=X^{1/2}$)? 주어진 정치적 상황에서 미국 지도부의 주관적인 성공확률이 낮거나, 미국의 위협이 믿을 만하지 못해서 미국 대통령이 군사력을 사용하는데 필요한 국내정치적 지지를 모을 수 없을 것이라 생각하는가? 또는 레임덕에 처한 미국 대통령이 심각한 국내의 반대를 받을 것이라 생각하는가 아니면 인기 없는 행동의 결과를 회복할 시간이 남은 새로운 대통령이 용감하게 행동할 것이라 생각하는가?(Gaubatz 1991; Fordham 1998, 2002; Smith 2004)

북한 문제에 어떻게 접근하는 것이 최선인가에 대해 논란이 있는 이유는 이 문제들에 대한 대답에 여러 의사결정자들이 서로 다른 관점을 가지고 있기 때문이다. 물론 북한의 지도부나 미국 유권자들이 어떻게 반응할지는 아무도 모른다. 아마 정책을 결정해야 할 사람들도 모를 것이다. 당신이 압박으로 물러서냐 아니냐는 것은 실제 압박에서 무엇을 할지 선택해야 하는 것과 별개의 문제다. 상대적인 힘이나 영향력이 확률값을 정하는 데 도움이 되지만 확률은 주관적이다. 따라서 확률에 대한 추정에는 사람들과 환경에 대한 사전 믿음이나 인식이 반영된다. 예를 들어 자신의 인생 경험에서 사람들이 이익을 얻는 것보다 비용을 피하는 것에 더 적극적으로 반응한다는 사실을 배운 사람들은 북한 지도자가 경제제재나 군사력의 사용과 같은 강압적 압박에 반응할 것이라고 판단할 가능성이 높다(George 1971; Kahneman and Tversky 1984, 1986). 반대로 "식초보다 꿀로 더 많은 파리를 잡을 수 있다"라고 믿는 사람들은 북한이 핵 프로그램을 재평가하고 협력에 동의할 것이라는 기대와 희망 하에 국제사회가 북한 지도부에게 협력의 손길을 내밀길 바랄 것이다. 또는 미국 대통령이 생각하는 성공 가능성과 김정은이 생각하는 미국의 성공 가능성이 완전히 다를 수도 있다.

(타협이든 군사공격이든) 어떤 행동을 선택하든 그 선택이 성공의 가능성, 성공과 실패의 가치 그리고 행동의 비용에 대한 심사숙고 끝에 내려진 결정이라고 자신있게 말할 수 있다. 사실 스스로 그런 측정을 해 볼 수 있고 그러면 그것이 자신의 고유한 정보국이 되는 방법이다. 어떤 타협안이 실행 가능한지에 대한 정확한 값은 모르는 일이다. 그러나 정권이나 각 국가의 상대적인 군사력과 현재 동맹국들, 또는 경제 규모나 정부의 세금 수입 등 성공 가능성에 반영된다고 믿는 지표들과 생명, 재산, 정치적 결과 등의 비용에 영향을 끼치는 요인들에 근거해 대강의 값을 추측해 볼 수는 있다. 이러한 측정으로 가능한 타협의 범위를 구체화시키고 그 계산이 양측의 수사와 얼마나 일치하는지 알아볼 수 있다.[10]

10. 상대적 군사력에 관한 자료는 전쟁 연관성 프로젝트 웹사이트(www.corelatesofwar.org)와 기대효용의 발생과 자료 운영 프로그램 웹사이트(EUGene Website, www.eugenesoftware.org)에서 찾을 수 있다. 국민총생산(GNP) 자료와 정부수입 등 여러 지표들은 펜실베이니아대학 국가비교분석센터(Penn World Tables, http://pwt.econ.upenn.edu/)와 세계은행(World Bank, http://web.worldbank.org/indicator)에서 찾을 수 있다.

SUMMARY

이 장에서 우리는 북한의 핵정책에 대한 비전략적 결정에 대해 살펴보았다. 이를 통해 힘의 분배와 선호가 정책 결과를 형성할 수 있고, 안보는 중간투표자의 위치와 근접한 조건에서 구성될 수 있음을 알았다. 이는 국가가 안보나 권력을 넘어선 결과에 관한 선호를 가진다는 가능성을 무시하지 않는 엄격한 방법에서 신현실주의의 안보극대화를 생각해보는 방법을 제시한다.

중간투표자 정리는 이슈가 단일차원일 때 장래의 외교정책 결정을 살펴보는 데 강력한 틀을 제공한다. 그러나 둘 이상의 이슈가 서로 연결되어 있을 때 이 정리는 적절하지 않다. 이 경우 승리집합 모델은 연합의 형성을 통해 문제가 어떻게 해결되는지 보여준다. 승리집합은 차원을 넘어서 논쟁중인 정책결정자들 간의 정책 선호 근접성에 관한 모델이다. 각 차원에서 중간투표자의 위치가 승리집합, 즉 승리연합의 일부일 필요는 없음을 보았다. 여러 결과가 가능하다. 따라서 이슈들을 분리되어 다룰 때와 연결해서 다룰 때 각각 정책 결과를 예측하는 방법을 고안했다.

마지막으로 기대효용의 계산을 소개했다. 행동의 대안적 과정과 연결해 기대효용을 비교함으로써 정책결정자가 어떤 길을 선택할 것인지 예측할 수 있다. 이것은 그것의 가치나 문제에 대한 그런 접근뿐만 아니라 다양한 결과가 일어날 확률, 비용과 이익에도 영향을 받는다. 이로써 국제문제에 대한 전략적 접근의 기초 공사를 마친 셈이다.

핵심 용어

중간투표자 정리 110	단일차원적 116	현저성 130
승리집합 110	이상점 116	무차별곡선 130
기대효용 110	효용 121	선호집합 134
공간모델 115	불가침조약 126	사전 믿음 150

4

게임이론의 소개

2012년 3월 25일, 오바마(Barack Obama, 왼쪽) 대통령이 남북한 경계에 있는 판문점 근처 비무장지대(DMZ)의 공동경비구역을 방문하던 중 오울렛관측소(Observation Post Ouellette)에서 쌍안경을 통해 북한을 바라보고 있다. 오바마는 3월 26~27일 열린 2012 서울핵안보정상회담 참석을 위해 하루 일찍 서울에 도착했다.

OVERVIEW

- 게임이론은 이해당사자들이 국제정치 및 국내정치의 장에서 어떻게 전략적으로 상호작용하는지를 측정할 수 있는 강력한 수학의 형태다. 여기서 우리는 두 종류의 게임, 1) 협조게임(cooperative game), 2) 비협조게임(noncooperative game)을 살펴본다.
- 특히 비협조게임에 집중하는데 그 이유는 국제적인 상호작용이 주로 이러한 게임의 조건을 반영하기 때문이다. **죄수딜레마** 게임은 행위의 순서가 알려져 있지 않거나 행위자들이 동시에 움직이는 상호작용의 유형을 나타낸다.
- **전개형** 게임은 비협조게임을 나타내는 방법이다. 이 게임은 행동의 순서를 강조한다. 의사결정 과정의 각 단계에서 다른 행위자들의 예상되는 움직임에 대한 최선의 반응을 살펴봄으로써 이러한 게임을 풀고 앞으로 무슨 일이 일어날지를 알아낼 수 있다. 이를 위해 사용할 수단은 **역진귀납**으로 불리는데, 이를 통해 부분게임 **완벽내쉬균형**(subgame perfect Nash equilibrium, [역자주: '순차적 내쉬균형'으로 번역되기도 함])에 이를 수 있다.

ASSUMPTIONS CHECK

1. **합리적 인간은 언제나 자신이 가장 원하는 바를 추구하는가? 왜 그러한가, 혹은 왜 그렇지 않은가?**
2. **내가 음료수 자판기에서 가장 싫어하는 음료수를 뽑아 마시면서 걸어간다면, 이는 내가 합리적이지 않다는 증거인가?**
3. **1야드 라인에서 쿼터백이나 수석코치는 터치다운을 가장 많이 성공한 작전을 지시할까?**
4. **한 번의 행위로 결정되는 게임에서 분명한 하나의 행위가 아닌, 확률적인 여러 행위로 상대가 인식하는 내 행동이 가능한가?**
5. **시간적으로 이전인 사건이 늘 이후 사건의 원인인가? 아니면 이후 사건이 이전 사건의 원인인가?**

ANSWERS

1. 아니다. 합리적 인간은 비용과 이익을 계산하고, 믿음을 고려하며 제약을 살핀다. 다른 사람들이 어떻게 게임을 할 것인가에 대한 믿음 혹은 의사결정자의 정보 부족이나 자원 제한 등의 제약은 합리적 의사결정자가 가장 원하는 결과를 추구하기 어렵게 만든다.
2. 아니다. 불확실성 혹은 계산된 모험은 결국 최악의 결과를 가져다줄 행동에 도박하게 만들 수도 있다. 계산된 모험은 (결국) 때때로 나쁜 결과를 가져다준다.
3. 아니다. 만약 언제나 터치다운 성공 확률이 높았던 작전을 구사했다면 상대 수비수들은 그 작전이 바로 집중적으로 대비해야 할 대상임을 안다. 그렇다면 그 작전은 더 이상 성공 확률이 높은 작전이 아니다. 다양한 작전을 섞으면 수비수들을 흩뜨려서 성공 가능성을 높일 수 있다. 이는 풋볼이나 인생에서도 마찬가지다.
4. 그렇다. 혼합전략을 사용할 수 있다. 예컨대 내가 X를 행한다는 영역과 X 대신 Y를 행한다는 영역이 표시된 원판을 돌려 결정하는 방식이다.
5. 이후 사건에 대한 기대는 현재 선택에 영향을 줄 수 있다. 가령 크리스마스트리 구매가 크리스마스 이전에 발생했다 해서 그 구매가 크리스마스의 원인이 아니다. 크리스마스를 미리 예상해 트리 구매가 발생한 것이다. 전략적 상황에서 여러 대안적 행동의 미래 결과에 대한 기대는 개인이 어떤 선택을 할지에 중요한 영향을 미친다.

공간모델은 안정되고, 아마도 안정적일 국제적 정책 합의를 알아볼 수 있는 방법에 관해 생각하는데 강력한 틀을 제공한다. 그러나 공간모델은 정태적이다. 이 모델은 행위자들이 전략적으로 협상하고 참여한다는 사실을 간과하고 있다. 문제에 대한 어떤 행위자의 실제 이상점을 알기란 매우 어렵다. 가령 3장의 [그림 3-6]처럼 다차원의 문제를 다룰 때, 당사자들은 실제 위치보다 더 극단적이게 보임으로써 자신이 원하는 것을 거짓으로 드러내려는 유인을 갖는다. [그림 3-8]을 보면 이것이 의미하는 바를 이해할 수 있다.

예를 들어 미국의 공화당 대통령은 현재 상태에 비해 매우 극단적인 위치에 있다. 심지어 [그림 3-8]에 나타난 김정은의 위치는 김정일이 세워놓은 현재의 핵정책이나 현재 해외원조의 위치에 있지도 않다. 극단적인 입장을 분명히 밝힘으로써 김정은은 스스로 매우 큰 선호집합을 만들 수 있다. 이는 이슈가 결합되어 있을 경우 이상점이 현재 상태에 가까이 있을 때보다 그가 동의할 수 있는 타협의 여지가 더 넓음을 뜻한다. 극단적으로 보임으로써 그는 더 큰 협상 레버리지를 가질 수 있고, 책략의 여지 또한 더 크게 둘 수 있다. 다른 국가들은 그의 입장을 보고 그것이 전략적 이득, 즉 엄청난 양의 해외원조를 얻어내려는 실제 목적을 달성하기 위해 선택된 것일지 고민한다. 이는 그 정책 입장이 그의 실제 바람이 아니라 상황 논리를 기반으로 다른 이들이 그와 어떻게 협상할지에 영향을 끼치기 위해 전략적으로 결정된 것임을 의미하는 내생적 선택일 것이라는 뜻이다. 제3장에서 미국과 북한이 받아들일 수 있는 것처럼 보이는 타협안이 무엇인지를 알아볼 때 내생적 선택과 비슷한 것을 살펴보았다. X(타협)는 관련 집단 중 하나가 가장 원하는 것을 반영해 선택된 것이 아니라 타협의 필요조건을 만족시키는 범위에서 결정되었다.

공간모델은 유용하지만 외교문제에 완벽한 접근법을 제시하지는 못한다. 기대효용 계산도 마찬가지다. 잠시 앞의 논의로 돌아가자. 우리는 한국에 대한 북한의 군사공격에서 기대되는 효용과 주어진 타협안의 가치를 기반으로 미국의 지도부가 선호하는 것에 관해 무언가를 말할 수 있다. 그러나 미국 대통령은 특정 타협안이 북한, 한국, 그 외의 주요 정책결정자들에게 받아들여질 수 있을지를 혼자 결정할 수 없다. 스스로 기대효용을 계산하는 것은 가능한 다른 결과들을 평가할 수 있는 방법을 제공하지만 논쟁에 관련된 다양한 집단들이 다른 이들의 선택에 영향을 끼치기 위해 받아들일 전략적 행위의 패턴을 풀어내기에는 부족하다. 사실 결정의 영향에 관련된 다른 이들의 전략적 책략이 국제문제의 핵심이다.

전략적 선택을 구분하는 가장 좋은 방법은 단지 공간모델의 사용을 통해서도 아니고 기대효용 계산과 같은 강력한 결정이론을 사용하는 것도 아니다. 물론 이 2가지 틀이 도움을 줄 수는 있고 게임이론의 맥락에서 전략적인 상황을 분석하는 부분적 역할을 담당할 수는 있다. 나는 게임이론이 이해당사자들이 국제정치나 국내정치의 장에서 어떻게 전략적으로 상호작용하는지를 계산하기 위한 가장 좋은 장치라 믿는다. 게임이론은 진심과는 별개로 전략적 상호작용을 가려내기 위해 특별히 고안된 추론의 형태다. 전략은 상대방이 어떻게 행동할 것인지를 밝혀내고 원하는 결과에 최대한 다가가기 위한 최선의 대응을 선택하는 것이다. 아군 그리고 적군과의 상호작용에 관한 전략은 거의 모든 국제정치의 문제다.

게임이론은 1) 협조게임과 2) 비협조게임이라는 2가지 형식으로 나온다. 협조게임 이론은 행위자들 간에 맺어진 약속이 구속력을 가진다고 가정한다. 그 약속이 지켜질 것이라는 의미다. 협조게임 이론은 특히 행위자들이 약속을 어길 어떤 유인도 갖지 않거나, 그 계약이 강제될 것이라는 확신이 있는 문제를 다룰 때 유용하게 쓰인다. 이는 대부분의 국제문제의 현실이 아니다. 비협조게임 이론은 의사결정자들이 서로 협력할 가능성을 인정하지만, 오직 협력이 자기 이익과 맞을 때만 그러하다고 본다. 비협조게임에서 약속은 태생적으로 구속력이 없다. 누가 무언가를 하겠다는 말이 실제로 그렇게 하겠다는 의미는 아니기 때문이다! 약속의 신뢰성은 어떤 사람이 선택을 해야 하는 바로 그때에 약속을 지키는 것의 이익이 충분히 그 사람에게 가치 있는 것인가에 달려있다. 충분한 가치는 약속을 깨지 않는 편이 낫다는 것을 의미한다.

비협조게임은 말과 다르게 행동(즉 허세)하는 유인을 포함한 행위자의 유인(전략적 선택의 함수로서 가치가 어떻게 분배될 것인가)에 집중한다. 그래서 이러한 게임은 일반적으로 거짓말(허세에 대한 노골적 표현)에 대한 처벌과, 행위자들이 말한 것을 행하는지, 명백한 실수를 하는지, 아니면 속이는지를(감시의 문제) 계산하는 것에 대한 어려움 혹은 용이함에 대해 다룬다. 게임이론의 놀라운 능력을 포함해 이론이 어떻게 작동하는가를 알기 위해 가장 간단하고도 잘 알려진 게임 중 하나인 죄수딜레마로 시작해보자.

4.1 죄수딜레마: 간단한 게임의 예

협조게임이론과 비협조게임이론의 구분은 죄수딜레마라 알려진 상황에서 합리적이고 이기적인 행위자들이 어떻게 상호작용하는가를 묘사하는 것에서 훌륭하게 나타난다. 두 행위자 간의 전통적 게임은 거의 매주 저녁 TV의 경찰 관련 프로그램에서 행해진다. 내용인즉슨, 범죄에 가담한 두 공모자가 체포되었다. 각각은 서로 대화를 할 수 없게끔 격리되었다. 검찰과 경찰은 이 둘의 심각한 범죄를 기소할 만한 충분한 증거를 가지고 있지 않다. 그러나 그보다 가벼운 범죄에 대해서는 기소할 수 있는 증거가 있다. 만약 죄수들이 서로 협력해 각자 따로 이루어질 경찰 심문에서 아무 말도 하지 않는다면 가벼운 범죄에 대해서만 책임을 지고 죗값을 치르게 될 것이다. 둘 다 서로를 공격하고 자백한다면 둘 다 각각 무거운 형량을 받게 된다. 그러나 한 명만 공범자에게 불리한 증언으로 자백하고, 다른 한 명은 하지 않는다면 자백한 사람은 자백에 대한 대가로 아주 가벼운 형량만을 받고 풀려날 것이고 다른 한 사람은 아주 긴 형량을 받게 될 것이다.

둘 다 자백하지 않았을 때(즉 협력해 침묵의 약속을 지켰을 때)의 득실값(이 사례에서는 각각이 받을 형량)을 보상(reward)의 *R*로 표시하자. 둘 다 자백했을 때(즉 둘 다 배신했을 때)의 득실값을 처벌(punishment)의 *P*로 놓자. 한 죄수가 침묵해 협력하고 다른 한 죄수는 자백해 배신한다면, 협력자(경찰의 압박에도 침묵을 지킨)는 속는 이(sucker)의 득실(*S*)을, 밀고한 배신자는 유혹(temptation)의 득실(*T*)을 받게 된다.

죄수딜레마게임에서 *T*는 *R*보다, *R*은 *P*보다, *P*는 *S*보다 낫다(즉 $T>R>P>S$). 제7장에서 살펴볼 죄수딜레마게임의 반복에서는 한 가지 가정이 더 필요하다. 지금은 한 번에 끝나는 게임을 기준으로 한다. [표 4-1]은 죄수딜레마에서 얻게 될 가능한 결과다. 특정한 게임의 순서는 없다. 왜냐하면 게임규칙에 의해 각 행위자(A와 B)는 다른 행위자의 선택이 무엇인지를 모르는 상태에서 자신의 선택을 결정해야 하기 때문이다(죄수들이 서로 대화하지 못하게 격리되어 있음을 기억하라). 본질적으로 동시에 움직이는 것은 불확실성 속에서 무엇을 할지 선택하는 것과 같다. 앞으로 보겠지만, 일회성 게임에서는 이것이 행위에 영향을 미치지 않는다. 물론 게임이 반복된다면 영향이 있다.

[표 4-1]의 게임이 협력적이라면 딜레마는 없다. 예를 들어 두 범죄자가 잡히기 전에 만약 잡힌다면 서로 협력하자고 약속했다면 경찰이 아닌 서로에게 협력할 것이다. 그러면 이들은 그렇게 하는 것이 개인의 이익에 반한다 해도 약속을 이행할

표 4-1 죄수딜레마

구 분	팻 협력	팻 배신
크리스 협력	R, R	S, T
크리스 배신	T, S	P, P

주: T>R>P>S. T=유혹; R=보상; P=처벌, S=속는 자 득실

것이다. 이들은 서로 공범자에게 불리한 증언을 하지 말자고 약속했다. 결과는 각각 이 *R*, 즉 상대적으로 약한 형량을 받는 것이다. 만약 서로 약속을 하긴 했지만 범죄자인 크리스와 팻 둘 다 서로의 진정성을 의심하고 있다면 어떨까? 각각은 다른 한 사람이 자백하지 않는다면 자신이 공범자를 배신함으로써 더 가벼운 형량($T>R$)을 받게 될 것이라는 사실을 알고 있다. 약속의 구속력이 없어 행위자가 자신의 개인적 이익만을 추구하는 조건에서는 게임을 어떻게 풀 수 있을까?

게임 풀기는 **내쉬균형**(Nash equilibrium)을 찾기로 가능하다. 내쉬균형은 각 행위자 모두 혼자만 변경할 동기가 없는 전략조합이다. 즉 그 전략에 포함되지 않은 행동의 선택은 그 행위자를 더 불리하게 만들 것으로 예상된다. 전략은 게임을 진행하기 위한 행동의 완전한 계획이다. 즉 전략은 결과적으로는 이루어지지 않을 것을 포함해 다른 행위자 혹은 행위자들의 가능한 모든 움직임을 고려해 각 행위자들이 무엇을 할지를 반영한다. 가령 죄수딜레마가 한번만 진행될 때는 각 행위자에게 가능한 2가지 전략이 주어진다. 공모자와 협력하거나 배신하거나. 이는 다음의 4가지 행동조합을 만들어낸다. 1) 상대가 협력할 것이라 생각할 때 협력, 2) 상대가 배신할 것이라 생각할 때 협력, 3) 상대가 협력할 것이라 생각할 때 배신, 4) 상대가 배신할 것이라 생각할 때 협력이다. 게임이 반복(즉 게임이 여러 번 되풀이 되는, 연쇄 범죄)되면 전략은 더 복잡해질 수 있다. 가령 크리스는 언제나 배신하거나, 언제나 협력하거나, 배신하고 협력하거나, 협력하고 배신하는 등 게임이 계속 진행되는 동안 배신과 협력을 임의로 선택한다. 게임을 무기한 반복할 때 전략이 어떻게 되는지는 제7장에서 살펴본다.

내쉬균형의 아이디어는 복잡할 수 있다. 그러나 매우 매력적인 개념이다. 왜 합리적인 인간이 결국 자신이 더 안 좋아질 수 있다고 생각하거나 예상하는 행동을 선택하게 되는가? 내쉬균형의 일부를 전략으로 선택하는 것은 각 행위자가 자신에게 최선이라 믿는 것을 행하면서 자신의 이익을 추구하는 방법이다!

내쉬균형의 아이디어는 협조게임이론에 적용되지 않는다. 협조게임이론에서 행위자들은 자신에게 더 좋은 무언가로 전략을 바꿈으로써 유인을 얻을 수 있지만 약속하지 않은 것은 허락되지 않는다. 내쉬균형의 아이디어는 행위자들이 최선의 선택이라면 약속을 깰 수도 있는 비협력적 게임의 해결방법을 찾을 목적으로 발전되었다. 이것이 기본이 되는 이유는 합리적 행위자가 자신의 최대 이익에 대해 스스로 믿는 대로 행동하고, 지능적이고 합리적인 다른 모든 행위자들도 그렇게 할 것이라 기대하기 때문이다. 합리적 행위자는 만약 자신이 선택할 수 있는 어떤 행동이 다른 행동에 비해 자신에게 해가 된다고 생각하면 집합적 이익이 있더라도 그 행동을 하지 않는다. 이것은 다른 전략을 선택함으로써 기대했던 것보다 더 나빠지는 전략을 선택할 사람은 아무도 없을 것이라고 합리적 행위자가 예상한다는 점에서 어느 정도 사실이다.

물론 행위자들 간의 공모는 가능하다. 그러나 그 공모나 협력이 각자에게 이익이 될 것이라 예상할 때만 가능한 일이다. 결국 게임이 끝난 후 특히 불확실성 하에서 결정이 내려져야만 하거나, 행위자들이 위험한 행동들 사이에서 선택을 해야만 할 때, 어떤 행위자는 다르게 행동했을 때보다 더 나쁜 결과를 얻게 될 것이다. 상관없다. 게임은 결정권자가 선택할 당시에 알고, 믿는 것에 근거해 진행되는 것이지, 이미 늦었을 때 선택을 재평가하는 소 잃고 외양간 고치기가 아니다. 합리적 선택이론의 용어로 사람들은 사전에, 즉 결과를 알기 전에 행동한다. 뒤늦게 사후 행동을 하지는 않는다.

내쉬균형을 찾기 위해 크리스(예를 들면)는 팻이 협력할 것이라고 예상될 때 자신의 최선의 움직임이 무엇인지를 고려하며 시작할 수 있다. 마찬가지로 팻이 배신할 것이라고 예상해 무엇이 최선의 움직임인지를 고민한다. 팻의 잠재적 선택에서 기인한 크리스의 득실에 대한 함의를 살펴봄으로써 크리스는 어떤 움직임이 가장 이익이 될지 결정할 수 있다(크리스가 사전에 팻의 최종 선택을 모른다 할지라도). 즉 크리스는 만약 팻이 배신한다면 어떻게 행동하고, 만약 협력한다면 어떻게 행동할지를 결정하는 행동의 완벽한 계획을 세운다. 물론 크리스는 자신이 협력하거나 배신함에 따라 팻에게 무엇이 최선인지를 선택할 팻의 관점에서 계산할 수도 있다. 이로써 크리스는 팻의 행동에 대한 기대를 형성하고, 그 대응책을 마련해야 한다. 이러한 방법으로 두 행위자 모두는 다른 행위자가 그에게 최선이라고 믿는 것을 선택할 것이라는, 즉 다른 행위자가 합리적으로 자신의 이익을 추구한다는 조건에서 게임의 완벽한 행동 계획(전략)을 구사한다.

죄수딜레마는 놀라운 함의를 가지고 있기 때문에 협력과 갈등의 문제를 보는데 흥미로운 관점을 제공한다. 팻의 움직임에 상관없이, 크리스는 협력보다 배신을 하는 편이 낫다. 팻이 협력할 때 크리스는 배신을 함으로써 T를 얻을 수 있지만 협력으로는 R밖에 얻지 못한다. 크리스에게는 R보다 T가 더 큰 이익이기 때문에 팻이 협력을 할 것으로 기대된다면 배신을 하는 것이 자신에게 더 이익이다. 만약 크리스가 팻이 배신할 것이라고 가정한다면, 크리스 역시 팻을 배신함으로써 P를 얻는다. 이는 크리스에게 그렇게 좋은 선택은 아니지만 협력을 선택해 S를 얻는 것(최악의 결과)보다는 낫다. 따라서 배신을 함으로써 크리스는 무거운 형량(P)이나 가벼운 형량(T)만을 받고 풀려나는 것 중 하나는 보장받을 수 있고 아주 오래 수감될 가능성(S)은 피할 수 있다.

팻에게도 같은 논리가 적용된다. 크리스가 어떤 선택을 하든 팻은 배신을 하는 것이 낫다. 배신은 두 행위자 모두에게 우위전략이다. 이 전략이 우위에 있는 이유는 상대 행위자가 어떤 선택을 하는지에 관계없이 협력에 비해 배신이 이해당사자에게 최선의 결과를 가져다주기 때문이다. 이는 심지어 사전에 협력하기로 약속했을 경우에도 마찬가지로 사실이다. 이것이 바로 협조게임이론의 제한적 특징이고, 비협조게임의 렌즈를 통해 문제를 확인할 때 얻을 수 있는 이점이다. 다른 방안이 없을 때, 정책결정자는 설령 그가 약속한 것과 다를지라도 그가 생각하기에 그에게 최선인 선택을 한다.

죄수딜레마에 담긴 딜레마의 근원은 각 행위자가 자신에게 가장 이익이 되는 선택을 할 때 어떤 일이 일어나는지에 따른다. 선택의 결과 각 행위자는 두 번째로 안 좋은 결과, 즉 무거운 형량(*P*)을 받게 된다. 만약 이들이 서로 선택을 조율하고 협력할 수 있었다면 두 번째로 좋은 결과인 가벼운 형량(*R*)을 스스로 보장할 수 있었다. 합리적으로 선택함으로써 각각은 협력했을 때 얻을 수 있는 것보다 좋지 못한 결과를 얻게 된다. 문제는 만약 둘 중 하나가 상대가 협력해 *R*의 득실을 얻게 될 것이라는 희망 하에 협력을 한다면 협력한 행위자가 최악의 결과를 맞게 될 수도 있다는 것이다. 상대 행위자 역시 협력을 할 유인은 없다. 그렇다. 둘 다 협력한다면 그렇지 않을 때보다 더 큰 이익을 얻을 수 있다. 그러나 협력 약속을 깨고 배신하는 행위자가 배신으로 이익을 얻고 ($T>R$) 이로써 공모자의 선의가 부당하게 이용될 수 있다. 행위자들이 선택을 조율하는 방법을 찾을 수 있다면 더 좋은 결과를 얻을 수도 있는 이러한 유형의 결과를 파레토열위라 한다.

이 경우 행동에 대한 이들의 선택은 또한 파레토효율(Pareto efficient)이다. 파레토효율은 전략 변화가 최소한 한 명의 행위자를 지금보다 더 나빠지게 만드는 것이다. 죄수딜레마에서 보았듯 행동의 일방적 변화는 당사자를 더 나쁜 결과로 이끈다. 반대로 파레토개선의 결과는 이미 모두 알고 있듯, 아무도 나빠지지 않고, 최소한 한 명의 행위자는 더 나아지는 것이다. 상호협력은 파레토개선이지만 행위자들은 이 합리적 경로를 선택하지 않을 것이다. 왜냐하면 상대가 어떤 행동을 하는지에 상관없이 각각은 협력보다는 배신이 우월함을 알기 때문이다. 배신은 더 큰 보상을 줄 수 있다. 이것이 딜레마다. 만약 국제정치가 자주 이러한 상황에 처한다면, 협력보다는 갈등이 팽배할 것이다. 사실 이것이 바로 국제문제에 관한 가장 일반적인 가정 중 하나가 의미하는 바다. 즉 국제 환경은 무정부적이다. 사실 신현실주의 창시자 케네스 월츠는 국제정치의 모든 것이 죄수딜레마라고 주장한다(Waltz 1979, 109). 앞으로 보겠지만, 이는 사실이 아니다. 그러나 갈등 위험이 비협조적, 무정부적 환경에서 얼마나 중요할 수 있는지(혹은 그렇게 믿어지는지)를 강조한다.

무정부 개념은 사실 국가 간에 합의를 강요할 수 있는 권리나 권력을 가진 초국가적 권위체가 없는 자구 체제의 환경에서 각 국가(혹은 지도자)가 움직인다는 아이디어와 같다. 이는 비협조게임의 정의로 꽤 좋은 묘사다. 무정부는 정부가 UN, 세계무역기구(WTO), 국제사법재판소와 기타 국제적 제도들을 어기는 것이 낫다고 결론 내리면 이 제도들이 가진 유용성만큼 이들과의 약속을 따를 것이라는 보장을 할 수 없음을 내포하고 있다(다음 장에서 국제기구의 설계에 관해 이것이 의미하는 바가 무엇인지 보게 된다). 요컨대 국제적 상호작용은 죄수딜레마와는 다른 게임이더라도 일반적으로 비협조게임의 조건을 반영한다.

4.2 다수의 균형을 가진 간단한 게임

죄수딜레마는 가능한 게임의 수많은 종류 중 하나에 불과하다. 두 행위자 각각이 2가지 행동을 선택하는 것과 관련된 게임은 무려 78가지다. (게임이론 중 빙산의 일각에 불과한) 2×2 게임은 죄수딜레마를 포함해 잘 알려진 치킨게임, 사슴 사냥, 남녀 성 대결 등 국제문제들에 관해 생각할 수 있는 게임의 다양한 배열을 제공한다. 죄수딜레마는 우위전략을 가지고 있지만 다른 많은 게임들이 그렇지 않다. 어떤 것은 다수의 균형을 가지는데 이는 아무도 혼자서는 더 나아질 수 없다는 내쉬균형의 아이디어에 부합하는 다른 게임방법이 존재한다는 의미다. 일단 남녀대결이라는 다수 균형의 사례를 살펴보자. 이를 통해 합리적 행위자가 상대의 기대에 영향을 미치는 행동을 조합할 수 있고 이로써 자신의 이익을 향상시킨다.

[표 4-2]는 남녀대결을 나타낸다. 남편과 아내(두 행위자)는 저녁에 하고 싶은 일에 대한 의견차를 보이고 있다. 한 명은 영화를 보러 가고 싶고, 다른 한 명은 오페라에 가고 싶다. 그러나 둘은 혼자 가기보다는 배우자와 함께 가기를 원한다. 성 대결은 국제정치의 일반적인 문제를 보여준다. 두 행위자 모두 결과에 대해 조율하려 하지만 그 조율이 둘 중 하나가 선호하는 결과를 가져다준다면 그 행위자는 선호 분포상 유리한 것이다.

표 4-2 성 대결

구 분	팻 – 감축	팻 – 유지
크리스 – 감축	4, 2	0, 0
크리스 – 유지	0, 0	2, 4

크리스와 팻이 서로 무역을 하고 있는 정부의 최고결정권자라고 가정하자. 이들의 가능한 행동은 온실가스 배출을 감축시키는 것('감축'이라고 표기)과 온실가스 배출을 감축시키지 않는 것('유지'라고 표기)이다. 크리스는 감축으로 가려 하고, 팻은 유지(아마도 감축 비용이 클 것이라 생각)를 선호한다. 그러나 만약 이들이 공동정책에 동의하지 않는다면 각각이 서로에게 부과할 수 있는 무역상의 불이익이 있기 때문에, 한쪽은 감축으로 가고 다른 한쪽은 유지로 각자의 길을 가기보다는 협력을 선호한다. 각자의 길을 가는 것은 크리스의 시장에서 팻의 상품을 배제시키는 결과를 초래하고, 팻은 보복으로 크리스에게 높은 관세를 부과할 것이다. 이 예시는 제8장과 제10장에서 다시 보게 된다.

내쉬균형(들)의 순수전략을 찾기 위해 다음 질문을 살펴보자. 팻(크리스)이 감축이나 유지 가운데 특정 하나를 선택할 것이라 예상될 때, 크리스(팻)는 당연히 감축을 선택하는 것이 나을까 아니면 당연히 유지를 선택하는 것이 나을까? 만약 팻이 감축을 선택할 것이라고 예상된다면 크리스는 감축을 선택해 4를 얻거나, 유지를 선택해 0을 얻게 된다. 팻이 유지를 선택한다면 크리스 또한 유지를 선택해 2를 얻는 것이 감축을 선택해 0을 얻는 것보다 낫다.

쉽게 생각하기 위해 행위자들의 득실을 대칭적으로 만들었기 때문에 팻도 크리스와 똑같은 결정을 하게 된다. 여기 내쉬균형의 2가지 순수전략이 있다. 즉 감축, 감축 그리고 유지, 유지다. 확실히 팻과 크리스는 단순히 자신에게 최선의 결과를 노리는 것(크리스는 감축, 팻은 유지)보다 두 전략 중 하나를 선택하는 것이 낫다. 이러한 조율을 통해 둘은 상대에게 부과될 관세를 피할 수 있고, 어느 쪽으로 조율하느냐에 따라 0 대신 2 혹은 4를 얻을 수 있다.

그러나 혼합전략의 관점에서 보면 이 게임은 추가로 제3의 내쉬균형을 갖는다. 혼합전략의 아이디어는 행동(감축 혹은 유지)을 선택하는 데 상대의 분포적 유리를 무효화시키는 행동을 확률적으로 선택하는 것이다. 이는 게임이 한 번만 일어난다 해도 가능하다. 크리스가 팻에게 [그림 4-1]과 같은 숫자판을 보여주었다고 생각해보자. 이 숫자판은 1/3이 주황색, 2/3가 녹색이다. 이러한 특정 분할이 왜 선택되었는지는 곧 알게 될 것이다. 크리스는 주황색 화살을 쏘고 그 화살이 꽂힌 곳에 따라 움직일 것이다. 그것이 2/3를 차지하는 녹색에 들어가면 감축을, 주황색에 들어가면 유지를 선택한다. 대칭적 득실 하에서 팻도 마찬가지지만 팻의 숫자판은 2/3가 주황색(유지를 나타내는), 1/3이 녹색이다. 이제 어떻게 숫자판이 이와 같이 나누어지게 되었고, 크리스와 팻이 어떻게 행동할지 살펴보자.

크리스는 팻이 유지로 조율하고자 한다는 사실을 알고 있다. 둘 다 유지를 선택한다면 팻은 4의 득실을 얻을 수 있고 둘 다 감축으로 가면 2밖에 얻지 못하기 때문이

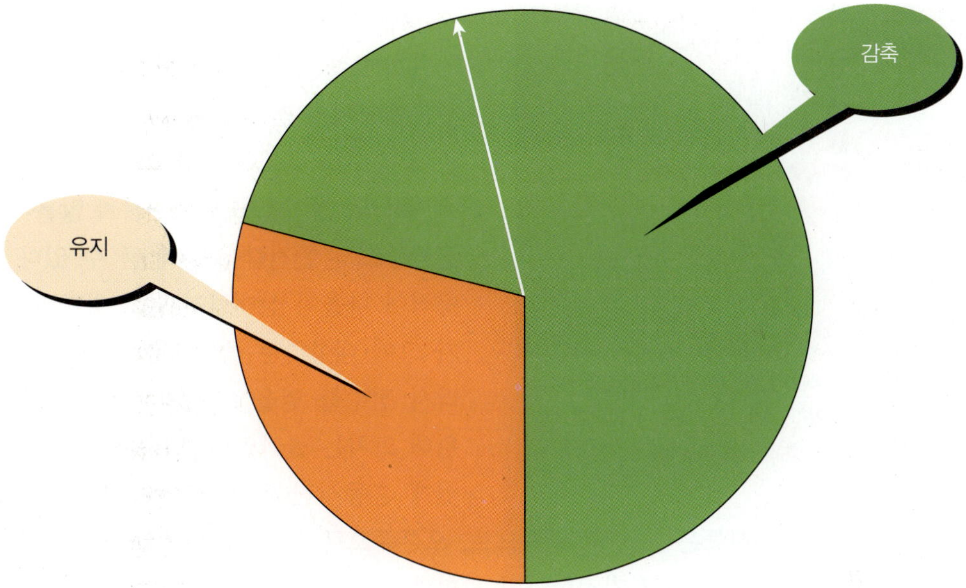

그림 4-1 숫자판 돌리기: 감축 혹은 유지

다. 득실의 차이에도 불구하고 크리스는 팻이 감축을 선택하고도 유지를 선택한 만큼 기쁘게 만들고 싶어 한다. 다음의 계산에 따라 확률적 선택을 함으로써 크리스는 이를 실행할 수 있다. 크리스가 감축을 선택할 확률([그림 4-1]의 녹색 영역)은 p이고 유지를 선택할 확률(주황색 영역)은 $1-p$이다. p의 값은 팻이 감축을 선택하는 데에서 오는 기대효용과 유지에서 오는 기대효용을 같게 만들도록 선택된다.

크리스는 다음을 만족하는 p를 선택한다. EU(팻｜감축)$=EU$(팻｜유지)
팻은 (EU｜감축)$=p2+(1-p)0$; (EU｜유지)$=p0+(1-p)4$
크리스가 p의 확률로 감축을 선택한다는 가정 하에, 팻은 $2p=4-4p$ 따라서 $p=2/3$

팻도 감축이 선택될 확률 q를 조정하는 유사한 선택을 한다. 즉 크리스가 감축을 선택하든 유지를 선택하든 아무런 차이가 없게끔 만드는 q값을 정한다. 따라서 크리스의 숫자판은 1/3이 유지, 2/3가 감축인 반면, 팻은 1/3의 감축, 2/3의 유지다. 이것은 (크리스의) 감축, (팻의) 감축이 2/9의 확률로, (크리스의) 유지, (팻의) 유지가 2/9의 확률로 발생하고, 5/9의 경우엔 크리스와 팻이 조율하지 못한다는 의미다. 여러 선택을 할 수 있다는 분포적 불안을 최소화하기 위해 일부의 조율 기회를 팔아버렸다. 각각은 1과 1/3의 기대 득실을 갖는다. 다른 혼합을 선택해도 둘다 나아지

노벨경제상 수상자 존 내쉬가 방문공동연구자로 있는 프린스턴대학에서 연설하고 있다. 수학자인 내쉬는 비협조게임 이론을 가능하게 한 내쉬균형 해법을 개발했다.

지 않음을 확인해보라.

혼합전략은 우리 삶 어디에나 존재한다. 풋볼게임에서 점수를 얻을 수 있는 터치다운 존에 선수가 들어갔을 때 코치가 왜 항상 같은 방식의 경기운영을 요구하지 않을까 하는 궁금증도 혼합전략을 통해 풀 수 있다. 어떤 방식이 나올지 상대팀이 알고 있다면 수비수가 그에 대항하는 플레이를 펼칠 것이다. 따라서 점수를 얻을 수 있는 가능성을 높이기 위해 코치는 골라인의 수비수들을 퍼뜨릴 수 있게 혼동시킨다. 전쟁에서 언덕 때문에 진로가 막힌 병사들은 그 언덕 왼쪽으로, 오른쪽으로 혹은 너머로 진군할 수 있다. 다른 모든 상황이 같다고 가정한다면 지휘관은 언덕의 방어를 흩뜨려 효율성을 떨어뜨리기 위해 전략의 선택을 혼합한다.

이제 행위자가 확률적이 아닌, 확실한 행동을 취할 때의 혼합전략과 순수전략의 균형을 찾는 방법을 알았다. 이는 유용하지만 믿을 수 없는 상대 행위자의 위협이나 도전을 없애기 위해서는 이러한 형태의 내쉬균형을 개선할 수 있다. 이것이 앞으로 살펴볼 내용이다.

TRY THIS

웹사이트나 다른 곳에서 사슴사냥 게임과 치킨게임의 득실을 찾아보라. 이 게임들은 죄수딜레마처럼 우위전략을 가지는가? 혼합전략을 가지는가? 혼합전략이 어떻게 보이는지 계산할 수 있는가? 그것이 내쉬균형, 즉 아무도 이 혼합전략에서 혼자 벗어나려는 유인이 없음을 입증할 수 있는가?

북한-미국 핵의 간단한 게임: 전개형 게임

비협조게임은 자주 전개형으로 나타난다(혹은 때때로 선택이 연속적으로 펼쳐지는 연대표를 사용한다). 앞에서 이미 행렬 혹은 가끔 정상형이나 전략형으로 부르는 형태로 나타난 [표 4-1]과 [표 4-2]의 게임을 본 바 있다. 전개형 게임은 게임의 순서를 강조하는 반면 정상형 게임은 게임의 순서를 모르거나 행위자가 동시에 움직인다고 가정한다. 우리가 볼 국제관계의 대부분이 전개형 게임을 따른다.

전개형 게임은 몇 가지 구조적 규칙을 따른다. 나무처럼 펼쳐진 전개형 게임은 게임에서 행위자가 행동을 선택해야만 하는 지점인 선택점들로 구성되어 있다. 선택점은 가지를 통해 다른 선택(혹은 결과)들과 연결된다. 선택점에서는 몇 개의 가지라도(무한대를 포함해) 뻗어나올 수는 있지만 하나의 선택점으로 들어갈 수 있는 가지는 하나뿐이다. 이는 선택점에서 전개되어 나온 가지가 게임에서 다른 국면을 초래한다는 뜻이다. 이 국면은 또 다른 선택점이 될 수도 있고 게임이 끝나는 종착점이 될 수도 있다. 이는 게임에서 각 경로, 즉 가능한 행동의 순서가 고유하다는 의미다. 이러한 방법으로 게임이론은 경로의존성 아이디어를 일부 반영한다. 경로의존성 주장은 역사학자나 역사학적 국제정치 연구자들이 주로 해왔는데, 이들은 역사의 순서가 고유하다고 주장한다. 게임이론은 국제문제가 어떻게 펼쳐질지에 대해 논리적이고 예측 가능한 기반이 있다는 생각을 가지고 이렇게 가정된 고유성을 다루는 유용한 방법을 제시한다.

[표 4-3]은 잘 알려진 치킨게임의 정상형으로 미국과 북한의 관계를 나타낸 것이

표 4-3 미국과 북한 정부: 치킨게임

북한의 선택 → 미국의 선택 ↓	타협	공격
타협	2, 2	1, 3
제재	3, 1	0, 0

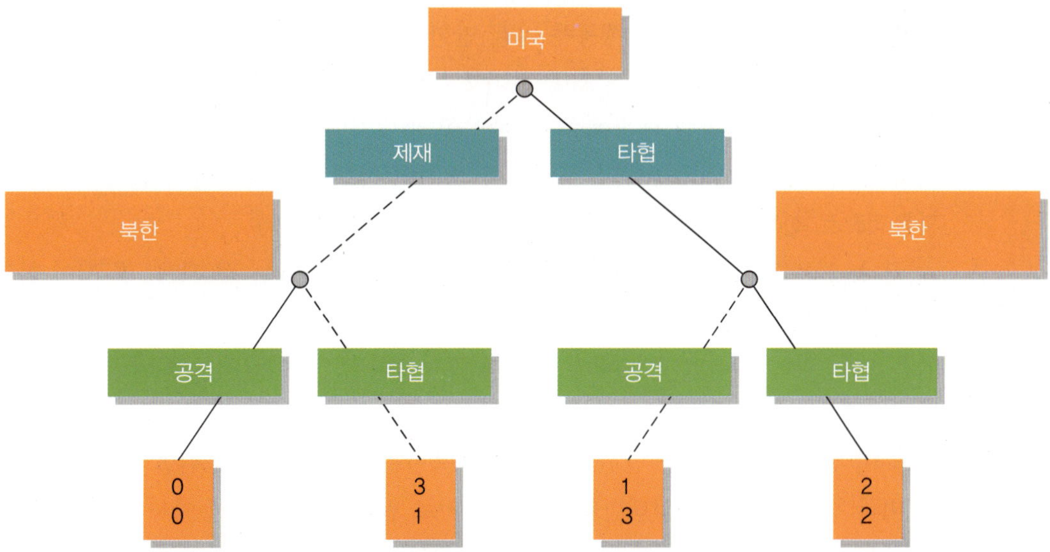

그림 4-2 전개형의 치킨게임: 미국이 먼저 움직일 때

다. [그림 4-2]는 미국 정부가 먼저 움직이는 게임의 전개형이다. [표 4-3]에서 알 수 있듯 미국 정부의 행동 선택은 양보(치킨게임에서 방향을 바꾸는)나 제재(치킨게임에서 끝까지 직진하는)이다. 북한의 선택은 타협(방향 바꿈)이나 공격(직진)이다. 내쉬균형을 찾기 위해서는 각 행위자가 상대 움직임에 따라 어떤 선택을 할 것인가를 확인해야 한다. 그러나 죄수딜레마와 달리 여기는 우위전략이 없다. 미국이나 북한 정부가 무엇을 할지는 상대 정부가 무엇을 할 것이라 생각하는가에 달려있다. 만약 미국 정부가 북한이 타협할 것이라고 믿는다면 미국 또한 타협을 함으로써 꽤 괜찮은 결과를 얻을 수 있지만(둘 다 타협하면, 미국의 득실=2) 북한이 타협을 준비하고 있다고 믿으면서도 제재를 가해 김정은을 굴복시키는 편이 더 이익이다(북한이 타협하는데 미국이 제재하면 미국의 득실=3). 2의 득실보다는 3의 득실이 더 낫기 때문에 김정은이 타협할 때 미국 또한 타협하는 것은 내쉬균형에 속하지 않는다. 이 경우 미국 정부는 혼자서 타협에서 제재로 배신할 동기를 갖는다.

반대로 북한이 타협보다는 공격을 선택할 것이라 생각한다면, 미국은 제재를 가하기보다는 타협을 제안해 비용을 최소화하는 것이 낫다. 따라서 이 간단한 게임에서 제재나 타협에 대한 미국의 선택은 북한이 무엇을 선택하도록 예상되는지에 달려있다. 마찬가지로 북한은 미국이 어떤 선택을 할지에 대한 예상에 따라 행동을 결정한다. 사실 이 게임에는 2가지 순수전략 내쉬균형이 존재한다. 1) 타협, 공격 혹은 2) 제재, 타협이다. [표 4-3]에서 강조하고 있는 부분이 이 전략을 나타낸다. 자신이 강조된 부분 중 하나에 들어와 있다고 생각한다면 두 행위자 모두 전략을 바꿀 이유가 없음을 확신하라. 또한 자신이 강조된 부분이 아닌 다른 곳에 있다고 생각한다면 둘 중 하나 혹은 둘 다 행동을 바꿀 만한 유인이 충분하다.

[표 4-3]에서 노란색으로 강조한 결과를 이끌어내는 균형전략은 순수전략으로 불린다. 각 행위자는 상대 행동에 대한 예상이 주어지면 확실히 특정 행동 하나를 선택하기 때문이다. 알다시피 각 행위자가 상대의 선택을 무차별하게 만드는 행동을 확률적으로 선택하는 혼합전략에도 균형은 존재한다.

[표 4-3]은 양쪽 모두가 상대에 대해 적대적으로 행동하는 것(제재, 공격)이 합리적 경로는 아니지만, 모두 타협하는 것 또한 합리적 경로가 아님을 보여준다. 이 게임은 어떤 일이 일어날지에 대해 확고하게 예측하지 않았기 때문에 약간의 여지를 남긴다. 미국은 제재를 하겠다고 위협할지도 모르지만 북한 정권이 공격을 선택한다면 미국의 위협은 믿을 만한 게 아니다. 북한은 공격하겠다고 위협할지도 모르지만 미국 정부가 제재를 선택한다면 마찬가지로 믿을 만한 위협이 아니다. 하여튼 이러한 행동들의 조합은 발생할 수밖에 없다. 둘 중 하나가 먼저 움직인다고 가정하면, 무슨 일이 일어날 것인지 생각해 볼 수 있다. 이를 위해 [그림 4-2]에 나타난 미

국이 먼저 움직이는 경우의 전개형 게임을 살펴보자.

4.3 부분게임완벽과 역진귀납

[그림 4-2]는 [표 4-3]과는 확연히 달라 보인다. 사실 이 게임을 풀기 위한 내쉬균형의 아이디어를 어떻게 적용해야 하는지도 명확해 보이지 않는다. 다행히도 그 방법은 그리 어렵지 않고 직관적이다. 역진귀납을 통해 부분게임완벽 내쉬균형을 찾는다. 전형적인 내쉬균형 가운데 믿기 어려운 위협을 제거하고 그 과정에서 우리가 걱정하는 많은 수의 균형을 줄일 수 있다. 모든 부분게임완벽 내쉬균형(subgame perfect Nash equilibria: SPNE)은 내쉬균형이지만 모든 내쉬균형이 SPNE인 것은 아니다. SPNE를 찾기 위해서는 거의 체스 선수가 하는 것을 한다!

부분게임완벽이라는 용어는 좀 복잡한 과정으로 들린다. 부분게임완벽은 각각의 선택점에서 결정을 내려야 하는 행위자가 앞을 내다보고 그의 선택지와 다른 행위자가 그 다음에 가질 수 있는 선택지를 고려한다는 의미다. 다른 행위자(혹은 행위자들)가 움직이는 가지 앞의 점에서 상대 행위자(혹은 행위자들)의 행위를 예상하면서 행위자는 각 선택점에서 **최선의 대응**(최선의 행동)을 선택한다. 행위자가 어떻게 그 선택점에 도달했는지는 여기서 중요한 사항이 아니다(물론 행위자가 게임에서 현재의 지점에 도달한 방법은 각 행위자가 가지의 종착점으로 나아가면서 무슨 일이 일어날지를 계산함으로써 게임의 전 단계에서 최선의 대응을 선택한 것이다. 각 행위자는 종착점에서부터 게임가지 위로 되돌아가며 선택을 되짚어 계산한다).

지능적인 상대가 다음에 할 행위를 계산해 낼 수 있을 만큼 행위자들은 충분히 지능적인가?[1] 각각의 행위자는 상대가 어떤 행동을 할지 알아내기 위해 상대의 입장에서 생각해본다. 물론 불안정성의 다양한 형태를 소개하면, 문제는 약간 복잡해질 수밖에 없다. 그러나 심지어 간단한 형태에서도 부분게임완벽은 왜 사람들이 그렇게 행동하는가에 대한 깊은 통찰력을 제공한다.

[그림 4-3]은 [그림 4-2]를 푸는 방법을 나타내고 있다. 가지의 바닥(북한의 선택)에서 출발한 선들은 미국이 제재를 선택했을 때의 북한 선택과 미국이 타협을 선

---

1. 게임이론은 적을 존중한다. 상대는 실수를 할 수도 있고 나는 그렇지 않을 것이라는 가정은 언제나 위험하다. 물론 사람은 누구나 실수를 하지만 이러한 가정은 정책결정자를 매우 불안정하게 만든다. 결국 상대가 실수를 하는지는 알 수 없다. 상대가 지금까지 해왔던 것만 못하게 움직일 것이라고 할 수는 없다는 의미다. 따라서 상대가 자신의 이익을 최대로 만들 수 있는 능력을 가지고 있다는 가정 하에 게임을 진행한다.

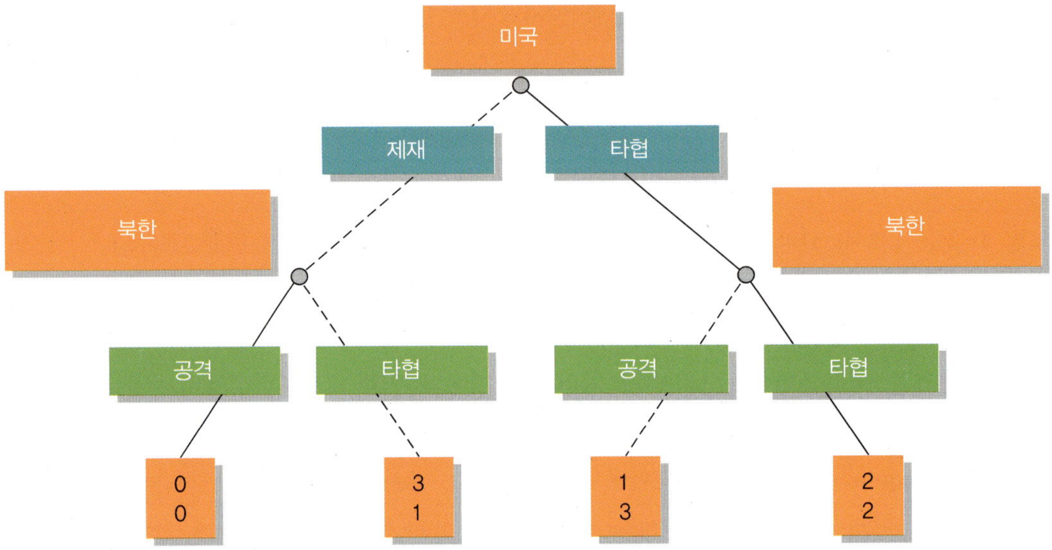

그림 4-3 **전개형 치킨게임 풀기: 미국이 먼저 선택할 때**

택했을 때의 북한 선택을 보여준다. 북한이 무엇을 선택할지 어떻게 알 수 있을까? 합리적인 지도자는 결정을 내릴 때 더 큰 득실을 주는 쪽의 반응을 선택한다. 득실은 종착점 밑에 나와 있다. 위쪽에 쓰여 있는 것이 미국의 기대 득실, 아래쪽이 북한의 것이다. 먼저 움직이는 쪽을 위쪽에 쓰고, 움직이는 순서에 따라 써 내려가는 것이 보통 관례다.

부분게임완벽은 게임이론적 사고가 역사적 분석과 다름을 나타내는 중요한 방식이다. 게임이 이전의 행동과 그에 대응한 행동의 경로를 확인함에도 불구하고, 그리고 어떤 선택이 지금 이루어져야 하고 또 왜 어떤 선택은 이루어지지 않았는지를 이해하는 데 있어 현실과 게임 모두에서 경로가 기본임에도 불구하고, 게임이론에서 현재 선택에 중요한 것은 앞으로 일어날 것으로 기대되는 것(즉 현재 선택점 이후)이지, 어떻게 행위자들이 현재 상태에 이르게 되었는지가 아니다. 이것은 매몰비용은 매몰된다는 경제학자의 생각과 비슷하다.

매몰비용은 복구될 수 없다. 그래서 지금의 관심은 미래에 일어날 것으로 기대되는 것에 관한 것이다. 게임이론은 미리 계획을 세우고, 미래에 일어날 수 있는 일을 고려하며, (가까운 혹은 때로는 먼) 미래(즉 게임의 끝)에 가능한 최선의 결과를 얻을 수 있는 방법을 지금 선택하는 것에 관한 것이다. 가령 당신이 체스게임 중이고, 어떻게 체스를 하는지 안다면, 어떻게 지금 그 말이 그 자리에 있는지 궁금해 할 필요가 없다. 각각에 남아 있는 가능한 움직임에 앞서, 당신이 갈 길을 계산하려는 각각의 행위자에 앞서, 지금 그 위치에서 무엇이 최선의 움직임인지를 생각하면 된다. 매우 어려운 과제다.

미국이 타협을 제안한다면 김정은은 타협에 동의하거나 공격을 일으키는 것 중 하나를 선택해야 하는 선택점에 도달한다. 무엇을 할지 결정하기 위해 김정은은 타협과 공격에서 기대되는 바를 비교한다. [표 4-3]의 득실에 따라 김정은은 타협을 받아들이기보다 선제공격의 이점을 취하고 공격을 하는 것에서 더 많은 것을 기대한다. 그러나 미국이 제재를 하겠다고 먼저 위협하면 김정은의 선택은 보복공격이나 타협이다. 이 경우 김정은은 공격으로부터 0, 타협으로부터 1을 얻을 수 있다. 1이 0보다 크기 때문에 미국이 제재로 위협한다면 김정은은 타협을 받아들일 것이다.

미국 대통령은 이제 미국이 타협을 제공하거나 제재의 위협을 할 때 무슨 일이 일어날지 계산한다. 이전 사례에서 미국(과 한국)은 1의 득실과 함께 전쟁비용과 위험에 부딪쳤다. 타협은 미국에게 2의 득실을 제공하지만 가능한 결과가 아니다. 타협안을 제공하는 것은 [그림 4-3]에 따라 공격을 야기하기 때문이다. 사실 타협이 가령 10 정도로 미국에게 훨씬 좋다 해도 북한이 타협으로 응수하는 것을 선호하지 않는다는 사실에는 변함이 없다. 만약 미국이 제재로 위협하면 북한은 타협을 받아들일 것이다. 이때 미국의 득실은 3이다. 따라서 미국의 실제 선택은 타협을 제공하고 1을 받거나 제재로 위협하고 3을 받는 것이 된다. 3이 1보다 크기 때문에 미국은 이 게임에서 제재로 위협하고 타협을 받아낼 것이다.

부분게임완벽은 예측력을 향상시킨다. (신뢰할 수 없는 위협이 균형을 구성하는) 정상형은 2가지 순수전략 (그리고 아직 살펴보지 않은 혼합전략) 균형을 제공한다. 부분게임완벽은 기대되는 2가지 균형 중 어느 쪽이 더 게임의 순서에 의존하고 있는지를 보여준다. 만약 미국이 먼저 움직이면 미국이 타협하고 북한이 공격하는 균형은 더 이상 불가능하다. 북한의 공격은 제재로 위협하는 미국의 결정에 의해 균형이탈경로에 놓이게 되고, 미국의 위협 결정은 다른 행동이 미국에게 나쁜 결과를 제공할 것이라는 확신에 의해 뒷받침된다.

[그림 4-3]의 게임은 간단한 편이고, 거의 확실히 너무 간단해서 미래 미국-북한 대립의 중요한 특징을 잡아내지 못한다. 이제 제3장에서 배운 분석의 이점을 반영해 더 복잡한 게임으로 확장시켜보자. [그림 4-4a]와 [그림 4-4b]는 [그림 4-3]에 추가적인 움직임을 더한 것이다. 제3장에서처럼, 이제 위험중립형, 선형효용을 가정한다. 오바마 대통령이 제시하는 타협안에 대한 미국의 득실은 $1-X$이고 북한의 득실은 X이다. 북한 정부가 시험 삼아 한국 영토에 공격을 시도하는 상황에서 미국의 선택은 보복공격 아니면 확대를 피하기 위한 굴복으로 가정한다. 만약 미국이 보

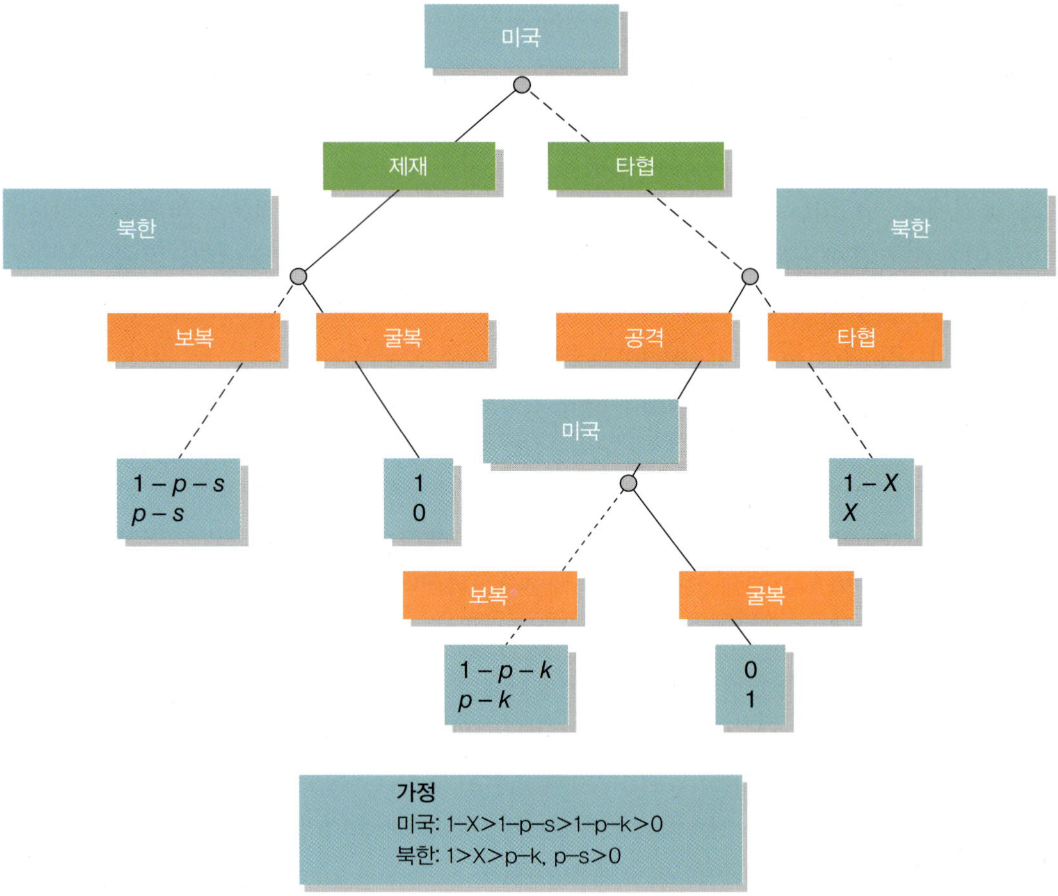

그림 4-4a 미국이 싸울 준비가 되어 있을 때의 미국 대 북한

복공격을 선택하면 전쟁이 일어난다. 제3장에서 보았듯, 전쟁에 대한 미국의 득실은 $1-p-k$이고 북한은 $p-k$이다. 그러나 미국이 굴복한다면 0을 얻고 북한은 최고의 결과인 1을 얻게 된다.

제3장에서는 제재의 가능성에 대해 살펴보지 않았다. 그러나 여기에서는 제재의 상황에서 그에 대한 득실을 측정하기 위해 몇 가지 조건을 추가해야 한다. 제재는 제재를 가하는 쪽(미국 정부)과 제재를 받는 쪽(북한 정부) 모두에 추가 비용을 발생시킨다고 가정하고, 이를 s라 하자($s<k$). 계산을 간단하게 하기 위해 양측의 전쟁비용(k)이 같다고 가정했듯 양측의 제재비용은 같다고 가정한다. 만약 미국이 제재로 위협을 가한다면 북한 정부는 굴복하거나 자신의 제재로 혹은 다른 어떤 행동으로 보복할 수 있다. 북한이 제재에 굴복한다면 미국은 최상의 득실인 1을 얻게 되고 김

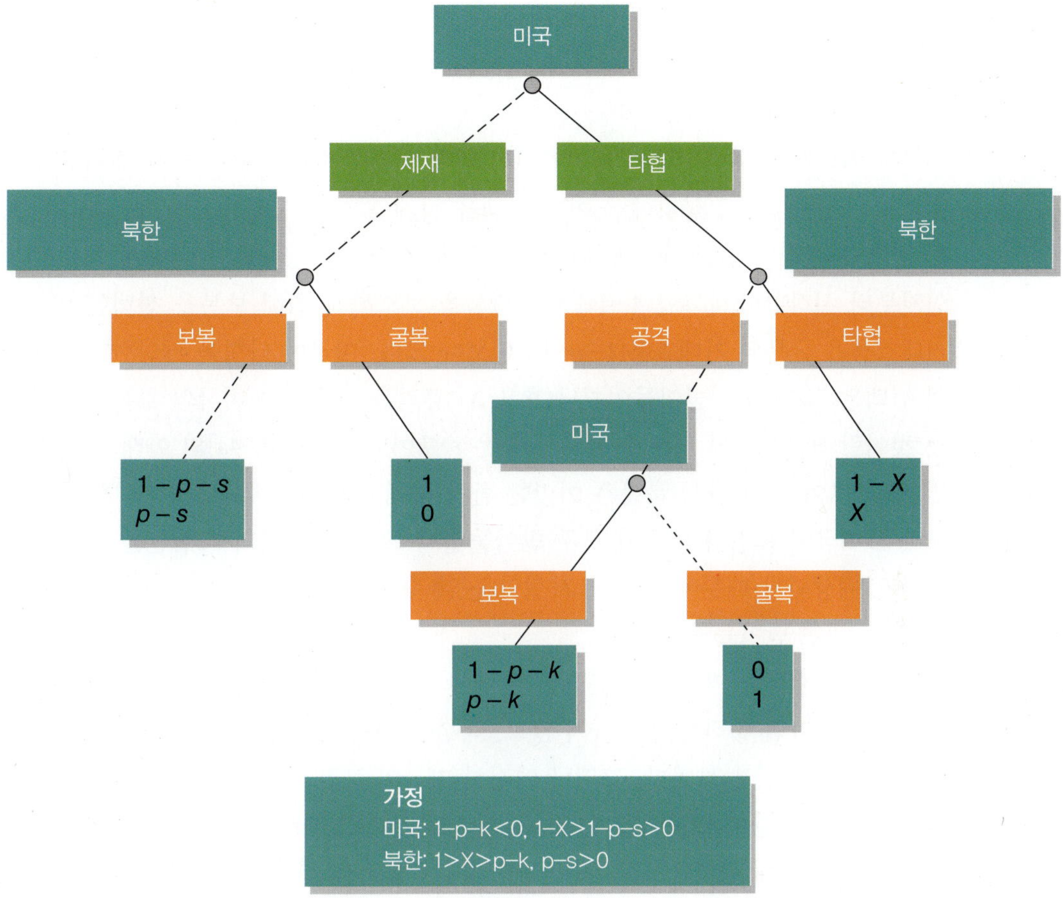

그림 4-4b 미국이 싸울 의지가 없을 때의 미국 대 북한

정은 정부는 0을 얻는다. 그러나 김정은이 보복하면 미국은 제재비용을 지불한 후 승리할 것이다. 제3장의 전쟁 계산논리를 제재에 대입시켜보면 제재에 대한 기대득실은 $1-p-s$이다. 미국의 제재에 보복으로 반응한 북한의 기대효용은 $p-s$이다.

역진귀납을 사용하면 [그림 4-3]의 간단한 게임을 풀어낸 것처럼 이 게임도 풀 수 있다. 그러나 게임을 풀기 위해 득실에 대한 몇 가지 가정을 세울 필요가 있다. 사실 [그림 4-4a]와 [그림 4-4b]의 게임을 구분할 수 있는 것은 하나의 가정이다. [4-4a]에서는 $1-p-k>0$이라고 가정했다. [4-4b]에서는 미국이 싸움보다는 굴복을 선호한다고 가정한다. $1-p-k<0$은 [4-4b]의 k가 [4-4a]보다 큰 값으로 예상됨을 의미한다. 물론 승리의 확률이 더 낮거나 p와 k 둘 다 바뀔 수 있다. 그러나 목적상 k값이 [4-4a]와 [4-4b] 사이에서 변했다는 것을 언급하는 것만으로 충분하다. 두

그림의 다른 모든 것은 같다. 그러나 이 단 하나의 변화가 앞으로 일어날 일에 얼마나 큰 차이를 가져오는지, 그리고 꼭 예상한 방식으로 일어나지는 않는다는 것을 보여준다.

모두 알다시피 역진귀납은 게임가지의 밑에서 출발해 올라오면서 각 행위자가 일어날 수 있는 각각의 상황에서 어떤 선택을 하게 될지 계산하는 것이다. 따라서 북한 정부가 미국의 협상 제안에 뒤이어 한국을 공격한다면 미국이 어떻게 반응할 것인지부터 시작한다. [그림 4-4a]에서 한국을 보호하기 위해 보복을 선택한 미국의 기대효용은 굴복의 기대효용($1-p-k>0$)보다 크다. 미국이 타협을 제안한다면 북한의 선택은 그 타협을 받아들이거나(효용 X) 공격을 감행하고 미국의 보복을 감당하는 것이란 의미다. 이 경우 북한의 효용은 $p-k$이다. [그림 4-4a]의 아래 노트를 보면 $X>p-k$이다. 따라서 북한은 이러한 환경 하에서 타협을 받아들인다. 제3장에서 보았듯 미국이 북한과 미국이 모두 받아들일 수 있는 최소한의 타협안을 제안할 것이라고 예상되기 때문에 이것은 사실임을 알 수 있다. 북한은 $X\geq p-k$를 만족하는 타협안이라면 받아들일 것이다.

미국이 타협안을 제시하고 북한이 한국에 군사공격을 할 만큼 멍청해 미국이 보복을 선택한다면 공격은 일어나지 않고, 북한은 타협을 선택해 X를, 미국은 $1-X$를 얻게 된다는 사실을 보았다. 그러나 여전히 미국이 북한 정부에 대한 제재 위협정책보다 타협안을 선호하는지 알 수 없다. 이 게임가지의 제재 쪽 선택을 보면, 미국이 제재를 가했을 때 북한은 굴복하고 0을 얻거나 보복을 하고 $p-s$를 얻는다. 이 제재는 북한이 견딜 만한 것이라 가정했기 때문에 $p-s>0$이고 북한은 보복을 선택할 것이다. 이제 미국은 북한이 게임의 각 상황에서 어떤 선택을 할지 계산하고, 이로써 마침내 제재와 타협 중 무엇을 할지 결정할 수 있다. 전쟁을 피하려면 미국의 타협안은 북한과 미국을 모두 만족시킬 필요가 있다는 것을 기억하라. 제재비용 s가 전쟁비용 k보다 작다는 조건하에 미국은 북한과 자국의 요구를 모두 만족시키는 제안을 내놓을 수 있다. 타협을 제안함으로써 오바마 대통령은 $1-X$의 득실을 얻고, 제재를 통해 $1-p-s$를 얻는다. 가정에 따라 미국에게 $1-X$는 $1-p-s$보다 낫다. 따라서 미국은 타협안을 제시하고 그것은 받아들여질 것이다.

[그림 4-4b]의 게임은 기대비용과 기대혜택에 관한 적절한 첩보와 적절한 추정이 얼마나 중요한지를 보여준다. [4-4b]가 [4-4a]와 다른 것은 전쟁에 대한 기대비용뿐이다. 북한이 미국의 타협 제안에 대한 반응으로 한국을 공격했다면, 이 비용은 미국이 한국을 방어하기 위해 전쟁을 택하기보다 양보하는 쪽을 선택하게 할 만큼 치솟는다(2010년 북한이 연평도를 공격하고도 한국이나 미국의 반격을 받지 않은 것과 비슷하다). 이 시나리오에서는 북한은 미국이 양보할 것이라 예상하기 때문에

2가지가 주목할 만하다. 1) 미국은 반격하지 않을 것이기 때문에 미국이 전쟁에 나선다면 북한 정부가 어느 정도 잘 싸울 것인지는 별로 중요하지 않다, 2) 타협안 제시는 북한의 공격을 이끌어낼 수 있기 때문에(북한에게 $1>X$) 미국은 북한과 타협안에 합의할 수 없다.

만약 미국이 [그림 4–4a]와 같이 제재를 사용한다면 북한은 굴복하지 않고 보복을 선택할 것이다. [그림 4–4b]에 나타난 미국의 선택은 타협을 제안하고 북한에 굴복하거나(득실=0), 성공과 실패의 가능성을 모두 가지고 제재를 가하는 것이다(기대득실 $1-p-s$). 가정에 의해 $1-p-s>0$이므로($s<k$이므로 $1-p-k<0$이고 $1-p-s>0$일 수 있다) 북한이 높은 비용을 감당하고 보복을 할 것이라 해도 미국은 북한에 제재를 가하는 쪽을 선택한다. 따라서 이 경우 미국의 전쟁비용 증가는 적과의 협력을 촉진시키지 않는다. 대신 북한에 의한 공격 위협은 타협을 균형경로 밖으로 밀어내고, 제재를 조장한다. 이 경우 북한은 공격적으로 나가서는 안 된다. 그로써 받아들일 만한 타협의 여지를 없애는 것이기 때문이다.

부분게임완벽 내쉬균형은 기본적인 내쉬균형보다 한 걸음 나아간 형태다. 움직임의 순간에 앞을 내다봄으로써 신뢰할 수 없는 약속이나 믿을 수 없는 위협을 포함한 내쉬균형을 제거한다. 가령 [그림 4–4b]와 같이 미국이 북한에 대한 보복공격으로 군사적 비용뿐 아니라 매우 높은 정치적 비용까지 감당해야 한다는 사실을 북한이 알고 있다고 가정해보자. 그러면 미국의 보복 위협은 북한 정부가 보기에 그다지 신뢰가 가지 않는다. 김정은정부는 북한이 공격을 개시했을 때 미국 입장에서 굴복을 선택하는 편이 낫다는 것을 안다. 이 시나리오에서 미국이 공격으로 응수하는 것은 최선의 선택이 아니기 때문에 미국은 믿을 만한 위협을 할 수 없다. 마찬가지로 미국 정부는 북한이 합리적 타협을 받아들이겠다는 약속을 한다 해도 이것이 거짓임을 알고 있다. 단지 강도 높은 제재를 피하기 위한 거짓 약속이라 생각할 것이다. 북한의 최선의 선택이 미국의 보복공격이 따라오지 않을 공격임을 아는 상태에서 미국은 완벽하게 합리적 타협을 제공해야 할까? 최선의 선택에 초점을 맞춤으로써 부분게임완벽은 미국의 보복 위협과 북한의 타협 약속을 묵살한다. 요는 모든 부분게임완벽 내쉬균형은 내쉬균형의 정의를 만족시키지만, 모든 내쉬균형이 부분게임완벽성을 만족시키지는 않는다는 것이다. 부분게임완벽을 고려할 때 믿기 어려운 위협은 균형으로 지속될 수 없다.

체스는 [그림 4–4a]와 [4–4b]를 생각하면 특히나 유용한 비유다. 체스는 매우 복잡한 게임이다. 그럼에도 불구하고 체스는 완전정보게임이다. 완전정보게임은 두 행위자가 게임의 전력(이전의 모든 움직임)을 알고, 또 결국 누가 이기고 지고 비기게 되어 있는 게임의 모든 종착점에서 각 행위자의 기대 득실을 아는 게임이다(즉 완벽정보). [그림 4-4a]와 [4-4b]의 게임은 체스보다 간단하긴 하지만 이와 같은 특징을 가지고 있다. 미국은 이전의 어떤 움직임도 알기 때문에 항상 어떤 선택점에 다다를지 알고 있다. 김정은도 마찬가지다. 그러므로 미국(즉 미국 지도자)과 북한(즉 김정은과 그 지도부) 모두 완전 정보를 가지고 있다. 또한 게임에서 각 행위자는 완벽 정보를 가지고 있는 것으로 가정되기 때문에 게임의 각 종착점에서 자신과 상대의 기대 득실을 알 수 있다.

행위자는 어떤 결과가 자신에게 좋고 또 상대에게 좋은지를 안다. 완벽 정보는 예를 들자면 ([그림 4-4a]처럼) 미국이 북한의 공격에 반격하는 것이 양보하는 것보다 더 나은 것으로 기대하는지 아니면 ([그림 4-4b]처럼) 더 나쁜 것으로 기대하는지, 즉 미국이 $0>1-p-k$로 기대하는지 아니면 $1-p-k>0$로 기대하는지를 김정은이 알고 있다는 의미다. 체스와 같은 게임을 잘하는 방법은 미리 내다보고 나의 움직임에 대한 상대의 반응이 무엇일지를 생각해보는 것이다. 상대 행위자 또한 나머지 게임을 가능한 한 그에게 유리하게 만들기 위해 현재 상태에서 최선의 움직임을 선택할 것이다. 이를 계산하기 가장 쉬운 방법은 각 최종 선택점을 살펴보는 것에서 시작한다. 즉 게임가지의 밑에서 어떤 것이 최종적으로 선택될지 본 후에 그 길을 따라 각 가지 위로 뒤짚어 올라가는 것이다.

역사실적 추론

[그림 4-4a]와 [4-4b]는 몇 가지 중요한 일반적 원리들을 내포한다. 각각의 그림에는 각 선택점에서 행위자의 선택을 나타내는 점선이 있다. 그림에서 일련의 점선들은 게임의 시작에서부터 게임의 끝을 나타내는 종착점까지 연속적인 경로를 형성한다. 게임의 특정 조건들이 정확하다면 이 연속적인 경로를 따라 선택된 행동들은 현실세계에서 관찰될 것으로 예측되는 행동들이다. 그러나 다른 종착점으로의 선택을 이끄는 점선들도 있다. 이 경우는 실선이 게임의 시작에서 끝까지 연속적이지 않다. 이 선들은 게임에서 완전한 행동 계획의 일부를 나타낸다. 이것은 한 행위자 혹은 다른 행위자의 균형전략의 일부분이다. 처음부터 종착점까지 연속적으로 이어진 선들과 달리 이 선들을 균형이탈경로라 부른다.

연속적인 점선들은 균형경로를 나타낸다. 균형이탈경로의 선택들은 그 선택점에 도달했을 때 어떤 일이 일어날지에 대한 예상을 반영한다. 사실 행위자는 균형경로 밖에 있는 선택점에 도달하지 않는다. 그 전의 선택점에서 그 지점을 열등하다고 생각하고 더 나은 선택을 하기 위해 그 점으로 가지 않기 때문이다. 이 점들은 행동 대안의 결과를 이해하기 위해 게임에서 미리 보는 것으로, 부분게임완벽 내쉬균형의 결과를 확인하기 위한 역진귀납을 수행하는 데 중요한 정보가 된다. 따라서 균형이탈경로의 행동이나 결과를 관찰할 것으로 기대하지 않는다 해도 그 균형이탈경로의 기대는 사람들이 어떤 선택을 할 것인가를 형성하는 데 중요하다. 이러한 선택들은 행위자의 균형 행동 계획, 즉 완전한 행동 계획 중 일부다.

완전완벽정보가 주어졌을 때는 균형이탈경로를 볼 수 없다. 왜냐하면 명칭이 의미하듯 이것은 균형 이탈이므로 취해지지 않을 행동이기 때문이다. 이러한 잠재적인 선택은 가설적인 세상을 반영한다. 나쁜 결과가 예상되어 선택되지 못한 행동들은 우리가 관찰하는 것이 전부가 아님을 보여준다. 이 세상을 이해하려면 보이는 것 이상을 알아야 한다. 보이는 사실이 전부를 알려주지 않는다. 또한 정책결정자들이 다른 선택을 했다면 무슨 일이 일어날 것이라고 예상하는지를 정리해야 한다. 모든 게임이론의 모델은 역사실적 추론의 중요성을 강조하고 이러한 방법에서 다양한 사례를 분석하고 양적 통계분석을 사용해 왜 다른 어떤 일이 일어나지 않았는지보다는 무슨 일이 일어났는지에 관심을 집중하는 역사학자들의 일반적 설명과 구분된다.

앞으로 더 자세히 보게 될 역사실적 추론은 국제문제에 대한 다른 형태의 연구에서는 간과하는 몇 가지 중요한 사항을 이끌어낸다. 가령 동맹국이 공격을 당했을 때 상당한 경우 국가들이 자신의 동맹국에 대한 원조를 제공하지 않음을 알 수 있다. 많은 사람들이 이 사실을 보고 동맹국들은 서로 협정에 서명한 이상의 행동은 하지 않는다고 유추한다. 이들은 대부분의 동맹국들은 신뢰할 수 없다고 결론짓는다. 그러나 게임이론적 분석을 통해 그것이 균형경로에 있는지 아닌지를 살펴본다면 이 추론에 문제가 있다(Smith 1996). 예컨대 한국이 강대국 미국과 동맹관계에 있다는 점을 아는 상태에서 북한이 한국 공격 여부를 고려한다면, 북한의 지도자가 아무리 한국 정권과 분단 상황을 경멸한다 해도 공격하지 않기로 결정할 것이다. 한국이 강력한 미국의 도움을 받아 반격할 것이기 때문에 아마도 공격은 일어나지 않을 것이다. 그러나 만약 북한이 보기에 미국의 대한(對韓) 약속이 흔들린다면 북한이 한국과 미국의 동맹군을 이길 수 있다고 스스로 믿지 않을 때조차 승리를 생각하면서 한국을 공격할 것이다.

이미 공격이 일어난 사례만 보고 있다면 상대의 동맹관계가 약하거나 동맹군이 있다 해도 전쟁의 결과를 바꿀 수 없기 때문에 공격자는 동맹의 전쟁 개입을 기대하지 않은 사례를 선택한 것이다. 이로부터 대부분 동맹에 대한 공격이 이루어질 때 동맹국들이 돕지 않기 때문에 동맹관계가 신뢰할 수 없다는 사실을 유추할 수 있다. 그러나 만약 이렇게 결론 내린다면 동맹이 신뢰할 만하고 강력할 것이라는 기대에 의해 공격이 균형이탈경로에 놓인 경우는 무시하는 꼴이 된다. 이 경우 공격자는 애초에 상대국과 그 동맹국이 연합해 대응할 위험을 택하기보다는 아무 행동도 하지 않는 쪽을 선택할 것이다. 이 사례들은 신뢰할 만한 동맹이 공격자가 될 수도 있는 국가를 성공적으로 억지한 경우다. 결과적으로는 공격을 보지 못하고, 심지어 위협도 보지 못한다. 이는 아마 균형이탈경로에 속할 것이다. 그러나 이것은 동맹의 신뢰성을 보여주는 사례다. 이것은 짖지 않는 개의 사례다.

균형이탈경로의 기대를 강조하는 게임이론은 동맹국 신뢰성에 관한 데이터를 동맹국이 신뢰할 만하다는 결론에 반대되는 쪽으로 편향시키는 선별효과에 주목하게 만든다. 게임이론 추론에 비해 통계적 방법이나 대부분의 사례연구 방법은 이러한 선별효과를 간과하고 이 때문에 동맹이나 다른 많은 정치적 요인들을 잘못 유추하는 경향이 더 크다. 이러한 방법은 일어난 일들이 일어나지 않았던 일까지 대변한다고 가정하곤 한다. 그러나 관찰되지 않는 데이터(짖지 않는 개들)가 무작위 표본에 포함되는 경우는 거의 없다.

테러리스트의 공격에 관해 관찰된 바는 선별효과의 문제를 안고 있다. 실제 발생한 테러 사건은 실제로 모의되었지만 예컨대 (제13장에서 살펴볼) 대(對)테러 조치 때문에 실제로 아예 발생하지 않은 사건을 포함하지 않는다. 제6장에서 보다시피, 전쟁으로 치닫는 분쟁은 전쟁 없이 해결된 분쟁이나 결코 분쟁이라 할 수 없는 관계까지 대표하지는 않는다. 일단 공격이 없으면 전쟁의 나쁜 결과에 대한 기대(즉 억지)가 작동한 것이다. 제재는 실제로 실행되지 않고 위협만 할 때 가장 효과적이다. 일단 제재가 실행되면 상대는 적의 요구에 양보하는 비용이 제재비용보다 더 크다고 판단한 것이기 때문에 실행된 제재는 거의 작동하지 않는다. 이러한 선별효과를 조심해야 한다. 게임이론은 일어난 일과 일어나지 않은 일의 차이를 조명한다.

TRY THIS

동맹관계에 있으면서 공격 받지 않은 10개 국가 그리고 동맹관계에 있으면서도 공격 받은 10개 국가의 데이터를 찾아보라. 이들의 동맹협약이 근본적으로 다른가(상호방위를 요구했는가? 협의? 그 이하?)? 아니면 공격이 일어났을 때 동맹국이 동원할 수 있는 군사력이 다른가? 공격 받은 국가가 인접 적대국의 공격을 막기에 충분히 강한 억제력을 가졌다고 생각하는가?

불확실성 하의 북한-미국 게임 풀기

북한과 미국의 게임은 앞으로 살펴보게 될 몇 가지 추가적인 통찰력을 강조한다. 앞서 미국이 처한 2가지 다른 상황의 가능성을 소개했다. 둘의 차이는 전쟁비용(k)의 기댓값이 상대적으로 작은가 혹은 큰가 하는 것이다. 만일 미국이 타협을 제안한다면(필요하나 실현되지 않는 조건), 북한은 어느 상황이 맞는지에 따라 선택을 달리할 것이다. 여기서 왜 '필요하나 실현되지 않는 조건'이란 표현을 쓸까? 비용이 충분히 크다면 북한은 미국을 공격해 굴복시킬 것이다. 그러나 바로 그런 이유로 비용이 비교적 큰 상황이라면 미국이 타협 제안이 아닌 제재를 선택할 것이므로 북한은 공격 기회를 잃게 된다. 미국이 타협을 제공하는 대신 제재를 선택할 것이라는 사실은 그 자체로 북한이 무력을 사용하면 미국은 보복을 할 준비가 되어 있지 않다는 신호다. 이로부터 미국이 어떤 상황(비용이 높은 혹은 낮은)에 속해 있는지가 미국이 제재를 하느냐(높은 전쟁비용), 타협을 제안하느냐(낮은 전쟁비용)에서 이미 결정되어 있다는 사실을 알 수 있다. 그러나 틀릴 수도 있다.

만일 미국이 타협을 제안할 때는 미국의 전쟁비용이 낮은 것이라고 북한이 유추한다면, 미국은 높은 전쟁비용을 예상해도 타협을 제안함으로써 전쟁비용이 낮은 척 허세를 부릴 유인을 갖게 된다. 게임이론 모델의 모든 행위자와 같이 김정은 정권을 충분히 지능적이라고 가정한다. 김정은은 미국이 타협안을 제시하면서 보복공격의 위협을 가하는 것이 진실일 수 있지만 거짓일 수도 있음을 생각할 수 있다. 그러나 북한은 포커게임 선수의 상대가 허세를 부릴 가능성을 고려하는 것처럼 이 문제를 부분적으로 상쇄시킬 수 있다. 다음을 살펴보자.

미국이 제재와 타협을 선택하기 전에 [그림 4-4a]와 [4-4b]에 '자연'에 의한 행위, 즉 북한이 [4-4a]와 같은 미국과 맞닥뜨릴 가능성은 R이고, [4-4b]와 같은 미국과 맞닥뜨릴 확률은 $1-R$이라고 추가해보자. 자연 행위가 있다는 의미는 행위자의 즉각적인 통제 밖에 있는 어떤 과정이 결정되어 있다는 것이다. 이는 미국이 보복을 할 만한 거친 유형의 국가인지 전쟁을 피하기 위해 굴복하는 국가인지를 결정한다. 자연에 의한 움직임은 미국 유권자들의 선거 선호를 반영하는 것, 즉 유권자가 국가경제와 같은 완전히 다른 기반에 관해 투표할 때의 우연한 선거결과로 이해될 수 있다. 높고 낮은 비용문제에 따른 미국 행위자 유형의 이러한 원인들을 **외생적**이라 부른다. 즉 북한의 공격에 대한 미국의 기대비용을 결정하는 것은 행위자 선택의 전략적 틀 바깥에 있다.

외생적으로 결정되는 R 값이 김정은 정권으로 하여금 전쟁의 위험 대신 타협을 선택하게 하려면 얼마나 커야 하는지를 계산하고자 한다. R과 $1-R$은 미국 대통령의 강인함에 대한 김정은의 믿음이나 인식으로 나타낼 수 있다. 제13장에서 믿음과 실제 행동 간의 일관성을 살펴보고 이로써 게임 속에 펼쳐진 행동들로부터 행위자들이 무엇을 배울 수 있는지 알아보는 **베이즈규칙**(Bayes' rule)을 사용하는 방법을 학습한다. 지금은 추가적인 복잡성을 배제하고 미국의 유형(높거나 낮은 비용)에 대한 불확실성만을 다루어보자.

물론 미국(즉 대통령)은 자신이 어떤 유형인지를 알고 있다. 즉 미국의 정책결정자는 $1-p-k>0$이라 믿는지 아니면 $0>1-p-k$라고 믿는지를 알고 있다. 그러나 김정은은 미국 지도부에 대한 이 정보를 모른다. 이제 김정은이 R의 가능성으로 미국에게 $1-p-k=0.2$라 생각한다고 가정하자. 가령 북한이 시작한 전쟁에서 미국이 승리할 확률이 70%($1-p=0.7$)이면서 뒤따른 전쟁비용(k)이 0.50이라고 미국이 생각하거나 혹은 $1-p-k>0$을 만족시키는 다른 p 값과 k 값의 조합이라면, 이와 같은 추론이 맞을 수 있다. 한편 $1-R$의 가능성으로 김정은은 미국이 보복공격에 성공할 확률이 0.70이고 그 전쟁에서 군사비용뿐 아니라 높은 국내비용까지 전체 지출할 비용이 0.80이라 생각할 수도 있다. 이 경우 $1-R$의 가능성으로 $1-p-k=-0.10$이다. 물론 이것은 미국이 굴복할 때 기대되는 이익인 0보다도 나쁘다. 이러한 정보들을 가지고 김정은이 R을 얼마나 크게 생각하느냐가 미국의 반격에 대한 도박이 아닌 타협안을 받아들이는 결정을 좌우한다고 말할 수 있다.

또한 미국이 공격에 어떻게 반응할지에 관한 김정은의 불확실성 하에서 미국이 심각한 제재보다 협력을 선택하기 위해 어떤 타협안이 제공되어야 할지를 계산할 수 있다. 이러한 계산을 하기 위해 게임이론에서 하는 것처럼 (R의 크기와 같은) 믿음은 상식이라고 가정해야 한다. 상식선에서 김정은은 미국에 대한 그의 믿음을 인지하고 있고(즉 그는 자신이 생각하는 R의 크기를 알고 있고), 미국은 강경 확률과 유약 확률에 대한 김정은의 믿음을 알고 있으며(즉 R에 대한 김정은의 믿음이 무엇인지는 미국에게 알려져 있으며), 미국이 이를 알고 있다는 사실을 김정은은 알고 있고, 미국 또한 미국이 알고 있다는 사실을 김정은이 알고 있음을 알고 있는, 등등이다.

김정은이 타협안을 제시 받고 공격을 위해 흥정한다면 미국은 R의 확률로 반격할 것이고 $1-R$의 확률로 양보할 것임을 김정은은 안다. 미국이 어떤 행동을 선택할지는 미국의 유형이 강경한지 유약한지에 달려있다. 김정일이 제시된 타협안을 받아들일지 아닐지를 계산하는 가장 좋은 방법은 그가 공격을 추진했을 때 기대 득실을 계산하고 이를 타협에 동의했을 때 기대효용과 비교해보는 것이다. $X \geq p-k$면 타협안은 김정은에게 가치가 있다. 그렇다면 공격을 개시하는 기대효용은 어떻게 평가할까?

R의 확률로 미국은 반격을 할 것이고 이때 북한은 $p-k=0.3-0.5=-0.20$의 득실을 얻을 것이다. 그리고 $1-R$의 확률로 미국이 양보하면 북한은 1의 득실을 얻을 것이다. 사실 앞에서 살펴보았듯 김정은이 공격을 개시하는 단 한 가지의 이유는 미국을 굴복시키기 위함이다. 김정은은 실제 전쟁을 잘 수행할 필요는 없다. 주어진 미국의

고려 상황에서 전쟁 위협이 미국 정권이 양보하기에 충분하기만 하면 되는 것이다. 따라서 이 시나리오에서 김정은이 공격에서 기대하는 득실은 $R(-0.20)+(1-R)(1)$이다. 만약 $R(-0.20)+(1-R)(1)>X$이라면 미국이 타협안 X를 제의할 때 김정은은 공격할 것이다. 만약 그렇지 않다면, 김정은은 미국이 제시하는 타협안을 받아들일 것이다.

기대효용의 비교는 꽤 유용하고 내생적으로 제공되는 타협안의 규모를 선택하는 중요성을 피력한다. 만약 미국 정부가 북한을 공격하거나 제재를 가하는 것 중 하나를 선택하고 싶지 않다면, 북한 입장에서 김정은이 공격보다는 타협을 선호하고 미국은 제재보다 선호하게 될 최선의 타협안을 찾을 것이다. 이 내생적 선택의 아이디어는 역인과성에 주의하도록 강조한다. 예컨대 이 사례에서 타협안 제시는 공격이 없을 원인이 아닐 것이다. 대신 공격 결과에 관한 기대가 타협안 내용의 원인이 된다. 조금 복잡해지긴 했지만 전쟁과 평화에 대한 문제는 본래 간단한 것이 아니다. 요컨대 김정은이 전쟁을 감수할 확률을 계산하고, 또 이 정보로 북한이 받아들일 만하고 미국에게 가능한 한 비용이 적은 최선의 타협안을 산출할 것이다.

이 게임에서는 오직 북한과 미국의 계산만이 타협안의 크기를 좌우한다. 물론 더 포괄적인 시각으로는 국내외 모든 이익집단들의 전략적 행동을 고려할 것이다. 그러나 더 간단한 게임에 집중하자.

여태까지 보았듯 공격을 시도한 김정은의 기대효용은 $R(-0.20)+(1-R)(1)$이다. 김정은이 미국이 보복할 것이라는 확신($1-R=0$)을 가지고 있다 하고, 김정은이 받아들일 만한 최소한의 거래를 반영하는 타협안 X를 미국이 선택한다면, 김정은은 이익보다 큰 기대비용을 동반한 전쟁을 피할 수 있는 어떠한 타협안이라도 받아들일 것이다. 만약 미국이 이 최소한의 타협안(즉 $X=0$)을 김정은에게 제안한다면 어떻게 될까? 공격을 선택하는 김정은의 이익 $R(-0.20)+(1-R)(1)$은 0보다 커야만 한다. 간단히 하면 $-0.20R+1-R>0$이므로 R이 0.83보다 작고, 미국이 공화당의 입장처럼 북한 핵 프로그램에 대한 완벽한 양보를 요구한다면 김정은은 공격을 감행한다.

만약 R이 0.83보다 크다면 북한은 공화당의 입장이라도 타협을 받아들일 것이다. 공화당과 민주당의 대통령을 모두 겪어본 상황에서 북한 지도부는 북한의 한국에 대한 공격이 심각하지 않는 한 0.83만큼 높은 수준의 보복 가능성은 없다고 믿는다. 자연(미국 정부에 대한 북한의 경험) R이 0.5라면 타협 X는 $0.50(-0.20)+0.50=0.40$이거나 그 이상이어야 한다. 제3장에서 살펴본 정책 수준에서 오바마의 위치가 0.25인 것을 감안하면 북한에게 더 유리한 위치다. 물론 타협안은 미국에게도 $1-p-s$의 제재보다 나은 선택이어야만 한다. 제재비용은 미국의 결정에도 중요한 역할을 한다.

불확실성을 없애는 것은 어려운 일이다. 왜냐하면 미국 지도부가 실제보다 더 강경하게 보임으로써 유인을 가진다는 것을 김정은이 알고 있기 때문이다. 포커게임처럼 대외정책 지도자는 실제 얻을 수 있는 것 이상을 얻기 위해 허세를 부릴 유인을 가진다. 최후의 수단으로 미국이 군사력을 사용한다는 것을 명확히 하는 방법은 대중에게 그 의도를 선언하는 것이다. 이러한 선언은 의심의 여지없이 의회 내, 그리고 대중 가운데 있는 국내의 정적을 움직이게 만든다. 이러한 선언의 정치적 비용을 감수하는 의지를 보이는 것은 미국 지도자가 문제를 해결하겠다는 확고한 의지를 표출하는 것이다. 대중들의 반감을 살 수 있는 이러한 행동들은 다음 선거에서 투표율로 그 대가를 치르게 되기 때문이다. 기대비용이 클수록, 공개된 보복의 위협은 더 믿을 만해진다. 이러한 선언은 값비싼 신호로 알려져 있다.

상대는 이로써 선언의 진정성을 믿게 된다.[2] 선언비용이 클수록 그리고 선언을 철회하는 것이 어렵거나 비용이 클수록 선언자는 자신이 말한 대로 실천할 가능성이 크다(Fearon 1995; Smith 1998; Ashworth and Ramsay 2011). 제6장에서 어떻게 이러한 국내 비용, 즉 청중비용이 전쟁의 위협과 평화를 근본적으로 변화시키는지 살펴보게 된다.

정반대로, 개인적인 외교적 혹은 군사적 채널을 통해 군사력을 사용하겠다고 위협하는 것은 값싼 대화로 보일 가능성이 크다. 결국 사적으로만 군사적 위협을 하는 것으로부터 얻을 수 있는 이익은 그것을 대중에게 선언했을 때 받을 국내정치적 반감을 피하는 것뿐이다. 빈말은 신호를 보내는 행위자에게 비용을 부담시키지 않는다. 그래서 상대가 위협하는 집단의 진정성에 관한 믿음을 갱신하는데 사용할 수 있는 정보를 제공하지 않는다. 빈말은 단지 허풍이다. 상대의 기대나 믿음의 변화를 가져올 어떤 정보도 추가하지 않는다.[3]

미국이 제공하는 것이 무엇이든 그것은 북한이 미국의 의지에 대해 북한이 갖고 있는 불확실성의 크기와 연관된다. 즉 미국의 강경함에 대한 김정은의 불확실성은 미국이 협상의 레버리지를 얻을 수 있음을 의미한다. 그러나 다른 시각으로 보면 미

2. 제1장에서 레이건이 제안한 전략방위구상(SDI)에 대한 반론 중 하나가 기술적으로 불가능하다는 것이었음을 언급했다. 레이건은 가능성이 문제라는 사실을 인식하고 있었다. 그러나 만약 미국 정부가 전략방위구상에 많은 돈을 투자하면 소련에서 볼 때 미국이 현실적 가능성에 대한 돌파구를 찾았다고 판단할 것이라 생각했다. 사실 소련의 지도자였던 고르바초프(Mikhail Gorbachev)는 이와 같은 큰 비용을 신호로 받아들이고 레이건의 전면적 군비통제협정에 동의했다.

3. 값싼 대화가 신호를 보내는 사람과 목적을 공유하는 사람에게 보내졌을 때는 예외다. 그러면 이 값싼 대화는 행위자들이 행동을 조율할 수 있는 방법을 제공한다(Sartori 2006 참고). 가령 미국이 아프가니스탄 개입의 규칙에 대해 나토(NATO) 동맹국들과 사적인 선언을 했다면 이것은 꽤 효과적인 값싼 대화 신호에 해당한다. 왜냐하면 관련된 모든 단체들이 아군의 총격사건은 피하기를 원하기 때문이다.

국을 제한하는 요소도 있다. 미국은 경제제재의 결과를 좋아하는 것보다 제시한 타협안을 더 좋아해야 한다. 그렇지 않으면 타협은 이루어지지 않는다.

우리가 풀어본 게임은 매우 간단하다. 복잡한 부분과 실제 대외문제에 나타나는 미묘한 부분은 거의 제거한 것이다. 그럼에도 불구하고 이는 국제정치를 이해하기 위해 전략적 추론을 사용하는 데 중요한 몇 가지 가치들을 강조하는 중요한 세부 요소들을 드러낸다. 가령 북한에 대한 미국의 제재는 의도된 결과가 아니다. 이것은 양보의 제공이 북한의 공격으로 돌아오면 미국도 북한에게 방어하지만은 않을 것임을 나타내는 북한 정권에 대한 신호다.

위에서 풀어본 게임에서 제재는 미국이 북한에 굴복하는 가능성을 균형경로 밖에 놓을 필요가 있을 때만 부분게임완벽이 된다. 타협의 제안은 미국이 북한의 공격에 보복할 것이라는 믿음을 증가시킨다. 그러나 이 결의 또한 결의 없이는 북한이 거절했을 타협안을 북한이 받아들이게 하기 위한 허세일 수도 있다. 북한의 공격 위협은 미국이 굴복할 것이라고 예상할 때를 제외하고는 말이 안 되기 때문에 타협은 가능하다. 일단 보복의 위협이 신뢰를 더 얻게 되면 북한은 전쟁으로 겪게 될 비용을 피하고 합의를 이룰 더 강한 유인을 갖는다. 따라서 이 간단한 게임을 통해서도 중요한 몇 가지 통찰을 이끌어낼 수 있다. 이것이 우리의 목적이다. 모든 사례에서 현실의 모든 세부 사항을 잡아내는 것을 바라는 것이 아니다. 위험한 상황을 어떻게 효과적으로 해결해나갈 수 있는지에 대한 통찰력과 상황의 필수요소들에 집중하는 것이 중요하다.

SUMMARY

제3장에서 다룬 공간모델의 분석은 전략적 행위에 대한 고려를 배제하고 있다. 공간모델은 일반적으로 모든 사람들이 그의 선호 그대로 직설적 방식으로 행동한다고 가정한다. 그러나 부분게임완벽 내쉬균형의 개념은 의사결정의 각 단계에서 선호 그대로의 직설적 행위가 의사결정자에게 불리한 결과를 가져다줄 수 있음을 일깨워준다. 대신 의사결정자는 전략적으로 행동할 강한 동기가 있다. 이들은 자신의 선호를 확실하게 계산해 행동을 선택한다. 그러나 동시에 상대에 비해 자신이 어느 정도의 힘을 가지고 있는지, 상대가 원하는 것에 관해 자신이 얼마만큼 확신을 가지고 있는지, 자신이 원하는 정책 결과를 추구하는 데 어느 정도의 위험을 감수하려는지 등의 제한 요소들을 고려한다. 게임이론은 국제적 상호관계의 복잡성을 정리하는 데 매우 유용한 틀이 될 수 있다. 또한 정책 선택지를 알아내고 사람들이 취할 행동

과 사람들이 문제 해결을 위해 제시할 제안을 예견하는 데 유용하다. 이러한 이슈들은 국제문제의 본질이다.

이 책의 남은 부분에서는 여기서 소개된 틀을 국제관계의 갈등과 협력이 관계된 상황에 적용시킨다. 왜 그러한 방식으로 일들이 일어나는지를 설명하고, 특정한 상황에서 어떤 일이 일어날지를 예측하는 능력을 키우며, 국제무대에서 삶과 죽음의 결정을 내릴 책임을 가진 지도자에게 유용한 충고를 제공할 기량과 지식을 발전시키는 것이 목적이다.

핵심 용어

죄수딜레마 154	다수의 균형 161	균형이탈경로 169
전개형 154	순수전략 162	완전완벽정보 175
역진귀납 154	혼합전략 162	외생적 177
완벽내쉬균형 154	정상형 164	베이즈규칙 177
협조게임 이론 156	선택점 164	상식 178
비협조게임 이론 156	가지 165	내생적 179
내쉬균형 158	종착점 165	역인과성 179
우위전략 160	경로의존성 165	값비싼 신호 180
파레토효율 160	최선의 대응 167	값싼 대화 180

5

전쟁의 원인

이스라엘과 팔레스타인 간의 아주 오래된 갈등은 제2차 세계대전 이후 이스라엘의 건국으로 악화되었고 세계 여러 사람의 눈에 평화적 해결은 불가능해 보인다. 2009년 1월 남부 가자(Gaza) 지구의 라파(Rafah) 난민캠프에 대한 이스라엘 공습으로 무너진 이 건물들처럼 폭력의 증거는 이 지역 도처에서 분명히 드러난다. UN과 여러 국제기구에서 휴전을 요구해왔지만 양측 모두 물러나려 하지 않는다.

OVERVIEW

- 이 장에서는 전쟁에 관한 구조적 이론인 신현실주의와 세력전이이론을 살펴본다.
- 전쟁은 협상 타결에 비해 일반적으로 비효율적이다. 전쟁의 위험은 불확실성, 약속의 신뢰성 문제, 분쟁 이슈의 승자독식성 문제로 증대될 수도 있다.
- 국제 평화 및 안정성에 대한 중요한 신현실주의 가설 일부는 그 이론의 핵심 가정과 논리적으로 맞지 않는다. 다른 중요한 신현실주의 가설들은 경험적 기록으로 반증된다.
- 세력전이이론의 가정과 가설 간의 관계는 신현실주의의 것보다 더 명확하다.
- 세력전이이론의 핵심 가설 일부는 이론의 논리에 따라 전개되어 있고 증거에 의해 뒷받침 된다. 그러나 다른 핵심 가설은 논리적이지 않거나 증거로 뒷받침되지 않는다.
- 세력전이이론은 전쟁에 대한 구조적 설명을 제공하는 데 있어 신현실주의보다 낫지만 그 약점들은 국내정치에 대한 세력전이이론의 접근을 고쳐 생각할 필요성을 암시한다.

ASSUMPTIONS CHECK

1. 국가 간의 전쟁은 ________________.
   a. 점점 더 흔해진다. b. 점점 덜 흔해진다

2. 국가 간 세력의 동등한 분포(세력균형)는 ________________.
   a. 일반적으로 국제체제를 더 안정적으로 만든다.
   b. 일반적으로 국제체제를 덜 안정적으로 만든다.
   c. 일반적으로 체제 안정성에 아무런 효과가 없다.

3. 불확실성과 관련된 다극성은 ________________.
   a. 전쟁 회피를 촉진한다. b. 전쟁을 촉진한다.
   c. 전쟁 가능성에 아무런 체제적 효과가 없다.

4. 국가 간 관계의 구조를 변형시키는 전쟁은 ________________.
   a. 모든 강대국을 포함하는 큰 전쟁이다.
   b. 작게 시작하지만 걷잡을 수 없이 커지는 전쟁이다.
   c. 작은 규모가 그대로 유지되는 전쟁이다.
   d. 때로는 크고, 때로는 작고, 때로는 전혀 일어나지 않기도 한다.

ANSWERS

1. b. 국가 간 전쟁은 줄어들고 있지만 내전이나 게릴라 전쟁, 대중 봉기나 혁명 등의 국내 전쟁은 더욱 빈번해지고 있다.
2. c. 일반적으로 동등하게 분포된 힘(세력균형)은 전쟁 가능성이나 국제체제 안정에 영향을 주는 다른 요인들에 대해 실제적인 경험적 효과가 없다.
3. c. 양극성이나 다극성 모두 전쟁 위험에 대한 체제적 영향력은 없어 보인다.
4. d. 변형적 전쟁은 크거나(예, 제1차 세계대전), 작거나(예, 7주전쟁), 이 둘 사이의 어디엔가 있어왔다.

좋은 소식이 하나 있다. 국가 간 전쟁은 감소하고 있는 것 같다. 골드스타인(Joshua Goldstein 2011)은 그 증거를 제시했고 그것은 꽤 훌륭하다. 억지가 작동하고 있거나 사람들이 협력방법을 잘 찾고 있다. 그런데 조금 덜 좋은 소식은 내전이나 반란은 감소하지 않았고 정치적 변화를 위한 방법으로 외부 군사개입도 마찬가지라는 것이다. 따라서 협력이나 갈등을 일으키는 환경에 대한 이해를 더 높일 필요가 있다. 전쟁이 줄어든 것은 사실이지만 전쟁의 위협은 확실히 도처에 존재한다. 이란의 핵무기 개발 혐의는 매일 이스라엘과 미국의 군사행동 위협을 일으킨다. 국방장관 리온 파네타(Leon Panetta)는 2012년 1월 8일의 연설에서 "이란에 대한 우리의 레드라인(red line)은 핵무기 개발 금지다. 그것이 우리를 위한 레드라인이다."(Hechtopf 2012) 라고 말했다. 앞에서 이미 한반도 위협의 발생을 살펴보았다. 남사군도(南沙群島) 근처 해양에 매장되어 있는 것으로 예상되는 석유와 천연가스에 대한 통제권을 두고 중국과 주변국 사이의 해상 도발은 남중국해에서 빈번히 일어난다. 콜롬비아 영토의 베네수엘라 군대, 터키와 쿠르드, 북수단과 (최근 북으로부터 독립)한 남수단 사이에 현존하는 무력 갈등은 전쟁이 옛날 일만은 아님을 상기시킨다. 주의하고 잘 이해하는 것이 매우 중요한 시점이다.

전쟁은 상대적으로 줄었지만 결과는 처참하다. 지난 100년 간 전쟁 사상자는 연간 100만에서 200만 명으로 추산된다. 평균적으로 전쟁은 사망 원인 6위다. 세계보건기구(WHO)는 2008년 심장병(주요 사망 원인)으로 730만 명이 사망하고 에이즈(HIV/AIDS)로 178만 명(전쟁과 비슷함), 자동차 사고로 121만 명이 사망했다고 보고했다. 물론 전쟁을 막기(혹은 수행하기) 위해 엄청난 국방비를 쓴다. 그러나 전쟁의 원인과 해결책을 위한 연구에는 거의 돈을 쓰지 않는다. 반면 WHO 목록의 주요 사망원인 각각에 수십억 달러를 사용한다. 따라서 우리가 축적해온 지식을 최대한 활용할 수밖에 없으며 그것이 바로 전쟁에 관한 제5장과 제6장의 내용이다.

전쟁은 국제협력을 최고 수준으로 붕괴시키는 일이다. 그러나 심지어 전쟁 중에도 수많은 협력 행위가 이루어지고, 이것이 전쟁의 위협 및 실제 발발을 바로잡을 희망을 제공한다. 물론 동맹국들은 때때로 적군에게 승리하기 위해 서로서로 돕는다. 그러나 심지어 적군도 협력에 가담한다. 가령 제네바합의(Geneva Convention)는 전쟁 규칙을 만들었다. 항상 지켜지는 것은 아니지만 이 규칙은 전쟁 기간이 과도하게 길어지는 것을 막는다. 이 합의는 또한 불필요하게 무고한 시민들을 학살하는 것을 금하고 전쟁포로를 다루는 규칙을 제공하며 특정 유형의 무기 사용(예, 독성 화학물질이나 가스)을 제한한다.

국제협정들은 전쟁 중의 행동강령을 제시한다. 이는 금지 행동에 관한 분명한 기대를 만들고 또 패전국이 전쟁 중 위법행위에 대한 책임을 질 것이라는 기대를 강화함으로써 이루어진다(Ash 1997; Morrow 1998, 2007). 금지된 행위는 지도자의 자유로운 행동을 제한하는 규칙이나 제도를 반영한다. 사실 이것은 그런 제도 뒤의 목적이다. 따라서 전쟁의 절정에서도 적대국들 간에 국제적 협력이 분명히 있다. 그러나 여전히 전쟁의 근본적 특징은 협력을 깨고 폭력과 파괴로 그것을 대체하는 일이다. 국제적 제도는 유용할 때도 있지만 실패하기도 한다. 때로는 정부가 지키겠다고 약속한 법도 물거품이 된다. 제4장에서는 왜 이러한 현상이 나타나는지에 대한 중요한 단서를 찾았다. 국제적 약속은 참가국이 그것에 의해 충분한 이익을 취할 수 있어야 효과적이다. 즉 국가들이 승인한 행위 패턴이 균형경로에 있어야 한다. 승인된 행위가 다른 행동경로에 비해 비용을 요하거나 위험할 때도 합리적 의사결정자는 자신이 믿는 최선의 이익대로 선택한다고 예상해야 한다. 제7장에서 논의하겠지만 제도는 그에 참여하는 국가들의 이익에 부합하도록 설계될 필요가 있다. 물론 이는 되지도 않을 요구이다.

전쟁은 매우 파괴적이고 평화유지 조치만으로 전쟁 예방에 성공하지 못해왔기 때문에 전쟁 원인은 여러 세대에 걸쳐 연구되어 왔다. 많은 이론들이 전쟁에 대해 그럴듯한 설명을 한다. 그중 가장 유명한 이론들을 살펴보자.

5.1 전쟁, 명확성, 불확실성

전쟁이 왜 일어나느냐는 것은 타당한 질문이고 이 질문에 대한 답들은 부족하지 않다. 흔히 전쟁을 벌이는 사람들의 종교적 차이, 문명과 문화의 충돌 등을 지적한다(Huntington 1996). 종족적 소속감, 언어적 차이, 역사적 적대감, 아주 오래된 반목의 유산 등이 또 다른 원인이 될 수도 있다. 물론 경제적 불균형도 전쟁을 유발한다. 부국이 빈국을 착취하고 무기 제조업체는 이익을 위해 정부를 전쟁으로 몰아넣는다. 물론 사람들이 이러한 설명에 모두 동의하지는 않는다. 그러나 전쟁의 발생과 그 해결책에 대해 더 나은 대안적 설명을 제공하지도 못한다. 우리는 이러한 조건들이 언제나 존재하고 있음을 인지해야 한다. 전쟁은 드문 사건이다. 만일 이러한 조건들이 전쟁과 평화의 선택을 설명하는 것이라면, 이 조건들은 항구적 전쟁을 왜 가져다주지 않는가?

전쟁에 대한 또 다른 설명은 심리적 원인에서 찾을 수 있다. 감정이 인간의 이성능력을 넘어서면서 갈등은 통제 밖으로 치닫는다. 증오, 시기 그리고 이념이 판단력을 흐리게 하여 지도자가 국가를 끔찍하고, 고비용인 파괴 전쟁에 빠뜨린다. 이 주장은 어느 정도 사실일 테지만, 전쟁의 심리적 관점에 대한 의구심 또한 존재한다. 가령 판단이 흐려지고 그래서 전쟁이 제약 없는 감정의 산물이거나 혹은 전략적이지 못하게 보이는 선택이라면 누가 전쟁을 시작하고 누가 이기는지 사이의 강한 연관성은 어떻게 설명할 것인가? 만약 여기서 주장되듯이 전쟁 시작은 목적이 분명한 행위라면, 전쟁 개시자가 유리할 것으로 기대해야 한다. 실제로도 그렇다. 만약 전쟁이 순간적인 감정의 불쾌함으로 일어난다면 누가 전쟁에서 승리하고 누가 패배하며 누가 비기는지(Stam 1996)는 누가 전쟁을 일으키는지와 관계가 없어야 한다. 그것은 확실히 사실이 아니다. 전쟁의 결과는 사전 계획이 중요함을 주장한다. 전쟁은 심사숙고를 거친 행위다.

높이 평가되고 있는 전쟁 연관성 프로젝트(Correlates of War Project) 자료에 따르면 전쟁을 일으킨 국가의 60% 이상이 전쟁에서 승리한다. 반대로 54% 이상의 방어국이 전쟁에 패배하거나(43%) 결국 비긴다(11%). 전쟁을 일으킨 국가들이 승리할 가능성은 이들이 민주국가일 경우에 훨씬 더 커진다. 제6장과 제14장에서 이 사실에 대해 설명한다. 라이터와 스탐(Reiter and Stam 2002)의 연구에 따르면 민주국가는 그들이 시작한 전쟁의 93%에서 승리를 거뒀다. 하지만 민주주의는 대중의 감정에 특히 민감한 거버넌스 형태이기 때문에 이길 가능성이 낮아도 전쟁을 수행하기 쉽다고 생각할 수 있다. 그러나 전쟁 유발자의 승리 기록을 갖고 이러한 갈등에 대해 생각해봐야 할 출발점은 전쟁들이 공격자와 방어자의 합리적이고 목적 분명한 계산의 산물이라는 점이다.

계획적인 전쟁은 여전히 퍼즐로 남아 있다. 방어자는 왜 패배할 확률이 높다는 것을 알면서도 높은 비용의 전쟁을 시작하기 전에 협상할 수 있는 방법을 찾지 않는가? 이 질문은 전쟁이 사후적으로(즉 실제 전쟁 이후에) 늘 비효율적이라는 뜻이다. 이는 만일 상대가 전쟁 결과를 미리 안다면 그가 전쟁에 참가했을 때보다는 더 나은 결과, 최소한 비슷한 결과를 얻을 수 있는 협상안을 사전적으로(즉 실제 전쟁 이전에) 합의할 수 있다는 뜻이다. 전쟁은 생명과 재산을 잃는 거래비용을 포함한다. 원칙적으로 이 비용은 전쟁 당사자가 전쟁 후에 문제의 해결책으로 나타날 것이 무엇이든 그 전에 상대와의 합의에 동의하면 피할 수 있다.

전쟁을 유발하는 사전적 요인은 3가지로 압축될 수 있다. 1) 불확실성, 2) 약속의 문제, 3) 이슈의 불가분성이다. 각 요인들은 무엇이 적당한 타협인지 모호하게 만든다(Fearon 1995; Slantchev 2003).

피어론(James Fearon 1995)이 밝혔듯 비대칭적 정보(혹은 불확실성)로 인해 완전히 합리적인 행위자는 (이 책에서 다루고 있는 북한-미국 사례가 보여주듯) 전쟁에서 무엇을 잃고 무엇을 얻을 수 있는지에 대해 다른 결론을 도출해 합의에 도달하기 어려워진다. 가령 방어국은 패배할 가능성이 유발국보다 더 높은 것은 사실이지만 그렇다고 패배를 확신하지는 않는다. 이길 때도 꽤 있다. 이처럼 양측 간에 신뢰할 만한 약속의 부재 혹은 대략적으로 말해 신뢰의 부재는 합의 내용이 충실히 이행될 것이라는 믿음이 부족하기 때문에 해결책 합의를 어렵게 만들 수 있다. 가령 자비의 약속으로 평화협정이 조장될지도 모르지만 일단 무기를 내려놓은 뒤에 남에게 이용되지 않는다고 어떤 국가나 지도자가 확신할 수 있겠는가? 제13장에서 테러리즘에 관련된 것들을 다루면서 이 문제가 얼마나 어려운 것인지를 다시 한번 보게 될 것이다. 약속을 깨질 수 있고 실제 너무 자주 깨진다. 마지막으로, 분쟁 대상이 주권의 유지와 상실과 같은 불가분의 것일 때 전쟁 위험은 악화될 수 있다. 이 또한 합의를 방해한다. 승자가 모든 것을 갖게 되고 패자는 모든 것을 잃게 되는 상황이기 때문이다.

위의 조건에 대한 이해를 돕기 위해 제3장과 제4장의 논의를 확장해 불확실성, 약속 문제, 불가분성이 합의를 어떻게 어렵게 만드는지를 고려하면서 어떻게 타협안에 도달할 수 있는지를 살펴보자. [그림 3-9]의 추론을 이용해 미국 공화당 대통령과 김정은이 모두 동의할 수 있는 핵 문제에 대한 정책 타협안의 범위를 찾는 것이 가능함을 보았다. 우리는 공화당원들은 0에 가까운 정책을 원하는 반면 김정은은 1에 가까운 정책을 추구하는 상황을 설정했다. 전쟁의 승리나 패배 확률과 기대 비용을 모두 고려하면서 전쟁의 위협과 협상이 겨뤘다. 즉 최소한 전쟁에서 오는 양측의 기대효용에 준하는 타협안을 찾았다. 여기서 물론 꽤 보편적인 절차를 사용했다.

예를 들어 이스라엘과 팔라스타인의 영토분쟁이나 수니파와 시아파의 이라크 석유 수입 분배를 둘러싼 갈등, 기타 국제문제들도 쉽게 적용될 수 있는 논리였다. 다뤄야 할 문제가 무엇이든 구조는 같다. 물론 구체적인 비용과 확률은 효용함수의 모양에 따라 다른 값을 가질 것이다. 이러한 구체적인 문제는 잠시 미뤄두고 모두에 적용될 수 있는 기본 사항을 살펴보자. 타협안 X는 $0 \le X \le 1$의 범위에 있다. 가능한 높은 수의 X를 원하는 참가국은 $X \ge p-k$의 조건 하에 X로부터 X의 이익을 얻는다. 상대국은 $p+k \ge X$의 조건 하에 X로부터 $1-X$의 이익을 얻는다. 편의를 위해 [그림 5-1]은 [그림 3-9]를 그대로 붙여 양측이 동의할 수 있는 타협의 구간을 강조한 것이다. 이제 가능한 타협의 범위가 존재함에도 불구하고 전쟁이 어떻게 일어날 수 있는지를 살펴보자. 전쟁을 피할 수 있는 타협이 있음에도 왜 전쟁이 일어나는가에 대한 3가지 일반적인 설명을 통해 알아보자.

TRY THIS

여기서 제시된 예시 외에 정보나 신념의 차이가 전쟁을 일으키는 예를 찾아보라. 신뢰할 만한 약속의 부재가 전쟁을 일으킨 사례와 나눌 수 없는 것의 분쟁이 전쟁을 일으킨 사례도 찾아보라. 불확실성, 신뢰할 약속의 부재, 불가분성이 전쟁을 피하게 만들 수 있는 사례를 생각할 수 있을까?

불가분의 재화를 둘러싼 분쟁의 타협 추구: 승자독식

우리가 사용하는 추론을 더 넓게 적용하기 위해 북한의 예를 이스라엘과 팔레스타인의 영토분쟁으로 바꿔보자. 이스라엘 지도부는 현재 통제하고 있는 영토를 유지하고 팔레스타인에게 아무것도 포기하지 않기(0)를 원한다고 가정하자. 반면 하마스(Hamas) 지도부는 1948년 이전 팔레스타인 영토였던 모든 땅을 복구하고자 한다고 가정하자. 이들은 이스라엘이 통제하고 있는 영토 전체를 반환받는다는 하마스의 입장은 이스라엘이 국가로서 존재하지 않는다는 것에 해당한다. 이제 이 사례의

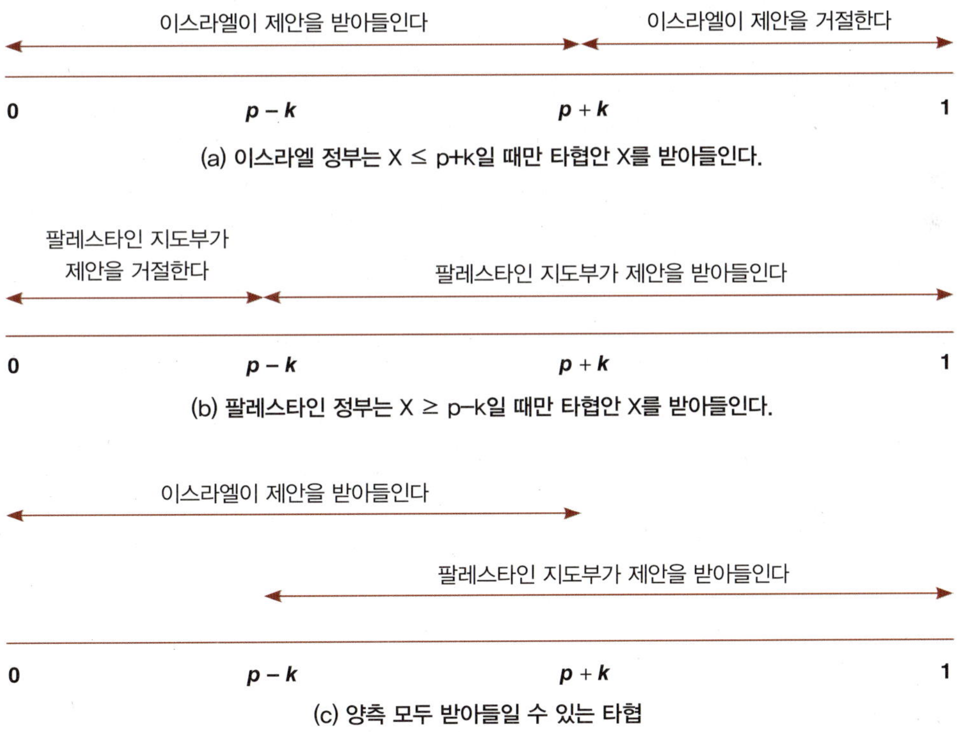

그림 5-1 가상적 이스라엘-팔레스타인의 영토 타협

목적에 따라 팔레스타인의 영토에 대한 요구가 하마스의 명시된 목적에 부합한다고 상상해보자. 만약 현재 이스라엘이 가지고 있는 모든 영토에 대한 통제가 사실상 줄일 수 없는 목표라면 이 땅은 하마스에게 나눌 수 없는, 즉 불가분의 재화다. 하마스 지도자는 사실 이와 같이 말한 바 있다. 그는 타협안에 관심이 없고, 원하는 바를 얻기 위해 전쟁을 불사한다. 마찬가지로 이스라엘의 종교적 정치집단 또한 신에 의해 약속된 그 땅을 지키기 위해 싸울 준비가 되어 있다. 물론 이스라엘의 종교적 권리와 하마스 지도부의 견고한 입장은 상대의 평화를 대가로 가능한 한 많은 것을 얻어내려는 태도다. 즉 이들의 실제 기대에 대해서는 불확실성을 가지고 있다.

하마스는 [그림 5-1]에서 볼 수 있듯 $X=1$, 즉 이스라엘 지도부가 받아들일 수 있는 이상을 원한다. 정착민들이나 다른 종교운동단체가 지배연합 구성원으로서 이스라엘 정부를 통제하고 있다면 제안할 타협안은 $X=0$이 된다. 팔레스타인이 받아들일 수 없는 제안이다. 이러한 불가분의 경우에는 가능한 타협안이 없기 때문에 심각한 전쟁 위협이 있다.

팔레스타인 두 정당(파타와 하마스) 간의 중요한 차이는 이스라엘의 권리에 대한 것이다. 파타(Fatah)는 하마스보다 더 실리적인 입장을 취한다. 가령 파타의 지도자 마흐무드 아바스(Mahmoud Abbas)는 2007년 11월 메릴랜드(Maryland)의 아나폴리스(Annapolis)에서 열린 국제회의에 참가해 이스라엘이 점령하고 있는 지역의 전체는 아니지만, 일부를 포함하는 팔레스타인 독립에 대한 논의를 진행시키고자 노력했다. 하마스는 이 회의에 초대받지 않았다. 하마스 지도자는 스스로 회의를 개최해 이러한 논의를 반박하고 1948년 이스라엘 건립 이전 팔레스타인이었던 땅의 1cm도 양보할 수 없음을 주장했다. 더 최근에, 아바스는 더 이상 진전이 없는 이스라엘과의 협상에 지치고 말았다. 대신 그는 UN으로부터 국가 지위를 인정받으려 애쓰는 한편, 하마스 지도부와 협력적 관계를 재개했다.

이는 아마도 협상 상대가 정말로 타협 가능성을 거부한다면 협상은 헛수고임을 알리는 행위이다. 아니면 아마도 팔레스타인이 자국 영토로 주장하는 지역에서의 이스라엘 정착촌 확장을 중단하도록 이스라엘 지도부를 설득하는 행위일 것이다. 어느 쪽인지 확신할 수는 없지만 이들이 각자 자신의 협상 레버리지를 높이기 위해 의도된 허세를 부리고 있는 것이라면 현재 상황의 가능한 결과를 분석할 수 있다. 이스라엘 지도부는 권력을 유지하기 위해 종교적 권리가 필요하고 파타는 팔레스타인내에서 정치적으로 살아남기 위해 하마스가 필요하다면 영토분쟁은 불가분의 문제다. 이 경우 문제를 나중으로 미루거나, 미해결 상태로 남겨두거나, 전쟁으로 가게 된다.

전쟁, 타협, 불확실성

불확실성이나 약속의 문제가 있는 상태에서 평화적 해결은 어렵거나 불가능하다. 이스라엘이 전쟁에서 이길 확률($1-p$)을 0.8(이스라엘이 패배할 확률 p는 0.2)이라 생각하고 전쟁비용(k)이 0.1이라 생각한다고 가정해보자. 이스라엘은 점령지의 0.3 이하를 포기하는 타협안(X)은 받아들일 것이다. 이제 팔레스타인이 승리 확률을 0.5라 생각하고 전쟁비용은 0.1이라 생각한다고 가정해보자. 팔레스타인은 $X \geq p-k$, 즉 $X \geq 0.4$일 때 타협안을 받아들인다. 서로 전쟁 승리에 대한 믿음이 다르기 때문에 양국은 타협안에 동의할 수 없다. 즉 한쪽이 받아들일 수 있는 타협안은 다른 한쪽이 받아들일 수 없다. 승리와 패배의 진짜 확률에 관한 불확실성은 전투부대의 사기, 외부 원조의 인지, 전쟁 계획의 수준, 기타 가능한 요인들에 대한 사적(비밀) 정보에서 비롯된다. 이 사례에서 불확실성은 전쟁을 일으킬 수 있다. 만일 승리 확률에 대해 다르게 생각하지 않았더라면, 서로가 수긍할 협상안이 존재했을 것이다.

전쟁, 타협, 약속의 문제

이제 한쪽이 상대가 협상을 통해 약속한 것을 이행하지 않을 것이라는 불신을 초래하는 약속의 문제를 만들 2가지 다른 이슈를 살펴보자. 첫째, 팔레스타인은 선제공격의 이점을 가지고 있기 때문에 승리 확률은 쌍방이 동시에 공격하거나 이스라엘에 의해 공격을 당한 후 반격하는 것보다 선제공격을 할 때 높아진다고 가정하자. 선제공격을 했을 때 팔레스타인의 승리 확률을 $p_{(선제)}$라 한다. 양쪽이 동시에 공격을 한다면 팔레스타인이 전쟁에서 승리할 확률은 앞에서 본 것과 같은 p이고 이스라엘의 선제공격 후 팔레스타인이 반격해 승리할 확률은 $p_{(반격)}$이다. $p_{(선제)}>p>p_{(반격)}$ 일 때 팔레스타인은 $p_{(선제)}-k<X$라면 공격하기보다 협상할 것이다. 마찬가지로 이스라엘 또한 $1-p_{(반격)}-k<1-X$ 즉 $X<p_{(반격)}+k$라면 공격하지 않는다. 이 두 식을 합치면 $p_{(선제)}-k<X<p_{(반격)}+k$이기 때문에 $p_{(선제)}-k<p_{(반격)}+k$라면 협상은 이루어진다. 이는 양국이 신뢰성 있게 협상을 할지가 전쟁비용에 대한 기댓값에 달려있다는 의미다. 만약 $p_{(선제)}-p_{(반격)}<2k$라면 협상이 가능하다. 즉 선제공격의 한계이득이 전쟁 기대비용의 2배보다 작다면 합의가 타결될 수 있다. 그러나 전쟁비용이 매우 작다면 두 경쟁자는 협상을 확실히 추진할 수 없다.

$p_{(선제)}=0.7$, $p_{(반격)}=0.4$, $k=0.1$이라고 가정하자. $p_{(선제)}-k=0.6$이고 $p_{(반격)}+k=0.5$이기 때문에 $p_{(선제)}-k$가 $p_{(반격)}+k$보다 작지 않다. 이 상황에서 이스라엘은 팔레스타인과의 협상이 믿을 만하다고 생각하지 않을 것이다. 팔레스타인은 타협안을 무시하고 선

제공격의 이점을 살려 무력으로 영토를 그 타협안 이상으로 빼앗을 수 있기 때문이다. 반대의 상황도 마찬가지다. 즉 팔레스타인은 이스라엘이 선제공격의 이득을 취하지 않을 것이라는 약속을 믿지 못할 것이다. 이 이득은 협상을 통해서는 확실히 얻을 수 없는 혜택을 주기 때문이다. 따라서 일단 선제공격의 이점이 알려지면 각각은 협상 중 상대에 대한 신뢰성의 문제에 봉착하고 죄수딜레마 상황이 연출된다. 결국 각각은 적이 선제공격의 이점을 취할 것이라는 두려움 없이 협상에서 얻을 수 있는 것보다 못한 결과를 얻게 되는 것이다. 여기서는 선제공격의 이점을 갖고 있다는 점보다 인내심을 갖고 협상할 수 없다는 점이 전쟁의 위험을 더 악화시킨다(Powell 1999; Slantchev 2003).

이제 다른 유형의 약속 문제에 대해 생각해보자. 이스라엘–팔레스타인 분쟁을 다루는 협상가들의 가장 일반적 접근은 선평화–후영토 방식을 추구하는 것이다. 그것은 예컨대 1993년 오슬로에서 합의된 접근방식으로 선평화–후영토 방식이 실패할 때까지 수년 동안 추진되었다. 기본적인 아이디어는 이스라엘이 평화를 보장받고 그 대가로 약간의 영토를 포기하는 것이다. 다른 방식 하나는 양보 순서를 뒤바꾸는 것이다. 팔레스타인 당국이 영토를 양보 받고 그 대가로 대(對)이스라엘 폭력에 관련된 단체를 무장해제하는 것이다. 두 방식 모두 근본적인 약속 문제가 있기 때문에 실패할 가능성이 크다. 여기서는 선평화–후영토 사례의 문제점을 살펴보자. 테러리즘에 관한 제13장에서 먼저 평화를 약속한 후에 양보를 받는 문제점을 더 자세하게 다룰 것이다.

선평화–후영토 방식은 **동태적 비일관성**의 문제를 겪는다. 즉 한 당사자(이 사례에서는 이스라엘)는 상대 당사자(이 예에서는 팔레스타인)가 내일 평화로 보답할 것이라는 희망으로 오늘 상대에게 (영토 반납과 같이) 철회할 수 없는 혜택을 준다. 철회할 수 없는 혜택을 오늘 받는 당사자는 자신이 약속을 이행할 것이라고 말하기 전에 더 많은 양보를 얻으려 함은 거의 확실하다. 현재 우리가 다루는 예에서도 이러한 모습은 쉽게 발견할 수 있다. 이스라엘이 X의 땅을 팔레스타인에 이전하는 협상안에 두 국가가 동의했다고 가정하자. 팔레스타인 영토와 자원이 증가할수록 팔레스타인이 이스라엘과의 전쟁에서 승리할 확률은 커진다고 생각해보자. 이전에 팔레스타인의 전쟁 승리 확률이 p라고 가정했다면 이제는 $p+\Delta$가 되었다. Δ는 이전에 이스라엘이 통제했던 X라는 땅을 얻으면서 팔레스타인이 전쟁에서 승리할 가능성이 높아졌음을 뜻하는 것이다. 그렇다면 팔레스타인이 전쟁을 통해 얻을 수 있는 영토는 그 이전의 거래에서 얻지 못한 나머지 땅, 즉 원래 분쟁 영토에서 남은 $1-X$이다. 그것은 영토의 부분 양도 후에 전쟁에서 승리해 얻으려고 고수하는 바로 그것이다. 그렇다면 팔레스타인이 이스라엘과의 전쟁을 통해 얻을 수 있는 기대효용은

$(p+\Delta)(1-X-k)+(1-p-\Delta)(0-k)$이다. X만큼의 영토를 팔레스타인에게 양도한 이스라엘은 이제 여전히 분쟁 중인 $1-X$를 가지고 있다. 팔레스타인이 평화를 약속하고 $1-X$의 일부인 y를 받는다는 새로운 거래를 제안했다고 가정해보자($y \leq 1-X$). $y \geq (p+\Delta)(1-X)-k$ 조건이라면 전쟁을 하기보다 그 제안된 타협을 더 선호할 것이다.

만일 전쟁비용인 k가 전쟁의 기대 이득 $(p+\Delta)(1-X)$보다 작다면 새로운 요구 y는 추가적인 영토 이양을 포함한다. 이는 대부분의 상황에서 일부 영토를 이미 확보한 팔레스타인이 평화 제공에 대한 대가로 추가적인 영토를 요구할 유리한 위치에 있다는 것을 의미한다. 이 과정은 이스라엘이 더 이상 양보할 영토가 없을 때까지 수차례 반복될 수 있다. 이것이 동태적 비일관성 형태의 약속 문제다. 오늘의 양보는 상대를 대담하게 만들어 상대는 셸링(Schelling 1965)의 살라미 전술(소시지를 얇게 얇게 써는 것)을 통해 결국은 아무것도 남지 않을 때까지 내일 또 내일 추가로 요구한다. 앞으로 살펴보겠지만 이 과정을 뒤집으면 테러리스트의 비무장을 먼저 하고 나중에 영토를 양보할 때도 유사한 약속 문제가 발생한다.

TRY THIS

팔레스타인이 선제공격의 이점을 가지고 있고 $p_{(선제)}-k>p_{(반격)}+k$일 때, 팔레스타인이 수긍할 영토 거래의 범위와 이스라엘이 수긍할 영토 거래의 범위가 나타나도록 [그림 5-1]을 다시 그려보라. $p_{(선제)}$와 $p_{(반격)}$에 실제 값을 대입해보라. 그리고 그 결과를 선제공격의 이점이 없을 때와 비교해보라.

지금까지 불확실성, 약속의 문제, 불가분 재화를 둘러싼 분쟁이 어떻게 전쟁의 위협을 증가시킬 수 있는지 살펴보았다. 이러한 조건들이 어떻게 전쟁을 가져다줄 수 있는지를 보이기 위해 분쟁의 각 당사자는 (전쟁 혹은 타협과 같은) 대안들을 비교할 하나의 통합된 기대효용 값들을 갖고 있는 것으로 가정되었다. 여기서는 이스라엘과 팔레스타인의 예를 보았다. 앞에서는 북한과 미국에 적용된 같은 논리를 보았다. 이 분석은 각 당사자의 선택이 단일행위자의 계산으로 대표될 수 있는 어떤 상황에서도 적용될 수 있다. 즉 각 당사자가 단일행위자이기 때문에 상대 당사자와의 분쟁만 있고 당사자 내의 의사결정자들 간에는 분쟁이 없다고 가정하고 전쟁 문제를 살펴보았다.

이와 같은 논의와 국가가 합리적인 단일행위자라는 암묵적인 가정을 바탕으로, 전쟁 원인에 관해 단일행위자 전통을 따르는 구체적 이론들에 대해 살펴보자. 특히 신현실주의와 세력전이이론의 논리와 증거를 깊이 있게 탐구한다. 신현실주의는 국내정치적 고려를 완전히 배제한 채 국제문제 특히 전쟁에 대해 주목한다. 세력전이이론은 주로 국제적 고려에 집중하지만 국내적 요인에도 주목한다.

5.2 현실주의 전쟁 이론

신현실주의자는 국제체제 내 힘의 분배가 국제문제의 안정성을 결정하는 주요 변수라고 믿는다. 안정성은 주요 국가들의 주권이 보장되는 환경을 말한다(Gulick 1955). 불안정성은 국제체제 구성의 변화, 특히 큰 전쟁 이후 '주요' 국가가 사라지거나 출현하는 변화를 말한다. 주요 국가는 상대 국가 연합으로부터의 위협을 좌절시키는 데 필요한 힘을 지닌 국가다. 때때로 잠재적인 패배 상황을 승리로 바꿀 수 있는 이들의 능력, 혹은 최소한 상대의 승리를 막을 수 있는 능력을 강조하기 위해 이러한 국가들을 필수 행위자라 부르겠다(Niou, Ordeshook, and Rose 1989).

전쟁은 주권에 대한 잠재적 위협을 대표하는 것이기 때문에 신현실주의자는 그 원인에 관심을 가진다. 특히 강대국의 생존을 위협하는 큰 전쟁에 대해서는 더욱 그러하다. 전쟁과 불안정성을 설명하기 위해 신현실주의자는 다음의 4가지 가정을 제시한다.

1. 국제정치는 무정부적이다.
2. 국가는 합리적 단일개체로서 국제정치의 중심적인 행위자다.
3. 국가는 무엇보다도 안보 극대화를 추구하고, 다른 요인들은 안전이 보장된 다음에야 고려한다.
4. 국가는 안보를 위협하는 것이 아닌 한 힘을 증가시키려 한다.

무정부는 국가 간의 합의를 강요할 수 있는 초국가적 권위체가 존재하지 않는다는 뜻이다. 결과적으로 국제무대에서 모든 국가는 자신의 안위를 돌봐야 한다. 국제정치는 무엇보다 자력구제를 원칙으로 한다. 두 번째 가정은 국내정치가 국제정치에 영향을 미치지 않는다는 의미다. 국제정치는 국가 간의 상호작용이고 이 상호작용은 누가 국가의 지도자인지 혹은 어떤 형태의 정부인지와는 무관하게 작동한다. 제6장에서 보겠지만 전쟁과 평화의 선택을 형성하는 국내정치의 역할을 자세히 살펴보면, 이 주장은 국제문제의 중요한 면을 설명하지 못하게 하는 과도한 단순화이다. 세 번째 가정은 안보의 우선순위에 관한 것이다. 국가는 안보를 담보로 다른 이익을 교환하지 않는다. 부와 같은 다른 목적들은 오직 안보가 보장된 후에만 추구한다(Waltz 1979, 126).

마지막 가정은 국가가 다른 국가에 대한 영향력 증대에 관심이 있음을 말한다. 어떤 국가도 약해지려 하지는 않는다. 그러나 더 강한 힘의 추구가 그 국가의 안보를 위험에 빠뜨린다면 차라리 약해지는 것을 받아들인다. 이 가정은 국가가 힘을 추구하는 행동에 제약을 가한다. 가령 다른 국가들이 보기에 향후 자국의 안보에 위협이 될 만큼 한 국가가 강해지고 있다면 나머지 국가들은 연합해 위협하는 힘의 증강을 막을 것이다. 따라서 한 국가의 힘이 증가하는 것은 장기적으로는 그 국가를 약화시키는 일이 된다. 힘의 증대는 라이벌 국가들에게 경각심을 주고 반대 연합을 형성하는 동력이 된다. 한 국가의 힘이 다른 국가들의 주권을 빼앗을 만큼 강하게 성장하고 있다면 국가들의 연합이나 동맹이 조직되어 그 국가의 성장을 방해할 것이다. 이 현상은 **안보딜레마**로 알려져 있다(Jervis 1978; Nalebuff 1991).

이 4가지 가정은 국제정치에 간결하고도 강력한 관점을 제공한다. 여기서 몇몇 중요한 가정들이 나온다. 전쟁의 위협이나 불안정성에 관한 신현실주의자의 가장 중요한 가정은 다음과 같다.

1. 양극체제가 다극체제보다 더 안정적이다.
2. 힘이 국가들 간에 거의 균등하게 배분되도록 국가들은 균형적 행동을 취한다.
3. 국가들은 다른 국가들의 행동을 모방하거나 따라한다.

신현실주의는 전쟁과 불안정성을 얼마나 잘 설명하는가?

신현실주의 이론과 전쟁의 위험에 대한 고찰을 계속해보자. 첫 번째로 신현실주의자의 3가지 주요 가설이 이론의 4가지 가정에 논리적으로 적합한지 살펴본다. 그런 다음 이 가설들이 역사적인 상황들을 얼마나 잘 설명하고 있는지 검토한다. 이러한 방법으로 전쟁과 국제정치에 대한 신현실주의의 관점이 가진 논리적, 역사적 중요성을 파악할 수 있다.

만약 신현실주의의 가설이 국제문제를 정확히 묘사하지 못하고 있다면 그 논리성은 중요하지 않다. 이론의 가정이 가설을 논리적으로 함축하지만, 예측이 실제 행위들과 일치하지 않고 심지어 다른 이론들의 예측보다도 못하다면, 그 이론의 예측들은 반증된 것이다. 만약 신현실주의자의 가설이 실제 행위들과 일치하지만 이론의 가정을 따르지 않는다면 실제 관찰된 사실들을 설명하기 위해 이 가정들을 수정할 필요가 있다. 이 경우에는 아마도 새로운 추가 함의들의 집합이 새로운 가정에서 나올 것이다. 이 새로운 함의들이 사실에 부합하는지 또한 알려고 할 것이다. 이러한 평가와 수정 과정을 통해 이론이 성장하고 이 세계가 어떻게 작동하는지 더 잘 이해할 수 있다. 끝으로, 가정에서 논리적으로 가설이 나오고 또 그 가설들이 실제로 관찰되는 행위를 정확히 설명한다면, 신현실주의는 국제정치를 이해하는 강력한 도구다.

양극성과 안정성

양극의 국제체제는 매우 강력한 두 국가가 지배하고 그보다 약한 국가들이 양극 주위에서 연합을 형성한 형태다. 다극체제는 2개 이상의 강력한 국가로 이루어져 있다. 다극체제의 강력한 국가들 또한 그보다 덜한 다른 국가들의 지지를 받는다. 다극체제에서는 그런 힘의 집중이 둘 이상이다.

양극구조가 다극보다 안정적이라는 주장은 양극에 비해 다극에서 불확실성이 더 크다는 주장에서 비롯되었다. 다극의 세상에서는 한 국가가 다른 국가를 위협할 경우, 국가가 스스로 어떻게 조직화할지 예상하기 어렵다. 국가들의 다양한 블록 사이에 가능한 수많은 연계가 존재하기 때문에 대치에 직접 관여되지 않은 제3의 집단의 약속을 예측하기가 어려워진다. 따라서 양극성은 전쟁의 위협을 증가시킨다고 논의되는 불확실성과 약속의 문제, 이 2가지 조건을 완화시키는 것으로 여겨진다.

TRY THIS

오늘날에는 무엇이 국가들의 중요한 극이나 블록이라 생각하는가? 어떤 국가가 특정한 블록 혹은 극에 속하고 어떤 국가는 속하지 않는지를 어떻게 결정하겠는가? 군사동맹의 유사성이 블록 소속을 판단하는 데 도움을 주는가?

국제체제에 5개의 강력한 국가(A, B, C, D, E)가 존재하고 각각이 블록의 지도자라 가정해보자. 만약 A와 B가 작은 싸움에 휘말렸다면 각각은 C, D, E가 어떤 행동을 할지 상대적으로 불확실한 상황에 처해 있다. 반대로 국제체제가 오직 A와 B의 두 강력한 국가로 구성되어 있다면 불확실성은 감소한다. 각각은 서로의 적이고 다른 누군가를 걱정할 필요가 없다. 신현실주의자는 양극 세계에서는 불확실성이 감소하기 때문에 양극 국제정치 내 국가의 지도자가 저지르는 실수가 극히 적다고 결론짓는다. 그러므로 양극체제는 다극체제보다 안정적이라고 주장한다.

극성과 불확실성에 관한 이 주장이 어떻게 작동하는지 [그림 5-2]와 [5-3]에 나타난 국제 군사 약속들의 배열 형태를 통해 살펴보자. [그림 5-2]는 1차대전 이전에 강대국들이 맺은 군사 약속들이다. 여섯 강대국들은 1914년 유럽 외교에 적극적으로 가담했다. 독일, 러시아, 영국, 오스트리아-헝가리, 이탈리아, 프랑스가 그 6개 강대국에 해당한다. 미국과 일본 또한 당시 적극적인 무역활동을 전개하는 강대국이었지만 대외정책은 일반적으로 유럽 안보 문제에서 물러나 있었다.

[그림 5-2]에서 강대국들이 1차대전으로 연결된 오스트리아-헝가리와 세르비아를 대신한 러시아의 적대관계에 어떻게 반응할 것인지는 불확실하다. 1차대전에

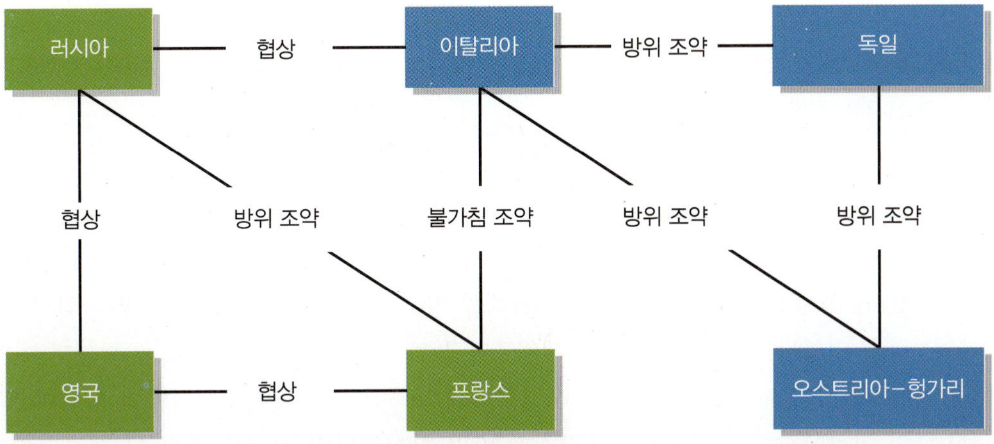

제1차 세계대전이 끝난 후 엄격한 동맹 약속들이 인계철선을 만들어 오스트리아–헝가리와 세르비아 간의 1914년 위기를 전 세계적 갈등으로 고조시켰다고 전문가들은 주장했다. 그러나 1차대전 발발 직전인 1914년 6월 강대국들의 동맹 연결을 보면 약속들을 구분하는 경계가 사실 불분명하다.

그림 5–2 1914년 유럽 강대국 동맹 약속들

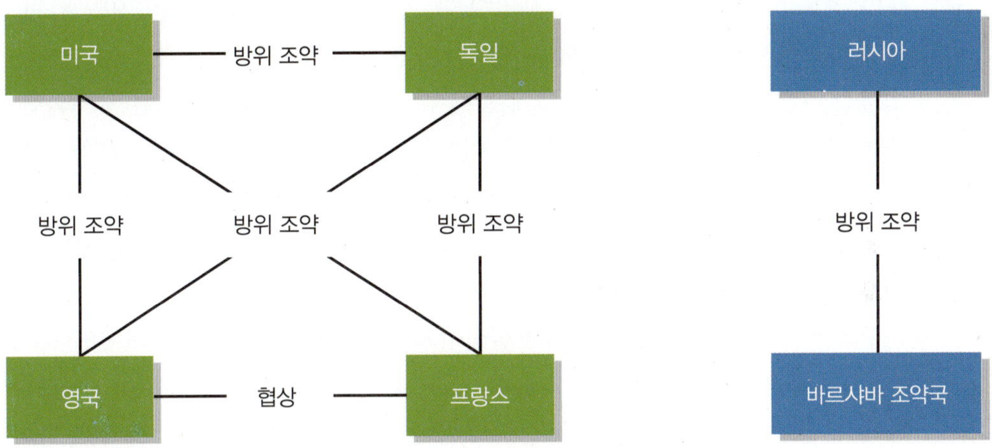

냉전시대 강대국 동맹들이 양극구조임은 거의 틀림이 없다.

그림 5–3 1989년 유럽 강대국 동맹 약속들

서 결국 양쪽으로 형성된 국가들의 조합은 확실히 전쟁 이전의 이익관계와는 구별된다. 영국, 프랑스, 러시아가 연합해 독일과 오스트리아–헝가리에 대항했다. 그러나 전쟁 전의 상황에서 필연적으로 또 분명하게 그렇게 하려고 했던 것은 아니었다. 이탈리아는 양쪽 캠프와 모두 연관을 맺었고 전쟁이 시작하기 직전에 중립을 선언했다. 그러다가 이탈리아는 1915년 4월에 3국협상(Triple Entente) 편으로 돌아섰다.

동맹들이 인계철선처럼 작동해 대규모 전쟁을 피할 수 없는 상황으로 만들었다는 1차대전 설명은 전쟁 이전의 사실들에 기초한 것이라기보다 지나고 나서 맞춘 생각임을 [그림 5-2]로 알 수 있다.

영국은 프랑스, 러시아와의 관계가 긴밀하지 않기 때문에 의논 이상은 약속할 수 없다는 입장을 표명해왔다. 이로부터 영국이 전쟁에서 한 발 물러서 있을 것이라고 쉽게 추측할 수 있다. 사실 독일 또한 영국에 대해 이와 같은 생각을 가지고 있었다. 프랑스는 러시아와 긴밀한 관계를 맺고 있었을 뿐 아니라 이탈리아와 중립 협정을 맺었다. 이탈리아는 상호방위조약을 맺은 오스트리아-헝가리, 독일과 가까웠다. 전쟁이 시작된 후 반대의 극으로 나타난 양쪽은 복잡하게 뒤엉켜 있었다. 확실히 영국이 거리를 두었고, 프랑스가 반만 참여했다면 전쟁은 훨씬 더 제한적이었을 것이다.

애매한 1914년 동맹 약속들은 냉전 시기 유럽 문제에 관한 강대국 약속들 구조와 대비된다. [그림 5-3]에서 나타나듯 유럽 안보문제는 독일, 미국, 소련, 영국, 프랑스 등의 5개 강대국에 의해 결정되었다.[1] 중국은 아시아의 강대국으로 부상했지만 유럽 안보문제에는 거의 개입하지 않았다. 일본 또한 경제대국이었지만 유럽 혹은 세계 안보문제에서 중요한 역할을 차지하지는 않았다.

냉전 기간 동안 주요 강대국 체제는 애매하지 않았다. 미국은 소련을 제외한 모든 유럽 강대국들이 가입한 나토동맹을 이끌었고 소련은 동유럽 위성국가들로 이루어진 바르샤바 조약국들을 대표했다. 어떤 동맹국도 누가 누구에게 소속되어 있는지에 대한 애매함을 만드는 이동, 즉 한쪽 블록에서 다른 블록으로 이동하지 않았다. 냉전의 양극구조에서는 불확실성이 거의 없었다.

두 국가가 주도하는 체제는 불확실성이 적고, 힘의 주요 중심이 여럿인 다극체제는 아마 틀림없이 불확실성을 갖는다. 양극체제보다 다극체제에서 더 큰 불확실성 하에 결정이 이루어진다는 신현실주의 주장은 옳다. 그러나 **다극성**의 불확실성을 다극성의 불안정성과 양극성의 안정성으로 연결시키는 것에는 상당한 논리적 비약이 존재한다. 사실 어떤 사람들은 다극성이 불확실성을 갖고 있기 때문에 다극체제가 양극체제보다 더 안정적이라고 주장하기도 했다(Deutsch and Singer 1964). 서로 다른 정책결정자들이 위험을 감수하기도 하고, 위험에 신중해 기피하는 등 불확실성에 대해 각자 다르게 대응하기 때문에 극성과 안정성이 관계없다고 주장하는 이들도 있다(Bueno de Mesquita 1978).

---

1. 냉전 동안 독일이 가졌던 주요 전략적 중요성은 미국과 소련이 모두 독일 영토에 상당한 군대를 주둔시키고 있다는 사실에 근거한다. 독일은 미국과 소련의 전쟁이 전쟁을 시작할 가능성이 가장 높은 지점이었다.

신현실주의의 양극체제 가설은 그 이론의 가정에서 나오지 않는다

양극체제는 다극체제보다 불확실성이 덜하기 때문에 다극체제보다 안정적이라는 주장에는 몇 가지 문제가 있다. 우선, 이 주장은 신현실주의의 4가지 주요 가정을 통해 논리적으로 유추할 수 없다. 사실 이 가정들은 불확실성이나 어떻게 불확실성이 안정성에 영향을 끼치는지에 대해서는 전혀 언급하고 있지 않다. 국제체제의 불확실성과 안정성 사이의 관계를 결론짓기 위해서는 추가적인 가정이 필요하다.

특히 국가(혹은 정책결정자)가 불확실성에 어떻게 대응하는가에 대한 가정을 만들 수 있다. 이제 불확실성이 정책 결정과 안정성에 관해 무엇을 내포하고 있는지에 대한 논쟁으로 가보자. 가령 불확실성은 국가(혹은 지도자)가 특별히 더 조심스럽게 행동하도록 한다. 동시에 강력한 국가들은 라이벌을 제거하거나 감소시키려 할 것이다. 더 커진 확실성이 그렇게 할 기회를 명확하게 만들기 때문이다. 만약 불확실성이 신중함을 초래하고 정보의 명확성이 기회주의를 장려한다면 양극성은 불안정성을 초래한다. 이는 도이치와 싱어(Deutsch and Singer 1964)가 말한 다극체제가 양극체제보다 안정적이라는 결론에 필수적인 주장이다.

양극체제가 안정성을 강화시킨다는 주장을 관철시키기 위해서는 다극성과 불확실성이 국가들을 무모하고 덜 신중하게 만들어 심지어 위험을 추구하도록 만드는 반면, 확실성은 국가들을 더욱 신중하게 만든다고 가정할 필요가 있다. 불확실성이 확실성보다 신중함을 배가시킨다는 가능성을 논리적으로 배제할 수 있다면 모든 국가들은 특히(그리고 아마 심지어 동등하게) 확실성 앞에서 위험회피적인 태도를 보인다. 다소 강한 가정이긴 하지만 우리가 처한 논리적 딜레마를 해결할 뿐더러 국가가 다른 국가들의 행동을 모방한다는 신현실주의의 세 번째 가정과도 일치한다. 논리가 현실에서 너무 동떨어져 있는 문제를 해결할 수 있느냐 하는 것은 가정의 현실성을 판단하기보다는 증거를 살펴 해결해야 할 경험적 질문이다.

이러한 간단한 해결책은 다른 지도자나 다른 국가가 불확실성에 다르게 대응할 가능성을 배제하고 있다. 이는 신현실주의의 체제 차원의 관점과도 일치한다. 그러나 국가(혹은 지도자)가 불확실성에 대해 각각 고유의 방법으로 대응한다면 3가지 문제에 직면한다. 첫째, 불확실성에 대한 다양한 대응은 국제정치의 중요한 선택이 국가 내부의 문제가 아니라 구조적 요인에 의해 결정된다고 주장하는 합리적 단일 행위자 가정에 모순이다. 둘째, 만약 다양한 정책결정자가 불확실성에 다르게 대응한다면 양극성과 안정성 사이의 경험적 관계를 기대할 수 있는 그 어떤 이유도 존재하지 않는다. 어떤 지도자는 불확실한 상황에서 특별히 신중하게 행동하는 반면 어떤 지도자는 더 무모해진다. 만약 신중함과 무모함을 적당히 섞은, 즉 평균적인 국가(혹은 지도자)가 있다면, 불확실성은 안정성에 어떤 체계적 영향도 미치지 못할 것이다. 불확실성에 해당하는 상황 중에 반은 신중하게 안정지향적으로 행동하고 나머지 반은 무모하게 불안정을 초래하는 행동을 하게 될 것이다. 셋째, 만약 지도자가 불확실성에 대응하는 방법이 다르다면 세 번째 가설(국가들은 다른 국가들을 모방한다)은 의미가 없다. 확실히, 양극성과 안정성을 동일시하는 신현실주의자의 이론은 정책결정자 개인이 불확실성에 대해 다르게 반응할 것이라는 가능성을 인정할 수 없다.

양극성의 주장이 불확실성이나 확실성이 국제적 안정에 어떻게 영향을 미치는지에 대한 설명을 제공하지 못한다는 사실은 무시한다 해도, 양극성 주장의 문제가 남아 있다. 더 심각한 문제는 안정성이 양극성에 의해 강화된다는 가설이 신현실주의의 4가지 가정에 부합하지 않는다는 점이다. 양극 세계보다 다극 세계에서 힘이 더 많이 분산됨은 논리적으로 옳음을 사실 신현실주의 가정으로 보여줄 수 있다.

이 주장을 증명하기 위해 국제체제에 300에 해당하는 힘이 존재한다고 가정해보자. 양극 세계일 때, 2가지 종류의 힘 분포를 보자. 만일 힘이 A 블록 혹은 국가와 B 블록 혹은 국가에게 정확히 150:150으로 나눠져 있다면, 둘 중 누구도 상대 블록의 힘을 빼앗아 체제를 불안정하게 만들 수 없다. 각각은 상대의 승리를 막을 수 있는 충분한 힘을 가지고 있다. 이러한 양극적 세력균형 체제는 신현실주의자가 가설한 것처럼 매우 안정적일 것이다. 그러나 만약 힘의 분배가 완벽한 150:150이 아니라면 그 체제는 신현실주의자 결론이 아니더라도 신현실주의 가정에 따라 불안정하다(Niou 외 1989).

가령 국가 A가 151의 힘을 가지고 있고 B가 149를 가지고 있다고 가정해보자. 이 체제는 실제적으로 균형적이지만 완전히 균형적인 것은 아니다. 세 번째 가정에 따라 국가 A는 더 큰 힘을 갖고 싶어 하지만, 네 번째 가정에 따라 만일 그렇게 하는 것이 A의 안보를 위협한다면 이를 실행에 옮기지 않을 것이다. 힘은 상대가 행하지 않을 무언가를 행하게 만드는 능력이기 때문에, A는 B가 자원 모두(즉 149의 힘)를 포기하게 강요할 능력이 있다. A는 B보다 더 강하다. 만약 B가 그 자원을 포기하려 하지 않는다면 A는 그것을 빼앗을 수 있다. 양극 세계에서 A와 B를 제외한 아무도 없기 때문에 B 국가는 누군가에게 도움을 요청할 수 없다. B의 자원을 빼앗음으로써 A는 힘을 증가시키고 국가의 주권이나 안보를 위험에 빠뜨리지는 않는다. A는 B를 이길 수 있음을 알고 있기 때문이다. 이것이 바로 신현실주의와 같은 구조적 관점에서 살펴본 A가 B보다 강하다는 문장의 의미다. 그러므로 힘이 완벽하게 균형을 이루거나 그렇게 인식되는 희박한 경우를 제외하고 양극체제는 신현실주의 논리에 따라 불안정한 것이다.

TRY THIS

신중하게 말하자면, 양극성이 안정성을 의미할 때는 힘의 분배가 정확하게 같다는(혹은 정확히 같은 것으로 인식된다는) 것이다. 만약 양극 상황에서 실제 힘의 분배가 120:180으로 나누어져 있지만 150:150으로 인식되는 상황은 어떨까? 이 경우에도 한쪽이 다른 한쪽의 힘을 빼앗으려 시도할까? 실제로는 150:150인데 120:180으로 인식되는 상황은 어떨까? 이 경우에는 한쪽이 다른 한쪽의 힘을 빼앗으려 시도할까? 신현실주의 가정을 엄격하게 적용해 이 질문들에 답해보라. 그 이론이 논리적으로 함축하고 있는 바는 무엇인가? 그 이론이 인식에 관해서는 어떻게 말하고 있는가? 그 함의들은 양극성이 안정성을 가져다준다는 가설과 일치하는가 아니면 모순되는가?

물론 승리를 보장하려면 힘 차이가 더 커야 한다고 반박할 수 있다. 그러나 그렇다 해도 기본 평가는 바꾸지 않는다. 전쟁 모험이 기대이득보다 더 클 힘의 완벽한 균등의 범위만 바뀌는 것이며, 양극체제가 불안정해지는 힘의 격차 수준은 그대로일 것이다. 불균형한 양극은 한쪽 국가 혹은 블록을 더 강력한 다른 한쪽이 와해시키는 결과를 초래한다. 이 주장은 심지어 정확한 힘 분포나 전쟁비용 범위에 관한 불확실성을 감안해도 유효하다. 사실 양극 상황에서 불확실성을 가정하는 것은 양극체제 안정론을 뒤집는 것이다. 양극체제는 다극체제보다 덜 불확실하다고 전제되고 있다.

이제 2가지의 다극체제를 살펴보자. 각각은 A, B, C, D, E 5개의 국가 (혹은 국가 블록)로 이루어져 있다. 체제 I은 A=75, B=74, C=75, D=74, E=2와 같이 힘이 분배되었다. 체제 II는 A=78, B=74, C=73, D=73, E=2이다. 신현실주의 가정에 따른 이 체제들의 안정성은 어떠한가?

체제 I(75,74,75,74,2)은 안정적이다. 이 상태의 힘의 분포에서는 국제체제의 어떤 국가도 제거될 수 없다. 심지어 전체 힘의 2/300를 차지하고 있는 E 국가도 그러하다. 사실 E 국가는 B 그리고 D와 함께 A와 C 연합에 대항해 스스로(그리고 B와 D)를 보호하는 데에 충분히 강력한 연합을 건설할 수 있기 때문에 이 체제 내 안정화의 중요한 요소다. E 국가는 자기 자신을 보호하고 나머지 국가들은 안보를 증강시킨다.

신현실주의에 따르면 50%가 넘는 힘을 가진 국가들의 어떤 조합도 상대편 조합에 승리할 수 있다. 300의 힘을 가진 가상체제에서 150 초과의 힘을 통제하는 국가들의 조합은 남은 국가들에게 승리할 수 있다. 신현실주의자의 네 번째 가정에 따르면, 이러한 동맹이 자국을 배제하면, 각 국가는 그런 연합의 형성을 막을 유인을 가진다. 150의 힘을 가진 저지연합을 구축함으로써 국가는 안보를 보장받을 수 있다. 수학적으로 보면 R이 자원(즉 힘)이라 할 때 저지연합은 $R/2$이 되어야 한다. 양극체제에 대한 이전의 논의를 떠올려보면 안정성은 양극이 각각 $R/2$의 저지연합을 형성할 때 가능하다(즉 각각 150).

체제 I에서 E 국가는 A와 C에 대항해 국가 B와 D의 연합에 가담할 것이다(74+74+2=150=$R/2$). 이 조치는 아무도 다른 한쪽을 몰아낼 수 없기 때문에 안정적이다. 이 체제 내의 각 국가들은 패배연합을 지배연합 혹은 저지연합으로 바꿀 수 있기 때문에 모두 꼭 필요하다. A가 E를 공격한다면 다른 국가들은 E를 방어하고 A를 패배시키기 위해 연합할 것이다. 만약에 그렇게 하지 않으면 E와 함께 차단연합 혹은 A에 대항한 차후의 지배연합을 형성할 기회를 잃게 됨으로써 이 국가들의 안보가 위험해지기 때문이다. E 국가의 곤경을 무시하면, C와 D 국가도 미래에 안보 위협을 받게 된다. 국가들은 신현실주의의 가정에 따라 행동하지 않는다. 따라서 A는 E를 공격하지 않을 것이다. 덜 분명하지만, B 국가의 안보도 위험에 처하게 될 수 있다. 신현실주의의 가정 하에서 일단 $R/2$의 연합이 형성되면 B(혹은 다른 누구도)의 안보 또한 지속적인 추가 이익이 없다. 힘의 분배는 안정적으로 지속되거나 혹은 지속되지 않을 수 있지만 국가들은 모두 다른 누군가의 안보를 유지하도록 하는데 중요한 역할을 하고 이로써 서로의 생존을 보장하는 믿을 만한 약속을 할 수 있기 때문에 모두 생존할 것이다. 힘이 재분배되면 안보가 보장될 수 있더라도, 안보를 보장하기 위해 힘을 굳이 재분배할 필요는 없다. 예를 들어 힘을 75, 75, 70, 70, 10으로 재분배한다면 한 국가에게 150의 힘을 줄 때까지 안정성은 또 다시 위험에 처할 것이다.

그러나 체제 II(78,74,73,73,2)에서는 E 국가의 생존을 보장할 만한 국가의 조합이 없다. 차단연합 혹은 지배연합을 만들기 위해 누구도 E 국가의 도움이 필요하지 않기 때문이다. E 국가는 다른 국가들로부터 믿을 만한 동맹조약을 이끌어낼 수 없다. A 국가는 B 국가와 연합해 지배연합을 만들 수 있다. 그러나 B가 원하지 않을 경우 C나 D와도 가능하다. 이 연합들에 E 국가를 포함시키는 것은 불필요하다. B 또한 A와 제휴하거나 아니면 C 그리고 D와 제휴해 지배연합을 만들 수 있다. 어떤 패배연합도 E 국가를 포함시키는 것만으로 저지연합이나 지배연합이 될 수는 없다. 결과적으로 E는 아무 가치가 없다. 남은 국가들 중 누군가(혹은 남은 국가들 모두)가 승리해 E가 가진 2만큼의 힘을 얻는다 해도 지배연합을 만들어낼 능력에는 아무런 변화를 가져다주지 않을 것이다. 따라서 A, B, C, D 국가는 하나의 저지연합 혹은 지배연합을 형성하는 데 필수적인 구성요소가 됨으로써 자국의 안보를 확보하지만 E는 아니다. **불필요한 행위자**일 뿐이다.

이제 체제 II가 어떻게 신현실주의의 규칙에 따라 전개되는지를 볼 수 있다. 국가 A와 D가 전쟁이 끝난 후 모든 자원을 공평하게 나누기로 확실히 합의했다면, 이 연합은 B, C, E 국가를 위협할 수 있다. 전쟁비용으로 힘의 소멸이 없다면 각각은 전쟁이 끝난 후 150씩의 힘을 갖게 된다. 만약 둘 중 하나가 덜 갖는다면 이전의 동맹은 거기서 끝이다. B, C, E 국가는 분명 이 상황이 좋을 리 없다. 그렇기 때문에 B와 C는 이러한 안보위협이 있기 전에 A에게 거래를 제안한다. 이 거래는 A가 D와 동맹을 맺고 B, C, E를 파괴시켜 얻을 수 있는 것 이상을 제시한다. B와 C의 제안은 A가 먼저 E를 파괴시켜 2만큼의 힘을 얻고(이제 A의 힘은 80이 되었다) B와 C 각각으로부터 35씩을 취해 B, C, E와의 큰 전쟁 없이, 그리고 D가 전쟁에서 이득을 보게 될 위험 없이 150의 힘을 얻게 되는 것이다. B와 C는 기꺼이 자원(영토나 그밖에 힘의 유형자원)을 양도할 것이다. 이러한 상황에서 B와 C는 힘을 희생하지만 A가 일단 150의 힘을 가지면(R/2=150) 생존한 국가들 모두가 필수적이고 따라서 서로의 방위를 확실히 약속할 수 있기 때문에 안보를 보장받을 수 있다. 새로운 힘의 분배는 A=150, B=39, C=38, D=73 혹은 A=150, B=74, C=3, D=73 등 다양한 가능성이 존재한다.

요컨대 E 국가는 첫 번째 가상의 다극체제에서는 필수 행위자였다. 체제 I에서는 누구도 E를 제거할 수 없었다. E 국가의 붕괴는 미래에 누군가를 안보위협에 빠뜨릴 수 있다. 이는 신현실주의의 4번째 가정을 어기는 것이다. 이 체제에서는 다른 국가들이 지배연합의 어떤 국가들에게 저지연합을 지지하는 것을 대가로 하는 더 나은 거래(즉 더 높은 수준의 안보)를 제시할 수 있다. 더 나은 거래를 받아들여 동맹을 바꿀 가능성 때문에 이 체제에서는 모든 국가가 필수 행위자이다. 따라서 체제 I에서는 힘의 분배가 바뀔 수 있음에도 불구하고 안정적이다.

두 번째 가상의 다극체제는 첫 번째와 비슷하긴 하지만 신현실주의에 따르면 불안정하다. 이 체제에서는 E 국가가 생존할 수 있는 신현실주의 가정에 부합하는 상황이 없기 때문이다. 다른 국가들은 안보를 위협받지 않고도 E 국가를 파괴함으로써 힘을 증진시킬 수 있다. 최소한 국가의 생존과 관련한 안정성의 필수요소는 각 국가가 최소한 한 지배연합이나 저지연합의 형성에 필수적이어야 한다는 것이다. 몇몇 국가가 상대 국가로 세력을 전이함으로써 필수 행위자가 되더라도 최소한 생존할 수 있다. 반면 불필요한 행위자인 국가는 생존할 수 없다. 불필요한 행위자를 포함한 체제는 불안정할 수밖에 없다(Niou at al. 1989).

다극체제에서 다양한 힘의 분배가 안정적일 수도 있고 그렇지 않을 수도 있다는 사실은 자명하다. (모든 국가가 생존할 수 있는) 잠재적으로 안정적인 다극체제 중 하나는 국가들 사이에 힘이 완벽하게 똑같이 분배된 상태이다. 그러나 그러한 체제는 힘이 재분배되어 완벽한 균등이 아닌 상황으로 균형 상태를 바꿀 수 있다. 이는 짝수의 구성원을 가지고, 애초에 짝수의 극에 동등하게 자원이 분배된 다극체제에서만 모든 국가의 생존을 보장하는 $R/2$의 힘을 가진 저지연합이 자원의 재분배 없이 형성될 수 있기 때문이다.

다극체제의 안정성은 실제 힘의 균등 상황에 제한받지 않는다. 이것이 양극체제와 다극체제의 눈에 띄는 차이점이다. 양극체제의 안정성은 두 블록 사이에 자원이 완벽히 균등하게 분배되어야만 이루어질 수 있다. 따라서 신현실주의자의 첫 번째 가설인 양극성이 안정성을 증진시키고 다극성은 불안정성을 초래한다는 주장은 이론의 가정에 의해 논리적으로 틀렸다. 나아가 실제 힘의 균형은 양극체제에서는 필수적으로 보이지만 다극체제에서는 그렇지 않다. 이는 두 번째 가설과 모순된다. 수많은 힘 분포가 안정을 가져다 줄 수 있다. 다극 환경에서 정확한 세력균형은 관계가 없다. 세력균형은 다극성에서 중요하지 않거나, 세력균형은 행위자 각자가 필수적인 체제를 의미한다는 것으로 정의해야 한다. 후자의 경우, 너무 많은 체제가 세력균형 체제에 해당하기 때문에 문제해결에 큰 의미를 갖지 못한다.

TRY THIS

신현실주의 기준에서 안정적이라 할 수 있는 5개의 블록을 가진 서로 다른 10개의 다극체제를 만들어보라. 이 10개는 안정적인 다극적 힘 배열의 가능한 모든 개수에 육박하는 수인가? 만약 한 다극체제에서 힘이 균등하게 분배되었다면 저지연합은 어떻게 형성되겠는가? 완벽하게 균등한 힘의 분배는 모든 국가의 생존을 보장하는가? 그것은 자원의 재분배를 막는가?

양극체제와 안정성: 재검토

여기서 극체제와 안정성의 관계에 대한 묘사가 너무 단순하다고 이의를 제기할 수 있다. 결국 전쟁 혹은 상대의 힘을 빼앗고 주권을 위협할 수 있는 다른 어떤 행위들도 위험한 일이다. 성공을 보장할 수 없으며, 더 강력한 국가나 국가의 연합은 우위가 엄청나지 않는 한 우위를 확신할 수 없다(Morgenthau [1948] 1978). 전쟁에 관련된 모험은 힘이 양측에 정확하게 똑같이 나누어지지 않는다 해도 양극체제가 여전히 안정적일 것이라고 의미한다.

이 주장이 그럴듯하긴 하나 양극체제가 안정적이라는 신현실주의 주장을 지켜낼 순 없다. 이 주장은 사실 신현실주의의 근본적인 부분을 부정하고 있기 때문이다. 이제 왜 그런지를 설명하기 위해 양극체제가 불안정성을 보았던 예시로 돌아갈 것이다. 그 전에 다극체제가 양극체제보다 불확실성이 더 크기 때문에 덜 안정적이라는 기초 주장을 다시 한번 되새겨보자. 이 가설의 논리적 근거를 확인하기 위해 다극체제가 더 불확실하다는 주장 대신에 불안정성이 특히 양극체제에서 문제가 된다는 주장을 보여주겠다.

A 국가는 B 국가에게 승리할 수 있는 확률이 p라고 생각한다고 가정하자. 이 경우 $1-p$는 A 국가가 B 국가에게 패배할 확률이다. 편의상 p는 A와 B의 힘을 합친 것에 대한 A 국가 힘의 비율이라 정의할 수 있다. A는 다음의 경우라면 B를 이용하려 시도하지 않는다. $p(U_{\text{A승리}})+(1-p)(U_{\text{A패배}})<U_{\text{A현상유지}}$, $U_{\text{A승리}}$는 A가 B의 힘을 빼앗으면서 얻을 수 있는 효용이고 $U_{\text{A패배}}$는 B에게 주권을 빼앗겼을 때 효용이다. $U_{\text{A현상유지}}$는 안보 수준 기준으로 현재의 효용이다.

A가 B의 세력을 모두 빼앗으면 효용이 1이고, 주권을 잃게 되면 효용이 0이라고 가정해보자. 신현실주의 가정에 따라 A는 주권을 잃거나 현재 상태를 유지하는 것보다 B의 힘을 탈취하는 것을 선호하고, 주권을 잃는 것보다는 현상유지가 낫다. 이러한 가정을 토대로 A가 B의 세력을 얻으려 할지 말지에 대한 결정을 도울 규칙을 발전시킬 수 있다. 첫째, 위 항들을 부등식으로 정리할 필요가 있다.

$$p>(U_{\text{A현상유지}}-U_{\text{A패배}})/(U_{\text{A승리}}-U_{\text{A패배}}),$$

여기에 주어진 숫자를 대입해보자.

$$p>(U_{\text{A현상유지}}-0)/(1-0)$$

정리하면,

만약 $p>U_{\text{A현상유지}}$이라면, A는 B를 공격한다. (규칙 1)

그리고

만약 $p\le U_{\text{A현상유지}}$이라면, A는 B를 공격하지 않는다. (규칙 2)

A의 결정은 현재 안보 상태에 얼마나 만족하는지 혹은 아닌지에 따라 다르다. 현상유지에 매우 불만족하는 국가라면 규칙 1과 2에 의해 양극체제에서 상대 극에 해당하는 국가가 훨씬 더 강력하다 할지라도 공격을 시도할 것이다. 즉 p는 아주 작을 수 있지만 현상유지의 값보다는 클 수 있다. 예를 들어 현상유지의 값이 0.1이라 가정해보자. 이는 주권을 잃는 것(0)보다는 크고 B의 세력을 얻는 값(1)보다는 작다. p가 0.2라면 A는 B를 공격하는 것이 규칙 1을 만족시킨다. 이는 양극 세계에서 A가

60이고 B가 240의 힘을 가지고 있을 때 A가 B를 공격하는 것과 같다. 즉 p는 A의 힘/(A의 힘+B의 힘)=60/(60+240)=0.2이다. 이것이 B의 힘과 비교한 A의 힘에 따라 측정된 p가 함의하는 바다. 현상유지의 효용은 0.1이다. 이 예시에서 A가 B의 힘을 얻는 데 성공할 가능성은 매우 적지만 A는 공격한다. 현재 상태에서 A의 상황은 그리 좋지 않기 때문에 전쟁의 유리한 면보다 불리한 면이 적다. 따라서 성공의 확률이 낮더라도 전쟁으로 가는 것은 해볼 만한 도박이다.

양극체제에서 현재 상태에 비교적 만족하고 있는 국가라면 상대가 훨씬 더 약해도 공격하지 않을 것이다. 즉 p는 매우 클 수 있지만 현상유지의 효용보다는 작다. 가령 현상유지의 값이 0.9라 하자. p가 0.8이라도 규칙 1이 성립하지 않기 때문에 A는 B를 공격하지 않는다. A의 힘이 240이고 B가 60이라 할지라도 A는 낮은 가능성의 잠재적인 비참한 패배를 현상유지의 높은 값과 비교해 B의 세력을 차지할 수 있다는 확신을 가지지 않을 것이다.

그런 결론은 매우 직관적으로 이치에 맞다. 문제는 그것들이 신현실주의자 가정과 모순된다는 점이다. 네 번째 신현실주의 가정은 국가들의 안보가 위험하지 않은 상황에서만 세력을 확장하려 한다고 제한한다. 신현실주의 이론을 창시한 왈츠는 신현실주의에 대해 이렇게 설명했다.

> 무정부 상태에서 안보는 제일의 목적이다. 국가는 1차적으로 생존이 보장된 뒤에 평화, 이익, 힘 등의 문제를 고려한다. 힘은 수단이지 목적이 아니기 때문에 국가는 2개의 연합 중 약한 쪽에 들어가길 선호한다. 국가는 힘을 하나의 유용한 수단으로 생각할 뿐 궁극적인 목적으로 삼을 수 없다. 체계는 국가가 안보를 추구하도록 장려한다. 증강된 힘은 그 목적에 도움이 될 수도 아닐 수도 있다⋯ 국가의 1차적 목표는 힘의 극대화가 아니라 체계 내의 위치를 유지하는 것이다(1979, 126).

무정부 세계는 거의 생존을 보장하지 않기 때문에 신현실주의 관점대로 국가가 안보와 다른 가치 있는 목표를 교환할 가능성은 거의 없다. 그러나 세력 다툼의 결과가 확률적이라고 가정함으로써 안보와(즉 주권의 보존) 힘의 추구 사이에 거래가 존재함을 인정해야 한다. 확률적 결과를 가지고 안보가 위험에 처하는 것을 충분히 정당화 할 수 있는 성공 확률을 생각해 볼 수 있다(성공 확률이 낮았던 예를 떠올려 보자). 이는 가정 3과 4에 대한 위반이고 따라서 우리는 더 이상 신현실주의의 논리를 살펴보지 않겠다. 대신 안보가 우선일 필요가 없는 다른 이론들을 살펴보자.

양극이 안정을 가져다준다는 가설은 신현실주의가 언급한 가정에서 나오지 않는다. 이론을 유지시킬 추가적인 가정을 인정한다 해도 해당 이론의 기본 가정을 반박하는 데서 살아남을 이론은 없다. 그러므로 지도자가 안보를 담보로 세력을 확장할 것인지 아닌지에 대해 서로 다른 결정을 할 수 있다는 인식을 함으로써 신현실주의 주장은 유지될 수 없다. 현상유지의 가치 대 더 큰 힘 추구의 모험에 관한 계산은 어떻게 국가들이 행동하는가에 대한 신현실주의자 관점에 정면으로 도전한다.

역사와 신현실주의의 경험적 주장

신현실주의가 주장하는 양극성 논리를 유지해야 마땅한가? 다시 말해, 역사의 기록이 양극성이 안정성을 낳는다는 논리적 설명에 대한 가설에 충분히 부합하는가? 국제체제 수준의 극성의 그 안정성 사이에 강한 역사적 관계가 존재하는지를 밝히는 데는 여러 가지 방법이 있다. 신현실주의를 포함한 모든 이론에서 까다롭고 다양한 검증방법이 필요하다는 왈츠의 충고(1979, 13)를 되새기며 몇 가지 방법들을 제시한다.

신현실주의자 주장을 고려해 이치에 맞게 보이는 하나의 방법은 국제체제의 구조가 서로 다른 배치로 변하지 않은 채 얼마나 유지되는가를 측정하는 것이다. 신현실주의자에 따르면 근대 국제체제는 30년전쟁이 끝난 1648년에 시작했다. 국제체제는 1648~1945년 독일이 전쟁에 패배했을 때까지 다극구조였다. 따라서 1648~1945년 사이에는 한두 개의 지배자 없이 여러 강대국들이 있었다. 다수의 강대국이 출현하고 소멸하며 수많은 내부적 변화들이 있었지만 다극체제는 297년 동안 지속되었다. 양극체제는 1945년에 시작해 냉전의 종말을 상징하는 베를린 장벽이 무너진 1989년에 끝났다. 즉 양극체제는 44년간 지속되었다. 국제체제는 이제 새로운 다극체제(미국이라는 극, 아마도 유럽연합이라는 극, 세 번째 극인 중국, 네 번째 극인 러시아, 아마도 또 다른 극으로 부상하는 인도) 혹은 아마도 단극(전 지구적 지배국으로서의 미국)으로 들어섰다. 물론 이 체제가 얼마나 지속될지는 알 수 없다. 그러나 확실한 것은 첫 번째 다극체제가 첫 번째 양극체제보다 훨씬 오래 갔다는 것이다. 이로 미루어, 좁은 의미에서 다극은 양극보다 안정적이다.

동독의 군인이 베를린 장벽의 틈을 통해 서독의 여인과 악수하고 있다. 이 장벽의 붕괴는 냉전의 평화적 종말을 의미했고 신현실주의 이론의 예상에 대한 근본적인 도전이었다.

신현실주의자는 이 평가방법이 틀렸다고 주장할 것이다. 앞서 297년간 다극체제 내부

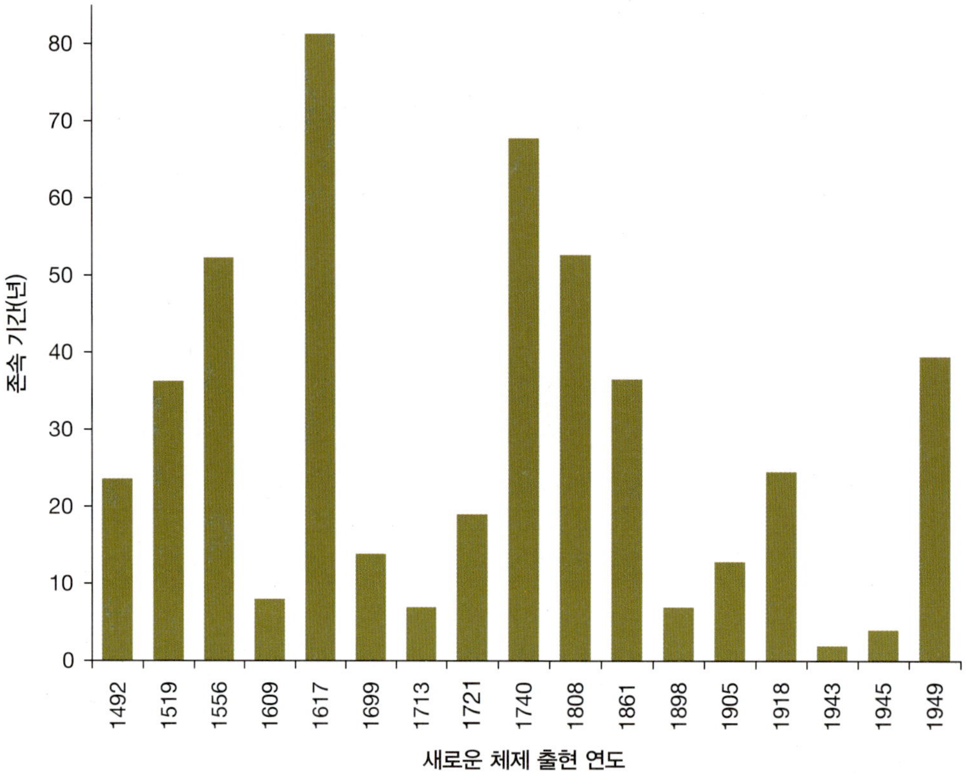

신현실주의자와 다른 구조적 이론가들의 주장과 달리 지난 500여 년 간의 체제에 대한 조사는 1945년에 시작해 1989년에 종결된 양극의 강대국 체제가 특히 오래 존속한 것은 아님을 분명하게 보여준다.

그림 5-4 국제체제의 안정성

출처: Levy(1983).

에 많은 변화가 있었음을 언급했다. 예를 들어 스페인은 16~17세기 동안 강력한 국가 중 하나로 손꼽히지만 19~20세기에는 확실히 그 지위를 잃었다. 미국은 현재 세계에서 가장 강력한 국가이지만 1648년에는 존재하지도 않았을 뿐만 아니라 최소한 1898년 스페인-미국 전쟁 전까지는 조용한 시골 벽지에 불과했다. 만약 안정성이 변하지 않는 강대국들의 집합을 바탕으로 한다면 주요 강대국의 목록이 바뀔 때마다 새로운 체제가 출현했다고 할 수 있다. 레비(Levy 1983)가 1492년 이후 강대국을 분류한 것에 따르면 양극체제의 지속성이 비교적 긴지 짧은지 알 수 있다.

[그림 5-4]는 강대국의 구성이 바뀌지 않은 채로 유지된 기간으로 정의된 체제의 존속 기간을 나타낸다. 양극 국제체제의 40여 년은 특별히 길지도 특별히 짧지도 않은 기간이다. 여러 다극의 강대국 체제들이 더 오래 지속되었고 또 더 짧게 지속되었다. 즉 강대국 체제의 존속 기간에 근거해서도 다극체제가 한 사례의 양극체제보

다 덜 안정적이라고 결론짓기는 어렵다. 이는 양극성이 체제적 안정성을 가져다준다는 명제에 대한 더 심각한 도전이다. 왜냐하면 이 검증 방식은 신현실주자들이 생각하는 안정성 개념과 매우 유사해 보이기 때문이다.

물론 주어진 국제구조 하에서 지속성만이 체제의 안정성을 가늠하는 기준은 아니다. 국제체제의 안정성을 평가하는 또 하나의 방법은 가장 영향력 있는 국가들, 즉 강대국들 간의 전쟁 빈도를 조사하는 것이다. 양극체제에서는 1) 미국, 2) 소련이라는 두 지배국이 있었다. 당시 두 국가 간에 전쟁이 없었다는 사실은 주목할 만하다. 그러나 두 초강대국 간 전쟁이 없었을 뿐 양국은 그 외의 다른 국가들과 (적어도 두 초강대국 가운데 하나가 대신 전쟁을 수행한 국가의 전쟁수행능력을 지원한 대리전을 포함해) 몇 차례 전쟁을 치렀고, 강대국과 초강대국 간의 전쟁도 양극 기간에 적어도 한차례 있었다. 6.25전쟁(1950~1953)은 미국과 중국 간의 전쟁이었다. 중국과 소련은 광활한 국경을 따라 이따금씩 싸우기도 했다. 이것으로 수많은 사상자가 나왔지만 중소 갈등은 거의 전쟁으로 치닫지 않았다.

두 초강대국 간의 평화를 역사학자 개디스(Gaddis 1987)는 '긴 평화'로 묘사했다. 얼마나 오래 지속되었는지 그리고 그것이 양극 때문이었는지 둘 다 대답하기 어려운 질문이다. 긴 평화를 설명하기 위해 국제문제의 수많은 변화들이 지목될 수 있다. 양극성도 그중 하나다. 그러나 다른 가능성에 비해 양극성이 더 혹은 덜 그럴듯한 요인이 될 이유는 없다. 가령 핵 억지의 출현을 생각해보자. 핵 억지는 국제체제를 다극으로 만드는 경향이 있다. 특히 여러 강력한 핵보유국의 존재는 공격에서 기대되는 이익에 비해 공격 비용을 과도하게 만들 때 그러하다. 핵무기는 전쟁의 예상 비용을 그 어떤 미래의 이익보다 크게 만들 수 있다.

어떤 이들은 전신인 국제연맹(League of Nation)을 뛰어넘어 크게 발전한 국제연합(United Nations)의 창설이 초강대국의 전쟁을 제한하는 역할을 했다고 지적한다. 확실히 UN은 강대국들이 얽힐 수 있는 분쟁을 억제하고 해결하는 다양한 평화유지 활동을 해왔다(Fortna 2004). UN의 가장 강력한 권력은 안전보장이사회(Security Council)에 있다. 5개 상임이사국(때때로 P-5라고도 불리는 러시아, 미국, 영국, 중국, 프랑스) 각각은 이사회에 올라오기 전 결의안에 대한 거부권을 행사할 수 있다. P-5와 직접 관계가 없는 안보 이슈라도 거의 대부분이 이들을 거친다. UN 안보리(UNSC)는 다극의 정책 결정구조를 가지고 있기 때문에 양극과 균형을 맞추는 역할을 해왔다. 이것 역시 긴 평화의 설명이 될 수 있다.

강대국들 사이에 지속된 평화에 대한 많은 설명들이 존재한다(Mueller 1989). 예를 들어 상업적인 TV의 등장과 대륙 간 항공여행의 증가 등은 사람들을 더 가깝게 만들고 문화적인 이해를 가능하게 함으로써 평화를 증진시켰다. 물론 친밀성은 경멸을 키우기도 했다고도 말할 수 있다. 긴 평화에 대한 설명에 있어서 성급한 비약은 피해야 한다. 각각에 대한 반박도 존재하기 때문이다. 안정성에 대한 설명으로서 양극성이 그 주장만큼이나 설득력 있는 반대 주장도 가지고 있다는 것을 이미 보았다.

TRY THIS

러시아는 2008년 여름 조지아공화국에 탱크와 수천 명의 러시아 군사를 파견했다. 미국과 유럽연합 국가들은 러시아의 군사력 사용을 적극적으로 반대했다. 왜 이 문제는 UN 안보리에 회부되지 않았는가? 안보리는 러시아인들과 조지아인들이 차이의 해결을 협상하도록 강요하기 위해 무엇을 할 수 있었는가?

그 긴 평화는 실제로 얼마나 지속했는가? 가장 확실한 대답은 제2차 세계대전이 끝난 후 베를린 장벽이 무너지기까지 44년 동안 초강대국들 간에 전쟁이 없었다는 것이다. 당시 제한적이지만 중요하게도 평화가 유지되었다. 그러나 (중소 국경분쟁을 제외한) 강대국 간 전쟁이 없었던 기간은 36년에 불과했고, (종종 강대국이 포함된) 작은 전쟁들이 지속되지 않은 순간은 거의 없었다. 미국과 중국이 참여한 6.25 전쟁을 생각해보라. 게다가 프랑스는 1950년대 초반 인도차이나에서 전쟁을 벌였다. 프랑스와 영국은 1956년 이집트에서 수에즈전쟁을 치렀고 미국은 도미니칸공화국, 그레나다, 파나마, 베트남 등지에서 싸웠다. 중국은 인도와 베트남에서 다른 국가들과 싸웠고 소련의 국경을 따라 싸우기도 했다. 소련은 아프가니스탄, 체코슬로바키아, 헝가리 등의 전투에 참가했고 역시 중국의 국경을 따라 싸웠다. 44년 혹은 심지어 36년(혹은 그 이하)이 정말 특이하게도 강대국 간에 전쟁이 없었던 긴 시간이었는지는 재고해보아야 한다.

이제 기나긴 평화가 진짜 그렇게 길었는지를 평가한 레비(Levy 1983)의 집계로 돌아가자. 레비의 데이터는 나폴레옹전쟁의 종식(1815)부터 크림전쟁의 개시(1853)까지 38년간 강대국 간에 전쟁이 없었음을 보여준다. 프로이센-프랑스 전쟁 종식(1871)과 제1차 세계대전 개시(1914) 사이는 43년이었다.[2] 이 외에도 지난 수세기 동안 강대국 전쟁들 사이의 긴 간격을 더 찾을 수 있다. 레비는 **웨스트팔리아조약** 이래 7개의 일반 전쟁을 정했다. 이는 루이 14세의 네덜란드전쟁(1672~1678), 아우크스부르크동맹 전쟁(1688~1697), 스페인 왕위계승 전쟁(1701~1713),

2. 누군가는 러일전쟁이 강대국 간의 전쟁이라고 주장할 수 있다. 그러나 전 지구적 힘의 정치에서 당시 잠재적인 일본의 위치는 이 전쟁을 통해 확립되었고, 이 사건에 앞설 수 없었다. 물론 몇몇은 일본이 이미 강대국이었다고 주장한다. 만약 이 전쟁을 강대국 간의 전쟁 목록에 포함시키면 프로이센-프랑스 전쟁과 러일전쟁 사이의 기간은 33년이다.

7년전쟁(1755~1763), 프랑스혁명과 나폴레옹전쟁(1792~1815), 제1차 세계대전(1914~1918), 제2차 세계대전(1939~1945) 등이다. 일반전쟁 사이 간격의 평균은 34년이다. 가장 긴 간격은 99년으로 이른바 긴 평화보다 훨씬 더 길다. 이는 양극의 기나긴 평화가 특별히 길었던 것은 아님을 나타낸다. 그리고 양극성이 다극성에 비해 강대국 전쟁의 질병을 더 잘 치료하지도 않는다.

TRY THIS

강대국 전쟁 사이의 기간을 계산하면 긴 평화 주장의 약점을 너무 적게 추산하는 것이다. 양극성 주장은 2개의 초강대국과 그 동맹들에만 집중한다. 전쟁이 힘과 관련 없이 무작위로 분포되는 것이라면 강대국이 많을수록 그들 사이의 전쟁이 일어날 가능성은 높아진다. 각 국제체제에서 가장 강력한 두 국가 간에 전쟁이 없었던 기간을 기준으로 30년전쟁 이후의 세계를 보라. 가장 강한 두 강대국만을 고려했을 때 전쟁 사이의 간격은 얼마나 되는가?

5.3 다른 신현실주의 가설들과 역사적 기록

구조적인 신현실주의 시각의 예측 정확성을 평가하는 또 다른 방법은 신현실주의 가정에서 논리적으로 나오는 것들을 면밀히 살펴보는 것이다. 그런 다음 이론으로부터 논리적으로 이끌어 낸 가설이 역사적으로 정확한지 아닌지를 확인할 수 있다. 신현실주의 논리를 세심하게 살펴본 몇몇 연구가 있다. 니우와 그의 동료들(Niou et al. 1989)은 신현실주의 논리를 면밀히 추적해 신현실주의 가정에 근거한 4가지 중심 결론을 형식적으로 추출한다. 신현실주의의 틀에서 정리로 증빙된 함의는 다음과 같다.

1. 필수 국가는 결코 불필요해지지 않는다.
2. 필수 국가는 국제체제에서 결코 제거되지 않는다.
3. 불필요한 국가는 결코 필수 국가가 되지 않는다.
4. 불필요한 국가는 언제나 국제체제에서 제거된다.

필수 국가는 패배연합에 들어가 그 연합을 저지연합이나 지배연합으로 바꿀 수 있다. 불필요한 국가는 어떤 패배연합도 저지연합이나 지배연합으로 바꿀 수 있는 능력이 없다.

필수 국가 및 불필요한 국가의 생존

위 진술들은 역사적으로 틀렸다. 오스트리아-헝가리는 제1차 세계대전이 시작할 즈음 필수 국가였다. 전쟁이 끝났을 때 이들은 불필요한 국가가 되었을 뿐 아니라 국제체제에서 완전히 사라졌다. 소련 또한 냉전시기에 필수 국가였다. 아니 심지어 초강대국이었다. 오늘날 소련은 없다. 사실 소련은 기꺼이 그리고 평화적으로 자신의 세력과 강대국으로서의 지위를 포기했다. 소련을 계승한 국가들이 생존을 보장하기 위해 힘을 감소시킨 것인지 아니면 스스로 불필요한 국가가 되어 소멸할 운명이었는지는 아직 확실치 않다.

2008년 러시아의 조지아 침입으로부터 러시아 정부가 강대국 사이에서 러시아의 위치를 거듭 강조하려 했다는 사실은 자명하다. 결국 러시아는 조지아 분쟁을 UN 승인 하의 경제제재나 조지아 정부와 타협 등의 방법이 아닌 군사공격으로 해결하는 쪽을 택했다. 자국을 강대국으로 만들기 위한 러시아의 노력이 석유와 천연가스 가격의 변동(러시아는 세계 최대 석유 및 천연가스 수출국 중 하나이다)에 얼마나 영향을 받았는지는 여전히 중요하고도 유효한 질문이다.

TRY THIS
원래 필수 국가였지만 현재 불필요한 국가가 되었거나 더 이상 존재하지 않는 국가의 예를 찾아보라. 원래 불필요한 국가였지만 현재는 필수 국가이거나 여전히 존재하나 여전히 불필요한 국가의 예도 찾아보라. 가능하다면, 최근 3~4세기에 걸친 이러한 범주의 국가 목록을 만들어보라.

19세기 미국은 불필요한 국가였다. 확실히 오늘날 미국은 필수 국가이다. 그리고 논의의 여지는 있지만 홀로 초강대국의 지위를 지키고 있다. 이는 신현실주의 논리로는 불가능한 일이다. 그밖에도 신현실주의 논리에서 니우와 그의 동료들(Niou et al. 1989)이 추출한 4가지 명제가 실제 역사와 부합하지 않음을 보여주는 사례들은 많다.

세력균형과 신현실주의

아마도 신현실주의자의 가장 일반적 주장은 양측이 자신의 승리 확률을 50% 이상으로 믿을 때만 전쟁이 발발한다는 것이다. 이것은 세력균형이론으로 알려진 주장의 일부다. 전쟁은 라이벌 국가의 상호 낙관주의의 산물이고, 이는 각자의 주관적 승리

표 5-1 1896년 강대국 힘의 균형

국가	힘(%)	블록	힘(%)
독일	21.4	독일, 오스트리아-헝가리, 이탈리아	34.9
오스트리아-헝가리	8.4		
이탈리아	5.1		
러시아	17.3	러시아, 일본, 프랑스	36.9
일본	4.6		
프랑스	15.0		
영국	28.2	영국	28.2
합 계	100.0		100.0

주: 영국은 다른 국가들과 블록을 형성하지 않았다.

확률 합이 1이 넘을 정도로 승리 가능성을 과대평가하고 있다는 의미다. 게임이론의 관점에서, 이러한 것들이 논리적으로 일관적인지, 즉 분쟁 당사국 하나가 상대국의 행동을 관찰한 후 자국의 승리 가능성을 조정하게 만드는 중요한 정보를 무시하고 있는지는 논쟁거리다(Ramsey and Fey 2006).

많은 저명한 학자들과 정치인들은 힘이 꽤 동등하게 분배되어 있을 때 평화롭고 반대로 힘이 불균등하게 분배되어 있다면 전쟁의 위험이 증가한다고 주장한다. 그러나 이 학자들과 정치인들도 때로는 동등한 혹은 균형된 힘의 분배가 무엇을 의미하는지에 대해서는 이견이 있다. 어떤 이들은 영향력 있는 국가들 사이의 힘 분배 효과를 강조하고, 다른 이들은 국가들 연합 혹은 블록 사이의 힘 분배 효과를 강조한다. 이 둘은 큰 차이점이 있다.

[표 5-1]에 제시된 국력 추정치를 살펴보자. 이 표는 1896년 7개 강대국의 국력을 추정한 것이다. 이 표는 또한 군사동맹의 유사성 계산에 근거해 1896년 군사블록(영국은 그 자체가 블록으로 간주될 정도로 대외정책이 구분되었다)의 총 국력을 보여주고 있다. 자료는 전쟁 연관성 프로젝트(Correlates of War project)를 사용했다. 강대국 각각의 국력 목록은 강대국의 세 블록과는 꽤 다른 그림을 나타낸다. 개별 국가는 상대적인 힘이 매우 불균등하다. 영국 혼자서 전체 강대국 힘의 28% 이상을 가졌다. 일본은 5%도 채 안 되었고 이탈리아는 5%를 겨우 넘었다. 그러나 독일, 오스트리아-헝가리, 이탈리아가 속한 블록은 35%에 육박하는 힘을 가지고 있었다.

러시아, 일본, 프랑스가 속한 두 번째 블록은 37%에 조금 못 미치는 힘을 보유했다. 혼자서 블록을 구성하고 있는 영국은 28%였다.

힘이 불균등하게 분포된 정도를 측정하는 한 가지 방법은 평균적 국가(혹은 국가연합)의 힘과 각 개별 국가(혹은 국가연합)의 힘 간 차이의 절댓값을 모두 더하는 것이다.[3] 만약 모든 개체가 똑같은 힘을 가지고 있다면 힘의 균형은 0이 된다(즉 평균으로부터 편차를 계산한 절댓값의 합이 0이다). 만약 한 국가(혹은 연합)가 모든 힘을 다 가지고 있고 다른 국가들이 하나도 가지고 있지 않다면(가장 불균형한 상태), 힘의 균형은 1.00이다(즉 평균과의 차이 절댓값 합이 100%이다). [표 5-1]의 개별 강대국을 보면 힘의 균형은 0.495로 측정된다. 이는 1896년 강대국 사이 힘의 분배가 불균등했음을 의미한다. 반면 1896년 강대국 동맹블록을 보면 이보다 더 균형적임을 알 수 있다. 블록 간 힘의 균형은 10.3%이다. 명백하게도, 힘을 그룹화 하는 방법(즉 국가별 혹은 블록별)은 그 체제가 균형적인지 아닌지를 정의하는 데 심하게 영향을 미친다. 사용한 측정법이 무엇이든 전쟁 가능성과 힘의 균형 사이에 체계적인 관계는 없다(Singer, Bremer, and Stuckey 1972; Organski and Kugler 1980; Bueno de Mesquita and Lalman 1988, 1992).

전쟁 승리 확률의 추정치와 전쟁 시작 준비 간에는 유의한 관계가 없다. 자료 사용이 가능한 1816~2001년 사이에 시작된 106건의 국가 간 전쟁 가운데 66건이 강한 쪽에서 시작되었고 40건이 약한 쪽에서 시작되었다. 즉 38%는 상대보다 약한 쪽이 시작한 것이다.[4] 전쟁의 필요조건은 분쟁의 각 당사자가 자신의 승리 가능성을 50:50보다 더 큰 것으로 믿는 것이라는 현실주의/신현실주의 힘 균형 주장을 떠올려보라(Waltz 1979; Blainey 1988; Niou et al. 1989; Bueno de Mesquita and Lalman 1992). 이익 변수의 관점에서 다시 서술하자면, 전쟁을 시작하는 쪽의 힘이 1/2 이하라면 전쟁은 일어나지 않아야 한다(필요조건: A가 아니면 B가 아니다). 따라서 애초에 약한 쪽에서는 절대 전쟁을 시작하지 않아야 한다. 만약 신현실주의자의 가설이 옳다면, 약한 쪽에서 시작하는 전쟁은 볼 수 없어야 한다. 증거는 이 가설을 지지하는데 실패했다. 물론 측정의 오류로 몇 가지 사례는 제외될 수도 있다. 그러나 시작하는 쪽이 승리 가능성을 50:50보다 낫다고 판단하는 것이 필요하다는 주장을 믿기에 40건은 예외적 상황이라고 하기에는 너무 많은 숫자다.

---

3. 즉 힘의 균형은 $\sum_{i=1}^{n}\left|C_i - \frac{1}{n}\right|$, C_i는 i국가의 힘, n은 전체 국가(혹은 블록) 수

4. 승리 가능성은 전쟁 발발 시점 기준으로 전쟁을 시작한 측의 전쟁연관성프로젝트(Correlates of War Project) 국력 추정치를 쌍방의 국력추정치로 나눈 값으로 계산한다.

5.4 세력전이: 신현실주의에 대한 구조적 대안

카(Carr 1939, 1945)의 작업을 기반으로 오르갠스키(A. F. K. Organski 1958)는 이상적이지도 규범적이지도 않은 현실주의에 대해 아마 처음으로 도전했다. 오르갠스키의 세력전이이론은 국제문제에서 힘의 중요성에 초점을 맞춘다는 점에서 현실주의와 같다. 그러나 모겐소와 왈츠의 세력균형 현실주의에 반대하고 무엇보다 국제체제는 무정부가 아니라고 주장한다. 대신 오르갠스키는 후에 발전될 신자유주의이론(Keohane and Nye 1977)과 국제정치경제 연구의 전조가 되어 국제체제가 위계적으로 조직된다고 주장한다. [그림 5-5]는 오르갠스키가 국제문제의 근본적 요소라고 주장하는 힘의 피라미드다. 이 피라미드는 국가들의 한 범주가 더 강력하고 영향력을 가질수록 그 범주에 들어가는 국가 수는 더 적어짐을 의미한다. 많은 국가들이 국제관계에 영향력을 미칠 수 있는 자원을 거의 가지고 있지 않을 만큼 약소다. 차드, 아이티, 라오스, 리히텐슈타인 등의 국가가 여기에 속한다. 힘의 피라미드 영역이 가리키듯, 중진국의 수는 더 적다. 그러나 일반적으로 이들은 약소국들보다는 더 영향력이 있다. 멕시코, 네덜란드, 나이지리아, 파키스탄 등이 그 예다. 영국, 중국, 프랑스, 러시아와 같은 강대국은 국제문제에 상당한 영향력을 행사한다. 지배국은 제2차 세계대전 이후 미국이 맡아왔다. 힘의 피라미드의 꼭짓점인 이 자리는 엄청

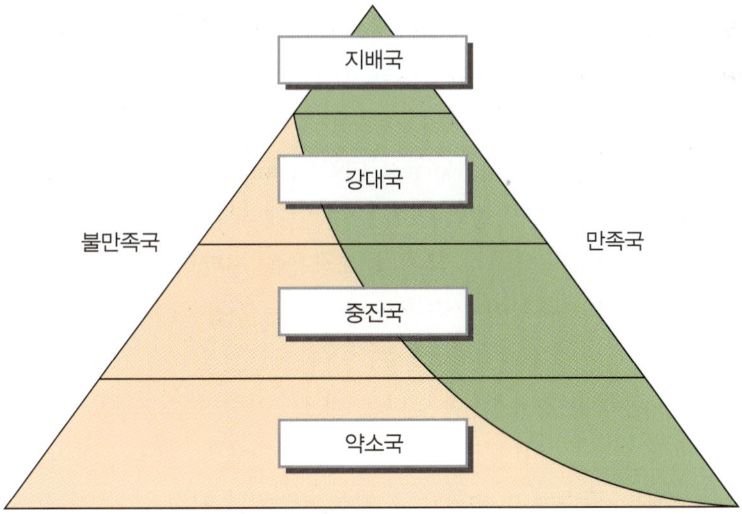

세력전이이론은 세계를 두 연합 즉 1) 만족하는 국가, 2) 불만족하는 국가로 나눈다. 국가가 강할수록 국제체제의 조직에 만족할 가능성이 더 높고, 체제의 규칙을 반영하는 현상유지에 만족할 가능성이 높다. 약한 국가들은 불만족할 가능성이 높다.

그림 5-5 세력전이 힘의 프라미드

난 국가의 부, 엄청난 1인당 부, 압도적인 군사력 등이 있어야 가능한 자리다. 오르갠스키의 세력전이 관점에 따르면 한 시대에 하나의 지배국만 존재한다. 그러한 맥락에서 세계는 실제로 양극이 될 수 없다. 이 우세한 국가의 가장 큰 장점은 국제무대에서 근본적인 행동 규칙과 규범을 만든다는 것이다.

[그림 5-5]는 또한 오르갠스키의 세력전이이론과 비슷한 맥락인 길핀(Gilpin 1981)의 패권전쟁이론의 가정을 암시한다. 삼각형의 음영 부분은 국제질서에 만족하는 국가의 집합을 나타낸다. 반대로 음영이 없는 더 넓은 부분은 국제질서에 불만족하는 대부분의 국가다. 이렇게 세계를 보는 관점에서 국가는 안보나 힘을 극대화하기보다 이익에 따라 현상유지를 정의할 수 있도록 국제적인 상호작용을 지배하는 규칙이나 관습의 통제를 극대화하는 것에 관심을 가진다. 현재 상태에 가장 덜 만족하는 이들 사이에서 불만족이 가장 팽배하다. 그러나 국제평화와 안정에 대한 가장 큰 위협은 더 강한 불만족 국가이다. 세력전이이론에 따르면, 만약 그 국가가 충분한 수단을 가지고 있다면 위계질서를 바꾸어 자국을 맨 꼭대기에 올려놓으려 할 것이다.

국제체제의 규칙은 지배국에 의해 선택되고 지배국과 현재에 만족하는 국가들에 의해 강요된다. 체계 전환 갈등은 불만족 국가들이 현재의 질서를 전복시킬 만한 힘을 얻었을 때 일어난다. 따라서 세력전이이론과 같은 위계이론들의 초점이 힘의 분배나 국가의 안보보다는 행위를 지배하는 규칙이나 규범에 있음을 알 수 있다.

지배국이 행동의 규칙과 규범을 결정한다는 가정은 신현실주의에서 상당히 벗어난 것이다. 세력전이이론은 국제문제에서 국가를 중심 행위자로 본다는 점에서 신현실주의와 공유하는 면이 있지만 이 이론은 모든 국가가 힘과 안보를 극대화시키기 위해 노력한다는 현실주의 가정에 동의하지 않는다(Organski 1958; Organski and Kugler 1980; Kim and Morrow 1992; Lemke 2002). 오히려 세력전이 이론가들은 국가가 다른 국가에 영향력을 끼칠 수 있게 되는 정책목표를 가진다고 주장한다. 이 목표 혹은 목적은 국가가 국제 상호작용을 지배하는 규칙이나 규범을 세움으로써 달성할 수 있다. 규칙이나 규범을 통제하는 것은 국제정치의 과정 전체를 통제하는 것과 같다.

지배국이 규칙을 강요할 수 있다는 바로 그 사실은 그 규칙을 강제할 수단이 그 지배국 손에 있다는 의미다. 강제는 힘에 달려있다. 세력전이이론과 패권전쟁이론은 국제문제의 필수적인 수단으로 힘을 꼽는다. 이것은 2차대전 이전의 국제관계 사고를 지배했던 이상주의와 크게 다른 점이다. 이상주의자들에게는 개별국가의 안녕보다 윤리, 도덕, 집합적 부의 극대화가 국제교류를 위한 규범적인 이정표이다. 이들의 시각은 최근 국제문제에서 이념의 역할에 관해 더 정교하게 다루는 구성주의 이론들 내에서 재조명받고 있다(Katzenstein 1985; Goldstein and Keohane 1993; Wendt 1999). 그러나 세력전이이론에서 규범적 문제나 사회적 구성은 국제관계를 이해하는 중심축이 아니다.

국제적 규칙 및 규범의 예시

어떤 규칙과 규범이 국제정치를 지배하는가? 국제경제교류와 안보문제 모두에 다양한 예시가 존재한다. 제2차 세계대전 이후 미국은 브레튼우즈협정(Bretton Woods Agreement)이라 알려진 통화체계를 발족시켰다. 브레튼우즈 시대에 미국의 달러는 다른 모든 통화가치를 고정시키기 위한 통화가 되었다. 브레튼우즈 이전의 세계는 1온스의 고정된 금 가격을 기준으로 하는 금본위제도였지만 금을 사는 데 필요한 통화의 양이 변동하기 시작했다. 제1차, 제2차 대전 기간 동안 금본위제는 무너지기 시작했고 새로운 대체 제도가 필요했다(Simmons 1994).

브레튼우즈협정 하에서 미국의 달러는 다른 통화가치의 고정 기준이 되어 금의 역할을 대체했다. 이는 달러가 국제시장에서 가장 선호되는 수단이 되었다는 것이고 동시에 미국이 경제 거래의 중심이 되었다는 뜻이다. 심지어 오늘날에도 원유와 같은 주요 상품은 달러로 매겨지는 배럴로 거래된다.

닉슨(Richard Nixon) 대통령이 브레튼우즈 체제를 포기한 것을 두고 혹자는 미국 패권의 쇠락이라 말했다(Keohane 1984; Kennedy 1987). 미국 패권의 쇠락이 사실이든 아니든(Russett 1985; Strange 1987; Kugler and Organski 1989), 중요한 것은 브레튼우즈협정이 제2차 대전 이후 패권국 외국이 부여한 새로운 국제사회 규칙이었다는 점이다.

지난 수십 년 동안 미국은 1947~1995년까지 관세무역일반협정(GATT)을 통해 그리고 그 이후엔 세계무역기구(WTO)를 통해 자유무역체제의 수립을 주창해 온 세계 지도국이었다. 앞으로 보겠지만 미국이 항상 자유무역을 해왔던 것은 아님에도(제10장 참고), 국가들 사이에 자유무역은 확고부동하게 퍼져나갔다(제11장 참고). 만약 과거의 행위가 미래 정책의 좋은 예언자 역할을 한다면, (거대 금융회사 베어스턴스(Bear Stearns) 인수, 거대 보험회사 AIG에 대한 긴급대책, 2008년 불황 이후 대출 시장을 동결시킨 악성 모기지 매수 등) 미국의 탈 시장적 행위에도 불구하고 미국은 세계 빈국들이 가진 대부분의 경제문제들을 세계시장으로 해결하는 데 기여하고 있다.

WTO가 강제하는 자유무역 체제와 북미자유무역협정(NAFTA)과 같은 기타 무역체제는 특정한 무역이 보호되고 있는가 아닌가를 판단하는 규칙이다. 강압의 힘이 제한적이라 할지라도 이러한 협정들은 구성원들에게 실제 무역의 규범적 영향력을 행사하며 규칙으로 유지되고 있다. 가령 오늘날 관세는 GATT가 처음 출범했던 1947년의 1/10 수준이고 WTO의 지휘 하에 더 하락하고 있다. 이는 미국에 의한 무역규칙의 직접적인 결과다. 제11장에서 세계화에 대해 논하며 다시 보겠지만, 이는 수백만 아니 수억만 기아 인구의 증가를 촉진시켜온 규칙이다.

미국이 국제 리더십 역할을 하면서 발생한 눈에 띄는 규범은 아마도 민주주의 제도의 전파(다른 견해는 제14장 참고)와 인권보호(다른 견해는 제9장 참고)일 것이다. 이는 사람들을 통치하는 데 무엇이 적절한 기초가 되는가에 대한 미국의 인식을 확실히 심어주었다. 미국이 패권 세력으로 출현하기 훨씬 전 민주주의 시행의 이익은 칭송받고 있었다. 앞선 노력 중 가장 눈에 띄는 것은 제1차 세계대전이 끝난 후 우드로 윌슨(Woodrow Wilson)의 유명한 14개 조항 중 하나였던 자결권(self-determination)이었다.

미국은 비민주(nondemocratic)국가와 심지어 반민주(anti-democratic)국가와도 협력했고 가끔은 다른 지역의 민주주의 발전을 방해하기도 했지만 마음이 맞는 정부와의 긴밀한 관계는 항상 유지해왔다. 가령 NATO 구성 국가들이 소련에 대한 두려움만을 공유하고 있었다면 냉전기간 동안 이들이 그렇게 단결되어 있기는 어려웠을 것이다. 물론 NATO가 겉으로만 단결된 척한 것이었다면 몇몇은 변절하거나 따로 소비에트와 협약을 맺었을 것이다. 그러나 NATO의 모든 구성원들은 최소한 자신의 영역에서만큼은 민주주의와 인권의 수호라는 공동의 약속을 공유했다. 사실 스페인이나 포르투갈과 같은 몇몇 서유럽 국가들은 (스페인의 프란시스코 프랑코(Francisco Franco) 장군과 포르투갈의 안토니오 데 올리베이라 살라자르(Antonio de Oliveira Salazar) 하의) 독재가 민주주의 체제로 대체될 때까지 NATO나 유럽공동체에 가입하지 못했다. 바르샤바조약(Warsaw Pact) 내에서 공식적으로 동유럽 국가들을 포함한 NATO를 확장한 것은 일정 부분 이 국가들이 민주주의 규범에 헌신한다는 것을 보여준 능력에 달려있었다. 제14장에서 보겠지만, 그럼에도 미국이 성공적으로 민주주의를 다른 국가에 전파한 예는 거의 없는데, 그 예가 거의 없는 충분한 이유는 있다.

안보 측면에서 미국은 지구상의 평화 증진을 목적으로 만들어진 UN의 설립을 이끈 견인차 역할을 했다. UN 총회가 미국에 반대하는 관점의 투표 결과를 자주 내긴 하지만 여전히 미국은 UN에 적극적인 참여를 보인다. 특히 부시(George H. W. Bush), 클린턴(Bill Clinton), 오바마(Barack Obama) 정부는 국제적인 주요 군사개입의 법적, 정치적, 도덕적 지지를 위해 UN에 의지했다. 미국은 이라크와 아프가니스탄을 상대로 한 전쟁 그리고 소말리아와 아이티 등 여러 국가들에 대한 군사적 행동을 정당화하기 위해 UN에 호소했다. 단호한 대(對)이란 경제제재의 동의를 구하기 위해 UN에 의존했고, 미국 등 국가들은 안보리의 승인이 없어서 시리아 사람들에 대한 알 아사드(Bashar al-Assad)의 폭력에 개입하는 데 실패했다. 확실히, UN에 대한 미국의 정치적 · 재정적 지원은 설립 때부터 2003년 이라크 전쟁까지의 기간 동안 크고 작았지만 오늘날 미국은 UN의 평화유지 및 안보 제공 기능을 증진하는 데 힘쓰고 있다.

TRY THIS

19세기 패권 세력으로서 영국은 국제 행동에 어떤 규칙과 규범을 세웠는가? 나폴레옹 제국이 막강하던 시절 프랑스에 의한 것과는 무엇이 다른가? 독일이 제2차 세계대전에서 승리했다면 국제관계의 규칙과 규범은 어떠했을까? 옛날로 거슬러 올라가 가톨릭교회가 유럽의 패권을 잡았을 때, 다른 국가들에게 행동 규칙을 강요했는가? 교회의 패권은 어떻게 도전받았고 결국 패배했는가? 더 이전의 로마와 그리스를 보자. 당시의 규칙은 무엇이었는가? 에드워드 크리시(Edward Creasy)의 세계의 15대 결정적 전투(Fifteen Decisive Battles of the World, [1851] 1960)를 보라. 그는 '결정적' 전쟁을 정확히 선택했다. 그것이 국제 규칙과 규범의 전환점이 되기 때문이다.

미국에 의한 많은 규칙과 규범들은 소련이 승리해 세계 패권국이 되었다면 지금 없었을 것들이다. 확실히 소련은 미국이 주장하는 시장 기반의 자유무역보다는 사회주의 경제체제를 선호했을 것이다. 소련은 공산당의 통제를 보호하고 증진시키기 위해 자신의 영향권에서 그랬던 것처럼 권위주의 정부를 장려했을 것이다. 그리고 아마 UN이 자주 자신에 반하는 의견을 제시한다면 UN을 지지하지 않았을 것이다.

불만족, 현상유지, 전쟁

국제관계를 지배하는 규칙에 대한 시각이 크게 다를 때 지배국과 힘의 삼각형 아래에 있는 국가들의 집단은 충돌한다. 현상에 대한 불만족은 국제적인 긴장상태의 주요 근원이 된다. 강력하고 불만족스러운 국가들이 패권의 권위에 도전할 수 있을 만큼 성장한다면 갈등이 촉발된다. 국제관계에서 이러한 도전 문제가 있기 때문에 지속되는 갈등은 더 깊어지고 타격이 크다. 규칙을 변화시키는 전쟁은 국제체제를 전환시킬 수 있는 가능성이 있다.

그렇다면 이러한 전쟁은 언제 일어나는가? 지배국은 다른 국가가 그 권위에 도전하도록 가만히 앉아서 지켜보고만 있지 않는다. 지배국은 절대 평화적으로 자신의 통제권을 양보하지 않을 것이다. 동시에 도전국은 패권을 추락시킬 수 있는 믿을 만한 가능성을 줄 충분한 힘을 얻기 전까지 전쟁을 망설인다. 세력전이이론에 따르면 두 라이벌 국가가 거의 같은 힘을 갖게 되었을 때 이러한 조건의 문제가 발생한다. 도전국이 지배국과 거의 비슷하거나 지배국을 능가하는 힘을 갖게 되는 이 시기를 세력전이라 부른다. 큰 전쟁의 위협이 최고조에 있다고 가정하는 시기다.

세력균형적 시각과 달리 세력전이 및 패권전쟁 이론가들은 서로 반대편 국가들의 힘이 거의 같아질 때 주요 전쟁이 발생하는 경향이 있다고 본다. 이 이론들에 따르면 힘의 균형은 전쟁을 촉발시킨다. 도전국과 지배국의 힘이 거의 같아지고, 도전국 힘의 증가가 지배국보다 빠를 때만이 체계를 변환시키는 전쟁(즉 전쟁으로 새로운 힘의 위계와 새로운 규칙 및 규범이 출현한다)이 일어날 것이다. 이 주장은 세계 차원뿐 아니라 지역 차원으로도 확장되었고 경험적인 강점을 보였다. 지역 차원의 패권국도 세계 차원의 패권국과 동일한 압력과 동일한 전쟁 재원을 맞는다(Lemke 1996, 2002).

위협적인 힘의 균형은 어떻게 처음 시작하는가? 동맹의 결과로 전이 유발의 갈등이 등장하는 것은 사실상 불가능하다는 점은 힘의 삼각형 모델에서 자명하다. 결국 만족 국가들은 삼각형의 윗부분에 집중적으로 위치한다. 이들은 이름 그대로 현재 상태의 규칙 및 규범을 잠재적인 패권 경쟁국의 것보다 선호하기 때문에 불만족 국가들과 함께 패권 도전에 가담하지 않을 것이다. 따라서 다른 데에서 힘의 균형에 전이를 초래하는 변환의 원천을 찾아야 한다.

세력전이 및 패권전쟁 이론가들은 위협적인 힘의 균형이 지배국과 도전국의 서로 다른 국내 성장 속도의 결과로 위협적인 힘의 균형이 등장한다고 주장한다. 이 이론들도 역시 국내정치 자체에 큰 관심을 기울이지는 않지만 국내 요인이 성장 속도를 결정한다고 받아들인다. 사실 세력전이이론은 국내문제를 국민의 숙련도, 인프라의 질, 노동 · 자본 · 천연자원의 국가 자원의 가치 등과 같은 경제문제에 속하는 것으로 정의한다. 국내정치는 각 정치조직이 사회의 부를 대외(혹은 국내)정책 목적에 동원하는 능력이 다양하다는 점에 한해서 영향력을 행사한다. 이들은 제2장에서 소개한 선출인단이론과 달리 성장속도 자체를 전략적 의사결정 혹은 내부 정치의 산물로 보지 않는다. 오히려 세력전이이론은 전쟁 패배와 같은 심각한 충격이 있다 해도 경제성장의 장기적인 속도는 필연적이며 변할 수 없다고 주장한다(Organski and Kugler 1980; Kugler and Lemke 1995). 심지어 그러한 전쟁 패배가 국내정치 제도의 변화를 초래해도 마찬가지다.

세력전이 및 패권전쟁 이론이 예측한 전쟁의 가능성은 [그림 5-6]에 요약되어 있다. 불만족 국가가 힘에서 지배국에 훨씬 뒤처져 있으면 전쟁은 일어나지 않을 것이

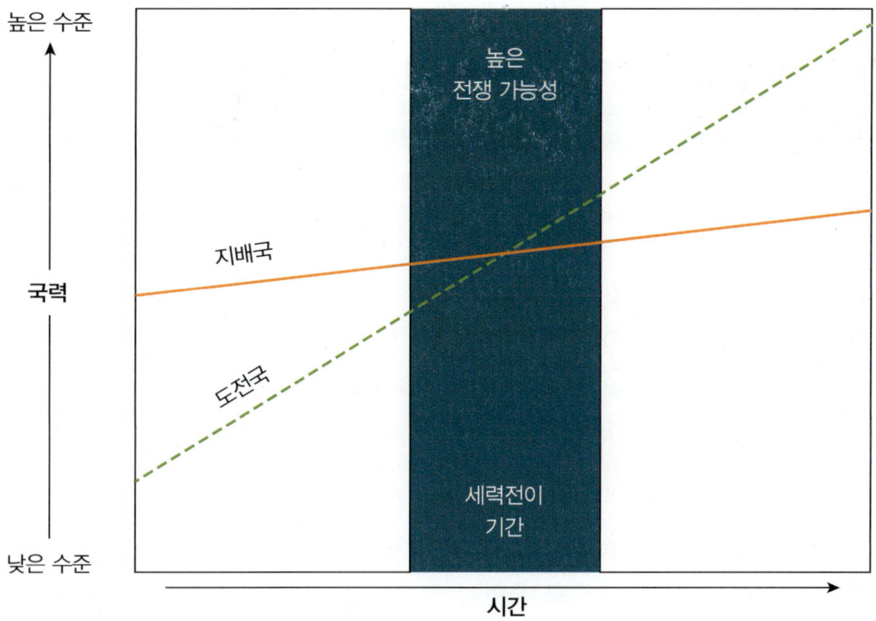

그림 5-6 세력전이 이론과 전쟁 가능성

다. 또 만약 부상하는 도전국이 힘의 상당한 차이로 지배국을 능가할 경우에도 전쟁은 일어나지 않는다. 이 경우, 평화적인 세력전이가 이루어진다. 그러나 도전국의 힘이 빠르게 성장해 일단 지배국과 힘이 같아졌다가 곧 지배국을 능가한다면 체제를 전환시킬 세력전이 전쟁이 일어날 것 같다고 예측되는 것이다. 세력전이이론은 불만족한 도전국이 지배국, 즉 현상유지를 수호하는 국가와 비슷한 세력을 갖게 되었을 때 특히나 체제 전환과 고비용의 전쟁이 발생할 수 있다는 가설을 내놓는다.

오르갠스키와 쿠글러(Organski and Kugler 1980)는 경험적으로 세력전이이론의 핵심 가설을 검증했다. 국가들 사이에서 발생할 수 있는 3가지 다른 유형의 세력 분포가 있다. 1) 도전국이 지배국보다 훨씬 약하다, 2) 도전국의 세력이 지배국과 거의 같아질 수 있다. 그러나 패권국을 능가할 만큼 크게 성장할 수 없다, 3) 도전국의 세력이 지배국과 거의 같아질 수 있고 패권국을 능가할 만큼 빠르게 성장할 수 있다. 오르갠스키와 쿠글러는 이 중에서 세 번째 경우에만 주요 전쟁이 일어날 수 있다고 가설을 세운다. [표 5-2]는 1815~1980년까지 주요 세력 간에 있었던 상호작용의 결과다. 사례 선택의 방법에 중요한 질문을 제기하는 비판이 있긴 하지만(Siverson and Sullivan 1983) 이 표는 세력전이이론의 주요 전쟁 가설이 통계적으로 유의미하게 타당하다는 것을 보여준다.

표 5-2 세력전이이론의 경험적 증거, 1815~1980

전쟁 발생	힘의 불균등	힘이 균등하고 도전국이 패권국을 추월하지 못함	힘이 균등하고 도전국이 패권국을 추월함
아니다	4	6	5
그렇다	0	0	5

출처: Organski and Kugler, 1980에서 재인용.

주: 이 표는 왼쪽 위 칸부터 오른쪽 아래 칸까지 대각선의 비대칭행렬 내에서 편차의 크기를 평가해 서수적 자료의 상관관계를 검증한 τ_c 통계 검증의 결과다. 여기서 τ_c는 0.50이고 확률은 0.05보다 작다. 칸의 값은 해당 칸의 행과 열에 나타난 조건을 만족시키는 강대국-패권국 쌍의 수다. 가령 오르갠스키와 쿠글러의 자료에서 서로 다른 힘을 가진 강대국과 지배국(패권국)의 조합에서 전쟁이 없었던 경우는 4가지다.

세력전이이론의 주장은 정확한 논리적 함의를 찾아내기 위해 공식화되었다. 가령 김우상과 모로우(Kim and Morrow 1992)는 오르갠스키와 쿠글러의 핵심 주장들 중 몇몇은 정확한 형식논리로 증명될 수 있지만, 다른 중요한 가설들은 그렇지 않고 수정이 필요하다고 말한다. 김우상과 모로우는 전쟁 위험이 극대화되는 긴박한 시기가 있음을 보여준다. 그 시기는 도전국이 현재 상태를 바꾸려는 시도를 미루는 비용이 그런 시도로 얻을 수 있는 편익과 같을 때 그리고 지배국이 도전국에게 양보하는 비용보다 전쟁비용이 더 적다고 믿을 때이다. 그러나 양국 모두 싸울 준비가 된 기간은 양국 간의 힘의 동등성에 달려있는 것은 아니다(Kim and Morrow 1992; Powell 1996).

김우상과 모로우는 경쟁국들이 싸우게 되는 힘의 분포가 기다림에서 오는 위험을 감수하려는 의지에 달려있다고 보여주었다. 도전국이 공격을 미루면 미룰수록 승리할 확률은 높아진다. 도전국의 세력은 지배국에 비해 빠르게 성장하기 때문이다. 따라서 도전국이 전쟁을 연기할수록 상황은 유리해진다. 그러나 오래 기다릴수록 불만족스러운 국제교류 규칙을 오래 참아야 한다. 지배국을 공격할 것인가 아닌가에 대한 도전국의 결정은 위험을 받아들일 의향, 이들의 세력이 얼마나 빠르게 성장하고 있는가, 전쟁비용이 얼마나 될 것인가, 현재 상태에 얼마나 불만족하는가 등에 달려있다. 김우상과 모로우는 전쟁의 기대비용이 증가할수록, 현상에 대한 도전국의 불만족이 높을수록, 도전국의 상대적 성장속도가 둔화될수록, 도전국이 더 모험적일수록 도전국이 기꺼이 전쟁을 치르려 하는 기간은 늘어남을 보여주었다.

반대로 지배국은 기다리는 시간이 길어질수록 정치적, 군사적 상황이 악화된다. 둘 사이에 성장속도의 차이는 상대적으로 도전국에게 더 이점이 된다. 패권국 입장에서 기다리는 것은 모험적 일이다. 그러나 그 기다림은 패권국이 게임규칙을 통제하지 못해 평화적 수단으로 국제적 규칙 및 규범을 확실히 바꾸는 것이 불가능해지는 시기보다 앞선다. 전쟁의 기대비용이 감소하고 도전국의 성장률이 증가하면서 어쨌든 전쟁이 발생한다면 지배국의 전쟁 의지는 연기되어 전쟁을 세력전이 기간과 덜 연결되게 한다. 이러한 상황 하에 패권국은 모험회피적 성향을 띠게 된다. 전쟁까지 지배국과 도전국이 얼마나 오래 기다릴 것인가는 모험에 대한 반응, 상대적 성장속도, 전쟁의 기대비용, 현재 상태에 대한 만족도에 달려있다.

경험적 증거는 세력전이이론의 몇몇 주장들을 뒷받침하지만 그외 중요한 가설들은 경험적 검증에 실패한다. 가령 성장률의 차이는 경험적으로 중요하지 않다. 세력이 거의 동등해졌을 때 세력전이가 꼭 이루어지는 것도 아니다. 사실 세력전이 그 자체는 특히 비용이 많이 드는 전쟁을 설명하지는 못한다. 휴스(Huth 1988, 74)가 주장하듯 "어떤 국가도 전쟁이 길어지고 피해가 심해질 것을 예상하면서 전쟁을 일으키지는 않는다." 사실 전쟁이 일어날 것 같은 긴박한 때가 있다 해도 그 시기는 힘의 분배에 따라 정해지는 것이 아니다. 관련국의 지도자가 위험을 받아들이는 경향, 현재 상태에 대한 불만족 정도, 예상 전쟁비용, 패권국과 도전국의 정확한 성장률 차이 등에 따라 전쟁이 일어날 것 같은 시기는 크게 변동할 수 있다.

TRY THIS

[표 5-2]는 τ_c(tau-c)라는 통계검증이다. 이 검증은 세력전이이론의 조건과 전쟁 가능성 사이의 상관관계를 측정한다. 이는 통계적으로 유의미하기 때문에 세력전이이론의 가장 중요한 가설을 뒷받침한다. 그러나 표를 읽는 다른 방법이 있다. 우리는 일반적으로 모든 경우에 가장 빈번히 일어나는 결과에 대한 순진한 예측보다 그 이론이 사건을 얼마나 잘 예측하는지(이 경우 특정 강대국이 전쟁을 하는지 아닌지)를 알고 싶다. 즉 지금 검증하고 있는 이론에 의해 순진한 예측이 저지르는 실수를 몇 %나 제거할 수 있는지가 궁금하다. 이것을 비율적 오류 감소(proportionate reduction in error: PRE)라 부른다. PRE는 표의 각 세로줄에 있는 최댓값을 모두 더한 후 가로줄 전체의 최댓값(이 값은 순진한 예측에서 사용해 얻은 사례의 전체 수임)을 빼고 표 전체 사례의 수 빼기 가로줄 전체 최댓값으로 나누면 된다. 분모값은 순진한 예측에서 놓친 것을 우리 이론으로 얼마나 더 옳게 잡아낼 수 있는가를 알려준다. 분자는 순진한 예측에 비해 몇 개의 추가 사례를 실제로 우리 이론을 통해 옳게 얻을 수 있는가이다. [표 5-2]의 증거를 통해 세력전이이론의 PRE 값을 구하라. 다른 통계검증이 정당하게 이론의 설명과 잠재적 예측을 달리 결론짓는다면 어떻게 설명해야 하는가?

SUMMARY

제5장에서는 전쟁이 사후적으로 비효율적이고 불확실성, 약속의 문제, 불가분 목표의 분쟁 등으로 일어날 수 있음(꼭 그럴 필요는 없음)을 살펴보았다. 또한 전쟁의 원인에 관한 2가지 주요 구조적 이론인 1) 신현실주의, 2) 세력전이이론의 중심 가

설들을 다루었다. 신현실주의의 주장은 양극이 안정성을 증진시키고 불확실성은 불안정을 유발한다는 것이다. 또한 국가들은 서로를 일상적으로 서로를 모방하고 힘의 균형이 안정을 초래한다. 그러나 이는 역사적 기록에 의해 뒷받침되지 않고 논리적으로도 결함이 있다. 여기서 살펴본 대안적 구조이론인 세력전이이론은 핵심 가설 중 일부가 역사적 기록과 일치하긴 하지만 그렇지 않은 것도 있다. 두 이론 모두 언제, 왜 전쟁이 일어나는지에 대한 확실한 답을 제시하지 못했다.

이 세계가 어떻게 작동하는지를 이해하는 과학적 과정은 우리가 물려받은 아이디어를 기반으로 하되 확실히 실패한 부분은 버리고 더 나은 대안으로 대체하는 것이다. 구조적 이론이 촉발시킨 훨씬 더 가치 있는 논쟁들이 진행되어 왔고, 이 접근으로부터 많은 유용한 관점들이 나타나고 있다. 그러나 제6장에서 보듯, 전략적 게임이론이 전쟁을 다루는 방법은 신현실주의나 세력전이이론과 같은 구조적 접근이 설명한 것과 설명하지 못한 것을 모두 설명한다.

핵심 용어

거래비용 187	필수 행위자 194	불필요한 행위자 202
비대칭적 정보 187	안보딜레마 195	전쟁수행능력 209
주권 188	양극성 196	웨스트팔리아조약 210
불가분의 재화 190	극성 196	불만족 216
동태적 비일관성 192	다극성 198	브레튼우즈협정 217
불안정성 194	저지연합 201	

전쟁의 국내적 이론*

북대서양조약기구(NATO) 군대가 세르비아에 처음으로 들어간 지 10년 후, 이 지역의 갈등은 나토군 주둔을 계속 필요하게 만들었다. 2008년 3월 프랑스 나토 평화유지군의 차량에 불이 붙었다. 민족적으로 분리된 미트로비아(Mitrovia) 도시의 폭동 중 나토군 부대가 공격 받은 것이다.

* 제6장의 일부는 Bueno de Mesquita and Smith(2011) 및 Bueno de Mesquita and Smith(2012)에서 가져왔다.

OVERVIEW

– 전쟁은 국가 복지의 관점에서 보면 정확히 말해서 사후적으로는 비효율적이다. 그러나 특히 권위주의 정부와 같이 작은 연합을 이끄는 지도자에게는 효율적일 수 있다.

– 국내정치가 전쟁에 대한 요구를 형성하는 일부로 작용할 때, 그것은 위협의 신뢰도를 높이고 위협의 가능성을 감소시키며 갈등 고조의 경로를 변화시킬 수 있다.

– 국내정치는 전쟁의 소재를 바꾼다. 국내적 책임은 민주주의 국가들에게 주요 사안을 정책 양보와 정권 변화로 만든다. 권위주의 정권이 전쟁을 하게 되는 주요 사안은 자원의 획득과 영토 정복을 포함한다.

– 민주주의자들은 권위주의자들보다 전쟁에서 이기기 위해 더 큰 힘을 쏟는다. 또한 민주국가들은 준비할 전쟁을 더 선별하는 경향이 있다. 국내정치를 관찰함으로써 밝혀지는 선별 효과는 국가를 단일행위자로 보았을 때 예상되는 갈등의 전개 방향을 근본적으로 바꿔놓는다.

– 테러리스트들과 많은 약소국들의 특징인 힘의 부족은 평화로운 사람들이 보통과 다르게 공격적인 성향을 띠도록 만들 수 있다. 이들은 협상 테이블에 가져갈 카드가 거의 없기 때문이다.

ASSUMPTIONS CHECK

1. **합리적 행위자는 패배가 거의 확실할 때 전쟁을 지속할까? 그렇다면 왜? 아니라면 왜?**
   a. 그렇다. 합리적 행위자는 이익이 비용에 비해 충분히 크다면 전쟁을 지속한다.
   b. 아니다. 승리 확률이 매우 낮다면 평화를 청하는 것이 합리적 행위자에게 가장 적합하다.
   c. 아마도. 항복에 대한 기대비용과 이익이 전쟁을 끝내는 기대비용과 이익과 비교해 어떠한지에 달려있다.

2. **정부나 어떤 집단이 적에 대항해 먼저 폭력을 사용할 조건은 무엇일까?**
   a. 적에 비해 훨씬 강력한 군사력과 강경한 관점
   b. 적에 비해 훨씬 강력한 군사력과 온건한 관점
   c. 적에 비해 훨씬 약한 군사력과 강경한 관점
   d. 적에 비해 훨씬 약한 군사력과 온건한 관점

3. **다수의 국내 유권자들에게 의존하고 있을 때는 그렇지 않을 때와 비교해 무력 사용의 위협을 더 신뢰하게 만드는가, 아닌가?**

a. 더 신뢰하게 만든다. 다수의 국내 유권자들에 의존하는 지도자는 국제무대에서 위협을 가한 다음 굴복하면 권력을 잃게 되리라고 예상할 수 있기 때문이다.

b. 덜 신뢰하게 만든다. 국내 유권자들은 파벌에 따라 나뉘기 때문에 집권자가 갈등을 해결하는데 군사력으로 위협한다면 선거 패배의 불안을 조성한다.

4. **정파적 정치는 ____________?**

a. 대외정책의 모험주의에 영향력이 없다. 파벌은 아무런 영향력이 없기 때문이다.

b. 선거에서 유리하도록 대외정책의 모험주의를 증가시킨다.

c. 선거에서 불리하지 않도록 대외정책의 모험주의를 감소시킨다.

ANSWERS

1. c. 항복과 비교한 전쟁 지속의 기대비용 및 이익에 달려있다.
2. d. 적에 비해 약하고 온건한 정부는 갈등에서 무력을 먼저 사용할 가능성이 높다. 이 '평화적 비둘기'에게는 상대적으로 좋은 결과를 위해 다른 선택의 여지가 없다.
3. a. 일반적으로 유권자가 많은 국가의 위협은 더 믿을 만하다. 만약 국내적 지지를 기대할 수 없다면 이 위협이 애초에 만들어지지 않았을 것이기 때문이다. 그리고 다른 조건이 모두 같다면, 국내의 지지로 보아 상대가 싸우기보다 굴복하거나 타협할 가능성이 높기 때문이다.
4. c. 정파적 정치는 재선을 지향하는 지도자의 대외적 모험을 신중하게 만들어 야당이 선거에서 유리하게 될 소지가 있는 대외정책을 피하게 한다.

6.1 국제적 위기의 국내정치

국제문제는 일상적인 국내정치와 구분되어 하이폴리틱스(high politics)로 그려지곤 한다. 이는 국제정치의 큰 게임에 관여된 국가를 단일행위자로 보는 시각에 정당성을 부여하기도 한다. 국가가 외부의 적에 의해 위협을 받고 있을 때 모든 국민은 자기 나라 국기를 중심으로 단결한다고, 정파적 정치도 중지된다고 배웠다. 이렇게 국제정치를 격상시키는 시각은 착각이다. 제6장의 목적 하나는 이 주장을 명확히 하는 것이다. 또 다른 목적 하나는 제5장에서 공부한 체제적이고 구조적인 관점 대신 국내정치의 관점에서 국제문제를 정면으로 살펴보는 것이다.

국가나 국민에게 많은 것이 위태롭든 아니든 모든 정치는 지도자 그리고 권력 유지에 관한 것이다. 이것이 옳다면 국가중심적 국제정치이론들은 설명하지 못하는 큰 구멍들이 있다. 그렇더라도 그런 이론들이 이해를 증진시키는 데 크게 도움이 되지 않았다고 생각하는 것은 잘못이다. 그 이론들은 정치적 생존의 경쟁에 관심을 끌었고 이는 중요한 통찰이다. 다만 지도자 이익보다 국가이익을 강조해 지도자의 생존보다는 국가의 생존에 초점을 맞춘 것이 실패였을 뿐이다. 서장에서 애로우의 정리는 잘 식별되는 국가 이익이 존재한다는 개념에 확실한 의문점을 제기했다. 국가의 생존이 다른 무엇보다 중요하다는 주장에 반론의 여지가 없다 해도 어떻게 그 생존을 지켜야 하는가에 대한 문제는 별개다. 가령 대규모 군대와 어떤 적에도 강경하게 대응하는 것이 국가를 보호하는 가장 좋은 방법이라고 주장하는 매파가 있을 수 있다. 반대로 국가 생존의 위협에 대응하기 위해 타협으로 중재안을 찾는 것이 바람직하다고 믿는 비둘기파에 속하는 이들도 있다. 서장에서 보았듯, 국가의 미래를 보장하는 최선의 방법을 선택하는 것은 잠재적으로 어려움이 따르는 일이다.

이제 국내정치적 경쟁의 관점으로 국제관계를 볼 때, 얼마나 큰 차이가 생기는지에 대해 더 자세히 살펴보자. 지도자가 국가의 안녕이 아닌 자신의 정치적 안녕에 더 관심을 기울이고 있다고 생각하게 되면 놀랍게도 여러 예상치 못했던 함의를 발견하게 된다. 제6장에서는 전쟁과 국내정치에 대한 이 놀라운 함의를 살펴볼 것인데, 나머지 장들에서도 더 보게 될 것이다.

미국과 그 국민의 이름으로 미국 대통령이 벌인 몇 가지 전쟁들의 목적을 조명하는 것으로 지도자의 이익에 대한 생각을 시작해보자. 앞으로 보게 될 예들은 세력균형이나 양극에 대한 생각을 잊고 국내정치에 집중하는 데 도움이 될 것이다. 이는 힘에 대한 고려가 전쟁과 평화에 관한 결정에서 아무 역할도 하지 않는다는 뜻이 아니다. 오히려 5장의 이론들은 중요하게 보이는 요인들이 없기 때문에 전쟁이 일어나지 않는다고 주장했음에도 불구하고 실제 발생한 전쟁은 꽤 흔하다는 의미다. 국제적 세력균형도 일부 역할을 수행하지만 국내정치적 힘의 균형이 종종 더 큰 역할을 수행함을 앞으로 보게 될 것이다.

1999년 3월 미국, 영국, 네덜란드, 독일의 군대를 포함한 나토군은 세르비아에 대해 폭격을 시작했다. 목적은 기독교계 세르비아의 코소보 지역에서 90%가 무슬림인 알바니아계 주민들을 쫓아내거나 죽이려는 세르비아 대통령 슬로보단 밀로세비치(Slobodan Milosevic)의 행위를 강제로 중단시키는 것이었다. 세르비아에 대한 군사공격은 미국이나 유럽의 나토 국가 중 어느 누구의 안보와도 관련되어 있지 않았다. 세르비아와 발칸반도에서의 갈등이 제1차 세계대전의 근접한 원인이었음을 인정한다 해도 코소보에 살고 있는 알바니아인들을 코소보 밖으로 내쫓아 알바니아나 마케도니아 혹은 다른 주변국으로 보냈다 해서 1999년의 유럽이 불안정해지지는 않았을 것이다. 난민 유입이 주변국들에게 막대한 부담을 지우는 것은 확실하다. 그러나 그것은 나토 국가들에게 실질적 위협이 되진 않는다.

안보문제가 주요 관심사가 아니었다면 나토 국가들과 심지어 멀찍이 떨어져 있는 미국이 세르비아와의 전쟁에 참여한 것을 어떻게 설명할 수 있을까? 이 문제와 관련해 세르비아의 보스니아 인종청소를 끝내기 위해 1995년 고안된 나토의 군사작전 혹은 1990년대 초 소말리아 내전을 끝내기 위한 UN과 미국의 노력 등은 어떻게 설명할까? 더 장기적인 약속 없이는 아프가니스탄 내 미국의 임무가 불안정해질 것이라는 군사 지도자들의 충고에도 불구하고 오바마 대통령이 최소한 2014년까지 아프가니스탄에서 물러나겠다는 약속을 한 것은 어떻게 설명할 수 있을까? 마찬가지로 미국의 1차대전 개입은 어떻게 설명할까? 당시 전쟁은 상업적으로 미국에 영향을 미쳤으나 국토안보에 대한 근본적인 위협은 아니었다.[1]

이 질문에 대한 대답은 1999년 나토의 정치지도자들, 그 이전의 기타 국가 지도자들 그리고 최근 아프가니스탄의 탈레반과 알카에다에 맞서 싸운 지도자들이 아무

---

1. 미국의 해상교역과 여객선에 대한 독일 잠수함의 위협은 1917년 의회에서 독일과의 전쟁을 선언한 우드로 윌슨(Woodrow Wilson)의 결정에 중대한 영향을 미쳤다. 잠수함의 위협은 '루시타니아(Lusitania)를 기억하라'라는 슬로건에 담겨있다. 1915년 5월 독일 잠수함에 의해 침몰된 이 미국 여객선은 128명의 미국인 사상자를 냈다. 루시타니아는 제1차 대전에서 영국이 사용할 군수품도 운반하고 있었다. 독일 잠수함 전쟁이 미친 위협은 매우 실질적이었지만, 미국의 제1차 대전 참전에 대한 설명에 이것이 전부일 수는 없다. 루시타니아는 미국이 전쟁 참전을 선포하기 거의 2년 전 사건이다. 게다가 윌슨 대통령은 1916년 재선에서 "그는 우리를 전쟁으로부터 지켜냈다"라는 슬로건 하에 당선되었다. 그러나 두 번째 임기에서 그는 (비교적 잠잠해진 후 다시 시작된) 독일의 잠수함 위협 사건을 끄집어내 대중을 선동했다. 독일의 위협은 주로 영국이나 아일랜드의 항구에 도착하는 배가 대상이었다. 이 배들의 목적은 동맹군에게 군수품 등 중요한 전쟁물자를 운반하는 것이었다. (텍사스처럼) 미국에게 빼앗긴 영토를 멕시코에 돌려주겠다는 (악명 높은 짐머만(Zimmerman)의 전보에 드러난) 약속을 포함해서, 멕시코와 대미(對美) 동맹을 구축하려 했던 독일의 노력은 선전수단 말고는 심각하게 받아들여지지 않았다. 독일 잠수함 때문에 미국의 안보가 위험에 처했다는 윌슨의 걱정과 미국의 이익이 영국과 함께 한다는 윌슨의 결론 가운데 어느 쪽이 더 무게가 있었는지는 확실히 알 수 없다. 한 가지 확실한 것은 윌슨이 자신의 선택(여기서는 윌슨의 캠페인 슬로건)이 가져다주는 국내적 합의와 안보적 결과를 비중있게 심사숙고했다는 점이다.

것도 하지 않는 것에 대한 국내외 영향이 전쟁으로 갔을 때의 결과보다 개인적 정치 앞날에 더 나쁘다는 계산을 한 결과였다는 것이다. 전쟁에 뛰어든 후 이 지도자들은 전쟁터에 남아 있는 것이 앞으로의 권력 유지의 관점에서 나은지 아닌지를 계속 계산한다. 전쟁의 다른 한편에서는 세르비아의 밀로셰비치나 아프가니스탄의 탈레반 지도부와 같은 지도자도 적들이 전쟁에서 비롯된 정치적 비용과 높은 인적 비용을 감당할 수 있을지 계산한다(Gartner and Segura 2006; Gartner 2008).

밀로셰비치는 아마도 자신이 고압적인 자세를 유지한다면 상대는 전쟁을 종료시키기 위해 결국 협상을 하게 될 것이라 믿었을 것이다. 1991년 이라크 전쟁 후 미국 정부가 사담 후세인(Saddam Hussein)을 권력에 남겨둔 것처럼 혹은 확실하고, 안정적이며 바람직한 결과를 얻기도 전에 아프가니스탄에서 전투를 위한 역할을 포기한다는 약속을 한 것처럼 자신도 그 자리에 남겨둘 것이라고 생각했을 것이다. 이를 포함한 많은 경우, 힘의 균형과 같은 전 지구적 고려가 아닌 국내외 전략적 요인이 전쟁을 피하기 위한 협상보다 전쟁을 유발하는 갈등을 촉진시킨 듯 보인다. 전쟁은 피어론(Fearon 1995)이 주장한 것처럼 참전한 국가 입장에서 볼 때 사후적으로 비효율적이지만, 키오짜와 고어만(Chiozza and Goemans 2004)이 지적했듯 전쟁과 유화적 평화 가운데 하나를 선택해야 하는 개별 지도자 입장에서 비효율적이지 않을 수도 있다.

6.2 전쟁이 사후 효율적일 때: 대처와 포클랜드 전쟁

국가적 관점에서는 아닐지라도 전쟁이 정치지도자에게는 이익이 될 수 있다는 점을 설명하기 위해 1982년 영국과 아르헨티나의 포클랜드(Falkland) 전쟁을 살펴보자. 포클랜드 혹은 아르헨티나 사람들이 부르는 말로 말비나스(Malvinas)는 아르헨티나 해변에서 멀지 않은 작은 섬이다. 3000명 정도의 인구가 이 섬에 사는데, 대부분 양을 치거나 어업에 종사한다. 포클랜드는 대영제국의 마지막 자취가 남아있는 곳 중 하나다. 1830년대 이후 영국인들이 그곳에 거주했음에도 아르헨티나는 포클랜드에 대한 소유권을 주장했다. 이 섬은 런던에서 8000마일(대략 12,875km) 가량 떨어져 있었다. 협상을 통해 쉽게 해결될 수 있는 논쟁이 있다면 바로 이러한 것이었다. 그러나 당시 영국의 총리였던 마가렛 대처(Margaret Thatcher, 1979~1990)는 경제적, 정치적 가치가 거의 없는 이 먼 섬을 포기하는 대신 전쟁을 선택했다.

이제 실제로 그랬듯, 그 전쟁이 영국을 위해서가 아니라 그녀 자신을 위해 얼마나 현명한 결정이었는지 보게 될 것이다. 누군가는 수십억 달러를 아르헨티나에 보상하고 문제를 해결하는 방법을 쉽게 상상할 것이다. 19세기에 일어날 뻔했던 많은 전쟁들이 논쟁의 영토에 돈을 지불하는 이러한 방식으로 해결된 바 있다. 사실 미국 정부도 멕시코-미국 전쟁에서 승리한 후 멕시코에 캘리포니아에 대한 대가를 지불했었다. 그러나 대처는 거래 대신 전쟁을 택해 아르헨티나에 승리하기 위해 수십억 달러를 지출했다.

이것이 어떻게 말이 될 수 있는가? 한 가지 주목할 만한 대답은 대처가 아르헨티나를 패배시킴으로써 자신의 경력에 반전을 꾀했다는 것이다. 그녀는 총리를 더 하려면 뭔가가 확실히 필요했다. 1979년 총리가 된 후 대처는 영국 경제를 변화시킬 개혁을 단행했다. 단기적으로 대처의 경제정책과 노조와의 싸움은 경기침체와 높은 실업률을 야기했다. 경기하락과 함께 대처의 인기 또한 바닥에 떨어졌다. 1981년 말 대처의 지지율은 25%를 밑돌았다. 그러나 전쟁 이후 지지율은 50%로 올라갔다. 1년 후 대처는 선거에서 18개월 전에는 꿈도 꾸지 못했던 명백한 승리를 거두었다. 대처는 1990년까지 총리직을 유지해, 1812년 6월부터 1827년 4월까지 재직했던 로버트 뱅크스 젠킨슨(Robert Banks Jenkinson) 이후 가장 오래 수상의 자리를 지킨 기록을 세웠다. 전쟁이 없었다면 불가능한 일이었다. 아르헨티나와의 협상 타결이 영국에게 더 효과적인 해결책이었다 해도 그것이 그녀의 인기는 고사하고 큰 주목을 끌었을 것이라고도 보기 어렵다.

앞으로 보게 될 군사적 성공은 민주국가 지도자의 정권 연장을 돕는다. 승리가 정치적 생명을 보장해주지는 않지만 민주주의의 경우 패배는 거의 확실히 정권 교체를 일으킨다. 베트남전쟁의 실패는 미국 존슨(Johnson) 대통령의 경력을 끝냈고 프랑스의 조셉 라니엘(Joseph Laniel) 수상도 같은 운명을 맞이하게 되었다. 1954년 베트남과의 디엔비엔푸전투(Battle of Dien Bien Phu) 패배 이후 프랑스 정부는 바뀌었다. 영국의 안토니 에덴(Antony Eden) 수상은 1956년 이집트 수에즈운하를 형편없이 침공한 뒤 은퇴해야 했다.

제14장에서 더 자세히 살펴보겠지만, 독재자의 경우 군사행동의 패배에 덜 민감한 편이다. 이란-이라크 전쟁(1980~1988)의 처참한 결과와 1차 걸프전 패배에도 후세인은 4명의 미국 대통령보다(카터. 레이건, 부시, 클린턴) 오래 권력을 유지했다. 이후에 그는 2차 걸프전의 패배에 대한 대가로 권력을 내놓았는데, 그 전쟁은 후세인을 권력에서 밀어내기 위해 치러진 것이었다. 보편적이진 않지만 후세인이나 밀로셰비치와 같은 지도자는 특히 민주국가와의 전쟁으로 권력을 잃을 수 있다. 대(對) 국민 공포 행동을 하는 정권들을 봉쇄하거나 교체하려는 노력은 독재국의 영역일 때보다 민주국가의 영역일 때가 더 많기 때문이다. 아마 이것은 단지 민주국가의 지도자가 상대 독재국가의 지도자보다는 나은 사람이기 때문일 수 있다. 더 그럴

듯하게는 민주적 지도자가 더 많은 국내 유권자를 만족시켜야 하기 때문일 수 있다. 그 많은 유권자들은 대외문제에 별로 관심을 기울이지 않지만 끔찍한 행동이 일어났을 때(그 희생자가 충분히 동정받을 만하거나 그 시기가 적절하다면) 끔찍함이 행동에 대한 압박으로 변함을 확실히 주지하고 있다. 국내정치적 합의는 언제 전쟁으로 가야 하고 언제 다른 방법을 찾아야 할지 계산하는 데 중요한 역할을 수행한다. 끔찍한 행동이 좋지 않은 반응을 일으키고 국내 정권이 방관하며 아무것도 하지 않을 때를 예상한 몇 가지 체계적인 방법을 가지는 것이 좋을 것이다. 시리아의 바샤르 알 앗사드(Bashar Al-Assad)가 평화적인 반란군을 포함한 정적을 학살한 것도 그런 사례 중 하나다.

몇몇 분석 모델은 국내정치가 어떻게 국제 위기를 형성하는지 탐구한다. 제6장에서는 그런 몇 가지 모델을 제시한다. 먼저 청중비용을 중심으로 한 아이디어를 담고 있는 다양한 모델에서 시작한다. 그 다음 왜 어떤 위기는 전쟁으로 나아가고 어떤 것은 그렇지 않은지, 왜 어떤 경우는 잠재적 위기가 아예 일어나지도 않는지에 대한 이해를 돕는 보완적 관점들을 살펴본다. 독재국가에는 없는 민주주의의 정치 파벌에 관한 아이디어와 극한 상황에서 전쟁을 선택하는 모델, 제2장에서 소개한 선출인단이론 등이 여기 포함된다. 이 모델들을 위한 무대를 만들기 위해 앞에서 소개했던 쿠바미사일 사태의 사례를 다시 한번 살펴보자.

6.3 청중비용

서장에서 소련의 쿠바미사일 설치에 대한 대응과 관련해 모든 개별 의사결정자들이 명확하고 이행적인 선호를 갖고 있을지라도 집단의 의사결정 과정은 사회적으로 비(非)이행적인 선호를 초래할 수 있음을 설명하기 위해 쿠바 미사일위기 사례를 제시했다. 이제 이 사건의 역사를 더 돌아보고, 또 1994년 제임스 피어론(James Fearon)에 의해 처음 소개된 청중비용이 쿠바의 소련 미사일 때문에 케네디 대통령이 핵전쟁 직전까지 가고 소련 지도부가 굴복한 이유에 대해 어떻게 설명하는지 살펴보자. 이로써 청중비용이 없을 때(즉 무대응의 국내정치적 결과가 없을 때)와 청중비용이 있을 때의 위기 예상 진전을 구분한 후 전쟁과 평화의 선택과 관련된 청중비용에 대해 학습할 것이다.

앨리슨(Graham Allison)과 젤리코(Philip Zelikow)가 1999년에 다시 내놓은 책 〈결정의 엣센스〉(The Essence of Decision)는 쿠바미사일 사태에 대한 다양한 시각을 제공한다. 여기서는 그 책과 다르게 분석하지만 그 책은 이 결정적 냉전 사건에 대해 심도 있는 설명을 제공한다. 그 책은 다양한 시각이 동일한 사건을 매우 다르게 설명할 수 있고, 그리고 그 책은 어떤 설명이 정말 맞는지 또 어떤 설명이 맞지 않는지 아니면 아주 제한적인 조건에서만 맞는지를 잘 이해하기 위해서는 체계적 증거가 중요하다는 제1장의 내용을 그런 방식으로 강조할 것이다.

케네디 대통령 임기 초로 시작해보자. 그는 1961년 당선 직후 당시 새롭게 안정된 쿠바 피델 카스트로(Fidel Castro) 정권을 매우 다른 형태로 전복하려 시도했다. 발생 장소의 이름으로 알려진 피그스만(Bay of Pigs) 침공 계획은 아이젠하워(Dwight Eisenhower) 대통령 때 수립되었다. 그 계획을 무산시킬 준비가 되어 있지 않았던 케네디는 침공을 지원하기는 했지만 공중 엄호를 제공하지 않았다. 공중 엄호는 쿠바 상륙을 주도한 쿠바의 전(前) 애국자들에게 약속한 내용이었다. 그 침공을 반기는 쿠바 국민의 대중봉기를 예상했으나 봉기는 일어나지 않았고 침입자들은 죽거나 잡혀서 수감되는 등 침공은 완전 실패였다. 이 실패와 더불어 소련 지도자 흐루시초프(Nikita Khrushchev)와의 정상회담에서 보인 케네디의 유약함으로 소련 지도부는 케네디를 쉽게 다룰 수 있을 뿐 아니라, 하지 않겠다고 공개적으로 약속했던 행동, 즉 플로리다에서 144km밖에 떨어지지 않은 쿠바에 공격용 핵미사일을 배치하는 행동을 취해도 되겠다는 확신을 갖게 되었다.

1962년 9월 소련은 쿠바에 핵미사일을 배치하기 시작했다. 이러한 소련의 공격력 배치는 10월 14일 쿠바를 순찰하던 미국의 U-2 정찰기에 의해 발각되었다. 10월 22일 케네디는 직설적으로 이렇게 연설했다.

> 현재 진행된 규모로 보건대, 이 계획은 수개월 전부터 시작된 것이 분명하다. 지난달 내가 지대지 미사일과 방어용 대공 미사일을 명확히 구분한 후에 소련 정부는 9월 11일 다음과 같이 공개적으로 선언했다. 소련 발언 그대로 옮기자면 "쿠바로 보내진 무기와 군사장비는 오직 방어를 위한 목적이고" 또 소련 정부 말 그대로 옮기면 "소련은 가령 쿠바와 같은 다른 어떤 나라로 보복타격용 무기를 이동시킬 필요가 없으며" 또 그 정부 말을 인용하면 "소련은 핵탄두를 운반할 수 있는 강력한 로켓을 가지고 있기 때문에 소련 영토 밖에서 핵 배치 장소를 찾을 이유가 없다"고 말했다. 이 발언은 거짓이었다. -(John F. Kennedy, *Cuban Missile Crisis Address to the Nations*, www.americanrhetoric.com/speeches/jfkcubanmissilecrisis.html 참고)

케네디의 연설로 미국 국민은 소련이 쿠바에 배치한 병력과 무기를 철수해야 한다고 요구하게 되었다. 또한 케네디는 추가 배치를 막기 위해 쿠바 해상의 봉쇄를 선언했다. 다음 날 흐루시초프는 소련군의 경계 태세를 정비하고, 미국이 쿠바로 가는 소련 선박을 막으려 한다면 미국의 배를 침몰시킬 것이라고 위협했다. 일촉즉발의 핵전쟁 상황에서 10월 24일 소련 배들이 미 해군과 맞서지 않고 격리선 바로 앞에 멈춰서며 일시적으로 긴장이 풀렸다. 지금은 잘 알려져 있듯, 소련은 만약의 사태에 대비해 핵 잠수함을 가진 상태였다. 이후 흐루시초프는 미국이 침공하지 않겠다고 천명한다면 소련 무기의 쿠바 배치 필요성도 없어질 것이라는 내용의 개인 편지를 케네디에게 보냈다. 10월 27일 흐루시초프는 두 번째이면서 공개적인 요구를 보냈다. 미국이 터키에 배치한 공격용 미사일을 철수해야 한다는 내용이었다. 참모진과의 숙고 끝에 케네디 대통령은 흐루시초프의 첫 번째 개인 편지에 대해 쿠바의 미사일이 즉각 불능 상태가 되어야 한다고 통보했다. 개인적으로 대통령의 동생(이자 법무장관) 로버트 케네디(Robert Kennedy)는 터키의 미사일을 미래에 철수할 것이라고 소련 지도부에 사적으로 알렸다. 10월 28일 흐루시초프는 쿠바의 미사일을 철수한다고 공개적으로 선언했다.

이 사건의 면면을 살펴보면 몇 가지 중요한 질문을 가질 수 있다. 그중 하나는 서장에서 언급했듯 왜 미국 정부가 해상봉쇄를 선택했나이다. 다른 중요한 질문 2가지는 다음과 같다. 1) 왜 소련 정부는 미사일을 쿠바에 배치했을까? 2) 그런 다음 왜 굴복하고 미사일을 철수했을까? 이 질문들에 대한 다양한 대답이 존재한다. 사실 그 대답이 앨리슨과 젤리코(Allison and Zelikow 1999)뿐 아니라 다른 많은 학자들의 분석 목적이다. 이제 이 질문들을 다룰 구체적 방법에 집중하려 하는데, 이로써 쿠바 미사일위기에서 드러난 것과 같은 최우선 국제정치 이슈에 대해 국내정치가 끼칠 수 있는 일반적 효과에 대해 생각할 수 있게 된다.

쿠바 미사일위기를 미국 국가안보에 대한 갑작스런 실존적 위협이나 탁월한 국가생존 이슈로 설명하는 것은 흥미롭긴 하지만 실제 정확하지 않음을 모두 안다. 10월 22일 연설에서 케네디는 "미국 시민은 소련 영토나 잠수함에 배치된 미사일의 표적이 되어 하루하루를 살아가고 있습니다. 그런 맥락에서 쿠바미사일은 이미 명백하고도 실재하는 위험입니다"라고 말했다. 쿠바미사일은 힘의 균형을 근본적으로 바꾸지 않았다. 미국에 도착할 핵무기의 시간을 단축시켜주긴 하지만 당시 기술상 방어체계에 큰 변화를 초래하진 않았다. 그러나 국내정치적 파문은 엄청났다. 로버트 케네디는 〈Thirteen Days〉([1969] 1999)라는 책에서 대통령이 일부의 조언대로 강력하게 행동하지 않았더라면 탄핵 당했을 것이라고 회고한다. 또한 그는 중간선거를 몇 주 앞둔 상황이었음을 지적했다. 케네디 행정부에서는 어떻게 해야 할지에 대해 의견이 나뉘었다. 중앙정보국(CIA)의 수장 맥콘(John McCone)은 쿠바에 더욱 강경한 조치를 취하기 바랐다. 번디(McGeorge Bundy, 대통령 안보특보)는 쿠바에 대한 대통령의 의중을 공식적으로 발표해야 한다고 충고했다. 소련이 쿠바에 SAM 지대공 미사일(방어용 무기)을 설치했다는 사실을 알아냈지만 위기가 닥치기 전인 9월 4일 케네디는 공개적으로 이렇게 발표했다.

> 소련 블록의 어떤 나라로부터 어떤 종류의 조직적 전투병력이 쿠바에 있다는 증거는 없다. 러시아에 제공된 쿠바 군사기지가 있다는 증거도 없다. 관타나모[Guantanamo 쿠바 내 미군 부대]에 관한 1934년 조약이 위반되었다는 증거도 없다. 공격용 지대지 미사일이 있다는 증거도 없다. 다른 중요한 공격력에 관한 증거도 없다. … 그렇지 않다면 매우 심각한 이슈가 일어날 것이다.

여기서 대통령은 쿠바에 어떤 공격적 (핵)무기 배치를 용인할 수 없음을 명확히 했다. 그러나 ('그렇지 않다면'이란 문구로 보건대) 방어적 소련 무기는 허용한다는 견해를 보였다. 소련이 쿠바에 핵무기를 배치할 의도가 없다고 공개적으로 재확인했기 때문에 케네디는 방어용 무기는 괜찮지만 핵무기는 허용할 수 없다는 입장을 반복했다. 아마 케네디는 공격용 무기에 대한 그런 강한 어조가 정치적으로 안전하다고 믿었을 것이다. 왜냐하면 공격용 무기 이슈는 소련에게 도움되지 않는다고 소련 지도부가 확신한다고 케네디는 생각했기 때문이다. 강한 어조를 통해 케네디는 대외정책 지도자로서의 신뢰성을 중간선거에서 다시금 확인받고 싶어 했을 것이다. 곧 설명하겠지만 케네디의 국내정치적 목적의 공개선언은 그를 매우 모험적인 일련의 행동으로 밀어 넣었으나 다른 한편으로는 흐루시초프에게 퇴각을 설득하기 위해 필요한 신뢰성을 아마도 제공했을 것이다.

케네디의 공개적 선언은 피어론(Fearon 1994)이 청중비용이라 부르는 예다. 쿠바 미사일위기에서 청중비용은 케네디가 (예상치 못한) 공격용 무기 쿠바 배치에 대해 공개적으로 위협한 후에 만일 스스로 굴복했다면 부담해야 할 국내적 대가를 의미한다. 케네디는 소련의 공격용 미사일이 쿠바에 배치되지 않도록 자신의 **평판**을 걸었다. 만약 그가 강경한 태도를 보이지 않았더라면 케네디의 믿음 대로 그의 행정부는 국내외 정책적 도전에 극도로 취약한 채 미국 유권자의 신뢰를 잃었을 것이다. 대통령은 자신이 굴복한다면 3주 후 재선에 도전하는 동료 민주당 후보들에게 심각한 피해를 줄 것이라 분명히 생각했다. 그리고 "난 탄핵받았을 것이라 생각한다"고 말했다고 전해진다.

청중비용이 어떻게 적용되는지 살펴보기 위해 광의의 청중비용 문헌들(Fearon 1994; Smith 1996, 1998; Slantchev 2006; Ashworth and Ramsay 2011)의 기본적이고 미묘한 발견들을 파악하기 위해 간단한 모델을 만들어보자. 먼저 청중비용에 대한 고려 없이 [그림 6-1]의 모델을 풀어볼 것이다. 그런 다음 청중비용이 더해져 전쟁 · 평화 관련 결정에 대한 국내정치적 청중의 반응에 대한 기대가 기대 결과를 어떻게 바꾸는지 살펴볼 것이다. 앞으로 살펴볼 내용이지만 높은 청중비용은 케네디가 했던 것과 같은 강한 공개적 선언 이후 민주적 지도자의 굴복을 어렵게 만든다. 굴복하기 어려움은 위기의 발생 가능성을 낮추고, 또 위협을 받은 비민주적 상대가 굴복할 가능성을 높인다.

[그림 6-1]의 게임은 위기의 진정, 위기의 고조, 상대국 행동 불변 시 심각한 결과에 대해 위협한 국가의 퇴각 등으로 이끄는 일련의 선택들을 평가하기 위해 설계된 것이다. 물론 그 게임은 , 위협 결과 애초 위기가 없던 상황으로 되돌아가기까지 포함할 수 있다. 그런 맥락에서 이 게임은 위기의 관리와 고조를 근본적으로 살펴본다. 게임은 A, B 두 국가의 지도자와 각각 발전시켜 나가야 하는 전략적 선택을 제공한다. 제4장을 떠올려보면 전략은 게임에 의해 요약된 전략적 환경에서 일어날 수 있는 모든 사태에 대한 완전한 행동계획이다. 이 게임에서 A의 가능한 전략은

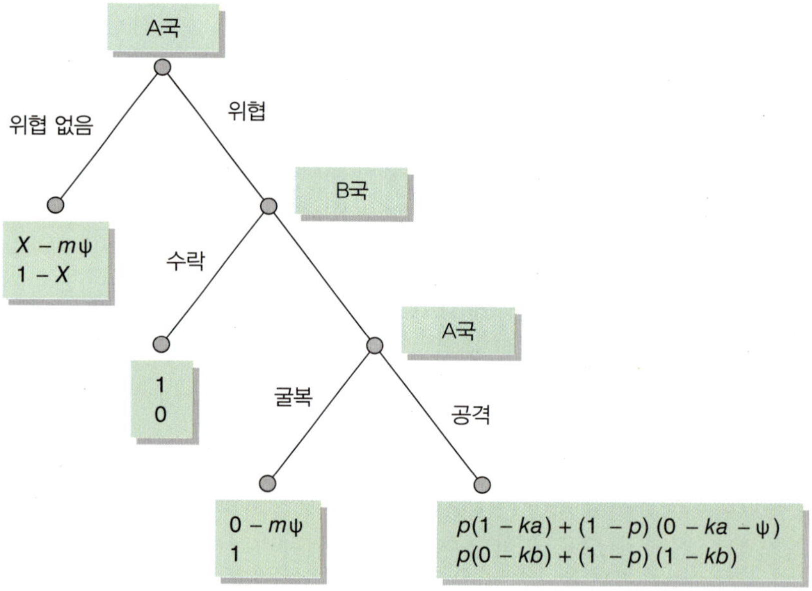

그림 6-1 청중비용의 위기 고조 게임

$0 \le m \le 1$: 변수 m은 이전의 업무수행에 근거한 국내정책의 부실함(재선출되지 않을 일반적 위험)의 정도를 측정한다.

Ψ=정권을 내놓을 때의 지도자 비용: 유권자/청중이 부과하는 비용
X=현상유지 시 A 행위자의 가치
p=A가 B를 공격했을 때 A가 승리할 확률
*ka*와 *kb*는 각각 A와 B의 전쟁의 기대비용

가정: 전쟁 승리나 성공적 위협은 정권 유지를 보장한다. 전쟁 패배는 정권을 잃게 한다. 전쟁 위협 후 굴복하거나 아예 전쟁을 위협하지 않을 때 정권 유지 실패는 지도자 업적이 부실하게 여겨지는 정도(m)에 따라 좌우된다.

1) 위협 후 공격, 2) 위협 후 굴복(위협은 허세였다는 의미임), 3) 위협 없는 공격(이는 실현이 의심되는 위협을 수반하는 하나의 내쉬균형이 될 수도 있지만 부분게임 완벽내쉬균형 조건을 충족하지 않기 때문에 선택 대상에서 제외된다. 즉 A가 위협을 가할지 아닐지를 가늠하기 위해서는 A가 위협을 가했을 때 A와 B가 어떻게 행동할지를 평가해야 한다), 4) 위협 없는 굴복 등이다.

B의 가능한 전략은 1) A 요구의 거부, 2) A 요구의 수용이다. 게임을 살펴보면서 특히 A 득실의 두 요소인 Ψ(그리스 문자 파이)와 m의 값에 신경을 쓸 것이다. Ψ는 지도자가 직위에서 물러날 때 드는 비용이다. Ψ는 게임에서 지도자의 선택과 관련된 청중비용을 측정한다. 정권 상실은 선출인단의 추구 혜택을 가져다주지 못한 지도자에게 선출인단이 부과할 수 있는 비용이기 때문이다. 변수 m은 이전의 모든 국내외 정책을 포함해 집권자가 해온 나머지 모든 것에 대한 일반적인 국내의 불만족을 측정한다. m이 클수록 집권자의 경쟁력은 떨어진다. Ψ와 m 둘 다 위기상황의 의사결정 게임에서 국내적 요소이지 현실주의적 시각의 요소가 아니다.

청중비용 없는 게임 풀이

먼저 중대한 위기의 행위에서 국내정치의 영향력을 그리 크게 보지 않는 현실주의자의 가정으로 이 게임을 분석해보자. 이때 Ψ와 m은 0이 된다. 즉 이 게임의 첫 번째 단계는 지도자의 국내정책 수행이 상관없고(m=0), 지도자가 국내 유권자에 의해 해임되는 비용(Ψ)이 0이라 간주하는 것이다. 이 경우 국내 유권자들은 선택권이 없다는 의미다. 이제 상대가 요구에 굴복(수용)하거나 이에 대응하는 요구를 함으로써 저항할 수 있을 때 갈등을 일으킬 위협을 가하는 전략적 상황을 살펴보자. 만약 상대가 요구에 저항한다면 위협을 가한 쪽에서는 위협을 뒷받침하기 위한 전쟁(공격)을 선택하거나 위협이 진지하지 않았음을 시인하며 굴복할 수 있다.

Ψ와 m이 0인 상황에서 [그림 6-1]의 게임은 이미 익숙한 문제로 수렴한다. 싸울 것이냐 합의할 것이냐. Ψ=0(권력을 잃게 될 국내적 위험이 없는), 즉 청중비용이 없는 상황에서 $p>ka$라면 역진귀납을 통해 위협을 행한 A가 굴복하기보다는 공격을 택한다는 사실을 알 수 있다. 물론 p가 클수록 $p>ka$의 가능성은 증가하기 때문에 B가 굴복하지 않고 저항한다면 A가 공격을 준비할 가능성이 높아진다. B는 다음 2가지 경우에 대항할 것이다. 1) A가 굴복할 것이라고 예상될 때, 즉 $p<ka$라고 B가 믿을 때, 2) A가 공격한다고 B는 믿지만 $1-p>ka$라고 믿을 때, 즉 B가 생각하는 승리확률($1-p$)이 B의 전쟁 기대비용(kb)보다 클 때다. 3) B에게 $1-p<ka$, 즉 B가 대항하지 않을 것이라고 A가 믿는다면, 혹은 A에게 $X+ka<p$, 즉 현재 상태(X)가 전쟁

을 시도할 정도로 형편없는 상황이라면 A는 위협을 선택하게 된다. 각각의 예에서 A의 승리 가능성이 클수록(p가 클수록) A가 위협을 가할 가능성이 크다는 것을 알 수 있다. 따라서 A가 B에게 승리할 가능성인 p가 증가하면 할수록 A는 위협을 가할 가능성이 더 높고 또 위협에 B가 굴복하지 않고 저항할 경우 A는 전쟁으로 나아갈 가능성이 더 높다. 이는 키신저(Henry Kissinger)가 다다른 결론의 다른 표현일 뿐이다. 그는 "결국 약하다고 여겨지면 예외 없이 공격을 유혹하게 된다"(Kissinger 1979, 195)라고 말했다. 키신저의 결론은 앞에서 비판되었는데 이제 위협을 가하는 지도자의 계산에 청중비용을 도입함으로써 증명해보자.

청중비용 있는 게임 풀이

청중비용이 없을 때 A의 전쟁 승리 가능성이 낮을수록 위협이 일어날 가능성이 낮거나, 위협이 있었다면 공격 가능성이 낮다는 사실을 살펴보았다. 이제 청중비용이 0보다 큰 값을 가진다는 전제 하에 이 게임을 다시 풀어보자. 역진 귀납법으로 부분게임완벽내쉬균형을 찾으면, A가 위협하고 B가 대항할 때 다음의 조건에서 A는 굴복하기보다 공격을 선호함을 발견한다.

— $p > \frac{ka + (1 - m)\psi}{1 + \psi}$, 만일 그렇지 않으면 A는 굴복을 선택한다. 현실주의, 신현실주의, 세력 전이이론의 관점과 같이 국가를 합리적 단일행위자로 본다면 m=0이고 Ψ=0일 때, 이 부등식은 $p > ka$가 된다. B가 대항하지 않고 굴복할 것이라고 예상된다면 A는 최상의 결과(1)를 얻으려 위협한다. B가 대항할 것이라 예상되고, A는 B를 공격하기보다는 위협을 철회할 것이란 점을 스스로 알고 있다면 A는 애초에 위협하지 않기 때문에 위기가 발생하지 않는다. 이 경우 위협은 균형이탈경로에 놓인다. 그러나 A의 입장에서 B가 대항할 것이고 A가 싸울 준비가 되어 있다고 믿는다면 현재 상태 X가 다음의 조건을 만족시킬 때 A는 B를 위협한다.

$$X < (1+\Psi)p + \Psi(m-1) - ka$$

이 복잡한 조건을 만족하지 않는다면 A는 위협하지 않는다. 이 복잡한 조건이 의미하는 바는 만약 현상유지가 A의 지도자에게 충분히 만족스럽지 못할 때는 현재 상태에서 계속 살아가는 것 대신 개인적 위험과 전쟁비용을 감당하면서 위협을 가하고 또 필요하다면 공격하는 편이 더 낫다는 것이다. 이 부등식은 (지도자가 국내문제로 평판이 좋을 때

즉 m값이 작을 때 $\psi > \frac{ka-p}{p+m-1}$이라면 공격하기 때문에) 확실히 Ψ, 즉 해임비용이 클수록 공격 위협을 수행할 만한 유인이 강하다는 의미다.

긴 역진귀납의 완성된 결과를 가지고 이제 청중비용의 효과를 살펴보자. 먼저 다음 질문에 답해야 한다. B를 상대로 한 승리 가능성에 대한 A의 자신감의 한계는 국내의 청중비용의 변화에 따라 어떻게 변하는가? p의 임계값이 Ψ값에 따라 어떻게 변하는지를 알아보면 다음을 알 수 있다. 청중비용이 커지면 B를 위협한 A가 공격으로 자신의 위협을 실천할 경우가 증대되는지 아니면 감소되는지를 알 수 있다. A는 $p > \frac{ka+(1-m)\psi}{1+\psi}$라고 믿어야만 공격을 수행한다. 이 부등식은 A가 철회보다 공격을 선택하기 위한 p의 최솟값을 나타낸다. p의 최솟값이 청중비용(Ψ)에 따라 어떻게 변하는지를 푸는 것이 위 질문에 대한 해답이다. 정치 사례에서 종종 그렇듯 해답은 매우 구체적이고 인식가능한 방식의 구체적 상황에 따라 다르다. p의 한계점이 Ψ가 증가하면서 어떻게 변하는가는 미분방정식을 이용해 Ψ에 관한 p의 편도함수를 계산해 찾을 수 있다.[2] 이는 다른 조건이 모두 같다면, 청중비용의 증가가 공격을 위해 p가 반드시 넘어야만 하는 크기를 어떻게 변화시키는지 말해준다. 관심 있을 학생들을 위해 각주에 편도함수를 적어놓긴 했지만 숫자를 사용한 예시를 만들어 그 효과를 보는 편이 쉬울 것이다. 앞으로 밝힐 것은 m이 충분히 크다면 A의 지도자는 작은 승리 가능성에도 공격을 준비한다는 것이다. 이것이 지도자의 재선 가능성을 최대로 끌어올리는 방법이기 때문이다. A에게 승리할 만큼의 충분한 운이 따라준다면 지도자는 (과거 정책적 무능으로 인한) 굴복의 비용을 치르지 않아도 되고 국민적 기대를 일으킨 다음 굴복으로 물러날 때 지게 될 청중비용을 피하게 된다. 이 논리는 다운스와 로크(Downs and Rocke 1995)의 부활가설을 반영하고 위기는 지도자의 앞선 실패에 대한 관심을 돌리기 위해 만들어진다는 전환전쟁이론의 개념에 담긴 아이디어들을 포함한다. 그러나 이것은 너무 앞서 나간 것이고 이 모든 것들은 꽤나 복잡하다. 먼저 다음의 몇 가지 숫자 예시들을 보자.

B와의 전쟁에 대한 A의 기대비용 ka가 0.3이라 하고, A가 이전 정책에서 신임을 받지 못해 m=0.8이라 하자. 먼저 청중비용(Ψ)을 0이라 놓고 살펴본 후 Ψ=1일 때를 보자. 그러면 $p > \frac{ka+(1-m)\psi}{1+\psi}$를 통해 공격을 위한 A의 최소 p값을 비교할 수 있다. 즉 청중비용이 0일 때와 1일 때 청중비용이 전쟁 가능성에 어떤 영향을 미치는

2. 미적분에 익숙한 사람들을 위해 덧붙이면, $m+ka>1$ 하에서 $\frac{\partial p}{\partial \psi} = \frac{1-m-ka}{(1+\psi)^2}$은 음수이다.

지 알아본다. $\Psi=0$이고 $m=0.8$일 때 A가 B를 공격하기 위해 p는 0.3 이상이 되어야 한다. $\Psi=1$이고 $m=0.8$일 때는 p가 $0.25([0.3+(1-0.8)1]/2)$ 이상이면 된다. A 지도자의 이전 정책 성적이 좋지 않을 때는 청중비용이 존재하면 그렇지 않을 때에 비해 낮은 승리 확률에도 B에 대한 공격을 더 준비한다. 반대로 m이 이전의 정책 성공들로 인해 0.3 정도로 작다면, 청중비용이 1일 때 $p>(0.3+(1-0.3))/2=0.5$이다. 이전의 정책들을 성공한 지도자는 청중비용이 높더라도 공격의 유인을 상쇄할 수 있지만 이전 정책이 약했을 때는 공격을 한다. 이전에 정치를 잘못한 경우(m이 클 때) 지도자는 자신의 정치적 생존 가능성을 회복하기 위해 상대적으로 낮은 가능성에도 전쟁으로 가는 편이 낫다고 판단한다. 반대로 이전의 실적이 좋아서 비교적 정치적 생존 가능성이 안정적인 지도자의 경우에는 훨씬 큰 청중비용을 가지고 있어야 군사적 성공의 가능성이 낮은 전쟁에 뛰어든다.

케네디의 상황으로 돌아가보자. 그는 쿠바에 공격용 무기를 설치한 소련에 아무런 대항 조치도 취하지 않았을 경우 자신이 탄핵되고 민주당이 중간선거에서 타격을 입게 될까봐 두려워했다. 즉 케네디는 Ψ가 크다고 생각했다. 그의 앞선 대외정책의 경험(피그스만 침공에 실패하고 흐루시초프와의 비엔나 정상회담에서 당한 굴욕) 또한 m이 컸다는 것을 의미한다. [그림 6-1]의 게임과 확실히 현실에서도 그러했던 케네디의 상황은 그가 자신의 국내정치적 입지를 회복하기 위한 노력으로 소련에 대항해 매우 위험한 행동을 저지르도록 몰아넣었다. 그는 핵전쟁도 불사할 준비가 되어 있었다. 10월 22일의 연설에서 그는 이렇게 말했다.

> 우리는 승리의 과실이 우리 입속의 한 줌 재에 불과할 세계적 핵전쟁비용을 조급하게 혹은 불필요하게 감당하지는 않을 것이다. 그러나 그 위험이 언제 닥쳐와도 피하지는 않을 것이다.

케네디가 그러했듯, 높은 국내적 청중비용을 가진 지도자가 보여주는 것은 자신이 일단 시작한 위협에서 굴복하기 어렵다는 점이다. 케네디처럼 A의 정책 능력(m)이 이미 의심을 받고 있을 때는 더욱 그러하다. 그러나 그 능력이 더욱 미심쩍을 때 지도자가 위협을 가할 가능성은 감소한다. 케네디 사례에서, 그는 쿠바에 공격무기를 배치하기 않겠다는 소련의 확언을 믿었던 것 같고, 따라서 실제 수행되지 않을 것으로 예상했던 위협을 안심하고 가했던 것 같다. 이는 케네디가 소련의 확언에 과도한 자신감을 가지고 있었던 것이다. 만약 이러한 혼합에 불확실성을 더한다면 케네디와 같은 지도자는 허세가 도전되지 않을 것이라고 기대하면서 허세로 위협한 것이다. 이때 높은 청중비용을 가진 지도자는 허세로 말한 것을 실제로 행해야 하는 압박을 받는다.

청중비용은 다른 효과들도 가지고 있다. 청중비용은 상대가 위협을 가하는 쪽의 청중비용이 크다는 것을 알 때(혹은 그렇게 믿을 때) 더 심각하게 '비참한 결과'의 위협을 느끼게 한다. 만약 민주국가 지도자가 독재자보다 청중비용에 더 민감하다면 책임성이 약한 정부의 위협보다 민주정부의 위협을 더 심각하게 받아들일 것이다. 특히 그 지도자가 정치적 어려움을 겪고 있다면 더욱 그러하다. 그것은 결국 재선에 관한 압박감의 결과다. 청중비용은 상대가 굴복하지 않는다면 전쟁비용을 치러야 할 가능성이 높다는 신호를 보내는 것이기 때문에 오히려 전쟁을 피하는 데 도움이 되기도 한다. 물론 상대도 그 비용이 감당할 수 있는 수준인지 아닌지를 계산한다. 이들은 청중비용으로부터 분쟁 해결과 관련해 서로 다른 방향의 2가지 중요한 사실을 알아낸다. 민주국가의 지도자는 쓸데없는 위협을 가하지 않으나 민주국가의 승리 가능성이 낮고 독재자의 승리 가능성이 높더라도 민주국가는 공격을 감행할 수 있다. 이것이 경험적으로 정확한지는 중요한 질문이다. 또한 검증하기 어려운 질문이다. 슐츠(Schultz 2001)가 지적하듯, 청중비용은 우리가 실제로 관찰할 수 있는 것과 관련해 흥미로운 선별효과를 야기한다.

민주국가의 위협은 상대의 굴복 가능성을 증가시켜야 한다. 만약 상대가 굴복하지 않을 것이라 예상한다면 갈등의 고조를 망설이거나 이전의 정책적 성공 이후 높은 청중비용을 예상하는 민주국가 지도자는 위협을 시작하기보다는 협상을 선택해야 한다. 그러나 상대가 굴복할 것이라는 잘못된 예상으로 위협을 시작했다면, 임무 완수 실패에 대한 청중비용 때문에 민주국가의 경우 독재국보다 위협을 계속 밀고 나갈 가능성이 더 크다. 만약 청중비용이 위협을 시작한 지도자가 그것을 지속하게 만들고 그 지도자의 승리 가능성이 충분히 낮다면, 애초에 위협이 시작되지도 않았을 것이라고 예상해야 한다. 청중비용의 관점을 감안한다면 민주국가에 의한 위협 사례들은 위협 기회에 관한 무작위 표본이 아니라는 점을 기억해야 한다. 위협은 패배의 위험과 국내정치적 지지의 비용을 계산한 후 결정된다. 다음의 위험과 비용 2가지가 고려되어야 한다. 1) 외부 상대에게 패배할 위험과 비용, 2) 국내 정적에게 패배할 위험과 비용이다.

민주국가와 독재국 위기의 선별

청중비용에 관련된 선별효과에 대한 슐츠(Schultz 1998, 2001)의 평가는 위기 개시의 과정을 한 발 뒤로 미루고 국내정치적 조건을 훨씬 더 풍성하게 추가함으로써 우리의 이해 증진을 도와준다. 그는 외국 경쟁자뿐 아니라 국가 내에 집권정부와 합법적 야권까지 두 국내 행위자들이 있다고 가정한다. 슐츠의 모델과 선출인단이론(Bueno de Mesquita et al. 1999, 2003)에서처럼 합법적 국내 정적은 민주주의의 태생적 특징 가운데 하나다. 이것은 청중비용 모델에 없는 것이다. 합법적인 국내 정적의 존재는 민주국가의 지도자가 대외정책에서 모험적인 행동을 하는 데 있어 비민주국가에서는 경험되지 않는 방식으로 큰 제약을 가한다. 슐츠의 모델에서 야당은 선거에서 이점을 차지하는 데 관심이 있기 때문에 정책이 실패할 것처럼 보일 때 현직 지도자가 제안하는 대외정책에 반대한다. 그런 다음 유권자들에게 명확한 대안을 제시하고 집권자의 대외적 모험주의에 예상되는 실패에 근거해 자신을 부각시킨다. 그러나 집권자의 정책이 성공할 것이라 판단되면 반대 세력은 그 정책에 반대하지 않는다. 정책이 성공할 것 같으면 그것을 지지하는 정치인들이 유권자들에게 호응을 얻게 되고 그에 반대했을 때 유권자들의 외면을 받는다. 그래서 정책의 성공 가능성이 높다고 판단될 때 민주주의 반대파들은 집권당이 얻게 될 선거 이익을 최소화시키기 위해 그 정책을 지지한다. 예를 들어 케네디의 베트남 정책을 확장한 존슨(Lyndon Johnson) 대통령의 전면전에 대한 의회의 전폭적인 지지나 2003년 부시(George W. Bush)의 이라크 전쟁에 대한 의회의 지지를 생각해보면 쉽게 이해할 수 있을 것이다. 이것은 또한 이러한 전쟁들이 인기가 없어지거나 전후 복구정책이 실패한 것처럼 보일 때 (의회 안과 밖의) 충성스런 야당의 전향을 설명한다.

반대파가 현 집권자의 대외정책을 지지할 때 이 지지는 확실히 외국의 상대에게 '확고한 결심'을 전달한다. 이는 1) 민주주의 지도자로 하여금 현재 대외정책을 밀고 나가라는 압박이고, 2) 상대가 민주주의 내부 불화가 지도자의 싸울 결심을 약화시킨다는 믿음을 가지지 않게 하는 2가지 효과가 있다. 그러나 반대파가 대외정책 제안에 반대할 것으로 예상되면(혹은 보이면) 재선에 대한 정책의 잠재적 영향을 똑같이 걱정하는 집권자는 너무 위험해서 차후 행동을 보장할 수 없다는 이유로 정책을 포기하거나 애초에 제안하지 않을 가능성이 높아진다. 민주정치의 숙고적 타협 과정에서의 반대파 저항은 집권자에게 굴복이 필요할지도 모르는 갈등을 피하도록 신중하게 만드는 선거적 동기를 부여한다. 이 과정은 그런 미래 분쟁을 균형경로이탈에 놓기 때문에 오류를 제외하곤 그 분쟁을 실제 관찰할 수 없다. 즉 셜록 홈즈(Sherlock Holmes)의 짖지 않은 개처럼 일어나지 않는 분쟁인 것이다. 이 점에서 대외정책은 당파적이지 않은 것으로 보인다. 성공이 예상되는 정책만이 실행되기 때문이다.

국가가 전쟁으로 가거나 심각한 국제위기에 직면할 때 민주국가의 모든 정당들이 함께 협력한다는 의미의 당파성 종식에 대해 저널리스트들은 종종 이야기한다. 당파성 종식의 아이디어는 슐츠의 결과로 다른 의미를 갖는다. 슐츠의 추론은 관찰된 분쟁과 청중비용이 실제 비(非)편파적 표본에서 추출되고 있다는 경험적 생각을 무효화시킨다. 슐츠의 추론에 따른 사례에서 나타나듯, 민주국가의 대외정책 모험이 성공할 듯 보일 때는 내부 불화를 찾기 어렵다. 만약 정책이 틀어지면 때때로 그러하듯 저널리스트들과 애국적 반대파의 소동을 예상할 수 있으며 실제로도 그러하다. 누구나 다 승리하는 측에 있기를 원하고, 정말로 민주국가들이 그렇다. 민주국가들은 자국이 시작한 전쟁의 90% 이상에서 승리한다(Reiter and Stam 2002). 물론 이에 대해 (저자의 입장에선 덜 설득적인) 비판이 있었다(Downs 2009). 청중비용에 대한 문헌은 독재국과 민주국가가 위기행동에서 보여주는 차이점을 설명한다. 이는 국제무대에서 실제로 관찰되는 것을 형성하는 선별효과를 이해하는 데 도움을 준다. 국내정치와 국제갈등에 초점을 둔 다른 이론들 또한 전쟁 원인에 관한 논쟁에 크게 기여한 바 있다. 이제 그 이론들 몇 가지를 살펴보고 끝으로 선출인단이론을 알아보겠다.

6.4 전환전쟁

연구자들은 가장 설득력 있어 보이는 이론의 요소와 변화나 발전이 필요한 다른 요소들에 집중하며 청중비용에 관한 문헌들을 발전시켜왔다. 예를 들어 피어론의 모델에서는 굴복이 공격보다 나은지 재평가해서 결정할 기회를 '청중'에게 주지 않은 채 갈등이 지속되는 한 청중비용은 외생적이고 축적된다. 스미스(Smith 1996, 1998)는 청중비용을 정치적 환경의 내생적 전략적 요소로 포함한 모델을 고안하며 이 결함을 지적했다. 이 모델은 [그림 6-1]에서와 같이 대외정책의 선택, 특히 전환전쟁의 선택이 지도자의 경쟁에 의해 형성되고 국내 유권자들이 지도자를 권력 밖으로 내쫓을 수 없게 만들기 위한 것임을 보여준다. 피어론의 모델은 집권자가 위협을 가한 뒤 그 위협을 실천하지 않는 문제에 집중하는 반면 스미스의 모델은 특히 자신의 능력(즉 역선택)에 관한 지도자의 개인적 정보 그리고 유권자로부터 자신의 능력을 더 인정받기 위해 지도자가 선택하는 대외정책에 집중한다. 스미스 모델에서 지도자는 개인적 정보를 이용해 정책을 조정해, 예컨대 이전의 정책적 실패([그림 6-1]의 변수 m)에 대한 관심을 분산시키기 위해 고안된 전환전쟁 전술을 선택한다. 슬랜체브(Slantchev 2006)나 애쉬워스와 램지(Ashworth and Ramsay 2011)의 것과 같은 모델들도 이러한 주제로 발전되었다.

애쉬워스와 램지(Ashworth and Ramsay 2011)는 지도자의 도덕적 해이 문제를 다룬다. 지도자는 때때로 자신에게 가장 좋은 것과 사회(국가)에 가장 좋은 것 중 하나를 선택해야만 하는 상황에 놓인다. 지도자의 이익은 그 사회에 정말 좋지 않은 것을 지도자가 선택하게 만들 수 있다. 예컨대 애쉬워스-램지 모델에서 지도자는 전쟁과 관련된 국가의 장래([그림 6-1]의 p)에 대한 사적 정보를 가지고 있다. 지도자는 이 정보를 전쟁비용(*kb*)을 피하고자 하는 외국 경쟁자로부터 상당한 양보를 이끌어내는 데 사용할 수 있다. 그러나 갈등을 일으키는 지도자를 달래기 위해 중대한 양보가 제공될 수 있다는 사실은 지도자의 사적 정보에서 승리에 대해 큰 기대를 가지고 있지 않을 때도 위기를 만들려는 유인이 존재한다는 것을 의미한다. 물론 국민은 양보를 받아내는 것에 관심이 있을 것이다. 그러나 성공하지 못할 전쟁의 위험과 비용을 제한하는 것에도 역시 관심이 있다. 국민은 지도자가 큰 양보를 이끌어 내리라는 기대 하에 성공하지 못할 정책을 추구하는 위험을 제한하기 위해 자신의 지도자에게 비용을 부과시킬 수 있다. 그러나 이 비용의 적절한 수준을 찾는 일은 매우 까다롭다. 국민은 전략적 위협을 너무 억제해 원하는 양보를 얻어내지 못하는 결과를 받게 되길 원하지 않는다. 다른 한편으로는 이 위협을 너무 방관하려 하지도 않는다. 애쉬워스와 램지는 최상의 조건에서 국민은 위기를 시작하고도 굴복하는 지도자를 항상 처벌한다고 말한다. 그러나 전쟁이 아닌 굴복을 선택한 지도자가 처벌을 받을지의 여부는 [그림 6-1]에서 살펴본 현상유지의 가치와 전쟁비용에 달려있다. 전쟁으로 가면 승리확률이 낮음에도 이익을 얻어내기 위해 위협을 사용할 수 있을 때와 애초에 갈등을 피하는 편이 나을 때를 지도자가 신중하게 계산해야 한다. 이러한 질문에 대한 대답의 일부는 국제적 성공을 가져줄 것 같은 싸움의 선택 기회를 국내정책 실패와 바꾸는 것이다. 이것이 전환전쟁의 문제이다.

지난 수십 년 동안 대외적 모험이 때로는 실패한 국내정책의 시선을 분산시키기 위해 이용되었다는 추측은 존재했다. 몇몇 연구는 민주국가의 전쟁 시기와 그 국가의 선거 주기를 연관시켜 차이점을 분석하고 모델화함으로써 이러한 관점을 간접적으로 뒷받침했다. 예컨대 가우배츠(Gaubatz 1991), 포드햄(Fordham 1998), 스미스(Smith 2004)는 민주국가 지도자의 전쟁 시기가 선거 주기 상의 위치, 재선 가능성, 선거 규칙에 큰 영향을 받는다는 사실을 보여준다. 더 최근에 콘코니, 사휴겟, 자날디(Conconi, Sahuguet, and Zanardi 2010)는 재선과 관련되어 선택되는 민주국가의 전쟁 결정에 관한 조건 일부는 임기가 제한되면 사라진다고 주장한다. 본질적으로 임기가 제한된 지도자는 더 이상 유권자들의 이익을 위한 정책을 따를 필요가 없다. 따라서 선출인단이론(Bueno de Mesquita et al. 2003, 제7장)의 주장처럼 자신이 원한다면 위험한 정책을 선택하는 데 더 자유롭다. 이러한 연구들은 적절한 조건에서 재선 가능성을 높일 국기결집효과(rally-around-the-flag-effect, Mueller 1973, Brody 1992)와 대외정책의 모험을 연결시키는 새로운 시각을 제공한다.

이론과 증거를 모두 사용한 초기의 전환전쟁 연구 가운데 하나인 모로우(Morrow

1991b)의 연구는 이전의 경험적 연구들이 전환전쟁 가설에 관해 왜 엇갈린 결과를 얻게 되었는지를 알아보았다. 그는 지도자가 어려운 국제적 이슈를 협상으로 해결함으로써 지도자가 얻을 국내정치적 이익을 고려하지 않고는 전환적 동기를 이해하기 어렵다고 지적한다. 이러한 방법으로 모로우는 청중비용 관점의 추후 발전 방향을 제시했다. 모로우는 미국과 소련의 군축협상을 살펴보았다. 미국의 경제가 높은 물가상승률과 실업률로 어려움을 겪는 동안([그림 6-1]의 m이 클 때) 대통령은 논쟁 중이었던 중요한 외교문제 합의 도출의 가능성을 향상시키고 국내 경제문제를 상쇄시키기 위해 강력한 소련과의 군축협상에서 큰 양보를 허락할 준비가 되어 있었다. 예상하듯, 소련은 미국 대통령이 직면한 국내정치적 압박을 알아차렸고 더 많은 것을 요구했다. 관련된 주장과 달리 포드햄(2005)은 미국 경제가 좋지 않을 때 미국의 전환 대상이 될 상대가 더 협력적으로 행동한다고 주장한다. 모로우와 달리 포드햄의 분석에서는 상대가 될 쪽이 미국보다 약하기 때문에 강한 미국과의 분쟁에서 꽤 잘하지 못할 것으로 예상된다. 이들은 미국에 맞서기보다는 합의를 선호한다. 그래서 잠재적인 엄청난 비용을 피하면서 미국 대통령이 정치적 성공을 할 수 있는 일에 동의한다.

[그림 6-1]의 게임에서처럼 헤스와 올패나이즈(Hess and Orphanides 1995) 그리고 스미스(Smith 1996)는 국내정책의 실패가 본질적으로 지도자의 대외정책 무능을 의미하지는 않는다고 주장한다. 지도자는 대외정책의 성공을 자신의 능력에 대한 신호로 이용해 권력을 유지할 수 있다. 따라서 자신의 유능함을 유권자에게 알릴 필요성은 전환적인 위협 심지어 전쟁의 동기를 만든다. 태래어(Tarar 2006)는 헤스와 올패나이즈(Hess and Orphanides 1995, 2001)의 연구뿐 아니라 모로우(Morrow 1991b)와 포드햄(Fordham 2005)이 발견한 양보의 패턴에 관한 설명을 돕는 보다 섬세한 모델을 내놓았다. 태래어는 전환 위협을 지도자의 능력에 대한 의미 있는 신호로 만드는 것이 무엇인가에 초점을 맞추었다. 그는 갈등이 실제로 능력을 검증하기 위해서는 상대가 충분히 강해야 하고 지도자는 직위를 유지하는 것에 충분히 높은 가치를 두고 있어야 한다고 주장한다. 태래어의 모델은 상충하게 보이는 경험적 패턴을 서로 일관되게 이해시킨다. 이 모델은 위협을 시작한 집단이 얼마나 권력을 유지하고 싶어 하는지에 따라 국내적 환경의 긴장이 경제적으로 압박받는 지도자로 하여금 정책양보를 더 쉽게 만들고, 가끔은 약한 상대의 양보를 초래하며, 강한 상대와의 전쟁을 초래하는 이유에 대한 설명을 제공한다. 이러한 패턴, 즉 갈등의 전개는 국내정치적 환경 변화, 즉 단일행위자가 아닌 국가에 달려있다. 이 연구와 밀접하게 관련된 또 다른 분석은 정치적 생존 위험에 처한 지도자가 때때로 선택한 자살적 행동에 초점을 맞춘다.

부활가설

다운스와 로크(Downs and Rocke 1995)는 자신이 명명한 부활가설을 발전시켰다. 이 가설은 지도자가 자신의 직위를 유지하고 싶어 한다는 이제는 익숙한 전제에서 출발한다. 다운스와 로크는 지도자가 군사적으로 패배해 자리에서 쫓겨날 위험에 처했을 때 행운이 현 상황을 바꾸길 바라는 심정으로 전쟁을 벌일 강한 유인을 갖고 있다고 주장한다. 즉 정치적 부활에 대한 유일한 희망은 군사적인 큰 열세임에도 싸우는 것이다. 본질적으로 부활가설에 따르면 확실히 패배한 지도자의 극단적 시도는 극단적 압박 하에서의 합리성 상실을 반영하는 것이 아니다. 물론 극단적 압박 하에서의 합리성 상실은 극단적 시도에 관한 더 흔한 설명이었다(Gurr 1970). 이와 달리 패배 상황에서의 극단적 시도는 실제로 합리적 반응이다. 이러한 지도자는 전쟁을 한다 해서 잃을 것이 없고 만약 행운이 따른다면 많은 것을 얻을 수 있다.

예를 들어 히틀러(Adolf Hitler)는 1944년 6월 노르망디 상륙에 이은 연합군의 신속한 대(對)독 진군 이후 발지(Bulge) 전투를 일으켰다. 히틀러의 행동은 부활가설의 살아있는 예다. 발지전투는 연합군의 공격으로부터 독일과 히틀러 천년제국을 구하려는 처절한 시도였다. 독일은 전쟁에서 결국 패배했지만 독일인들은 연합군이 생각했던 것보다 훨씬 더 강한 군사행동을 벌일 수 있었다.

1968년 1월 31일 북베트남이 수행한 구정(舊正) 공세 또한 부활가설의 또 다른 실제 사례다. 미국 군부와 정치지도자들은 북베트남 정권을 더 이상 군사공격을 일으킬 수 없을 정도로 응징했다고 판단했다. 미국 국민 또한 베트남전쟁에서 사실상 승리했다고 믿었다. 그리고 사실 구정공세는 북베트남의 참혹한 패배였다. 그러나 한 가지 확실한 사실은 그들이 군사를 일으킬 수 있었다는 것이다. 북베트남은 희망을 부활시킬 놀라운 정치적, 선전적 성공을 거두었고 결국 베트남전쟁의 결과를 북베트남에게 유리한 방향의 타협으로 이끌었다.

부활가설은 대외정책에 중요한 교훈을 제공한다. 전쟁 시기 그리고 전쟁 중 외교협상이 이루어지는 동안 지도자는 자신의 적을 악마로 만든다. 가령 부시는 1990년과 1991년의 이라크 후세인을 또 다른 히틀러라 칭했다. 이로 인해 미국 대중들 눈에 비친 후세인은 세계의 평화를 위협하는 요주의 인물이었다. 부시가 후세인에 관해 옳았을 수 있다. 그가 옳건 그르건 후세인을 악마로 묘사함으로써 미국에게 그렇지 않더라도 이라크 국민에게 그를 실제보다 더 위험한 인물로 만드는 효과를 거둘 수 있었다. 후세인을 악마로 만든 미국의 규정은 뜻하지 않게 2003년 미국-이라크 전쟁으로 쫓겨나기 전까지 후세인의 정치생명을 무려 12년이나 보장해주었다. 맞든 틀리든 만일 미국이 바그다드로 침공해 후세인을 전복시킬 것이라고 후세인이 믿었더라면(이 위협은 2002년 다시 등장해 2003년 조지 W. 부시에 의해 실천되었다), 이 믿음은 후세인으로 하여금 엄청난 위험을 감당하고 정치적으로 부활할 기회를 잡도록 부추겼을 것이다.

해방된 이라크 사람들이 쫓겨난 독재자 사담 후세인의 동상을 의기양양하게 무너뜨리고 있다. 이 의기양양함이 전후 파벌의 싸움과 반미 정서로 변질되기까지는 얼마 걸리지 않았다.

이러한 위험은 무엇이었는가? 미국과 이라크의 2003년 전쟁을 앞두고 UN은 화학, 생물, 혹시나 모를 방사능의 무기를 포함한 대량살상무기의 가능한 저장시설 혹은 제조시설로 여겨지는 이라크 장소들을 반복적으로 조사했다. 오늘날에야 후세인이 그런 무기를 가지고 있지 않다고 확신하지만 2003년 다수의 사람들은 무기의 존재를 믿었다. 후세인은 처음에 UN 조사 시작에 반대했고 또 조사 이후엔 방해함으로써 그런 믿음을 강화시켰다. 많은 사람들이 그가 무기를 가지고 있지 않다면 UN의 조사를 거부할 이유가 없다고 생각했다. 그러나 만일 후세인이 1991년 걸프전쟁의 종식협약을 위반해 대량살상무기를 가지고 있었다면 조사를 어렵게 만들면서 그 사실을 숨길 확실한 동기가 있었다. 세 번째 가능성도 있었다. 그런 무기를 가지고 있지는 않지만 조사를 방해하는 것처럼 행동하는 것이 미국의 이라크 침공을 막을 수 있다고 믿었던 것이다.

즉 그는 허세를 부려볼 동기가 있었다. 수만 명의 미국인 사상자를 낼 수 있는 무기를 가지고 있는 것처럼 보임으로써 미국의 침공을 억지할 수 있다는 것이 그의 생각이었을 수도 있다. 슐츠의 모델에 따라 후세인은 미국의 애국적 야당이 높은 비용을 감당해야 하는 이라크전쟁에 반대하리라는 희망을 가졌을 수 있다. 만약 이것이 그의 생각이었다면 이는 중대한 계산상의 위험이다. 후세인이 아마도 바랐던 대로 되지는 않았지만 결국 이것이 계산된 위험이 가진 본질이다. 이것은 때때로 (구정공세처럼) 성공하기도 하고 때때로 (발지전투처럼) 실패하기도 한다.

사담 후세인은 비(非)재래식 전쟁의 불안을 조성함으로써 침공 가능성을 감소시키고자 했을 것이다(실제 UN은 미국의 무력사용 결정에 동참하지 않았고 많은 미국 동맹국들도 마찬가지였다). 그 과정에서 후세인은 그런 공격의 가능성을 감소시키려는 동시에 미국 공격 시 퇴위될 가능성도 증가시킨 것이다. 1991년 첫 번째 이라크전쟁에서 그는 이스라엘에 생화학무기를 사용할지 모른다는 신호를 보냈고, 해셀콘(Haselkorn 1999)의 통찰력 있는 설명에 따르면 후세인은 연합군의 바그다드 진군을 제지하는 데 성공했다. 2003년 그는 비슷한 전략을 사용했지만 이번에는 실패했고 권력에서 추출되었다.[3]

후세인을 악마로 만들면서 조지 H. W. 부시와 조지 W. 부시는 모두 후세인을 추방하는 성공적인 협상 가능성을 포기했다. 물론 후세인은 그가 일단 이라크를 벗어나고 실행 가능한 군사위협을 할 수 없게 되면 미국이 그를 내버려 두겠다는 약속을 지킬 것이라고 믿지 않았다. 자신의 부활에 도박할 필요성을 느끼게 하는 지점까지 지도자를 몰아붙여 품위가 있는 분쟁 출구를 그 지도자에게 제공하지 않으면 대학살의 위험도 높아지고 또 그 지도자가 패배 직전에 승리를 낚아챌 가능성도 높아진다. 부활가설은 어려운 정치적 거래를 강조한다. 어떤 국가가 적국을 악마로 만들었을 때 이는 무력 사용을 위한 국내정치적 지지의 동원을 가능케 하고, 이로써 적국에 대한 승리 가능성을 높인다. 그러나 악마가 된 적 또한 생명 손실을 배가시키는 위험을 구사함으로써 상대가 승리하기 더욱 어렵게 만든다. 이 전술은 또한 '악마'인 적과 협상을 할 수 있다는 생각을 국내에 납득시키기 어렵게 만든다.

TRY THIS

사담 후세인이 자유로운 조사를 허용하지 않았기 때문에 대량살상무기를 갖고 있다는 조지 W. 부시의 확신이 어떻게 변해왔는지 계산해보라. 같은 논리와 베이즈규칙(베이즈규칙에 대한 각주 참고)을 적용해서 왜 이란이 핵시설에 대한 UN의 감시를 제한했고, 왜 북한이 정권교체의 의도가 없다고 말한 미국의 진정성을 의심했는지를 밝혀보라. 베이즈규칙은 상대방의 실제 의도에 대한 불확실성이 있을 때 적에 대한 이해를 돕고 전략적 문제를 해결할 수 있는 강력한 도구다.

평화비둘기 가설

평화비둘기(pacific dove) 가설(Bueno de Mesquita and Lalman 1992)은 부활가설과 밀접하게 연관되어 있다. 부활가설이 패배의 절박한 위기상황에서 승기를 붙잡기

3. 사담 후세인의 분석은 제13장에서 자세히 소개할 베이즈규칙을 적용한 비공식적 예다. 베이즈규칙은 결과 X의 확률이 환경 Y에 달려있다는 것이다. P(X|Y)=P(Y|X)PX/[P(Y|X)PX+P(Y|Not X)P(Not X)]. 가령 야구선수가 스테로이드제를 실제로 사용했다면 양성반응이 나올 확률이 0.9라 하자. 실제 2003년 메이저리그에서 그러했듯 선수가 스테로이드를 사용할 확률은 10%라 하자. 그리고 많은 의학연구에서 밝혔듯 스테로이드를 사용하지 않았지만 검사 오류로 양성반응이 나올 가능성 10%가 있다. P(스테로이드 사용|양성반응)=P(양성반응|스테로이드 사용)P(스테로이드 사용)/[P(양성반응|스테로이드 사용)P(스테로이드 사용)+P(양성반응|스테로이드 미사용)P(스테로이드 미사용)]=(0.9)(0.1)/[(0.9)(0.1)+(0.1)(0.9)]=0.5. 검사를 받은 100명의 선수 중 90명은 스테로이드를 사용하지 않았고, 10명은 사용했다면 90명 중의 9명과 10명 중의 9명이 양성반응을 보이게 될 것이다. 따라서 이 예시에서 양성반응이 스테로이드 사용을 가리킬 가능성은 9/18다. 이를 통해 양성으로 나타난 개인의 사용 확률은 처음에 생각했던 (10% 사용) 것보다 높다는 것을 알 수 있다. 그러나 여전히 확실치 않다. 동전 던지기와 같은 확률일 뿐이다.

위한 마지막 노력에 영향을 미치는 요인을 연구한다면, 평화비둘기 가설은 국가든 테러리스트든 약한 행위자가 먼저 군사행동을 시작하는지 원인을 강조한다. 이러한 맥락에서 평화비둘기가설은 청중비용 연구의 주요 아이디어의 조짐을 보였다.

비둘기는 어떤 요구에 대한 항복을 받아내기 위해 적을 강압하거나 괴롭히기보다 협상을 통한 갈등 해결을 선호한다고 정의하자. 매는 그 반대의 성향을 가지고 있다. 매는 양보하기보다는 강압적 방법으로 자신이 원하는 바를 쟁취하는 편이다. 평화적 행위자는 공격을 당했을 때 보복하기보다 굴복하는 쪽을 선호한다. 침공자는 반대 성향을 갖고 있어서 공격을 당했을 때 굴복하기보다 반격을 선호한다. 평화비둘기가설은 인식 가능한 어떤 특정 상황에서 특히 약한 쪽이 평화비둘기일 때 약소국(혹은 테러집단)도 강한 상대에 맞서 전쟁이나 기타 폭력적인 분쟁을 일으킬 동기를 갖는다고 주장한다(Bueno de Mesquita and Lalman 1992). 부활가설에서와 같이 이러한 환경은 조건이 극한으로 치달아 절망속의 국가나 지도자가 예상치 못한, 즉 일부는 비합리적으로 보인다고 말하는 방식으로 행동하게 만들었을 때 발생한다. 나중에 보게 되듯 이러한 행동은 직관에 반하긴 하지만 확실히 합리적이다.

정의에 따라 평화비둘기는 상대를 항복하도록 강요하는 것보다 타협적 해결의 협상을 더 선호할 뿐만 아니라 공격을 받았을 때 반격보다 항복을 더 선호한다. 만약 국가(혹은 테러집단과 같은 비국가적 행위자)가 평화비둘기이고 상대 유형(비둘기 혹은 매, 평화적 혹은 침공자)이 불확실하다면 평화비둘기가 상대에 비해 더 약할수록 상대로부터 항복을 받아내기 위한 노력의 공격을 일으킬 가능성이 더 높다.

직관과 반대로 보이는 이 주장을 뒷받침하는 논리는 국제상호게임(international interaction game)으로 알려진 모델에서 발전되었다. 이 게임에서 약한 행위자와 강한 상대 간에 갈등이 일어나면 강한 상대가 갖는 협상의 우위는 상대적 힘의 우위에 비례한다. 이것은 가령 내쉬의 흥정이론, 즉 힘이 협상에서 흥정 영향력을 갖게 할 수 있다는 전통적 견해와 일맥상통하는 부분이다. 상대에 비해 국가의 힘이 약할수록, 협상 매력은 떨어진다. 약한 국가는 협상 테이블에 힘 형태의 큰 영향력을 가져올 수 없기 때문이다. 그러나 평화비둘기는 상대가 스스로 항복할 의향이 있더라도 상대의 항복을 받아내기 위한 위협보다는 협상을 선호한다. 만약 분쟁을 시작한 측이 국제 상호게임에서 협상을 시도한다면 성공할 수도 있으나 상대가 매로 판정되면 공격받을 위험이 있다는 것이 문제다. 국제상호게임은 선제공격의 이점이 있다고 가정한다. 그것은 클 수도 있고 작을 수도 있다. 이 선제공격의 이점은 협상 노력을 위험하게 만드는 약속의 문제를 동반한다.

중요한 2가지 차원에서 상대에 대한 불확실성이 있을 때 약한 평화비둘기가 사고하는 과정을 생각해보자. 약한 평화비둘기 입장에서는 적이 매인지 비둘기인지 불확실하고, 적이 평화적 유형인지 침공자 유형인지도 불확실하다. 만약 상대가 평화적이라면 분쟁 중인 이슈가 싸울 비용만큼 되지 않는다고 판단한다. 약한 평화비둘기는 자신이 선제공격의 이점을 상대에게 넘기면 어떻게 될지 모른다. 비둘기는 상대가 아무것도 하지 않아 현재 상태가 유지될 것이라는 희망으로 공격하지 않을 수도 있다. 아마 적과 협상해 타결할 것이거나, 아니면 매인 상대의 공격에 굴복하게 될 것이다. 나중에 밝혀질 것처럼 약한 평화비둘기 입장에서는 모두 안 좋은 선택이다. 비둘기가 약하다는 것은 영향력이 적다는 것을 의미하기 때문에 협상은 이 비둘기에게 그리 매력적인 선택이 아니다. 외교용어로 비둘기에게는 협상카드가 없다. 선제공격을 포기하고 항복을 강요당할 위험에 처하는 것 또한 그리 좋아보이진 않는다. 그렇다면 약한 평화비둘기에게 최고의 선택은 가능성이 낮더라도 공격을 하는 것이고 강한 상대가 이에 대항하지 않을 것이라는 기대를 걸어보는 것이다. 이것이 약한 평화비둘기가 이 상황에서 이익을 얻을 수 있는 유일한 방법이다.

다양한 예를 통해 이 주장을 명확하게 이해할 수 있다. A가 B에게 협상을 제안하거나 B를 공격할 수 있는 위기게임 중 A의 득실을 정해보자. A가 B를 공격한다면 B는 반격해 결국 A에 의해 전쟁이 시작되거나 B가 굴복하고 항복해 A의 공격비용 또한 감당하면서 A가 요구하는 것을 들어줄 수 있다. 만약 A가 타협안을 찾을 목적으로 협상을 제안한다면 B는 이에 화답해 협상으로 가거나 아니면 A를 공격해 선제공격의 이점을 취할 수 있다. 만약 B가 공격한다면 A는 반격하거나(B에 의한 전쟁) 아니면 굴복해 B의 공격비용을 감당하고 원하는 것을 들어줄 수 있다. A가 비둘기일 경우 협상에 대한 A의 득실을 5, B가 굴복했을 때 A의 득실을 4라 하자. 그리고 A가 전쟁을 일으켜 얻을 수 있는 이익은 3, B에게 굴복하면 2, B가 공격하고 A가 반격하면 득실은 1이다. A는 공격 받았을 때 반격보다는 굴복을 선호(2가 1보다 나음)하기 때문에 비둘기일 뿐 아니라 평화적이다. A는 B의 선호에 대한 불확실성을 가지고 있는 상태다. Q는 A가 B를 비둘기(즉 B는 A에게 항복을 강요하기보다 협상을 더 선호한다)라고 믿는 확률이고 1−Q는 A가 협상을 제안했을 때 B가 공격하고 A에게 항복을 강요할 확률이다. 예시를 간단하게 만들기 위해, (B를 항복시키기(4)보다 협상(5)을 더 선호하는) A는 B가 공격 받으면 굴복할 것임을 확신한다고 가정하자. 협상의 제안에서 A가 얻을 수 있는 기대효용이 공격에서 얻을 기대효용보다 낮을 때 A는 B를 공격할 것이다. 이를 계산하면 $5Q+2\times(1-Q)<3$이다. 즉 평화비둘기 A는 $Q<1/3$일 때 B를 공격하고 $Q>1/3$일 때는 협상을 제안한다.

이제 다른 행위자(국가, 테러집단, 지도자) A′가 같은 상황에 있다고 가정해보자. A′는 A보다 매우 강한 국가이기 때문에 협상을 통해 A가 5를 기대하는 것과 달리 A′는 협상에서 20을 기대한다. A′ 또한 B가 공격받으면 항복한다고 확신하고(평화비둘기 가설의 일반화를 위해 요구되는 조건은 아니지만 예를 간단하게 만들기 위한 조건), B에 대한 협상과 공격의 기대효용을 계산하는 방식은 같다. A′는 20Q+2×(1−Q)<3일 때 공격한다. 즉 Q<1/18일 때 공격하고 Q>1/18일 때 협상한다. 풀어서 설명하자면 A는 A′보다 약하다. 그 결과 A는 A′보다 협상 결과로 비교적 적은 이익을 기대한다. 그러므로 A는 A′보다 더 많은 상황에서 공격을 감행한다. 만약 A′가 1/18로 B가 비둘기일 것이라 믿는다면 협상에 도박을 걸어볼 만하다. 그러나 A가 도박을 걸기 위해서는 B가 비둘기인 것에 더 큰 확신을 가져야 한다. 약한 A는 B가 비둘기이기 때문에 정의에 따라 A를 공격하기보다 협상을 하려 할 확률이 최소한 1/3 이하라면 B를 공격한다.

부에노 데 메스키타와 롤먼(Bueno de Mesquita and Lalman 1992)은 지난 200년간 유럽에서 일어난 모든 분쟁에 대해 평화비둘기가설을 검증했다. 이 분석에는 40건의 평화비둘기 사례만 있었지만 실제로도 이들이 예측한 대로 행동하는 결과를 얻어낼 수 있었다. 전쟁을 시작한 쪽의 능력을 전쟁에 참여하는 양측 능력의 합으로 나눈 승리 확률과 평화비둘기가 폭력을 시작할 가능성 사이의 통계적 관계는 매우 유의미한 것으로 나타났다. 평화비둘기는 승리 확률이 낮을 때(즉 약할 때) 공격할 가능성이 더 높다. 평화비둘기가 아닌 무력분쟁 개시자에게는 훨씬 더 흔한 상황(높은 승리 확률)이 폭력 시작과 관련이 있었다. 차이점은 분명하다. 부활의 가정, 청중비용의 가정 등 다른 많은 것들과 같이 이 결과는 한 가지 혹은 다른 관계가 유지될 것으로 예상되는 대표적인 조건 규정의 중요성을 나타낸다. 흔히 더 강한 국가가 더 폭력적인 국가라는 일반적 시각이 사실일지라도 언제나 그러하진 않다. 평화비둘기에게는 주도권을 잡고 폭력에 가담하는 것이 협상에서 이들의 요구를 더 믿음직하게 만들어주지만 동시에 이미 시작된 협상을 더 어렵게 만든다.

평화비둘기가 강할 때보다 약할 때 폭력에 뛰어들 가능성이 높다는 사실은 갈등 해결에 관한 어려운 질문을 제기한다. 가령 테러조직은 상대의 군사력과 비교해 전형적으로 작고 약하다. 이들은 폭력적 행위에 가담할 때만 테러집단으로 관찰된다. 이러한 환경에서 이들이 매가 아니라고 말할 수는 없다. 매와 약한 평화비둘기(강한 비둘기는 해당되지 않음)는 분쟁의 평화적 해결 추구에서 기대되는 반응이 매우 불확실할 때 둘 다 동일한 방식으로 행동한다. 이 위기의 근본적 문제는 적이 주도권을 잡고 파괴하려는 매라면 협상이라는 모험을 시도하는 것이 약한 쪽에게 위험하다는 점이다. 협상 도박은 치명적일 수 있지만(제13장의 테러리즘에서 강조하는 점임), 협상 도박을 해보지 못한다는 것은 분쟁의 평화롭고 성공적인 종식의 기회 포기를 의미할 수 있다. 갈등 해결을 생각한다면, 공격과 평화 도박 모두 가지고 있는 위험을 과소평가하지 않도록 언제나 조심해야 한다. 어느 쪽이든 치명적일 수 있다.

6.5 선출인단이론과 전쟁 수행

제6장에서 지금까지 살펴본 여러 주장에서 정부 유형의 구체적 내용들(청중비용이 높거나 낮음: 평화적 혹은 공격적, 비둘기 혹은 매: 애국적 반대파의 유무)은 그 정부가 분쟁에서 어떻게 처신하는지에 영향을 준다는 것을 알게 된다. 제2장에서 설명한 선출인단이론은 이러한 이해를 더욱 강화시킨다. 지도자가 작은 연합에 의존해 자신의 권력을 유지할 때는 충성심을 유지시키기 위해 소수의 사적 이익만을 채워주는 것이 효과적이다. 권력 유지에 필요한 지지연합이 커질수록 지도자는 모든 사람에게 혜택이 돌아가는 공공재의 양을 증가시키고 지지자에 대한 사적 보상으로 지출하는 수입의 비율을 감소시켜 정치적 생존 가능성을 지켜야 한다. 이는 비용과 이익의 간단한 문제이다. 연합의 크기가 증가하면 많은 사람들을 위한 사적 재화의 비용도 증가한다. 반면 공공재는 그 속성상 얼마나 많은 사람이 소비하는가에 민감하지 않다. 선출인단 접근법의 이러한 추론들은 전쟁 평화의 의사결정, 전쟁 수행의 정권별 차이, 승전 후 평화 정착의 정권별 차이 등에 대한 이해를 돕는다. 여기서는 전쟁 선택과 전쟁 수행 전략을 선출인단 관점에서 살펴보고, 민주주의와 세계질서에 관련된 이슈들을 다룰 제14장에서 전후 결과의 보존에 대해 알아본다.

만약 선출인단의 설명이 옳다면 지도자는 지배연합의 크기에 따라 정치적 생존을 보장하기 위해 상당히 다른 행동을 보여야 한다. 이는 자연스럽게 국내외 정책 결정에 영향을 미친다. (작은 연합에 의존하는) 독재자는 자신의 친구들에게 보상하고 충성심을 유지시키기 위한 돈이 필요하다. 민주국가의 지도자는 큰 지배연합을 만족시키는 대외정책을 포함한 공공정책을 선택할 필요가 있다. 제12장에서는 이러한 정책적 필요성을 대외원조 지출의 관점에서 살펴볼 것인데, 이 장에서는 그 정책적 필요성을 전쟁의 관점에서 다룬다. 전쟁으로 가는 이유는 무엇일까?

선출인단적 전쟁 이유

민주적 지도자는 큰 연합의 논리에 따라 정책양보를 얻어내기 위해 전쟁을 수행한다. 이는 민주국가의 전쟁이 직간접적으로 정책 이슈에 관한 것임을 의미한다. 이들은 양보를 이끌어내거나 아니면 원하는 정책적 양보를 해 줄 누군가로 정권을 바꾸기 위해 전쟁을 수행한다. 가령 미국 정부는 1991년 쿠웨이트에서 이라크를 몰아내고 쿠웨이트의 석유를 그 나라 정부에게 되찾아주기 위해 사담 후세인 정권과 싸웠다. 2003년 미국 정부는 또 한 번 사담 후세인 정부와 싸웠는데, 이번에는 후세인 정권을 전복시키고 미국의 정책 요구에 더욱 순응할 것으로 기대되는 정부로 대체

표 6-1 전쟁 이유: 국내 제도와 갈등 원인

도발자의 정권 유형 → 도발자의 분쟁 목적	독재국가 (연합 크기<100)	민주국가 (연합 크기=100)
공공재(정책, 정권 변화)	199(59%)	71(82%)
사유재(영토)	140(41%)	16(18%)

출처: dyadic Militarized Interstate dispute data version 3.1, 부에노 데 메스키타와 스미스의 연합 크기 측정, Bueno de Mesquita et al. 2003.

주: X^2=15.65 우연히 일어날 가능성<0.0001. 연합 크기는 부에노 데 메스키타 외(2003)에 의해 정의된 방식으로 측정.

하기 위함이었다.

독재자에게 전쟁은 종종 포상금을 위한 일이다. 작은 연합의 지도자는 자신이 국내적으로 사용하기 위해 가치 있는 영토의 획득이나 보물의 포획을 추구한다. 가령 히틀러의 독일은 히틀러의 영토적 야욕을 충족시키기 위한 수단으로 노예 노동력과 천연자원을 보장받기 위해 정복을 이용했다. 즉 생존공간을 얻기 위함이었다. 사담 후세인은 상당한 석유 비축량에 대한 접근을 위해 분쟁 영토에 자신의 주장을 관철시키고자 쿠웨이트를 침공했다. 물론 모든 독재국가들의 전쟁이 이러한 목적은 아니며, 모든 민주국가들의 전쟁 또한 정책 차이 때문만은 아니다. 오히려 이것은 정권의 유형, 특히 지배연합의 크기에 따라 형성되는 중요한 경향이다.

[표 6-1]은 자료가 이용 가능한 모든 국가와 모든 시기에 이러한 패턴이 강하게 있음을 보여준다.[4] 큰 연합으로 구성된 정권(민주국가)에서 시작한 분쟁의 82%는 정책 문제나 정권 변화를 목적으로 했음을 알 수 있다. 반대로 작은 연합으로 구성된 정권은 약 60%만의 시기에서만 유사한 분쟁을 겪었다. 나머지 40%는 영토 획득의 분쟁이었다. 민주국가의 경우 영토분쟁은 18%에 불과했고 이 중 일부는 국민의 안전을 보장하기 위한 국경 안정화가 목적이었고 다른 일부는 부의 획득이 목적이었다. 안타깝게도 현존 자료로는 국경 안정화와 부의 획득을 구분하지는 못한다. 정권 유형에 따른 분쟁 이유의 차이는 너무 커서, 실제 차이가 없음에도 그렇게 우연하게 차이 날 가능성은 만 개 가운데 하나 이하의 확률이다.

전쟁으로 번진 군사분쟁 그리고 정식 전쟁에는 미치지 못한 군사분쟁 모두 그 이유는 크고 작은 청중에 대한 정권의 책임성에 따라 다르다. 청중비용 모델은 분쟁

4. 도발자의 갈등 목적에 관한 자료는 양국군사분쟁데이터(dyadic Militarized Interstate dispute data version 3.1)와 부에노 데 메스키타 외(Bueno de Mesquita et al. 2003)의 연합 크기 추정에서 만든 것이다.

유무 그리고 만약 분쟁이 발생한 경우 도발자가 위협을 실천하는지 아니면 굴복하는지에 대해 선별효과가 어떻게 영향을 미치는지를 설명한다. 선출인단이론은 민주주의가 큰 연합에 의존할 것이라는 기대의 이론적 기초를 제공한다. 또한 청중비용의 설명과 동일하지는 않는 선별 주장을 제공하기도 한다. 사실 이 둘은 보완적이다. 선출인단이론은 싸우는 이유를 연합에 근거한 실질적 토대를 제공한다. 민주적 지도자는 정권을 유지하기 위해 상대의 대외정책 양보를 포함한 적정 수준의 공공재를 제공할 필요가 있다. 독재자는 측근들에게 제공할 자원이 필요하다. 그러지 않으면 연합의 구성원들은 더 나은 사유재를 제공하는 사람에게 충성심을 바칠 것이다. 이러한 정권 유형의 차이는 싸울지 말지에 대한 결정과 이미 시작된 전쟁을 이기려는 노력에 영향을 미친다.

전쟁–선택의 계산

민주적 지도자와 독재자는 전쟁 수행의 동기가 서로 다르다. 정권 유형에 따른 전쟁 선택의 논리는 또한 전쟁으로 갈 것인지 아니면 빈약한 분쟁 해결 협상안을 받아들일 것인지를 결정하는 데도 차이가 있음을 시사한다. 몇 가지 증거를 살펴본 후 더 자세히 설명하겠지만, 이러한 이유들은 큰 연합에 의존하는 민주국가들은 참전한 전쟁에서 승리하는 경향이 있다는 경험적 규칙성과 연관되어 있다. [표 6–2]는 민주국가가 전쟁에서 승리하는 주요 이유가 참전 여부를 신중하게 선택하기 때문임을 보여준다. 승리 가능성이 충분하지 않을 때 민주국가는 협상을 선택한다. 승리에 대한 도발자(즉 분쟁 도발자와 그 동맹)의 믿음이 비교적 약한 사례들로 표를 만들었다. 각 사례에서 사전에 예상하는 승리 확률은 70% 미만이다.[5] 사전 승리 확률은 분쟁에 투입될 수 있는 참전국과 그 동맹들의 능력을 전쟁에 참가하는 양측의 참전국과 그 동맹들의 능력으로 나눈 값이다. 가로 열에서는 분쟁을 시작하는 쪽의 민주주의 정도를, 세로 열은 분쟁이 전쟁으로 되었는지 아니었는지를 나타낸다.[6]

증거가 보여주듯 대부분의 민주국가들은 승리 확률이 70%보다 크지 않을 때 전쟁에 잘 나가지 않는다. 상대적으로 어려운 이 조건에서는 85%의 성숙한 민주국가들이 싸우지 않는다. 대신 이들은 협상된 해결안을 찾거나, 상대 요구에 순응하거나, (특히 양쪽이 모두 민주국가일 때) 상대를 자신의 요구에 순응하도록 만든다.

5. 70%보다 높거나 낮은 기준으로도 유사한 분석 결과가 발견되었다.

6. 분쟁 도발자가 얼마나 민주적이었는지 혹은 얼마나 권위주의적이었는지를 측정하기 위해 선출인단 이론의 지배연합 크기 W 측정방법을 이용한다. 자세한 방법은 부에노 데 메스키타 외(Bueno de Mesquita et al. 2003, 137)를 참고하면 된다.

표 6-2 지배연합의 크기와 분쟁의 전쟁 가능성

구 분	극단적 독재 (W=0)	독재 (W=0.25)	준독재 (W=0.50)	준민주주의 (W=0.75)	성숙한 민주주의 (W=1.00)	합 계
전쟁 없음	44(33.3%)	78(42.4%)	74(44.3%)	79(59.0%)	57(85.1%)	332(48.5%)
전쟁 발발	88(66.7%)	106(57.6%)	93(55.7%)	55(41.0%)	10(14.9%)	352(51.5%)
합 계	132	184	167	134	67	684

출처: Bueno de Mesquita, Bruce, James D. Morrow, Randolph M. Siverson, and Alastair Smith. 2004. "Testing Novel Implications from the Selectorate Theory of War." *World Politics*, *56*(3), p. 379. © Cambridge University Press 2004.

반대로 극단적 독재 분쟁국의 2/3는 승리 확률이 70%보다 낮을 때 전쟁에 나간다. 이들은 패배를 걱정하지 않는 듯 보인다. 전쟁을 해야 한다면 위험부담이 적은 전쟁을 선호하는 민주국가의 편중된 선별은 라이터와 스탐(Reiter and Stam 2002)이 지적한 대로 왜 민주국가가 전쟁에서 승리하는가에 대한 답이 될 것이다. 이는 또한 민주국가가 권위주의 국가처럼 특히 약한 적과 싸우는 것을 망설이지 않지만 반대로 약한 쪽이 되어 싸우는 것을 주저하는 이유를 설명하는 데 도움이 된다. 왜 민주국가는 식민지 전쟁이나 제국주의적 팽창의 전쟁에 어김없이 참가하는가에 대한 대답도 마찬가지다. 이는 제14장에서 다시 한번 살펴보기로 하자. 1983년 미국이 그레나다의 작은 섬과 벌인 전쟁과 같은 이상한 사건도 이 논리로 설명할 수 있다.

6.6 선출인단이론과 전쟁수행 노력

민주국가들이 전쟁에서 왜 그렇게 자주 이기는가에 대한 이해에 근간을 제공하는 결정적 증거를 보았다. 그러나 전쟁 승리가 생각보다 어려울 때 행하는 민주국가의 노력을 설명하는 논리나 증거는 아직 보여주지 못했다. 이제 그 논리를 시작해보자. 그리고 이론의 주장을 검증할 제1차 세계대전의 사례 증거와 체계적 증거들을 살펴보자.

전쟁수행 노력의 논리

왜 민주국가들은 일단 싸우기로 결정한 전쟁에서 그렇게 자주 승리하는가에 담긴 추론을 보기 위해, 극단적 사례이지만 중요한 일반 원리를 반영하는 예를 살펴보자(Bueno de Mesquita et al. 1999, 2004 참고). 전쟁에 임박했거나, 이미 전쟁 중인 A

와 B 두 나라가 있다고 가정하자. 논의를 위해 A 국가의 지도자는 큰 지지연합을 갖고 있고, B는 그렇지 않다고 가정한다. A, B의 지도자 모두 공공재와 사유재에 소비할 정부의 수입에 관한 권한을 가지고 있다. 이 자원을 R이라 부르자. A의 지도자는 (극단적 사례에서) R 전부를 지배연합에게 분배하기로 선택할 수도 있고 아니면 R의 전부 혹은 일부를 전쟁 수행에 배분할 수도 있다. 극단적인 사례에서 A의 지도자는 모든 자원을 전쟁에 사용하면 B에게 승리할 수 있다는 사실을 알고 있다고 가정하자. 반대로 주요 지지자들의 사적 이익을 위한 R을 남겨두기 위해 전쟁수행 노력(war effort)에 추가 노력을 투입하지 않으면 전쟁의 결과는 패배일 수밖에 없다. 분쟁에서 승리하면 2가지 종류의 전리품이 있다.

첫째는 승리라는 공공재와 승리가 가져다주는 기타의 정책적 이득(총체적으로 V라 하자)이다. 둘째는 승리한 국가의 연합 구성원들에게 분배할 수 있는 정복당한 국가의 사적이익(r/W라 하자)이다. r/W을 패배자가 부담해 승리자가 취한 사적 이익으로 규정함으로써 승리한 국가의 지배연합(W) 구성원들은 이 사적 이익을 나누어 갖는다. 물론 현실에서 이 이익은 같은 비율로 나눠지지 않을 것이다(Smith and Bueno de Mesquita 2012). 그러나 이 사실은 여기서의 결과에 영향을 미치지 않는다. 왜냐하면 집권자는 정권을 지키기에 충분히 큰 연합을 유지해야 하고, 이는 일반 구성원들이 r/W라는 공정한 분배를 받으려 하기 때문이다.

전쟁의 승리는 $V+r/W$ 만큼의 가치가 있다. 그러나 비용(k) 또한 발생하기 때문에 전쟁 승리로 얻을 수 있는 수입인 전쟁의 가치는 $V+r/W-k$이다. 극단적 예에서 A의 국가수입 R은 다른 목적으로는 전혀 사용되지 않는다. 그러나 만약 지도자가 전쟁을 위해서가 아니라 지배연합에게 분배하기 위해 R을 사용하기로 결정한다면, 전쟁은 패배로 끝날 것이 확실하고, 전쟁에서 오는 가치는 $R/W-k$이다. 즉 공공재 이익은 없고(V=0), 전쟁비용(k)은 동일한 것으로 가정되며, 모든 정부수입은 국내 지지자들의 충성을 유지하기 위해 남겨진다(R/W).

이러한 간단한 설정으로 다음을 알 수 있다. 개략적으론 누구나 지는 것보다 이기는 것을 선호하지만 다른 대안이 없다면 지도자의 지배연합이 작으면 작을수록 연합의 돈을 전쟁 승리에 사용하는 것보다 차라리 돈을 사용하지 않고 전쟁에 지는 것이 더 용납된다. (R을 갖고 패배하는 것 대신) R을 모두 사용해 승리를 위해 싸우려면 다음 조건이 만족되어야 한다.

$$V + \frac{r}{w} - k \geq \frac{R}{W} - k$$

식을 정리하면, 다음과 같다.

$$V \geq \frac{R-r}{W}$$

민주주의와 같이 W가 매우 클 때는, 식의 우변이 0에 가까워지므로 V가 $(R-r)/W$보다 커진다. 그러나 W가 작으면 우변이 커진다. 즉 극단적으로 가치 있는 승리(V가 매우 클 때)를 제외하고는 다른 어떤 것보다도 국내연합의 충성심을 지키기 위해 충분한 사적 이익을 유지하면서 패배하는 것이 더 매력적이다. 따라서 A가 민주주의고 B가 권위주의라면 A는 수입 보전에 대비한 전쟁 승리의 가치를 B보다 더 중시할 것이다. 적으로부터 얻어낼 수 있는 자원(r)이 국내 수입(R)보다 훨씬 더 크다면 작은 연합을 가진 B에게도 모든 R을 사용해 전쟁에 승리할 유인이 생긴다. 물론 이것은 거의 불가능한 조건이다. 만약 약탈할 물자가 그렇게 귀중하다면 그 물자의 원래 주인이 빼앗기지 않기 위해 더 큰 노력을 기울여 B가 승리하기는 더욱 어려워질 것이다.

요컨대 지금까지 매우 정형화된 (그러나 쉽게 일반화되는) 사례로 살펴본 것은 민주국가의 지도자가 독재자보다 전쟁 승리를 위해 더 열심히 노력하는 이유가 있다는 점이다. 민주국가에서는 연합의 많은 구성원들을 유지하기 위해 많은 공공재를 제공할 필요가 있다. 권위주의 국가의 경우에는 권력 유지를 위해 효과적인 정책 결과를 내놓을 필요가 없다. 독재자는 자신의 측근들을 만족시키기 위한 노력만 기울이면 된다. 따라서 지배연합의 크기에 따라 전쟁의 선택 과정과 전쟁수행에 쏟는 노력이 다름을 예상해야 한다. 민주적 지도자의 경우에는 측근 유지보다 전쟁 승리가 더 소중하다. 그러므로 [표 6-2]에서 알 수 있듯, 민주국가는 승리 가능성이 낮은 전쟁을 시작하지 않는 편이다. 만약 승리 가능성이 처음에 생각했던 것만큼 좋지 않다면 승리 가능성을 높이기 위해 더 많은 자원을 쏟아부어 더 열심히 노력할 것이다. 독재자가 해임될 국내적 위험은 사회 전반에 공공정책의 이익을 제공하지 않았을 때보다 연합의 구성원들에게 사적 이익을 제공하지 못했을 때 더 크다. 그러므로 민주적 지도자에 비해 독재자에게 최측근의 충성을 유지하기 위해 자원을 아끼는 것은 종종 중요하다. 이렇게 자원을 모아두기 때문에 독재자는 민주적 지도자에 비해 외부의 적에게 패배할 확률이 더 높고 더 자주 전쟁에서 지게 된다(그리고 짐작컨대 그런 전쟁을 시작하는 데 약간 신중할 것이다).

이러한 주장에는 몇 가지 주의할 점이 있다. 전쟁 패배는 곧 권력 축출이 국내연합보다 국외 경쟁자에 의해 더 쉽게 발생하는 것을 의미한다고 믿는다면, 독재자는 누구보다 전쟁에서 열심히 싸울 것이다. 마찬가지로 권력 축출의 결과가 국내 정적의 치하보다 국외 경쟁자의 치하에서 (처형 아니면 추방되는 것처럼) 훨씬 더 나쁘다고 믿는다면, 독재자는 열심히 이기려 노력할 것이다(Goemans 2000, 2008;

Chiozza and Goemans 2004). 즉 국외 경쟁자에게 패배했을 때의 기대효용이 연합의 사적 혜택을 전쟁에 썼을 때의 기대효용보다 더 나쁘다면, 독재자라도 전쟁에 이기기 위해 열심히 노력할 것이다. 다만 그런 노력을 권장하는 조건은 민주적 지도자보다 독재자에서 충족되기가 더 어렵다는 것이다.

제1장에서 강조했듯, 주장의 논리적 진실성을 밝히는 것과 주장의 경험적 혹은 정책적 유용성을 따지는 것은 별개다. 따라서 이제 증거를 찾아보아야 한다.

전쟁수행 노력 논리의 증거

[그림 6-2]는 전쟁 전, 전쟁 중, 전쟁 후의 각 기간 권위주의 국가(정확히는 지배연합의 크기가 0~1 스케일에서 0인 정권)와 민주국가(연합 크기 1)의 군사비 지출로 측정된 전쟁수행 노력을 나타낸다. 그림의 그래프는 각 전쟁 단계에서 평균적인 성숙한 민주국가와 평균적인 극단적 권위주의 국가의 군사비 수준이다. 이 차이는 실질적인 면에서뿐 아니라 통계적으로도 유의미하다. 따라서 정권 유형과 전쟁수행 노력 사이에 근본적이고도 강력한 관계가 있음을 증명한다.[7] 권위주의 국가와 민주국가 모두 전쟁 이전의 값을 100으로 표준화해 전쟁이 시작된 후의 비교가 용이하게 했다. 가령 그래프의 110은 전쟁 이전의 국방비 지출에 비해 10%가 증가된 것을 의미한다. 85는 전쟁 이전의 수준에서 15%가 감소한 것이다.

두 종류의 국가군 모두 전쟁이 시작된 다음 그 전에 비해 더 많은 국방비를 지출했다. 권위주의 국가의 지도자는 전쟁이 시작되고 난 후 국방비를 약 20% 증액했고, 민주국가의 지도자는 40% 증액했다. 전쟁이 1년 이상 길어지면 더욱 눈에 띄는 차이가 나타난다. 전쟁이 길어진다는 것은 특히 둘 중 한쪽에게 전쟁이 쉽지 않다는 의미다. 앞에서 보았듯 민주적 지도자는 전쟁에서 쉽게 승리할 것으로 예상하거나 그렇지 않으면 아예 전쟁을 하지 않는다. 권위주의 국가의 지도자는 전쟁에서 사용할 수 있는 자원을 측근들의 충성심을 지속시키기 위해 모아둘 것을 알기 때문에 이와 같은 기대를 하지 않는다.

(상대적으로 드문 사례인 정치적 생존의 전쟁으로 되지 않는다면, 특히 강력한 민주국가가 개입하지 않을 때) 전쟁이 시작된 후 1년이 되어갈 때쯤 권위주의 국가의 지도자는 앞으로 할 만큼까지 준비를 다 했다. 이들은 자신의 승리에 어려움이 있다는 사실에 놀라지 않는다. 자신이 참가하는 전쟁을 그리 신중하게 선택하지 않

7. 자세한 것은 부에노 데 메스키타 외(Bueno de Mesquita wt al. 2004, 특히 표 2)를 참고하라.

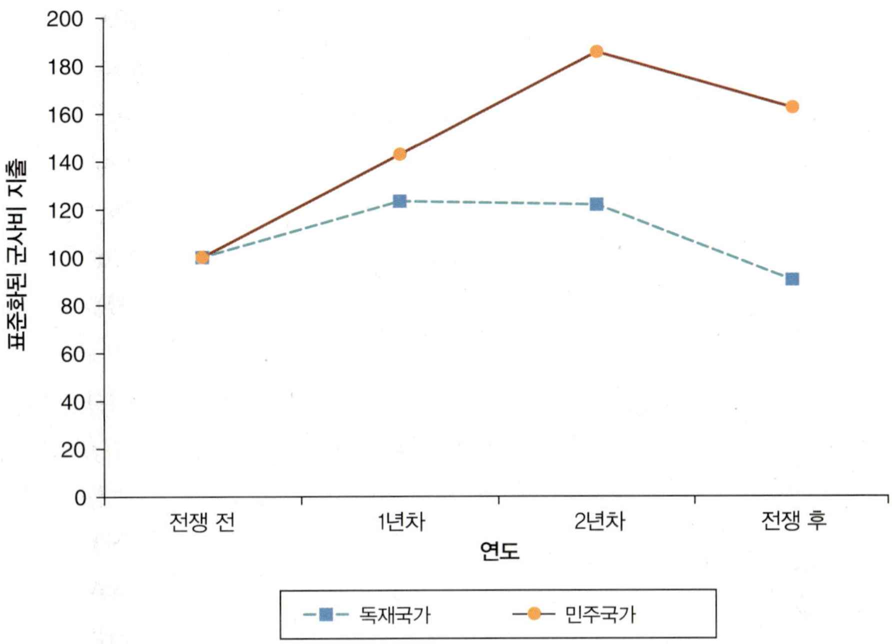

그림 6-2 군사비, 정권 유형, 전쟁 기간

출처: Bueno de Mesquita, Bruce, James D. Morrow, Randolph M. Siverson, and Alastair Smith. 2004. "Testing Novel Implications from the Selectorate Theory of War." *World Politics, 56*(3), p. 387. © Cambridge University Press 2004.

았기 때문이다. 전쟁 2년차나 그 이후가 존재한다면 그때의 노력은 1년차 때와 달라지지 않는다.

권위주의와 달리 민주국가의 지도자는 승리가 어렵다는 것에 다소 놀란다. 2년차로 들어가면서 이들은 예상보다 승리가 어렵다는 사실을 알아차린다. 이들은 쉽고, 값싼 승리를 기대하고 (타결보다) 전쟁을 선택했다. 따라서 승리가 예상보다 어렵다는 사실은 2가지 선택을 남긴다. 1) 그만두거나, 2) 더 노력하거나이다. 전쟁을 그만두는 것은 민주국가에서 거의 일어나지 않는데 이는 지도자의 권력 박탈을 거의 확실히 초래하기 때문이다. [그림 6-2]는 전쟁이 길어질 때 민주국가 지도자가 엄청난 노력을 쏟아붓는다는 사실을 보여준다. 이들은 전쟁 이전 국방비의 2배에 가까운 자원을 소비하고 여전히 승리가 쉽다고 생각했을 전쟁 1년차 때보다 훨씬 많은 자원을 사용한다. 요컨대 민주국가는 권위주의 국가에 비해 어려운 전쟁에서 승리하기 위해 더욱 노력한다.

[그림 6-2]는 전쟁이 끝난 후 어떤 일이 벌어지는지 또한 나타내고 있다. 민주국가는 군사비를 적정 수준으로 감소시키는 반면 권위주의 국가는 기본 수준, 심지어

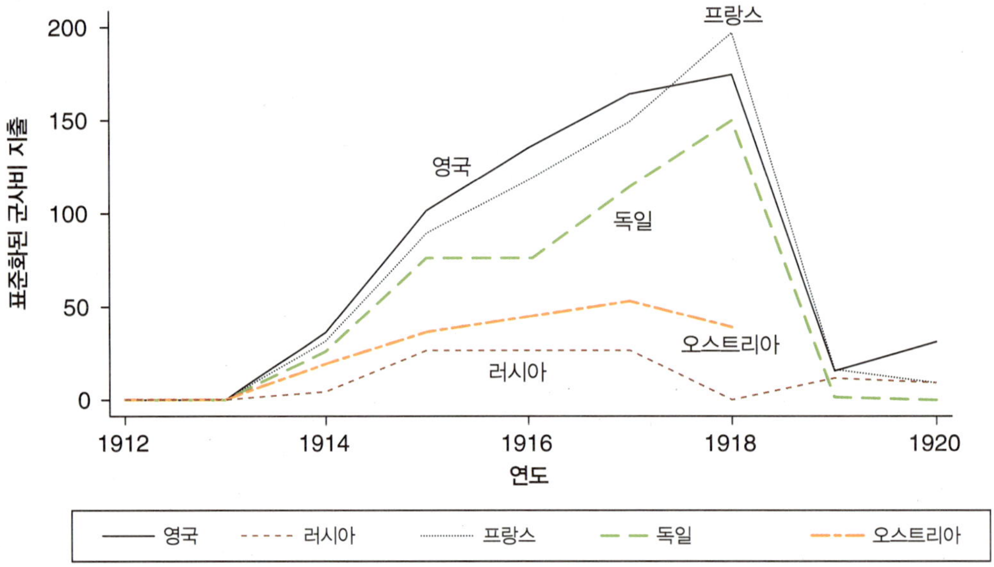

그림 6-3 전쟁수행 노력의 사례연구: 제1차 세계대전의 1인당 군사비
출처: Bueno de Mequita and Smith, 2011.

는 그 이하로 지출을 떨어뜨린다. 전후 세계질서에 대해서 다루는 제14장에서는 왜 민주국가가 권위주의 국가에 비해 군사비를 적게 감소시키는지 그 이유를 살펴본다. 체계적 증거는 전쟁수행 노력의 논리를 뒷받침한다. 이 체계적 증거와 논리에는 반박 또한 존재한다. 그중 굉장히 중요한 사례가 1차대전 주요 참전국들의 전쟁수행 노력이다.

[그림 6-3]은 제1차 세계대전에 참전한 주요 국가들의 군사비에 관한 자료다. 1인당 값으로 계산하면 전제군주제였던 러시아가 가장 적게 지출했다. 러시아는 매우 큰 국가였지만 가난한 국가였다. 결국 1인당 지출이 적었음에도 전쟁비용은 감당하기 매우 어려웠고 전쟁수행 준비는 다른 조건과 결합해 10월혁명을 일으켰고, 러시아는 전쟁에서 철수했다. 민주국가가 아니었던 독일과 오스트리아-헝가리는 영국과 프랑스보다 확실히 적은 노력을 들였다. 영국과 프랑스는 둘 다 민주국가였다. 모두가 전쟁을 일으키기 전보다는 많은 지출을 했지만 1915년 전쟁이 짧고 쉽게 끝나지 않을 것이란 것이 명확해지면서 독일을 제외한 비민주국가들은 지출을 거의 늘리지 않았다. 그러나 독일의 노력 또한 예상된 패턴과 일치한다. 독일은 패배가 확실해지고 빌헬름 황제(Kaiser Wilhelm)의 정권이 살아남지 못한다(실제로 살아남지 못했다)고 생각된 거의 마지막 시기까지 더 큰 노력을 쏟지 않았다. 반대로 민주국가들은 꾸준히 지출을 늘리며 승리를 위해 노력했다. 이 패턴은 제2

차 세계대전에 들어서면서 더욱 확실해진다. 가령 독일은 전쟁을 위해 1차대전만큼도 철강산업을 동원하지 않았다. 히틀러의 내부 구성원이었던 알버트 스피어(Albert Speer)의 기록에 따르면, 히틀러는 국내의 어려움을 지지자들에게 전가시키면 지지를 잃게 될까봐 두려워했다(Speer 1997). 전쟁수행 노력의 다양성을 나타내는 더 많은 사례들은 통계적 증거보다 사례 분석을 지향한 〈독재자의 핸드북〉(The Dictator's Handbook, Bueno de Mesquita and Smith 2011)에서 찾아볼 수 있다. 증거를 어떻게 평가하든, 큰 연합의 정권 그리고 *S* 크기의 대비 *W* 크기의 비율이 높은 정권들은 일단 시작된 전쟁에서 예상보다 승리가 어려우면 더 많은 노력을 기울인다.

전쟁수행 노력, 전쟁 패배, 지도자 퇴임

민주국가가 전쟁에서 더 열심히 노력한다는 주장의 핵심은 전쟁 패배 시 정치적 생존 가능성의 차이이다. 앞에서 보았듯, 전쟁수행 노력의 논리는 국내정치적 해임의 위협을 최소화하려는 전략적 선택에 달려있다. 그러나 아직 전쟁에서 패배했을 때 승리한 국가에 의해 축출될 위험에 대해서는 생각해보지 않았다. 여기서도 선출인단 논리는 크고 작은 연합의 지도자가 직면할 위험의 큰 차이를 시사한다. 따라서 전쟁에 관한 국가지도자의 선택을 완벽하게 이해하기 위해서는 군사적 패배 이후 국외 세력에 의한 축출 가능성과 전쟁수행 노력 간의 연결고리를 밝힐 필요가 있다. 이는 국내 세력에 의한 퇴임 가능성과의 비교를 통해서다.

선출인단 논리에 따르면, 독재자는 국외 승리자에 의해 축출될 가능성보다 보상을 받지 못해 불만을 품은 국내 지지자들에 의해 축출될(그리고 처형당할) 가능성이 더 높다. 그 결과, 독재자는 민주국가 지도자만큼 전쟁 승리를 위해 열심히 노력하지 않을 뿐더러 분쟁 해결이 측근들의 사적 보상을 빼앗아 외국의 경쟁국가에게 주는 것을 의미한다면 협상하려 애쓰지도 않는다(Bueno de Mesquita et al. 2004, Morrow et al. 2006; 반대의 주장으로는 Debs and Goemans 2010을 참고, 그들의 주장에 대한 반박은 Svolik 2009와 Bak and Palmer 2011을 참고). 이 주장을 더욱 자세히 증명해보자.

선출인단이론이 옳다면 지도자가 전쟁과 평화에 관한 결정을 내릴 때 국외의 상대와 국내의 적에게 퇴임될 위험을 각각 비교해보아야 한다. 충분한 공공재의 제공은 민주국가 지도자가 축출될 국내의 위협을 감소시킨다. 충분한 사유재의 제공은 독재국가 지도자가 축출될 국내의 위협을 감소시킨다. 이유는 제14장에서 자세히 살펴보겠지만, 승리한 외국 국가가 독재국가일 때보다 민주국가일 때 그 패배한 국가의 지도자가 해임되고 대체할 가능성은 더 크기 때문에 작은 연합으로 구축된 독재자는 특히 민주국가의 손에 패배하는 것을 두려워해야 한다. 만약 독재자가 외국의 독재국에게 패배한다면, 지대추구(rent-seeking)의 작은 연합 승리자에게 자원을 빼앗기긴 하겠지만 아마도 지위는 유지할 것이다. 그리고 국내의 정적도 패배한 독재자와 동일하게 제한된 자원만을 갖기 때문에 현직 독재자가 군사적으로 실패한다 해서 국내 정적이 많은 이득을 보지 못한다. 만약 패배한 지도자가 측근들의 충성심을 사기 위한 용도로 유용하게 쓸 수 있었던 자원을 전쟁수행에 '낭비했다면' 그의 국내 정적은 이득을 얻게 된다.

민주국가의 그림은 꽤나 다르다. 큰 연합의 권력경쟁은 정책적 의미의 군비경쟁이기 때문에 전쟁에서 패배한 민주국가 지도자는 다른 국내 경쟁자로 대체될 가능성이 높다. 나아가 슐츠는 민주국가의 애국적 반대파가 집권자의 대외정책 결정을 제약하고 이것이 대외정책의 성공 가능성을 높인다고 주장한다. 그러므로 모든 종류의 지도자가 전쟁에서 승리하기 위해 열심히 노력하는 상황에 처했을 때 민주국가는 '쉬운' 전쟁을 선택하고 혹은 그 전쟁이 쉽지 않은 것으로 밝혀지면 독재국보다 더 열심히 싸우게 된다. 이는 민주국가의 지도자가 더 자주 승리할 것이고, 따라서 국외 경쟁자에 의해 축출될 위험이 적다는 것을 의미한다. 전쟁 패배와 패배에 따른 승리 공공재 생산의 실패는 민주국가의 지도자가 선거에서 패배할 위험을 증가시킨다. 이와 달리 독재자에게는 지배연합이 아닌 다른 목적(전쟁 승리를 포함)에 연합의 돈을 사용하는 것이 국내 축출 위험을 증가시킨다.

민주국가와 독재국가 둘 다 전쟁이 가져다줄 복지의 변화를 예상한 후 그 전략적 논리에 따라 행동하는 역진귀납의 동기가 강하다. 증거에 따르면 분쟁을 전쟁으로 해결할지 아니면 협의로 해결하지를 결정할 때, 그리고 전쟁을 선택했으면 승리에 열심히 노력할지 아니면 국내연합 구성원들을 위해 자원을 보존할지를 결정할 때 전략적 논리에 의존하는 것이다.

SUMMARY

제6장은 국내정치의 차이가 전쟁의 위험, 비용, 수행, 여파까지 근본적으로 변화시킬 수 있다는 점을 보여주었다. 만약 지도자와 국내정치 대신 국가에 초점을 맞추면 여태까지 살펴본 주된 가설이나 이를 뒷받침하는 강력한 증거는 모두 틀린 것이 된다. 높은 청중비용의 예상은 어떤 분쟁이 일어나고, 어떤 것은 일어나지 않는지에 영향을 미친다. 청중비용은 또한 일단 위기에 들어선 정권이 위기를 고조시킬지 아

니면 굴복할지에 영향을 미친다. 일반적인 관점과 달리 약하다는 것은 언제나 공격을 부르지 않는다. 사실 가끔은 약한 쪽에서 먼저 도발하기도 한다. 지지자들의 연합이 큰 민주적 정부는 참전을 선택하는 데 신중하고, 작은 연합에 의존하는 권위주의적 상대 정권에 비해 승리하기 위해 더 큰 노력을 쏟는다. 또한 민주국가는 권위주의 국가에 비해 정책이나 정권 변화를 위해 싸우는 경향이 있고, 따라서 전쟁 이유가 국내정치적 제도에 따라 다르다는 사실을 보았다.

아마 가장 놀라운 사실은 국내정치가 승리의 의지를 형성한다는 점일 것이다. 많은 자원을 투자해 전쟁에 승리하는 것과 패배하겠지만 자원을 보존하는 것 사이의 선택이 주어졌을 때, 민주국가는 권위주의 국가보다 승리를 위해 추가 자원을 더 많이 투자하는 편이다. 이와 같은 주장에 담긴 논리를 검증하는 증거를 보았고, 그것이 역사적 기록과 일치한다는 것을 발견했다. (제14장의 민주평화에 관한 발견뿐 아니라) 이 장 각각의 관찰은 구조적이고 단일행위자적 국제문제 설명에서는 틀린 것으로 간주될 것이다. 그 관찰들은 국가 내부를 들여다보고, 단일행위자 가정을 깨며, 국제문제의 주요 행위들이 나라마다 정권마다 다른 요인들에서 나온다고 보기 때문이다.

전쟁은 국제관계의 끔찍한 특성이다. 이 끔찍한 현상에 대한 우리의 이해를 높여야 하는 중요성을 강조하지 않고는 이 주제를 떠날 수 없다. 지난 수십 년 동안 전쟁에 관련된 이론적, 경험적 이해는 실로 엄청난 발전을 해왔다. 그 발전 속에서 이제 우리의 관심은 단일행위자로서의 국가를 다루는 것에서부터 국가지도자가 직면하는 유인과 제약으로 옮겨갔다. 물론 해야 할 일은 아직도 많다.

핵심 용어

평판 235	평화비둘기 가설 248
부활가설 239	군비경쟁 262

국제기구는 어떻게 작동하고 또 어떻게 작동하지 않는가

2006년 9월 20일, 61차 UN총회에서 하미드 카르자이(Hamid Karzai) 아프가니스탄 대통령이 빈자리가 많이 보이는 UN본부에서 몇몇 회원국들만을 앞에 두고 연설을 하고 있다. 회원들이 보기에 크게 중요하지 않는 사안이라 생각할 때 참석자가 많지 않다. 회원국들의 입장에서 자신의 나라에 중요하지 않은 사안이 논의되고 있다면 총회에 참석하지 않을 때가 많다.

OVERVIEW

- 국제기구는 국가들 간의 협력과 조율을 용이하게 하기 위해 만들어졌다.
- 기구가 포괄적일수록 집단행동의 문제가 생기고 국제제도가 주는 즉, 주로 공공재의 공급에서 최적화되지 못하게 된다.
- 국제기구를 설계할 때 내재하는 문제는 국제기구가 만들어내는 산물이 **배재적**인지 **비배재적**인지, 그리고 경쟁적인지 비경합적인지의 이슈 중심으로 발생한다.
- 참가자의 수가 적을 때 **엄격한 협정**을 설계하기 쉽고, 단지 두 국가만이 협정에 참가할 때 가장 쉽게 엄격한 협정을 설계할 수 있다.
- 다수의 국가들이 참여하는 경우에도 정보 확산이나 기구의 **유연성**을 활용해서 협력을 유도할 수 있다.
- 전략적 시각은 국제기구를 볼 때 구조(기구 내 전체 투표자 크기에 비교된 승자연합의 크기)와 참여국가 혹은 적어도 기구의 승자연합을 이루는 회원국들의 국내 승자연합과 투표자들의 이해관계와 행동 사이의 일치 정도를 평가할 것을 제안한다.

ASSUMPTIONS CHECK

1. **국제기구 회원국들은 대부분 약속한 사항을 이행하는데 그 이유는 ____________.**
   a. 서명한 협정이 요구하는 사항이 거의 없기 때문이다.
   b. 약속한 것은 이행해야 한다고 인식하고 있기 때문이다.
   c. 약속하고 나서 지키지 않는다면 국제사회로부터 매장될 수 있다는 것을 두려워하기 때문이다.
   d. 인류를 위한 선을 행하기 위해 희생할 준비가 되어 있지 않다면 국제기구의 협약에 서명하지 않을 것이기 때문이다.

2. **지구적 문제는 지구적 해결책을 필요로 한다. 그러나 국제기구들은 일반적으로 규모가 작은 조직들보다 효율적이지 못하다. 그 이유는 무엇인가?**
   a. 서명국들이 무엇을 해야 하는지 알 수 없기 때문이다.
   b. 거의 모두로부터 서명을 받기 위해, 지구적 조직들이 요구하는 것이 거의 없기 때문이다.
   c. 많은 참여국들을 속이기 쉽고 또 들키지 않을 가능성이 높기 때문이다

3. 속임수는 국제기구에서나 사람들 사이의 약속에서나 나쁜 행위로 보인다. 그렇다면 일부 속임수를 허용하는 유연성에 기반을 두어 설립하는 것이 어떠한 속임수도 허용하지 않는 것보다 국제기구의 성과를 개선할 수 있는가?

   a. 속임수에 대한 유연성은 항상 실수다. 그것은 정부들이 속임수를 쓰도록 만들기 때문이다.
   b. 속임수에 대한 유연성은 약속을 성실히 이행하려는 의지를 가진 정부들에게 단기간의 어려운 기간을 극복하게 해 준다.
   c. 속임수에 대한 유연성은 회원국들이 누가 진정으로 조직의 목표에 헌신하고 있는지, 또 누가 그렇지 않는지 그리고 누구를 징계해야 하는지를 알게 해 준다.

4. UN의 중요한 부분을 회원들의 이해관계를 대표하는 조직이라기보다는 소수 지배체제나 독재로 생각하게 되는 원인은 무엇인가? 만약 독재 혹은 소수 지배체제로서의 특징이 옳은 것이라면 UN은 중요한 문제들을 다룰 적합한 곳인가?

ANSWERS

1. a. 국제기구는 일반적으로 분배에 의한 결과의 최소화를 통해 조정과 협력을 추구한다. 그래서 국제기구는 회원국에게 현재 행위를 변화시키지 않는 매우 작은 것을 요구하기 때문에 규칙들에 순응하는 것이 쉽다.
2. b. 국제적 혹은 거의 국제적인 합의를 도출하는 가장 확실한 방법은 모두가 동의할 수 있도록 규정을 최소화하는 것이다. 이는 회원국들에게 아무것도 요구하지 않거나 속이는 국가를 감시하고 처벌하는 효과적 수단을 회피함으로써 이루어진다.
3. b. 유연성은 각국 정부들에게 주로 국내적인 장애요인을 극복할 수 있도록 당분간 합의한 것에서 자유로울 수 있는 기회를 제공한다. 유연성은 국제기구들이 어려운 시기를 대비해 미리 만들어둔 탈출구가 있는 경우 대부분의 좋은 시기에 회원국들이 행위를 변화시킬 확률을 높여준다.
4. UN 안전보장이사회(UNSC)는 소수 지배자인 5개 상임이사국의 합의에 의존하고 있다. UN총회는 UN이 회원으로 사실상 모든 국가를 포함한다는 것을 상기시켜준다. 따라서 UN은 작은 연합, 큰 선거인단을 가진 정치제도가 보유하는 특징을 모두 가진 그런 제도다.

앞의 두 장에서 국제정치의 최악의 측면인 분쟁과 전쟁을 살펴보았다. 더 낮은 비용으로 이익을 얻을 수 있다면 누구나 전쟁을 회피하려 할 것이다. 사실 그렇기 때문에 국가의 국민 전체의 시각에서 볼 때 왜 전쟁이 사후적으로 비효율적인지 알 수 있다. 정치에 박식한 사람들은 마가렛 대처 총리의 포클랜드 전쟁의 예를 들면서 때때로 작은 전쟁이 역사의 쓰레기더미에서 지도자를 구해낸다고 말한다. 당연하겠지만 폭력에 의존하지 않고 문제를 해결할 수 있는 방법이 있다면 더 좋다. 이 장은 폭력에 의존하지 않고 문제를 해결하려고 만들어낸 제도에 관해 살펴본다. UN과 이전에 있었던 국제연맹과 같은 제도들은 조정과 약속이행의 문제를 해결하기 위해 그리고 분쟁을 위험하게 만드는 불확실성을 줄이기 위해 고안되었다. 세계무역기구(WTO)와 국제사법재판소 같은 기구들은 법에 기반을 두고 분쟁을 평화롭게 해결할 수 있는 장치를 제공하기 위해 고안되었다. UN인권협약, 1979년에 제정된 여성에 대한 모든 형태의 차별철폐에 관한 협약(CEDAW), 1948년에 제정된 대량살상 방지와 처벌에 관한 협약과 같은 것들은 모두 조정, 분배 그리고 정보의 문제들을 해결할 수 있는 규칙과 메커니즘을 제공함으로써 인류의 삶의 질을 개선하려는 목적으로 제정되었다. 이 장에서는 국제기구들이 어떻게 작동하고 있는지, 어떤 장애요인들이 문제해결을 어렵게 하는지, 어떤 국제기구와 협약이 작동하고 어떤 기구는 작동하지 않는지, 그리고 어떻게 국제기구들이 보다 효율적으로 작동될 수 있는지를 살펴본다.

7.1 국제 규칙과 제도의 목적

제5장과 제6장에서 살펴보았듯이 정부들은 영토문제로 경쟁하고, 천연자원으로부터 발생하는 부의 소유권을 두고 갈등한다. 정부들은 국제정책의 결정을 두고 갈등하고 때로는 대량학살이나 인권 또는 개인적 권리를 침해하는 사건들과 같은 순전히 국내적 이슈로 보이는 것들을 두고 충돌한다. 국제기구들이 만들고 강제하는 국제 규칙, 국제법, 국제 행동규범과 같은 모든 것은 평화로 가는 길에 놓여 있는 중대한 도전을 해결하는 방법들이다. 때로는 다른 국가의 지도자들이 서로 조율하는 방법을 발견함으로써 정치적으로 이익을 얻을 수도 있다. 어떤 이슈가 협력으로 발생한 이익의 차이가 없고 단지 조정의 문제라면 이 이슈와 관련된 행위를 규제할 국제협약에 도달하는 것은 쉽다. 항공교통관제는 누구도 위반할 동기를 가지고 있지 않는 국제협약의 좋은 사례다. 전 세계 상업 항공교통 통신에 공용어로 영어 사용에 동의함으로써 외국 공항에 불시착할 경우 의사소통의 부재로 일어날 수 있는 사고

위험을 최소화할 수 있다. 모두의 이해관계가 부합될 때, 즉 누구도 다른 이들의 노력에 무임승차하거나 또는 은밀히 협약을 어기는 속임수로 추가 이익을 얻을 수 없는 상황에서는 협력이 쉽게 성취될 수 있다. 국제협력을 증진시키려는 이들에게 흥미로운 도전은 속임수와 무임승차의 유혹이 존재하는 상황에서도 약속을 만들거나 강제할 제도를 고안하는 것이다. 기구에 방해가 되는 속임수를 감시하고 응징하는 적절한 수단을 고안하지 않고는 일부 회원들의 비용을 내지 않고 이익만 향유하려는 행위를 방지하기는 어렵다.

기구들이 분배 이슈에 직면하면 협력을 성취하는 것이 쉽지 않기 때문에 기구의 고안은 처음부터 향후 발생할 문제를 해결할 수 있도록 회원의 최선의 판단을 반영해야만 한다. 이때 모두에게 최선인 것보다는 국제기구 회원 각자에게 최선인 것을 반영하는 것이 가장 현명한 판단이라는 점을 명심해야 한다. 국제기구를 고안할 때 특히 고려해야 하는 5가지 주요 질문이 있다.

1. 기구의 회원 조건을 얼마나 포괄적으로 해야 하는가?
2. 정책결정은 어떻게 하는가?
3. 기구의 결정에 얼마나 순응할 것인가?
4. 순응하지 않는 회원들을 어떻게 제재할 것인가?
5. 기구에 의해 설정된 규칙과 규정이 얼마나 효율적인가?

앞으로 살펴보겠지만, 이 문제들은 상호연관되어 있다. 예를 들어 포괄성의 문제는 순응의 문제와 직접적으로 관계가 있다. 일반적으로는 반비례한다. 회원들이 규칙과 규정에 순응하지 않는다면 기구는 아무 소용이 없다. 특히 창립자들과 회원들이 하고자 하는 목적이 거의 없으며 회원들의 수가 많은 국제기구라면 순응을 얻기가 매우 쉽다(Axelrod 1984;Oye 1985;Downs, Rocke, and Barsoom 1996;Fearon 1998;Blaydes 2004). 국제기구가 회원들에게 비용이 많이 필요한 행위의 변화를 요구하는 경우에 순응을 얻어내기 어렵다. 회원들이 속임수를 쓸 수 있는 일정한 여지를 줄만큼 유연하게 고안된 기구가 완전한 순응을 얻을 수 있는 상황에서 완전한 순응을 요구하는 기구보다 실제로 더 잘 작동한다(Downs and Rocke 1995;Rosendorff and Milner 2001). 그러나 일단 유연성이 도입되고 나면 국제기구에는 얼마나 많은 속임수가 발생하고 있는지를 다룰 효율적인 규칙이 필요하다. 이는 국제기구가 회원들의 행위를 감시하고 합의한 행동규칙에서 벗어난 지나친 일탈행위에 대해 제재할 수 있는 방안이 필요하다는 것을 의미한다(Milgrom, North and Weingast 1990;Alt and Gilligan 1994;Morrow 1994b;McGillivrary and Smith 2000, 2008). 밝혀진 사실이지만 국제기구들은 잘못된 행위를 감시하고 처벌하는 효율적 장치를 채택하지 않음으로써 속임수를 쓰는 회원을 찾아내고 이들을 제재하는 어려움을 회피할 수 있다. 예를 들어 석유수출국기구(OPEC)는 회원들 간에 명확한 석유생산 할당량이 정해져 있지만 누가 생산량을 얼마나 속이는지를 찾아내고 위반자를 처벌하는 수단을 의도적으로 가지고 있지 않다. 이로 인해 OPEC은 석유가격 조절에는 비효율적이지만 국제기구로서 여전히 명맥을 유지하고 있다.

일반적으로 조직이 엄격할수록, 즉 회원들에게 행위의 변화를 요구하는 수준이 높을수록 국가들이 감시하고 강제하는 엄격한 규칙에 동의하고 서명하기는 어려워진다(Downs et al. 1996;Fearon 1998;Johns 2011). 요구시항이 많지 않은 느슨한 국제기구에 참가를 설득하는 것이 훨씬 쉽다. 다음 장에서 살펴보겠지만 느슨함은 국제환경협약의 일반적 특징이다. 강제 장치가 없이 지구적 해결책을 모색하는 느슨함이 몇 개의 핵심 국가들이 모인 소규모 합의보다 매력적이다.

이 모든 문제점들은 국제기구의 한계이고 이 기구들이 더 잘 작동할 수 있도록 고안하는 방안을 고민하게 하는 요인이다. 그러나 국제기구가 효율적으로 작동하기 위해서는 현재 설립된 국제기구 뒤에 숨어 있는 논리를 밝히고 이 같은 문제를 어떻게 효율적으로 해결할 수 있는지를 이해해야 한다.

7.2 경쟁과 비배제성의 문제

순응, 분배의 불공정성, 감시와 강제 등의 문제는 보다 큰 문제인 집단행동 문제의 다양한 일면들이다. 일반적으로 국제기구는 다수의 국가 혹은 모든 국가들의 정책을 상호 조율해야 할 만큼 지나치게 크고 광범위한 문제들을 해결하기 위해 설립되었다. 그러나 당연한 것이지만 문제가 크면 클수록 그리고 이 문제를 해결하기 위한 협력이 더 필요하면 할수록 모든 회원국들로 하여금 자국의 역할을 다하게 하는 것은 점점 어려워진다. 이러한 종류의 큰 문제들은 분석적으로 연관된 4개의 그룹으로 나눌 수 있다. 대략적으로 재화와 용역을 지칭하는 상품으로 표현되는데, 경쟁상품(경쟁재), 비경합상품(비경쟁재) 그리고 배제상품(배제재), 비배제상품(비배제재)이다.

경쟁재란 사용하면 없어지는 것으로, 누군가 상품을 소비하고 나면 다른 사람은 이용할 수 없는 상품이다. 고갈될 수 있다는 사실 때문에 협정을 준수하게 강제하는 것이 심각한 문제가 된다. 예를 들어 유프라테스강은 터키에서 발원해 시리아, 이란을 거쳐 페르시아만으로 유입된다. 원칙적으로 상류지역은 강에 댐을 만들 수 있고, 하류지역으로 유입되는 수량을 제한하거나 막을 수도 있다. 상류지역의 국가는 댐을 만들어 식수공급을 늘이기도 하고, 수력발전이나 수상유원지를 만들기도 하고, 또는 하류지역 국가가 강의 수자원으로부터 누리고 있는 혜택을 박탈할 수도 있다. 실제로 터키 정부는 유프라테스강에 서너 개의 댐을 건설해서 수력발전에 활용했다. 하류에 있는 시리아는 자국으로 유입되는 유량에 대해 터키와 협상했다. 그러나 1975년 시리아는 자국보다 하류에 있는 이라크와 분쟁에 휩싸이게 되었다. 왜냐하면 터키와 같이 시리아 정부도 강에 댐을 만들어 하류에 위치한 이라크의 소비자들을 희생시키면서 시리아 국가 이익을 추구했기 때문이다. 이 분쟁은 사우디아라비아가 중재자로 개입하면서 해결되었다. 1975년의 시리아와 이라크의 타바카(Tabqa) 댐 분쟁처럼 단지 두 국가 혹은 세 국가 사이의 국제합의는 때때로 제대로 작동한다.

경쟁재의 분배를 조정하고 분쟁을 예방하기 위해서는 많은 서명국과 광범위하고 일반적인 원칙이 필요하다. 실제로 하안 소유권이라 알려져 있는 강의 이용권은 국제 갈등과 분쟁의 주요 원인이다. 예를 들어 용수권은 이스라엘과 시리아의 골란고원 분쟁의 핵심 사안 중의 하나다. 또한 용수권은 인도와 파키스탄이 잠무 지역과 카슈미르 지역(Jammu and Kashmir) 통제권을 두고 벌이는 분쟁의 주요 원인이다. 인더스강은 카시미르와 잠무지역을 거쳐 인도와 파키스탄 모두에게 흘러간다. 물 분쟁은 세계 거의 모든 국가가 참여하는 UN에 회부되었다. 대규모 다자적 개입으로 UN은 인도와 파키스탄의 위기 기간에도 성공적으로 준수되어온 용수 접근에 관한 조약을 협상했다.

용수 접근, 해양 유전과 천연가스와 같은 경쟁재의 고갈은 국제적 어려움의 근원이기 때문에 이를 해결하기 위해서는 조약이나 합의가 필요하다. 물 공급자와 원유 공급자와 같이 상품이 경쟁적일 때 이익을 활용하기 위해서는 조정을 어렵게 하는 분배문제를 해결해야 한다. 특정 국가가 여러 국가의 국경에 걸쳐 있는 유전에 대해 접근을 통제해버리면 자국 영토의 지하에 유전이 있더라도 탐사하거나 시추 능력이 없는 국가는 대응할 방법이 없다. 그러나 이러한 국가들도 대형 국제 유전회사처럼 채굴과 생산능력을 갖춘 행위자들과 협상할 수 있다면 이들도 일부의 이익을 획득할 수 있다. 그러나 이렇게 하기 위해서는 참여자들은 수입의 분배방법에 대해 합의해야만 하고 합의한 분배를 성실히 이행해야 한다. 이슈가 되는 경쟁적인 부의 양이 크고 선행투자의 비용이 클 때 약속을 얻어내는 것은 어렵다. 예를 들어 외국 석유회사들은 베네수엘라를 도와 유전을 개발했지만 우고 차베스(Hugo Chavez)가 이끄는 베네수엘라 정부는 유전 관련 사업을 국유화해 버렸다. 경쟁재와 관련된 미래의 협력에 합의하는 것이 어렵다는 것은 쉽게 이해할 수 있는 사안이다. 그러나 경쟁재는 협력의 성공을 저해하는 하나의 방해요인일 뿐이다.

국제협력 증진을 방해하는 두 번째 차원의 문제는 경쟁재 유무와는 상관없이 상품이 배제적이거나 비배제적일 때 발생한다. 비배제성은 그 이익(혹은 손해)을 위해 어떤 대가를 지불했는가와 무관하게 한 사람의 소비가 다른 사람의 동일 상품의 소비를 방해하지 않는 것이다. 예를 들어 미국이 석탄을 사용하는 발전소의 황산, 이산화탄소, 기타 오염물질의 방출을 허용한다면 바람이 오염물질을 미국 국경을 넘어 캐나다로 운반해 캐나다는 이 오염물질의 부정적 외부효과로부터 배제될 수 없다. 이 사례에서 미국에서 발생한 오염물질은 부정적 외부효과를 지니고 있다. 오염물질로 인해 생성에 관여하지도 않았고, 미국에서 생산된 에너지에서 오염을 상쇄할 만한 이익을 얻지도 못하는 캐나다 국민은 피해를 본다. 바람이 오염물질을 운반하는 한 캐나다 사람들은 이 영향으로부터 배제될 수 없다.

동일하게, 비배제성은 이익을 만들어내는 데 대가를 지불한 것과 무관하게 일방이 만들어낸 이익이 다른 이들에게도 이익이 되는 것이다. 예를 들어 미국 정부는 지난 수년간 온실가스 방출을 줄이기 위해 노력해왔다. 반면 캐나다는 이 부분에서 기여한 것이 별로 없다. 미국에서 이산화탄소가 감소되면 미국에서 배출된 황과 마찬가지로 캐나다로 넘어가 캐나다 공기 중에 내포된 이산화탄소의 농도가 옅아진다. 캐나다 사람들은 이를 위해 아무것도 지불하지 않았지만 이 혜택으로부터 배제되지 않는다. 이는 긍정적 외부효과, 즉 캐나다가 이 효과에 기여한 것이 없지만 얻을 수 있는 이익이다.

[표 7-1]은 배제성과 경합성이라는 2가지 관점에서 이들의 연관성을 4가지 상품의 형태로 정리한 것이다. 이 표는 상이한 국제기구들이 해결하려 하는 일련의 문제들을 손쉽게 정리하고 있다. 각 문제들은 경합과 배제성이라는 상이한 혼합으로 구성되기 때문에 종종 상호 연관되어 있으나 다른 해결책을 필요로 한다. 이 장과 다음 장에서 각각을 살펴볼 것이다.

제2장에서 공공재라는 개념을 살펴보았다. 이는 비경합적이고 비배제적인 상품이란 뜻인데, 공기가 이에 속한다. 이는 제8장에서 구체적으로 살펴볼 것이다. 공기가 깨끗할 때, 내가 밖에서 깨끗한 공기를 마신다 해도 깨끗한 공기가 모두 없어지

표 7.1 국제적 해결방안 모색 조건

구 분	배제적	비배제적
경합적	사유재 : 수입과 수출, 화폐나 물품의 교환	공유재 : 어업(수산)자원, 국가간 공유되는 강
비경합적	클럽재 : 지적재산권, 종교적 권리	공공재 : 깨끗한 공기, 국방

는 것은 아니다. 내가 깨끗한 공기를 이용하는 것은 다른 사람의 이용과 경쟁하지 않는다. 이는 비경합적이다. 더구나 내가 깨끗한 공기를 만들기 위해 세금을 납부하거나 혹은 다른 방법으로 대가를 지불한 사실 여부와는 무관하게 나는 이 혜택을 즐길 수 있다. 즉 이는 비배제적이다. 이것이 공공재를 만들려는 우리의 집단적 노력을 어렵게 한다(Samuelson 1954;Olson 1965;Mdina 2007).

공공재가 집단적 협력을 어렵게 하는 유일한 것은 아니다. 때때로 국제사회는 공공재 상황과 마찬가지로 혜택이 비배제적이면서도 경쟁적인 문제들에 직면하게 된다. 즉 고갈될 수 있는 것들이다. 이러한 혜택은 공유재를 포함한다. 이와 관련된 조정의 문제는 공유재의 비극으로 알려져 있다. 국제어업권은 이 문제의 고전적 사례다(Ostrom 2003;Eggertsson 2005;Gans, Murray, and Craven 2011). 비록 주권과 관련된 법이 특정 국가의 영해와 해안선을 벗어난 해양의 일정 소유 부분을 규정하고 있지만 물고기는 이러한 합의를 알지 못하고 영해 내에서 헤엄치고 있는지 영해 밖에서 있는지 관심도 없다. 물고기들은 영해 안에서 혹은 밖에서 자유롭게 돌아다니면서 먹이 활동을 한다. 그래서 지구의 대양에 있는 물고기들은 공유자원으로 간주되며 모든 사람의 소유물이라 해도 과언이 아니다 (혹은 그 누구의 소유도 아니라고 할 수 있다). 국제수역에서 어부들은 물고기가 어디서 왔는지에 상관없이 어획을 하는 것에서 배제될 수 없다. 그러나 물고기들이 특정 사람들의 소유물이 아니며 상업적 가치가 높은 물고기가 많기 때문에 사람들은 물고기를 잡으려 경쟁하게 된다.

예견된 위험인 공유재의 비극은 공유지인 바다에서 과잉 포획이 이루어지고 미래에 포획할 수 있는 물고기를 고갈시킨다는 것이다. 이러한 상황이 지금 발생하고 있다. 비록 상당히 많은 어부들이 상업적으로 가치가 있는 물고기의 씨를 말리지 않고 어종을 유지하는 것이 중요하다는 것에 동의하지만 동시에 수입을 최대화하기를 원하고 있다. 여기에 문제가 있다. 과잉 포획을 하는 어부들은 미래의 공급을 위험에 빠트리면서 더 많은 수입을 확보한다. 어부들이 미래보다는 현재에 더 많이 관심을 가지고 있다면 과잉 포획을 하게 될 것이고, 이는 공유재의 비극을 일으키게 된다. 결국에 가서는 경쟁적이고 비배제적인 상품은 고갈될 것이다. 물고기들의 산란과 먹이활동에 필수적인 산호의 감소는 정확히 이 문제의 부산물이다.

클럽재로 알려져 있는 세 번째 상품은 비경합적이라는 측면에서 공공재와 성격이 같지만 배제적이라는 점에서 공공재와 공유재와는 구별된다. 클럽재의 한 사례로 지적재산권이 있다. 지적재산권에 접근하기 위해서는 비용을 지불해야 한다. 이를 통해 접근에 비용을 지불하지 않는 사람들을 배제할 수 있다. 그러나 지적재산권을 사용한다 해서 같은 지적재산권을 소비하고자 하는 다른 사람의 소비 기회를 제한하지는 않는다. 내가 책을 구입하거나 음악을 구매하거나, 영화를 보거나 컴퓨터 소프트웨어를 사용할 때 (내가 소유한 바로 그것은 아니지만) 당신이 동일한 책을 읽고, 같은 음악을 듣고 같은 영화를 보고 컴퓨터에서 같은 소프트웨어를 운용하는 능력을 감소시키지는 않는다. 당신이 사용한다 해서 위에서 말한 어떤 것도 고갈되지는 않는다. 지적소유권 사용에 대해 대가를 지불하지 않고는 이러한 클럽재에 합법적으로 접근할 수 없다. 그래서 대가를 지불하지 않는 사람들의 사용이 배제되는 것이다. 실제로 지적소유권과 특허권을 보호하는 국제협력이 있는 이유는 일부 사람들이 허락없이 지적재산권을 재생산해서 배제성이라는 특성을 위반하는 문제를 해결하기 위해서다.

다른 세 부류와는 달리 사유재는 배제적이고 또 경쟁적이다. 법은 그 출발에시부터 사유재에 대한 경쟁을 해결하기 위해 고안되었다. 십계명은 "도둑질을 하지 마라"라고 가르치고 있다. 이는 각 개인의 사적 소유물을 훔치려 하는 폭력배나 악당으로부터 보호하기 위한 것이다. 국제재판소는 사유재를 보호하기 위해 만들어진 국제법을 위반한 사례를 다루기 위해 열린다. 인터폴과 같은 국제경찰처럼 많은 국제무역법은 개인적 권리와 재산권을 위반하는 행위가 발생할 때마다 이를 위반한 이들을 견제하기 위해 존재한다.

특히 비배제성과 연관된 문제들 중에서 가장 심각한 문제는 집단행동의 문제다. 국제평화나 온실가스 감축과 같은 중요한 정책을 만들어내기 위해 모든 관련자 혹은 거의 모든 관련자들의 이해를 조정해야 하는 상황에서 속임수와 무임승차의 동기가 있으면 집단행동의 문제는 태생적으로 해결하기 어려운 문제가 된다. 집단행동의 문제를 구체적으로 살펴보자.

7.3 집단행동의 문제

단순한 모델로도 이익이 비배제적일 때 발생하는 거대한 조직적 도전을 알 수 있다. 어떤 비배제적 이익을 만들어내는 중요한 사항에 관한 합의가 있다고 가정하고 그 가치를 B라 하자. 또한 그 이익이 만들어질 수 있는 확률(다르게 표현하면 만들어진 이익의 비율)은 얼마나 많은 국가들이 오염된 공기를 정화하는 것과 같은 비용이 많이 소요되는 협정에 참여해 모두가 누리게 될 이익을 만들어 내는가에 달려있다고 가정하자. 그리고 N개의 국가들 중 모든 국가가 비배제적 이익을 만들어내는 확률에 동등하게 기여한다고 가정하자. 이 가정은 지나치게 단순화한 것이다. 제8장에서 온실가스 감축 노력에 관해 적용할 때는 이 가정을 완화시키겠지만 현재로서는 이러한 단순한 가정으로도 분석을 근본적으로 흔들지는 않으면서도 가장 핵심적인 문제를 명확하게 보여줄 수 있다. 비배제적인 이익을 생산할 가능성에 기여하려면 각 국가는 국가의 재정에서 c 정도의 금액을 지불해야 한다.

이 가정을 적용하면 만약 모든 국가가 비배제적 이익을 만들어내기 위해 각자의 분량을 지불한다면 *B*만큼의 이익은 확실히 만들어지고 이때 지구 전체적으로 비용은 *Nc*가 된다. 순가치는 *B*−*Nc*가 된다. 만약 한 국가가 자신의 책임을 회피한다면 *N*−1개의 국가가 이익을 창출하기 위해 필요한 비용 *c*를 지불해야 하기 때문에 모두에게 B의 기대가치는 (*N*−1)/*N* · *B*이다. 반면 책임을 회피한 한 국가는 아무런 비용도 지불하지 않으면서(회피자의 비용 *c*=0)도 (*N*−1)/*N*의 확률로 이익 *B*를 누리게 될 것이다. 회피자는 다른 모든 사람들의 노력에 무임승차한다. *N*의 숫자가 커질수록 (*N*−1)/*N*은 1에 가깝게 된다. 만약 오직 한 국가만 회피한다면 이익은 거의 확실히 만들어질 것이다. 다른 말로 표현하면 거의 모든 *B*가 생산된다. 이것의 기대가치는 (*N*−1)/*N* · *B*이다. 비배제적 이익을 만들어내는데 비용을 지불한 모든 이들에게 골칫거리는 무임승차자가 이익을 소비하는 것을 차단할 수 없다는 것이다. 참가자 모두가 완전한 이익을 얻을 수 있는 확률에 개별 국가의 단위 기여는 1/*N*이다. 이는 (모든 국가가 포함되는 지구적 협력에서와 같이) *N*이 커짐에 따라 매우 작은 단위 기여가 된다. 회피하고자 하는 자에게 1/*N* · *B*는 이익을 만들어내는데 필요한 비용 c보다 작아야만 한다. 그래야 무임승차의 인센티브가 있다. 비배제적 상품을 생산하는데 필요한 비용이 상품의 기대가치의 한계증가를 초과할 때 국가 지도자는 다른 국가들의 국제적 노력에 무임승차하려는 합리적 동기를 갖게 된다.

제2장에서 국가 지도자는 국가재정을 임의로 통제할 수 있는 능력을 극대화하려 한다고 했다. 국가 지도자가 그것을 할 수 있는 완벽한 기회가 여기에 있다. 국가 지도자가 *B*에 대해 지불하든 하지 않든 상관없이, 국가 지도자와 필요한 후원자 연합에 속한 이들은 생산된 B만큼을 누릴 수 있게 된다. 이들은 돈을 쓰지 않으면서도 다른 이들이 지불한 비용으로 이익을 누릴 수 있다. 모든 국가가 똑같은 계산을 할 수 있다. 노력의 단위 이익이 비용을 초과하는 이들만이 비배제성 상품을 창출하는데 기여하게 될 것이다. 한 국가 내에서나 지구 전체적으로 볼 때 바람직한 만큼의 비배제성 상품은 생산되지 않게 된다는 것이 결론이다. 대신 한계이익(1/*N* · *B*)이 한계비용(*c*)보다 큰 국가들에 의해 작은 규모의 그리고 차선의 규모로 생산될 수 있다. [표 7−1]을 보면 비배제성 이익은 국가들이 공공재를 창출하는 것이 요구되거나 또는 공유자원의 문제를 해결해야 하는 상황에 봉착하면 차선의 규모로 창출된다. 다른 모든 것이 고정되었다고 할 때, *N*이 증가함에 따라서 이 문제는 더욱 어려운 문제가 된다. 국제협약에 참여하는 서명국의 수가 증가함에 따라, 또 국제기구의 회원이 증가함에 따라 *N*은 증가한다. UN과 같이 모두를 포함하는 기구들은 이보다

덜 포괄적인 기구보다 세계평화와 깨끗한 공기와 같은 비배제적 상품을 거의 창출하지 못하게 된다.

무임승차의 문제는 어느 곳에나 있고 엄청난 결과를 가져온다. 집단행동의 문제를 효율적으로 해결하지 못한다면 물고기들은 과잉 포획되고, 산림은 과잉 벌목되며, 효과적인 평화유지 활동은 충분히 이루어지지 못하게 되고, 가장 좋은 수송로는 과밀하게 될 것이다. 2002년에 처음으로 통용되기 시작한 유로 화폐를 사용했던 국가들을 위협한 경제적 재난을 생각해보라. 유럽연합에 속한 27개국 중에서 23개국이 자국의 공식 통화로 유로를 채용했다. 유로를 채용한 국가 중에는 말타와 사이프러스와 같은 작은 국가들 (산마리노와 바티칸도 있다는 것을 놓치지 마라)도 있고 프랑스, 독일, 스페인과 같은 큰 나라도 있었다. 공동 통화로 채택하기로 합의한 것은 유럽 내의 무역과 경제정책을 조정하고, 유럽의 정치적 · 경제적 통합을 증진하며, 경제를 안정시키려는 목적이 있었다.

공동 통화는 무역과 여행, 금융이 단순화된다는 것을 의미한다. 그리스, 프랑스, 또는 네덜란드 어디에서 구매를 하든 상관없다. 가격은 하나의 통화로 책정된다. 이것은 1990년대 후반에 최초로 합의되었을 때 획기적인 아이디어였음에는 틀림없다. 그러나 공동 통화에 합의함으로써 이익과 마찬가지로 문제도 함께 발생했다. 문제들 중에는 유럽과 세계경제를 뿌리째 흔들어놓고 있는 집단행동의 문제가 있다. 유로는 미국의 달러 다음으로 세계에서 가장 많이 통용되는 통화다. 달러와 마찬가지로 유로는 주요 준비통화로서 유로권에 포함되지 않는 국가들도 국제 상업거래에 엄청난 양의 유로를 사용하게 되었다. 무임승차가 유로를 흔들어놓을 때 유로를 공식 통화로 사용하는 유로권뿐 아니라 전 세계 경제를 흔든다.

모든 유로권 회원들은 단일 통화의 비배제적 이익에 매료되었다. 공동 통화가 효과적으로 작동해서 많은 이익을 창출하기 위해서는 참여국들이 공동으로 일정 부분의 부담을 나누어야 한다. 예를 들어 지나치게 상이한 수준의 가격 상승이나, 극단적으로 다른 경제성장률 그리고 극단적으로 상이한 복지 혜택을 막기 위해서는 공동 통화에 참여한 국가들이 유사한 세금, 여신, 재정 정책을 채택해야 한다. 그러나 집단행동의 논리가 말하듯이 무임승차는 유로권의 실제적 위협이었고 이제 현실이 되었다. 모든 국가들이 공동의 중앙은행이 가져다 줄 이익과 재정 지출과 연관된 원칙에 매료되었지만 또한 다른 국가들의 노력에 무임승차할 수도 있었다. 지난 수년간 지속된 유로권 경제위기는 속임수와 무임승차의 동기에 많은 부분 기인하고 있다. 이 부분에 대해서는 제11장에서 구체적으로 논의할 것이다. 모든 국가들이 책임있는 경제정책에 동의하기는 했지만 자국의 공약으로 인해 국내정치적 위험에 직면한 많은 유로권 회원국들은 구제금융을 지불해 줄 유럽중앙은행의 가용자원 능력을 넘어선 지출을 했다. 이들은 경제적 의미에서보다 정치적 의미에서 합리적 선택을 한 것이다. 유럽중앙은행은 그리스와 아일랜드를 구제하기 위해 개입했고, 스페인, 포르투갈, 아탈리아가 이미 지출한 금액과 채무 결정이 가져올 향후 결과로부터 이들 3국을 구제하기 위해 채권 지불을 지원했다.

상당한 수준의 규제된 경제와 방만한 재정지출을 한 그리스는 2011년에는 채무를 지불하지 못하는 상황에 직면했다. 그리스는 자국의 경제를 파산하지 않도록 떠받쳐온 채권자들에게 지불능력을 상실하게 된 것이다. 가용 이상의 방만한 지출은 정권 재창출에 기여했다. 비용이 많이 소요되는 사회복지 프로그램을 시행하면서 국민의 인기를 얻었던 총리와 여당은 재선 가능성을 높일 수 있었다. 그리스 선거제도가 대선거구제와 비례대표제를 모두 사용하고 있어 다당제로 갈 가능성이 있었지만 유로 위기 이전에 그리스 정치는 두 정당에 의해 독점되었다. 하나는 ND(신민주당)이고 다른 하나는 PASOK(범그리스사회주의자운동)이었다. 예를 들어 PASOK당은 지난 19년 동안 14년을 집권해왔다. 그러나 마침내 모든 재정이 고갈되고 중앙은행의 긴급구제 대가로 심각한 긴축수단이 필요해짐에 따라 여당은 정치적 격변 가능성에 직면했다. 정치와 경제문제가 심각했고, 긴급 구제금융이 없이는 그리스는 채무불이행 상태가 되어 유로권에서 쫓겨나 과거 통화인 드라크마로 돌아가야 할지도 모르는 상황이었다. 긴급 구제금융을 받으려면 정치지도자는 길거리의 폭동에 직면할 수도 있었다. 왜냐하면 중앙은행이 요구한 심각한 긴축재정을 시행하면 인기 영합적인 프로그램에 대한 지출을 축소해야 했기 때문이다. 이는 또한 여당의 재집권을 위협할 수 있었다.

독일, 네덜란드 등이 채택했던 책임 있는 경제정책에 오랜 기간 무임승차해왔던 그리스, 아일랜드, 포르투갈은 유로권 회원이 되어 누릴 수 있는 이익을 즐겨왔고 다른 국가들의 책임있는 세제와 재정지출의 이익을 너무 지나치게 누려왔다. 자신과 자신의 당에 단기적인 이익에 관심이 있었던 지도자는 집단행동의 문제를 활용해 비용은 지불하지 않은 채 이익을 누리면서 다른 국가의 노력을 착취해왔다. 그리스의 경우 단기적 관점의 정치적 선택이 2012년 봄 여당의 발목을 잡았다. 여당은 선거에서 졌다. 집권 여당은 긴축정책이 그리스를 구제하고 유로권에 남아 있을 수 있는 대가라는 입장을 명확히 한 반면, 집권의 향배를 좌우할 수 있었던 중추적 당들은 유럽연합의 긴축정책을 수용할 수 없다는 입장을 명확히 했다. 누구도 승자연합을 구성하지 못했다.

위에서 설명한 대로 그리스 유권자들은 자신의 단기 복지를 최우선하면서 긴축정책을 반대하는 당을 지지했다. 그러나 이후 그리스 유권자들은 국제적 반응과 해외자본이 그리스 은행으로부터 보다 안전한 해외 도피처로 빠져나가는 것을 보았다.

1차 선거가 정부를 형성하지 못하게 되자 몇 주일 후 2차 선거가 시행되었다. 유권자들은 유로에 남아 있기 위해서 긴축정책을 선택하든지, 아니면 유로를 포기하고 드라크마로 돌아가던지 둘 중 하나를 분명히 선택해야 하는 순간에 직면했다. 그리스 유권자들은 유로를 선택했다. 두 라이벌 당인 ND당과 PASOK당이 다시 한번 선거에서 승리하게 되었다. 두 당은 연립정부를 수립하고 강도 높은 긴축정책을 추진했다. 그러나 여전히 채무불이행을 선언하고 유로를 포기하라는 압력에 직면해 있다. 그리스 경제위기가 어떻게 해결될지 예측하기는 아직 너무 이르다. 그러나 명백한 것은 국내적 압력이 유로권 회원이 되기 위해 요구되는 사항들과 충돌하고 있다는 것이고 이러한 상황으로 인해 그리스 정치지도자들이 어떤 정책을 시행해도 취약한 상태로 몰리게 될 것이라는 점이다.

7.4 국제기구를 통한 집단행동의 해결책

만연해 있는 집단행동의 문제는 국제기구를 설계하는 이들과 국제기구를 연구하는 학자들의 많은 관심을 받아왔다. 꼭 명심해야 하는 한 가지 교훈은 지구적 문제는 지구적 해결책으로는 해결할 수 없다는 것이다. 모두 혹은 거의 모두가 국제협력에 서명했을 때, 확실한 것은 무임승차가 발생할 것이라는 것과 누구도 속임수를 쓸 필요가 없을 만큼 합의가 지나치게 느슨할 것이라는 점이다. 행위를 바꾸는 비용이 지나치게 높지 않을 것이고 또 변화비용이 이익을 능가하지 않을 것이다. 물론 비용과 이익의 관계는 서명국들이 여러 가지 단서, 조항 및 조건들이 포함되는 바람에 사실상 아무런 의미도 없는 그런 획기적인 약속을 하는 것으로 보장된다.

느슨한 합의에 세계 모든 국가들이 서명하게 하는 것은 쉽다. 제8장에서 살펴보겠지만, 이는 지구온난화를 성공적으로 해결하는 국제사회의 노력이 실패한 배경이 되었다. 이는 또한 인권의 확산과 보호에 실패한 배경이기도 하다. 약속에 대한 책임이 없다면 모두가 그런 약속을 하는 것에 주저하지 않을 것이다. 그러나 때때로 더 바람직한 결과를 설계할 수 있는 방법이 있다. 예를 들어 국제기구의 크기를 줄여서 목표달성을 위해 대가를 지불할 의지가 있는 국가들만을 포함하는 것, 또는 기구 구조에서 연방주의 방식을 도입해 정책결정을 소그룹 단위로 넘기는 것, 또는 속임수나 무임승차가 생존을 보장하는 것이 아니라 이러한 나쁜 행동이 생존을 위험에 처하게 할 수 있도록 처벌 전략을 만드는 것 등이다. 나아가 다음에 살펴볼 다양한 수단을 활용하는 것이다.

반복적인 양자간 상호작용을 통한 협력

비효율적인 글로벌 차원의 합의에 대한 개선책은 요구사항을 수용하는 소수, 즉 집단행동의 혜택이 비용을 초과하는 이들만을 합의에 서명하도록 하는 것이다. 이 방법은 무임승차에 높은 비용이 소요되게 함으로써 가능하다. 합의에 서명한 수가 줄어들면 $1/N$(비배제적 이익을 생산하는데 필요한 각 서명국의 책임 분담)도 증가한다. $1/N \cdot B$가 커지면 이것이 c보다 커질 가능성이 현격히 증가한다. 이는 규정을 준수하는 행동에 비용이 들더라도 규정을 수용할 가능성이 높아진다는 것을 의미한다. 물론 창출되는 이익의 가치와 규모 사이에 명백한 상쇄효과가 있다. N이 작아지면, 무임승차를 하지 않을 가능성도 증가하지만 이익의 전체 합은 줄어들게 될 것이다. 국제기구에는 특정한 비용과 손실 관계를 최적화하는 크기가 있다는 것이다 (Bueno de Meaquita and Stephenson 2006).

가장 작은 규모의 국제적 합의는 무역이나 군사동맹에서 일반적으로 행해지듯이 오직 두 회원만을 포함한다. 양자가 서로 협력하는 빈도에 비례해서 이익을 창출하는 양자 합의는 대규모 집단행동의 상황에 내재하는 문제를 해결하는데 매우 효율적일 수 있다. 양자 거래에서 일방이 속이면 속일수록 창출되고 분배되는 개별적 혹은 집단적 이익은 줄어든다. 이것이 어떻게 작동하는지 살펴보기 위해 정책결정자들이 속임수를 쓸 의도가 있는 상황, 즉 죄수딜레마 상황에서 지속적으로 양 국가가 상호거래를 할 때 어떤 일이 일어나는지 살펴보자.

제4장에서 살펴보았듯이 죄수딜레마게임에서는 단기적 이익을 얻기 위해 속임수를 선호한다. 사실 게임 참여자들은 우위전략이 있다. 상호간에 어떤 협력과 관련된 약속을 했든 상관없이 배반하는 것이다(즉 합의한 양자 거래에서 속이는 것이다). 그러나 양국 정부가 문제가 해결되거나 혹은 협상이 파기되기 전에 얼마나 많은 상호작용을 해야 하는지 알지 못한 채 지속적으로 상호작용을 해야 할 때, 양국 정부는 협력하는 것이 자기 이익에 맞는다는 것을 알게 된다. 분배에서 차별에 직면한 상황에서도 협력 가능성은 **미래의 그림자**로 알려진 개념에 의존한다. 이 개념은 만약 미래가치가 충분히 커서 미래의 지속적인 기대이익이 한 번의 큰 보상을 얻는 기회를 상회한다면 비협력을 통해 단기간 혜택을 누릴 수 있는 정책결정자들도 자기 자신의 이익이라는 관점에서 장기간의 협력을 선택한다는 것이다(Taylor 1976;Axelrod 1984).

단기간의 이익이 비협력을 조장하는 상황에서 협력을 증진시키는 논리는 쉽게 설명된다. 죄수딜레마에서 보상구조는 다른 이들이 협력할 때 비협력을 선택하는 이들에게는 T(유혹), 다른 이들이 협력하지 않을 때 협력하는 이들에게는 S(잘 속는 사람), 두 행위자가 모두 협력할 때는 *R*(보상), 두 행위자가 모두 비협력을 선택할 때는 *P*(처벌)로 표현된다. 죄수딜레마게임의 보상구조는 $T>R>P>S$다. 게임이 언제 끝나는지 참여자들이 알지 못하는 상태에서 게임이 반복될 때 협력을 도출하기 위해서는 보상의 가치가 잘 속는 사람과 유혹의 가치의 평균보다 커야 한다 ($R>(T+S)/2$). 이 추가된 조건은 상대가 협력하고 나서 배반을 하는 경우에 참여자들이 협력과 배반(속이거나 무임승차하는 것)을 번갈아하는 것보다 협력하는 것이 더 유리하다는 것을 의미한다.

죄수딜레마의 반복적 게임은 하부게임 완벽 내시균형을 찾으면 해결된다. 즉 어떤 참여자도 일방적으로 변경할 동기가 없는 전략, 게임이 끝날 때까지 후진귀납법으로 계산해 선택한 최선의 대책을 게임 참여자가 상대의 행위에 대응하는 전략을 의미한다. 단 한번만 하는 게임에서는 각자가 비협력을 선택하는 것이 전략이라는 것은 이미 알고 있다. 그러나 게임이 반복된다면 팃포탯(Tit for tat: 상대가 당신에게 행한 대로 상대에게 행하는 것. 상대가 비협력했다면 비협력하고, 협력했다면 협력하는 것)이라는 전략이 만들어내는 상호협력이 여러 개의 내시균형들 중의 하나가 된다. 이것이 사실이라는 것을 살펴보기 전에 이것이 사실이 되기 위해 필요한 특정 상황을 알아야 한다. 즉 참여자들이 이 게임이 언제 끝나는지 몰라야 한다.

종종 국제 행위자들은 일방적으로 혹은 다른 방식으로 언제 해결될지 모르는 상황에서 죄수딜레마라는 곤란한 환경에 반복적으로 처하게 된다. 예를 들어 미국 정부는 북한과 상호협력이 이익을 창출하지만 상호불신으로 인해 (잠재적 비용이 높기 때문에) 협력이 이루어지지 않는 상황에 반복적으로 직면한다. 북한 정권은 미국의 식량원조를 원하지만 미국 정부가 정권을 붕괴시켜 보다 우호적인 다른 정권으로 교체할 수 있다는 두려움을 가지고 있다. 따라서 북한은 원조를 받거나 또는 공격당하는 도박을 하기보다는 약속을 한 다음 그 약속을 이행하지 않고 탄도미사일 시험, 핵실험 등을 시행한다. 만약 북한이 이 같은 행동을 계속함에도 미국이 식량원조를 지원하고 다른 혜택을 베푼다면 북한 지도자는 유혹의 보상인 *T*를 향유하게 될 것이고, 미국 지도자는 잘 속는 사람의 보상, *S*로 인해 정치적으로 곤란을 겪게 될 것이다. 북한이 핵무기를 검증가능하게 폐기하고 탄도미사일 개발을 중단했음에도 미국 정부가 북한에 대한 보상을 보류하는 반대 상황도 발생할 수 있다. 이 상황에서는 미국 정부는 유혹의 보상구조를 갖게 되고 북한 김정은 정권은 잘 속는 사람의 보상구조를 받게 된다. 미국이 북한의 핵프로그램 종결에 대한 보상으로 북한에 식량원조나 다른 혜택을 제공한다면 양쪽 모두 보상을 받는 보상구조(*R*)를 갖게 된다. 그러나 상대가 좋은 의도를 가졌다고 잘못 믿는 도박을 할까봐 두려워할 것이다. 만일 좋은 의도가 없을 경우 잘못 믿은 쪽은 정치적으로 감당할 수 없는 결과를 감당해야 하기 때문이다.

따라서 한번만 하는 게임에서 양자 모두는 지키지 않을 고상한 약속만을 하고 결국 처벌(*P*)의 결과를 만들어내게 된다. 이와 같은 문제가 미국과 이란 사이의 협상에서 자주 등장한다. 상황은 다를지 몰라도 이와 같은 문제가 미국과 중국 사이에서 통화 환율, 무역협정에 대한 준수, 국내 인권정책과 관련된 이슈에서도 나타난다. 통화의 예를 들자면, 중국의 (인민폐로 불리는) 위안화는 미국 달러를 기준으로 좁은 변동성 내에서 거래되도록 구조화되어 있다. 미국 통상대표부에 따르면 이는 위안화의 가치를 인위적으로 낮게 유지한다. 제11장에서 구체적으로 살펴보겠지만 이를 통해 달러를 구매하기 위해 많은 위안화가 필요하게 만들었다. 결론적으로 미국의 수출상품을 중국 사람들이 구매하기에 너무 비싸게 만듦으로써 중국 시장을 중국 상품이 지배하게 만들고 있다. 중국은 미국이 추구하듯이 위안화를 강하게 만들 경우 수입업자들에게 중국 상품을 비싸게 만들어 중국의 성장을 저해하고 국제시장에서 중국 상품의 경쟁력을 방해한다고 생각한다. 이 문제를 해결하는데 어려운 점은 부분적으로 불신 때문이다.

불신은 죄수딜레마의 핵심이다. 죄수딜레마 상황에서 일방 혹은 양자 모두가 협력을 약속한다 해도 그것이 아무런 의미가 없기 때문에 이 상황은 비협력 게임이다. 이전에 어떤 협정이 체결되었다 해도 참가자들은 상대가 비협력으로 상황을 악용할 수 있다는 것을 인지하고 있다. 이는 우리가 위에서 다루었던 신뢰할 수 있는 약속의 문제다. 운이 좋게도 죄수딜레마에서 잘 속는 사람의 보상이 치명적이지 않을 만큼만 된다면 딜레마를 회피할 수 있다. 장기간의 협력을 위한 핵심은 상대가 속임수를 쓸 때 단기간의 협력 행위가 손해를 야기해도 그 손해가 너무 크지 않아서 향후 회복 가능해야 한다는 것이다. 게임이 무한정 지속된다면 게임을 협력으로 시작하는 것도 시도해볼 만하다. 상대가 협력해오지 않는다면 다음번에 보복할 수 있다. 보복은 속임수를 쓴 상대가 나중에 협력할 때까지 협력 행위를 다시 취하지 않음으로써 시행할 수 있다. 무한정 지속되는 상황에서 첫 번째 게임에서 잘 속는 사람이 됨으로써 감당해야 하는 초기 피해는 게임이 끝난 것이 아닌 한 상대가 차후에 협력을 선택함으로써 얻게 될 이익에 비교하면 무시해도 좋을 만큼 사소한 것이다. 이번 게임에서 협력을 선택하는 위험을 감수하는 결정에서 중요한 것은 상대방 역시 장기적 이익의 관점에서 협력하게 될 때 미래에 기대할 수 있는 보상의 가치다. 미래가 충분한 가치를 가진다면 두 행위자는 자신의 하부게임 완벽전략이 상대가 바로 직전 게임에서 선택한 행동과 똑같은 선택을 하는 것이라고 믿을 만하게 보여줄 수 있다. 이 전략이 텃포탯 전략이다. 만일 한 행위자가 비협력을 선택하면, 쌍방은 비협력으로 무한 반복되는 상황에 빠지게 된다. 이 경우에 최초 속임수를 쓴 행위자 역시 장기적으로 더 나쁜 상황에 빠진다. 그러나 쌍방이 협력한다면 팃포탯은 협력이 무한적 반복되는 상황을 만들어냄을 의미한다.

협력을 선택해서 잘 속는 사람이 되는 위험을 감수할지를 결정하는 것은 한 번의 손실을 얼마나 쉽게 회복할 수 있는가에 달려있다. 이는 위에서 언급한 미래의 그림자라는 개념과 연관이 있다. 이것은 간단한 경제적 개념이다. 어떤 사람이 나에게 오늘 100달러를 준다고 제안하거나, 또는 그 사람이 1년 뒤에 105달러를 준다며 돈을 따로 챙겨두었다고 가정해보자. 오늘 100달러를 가질 것인지 아니면 1년 뒤에 105달러를 가질 것인지를 결정하는 것이다. 이 결정은 내가 오늘 100달러의 가치를 1년 뒤의 105달러의 가치와 비교해 얼마로 평가하는 것과 관련되어 있다. 나의 미래의 그림자에 달려있는 것이다. 1년 뒤의 100달러 또는 오늘의 100달러 중에서 선택해야 한다면 오늘의 100달러를 선택할 것이다. 물가상승으로 인해 1년 뒤의 100달러는 지금부터 감소하기 시작해서 지금 구매할 수 있는 것만큼 1년 뒤에는 구매하지 못하게 된다. 오늘 100달러를 받아 연리 4%의 이자를 지불하는 은행에 예치할 수 있다. 그러면 1년 뒤에는 104달러가 될 것이고 이 금액은 명백하게 현재의 관점에서 104달러보다 작은 어떤 것보다 더 가치가 있다. 그러나 이 금액은 1년 뒤의 105달러보다는 작은 금액이다. 이러한 논리에 따르면 미래의 돈을 현재의 돈에 비교해서 할인하는 것으로 이 경우에는 96%를 할인하게 된다(내년의 $104 · 0.96=올해의 $100, 즉 내일의 돈은 오늘 나에게 내년 액면가치로 96%가 된다).

2년 혹은 3년 혹은 몇 년 뒤에 더 큰 금액을 모을 수 있다면 오늘 나에게 그 금액은 얼마의 가치가 있는가? 이에 답하기 위해 간단한 대수학을 활용해보자. 장래의 금액을 할인하는 비율을 δ라 하자. 위에서 사용한 예를 활용하면 $\delta=0.96$이다. 지금의 100달러의 가치가 1년 뒤의 104달러의 가치와 같다고 했으나 이를 다르게 나타낼 수 있다. 오늘의 이익이 1년, 2년, 3년 혹은 어느 정해지지 않은 연도가 지난 후에 얼마의 가치가 있는지 알고 싶다. 위의 사례에 적용해보면 오늘의 100달러의 가치가 1년, 2년 혹은 그 이상의 세월이 지난 후에 얼마의 가치가 있는지 알고 싶다. 오늘의 100달러는 나에게 100달러의 가치가 있다. 100달러를 내년에 갖게 되면 현재 가치로 100δ이다. 즉 오늘 96달러의 가치와 같은 것이다. 할인율이 차기 연도에도 같이 적용될 때 2년 뒤에 100달러의 가치는 $(100\delta)\delta$이고, 간략하게 $100\delta^2$이다. 이를 일반적으로 나타낼 수 있다. 10년 뒤에 얻게 될 100달러의 가치는 $100\delta^{10}$이고, 오늘의 가치로 표현하면 66.48달러의 가치다. 연도 수를 위해 t를 사용하면(오늘은 0, 내년은 1, 2년 뒤는 2, 등등으로 무한대까지 나타낼 수 있다), t년 뒤에 100달러의 가치는 $100\delta t$달러가 된다.

죄수딜레마게임을 반복적으로 하고 있고, 나와 상대가 협력하고 있으며, 게임이 영원히 지속된다고 가정할 때, 나와 상대가 얻게 될 보상액은 (편의상 나와 상대가 같은 할인율을 가지고 있다고 가정하자) $R+\delta R+\delta^2 R+\delta^3 R+\ \cdots\ +\delta^{\infty}$가 된다. 이를 간단히 표현하면

$$R[1/(1-\delta)]$$

위에 사용한 숫자를 대입해보면 R=100이고, δ=0.96임으로 무한대로 확장된 연도 이후에 100달러의 누적 이익을 종합하면 현재가치로 2,500달러와 같은 금액이 된다. 즉 100 · (1/1−0.96)=100 · (1/0.04)=$2,500이다.

상대가 협력할 때 협력으로 얻을 수 있는 누적 보상을 계산했다. 그러나 만약 상대가 협력하지 않는다면 어떻게 될까? 상대가 비협력을 선택한다면 어떻게 해야 할까? 팃포탯 전략(오늘 당신이 나에게 한 것을 내일 당신에게 할 것이다)을 따르고 상대도 똑같이 팃포탯을 선택하기를 희망한다. 상대가 다음 게임에서 협력할 것이고, 나는 상대가 나의 협력에 대해 긍정적으로 반응할 것을 알고서 협력을 선택하게 될 것이다. 나는 협력과 비협력으로 얻게 될 즉각적 이익을 포기할 수도 있다. 그 이후부터 팃포탯은 쌍방이 영원히 협력하는 결과를 가져온다. 그러나 상대가 팃포탯을 사용하지 않을 수도 있다. 상대는 매 경기마다 나의 협력적 성향을 악용할 계획을 가지고 있을 수도 있다. 나에게도 피해가 되겠지만 나는 방아쇠 전략으로 상대에게 대가를 치르게 할 수 있다. 이러한 처벌전략으로 상대가 한번이라도 비협력하면, 그것이 고의가 아니고 우연히 발생한 사고라고 강변한다 해도 다시는 협력하지 않을 것이라는 점을 명확히 보여준다. 방아쇠 전략이 사용되면 첫 번째 게임에서 비협력한 행위자의 전체 보상은 $T+P[1/(1-\delta)]$이 된다. 즉 T는 현재가치(여기서는 150달러의 이익), 보복의 보상은 P(둘 다 비협력했을 때의 보상)이다. P를 50달러라 하고, 첫 게임에서 속임수로 얻은 가장 큰 보상을 T라 할 때, 상대는 $150+50 · 0.96/(1−0.96)=$150+50 · (0.96/0.04)=$1,350이라는 최종 보상을 얻게 된다.

처음부터 협력하지 않는 사람은 손해를 본다. 한 번의 유혹의 보상을 얻었지만 장기적으로 보면 $1,150이라는 이익을 포기한 것이다. 하지만 당장 얻게 될 것에 비교해 미래의 이익은 지도자에게 중요하지 않다. 미래의 그림자가 매우 짧아 0.96이 아니라 0.4일 때 지도자가 협력을 선택할 경쟁자와 협력으로 얻을 장기 이익은 $100/(1−0.4)=$167이다. 만약 이 지도자가 처벌이 영원히 계속될 것이라는 것을 알면서도 상대의 협력적 행동을 오늘 이용해 먹으려 한다면 속임수를 써서 얻을 수 있는 이익은 $150+$50(0.4/(1−0.4) 또는 $150+50 · 0.67=$183이다. 이 금액은 인내심을 가지고 반복되는 보상을 기다리는 것보다 낫다.

선거에서 극적으로 당선되었고, 재선을 위해서는 대규모 연합이 필요한 지도자를 상정해보자. 선거가 다가오고 있는데 유권자들에게 중요한 것은 미래 이익의 약속이 아니라 오늘 제공하는 실질적 이익이다. 이 논리는 협력적 접근이 장기적으로 더 많은 보상을 가져온다는 것을 알면서도 외교정책에서 북한과 이란, 또는 중국에 대한 강경한 입장을 취한다는 것을 의미한다. 선거에 직면한 정치인들에게 장기적이라는 것은 선거 다음 날과 같은 의미다. 결국 이들은 선거에 패배하게 될 것이다. 재선을 지향하는 지도자에게 장기간이란 선거 다음이라는 말과 같다. 협력이 장기적으로 더 큰 이익을 만들어내지만 짧은 미래의 그림자는 다른 이들의 노력에 무임승차하거나 비협력하거나, 강경한 입장을 갖게 하는 역효과를 낼 수 있다. 국가 이익에 큰 관심을 가진 지도자라면 "파리를 잡으려면 식초보다는 꿀이 좋다"는 속담을 기억하면서 상대와의 협력을 통해 장기적 이익을 추구할지도 모른다. 만일 지도자가 자기 자신의 이익이나 자기가 속한 정당의 이익에 관심이 있다면 장기적인 이익에는 관심이 없을 것이다. 특히 미래 이익을 확보하려다가 당장 현직에서 쫓겨나는 것이 예상된다면 더욱 그러할 것이다. 미래 이익은 후계자들에게나 잠재적 가치가 있다. 만일 죄수딜레마 상황에서 장기적 이익을 확보하기 위해 단기적 손실을 감수하는 위험이 요구된다면, 그런 장기적 이익을 얻기 위해서는 현직에 있는 정치인이 아주 높은 비용을 치러야 할 것이다 ($S<R$, $S<T$, $S<P$). 만일 지도자가 단기적 손실을 회복할 정치적 시간이 없다면 장기적 이익이라는 것은 아무것도 아니다. 다음 장에서 이러한 종류의 계산이 기후변화를 해결할 방법을 찾기 위한 실질적 국제합의를 도출하지 못하는 실패에 어떻게 기여했는지를 살펴볼 것이다.

무한 반복되는 죄수딜레마 상황에서 행위자들이 서로 협력하게 되는 이유는 무엇일까? 행위자들이 방아쇠 처벌 전략 대신 팃포탯과 같은 관대한 전략을 사용하고, 미래의 그림자가 충분히 크다면 행위자들이 더 많은 이익을 얻을 수 있기 때문이다. 핵심은 행위자 상호간에 자신의 게임 계획과 상대가 속임수를 쓸 경우 어떤 믿을 만한 처벌 계획을 가지고 있는지를 서로 소통하는 것이다. 국제기구가 처벌 전략을 구상하고 실행하는데 도움이 되지만 국제기구가 없다 해도 무한 반복되는 죄수딜레마 상황에 처해 있는 국가들 사이에 협력을 이끌어내는 전략을 구상하는 데에는 상호간의 자신의 이익이 효율적으로 작용하는 것이 가능하다. 나쁜 행동에 대해 처벌하고, 속임수를 쓴 상대라 해도 협력을 시작하기만 하면 이전의 나쁜 행동을 신속히 용서하는 팃포탯(Axelrod 1984)과 같은 단순한 기제만 있으면 충분하다. 팃포탯 상황에서 일방이 언제든 비협력을 선택할 수 있고 그러면 상대는 다음 게임에서 비협력을 선택하게 된다. 이러한 방법으로, 먼저 속인 상대를 다음 게임에서 처벌하는 것이다. 만일 한 행위자가 어떤 라운드에서 협력을 선택한다면, 상대는 그 다음 라운드에서 협력할 것이다. 이는 단기 이익을 위해 상대의 협력을 악용하는 것이 아니라 협력에 대해 상대에게 보상해주는 방식이다. 정해진 횟수의 게임을 하는 상황이라면 상대에 대해 협력적인 행동은 합리적이지 않다. 그러나 미래의 그림자가 커서 게임 횟수가 무한정 지속되고 그로 인해 각 정책결정자들이 협력으로 얻을 이익이 누진적으로 커진다면 이는 합리적 선택이다. 이러한 점에서 팃포탯은 '훌륭한' 전략이라고 볼 수 있다(Axelrod 1984). 이 전략은 빨리 용서하고 빠르게 처벌하고, 또한 정책결정자들이 게임이 진행되는 유형을 관찰하기도 용이하기 때문이다.

그러나 팃포탯은 죄수딜레마가 반복되는 횟수가 알려진다면 협력을 유도할 수 있는 전략이 되지 못한다. 이러한 상황에서 딜레마를 벗어날 수 없다. 이유는 간단하다. 나와 당신이 5번의 게임을 한다고 가정해보자. 각자 처음에 협력할 것을 약속했다. 그러나 이 약속은 약속을 이행하는 사람의 이익과 일치할 때만 지켜진다. 6번째 게임이 없기 때문에 5번째 게임에서 상대가 배신한다 해도 상대를 응징할 방법이 없다는 것을 생각할 것이다. 5번째 게임 이후에 더 이상의 게임이 없다는 것을 알기 때문에 나는 관대한 팃포탯 전략이나 방아쇠 전략을 선택할 수 있다. 물론 상대도 나와 같은 생각을 할 것이다. 그래서 두 행위자는 게임이 더 이상 없어서 속임수에 대한 처벌도 없고, 잘 속는 사람이 손실을 회복할 시간도 없는 마지막 게임인 5번째 게임에서 비협력을 선택할 동기를 갖게 된다. 마찬가지로 4번째 게임에서도 당신의 비협력을 처벌할 기회가 없기 때문에 마지막 게임과 같은 상황이 된다. 따라서 각자가 5번째, 4번째 게임에서 비협력을 선택할 것이기 때문에 이제 3번째 게임이 마지막 게임이 되어 버린다. 이러한 논리로 첫 번째 게임까지 마지막 게임이 된다. 처벌의 보상구조를 피하거나 보상의 보상구조를 획득해서 잘 속는 사람의 보상구조를 향후 회복할 기회가 없기 때문에 반복 횟수가 알려진다면 협력할 기회는 날아가 버리고 첫 번째 게임부터 비협력을 선택하게 된다. 이는 풀기 힘든 문제지만 예상했던 대로 이 문제를 고칠 수 있는 방법은 있다.

방아쇠 전략은 어려운 문제를 해결하지 못해도 그럴싸하게 보일지 모른다. 그러나 방아쇠 전략은 중요한 한계가 있다. 상대가 한번이라도 속이면 나는 상대와 다시는 협력하지 않겠다고 선언하는 반면 실제로는 내가 처벌 전략을 완화하려는 강력한 동기가 있다. 결국 상대는 협력을 통해 상호이익을 개선할 수 있다는 신호를 나에게 보낼 수 있기를 기대하며, 방아쇠 처벌 전략의 고통스러운 손실을 경험한 뒤 교훈을 얻었고 그래서 협력 전략으로 전환하려 한다는 것을 암시할지도 모른다. 상대를 응징한다는 것이 나에게도 손실이기 때문에 나 또한 지속적인 응징을 하는 방아쇠 전략을 계속하기보다는 팃포탯을 제안하면서 전략을 바꿀 동기를 가지고 있다. 상대가 내가 방아쇠 전략을 추구하지 않을 것이라고 예상한다면 상대는 내가 상대를 지속적으로 처벌하지 않을 만큼만 이익을 획득할 수 있을 정도로 속임수를 쓸 동기를 갖게 된다. 경제이론의 표현을 빌리자면 방아쇠 처벌 전략의 약속과 같은 계약은 재협상이 불가능한 것은 아니다. 교훈을 배웠고 나 자신의 이익의 극대화를 원한다는 것을 알기 때문에 둘은 한 번의 속임수가 영원한 처벌로 연결될 것이라는 이전 선언을 재협상할 동기를 가지고 있다.

유연성의 미덕

처벌 전략에서 재협상이 가능하다는 것은 유익하다. 내가 상대에게 속았다는 것을 알았을 때 적어도 3개의 설명이 가능하다. 1) 상대가 속였거나, 2) 상대가 정직해서 속이려는 의도가 아니었지만 무엇이 옳은 행동인지 잘못 판단했거나, 3) 상대는 정직했고 협정을 지키려 했으나 내가 상대의 행동을 속임수로 오해한 것이다. 나는 협력으로 얻게 될 장기적 이익을 포기하는 것보다는 유연성을 가지고 얼마 정도의 속임수는 눈감아 주기를 원한다. 내가 상대의 속임수에 대한 확신과는 상관없이 이 방식은 이익이 된다. 물론 상대가 속이지 않았거나 또는 속이려는 의도가 없을 때라도 방아쇠 전략(혹은 팃포탯)은 처벌의 끝없는 순환으로 불필요하게 말려들게 한다. 그러나 상대방이 의도적으로 속였을 때도 방아쇠 전략과 같은 엄격한 처벌을 하기에 앞서 탈출의 여지를 허용하는 것이 이익이 될 수 있다. 예를 들어 유연성은 장기적으로 상호 호혜적인 협정을 준수하면서 단기적인 국내정치적 압력을 해결할 수 있게 해준다(Rosendorff and Milner 2001;Gilligan and Johns 2011).

이 아이디어는 너무 높거나 낮지도 않은 수용 가능한 비용으로 감당할 수 있는 예외규정을 허용한다. 로젠도르프와 밀러(Rosendorff and Milner 2001, 830)는 예외규정을 "협정의 내용을 폐기하거나 위반하지 않으면서 이미 협상한 약속에 대해 유예를 용인해주는 것"으로 정의한다. 많은 무역협정에서와 같이 협정 내용으로부터 일탈한 것에 대해서는 벌금이 부과되거나, 어떤 보상 행동이 요구된다(군축협정에서 위반한 증거가 있을 때 국제 조사관에게 입국을 허용하는 것과 같다). 유연성과 함께 어떤 형태의 비용을 부과함으로써 국제기구의 규정을 잘 준수하는 회원들은 속임수를 쓰는 국가의 때때로 속이고 또 때로는 규칙을 준수하는 혼합전략의 향후 영향을 줄인다. 비용을 징수함으로써 속임수와 규정을 준수하는 것 사이의 차별을 두게 되고, 이를 통해 합의한 규칙을 준수하는 쪽을 더 선호하게 되고, 면책조항의 부재로 인해 협정이 무효화될 수도 있는 상황에 대처할 수 있는 충분한 유연성을 갖게 된다. 그러한 방식으로 면책조항에 호소하는데 드는 비용의 크기는 협정에 포함된 유연성을 측정하게 된다.

유연성을 성공적으로 사용하기 위해 중요한 것은 언제 속이는 행위가 발생했는지 벌금을 얼마로 책정할지에 필요한 정보를 획득하는 것이다. 여기서 핵심은 올바른 정보를 획득하는 것인데, 이는 기제들이 정확한 정보를 획득할 가능성을 높이도록 고안되었음을 의미한다. 실제로 이러한 기제들이 다수 존재한다. 이러한 기제들의 기원은 적어도 원거리 무역이 중요해지기 시작한 중세 유럽까지 거슬러 올라갈 수 있고, 구약의 해설서인 〈탈무드〉에서도 찾을 수 있다(Milgrom et al. 1990). 서명국이 합의한 협정에서 면책조항의 유연성을 넘어섰을 때 국제기구들이 처벌을 용이하게 하는 정보를 어떻게 수집하고 전파하는지 살펴보자.

정보, 평판, 제도가 부여한 가치

비용–이익 계산을 할 때 양자협정에서 협력이 더 이익이 되기 때문에 속임수와 무임승차의 위험을 줄일 수 있다는 것을 배웠다. 이것이 잘 작동하기 위해서는 참여자가 오직 둘이어야 한다. 그러나 국제교류에서는 단순한 양자 교류보다는 많은 참여자가 장기간 다양한 이슈에서 상호교류하고 있다. 이러한 교류의 일부는 다자간이고 또 일부는 많은 양자 교류를 포함하고 있다. 무역협정은 때때로 다자간이기도 하고 때때로 양자간이기도 한 반면 해외원조 협정은 특별한 경우에만 다자간이고 주로 양자간이다. 국제금융, 지구온난화 협정, 국제 혹은 양자 스포츠 행사 등 다양한 분야도 그러하다. 다자간 국제협정을 만들어내는 노력을 살펴보기 전에 먼저 일련의 양자간 협정에 초점을 맞추어 살펴보자.

무역은 다양한 양자간 협정들과 계약들에 내재한 문제를 살펴볼 수 있는 좋은 사례다. 구매자와 판매자는 이따금 혹은 단 한번 교류한다. 그러나 판매자는 다른 많은 사람들에게 판매해야 하고, 상품의 소비자인 구매자는 다른 많은 판매자들에게서 구매를 해야 한다. 예를 들어 만일 내가 살고 있는 미국 밖에 기반을 둔 온라인 사업자로부터 물품을 주문할 경우, 내가 가격을 지불한 이후 약속한 대로 정확히 물건이 배달될 것을 보장하기란 아주 어렵다. 아메리칸익스프레스, 비자, 마스터카드와 같은 국제기업이 없다면 판매자가 속임수를 쓸 경우 돈을 돌려받을 수 없다. 그러나 이러한 기업들이 거래를 감시해 판매자가 약속을 지키도록 강제하고, 약속을 지키지 않을 경우 대금을 지불하지 않기 때문에 거래가 성사될 것이라는 확신을 갖는다. 마찬가지로 판매자도 대금을 확실히 받을 수 있기를 원한다. 내가 물품을 수령한 이후 대금을 지불하겠다고 약속했지만 법망이 미치지 못하는 곳으로 도망가

버리면 판매자들은 물건을 회수하기 어렵다. 그래서 판매자도 내가 속일 수 있다는 가능성에 대비하기 위해 신용카드 회사가 요구하는 비용을 지불한다. 이처럼 중간에서 거래를 도와주는 신용카드 회사가 있기 때문에 유용한 정보가 공급되고 거래 당사자들이 빈번하지 않는 거래에도 서로가 상대의 약속을 존중할 가능성을 높여준다.

신용카드의 사례는 합의에 대한 순응에는 값비싼 대가가 따르는 경우에도 제3자인 기구들이 순응의 가능성을 높일 수 있는 중요한 일반 원칙들을 제시하고 있다. 이것이 어떻게 작동하는지 핵심 원칙들을 살펴보자. 자주 등장하는 문제는 양자교환이 있다 해도 빈번하지 않으면 속임수를 써서 얻는 단기적 이익을 장기적 이익으로 상쇄하기 어렵다는 것이다. 이러한 문제에 대한 하나의 해결책은 평판 비용을 부과하는 것이다. 평판은 다른 사람들을 자신과 거래하게 설득하거나 혹은 자신과 거래하지 않으면 비용이 많이 드는 다른 협정을 해야 한다는 점을 설득시키는데 유용하다. 만일 내가 규칙적으로 속임수를 쓴다면 약속은 소용이 없게 되고 누구도 나와 함께 일하기를 원치 않는 위험에 처하게 된다. 이것이 〈소비자 보고서〉와 같은 잡지와 웹사이트가 등장하는 이유다. 즉 이 보고서는 상품을 구매하거나 판매하지는 않지만 다양한 판매자들의 신뢰도 등급을 책정해 우리 모두에게 평판과 관련된 정보를 제공한다. 어떤 의미에서 앞에서 분석한 국내 청중비용은 이러한 부류의 평판적 해결에 초점을 맞춘 것이다. 지도자가 높은 청중비용에 직면하면 위협을 실제로 감행할 가능성이 높아진다고 앞에서 설명했다. 이것은 양치기 소년 증후군의 예다. 감행하지도 않으면서 위협만 하는 지도자는 양치기 소년이라는 평판을 얻게 되고, 실제로 상황이 발생했을 때조차도 관심을 끌지 못하게 된다. 이러한 사실을 알고 있는 지도자는 실제 위험이 닥쳤을 때 아무도 믿지 않을 만큼보다는 덜 자주이기는 하지만 실제보다는 조금 더 (정치적 유연성을 어느 정도 활용하면서) 거짓 위협을 한다.

2011년 6월 8일 오스트리아 비엔나에서 열린 159차 OPEC 회의 개최 직전의 참석자들. 나이지리아 대표단 단장이며 OPEC 의장 고니 무사 시이크(Goni Musa Sheikh 왼쪽), 이란 석유장관 모하마드 알리바디(Mohammad Aliabadi 중앙), OPEC 사무총장 압달라 살렘 엘-바드리(Abdalla Salem el-Badri 오른쪽). OPEC 회원국 석유장관들은 고유가를 조절하기 위한 원유생산 할당량 증대 문제에 대해 서로 의견이 다른 것으로 보도되었다. 회원국들 간에 생산량을 조율하는 것은 평소에 어려운 일이다. 회원국 리비아가 모임이 시작되는 시점에 격변을 겪고 있어 조정이 더 어려워졌다.

때때로 교류가 시간이나 공간적으로 멀리 떨어진 상태에서 일어나거나 아주 다른 주제들 간에 일어나는 바람에 특정 국가가 양자간 거래에서 바르게 행동하고 있는지 여부를 다른 국가들에게 알려 줄만큼 충분한 정보가 없을 수도 있다. 즉 거짓 위협을 선택적으로 하는지 혹은 경솔하게 하는지 알 수 있는 정보가 부족하다. 예를 들어 이 문제는 OPEC이 직면하고 있는 문제다. OPEC 회원들은 석유 공급을 줄여 석유가격을 인상시키는 문제를 조율하기를 원한다. 이는 OPEC이 존재하는 이유이기도 하다. 그러나 집단행동의 문제에서처럼 (나이지리아와 같은) 일부 회원국들은 시장점유율을 높여 더 많은 경제적 이익을 확보하려 하고, 이를 위해 할당된 생산량보다 더 많이 생산하는 속임수를 필연적으로 쓰게 된다.

OPEC에서 속임수를 쓴다 해도 징계를 받지 않는다는 것은 이미 알려져 있다. 위협에도 불구하고 OPEC에는 할당량 이상을 생산하는 회원국을 처벌하는 중요한 수단이 없다. 속임수를 찾아내거나 조사할 수 있는 수단이 부재한 OPEC은 지나치게 유연한 기구로 보인다. 물론 유전에서 파이프라인으로, 그리고 유조선을 거쳐 시장으로 옮겨지는 석유를 추적한다는 것은 어렵다. OPEC은 나이지리아의 하루 생산량과 판매량을 감시하는 기구를 가지고 있지 않도록 설계되었다. 그러한 상황에서는 평판비용으로 인해 나이지리아가 할당량을 준수하기를 기대할 수도 있다. 그러나 나이지리아 정부는 이 문제에서 국제적 평판에 대해 관심이 없기 때문에 평판의 손실로는 규칙을 준수하는 행동을 유도하기 어렵다. 그러나 OPEC 회원국들이 순응을 감시하고 속임수에 대해 처벌할 방법의 필요성을 인식하고 필요한 조치를 하기로 했다고 가정해보자. 어떻게 이 목적을 이룰 수 있을까?

OPEC 국가들이 누가 얼마의 석유를 누구에게 판매했는지 정보를 수집하는 독립적 조정자를 고용하기로 결정했다고 가정해보자. 이 조정자는 석유 거래상들로부터 정보를 수집할 것이다. 이에 대한 보답으로 각 석유 거래상들은 적당한 비용으로 어떤 판매자가 속이고 있는지 찾아내도록 조정자에게 요청할 수 있을 것이다. 조정자는 모든 석유거래에 대한 정보를 수집하기 때문에 이를 알 수 있다. 물론 각 석유거래상의 입장에서 보면 이러한 정보를 제공하는 데는 큰 비용이 들지만 정보를 제공하지 않을 경우 조정자에 의해 보고될 것이다. 예를 들어 조정자는 자신이 가지고 있는 정보를 기반으로 석유 수요, 석유가격, 보고된 공급거래 간의 불일치를 식별할 수 있다. 정교한 모델을 만들지 않아도 좋은 정보를 통해 얻게 될 이익과 비교해 보면 비용은 상대적으로 충분히 낮다는 것과 모든 석유 거래상들은 정보를 제공할 것이고 그렇지 않다면 다른 소비자와 판매자들이 거래를 거부할 위험에 직면할 것이라는 점을 어렵지 않게 알 수 있다. 실제로 제3자의 정보 판매자와 구매자라는 아이디어는 반복적인 죄수딜레마게임의 확장에 불과하고 이에 대한 함의는 잘 알려져 있다(Milgrom et al. 1990).

거래개선협회(Better Business Bureau: BBB)를 생각해보라. 이 협회의 기능은 (OPEC에서는 활용되고 있지 않지만) OPEC 내 할당량을 강제하는 수단으로 논의한 가상적 조정자(법률상인)의 기능과 매우 유사하다. 법률상인은 프랑스 샴페인 축제와 같은 장터에서 섬유와 기타 상품들이 거래되었던 중세 절정기의 유럽에서 생겨났다. 개별 구매자와 판매자는 먼 거리에 떨어져 있었고 상호거래도 빈번하지 않았다. 위의 신용카드의 예에서 설명했듯이 대금 지불과 상품 배달 문제가 상거래의 큰 장애 요인이었다. 법률상인의 역할은 장거리 거래를 하는 구매자와 판매자가 이전에 속임수를 쓴 적이 있는지를 알아내는 단순한 것이었다.

같은 방식으로 거래개선협회는 상인에 대해 얼마나 많은 불만 신고가 있는지를 보고한다. 불만을 가진 사람들이 필요한 정보를 제공하는데 약간의 비용이 들기는 하지만 그 대가로 상인들이 합의한 사항에 순응하도록 인센티브를 제공하기 때문에 불만을 표시한 사람들과 나머지 모든 사람들이 혜택을 본다. 사기꾼으로 몰려 향후 거래에서 배제될 수 있는 위험으로 인해 모든 상인들은 협정을 준수하는 것이 매력적이라고 느낀다. 앞에서 살펴보았듯이 신용카드 회사와 인터넷에서 등급을 매기는 회사가 유사한 업무를 제공한다.

국제거래나 정부 간 거래를 감시하는 이와 같은 기구의 핵심 역할은 비용을 지불하는 이들에게 나쁜 행동과 관련된 정보를 축적하고 전파하는 것이다. 본질적으로 이러한 기구들은 클럽재를 공급한다. 즉 정보에 대한 비용을 지불하는 이들은 양자 거래를 피해야 할 대상을 알 수 있고 기구에 가입한 모든 회원들은 동일한 정보에 대해 비경합적으로 접근할 수 있다. 국제재판소는 이러한 많은 기능을 제공한다. 국제재판소의 판결은 공개기록의 일부가 되어서 분쟁에 관여하지 않는 국가들도 어떤 국가가 합의 내용을 이행하지 않았는지를 알 수 있다. 그러한 정보가 공유지식이 되었다는 것을 알고 나면 속이려는 욕구는 비용이 증가하면서 줄어들게 되고, 장기간의 정직한 협력적 행동이 더 매력적인 것이 된다. 이러한 방식으로 국제재판소, 세계무역기구와 양자 전쟁포로협정(Morrow 1998, 2002)과 같은 국제 조정자들은 속임수가 단기간에 이익이 되는 상황에서도 속임수에 당할 위험을 줄여준다.

7.5 다자기구와 협력

양자 합의에서 두 당사자들이 빈번한 거래에 참여하지 않는 상황에서도 집단행동의 어려움을 어떻게 해결하는지 살펴보았다. 참여자의 수를 적게 하고, 적정한 정보 공유와 적당한 비용–이익 비율을 통해 국제기구들은 무임승차와 속임수로부터 벗어날 수 있게 도와줄 수 있다. 그러나 일부 문제들은 일련의 양자간 해결에 적용될 수 있을 것 같지 않다. 예를 들어 UN과 같은 기구들은 약소국을 강대국의 약탈적 성향으로부터 보호하기 위한 수단을 고안해내기 위해 존재한다. 그러나 종종 회원들이 많으면 많을수록 그 목적을 달성하기 어려워진다.

포괄성: 레짐의 효율성과 효과성 교환

국제 레짐이 얼마나 포괄적이어야 하는가? UN과 같은 일부 국제기구는 예외적으로 포괄적이다. 대만의 경우 중국이 분리된 하나의 성(省)으로 주장하기 때문에 회원국이 아니지만 거의 모든 국가들이 UN의 회원국이다. 북미자유무역협정(NAFTA)과 같은 기구들은 매우 소규모의 참가자로 구성된 배타적 회원제를 유지하고 있다(NAFTA에는 캐나다, 멕시코, 미국이 포함된다). 다른 국제기구들은 이 둘 사이 어딘가에 위치한다. 세계무역기구는 매우 크고, OPEC은 적당한 크기이며, NATO, 미주기구, 유럽연합은 NAFTA나 남미공동시장(Mercosur)과 같은 지역 자유무역협정보다 상당히 크다.

거대 기구에서 속임수를 쓴 국가가 발각되면 처벌을 피할 수 있는 방법은 많지 않지만 소규모 기구보다 효과적으로 행위를 바꾸는 규칙 설정에는 많은 어려움을 겪는다. 일반적으로 기구들은 요구하는 행위 수준이 높지 않을 때 높은 수준의 순응을 얻을 수 있다(Down et al. 1996). 거대 기구들은 작은 기구나 선택적인 기구보다 회원들에게 낮은 수준을 요구할 가능성이 높다. 많은 국가들에게 값비싼 대가를 치러야 하는 행위 변화가 필요치 않는 규칙에 순응하게 하는 것은 쉽지만 값비싼 대가를 치러야 하는 행위 변화를 필요로 하는 규칙에 동의하게 하는 것은 쉽지 않다. 마찬가지로 결정이 강제집행될 가능성이 높기보다는 낮을 때 또는 결정이 강제집행되더라도 그리 효과적이지 못할 때, 의사결정 규칙들을 쉽게 합의할 수 있을 것이라고 일반적으로 기대한다. 이러한 요소들을 하나씩 살펴보자.

국제기구의 포괄성과 배제성은 설립 과정에서 중요한 이슈다. 에탄 부에노 데 메스키타 & 매튜 스티븐슨(Ethan Bueno de Mesquita and Matthew Stephenson 2006)의 연구에서 보듯이, 값비싼 대가가 요구되는 규칙과 관련이 있는 비공식 네트워크 또는 공식기구는 적정 크기가 있다. 너무 크면 일탈행위의 가능성이 선호의 변동에 따라 증가해 감시비용과 일탈행위에 대한 제재비용이 커진다. 반면 너무 작으면 협력적 행위를 조율할 때 규모의 경제 혹은 거래로부터 얻는 이익이 작아짐으로 이익이 협력을 유지할 만큼 충분하지 않게 된다. 기구의 최적 규모는 비용, 이익, 기구로 인해 발생하는 위험 간의 입증할 수 있는 방식의 교환에 달려있다.

정책결정기구의 규모가 커짐으로써 발생하는 정책결정에서의 함의를 생각해보라. NAFTA와 같이 소규모 회원을 가진 국제기구는 정부나 기구의 정책에 대한 선호도에서 유사성을 가진 개별 기구로 참여를 제한한다. 실제로 기구가 커지면서 초기 회원들과 다른 선호를 가진 새로운 회원들은 회원 수가 늘어나지 않았다면 쉽게 이루어졌을 협력들을 방해할 위험이 있다(Bueno de Mesquita and Stephenson 2006). 회원 수가 늘어날수록 국제협력에 의미있는 진전을 가져올 규칙과 규범에 대한 합의에 도달할 가능성은 줄어든다. 이러한 문제를 해결하기 위해서는 소수로 시작하고, 신규 회원들의 참여 조건으로 기존 규칙을 준수하도록 요구하며, 기존 회원의 압도적 다수에 의해 승인되고, 또한 압도적 다수의 동의가 있을 때만 불성실한 행위를 감시하고 처벌하는 수단을 비롯한 기존 규칙을 수정할 수 있게 해야 한다(Downs et al. 1998). 그러한 방식으로 창립 회원국들은 가장 낮은 공통분모로 떨어지는 것을 막거나 제한하는 충분한 영향력을 보유하고, 창립 서명국들이 원했던 기구의 목적을 달성할 가능성을 높인다.

제2차 세계대전 이후 형성되기 시작했고 이후 유럽연합의 전신이 되었던 유럽석탄철강협정에서 영국이 배제된 것을 생각해보라. 영국은 초기 20년 또는 유럽석탄철강공동체(ECSC)와 이후 유럽공동체가 존속했던 기간에 이 기구들이 결정한 중요한 모든 사안들에 반대했다. 만일 영국이 1951년 출발부터 회원국으로 가입했다면 자국의 석탄과 석탄산업을 보호해야 하는 국내정치적 요인들로 인해 유럽통합으로 발전하는 것을 막았을지도 모른다. 1957년 벨기에, 프랑스, 독일, 이탈리아, 룩셈부르크, 네덜란드에 의해 서명된 로마조약을 영국은 승인하지 않았을 것이다. 로마조약은 유럽원자력공동체(Euratom)와 유럽경제공동체(EEC)를 유럽석탄철강공동체(ECSC)에 포함시키면서 유럽 통합을 가속화시켰다. 더구나 로마조약은 유럽 국가들 간에 보다 밀접한 통합이라는 사고를 증진시키며, (2002년에 최종적으로 이루어졌지만) 단일통화 창출을 염두에 두고 각국의 환율정책을 중요 문제로 다루었다.

유럽공동체는 회원의 확장을 승인하기 위해 압도적 다수의 지지를 필요로 했고, 심지어 현재 (유럽공동체의 후신인) 확장된 유럽연합도 가중투표제를 유지한다. 조심스러운 확장정책에도 불구하고 영국이 1973년 마침내 유럽공동체에 가입한 후 영국은 초기 회원들이 소망했던 정책들을 반대했고, 중요한 결정, 특히 통화 단일화와 관련된 정책들과 관련된 기구의 효과를 감소시켰다. 실제로 통화 단일화는 1990년 초 영국 보수당을 분열시키고 유로의 채택에 반대했던 마가렛 대처 총리를 몰아내고 존 메이저를 취임하게 만든 중요 이슈였다. 심지어 지금도 영국은 유로를 채택하지 않고 자신의 통화인 파운드를 유지하고 있다. 이 결정은 이후 유로권의 경제위기가 영국으로 파급되지 못하게 예방한 사려 깊고 선견지명이 있는 결정이었다. 그러나 유럽연합의 핵심 통합정책인 유로를 영국이 거부하는 것은 유럽에는 부정적이다. 왜냐하면 영국의 거부는 유럽연합 회원국들에게 순응적인 재정정책을 주장해온 강력한 목소리의 숫자를 제한하는 것이기 때문이다.

포괄성에 대한 대안적 시각

기구의 크기가 큰 것이 유리한지 아니면 작은 것이 유리한지에 대해서는 여전히 논쟁이 되고 있다. 구성주의 시각은 기구에서 대규모 회원제는 효율성을 감소시킨다는 현실주의 시각과는 명확히 다르다. 현실주의자는 정책 선호에서 너무 많은 다양성을 허용하는 포괄성은 결정의 영향을 약화시킨다고 주장한다. 현실주의 시각에서 보면 국가는 국가이익에 따라 행동하기 때문에 많은 국가들이 기구에 참여하면 할수록 기구는 회원국의 국가이익을 반영하기 어려워진다. 반대로 구성주의자는 국제기구에 참여함으로써 협력이 더욱 활발해진다고 주장한다. 이 관점에 따르면 포괄성은 매우 바람직한 자산이다. 구성주의에 의하면 선호는 정책결정자가 처해 있는 상황에 내재해 있어서, 오히려 선호는 참여함으로써 그리고 신중히 대안적 시각을 검토함으로써 구성되고 재구성된다. 예를 들어 웬트(Wendt 1994)는 국제기구의 회원들은 포괄적 국제기구에 의해 증진되는 상호작용 과정을 통해 다른 회원들이 그들을 보는 것과 같이 자신을 보는 것을 배운다고 주장한다. 자각에 대한 이러한 상호작용의 효과는 큰 국제기구에서 주로 그렇듯이 다른 행위자들의 시각에 의존하는 상황에서 가장 크다. 이 시각에 따르면 UN총회와 같은 기구는 각국의 대표들을 다른 국가의 시각에 노출시킴으로써 협력을 증진시키는데 특별히 효과적이라고 기대할 수 있다. 현실주의자와 그 밖의 다른 시각을 가진 사람들과 같이 구성주의자는 자신의 시각을 뒷받침하는 사례들을 모은다. 인권에 대해 설명한 제9장에서 국제합의의 유익한 영향에 대한 구성주의의 핵심 가설들이 잘못되었다는 것을 보여주는 중요 증거들을 살펴볼 것이다.

언뜻 보면, 전략적 선출자 시각은 포괄적인 기구를 선호한다고 추론할 수 있다. 앞에서 살펴보았듯, 대규모 선거인단에서 차출된 대규모 연합에 의존하는 시스템은 더 많은 공공복지를 생산하는 경향이 있다. 국제적 맥락에서 보면 회원국 간의 협력은 때때로 국제기구의 모든 회원국들에게 공공재가 된다. 그러나 이 주장은 회원국들이 어떤 정책이 공공재에 기여하는가에 대해 합의함을 가정한다. 즉 이 주장은 국제기구의 중간 투표자 선호가 비록 국가 지도자 자신의 연합의 중간투표자 선호와 다르다 해도 자신이 완수해야 할 목표라고 가정한다. 명백히 국내 승자연합의 선호가 국제기구의 승자연합의 선호와 다르고 국내의 연합 규모가 클 경우, 국제기구의 성과를 저해하는 긴장이 존재한다. 생존문제에 몰입된 지도자는 국제기구의 연합이 요구하는 사항이 국내연합이 요구하는 사항과 충돌할 때 기구의 연합이 요구하는 사항을 따를 여유가 없다.

모든 것을 감안할 때 개별 국가들이 원하는 기구 내에서의 주도권을 유지하는 데 필요한 지지를 해줄 회원들의 연합(지배연합)의 포괄성을 규칙들이 보장할 때만이 선략적 시각은 포괄적 회원제(선출인단)를 선호한다. 여기서 국제기구를 주도하는 국가의 선택은 어떤 회원국들의 국내연합에게는 공공재를 제공하는 것이 되지만 몇몇 회원국들에게만 사유재를 나누어줘서 문제를 악화시키게 되기도 한다.

UN: 느슨한 결정과 무행동

UN은 모두를 포용하는 국제기구에서 일어날 수 있는 많은 설계 문제들을 살펴보기에 좋은 사례다. 총회 수준에서 UN은 상대적으로 대규모 선거인단과 대규모 연합을 가진 기구다. 현재 192개국이 총회 회원이다. 총회의 결의안 표결은 과반수 찬성을 필요로 하기 때문에 선거인단 대비 연합의 비율이 상당히 크다. 이러한 규칙의 지지를 주도하는 UN 사무총장은 이 같은 결의안을 인권, 환경, 안보 이슈 그리고 다른 모든 이슈들에 관한 국제정책을 만들어내는 UN의 능력을 보여주는 것이라고 주장할지 모른다. 그러나 총회는 결의안을 강제할 수 있는 수단이 없다. 회원국들의 중요한 행동 변화를 필요로 하는 결의안의 경우 협조를 얻어내는 데 어려움을 겪고 있다. 결과적으로 총회를 통과한 대부분의 결의안은 느슨한 수준이며, 과반수보다 훨씬 많은 찬성으로 통과되고, 높은 수준의 순응을 경험할 것을 예측할 수 있다. 만일 결의안이 강력한 것이라면, 그것은 중요한 정책적 내용이기는 해도 순응을 보장할 강제수단을 포함하지 않는 내용일 가능성이 높다. 이러한 주장은 UN총회 결의안을 결의하고 강제하는(혹은 강제하지 않는) 규칙에 대한 설계가 내생적이라는 것을 의미한다. 이러한 규칙들은 적용될 이슈의 깊이를 고려해 전략적으로 선택된다. 규칙은 과반수 이상이 찬성해야만 결의안이 통과되도록 설계될 가능성이 높고, 그 결과 결의안들은 느슨하고 모호할 가능성이 높다.

UN 안전보장이사회(UNSC)의 의사결정 규칙은 총회보다 훨씬 까다롭다. UN헌장은 안전보장이사회에 국제평화와 안보를 유지하는 주요한 책임을 맡기고 있다.

따라서 안전보장이사회는 경제봉쇄, 평화유지군 파병 또는 평화의 보존과 회복을 위한 기타 행동을 하도록 하는 권한을 가지고 있다. 이것이 안전보장이사회를 잠재적 권력기구로 만들고 있다. 이것은 사무총장이 전적으로 의존하는 소수 지배체제이다. 안전보장이사회에는 5개 상임이사국(영국, 중국, 프랑스, 러시아, 미국)이 있고, 각 국가는 이사회에서 논의되는 사안들에 대해 거부권을 가지고 있다. 또한 안전보장이사회에는 각 지역별 국가들에 의해 선출된 2년 임기의 10개 비상임이사국도 포함되어 있다. 비상임이사국은 거부권이 없다. 안전보장이사회의 결정은 과반수 결의로 이루어진다. 더구나 만일 상임이사국 중 한 국가가 거부권을 행사하면 다른 14개 이사국이 찬성해도 결정을 무력화시킬 수 있다. 이 점에서 UN은 독재체제의 특징과 유사한 점을 지니고 있고, 많은 국가들이 승자연합에 참여할 기회를 가진다(5개 상임이사국을 제외한 UN총회의 187개국 중에서 10개국이 안전보장이사회 회원이 될 수 있다). 그러나 소그룹(5개국)이 중요하다. 소그룹은 지도부를 결정하고 그로 인해 정책도 결정하는데 주요한 역할을 보장받는다. 이러한 상황에서 UN은 특권적 지위를 점유하고 있는 소수 지배자들의 이해관계에 배치하는 정책을 추진하는 것이 쉽지 않다.

안전보장이사회의 표결 방식은 2가지 결과를 초래한다. 5개국 상임이사국이 제재 결정에 합의하게 하기 위해서는 그 제재 내용에는 요구사항이 많지 않고 느슨해야 하고, 그러다 보니 행위를 바꾸려하지 않는 회원국에게 값비싼 결과를 강제하지 못한 채 불쾌감만 표출하게 된다. 예를 들어 평화적으로 체제 변화를 요구하는 시위를 벌이는 자국민에게 대규모 공격을 감행한 시리아 정부에 대해 안전보장이사회는 강하지 않는 어투로 단지 평화를 요청하는 것에 합의했을 뿐 체제 변화 혹은 국제 제재를 요구하는 강력한 결의안을 통과시킬 수는 없었다. 러시아와 중국은 강력한 결의안이 제출되자 거부권을 행사했다. 러시아는 시리아 아싸드 정권에 대규모 무기를 판매하고 있었다. 중국은 아싸드 정권과 밀접한 동맹국인 이란에서 값싼 석유를 얻기 위해 계약을 이미 맺은 상태였다. 일부 상임이사국의 이권이 개입된 상황에서 공허한 말뿐인 결의안 이상의 것을 기대할 수 없다. 그러나 상임이사국의 결정이 느슨하지 않을 때 그런 결정들은 효과적일 수 있다.

만일 상임이사국들이 진정으로 UN 결의안에 동의하고 그 결의안이 중요한 타협의 산물이 아니라면 결의안을 순응할 가능성이 높아지고, 결의안 자체도 효과적일 가능성이 높다. 물론 이 경우 안전보장이사회의 결정은 5개 상임이사국의 이해관계와 일치해야 한다. 그렇지 않다면 거부권이 행사될 것이다. 이는 안전보장이사회가 조정과 조율의 기능을 효과적으로 수행할 수 있다는 것을 의미하지만 이것이 상임이사국들의 정책을 수정할 가능성은 거의 없다. 이 점에서 기구 자체는 정책에 미치는 영향이 미미하고, 단지 5개 상임이사국들이 논의하고 토론하는 장소를 쉽게 제공해준다.

UN의 다양한 분야에서 의사결정 규칙들이 각각 상이하다는 것과 이러한 규칙들은 회원국들 간의 협상 결과라는 것을 살펴보았다. 규칙들이 내재적이라는 것은 분명하다. 규칙들이 미래 행위에 영향을 미칠 수 없다는 의미인지는 명확하지 않다. 다른 국제기구들이 보유한 규칙들의 장점과 약점에 대해서는 지구온난화라는 예시와 함께 논이해보도록 한다.

SUMMARY

이 장의 핵심 주제는 국제규칙, 규제 그리고 국제기구들은 협력적 행위를 유도하는 데 도움이 될 수도 있지만 믿을 만한 것이 못 된다는 것이었다. 국제기구는 분배적 불평등, 정보의 비대칭성, 조정을 통해 얻는 이익들 사이의 긴장으로 인해 생기는 집단행동의 문제와 필연적으로 직면하게 된다. 이익을 소비하는 과정에서 배재성과 경쟁은 회원국들이 합의를 지키지 않거나 다른 이들의 노력에 무임승차하려는 동기를 제공한다. 규칙, 규제, 구조는 이러한 어려움을 다루기 위한 전략적 묘책의 산물일 가능성이 높다. 그래서 국제기구는 국가적 혹은 개인적 이해관계를 형성하는 요소가 될 가능성보다 그 당시의 국가이익과 개인적 이해타산을 반영할 가능성이 높다. 여전히 국제기구는 쉽게 변화하지 않는다. 일단 만들어진 기구는 제거하기 어렵고 지도자의 자율권을 제한하고 일탈행위의 비용을 증가시키기 때문이다.

국제기구의 규칙과 규제에 대한 높은 수준의 준수를 국제기구가 회원국들의 행위를 변화시키는 데 효과적임을 보여주는 증거라고 잘못 판단해서는 안 된다. 준수의 수준은 내생적일 가능성이 높다. 기구들이 순응을 감시하고 일탈행위를 응징할 효과적인 수단을 걱정하지 않는 한 기구들은 회원들이 원하지 않는 규칙을 통과시키지 않을 것이다. 결과적으로 많은 기구의 결정사항은 느슨한 것이어서 준수를 용이하게 한다. 효과적으로 행위를 변화시키는 결정사항도 틀림없이 존재하나 상대적으로 드물다.

순응은 국가의 평판을 확립하는 방법으로 간주될 수 있다. 협력적 행위로 쌓은 평판은 미래에 다른 국가와의 협력적 합의 도달을 쉽게 한다. 그러나 평판에 대한 관심은 국제협력을 증진하기에는 충분하지 않다. 국제기구는 정보 확산을 통해 약속이나 속임수로 무임승차하려는 동기를 극복할 수 있게 해준다. 성공적 국제기구를 설계하는 데 있어 가장 큰 어려움은 집단행동의 문제를 줄이기 위한 포괄성과 국제기구가 해결하도록 고안된 문제에 의미있는 영향을 미칠 수 없도록 회원권을 제한하는 것 사이에서 균형을 잡는 것이다.

핵심 용어

배재적 266	긍정적 외부효과 272	느슨한 합의 278
비배재적 266	공유재 273	미래의 그림자 279
엄격한 협정 266	공유재의 비극 273	팃포탯 280
유연성 266	클럽재 273	환율 281
무임승차 269	재산권 274	방아쇠 전략 283
경합재 270	집단행동의 문제 274	쉽게 변화하지 않는 296
부정적 외부효과 272	온실가스 274	자율권을 제한 296

8

지구온난화 해결방안 모색

2011년 12월 2일 남아프리카공화국 더반(Durban)에서 기후변화정상회의가 개최되었다. 회의 동안 여러 나라를 상징하는 국기를 등에 붙인 시위자들이 모래에 머리를 묻고 있다. 지구온난화에 대한 관심이 높아지고 있는 시기에 과학자, 철학자, 법률가들이 모여 지구의 온도를 낮출 수 있는 방안과 그 영향을 검토했다. 지구온난화에 대해서는 광범위한 과학적 합의가 존재하고 있다. 그러나 인간행위를 변화시키기 위해서는 고통스럽고 막대한 비용이 필요하다. 이러한 정책을 진정으로 채택하려는 국가는 소수에 불과하다. 대부분은 모래에 머리를 묻은 채 미래의 지도자가 이 문제를 해결해주기를 바라고 있다.

OVERVIEW

- 지구온난화가 이 땅에 살고 있는 인류에게 장기적으로 심각한 위협이 되고 있다는 인식이 광범위하게 받아들여지고 있음에도 불구하고 지구온난화의 주요 원인으로 주목받고 있는 온실가스의 배출을 줄이려는 노력에는 큰 진전이 없다.
- 교토(1997년)와 코펜하겐(2009년)에서 국제적 합의가 있었지만 그 결과는 매우 실망스러웠다
- 지구온난화와 같은 지구적 문제들을 글로벌 협력을 통해서만 해결될 수 있다는 것은 정치적으로는 합당한 것일 수 있지만 환경적 혹은 경제적 의미에서 정확한 것은 아니다.
- 지구적 해결책을 통해 지구온난화를 해결한다는 것은 지도자에게 정치적으로 중요한 문제다. 왜냐하면 정치지도자가 국내에서 배출을 줄이기 위한 정책을 시행한다면 국내정치적으로 심각한 비용을 지불해야 하기 때문이다.
- 배출을 줄이는 비용은 정치적으로 수용 가능하다. 배출에 대한 소규모의 양자합의를 통해 해결한다면 참가자 모두에게 비용과 이익의 균형을 맞출 수 있다.

ASSUMPTIONS CHECK

1. **192개국 중에서 191개국이 온실가스 배출을 1990년 배출량으로 제한하자는 교토의정서에 서명했다. 그렇게 많은 국가들이 서명한 상태에서 배출량에 어떤 변화가 있었다고 생각하는가?**
   a. 감소한 것으로
   b. 증가한 것으로
   c. 변화가 없는 것으로

2. **주요 온실가스 배출국인 인도와 세계 최대 온실가스 배출국인 중국이 지난 200년간 산업화 기간 동안 미국과 유럽이 오염시킨 대기를 정화하기 위해 경제성장을 늦출 가능성이 얼마나 있는가?**
   a. 중국과 인도 정부는 경제성장 정책이 야기할 지구적 영향에 대해 관심을 가지고 있기 때문에 경제성장이 둔화된다 해도 감축에 동의할 것이다.
   b. 중국과 인도는 지구온난화에 관심을 가지고 있다. 그러나 자국에서 배출량을 상당 부분 감축해 경제성장과 국내정치적 이익을 손상시키려 하지 않을 것이다.
   c. 중국과 인도는 지구온난화를 완화하기 위한 엄청난 경제적, 정치적 비용을 영국, 유럽대륙의 대부분 국가들, 미국과 같이 초기에 산업화한 국가가 감당해야 한다고 믿고 있다.

3. **높은 식품가격(비료는 이산화탄소와 기타 배출가스의 주요 원인이다), 높은 휘발유 가격, 일자리를 얻을 기회가 거의 없이 계속되는 낮은 성장률의 상황에서 중국과 인도의 온실가스 생산을 줄이기 위해 당신은 얼마나 지불할 수 있을까?**
   a. 거의 아무것도 지불하지 않을 것이다. 우리는 온실가스 배출을 줄이기 위해 기업인들에게 세금을 부과해야 한다. 그 세수를, 배출을 줄이려는 중국, 인도와 다른 나라에 이전해야 한다
   b. 거의 아무것도 지불하지 않을 것이다. 중국, 인도와 다른 나라에 보조금을 제공해 녹색에너지를 사용하게 하기 위해서는 더 많은 세금을 지불할 수 있는 부유한 나라가 책임을 져야 한다.
   c. 좋은 제안이다. 지구온난화는 모두에게 위협이다. 그래서 우리 모두는 함께 노력해야 한다. 높은 식품가격과 높은 연료 관련 세금을 통해 중국과 인도를 도와 배출을 줄일 수 있게 해야 한다.
   d. 좋은 제안이다. 우리는 중국, 인도와 다른 나라들의 감축에 보조금을 지불해 지구온난화를 완화하기 위해 각자 수입의 상당 부분(말하자면 10% 정도)을 기여해야 한다.

4. **당신은 지구온난화에 영향을 미치는 것이 왜 이렇게 어려운지 여러 질문들로부터 감을 잡을 수 있는가?**
   a. 그렇다. 모두가 배출감축에 동의한다 해도 어떻게 하는 것이 가장 좋은지 또는 누가 그 비용을 지불해야 하는지에 대해서는 동의하지 않을 것이다
   b. 아니다. 모두가 배출을 감축하는데 함께하기로 했다면 나는 누구도 이러한 중요 문제에 대해 무임승차하려고 하지 않을 것이라 믿는다.

ANSWERS

1. b. 무임승차 때문에 혹은 실질적 변화를 최소한도로 요구하기 때문에 올라갔다.
2. c. 중국과 인도 지도자들은 자신의 정치적 입지를 위협에 빠뜨리는 일이 없는 한 지구온난화 문제가 완화되는 것을 선호한다. 그래서 온실가스 일소와 미래의 감축은 과거 200년 동안 문제를 야기시켰던 부유한 선진국들이 기본적으로 책임져야 한다고 주장한다.
3. 모두가 정답 가능하다. 각자 이 문제에 대한 자신의 답이 각각 있을 것이지만, 보고서에 의하면 일반적으로 사람들은 경제적 비용이 다른 행위자에게 상대적으로 더 많이 부과되는 해결책을 지지한다. 일방적이거나 양자 간의 해결보다는 전 지구적 해결책을 요구하고, 자신의 개인적 비용을 최소화하는 해결책을 요구한다.
4. a 또는 b. 온실가스 감축에 대한 광범위한 지지가 있지만 제안된 해결책만 넘쳐날 뿐 실제로 무엇을 해야만 하는지에 대한 공감대는 찾기 힘들다. 안타깝게도 그럴듯한 말뿐이고 개인적 비용이 거의 들지 않는 많은 행동들로 가득 찬 무임승차가 무수히 일어난다.

지구온난화는 국제사회가 직면한 심각한 이슈다. 또한 지구온난화는 효율적인 국제합의를 고안하기 위해 막대한 노력이 투여되었음에도 성공하지 못한 문제다. 환경주의자들은 대기 중에 이산화탄소와 기타 온실가스를 배출하는 화석연료의 사용을 획기적으로 감축할 것을 요구한다. 경제성장과 일자리 창출에 더 많은 관심을 가진 이들은 화석연료인 석유, 천연가스, 더 깨끗한 석탄을 사용하는 것이 낮은 성장률 해결과 일자리 창출의 해결책이 될지 아니면 대체 에너지인 태양열과 풍력을 이용하는 것이 해결책이 될지 아직 결정하지 못하고 있다. 경제학자들은 다양한 의견을 가지고 있다. 이들은 다양한 정부, 환경단체, 기업인들이 제안한 수준에까지 온실가스 배출을 줄일 경우 발생할 비용에 대해서도 다양한 의견을 지니고 있다. 물론 이들은 그 비용이 높지만 받아들일 만하다는 것에는 동의하고 있다. 지구온난화는 국제협력과 개별 국가의 국내적으로 지불해야 하는 비용과 이익 사이의 교환관계를 보여주는 고전적 문제다. 대부분의 사람들은 원칙적으로 행동이 필요하다는 것에는 동의한다. 그러나 모든 사람이 실제로 무엇을 해야 하는지에 대해서는 동의하지 못하고 있다.

이 장에서는 앞에서 배운 교훈을 적용해 지구온난화가 의미 있는 지구적 대응을 끌어내지 못하는 원인, 지구적 접근이 바람직하지 않는 원인, 성공을 위해서는 소수의 또는 특정 국가의 일방적 행동이 필요한 원인이 무엇인지 살펴본다. 이 장은 완벽한 것을 그럴듯한 것으로 대체해서 지구온난화 문제에 대한 실질적 진전을 이룰 수 있는 전략을 제안하는 것으로 끝맺는다. 여러 가지 다른 접근법들도 성공할 수 있기 때문에 여기서 제안하는 방안은 지구온난화 문제와 해결책을 다른 시각에서 고려할 수 있음을 보여주는 일례이지, 유일한 해결책은 아니다(Urpelainen 2009). 지구온난화를 다루기 위해서는 어렵고 신중한 전략적 사고가 중요하다. 개인적 약속이나 열정, 분노를 다룰 때보다는 더 전략적이어야 한다. 정책결정자들의 행태를 이해하면, 어떤 정치적 장애요인들이 글로벌 기후변화에 대한 진전을 방해하는 지 이해할 수 있게 되고, 실용적 해결책을 찾는데 도움이 될 수도 있다.

지구온난화라는 잘못되고 혼란스러운 명칭은 사실상 기상에 관한 변동의 증가, 즉 불확실성의 증가에 관한 것이다. 특정 지역은 확실히 더워지고 있다. 어떤 지역은 더워지고 있는지 아닌지 확실히 느껴지지는 않지만 과거에 비해 기상과 관련된 보다 극단적 상황을 경험하고 있다. 이것이 의미하는 것은 햇빛이 가득한 아름다운 날씨가 더 많아진다는 것도 의미하지만 다른 한편으로는 더 많은 회오리 폭풍, 태풍, 가뭄을 의미한다. 미네소타, 노스다코타, 알 베르타, 매니토바, 러시아, 몽골에 살고 있는 사람들이라면 따뜻해진 날씨가 나쁜 것만은 아니다. 하지만 중앙아프리카, 중남미, 하와이에 살고 있는 사람들에게는 혹독한 것이 될 것이다. 그리고 수면

보다 낮은 저지대, 특히 해안에 인접한 저지대에 살고 있는 사람들에게는 확실히 두려운 것이다. 남태평양 섬지역과 미국 동부, 서부 해안지역에 살고 있는 사람들에게는 지구온난화와 연관된 해수면 상승은 무서운 대규모 재앙이 될 수도 있다. 2009년에 출간된 정치소설 〈최후통첩〉(Ultimatum)에서 매튜 글라스(Matthew Glass)는 온실가스 배출을 관리하기 위한 미국과 중국의 향후 협상이 매우 어려울 것으로 묘사했다. 많은 국제관계학 교과서들이 간과했지만 그는 지구적 문제를 해결하려는 과정에서 국내정치가 결정적 역할을 할 것이라는 점을 지적했다. 물론 우리도 국내정치의 역할에 주목할 것이다. 해결책을 찾아나가고, 특정 해결책을 반대하며, 정치적으로 수용 가능한 방법, 즉 단기적 정치문제 해결에 치중하고 부담스러운 결정은 후임자에게 전가하려는 방법을 통해 기후변화를 다루려는 모든 것에서 국내정치의 영향을 찾을 수 있다.

8.1 지구온난화: 집단행동의 문제

지구온난화가 실제로 일어나고 있는지에 의문을 가지고 있는 사람들이 있다. 이러한 의문은 일부는 이념적인 것이고, 일부는 심각한 것이며, 또 일부는 지구적 환경변화를 묘사하기 위한 표현의 잘못된 선택을 반영한다. 과학계와 정치 분야에서 벌어지고 있는 논쟁에서 문제가 하나 있다. 이는 우리가 보유하고 있는 정확한 기상정보가 기껏해야 수백 년 동안의 자료에 불과하다는 것이다. 이것은 최근의 기상변화가 수천 년 전이 아닌 수백 년 전에 비해 크다는 것을 의미할 뿐이다. 200년이라는 기간은 우리 인간들에게는 긴 시간임에 틀림없지만 지구의 지질학적 시간에서 보면 아주 짧은 시간에 불과하다. 현재의 기온 상승이 단지 지구의 기후변동주기 중 특정 기간에 속해 있다는 주장도 설득력이 있다. 미국에서 기상자료가 수집되기 시작했을 때 미국의 많은 지역은 예외적인 추운 날씨를 경험했다. 여름이 없는 해로 알려졌던 1816년에는 7월에 동부 해안지역에 눈이 내렸다. 당시 낮은 기온을 기준으로 측정했다면 왜곡된 통계적 시각을 가질 수도 있다. 우리는 장기간의 기상에 관해 부분적인 평가만 가지고 있다.

라두리(Emmanuel Leroy Ladurie 1967)는 약 천년간 프랑스 마을들의 포도 수확시기 자료를 사용해 기후의 따뜻함, 차가움, 건조함, 습함 정도를 평가했다. 그는 또한 미주대륙의 나무 나이테 분석을 활용해 상당 기간 동안의 기온과 강수량의 변동을 평가했다(유럽은 제외되었는데 유럽에서는 중세시대에 땔감으로 벌목되어 고목들이 없었기 때문이다). 그러나 지질학적으로 볼 때, 천년 동안의 자료도 짧은 시간의 자료에 불과하다. 이렇게 제한된 자료를 기초로 한 추론은 매우 신중하고 조심스러워야 한다.

평균기온의 상승은 지구 기후변화의 자연적 현상의 일부라는 주장이 있는 반면 기온 상승이 인간 행위의 산물이라는 주장도 있다. 이러한 주장은 기온 상승에 대해 아무것도 하지 않는 것을 정당화 하기 위해 제기되었다. 일부에서 주장하는 것과 같이 기온변화가 지구 기상 주기의 자연적 결과라면 인간이 할 수 있는 것은 아무것도 없다. 이러한 주장을 하는 이들은 산업활동이 기온에 영향을 미치기 이전 혹은 지구상에 충분히 많은 인구가 거주하기 이전에 이미 지구에는 빙하기와 온난기가 있었다는 사실을 지적한다. 라두리(Ladurie)를 비롯한 지구온난화에 대한 정치적 논쟁이 시작되기 전의 일부 연구에서는 이러한 시각을 뒷받침하는 중요 증거를 제공하고 있다. 그러나 대부분의 과학자들은 지구 기온의 주기와 더불어 이산화탄소와 기타 유해가스를 공기 중에 축적한 인간 행위도 중요한 요인으로 지목한다. 이산화탄소와 온실가스의 축적이 과거에는 우주로 배출되었을 열을 가둠으로써 기온 상승에 기여했다. 특히 도시지역에서 심각하게 진행된 벌목으로 이산화탄소를 흡수할 식물들이 줄어들어 광합성으로 자연적으로 흡수되는 이산화탄소 양이 줄어들었다. 대다수 기상학자들은 현 상태가 지속된다면 해수면이 상승해 많은 도서 국가들과 해안지역이 가까운 장래에 침수될 것이고, 다른 지역은 심각한 가뭄과 엄청난 재앙이 잠재적으로 발생할 수 있다는 것에 의견을 같이하고 있다.

지구 온도가 상승하고 있고 특별한 노력이 없다면 심각한 결과가 발생할 것이라는 공감대가 형성되고 있는 것과 마찬가지로 성장을 줄이고 온실가스 배출량을 점진적으로 감축하는 것이 필요하다는 공감대도 형성되고 있다. 지구온난화가 지구적 문제이고 따라서 해결을 위해서는 지구적 해결이 필요하다는 것은 부정할 수 없는 분명한 사실이다. 그러나 지구적 문제가 존재한다 해서 지구적 해결책이 등장하는 것이 아니라는 점을 유념하고 신중하게 이 문제를 다루어야 한다.

지구온난화는 제7장에서 논의했던 주제의 완벽한 사례다. 지구 대기가 순환하기 때문에 특정 지역에서 과도하게 배출된 온실가스는 곧 지구 전체로 빠르게 확산된다. 예를 들어 중국에서 배출된 가스는 며칠이면 미국에 도달한다(Seinfeld 2012). 이는 지구 대기 질을 악화시키는 지구적 규모의 부정적 **외부효과**의 확실한 사례다. 부정적 외부효과는 매우 중요한 사안이다. 배출자와 비배출자 모두 지구 기후변화의 결과를 똑같이 경험하게 된다. 지구를 벗어나 도망갈 곳도 없고 숨을 곳도 없는 한 우리는 모두 한배를 타고 있다. 우리 모두가 한배를 타고 있지만 지구적 문제가 존재한다 해서 지구적 해결책의 필요성이 뒤따르는 것은 아니다. 사실상, 국제적 해결책의 추구 그 자체가 온실가스 배출문제를 의미 있게 다루는 데 가장 큰 장애요인이 될 수 있다. 선거만을 의식하는 냉소적인 정치인들이 자국의 일방적 추진만으로 전 세계에 이익이 될 수 있는 방안을 회피하기 위해 활용하는 정치적으로 유용한 상투어가 될 수 있기 때문이다.

지구온난화 문제를 부정하지는 않는다. 단지 그들 중 많은 이들이 (핵심에는 접근하지 않고) 주변만 건드릴 뿐이다. 이 문제는 태생적으로 온실가스의 배출과 감축으로 인해 발생하는 비용과 이익의 불균등한 분배와 밀접하게 연관되어 있다. 분배 문제와 더불어 지구적 해결책을 만들어내려는 노력은 구속력이 약한 국제협약의 특징인 감시와 강제의 취약성으로 인해 성과를 거두지 못하고 있다. 구속력이 약한 국제협약은 집단행동의 문제가 심각할 때 성공적으로 보이지 않음에도 불구하고 국제사회가 조정에 성공했다고 정치적으로 선언할 수 있는 합당한 방식이다. 집단행동은 온실가스 배출과 같은 지구적 문제가 지구적 해결책을 필요로 할 때 발생한다. 모든 곳에서 지구적 해결책에 대한 요구가 있다. 환경주의자, 과학자, 정치인들 모두 같은 요구를 한다. 그러나 제7장에서 다루었듯이 그러한 요구 뒤에는 심각한 문제가 숨겨져 있다.

2009년 9월 UN총회에서 버락 오바마 대통령과 후진타오 중국 국가주석이 행한 중요한 연설을 보자. 중국은 온실가스 세계 최대 배출국이고 미국은 그 다음으로 많이 배출하는 국가다. 두 정상이 연설을 한 날짜에 중요한 의미가 있다. 이들은 코펜하겐 정상회담, 즉 2009년 UN기후변화회의가 개최되기 불과 석달 전에 이러한 연설을 했다. 코펜하겐 정상회담의 목적은 UN기후변화 협약 내에서 지구온난화 수준을 낮추기 위한 지구적 합의를 도출해내기 위한 것이었다. 양국 정상의 연설은 지구적 문제는 지구적 해결책을 필요로 한다는 메시지를 담고 있다. 또한 두 정상의 상투적 연설 이면에는 기후변화 문제를 해결하는 것이 제7장에서 강조되었던 것처럼 얼마나 어려운지 보여준다.

다음은 2009년 UN총회에서 행한 오바마 대통령 연설의 마지막 부문이다,

> 오늘 우리가 이곳에서 만나면서 좋은 소식은, 과거 오랫동안의 무대응과 부인이 있었지만 우리 앞에 긴급한 도전이 놓여 있다는 것을 모두가 최종적으로 인지했다는 점입니다. 우리는 무엇을 해야 하는지 알고 있습니다. 우리는 우리 지구의 미래가 온실가스의 오염을 지속적으로 감축하려는 지구적 결단에 달려있다는 것을 알고 있습니다. 우리가 올바른 규칙과 인센티브를 제대로 시행한다면 최고의 과학자들과 공학자들, 기업인들이 창조적 힘을 발휘해 보다 나은 세계를 만들 수 있게 될 것입니다. 그리고 이미 많은 국가들이 그 목표를 향해 첫발을 내딛었습니다.
>
> 그러나 그 여정은 깁니다. 또한 고통스러울 것입니다. 그리고 우리에게는 많은 시간

이 남아 있지 않다는 것을 알고 있습니다. 이 여정은 적당한 시기에 맞춰 시작되었지만 우리에게 실패를 두려워하지 말 것과 조금의 진보를 위해서라도 투쟁할 것을 요구하고 있습니다. 시작해봅시다. 우리가 유연함을 유지하고 실용적이라면 그리고 우리가 지치지 않고 함께 노력한다면, 우리가 목적한 보다 안전하고 깨끗하며 건강한 세계, 우리 아이들에게 물려줄 수 있는 미래를 이룰 수 있을 것입니다. 감사합니다.

같은 세션에서 중국 후진타오 주석은 이렇게 선언했다,

기후변화, 식량안보, 에너지와 자원 안보, 공공보건 안보는 모든 지구적 도전이며 어떤 국가도 이것들로부터 자유로울 수 없습니다. 이러한 도전에 대응하고 조화와 평화를 지속하는 유일한 방법은 긴밀한 국제협력뿐입니다. 우리는 공동의 전진을 목표로 해야 합니다. 자국의 국민만이 아니라 세계 시민 모두의 이해관계를 염두에 두어야 합니다. 또한 이해관계가 수렴되는 부분이 넓어지도록 해야 합니다.

기후변화는 인류 생존과 발전에 심각한 도전입니다. 그리고 국제협력은 이 도전에 대응하는 핵심 수단입니다. 우리는 UN 기후변화협약과 교토의정서를 기후변화를 다루는 주요 채널로 유지해야 합니다. '공통의 그러나 차별적인 책임'이라는 원칙에 입각하고, 발리 로드맵(Bali roadmap)을 준수하며, 상호이익과 공동의 발전이라는 시각에 입각한 코펜하겐회의의 성공과 함께 나아가야 합니다(Jintao 2009).

양대 온실가스 배출 국가의 지도자의 발언은 공동 목표를 추구하는 것처럼 들린다. 이 둘은 지구적 해결책이 발견되어야 하고 이후 있었던 코펜하겐 정상회담이 중요한 무대가 되어야 하며 이 회의에서 근본적인 진척이 있어야 한다는 것에 동의했다. 그러나 여전히 미국과 중국의 차이점이 코펜하겐에서 어떤 근본적인 합의도 만들어내지 못하게 한 중요 요인이 되었다. 항상 그렇듯 악마는 상세함, 즉 구체적 내용에 있고 그 구체적 내용은 이미 언급한 몇 문장에 나타나 있다. 말은 쉽다. 우리는 국제협력에서 성공을 전망하기 위해서는 값비싼 대가가 요구되는 행동과 발언을 살펴봐야 한다. 우리가 지금까지 배운 것을 적용해보면 왜 기후변화에 대한 지구적 해결을 기대해서는 안 되는지 알 수 있다. 그리고 주요 국가들의 국내정치적 압력이 지구온난화 문제를 다루는 데 큰 역할을 할 수 있다는 것을 기대할 수 있다.

집단행동과 무임승차

전 세계에는 192개국이 있고 70억의 인구가 살고 있다. 192개국 모두 UN 기후변화

표 8-1 지구온난화로 인한 국가적 위협

5가지 기후 위협과 가장 위험에 빠진 12개국

저소득 / 중간소득

가뭄	홍수	폭풍	연안 1m	농업
말라위	방글라데시	필리핀	모든 저지대 도시 국가들	수단
에티오피아	중국	방글라데시	베트남	세네갈
짐바브웨	인도	마다가스카르	이집트	짐바브웨
인도	캄보디아	베트남	튀니지	말리
모잠비크	모잠비크	몰도바	인도네시아	잠비아
니제르	라오스	몽골	모리타니	모로코
모리타니	파키스탄	아이티	중국	니제르
에리트레아	스리랑카	사모아	멕시코	인도
수단	태국	통가	미얀마	말라위
차드	베트남	중국	방글라데시	알제리
케냐	베냉	온두라스	세네갈	에티오피아
이란	르완다	피지	리비아	파키스탄

출처: 세계은행. 2009. 불편한 진실에 관한 편리한 해결: 기후변화에 대한 생태계 접근. 세계은행 홈페이지(https://openknowledge.worldbank.org/handle/10986/3062 License: Creative Commo₩ns Attribution CC BY 3.0.)

협약에 서명했다. 이것은 확실히 지구적 해결책을 찾는 데 좋은 출발점으로 보인다. 물론 모든 개별국가와 세계의 모든 시민들이 온실가스 배출과 그 해결책을 찾는 데 똑같은 관심을 가지고 있는 것은 아니다. 지구온난화로 인해 일부 국가와 국민은 타 국가와 국민에 비해 더 큰 위험에 처해 있다. [표 8-1]은 지구온난화로 야기된 가장 중요한 5가지 위협과 세계은행이 규정한 가장 취약한 국가들을 정리한 것이다. 위협의 중요한 유형으로는 가뭄, 홍수, 폭풍, 해안 범람과 침수, 농업 손실이다. 표는 색깔의 강도를 이용해 가장 취약한 국가들을 소득에 따라 가난한 국가와 중간 정도의 국가로 구분해 알기 쉽도록 구분했다. 가장 취약한 국가 리스트에 부유한 국가는 하나도 없다. 이 또한 지구온난화로 인한 위협이 불균등하게 분배되고 있으며 그 위협을 조정하려는 인센티브도 불균등함을 보여준다.

일부 예외는 있지만 지구온난화로 인한 최악의 결과에 직면한 국가들은 온난화의

표 8-2 10대 온실가스 배출 국가

이산화탄소	모든 온실가스	1인당 이산화탄소	1인당 모든 온실가스
중국(25.4%)	중국(16.4%)	카타르	카타르
미국(17.8%)	미국(15.7%)	트리니다드 토바고	아랍에미리트
인도(5.3%)	브라질(6.5%)	아랍에미리트	쿠웨이트
러시아(5.2%)	인도네시아(4.6%)	바레인	룩셈부르크
일본(3.6%)	러시아(4.6%)	브루나이	호주
독일(2.5%)	인도(4.2%)	쿠웨이트	바레인
캐나다(1.8%)	일본(3.1%)	룩셈부르크	미국
한국(1.7%)	독일(2.3%)	아루바	캐나다
이란(1.7%)	캐나다(1.8%)	호주	트리니다드 토바고
영국(1.7%)	멕시코(1.6%)	미국	투르크메니스탄

출처: 클라크 2011.

원인 제공국가가 아니다. [표 8-2]는 세계 10대 온난화가스 배출 국가를 4가지 기준에 따라 보여준다. 일부 [표 8-1]의 국가와 중복되는 국가도 있지만 그 수는 많지 않다. 우리가 이미 배운 무임승차할 인센티브와 집단행동의 상대적 비용과 혜택을 활용하면 이것이 의미하는 바를 유추할 수 있다.

UN 기후변화협약에 서명한 모든 국가들이 지구온난화를 해결하기를 원한다고 가정하자. 이는 잠재적으로 비용이 많이 들지도 모르는 근본적 행동 변화를 필요로 한다. 어떻게 책임을 분배해야 할까? 물론 우리는 지구온난화의 가장 큰 피해자들, 즉 [표 8-1]의 국가들에 초점을 맞출 수 있다. 결국 그들에게 대부분이 할당될 것이다. 최악의 농업 피해를 감당해야 하는 사람은 농업생산을 바꾸어 더 취약하지 않는 작물로 전환하거나 경제 구조조정을 통해 농업 의존도를 낮추어야 한다. 모두가 비교우위[1]에 따라 가장 잘할 수 있는 것을 하게 된다면 극단적 혼란과 대가를 치르게 될 것이다. 빈국과 중간소득 국가들은 아마도 더 가난하게 될 것이고, 이들은 다른 나라로부터 구호금과 같은 도움을 기대할 것이다. 제12장에서 해외원조에 대해 살펴보겠지만 다른 국가로부터의 구호금은 자국 경제를 구하는 데 도움이 되지 않는다.

1. 비교우위라는 중요한 경제적 개념에 대한 설명은 제10장에 있다.

홍수와 폭풍에 취약한 지역에서는 보다 좋은 수로와 제방에 투자할 수 있다. 가뭄에 취약한 지역은 고대 이집트 파라오가 했던 것처럼 더 많은 창고를 지어 작황이 좋지 않을 때 주민들을 기아로부터 보호하려 할 것이다. 지구온난화로 인해 위협에 직면한 국가들은 경제를 개편해 생존가능성을 높이려 할 것이다. 그러나 이러한 변화는 매우 값비싼 대가를 요구하기 때문에 시행하기가 어렵다. 비용이 너무 높기 때문에 [표 8-1]에 속한 국가들이 부유한 나라가 아니라는 사실을 염두에 두는 것이 중요하다. 이 국가들은 지구온난화의 결과로부터 자신을 지킬 수 있을 만큼 예산을 지불할 능력이 없다. 만약 그렇게 한다면 경제가 붕괴되기 시작하고 정치적 위험이 증폭되는 것을 감내해야 할 것이다. 사실 이러한 국가들은 자신이 이 문제를 야기한 것도 아니고 희생양일 뿐이라며 비용을 감당하는 것은 정당하지 않다고 주장한다. 그 주장은 정당하며 지구의 다른 지역에서 이룩한 경제발전의 부정적 외부효과로 인해 고통 받고 있다. 즉 자신이 아닌 다른 정부가 야기한 지구온난화로 인해 고통 받고 있는 것이다.

아마도 [표 8-1]에 있는 국가를 운영하는 정부는 자신이 직면한 지구온난화 문제를 스스로 해결하기보다는 [표 8-2]에 속한 국가들이 온실가스의 원인을 줄여 문제를 해결할 것을 기대할 것이다. 실제로 온실가스 배출에 대한 지구적 해결책을 찾으려는 국제회의는 희생자들에 대해서는 논의하지 않고 지구온난화의 원인과 생산자에 주로 초점을 맞추어왔다. 물론 이는 피해자들이 원하는 것이고 아마도 옳은 것이다. 그러나 우리는 "배출 국가들이 어떻게 반응하고 있는가?"에 관심을 가져야 한다.

질문에 대답하기 위해 우선 모든 사람들이 지구환경 문제를 해결하는 데 똑같은 이해관계를 가지고 있다고 가정하자. 결국 이 가정은 이것이 지구적 문제이고 공기오염이 우리 모두에게 부정적 외부효과를 야기한다는 점을 인정한다는 주장에 근거하고 있다. 문제해결은 모든 사람이 즐길 공공재를 생산하는 것이다. 제7장에서 집단행동에 대한 모델을 활용해 모든 사람이 지구온난화 효과를 줄임으로써 이익을 볼 수 있다고 가정한다(물론 실제로는 향후 문제를 파고들어 보면 승자와 패자가 있다). 지구온난화가 더 이상 진행되지 않고 감소한다면 공공재의 이익이 발생한다. 이를 B라 하자. 그러나 이 이익을 얻기 위해서는 모든 국가가 비용(C)을 감내해야 한다. 기후변화를 목도하고 있는 우리는 실제로 지구온난화를 역전시키는 데 필요한 비용에 대한 생각으로 많은 시간을 소비할 수 없다. 만약 아무것도 하지 않는다면 적어도 상투적으로는 우리 아이들과 그 아이들의 아이들, 그 아이들의 아이들의 아이들까지 장기간의 비용을 생각하는 데 많은 시간을 보낸다. 그러나 선출 혹은 재선에 몰입되어 있는 정치인들은 세금을 인상하거나, 생필품과 휘발유 가격을 인상한다면 자신이 공직에 더 이상 진출하지 못할 위험에 처한다는 것을 안다. 우리는 온실가스의 감소와 지불해야 하는 비용이 연관되어 있다는 것을 생각하지 못할 때가 많다. 그 비용이 자동차나 트럭 생산자, 석유회사 그리고 다른 사업자들에게 부과된다고 생각하곤 한다. 한번 더 생각해보면 그들은 이 비용을 소비자에게 전가하지 않고는 마련할 방편이 없다. 심지어 우리는 지구온난화를 통제하기 위해서는 식품가격이 직접적 영향을 받게 된다는 것을 생각하지 못한다.

비용에 어떤 것들이 포함되는지 살펴보자. 온실가스는 비료, 자동차, 트럭, 기타 교통수단과 선박, 전기생산, 가정난방, 산업생산 등 무수히 많은 곳에서 발생한다. 대표적 오염원인 비료 사용을 줄일 수는 있다. 그러나 그렇게 된다면 생산되는 식품이 줄어들고 결국 과일과 야채 가격이 급속히 상승한다. 그리고 가난한 사람들은 기아에 시달리게 될지도 모른다. 온실가스 배출을 줄이는 것과 기아를 완화하는 것 중에서 어떤 것이 더 중요할까? 이는 어려운 선택이고 분리될 수 없는 사안이다. 지구온난화 문제를 해결하려 할 때 풀어야 할 심각한 도덕적, 정치적 딜레마가 있다. 우리 중 많은 이들은 유기농 과일과 채소를 선호한다. 화학비료는 많은 산화질소를 배출한다. 온실가스 중에서 단지 이산화탄소와 메탄이 지구온난화의 가장 강력한 원인이다. 한편 산화질소는 지구 오존층을 파괴해 유해한 자외선이 대기 속으로 들어오게 한다. 결국 유기농 비료는 결코 무해한 것이 아니다. 현존하는 기술에서는 많은 식량을 생산한다는 것은 비료에 의한 것이고 비료는 온실가스를 유발한다. 이것이 냉혹한 현실이다. 여기에는 쉬운 선택이란 없다. 옳고 틀린 것을 구분하는 것도 쉽지 않다. 흑백이 구분되지 않는다.

비료와 식품생산을 줄이는 대신 휘발유 가격을 시장가격보다 5달러 이상 높게 올릴 수 있다. 그렇게 된다면 자동차를 운전하는 사람이 줄어들 것이고, 자동차에서 배출되는 온실가스 양도 줄어든다. 그러나 일하러 갈 수 없게 되고, 노동생산성이 감소하며, 산업생산이 저하될 것이다. 의료비용이 의사와 간호사의 인상된 통근비용을 상쇄해주지 않는다면 환자를 돌볼 의사와 간호사가 줄어들게 될 것이다. 비료 사용을 줄이지 않고 식량생산을 유지하려 했었지만 신선한 과일과 야채를 시장에 출하하는 것도 더 어렵게 된다.

휘발유 차량을 전기차량으로 교체할 수 있다. 전기차로 교체하는 것은 서서히, 꾸준히 진행되고 있는 현실이다. 전기차량은 온실가스를 배출하지 않는다. 그러나 전기차량은 전기가 필요하다. 전기는 오염물질을 배출하지 않는 전기차량에서 만들어지는 것이 아니라 대규모 오염물질을 배출하는 발전소에서 만들어진다. 일부 발전소는 오염물질을 배출하지 않는 원료, 즉 핵원료를 사용한다. 하지만 많은 사람들이 (지나치게 과장된) 핵에너지와 연관된 위험을 두려워해서 핵에너지 사용을 반대하고 있다. 대부분의 전기는 수톤의 온실가스를 배출하는 화석연료인 석탄을 연소해서 생산한다. 최근 참여과학자연대(Union of Concerned Scientists)의 연구에 따르면 미국의 대부분 지역에서 전기차는 가솔린 차량만큼이나 많은 탄소를 배출한다(Stenquist 2012). '해결'과 문제가 이렇게 계속 이어진다. 핵심은 분명하다. 우리는 비용을 c라 명명한다. 그러나 기억해야 할 것은 지구온난화를 바꾸는 데 소요되는 c의 증가는 우리 모두의 삶의 방식을 변화하는 것을 의미하는 것이고 이는 가난한 국가에서는 더욱 명확하게 드러난다. 그 변화가 얼마나 큰 것인지 알아보기 위해(시에라클럽이나 쉐브론과는 무관한) 왜곡되지 않은 중도적 기관에서 발간한 자료를 근거로 비용이 얼마나 되는지 살펴보자.

높은 평판을 지닌 비당파 컨설팅회사인 맥킨지(McKinsey)는 2007년에 온실가스 감축비용에 대한 연구결과를 보고했다(Creyts et al. 2007). 연구자들은 몇 개의 시나리오를 검토하고 이산화탄소 1톤당 감축비용에 대한 평가를 시행했다. 다른 배출가스는 이산화탄소를 비교해 값을 산정했다. 연구에 따르면 미국은 교토에서 제안된 규정, 즉 대규모 배출자들이 소규모 배출자들에게 대금을 지불함으로써 책임을 전가하는 것을 허용한 규정을 활용한다면 비용은 상당히 줄일 수 있다고 한다. 나중에 이 규정에 대해 논의하겠지만 이 유연한 규정은 오염시킬 수 있는 권리를 거래할 수 있는 시장을 만들어 미국이 실제로 배출하는 것보다 적은 이산화탄소를 배출할 수 있도록 한 것이다. 이 방식은 미국이 배출을 축소하지 않고 승인을 얻어 다른 이들에게 전가하는 것이다. 맥킨지의 계산은 다음과 같다.

> 미국은 시현을 마친 기술과 높은 가능성을 가진 기술을 활용한다면 2030년에 30억 톤에서 45억 톤의 이산화탄소 배출을 줄여 온실가스 배출을 줄일 수 있다. 이는 가용한 감축 옵션을 충분히 활용할 때 1톤당 50달러(2005년 불변가격 기준)보다 작은 금액으로 가능하다(Creyts et al. 2007).

에이브러햄 링컨이 복잡한 문제를 연구해 자료를 국가에 제공하기 위한 목적으로 창립해 미국의 주요 전문가들을 모두 포함하고 있는 국립아카데미(The National Academies: 여기에는 국립과학아카데미, 국립공학아카데미, 국립의학아카데미, 국립연구위원회가 있다)도 지구온난화에 관한 연구를 수행했다. 맥킨지 보고서가 2030년 기대 배출량의 50% 미만의 온실가스 감축을 제시한 반면 국립아카데미의 보고는 다음과 같다.

> 인간에 의한 이산화탄소 배출이 자연이 수용할 수 있는 범위를 초과하고 있기 때문에

현재 배출률을 그대로 유지하면 이산화탄소를 안정화시키지 못할 것이다. 세계적으로 최고 배출률에 비교해서 80% 이상 감축하는 것이 이산화탄소 축적을 한 세기 동안 혹은 특정 수준으로 안정화시키기 위해 필요하다(Committee on Stabilization Targets 2011).

이들은 이 정도의 심각한 감축으로도 지구 온도가 3℃(5.4℉도) 정도로 안정화되려면 수백 년은 필요하다고 지적한다.

맥킨지 보고서로 다시 돌아가자. 1톤당 50달러라면 어쩌면 적당한 금액이라 생각할지도 모르겠다. 맥킨지 보고서는 이 비용에는 이전비용(즉 사업시행비용, 세금 등)이 포함되어 있지 않지만 소비자의 복지를 유지하면서도 수용할 수 있는 정도라고 지적했다. 50달러라는 의미를 살펴볼 필요가 있다. 이 금액을 미국 내에서 1년간 생산된 재화와 서비스를 모두 합한 국내총생산(GDP)과 연관 지어보자. 기가(giga)톤이라는 단위는 10억(10^9)톤이다. 1기가톤의 이산화탄소 배출을 줄이기 위한 한계비용(경제에서 외부비용)은 대략 500억 달러로 계산된다. 맥킨지 보고서에 따르면 2030년에 4.5기가톤(2030년에 가까울수록 더 많은 양이 되겠지만)의 생산을 줄이기 위해서는 2030년에는 2250억 달러에 이르는 한계비용을 지불해야 한다. 미국의 현재 GDP가 약 15조 달러라면 이 금액은 GDP의 1.5%에 해당한다. 연방정부가 국민세금으로 이 금액을 지불하기 때문에 이 금액을 연방예산과 비교해보자. 연방정부 예산의 7.5% 이상이 배출을 줄이기 위해 필요하고, 이 금액은 다른 예산에서 전용되거나 정부적자를 야기하게 된다.

2250억 달러를 구체적으로 살펴보자. 이는 연방정부 부채의 이자(즉 국가채무에 지불되는 비용)가 매년 추가되는 것을 의미한다. 연방정부 예산 중 교육과 교통에 지불되는 금액을 합한 것이 약 2250억 달러다. 온실가스 감소비용이 국방예산의 1/4에 이르고, 정부의 일반비용에 지불하는 금액의 8배에 해당한다. 국제적 맥락에서 살펴보면 이는 미국과 서유럽 국가들이 외국의 농산물로부터 자국 농업을 보호하려는 목적으로 지급하는 농업보조금의 2/3에 해당한다. 이 정도라면 상상을 초월하는 금액인가? 그렇지는 않다! 우리는 이 일을 할 만한 능력이 되는가? 물론이다! 미국 유권자들은 18년 안에 온실가스 배출량을 50% 정도 줄이기 위해 매년 2250억 달러를 지출하는 데 동의할까? 아마도 동의하지 않을 것이다. 의회에서 농업지역 출신 의원들의 반응에서 알 수 있다. 미국에서 지구온도를 안정화시키기에는 턱없이 부족한 온실가스 배출을 감축하기 위해 달러당 10센트를 지불하면서 매년 200억 달러에 달하는 농업보조금을 포기해야 하는 일이 생긴다면 의원들의 반응은 어떨지 상상해보라. 교육 관련자들이 온실가스를 줄이기 위해 교육 관련 예산의 2/3를 포기하는 데 동의할까? 단언컨대 아니다! 의회가 기후통제를 위해 방위비의 1/4을 감축할까? 이러한 일은 생기지 않을 것 같다. 국방과 군사 관련 산업체는 강력한 이익집단을 형성하고 있고, 정부의 최고 기능은 국민의 안녕과 안보를 위협하는 국내외 위협으로부터 국민을 보호하는 것이다. 수백만 명의 미국 유권자들을 설득해 미국 예산에서 약 2250억 달러를 지구온난화를 완화하는 데 전용하는 것은 불가능하지는 않지만 어려운 일이다. 이보다 더 어려운 것은 수백만 명의 유권자들을 설득해서 좋아하는 정책의 예산을 삭감해 추가로 2250억 달러의 예산을 만드는 것이고, 이보다 더 어려운 것은 세금을 인상해서 이 재원을 마련하는 것이다.

자신이 아닌 다른 사람들이 돈을 지불하거나, 다른 사람들이 선호하는 정책을 축소하는 것은 문제가 없다. 그러나 누군가는 특정 프로그램을 선호하기 때문에 예산을 삭감하는 것은 매우 어려운 일이다. 농업지역 의원들을 생각해보면 분명하다. 농업지역 의원들이 온실가스 배출을 줄이기 위해(곡물가격을 높게 유지하기 위해 곡물을 생산하지 않는 농부들에게 지불하는) 농업보조금을 삭감하거나 폐지하는 데 동의할까? 확실한 것은 이에 동의하는 의원들은 재선되기 어렵다는 것이다. 마찬가지 상황이 국방 관련 기업과 군사기지가 있는 지역 출신의 의원들에게 발생한다고 생각해보라. 이들은 이러한 부담을 지지 않으려 할 것이다. 대규모 주립대학이나 대학 캠퍼스가 있는 지역 의원들도 생각해보라. 의원직을 그만두고 싶다면 모를까 자기 지역주민들에게 등을 돌리면서까지 배출가스 감축에 매달리지 않을 것이다. 다른 시민들의 노력, 다른 지역구, 다른 나라 혹은 다른 정부의 감축 노력에 무임승차하는 것이 가장 좋다.

[표 8−2]는 미국이 세계 온실가스 배출의 15%를 담당하고 있음을 보여준다. 맥킨지 보고서의 비용 산출이 올바르다고 가정하자. 만약 미국을 제외한 다른 모두가 같은 정도의 노력을 하고 미국이 무임승차한다면 미국은 발생하는 이익의 84%(앞에서 언급했듯 0.84B), 2250억 달러 절약이라는 이익을 매년 확보한다(물론 미국이 배출하는 16%의 가스는 감축하지 않을 것이다). 만약 미국이 협력한다면 이익은 B−2250억 달러가 될 것이다. 따라서 무임승차의 계산은 온실가스를 1/6 감축하는 것이 미국 세금납부자들에게 2250억 달러 가치가 있는지 귀결된다.

중국도 비슷한 양의 온실가스를 배출하기 때문에(실제로는 미국보다 조금 더 많이 배출하지만), 중국 지도층과 시민들에게 2250억 달러의 감축비용을 감내할 수 있는지를 물을 수 있다. 이 질문을 구체적으로 살펴보자. 중국의 2010년 GDP는 미국의 40%인 약 6조 달러 정도다. 물론 중국은 민주주의 국가가 아니기 때문에 더 많은 국민과 더 작은 지배연합이 있다. 따라서 비용이 더 많은 국민에게 분산될 것이다. 그러나 국민의 대부분은 추가 부담을 감내하지 못할 만큼 가난하다. 중국 지도자는 이렇게 대규모의 추가 비용은 정부를 전복시킬 혁명을 유발할 수도 있다고 두려워할 것이다. 어두운 사실이지만 현실이다. 중국지도자는 실행이 아닌 말뿐인 인센티브를 이해할 것이다.

8.2 합의 추구: 감축 비용 할당

모두가 집단행동의 이익을 공유하지만 합리적 행위자는 무임승차에 대한 강한 동기가 있다는 것을 이미 알고 있다. 그리고 무임승차가 있을 때 공공재, 여기서는 지구온난화 완화라는 사회적으로 최적 상태인 공공재는 생성되지 않는다는 것도 안다. 모두가 다른 이들이 온실가스 배출을 줄이기 위해 더 많은 노력을 하기를 원하고, 또 모두가 뒷짐을 지고 다른 이들의 희생으로 만들어진 이익을 즐기기 원한다. 맥킨지 보고서에는 2030년에 배출될 가스의 50% 이하 감축을 추구한 반면 국립아카데미에서는 80% 이하의 감축은 향후 수백 년 동안 상승해온 지구온난화 효과를 축소하지 못할 것이라고 발표한 것을 기억하라.

무임승차 문제가 얼마나 심각한지는 국제합의를 통해 감축을 이룩하려 했던 지속적 노력을 살펴보면 쉽게 알 수 있다. 많은 제안이 있었지만 성공한 것은 거의 없다. 하나의 해결책은 지구온난화를 해결하는 책임을 [표 8–2]에 있는 대규모 배출자들에게 전가하는 것이다. 특히 미국과 BRIC로 불리는 브라질, 러시아, 인도, 중국의 책임을 강조하는 것이다. 이 5개 국가에서 온실가스 배출의 거의 절반이, 그리고 이산화탄소 배출의 반 이상이 나오고 있다. 이들이 경제적으로 또 정치적으로 엄청난 대가를 감내해 지구를 돌보는 집사 역할을 한다면 이 문제는 크게 개선될 수 있다.

그러나 배출 문제를 해결하기 위해 가장 많이 오염원을 배출하는 국가들에 책임을 묻는 것도 문제가 있다. 이것이 집단행동 문제의 일부분을 감소시키는 것은 사실이다. 이렇게 되면 우리가 단지 5개 정부에 전체 배출문제에서 절반을 해결하라고 하는 것과 마찬가지다. 우리 논리에 따르면 5개 정부가 배출문제를 완전히 해결한다 해도, B의 절반만을 만들어내게 된다. 즉 다른 절반의 배출량은 나머지 187개국(지연된) 책임으로 남긴 채 배출량의 절반을 제거하는 확률은 단지 5개 정부의 행동에 의존하게 된다. 예를 들어 미국과 BRIC 국가들이 책임을 다했다고 하면 $5/5 \times 1/2(B-5c)$ 만큼 얻게 된다. 만일 누군가 무임승차했다면 그는 자신의 비용(c)은 공유하지 않은 채 $4/5 \times 1/2B$ 만큼의 이익을 얻는다. 이제 무임승차하기 위해서는, 다른 국가들은 c가 B의 1/10보다 크다는 것을 믿을 수 있어야 한다. 우리는 비용(c)이 얼마나 큰지 보았다(맥킨지 보고서는 그 비용이 관리 가능할 정도라고 희망적으로 평가했다). 미국 유권자들은 지구온난화를 완화하는 엄청난 비용에 좌절하게 될 것을 쉽게 상상할 수 있다. 미국보다 훨씬 가난한 BRIC 국가의 국민이 이 위대한 선을 행하기 위해 엄청난 대가를 치를 것이라고 생각하기는 어렵다. 그렇기 때문에 후진타오 주석은 "우리는 '공동의 그러나 차별화된 책임'이라는 원칙에 입각해야 한다"라고 말했다. 즉 그는 가장 많이 배출하는 국가가 모두 똑같은 노력을 해야 한다는 생각에는 동의하지 않았다. 그는 책임은 차별화되어야 한다고 했다. '차별화'는 무슨 의미인가?

BRIC 국가, 특히 인도와 중국 지도자들은 지구온난화는 200년 간 북미와 유럽을 부강하게 만든 산업화로 인한 오염의 산물이라는 점을 주장한다. 이들이 역사적 책임을 심각하게 논의하면서 현재의 대규모 감축비용을 과거에 지속적인 경제성장을 향유했고 이제는 정화비용을 감당할 수 있는 부유한 국가들에 전가하려는 것은 놀랄 일이 아니다. 이와 마찬가지로 중국, 인도, 러시아, 브라질이 경제성장을 가속화하기 위해 대기 중에 가스를 계속 쏟아내고 있는 상황에서 미국이 온실가스 배출을 감축하는 막대한 비용을 분담하려 하지 않을 것이다. 오바마가 2009년 UN총회에서 행한 연설의 다른 부분에서 그 예를 알 수 있다.

> 우리는 오랫동안 우리의 개선을 방해해온 기후변화의 특징에 대한 논쟁이 만들어온 오랜 분열을 더 이상 허용할 수 없습니다. 지난 세기 동안 기후를 악화시켜온 선진국들은 여전히 책임이 있습니다. 그리고 우리는 신재생 에너지에 대해 투자하고, 보다 효율성 높은 것을 만들어가며, 우리의 2020년과 장기 목표인 2050년까지 설정한 목표에 도달할 수 있도록 배출을 줄여가면서 이끌어가 책임을 계속 수행할 것입니다.
>
> 그러나 지난 수십 년 동안 지구 탄소배출의 대부분을 배출해온 급속히 성장하는 개도국들도 책임을 다해야 할 것입니다. 일부 개도국 중에는 이미 청정에너지 보급과 발전에 큰 성과를 이룩한 국가도 있습니다. 그러나 이들은 자국 내에서 강력한 수단으로 책임을 다할 필요가 있고, 선진국들이 약속을 이행하듯이 개도국들도 약속을 이행하는 데 동의해야 할 것입니다. **모든 대규모 온실가스 배출국들이 동참하지 않는다면 우리는 이 도전을 감당하지 못할 것입니다. 다른 길은 없습니다.**

후진타오 주석도 오바마 대통령도 기후변화를 해결하는 것이 중요하다는 것에 어떤 의문도 제기하지 않았다. 그러나 자국민의 이해관계에 따라 그리고 자국의 정치상황에 따라 각자 정치적으로 유용한 입장을 택했고, 그 입장 간의 차이는 심대하다. 중국 정부는 차별적인 역사적 책임에 집중하기를 원하고 있다. 반면 미국 정부는 미래 동등한 수준의 배출을 강조하고 있다. 만약 둘 중 어느 하나의 시각이 채택된다면 한 국가의 지배연합은 반길 일이겠지만 다른 국가의 지배연합에게는 간담이 서늘한 일이 될 것이다. 만약 두 나라 혹은 192개국이 탱고춤을 춘다고 가정해보면 모두 똑같은 박자로 춤을 추지 않는 것을 알 수 있다. 사실 기후변화에 대처하는 방법에 대한 최근 세계적 합의문들을 살펴보면 미국과 중국의 미사여구들이 만들어낸 문제들을 알 수 있다.

8.3 낮은 수준의 협정=순응, 높은 수준의 협정=실패

앞에서 UN 기후변화협약에 대해 설명했다. 세계 모든 국가가 이 협약에 동의했다. 이 협약은 모든 당사국들에게 온실가스 배출을 줄이기 위한 방법을 찾아서 매년 해야 할 할당량을 설정했다. 대부분의 요구사항은 아젠다에 대한 과정적 문제를 다룬 것으로 적당한 수준이었다. 그러나 몇 개의 중요한 국제회의가 합의안을 기반으로 개최되었다. 가장 중요한 두 회의는 1997년 교토의정서를 이끌었던 교토 정상회담과 2009년 코펜하겐 정상회담이었다. 코펜하겐 정상회담은 교토의정서가 단지 2012년까지 운영하기로 되어 있었기 때문에 교토의정서가 해결하지 못하고 남겨둔 것을 해결하기 위해 개최되었다.

교토와 코펜하겐 회의에서 확실한 것은 무임승차 문제가 지구온난화에 대한 논의와 행동에 역동적으로 영향을 미치고 있었다는 점이다. 앞으로 살펴보겠지만 교토의정서는 광범위한 순응을 이끌어냈으나 온실가스를 줄이지는 못했다. 대부분의 나라들이 아무것도 하지 않아도 되었기 때문에 이에 동의했었다. 1997년 교토에 참석한 모든 정부는 세계적인 해결책을 만들어내기 위해 회의에 참석했으며 우리가 논의했던 모든 문제를 이해했다. 참석자들은 기후변화의 위협을 감소시키는 것에 장기적이고 점진적인 과정을 시작할 것을 합의했다. 참석자들은 1990년을 (대부분의 경우) 기준년도로 설정하고 모든 서명국에게 요구되는 감축량을 책정했다. 시작부터 약 175개국 정부가 교토의정서에 서명했다. 2011년까지 미국을 제외한 모든 국가가 교토에서 책정된 조건에 동의했다.

2009년 12월 12일에 덴마크 코펜하겐에서 열린 기후정상회의 동안 수천 명이 시위에 참가했다. 경찰 보고에 의하면 약 6만 명의 시위대가 크리스티앙보그 슬로츠플라즈(Christiansborg Slotsplads), 캐슬스퀘어(Castle Square)에서 벨라센터(Bella Center)로 행진했다. 이곳은 약 200개 국가에서 대표단과 참관단이 모여 기후변화에 대응하기 위한 방법을 논의한 회의장으로 철통 경비를 하고 있었다. 결국 코펜하겐회의는 온실가스 배출을 감축하기 위한 구체적 방안을 찾지 못하고 수많은 상투적인 말들만 만들어냈다.

1997년을 기준으로 볼 때 최대 오염물질 배출 국가인 미국은 교토의정서가 개도국에게 감축을 요구하지 않는 불평등한 부분이 있다는 점과 교토의정서 서명이 다가올 선거에 미칠 영향 때문에 비준하지 않았다(Hovi, Sprinz, and Bang 2012). 중국 지도자가 원했던 것처럼 다른 서명국과 구분되었다. [표 8-2]에서처럼 일부 BRIC 국가를 포함한 이러한 국가들이 대규모 배출 국가이다. 즉 현재의 기술 효과와 급속한 경제성장을 추구하려는 노력이 함께 만들어낸 결과다.

미국은 서명은 했지만 비준을 하지는 않았다. 그러나 미국은 〈부속합의서 I〉에 속한 국가로서 2008~2012년 사이 평균 5.3% 배출가스 감축에 집단으로 동의한 국가다. 그러나 이 수치는 미국이 합의에 구속되지 않기 때문에 낮추는 쪽으로 수정해야만 했다. 여전히 약속한 평균 감축량은 (미국이 참가하지 않을 경우) 4.2%와 (미국이 참가할 경우) 5.2% 사이의 어느 지점이 될 것이다. 이것도 세계적인 해결책을 추구하는 시작으로서는 매우 고무적인 것이다. 그러나 늘 그러하듯 말이 행동보다 쉽다.

175개 서명국 중에서 137개국은 온실가스 배출을 감소하는 데 아무것도 하지 않았지만 합의를 완전히 이행한 것이 되었다. 예를 들어 러시아는 아무것도 하지 않음으로써 합의를 완전히 이행했다. 소련이 붕괴한 이후 경제침체로 인해 약 30% 정도 배출이 감소했다. 러시아는 1990년 수준까지 배출을 늘렸으나 완전히 이행할 수 있었다. 브라질, 중국, 인도 역시 아무것도 하지 않으면서도 합의를 이행했다. 왜냐하면 그것이 그들이 약속한 것이고 조항에 따라 정확히 해야 할 것이었기 때문이다. 유럽의 대부분 국가와 일본, 미국이 속한 〈부속합의서 I〉의 38개 국가들만이 목표한 감축을 이행하기 위해 큰 변화를 수행해야 할 책임을 졌다. 명확히 38개 서명국들이 엄청난 비용이 들어가는 막대한 책임을 떠맡게 되었다. 그들은 세계를 발전시킬 커다란 기회를 가졌다. 그들은 무엇을 했을까?

교토의정서 서명국 중 일부만이 목표량을 충족하거나 초과 달성함으로써 실제로 배출을 감소하는 데 큰 진전을 이루었다. 2009년 후반기 들어 그리스, 독일, 영국, 스웨덴이 이러한 국가에 포함되었다. 목표에 거의 도달한 국가들은 체코, 슬로바키아, 폴란드, 헝가리, 불가리아, 루마니아였다. 목표치에 현저히 미치지 못하거나 거의 실패한 국가도 있었는데 이들 국가는 감축하기보다는 배출이 증가된 국가들이다. 이 국가군에는 캐나다, 이탈리아, 덴마크, 스페인, 네덜란드, 아일랜드, 스위스, 스코틀랜드, 노르웨이(노르웨이는 배출량 증가를 1%로 낮추겠다고 약속한 국가다), 핀란드, 오스트리아, 교토회의 개최국 일본이다. 큰 실패를 경험한 국가 중에는 [표 8-2]에서 온실가스 주요 배출국이 포함되어 있다. 물론 큰 성공을 거둔 국가 중에도 대규모 배출국이 있다. 그러나 이들의 성공도 구체적으로 살펴봐야 한다. 성공한 국가들은 2009년 후반기 배출량을 기준으로 목표 성취 여부를 평가했다. 그런데 2009년 후반기는 세계경제가 대공황 이후 최악의 경제침체기였다.

경제침체는 산업생산을 감소시키고 생산에 필요한 에너지 소비를 감소시켰다. 따라서 좋은 결과를 보인 국가들이 협정을 준수하려는 노력을 했다기보다는 불경기라는 상황을 반영한 것이다. 성과가 좋지 않았던 국가들도 경제가 좋았더라면 상황이 더 좋지 않았을 것이다. 따라서 성과가 좋다 해도 실제로 이들의 행위가 합의사항에 순응하기 위해 노력하는 녹색주의자로 변했기 때문이라고 확신할 수는 없다. 사실 캐나다와 일본을 포함한 〈부속합의서 I〉의 38개 국가들 중 몇 나라는 합의한 목표치만큼 감축하려는 선한 의도를 가지고 있었지만 목표치를 달성할 수 없었다고 밝혔다. 2010년은 교토 합의에도 불구하고 역사상 이산화탄소 배출 증가량이 가장 큰 해였다. 유럽의 온실가스 배출은 2011년에 3% 증가했다. 유럽위원회(European Commission)와 네덜란드 환경평가원(Netherlands Environmental Assessment Agency)은 최근 보고서에서 이렇게 언급했다.

> 2009년 1% 감축 이후 세계의 이산화탄소 배출은 2010년에 5% 이상 증가했다. 이 수치는 지난 20년 동안 전례가 없는 것이다. 그러나 이 수치는 세계경제가 첫 번째 오일쇼크와 그로 인한 금융시장 붕괴에서 회복하기 시작했던 1976년과 비슷한 규모다. 이산화탄소 배출은 대부분의 주요 경제대국에서 상승했다. 중국과 인도가 이를 선도했는데 각각 10%와 9%가 증가했다. 신용위기를 겪은 지난 3년 동안 이산화탄소 배출에서 최초 효과가 가시화됐던 2008년의 1% 증가를 포함한 연평균 증가율은 1.7%이다. 이는 1990년부터 20년 동안의 장기간에 걸친 연평균 1.9%와 거의 동일한 수치다.(Olivier 2011)

이 보고서에는 다음과 같은 내용도 언급되었다.

> 산업화된 국가들은 1990년 이후 이산화탄소 배출에서 차지하는 비중이 약 2/3에서 절반 정도로 감소했지만 이 국가들의 노력은 점차로 더 늘어나지 않고 있다. 개도국의 지속적 성장과 산업국가들의 경제회복으로 인해 2010년 지구 전체의 이산화탄소 배출 증가는 5.8%라는 신기록을 세웠다.

즉 서유럽과 미국, 일본이 포함된 선진국들은 제조업과 에너지 과소비형 경제에서 서비스와 에너지 소비가 적은 산업으로 개편되었다. [표 8-2]에서 살펴봤듯이, 지구 전체의 배출은 인도, 중국 등 선진국을 따라잡기 위해 전력을 다하고 있는 가난한 제조업 중심 국가들로 이전되고 있다.

8.4 감시와 교토합의 불순응에 대한 징벌

개도국은 교토회의에서 아무런 부담을 지지 않았다. 살펴봤듯이 개도국에게는 감축 목표가 주어지지 않았다. 선진 경제국들에게는 배출을 줄일 의무가 주어졌지만 많은 선진국들이 동의한 감축 목표를 달성하지 못했다. 선진국들이 순응하지 않았으니 값비싼 대가를 치러야 할 것이다. 그러나 안타깝게도 교토협정에는 개별 국가들의 이행 정도를 점검할 아무런 방안도 포함되지 않았다. 의정서에 서명한 각국은 자신의 이행에 대한 보고서를 스스로 작성하게 되어 있었다. 대부분의 서명국들이 배출감축 의무가 없었기 때문에 보고서를 제출하는 것만으로 순응하는 데 충분했다. 교토협정은 많이 감축하기로 약속하고 이를 이행하지 못한 국가들에 대한 감시에 취약했고, 위반자들의 처벌에는 더욱 취약했다. 강제에 대한 공식적 입장은 다음과 같다. 〈부속합의서 I〉에 포함된 국가가 목표치를 달성하지 못했을 경우, 그 다음 협정에서 정한 기간 동안에 보충해야 한다. 즉 지난 기간 미완성한 부분을 감축하고, 이에 더해 30%를 더 감축하는 것이다. 그러나 실제로는 이 글을 쓰고 있는 지금까지는 이러한 일이 일어나지 않았다. 교토협약의 두 번째 기제가 결국 순응하지 않은 국가도 순응한 것처럼 보이게 하는 바람에 교토에서 제안된 목표치만큼 감축하지 못한 국가가 배출량의 일부를 거래하는 것을 금지하는 것도 강제되지 않았다.

유연성

두 번째 기제는 국가들이 배출을 거래할 수 있게 한 것이다. 〈부속합의서 I〉에 속한 국가는 (공식적으로 할당량으로 알려진)배출허용권이 있다. 동유럽 국가와 전환기에 있는 국가들은 (실제 배출하는 것보다 더 많은 배출을 할 수 있게 하는)잉여배출권을 가지고 있는 반면 〈부속합의서 I〉에 속한 국가 중 선진국들은 부족한 배출량을 보유하고 있다. 즉 선진국들은 교토의정서에서 허락된 것보다 더 많이 배출하게 된다. 이 방식으로 다른 나라의 여유분을 구매한 국가는 감축 목표를 맞추고, 규정에 순응하게 된다. 잉여분을 판매하는 국가는 대부분 가난한 국가들이고 소규모 감축 혹은 감축을 하지 않아도 되는 국가들이라 이들은 이와 같은 가벼운 요구에 순응한다. 온실가스 배출감축에 국가별 상이한 비용을 인정한 이 유연한 기제로 인해 비순응국은 국부를 더 가난한 국가들에 이전하는 대신 엄격한 벌금을 면할 수 있다.

이 기제의 어려움은 반대 상황을 평가하기가 곤란하다는 점이다. 유연한 메커니즘이 없는 상태라면 배출에는 어떤 일이 벌어졌을까? 이 질문은 최상의 상황에서도 답변하기 어렵다. 예상 배출량을 평가하기 어렵다는 것은 배출자들이 벌금을 모면

할 수 있는 탈출구를 마련해 준 것과 같다. 이 점에서 유연한 기제의 변형이 감축할 필요가 없는 가난한 국가와 목표치를 달성하지 못한 부유한 비순응국 모두에게 상생의 길을 만들어주었다. 그러나 이것은 당사자들은 만족할지라도 제3자, 즉 전 세계 시민과 [표 8-1]에 속한 국가들의 시민들을 만족시키는 것은 아니다. 이 유연한 기제는 교토의정서를 그럴싸하게 만들고 비순응국들에게 실제로 순응한 것보다 더 순응한 것처럼 보이게 만들었다. 그러나 이 유연한 기제로 인해 목표량의 온실가스 감축에 실패한 국가들조차 명목적으로는 목표치를 달성한 것으로 만들어 버렸다. 결국 이것은 교토의정서와 같은 세계적 규모의 합의의 본래 목적을 만족시키지 못했다. 그러나 지구상의 모든 국가들이 교토규정에 동의하게 만들 만큼 매력적인 것이었다.

적절한 감시와 징계 과정이 없었기 때문에 모든 정부가 실제로 수행할 의도가 없더라도 문서에 서명했다. 어떤 의미에서 보면 미국 정부는 그 문서에 서명하지 않음으로써 적어도 정직하게 행동했다고 할 수 있다. 미국 정치인들은 대규모 온실가스 배출국인 인도와 중국과 같은 개발경제국들이 미국에 상응하는 희생을 하지 않으면 교토협약의 온실가스 배출감축에 동의할 수 없었다. 미국 정치인들은 감축에 동의함으로써 지불해야 하는 국내정치적 비용을 감당할 준비가 되어 있지 않았다. 그래서 미국 정부는 비준하지 않았고 따라서 약속을 어기지도 않았다. 미국 정부가 국내정치적, 경제적으로 허용하는 속도로 배출량 감축에 실제적인 진전을 이룩한 것은 사실이지만 약속을 한 것은 아니었다. 그래서 오바마의 연설은 미국이 시행해오고 있는 노력들을 정확히 지적했다. 후진타오 주석의 연설은 차별적인 책임이 필요하다는 것을 정확히 지적했다. 그리고 양국 중 어느 나라도 또 다른 어떤 나라도 교토의정서에서 요구하는 목표를 충족시키지 못했다.

선한 의도에도 불구하고 교토회담은 무임승차자를 양산했다. 교토회담은 높은 순응을 얻어냈지만 그것은 대부분의 정부들이 배출된 행위를 줄여서 된 것이 아니었다. 교토회담은 실제로 감축목표를 달성하지 못한 국가들에게 허용 메커니즘을 통해 공식적으로만 순응하게 만들었다. 이것은 낮은 수준의 합의였다. 교토회담은 문서에 서명한 국가들에게 많은 것을 요구하지 않았다. 알려진 바와 같이, 낮은 수준의 합의에 동의하는 것은 쉽다. 그리고 순응도 높다. 그러나 배출은 계속 상승한다.

8.5 교토 교훈에서 배운 것은 무엇인가?

교토의정서의 긍정적 측면은 이 문제를 해결하기 위한 다른 지구적 모임을 예정해 둔 것이었다. 세계 국가들이 인도네시아 발리에서 만나 코펜하겐의 지구정상회담을 위한 초석을 놓았다. 중요한 전환점이 다가오고 있다는 긍정적 생각이 2009년 12월 코펜하겐 정상회담이 가까워질수록 전 세계로 확산되었다. 예를 들어 세계야생동물연맹(World Wildlife Federation)은 이렇게 선언했다.

> 코펜하겐협약의 구조는 최고가 되려 경쟁하는 것이 되어야 한다. … 코펜하겐협약은 전 세계 배출 규모 곡선을 빠르게 꺾어놓을 수 있는 명백한 길을 제시하고 수백만의 인류와 동식물들에게 생존 기회를 제공할 수 있는 잠재성을 지니고 있다.(World Wildlife Federation 2009)

저먼워치(Germanwatch)는 아래와 같이 기대감을 표명했다.

> 발리에서 중요하고 결정적인 경과가 이루어졌다. 이러한 경과는 교토의정서의 첫 번째 이행 기간이 만료되는 2012년 이후 기후변화에 대한 새로운 세계적 합의가 시행될 것임을 믿게 만든다.(Bals 2008)

코펜하겐 정상회의 1년 전에 〈타임〉은 브리스 라롱드(Brice Lalonde) 프랑스 기후변화 대사가 곧 개최될 코펜하겐 정상회의에 대해 "우리는 내년 코펜하겐에서 놀라운 결과를 기대한다"라고 말한 것을 보도했다.

이러한 낙관적 선언에도 불구하고 코펜하겐 정상회담은 아무것도 만들어내지 못했다. 왜? 미국 국무장관 힐러리 클리턴은 현금을 들고 코펜하겐에 가서 이렇게 선언했다.

> **오늘 저는 모든 주요 경제국들이 의미있는 감축 이행에 함께하고 이행 성과에 완전한 투명성을 제공한다는 강력한 합의를 전제로** 미국은 2020년까지 개도국들이 기후변화에 대응하는 데 필요한 연간 천억 달러를 조성하는 사업에 다른 나라들과 함께할 준비가 되어 있다는 점을 밝힙니다. 자금은 공공 혹은 개인, 양자 혹은 다자 그리고 금융 등 다양한 곳에서 출자될 수 있다고 기대합니다. 이 재원은 제가 반복해서 말씀드렸던 우리 중에서 가장 가난하고 가장 취약한 국가들의 산림과 적응에 초점을 맞추는 것을 포함할 것입니다. (Romm 2009)

중국(과 인도)의 부정적 반응을 살펴보기 전에 우선 위 발언이, 제7장에서 설명한 것처럼 왜 글로벌 차원의 합의가 가장 값비싼 대가를 요구하는 국제문제를 해결하는 데 올바른 길이 될 수 없는지 살펴보자.

클린턴의 연설 중에서 강조된 부분은 그녀가 약속한 다자적 자금의 조건을 첨가한 것이다. 클린턴은 3가지 중요 요소를 포함시켰다. 1)강력한 협정, 2)의미있는 감축, 3)투명성이다. 클린턴이 말하고자 하는 것은 2020년에 조성될 연간 천억 달러는 느슨한 협약이 아니라 심도있는 협약(강력한 협정)에 연계되어야 한다는 것이다. 심도있는 협약은 서명국에게 실질적 변화를 요구하는 것이고, 실질적 변화는 비싼 보상 재원이 요구된다. 클린턴의 두 번째 조건은 의미있는 변화다. 그리고 세 번째 조건은 위반국들을 식별하고 제재할 수 있을 만큼 충분한 투명성이다. 요약하면 클린턴은 진정한 합의를 요구했다. 개도국의 순응 비용을 보상해 줄 수 있는 충분한 돈을 상징적으로 활용하면서 진정한 합의를 요구했다. 그러나 앞에서 설명했듯이 연간 천억 달러는 확실히 도움이 되는 것은 사실이지만 많은 개도국들에게 모두 분배될 때 의미 있는 차이를 만들기에는 턱없이 부족한 금액이다. 미국이 적당한 감축을 하는 데 필요한 합리적 비용이 연간 2천억 달러에 달한다는 것을 이미 살펴보았다. 중국과 인도의 비용이 연간 2천억 달러보다 작을 것으로 생각할 수는 없다. 긍정적 관점에서 클린턴의 제안은 온실가스 감축을 위한 한 걸음 진전된 진지한 노력이었다고 평가할 수 있다. 그러나 냉소적으로 판단하면 클린턴은 중국과 인도의 지도자들이 수용할 수 없는 전략적이고 상투적 제안을 했다고도 생각할 수 있다.

다자적으로 부유한 국가들이 연간 천억 달러를 모금할 것을 제안한 것은 2009년 후진타오 주석이 UN총회에서 행한 연설에서 언급한 차별화된 책임이라는 구상을 지지하는 방향으로 의미있는 진전을 이룩한 것으로도 볼 수 있다. 중국과 인도도 마찬가지겠지만 가장 큰 문제는 투명성에 대한 요구다. 인도 환경장관은 부유한 국가들이 개도국에게 코펜하겐의 실패에 대한 비난을 전가하려는 선전에 불구하다고 반응했다. 그는 제안된 기금은 미국과 서유럽의 상투적인 말이라고 지적했다. 중국 정부는 의미있는 감시에 동의할 수 없다고 반응했다. 중국이 언급한 차별성이라는 것이 부각되자 상투적으로 사용해오던 것들의 진의가 분명해졌다. 중국은 다른 나라가 중국의 약속 이행을 검증하는 것을 허락할 준비가 되어 있지 않았다. 그래서 코펜하겐회담 이전에 한 달, 한 주 혹은 수일 전까지만 해도 그렇게 많은 사람들이 진전이 있을 것이라 확신했던 코펜하겐회담은 결국 진전없이 끝나고 말았다.

8.6 지구온난화를 완화시키기 위한 전략의 예시

많은 어려움이 있지만 전략적 방식으로 전망해보는 것은 가능하다. 지구온난화는 조만간 사라지거나 쉽게 해결될 문제가 아니다. 그러나 지도자가 각자 다른 시각에서 다르게 판단하고 있는 비용과 분배적 불평등을 해결할 전략적 방법을 제안하는 것이 가능하다.

예를 들어 두 번째와 세 번째 온실가스 최대 배출국이면서 같은 대륙에 살고 있고, 서로 상대의 배출로 인해 부정적 영향에 노출되어 있는 미국과 브라질 사이의 양자 회의를 가정해보자. 이러한 합의가 지구온난화에 대한 치료책은 아니다. 너무나 많은 국가들이 이 양자 합의에 제외되어 있다. 그러나 때때로 이룰 수 없는 완벽을 추구하는 것보다 가능한 차선을 선택해야 한다.

브라질 경제는 연간 1조 달러를 생산해서 2억 브라질 국민에게 분배한다. 브라질은 세계 온실가스 배출의 6.5%를 담당하고 있다. 1인당으로 따지면 브라질은 중국보다 훨씬 부유하지만 인구 규모에서는 훨씬 작다. 이 조합이 중국이 아닌 브라질을 미국과의 의미있는 양자적 지구온난화 협의를 하기에 좋은 목표 국가로 만든다. 미국과 브라질이 온실가스를 감축하려는 심각한 노력에서 상호협력한다면 양국은 상당한 비용을 지불하면서 의미있는 이익을 얻을 수 있을 것이다. 만약 한 국가가 배출을 감축하며 협력하고 다른 국가가 약속한 것을 이행하지 않으면서 배신한다면 협력 레짐은 배출감축의 비용을 지불하게 될 것이고 혜택은 줄어들어 배신한 국가로부터 넘어온 배출가스로 고통을 겪게 될 것이다. 양국 모두 협력하지 않는다면 바람직하지 않은 현 상태가 유지될 것이다.

미국과 브라질을 포함하는 이러한 양자적 협력은 제4장에서 배운 죄수의 딜레마와 제7장에서 배운 죄수의 딜레마의 반복게임의 조건을 충족시킨다. 반복게임은 협력적 결과로 유도한다는 것을 알고 있다. 브라질의 배출감축을 도와주기 위해 천억 달러 혹은 그 절반인 500억 달러라는 기금을 상정해보자. 그럴 경우 브라질의 비용–이익 계산은 그 기금이 모든 개도국을 대상으로 활용되는 것에 비해 훨씬 달라진다. 실제로 숫자를 대입해서 어떤 변화가 발생하는지 살펴보자.

중국과 브라질에서 매년 500억 달러를 온실가스 감축에 사용하기 위해 별도로 책정한다고 가정하자. 중국의 1인당 국민소득은 4,270달러이고, 브라질은 9,390달러이다. 미국의 1인당 국민소득은 약 41,000달러다. 중국에서 500억 달러의 비용을 절감한다는 것은 브라질에서보다 매력적일 것이다. 그렇지만 얼마나 많은 국민이 이 절감된 금액으로 인한 혜택을 누리는가를 생각해 볼 필요가 있다. 중국의 인구는 13억5천만 명이고, 브라질은 2억 명이다. 절감된 500억 달러는 브라질에서 1인당 250

달러의 혜택이 되고, 중국에서는 1인당 37달러가 된다(아니면 이보다는 많은 금액이 부패로 인해 사라져 소수 지배연합의 회원들에게 들어간다). 또한 500억 달러의 금액은 브라질 국민에게 매년 1인당소득에서 2.66% 증가를 가져오고, 중국에는 단지 0.87% 증가만을 가져온다. 따라서 대상국 국민의 복지와 경제에 미치는 파급효과를 고려할 때 미국이 배출을 감축하기 위해 500억 달러를 지불하는 양자협정을 브라질과 맺는 것이 중국과 맺는 것보다 더 도움이 된다. 물론 미주대륙의 국가들 또는 부유한 국가들의 컨소시움이 하나의 거대한 온실가스 배출국에 이 정도의 금액을 지원할 만큼 정치력을 가지고 있는지는 여전히 의문이다. 이 비용을 지불해야 하는 약 41,000달러의 1인당소득을 가진 3억의 미국인은 1인당 167달러를 감당해야 하고, 1인당소득에서 0.4%의 감소를 감내해야 한다. 유럽 국가들이 이 비용을 감당한다면(이에 대해서는 제12장에서 살펴본다) 이러한 형태의 원조보다 훨씬 더 큰 지구적 규모의 이익을 성취할 수 있는 해외원조를 상당 부분 줄이게 될 것이다. 물론 여기에는 미국과 유럽이 얼마나 많은 금액을 자신의 배출감축을 위해 지불할 준비가 되어 있는지는 여전히 의문으로 남아 있다. 그러나 나는 완벽한 것보다는 발전을 기대한다. 수용 가능한 비용으로 하나의 거대하고 증가하는 배출국을 목표로 하는 것이 지금까지 실제적인 성과를 내지 못한 지구적 차원의 합의를 추구하는 것보다 더 많은 것을 만들어낼 수 있는 의미있는 한 걸음이 될 것이다.

이를 매년 반복되는 죄수딜레마게임 상황에 두고 생각해보자. 이를 위해 가정과 계산이 필요하다. 미국과 브라질은 정기적인 선거를 치르는 민주주의 국가이기 때문에 양국 모두에서 미래의 그림자는 그리 길지 않다고 가정한다. 결국 재선에 직면한 정치인은 겨우 몇 년 뒤에 치러질 다음 선거에서 투표자의 계산에 민감하게 될 것이다. 시간할인율을 δ라 할 때 미국과 브라질의 정치인은 동일하게 0.8의 값을 가진 것으로 가정한다. 미국은 전 세계 온실가스 배출량의 15.7%를 생산하고, 브라질은 6.5%를 생산한다. 따라서 미국과 브라질이 소요되는 비용 c를 감당하며 감축할 경우 그 비율에 따라 이익 B(두 국가를 합할 경우 22.2%의 감축)만큼 기여한다. 이는 미국은 $0.70B$ 만큼의 이익과 $0.70c$ 만큼의 비용을 감당하고, 브라질은 $0.30B$와 $0.30c$ 만큼 책임을 진다. 이 시점에서 이익 B와 비용 c 또는 국가적 비용 c에 대해 금액을 부여하지는 않겠다.

미국은 매년 브라질이 합의한 양(B의 브라질 몫) 만큼 감축하는 데 매년 500억 달러를 제공한다고 가정했기 때문에 미국이 브라질과의 협력으로 얻을 수 있는 이익은 $B-0.70c-500$억 달러이고, 브라질이 얻을 수 있는 이익은 $B-0.30c+500$억 달러다. 만약 미국이 협력하고 브라질이 비협력할 경우 미국은 $0.70\times(B-c)$을 얻게 되고, 브라질은 $0.70\times B$를 얻게 된다. 만약 미국이 비협력하고 브라질 혼자만 온실가

표 8-3 브라질-미국 양자간 배출감축 게임

		미국	
		협력	배반
브라질	협력	B−0.7c−500억 달러	0.7B−0.7c
		B−0.3c+500억 달러	0.7B
	배반	0.3B	P1
		0.3B−0.3c	P2

스 배출감축으로 협력할 경우 미국은 $0.30 \times B$의 이익을 얻게 되고, 브라질은 $0.30 \times (B-c)$ 만큼 얻게 된다. 양국 모두 협력하지 않을 경우 미국은 $P1$을, 브라질은 $P2$, 즉 현재와 동일한 상황이 유지된다. $P1$과 $P2$는 응징값으로서 특별한 값을 부여할 필요는 없다. 단지 모두 협력해서 얻게 될 값보다는 작고, 속아서 지불하는 값보다 크면 된다. [표 8-3]은 양자간 배출감축 게임에서 한 번의 게임의 값을 보여주고 있다. 이와 같이 주어진 구조에서 미국은 힐러리 클린턴이 언급했던 것처럼 검증가능하고 투명한 이행을 주장했다. 이는 브라질이 협력하고 미국이 속이지 않는다면 미국이 500억 달러를 지불한다는 생각을 반영한 것이다. 협력을 약속만 하면 돈을 지불하는 것이 아니라 브라질이 양자합의에 순응한다면 지불한다고 보증하는 것이다. 보증된 지불이란 신탁기금처럼 돈을 중립적인 3자에게 맡겨둠으로써 브라질이 목표한 감축을 달성했다는 검증을 마치면 지급받을 수 있도록 할 수 있다.

가정에 근거해, 미국이 속임을 당했을 때 받게 되는 값($0.7 \times (B-c)$)은 징벌값인 P값보다는 작고, 브라질이 속임을 당했을 때의 값 $0.3 \times (B-c)$은 징벌값 P보다는 작다. 미국은 협력보다는 유혹에 더 많이 끌릴 것이다. 즉 $0.3 \times B > B-0.7c-500$억 달러다. 미국에게 미국과 브라질의 전체 비용 $c \geq B-714$억 달러 또는 $0.7c \geq 0.7B-500$억 달러가 된다는 것을 의미한다. 브라질도 협력보다는 유혹에 더 많이 끌린다. 이는 브라질의 비용이 $c \geq B+1670$억 달러가 된다는 것을 의미한다. 이 값을 염두에 둘 때 1회성 게임에서 누구도 협력을 선호하지 않을 것이고 따라서 $P1$과 $P2$의 값을 가지게 될 것이다. 이는 안타까운 현재 상태가 지속된다는 것을 의미한다. 만약 미국이 협력한 상황에서 브라질이 첫 게임에서 협력하지 않는다면 미국은 텃포텟 전략을 따를 것이다. 그렇게 되면 브라질의 장기간의 값은 한 번의 속임으로 얻은 값인 $0.7B+4(P2)$가 될 것이다. 즉 징벌값인 $P2$가 두 번째 게임과 이후에도 할인값($0.8/(1-0.8)=4$)을 곱한 값이 된다.

그러나 만약 브라질과 미국이 첫 번째 협력하고 이후 팃포탯 전략을 따른다면 브라질의 장기간의 할인된 값은 $1/(1-0.8)(B-0.3c+500$억 달러$)$가 되고, 또는 $5B-1.5c+2500$억 달러가 된다. 브라질의 등식에서 c의 값을 대체해보자. 이는 브라질이 협력으로 $5B-1.5B+(2500$억 달러-1670억 달러$)$ 또는 $3.5B+830$억 달러를 얻게 된다. 이는 확실히 한 번의 속임으로 얻게 될 $0.7B$보다는 훨씬 높은 값이고, 징벌로 받게 될 값 $4(P2)$보다는 작은 값이다. 따라서 미국이 협력하는 것이 이익이 되는 것과 마찬가지로 브라질도 협력하는 것이 확실히 이익이 된다.

미국의 입장에서 보면 브라질과의 장기간의 협력은 $1/(1-0.8)(B-0.7c-500$억 달러$)$ 또는 $5B-3.5c-250$억 달러의 가치가 있다. 미국에게 단 한 번의 속임수로 얻을 수 있는 값은 $0.3B+4(P1)$이다. 미국의 c의 값을 치환해보자($c \geq B-714$억 달러). 이는 만약 $5B-3.5B-(2500$억 달러-2500억 달러$)$가 $0.3B+4(P1)$보다 크다면, 즉 $1.5B>0.3B+4(P1)$이라면 미국 정부에게 협력이 가치 있다는 것을 의미한다. 이것이 심도있는 양자적 협력이 성취가능하고 의미있고 투명한 감축으로 인도한다는 사례가 된다. 이 계산의 배경에 있는 핵심 사안은 브라질 국민 개개인은 추가적인 이익으로 인해 동기가 유발되어 민주적으로 선출된 거대연합의 정부가 철저히 협정을 준수하도록 격려하고, 미국 사람은 자신이 얻은 이익에 비교해 개인이 지불해야 할 비용이 충분히 작아 거대연합으로 선출된 공무원들이 협정을 철저히 따르게 강제한다는 것이다. 필연적으로 약하고, 투명성이 결여되어 있고, 약속을 이행하지 못하는 참가자들을 징계할 수도 없는 지구적 협정보다는 현실적인 효과를 지닌 더 작은 협정이 더 성취되기 쉽다.

SUMMARY

지구온난화는 심각한 위협이다. 이 위협을 감소시키기 위한 수단으로서 지구적 협정을 만들려는 노력이 지속되어왔다. 지구적 노력은 태생적으로 내재되어 있는 집단행동의 문제로 인해 거의 확실히 실패를 거듭해왔다. 개도국은 과거지향적 관점에서 선진국들이 감축에 소요되는 비용에서 많은 부분을 감당해야 한다고 주장해왔다. 선진국들은 미래지향적인 관점을 내세워 미래의 대량 배출자들인 개도국도 상당한 비용을 감당해야 한다고 주장해왔다. 이 두 주장은 상대편을 희생해서 자신의 이익을 증가시키려는 상투적 기제에 불과하다.

교토의정서와 같은 지구적 합의는 세계적인 관심을 끌었다. 거의 대부분의 국가들이 교토의정서에 서명했다. 모두가 머리기사에 관심을 두었지만, 수면 아래에 있는 것을 살펴보면 우리가 기대했듯 협정 자체가 강제성이 약한 것이었기 때문에 모두가 서명했다는 것을 알 수 있다. 위반을 강제할 기제도 없었고, 유연성을 제공해 전혀 감축하지 않았을 때조차도 온실가스 감축 목표량을 충족한 것으로 인정했으며, 대다수의 서명국들은 기후변화를 완화하기 위해 어떤 것도 할 필요조차 없었다. 코펜하겐 정상회담은 더 큰 실패였다. 개도국에게 감축 비용을 지불할 수 있도록 재정적으로 도와주자는 제안에 대해 중국이 반대했다. 중국은 여기에 덧붙여진 조건을 거부했다. 재정적 도움을 받는 국가들은 엄격한 투명성을 지켜야 하고, 순응 정도를 감시받아야 하며, 만약 약속 이행에 실패한다면 처벌을 받아야 한다는 것이었다. 기후를 완화시키기 위해 요구되는 값비싼 행동에 구속되는 것보다는 상투적 문구에 구속되는 것이 훨씬 쉽다.

핵심 배출국 사이에 양자적 접근으로 정치적으로 수용가능한 해결책을 얻을 가능성이 높다. 대규모 배출국 연합에 집중해 비용과 이익, 현금 이전을 적절히 설계한다면 현실화될 수 있다. 미국과 브라질을 대상으로 가상적인 사례를 살펴보았다. 아마도 향후 이 양자적 질서가 시도되고 이것이 어떻게 작동하고 어떤 걸림돌을 만나게 되는지 볼 수 있게 될 것이다. 결론적으로, 효율적인 온실가스 배출은 지구적 문제에 대한 지구적 해결책이라는 비현실적 방법을 추구하기보다는 미국과 같은 부유한 국가들의 과감한 일방적 행동이나 작은 국제협력이 필요한 것으로 보인다.

핵심 용어

변동 302	외부효과 304	비교우위 308
기상변화 303	상투어 305	한계비용 312

9

인권, 국제법과 규범

르완다의 농촌 추모지에 두개골들이 나열되어 있다.

OVERVIEW

- 국제조약은 법적 효력을 지니지만 다수의 국제기구는 그렇지 못하다.
- 인간의 삶의 질을 개선하기 위한 조약 중 인권 관련 조약이 중요한 비중을 차지한다.
- 국제법과 인권 관련 조약이 인권을 증진시키는 데 도움이 되는지 뜨거운 격론이 벌어지지만, 대부분의 증거에 의하면 인권 증진에 별로 도움이 되지 않음을 알 수 있다.
- 조약을 체결하고 비준하기 위해 전략적, 내재적 과정을 거친다. 그리고 조약의 준수와 비준은 정부의 선호와 기대치를 반영한다.
- 시민권과 정치적 권리를 국민에게 허용할 경우 정권이 위태로울 수도 있다는 것을 아는 독재자는 시민권, 정치적 권리, 경제적 권리, 사회적 권리에 대해 동등한 지위를 제공해야 한다고 변명하며 경제적 번영이 우선임을 강조한다.
- 가난 때문에 인권 개선을 할 수 없는 것은 아니다. 그러나 인권은 가난을 완화하는 데 도움이 된다.
- 가난한 국가의 삶의 질을 개선하기 위해서는 시민권과 정치적 권리에 더 높은 우선권을 주고 경제적 권리에 낮은 우선권을 줄 필요가 있다.

ASSUMPTIONS CHECK

1. **국제법은 국가가 다른 국가의 국내 문제에 간섭하는 것을 엄격하게 금지한다. 이러한 국가의 주권 존중이 엄격하게 집행되어야 한다는 데 동의하는가?**
2. **중국은 자국의 인권 역사에 관한 미국의 불평을 국내 문제에 대한 간섭이라고 주장한다. 주권 존중에 관한 국제법이 인권 침해에 적용되어야 한다고 생각하는가? 국내에서의 대량학살에 관해서는 어떻게 생각하는가?**
3. **인권문제를 지적하고 인권을 보호하는 9개의 주요 국제조약들이 있다. 이 조약들은 ____________.**
   a. 인권을 개선한다.
   b. 행위에 영향을 미치기보다는 서명국들의 선호도를 반영한다.
   c. 국가가 국제적 압력을 피하기 위해 조약에 서명하게 만들고 그 결과 인권존중을 개선하는 결과를 낳는다.

4. **가난한 국가는 인권을 보호할 여력이 없는가?**

a. 그렇다. 인권은 부유한 국가만이 제공할 능력이 있는 사치품이다.

b. 아니다. 가난한 국가(예를 들어, 인도)도 인권을 존중할 수 있고 인권존중은 경제성장을 촉진시킬 수 있다.

5. **부유함이 인권을 촉진시키는가 아니면 인권이 부유함을 촉진시키는가?**

ANSWERS

1. 국제법의 주권 존중, 특히 영토의 신성함은 시민권에 관한 국제법과 상충될 수 있다. 인권에 관한 국제법과 주권에 관한 국제법의 상반되는 요소들 간의 본질적인 충돌이 존재한다.
2. 주권과 인권법 또는 대량학살에 반대하는 법 사이의 긴장은 아주 심각한 문제다. 국가는 주권의 법적 효력이 인정되지 않을 경우 끊임없이 서로 분쟁에 휘말려들기 쉽다. 그러나 믿음과 가치에 따라 삶을 추구하는 국내 원주민 집단이나 종교집단의 기본 권리는 주권을 남용하는 정부에 의해 침해될 수 있다.
3. b. 인권조약에 서명하는 것과 조약의 의무를 이행하거나 무시하는 것에는 선별 효과가 있다는 주장을 뒷받침하는 증거가 있다. 인권조약의 비준 그 자체가 정부의 행위를 많이 변화시킨다는 주장에 대한 증거는 불충분하다.
4. b. 인권을 보호하는 데 거의 비용이 들지 않는다. 그러나 가난이 인권 침해를 정당화하는 변명으로 사용되기도 한다.
5. 경제적 번영이 인권을 촉진시키기보다는 인권이 번영을 촉진시킨다. 대다수 석유부국들처럼 아주 부유한 사회 중 일부는 인권을 존중하지 않는다.

앞에서 국제기구의 무기력한 일면을 보았지만 제8장 마지막 부분에서 협력적 정책을 더 잘 이끌어낼 가능성이 있음을 알게 되었다. 제7장과 제8장에서 서명국의 이행 약속이 실제로 얼마나 잘 지켜지지 않는지 지적했다. 국제기구와 국제적 합의에는 그것을 뒷받침할 행동규범이 있다. UN이나 국제무역기구(WTO)와 같이 사법분과를 포함하는 것은 법적 효력에 의해 지원된다. 법적 효력을 보유한 것과 그렇지 않은 것을 구분하고, 특히 이러저러한 정책이 '법적 효력'에 의해 뒷받침된다는 의미가 무엇을 뜻하는지 파악하는 것은 중요하다. 실제로 국제관계에서 법적 효력이라는 의미는 아주 중요한 주제이지만 논쟁의 여지가 있는 것이다.

구성주의 이론가 및 자유주의 이론가는 행위의 규범이 경험과 국제정치적 압력에 반복적으로 노출되면서 내재화된다고 믿는다. 이 이론가들은 국제적으로 수용되어지는 거버넌스의 규범을 배우고 관찰하면서 국가는 궁극적으로 자국의 행위를 개조하게 되고 그 결과 인권을 더욱 존중하게 된다고 설명한다. 현실주의 이론가 및 신현실주의 이론가는 이에 동의하지 않는다. 이들은 국제정치는 무정부 상태에 있기 때문에 법치란 존재하지 않으며 널리 수용되는 규범은 결코 단기적 국익을 앞설 수 없다고 설명한다. 선출인단 이론(selectorate theory)을 통해 설명한 것처럼 전략적 시각은 특정한 규범과 이익에 관심을 가진다. 충성과 관련한 규범은 권력투쟁에서 도전자와 직면할 때 지배연합의 자신에 대한 충성을 유지하기 위해 지도자가 무엇을 해야 할지를 결정하는 데 핵심이 된다. 선출인단 이론에서 핵심 이익은 국가이익이 아니라 자신의 정치적 생존 전망을 향상시키는 것이라면 무엇이든 하는 지도자의 개인적 이익이다. 이와 같이 선출인단 이론에 의하면 규범과 법칙이 행위를 구성하는 수준은 각 정권의 지배연합과 선출자의 크기에 달려있다.

제9장에서는 선출인단 이론이 특히 인권과 관련된 상황을 얼마나 잘 설명하는지 보게 될 것이다. 제3장과 제4장에서 접한 선별 효과와 내재적 선택에 관한 아이디어가 정책 선호도, 국제법, 조약 비준 및 인권이 어떻게 서로 상호작용하는지를 설명하는데 중요하다는 것도 알게 된다.

인권의 영역은 특히 확대시켜 관찰할 필요가 있는 유용한 정책 영역이다. 클럽재와 공유재가 어떻게 정부 정책을 왜곡하고 국제관계에 영향을 미치는지 보기 위해 환경정책을 이미 자세히 살펴보았다. 인권에 관한 탐구는 공공재와 사유재 보급 간의 분쟁이 국제무대에서 어떻게 벌어지는지를 알아보는 기회를 제공한다. 사유재는 배제적이고 경쟁적인 반면 공공재는 비배제적이고 비경합적이다. 이러한 재화의 국내 보급은 정권의 지배연합 크기와 연계되어 있고, 그래서 정권의 생존과 직결되어 있다고 선출인단 이론은 주장한다. 이는 현실주의, 자유주의, 구성주의 이론으로 볼 때 사실이 아니다. 인권을 존중하는 국제법과 규범, 주권과 영토를 존중하는 법과 규범이 국내정치와 어떤 관계가 있는지에 관해 각각의 이론들은 상이하게 설명한다. 인권과 주권 간의 긴장은 인권의 도덕적 중요성을 강조한다. 인권은 국민의 삶의 질과 정부의 수준을 보여준다. 그래서 인권의 수준을 관찰하면 정치의 수준을 가늠할 수 있다.

제6장에서 설명한 것처럼 국민의 정당한 반대로 인해 정부가 외교적 모험을 함부로 하지 못하는 것을 보면 인권이 영향력을 발휘함을 알 수 있다. 위기 확산과 관련된 청중비용의 효력을 보더라도 표현의 자유와 자유경쟁 선거를 통해 인권이 영향력을 행사하는 것을 알 수 있다. 정치인이 시민을 위한 장기적 차원의 환경 개선 대신 당장의 경제적 요구를 들어주는 것을 볼 때도 인권이 영향을 미침을 알 수 있다. 표현의 자유, 언론의 자유, 집회의 자유와 같은 핵심 자유권인 인권이 허용되는 국가인지 아닌지에 따라 그 정부의 시책이 판이하게 달라진다. 이러한 것을 염두에 두고, 특정 정부가 인권존중을 위한 국제협약에 서명한 이후 인권문제에 대해 더 관대해지는지를 조사할 것이다. 이러한 방법으로 규범, 법, 이해관계, 전략적 선택에 관한 이론들 중 어떤 이론이 더 설명력 있는지 평가할 것이다. 인권, 약속의 효력, 법의 효력, 국내정치의 효력에 관해 더 잘 이해함으로써 언제 법과 규범이 작동하고 언제 작동하지 않는지에 대한 이해를 넓혀 나갈 수 있다. 그리고 인권존중 거버넌스의 3가지 핵심 자유, 즉 표현의 자유, 언론의 자유, 집회의 자유가 억압당할 때 초래되는 냉혹한 현실에 대해 이해할 수 있게 된다.

인권과 국제법, 규범, 국내정치적 제약 간의 상호작용의 미묘한 관계로 눈을 돌리기 전에 국제법이란 그리고 규범을 강요하는 국제레짐이란 무엇을 의미하는지 먼저 살펴보자. 국제법에 관한 논의에서 조약, 특히 인권 관련 조약의 역할이 무엇인지 알아볼 것이다. 레짐을 탐구하면서 행동규범의 의미와 행위에 미치는 영향에 관해서도 알아보고자 한다. 나아가 인권이 무엇이며 왜 상대적으로 중요한지, 조약과 국제법과 관련된 국제기구가 어떻게 각국의 국민과 전 세계 주민의 인권존중을 위해 건설적인 역할을 하는지 학습한다.

9.1 국제법이란 무엇인가?

국제법은 정부가 국민과 국가의 이름으로 자발적으로 맺은 조약 전체에서 성문화된 일련의 국가 의무를 말한다. 조약은 본질적으로 국가 간의 계약이기 때문에 국가와 국가 하부 또는 비국가 행위자 간의 낮은 수준의 합의와는 다르게 법적 효력을 지닌

다. 특정 국제기구와 같은 독립적 비국가기구는 분쟁에 관해 공청회를 열고 판결을 하고 원칙적으로 위반에 대해 처벌할 권한을 가진다는 것을 의미한다. 조약국은 회원국이 자국의 국내법을 위반했을 경우에도 그 회원국에 대해 법적 청구를 주장할 수 있음을 의미하기도 한다.

미국 헌법은 조약의 중요성을 강조한다. 헌법은 미국 연방 내의 각 주들이 조약이나 동맹에 참여하는 것을 명백하게 금지한다. 외교정책은 전적으로 연방정부 영역에 있다. 그 영역 안에서 대통령은 "상원의 조언과 동의에 의해, 참석한 상원의원의 2/3가 찬성하는 한 조약을 제정할 수 있는" 힘이 주어진다(제2조 2절 2항). 조약과 관련된 분쟁의 판결 역시 미국의 법적 구조 내에서 특별한 위치에 있다. 헌법(제3조 2절 1항)은 다음과 같이 규정한다.

> 사법권은 헌법 하에서 발생하는 법과 평등에 관한 모든 사례들, 미국의 법들, 체결된 조약들, 미국의 권한으로 체결될 조약들, … 그리고 특정 주 또는 그 시민과 타 국가, 국민, 또는 신하 간에 체결될 조약들을 포함한다.

여기서 헌법은 조약의 지위에 미국 내에서 공표된 법과 동등한 지위를 부여하고 헌법 자체와도 대등한 자격을 부여한다. 조약은 일단 헌법에서 명시된 절차에 따라 비준이 되면 국가의 핵심적인 법과 공약의 일부가 된다. 법의 규칙에 의지하는 국가에서는 조약을 아주 중시한다. 만일 미국 정부가 조약을 비준하고 나서 그 조약을 위반한다면, 외국의 관심은 미국 법원이 미국 행정부에 어떤 판결을 내릴지에 집중될 것이다. 주법이 도박을 금지하는데도 불구하고 미국 인디언 부족이 자신의 영역 안에서 주권을 행사하며 도박장을 운영할 수 있는 것은 미국 정부가 19세기에 인디언 국가와 조약을 체결하면서 부여한 권리 때문이다. 그 조약은 헌법 제3조 2절 2항에 의해 보장된다. 그러나 대다수 국제기구와 연계된 약속은 미국과 인디언 국가와의 조약만큼 잘 지켜지지 않는다. 그러다 보니 국제법이 그리 중요하게 여겨지지 않고 있는 실정이다.

국제법은 대양에서의 어업 및 탐사권, 인권보호, 고문 금지, 전쟁포로 대우, 국제통상 규제, 저작권 및 그 외 지적재산권, 핵무기 비확산, 지뢰 사용과 같은 아주 다양한 주제와 관련된 조약을 포함한다. 국가는 그 법을 승인하는 데 실패함으로써 주어진 국제법을 준수할 의무를 저버릴 수 있다. 이와 같이 국제법은 국내법과 아주 다르다. 한 나라에 거주하는 국민은 법들 중 어떤 법을 자신이 준수해야 할 의무가 있는지 고르는 선택권을 가지고 있지 않다. 그러나 국가는 일반적으로 그러한 선택권을 가진다. 그것이 바로 현실주의자가 제시하는 바와 같이 국제정치는 무정부적임을 보여주는 것이다.

TRY THIS

미국 헌법의 조약 관련 규정에 의한 미국 인디언 부족에 대한 미국 정부의 의무는 제1차 세계대전을 종결한 베르사유조약이나 베트남전쟁을 종결한 파리평화조약에 의한 정부 의무와 차이점이 있는가? 미국 정부가 미국 인디언 부족과 체결한 조약으로 인해 미국 인디언 부족은 어떠한 법적 지위를 갖는가? 미국 인디언에 대한 대우는 순전히 국내 문제인가, 아니면 국제법 소관으로 국제사법재판소가 관여할 사안인가?

국제정치적 접근과 판이하게 다른 국제법의 핵심 질문은 그러한 법이 구속력이 있는지, 구속력은 없지만 행위를 바꾸게 하는지, 이미 존재하는 규범과 신념을 성문화하는지 또는 국가의 행동과 무관한지에 관한 것이다. 서문에서 논의한 바와 같이, 구성주의자는 국제법을 국가이익에 관한 국내적 인식을 재구성하여 국가 행위를 변하게 하는 것으로 간주한다. 그들의 시각에서 볼 때 구성주의의 핵심 독트린으로서 법은 행위의 규범을 창조하는 것을 돕는다(Finnemore and Sikkink 1998; Keck and Sikkink 1998). 그와 반대로 법학자들은 국제법을 구속력이 있는 것으로 인식한다. 예를 들어 국제변호사는 법을 전략적 상호작용과 관련된 것으로 생각하기보다는 서명국들이 스스로 지켜야 하는 법적 의무의 집합이라 간주한다. 전략적 시각은 조약 의무를 현재의 지도자가 후임자의 손을 묶는, 즉 행동의 자유를 제한하여 후임자의 선택의 폭을 줄이는 비용이 많이 드는 골칫거리로 간주한다. 전략적 시각에 의하면 국제법에 의해 부과된 제한이 지도자의 이해관계를 터무니없이 벗어날 경우 그러한 법을 지키지 않는 데 드는 비용이 이익보다 적기 때문에 그런 법을 지키지 않는 것이 유리하다. 그러나 대부분의 경우에는 이미 성사된 조약을 지키지 않는 행위는 국내정치적 비용을 수반하고 정부 평판을 손상시키기 때문에 사전 합의를 지키지 않는 행위는 잘 발생하지 않는다.

현실주의자는 국제법을 대부분 현재의 이해관계가 성문화된 것이라고 보기 때문에 조약의 의무를 이행하는 것이 국가이익에 위배될 경우 국가는 조약을 쉽게 위반하거나 조약을 수정하려 할 것이라 주장한다. 즉 현실주의는 전략적 시각이나 구성주의 시각보다 더 자주 국제법이 지켜지지 않을 것임을 암시한다. 자유주의 이론가는 국제법을 국가 간의 협조를 촉진하는 협력장치 설립을 위한 기초로 이해한다. 그래서 자유주의 이론가는 국가가 그러한 국제법을 쉽게 위반하지 않을 것으로 예상한다. 자유주의는 국제법의 목적이 협력적 환경을 창조하여 공통의 국가이익을 촉진시키는 것이라고 주장하기 때문이다. 구성주의자와 마찬가지로 자유주의 이론가는 특히 인권 관련 영역에서 법을 준수하며 국가 간의 새로운 행동규범을 만들어내는 것을 촉진하는 데 국제법이 한 몫을 한다고 믿는다(Keohane and Nye 1977; Goldstein and Keohane 1993; Clark 2003; Simmons 2009).

아래의 항목은 국제관계에 관한 다양한 시각들이 국제법에 의해 보장된 조약과 협정의 역할 및 기능에 관해 얼마나 다양하게 설명하는지를 보여줄 것이다.

9.2 국제레짐: 아이디어와 규범에 관한 생각

국제레짐은 국제법의 보완재다. 국제레짐은 법적 효력이 없음에도 불구하고 국제적 행위에 상당한 영향을 미치는 규칙, 규제, 행동규범들로 구성되어 있다. 특히 규범은 인정된 행위 형태와 당대의 가치를 반영한다. 그래서 규범은 광범위하게 인정된 행위를 장려하는 비공식 수단이며 법적 효력 없이도 행위에 지대한 영향을 미친다. 국제레짐은 국제정치에서 아이디어가 얼마나 중요한지를 보여준다. 또한 아이디어들이 어떻게 퍼져나가고 공유되는지, 인정된 규칙이나 행동규범을 어길 경우 어떤 결과를 초래하게 되는지를 보여준다(Goldstein and Keohane 1993). 바로 그런 비공식적이며 법적 효력이 없는 수단을 제7장에서 설명했다. 중세 법률상인들과 당대의

국제법에 관한 시각들

구성주의: 국제법은 행동규범을 만들어낸다. 국제법은 국가이익에 관한 인식을 변화시킨다. 국제법의 위반은 드물 것으로 기대된다. 조약 서명은 점진적으로 조약의 가치를 깨우치는 결과를 초래하여 조약 준수가 점차적으로 개선된다.

자유주의: 국제법은 행동규범을 만들어내고 국가 간 협력을 선호하는 가치의 공유를 촉진시킨다. 행동규범은 주로 패권국에 의해 공표되고 보호된다. 국제법의 위반은 드물 것으로 기대된다. 조약 서명은 조약의 준수를 개선하게 된다.

현실주의: 국제법은 국익에 관한 현재의 인식, 특히 강대국의 인식을 성문화한다. 특정 상황에서의 국익이 기존 국제법이나 협정에 의해 보장되지 않을 경우 강대국은 비교적 쉽게 법을 위반할 것이다. 조약 서명은 단기적 국익을 반영하기 때문에 장기적 차원에서 법의 준수에 영향을 미치지 못한다.

전략적 시각: 국제법을 수용함으로써 국가의 미래 행위는 제약을 받게 된다. 미래의 국가 지도자는 국제적 합의에 묶이게 되고 그래서 국제법과 협정을 쉽게 위반할 수 없을 것으로 예상된다. 일반적으로 정부가 조약에 서명하는 것은 준수할 것을 예상하기 때문이다. 조약은 명문화된 것처럼 서명국의 정책 선호도를 반영하기 때문에 서명국의 행위를 많이 변화시키지는 않는다. 만일 조약의 규정이 지도자의 국내정치적 연합세력의 이해관계와 아주 달라서 지도자의 권력 유지가 힘들어질 경우 그 지도자는 조약을 위반하거나 폐기할 가능성이 높다.

거래개선협회(BBB)는 법적 효력을 갖지 않은 레짐에 속하는데, 이들은 준수 의무를 강요할 수 없는 합의에 대한 위반을 폭로하여 이득을 취하기도 한다. 폭로 위협이 준수 의무를 유도하는 데 효과적임은 수없이 많은 사례에서 입증되었는데, 이는 구성주의 가설뿐 아니라 선출인단 이론의 주장에서도 드러난다.

행위규범은 시간, 상황, 경험과 함께 변하고, 이러한 변화는 국제적 상호작용의 변화를 초래한다. 규범은 법적 구속력이 있는 규칙이라기보다는 행위의 일반적 형태이기 때문에 시간이 흐름에 따라 더 쉽게 변하거나 진화하고, 공식적인 법적 의무보다 약한 영향력을 가진다. 예를 들어 현재의 행동규범은 특정 정치지도자를 생포나 암살 표적으로 삼는 것을 금하지만, 중세기에는 외국 지도자를 생포하거나 몸값을 요구하며 억류하는 것은 정당한 전쟁의 한 방편이었다. 오늘날 몸값을 위해 전쟁포로를 억류하는 것은 부적절하고 비인간적인 것으로 간주되지만 14~15세기 백년전쟁 동안에는 전쟁포로의 몸값을 요구하는 것은 정상적인 행동이었을 뿐 아니라 고위급 포로를 인간적으로 대우해주는 것으로 여겨졌다.

현재에도 고문은 여전히 자행되어서 이를 금지하는 국제조약을 유발하기도 하고 조지 W. 부시 대통령 임기 동안 미국에서 많은 관심의 대상이 되기도 했다. 이러한 고문은 서구 국가의 당대의 행위규범을 위반하는 것이다. 아부 그라이브(Abu Ghraib) 감옥에서 이라크 포로를 고문한 것에 대해 그리고 알카에다 협조자의 혐의가 있는 포로에 대한 물고문 같은 '향상된 심문 기술'에 대해 국제적 분노가 일어나고 많은 미국인들의 곤혹스러워함을 보면 고문이 당대의 행위규범을 위반하는 것은 명백하다. 고문은 이제 민주세계에서는 극악무도한 행위로 간주되지만 12세기에 가톨릭 교회는 영원히 천벌을 받는 것으로부터 인간의 영혼을 구원하는 수단으로 여겼다. 당시 고문은 좋은 것으로 인식되었던 것이다. 교황 이노센트 3세(1160~1216)는 고문을 범죄, 특히 이단과 관련된 범죄를 해결하는 방법으로 다시 제도화했다. 교회는 고발당한 사람에게 유죄선고를 내리기 위한 증거의 일부분으로 범죄에 관해 증언할 2명의 목격자를 필요로 했다. 대부분의 경우 오직 두 사람만이 사건의 진실을 알았다. 즉 피해자와 가해자밖에 없었다. 이노센트 3세는 가해자가 목격자 중 한 사람이 되어야 하며, 만일 그 사람이 유죄라면 고문과 영원히 천벌을 받는 고통의 위협이 자백을 이끌어내는 데 충분하다고 믿었다. 오늘날 이노센트 3세의 논리에는 확실한 문제점이 있음을 알 수 있다. 그러나 12세기에 교황의 생각은 진보적이고, 범죄를 척결하고 영혼을 구원하려는 시각이었다.

행위규범이 협력을 촉진하는데 충분하지 못할 경우 공식적 법적 장치들이 국제분쟁의 해소와 원만한 국제적 상호작용의 촉진을 위한 수단으로 더욱 중요해진다. 규범만으로 불충분할 경우 법정과 같은 성문화된 법과 강제집행 장치로 비공식 레짐을 대체한다. 이 장의 나머지 부분에서는 정말 그러한지, 그리고 만일 그렇다면 언제 왜 이러한 장치 중 어떤 것이 특히 인권유린 상황에서 작동하는지 알아본다.

9.3 어떤 권리가 인권으로 인정되는가?

인권 관련 주제는 아주 광범위하다. 시민의 자유와 정치적 권리에 초점을 맞추기도 하고 경제적 권리에 초점을 맞추기도 하고 또 이러한 3가지 분야 모두에 초점을 맞추기도 한다. 어디에 초점을 맞추든 다행스럽게도 인권 관련 조약이 비준될 것으로 예상되는 국가의 경우 인권은 보편적이며 항상 어디서든 모든 사람에게 적용된다는 데 대한 합의가 존재한다. 그것이 바로 인권을 특권이나 오늘은 수용되지만 내일은 거부되거나 수정될 수도 있는 단순한 행위규범이라기보다는 '권리'로 만든다. 인권 관련 이슈의 범위는 빠른 속도로 늘어나고 있다. 그 중 어떤 이슈는 인권 관련 이슈인지 아닌지에 대한 논쟁거리가 되지 않지만 어떤 이슈는 인권에 대한 실질적 개선을 위해서라기보다는 정치적 이해관계나 정치적 구실을 위한 것처럼 보인다.

비록 오늘날 인권이 (제7장의 단어를 사용해) 비배제적이고 비경합적이라는 것을 당연한 것으로 여기지만 항상 그런 것은 아니었다. "모든 인간은 평등하게 창조되었으며, 창조주에 의해 양도할 수 없는 특정 권리들을 부여받았고, 그 중에 생존, 자유, 행복 추구가 포함된다는 진실은 자명한 것이다"라는 건국 선언을 한 미국과 같은 민주국가에서조차 이러한 양도할 수 없는 권리가 여자, 미국 인디언, 노예에게는 부여되지 않았다. 건국 시기에 이러한 양도할 수 없는 권리는 실제로 비경합적이었지만 확실히 배제적이었다. 한 사람의 생존, 자유, 행복을 추구하는 권리가 다른 사람의 이러한 것을 추구하는 권리를 감소시키지는 않았다. 그러나 이러한 권리는 오직 백인 남자(일부는 백인 여자)에게만 적용되었고 그 중에서도 재산소유권이나 교육의 수준, 특히 매사에 자유로이 결정권을 행사하는 상류층에게만 제한적으로 부여되었다. 오늘날 이러한 권리를 공공재가 아니라 클럽재로 취급하며 특정인들에게만 허용하는 정부를 보면 섬뜩해진다. 시대와 기대는 변한다.

인간은 평등하며, 모든 사람은 자신의 생각과 아이디어에 대한 권리(비록 종교 문제에 있어서는 자유롭게 생각할 수 있는 권리에 관해 격렬한 논쟁이 있지만)가 있고, 국민은 자신이 원하는 것과 원하지 않는 것을 정부가 알 수 있도록 자신의 아이디어를 표현할 수 있는 권리가 있다는 것을 겉으로나마 인정하지 않는 정부를 찾기란 쉽지 않다. 북한과 같은 가장 비열한 정권조차 이러한 핵심 자유, 즉 표현, 언론, 집회, 자결의 자유를 포함한 권리들을 헌법에 명문화하고 있다. 북한 헌법에 보장된

몇 가지 권리가 아래에 나열되어 있다. 이는 말로만 떠드는 것이 얼마나 가치가 없는 것인지 잘 보여준다.

> 제25조: 국가는 모든 노동자에게 의식주를 확보할 수 있도록 해야 한다.
> 제67조: 인민은 표현, 언론, 집회, 시위와 결사의 자유를 보장받는다. 국가는 민주정치 정당과 사회조직이 자유로운 행동을 할 수 있도록 보장해야 한다.
> 제68조: 인민은 종교의 자유를 보유한다. …
> 제69조: 인민은 고소할 수 있고 탄원서를 제출할 권리가 있다. …
> 제70조: 인민은 노동권을 보유한다. …
> 제71조: 인민은 휴가권을 보유한다. …
> 제72조: 인민은 의료 혜택을 보장받고, 노령, 병, 신체적 장애로 인해 더 이상 일할 수 없는 모든 사람들, 부양 수단이 없는 노인과 어린이 모두 생활을 위한 지원을 보장받는다. …
> 제73조: 인민은 교육권을 보유한다. …
> 제74조: 인민은 과학적, 문학적, 미학적 추구의 자유가 있다. …
> 제75조: 인민은 거주와 여행의 자유를 보유한다. …

헌법의 내용은 아주 그럴듯하다. 그렇지만 북한의 실상은 그렇지 못하다. 표현의 자유, 집회, 언론의 자유, 또는 정부에 탄원할 권리를 사용할 경우 수감되거나 사형당할 고통을 감수해야 한다. 북한 헌법은 인민에게 물질적 복지를 제공하는 것이 지상 목표라고 하지만 사실상 북한 인민이 세상에서 가장 가난한 사람들인 반면 그 지도자는 지나치게 사치스런 생활에 빠져 있다. 북한 헌법의 예를 보더라도 어떤 국가에서는 법이 무시되기도 하고 정치적 권력 추구에만 몰두하는 독재자의 판단이 헌법보다 더 중요하다는 것을 알 수 있다.

다른 주제와 마찬가지로 인권에 관한 개념과 논쟁은 전략적이다. 그것들은 정치화되고, 그래서 잘못 이해될 수 있다. 1948년에 거의 모든 UN 회원국(48개국 찬성, 반대 없음, 8개국[소련 진영 7개국과 사우디아라비아] 기권)에 의해 승인된 UN 인권보편선언이 적절한 사례다. UN 인권보편선언은 단지 선언일 뿐이지 법적 효력을 가진 조약이 아니다. 그 지위를 조약의 수준으로 높이기 위한 노력에도 불구하고 결국 선언에 그쳤기 때문에 법적 구속력이 없다. 불행하게도 이 선언은 장밋빛 약속만 가득하고 이행을 위한 구속력은 결여된 피상적인 합의의 일례다. 북한 헌법은 UN 인권보편선언에 포함된 모든 권리를 인민에 부여하고 있지만 북한 정권은 독재자의 이익에 반하지 않는 한 거의 모든 권리를 무시한다. 그런 의미에서 UN 인권보편선

표 9-1 인권 조약들

약자	조약명	일자
ICERD	모든 형태의 인종차별 제거를 위한 국제협정	1965년 12월
ICCPR	시민권 및 정치적 권리에 관한 국제규약	1966년 12월
ICESCR	경제, 사회, 문화적 권리에 관한 국제규약	1966년 12월
CEDAW	모든 형태의 여성 차별 철폐에 관한 협약	1979년 12월
CAT	고문 및 다른 형태의 잔인하고 비인간적 또는 비열한 취급이나 처벌을 반대하는 협약	1984년 12월
CRC	아동 권리에 관한 협약	1989년 11월
ICRMW	모든 이민 노동자와 가족의 권리 보호에 관한 국제협약	1990년 12월
CPED	모든 사람의 강제적 실종으로부터의 보호에 관한 국제협약	2006년 12월
CRPD	장애인 권리에 관한 협약	2006년 12월

언이 장려하는 어떤 행위규범도 법의 합당한 집행을 위반하고 고문금지, 재산권, 시민의 자유 및 정치적 권리 등을 위반하는 것을 방지할 수 있는 충분한 효력을 지니지 못했다. UN 인권보편선언은 보편적 권리를 보장한다는 강력한 표현을 담고 있지만 핵심적 자유가 보편적으로 부여되는 것을 실제로 보장할 수 있는 효력을 결여하고 있다.

UN 인권보편선언의 단점을 보강하기 위해 국제사회는 현재까지 자체 감시기구를 보유한 9개의 인권 관련 조약을 만들었다. 9개의 조약 및 체결 날짜가 [표 9-1]에 정리되어 있다. 9개 조약은 1966년 UN 인권보편선언과 1993년 비엔나선언 및 행동계획과 같은 다른 인권 관련 국제합의에 의해 보강되었다. 그러나 안타깝게도 다른 많은 조약들처럼 구속력 집행을 보장하는 장치가 여전히 결여되어 있다.

국제사회가 인권 개념을 더욱 명확하게 하는 선언을 제정하여 인권 관련 조약을 보강하고자 하는 이유를 심사숙고해보자. 선언은 물론 조약이 아니며, 그래서 법적 효력이 없다. 이러한 선언을 보면 UN헌장과 그 이후 체결된 많은 조약들이 왜 성공적으로 효력을 발휘하지 못했는지 알 수 있을 것 같기도 하다. 인권 개념은 진화하기 때문에 더 잘 다듬고 명확히 할 필요가 있다.

인권은 국제법과 같은 영향력을 가지는 UN헌장에서 중요한 역할을 담당한다. UN헌장은 원칙적으로 오늘날 전 세계 거의 모든 국가, 즉 서명국들 간의 구속력을 지닌 계약이다. 그러나 보편적 합의의 특성상 UN헌장은 인권에 관한 명확한 개념을 제공하지 않고 인권이 의미하는 바를 모두 선천적으로 알고 있는 것으로 간주한다. UN헌장 이후 제정된 인권 관련 선언은 비록 구속력은 없지만 인권 개념을 더욱 명확히 정의하고자 하였고, 9개 인권 관련 조약은 구속력을 보유한 채 UN헌장이 의도한 보편적 인권을 보장하는데 주력했다.

다양한 조약과 선언은 모든 사람이 법 앞에서 평등함을 강조한다. '모든 사람'이라 함은 처음에는 아주 애매모호하게 정의되어졌기 때문에 점진적으로 인종차별, 여성차별, 그 다음에는 아동, 그 다음에 이민자, 최근에는 장애인에 대한 차별금지 관련 조약이 추가되었다. 그리고 어떤 본질적 권리가 포함되었나? 포함된 짧은 항목에는 합당한 절차, 소유권, 종교의 자유, 사상의 자유, 표현의 자유, 집회의 자유, 결사의 자유, 해외이주의 자유, 노예나 노역으로 묶이지 않고 일할 수 있는 권리, 그리고 의식주, 교육, 생존권을 포함한다. 이는 해야 할 것과 해서는 안 되는 것을 포함하고 있으며 모든 사람에 적용되고 특히 취약 집단에 초점이 맞추어져 있다. 만일 지켜진다면, 조약과 선언에 포함된 권리들은 더 좋은 세상을 만드는데 일조할 것이다. 그러나 조약이 보편적으로 지켜지지 않는다는 것은 명백한 사실이다. 선언 또한 인권 개념을 더욱 명확하게 하지 못하는 경우가 있는데 이는 정치적 이유 때문이다.

비엔나선언에서는 위에서 언급된 모든 권리의 동등한 지위를 강조하여 한 권리가 다른 권리보다 더 중요하게 취급되지 않아야 함을 강조한다. 그와 동시에 비엔나선언은 "만연하는 극도의 가난함으로 인해 인권이 완벽하고 효율적으로 보장되지 않는다. 극도의 가난함을 즉시 완화시키고 궁극적으로는 가난을 완전히 극복하는 것이 국제사회가 우선적으로 해야 할 일이다"고 언급하기도 한다. 이러한 논쟁, 즉 시민권 및 정치적 권리가 더 중시되어야 하는지 아니면 경제적 권리가 더 우선시 되어야 하는지는 인권 관련 논쟁의 초점이 되었다. 이는 바람직해 보이는 것 같지만 사실은 경제적 번영을 위해 인권이 희생될 수밖에 없음을 주장하는 독재자의 인권유린에 대한 변명이기도 하다.

가난을 완화하고 극복하는 것은 바람직한 목표임에 틀림없다. 그러나 그 선언의 의미는 사뭇 다르다. 비엔나선언은 가난으로 인해 인권이 완벽하고 효율적으로 보장되지 않는다고 주장한다. 가난이 인권을 억제한다는 주장은 좋은 의미로 해석될 수도 있지만 여러 인권 관련 문서와 [표 9-1]의 조약들에 명기된 것처럼 정치적 기본권 및 시민권에 관한 잘못된 인과적 주장을 조작하는 데 사용되기도 한다. 여기서 인권이 정치적 목적으로 남용되는 것을 볼 수 있다. 얼마나 많은 사람들이 미사여구를 확실한 증거를 가진 논리정연한 주장과 동일시하는지 모른다. 그 결과 많은 사람들은 가난을 극복하고 인권을 개선하고 보장하는 것을 방해하는 궤변에 현혹되는 경우가 허다하다.

9.4 가난하다 해서 인권이 보장될 수 없는가?

정치적 권리와 시민권 중에서 표현의 자유, 언론의 자유, 집회의 자유는 강조할 만하다. 이런 권리는 불만족한 시민이 서로 조직적으로 협조하여 정부에 불만을 표출하는 것을 수월하게 해준다. 특히 지도자가 대다수 국민을 위해 통치하는 민주정부 수립에 필수적인 권리는 강조돼야 한다. 그러나 독재자는 아무리 표현, 언론, 집회의 자유와 같은 권리가 바람직한 것이라 해도 다양한 UN 관련 선언에 언급된 경제적 권리보다는 덜 중요한 사치품이라 주장한다. 심지어는 순진한 국민이 이런 주장을 하기도 한다. 이런 권리는 사치스런 것으로 여겨져 다른 권리보다 덜 중요하게 취급된다. 교육 수준이 높은 부유한 국가만이 이런 권리를 국민에게 허용할 수 있다는 것이다. 앞에서 본 것처럼, 비엔나선언은 "만연하는 극도의 가난함으로 인해 인권이 완벽하고 효율적으로 보장되지 않는다"고 언급한다.

권위주의 정부 지도자는 이와 같은 비엔나선언의 문구를 악용하여 국가가 가난으로부터 탈출할 때까지 핵심 권리의 보장을 연기할 수밖에 없다고 주장한다. 그러나 대부분의 경우 권위주의 체제 하에서는 부패가 성행한다. 또한 가난한 자에게서 착취한 것을 지배연합의 구성원에게 나누어준다. 이런 식으로 하다보면 권위주의 국가 지도자는 국가 재정과 국민경제를 파탄시키고, 가난을 극복해야 한다는 핑계로 국민에게 핵심 자유도 허용하지 않는다(Acemoglu and Robinson 2005, 2012; Bueno de Mesquita et al. 2003; Bueno de Mesquita and Smith 2011).

가난한 나라에서 기본권은 식량, 의료혜택, 주거와 관련된 것이라는 주장이 있다. 생존을 위해 식량과 주거를 위한 공간보다 더 필수적인 것을 상상하기 어렵다보니 이는 그런대로 호소력이 있는 것처럼 보인다. 그러나 이는 표현의 자유를 억압하는 대신 식량을 제공한다든지 집회의 자유를 허용하지 않는 대신 더 나은 주거 공간을 제공한다든지 또는 언론의 자유를 철폐하는 대신 무상의료제도를 제공할 수 있다는 부당한 정책을 내포하고 있기 때문에 정말 무의미한 주장이다. 이와 같이 "만연하는 극도의 가난함으로 인해 인권이 완벽하고 효율적으로 보장되지 않는다"는 비엔나선언의 내용이 악의적으로 오용되기도 한다는 사실을 알 수 있다. 여기서 암시하는 가난과 인권 간의 인과관계는 근거가 없거나 적어도 오해의 소지가 있다. 다양한 조약과 선언에서 언급하는 권리, 즉 표현, 언론, 집회의 자유에 관한 권리는 가난을 완화시키는데 도움을 준다. 부를 축적해야만 자유를 제공할 수 있는 것이 아니라 자유권 허용의 결과로 경제적 번영을 누릴 수 있다. 이를 간단히 설명하기 위해 필요조건과 충분조건의 차이를 검토해보자. 사실 부유함은 이러한 기본적 자유의 허용을 위한 필요조건도 아니고 충분조건도 아니다. 아프리카의 다이아몬드 부국들뿐 아니라 중동의 석유부국 군주국가들, 점점 더 독재적이 되어가는 석유부국 러시아와 베네수엘라에서 이런 자유를 누리기가 어렵다. 이는 부유함이 이러한 기본적 자유를 허용하는 결과를 초래하지 않았다는 것을 분명히 보여준다. 부유함이 민주주의의 핵심 자유를 위한 충분조건이 아니라는 것이다.

인도에서는 수십 년간 계속된 가난 속에서도 이러한 기본적 자유가 국민에게 허용되었고 선거를 통해 선출된 정부는 지난 20년 동안 경제성장을 주도했다. 유권자는 자유를 누렸고, 인도는 (최근 조금 떨어지기는 했지만) 거의 세계 최고의 경제성장률을 오랫동안 유지했다. 그래서 가난을 극복하기 오래전부터 누려오던 기본적 자유를 유지할 뿐 아니라 소득증대와 가난을 완화하는 성과를 얻었다. 이러한 인도 사례는 부유함이 민주주의 자유를 위한 필요조건이 아님을 보여준다. 표현, 언론, 집회의 자유의 허용 – 한마디로 민주주의 – 을 사치품이라 단정하는 것은 잘못되고 위험천만한 주장이다. 이런 주장이 틀렸다는 것을 얼마든지 논리적으로 설명할 수도 있고 증거도 충분히 제시할 수 있다.

기본적 시민권과 정치적 권리가 사치품이라는 주장에 동의할 수 없는 첫 번째 이유는 이런 권리를 허용하는 데 비용이 그다지 들지 않는다는 것이다. 언론의 자유와 표현의 자유를 허용하는 데는 비용이 들지 않지만 언론을 검열할 경우 감찰관을 고용하는 데 비용이 더 든다. 집회의 자유를 허용할 경우 서로 다른 집회에 참여하는 집단 간의 충돌을 막고 질서를 유지하기 위해 경찰이나 안전요원을 고용하는 데 비용이 든다. 그러나 집회의 자유를 저지하는 데는 비용이 훨씬 더 많이 든다. 집회 동안 질서를 유지하는 것보다 군중이 시위하는 것을 막는 데 훨씬 더 많은 병력이 필요하기 때문이다. 시리아와 이란에서 시위진압대가 시민의 평화적 집회조차 억압하고 폭력을 사용해 집회를 해산시키는 경우를 허다하게 본다. 정권은 명령을 충실이 이행하는 시위진압대에게 충분히 보상하기 위해 많은 비용을 지불해야 한다.

둘째, 이미 발표된 통계자료를 보더라도 기본적 자유를 제공하는 민주국가가 이런 자유를 억압하는 정권보다 국민의 주거환경, 영양상태, 의료혜택 차원에서 훨씬 성공적이다. 민주국가는 경제성장을 통해 국민이 이런 혜택을 누릴 수 있도록 하고 충분한 소득이 없어서 적절한 주거환경, 영양상태

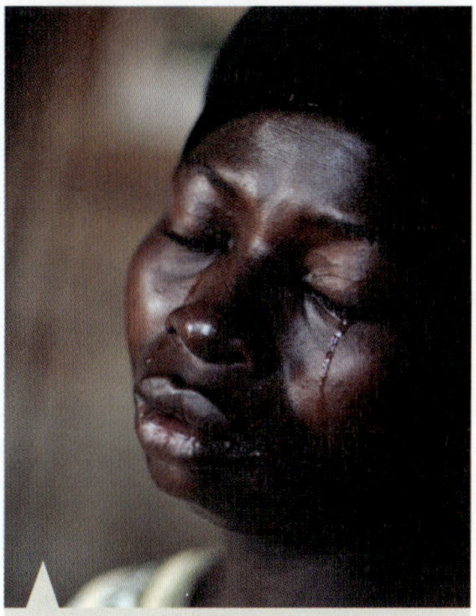

2008년 4월 14일, 콩고민주공화국 남키부(Sud Kivu) 주 왈룽구(Walungu)의 한 시설에서 28세의 비배인(Bibane)이 납치되어 강간당한 자신의 체험을 들려주며 눈물을 흘리고 있다. 비배인은 숲속에서 사흘 동안 3명의 남성에게 강간당했다. 그 결과 현재 에이즈에 감염되었으며 영양실조로 자식 하나를 잃었다. 현재 3명의 자녀를 돌보고 있다. 2007년 가을 콩고민주공화국 동부 지역에서 평균 한 달에 400명의 여성들이 성폭행을 당한 것으로 추정되었다. 2008년 초반에 그 숫자는 한 달 평균 100명으로 떨어졌다. 이 숫자가 의미있는 감소로 보여지겠지만 많은 피해 여성들이 치료시설에 올 수 없으며 이러한 수치는 통계에 반영되지 않는다는 것을 지적할 필요가 있다.

및 건강을 유지하기 힘든 사람에게는 사회안전망을 제공한다. 그래서 자유가 허용될 때 번영을 누릴 수 있다는 인과관계가 더 설득력 있어 보인다. 가난을 먼저 극복해야 자유를 누릴 수 있음을 암시하는 비엔나선언의 문구는 설득력이 없다.

자유 없이 번영을 얻을 수 있다고 생각하면 큰 오산이다. 그럴 경우 소통의 자유, 거주이전의 자유, 결사의 자유 및 정부 시책에 대한 불만을 토로할 수 있는 언론의 자유를 잃는 것을 감수해야 한다. 번영은 필연적으로 신속하게 자유를 허용하게 만든다는 주장은 역사적으로 보더라도 거짓임을 알 수 있다(Bueno de Mesquita and Downs 2005). 중국은 수십 년간 눈부신 경제성장을 이루었지만 신흥 중산층이 중국을 민주국가로 변환시키지 못하고 있다. 자유와 경제적 번영의 인과관계에 관한 주장을 역설하고 사례를 몇 가지 드는 것으로 그칠 게 아니라 이 장에서 더욱 확실히 그 인과관계를 증명해 보여줄 것이다.

9.5 왜 자유의 권리를 장려하나? 몇 가지 유용한 사실들

앞에서 설명한 인권과 관련된 권리는 모두 민주주의를 촉진하는 필요한 요인이다. 인권 관련 UN 선언들은 통치체제를 결정하고 지도자를 선출하는 데 시민의 자결권을 강조한다. 그러기 위해 시민은 표현의 자유와 언론의 자유를 누리며 아이디어를 교환할 수 있어야 하고 집회의 자유를 즐기며 자신의 의견을 공유하기 위해 함께 모일 수 있어야 한다. 그러나 이러한 민주적 권리에 반하는 주장 역시 강력하게 제기되어 왔다. 200~300년 전의 많은 정치이론가들에게 민주주의는 결코 바람직한 정치체제로 여겨지지 않았다. 당시 민주주의는 무정부 상태에 가까운 최악의 정부 형태로 인식되었다. 민주주의로 인해 평범하고 교육도 제대로 받지 못한 문맹한 시민이 나라의 운명을 결정하게 될 수도 있다는 생각은 도저히 용납될 수 없었다. 미국 건국의 아버지들 간에도 민주주의에 관한 입장이 아주 달랐고 심지어 해밀턴(Alexander Hamilton)은 선출 군주제 또는 종신 대통령제를 주장했다. 그러나 민주주의야말로 국민이 핵심 권리를 누릴 수 있도록 보장해주는 가장 확실한 제도임이 끊임없이 입증되고 있다.

2009년 가장 높은 1인당 국민소득 국가 20개 중 2개국(아랍에미리트와 싱가포르)을 제외한 모든 국가가 대규모 선출인단으로부터 만들어진 대규모 연합에 의존하며, 표현의 자유, 집회의 자유, 언론의 자유를 보장하는 자유민주주의 국가다.[1] 그 국가들의 평균연합의 크기는 가장 작은 0부터 가장 큰 1까지에서 0.94이다. 세계 최고 부호 중 일부는 아이슬란드나 룩셈부르크와 같이 아주 작은 나라에 산다. 이들 중 일부는 미국, 일본과 같이 거대한 인구를 보유한 나라에 살고, 또 다른 부호들은 호주와 캐나다 같이 상대적으로 작은 인구에 비해 광대한 영토를 보유한 나라에 산다. 또한 이들 중 일부는 덴마크나 일본과 같이 종교적으로 동질적인 사회에서 살고, 다른 부호들은 호주나 미국처럼 종교적으로 이질적인 나라에서 산다. 부유한 국가 대부분은 유럽에 있지만 아시아, 북미주, 오세아니아주에도 있다. 부국들 중에는 영국과 프랑스처럼 과거 제국주의 국가도 있고, 캐나다나 뉴질랜드처럼 과거 식민지 국가도 있다. 부국들은 지리적 위치, 문화, 종교, 역사, 영토의 크기 등에서 다양하지만 하나같이 시민의 기본적 자유를 존중한다.

1인당 국민소득 기준으로 세계 부국 리스트를 검토해보면 지하자원이 풍부한 비민주적 석유부국들은 몇몇 예외를 제외하고 전반적으로 리스트의 중간쯤에 위치한다. 그 나라의 국민은 가난하지는 않지만 특별히 부유하지도 않다. 놀랍게도 석유부국 이란은 1인당 국민소득이 85번째 정도 되는데, 이는 칠레, 브라질, 아르헨티나보다 훨씬 못한 수준이다. 왜 이란 국민이 부유하지 않고 이란이 보유한 풍부한 천연자원이 일반 시민에게 커다란 혜택이라기보다는 저주가 되는지를 제2장에서 살펴보았다. 이란 정부는 표현의 자유, 언론의 자유, 집회의 자유를 장려하지 않는다. 이란 지도자는 정권 유지를 위해 소규모 연합에 의존하는데, 이는 가난한 시민에게서 착취한 것으로 자신의 충성스런 지지세력에게 부를 재분배한다는 것을 의미한다. 지도자는 자신을 지지하는 연합을 만족시키기 위해 시민을 위한 공공재를 제공하는 대신 어마어마한 개인적 보상으로 지배연합의 일원을 모두 부유하게 만들어준다.

최빈국의 공통점은 무엇인가? 세계 최빈국 20개국은 확실히 모두 민주국가가 아니다. 20개 최빈국의 평균연합 크기 점수는 0.54, 즉 20개 세계 최대 부국보다 0.40점 낮은 점수다. 이런 최빈국은 시민권이나 정치적 권리를 거의 허용하지 않고 있다. 평균 수명은 45년 정도밖에 안 되고 – 이는 1인당 국민소득 최고 20개 부국보다 30년 이상 짧다 – 가난하고 비민주적 사회에서 일반시민은 자유로운 선거권은 물론 검소한 생활도 영위하기 어려운 처지다. 이러한 사례는 대규모 연합에 의해 탄생한 정부가 허용하는 자유가 경제적 번영을 촉진한다는 점을 보여준다. 그러나 몇 가지 사례의 입증만으로 확실한 증거를 제시했다고 할 수 없기 때문에 더 확실한 증거를 찾아보도록 하겠다. 앞에서 아래의 3가지 주장을 이미 한 바 있다. 이에 대한 검증을 해보자. 첫째, 핵심 자유는 민주주의를 촉진시킨다. 대규모 지배연합에 의존하

1. 비록 벨기에의 연합의 크기 지수가 아랍에미리트의 0.25보다 훨씬 큰 반면 싱가포르과 같은 0.75이지만, 2009년 벨기에는 자유민주주의 국가로 간주한다. 민주주의–권위주의 정체 지수는 10이 가장 높은 지수인데 벨기에는 8인 반면 싱가포르의 지수는 –2이다. 0보다 낮은 지수는 정권이 민주적이지 않고 권위주의적임을 나타낸다.

기 때문에 지도자가 정권을 유지하기 위해 좋은 정책을 제시하는 그런 민주정부를 촉진시킨다. 둘째, 앞에서 소개한 선언과 조약에 언급된 인권을 위한 기본적인 정치적 권리와 시민권이 경제적 번영을 촉진시킨다. 셋째, 경제적 번영으로 인해 인권이 개선되는 것은 아니다. 이러한 3가지 주장을 검증하기 위해 1960~2009년까지 세계 모든 국가에 관한 데이터를 활용하기로 한다.

가장 간단한 질문부터 시작해보자. 1인당 국민소득의 증대와 인권 개선이 대규모 연합에 근거한 민주정부로의 발전을 촉진시켰나? 이 질문에 답하기 위해 세계은행에서 측정한 5년 전에서 1년 전까지의 1인당 국민소득의 변화를 보고 그 수치를 4년 전에서 올해까지의 연합의 크기의 변화와 비교해본다. 부에노 데 메스키타 외(Bueno de Mesquita et al. 2003)에서 상세히 설명한 연합의 크기 측정법을 사용해 1년의 시간차를 두고 그 변화를 비교해본다. 인권 개선에 관해서도 같은 방법을 사용한다. 프리덤하우스(Freedom House)의 시민권과 정치적 권리지수를 활용하여 높은 수치는 인권에 대한 더 높은 존중을 의미하도록 각각 나열한다. 마찬가지로 인권지수의 변화가 1인당 국민소득의 후속적 변화에 어떻게 영향을 미치는지를 보기 위해 5년 전에서 1년 전까지의 변화를 검토한다.

[표 9-2]에서 인권의 개선은 연합의 크기의 증대를 초래하는데 그 효과는 우연에 의해 일어난 것이 아닐 가능성이 아주 높음을 알 수 있다. 인권 존중의 증대는 더욱 책임있는 정부를 탄생시킨다는 주장에 대한 통계적 신뢰도 역시 높게 나타난다. 그러나 가난의 완화가 그와 같은 효과를 가진다는 주장은 통계적으로 유의미하지 않다. 정부의 책임감 증대로 인해 1인당 국민소득의 증대가 발생할 가능성은 50%다. 인권존중의 변화를 통제한 상태에서 1인당 국민소득의 변화와 후속적인 연합 크기

표 9-2 궁핍과 인권: 통계 점수표

구 분	4년 전에서 올해까지 연합의 크기 변화 (효과 방향, 우연에 의해 이러한 일이 일어날 확률)	4년 전에서 올해까지 인권의 변화 (효과 방향, 우연에 의해 이러한 일이 일어날 확률)	4년 전에서 올해까지 1인당 국민소득의 변화 (효과 방향, 우연에 의해 이러한 일이 일어날 확률)
5년 전에서 1년 전까지 인권의 변화	긍정적 0.000	긍정적 0.000	긍정적 0.062
5년 전에서 1년 전까지 1인당 국민소득의 변화	긍정적 0.424	부정적 0.001	긍정적 0.000

주: 각 국가들의 명시하지 않은 특징을 교정하기 위해 각국의 고정효과를 통제한 회귀분석의 결과다. 이는 1960~2009년까지 모든 이용가능한 데이터에 근거한다. 각각의 분석은 4600개 이상의 매년 국가 수치들을 사용한다. 결과의 확고함을 조사하기 위해 여러 가지 대안적 회귀분석 모델들도 조사했다.

의 변화 간의 관계가 우연에 의한 것일 확률은 42%다.

이런 결과는 두 번째 중요한 질문을 하게 만든다. 가난의 완화는 "완벽하고 효율적인 인권보장"의 개선을 초래하는가? 답은 '결코 그렇지 않다'이다. 그 답은 [표 9-2]에 잘 나타나 있다. 1인당 국민소득의 증가와 인권의 감소 간의 상관관계는 아주 높은 수준이고 그 상관관계가 통계적으로 무의미할 확률은 1/1000이다. 비민주적 사회가 부유해질수록 인권에 대한 존중이 감소하는 경향이 있다는 것을 의미한다. 사회가 부유해짐에 따라 사람들은 살찌도록 먹고 그저 행복해하고 만족하며 살게 되나 보다. 왜 그런지에 관해서는 해외원조 및 경제학자들이 자원의 저주라 부르는 것에 관해 제12장에서 설명할 때 더 자세히 알아본다.

[표 9-2]의 마지막 열을 보면 1인당 국민소득의 변화가 인권 증진으로 인해 일어나게 되었는지에 대한 답을 알 수 있다. 조심스럽긴 하지만 '그렇다'라고 답할 수 있다. 인권의 변화와 이에 따른 1인당 국민소득의 후속적 변화 간의 상관관계가 통계적으로 유의미할 확률이 0.062, 또는 (인권이 1인당 국민소득을 개선시킨다고 예측했기 때문에) 방향 조사에서 0.031인데, 이는 통계적으로 유의미한 수치다. 그리고 기대했던 것처럼 그 효과는 긍정적이다. [그림 9-1] 역시 인권 증진으로 인해 1인당 국민소득의 변화가 일어났는지에 대한 답을 제시한다. [그림 9-1]은 2009년 전 세계 국가를 5년 전인 2004년의 지배연합의 크기를 기준으로 5개 등급으로 나누어 1인당 국민소득의 평균을 검토한다. [그림 9-1]의 수치가 명백하게 보여주듯 최소

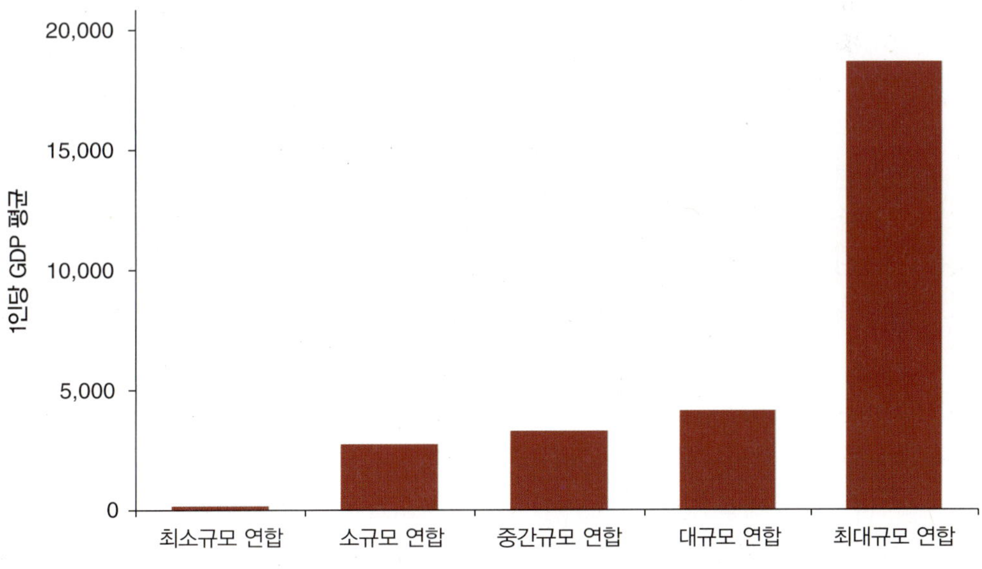

그림 9-1 2004년 연합의 크기와 2009년 1인당소득

규모 연합에 근거한 국가는 가장 낮은 1인당 국민소득을 보유하고 최대규모 연합에 근거한 국가는 가장 높은 1인당 국민소득을 보유하는데 소규모 연합과 대규모 연합의 1인당 국민소득의 차이가 엄청나다. 소득은 연합 크기가 증가함에 따라 일반적으로 개선되지만 연합의 크기가 가장 높은 점에 달했을 때 소득이 극적으로 증가한다. 이는 인권 증대가 정부의 책임감을 훨씬 개선한다는 것을 보여준다. 또한 정부의 책임감과 인권이 동시에 증대될 때 가난이 완화된다는 증거를 제시한다. 그러나 가난의 완화는 인권을 개선하지 않는다!

정부의 인권 존중에 대한 개선은 1인당 국민소득 증대와 같은 중요한 이득을 수반한다. 그래서 어떻게 하면 정부가 인권을 더욱 존중하게 할 수 있는지 알고 싶어진다. 인권 존중을 개선하는 노력과 인권을 국제법과 조약에서 중요한 주제로 취급해서 얻을 수 있는 이득에 관해서도 알고 싶다. 국제법에 의해 인권이 실제로 개선되는지 아니면 이미 존재하는 인권 상황을 국제법이 단지 성문화하는 것인지도 알고 싶다. 이러한 질문과 관련하여 다양한 이론이 있으며 증거도 늘어나고 있는 추세다. 각각의 이론이 어떤 주장을 하는지 살펴보자.

9.6 국제법 또는 규범이 인권을 개선하는가?

국제제도의 구조, 그 법칙과 규제는 제도를 처음에 설립하는 국가들에 의해 결정되기 때문에 국제법과 국제레짐이 국가 행위에 영향을 미치기란 쉽지 않다. 국제법이나 국제기구는 우연히 또는 자발적으로 만들어지는 것이 아니다. 이는 국가 지도자 간의 협상에 의한 합의의 결과다. 그래서 국제기구의 구조와 규칙이 정해질 때 지도자의 이해관계가 반영되기 마련이다. 자신의 이해관계에 반하는 방향으로 자신의 행위를 강요하는 구조나 규칙에는 동의하지 않을 것이다. 만일 그렇다면 국제레짐은 국가 행위에 영향을 미치기보다는 이미 존재하는 이해관계를 반영하는 것에 불과하다. 그런 경우, 조약의 내용을 결정하는데 참여한 국가가 국제인권조약에 서명하는 행위와 조약의 내용을 존중하는 행위 간에는 긍정적 관계가 있을 것으로 기대된다. 그러나 그 상관관계는 서명 행위로 인해 인권이 개선됨을 의미하는 것은 아니다(Downs, Rocke and Barsoom 1996; Cherif 2005, 2010; König and Luetgert 2005; König 2007; Lupu, forthcoming).

여기서 긍정적 상관관계는 단지 선별 효과가 있음을 의미한다. 서명한 국가, 특히 창립 서명국은 인권을 존중하고 있으며 서명 이후에도 계속 인권을 존중한다. 처음부터 서명에 동참하지 않은 국가는 인권 존중의 의도가 없기 때문에 굳이 서명에 동참해서 인권을 존중하겠다고 할 필요가 없다. 나중에 서명한 국가는 조약이 효율적으로 집행되지 않을 것임을 알고 있기 때문에 아무런 비용 없이 조약에 서명하거나 조약 관련 논의에 참여한다. 이러한 전략적 시각의 설명은 인권 조약의 무력함을 냉소적으로 지적한다. 물론 이에 관한 다른 시각들도 있다.

국제법, 규칙, 규제가 국가(지도자 또는 정권)의 이해관계를 단지 반영한다기보다는 그 행위를 변화시킨다는 주장도 있다(Davenport 1995, 1999, 2007; Poe and Tate 1994; Poe, Tate and Keith 1999). 예를 들어 베스 시몬스(Beth Simmons 2009)는 정부가 조약의 의무사항을 회피하면서 조약 체결 그 사실만으로 이득을 얻을 수 있을 것으로 예상하기 때문에 조약을 비준하게 된다는 주장에 대한 검증을 시도했다. 그 연구결과는 인권조약을 비준하는 정부는 인권을 개선하게 되기 때문에 국제법은 인권 개선의 수단으로 인정을 받을 만하다는 결론을 도출한다. 그러나 루푸(Lupu, forthcoming)의 연구는 시몬스의 낙관적 결론을 수정할 필요가 있음을 지적한다. 그는 시몬스와 다른 연구자들이 주장하는 바와 같이 국제인권 관련 합의는 서명국의 행위와 긍정적 상관관계가 있음을 지적한다. 그러나 서명의 직접적 효과는 인권에 관한 드러난 선호도의 영향보다 훨씬 약하다고 지적한다. 그는 각 국가의 인권 존중에 관한 선호도를 평가하기 위해 각 국가가 이전에 어떤 조약에 서명했는지를 먼저 검토할 필요가 있음을 지적한다. 루푸는 이러한 선별 효과를 제거한 이후의 연구에서 국제법의 인권 개선에 미치는 영향이 시몬스와 다른 연구자들이 추정한 것보다 훨씬 약하다는 것을 보여준다.

인권: 구성주의자 사례

구성주의자는 한 나라의 국가이익의 내용 자체가 국제기구의 회원자격이나 국제조약의 비준으로 인해 재정립되어질 수 있다고 주장한다. 구성주의자는 1) 정당화, 2) 역할 재정립, 3) 반영의 3가지 요인이 작동하고 있다는 가설을 주장한다. 국제레짐의 정당화라는 의미는 회원국이 국제기구의 임무를 준수할 때 레짐의 규칙과 규제에 권위와 정당성을 동시에 부여한다는 것이다. 예를 들어 오렌 영과 마크 리비(Oren Young and Marc Levy 1999)는 국제기구의 회원국은 레짐의 일상적 과정을 내재화했고 그것을 수용하도록 사회화되었기 때문에 전략적 행위를 특징짓는 비용–이익 계산과 같은 것을 하지 않는다고 주장한다. 그러나 이러한 주장을 지지하는 어떤 증거도 제시하지 않는다. 게다가 서론에서 설명한 것처럼 이런 예측에 반하는 상당한 증거들이 있다(Cherif 2005, 2010; König 2007; Lupu, forthcoming). 구성주의 사례와 관련하여 아직 설명하지 못한 질문 중 하나는 왜 국제레짐의 서명국은 레짐의 규칙과 규제가 국가나 그 지도자의 이해관계에 반할 경우에도 이들을 정당하거나 권위적인 것으로 간주하는지에 관한 것이다.

다운스(George Downs 2000)는 환경레짐 관련 사례의 경우 국가가 규칙과 규제를 본질적으로 정당한 것으로 간주하지 않는다고 주장한다. 루푸와 마찬가지로 헬름과 스프린츠(Helm and Sprinz 2000)는 환경정책과 관련된 사례에서 레짐과 국제제도는 긍정적이지만 상대적으로 미약한 수준의 유익한 효과가 있음을 밝혀낸다. 체리프(Feryal Cherif 2005, 2010)는 1979년 모든 형태의 여성차별 철폐에 관한 UN협약(UN CEDAW)에 서명한 국가들의 정치 상황에서 여성의 역할을 연구하면서 거의 같은 결과를 보여준다.

국가 또는 정책결정자의 정체성의 변화, 국제기구가 국가에 부여한 역할을 이행하는 과정에서 발생하는 역할 재정립 또는 국제기구와 국가 간의 상호작용으로 인해 발생하는 역할 재정립이 국가이익을 재정립하는 요인이라는 주장이 있다. 복잡한 구조의 국제기구는 여러 행위자에게 각기 다른 역할을 분담하고 이러한 조직 내 역할은 각 국가의 후속적인 정책 입장에 영향을 미칠 수 있다는 주장이다. 예를 들어 일본은 교토의정서를 도출해내는 환경협상의 진행 동안 주도적 역할을 떠맡았다. 일본은 새로이 주어진 주도적 역할이 자국에 새로운 정체성을 제공했기 때문에 이전의 협상 때보다 더 강력한 친환경적 자세를 취했다. 전략적 시각에서 볼 때 일본은 미국의 반대로 인해 교토 제안이 결국 무산될 것임을 이미 알아챘기 때문에 입장을 바꾸어 교토 제안을 지지한다고 말했다. 그렇게 하면서 일본은 자국의 입장을 높이 평가하는 언론보도를 이끌어내고 교토 제안에 반대한다고 선언해서 궁지에 몰릴 필요도 없이 그 전부터 원했던(제안의 부결 또는 비집행) 결과를 얻은 것이다. 사실 구성주의자의 기대와는 반대로 일본 정부는 교토의정서에 따라 약속했던 온실가스 배출 감소 수준을 충족시킬 수 없을 것임을 차후에 시인했다.

웬트(1994)는 국가가 국제기구에서 맡게 된 역할을 이행하다보면 점진적으로 그런 역할에 맞는 새로운 정체성을 가지게 된다고 주장한다. 이러한 새로운 정체성은 다시 새로운 이해관계를 촉진하고 국가이익을 재정립하게 된다. 물론 국제기구 회원국은 조약과 국제기구에서 맡을 역할을 선별적으로 수용한다(Lupu, forthcoming). 이는 국가 정체성이 수용한 역할에 따라 정말 변하는 것인지 아니면 국가 또는 지도자의 이해관계가 협상 과정에서 이미 반영된 역할을 수락하다보니 국가 정체성이 변한 것처럼 보이는 것인지 구별하기가 어렵다는 것을 의미한다. 역할 재정립이라는 아이디어는 흥미롭다. 몇 가지 사례연구가 이런 아이디어에 신빙성을 제공하지만(Weiss and Jacobson 1998), 환경 영역 관련 다운스(Downs)의 연구, 헬름과 스프린츠(Helm and Sprinz)의 연구뿐 아니라 루푸, 퀘닉, 체리프(Lupu,

König, and Cherif)의 인권 영역에서의 체계적 연구는 역할 재정립의 영향을 반박하는 결과를 보여준다.

국제기구 내에서 다른 회원국과 상호작용 과정을 통해 자국의 정체성을 스스로 관찰하게 된다는 아이디어를 반영(reflection)이라 한다. 구성주의자에 의하면 이는 일부 직접적 과정을 통해서, 일부는 간접적 과정을 통해 일어난다. 예를 들어 타국이 자국을 협력적인 국가로 인식한다는 것을 깨닫게 되면 될수록 반영된 인식은 자국이 더욱 협력적으로 행동하게 만든다. 더구나 자국이 더 협력적으로 행동할 경우 타국은 자국에 대한 생각을 바꾸어 자국이 협력국이라는 새로운 이미지를 재차 반영한다. 인식에서 그렇게 반영된 개선은 다시 행동이나 정체성의 변화를 초래한다.

그러한 심리적 과정은 계속될지도 모른다. 그러나 반영이 일어나고 정체성이나 이해관계를 변화시킨다고 결론지을 만한 증거가 아직 없다(Wendt 1994). 사실 다운스(George Downs 2000)는 국제기구가 어떻게 국가이익과 협력 행위의 변화를 촉진하는지에 관한 구성주의 시각을 검토하고 이에 대한 비평을 제시한다. 그는 그런 변화가 일어나지 않았던 사례를 여러 가지 보여준다. 더구나 국제기구에서 정부를 대표하는 대리인이 국제기구의 영향을 받아 자신의 행동에 변화를 일으킨다면 그 정부 지도자는 지시를 따르지 않고 마음대로 행동을 바꾸는 그런 대리인을 반드시 해고할 것이다.

미국의 반대에도 불구하고 교토의정서는 2005년에 발효되었다. 이는 일본 또는 다른 서명국이 약속을 지키는지를 알아보기 위한 자연적 실험을 제공한다. 의정서에 언급된 유해가스를 일본이 일정 기간에 얼마나 배출했는지에 관한 데이터를 찾아보라. 관찰된 결과들이 교토의정서가 발효되기 전보다 더 나아졌나, 똑같은가, 아니면 더 악화되었는가? 의정서 이전과 비교해 의정서가 발효된 지금 배출의 감소율(또는 증가율)이 촉진되었는지 조사해 보라. 미국의 배출에 대해서도 평가를 해보라. 같은 기간 동안 미국의 배출과 비교해 일본의 배출은 어떠한가?

만일 대리인의 생각이 국가 지도자의 국가이익에 관한 인식과 일직선상에 있지 않을 경우 그 대리인은 교체될 가능성이 높다. 그런 상황에서는 대리인 문제가 발생한다. 즉 주인은 대리인으로부터 기대된 지원을 받지 못하고 있다. 국가 지도자는 대리인의 행동이 자신의 이해관계로부터 그렇게 많이 벗어나지 않아서 그 대리인을 유임시키는 비용이 그리 크지 않다고 느낄 경우에만 유임시킬 것이다. 지도자의 이해관계와 대리인의 행위 간에는 오직 작은 차이만 발생했을 뿐 지도자의 이익이 그로 인해 큰 타격을 입지는 않았다. 이와 같이 구성주의자의 반영이라는 개념은 주인-대리인 관계가 허용하는 최저한도 내에서의 변화에 영향을 미칠 수는 있다. 그러나 구성주의자의 반영이라는 개념은 국가이익에 현저한 변화를 일으킬 수 있다고 주장하는 점에서 현실성이 없다.

국가이익에 있어서 어떤 변화가 일어났는지를 경험적으로 관찰하기란 쉽지 않다. 왜냐하면 반영은 국가 지도자가 국제기구에서 자신을 대리하는 대표에게 위임한 아주 협소한 범위 내에서 일어나기 때문이다. 그런 반영이 전혀 일어나지 않았는지 아니면 국가 지도자의 의도와 대리인의 행동 차이가 위임된 일상적 범위 내에 있는지를 조사하기란 쉽지는 않지만 아주 중요한 경험적 질문이다. 이러한 국가 지도자와 국제기구에 파견된 대리인 간의 사례에서는 구성주의자의 주장이나 주인-대리인 이론의 주장이 잘못된 것임을 입증하기란 쉽지 않다.

전략적 사례

전략적 시각은 정치 지도자가 국가이익을 구성하는 요소를 조작할 수 있음을 지적한다. 정치 지도자는 이해관계를 중심으로 연합을 구축하고 이슈를 연계해 다수의 지배연합들이 형성될 수 있도록 한다. 게다가 서문에서 설명한 것처럼 노련한 정치적 수완으로 절대다수의 유권자들이 상이한 정책, 심지어 상충하는 정책 입장을 지지하기 위해 한 곳에 모이도록 할 수 있다. 이미 알고 있듯 무기와 버터, 통상정책과 국가안보 정책, 가난을 완화하기 위한 해외원조와 정책 추종을 확보하기 위한 해외원조처럼 이슈가 연계될 경우 중간투표자정리(median voter theorem)는 더 이상 유효하지 않다. 정치 지도자는 현상유지 정책으로부터 어떤 변화든 지지하는 지배연합을 구성할 수 있다. 그래서 국가이익은 얼마든 조작이 가능한 것처럼 여겨진다. 이러한 지배연합들의 정책은 국가이익과는 거리가 멀다고 생각할 수도 있지만 그런 생각은 국가이익이 무엇이라는 것이 명확하게 정해져 있을 때만 가능한 것이지 국가이익이 전략적 수완과 협상의 산물로 조작이 가능한 경우에는 어떤 정책이든 국가이익에 근거한 것이 될 수 있다.

노련한 정치 지도자는 자신에게 유리한 이슈와 정책노선에 관한 국가이익을 정치쟁점화 할 수 있다. 연계정치 -제3장의 윈-셋(win-set) 분석에서처럼 다수의 이슈들 가운데 각각의 연합이 원하는 정책을 함께 묶는 정치- 를 통해 다양한 지배연합들을 한 군데 모을 수 있기 때문이다. 이는 국제적 합의나 국제기구의 영향력의 장점과 한계를 암시한다. 지도자는 정치 일선에 등장했다가 사라진다. 민주주의 지도자는 5년 정도조차도 정권을 유지하기 힘들다. 독재자는 오래 살아남지만 10년 또는 20년 이상 정권을 유지하는 경우는 드물다. 국제조약과 국제기구는 일반적으로 국가 지도자보다 훨씬 더 오랫동안 존속한다. 예를 들어 북대서양조약기구(NATO)는 1949년에 설립되었다. NATO의 창립 이래 60여 년 동안 회원국들은 국내정치에서 여러 명의 새로운 지도자들을 탄생시켰지만, NATO의 기본 규칙은 여전히 그대로 유지되고 있다. 웨스트팔리아조약은 350여 년 전에 서명되었지만 그 조약의 주권과 관련된 많은 사항들 –주로 영토 내에서의 통치권리 및 권위– 은 오늘날 국제관계에도 여전히 타당한 것으로 유지되고 있다. 인권은 수십 년 동안 조약들에서 소중히 여겨져 왔지만 여전히 고문과 차별이 자행되기도 하고 기본권이 남용되기도 한다. 미국 정부와 같이 오랫동안 인권을 존중해온 정부조차 9.11 이후 임기응변 조치로 지도자가 고문을 허용하여 고문금지 조약을 위배했다고들 한다. 이러한 예는 국제법과 국제기구가 정치 지도자의 임기만큼 그렇게 단명한 것이 아니라는 것, 제도의 기본 규칙은 오랜 동안 유지된다는 것, 정치적으로 편리함이 입증될 경우 인권을 못 본 척한다는 것을 재삼 느끼게 한다. 제도의 수명은 영향력과 같지 않다.

국제기구와 국제법은 쉽게 변화하지 않는다. 즉 국제법과 국제기구의 구조를 본질적으로 개조하기 위해서는 회원국의 이해관계에 커다란 변화가 반드시 있어야 한다. 구조를 개조하는 데 드는 비용이 기대이익보다 큰 경우가 허다하다. 이런 면에서 국제기구는 마치 공장과 같다. 사업체 주인은 기술 개선이 있을 때마다 자신의 공장을 부수고 새로 짓지 않는다. 그렇게 할 경우 비용이 많이 들기 때문이다. 주인은 공장을 개조하는 데 드는 비용을 감수하기보다는 공장을 다소 비효율적으로 운영하는 데 만족한다. 비효율성으로 인한 손실이 아주 클 경우에만 공장을 부수고 다시 짓는다. 인권과 관련된 아주 중요한 국제기구와 국제법의 경우에도 그렇다. 새로운 지도자가 정권을 쥐고 나서 전임자가 서명한 조약과 국제기구 상당수가 자신의 이해관계에 최적이 아님을 알게 된다. 그러나 그런 조약이나 국제기구는 지도자에게 나름대로 충분한 이익을 제공하거나 또는 지도자에게 입히는 피해가 아주 적다. 그래서 지도자는 정치적 비용을 많이 들여가며 조약이나 기구의 구조 변화를 추구하거나 기구로부터 탈퇴하려고 하기보다는 전임자가 서명한 국제기구나 조약을 그대로 받아들인다.

국제기구가 쉽게 변화하지 않음에는 심오한 전략적 암시가 있다. 예를 들어 인권보호를 위한 국제제도를 설립하거나 그 제도에 참여하는 결정은 내재적인 것이다. 정치 지도자는 정권유지 가능성을 높이는 전략적 선택을 하지만 만일 정권을 더 이상 유지하지 못하게 될 경우에도 자신이 선호하는 정책은 지속될 수 있도록 고안된 전략적 선택을 한다. 인권 관련 국제기구와 국제법이 회원국의 인권존중 행위에 영향을 미치게 된다기보다는 회원국의 인권 관련 선호도가 내재적으로 반영된 채 국제기구와 국제법이 탄생한다는 것이 바로 루푸(Lupu, forthcoming)의 연구결과의 핵심 주장이다. 국가 지도자는 국제기구의 규칙과 국제법의 제정에 참여하여 후임자에게 이러한 규칙과 법을 제약조건으로 부과한다. 전략적 시각에 의하면 국가 지도자가 후임자에게 제약조건을 부과할 필요성은 후임자의 선호도가 자신의 이상점(ideal point)과 얼마나 자주 멀어질지, 멀어지는 간격이 얼마나 클지, 얼마나 불확실하게 이런 상황이 발생할지에 따라 더 커진다.

민주주의 사회에서 정권교체가 더 자주 일어난다. 그러므로 현재 정권을 쥐고 있는 연합과 이해관계가 다른 연합이 정권을 쥐게 되는 경우가 허다하게 발생한다. 독재자는 이와 반대로 상당히 오랫동안 정권을 유지하는 경향이 있다. 그 결과 독재자는 권좌에 더 오래 머물면서 정책 목표를 유지할 수 있기 때문에 정책 변화의 불확실성에 덜 직면한다. 그러나 독재체제에서 정권교체가 있을 경우 중간(median)투표자 또는 평균(mean)투표자의 비중이 큰 민주주의에서보다 더 심한 정책 변동이 발생하는 경향이 있다. 정책 변동의 기회가 독재체제에서보다 민주주의체제에서 더 많이 일어나지만 변동은 상대적으로 좁은 정책 공간에서 일어나도록 제한되어진다. 민주정부에서는 정권이 교체되더라도 인권 존중에서 인권 침해로 쉽게 정책을 바꿀 수 없다. 독재체제에서는 정권교체 이후 무슨 정책이든 독재자 마음대로 바꿀 수 있지만 소규모 지배연합의 이해관계로 볼 때 인권을 존중하는 방향으로 정책을 바꿀 가능성은 희박하다.

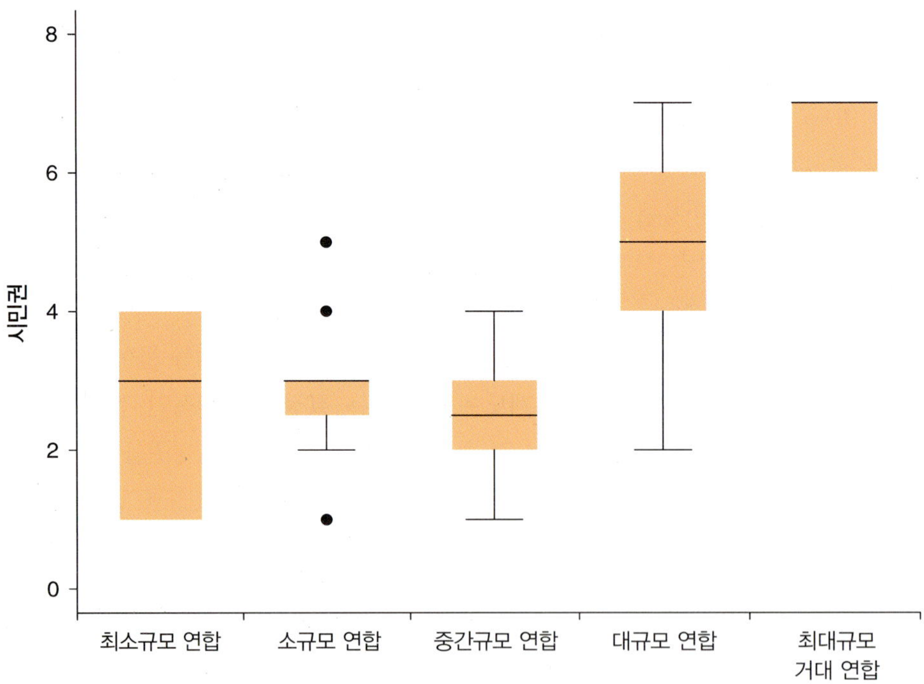

그림 9-2 인권존중과 연합의 크기

국제기구와 국제법은 민주국가 지도자에게 더 중요하다고 한다. 후임자가 국제법이나 국제기구를 무시할 경우에 부과될 비용이 커서 이미 발효 중인 정책, 규칙, 규제를 지키지 않을 수 없기 때문이다(Gartzke and Gleditsch 2002). 실로 민주정부가 소규모 지배연합의 독재자보다 인권을 훨씬 더 존중한다. [그림 9-2]는 수평축의 연합의 크기와 수직축의 인권 존중 간의 상관관계가 얼마나 높은지를 보여준다(여기서 수직축은 프리덤하우스의 시민권 변수를 거꾸로 표시한 것으로 높은 수치는 더 많은 시민권을 의미한다). 회색 네모는 최소규모 연합을 0으로 하고 최대규모 연합을 1로 하여 그 사이를 5등분해 측정한 연합의 크기의 특정 범위의 함수이며 인권 존중 평균치 아래위로 1 평균편차를 나타낸다. 회색 네모 안의 선은 최소규모부터 최대규모까지 각각의 연합 내에 포함된 정부들의 인권 존중의 중간 수준을 나타내고, 점들은 범위 밖의 것들을 나타낸다. 최소규모, 소규모, 중간규모 연합은 모두 낮은 인권 존중 수치를 가지는 것을 알 수 있다. 대규모 연합의 수치는 이들 3개의 소규모 연합보다 훨씬 높다. 그리고 가장 민주적인 최대규모 연합이 가장 높은 수치를 가지며 시민권과 정치적 권리를 가장 존중하는 것으로 나타난다. [표 9-2]는 인권을 존중할수록 대규모 연합정부 탄생 가능성이 높아지고 대규모 연합정부는 주요 조약에 명문화되어 있는 기본적 인권을 높은 수준으로 준수한다는 것을 보여준다.

9.7 주권: 인권에 반하는 사례

결론짓기 전에 조금은 열띤 논의가 이루어지도록 일부러 반대 입장을 취해볼 필요가 있다. 이 장의 거의 모든 내용은 국제법을 통해서든 다른 국제적 수단에 의해서든 인권 존중을 촉진하는 것이 기본 목표임을 확실히 보여준다. 그러나 인권을 무시하는 정부뿐 아니라 심지어는 개인의 권리와 자유를 존중한다는 정부조차 국제법을 변명의 근거로 활용하는 경우가 있다. 예를 들어 미국 정부는 구체적 조항 몇 가지가 미국 주권을 침해할 수도 있는 내용이라는 이유로 수십 년 동안 대량학살에 반대하는 UN조약을 비준하지 않았다. 대량학살에 반대하는 조약에 서명을 하지 않는 행위로 인해 국제사회에서 아주 나쁜 평판을 얻을 수도 있지만 그 이면에는 그럴 만한 논리가 있다. 인권은 엄격하게 국내문제이고 국제사회가 참견할 것이 아니라는 주장을 곰곰이 생각해볼 필요가 있다. 이는 미국 대통령, 각료, 의회가 중국이 비준한 인권조약의 의무를 근거로 정치적 반체제 인사를 석방하라고 역설할 때 중국 정부에 의해 반복적으로 되풀이된 바로 그 주장이다. 중국은 자국의 행위를 정당화할 수 있는 아주 중요한 국제법을 지적하며 자국은 서명한 조약의 의무를 준수하고 있으며 반체제 인사에 대한 취급은 국내정치 문제임을 주장한다.

국제적 사안과 국내문제 사이에 선을 긋기 위한 주장의 근원을 보기 위해 30년전쟁을 종결하기 위해 1648년에 체결된 웨스트팔리아조약으로 거슬러 올라가보자. 웨스트팔리아조약은 주권에 관한 국제법의 핵심 요소를 확립하는 아주 중요한 조약이어서 근대 국제체제의 기원으로 인정받는다(Waltz 1979). 그 조약의 2개 조항을 검토해보자. 제64조는 다음과 같다.

> 미래에 국가 간에 발생하는 분쟁을 방지하기 위해 성직자, 군주, 국왕, 선거후 및 로마제국의 국가는 기득권, 자유, 영토권의 집행에 있어서 어떤 이유로 어느 누구에 의해서도 간섭을 받아서는 안 된다는 것이 이 조약의 효력에 의해 확립되었고 확인되었다.

제67조는 다음과 같다.

> 의회, 자유도시, 로마제국의 국가는 투표권을 가진다. 황제나 제국으로부터 합법적으로 획득했거나 30년전쟁 이전부터 향유했던 왕권, 관습, 연간수입, 자유, 세금징발, 세금인상 및 그 외 권리를 영토 내에서 완전한 관할권과 함께 보유한다. 전쟁 동안 자행되었고 개인적 권위로 시도했던 보복, 체포, 통행 방해, 그 외의 질서를 파괴하는 행위 등 모두를 무효화하고 금지한다. 그 외에 신성로마제국의 관습, 헌법, 법규가 미래에 엄격하게 준수될 것이고, 전쟁 기간에 발생한 혼란은 정리될 것이다.

위의 두 조항을 근대 용어로 말하자면 국가들은 자국 영토 내에서 안전하다는 것이다. 중국 정부가 재빠르게 지적하는 것처럼 주권을 가진 정부는 정치적 권리와 의무를 포함한 자국 주민의 삶과 관련된 규칙과 규제를 독자적으로 제정할 수 있다.

국내에서의 정부 행위가 외부인에게 얼마나 불쾌하든 외부인이 그 국가의 국내문제에 간섭할 수 있는 권리가 없다는 것을 위의 두 조항은 지적한다. 이는 UN헌장 제1장 2조 7항에서도 강조된다.

> 헌장은 UN에 특정 국가의 국내 관할권 내에 있는 문제에 대한 간섭을 할 수 있는 권한을 부여하지도 않고 회원국으로 하여금 그러한 문제의 해결을 UN의 결정에 따르도록 요구하지도 않는다. 그러나 이 원칙으로 인해 제7장의 집행 수단의 적용이 손상되어서는 안 된다.

헌장은 UN에 특정 국가의 국내 관할권 내에 있는 문제에 대한 간섭을 할 수 있는 권한을 부여하지도 않고 회원국으로 하여금 그러한 문제의 해결을 UN의 결정에 따르도록 요구하지도 않는다. 그러나 이 원칙으로 인해 제7장의 집행 수단의 적용이 손상되어서는 안 된다.

제도로서의 국가 간의 국경선

UN헌장에서 인용된 내용처럼 웨스트팔리아조약의 2개 조항은 국제법과 법집행의 핵심 원칙으로 오늘날에도 여전히 준수된다. 제64조는 타국이 자국 영토 내에서의 주권적 권리를 간섭하는 것을 금지한다. 제67조는 주권자가 영토 내에서 모든 문제에 관한 완전한 관할권을 보유함을 강조하면서 제64조를 보강한다. 이와 같이 영토와 국경은 국제법적 지위를 가진 국제정치 제도로 만들어졌다. 조약 그 자체가 법이다. 국가는 영토 내에서 일체의 행위와 특권을 향유할 권리가 있다. 그러나 국가는 타국의 국경을 마음대로 드나들 수 없으며 타국 정부와 타국민의 주권적 영토에 자국의 의지를 강요할 권리는 없다. 그러나 UN헌장에서도 강조한 주권과 관련된 법은 인권 존중을 위한 노력과 정면충돌한다. 인권 보호를 위한 조약은 인권 침해를 감시하고 때때로 인권을 침해한 독재자에 대한 법 집행을 위해 UN 국제사법재판소를 활용할 수 있지만 그 인권침해자가 정권을 유지하고 있는 한 독재정부에 대한 처벌을 이행하는 것은 거의 불가능하다.

국제법의 영향으로 영토 불가침 원칙이 지켜져 왔고 과거에도 그랬듯이 지금도 주권을 침해하는 행위는 원칙적이고 규범적인 차원에서 인정되지 않는다. 이렇게 법은 행동규범을 강화시켰다. 국민은 자국의 영토 내에서 보호받을 권리가 있다는 규범을 믿기 때문에 영토에 대한 침해는 일반적으로 부당한 침범으로 간주된다. 그러나 영토 내 주권 보장에 관한 법은 인권 침해자에게 변명거리를 제공하여 도덕적으로 비난을 받기도 한다. 주권 보장을 옹호하는 것은 인권 침해를 옹호하는 것과 같다!

인종 대량학살 사례를 보자. 캄보디아 폴폿 정권(1976~1979)은 자국민에 대한 대량학살에 관여했다. 폴폿의 공포시대 동안 거의 200만 명의 캄보디아인들이 살해되었다. 오직 베트남만이 폴폿의 대량학살을 반대하기 위해 개입했고, UN, 미국 등 그 어떤 나라도 국제법 원칙상 개입할 수 없다는 표면상의 이유로 폴폿의 대량학살에 개입하지 않았다. 폴폿 정권은 자국 영토 내에서 무엇이든 할 수 있는 권리가 있기 때문에 그 누구도 개입할 수 없다고 주장했다. 캄보디아 정부는 웨스트팔리아조약의 제67조와 UN헌장의 제2조 7항에 따라 "영토 내에서 완전한 관할권"을 가지고 행동하고 있었다. UN은 관할권이 없는 것처럼 보였다. 법이 폴폿에게 캄보디아에서 무슨 행위든 자행할 수 있는 권리를 부여한 것처럼 법은 전 세계 국가에 캄보디아 국민을 살리기 위해 개입할 권리를 허용하지 않았다. 베트남이 결국 개입하여 폴 폿정권을 붕괴시켰고, 이에 미국과 다른 나라들은 캄보디아의 주권을 침해한 것에 대해 베트남을 비난했다. 인권 보호가 조약에 성문화되어 있어도 그런 조약을 집행하기란 쉽지 않다.

단일 행위자 시각을 허물면 인권을 개선할 수 있다

전 세계에 민주국가가 더 많아지면서 국가를 단일 주권자로 간주했던 옛 규범을 유지하기가 더 어려워진다. 국가 정책을 개인들의 이해관계의 집합을 반영한 것으로 간주하면 할수록 국가보다 개인의 중요성이 더 커진다. 이와 같이 국가 차원의 복지보다 개개인의 복지를 더 중시하는 새로운 가치들이 더 중요하게 여겨진다. 민주주의는 개인의 이해관계를 더 중시하는 반면 권위주의 제도는 국가와 독재자를 합쳐서 단일 행위자로 간주한다. 국가가 단일 행위자로 간주될 때 국민 개개인의 복지를 위한 규범을 유지하기란 어렵다. 만일 국가 정책을 개개인의 선호도의 집합을 반영한 것으로 간주할 경우 구성주의자는 규범과 가치가 재구성되어 개개인의 복지 증진에 도움이 된다고 주장한다. 그럴 때 전략적 시각은 어떤 상황에서 민주국가가 개개인의 복지를 중시하도록 재구성된 규범을 잘 집행할 수 있는지를 파악한다.

SUMMARY

이 장의 핵심 주제는 국제법, 규제, 규범, 국제기구가 인권 증진을 위해 도움이 되지만 이들을 너무 믿고만 있을 수도 없다는 것이다. 규칙, 규제, 구조는 전략적 수완의 산물일 가능성이 높다. 그래서 규칙, 규제, 구조는 국가 또는 개개인의 이해관계를 구성하는 요인이라기보다는 국가 또는 개개인의 이해관계를 반영하는 것일 가능성이 높다. 국제기구는 쉽게 변화하지 않는다. 일단 설립되면 없애기 어렵다. 그래서 지도자가 택할 수 있는 선택의 폭을 제한하거나 법, 규제, 규범을 준수하지 않는 행위의 비용을 높이는 역할을 한다.

국제 규칙과 규제가 아주 잘 지켜진다 해서 국제법이나 규범이 행위를 변화시키는데 효율적이라고 할 수는 없다. 인권에 관한 국제조약과 선언에는 선별 효과가 있다. 정부가 이전에 어떤 조약들에 합의했는지를 관찰하면 그 나라의 인권에 관한 선호도를 알 수 있다. 이러한 인권에 관한 선호도는 조약의 비준 그 자체보다 그 나라가 인권조약을 얼마나 잘 준수할지를 더 정확하게 예측하는 데 도움이 된다. 감시와 집행 장치를 만드는 것처럼 조약을 얼마나 잘 준수하는지는 내재적이다. 조약 집행을 위해 설립된 국제기구가 조약이 준수되는지를 감시하고 위반행위를 처벌할 효율적 수단을 보유하는 한 조약에는 회원국이 준수할 의사가 없는 규칙이 포함되지 않는다. 그 결과 대다수 인권 관련 조약은 준수하기 쉽거나 처벌하기 어렵게 만들어져서 인권 개선에 별로 도움이 안 된다. 행위를 효율적으로 변화시킬 수 있는 조약이 틀림없이 존재하긴 하겠지만 그리 흔하지는 않다.

가난으로 인해 인권 존중이 제한된다는 주장은 믿을 수 없다. 그것은 독재자의 정권유지를 위한 선전에 불과하다. 핵심적 자유는 경제적 번영을 얻고 난 다음에나 누릴 수 있는 사치품이 아니다. 그 반대로 핵심 자유의 존중은 경제적 번영과 책임 있는 정부의 등장을 촉진시킨다. 자유를 누리는 사람은 보편적으로 영양상태가 양호하고 건강하며 경제적 번영을 누린다. 소규모 연합의 독재자에 의해 통치되는 독재국가의 국민은 이러한 사회적, 경제적 혜택을 누리지 못한다.

국제법은 국가를 단일 행위자로 간주하기보다 개개인의 시민권과 정치적 권리를 촉진할 때 도움이 된다. 국가보다 개인을 위한 인권조약을 만들기 위해 노력하는 이들을 격려해야 할 것이다.

핵심 용어

경제적 권리 330	자유권 333	자원의 저주 347
법적 효력 332	정치적 권리 338	드러난 선호도 349
법치 332	사치품 342	

10

자유 혹은 공정무역:
관세를 둘러싼 국내정치

세계의 많은 지도자들은 자유무역이 결국 국제교역과 국내경제에 도움이 될 것으로 믿는 반면 다른 이들은 자유무역의 장점에 동의하지 않는다. 멕시코 농부들이 2008년 1월 30일 멕시코시티 주변 떼뽀스뜰란(Tepoztlan) 마을의 톨게이트를 지나고 있다. 몇몇 농민단체는 북미자유무역협정(NAFTA)에 의해 예정된 옥수수와 콩의 수입관세 철폐에 반대하기 위해 멕시코시티에 집결했다.

OVERVIEW

- 정부는 일부 시민들을 보호하기 위해 무역을 규제한다. 정부가 생존을 위해 필요로 하는 (혹은 의존하는) 연합의 크기가 클수록 보호무역의 가능성은 낮아진다.

- 자유무역은 각국의 경제적 비교우위의 추구를 장려함으로써 효율적이고 공정한 결과를 촉진한다.

- 모든 나라들은 생산의 적어도 어느 한 측면에서 상대국에 대해 비교우위를 가지게 된다. 그렇기 때문에 설사 어느 한 나라가 모든 물품을 상대보다 더 싸게 생산할 수 있다 해도 무역은 교역 당사국 모두에게 도움이 된다.

- 모든 사람은 소비자로서 자유무역에 의해 증가하는 경쟁과 낮아지는 가격으로부터 도움을 받는다. 하지만 노동자나 기업가로서의 어떤 사람은 더 많은 이득을, 어떤 사람은 피해를 입는다.

- 관세는 경쟁으로부터 국내기업과 노동자를 보호한다. 그러한 과정에서 관세는 제품과 소비자에 대한 서비스의 공급은 감소시키는 반면 제품과 서비스의 가격은 증가시킨다.

- 높은 가격으로 말미암아 다른 제품과 서비스 생산에 사용될 수 있었던 돈이 줄어들게 된다. 그 때문에 관세는 보호되지 않은 산업의 제품에 대한 수요를 줄이는 결과를 가져오고 결국 경제성장에 악영향을 끼친다.

ASSUMPTIONS CHECK

1. 국내산업과 노동자를 외국과의 경쟁으로부터 보호하는 것은 보통 ________________.
   a. 일자리를 보호한다.
   b. 일자리를 잃게 한다.

2. 만약 A국가가 B국가보다 모든 물건을 싼 값에 생산한다면 그것은 ________________.
   a. 비용을 생각하는 소비자는 B국가의 물건을 사지 않을 것이다.
   b. 모든 물건들의 가격우위에도 불구하고 A국가는 그들 중 하나에 집중할 것이고, 두 국가만이 존재한다면 B국가는 다른 물건의 생산에 집중할 것이다.
   c. 소비자는 가격에 신경쓰지 않을 것이다. 즉 소비자는 어디서 그 물건이 생산됐는가에 신경쓰며, 가격과 상관없이 A국가 국민은 A의 물건만 구입하고 B국가 국민은 B의 물건만 구입할 것이다.

3. 사람들이 자급자족을 추구하는 것과 자신들이 가장 효율적인 생산에 전문화하는 것 중 일반적으로 무엇이 더 합당한가?

4. 국내산업과 노동자를 보호하는 것이 소득균형과 불균형 중 무엇을 더 초래한다고 보는가?

ANSWERS

1. b. 국내 기업이나 산업을 보호하는 것은 소수의 보호받는 기업이나 산업의 일자리를 보호할 수 있으나 전체적으로는 국내의 일자리를 잃게 한다.
2. b. 절대가격 우위는 생산, 수입, 수출에서 비교가격 우위만큼 중요하지 않다. A국가는 비교가격 우위(상대적으로 생산이 효율적인)가 있는 제품의 생산에 집중할 것이며 국가 B 또한 그러할 것이다.
3. 사람들은 일이나 투자에서의 소득을 극대화하기 위해 특정 업무에 관해 전문성을 확보할 것이다. 따라서 자급자족은 노동자나 투자자가 비교우위가 없는 재화 및 용역에 대해 너무 큰 값을 지불하는 것이라 볼 수 있다.
4. 보호무역 정책은 보호된 산업의 노동자나 투자자의 소득을 대체적으로 늘려주지만 평균적인 일반인의 소득은 낮춘다. 따라서 보호무역은 결과적으로 소득불공평을 완화시키기보다는 심화시킨다.

국내정부의 목표를 설명하는—항상 실행에 옮겨지지는 않는다 해도—2가지 근본적 아이디어는 첫째 국내외의 위협으로부터 시민을 보호하고 복리후생을 증진시키는 것이다. 우리는 첫 번째 목표에 대해 제5장과 제6장에서 전쟁과 국가안전에 대한 이슈를 다룰 때 설명했다. 두 번째 목표에 대한 다음의 이슈는 이 장과 다음 장에서 다룬다. 국제무역을 촉진 혹은 규제하는 데 있어 정부의 역할은 무엇인가? 어떻게 무역이 국내적, 국제적 번영에 영향을 미치는가? 분명히 정책들 간의 갈등은 존재한다. 즉 해당 국가의 모든 시민에게 이익이 되는 정책, 해당 국가의 지배연합에 속하는 시민에게만 이익이 되는 정책, 다른 국가의 시민, 즉 해당 국가의 지배연합에 속할 일이 없는 사람들에게까지도 이익이 되는 정책들 간에 갈등이 존재하게 된다. 이러한 무역의 정치경제적 갈등은 국내 정치제도와 국제경제 환경에 따라 다른 해결의 경로를 갖는다. 여기서 먼저 무역의 경제적 측면을 살펴보고 어떻게 경제적으로 최적인 무역에 대한 접근법이 정치적으로 최적인 국내 무역정책과 연결되는지 알아보기로 한다. 다음 장에서는 기본적으로 동일한 질문을 국내가 아닌 국가 간 정책의 관점에서 살펴본다.

넓게 보면 정부의 무역에 대한 역할에 대해 크게 2가지 견해가 존재한다. 1)자국 기업을 보호해 외국 기업과의 경쟁에서 이기도록 돕는다, 2)무역경쟁을 도입해 자유무역을 증진시킴으로써 국내 소비자가 지출해야 하는 재화와 서비스의 가격을 낮춘다. 이 같은 성장지향적 그리고 고용지향적 무역정책을 뒷받침하는 경제학적 기반은 잘 정립되어 있다.

몇 가지 특별한 경우를 제외하고 경제학자들은 자유무역이 보호무역보다 경제 전반, 특히 소비자(우리 모두는 결국 소비자이다)를 위해 좋다는 점을 인정한다. 그러나 정치인과 선거 승리를 위해 필요한 소위 '특수이익집단'은 보호무역 정책을 선호한다.

보통 특수이익집단이라 하면 담배를 물고 돈봉투로 정치인의 환심을 사기 위해 돌아다니는 로비스트의 부정적 이미지가 떠오를 것이다. 하지만 그것은 할리우드 영화에서 만들어진 이미지일 뿐 현실과 괴리가 있다. 그러면 특수이익집단은 누구인가? 물론 제네럴모터스나 엑손모빌 혹은 페이스북과 같은 커다란 기업일 것이다. 아마도 당신이 좋아하는 페이스북과 같은 기업을 다른 자동차 혹은 석유회사와 동급으로 놓고 싶지 않을 것이다. 그러나 페이스북과 같은 기업도 인터넷에서의 규제를 최소화하고 싶어 한다. 즉 그 기업 또한 당신에 관한 정보를 필요한 누구에게나 팔아서 큰 이윤을 창출하고 싶어 한다. 그밖에 특수이익집단이 누가 있을까? 노조 노동자들이나 직종별 협회(의학협회 혹은 법조인협회) 혹은 시에라클럽(Sierra Club)이나 세계자연보호기금(World Wildlife Fund) 등이 그 예가 될 수 있다. 이 모든 집단들은 예외 없이 자신의 이익은 보호되지만 대척점에 있는 집단의 이익은 보호되지 않기를 바란다. 이들 집단 모두 자신의 주장을 협소한 이해관계에서 비롯된 것으로 주장하지 않는다. 예를 들어 양보다는 제품과 서비스의 품질향상을 주장하고(미 의사협회는 의사인력 공급을 컨트롤하려고 주장), '불공정한 무역경쟁'으로부터의 보호를 주장하며(미 자동차업계가 주장), 국내 직장을 해외로 빼돌리면 안 된다는 주장(노동조합에서 주장)을 한다. 또한 가난한 사람들이 부담하기 어려울지 모르는 비용이 음식, 주거지, 교통에 추가됨에도 불구하고 환경보호를 주장한다. 특수이익집단이 무엇을 주장하건 지지자를 위해 그 견해가 모두를 위해 옳다고 주장한다. 그 견해가 옳을 수 있지만 분명 모두를 위해 옳은 것은 아니다.

우리 모두가 자유무역에서 비롯되는 싸고 좋은 물건과 서비스를 선호하는 소비자이기도 하지만 동시에 어떤 특수이익집단을 혹은 우리 자신의 이익을 대변하고 싶어 하기 때문에 각자에게 도움이 되는 분야의 보호무역을 약속하는 정치인을 지지할 수 있다. 심지어 누군가가 우리의 이익을 위한 보호주의를 지지해준다면 대가로 그 이익에 부합하는 보호주의를 지지하고 싶을 수도 있다. 이러한 갈등, 즉 싸고 좋은 재화와 서비스에 대한 바람과 더 나은 임금 그리고 국내에서의 고용 창출에 대한 바람 사이의 갈등이 바로 무역정책의 경제와 정치의 갈등으로 대변되는 것이다.

10.1 무역에서의 최소한의 정부 역할

재화, 서비스 혹은 화폐(이에 대해서는 제11장에서 설명한다) 간 교역에 대해 설명하기에 앞서 경제적 측면과 정치적 측면의 논의를 분리할 필요가 있다. 국제무역은 결국 경제적 정치적 고려를 모두 포함한다. 무역은 상인 간, 상인과 개인 간, 혹은 개인 간에도 이뤄진다. 일반적으로 정부는 화폐교역을 제외하고는 국제무역에 직접적으로 개입하지는 않는다. 국제경제에서 정부 역할은 국가 간 교역에 대한 과세와 규제 그리고 법적 시스템을 통해 계약의 집행을 보장하는 것이다. 또한 정부는 세계무역기구(WTO)나 유럽연합과 같은 국제기구에서 합의한 국제규약에 대한 준수를 감독한다. 국제규약의 위반이 적발되는 경우 정부는 위반자를 처벌할 수 있다. 마지막으로 정부는 입출국 지점, 세관원, 집행에 관한 법률 등 무역에 필요한 중요한 사회기반 시설을 제공한다.

확실하고 안정된 화폐와 지불수단을 보호할 수 있는 시스템을 정부가 제공하지 않는다면 국제교역은 그다지 많이 일어나지 않을 것이다. 예를 들어 많은 독재국가에게서 볼 수 있는 한 가지 실패는 그 국가의 지도자가 자국의 화폐가치를 조작함으로써 정치적 이득을 얻는 것이다. 독재자는 확실하고 안정적인 화폐가치를 제공하지 않기 때문에 교역의 상대로서 부적합하고 투자자를 유치하기 어렵다. 이것이 독재나 소규모 연합이 독점하는 국가가 가난한 이유 중의 하나다. 신뢰할 만한 화폐가치, 통화교환성, 외환거래의 안정성 등이 무역에 필수불가결의 조건인 것이다. 경제적 교류의 기초나 정부-경제간 상호작용을 이해하지 않고서는 무역과 무역정책을 이해하기란 정말 어렵다.

정부의 무역부문에서의 역할이 앞서 설명한 분야(환율, 계약집행과 국제무역협약의 준수)에 한정된 것은 아니다. 또한 무역으로 발생하는 국내정치적 손익계산만이 무역정책을 설명하는 정치적 변수의 전부는 아니다. 정부는 무역과 무관한 정책목표를 위해 무역을 제재수단으로 사용하기도 한다. 특정한 국제규범 혹은 무역과 상관없는 국내외적 이슈를 관철하기 위해 정부가 무역제재와 같은 정책을 어떻게 사용하는지 생각해보라.

예를 들어 미국 정부는 거의 50년간 미국인이나 기업이 쿠바와 거래할 기회를 제한해왔다. 이유는 쿠바 정부가 미국의 많은 정치지도자나 잘 조직된 유권자 집단이 싫어하는 정책을 펴왔기 때문이다. 이러한 경향은 특히 미 선거에서 스윙(swing) 주로 분류되는 플로리다를 보면 잘 알 수 있는데 플로리다에는 쿠바의 카스트로 정권을 피해 많은 사람들이 이주해 살고 있다. 물론 경제제재 정책이 국내의 특정 유권자들이 집중된 지역을 만족시키기 위해서만 사용되는 것은 아니다.

미국과 유럽 국가들은 UN의 지원 하에 이란에 대해 석유와 비료수입을 금지하고 국제결제시스템으로부터 격리시키는 등의 경제제재를 취했다. 이 제재의 주요 목표는 경제제재로 인한 이란 정부의 정치적 비용을 증가시킴으로써 활성화된 우라늄을 생산하는 정책을 포기하게 하기 위함이었다. 여기서 우리는 무역정책이 국가안보의 목적, 즉 이란이 중동에 대한 영향력을 증가시킬 수 있는 핵 보유국으로서의 지위를 미국이 용인하지 않으려는 목적으로 사용됨을 알 수 있다. 국제사회 또한 무역제재를 안보 목적으로 —성공률은 다양하다— 이라크, 북한이나 많은 다른 나라들에 대해 종종 사용했다. 각각의 경우 무역제재는 상대 국가의 정책을 제재 국가의 이익과 부합되는 방향으로 변화시키기 위해 사용되었다.

이제 설명하겠지만 국제사회의 많은 국가들이 좋아하지 않는 정책을 변화시키기 위해 무역제재와 같은 전략을 효과적으로 사용하기란 쉽지 않다. 예를 들어 중국이나 인도 정부는 아직까지 이란의 석유 금수조치에 동참하고 있지 않다. 오히려 이들 정부는 미국과 유럽 국가들에 의해 시작된 제재 국면을 자신에게 유리한 교역조건으로 바꾸려고 한다. 이들 정부가 선택한 국제규범에 반하는 정책의 지속성은 구성주의 이론이 설명하지 못하는 대표적 분야라 할 수 있다. 그리고 이는 제재에 참여하는 국가의 정부가 민주적이건 독재적이건 상관없이 협소한 정치적 고려가 '국가 이익'을 왜곡시키는 한 가지 사례로 볼 수 있다.

무역정책에 관한 정치경제를 배우면서 누가 자유무역 그리고 소위 공정무역(다시 말해 보호주의)으로부터 승자가 되고 패자가 되는지 명확히 알아야 한다. 이를 위해 먼저 국제무역의 간략한 역사를 소개하고 경제학의 중요한 개념들을 짚어본다. 그러고나서 무역정책에 대한 평가와 국내정치와의 연관성를 공부하기로 한다.

10.2 역사적 맥락 속에서의 무역

무역은 인류의 역사에서 오래전부터 나타났던 현상이다. 7000년 전의 선박 거래가 고고학자들에 의해 현재 쿠웨이트에 해당하는 지역에서 발견되었다. 무려 3000년 전 인도의 인더스 문명은 드넓게 펼쳐진 대양을 건너 메소포타미아와 페키니아뿐만 아니라 지중해 연안의 고대 문명국가와도 무역을 했다. 고대 무역경로에 대한 증거들은 지구 곳곳에서 발견되고 있으며, 이러한 증거는 무역이 발생하는 이유가 전혀 새로운 것이 아님을 확인시켜주고 있다.

무역이 발생하는 이유는 무엇일까? 간략하고 쉬운 답으로는 무역을 통해 돈을 벌 수 있으며, 상품을 소유할 수 있게 되기 때문이다. 혼자 자급자족하는 것보다 무역을 통해 돈을 버는 것이 훨씬 효과적이라는 사실을 이해하는 것이 무역정책 및 경제를 이해하는 데 가장 기초가 된다. 이를 이해하기 위해 가장 먼저 알아두면 좋은 것이 차익거래라는 개념이다. 누군가가 한 장소에서 상품을 저렴한 가격에 구입해(예를 들어, 16세기 미국의 금과 같은 경우), 동시에 다른 장소에서 더 높은 가격으로 판매할 수 있다고 해보자(이러한 과정을 차익거래라 한다). 이처럼 상품가격이 저렴한 곳에서 상품을 수출하고, 높은 가격으로 판매할 수 있는 곳에서 수입한다면 많은 경제적 인센티브가 발생할 것이다. 뿐만 아니라 경제적 이익을 창출할 수 있는 기회에 관한 정보를 경쟁자가 입수하지 못해 발생하는 정치적 인센티브 또한 존재한다. '탐험의 시대'에는 무역경로가 현재 혹은 적어도 20세기 중반 정도의 핵개발 기술처럼 국가 기밀정보로 취급되었다.

수세기 동안 지속되어온 무역을 지배하고자 하던 열망은 중상주의로 알려진 무역체계로 발전했다. 이 체계에서는 무역관계가 독점무역의 형태로 이루어졌다. 중상주의 통제 하에서, 예를 들어 18세기 아메리카대륙의 식민지들은 영국이 이 지역의 무역을 독점하고 있었던 탓에 영국 기업들에게만 수출할 수 있었으며, 영국에서 수입된 상품만을 구입할 수 있었다. 중상주의는 경쟁으로 인해 차익거래 이익에 손실이 발생되는 것을 예방했다. 이러한 과정 중에 중상주의는 서방 국가들의 확장에 일조했다. 식민지화를 통해 국가들은 강압적인 권력을 사용해 시장을 장악했다. 19세기에는 영국을 시작으로 프랑스와 기타 (서방) 국가들이 중상주의적 무역을 버리고 자유무역을 추구하기 시작했다. 자유무역 하에서는 수출하는 국가는 최고 가격을, 수입하는 국가는 최저 가격을 추구하며, 모든 주체들이 다른 주체들과 자유롭게 사고팔 수 있었다. 이와 같은 자유무역 체제에서는 시장에서 가격, 상품의 흐름과 수혜자와 피해자가 결정되었다. 이론적으로 정부는 수혜자와 피해자를 결정하거나 가격을 결정하는 부분에 개입하지 않았다. 모든 것이 수요와 공급에서 경쟁으로 결정되었다. 하지만 19세기 자유무역 추구의 움직임은 20세기 초 제1차 세계대전이라는 벽에 부딪히게 된다.

1차대전이 시작되면서 세계에는 보호주의가 급격하게 확산되었다. 비록 19세기뿐만이 아닌 이전에도 관세와 자유무역에 대한 제한이 존재했으나 두 번의 세계대전을 치르는 몇 년 동안에는 보호 수준이 압도적으로 강화되었다. 실제로 세계대공황(1929년 시작되어 2차대전 시작까지 지속되었던)을 악화시킨 요인 중 하나가 1930년 미국 의회에서 통과시킨 스무트-홀리(Smoot-Hawley) 관세법이다. 이 법안은 미국 역사에서 자국 산업 보호를 위한 관세 중 가장 높은 수준의 관세를 부과한 법안이다.

수입세(수입에 대한 세금)가 39%에서 53%까지 증가했다. 이 법안은 미국 농민과 제조업자들을 외국의 강력한 경쟁자로부터 보호하기 위해 제정되었다. 이는 대공황으로 고통받던 미국 자영업자와 노동자의 상황을 개선하기 위한 방안이었다.

스무트-홀리 법안을 통과시키는 데 찬성표를 던진 정치인들은 노동자 계층 지지자들이 의회 재입성에 조력자가 되어 줄 것을 기대했다. 2008년과 2012년 대통령선거에서 서비스 아웃소싱을 반대하는 움직임에서 보이듯 보호주의적 무역정책의 정치적 이익은 강력하다. 실업률이 높은 시기에는 국민의 일자리 확보에 대한 주장이 강해지는 것이 당연하다. 어떤 미국의 정치인이 당선 여부를 결정하는 미국 노동자를 희생시키고 인도의 고용 증가를 선호하겠는가. 이토록 강력한 정치적 타당성 외에 보호주의에서는 전략적 타당성도 고려해야 한다. 보호주의적 무역정책으로 인해 피해를 입은 상품을 수출하는 국가는 피해를 회복하기 위해 정치적 대응을 하게 될 것이므로 전략적 타당성을 확보하는 것도 중요하다.

스무트-홀리 관세법을 통과시킨 미국의 보호주의에 대항해 다른 국가들도 보복적 관세를 부과했다. 미국 정치인들이 외국 경쟁자로부터 지지자들을 보호하려는 것과 마찬가지로 외국 지도자도 미국 경쟁자로부터 자국민을 보호하고자 했으며, 불공정무역을 조장한 미국 정치인들의 책임을 묻고자 했다. 미국 의회는 자국 내에서 발생한 행위가 국외의 다른 국가의 행위에 영향을 미치지 않을 것이라는 안일한 생각으로 미국의 행위로 인해 발생 가능한 다른 국가들의 전략적 대응을 무시했거나, 단기적이고 정치적 이득을 위해 다른 국가들의 대응으로 인한 위험과 비용을 감수한 것으로 보인다. 물고 물리는 보호관세의 악순환은 경쟁으로 인한 경제적 압박을 경감시켜 주기는커녕 대공황을 악화시키고 연장시키며, 실업률을 증가시켜 1930년 중간 의회선거에서 큰 변화를 가져왔다. 스무트-홀리 법안이 통과되기 6개월 전인 1930년 1월에는 300만 명이었던 실업인구가 1932년에는 1300만 명(전체 인구 약 1억 2300만 중)에 이르렀다. 미국의 실업률은 전체 노동인력의 30%까지 치솟았다. 또한 무역량은 급격하게 추락했다. 1929~1933년 사이에 무역량의 2/3가 감소했다. 현재 정치인들은 지지자들이 겪고 있는 좌절감을 우려해 스무트-홀리 법안을 고안한 선배 정치인의 전철을 밟지 말아야 할 것이다. 만약 그렇게 된다면 메인가(Main Street)의 경제적 고통은 연장될 것이다.

제2차 세계대전 후 보호주의에 대한 견해에 변화가 나타나면서 상황이 호전되기 시작했다. 미국 정부는 점진적으로 자유무역의 지지자로 부상하기 시작했다. 미국은 여전히 자국의 여러 산업들을 보호하기 위해 노력하고 있지만 보호관세 적용 상품 종류나 적용 수준이 낮아지기 시작했다. 1970년대 말~1980년대 초 무렵에는 관세장벽이 세계적으로 크게 낮아졌다. 1914~1945년 사이 위축되어 있던 자유무역체제는 다시 회복세로 돌아섰다. 1950년에는 세계 생산량의 7%가 수출되었으며, 현재에는 25%에 약간 못 미치는 생산량이 수출되고 있다. 물론 모든 상품과 서비스가 국경을 자유롭게 넘나들 수 있는 것은 아니었다.

노동력 무역에 해당하는 이민은 1900년보다 현재 미국에서 더욱 심하게 제한되고 있다. 이는 제11장에서 나타나듯, 어떤 국가가 무역정책으로 인해 세계무역시장에서 수혜자가 되고 피해자가 되는가를 암묵적으로 보여준다.

10.3 경제학 프리미어

자유무역은 시장주도적 교환에 따라 이뤄진다. 시장주도적 교환은 법률 법규, 재산권, 통화보증, 자발적 계약에 대한 판결 및 집행에 대한 정부의 믿을 만한 공약들을 제외한, 정부의 규제에 따른 제약을 받지 않은 상태에서 상품, 서비스 및 자본(막연하게 돈)의 수요 및 공급에 의해 결정되는 교환을 말한다. 재산권, 법률 법규, 통화보증, 계약의 강제적 집행을 명시한 이유는 이토록 기본적인 정치적 사법적 역할을 수행하지 못한다는 것은 정부가 시장에서 공정한 경쟁이 이뤄질 수 있도록 보장할 능력 자체가 없다는 것을 의미한다. 이러한 조건들은 국가안보의 핵심이 된다. 이러한 조건들이 충족되지 않을 때 약자를 괴롭히는 사람이 활개 치는 사회가 된다. 이 요소들은 국내의 삶, 자유와 행복의 추구(존 로크[John Locke]가 말하는 재산의 추구)를 보장해주는 기본적 요소다.

비교우위

경제학 입문의 첫걸음을 우리는 비교우위를 통해 시작해보자. 19세기 초 영국 경제학자 데이비드 리카르도(David Ricardo)에 의해 최초로 열렬하게 주창되었던 비교우위는 무역을 이해하는 데 있어 기본이 되며, 다른 사람이나 다른 지역이 우리보다 더 좋은 물건을 판매함에도 불구하고 무역을 통해 이득을 창출할 수 있는 이유를 이해하는 데 핵심이 된다. 비교우위를 이해하기 위해서는 절대우위와 비교우위의 차이점을 꼭 알아야 한다. 이러한 차이점을 파악함으로써 어떻게, 왜 경쟁이 경제적 효율성을 이끌어내며, 시장에 더 많은 재화, 더 많은 무역거래, 또 더 많은 번영을 가져다주는가에 대한 근본적 이유를 이해할 수 있다. 뿐만 아니라 특정 국가가 모든 분야에서 다른 국가에 비해 뛰어난 부분이 없음에도 보호무역보다는 자유무역을 통해 더 많은 이익을 얻게 되는 이유를 이해할 수 있다.

두 국가가 비행기 제조분야에서 경쟁관계에 있다고 가정해보자. 미국이 비행기를 생산하고 있고, 인도도 그렇다. 미국에서 만들어진 비행기는 힌두스탄항공(Hindustan Aeronautics)에서 만들어진 비행기에 비해 미국 외에서 성공적으로 판매가 이루어지고 있다. 힌두스탄항공은 아시아에서는 어느 정도 시장을 확보하고 있긴 하나, 미국산 비행기에 비해 기타 지역에서 성공을 거두지는 못했다. 미국과 인도는 또한 컴퓨터 소프트웨어도 제작하고 있다. 미국의 비행기 제조사인 보잉(Boeing) 또는 맥도날드더글러스(MacDonald-Douglas)가 힌두스탄항공보다 더 뛰어난 생산력을 보유하고 있으며, 인도는 세계 소프트웨어 생산 분야의 선두자다. 미국인들이 가격과 품질이 우위에 있는 인도에서 제작된 컴퓨터 소프트웨어를 구입하는 것은 당연하다. 또한 인도인들이 미국 비행기를 구입하는 것도 같은 이유로 당연하다. 실제로 인도는 미국 기업 보잉에서 다량의 비행기를 구입하며, 인도는 미국 시장에서 소프트웨어 프로그램 수출의 큰 부분을 차지하고 있다. 이처럼 국가들은 생산하는 상품에서 절대적 우위를 가지고 있다.

즉 국가는 이러한 재화와 서비스를 다른 국가보다 더 낮은 가격으로 생산할 수 있다는 것이다. 특정 국가에서 상대적으로 저렴한 재화와 다른 국가의 저렴한 재화를 거래하는 것은 미국과 인도 모두 무역을 통해 이득을 얻을 수 있도록 한다. 하지만 미국도, 인도도, 그리고 어떤 다른 국가도 절대적 우위를 가지고 있는 항목에 생산을 집중할 것이라는 보장이 없다. 국가의 재화와 서비스가 시장점유를 어느 정도 확보하기 위해 이러한 재화와 서비스를 생산하는 데 있어 최고여야 할 필요는 없기 때문이다. 이보다 더 중요한 이유는, 모든 국가(혹은 모든 개인이)가 절대우위를 가지고 있지 않다는 것이다. 즉 모든 각각의 국가(혹은 각각의 개인이)가 무엇인가를 실행하거나 생산하는 데 있어 최고일 수는 없는 것이다. 절대우위는 가질 수 있으면 좋은 것이지만 다양한 국가들이 무엇을 생산하고, 구입하고, 판매해야 하는가를 이해하기에는 충분하지 않다. 무엇인가를 생산하는 데 있어 절대우위를 확보하는 것은 필수적인 것도 아닐 뿐만 아니라 절대우위를 가지고 있다는 것만으로는 무엇을 생산할 것인가를 결정하는 데 충분하지 않다.

평범하고 개인적인 예를 하나 들어보겠다. 그리고 비교우위의 개념에 대해 더 자세히 다루도록 하겠다. 나는 타자를 빠르게 치는 편이다. 1분에 70단어 정도(덧붙여 말하면, 두 손가락만 사용해서)를 칠 수 있다. 전문 타이피스트도 내가 치는 만큼 빠르고 정확하게 치지 못한다. 비록 타이피스트가 되겠다는 것은 아니지만 말이다. 내가 타이핑 능력에 있어서는 절대우위를 가지고 있음에도 전문적으로 타이핑에 전념하려 하지 않는 이유는 이 능력이 나의 비교우위가 아니기 때문이다. 타이핑은 나의 수입 또는 후생적 측면을 최대화할 수 있는 항목이 아니기 때문에 나는 타이핑을 업으로 삼고 있지 않는 것이다. 이것이 비교우위의 핵심이다. 자원은 최대한의 수익을 창출할 수 있는 방법으로 사용해야 한다. 해당 분야에 본인보다 압도적으로 뛰어난 사람이 있더라도 인간은 비교적 더 나은 분야에 특화된다. 나는 다수의 타이피스트들보다 타이핑을 잘하지만 그들은 타이핑에 특화되어 있으나 나는 그렇지 않다.

리카르도는 1817년 출판된 〈정치경제학과 과세의 원리에 대하여〉(On the Principles of Political Economy and Taxation, 2004)에서 명확하고 유용한 비교우위의 예를 제시했다. 그의 기본 예시는 오늘날에도 여전히 적절하기(또한 재미있기)에 여기서 사용하도록 하겠다. 시계를 돌려 과거로 가서 18세기 영국과 포르투갈의 경제를 연구해보자. 두 국가가 모두 2가지 재화인 1)의복, 2)와인을 생산할 수 있다고 가정해보자. 덧붙여 이들을 생산하는 데 투입되는 것(유일한 자원)이 노동뿐이라고 가정해보자(여기서는 면, 울, 포도와 같은 원자재와 원자재 가공을 위한 기기류를 구입하기 위해 필요한 자본 등과 같은 항목은 무시한다). 이와 같이 기타 생산요소들을 제외시키는 것은 양국이 모두 포도 또는 양 또는 목화나무 등을 기르는 데 있어서의 이익은 동일하다고 가정하는 것과 같다. 여기서 또 한 가지 가정할 것은 한 단위의 시간마다 각 노동자의 생산량(노동생산성)이 산업과 산업(의복 대 와인)에

표 10-1 와인과 의복에 대한 생산성

국가	가용 노동시간	한 단위 와인생산에 필요한 시간	한 단위 의복생산에 필요한 시간
포르투갈	12	1	2
영국	12	6	3

따라 다르며, 영국과 포르투갈에서 다르다는 점이다. 절대우위와 비교우위를 확연하게 구분할 수 있도록 하기 위해 (리카르도가 했듯이) 포르투갈이 영국에 비해 의복과 와인 모두에서 절대우위를 가지고 있다고 가정해보자. 물론 이는 가정할 필요도 없이 실제로도 그럴 수 있다. 포르투갈이 와인용 포도를 생산하는 조건에서 영국보다 적절한 기후를 가지고 있으며 울을 생산하기 위해 필요한 양을 키울 때 없어서는 안 되는 목초지를 영국보다 풍부하게 보유하고 있을 것이기 때문이다. [표 10-1]은 지금까지 설명된 내용들을 수치로 나타내고 있다.

[표 10-1]에 명시되어 있듯이 포르투갈이 와인과 의복 2가지를 생산하는데 투입되는 노동력의 생산성이 영국보다 높은 것을 확인할 수 있다. 포르투갈에서는 한 단위의 의복(1야드=0.914m의 의복이라 해두자) 또는 한 단위의 와인(1병의 와인) 생산에 필요한 노동시간이 영국보다 더 적다. 즉 포르투갈이 2가지 재화 생산에서 절대우위를 갖고 있다(적어도 포르투갈과 영국만이 경쟁하는 세상에서는 그렇다). 포르투갈이 의복과 와인 생산 2가지 모두에서 영국보다 더 뛰어남에도 불구하고 영국 의복과 포르투갈 와인 간의 무역(또는 포르투갈 의복과 영국 와인의 무역)이 가능할까? 이러한 상황에서 영국은 무역을 통해 어떻게 이득을 창출할 수 있을까? 두 국가가 동일한 항목의 두 상품을 생산할 때 포르투갈이 더욱 효율적으로 생산이 가능하며, 두 상품 외에 다른 기타 상품도 없다고 하면 포르투갈 사람들은 영국으로부터 무엇을 구입할 수 있을까? 리카르도의 비교우위 분석에 따르면 이러한 상황에서도 무역은 발생하며, 영국이 한 가지 재화(의복)의 생산에 특화되고, 포르투갈이 다른 재화(와인)의 생산에 특화되는 것이 적절하다고 설명한다. 또한 리카르도는 이와 같은 전문화에 의해 2가지 재화 모두의 세계 총생산량이 증가한다고 설명하고 있다. 리카르도는 자유무역과 올바른 교역조건(다른 재화와 교환하는 데 필요한 특정 재화의 양) 하에서 영국과 포르투갈은 무역 부재 때보다 더 많은 재화를 특화를 통해 얻을 수 있다고 설명한다.

영국과 포르투갈이 어떤 재화를 특화할 것인가는 어떻게 정해질까? 이에 대한 답을 찾기 위해 각 국가에서 정해진 노동력에서 최대한 창출할 수 있는 재화가 무엇인지를 알아보자. 당연히 무작위로 재화를 선택해서는 영국이나 포르투갈 노동자 모두 노고에 대한 대가를 충분히 받을 수 없을 것이다. 대신 각 국가들은 생산에서 비교우위를 갖는 재화에 특화되어야 할 것이다. 그래야만 한 단위의 노동량으로 생산하는 재화의 양이 더 증가해 노동자에게 돌아가는 임금이 커질 수 있기 때문이다. 각 국가가 비교우위를 가지고 있는 상품을 알아내기 위해서는 의복 생산과 와인 생산을 위해 포기해야 하는 **기회비용**으로 비교해야 한다.

기회비용은 매우 중요한 개념으로 국제관계를 공부하면서 대부분 놓치고 지나가는 부분이다. 일본으로 출장을 떠나 TV를 구입해 운송료 및 취급수수료를 제한 후에도 충분한 이익을 남길 수 있는 가격에 판매 가능한 미국의 수입업자를 생각해보자. 운송료 및 취급수수료와 같은 비용은 TV 수입업에 필요한 거래비용이다. 하지만 이러한 거래비용이 다는 아니다. 수입업자는 일본을 왕복하며 시간을 소요한다.

수입업자의 시간에 대한 보상이 더 큰 다른 일이 있는 게 아닐 경우 일본 왕복에 투자한 시간은 그만한 가치가 있다. 일본 출장에 소요되는 시간은 일본까지 가는 데 들어가는 거래비용, 즉 항공권 구입비용과 같은 가격뿐 아니라 다른 일을 하는 데 사용할 수 있었을 수입업자의 시간까지 수반한다. 여기서 후자, 즉 수입업자가 무엇이건 그의 시간을 들여 창출해낼 수 있었던 이익은 그가 TV를 구입하기 위해 떠난 일본 출장에 대한 기회비용이다.

TRY THIS

이란이 핵개발을 추진할 때, 그것이 민간인을 위한 원자력 에너지 확보가 목적이거나 혹은 핵무기로 이용할 목적일 때 소요되는 기회비용은 얼마일까? 미국이 이란의 원유 또는 화폐이동 부분에서 제재를 가했을 때 기회비용은 어떻게 될까? 이와 같은 상황에서 기회비용을 어떻게 추정할 수 있을까?

기회비용은 비교우위를 이해하는 데 핵심이 된다. 왜 나는 타이피스트라는 직업을 가지기 위해 매우 경쟁력 있는 타이핑 능력을 가지고 있음에도 전문 타이피스트가 아닌가? 타이피스트가 되어 소비하는 시간은 내가 정치학 교수로서 보낼 수 없는 시간과 동일하다. 이렇게 되면 나는 —아마도 여러분에게 큰 도움이 될 수 있을— 수업을 할 수 있는 기회를 포기해야 하는 것이다. 나에게 이는 매우 큰 기회비용이다. 타이피스트가 되어 다른 사람의 글을 타이핑하는 매순간은 나의 생각을 다른 사람에게 가르치거나 글을 쓰는 기회를 잃게 되는 순간인 것이다. 실제로 이러한 기회비용이 너무 크기 때문에 훌륭한 타이피스트가 될 가능성이 정치학 교수가 될 가능성보다 큼에도 불구하고 나는 교수직을 택한 것이다.

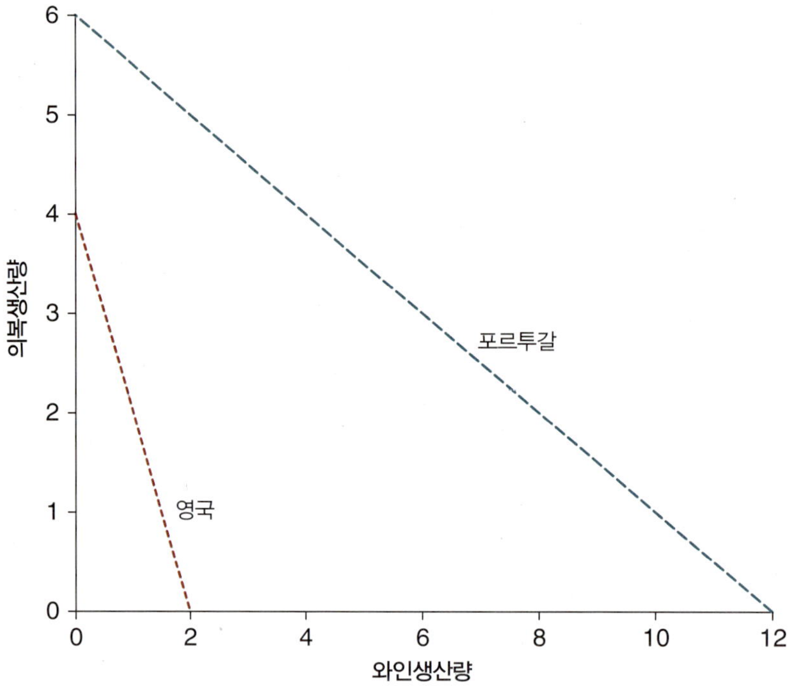

그림 10-1 생산가능곡선: 포르투갈, 영국

[표 10-1]의 내용을 [그림 10-1]에서 어느 국가가 어떤 재화에서 비교우위를 가지고 있는지를 기회비용을 통해 확인했다. [그림 10-1]은 생산가능곡선(영국 또는 포르투갈이 가용자원[여기서는 노동]과 생산비용을 이용해 생산할 수 있는 최대 재화량을 나타낸 것)을 보여준다. 여기서 생산비용은 한 단위의 의복 또는 한 단위의 와인을 생산하기 위해 필요한 노동량을 의미한다. 생산가능곡선을 계산하기 위해서는 각 국가가 와인만을 생산하기 위해 포기해야 하는 의복 양과 각 국가가 의복만을 생산하기 위해 포기해야 하는 와인 양을 알아야 한다. 12시간의 가용 노동시간에서 포르투갈은 의복을 생산하지 않을 때([표 10-1]에 명시되어 있듯 1시간당 1병을 생산할 수 있으므로) 12병의 와인을 생산할 수 있다. 만약 한 단위의 의복을 생산하게 되면 12시간에서 와인을 생산할 때 사용할 수 있는 2시간을 포기해야 한다. 결과적으로 10시간만 남게 될 것이며, 10시간을 들이면 10병의 와인을 생산할 수 있다. 따라서 포르투갈은 한 단위의 의복을 위해 2병의 와인을 포기해야 한다. 6단위의 의복을 생산하기 위해 포르투갈은 12시간이 필요하며, 이렇게 되면 와인을 생산할 수 없다. 그리고 이것이 생산가능곡선의 다른 끝점이 된다.

영국의 경우를 확인해보자. 영국은 1병의 와인을 생산하는데 6시간의 노동시간이 필요하며, 의복에는 3시간이 필요하다. 따라서 영국이 모든 노동시간(12시간)을 와인을 생산하는데 사용하면 2병의 와인을 생산할 수 있으며, 의복을 생산하는데 사용하면 4단위의 의복을 생산할 수 있다. 즉 영국에서는 (6시간의 노동시간이 소요되는) 1병의 와인에 대한 기회비용이 2단위의 의복 생산이 된다.

물론 노동과 생산의 교환비율을 고려했을 때 포르투갈의 의복과 와인 생산 묶음은 생산가능곡선(의복을 생산하지 않을 때 와인 생산량, 와인을 생산하지 않을 때 의복 생산량) 위에 있는 점이나 곡선 아래에 있는 모든 점에서 선택할 수 있다. 생산가능곡선은 결국 모든 가용 노동(완전고용일 경우를 의미)을 사용해 가능한 최대의 생산 묶음을 나타낸다. 이에 비해 영국은 와인이 생산되지 않을 때 4단위의 의복을, 의복이 생산되지 않을 때 2단위의 와인을 생산한다.

[그림 10-1]에서 주목해야 할 요인이 여러 가지 있다. 영국이 의복만을 생산하며, 포르투갈이 와인만을 생산한다면 시장은 12단위의 와인과 4단위 의복을 보유할 수 있으며, 이는 총 16단위의 재화를 보유하고 있는 것이다. 그리고 만약 영국이 와인 생산을 특화하고 포르투갈이 의복 생산을 특화하면 시장에는 2단위의 와인과 6단위의 의복만이 있을 것이며, 이는 총 8단위의 재화에 해당된다. 두 번째 결과는 의복 소비자에게는 더 나을 수 있으나 —더 많은 상품은 일반적으로 낮은 가격을 의미하기 때문에— 포르투갈 노동자 입장에서는 와인무역을 통해 창출할 수 있는 기회를 희생해 의복에 특화해야 하기 때문에 손해를 보게 된다. 포르투갈 노동자는 의복보다는 와인을 생산해야 더 많은 수입을 창출할 수 있다. 노동자는 의복보다는 와인을 자국에서 필요한 만큼 소비한 후 나머지를 외국에 수출할 때 더 많은 이익을 남길 수 있다.

따라서 포르투갈이 의복 생산을 특화하면 의복 구매자의 선택 폭이 늘어나겠지만 시장에서 재화의 총수량(의복과 와인)은 줄어들게 될 것이다. 그리고 이러한 총 재화량의 감소는 한 종류의 특정 재화만이 아닌 다른 재화의 묶음을 구입하고자 하는 평균 소비자들의 상황을 악화시킬 것이다.

영국과 포르투갈 모두 자급자족하기로 결정했다고 가정해보자. 이렇게 되면 두 국가가 의복과 와인을 생산하게 된다. 각 국가가 각 상품에 동일한 노동을 투입할 경우 시장에는 7단위의 와인(포르투갈 6단위, 영국 1단위)과 5단위의 의복(포르투갈 3단위, 영국 2단위)으로 총 12단위의 재화가 존재한다. 이는 포르투갈이 와인만 생산하고 영국이 의복만 생산할 때보다 1단위의 의복이 시장에 추가되는 것이다. 하지만 이렇게 1단위의 의복을 얻기 위해 시장(즉 소비자)은 큰 대가를 치러야 한다. 시장은 5단위의 와인을 잃게 될 것이며, 보통 이는 결과적으로 와인의 가격상승으로 이어질 것이다. 생산된 총 상품량(16=12단위 와인+4단위 의복)은 영국이 의복

생산에 특화되고 포르투갈이 와인생산에 특화될 때 가장 높다. 자급자족을 추구하면 재화부족 현상을 유발할 위험이 있다. 그리고 이러한 재화부족 현상은 자급자족을 특화와 무역으로 대체했을 때만 해결이 가능하다. 이렇게 특화와 무역을 통해 가용 재화를 최대한 확보하면 —후에 다른 장에서 확인할 수 있듯이— 가격이 낮아지므로 소비자에게 가장 유익하다. 또한 생산자(즉 여기서는 노동자)에게도 가장 유익하다. 상대적으로 더욱 뛰어난 재화 생산에 특화하는 것이 기회비용을 낮출 수 있으며, 생산하는 재화의 수량을 최대화할 수 있다.

대체 재화를 생산하기로 결정하는 경우의 기회비용을 생산가능곡선의 기울기를 통해 확인할 수 있다. 생산가능곡선이 영국의 곡선보다 항상 위쪽에 위치하는 것을 통해서 알 수 있듯이 포르투갈이 2가지 재화 모두에서 절대우위를 보유하고 있다. 하지만 주목해야 할 것은 와인 생산량이 많아짐에 따라 포르투갈 생산가능곡선의 기울기는 평평하며, 영국의 생산가능곡선은 가파르다는 점이다. 이는 포르투갈은 와인생산에, 영국은 의복생산에 비교우위를 가지고 있음을 나타낸다. 예를 들어 영국은 의복을 만들기 위해 추가적으로 포기해야 하는 와인의 추가적인 각 단위들은 더 여러 단위의 의복 생산을 가능하게 한다(즉 와인 1단위를 포기할 때마다 의복 2단위를 생산할 수 있다). 이러한 이유로 곡선의 기울기가 가파른 것이다.

이번에는 포르투갈의 생산가능곡선을 보자. 와인을 생산하기 위해 의복을 포기하는 것이 포르투갈에도 가장 효율적임을 확인할 수 있다. 하지만 포르투갈이 와인과 의복 생산 모두에서 절대우위를 가지고 있음에도 상대적인 이익은 포르투갈에서보다 영국에서 더 크게 나타난다(그렇기 때문에 곡선의 기울기가 가파르다). 각 국가가 비교우위를 갖는 제품에 특화되면 노동이 세계시장에서 최대한의 재화량을 생산해낼 수 있도록 사용된다.

지금까지 살펴본 바와 같이, 영국은 의복을 생산하기 위해 얼마만큼의 와인생산을 포기해야 하는지, 와인을 생산하기 위해 의복을 얼마만큼 포기해야 하는지를 계산해야 한다. [그림 10-1]은 이러한 계산을 도와줄 수 있다. 와인과 의복생산 간의 교환율이 바로 기회비용이다. 포르투갈도 똑같은 계산을 해봐야 한다. 영국은 한 단위의 의복을 생산하기 위해 포기해야 하는 와인 생산량이 포르투갈이 한 단위의 의복을 생산하기 위해 포기해야 하는 와인 생산량보다 적으므로 상대적으로 의복 생산에서 포르투갈보다 비교우위를 갖는다. 이는 [그림 10-1]에 나타나 있는 바와 같이 사실이다. 와인생산이 1단위인 점에서 수직으로 올라가는 선을 영국의 생산가능곡선까지 그어보자. 영국의 생산가능곡선과 수직의 선이 닿는 점에서 수평으로 수직축까지 선을 그어보자.

영국에서 1단위의 와인을 생산하기 위해서는 2단위의 의복을 생산하는데 필요한 노동량이 들어간다는 것을 기억하자. 만약 영국이 1단위의 와인마저도 생산하지 않는다면 생산가능곡선에서 나타나듯 4단위의 의복을 생산할 수 있다(즉 영국에서는 와인생산=0일 때 의복생산=4이며, 와인생산=1일 때 의복생산=2이다). 이와 같은 과정을 포르투갈의 생산가능곡선에서 수행해보면, 포르투갈은 6단위에서 5단위의 의복으로 변할 때, 2단위의 와인을 포기해야 한다. 따라서 포르투갈이 와인과 의복 모두를 영국보다 노동비용(및 자본비용)에서 더욱 싸게 생산할 수 있음에도 불구하고, 영국은 의복생산에 비교우위를 갖는다.

TRY THIS

의복생산과 와인생산이 특화로 인해 증가하는 경우를 생각해보라. 생산가능곡선을 원하는 대로 그려보라. 빈곤한 국가가 노동력에서 비교우위를 가지며, 부유한 국가는 자본과 노동력 모두에서 절대우위(즉 빈곤한 국가보다 노동생산성이 높다)를 갖는다고 하자. 부유한 국가에서 노동집약적 재화를 빈곤한 국가로부터 수입하고 빈곤국이 부유국에서 자본집약적 재화를 수입하는 것이 이치에 맞을까? 미국과 멕시코 또는 기타 상대적으로 부유하거나 빈곤한 국가 간 거래 중에 이러한 예를 찾아보라.

각각의 국가들은 어떤 재화 또 재화(또는 서비스)를 생산하는데 있어 비교우위를 가지고 있다. 비교우위를 추구하면 각 국가는 특화와 무역을 통해 이익을 창출할 수 있다. 포르투갈은, 앞의 예에서, 와인 생산에서 비교우위를 가지고 있다. 와인 생산을 특화하면 상대적으로 의복을 생산하는 데 투입되었던 상대적으로 비효율적으로 사용되었던 자원을 자유롭게 사용할 수 있게 된다. 그리고 영국이 의복을 생산하는 데 비교우위를 가지고 있으므로 의복 생산에는 더 효율적으로 사용할 수 있는 자원을 와인 생산에 사용함으로써 발생하는 기회비용을 피할 수 있다. 포르투갈과 영국은 비교우위를 추구해 자원을 가장 효율적으로 사용해 더 큰 생산성을 확보하기 위해 사용하는 데 집중할 수 있다. 내가 타이피스트가 아닌 교수가 되기로 결정한 것과 같은 원리다.

때로 특정국가(혹은 개별 제조업자)는 특정 재화에 절대우위와 비교우위(마치 포르투갈의 와인 생산처럼)를 동시에 가지고 있다. 한 국가에서 절대우위를 가지고 있는 분야가 비교우위를 가지고 있을 수도 있다는 것은 모순은 아니며 문제가 될 것도 없지만 2가지 우위가 늘 함께 나타나는 것은 아니다. 어떤 사람은 국가가 무엇인가를 생산할 때 그 분야의 최고여야만 무역을 통해 이득을 얻을 수 있다고 생각한다. 이와 같은 견해를 가지고 있는 사람은 수출업자는 특정 상품 또는 서비스 생산에서 다른 예상 가능한 수출업자보다 더 뛰어나지 않으면 경쟁력이 없다고 생각한다. 또한 그는 절대우위와 비교우위를 혼동한다. 비교우위는 무역에 대한 기본적 지식을 제공한다. 무역을 통한 이익(무역을 통한 상호간 모두의 이익)은 특화를 통해 창출해낼 수 있다. 무역을 통해 이득을 얻기 위해 특정 분야에서 최고여야만 하는 것은 아니다.

수요와 공급

비교우위를 통해 어떤 상품 또는 서비스를 특화해야 할지 결정할 수 있다. 그러나 얼마만큼을 생산하고 가격을 어느 정도로 매겨야 하는지 결정하는 데 도움을 주지는 못한다. 이러한 부분은 수요와 공급을 살펴보면 판단할 수 있다. 수요와 공급은 시장에서 재화, 서비스, 자본의 균형가격을 형성한다. 알다시피, 생산자는 총이익을 최대화하기 위한 방법을 찾는다. 이익은 생산상품(또는 서비스)으로 확보한 가격과 총생산 비용의 차이다. 생산자는 n번째 단위의 생산으로부터 발생되는 추가적인 수익(단위 당 가격에 생산단위량을 곱한 값)이 n번째 단위의 생산비용과 동일해질 때까지 생산할 것이다. 즉 한계비용이 한계이익과 동일할 때까지 생산한다는 것이다.[1]

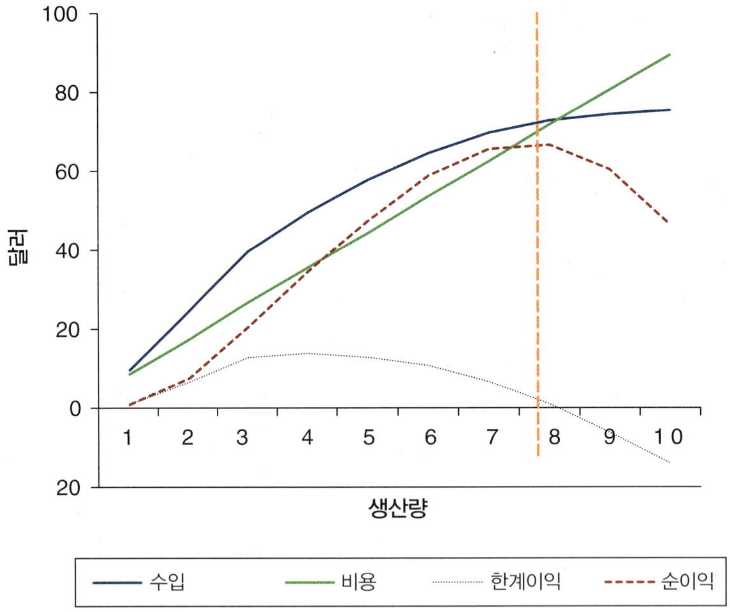

그림 10-2 한계비용 및 수익

1. 한계비용은 다음 단위의 물품을 생산하는 데 들어가는 비용을 말한다. 이 비용에는 다음 단위물품 생산에 들어가는 고정비용(예를 들어 기계나 지대) 그리고 가변비용(예를 들어 노동비용) 등 모든 투입량의 비용을 고려한다.

소형기기를 생산하고 있다고 가정해보자. [그림 10-2]는 수확체감의 법칙이 적용된다는 가정 하에 한계이익과 한계비용의 개념을 나타내고 있다. 즉 투자비용이 고정되어 있을 때 소형기기를 더 생산하면 수익이 늘어나기는 하지만 더 낮은 비율로 늘어난다. 동시에 [그림 10-2]는 중간점을 확인하기 쉽게 하기 위해 소형기기를 생산하는 비용이 한 단위당 동일하다고 가정하고 있다. 이 그림에서 수입선은 소형기기가 생산될수록 수입이 늘어나고 있음을 나타내고 있다. 수입선은 점점 위쪽으로 움직이기는 하지만 점차적으로 그 정도가 작아지고 있다. 이는 한계수익이 줄어들고 있으며, 추가적으로 소형기기 하나마다 수익이 줄어들고 있는 것을 나타낸다. 비용선은 소형기기 수량에 따라 생산하는 데 드는 비용을 나타낸다. 비용선은 직선이므로 하나의 소형기기에서 2개의 소형기기를 생산하는 것과 9개의 소형기기에서 10개의 소형기기를 생산할 때 발생하는 비용이 동일한 수치로 변화함을 나타낸다. 한계선은 수익에서 비용을 뺀 값을 나타낸다. 따라서 한계선은 추가로 1개의 소형기기가 더 생산될 때 각 소형기기가 발생시키는 한계이익(또는 손실)을 나타낸다.

한계선은 곡선으로 되어 있는데, 초반에는 상승하다가 하락하며 결국 음수로 떨어진다. 여기서는 8개 이상의 소형기기가 생산될 때 음수로 떨어진다. 8개를 생산한 이후로는 소형기기를 하나 더 생산할 때마다 수익(수입이 줄어드는 것에서 짐작할 수 있듯)이 소형기기를 생산하는 비용보다 작아지며, 생산자 입장에서는 소형기기를 만들어야 할 이유가 없어진다. 마지막으로, 순이익곡선은 누적 이익을 나타낸다. 즉 추가되는 각 소형기기의 한계이익(손실)을 더한 값이다. 미적분으로 보자면 이 값은 한계이익(손실) 곡선의 아래 영역의 크기를 나타내고 있다.

[그림 10-2]에서는 주목해야 할 부분들이 몇 가지 있다. 수평축에서 소형기기가 8개 생산되는 부분에 수직으로 점선을 그려놓았다. 점선은 비용곡선과 수입곡선이 만나는 점과 교차한다. 이는 소형기기를 생산하는데 드는 총비용이 동일한 수량의 소형기기를 생산해 창출하는 총수입과 동일한 점에서 만나고 있음을 의미한다. 또한 이는 엄밀히 추가적인 소형기기를 1개 더 생산하는데 발생하는 한계이익이 0임을 나타낸다. 8개 이후로 생산되는 소형기기는 모두 손해가 된다. 이와 같은 개수의 소형기기가 수직 점선이 순수익곡선에서 가장 높은 점을 통과하는 개수이기도 하다. 더 많은 소형기기를 생산하는 것이 총수익을 증가시키지는 못하고 감소시킨다. 따라서 [그림 10-2]는 소형기기 생산을 계획하고 수입을 최대화하고, 생산을 최대화하고, 이익을 최대화하는 것을 구분할 수 있도록 하는 데 도움을 준다.

이는 생산을 최대화하는 것이 이익을 최대화하는 생산과 동일하지 않음을 보여준다. 나중에 설명하겠지만, 한계비용과 한계이익에 대해 생각하는 것은 세계화의 비용 및 이익과 무역의 인센티브를 이해하는 데 매우 중요한 역할을 한다.

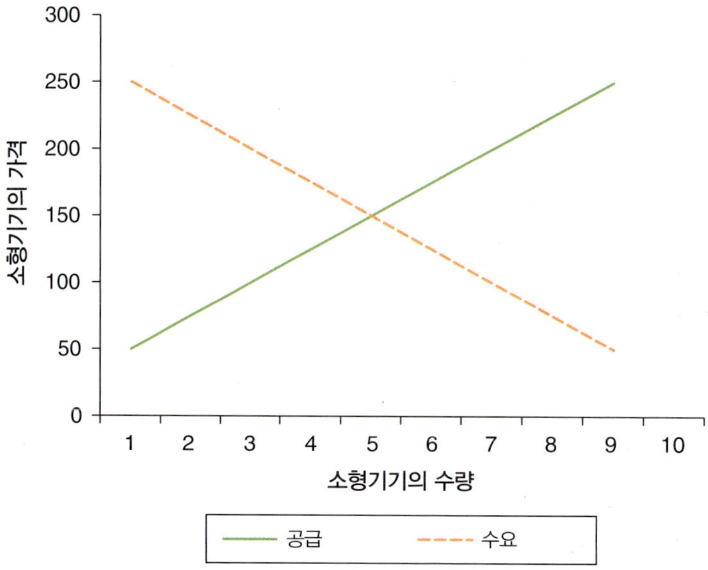

그림 10-3 수요와 공급

[그림 10-2] 분석의 단점은 생산에 대해 많은 부분을 설명해주고 있기는 하지만 생산한계비용과 생산의 수확체감이 존재한다는 큰 가정이 전제되어야 한다. 생산자는 이러한 사항에 영향을 미칠 수 없으며, 단지 이 사항들에 맞춰 행동할 수밖에 없다는 사실에 더 주목해야 한다.

생산자는 자연히 재화에 매길 수 있는 가장 높은 가격을 책정할 것이며 [그림 10-2]에서 볼 수 있듯이 추가적으로 하나의 소형기기를 더 생산했을 때 한계비용과 한계이익이 같아지는 순간 생산을 중단할 것이다. 가격을 책정할 때 부딪칠 문제점은 재화 또는 서비스(또는 자본 등)의 가격이 상승하면 그것이 무엇이든 수요는 하락한다는 점이다. 즉 소비자는 가격이 낮을 때보다 가격이 높을 때 구입을 더 적게 한다는 것이다. 따라서 생산자는 받을 수 있는 최대가격을 받기를 원하지만 그룹 '롤링스톤'이 우리에게 알려주었듯이 "항상 네가 원하는 것을 가질 수 있는 것은 아니다." 그리고 결국에는 [그림 10-3]에서 나타내는 바와 같이 잘 알려진 수요와 공급 간의 관계를 형성하게 된다.

[그림 10-3]에서는 다른 가격에서 생산자가 공급할 수 있는 재화(또는 서비스, 자본, 기타 그외의 것들. 여기서는 그냥 소형기기)의 수량과 구입자가 수요하고자 하는(구입하고자 하는 의지가 있는) 소형기기의 수량을 나타낸다. 공급곡선은 추가적인 생산비용이 가격을 초과하지 않을 때 가격변화에 따른 생산자의 반응(공급 수량)을 확인할 수 있다. 수요곡선은 마찬가지로 가격변화에 따른 소비자의 반응을 나타

낸 곡선이다. 각 곡선은 독립적으로 결정된다고 가정하며 재화(소형기기)의 가격은, 앞서 간략하게 설명한 바와 같이, 두 곡선의 상호관계에 따라 내부적으로 결정된다고 가정된다.

TRY THIS

수입체감이 생산량 결정에 영향을 미칠 수 있다는 것을 살펴보았다. 한계수익의 감소는 규모의 경제로 상쇄시킬 수 있다. 예를 들어 소형기기 공장에서 제품을 생산하는 기계가 닳거나 손상되는 것을 막기 위해 소형기기의 생산을 제한할 수도 있지만, 미래 주문에 대한 충분한 확신을 가질 경우 생산하는 기계를 더 구입할 수도 있다. 규모의 경제(무엇인가를 더 생산할 때 발생하는 효율성의 증가)와 수입체감의 법칙의 관계에 대해 조사해보라.

또한 설명을 돕기 위해 그림에서 나오는 가격은 다양한 화폐와 다양한 가격으로 책정될 수 있는데 여기서는 달러화라고 하자. 앞서 명시된 바와 같이 생산자는 1개의 소형기기를 더 생산해 발생하는 한계이익이 한계비용과 동일해져 더 이상 추가적으로 소형기기 생산을 통해 얻을 수 있는 이익이 없을 때까지 생산할 것이다.

비슷한 논리가 소비자에게도 적용된다. 따라서 모든 기타 사항(비용)이 모두 동일하다면 더 높은 가격으로 판매할 수 있을 때 더 많은 소형기기가 생산될 것이다.

TRY THIS

수요를 공급과 분리해 생각해볼 수 있을까? 광고가 수요에 어떤 영향을 미칠까? 다음 자동차들 중에서 어떤 차량이 기본 가격 70,000달러부터 시작할까? BMW, 인피니티, 재규어, 메르세데스벤츠, 닛산? 단언컨대, 대부분의 독자들은 나처럼 닛산에서 70,000달러가 넘는 (정확히 말하면 100,000달러 이상의) 차를 만든다는 것을 모르고 있었을 것이다. 보통 다른 자동차 생산업체들은 고가 차량에 대한 광고를 많이 하고 있으나 닛산은 그렇지 않다. 닛산은 수요를 증가시킬 수 있음에도 왜 GT-R에 대한 광고를 더 하지 않는 것일까? 아니면 무언가 알 수 없는 요소가 실질적 가치보다 상대적으로 가격을 부풀리고 있는 것은 아닐까? 만약 수요가 공급에 의해 형성된다면, 수요와 공급에 따라 형성되는 가격은 개인적이고 독립적인 선택의 문제인가? 아니면 전략적, 게임이론적인 문제인 것인가?

[그림 10-3]에서는 공급자는 200개의 소형기기를 단가 7달러에 판매하기를 원한다. 하지만 수요자는 단가 7달러일 때 100개를 구입할 것이다. 시장에서 필요로 하는 것보다 더 많은 양의 공급은 비용만 더 발생시키므로 필요가 없다. (소형기기 단가 7달러일 때 200개 공급에서 100개 수요를 뺀) 100개 소형기기의 초과공급이 발생할 경우(즉 공급량이 수요량을 초과할 때) 소형기기 판매자는 재고로 인해 자본이 묶여 있게 두기보다는 가격을 낮춰 재고를 줄이는 것이 더 큰 이익일 것이다. 반대

로 만약 1달러에 판매된다면 초과수요가 발생한다. 이러한 가격에는 시장에서 250개 소형기기 수요가 발생할 것이나 공급은 50개밖에 발생하지 않을 것이다. 소형기기 부족으로 인해 수요자들은 소형기기를 확보하기 위해 경쟁할 것이고, 이는 가격을 상승시킬 것이다. 바로 이러한 방식으로 eBay가 운영된다. 특정 물품에 대해 많은 사람들이 응찰하면 가격이 상승하고, 응찰에 참여하는 사람이 거의 없을 경우에는 가격이 하락한다. 그리고 당연히 가격이 올라가면 소형기기를 생산하고자 하는 의지도 함께 상승한다.

공급 및 수요곡선이 서로 교차하는 점을 살펴보면 어떤 가격에서 몇 개의 소형기기가 구입되고 판매될 수 있을지를 예측할 수 있다. 공급과 수요 간의 균형은 가격을 상승시키는 초과수요가 없고, 가격을 하락시키는 초과공급이 발생하지 않는 공급량과 수요량이 같은 지점에서 형성된다. 균형가격은 공급과 수요가 이렇게 교차하는 점에서 판매되는 소형기기의 가격을 말한다. [그림 10-3]에서는 소형기기 당 5달러일 때 150개 소형기기에서 공급과 수요가 만난다. 화살표로 표시되어 있는 것이 균형가격이다. 화살표 위의 끝에서 수평으로 쭉 따라가보면 그 가격에서 균형 공급량과 수요량을 확인할 수 있다. 균형가격은 내쉬균형(Nash equilibrium)이기도 하다. 즉 어떤 공급자나 수요자도 균형가격에서의 소형기기 공급이나 수요를 변경할 일방적 요인이 존재하지 않는다.

만약 정부에서 나서서 소형기기 산업을 규제하거나 외국 경쟁을 규제하려 한다면 소형기기의 공급과 가격에는 어떤 변화가 생기겠는가? 바로 이러한 문제가 무역의 정치적 측면과 경제적 측면이 만날 때 발생한다.

10.4 무역의 정치: 관세부터 다양한 무역장벽까지

[그림 10-3]은 재화가격을 조정하는 정부 개입은 없다는 가정이 전제된다. 이와 같은 경우 무역은 재화를 한 장소에서 다른 장소로 이동하는 비용만이 필요하다. 실제로 경제학자들은 무역의 중력모델을 고안해냈다. 중력모델은 정부 제약이 없다는 가정 하에서 한 쌍의 국가 간에 얼마만큼의 무역이 발생하는가를 측정하기 위해 고안되었다. 여기서 무역량은 국가 간의 거리와 반비례하고 생산규모에 비례하는 것으로 나타났다. 즉 거리를 제외한 모든 부분에서 동등한 국가 간에는 지리적으로 인접한 국가들에 비해 거리가 먼 국가 사이에서 무역 발생 가능성이 적었다. 예를 들어 멕시코는 미국에게는 세 번째로 큰 교역국이며, 캐나다가 가장 큰 교역국이다. 또한 국가의 크기가 클수록(여기서 크기란 경제규모의 크기를 의미한다), 무역이 발

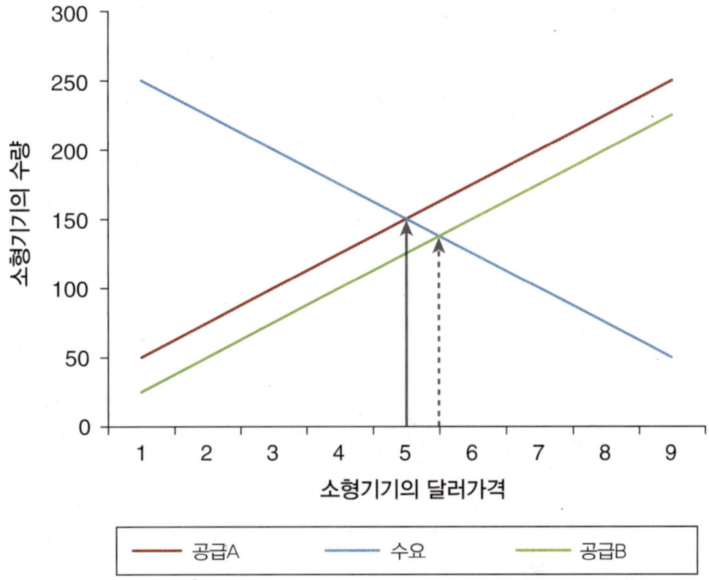

그림 10-4 세금 또는 관세를 고려한 수요와 공급

생할 가능성이 더 높았다. 미국–중국 간 무역(2010년 미국–중국 간 무역이 미국–멕시코 간 무역보다 약간 더 컸던 것과 같이)이 중력모델의 크기와 관련된 부분을 잘 설명해주고 있다. 미국–중국 간 수입, 수출량의 합은 4570억 달러에 이르렀으며, 미국–멕시코 간 수입, 수출량의 합은 3970억 달러였다.

이처럼 간단하고 정치와 무관해 보이는 모델은 무역 수준을 설명하는 데 적합하긴 하지만 여전히 많은 부분에서 부족한 점이 있다. 사실 이러한 모델로 설명이 부족한 부분들은 국제무역에 정부가 개입해야 한다는 국내정치적 압력이 존재하는 경우다. 정치가 공급, 수요, 가격 및 무역에 어떤 영향을 미치는지 확인해보기 위해 일단 정부가 소형기기 생산에 대해 국내에서만 세금을 부과하기로 했을 때 어떤 일이 일어나는지 살펴보자.

세금 부과의 영향을 확인하기 위해 [그림 10–4]에서는 [그림 10–3]의 기존 공급곡선을 공급A라 표시했으며, 두 번째 공급곡선을 공급B라 표시했다. 공급B는 소형기기 생산에 부과된 정부 세금이 적용된 판매가격에서 유효한 소형기기량을 나타내고 있다. [그림 10–4]에 나타나는 것과 같이 소형기기 생산에 세금이 부과되면 공급이 감소한다. 공급B 곡선과 공급A 곡선을 비교해보면 알 수 있듯이 공급B 곡선은 세금이 부과되지 않은 공급A 곡선보다 아래쪽에 위치해 있다. 생산자들은 한계이익이 한계비용과 동일해질 때까지만 생산한다는 점을 기억해보자.

정부 세금은 생산자가 소형기기를 생산할 때 들어가는 비용을 증가시킨다. 따라서 생산자는 n단위를 생산할 때 한계비용이 한계수익과 같아질 때까지 생산하기 때문에 세금으로 인해 비용이 추가되면 소비자가 이 추가 비용을 부담해야 하므로 가격이 상승하고, 이로 인해 소비가 감소하게 된다. 세금 부과 전(공급A)에는 150개의 소형기기가 각 5달러이나 세금 부과 후(공급B)에는 150개의 소형기기가 각 6달러에 판매된다.

공급곡선과 수요곡선의 교차점의 변화를 통해 정부 세금의 경제적 효과를 확인할 수 있다. 세금 부과 전에는 150개의 소형기기가 생산되어 각 5달러에 판매되는데(공급A와 교차점: 실선으로 된 화살표), 세금을 부과하면 대략 136개의 소형기기가 생산되어 대략 각 5.50달러에 판매된다(공급B와 교차점: 점선으로 된 화살표가 표시하고 있는 지점에서 새로운 균형가격이 형성된다). 즉 소비자의 상황은 악화된다. 생산자는 기존에는 효율적인 시장가격에서 소형기기를 생산하고 있었다고 가정할 때 세금은 소비자가 구입하는 가격을 상승시키고, 수요를 감소시키고 생산자로 하여금 균형공급량을 낮출 수밖에 없도록 만든다. 결과적으로, 세금이 부과되면 그 전보다 가용 소형기기의 양은 줄어들고, 더 높은 가격에 판매된다. 뿐만 아니라 더 높아진 가격에도 불구하고 생산자가 더 많은 돈을 벌게 되는 것도 아님을 확인할 수 있다. 단위 당 상승된 가격은 세금에 의한 것이며, 감소한 공급량과 상승된 가격분을 곱한 값은 세금이 부과되지 않았을 때 생긴 총수익과 같다. 이와 같은 시나리오에서 승자는 정부 세금 부과로 인해 혜택을 보는 사람일 것이다. 이 부분에 대해서는 차후에 살펴본다.

[그림 10-4]의 2개의 공급곡선을 다시 정의해보자. 2개의 공급곡선이 (동일한 생산자의 세금 전 · 후의 공급이 아닌) 두 생산그룹 A와 B의 다른 공급곡선을 나타낸다고 해보자. 소형기기를 생산하는 두 생산그룹의 소형기기의 질은 동일하다. 공급A(실선)로 나타나는 그룹A의 생산자는 주어진 가격에서 소형기기를, 공급B(점선)로 나타나는 그룹B의 생산자보다 더 많이 생산할 수 있다. 따라서 A 곡선이 B 곡선보다 위쪽에 위치한다.

만약 A가 외국 소형기기 생산자를 나타내며, B가 국내 생산자를 나타낸다고 해보자. 외국 생산자는 국내 생산자인 B보다 더 낮은 생산비용으로 생산이 가능할 것이다. 즉 외국 생산자가 국내 생산자에 비해 소형기기를 공급하는 데 있어 더 효율적이다. 당연히 국산 소형기기와 품질은 동일한데 더 가격이 저렴하므로 가격에 민감한 소비자는 더 저렴한 외국산 소형기기를 구입할 것이다. 150개만큼의 외국산 소형기기는 단가 5달러에 구입이 가능하다. 국산 소형기기를 150개 구입하려면 단가 6달러를 지불해야 한다. [그림 10-4]에 나타나 있는 바와 같이 단가 6달러에서는 국산 소형기기 125개만큼의 수요가 존재한다. 국내 균형가격 5.50달러에서는 136개만이 판매될 것이다.

시장에 외국산 소형기기가 존재하는 한 소비자는 더 저렴한 외국산 상품을 구입할 것으로 예상된다.

TRY THIS

미국의 셔츠 생산비용과 비교해 스리랑카나 중국 또는 인도에서 셔츠 생산비용을 알아보라. 이러한 비교가 미국의 회사들이 왜 외국에서 셔츠를 생산하려는지 설명해주는가? 3~4가지의 재화 또는 서비스를 선정해 주어진 가격에서 공급될 수 있는 수량에 의해 결정된 역외생산의 정도와 역외생산을 통해 생겨나는 세금 이익은 얼마가 되는가를 추정할 수 있는지 살펴보라. 소비자로서 당신은 관세(수입품에 대한 세금)를 증가하는 것이 좋겠는가? 아니면 역외생산에 대한 세금을 늘리거나 줄이는 것이 좋겠는가?

국내 생산자는 이러한 상황에 매우 불만을 갖게 될 것이다. 상대적 비효율성으로 인해 수입산 소형기기가 가격우위를 가지고 있어 수입산과 경쟁할 수 없기 때문이다. 국산 소형기기 산업의 노동자와 제조업자는, 특히 직업을 바꾸는 것이 어려울 경우, 정부에 외국산 소형기기를 시장에서 축출해 내도록 압력을 넣고 싶어 할 것이다. 비록 국내 생산자들이 소형기기를 생산하는데 비교우위를 가지고 있지 않아 보임에도 불구하고 해당 산업의 노동자와 사업자는 자신의 일자리를 지키고 싶어 할 것이다(또한 그들을 대변하는 정치인도 그럴 것이다). 국내 생산자와 노동자들은 투표권 또는 다른 형식의 정치적 지지(예를 들어 캠페인 봉사, 기금)를 내세워 정부 지도자에게 도움을 요청할 수 있을 것이다.

정부는 국내 소형기기 산업에 동등한 기회를 제공해주기 위해 관세라 불리는 외국 생산자에게 세금을 부과하는 방법으로 국내 산업을 도와줄 수 있다. 외국 생산자의 생산곡선은 A) 국내 생산자의 곡선과 동일해질 때까지 아래로 내려가게 될 것이며, B) 외국 생산자 A의 효율성 우위를 빼앗아가게 될 것이다. 소비자는 평균 5.50달러의 소형기기 단가를 지불해야 하며, 국산인지 외국산인지에 대해 무차별하게 될 것이나, 기존과 달라진 높은 가격으로 인해 불만족스러울 것이다. 만약 관세가 높게 책정되어 외국산 생산비용과 수입에 대한 세금을 합한 가격이 세금이 부과되지 않은 국내 생산비용보다 커질 경우 A 곡선이 B 곡선보다 더 아래로 움직일 것이다. 소비자는 국산 소형기기만을 구입하게 될 것이고, 이러한 상황은 국내 제조업자/공급자는 보호하겠지만 외국 생산자는 국내 시장에서 쫓아낼 것이다. 아마도 국내 소형기기 산업은 국내 시장을 장악하고 수입산과 경쟁하지 않아도 되도록 높은 관세를 부과하도록 로비활동을 할 것이다.

외국산 소형기기에 대한 관세 부과의 결과는 3가지 부분에서 나타난다. 1) 소형기기를 구입하는 국내 소비자는 관세보호가 없었을 때보다 더 비싼 가격을 지불해야 한다, 2) 국내 소형기기 산업에 종사하는 노동자나 투자자는 경쟁 효과로부터 보호받을 수 있다, 3) 모든 기타 산업들은 상품과 서비스를 구입해야 할 달러가 줄어들어 상황이 어려워질 것이며, 수요의 감소로 이어지게 된다. 경쟁으로부터 산업을 보호하는 것은 국내 공급자가 효율성을 개선해야 할 인센티브를 감소시키며, 이로 인해 해당 산업이 장기적 보호가 필요할 것이다. 이러한 현상은 수요와 공급의 무차별 곡선이 [그림 10-3]과 [그림 10-4]에서 나타나는 것과 같이 직선이 아닐 때는 구매자의 소비 수준을 더 약화시키는 효과가 있을 수 있다.

만약 예를 들어 구매자가 소형기기에 대해 비탄력적 수요를 가지고 있다면, 즉 가격이 상승해도 구매량 감소가 작다면 관세를 부과하는 경우 소비자가 다른 상품을 구매하는 데 사용할 수 있는 비용(달러)을 관세에 사용하게 된다. 이렇게 되면 관세로 보호받고 있는 소형기기에 추가적으로 소비해야 하는 비용(소형기기당 0.50달러)은 다른 재화와 서비스를 구입하는 데 사용되지 못하게 된다. 따라서 국내 소형기기 생산자의 상황이 호전된다 해도(정부 세금이나 관세 부가에 따른 수혜자는 국내 소형기기 생산자이므로) 다른 산업에 종사하는 노동자나 보호를 받지 못하는 산업은 관세로 인해 감소된 구매력 때문에 손실을 경험하게 된다.

만약 다른 산업의 노동자나 제조업자가 정부 보호를 받을 수 있을 만한 영향력을 가진 경우 이 국가의 경제는 정부가 만들어낸 보호 때문에 가격이 상승하고 감소된 생산량을 구입하기 위한 달러는 줄어들어 더욱 손해를 보게 된다. 소비자는 다른 품목을 구입할 수 있는 여분의 금전이 줄어들게 된다. 따라서 관세는 정치인들에 의해 보호받지 못하는 다른 산업의 노동자를 희생시켜 국내의 몇몇 산업의 노동자에게만 혜택을 주게 된다.[2]

TRY THIS

[그림 10-4]를 살펴보자. 소형기기 단가가 3.5달러일 때 소형기기는 몇 개가 판매될까? 그룹 A에 해당하는 공급자가 3.50달러에 제공할 수 있는 공급량은 얼마인가? 그룹 B에 해당하는 공급자가 3.5달러에서 제공할 수 있는 공급량은 얼마인가? 이 같은 비교를 단가 8달러에서 시행해보라. 정부가 구매자에 세금을 부과할 경우(예를 들어 판매세 또는 부가가치세), 공급, 수요, 균형가격에는 어떤 변화가 생길까?

2. (수요와 공급의) 탄력성은 수요와 공급곡선의 순간기울기로 평가된다. 그러므로 수요와 공급의 탄력성은 곡선에서 어떤 점을 보는가에 따라 계속 변화할 수 있다. 만약 곡선이 선형이면 탄력성은 상수가 될 것이고 곡선의 기울기와 같게 될 것이다.

지금까지 살펴본 예는 간단해 보인다. 하지만 전체적으로 보면 매우 근본적 내용을 설명하고 있다. 소형기기 산업에 정부 개입이 없는 첫 번째 예에서는, 소형기기 가격에 따른 공급만이 존재했고 소형기기에 대한 소비자 수요가 존재했으며 소형기기를 필요로 하거나 원하는 소비자는 가격에만 반응했다. 생산자가 추구하는 것은 소형기기를 판매해 수익이 나는 동안에는 더 많은 소형기기를 판매하는 것이다. 이는 생산자는 가격을 높일 경우 이러한 가격 상승이 수익을 마이너스로 만들지 않는 한 더 많은 소형기기를 생산한다. 소비자가 추구하는 것은 저렴한 가격에 소형기기를 구입하는 것이다. 따라서 소비자는 가격이 하락하면 더 많은 소형기기를 구입할 것이다. 따라서 소형기기는 효율적인 시장가격 하에서 판매되고 구입된다.

두 번째와 세 번째 예에서는, 정부가 취한 행동이 시나리오에 추가되었다. 정부가 모든 생산자 또는 더욱 효율적인 생산이 가능한 특정 생산자에게 세금을 부과했다(해당 예시에서는 외국 소형기기 생산자가 대상이 되었고, 이러한 경우 세금은 비교우위를 무효화하기 위해 고안된 수입관세가 된다). 정부가 시나리오에 등장하면 이미 확인한 바와 같이 소비자에게 적어도 3가지로 상황이 악화된다. 1) 소형기기의 가격(품질은 해당되지 않는다)이 상승한다, 2) 소형기기의 수량이 줄어들어 상점에서 찾기 어려워진다, 3) 소형기기 구입에 추가적으로 비용이 소모되므로 다른 재화와 서비스를 구입하기 위한 여분의 금전(달러)이 줄어들어 이로 인해 경제의 다른 부분이 피해를 입게 된다.

정부 개입은 두 예시 모두에서 가격이 5달러에서 5.50달러로 상승하는 요인이 되었으며 공급이 150에서 136으로 감소하도록 했다. 이것이 바로 적절하게 운영되고 있던 경쟁시장에서 정부 개입의 직접적인 결과다.

자연적으로, 실제 세계에서는 정부 개입이 타당한 경우가 존재한다. 이러한 경우 중 몇 가지는 이 장의 후반부와 다음 장에서 설명된다. 관세에 관한 예에서 정부 개입은 효율적인 외국 생산자와의 경쟁으로부터 국내 생산자를 보호하기 위해 발생했다. 이러한 개입은 정치적으로는 충분한 이유가 있을 수 있다. 경제적으로 마땅한 이유가 있을 가능성은 매우 적다. 사실 거의 모든 경제학자들이 자유무역이 전체적으로 경제적 후생을 향상시킨다는 데 동의한다. 하지만 물론 몇몇 노동자나 산업에서 자유무역은 후생손실[3]을 가져오기도 한다. 그리고 몇몇 경우에는 시장에서 정부 개입은 다른 중요한 정치적 원칙을 보호하기 위해 사용되기도 한다. 예를 들어 국가안보나 환경문제가 해당될 수 있다. 하지만 이러한 목적이 때로는 남용되기도 하는 것을 보게 될 것이다. 관세가 선거에서 표를 확보하기 위해서만 행해지는 것은 아니

3. 후생손실은 그것을 경험하는 사람들에 대한 상쇄이익이나 보상없이 일어나는 손실을 뜻한다.

지만 종종 주된 이유가 된다.

전체적으로(즉 평균적으로) 후생은 자유무역에 의해 향상된다. 하지만 수혜자와 피해자가 존재한다. 누가 수혜자이며, 누가 피해자인가, 어떤 상황인가는 세계화 찬반에 대한 논의를 이해하는 데 근본이 된다. 당신은 지금 자유무역으로 인해 누가 이익을 얻으며 누가 손해를 보는지 생각해보고 있을지 모른다. 다음 장에서 밝혀지는 이에 대한 답을 확인하고 놀랄지도 모른다.

10.5 공공의 이익 또는 사적인 이익으로서의 무역

소형기기 생산과 소비가 모든 생산과 소비를 대표한다고 해보자. 이럴 경우 우리는 무역에서 정부의 개입 부재(자유무역에 대한 정부의 보장)가 공공의 이익을 창출함을 확인할 수 있다. 모든 사람들은 소비자이고 따라서 모든 사람은 관세가 없는 낮은 가격에서 더 많은 혜택을 누릴 수 있게 될 것이다. 동일하게 관세가 외국 경쟁자의 더 나은 효율성과 국내 소비자(그리고 아마도 다른 상품을 생산하는 수요와 소비의 탄력성에 의존해야 하는 국내 생산자)를 희생해 (우리의 예시에서는) 국내 소형기기 생산자(소형기기를 생산하는 국내 기업 및 국내 노동자 모두)에게 혜택을 부여하며, 사유재처럼 개인에게 종속되는 것을 볼 수 있다.

예를 들어 수년간 인도는 국내 시장에서 힌두스탄항공에서 생산하는 비행기를 보호하기 위해 보잉기를 배척해왔다. 보호무역은 힌두스탄항공의 소유주와 노동자를 도울 수는 있었지만 인도로 비행기를 타고 올 수 있는 재원을 갖춘 사람들과, 이렇게 비행기로 온 사람들이 만약 항공료가 더 저렴했다면 지출했을 비용을 챙길 수 있는 다른 사람들은 희생을 감수해야 했다. 인도는 또한 국내 알루미늄 제조업체들과 거래할 경우 사적으로 이익을 얻을 수 있도록 도움을 제공해 국내 알루미늄 산업을 보호했다. 이로 인해 관세로 보호를 받아 가격이 부풀려진 상태에서 인도산 알루미늄 취사도구를 구입해야 했던 수억 명의 사람들은 손해를 감수해야만 했다.

관세 또는 공정무역은 선출인단이론에서 논의된 정치적 고려에 근거한 전형적인 사유재에 속한다. 규제 없이 이뤄지는 무역은 동일한 선출인단 이론에서 논의된 정치적 고려에 근거한 공공재에 속한다. 자유무역은 다수를 이롭게 하는 데 비해 공정무역은 소수만을 이롭게 한다는 것은 자명하다. 물론 이렇게 혜택을 보는 소수에게는 모든 사람이 자유무역을 통해 얻는 공공의 이익보다는 관세로 얻는 혜택이 더 크게 느껴질 것이다. 만약 보호무역이 자유무역과 비교했을 때 어떤 집단이나 개인에게도 이익을 가져다주지 않는다면 관세나 기타 수입제품의 경쟁력을 감소시키기 위한 다른 방안은 존재하지 않을 것이다. 이러한 관점에서 관세가 출현하는 이유가 여러 가지임을 기억해야 한다. 관세는 가장 흔하게는 국내 산업을 경쟁에서 보호하기 위해 사용될 수도 있으나 그 권리를 이용해 자유무역 정책을 준수하지 않는 외국 정부를 벌하는 용도로도 사용될 수 있다. 조지 부시(George W. Bush) 대통령은 2002년 3월 특정 철강제품에 관세를 부과한 것을 일본과 유럽이 미국 산업을 희생해 자국의 철강산업을 활성화하기 위해 고안된 불공정한 무역정책을 실시한 데 대한 대응책으로 실시했다며 관세부과를 정당화하고자 했다. 일본과 유럽은 WTO 하에서 자유무역의 의무를 주장하며 보복관세를 부과하겠다고 미국의 행위에 —부시 정권이 곧장 유럽과 일본의 철강산업에 유리한 방향으로 협상을 진행한 것을 보면 매우 강력하게— 대응했다.

이 경우, 국내의 정치적 이유로 관세를 외교정책적으로 사용되는 것을 확인할 수 있다. 정치지도자가 사용하는 관세와 기타 무역정책이 어떻게 수혜자를 선정하는지, 그리고 이러한 선정과정에서 수혜를 받는 그룹을 어떤 방법으로 포상하며, 상대 그룹에 어떤 방법으로 손해를 주는가를 결정하는 방식을 살펴봐야 한다.

10.6 무역과 국내 수혜자와 피해자

자유무역이 평균적으로 소비자에게 더욱 저렴한 가격에 재화와 서비스를 제공할 수 있다는 것을 확인했다. 또한 자유무역은 품질과 종류에서 더욱 풍부한 재화와 서비스를 제공한다. 하지만 자유무역은 오랜 역사를 지나오면서도 여전히 규범으로 적용되지 못하고 있다. 자유무역은 공공재이지만 무역의 효과는 공공재와 사유재의 측면을 모두 가지고 있다. 무역이 국내 생산자와 판매자에게 미치는 영향은 수입업자, 수출업자, 소비자에게 미치는 영향과 다르며, 정부 무역정책이 이러한 그룹에 미치는 영향도 다르다. 따라서 사회 내 부의 분배는 무역에 대한 정부 입장에 따라 어느 정도 좌우된다. 만약 무역이 자유롭다면 국내 생산자는 국내 시장에서 잠정적으로 불리할 가능성을 가지고 있으며, 외국 수출업자와 국내 수입업자는 유리할 수 있다. 지도자층의 지배연합과 얼마만큼 긴밀한 관계를 맺고 있는가에 따라 각 그룹은 사적인, 즉 지배연합 중심의 이익을 위해 로비활동을 할 것이다. 미국의 경우에는, 민주당이 집권하고 있을 때 노조가 노동을 보호하는 방향으로 무역정책을 움직이는 데 효과적인 결과를 얻을 수 있다. 공화당이 집권하고 있을 때는 상공회의소, 미국제조협회와 기업 로비스트들이 대변하고 있는 미국 기업의 이익을 보호하는 방향으로 무역정책을 움직이는 데 성공할 가능성이 높아진다.

이익집단과 연합 규모가 작은 체제에서는 보호무역을 통해 보호할 수 있는 사적 이익이 대규모인 미국과 같은 경우보다 훨씬 크게 보일 것이다.

무역규제는 다양한 방법으로 시행될 수 있다. 이러한 규제에는 관세만 있는 것이 아니다. 수입은 관세 또는 비관세장벽을 통해 제한될 수 있다. 비관세장벽은 관세를 부과하는 것보다 더 절묘한 방법으로 정부가 수입을 제한하는 방법이다. 비관세장벽에는 외국산 상품을 배제하도록 하는 환경정책 또는 보건기준, 수입상품의 수량을 제한하는 쿼터, 이민자 제한 또는 자본이 가장 큰 이익을 창출할 수 있는 곳에 투자하는 것을 제한하는 방법들이 있다.

비관세장벽은 WTO 회원국 사이에서 점차적으로 늘어나기 시작했다. 비관세장벽은 WTO에서 금지하는 수입상품에 대한 규제를 빠져나갈 수 있는 국내정치적 해결방안이 되었다. WTO에서 관세부과를 엄격하게 제한하고 있으며 WTO는 분쟁해결 제도를 통해 이러한 규정을 준수하는 것을 강제할 수 있기 때문에 WTO 서명국들은 자국 내에서 국내정치를 위해 사용할 수 있는 방안이 필요했다(Johns 2011). 무역 비관세장벽에 대한 규정은 강제적으로 집행하기 어렵다. 하지만 WTO와 NAFTA와 같은 국제적인 무역협약들이 비관세장벽에 대해 더욱 세밀한 조사를 실시하며 주시하고 있다. 이토록 면밀하게 주시하게 된 이유는 보호관세가 없는 상황에서도 비관세장벽이 재화와 서비스가 국경을 넘나들며 이동하는 것을 방해하고 있다고 추측되기 때문이다.

예를 들어 프랑스는 살균이 되지 않은 생우유로 독특한 양질의 치즈를 생산한다. 이러한 연질치즈(까맴버[Camembert]와 브리[Brie]와 같은 치즈)는 제조된 지 60일이 넘기 전에 소비해야 최고의 맛을 유지할 수 있다. 프랑스는 생활과 보건기준이 매우 높은 국가로 이러한 연성치즈가 몇 세기 동안 아무런 문제없이 유지되어 왔다. 하지만 이 치즈를 미국에서는 구입할 수 없다. 무살균(생우유) 치즈는 60일이 지난 후에만 미국 영토 안으로 들어올 수 있다. 왜일까? 표면적으로는 보건의 위협으로부터 미국 소비자를 보호하기 위함이라는 명목이지만 미국인을 보호해야 한다는 그 병은 프랑스에서 거의 발병하지 않는다.

실제로 이러한 치즈에 대한 비관세장벽은 위스콘신, 뉴잉글랜드, 캘리포니아와 같은 지역의 치즈 생산자를 보호하기 위한 것이다. 치즈 생산자가 보호를 받기 위해 로비를 했을 것은 자명한 일이다. 미국 시장에서 신선한 생우유로 만들어진 치즈가 보건의 이유로 배척당하면서도 미국 정부가 치즈 소비를 늘리기 위해 노력할 만큼 국내 치즈산업의 이익을 증진시키고 보호하기 위한 정치적 압력은 강력했다. 미국 농무부는 유제품관리(Dairy Management)라는 마케팅 부서를 만들어 미국산 치즈의 소비를 증가시키기 위한 판매촉진을 시행했다. 여기서 눈에 띄는 것은 미국산 치즈 소비 촉진이 비만을 감소하기 위해 어린이에게 포화지방 섭취를 줄이도록 하는 운동을 시행하던 때에 이루어졌다는 것이다. 치즈는 지방 함유량이 매우 높은 식품이다. 예를 들어 지난 몇 년간 도미노 피자는 피자의 품질을 향상시켰다는 내용의 광고를 통해 판매를 크게 상승시켰다.

품질 개선은 치즈의 양을 늘리고 유제품관리 부서의 성공적인 광고 캠페인 덕이었다(Moss 2010). 그래서 정부는 유제품 산업에 종사하고 있는 투표권자들 중에 선정 그룹을 만들어 지원했고, 이로 인해 미국 소비자들의 체중은 점점 증가하고 심장질환의 위험은 커져갔다. 결국 자기관리를 하지 못하는 소비자의 건강 위협은 증가되었다. 이와 유사한 건강, 보건의 문제를 근거로 영국이나 스위스에서는 안전하고 효과적이라 판명된 다수의 외국산 의약제품이 수년 동안 미국 시장에 접근하지 못했다. 이렇게 되면 미국 의약업계에는 희소식이겠지만 평균적인 미국 국민의 건강에는 그다지 좋은 소식이 아닐 것이다.

TRY THIS

당신 혹은 가족이 특정 재화와 서비스를 누리는 데 영향을 주는 비관세장벽을 10가지 생각해보라. 이 문제에 대해 폭넓게 생각해보자. 예를 들어 미국에서 혹은 미국으로 여행하기 위해 필요한 여권이나 비자를 위한 자격요건이 비관세장벽 중 하나이지 않은가? 지금까지 확인한 예들 외에도 건강, 환경, 안전, 문화적 제한(영화등급 및 검열)이 비관세장벽을 만들어낼 수 있지 않을까? 외국 정부가 미국 재화와 서비스에 대해 이와 같은 장벽을 부과한 예를 찾아보라.

이와 유사하게, 다른 국가들에서는 구입이 가능한 자동차가 미국 시장에 들어가는 데 어려움을 겪는다. 다임러벤츠(Daimler-Benz)는 독일에서는 다양한 모델을 선보이고 있으나 미국에서는 판매가 되고 있지 않다. 이러한 차량이 미국에 들어오려면 환경보호 명목 하에 매우 고가의 부품으로 개조해야 한다. 물론 환경보호 명목으로 몇몇 외제 차에 부과되는 비관세제약은 공공의 이익을 위해 정당화될 수 있다. 하지만 이러한 제약으로 인해 소비자의 선택 폭은 줄어들며 가격은 상승한다는 사실을 잊어서는 안 된다. 우리는 여기서 환경에 대한 우려와 소비자 이익의 거래관계를 살펴보았다. 이 경우에는, 환경의 손을 들어주는 정부의 무역제한으로 해결되었다. 이러한 결정은 당연히 좋은 결정일 수 있다. 하지만 미국 정부가 환경의 중요성에 대한 헌신적 태도가 가스 소비량이 심하고 공기를 오염시키는 미국산 스포츠형 다목적 자동차(SUV)에는 동일하게 적용되지 않고 있다. SUV 차량은 분명 승용차 용도로 사용되고 있음에도 불구하고 미국 정부에서 트럭류로 분류하면서 승용차에 적용되는 안전기준 및 배출가스기준 대상이 되지 않는다. 환경과 자유무역을 교환하는 것에 대해 내린 미국(또는 다른 국가)의 결정이 진정 더욱 깨끗한 공기를 위함인지 수입 차량을 줄이기 위함인지는 더 깊게 살펴볼 필요가 있다.

NAFTA 규정에 따르면 미국은 멕시코 트럭이 미국 국경을 넘어 최종 목적지까지 이동이 가능하도록 규율되어 있다. 하지만 미국 의회는 환경문제를 이유로 수년 동안 멕시코 트럭이 미국 국경에서 20마일(대략 32km) 이상 진입하지 못하도록 제한하고 있다. 이러한 비관세장벽을 적용함으로써 미국으로 들어오는 멕시코 상품은 국경 부근에서 멕시코 트럭에서 미국 트럭으로 하역되어야 한다.

이러한 과정에서 부패하기 쉬운 식료품은 운송시간이 지연(따라서 손해가 발생한다)되며, 미국으로 상품을 이동하는 데 운송비가 증가하며, 최종적으로는 미국 트럭 운송업자들을 보호하기 위해 미국 소비자에게는 손해가 발생한다. 멕시코 또한 미국의 조치에 대응해 멕시코로 들어오는 미국 트럭을 제한해 멕시코의 이익집단은 혜택을 받는 반면 멕시코 소비자는 손해를 본다. (미국 트럭운송업과 같은) 이익집단의 정치적 압력으로 2007년 9월 미국 상원에서 미국 내에서 멕시코 트럭을 완전히 금지시키는 법안이 통과되었다. 20마일마저도 미국 정치인들을 만족시키기에는 충분하지 않았던 것이다. 물론 그 전에도 멕시코 트럭의 진입을 금지시키는 법안을 지지하는 주장들이 전혀 없었던 것은 아니었다.

미국으로 트럭 운반을 통해 들어오는 멕시코 제품의 경우 멕시코의 불공정무역 때문에 가격이 왜곡되었다고 환경운동가들은 주장할 수 있다. 이러한 주장은 멕시코 트럭을 포함한 운송방법에서 비롯된 오염의 사회적 비용을 제품가격에 반영하지 않기 때문에 가격이 저렴할 수밖에 없고, 멕시코의 환경정책을 조정하는 것이 자유무역으로 가는 적절한 방법이라는 내용이다. 하지만 이러한 양국의 주장은 NAFTA 하에서 정해진 의무에 모두 반하는 내용이다. 미국 의회의 정치인들은 강력한 트럭 운반업과 운송조합의 로비로 인해 NAFTA의 규율에도 불구하고 미국의 트럭운반업을 보호하기 위해 창의적인 방법을 찾은 것이다. 멕시코 대통령 펠리페 칼데론(Felipe Calderon)과 오바마 대통령이 시험적인 운영 방안의 일환으로 미국 영토 내에 멕시코 트럭의 진입을 허용하겠다고 선언한 2011년 3월까지 멕시코 트럭의 진입은 금지되어 왔다. 2011년 10월에서야 미국 영토 내로 첫 트럭이 진입했다. 국경에 접해 있는 두 선거구 의원인 R-CA 던컨 헌터(Duncan Hunter)와 D-CA 밥 필너(Bob Filner)는 텍사스 주에 첫 번째 멕시코 트럭

2011년 10월 21일 멕시코의 아포다카에서 미국 텍사스 주의 가랜드로 이동하는 첫 번째 상업용 트럭이 텍사스 주의 라레도에 위치한 미국 세관원을 만나고 있다.

이 들어오는 것을 막기 위해 운송조합원장 제임스 호파(James Hoffa)와 여러 주들의 조합원들과 협력했다(Watson 2011). 초당적인 보호주의를 위한 사례라 할 수 있다. 이처럼 무역정책은 더 큰 국가적 이익을 증가시키기 위해서가 아니라 유권자를 통해 확보되는 국내의 협소한 정치적 이익에 따라 조작되었던 것이다.

비관세장벽에 대한 내용을 마무리하기 전에, 이러한 자유무역 장벽을 제거하는 데 대한 논란이 많다는 것을 알아야 한다. 이는 특정 정책이 진정으로 소비자, 환경, 노동자를 보호하기 위해 만들어진 것인지 아니면 얄팍한 정치적 계책인지를 구분하기 어렵기 때문이다. 미국 환경보호국(EPA)은 DDT와 같은 특정 살충제를 사용한 식품 수입을 금지했다. 다수의 남미 국가의 농민들은 이를 불공정무역으로 받아들였다. 합리적인 사람이라 해도 수입금지로 인한 가격왜곡의 영향과 살충제를 사용하는 것과 관련된 건강과 의료에 미칠 부정적 영향 중에 무엇을 더 선호할지 쉽게 결론내리기 어렵다. 농약이 덜 들어 있지만 가격이 높은 경우와 농약이 더 많지만 가격이 저렴한 경우 어떤 과일, 채소, 고기제품을 선택할지는 사회마다 다르고 소비자마다 다르다.

이외에도 많은 사례들이 미국에서뿐만 아니라 세계의 거의 모든 국가에서 존재한다. 그리고 이러한 예들은 보호주의 무역에 미치는 영향의 공통적인 패턴을 보여준다. 다시 말하지만, 자유무역은 공공재이다. 반면 무역규제는 소수의 사람들에게 사적인 이익(보통은 소득의 형태)을 창출한다. 우리가 알고 있듯 무임승차하는 사람들 때문에 공공재는 일반적으로 적정 수준의 생산이 어렵다(Olson 1965; Medina 2007). 일반 소비자들처럼 수가 많은 사람들이 자신의 이익을 지키기 위해 집단행동을 하도록 동기를 부여하는 것은 어렵다. 집단행동을 통해 얻게 되는 이익 중 각 개인에게 돌아가는 부분이 자유무역을 옹호하는 사람으로서 치러야 하는 대가에 비해 너무도 미흡하기 때문이다. 따라서 소비자는 정부 정책에 집단적으로 영향을 행사하지 못하는 근본적인 조정의 문제를 가지고 있다. 반대로 외국 경쟁자가 등장할 경우 일자리가 없어져 소득에 급격한 변화가 일어나는 소규모의 생산자나 노동자의 경우 집단행동은 그리 어려운 일이 아니다. 평균 개별적 소비자에게는 삶에 중요한 문제라 할지라도 특정 무역규제를 변화시키기 위해 들여야 하는 개인적 노력에 비해 얻는 이익은 적다.

무역규제는 제7장에서 배운 집단행동문제의 또 다른 사례다. 무역정책에서의 전략적 문제는 전형적인 조정과 분배의 문제다. 이처럼 무역과 관련해 분산된 집단(또는 공공)적 이익과 집중된 (사적인 이익의 손실로 인한) 비용 간의 불균형이 보호주의 무역이 여전히 존재하는 실질적인 이유다. 일반적으로, 보호무역을 통해 발생하는 사적 이익이 클수록 이익집단, 로비스트, 기타 영향을 받는 개인들의 연합이 정치지도자에게 영향력을 행사하기 위해 행동하기 쉽다.

정치지도자가 자리를 지키기 위해서는 외국 경쟁자로부터 보호받고자 하는 사람들의 지지가 필요하기 때문에 보호주의는 존재할 수밖에 없다. 앞서 확인한 바와 같이, 비민주적 정치체제에서는 정치인이 재선이 되기 위해 소규모 집단에 의존하기 때문에 사적 이익을 창출해서 지지자들에게 보답을 할 것이다. 그리고 더 민주적인 정치체제에서는 정치인이 큰 유권자 집단의 지지자들을 확보해야 하기 때문에 사적 이익을 추구할 가능성이 적다. 따라서 민주정치 체제보다 독재정치 제체에서 무역보호주의가 나타날 가능성이 크다. 그리고 실제로도 그렇다. 평균 민주주의 체제의 국가들이 평균 독재정치 체제 국가들보다 25% 이상 개방되어 있으며, 이러한 차이에는 큰 변화가 없을 것으로 보인다(Bueno de Mesquita et al. 2003).

보호주의를 원하는 모든 사람이 원하는 것을 얻을 수는 없다. 보통 이들은 정치인의 주요 지지자가 아닌 경우일 것이다. 이러한 경우 요청은 무시될 가능성이 크다. 주장의 대의명분이 상대적으로 약할 수도 있고 여러 이유로 정치인의 주목을 받지 못할 것이다.

실제로 맥길리브리(Fiona McGillivray 2004)는 민주주의에서조차 정치체제의 근본에서 보호주의 무역의 패턴을 찾아볼 수 있음을 보여주었다. 예를 들어 미국과 영국처럼 선거구의 대표자를 선출해야 하는 형식의 선거제도를 가진 경우, 주요 선거구에 고용 직원이 많아 선거 결과를 좌우할 수 있는 —정당 간의 경쟁이 치열한 선거구에— 기업들이 원할 경우 무역보호를 받을 수 있을 가능성이 커진다. 여러 후보자를 대상으로 투표를 하여 최고득표자가 의회 자리를 차지하는 비례대표제를 가지고 있는 경우에는 그렇지 않다. 비례대표제에서는 보호가 개별적 기업에 집중되기보다는 대규모 산업을 대상으로 집중된다. 따라서 누가 보호를 받는가는 선거제도에 따라 달라지는 각 집단의 정치적 영향력에 따라 변한다.

10.7 자유무역의 결과: 몇 가지 증거들

논리적으로 보면 자유무역은 피해자보다 수혜자를 더 많이 만들어낼 수 있음을 알 수 있다. 보호무역은 경쟁에서 상대적으로 비효율적 산업을 보호해 국가 경제를 왜곡시킨다. 보호무역은 다수를 희생시켜 정치적 영향력을 갖춘 소수만을 보호하기 위해 실행된다. 이토록 보호를 강요하는 정치적 영향력을 효과적으로 실행하는 것이 소수의 경우 가능하다. 여기에는 2가지 이유가 있다. 첫째 이유는 보호로 이익을 얻을 수 있는 집단은 정부가 요청을 받아들이도록 설득해야 하는 집중된 이익이 존재하기 때문이다. 이토록 집중된 이익은 서로 협력을 이끌어내는 데 도움을 준다. 이 경우에는 자유무역을 통한 공공의 이익을 실현할 때처럼 무임승차가 나타날 가능성이 적다. 둘째 이유는 자국의 정치환경이, 정치인이 지지자들에게 사적 이익을 발생시켜 보답을 하면 그 정치인이 의석을 오래 유지할 가능성이 높아질 경우, 보호가 필요한 집단은 필요한 보호(사적 이익)를 제공해 줄 정치인을 지지하게 될 것이다. 독재자는 자리를 지키기 위해 개인의 이익 제공에 의존하고, 민주주의 지도자는 공공의 이익을 제공하는 데 의존한다. 앞서 설명한 바와 같이, 독재주의 정부는 민주주의 정부보다 자유무역을 지지하지 않는 편이다.

이제 자유무역을 선호하는 것이 사회후생을 향상시키는 데 도움을 주는가에 대해 살펴보자. 사회후생은 2가지로 나눠 구분할 수 있다. 정부는 매번 효율성을 증가시키는 정책과 공평성을 증가시키는 정책 사이에서 선택을 해야 한다. 효율성은 여기서는 자유시장이 자연스럽게 형성되는 것을 방해하지 않는 정책을 말한다. 자유시장에서는 생산자와 소비자가 비교우위를 추구한다. 따라서 자원이 가장 효율적으로 사용되어 규제나 정치적 이유로 발생한 보호(노동자나 경영진이 요구하는) 등으로 인한 낭비나 왜곡이 발생하지 않는다. 하지만 이토록 효율적인 시장은 냉혹하다. 경쟁력이 없는 자는 잘못이 없을 때도 고통을 받는다. 사회보장제, 실업수당, 누진세와 같은 사회안전망 없이는 경쟁력이 없는 자는 살아남을 수 없을 수도 있다. 따라서 시장은 보통 공평성(즉 모든 국민에게 더욱 동등한 대우)을 향상시키기 위해 규제되고, 자원은 재분배된다.

대부분의 자유무역과 공정무역에 대한 논쟁은 공평성에 관한 내용이라고 보면 된다. 자유무역을 반대하는 사람도 자유무역이 효율성을 촉진시킨다는 점은 받아들일 것이다. 그가 우려하는 부분은 공평성을 보장하지 못한다는 점이다. 보호무역(과 자유무역)은 수혜자와 피해자를 만들어낸다는 것을 보았다. 누가 혜택을 받고 손해를 보는지는 제11장에서도 확인할 수 있듯이, 상대적으로 부유하거나 빈곤한가에 따라 자동적으로 결정되는 것은 아니다. 누가 보호를 주장해서 더 많은 이득을 얻을 수 있으며, 누가 보호받을 수 있는 정치적 영향력을 발휘하기 위해 조직적으로 움직이며, 어떻게 무임승차에 대한 문제를 극복할 수 있는가에 따라 결정될 것이다. 역사 속에서 나타나는 무역정책의 공평성 효과에 대해 살펴보자.

정부는 **무역에 대한 수용도**에 따라 평가될 수 있다. 예를 들어 특정 국가의 수입과 수출을 나타내는 국내총생산량(GDP)의 백분율을 조사해 볼 수 있다. 펜월드테이블(Penn World Tables)은 현재가격에서 개방성(OPENC)이라는 변수에 따른 정보를 보유하고 있는 자료원이다. 또한 각 국가에서 소득이 얼마만큼 균등하게(혹은 불균등하게) 분배되는지도 평가가 가능하다. 소득의 불균등을 평가하기 위해 보통 사용하는 방법은 지니계수(Gini index)다. 지니계수가 높을수록 한 국가 내 국민 간의 소득이 불균등하게 배분됨을 의미한다. 지니계수는 최저 수준에서 최고 수준까지 소득의 순위를 매겨 나눠진 인구 백분율과 각 레벨에 해당되는 전체소득의 백분율을 비교하는 계수다. 예를 들어 만약 인구의 상위 10%가 소득의 30%를 차지하며, 인구의 하위 10%가 소득의 1%에 해당된다면 소득은 매우 불균등하게 분배되고 있는 것이다. 인구의 누적 백분율이 소득의 누적 백분율에 가까울수록 소득은 더욱 균등하게(혹은 공평하게) 분배된다.

무역에 대한 수용도(OPENC)[4]가 불균형을 증가시킨다면 국가는 무역에 개방적일수록 지니계수의 수치가 커질 것이다. 반대로 무역에 대한 수용도가 소득분배를 더욱 균등하게 하는 경우(빈곤층의 수치를 증가시켜 부유층과의 격차를 줄이는데 일조해), 지니계수는 0에 가까워질 것이다. 무역개방도와 소득불균형의 관계를 평가하는 데는 1인당 국민소득 수준의 영향을 통제해 우리가 확인하게 되는 결과가 단순히 국가 간 부의 차이에 따른 것이 아니도록 했다. 이는 자유무역이 빈곤한 사회계층을 희생해 부유한 사회계층을 더욱 부유하게 만들어준다고 믿거나, 자유무역은 대기업이 노동자를 희생해 배를 채우기 위해 사용되는 수단이라 믿는 사람들의 생각을 바꿀 수 있다. 물론 대기업 운영진은 마음대로 할 수 있게 된다면 후생을 최대한 증가시키기 위해 모든 수단을 동원할 것이며(2008년 경제위기에서 우리가 목격한 바와 같이), 이는 노동자도 다를 게 없다. 하지만 자유무역은 자원을 비효율적으로 착취하는 것이 매우 어렵도록 만든다. 공정무역이나 보호무역은 다수(소비자)의 희생을 바탕으로 소수(상대적으로 경쟁력이 없는 산업, 기업, 정당 또는 지도자의 권력유지를 위해 지지가 필요한 노동자나 소유주)를 보호하기 위해 고안된다.

1인당 국민소득을 통계적으로 통제하면 무역의 개방성이 소득불균형에 미치는 영향만을 독립적으로 확인할 수 있다.

이러한 영향을 평가하기 위해 1979~2008년까지 자료가 존재하는 국가들의 자료는 모두 사용했다. 567개의 관찰 자료가 필요한 정보를 포함하고 있었다. 조사된 국가들의 소득수준은 눈에 띄게 차이가 났다. 세계은행에 따르면 가장 낮게는 2006년 콩고민주공화국의 1인당 국민소득 90달러부터 가장 높게는 2000년의 룩셈부르크(46,457달러)까지 큰 차이를 보였다. 미국의 자료는 아쉽게도 누락되어 있다.

이러한 자료들의 분석결과는 무엇인가? 1인당 국민소득 면에서 부유한 국가라 해서 빈곤한 국가에 비해 소득균형이 더 뛰어나거나 더 나쁘거나 하지 않았다. 로그값

4. 펜월드테이블(Penn World Tables)의 웹사이트. http://pwt.econ.upenn.edu/php_site/pwt62/pwt62_form.php(2008년 10월 8일 접속한 자료)

을 바탕으로 산출한 소득불균형에 대한 국민 1인당소득수준의 영향은 크지 않은 것으로 나타났다. 실제로 1인당 국민소득이 소득불균형에 미치는 영향은 샘플 전체에서 100회의 무작위 추첨 중에서 46회에서 영향이 존재하는 것으로 나타났다. 소득수준에 대한 조사결과를 염두에 두고, 이제는 무역에 대한 수용도가 소득불균형에 미치는 영향을 살펴보자. 국가의 수익불균형 정도는 국가들마다 현저하게 다르게 나타났다. 상위 1%의 국가는 지니계수가 21 미만이었고 하위 1%는 지니계수가 61 이상이었다. 평균과 중앙값은 모두 42로 동일했다. 지니계수는 0에 가까울수록 소득이 공평하게 분배됨을 의미하며 100에 가까울수록 소득이 인구의 상위 소수그룹에 몰려있다는 것을 의미한다. 무역 개방도 측정방법인 OPENC는 낮게는 약 11(이는 GDP의 11%가 수입과 수출로부터 발생한다는 것을 의미한다)에서 높게는 300 이상(무역에 완전히 의존적인 형태의 경제로 수출입을 통해 거의 모든 상품을 소비하거나 생산하는 경우)으로 나타난다.

통계자료를 바탕으로 보면, 한 국가가 무역에 폐쇄적일 경우(예를 들어, OPENC가 11 정도인 국가), 그 국가는 지니계수 46 정도가 나올 것으로 예측된다. 또한 경제가 무역에 개방적일 경우(예를 들어, OPENC가 321 정도인 경우), 지니계수 30 정도가 예상된다. 다시 말하면, 보호무역을 가장 많이 사용하는 나라일수록 가장 큰 소득불균형을 나타내며, 빈곤한 계층을 더욱 빈곤하게 만들며, 부유층을 더욱 부유하게 만든다. 이러한 식의 무역개방도와 무역 불균형 정도가 우연히 나타날 확률은 1:1000이다. 게다가 현재의 무역을 개방해 이에 대한 효과가 미래의 소득불균형에 어떻게 나타날 것인가에 대해 생각해보면 여전히 무역의 공평성 효과는 지속되고 이러한 효과는 국가별 고유한 효과(더욱 자세히 알고 싶은 사람을 위해 설명하면, 이는 고정효과모델(fixed effect model)을 이용한 것이다)를 통제한 후에도 변하지 않음을 확인할 수 있다.

자유무역을 선호하는 정부는 보호주의를 추구하는 정부보다 더 큰 소득균형(공평성)을 달성할 수 있다. 자유무역을 기피하는 정부는 특정 국내 이익을 보호한다. 사실상 (각국의 고정효과를 통제함으로써) 모든 국가별 고유한 특징을 반영해서 본다면, 선출인단이론이 의미하는 전략적 관점에서 예상되듯, 정부가 권력을 지키고 생존하기 위해 연합해야 하는 집단의 규모가 클수록 무역은 더욱 개방된다. 즉 무역정책이 더욱 자유무역에 초점을 맞춘다는 것을 알 수 있다. 독재자는 보호주의를 선호할 가능성이 매우 높으며, 보통 소규모의 충실한 그룹을 위해 보호주의를 펼칠 가능성이 크다. 따라서 자유무역은 소득 공평성과 효율성을 실현하고, 보호주의는 그 반대라 할 수 있다. 그리고 이러한 공평성과 효율성을 각 국가가 얼마나 누릴 수 있는가는 각 국가의 정치구조에 따라 달라진다. 소규모 그룹과 연합하는 형식에 의존해야 하는 정치구조에서는 불공평하고 비효율적인 무역정책을 추구한다.

SUMMARY

무역은 필수적이며 점점 성장해가는 국제교류다. 자유무역은 소비자에게 혜택을 줄 수 있으나 특정 산업에 피해를 줄 수 있으며, 이렇게 잠정적 피해가 기대되는 산업에서는 '불공정한' 경쟁에 대한 보호를 위해 로비를 하게 된다. 관세와 기타 무역장벽들은 재화와 서비스 가격을 상승시키며, 국내의 정치적 이익을 얻는 대가로 재화와 서비스의 부족 현상을 유발시킨다. 어느 국가가 어떤 생산에 있어서도 최고가 아닌 경우라도 자유무역을 통해 모든 국가가 혜택을 볼 수 있다. 모든 사람이나 모든 국가는 무엇인가에는 비교우위를 갖는다. 비교우위를 가지고 있는 재화나 서비스 생산을 특화하면 효율적인 생산이 실현된다. 즉 시장의 총 재화량이 늘어난다는 것을 의미하며 일반적으로 이러한 재화는 더 낮은 가격에 판매된다. 무역보호는 경제적 이익을 지역화하고 국내정치적 이익에만 집중하면서 효율성을 왜곡한다.

국내 정치적 압력은 보호주의의 사적 이익을 부추기며 국내 정치체제가 소규모의 지지자 그룹과 연합하는 데 달려있을 경우 특히 심하다. 하지만 보호주의는 전체 경제적인 측면에서는 좋은 점이 거의 없다. 무역의 수용도(OPENC)는 경제성장에 긍정적으로 그리고 통계적으로 유의미하게 연관되어 있다. 보호주의 경제는 더디게 성장하며 빈곤층의 상황을 더욱 악화시킨다. 경제학 논리에 따르면 자유무역이 장려된다. 국내 정치에서는 독재주의 정부가 민주주의 정부보다 더욱 강력하게 자유무역에 반대한다.

핵심 용어

차익거래 367	기회비용 373	공급곡선 384
수입 367	생산가능곡선 374	비탄력적 수요 386
중상주의 367	균형가격 378	무역에 대한 수용도 395
절대우위 370	수확체감의 법칙 379	지니계수 396
생산성 371	중력모델 382	
생산요소 371	수요곡선 382	

11

세계화:
국제사회의 승자와 패자

허친슨 컨테이너 터미널에서 짐을 싣고 내리기 위해 선박들이 대기하고 있다. 이 터미널은 허친슨 왐포아라는 기업이 소유한 홍콩에서 가장 큰 그리고 세계적으로도 가장 큰 컨테이너 터미널 중 하나다. 거의 모든 중국의 선적이 이 터미널을 통해 이뤄진다.

OVERVIEW

- 세계화는 인권의 실현이라 해석될 수 있다. 경제학자들은 세계화를 이동의 자유 혹은 요소이동성이라 부른다.
- 통화가 국경을 넘어 자유롭게 이동하면 화폐가치는 수요와 공급의 시장 힘에 의해 결정되며, 독립된 중앙은행이 화폐 발행을 통제할 경우 정부 지도자는 제한된 정치적 이득을 얻기 위해 국제무역에 개입하는 것이 더욱 어려워진다.
- 노동과 자본의 지역 간 또는 산업 간 이동이 자유롭고, 각자의 비교우위를 추구할 경우 빈국의 노동자와 부국의 자본가는 소비자와 함께 세계화의 최대 수혜자가 된다.
- 일부 자본과 노동 때문에 자유로운 이동이 제한되거나, 정부가 돈과 노동의 자유로운 움직임을 제한하면 세계화는 저해되며 가난한 사람은 정부의 정치적 이익에 의해 피해를 본다.
- 노동과 자본에 대한 경제적 이익은 세계화의 특징이라 할 수 있는 자유무역에 의해 크게 향상되었다.

ASSUMPTIONS CHECK

1. **노동과 자본이 기회를 따라 자유롭게 이동할 때 최대 수혜자는 누구인가?**
   a. 부국의 노동자와 빈국의 자본가
   b. 빈국의 노동자와 부국의 자본가
   c. 자본가는 항상 이익이지만 노동자는 항상 손해
   d. 노동자는 항상 이익이지만 자본가는 항상 손해
2. **미 연방준비은행(Fed)과 같은 중앙은행은?**
   a. 국가 지도자의 권력유지에 도움이 되는 그 무엇이든 한다.
   b. 실업이 증가하고 정치지도자가 타격을 받더라도 인플레이션을 낮게 유지시킨다.
   c. 화폐를 발행하고 인플레이션이 발생해도 실업률을 낮게 유지시킨다.
   d. 장기적으로 경제에 악영향이 있더라도 유권자의 이익을 대변한다.
3. **세계화는 누구에게 가장 이로운가?**
   a. 독재자 b. 민주주의자
   c. 모든 국가 정치지도자 d. 어떤 국가 정치지도자도 이익을 받지 못함

ANSWERS

1. b. 가난한 국가의 노동자와 부유한 국가의 자본 소유주(투자자)가 가장 많은 이득을 얻는다.
2. b. 실업이 증가하고 정치지도자가 타격을 받더라도 인플레이션을 낮게 유지시킨다.
3. b. 세계화는 독재자보다 민주주의자에게 더 유리하다. 그러나 세계화는 이를 지지하지 않는 사람들 대신 일부 유권자들을 유리하게 하려는 민주주의 지도자의 노력조차 가끔 좌절시킨다.

제10장에서는 자유무역과 보호주의가 국내의 정치적 압력에 어떻게 대응하는지 그리고 그것이 보호주의자 또는 자유무역을 추구하는 경제에는 어떤 기여를 했는지 살펴보았다. 무역에 따른 영향은 당연히 국내에만 제한되지 않는다. 무역의 특성상, 무역에 관련된 정부의 선택은 다른 국가와 그 국민에게 영향을 미친다. 이러한 무역의 대외적이고 광범위한 사회적 측면은 세계화를 이해하는 데 중요하다. 단지 보호주의가 특정 국가의 경제에 나쁜 영향을 줄 수 있고 일부의 이익을 위해 다수가 희생되도록 왜곡될 수도 있기 때문에 세계화된 자유무역이 도움이 되기보다는 많은 이들에게 해가 된다는 주장은 여전히 가능성이 있다. 그러나 자유무역에 따른 국내 이익은 세계적으로 이어질 가능성이 함께 존재함으로 자유무역은 어디에서나 경제적으로 유익할 수 있다. 이 장에서는 이러한 상반되는 주장들 이면의 논리를 파악하고, 세계화에 반대하는 이들은 무역의 경제성에 대해 잘못 알고 있거나 전반적인 경제적 · 정치적 후생을 희생하면서까지 자신의 고유 이익을 추구하는 이들이라는 것을 입증한다. 이러한 주장은 상당히 강력한 것이다. 이어지는 내용을 통해 왜 그러한 주장이 사실인지 이해하는데 도움이 되길 바란다.

세계화와 무역정책에 대해 광범위하게 생각해 볼 필요가 있다. 예를 들어 화폐는 자동차, 사과, 컨설팅 또는 그 밖의 재화나 서비스가 거래되는 방식과 같은 방식으로 거래된다. 미국의 달러나 영국의 파운드를 살 때 필요한 일본의 엔화의 양은 달러, 파운드, 엔, 그외 화폐들의 수요와 공급이 증감함에 따라 항상 변화한다.

세계화는 환율, 대출, 이자율, 정부 지불능력 그리고 정치인들이 자기 자신의 정치적 이익을 위해 무역에 개입하는 대체 방안 등에 영향을 줄 수도 있는 재정정책이나 통화정책에 대해 의문을 제기한다. 세계화의 모든 이러한 측면들은 결국 분유나 에이즈, 소아마비, 말라리아와 같은 질병 치료제를 구매하고자 하는, 특히나 개발도상국 국민의 비용과 관련이 있다. 제안된 해결책은 대부분 세계화의 경제나 정치에 대한 불충분한 이해를 반영하고 있음에도 불구하고 이러한 우려는 분명 정당화되기도 한다. 세계화에 대한 질문은 비록 사람뿐만 아니라 돈과 투자에 대해서도 적용되지만 본질적으로 제9장에서 보았던 인권에 관한 질문과 유사하다. 앞서 언급된 인권은 경제학자들이 요소이동성이라 일컫는 이동의 자유다. 우리는 이미 정부가 다른 국가로의 이동, 자국을 떠나는 행위 혹은 심지어 특정 지역으로의 이동을 제한함으로써 사람들의 자유로운 움직임에 제약을 가한다는 사실을 알고 있다. 이처럼 정부는 자본을 특정 지역에서 다른 지역으로 옮기는 개인과 사업을 제한함으로써 자국에서 발생한 돈과 이익을 국내에 유지하려 한다.

정치적인 그리고 경제적인 고려 또한 (노동력 형태의) 사람의 이동이나 자본의 이동을 제약한다. 이는 단순히 자본과 노동력이 특정 지역이나 특정 사업 혹은 산업의 형태로만 사용되었을 때 효과적이지 않기 때문이다. 이러한 사실은 세계화 정책의 영향에 대한 중요한 시사점을 나타낸다. 우리는 세계화의 정치와 그것의 승자와 패자는 정치인, 노동자, 투자자가 이동성을 촉진할 것인가 혹은 제한할 것인가를 중심으로 결정된다는 것을 살펴볼 것이다. 이동성이라는 관점에서 세계화에 대해 고찰하는 것은 많은 반세계화적 관념이 단지 가난한 이들을 계속 가난하게 만든다는 결론으로 이끄는 잘못된 주장이라는 사실을 보여준다.

11.1 세계화의 목표

앞 장에서 간단하게 언급했던 세계무역기구(WTO)는 아마도 세계화를 촉진시키는 가장 중요한 국제기구다. WTO는 1995년 관세와 무역에 관한 일반협정(GATT)을 계승해 설립되었다. GATT는 제2차 세계대전 이후 경제회복과 성장을 촉진하기 위해 발전된 국제제도 중 하나다. WTO는 GATT와 같이 국제무역을 촉진하고 무역흐름이 최대한 자유롭게 그리고 예측 가능하게 흘러갈 수 있도록 돕기 위해 설립되었다. 이는 자유무역 체제를 유지하며 감시 감독을 책임지는 주요 국제기구이며, 타결조건의 집행에 관한 중요한 책임 역시 지고 있다. WTO는 선진국과 최빈국을 포함해 전 세계 대부분의 국가로 구성되어 있다. WTO는 세계화의 경제적 이점과 정부가 추구하는 정치, 경제적 목표의 현실성 사이에서 균형을 추구한다. WTO는 구성 국가들이 불공정한 무역관행이라 여기는 것을 금지하는 등 자유무역을 강조한다. 수입국의 국내 경쟁을 약화시키기 위해 비용보다 낮은 수준에서 물건을 수출하는 것이 불공정한 무역관행의 한 예라 할 수 있다. 결국 WTO의 목적은 무역자유화를 통해 세계화를 발전시키는 것이다. 즉 시장중심의 재화, 서비스, 자본 교환의 세계통합을 이끄는 국제적 과정을 추구한다.

제10장에서 보았듯, WTO의 목적에 반하는 주장도 있다. 무역자유화는 국내생산과 국내산업을 저해하며 특히 신생 사업 분야나 발전 단계에 있는 국가의 경제기반은 더욱 약해진다. 세계화에 반대하는 목소리는 이렇게 주장한다. 세계화는 선진국의 견고한 사업과 인프라 발전에 대응해 경쟁하고자 하는 신생 경제국들의 복지 수준을 위협한다. 세계화는 또한 가난한 이들의 후생을 저해하는 동시에 부국과 거대기업들의 배를 불린다. 이러한 심각한 문제들을 이 장에서 주의 깊게 살펴볼 것이다. 세계무역의 역사와 안정된 가격의 중요성부터 시작한다.

세계화는 무역과 마찬가지로 새롭지도 않으며 불가피한 것도 아니다. 현재 세계화에 대한 논쟁을 이해하기 위해 전신, 철도 심지어 심해를 가로지르는 배가 도입되기 이전의 시대를 생각해보는 것은 좋은 시작점이 될 수 있다. 세계화된 경제에서 기대할 수 있는 것은 재화와 서비스 가격이 동일시된다는 것이고, 결국 차익으로 얻는 기회를 없애거나 줄일 수 있다는 점이다. 역사적 맥락에서 보았을 때 가격균등화가 지금과 비교했을 때 13세기 유럽과 크게 다르지 않았다는 사실은 흥미롭다. 케네스 외(Kenneth, Froot, Michael Kim 그리고 Kenneth Rogogg 1997)의 보고에 따르면, 영국과 네덜란드의 8가지 상품(보리, 버터, 치즈, 달걀, 귀리, 완두콩, 은, 밀)의 가격 차이는 1990년대 영국 해협에서 관찰된 가격 차이와 비슷하다고 한다. 가장 큰 가격 격차(섬유, 맥주, 와인)는 고중세시대 무역의 급성장을 촉진하는 추진제가 되었다.

제10장에서 살펴본 바와 같이, 국제무역은 특정 장소에서 물건을 값싸게 구매할 수 있다거나 비싸게 판매할 수 있다는 가능성에 의해 장려되었다. 그러나 이러한 무역의 촉진과 그에 따른 가격균등화는 정부 개입에 의해 방해 혹은 저지될 수 있거나 실제로 저지되며, 이 또한 전혀 새로운 사실이 아니다. 앞서 언급한 바와 같이 몇 세기에 걸쳐 지속되던 중상주의 경제체제는 가격을 균등화하려는 차익거래를 통해 기회들을 줄여나갔다. 예를 들어 스페인 사람들은 멕시코의 작은 벌레 코치닐에서 추출한 빨간 염료를 수입했고, 유럽의 섬유 제조업자들에게 큰 마진을 남기며 되팔았다. 선명하고 이상적인 빨간색을 간절히 원했지만 적절한 대체품이 없었기 때문이다. 코치닐은 가치가 매우 높았기 때문에 멕시코에서 수출하는 금 또는 은과 대등할 만큼의 경제적 영향력을 가졌다. 결론적으로 스페인 정부는 외국의 경쟁자들이 코치닐 시장에 들어오는 것을 원치 않았고, 해적들은 구할 수 없는 물건을 빼앗기 위해 스페인 상선과 대결할 강한 유인이 있었다.

코치닐 시장 접근을 제한하려는 노력은 전혀 새로울 것이 없다. 코치닐의 가치와 그 산업을 경쟁으로부터 보호하려는 움직임은 스페인 정부가 등장하기 전부터 멕시코 정부에 의해 이미 실행되고 있었다. 경제학 원리는 유럽 혹은 유럽의 영향을 받은 사회나 문화에만 국한되는 것이 아니다. 스페인 정복자들이 도착하기 이전, 아즈텍 황제였던 목테수마(Moxtezuma)는 스페인이 했던 것과 비슷한 방식으로 속국으로부터 부를 갈취했다. 스페인과 멕시코의 경우에서 알 수 있듯, 염료 가격을 높이 유지할 수 있었던 비결은 판매자가 코치닐 시장을 독점하는 것이었다. 따라서 무역은 그 자체로 경쟁이나 가격균등화를 가져온다고 할 수 없다. 그러나 전 세계적 차원의 자유무역은 가격균등화를 가져올 것이다.

가격 차이는 유사 제품이 다른 곳에서 경쟁적으로 생산되지 않는 한 유지될 수 있다. 그러나 물건의 운반비용이 줄어듦에 따라 정부나 국내 수입 경쟁업체들의 담합에 의한 규제가 없다는 가정 하에서는, 수입을 통한 경쟁은 가격하락을 가져오며 다양한 재화와 서비스 이용을 가능하게 해준다. 정부가 가격 격차를 유지하기 위해 개입하지 않으면 이러한 가격균등화 경향은 운반비, 보관료, 상품정보 등에 대한 비용이 줄어들면서 점점 퍼져나간다. 가격균등화는 세계화의 중요한 특징이며, 일상에서 충분히 경험할 수 있는 것이다.

사실 운반비용이 줄어들고 가격 차이에 대한 정보가 퍼져나가 일반 상식이 되어가면서 가격균등화 현상은 오랜 기간에 걸쳐 일어났다. 인터넷의 확산으로 누구나 상품가격을 확인하고 온라인 판매자 신용도에 대한 정보를 얻을 수 있게 되었다. 그 결과 온라인으로 물건을 값싸게 구입할 수 있게 되었고, 상점들은 가격을 내려야만 했다(상점들은 서비스를 제공하는 데 있어서는 이점이 있으며, 때로는 온라인 판매에 비해 신뢰도가 높다. 이러한 특성들 때문에 일부 구매자는 일반 상점에 프리미엄을 지불할 용의가 있다).

가격균등화를 보여주는 예는 무수히 많다. 미국 시장에서 사용할 수 있는 홍콩 기성복, 뉴질랜드 양고기, 스위스 자동차, 멕시코 토마토, 이집트 면화, 영국 마멀레이드, 프랑스 와인, 미국에서 디자인되고 스리랑카나 중국에서 제조된 옷, 인도의 온라인 의료진단 서비스, 엘살바도르에서 조립된 전자제품, 이탈리아 영화, 그 밖의 상품이나 서비스를 생각해보라. TV 프로그램, 영화, 맥도날드 햄버거, 인텔의 컴퓨터칩, 보잉의 비행기, 경영컨설팅 서비스, 콩, 밀, 캐터필러의 토목장비, 포드의 자동차, 그 밖의 미국산 제품이 다른 세계시장에서 판매 사용되는 것을 생각해보라. 각각의 제품들은 각기 다른 시장에서 현지 상품에 비해 경쟁력을 갖추었기 때문에 성공했다. 일반적으로 중국산 셔츠는 같은 질의 미국산 셔츠보다 저렴하다. 따라서 미국의 셔츠 제조업자는 가격을 낮추거나 질을 올리거나 사업을 정리해야 한다. 맥도날드 햄버거 역시 세계 모든 시장에서 대체식품과 비슷한 수준에서 가격이 결정된다. 중국에서 햄버거를 먹어보고 싶어 하고, 또 그럴 능력도 있는 사람은 현지 햄버거보다 맥도날드(또는 버거킹) 햄버거를 선호한다. 점점 더 많은 사람들이 미국산 햄버거를 찾게 되면 결국 현지 경쟁자들은 제품의 질을 향상시키거나 사업을 정리해야 한다.

대개 이러한 경쟁에 맞서 제품의 질을 향상시킨다. 미국에서 판매된 도요타 제품은 주로 값싸고 저렴한 자동차였다. 미국이 도요타의 수출 한도를 제한했을 때 2가지 해결책이 제시되었다. 1) 미국 시장에서 더욱 경쟁력을 갖추도록 자동차의 질을 개선한다, 2) 자동차 부품조립을 미국 내에서 한다. 중세시대 영국의 섬유 수출, 포르투갈의 와인, 아시아의 향신료도 마찬가지였다. 무역에 제한이 없는 시기와 장소에서 수출입은 늘어나고, 가격은 하락하며, 소비자는 결국 다양한 선택을 할 수 있게 된다. 경제학자 케인즈(John Maynard Keynes)는 세계화가 급격히 발전한 19세기와 제1차 세계대전 직후를 이렇게 관찰했다.

> 1914년 8월이 끝나가는 시대에 이 얼마나 엄청난 인간 진보의 사건인가! … 런던 주민들은 전화로 주문을 할 수 있고, 침대에서 아침 차를 즐길 수 있으며, 다양한 종류의 상품이 가득하고 …. 그는 동시에 같은 방식으로 부나 새로운 기업을 추구할 수 있다(케인즈 1920, 11).

세계화의 과정과 이를 저지하려는 노력은 국제 정치경제의 복잡함을 잘 나타낸다. 화폐, 노동자, 투자자금의 국경 간 이동을 허용 또는 제한하는 정부정책이 어떻게 세계경제에 영향을 미치는지를 살펴보는 것은 세계화에 감춰진 난제를 해결하는 좋은 출발점이다. 상품이나 서비스를 살 수 없다면 국제무역이 멈출 수밖에 없으므로 먼저 환율부터 살펴보기로 하자.

11.2 화폐 유동성

화폐가 발명되기 이전에 무역은 물물교환에 불과했다. 당신은 내가 필요로 하지만 정작 본인은 필요 없는 닭을 한 마리 가지고 있으며, 나는 당신이 땅을 갈고 씨를 뿌릴 때 사용할 수 있는 쟁기를 가지고 있을 수 있다. 닭 한 마리와 쟁기가 같은 가치를 가진다고 서로 합의만 한다면 거래는 성사될 수 있다. 그러나 쟁기 사용에 대한 가치가 닭 한 마리의 가치보다 높다고 생각할 수 있다. 이 경우 우리는 더 세부적인 거래 조건을 마련하거나 거래를 중단하고 필요 없는 닭과 씨앗을 그리고 쓸모없는 쟁기를 각각 가지고 있어야 할 것이다. 또는 닭을 받는 대가로 일정 시간 쟁기를 사용하게 해 줄 수도 있다. 시간은 무수히 나눠질 수 있기 때문에 우리는 닭과 쟁기의 시간적 가치에 대해 서로 합의를 보아 거래를 성사시킬 수 있다. 이 모든 과정은 화폐의 발명으로 더욱 간단해졌다.

돈은 수요와 공급을 통해 화폐가치를 쉽게 결정하도록 해주며 따라서 닭과 쟁기 대여비용을 쉽게 측정하도록 해준다. 닭을 구매하기 위해 쟁기를 반드시 가지고 있어야 할 필요가 없다. 닭을 팔아서 돈을 받고, 그 돈으로 쟁기를 가지고 있지만 닭을 사고 싶어 하지 않는 사람에게 쟁기를 빌리면 된다. 결국 쟁기 사용료를 모자를 사는데 쓰거나 다른 필요한 곳에 쓸 수도 있다. 어쩌면 모자를 파는 사람은 저녁식사를 위해 닭을 사고 싶어 할 수도 있고, 모자를 팔아 번 돈으로 결국 닭을 구매할 수도 있는 것이다. 이러한 방식으로 돈은 경제를 돌아가게 만들며 다양한 영향을 미친다. 돈은 순환하기 때문에 같은 돈으로 액면가 이상을 살 수 있고 판매자와 구매자에게 그리고 경제성장의 기회를 준다.

화폐는 단순한 물물교환 이상의 효율적 거래를 가능하게 해준다. 종이화폐와 약속어음의 발명은 거래를 더욱더 용이하게 만들었다. 동전 화폐는 구매한 물건에 대해 적정량의 금속을 지불할 목적으로 사용되었다. 그러나 금속은 가지고 다니기에 무겁고, 채취하는데 비용도 많이 들었다. 달러 지폐나 수표와 같은 종이화폐 또는 신용카드나 스마트폰의 디지털 스캔 같은 플라스틱 화폐가 훨씬 사용하기 쉽다. 그러나 닭을 판매하는 사람이 종이화폐나 수표가 실제로 얼마만큼의 가치를 가지는지 아는 것 또한 어려운 일이다. 실제로 종이화폐는 그 자체로는 가치가 없지만 종이화폐 이면에 있는 일종의 약속을 통해 가치를 가지게 된다.

닭 판매자에게 5달러를 준다고 약속했을 때 과연 그는 5달러의 가치를 어떻게 알 수 있을까? 우리는 이미 종이화폐와 신용카드를 사용하고 있기 때문에 이러한 질문이 터무니없이 들릴 수도 있지만 5달러 대신 5루블, 5위안 또는 5드라크마를 지불하려 한다면 어떨까? 이 화폐들의 가치가 어느 정도인지 알고 있는가? 그렇지 않을 것이다. 그러나 웹을 통해 검색하면 1달러가 몇 루블인지(또는 1루블이 몇 달러인지) 등을 알 수 있다.

인터넷을 통해 검색을 해보았다면 드라크마화는 한때 존재했지만 그리스가 유로화를 쓰기 시작하면서 없어졌다는 사실을 알아차릴 것이다. 동시에 그리스가 유로존을 떠나 유로화 대신 드라크마화를 다시 사용하게 될지도 모른다는 사실 역시 알게 될 것이다. 그렇다면 적어도 초기에는 그리스 정부에 의해 드라크마화의 가치가 어느 정도로 책정되어야 하는가에 대해 생각해볼 수 있다. 또한 중국의 위안화는 어느 정도의 가치가 매겨져야 하는지 그리고 그것이 중요한 국제적 논쟁거리가 될 것이라는 사실을 알게 될 것이다. 이러한 과정을 통해, 돈은 중요하며 동시에 복잡하다는 사실을 알 수 있다. 이는 특히 상품과 서비스가 국경을 넘어 거래될 때 더욱 그러하다.

정부의 가장 중요한 역할 중 하나는 화폐를 발행하는 것이다. 화폐를 얼마만큼 발행할 것인가, 그리고 화폐에 관해 어떠한 원칙을 적용하는가는 사람들이 얼마나 쉽게 상품과 서비스를 수입, 수출할 수 있을 것인가 그리고 얼마나 국내외 투자를 유치하고 철회할 수 있을 것인가에 대해 영향을 미친다. 이러한 고려 사항들에 대한 결정은 국내의 정치적 성공과 국제적 번영에도 큰 역할을 한다. [표 11-1]은 가감을 통해 돈의 가치가 결정되는 주된 방법들을 요약하고 있다.

이 표에서 알 수 있듯이, 정부는 화폐공급의 다양한 방법을 채택할 수 있으며 화

표 11-1 화폐가치의 측정

화폐가치 측정	의미	효과
변동환율제	자유시장에서 공급과 수요에 의해 화폐가치가 결정	정부가 화폐공급을 늘려 수출을 장려하고 수입을 억제하는 등의 무역을 인위적으로 조작하는 간접적인 방법 사용이 증가
고정환율제	고정된 환율로 특정 화폐를 구매할 때 미리 정해진 양의 화폐만을 지불	공급과 수요의 변화에 따라 화폐가치가 변화하는 것이 불가. 과도한 화폐 발행은 인플레이션 유발
연계환율제	한 국가의 화폐가치는 다른 국가의 화폐가치 변동에 따라 함께 변화. 두 국가의 화폐가치는 공급과 수요에 따른 변동에 함께 움직임	연계국이 같은 경제성장을 겪고 있지 않더라도 연계된 화폐가치는 상대국의 경제침체나 인플레이션과 같은 경제 상황에 영향을 쉽게 받음
달러화	달러화를 교환화폐로 취급	국가는 달러 강세와 약세에 따라 수출과 수입에 크게 영향을 받음. 공급과 수요를 통해 경제정책을 취할 능력이 부족하다는 것을 보여줌
변환 불가	자국의 화폐를 다른 국가의 화폐로 교환할 수 없음	화폐가 불법적으로 거래될 가능성이 존재. 국외 사업활동에 투자할 기회가 제한되며, 변환 불가능한 자국 화폐에 투자할 요인이 없어짐. 재산이동이 불가함으로 이민의 가능성이 줄어듦

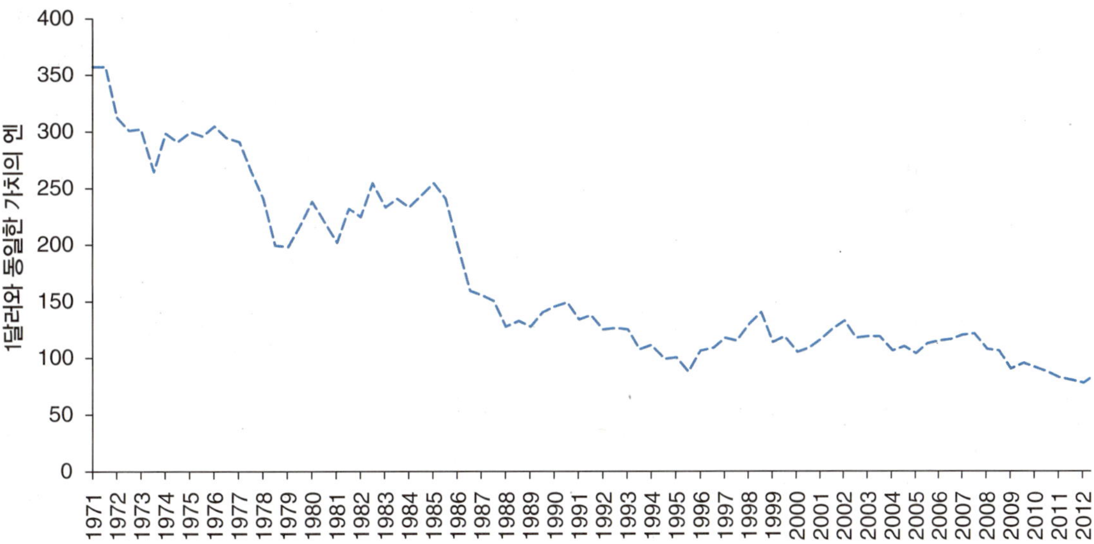

그림 11-1 엔-달러 환율: 1971~2012

출처: Data from fxtop.com

폐가치를 통제하기도 한다. 외환을 사기 위해 필요한 화폐의 양은 바로 양국의 환율을 의미한다. 예를 들어 엔-달러 환율은 항상 변화한다. [그림 11-1]은 1971년 이래 월 기준 양국간 환율을 보여준다.

이 그림에 따르면, 과거에 비해 오늘날에는 1달러를 사는데 훨씬 적은 양의 엔화가 필요하다. 1971년 1월에는 달러화에 비해 엔화는 매우 약세였다(또는 엔화에 비해 달러화가 강세였다). 1달러를 사는데 대략 350엔이 필요했다. 2012년 초에는 1달러를 사는데 80엔보다 적게 필요했다. 이는 일본의 수입 비용이 1971년에 비해 높아졌다는 것을 의미하며, 실제로 그림에서 보이는 것처럼 최근 일본의 수입비용은 2012년 이전 그 어느 때보다도 높다. 엔화 가치는 엔화의 공급과 수요에 의해 결정되며 교환할 상대 화폐와 비교해 결정된다(예를 들어 미국 달러화). 일본 정부는 변동환율을 허용하고 있으며, 미국 달러화, 유로화, 영국 파운드화, 멕시코 페소화, 그 밖의 다른 화폐들 역시 변동환율을 허용해 공급과 수요에 의해 화폐가치를 결정한다. 따라서 신문이나 인터넷의 금융 섹션에서 매일 환율을 쉽게 확인할 수 있다.

변동환율제를 허용함으로써 화폐를 발행하는 정부는 손이 묶이게 된다. 다른 조건이 일정하다고 가정할 때, 화폐를 많이 발행해 공급이 많아지면 화폐가치는 떨어진다. 다시 말해 수출에 비해 수입하는 비용이 상대적으로 높아질 것이다. 정부가 통화량을 줄이면 수요량에 비해 시중 화폐의 양이 적어지게 될 것이다. 이 경우에는 화폐가치가 증가해 수입비용은 줄어들고 수출비용은 증가한다. 따라서 화폐를 계속 공급하면서 변동환율제를 택하는 것은 정치인들에게 국내 산업을 활성화시키는 하나의 방법이 될 수 있다. 화폐를 찍어내는 국가의 상품과 서비스는 세계시장에서 비교적 저렴하게 물건을 팔 수 있게 되고 외국 상품은 상대적으로 비싸지게 된다. 따라서 관세가 없는 한 국내시장에서 국산품이 경쟁우위를 갖게 된다.

물론 변동환율에 의해 결정되는 화폐가치는 화폐의 시장가치를 반영한다. 변동환율은 일부 정치인에 의해 국가의 화폐가치가 결정되도록 만들기보다는 시장의 기회를 증가시킨다.

미국 달러화가 항상 변동환율제를 고수해왔던 것은 아니다. 예를 들어 1971년 미국 리처드 닉슨 대통령이 2차대전 이후의 브레턴우즈체제를 철폐하기 전까지만 해도 달러화는 금과 연계된 고정환율제도를 택하고 있었다. 미국 정부는 1온스의 금을 35달러로 고정시켰다. 다시 말해 미국 정부는 대체할 수 있는 금이 없는 상태에서 화폐를 계속 발행할 수 없었다. [그림 11-2]에서 볼 수 있듯이 금 1온스에 대한 가격은 1971년까지 일정하게 지속되다가 그 이후 변화했다.

고정환율제는 화폐를 규제하고 안정화시키는 또 하나의 방법이었다. 닉슨 대통령이 금과 달러화의 고정환율제를 폐지하고 달러화에 대해 변동환율을 허용했을 때 달러화 가치는 급락했다. 얼마 후 금 1온스 가격은 350달러를 상회했다. 2007년에 시작된 경제위기 동안에는 달러화 가치가 최저치를 경신해 금 1온스 가격이 1600달

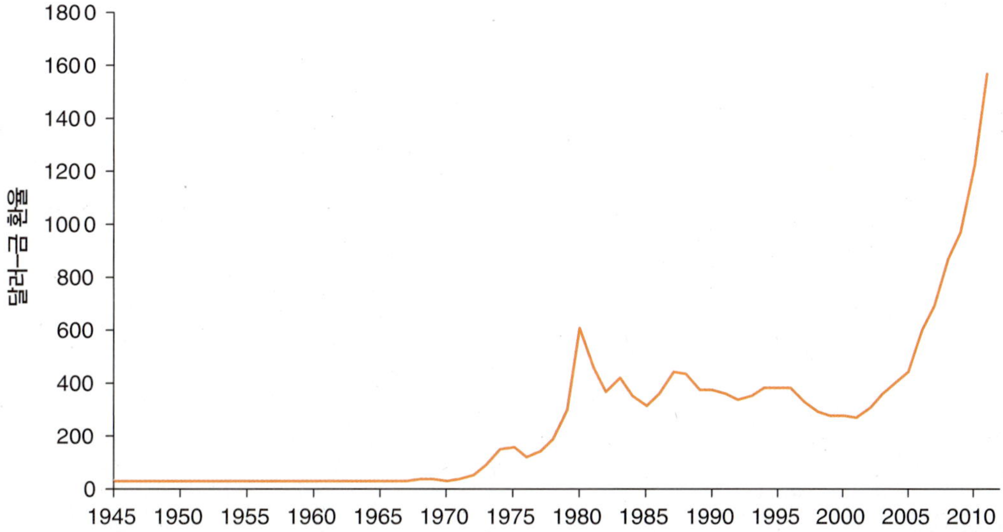

그림 11-2 달러-금 환율: 1945~2011
출처: goldprice.org에서 인용

러에 육박했다. 고정환율제를 도입해 달러화 가치가 금에 고정되어 있을 때는, 정부는 화폐가치를 절하시켜 수출가격을 낮추는 인플레이션 압박을 다루기가 힘들었다. 발행하는 달러화에 대해 충분한 양의 금을 보유하고 있어야 했기 때문이다. 이는 세계경제에서 달러화를 적합하고 신뢰할 수 있는 화폐로 만들어주었지만 동시에 미국 정부는 상품가격을 낮춰 수출을 장려하는 것이 어려워졌다.

달러와 엔 혹은 금 사이의 큰 환율변동은 심각한 경제적 결과를 가져올 수 있다. 예를 들어 엔-달러 환율이 ¥100=$1인 경우, 2004년 일본에서 만들어진 혼다 자동차의 상대적 비용을 생각해보자. 이 자동차는 일본에서 280만 엔에, 다시 말해 28,000달러에 판매되었다.

운반비용을 고려하지 않고 엔-달러 환율이 $1=¥140이면 똑같은 자동차는 엔화로는 같은 가격이지만 미국에서는 20,000달러에 판매된다. 혼다가 벌어들이는 달러가 이전에 비해 더 많은 엔화로 환전되기 때문에 혼다는 엔화로 아무런 손해를 입지 않는다. 반대로, 달러화가 엔화에 비해 약세이고 1달러로 75엔밖에 살 수 없는 경우, 똑같은 혼다자동차는 혼다 사에 같은 수입을 가져다주기 위해 37,000달러에 판매되어야 한다. 현실은 이보다 훨씬 복잡하지만 근본적인 핵심 내용을 짚어주기에는 충분하다. 화폐의 강세 또는 약세는 수출과 수입 비용에 크게 영향을 미치며 국내 상품을 구매하는 것에 대한 기회비용에도 큰 영향을 준다. 예를 들어 혼다자동차를 살 것인가 또는 포드자동차를 살 것인가와 같은 결정은 환율에 의해 크게 영향을 받을 수 있다. 정부는 물론 시민들 역시 이러한 사실을 잘 알고 있다.

정치인은 수입과 수출을 강화하기 위해 혹은 자신의 정치적 지지를 늘리기 위해 화폐가치를 인위적으로 조작한다. 예를 들어 얼마만큼을 지출할 것인가에 대해 결정한다. 이는 **재정정책**이라 일컬어진다. 그러나 자치적인 중앙은행이 있는 곳에서는 정치인이 얼마만큼의 화폐를 발행할 것인가 혹은 얼마나 빨리 화폐공급을 늘릴(줄일) 것인가에 대한 결정능력이 없다. 예를 들어 미국에서는 연방준비제도에 의해 **통화정책**이 결정되기 때문에 정치인은 정치적 목적을 위해 화폐가치를 조작할 능력이 없다. 통화정책은 통화량과 통화공급의 속도를 결정한다. 이는 궁극적으로 돈을 빌리는 비용인 이자율을 결정한다.

TRY THIS

인터넷에서 지난 5년간 또는 지난 10년간 달러-유로, 달러-파운드 월 평균 환율을 찾아보라. 같은 기간 배럴당 원유가격도 확인해보라(서부텍사스 중질유 가격이 활용하기 좋다). 원유가격에 대한 달러 가치를 환산해보라. 어떤 패턴이 존재하는가? 같은 기간 판매된 원유의 월 평균 양을 더해보라. 이것이 배럴당 원유의 가격을 얼마나 잘 나타내는가? 얼마만큼의 공급량과 수요량이 가격을 형성하는지 또는 미 연준의 결정이 가격 형성에 얼마나 영향을 주는지에 대해 어떻게 생각하는가? 그것을 어떻게 검증할 수 있을까?

미 연방준비제도(미연준)는 유럽의 중앙은행이나 다른 중앙은행들과 마찬가지로 독립적 기구다. 연준 의장은 대통령의 임기보다 오래 일을 한다. 따라서 연준은 정치적 압력으로부터 쉽게 영향을 받지 않는다. 연준이 금리를 올리거나 내리면 달러화 가격이 오르거나 내리게 되고, 결국 엔화나 유로화에 대한 상대적 달러 수요에 영향을 미친다. 금리 변화는 달러 가격 —다시 말해, 무언가를 사기 위해 달러가 얼마나 필요한가— 을 유지하기 위한 목적으로 이용된다. 그래서 인플레이션을 통제할 수 있게 되고 환율의 변화도 특정 범위 내로 유지시킬 수 있다. 이러한 방식으로 연준은 화폐공급을 통해 경제와 무역을 교묘히 조종하려는 정치인들을 통제할 수 있다(프리든 1987; 시몬스 1994; 브로즈 & 프리든 2001; 클러크 2003).

정치적 목적을 위한 통화정책이 통제되지 않으면 정치인들이 경제에 큰 영향력을 행사할 것이다. 이는 큰 비용을 가져온다. 물론 안정적이고 예측할 수 있는 환율로 이익을 볼 수 있지만 투자하기 적합한 장소인가에 대한 불확실성을 야기시킨다. 불확실성은 투자자에게 천적과 같은 존재다. 어떤 국가에 투자할 것인가를 선택하려는 외국인 투자자는 정부가 하루아침에 화폐가치를 절하시키는 곳에 투자하는 위험을 무릅쓰려 하지 않는다. 이러한 이유로 대부분의 아프리카 국가나 아르헨티나, 인플레이션이 1년에 1000% 이상 급증하는 곳 또는 정부가 화폐가치를 갑자기 바꿀 수

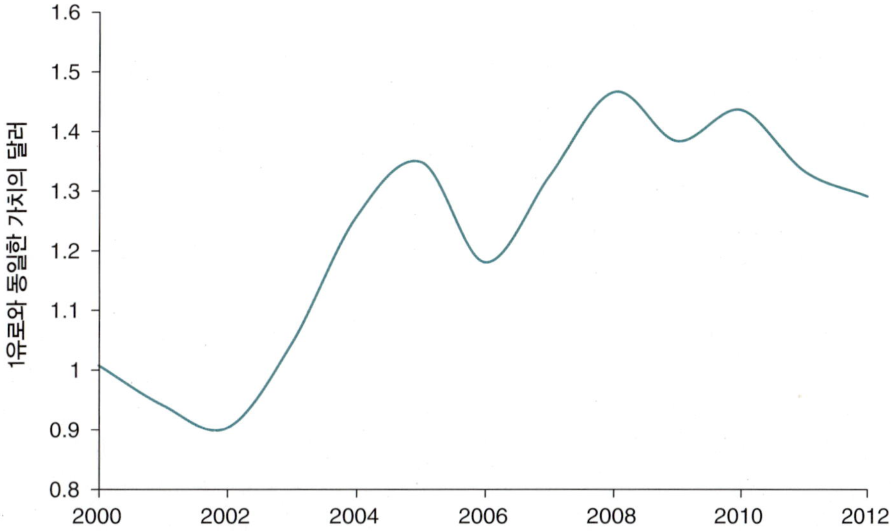

그림 11-3 유로-달러 환율: 2000~2012

출처: 유럽중앙은행의 retrieved from http://www.ecb.int/stats/exchange/ eurofxref/html/eurofxref-graph-usd.en.html.

있는 곳에 투자하려는 투자자는 거의 드물다.

예를 들어 최근 유로화 가치에 대한 중압감을 생각해보자. 투자자는 불확실성을 최소화하기 위해 안정적이고 예측 가능한 화폐를 선호한다. [그림 11-3]에서 보는 것과 같이 유로화는 달러와 비슷한 수준으로 시작해 1:1 교환이 가능했다. 유로화가 급격히 절하되어 1유로를 사는데 80센트만이 필요하게 되었다. 그러나 곧 달러화 가치 역시 꾸준히 떨어지게 되었다. 유로화 가치는 절상되어 2007~2008년 경제위기가 시작되기 직전인 경제성장의 막바지 무렵 1.5달러까지 상승했다. 그 이후 유로화 가치는 달러에 비해 계속 떨어졌지만 역사적으로 보았을 때는 상대적으로 높은 수준을 유지하고 있었다. 저자가 글을 쓰고 있는 현 시점에서 1유로는 1.2549달러이다. 2008년 같은 날짜에는 1유로가 1.5742달러였다. 이는 유로화 가치가 4년 전에 비해 80%밖에 되지 않는다는 의미며, 유로존에 사는 사람들이 외국 물품을 구매하는 것이 어려워졌다는 것을 나타낸다.

유로화와 세계 경제성장에 대한 일반적인 문제는 많은 유럽 국가 정부가 정책 실행을 위해 빌린 돈을 갚는데 큰 어려움을 겪어왔다는 점이다. 예를 들어 스페인, 아일랜드, 그리스, 포르투갈, 이탈리아는 상당히 심각한 경제적 곤경에 처해 있고, 이 모든 국가들은 일상의 곤궁한 삶이나 직업적 경쟁의 불확실성으로부터 국민을 지키기 위한 사회적 정책을 취하고 있다. 예를 들어 그리스 약사들은 정부정책에 의해 투자 시 수익을 보장받는다. 왜냐하면 그리스 정부는 경쟁을 규제하기 위해 약사의 수를 엄격하게 제한하고 있기 때문이다. 이는 이미 약사자격증을 가진 이들에게는 큰 이득이지만 약사자격증을 따길 원하지만 얻지 못한 이들에게는 큰 어려움이다. 그들이 약국을 개업하면 그리스 정부가 원하는 정도보다 더 많은 경쟁이 유발될 것이기 때문이다. 물론 이는 그리스 소비자들에게도 좋지 않은 영향을 미친다. 이는 정부의 개입이 시장을 왜곡시키는 하나의 예에 불과하지만 시사하는 바가 크다. 정부는 국민에게 편의를 제공했지만 그 편의를 지불할 수입이 충분치 못했다. 그래서 합리적 수준의 이자율로 대출을 받을 수 있도록 경제성장을 약속했다. 경제가 침체되었을 때 투자자는 투자를 회수했고, 정부는 대출비용을 감당하지 못했으며, 사회보장정책을 유지할 수도 없어졌다.

정부가 부채를 갚지 못하면 은행들 역시 대출하는 것을 꺼려 한다. 예산의 부족한 액수가 정해져 있을 때 정부는 성장 둔화를 가져올지도 모르는 세금을 증가시키고 비용을 삭감하거나 경제활성화를 위해 소비를 늘리며 단기적으로 문제를 해결할 수 있다. 그러나 소비를 증가시키기 위해서는 정부가 더 많은 재원을 보유하고 있거나 재원을 빌려야만 한다. 그러나 소비를 위한 재원을 충분히 확보하고 있었거나 빌릴 수 있었다면 경제위기는 애초에 시작되지도 않았을 것이다. 세금을 늘리는 것은 정부에게 재원 마련을 해줄 수는 있으나 부자인 사람보다 가난한 사람이 더 많아져 경제적 격차를 좀처럼 줄일 수 없어진다. 세계화에 대한 주제로 돌아가서, 정부가 세금을 올리거나 사회적 혜택을 축소시키면 일부 돈이나 사람은 혜택이 더 많은 곳이나 세금이 상대적으로 적은 곳을 찾아 이동할 수 있다. 이는 노동과 자본의 이동을 필요로 한다.

유럽이 세계경제 침체와 함께 택한 정책들 때문에 극심한 경제위기를 겪은 것처럼, 그만큼 또는 그보다 더 심하게 가난한 국가들도 세계시장에서 심각한 어려움을 겪고 있다. 앞서 배운 것처럼, 가난한 국가는 노동 가격과 같은 부분에서 비교우위를 가지고 있으며 이는 교역조건에서 유리한 기회를 제공한다. 그러나 불행히도 가난한 국가는 대부분 중앙은행의 독립성이 부족하고, 그 때문에 정부가 화폐가치나 예상 교역조건을 인위적으로 조작하는 것이 허용되는 통화정책을 추구한다. 당연히 이러한 국가에서 수출하는 상품이나 서비스를 구매하려는 사람은 불안한 정치적 상황과 관련된 사업상의 위험을 잘 인지하고 있다.

이러한 문제점을 해결하는 방법은 여러 가지가 있다. 판매자의 화폐가 아닌 다른 화폐로 거래하는 것이다. 여기서 선택하는 화폐는 당연히 상대적으로 안전해 계약 만료 시의 화폐가치가 예측 가능하다.

미국 달러는 이러한 방식으로 판매자나 구매자가 미국인이 아닌 경우에도 종종 사용된다. 예를 들어 원유는 전 세계에서 달러화로 사고 팔린다. 영국의 파운드화 역시 신뢰할 수 있는 화폐로 여겨졌기 때문에 이러한 목적으로 널리 사용되어왔다. 그러나 전 세계는 지난 5년간 경제위기를 겪었고 어떠한 정부도 신뢰하기 어려워졌다. 그래서 하나의 화폐에 의존하기보다는 여러 화폐 묶음을 사용하자는 논의가 진행되고 있다. 이는 국제무역에서 판매자와 구매자가 하나의 화폐로만 거래하는 것보다 위험성을 줄일 수 있도록 해준다. 유로존의 안정성이 위협받은 것은 모든 이들이 사용하는 준비통화로 한 가지 화폐에만 의존하는 것이 얼마나 불안하고 위험한 것인가에 대한 경각심을 일깨웠다. 미국은 2차대전 이후 금본위제를 채택했기 때문에 그 역할을 잘 맡았다. 오늘날 일부 보수 경제학자들은 노벨 경제학상 수상자 밀턴 프리드먼(Milton Friedman)의 논리에 따라 금본위제로 돌아갈 것을 주장한다. 이는 세계무역과 인플레이션을 안정화시킬 수 있는 좋은 방안이기 때문이다.

다른 경우, 판매자와 구매자 사이의 가격 협상은 계약 당시의 환율과 계약 만료시의 환율이 상당히 다를 수 있기 때문에 변화에 대한 위험성을 고려한다. 이를 리스크 프리미엄이라 하며, 사업 계약에 개도국이 참여할 때 아주 보편적으로 사용된다. 판매자가 자신의 의무를 수행하지 못할 것이라 예상되는 상황에서 이는 굉장히 합리적인 해결책이다. 국내 통화결제에 대한 가치가 정부 지도자에 의해 인위적으로 조작될 수 있다는 우려를 다루는 합리적인 방법이기도 하다. 그러나 계약이 적절히 잘 마무리되고 통화 조작이 없었다면 지불된 리스크 프리미엄은 빈곤국 판매자의 입장에서 자중손실이 된다.

리스크 프리미엄의 비용을 피하는 한 방법은, 특히 가난한 나라의 입장에서, 자신의 화폐가치를 상대적으로 안정한 다른 화폐가치에 고정시키는 것이다. 이러한 **연계환율**은 거의 환율을 고정시키는 것으로(또는 매우 좁은 범위에 무역을 제한시키는 것), 화폐가치를 다른 화폐가치에 연계시켜 결정하는 것이다. 예를 들어 홍콩달러와 중국 위안화는 미국 달러에 연계되어 있다. 오랜 기간 1달러는 대략 8.26위안으로 고정되어 있었지만, 최근에는 조정되어 1달러가 대략 6.3371위안이다(이는 인민폐라고도 알려져 있기도 하다).

연계환율 덕분에 사람들은 달러에 대한 신뢰감만큼 위안화도 신뢰하게 되었다. 1997년 7월 1일, 영국에 의해 홍콩이 중국으로 반환된 이후에도 중국 정부는 홍콩경제를 보호하기 위해 홍콩달러에 대한 연계환율제를 유지했다. 중국 정부는 1995년까지 중국화폐를 달러와 연계해왔다. 그러나 연계환율제는 정부가 연계성을 받아들이거나 유지하는 효과적인 정치적 수단으로 사용될 수도 있다. 미국 정치인들의 입장에서는 중국 위안화와 미국 달러의 연계는 중국 물건에 대한 미국인의 선호도가 증가하고 있는 상황에서 미국 상품을 중국으로 팔 수 있는 인위적인 수단인 셈이었다. 위안화가 변동환율제 하에 있었다면 시장에서 위안화 가치는 연계환율제 하에서의 측정가치보다 더 높을 것이다. 위안화 가치가 연계환율 하의 가치보다 높다면 연계환율은 중국 내에서 미국 제품(또는 유럽 제품)의 가격을 보다 비싸게 하는 효과가 있다. 중국의 노동자는 위안화 가치가 더 높아진다면 미국에서 더 많은 제품을 구매할 수 있다. 반대로 미국의 구매자는 연계환율제 하에서보다 위안화를 사는데 더 많은 달러가 든다면 중국 제품을 구매하는데 더 많은 돈을 지불해야 할 것이다. 많은 미국의 정치인들에 따르면, 결론적으로 정부에 의해 통제되는 위안화의 연계환율제 유지는 일종의 비관세장벽 역할을 하여 미국 제품이 국경을 넘어 중국으로 수입되는 것을 감소시키고, 결국 미국 경제에 악영향을 준다고 한다.

중국은 점차적으로 연계환율제를 변화시켜 달러화에 대한 위안화 가치를 절상시켜왔다고 반박했다. 2002~2005년까지 두 화폐의 연계성은 1달러에 8.25위안 수준으로 유지되었다. 세계경제 침체가 시작되었을 무렵인 2005~2008년 사이에는 중국 화폐가치가 상승해 달러 당 6.86위안 수준까지 절상되었고, 2010년 중반 위안화의 절상이 더 허용될 때까지 그 수준이 유지되었다.

일부 가난한 국가는 자신의 화폐가치를 다른 화폐와 연계시키는 것에서 더 나아가 다른 국가의 안전한 화폐, 일반적으로 미국 달러를 대체해 사용했다. 세계의 몇몇 국가들은 공식적으로 또는 비공식적으로 달러통용화를 전략적으로 선택했다. 이는 미국 달러를 완전하게 또는 상당 수준 자신의 화폐처럼 사용한다는 의미다. 파나마, 에콰도르, 동티모르는 달러를 자신의 화폐처럼 사용한다. 아르헨티나는 브라질과 함께 공용 화폐의 도입을 진지하게 고려했을 뿐 아니라 달러통용화를 심각하게 고려해왔다. 쿠바와 같은 그 밖의 국가들도 교역의 상당 부분이 자국 화폐가 아닌 달러로 이루어지는 가운데 자국의 화폐제도를 유지하고 있다. 이러한 달러의 사용은 자국 화폐의 신뢰성이 결여되어 있기 때문에 일어나는 현상이다.

이러한 불신에는 여러 가지 이유가 있다. 한 가지 이유는 앞서 언급한 바와 같이 통화정책 때문이다. 두 번째 이유는 많은 화폐들이 다른 화폐로 교환되지 않거나 시장가치와는 상관없이 정부가 정한 인위적 가격으로만 교환될 수 있기 때문이다. 화폐의 태환성은 사람들이 자신의 돈을 다른 화폐로 교환할 수 있고 자신의 자산을 한 국가에서 다른 국가로 쉽게 옮길 수 있는 것을 보장해준다. 미국을 벗어나 여행을 해본 사람이라면 누구나 달러로 유로화를 사거나 멕시코 페소화 또는 일본의 엔화를 사는 것이 쉬운 일이라는 것을 알 것이다. 이는 유로화, 페소화 또는 엔화로 미국 달러를 사는 것도 그만큼 쉽다는 것을 말한다. 그리고 이러한 화폐들은 은행에서 거래를 하든 거리에서 개인적으로 거래를 하든 같은 가격으로 살 수 있다. 다시 말해, 하나의 화폐를 다른 화폐로 교환하는 데 아무런 문제가 없다는 뜻이며, 화폐 교환에 있어 암시장의 프리미엄이 없다는 것을 의미한다. 동일하게 아르헨티나, 이라크, 방글라데시, 짐바브웨 그리고 그 밖의 국가들을 여행하는 여행자는 지역 사람들이 (수입과 수출과는 별개로) 자신의 화폐를 쉽게 달러로 바꿀 수 없거나, 합법적으로 바꿀 수 있다 해도 화폐의 수요와 공급과는 상관없는 환율로 교환된다는 사실을 알고 있다. 이것이 바로 그 지역에서 암시장이 성행하는 한 이유다. 암시장은 단순히 한 국가의 화폐로 다른 국가의 상품을 사고파는 것에 대해 부과된 정부의 인위적 제약에 대응하는 시장적응이라 할 수 있다. 화폐유동성을 제한하는 정부의 노력을 극복하기 위한 방안인 셈이다.

태환불가는 외국 상품이나 외부로부터의 투자를 제한하는 비관세장벽이다. 화폐가 쉽게 변환되지 않을 때 외국 투자자가 수익을 고국으로 보내거나 사업자가 상품을 판매하는 곳 밖에서 사용할 수 있는 화폐를 벌어들이는 것은 쉬운 일이 아니다. 이러한 융통성의 부재는 투자자나 제조업자에게 비용과 위험의 상승이며, 따라서 경제적 기회를 추구하고자 하는 사람이 거의 없어질 것이다. 자연스럽게 전망 있는 판매자나 투자자는 손해를 입게 되며, 지역 주민들 역시 수입상품을 이용할 기회나 외국인의 투자로 인한 경제성장을 누릴 수 있는 기회를 빼앗기게 된다. 이 장에서 앞으로 논의하겠지만, 이러한 조치는 정부의 승리연합 멤버들에게 이익이 될 것이며, 연합의 규모가 작을 때 특히 그러하다. 대부분 불태환 화폐를 가진 국가들은 민주주의가 아닌 경향이 있다. 이것이 왜 사실인지를 알아보기 위해 2가지 중요한 생산요소의 이동성을 살펴보자. 1) 노동과 2) 자본이다.

11.3 생산의 요소

무역에 대한 사람들의 관심은 경제적 이익과 정치적 이익에 의해 형성된다. 어느 쪽에 중점이 있든지, 정치적 측면을 고려해보자. 무역정책은 결국 정부에 의해 결정되며 정치적인 것으로 귀결된다. 이는 생산요소라 불리는 노동과 자본 이동의 용이성에 영향을 미친다. 노동과 자본은 생산에 필요한 원자재 외에 필요한 필수요소이기 때문에 생산요소라 불린다.

한 국가의 국민을 두 분류의 경제 집단으로 나누어보자. 1) 노동력을 제공하는 집단, 2) 자본을 제공하는 집단이다. 다시 말해, 가난한 이와 부자로 나누어보자. 노동자는 가능한 많은 돈을 벌기 원하며 가족과 인접한 곳에 산다거나 소득을 계좌로 받을 수 있다거나 하는 개인적 편의를 취하고자 한다. 노동자는 기회가 있다면 소득이 더 많은 곳으로의 이동을 고려한다. 투자자 역시 마찬가지다. 자신의 자본을 수익이 가장 좋을 것으로 예상되는 곳에 투자하고자 하며, 기회가 있다면 새로운 사업이나 장소에 옮겨 투자하고자 한다. 그러나 노동과 자본의 기회 여부는 정치적 그리고 경제적 고려 사항들에 의해 결정된다.

이번에는 한 국가가 2가지 상품을 생산한다고 가정해보자. 1) 위젯(widget), 2) 가젯(gadgets)이다. 위젯 사업은 자본집약적이지만 가젯 사업은 노동집약적이다. 이는 위젯을 만들 때 필요한 자본에 대한 노동의 비율이 가젯을 만들 때 필요한 비율보다 크다는 것을 의미한다. 다시 말해, 위젯 사업은 상품을 생산하기 위해 노동(노동자)에 비해 자본(돈)에 더 의존하고, 가젯산업은 상품을 생산하기 위해 자본보다는 노동력을 더 많이 사용한다는 것이다. 생산요소의 상대적인 경제 수익을 알아봄으로써 시장에서 노동이나 자본을 얼마나 잘 제공할 수 있는가 혹은 노동이나 자본이 장소간, 사업간 얼마나 이동이 용이한가, 그 정도에 따라 세계화가 어떻게 사람들의 이해관계에 영향을 미치는지 추론할 수 있다.

한 국가가 노동집약적 상품을 수출하는지, 자본집약적 상품을 수출하는지 알아보는 것은 분석의 좋은 출발점이 될 수 있다. 예를 들어 프랑스, 독일, 일본, 싱가포르, 미국과 같은 부유한 국가와, 중국, 가나, 인도, 페루와 같은 가난한 국가를 생각해보다. 자본과 노동, 2가지 생산요소의 상대적 풍족함에 근거해 그 국가들의 수출 품목에 대해 어떤 이야기를 할 수 있을까? 사실 이는 가능하다. **핵셔-오린 정리**(Heckscher-Ohlin Theorem)는 이를 가능하게 해준다. 이 정리, 또는 논리적으로 증명된 명제는 국가경제의 생산요소에 대한 상대적 풍족함을 기반으로 하는 수출과 수입에 대해 역설하고 있다. 구체적으로, 완전한 경제학 용어로 풀어보면(정치의 역할을 배제한 채로), 많은 부유한 국가들처럼 상대적으로 자본이 풍부한 국가는 비싼 기계와 같이 자본을 많이 사용하는 상품을 수출하는 경향이 있다. 이러한 자본집약적 경제는 풍부한 자원(이 경우 자본)을 사용한 상품을 생산하고 수출하는 것이 이득이다. 왜냐하면 그러한 상품을 생산하는 것에 비교우위가 있기 때문이다. 또한 상대적으로 부족한 생산요소를 사용하는 상품을 수입하는 것이 이득이다. 부유한 국가에게 옷과 같은 노동집약적 상품이 바로 이에 해당한다. 가난한 국가는 노동집약적 상품을 수출하고 자본집약적 상품을 수입하는 경향이 있다. 핵셔-오린 정리는 기존의 비교우위에 관한 내용을 개선한 것으로, 서로 다른 국가들이 수출, 수입하는 상품이나 서비스의 종류에 대해 논리적 시사점을 나타낸다.

부자 나라와 가난한 나라에 대해 도출한 이러한 이분법적 결론은 현실에 비해 단순화된 것이나 본질적으로는 정확한 지적이다. 서로 다른 생산요소의 풍족함에 대해 이야기할 때 '상대적'이라는 말이 문제를 복잡하게 만든다.

TRY THIS

인터넷이나 연간연보(annual yearbook)를 활용해 브라질, 중국, 네덜란드, 나이지리아, 미국 또는 본인이 선택한 나라의 주 수출, 수입 품목을 찾아보라. 각각의 경우 수출 또는 수입 품목이 상대적으로 노동집약적인지 자본집약적인지 알아보자. 각국 경제가 얼마나 자유무역에 대해 열려 있는가? 이 국가들에는 수입에 대한 어떤 무역규제가 존재하는가? 선택한 국가가 WTO에 가입되어 있는가?

예를 들어 핵셔–오린 정리는 두 부자 국가 간 혹은 두 가난한 국가 간의 무역에도 쉽게 적용될 수 있다. 왜냐하면 각각의 경우, 하나의 요소는 한 국가에 비해 다른 국가에서 상대적으로 더 풍족하기 때문이다. 제10장에서 배운 바와 같이 비교우위는 생산에 대한 자원의 상대적 이용 그리고 관련된 기회비용과 관련이 있다. 이는 생산요소에 대한 어떠한 상대적 이점 비교에도 적용된다.

위젯과 가젯의 이야기로 돌아가 '리치랜드(Richland)'와 '푸어랜드(Poorland)'라는 2개의 나라를 생각해보자. 리치랜드는 상대적으로 자본이 풍부한 국가이고, 푸어랜드는 상대적으로 노동력이 풍부한 국가다. 핵셔–오린 정리에 따르면 리치랜드는 자본집약적 위젯을 푸어랜드로 수출하려 할 것이고, 푸어랜드는 노동집약적 가젯을 리치랜드에 수출하기를 원할 것이다. 여기서 '원하다' 라고 말한 것은, 리치랜드 또는 푸어랜드에서 노동, 자본 혹은 어떤 산업에서는 노동과 자본 모두 정부 규제를 추구할 것인지 아닌지를 아직 고려하지 않았기 때문이다. 정부 지도자는 경제정책에 대한 비판을 개선하려 하기보다는 자신의 권력 유지에 더욱 관심이 있다. 특정 수출, 수입에 관한 정책이 경제적으로 최선이라는 것이 정치적으로도 최선이라는 것을 의미하지 않기 때문이다.

국외 경쟁으로부터 누가 정부적 차원의 보호를 추구할 것인가는 제10장에서 언급한 요인들 외의 여러 고려 사항들에 달려있다. 하나의 고려 사항은 노동과 자본이동의 자유와 관련되어 있다. 생산요소의 이동성은 누가 경쟁 하에서 정부 보호를 추구할 것인가 그리고 이것이 세계경제에서 서로 다른 사람들의 복지에 어떠한 영향을 줄 것인가에 큰 영향을 미치는 것으로 나타났다.

11.4 생산요소의 이동성

자본과 노동은 둘 다 이동이 가능하다. 2가지 요소가 모두 이동성이 높다면, 이는 노동자와 자본이 하나의 일에서 다른 일로 쉽게 옮겨갈 수 있다는 것을 의미한다. 예를 들어 노동자(노동)는 위젯을 생산하는 것에서 가젯을 생산하는 일로 또는 자국 내에서 다른 상품을 생산하는 것으로 옮겨갈 수도 있고, 심지어는 외국으로 일을 옮겨갈 수도 있다. 당연히, 다른 모든 조건이 동일하다는 가정 하에서, 일을 옮기는 것이 더 나은 결과를 가져올 것이라 예상되는 경우에 한해 일을 옮겨갈 것이다. 마찬가지로 자본이 이동성이 있다면, 이는 자본가가 사업간 혹은 국경을 넘어 자본을 쉽게 옮길 수 있으며 결국 자본을 리치랜드에서 푸어랜드로 옮길 수 있다는 의미다(반대로도 가능하다). 노동과 같이, 다른 모든 조건이 동일하다면 자본의 소유주는 새로 옮겨가는 곳에서 더 나은 수익을 얻을 수 있다는 기대가 있지 않는 한 자신의 자원을 이동시키지 않을 것이다. 따라서 노동자는 더 나은 기회가 있다면 다른 나라로 옮겨가는 것을 심사숙고 할 것이며, 투자자 또한 자본을 어디에 투자할 것인가에 대해 똑같은 생각을 할 것이다.

19~20세기에 아일랜드, 폴란드, 중국, 멕시코, 그 밖의 다양한 나라에서 미국으로 옮겨간 수백만의 가난한 사람들은 경제적 기회를 찾아 이동할 권리를 실현했다. 이민은 노동 이동성의 대표적 예다. 이와 유사하게, 오늘날 상당수의 유럽과 미국 회사들은 100년 전만 해도 투자가 전무했던 아시아나 라틴아메리카 지역에 해외투자를 하고 있다. 투자자는 엄청난 양의 자본을 해외직접투자의 형태로 전환해 자본이동을 실현하고 있다. 회사들은 투자에 대해 더 많은 수익을 기대할 수 있기 때문에 자국 내에 투자하기보다는 다른 지역에 투자하고 있다. 물론 노동이동이나 자본이동은 정치적 선택으로 인해 왜곡될 수 있다. 예를 들어 기업은 국내에 투자할 때보다 해외에 투자할 때 세금을 적게 낼 수 있기 때문에 해외투자를 할 수 있다. 이 경우 해외투자는 경제적 생산 관점에서 자본이 효율적으로 사용된다고 볼 수 없다. 경제적 효율성 측면에서는 자본이동이 효율적이지 않지만 '세금'이라는 정치적 측면의 차이로 인해 자본을 옮기는 것이 더욱 이득이 되게 되었다. 이 같은 상황은 노동에도 똑같이 적용된다. 예를 들어 정치적 압박은 노동자가 자국을 떠나 타지로 이동하도록 만들 수 있다. 더 좋은 기회를 찾아서라기보다는 정부 정책으로 인해 자국에 머무르는 것이 다른 곳에 머무르는 것보다 상대적으로 더 좋지 않기 때문이다. 이는 왜 많은 가난한 노동자들이 위험을 감수하면서 자국을 떠나 미국과 같은 나라에 난민 신청을 하는지 이해할 수 있게 해준다.

노동이동에 대한 경제적 관점을 설명하기 위해, 왜 상대적으로 숙련되지 못한 멕시코 노동자들이 미국으로 이주해 가는지를 생각해보자. 그들의 노동력은 어느 정도 이동성이 있어 어느 곳에서나 비숙련된 노동을 제공할 수 있다. 미국의 임금 기준에는 못 미치지만 멕시코 노동자는 자국에서와 비교하면 미국에서 상당한 수준의 임금을 받는다. 핵셔-오린 정리에 맞게, 멕시코는 노동력 그 자체를 포함하는 노동집약적 상품을 미국으로 수출한다. 비숙련된 멕시코 노동자는 자신이 할 수 있을 때 미국으로 이동해 더 나은 수익을 추구하는 노동이동(노동자가 한 지역에서 다른 지역으로 혹은 한 사업에서 다른 사업으로 옮겨가는 것)을 실현한다. 이는 일석이조의 효과가 있다. 달러는 쉽게 페소로 교환되기 때문에 이 노동자는 돈을 고국으로 보내고, 가족이나 지역 사람들의 삶의 질을 개선시키는 데 도움을 줄 수 있기 때문이다. 많은 이들은 기술을 배우고 돈을 저금한 다음 고국으로 돌아와 사업을 시작하고 나라 경제를 향상시켜 미국 상품이나 서비스를 구매할 수 있는 능력을 키운다. 미국 정부가 국경을 이동하는 노동력 이동을 제한하고 있기 때문에 더 많은 이들이 미국으로 입국할 수는 없다. 이민(나라로 들어가는 것)에 대한 규제 또는 이주(나라를 떠나는 것)에 대한 규제는 노동이동을 제한하는 정치적 선택이며, 그 결과 노동자는 비교우위를 추구할 수 없어지게 된다.

미국 회사를 포함한 많은 회사들이 왜 멕시코, 중국 또는 인도에 투자하는지에 대해 더 깊이 규명해보자. 경제성장을 막 시작해 상대적으로 값싼 노동력을 가진 이러한 국가들은 앞으로 수년간 미국에 비해 더 나은 경제성장을 할 것이다. 높은 경제성장은 미국에서보다 이러한 국가들에서 자본에 대한 수익이 더 높을 것이라는 것을 의미한다. 따라서 핵셔-오린 정리에 맞게, 미국 회사는 높은 경제성장이 전망되는 곳에 투자함으로써 자본을 수출해 가능한 많은 수익이 창출될 것으로 예상되는 곳으로 자본을 옮길 것이다. 그러나 모든 정부가 국경을 넘는 자본이동(돈이나 비싼 장비가 한 장소에서 다른 장소로 혹은 한 사업에서 다른 사업으로 옮겨가는 것)을 허용하는 것은 아니다. 정부는 소유 권리나 자국 시장에 들어오려는 외국인 투자자의 기회를 제한함으로써 또는 자국의 화폐를 투자회사가 사용하는 화폐로 교환되는 것을 방지함으로써 자본이동을 제한한다. 이러한 제한 뒤에 숨겨진 정치적 목적은 자본, 노동력이 최대 수익을 낼 수 있는 곳으로 이동하는 것을 허용하는 대신 정치인 스스로 정치적 힘을 강화하고자 하는 것이다.

2가지 예는 노동이동 그리고 자본이동이 무엇을 의미하는지를 분명히 나타내준다. 그러나 동시에 노동이나 자본이 이동하지 못하는 여러 가지 이유 중 2가지를 나타내는 것이기도 하다. 언급된 정부의 제한 외에도, 노동과 자본이 이동성을 갖지 못하는 경우도 있다. 왜냐하면 둘 중 하나 혹은 2가지 모두 특수한 방법으로만 사용되어 생산능력이 쉽게 유사한 생산능력으로 전환되지 못하기 때문이다. 이는 자산전속성이라 알려져 있다. 예를 들어 숙련된 외과의는 쉽게 전문적인 축구선수로 옮겨가지 못한다. 전문적인 운동선수 역시 외과의로 쉽게 옮겨갈 수 없다. 운동선수와 외과의는 다른 일을 생산적으로 할 수 있는 필수적인 전문화된 능력을 가지고 있지 못하다. 일반적으로 전문화(비교우위를 추구하는)는 요소이동성의 감소를 가져온다. 물론 노동력과 자본, 외과의와 운동선수는 현실에서 완전히 이동이 불가능한 것은 아니다. 사람은 바뀔 수 있고 또 바뀐다. 그러나 이는 많은 시간과 비용을 수반하며 따라서 새로운 기술을 배우는 것에 대한 기대편익이 기대비용을 능가할 경우에만 행해진다. 예를 들어 19세기 초의 많은 대장장이들은 자동차가 축력을 이용한 19세기 기술을 대체함에 따라 새로운 직업으로 스스로를 변모시켰다. 30년 전쯤, 타자기 제조나 수리 사업에 종사하던 많은 사람들이 타자기가 개인용컴퓨터로 대체됨에 따라 새 직업으로 변모하는 것을 보아왔다. 타자기 수리가게는 흔하게 찾아볼 수 있었지만 지금은 더 이상 존재하지 않는다.

또 다른 시나리오는 생산의 한 요소가 다른 요소에 비해 월등히 이동성이 좋다는 것이다. 자본이 노동에 비해 이동성이 좋은지, 또는 그 반대인지는 한 국가에서 노동력과 자본의 사용이 얼마나 전문화되어 있는지 그리고 그러한 요소들의 이동성에 대해 정부정책이 얼마나 규제를 가하고 있는지에 따라 결정된다. 정부 보호를 추구하는 경제적 인센티브는 1) 노동, 자본 모두 이동성이 있는지 아닌지, 2) 한 요소에만 이동성이 있는지, 3) 둘 다 이동성이 없는지에 달려있다(히스콕스 2002). 3가지 상황에 대한 예를 차례대로 살펴보자.

산업간 요소이동성

노동과 자본이 둘 다 이동이 자유롭다면 둘 다 이동성이 있는 것이다. 스톨퍼-사무엘슨 정리(Stolper-Samuelson Theorem)는 상품을 만드는데 더욱 집중적으로 사용되는 요소는 가격 상승보다 더 많은 수익을 누린다는 것을 알려준다. 이는 복잡한 이야기이므로 리치랜드, 푸어랜드의 예를 사용해 중요한 몇 가지 부분으로 나누어보자. 세계화의 가장 큰 수혜자(그리고 패자)를 이해하는 것이 중대한 일이기 때문에 이 문제를 이해하는 것은 정말 중요하다.

위젯산업은 자본집약적이다. 리치랜드는 가젯 —이는 푸어랜드가 생산하는데 이점을 가진 상품이다— 보다 위젯을 만드는 것에 더욱 경쟁력이 있다. 위젯 가격이 상승함에 따라 리치랜드의 위젯 생산자에게 돌아가는 경제적 수익(이익)은 가젯을 만드는 리치랜드의 노동자에게 돌아가는 수익의 증가 속도보다 더 빨리 증가한다. 단순히 생각해 달러(자본)에 대한 수요가 증가함에 따라 달러(자본)의 가격도 올라간다. 노동력에 대한 논의로 돌아가 똑같은 상황이 노동력에도 적용될 수 있다. 푸어랜드가 노동집약적 경제라는 가정하에 노동집약적 상품인 가젯 가격이 상승함에 따라 노동자들의 노력에 대한 수익은 비례 이상으로 증가한다.

가젯이 시장으로 더 많이 유입됨에 따라 몇 가지 이유, 예를 들어 자유무역을 촉진하는 정책으로의 변화로 인해 수입품(가젯) 가격이 리치랜드에서 떨어졌다고 가정해보자. 가격 하락의 결과 리치랜드 국내 가젯 생산자들은 더 적은 양의 가젯을 생산할 것이며([그림 10-3]의 수요곡선 참고) 따라서 노동에 대한 수요도 줄어들 것이다. 또 다른 결과는 자본집약적 수출 상품인 리치랜드 위젯의 상대적 가격 상승이다. 위젯에 대한 상대 가격의 증가는 자본에 대한 수요증가를 가져올 것이다. 왜냐하면 위젯 생산은 자본집약적이며, 위젯 수출을 통해 위젯이 더 많이 판매되면 위젯 생산에 투자한 자본금은 더 많은 수익을 가져오기 때문이다. 이는 리치랜드의 노동력은 가젯 가격의 감소에 따라 상대적으로 풍족한 공급이 될 것이고, 자본은 위젯 가격의 상승에 따라 상대적으로 부족한 공급이 될 것이다. 위젯 생산은 자본집약적이므로, 위젯 생산자는 노동의 부진을 알아차리지 못할 것이다. 사실 주어진 예에서 자본에 대한 수요가 리치랜드에서 상승한 반면 노동에 대한 수요는 감소했기 때문에 자본과 노동의 가격 격차는 노동과 자본이 이동성이 있다면 자본에 유리하게 증가시키게 할 수 있다. 예를 들어 전문화 때문에 노동 이동성이 없다면 가젯 생산노동자의 이동을 자유롭게 해주는 것은 가젯 생산노동자들이 다른 제3의 물건을 만드는 기술이 없다면 아무 소용없는 일이다.

동시에 자본의 상대적 가격은 국경을 넘어서 상승한다, 자본이 이동성이 있고 따라서 한 산업에서 다른 산업으로 쉽게 옮겨져 투자될 수 있는 한 위젯산업뿐 아니라 경제 전역에 걸쳐 일어난다. 산업간 이동성이 있다면 자본은 높은 가격이 제시되는 곳으로 이동할 것이기 때문이다. 물론 노동 역시 가장 높은 가격이 제시되는 곳을 찾을 것이다. 자본에 대한 수요가 증가하면 자본을 끌어들일 수 있는 유일한 방법은 더 많은 대가를 지불해 수익을 높여주는 것이다. 자본에 대한 상대적인 노동 수요가 떨어지면 노동력을 더욱 많이 사용할 수 있는 유일한 방법은 상대적인 가격을 낮춰 더 경쟁력을 갖추도록 만드는 것이다.

극단적으로 생각해, 노동과 자본 모두 완전한 이동성이 있다고 하면 상대적으로 리치랜드의 부자들은 더욱 부유해질 것이고 리치랜드의 가난한 이들은 더욱 가난해질 것이다. 그러나 이동성을 갖추고 있고 노동에 대한 수요가 공급보다 큰 노동집약적 경제로 옮겨갈 준비가 되어 있다면 반드시 노동이 부자가 될 수 없다는 것을 의미하지는 않는다.

푸어랜드에서는 자유무역이 시작되고 노동과 자본 모두 이동하면 가난한 이들에 비해 부자인 사람들이 상대적으로 손해를 입을 것이다. 푸어랜드에서는 자본이 아닌 노동이 생산요소로 더욱 많이 사용되기 때문에 노동에 대한 수익은 자본에 대한 수익보다 상대적으로 크게 증가할 것이다. 가젯 생산자는 리치랜드로 더 많은 상품을 수출할 수 있게 되어, 상품을 생산하는데 더 많은 노동력이 필요하게 될 것이고 경제 전반에 걸쳐(또는 이웃 경제에까지) 덜 경쟁력 있는 사업으로부터 혹은 노동에 대한 대가가 적은 곳으로부터 노동력을 유인해오기 위해 노동에 대한 가격은 더욱 올라갈 것이다. 이것이 제3국가에서 많은 사람들이 시골에서 노동에 대한 수요가 많은 도시로 옮겨가는 이유 중의 하나다. 가젯 생산자는 노동자를 필요로 한다. 그들은 자본을 필요로 하지 않으며, 그 결과 자본은 투자잠재력을 극대화해 줄 사용자를 찾는 것이 어렵게 된다. 그 결과 자본가는 수요가 적은 생산요소인 자본의 투자처를 찾는데 경쟁하게 되고, 푸어랜드에서 자본의 가격(또는 투자에 대한 수익)은 노동에 비해 떨어지게 된다.

지금까지의 논의는, 리치랜드와 같이 노동에 비해 상대적으로 자본에 의존하는 산업을 가진 국가에서 자유무역과 이동의 자유는 자본가를 수혜자로 만들며 노동자를 상대적인 패배자로 만든다는 사실을 보여준다. 그러나 푸어랜드와 같이 상대적으로 노동집약적 국가에서 자유무역은 노동자에게 유리하며 자본가에게는 실패한 전략이 된다. 따라서 두 생산요소가 이동성이 있을 경우 자유무역의 세계화는 4가지 경제적 효과를 가진다(메기 1978; 힐 그리고 멘데즈 1983; 맥케온 1984; 로고위스키 1989). 특히 산업간 요소이동성(자본과 노동의 생산요소는 한 지역에서 다른 지역으로 또는 한 사업에서 다른 사업으로 옮겨갈 수 있다)이 존재하면 다음의 경우가 발생할 수 있다.

1. 가난한 국가의 노동자는 부유해진다.
2. 부유한 국가의 자본가는 부유해진다.
3. 자유무역으로 인해 가난한 국가의 자본가는 상대적으로 손해 본다(절대적으로는 이득이다).
4. 자유무역으로 인해 부유한 국가의 노동자는 상대적으로 손해 본다(절대적으로는 이득이다).

노동조합의 지도자나 구성원, 환경단체 멤버나 학생을 포함하는 미국이나 서유럽의 세계화 비평가들은 이에 주목할 만하다. 생산요소의 이동성, 자유무역에 대한 이익과 무역 보호주의라는 측면에서 저항에 대해 생각해 볼 수 있다. 세계화에 대항하는 이러한 집단들은 부유한 국가에 살며, 큰 사업을 공유하고 싶지 않아 하는 사람으로 묘사될 수 있다.

자본과 노동 모두 이동성이 있고, 자본이 풍부한 국가에서 자본집약적 거대 산업이 자유무역의 이익을 향유한다고 믿는 것은 명확히 맞는 말이다. 자본집약적 경제에서의 패배자(주로 노동자)는 기업정책과 친 세계화적인 정부정책에 대항하며, 자유무역을 멈추고 보호를 촉진하기 위해 정치적 영향력을 행사하려 한다. 자유무역과 무역보호에 대한 논쟁은 그 결과가 직접적으로 복지에 영향을 미친다는 점에서 매우 의미가 있다. 그러나 반세계화 시위자들은 노동집약적 산업을 강조하는 가난한 국가에서 노동자들이 받는 영향에 대해 잘못 이해하고 있다. 이러한 국가에서는 자유무역의 결과 노동에 대한 상대적 수익이 비례 이상으로 향상되는 것을 기대할 수 있다. 물론 이는 자본에 대해서는 적용되지 않는다. 이는 생산요소의 이동성이 있을 때 가난한 국가의 부유한 사업가는 자유무역에 반대할 것으로 예상된다. 그리고 산업간 요소이동성이 있을 경우 노동조합원들은 가난한 국가에서의 자유무역을 지지할 것으로 예상된다. 이 장의 끝에서는, 자유무역 하에서 노동의 수익에 관한 실증적 증거에 대해 살펴본다. 지금으로서는 수천만 혹은 수억의 중국과 인도 노동자들이 자국의 자유무역 정책(그러나 완전히 자유롭지는 않은)과 같은 성장지향적인 변화로 인해 가난에서 구제되고 있다는 것만 언급하겠다.

따라서 두 생산요소가 모두 이동성이 있다면 자유무역이 부자 혹은 가난한 이들을 전반적으로 돕고 다른 경제 계층에는 손해를 미친다고 생각하는 것은 옳지 않다. 오히려 자유무역은 각국 경제가 노동의 혹은 자본의 비교우위를 추구하도록 해주며 세계시장에서처럼 효율적으로 경쟁하도록 해준다. 대부분의 개발 국가들에서처럼 노동력이 풍부한 요소인 곳에서는 무역정책으로서 보호주의를 택하는 것이 노동자에게 손해를 입히며 자본가에게 이득을 가져다준다. 이는 반세계화적 입장이 결국 미국이나 영국과 같이 상대적으로 부유한 곳의 가난한 이들의 이익을 보호하기 위해 중국이나 인도 같이 세계적으로 매우 가난한 곳으로 돌아가는 자유무역의 이익에 반대하는 것을 의미한다. 산업간 지역 간의 요소이동성이 완전한 세상에서는 자본이든 노동이든 생산요소가 자유무역에 의해 상대적으로 우위에 있지 못하게 된 사업 분야가 외국과의 경쟁으로부터 보호받기 위해 정치적 압력을 사용하는 것을 종종 목격할 수 있다. 완전한 요소 이동이 가능한 세상에서는 무역갈등이 경제적 계층에 따라서 발생할 것이다. 노동(노동자나 노동조합)이 보호무역을 추구하고 상대적으로 자본(회사운영)은 보호무역을 추구하지 않거나, 자본은 보호를 추구하고 상대적으로 노동은 추구하지 않는다. 이러한 결론은 부유한 국가의 노동자나 학생들이 세계화에 대해 저항하는 이유를 이해하도록 돕는다.

대부분의 학생들은 아직 거대한 자본을 가지고 있지 않는 경우가 많고, 평균적으로 고도로 전문화된 기술을 가지고 있지 않아 노동력으로서 높은 임금을 받을 수 있게 해주는 '자산전속성'을 가지고 있지 않다. 자연스럽게 부유한 사회에서 상대적으로 손해를 보게 된다. 노동조합 지도자는 자신이 속한 산업이나 지역사회에서 노동조건을 향상시키는 것을 임무로 여긴다. 그들은 자신이 속한 산업이나 국가 노동자들의 복지에는 그만큼 관심이 없다. 만약 그랬다면 노동조합 구성원들은 지도자로

2006년 1월 9일 인도의 마이소르 캠퍼스의 글로벌교육센터에서 인포시스의 교육생들이 강의실에 앉아 '하드스킬'을 배우고 있다. 인포시스는 인도에서 가장 빠르게 성장하고 있는 역외 아웃소싱 회사 중 하나다. 하루에 20명 정도의 새 직원을 고용하는데 대부분 인도, 중국에서 온 직원들을 마이소르 캠퍼스에서 교육시킨다. 그들은 새로운 직업을 창출할 뿐만 아니라 그들이 아니었으면 만들어지지도 팔리지도 않았을 수입품을 구매하며 상당한 수준의 소비를 한다.

서 그를 선출하지 않았을 것이다.

그러나 앞서 설명한 바와 같이, 그들은 가난하고 노동집약적 국가에서 가난한 노동자들의 반대편에 서 있고, 아마 알아차리지도 못한 채로 개발도상국의 거대한 기업 편에 서 있다. 개발도상국의 정말 가난한 이들을 가난하게 그대로 두자고 주장하고 있는 것이다.

개발도상국의 거대 자본가는 부유한 국가에서 생산된 자본집약적 상품과 경쟁하기에 불리할 수도 있고 그래서 자본집약적 상품의 수입에 대해 보호무역을 추구하려 할 수도 있다. 예를 들어 인도에서는 수년간 '힌두스탄엠버서더(Hindustan Ambassador)' 자동차만 이용할 수 있었다. 힌두스탄엠버서더는 1940년 후반 네쉬오토모빌(Nash automobile) 디자인을 중심으로 만들어졌다. 네쉬는 미국에서 수십 년간 문을 닫고 있었다. 힌두스탄엠버서더는 오래된 자동차 디자인으로 수입품과는 경쟁이 되지 못했다. 최근까지도 인도 정부의 해결책은 인도로 수입되는 자동차를 엄청나게 비싸게 만들기 위해 정치적 압력(자급자족이 충분히 가능하다는 명목 하에)을 받아들이는 것이었다. 알루미늄, 다양한 종류의 철, 철강, 식료품, 의약품도 마찬가지였다. 그 결과 시장이 왜곡되어 인도의 부유한 생산자를 더욱 부유하게 하고, 소비자와 노동자는 손해를 입었으며, 결국 부자는 더욱 부유해졌으며, 가난한 이들은 더욱 가난해졌다. 인도가 자유무역정책으로 전환한 이래(여전히 완전한 자유무역 정책과는 거리가 멀고, 힌두스탄엠버서더는 여전히 인도 자동차시장에서 우위를 점하고 있다) 경제성장률은 가파르게 상승했고, 수억 명의 중산층이 생겨났으며, 가난한 노동자에게 주어지는 기회도 늘어났다. 캘리포니아 실리콘벨리로 이주했던 인도의 숙련노동자들은 첨단기술 회사를 설립하기 위해 최근 인도로 돌아가기 시작했다. 그들의 노동력은 이동성이 컸고, 노력에 대한 대가를 가장 많이 받을 수 있는 곳으로 이동하길 원했으므로 처음에는 인도를 떠났지만 지금은 다시 돌아가고 있다.[1]

1. 이민정책을 통해 미국 정부는 첨단기술을 소유한 인도 출신의 미국 대학 졸업자들에 대해 상당히 기회를 제한시켜왔다. 노동이동성을 제한하려는 미국의 결정에 따라 대부분의 경우 선택의 여지없이 인도로 돌아가야 했다.

산업간 노동이동성의 불가

생산요소가 완전히 이동 가능하다는 것은 이상적인 생각이다. 이러한 완전함은 미래에 이루어질 수도 있으나 현재 상황에서는 자본이나 노동의 이동이 완전히 자유롭다고 말하는 것은 사실이 아니다. 왜냐하면 정부는 국가간 노동이동을 제한하고 있으며, 다른 장소로 혹은 다른 화폐로 자본이 옮겨가거나 교환되는 것에 제약을 가하고 있기 때문이다. 완전한 요소이동성이 없는 경우 자유무역에 따른 가격이나 수익의 조정이 즉각적으로 일어날 수 없기 때문에 스톨퍼-사무엘슨 정리에 따른 예측은 단기간의 효과와 관련해 확인되어야 할 필요가 있다. 단기적으로 특정 장소의 요소이동성은 상당히 제한적일 수 있다. 이 경우, 앞서 언급한 결론은 재평가되어야 한다. 단기간의 효과를 평가하기 위해 노동과 자본 둘 다 이동성이 없을 때 (정치적 의도의) 관세 도입이 어떤 결과를 가져오는지 알아보자.

노동과 자본 모두 산업간, 국경간 이동이 불가능하다면, 즉 생산요소가 완전히 이동성이 없다면 자본과 노동이 최선의 수익을 위해 한 산업에서 다른 산업으로 이동하는 것을 통해 새로운 가격 균형이 결정되지는 않을 것이다. 이동성이 없다면 자본과 노동은 기존에 있던 장소에서 벗어나지 못한다. 북한은 자본과 노동이 거의 이동이 불가능한 사회에 가깝다. 북한의 독재정부는 국민이 한 지역에서 다른 지역으로 옮겨가는 것을(북한의 헌법 선언문과 대조적임에도) 허락하지 않는다. 직업을 바꾸는 것 역시 허용되지 않는다. 노동 이동성은 철저하게 정부의 뜻이나 정치적 상황에 맞추어 결정된다. 공산국가로서 북한은 자본 투자를 장려하지 않으며, 외국인 투자 역시 특정 경제지구에서만 허용된다. 이 상황에서 관세가 부과되었을 때 가격변화에 대한 영향은 특정 산업이나 영향을 받은 특정 생산요소(노동이나 자본)에만 국한된다. 경제 전반에 직접적으로 영향을 미치지 않는다. 노동과 자본이 최적화된 사용을 위해 이동할 수 없다면 관세 부과에 따른 영향은 특정 산업에 한정적으로 나타날 것이며 정부에 의한 산업간 지역간 경쟁이 나타날 것이다.

노동과 자본에 의해 결정되는 가격이 완전히 탄력적이어서 쉽게 변할 수 있다고 가정해보자. 또한 관세(북한에서 명목적으로 사실이듯이) 도입 이전 완전고용 상태였다고 가정해보자. 이러한 조건에서 노동과 자본에 대한 상대적 수입은 관세도입으로 인해 변하지 않는다. 이는 완전한 산업간 이동성이 있는 사회(스톨퍼-사무엘슨이 가정했던)와는 근본적으로 다르다. 그러나 대외 경쟁을 제한하기 위해 관세가 부과되면 중요한 변화가 나타난다. 보호된 산업 내에서 지불된 자본과 노동에 대한 지급액은 비보호 산업에 비해 상대적으로 증가한다.

예를 들어 관세가 가젯에 부과된다면, 가젯산업 하의 자본과 노동은 위젯산업의 자본과 노동에 비해 이득을 얻는다. 요소이동성이 있는 경우에는 산업보호에 대한 정책적 선호가 생산요소에 의존한다는 것을 앞서 설명했다. 생산요소의 이동성이 없는 경우에는 무역보호에 대한 정치적 압력이 요소별로 나타나기보다는 산업별로 나타난다. 따라서 요소이동성이 없는 경우는 가젯산업의 노동과 자본은 정부 차원의 보호를 추구할 것이며, 위젯산업의 노동, 자본과 정치적으로 대립할 것이다. 이 경우 일부 부유한 사람과 일부 가난한 사람은 보호무역부터 이득을 얻을 것이고, 보호받지 못하는 사업의 일부 부유한 이와 가난한 이는 손해를 입을 것이다. 따라서 누가 무역보호를 추진하고자 하는지는 요소이동성에 따라 달라진다.

앞서 완전한 이동성이 있는 경우 무역정책에 대해 계급 다툼이 예상될 것이라 배웠다. 반대로 이동성이 없는 경우 산업 간의 다툼이 예상될 것이라 배웠다. 따라서 정부지도자는 승자와 패자를 쉽게 구분할 수 있고, 아마도 정부가 필요로 하는 지원에 맞춰 유리한 사업(불리한 산업)을 선택할 것이다. 푸어랜드에서 보호받지 못한 산업의 노동과 자본과 함께 소비자는 관세도입으로 인해 손해를 입는다(알트, 길리건 1994).

이러한 결론은, 의회가 가격지원이나 보조금을 통해 미국 농업을 보호해주는 정치적 의도가 무엇인지 이해할 수 있도록 해준다. 에이스모글루와 로빈슨(Daron Acemoglu and James Robinson 2001)이 밝힌 바와 같이 농업지역 출신 의원들은 그 지역 인구가 다른 곳으로 이주하거나 직업을 바꾸는 것을 막아 궁극적으로 이동성을 제한할 충분한 인센티브가 있다. 농업과 제조업에 대한 예를 살펴보자. 정치인은 농부에게 직접 현금을 지원해주기보다 가격지원을 사용해 자기 자신과 농부들의 연합세력을 보호할 수 있다. 왜냐하면 가격지원 —예를 들어 아이오와 주의 옥수수 가격에 대해 최소가격을 보장해주는 것— 은 농부가 이주해 제조업에 다시 취업하려는 유인을 낮춰주기 때문이다. 가격지원은 농업에 대한 경제적 수익을 인위적으로 증가시켜주기 때문에 이와 같은 정책은 이루어질 수 있다. 이와 반대로 농부에게 현금을 직접 지원해주는 것은 그것으로 끝이다. 현금 지원은 미래에 농부가 되려는 사람에게 이익을 제공해주지는 않는다. 대신 농부는 현금을 지원받고 돌아서서 그것을 이를테면 제조업에 투자할 수도 있다. 그러면 과거 농부였던 이는 더 이상 가격지원 정책을 필요로 하지 않게 된다. 즉 과거 농부였던 사람의 정치인에 대한 충성심이 약해지게 된다. 따라서 정치인은 노동이동성(농업에서 제조업으로의 이동)을 저해하기 위해 가격지원정책을 사용하고, 앞서 설명한 바와 같이 산업 간의 갈등을 유발시킨다. 이러한 모든 왜곡으로 인해 소비자는 —우리는 모두 소비자이다— 손해를 입게 된다.

작은 크기의 연합세력을 가진 독재정치에서 노동과 자본의 이동성을 제한하는 것은 더 많은 정치적 이점을 가져다 줄 수 있다. 요소이동성이 없을 경우에는 보호산업 하의 노동자와 자본가는 이익을 얻으며 그외의 모든 이들은 손해를 입는다는 사실을 기억하자. 가족구성원이나 부족, 씨족에 의존해 권력을 유지하는 독재자를 생각해보자. 그는 정치적 후원을 통해 외관상 그럴듯하고 합법적인 방식으로 경제적인 풍요로움을 쉽게 보장할 수 있다.

그는 요소이동성이 없는 상태에서는 친족들에게 돌아가는 이득은 증가하며 나머지에게 돌아가는 이득은 줄어들 것이라는 사실을 알고 경쟁에서 배제시킴으로써 친족들의 투자를 보호하는 결정을 내린다. 그렇게 함으로써 교묘하고 부패하지 않은 방식으로 지지자들에게 경제적 이득을 가져다준다. 그는 단지 관련 있는 특정 사업들을 보호하는 것이다. 결국 정치는 경제를 왜곡시키고 노동자나 투자자가 더 이익을 얻는 것을 제한하는 동시에 측근들을 정치적으로 지지해주는 것을 가능하게 한다. 수많은 작은 연합세력을 가진 정권이 국민을 자국 영토 내에서 자유롭게 이동하지 못하도록 제한하고 또한 이익추구를 위해 자국을 떠나지 못하게 막는다는 사실을 주목할 필요가 있다. 그는 자신의 권력을 유지하기 위해 세계화에 내재된 자유로운 이동을 제한하고, 시민들에게 해를 가하면서 자신의 측근들을 지원한다.

특정 요소이동성

일부 독재자는 노동과 자본의 이동성을 제한하기 위해 열심히 노력하지만(그들의 정치환경에서는 자본과 노동의 급격한 이동을 의미한다), 탈출을 위해 필요할 경우 뇌물까지 지급하면서 여전히 사람들은 국경을 이동한다. 요소의 완전한 이동 불가나 완전한 이동성은 사실상 거의 불가능하다. 농업에 대한 가격지원에서 보았듯이, 정치인은 일부 이동성을 제한하려는 인센티브가 있다. 요소이동을 완전히 가로막거나 완전하게 산업간 이동을 가능하게 하는 것은 극단적인 예다. 무역정책은 노동과 자본의 완전한 이동성 혹은 완전한 이동 불가성에 의해서만 결정되는 것은 아니다. 오히려 요소이동성은 장소에 따라, 시기에 따라 달라지며 이는 국가별 혹은 시기에 따른 한 국가의 무역보호와 자유무역 정책의 증감을 잘 설명해준다(히스콕스 2002).

한 요소는 완전히 이동성이 있고 다른 요소는 그렇지 않을 경우 어떤 일이 발생하는지 살펴보자. 이러한 가정은 리카르도-바이너(Ricardo-Viner) 모델로 대표될 수 있다. 이 모델에서 중요한 점은 요소이동성의 비대칭성이 보호주의와 가난한 사람들의 복지에 어떠한 영향을 가져올 것인가 하는 점이다. 완전한 요소이동성이 보장되는 스톨퍼-사무엘슨 모델과는 달리 보호주의에 대한 수요는 산업별로 이루어지며 그 산업의 노동과 자본 모두에게 지지를 받을 것으로 예상된다(스톨퍼-사무엘슨 모델처럼 계급기반이 아니다).

특정 요소에 따른 접근법 하에서는 하나의 생산요소는 특정 산업에 분명히 한정된다. 이는 경제적 수익을 향상시키기 위해 쉽게 옮겨질 수 없다는 것을 의미한다. 다른 산업으로 옮겨갈 수는 있지만 비용이 수반된다. 동시에 다른 요소는 이동성이 있다. 편의상 노동력은 완전한 이동이 가능하고 반대로 자본은 특정 산업에 제한되어 있다고 가정해보자. 예를 들어 자동차공장은 쉽게 조선소로 전환되지 못하지만 자동차공장의 관리인은 조선소의 관리인으로 쉽게 이동이 가능하다.

관세나 특정 산업에만 유리한 조치의 효과는 그러한 조치가 이동성이 제한된 특정 요소의 산업에만 적용되는지 또는 생산의 이동성이 있는 요소에 적용되는지에 따라 결정된다. 각각의 사람들이 2가지 생산요소 중 하나만 가지고 있다고 생각해보자. 이 경우 요소의 이동이 불가한 곳에서 특정 요소를 소유한 사람은 그가 일하는 산업 환경에 따라 관세보호에 대한 의견을 달리 할 것이다. 특정 요소를 소유한 사람이 외국 생산자에 비해 상대적으로 열위에 있으면 자신이 속한 산업에 대한 수입보호를 원할 것이다. 물론 다른 산업에 대해서는 쉽게 관세보호를 반대할지도 모른다.

이동성이 있는 생산요소를 가진 사람은 그 생산요소에 영향을 주는 환경을 근거로 관세보호에 대한 의견을 형성한다. 이동성이 있는 생산요소가 국가경제에서 집중적으로 사용되지 않는다면, 대외경쟁으로부터의 보호를 원할 것이고 세계화 정책에 대해서도 반대할 것이다. 이 생산요소가 국가경제에서 집중적으로 사용된다면(그들이 가진 생산요소가 국가경제에서 생산에 대한 비교우위를 가지고 있을 경우), 관세부과 대신 자유무역을 선호하게 될 것이다(힐먼 1982; 그로스먼 1983; 로고우스키 1989).

요약하자면, 자유무역에서 자본(앞서 논의한 바와 같이 이동 불가한 특정 요소)에 대한 수익은 산업별로 다르다. 수출지향적 산업에서 자본은 수익을 많이 벌어들이지만 수입경쟁적인 산업에서는 그렇지 못하다. 노동력(이동성이 있는 요소)은 가장 높은 수익을 벌어들일 수 있는 ―이는 수출지향적 산업의 경우다― 산업으로 옮김으로써 많은 수익을 얻을 수 있다. 수입경쟁적 사업 하에 남아 있는 노동력은 수입제품의 가격경쟁력으로부터 보호받고 있는 산업 하의 자본과 비슷한 요구사항을 가진다.

자유무역 대신 정부 차원의 보호가 있다면, 수입 경쟁에 직면해 있으며 산업 고유의 특정 생산요소를 지닌 사업은 당연히 특정 산업요소를 가지고 있거나 이동성 있는 생산요소를 가진 수출지향적 산업에 비해 관세를 부과하려는 정부정책을 강요하려는 경향이 클 것이다. 따라서 리치랜드에서 가젯(또는 알루미늄, 자동자, 비행기 또는 엄청난 양의 자본이 필요한 산업)을 생산하는 자본 소유주는 정부보호를 추구할 것이다. 노동력 또한 마찬가지지만 일반적 개념의 모든 노동력이 이에 해당하는 것은 아니다. 여기서 일반적 개념의 노동력은 더 생산적인 수출지향적 위젯산업으로 옮겨갈 수 있기 때문에 정부보호가 필요하지 않다. 리치랜드에서 위젯 생산에(또는 인도에서 컴퓨터 소프트웨어에) 자본을 투자한 사람 역시 정부보호를 원치 않는다. 이 상황에서 정부보호는 수입경쟁적 산업 하의 이동이 불가한 자본에게만 유익하다. 이 산업과 부유한 투자자만이 정부보호의 수혜자이며, 다른 모든 이들은 손해를 본다. 이러한 조건에서 반세계화 정책은 부유한 투자자들을 돕기 위해 가난한 노동자들에게 해를 가한다. 세계화를 찬성하는 정책은 이동성 있는 생산요소(대부분의 경우 노동력)에게 이득을 가져다준다. 이는 특히 정부가 이민과 이주에 대해 많은 제약을 가하지 않을 때 더욱 그러하다. 가난한 사람을 돕고자 하는 이들은 노동 이동성을 보호하려는 정책을 지지해야만 한다. 세계화가 바로 그러한 정책이다.

11.5 몇 가지 증거들

이 단원을 마무리하기 전에 자유무역의 효과를 보여주는 통계자료를 살펴보자. 제10장의 내용을 통해 무역은 소득균등을 향상시킨다는 사실을 알 수 있다. 그러나 구체적으로 노동과 자본에 어떤 영향을 미치는가? 노동에 미치는 무역개방의 효과를 평가하기 위해 세계은행에서 측정한 제조업에서 노동의 부가가치를 평가하고자 한다.

자본에 미치는 무역개방의 효과를 평가하기 위해 실제 총 국내투자(사적 · 공적)가 국내총생산에서 차지하는 백분율을 펜월드테이블(Penn World Tables) 데이터를 사용해 조사하고자 한다(1985년 국제가격을 기준으로). 이를 통해 노동과 자본의 자유로운 이동이 가지는 장점에 대한 근거를 찾을 수 있다.

당연히 국가의 평균 소득수준이 높으면 제조업에서 노동력이 창출하는 부가가치의 기여도는 낮아진다. 이는 앞서 살펴본 리치랜드 예와 —부유한 국가는 자본집약적 산업을 더 많이 가지고 있는 경향이 있다— 일치하는 효과다. 그러나 무역개방은 제조업을 통한 노동의 부가가치 기여 정도에 큰 영향을 미친다. 그 정도는 상당해서 사실상 우연의 결과로 일어날 가능성은 전혀 없다. 무역보호를 가장 적극적으로 하는 국가는 제조업의 부가가치에 기여하는 노동 비율이 41%일 것이라 예상할 수 있다. 자유무역 개방 정도가 큰 국가는 노동 비율이 59%일 것이라 기대된다. 자유무역 비중의 확대는 분명히 노동에게 더욱 유리하다. 비중이 커질수록 얻는 것이 더욱 많아진다.

자유무역의 이행은 똑같이 자본에게도 유리함을 제공한다. 고소득 국가는 가난한 국가보다 미미한 수준이지만 투자 유치에 유리하다. 그러나 이는 100개의 샘플 중 7개 정도는 일어나는 수준으로, 이에 관한 통계적 관계성은 상당히 약하다. 한편 무역개방은 외국 투자유치의 강한 유인이며, 통계적 관계는 10,000개의 샘플 중 한 번도 우연히 일어나지 않을 만큼의 수준이다. 무역에 가장 개방적이지 않은 국가들은 평균적으로 GDP의 12% 정도로 사적 · 공적 투자를 가지고 있다. 무역에 가장 개방적인 국가들은 GDP의 18% 정도, 다시 말해 폐쇄 국가에 비해 50% 정도 많은 투자를 가지고 있다.

SUMMARY

무역은 국제교류의 중요한 성장 분야다. 전 세계 많은 국가들이 세계화 촉진을 위해 적극적으로 노력하고 있으며, 동시에 일부 국가나 이익집단은 강력하게 세계화를 반대하고 있다. 자유무역과 이동의 자유는 그 분야가 화폐든, 자본의 투자이든, 노동자이든 소비자에게 이롭다. 그러나 이동의 자유는 특정 산업이나 특정 생산요소를 가진 이들에게 해가 되기도 한다.

독립된 중앙은행이 있는 정부에 의해 적극적 지원을 받는 경우 변동환율제는 화폐 이동성을 최대한 보장하고 정부 개입을 최소화한다. 변동환율과 중앙은행은 세계화의 두 중요한 지주다. 정부가 화폐가치를 통제하거나 화폐 교환을 제한할 때 경제적 효과보다 정치적 목적을 위해 화폐 공급을 조작하려는 강한 유혹이 존재한다. 큰 민주적 연합세력은 대부분의 경우 통화정책을 형성하고 화폐가 최적으로 사용되도록 돕기 위해 중앙은행에 의존한다.

세계화는 세계 각지의 사람들에게 다른 방식으로 영향을 미친다. 이는 각각의 정부가 자본과 노동의 자유로운 이동을 촉진하는지 억제하는지에 의해 결정된다. 노동과 자본의 상당한 이동성이 있을 경우 장기적 관점에서 자유무역은 자본집약적 사회(많은 부유한 국가)의 자본을 그리고 노동집약적 사회(많은 가난한 국가)의 노동력에 상대적으로 이익을 가져다준다. 여기서 '장기적 관점에서'라고 언급한 이유는, 충분한 시간이 주어졌을 때 노동과 자본은 원할 경우 최적의 장소로 이동할 방법을 찾기 때문이다. 단기적으로는 투자가 묶여 있고, 노동자는 가족 문제가 있으며, 정부가 이동성을 제약하는 등의 문제가 있기 때문에 이동이 더 어렵다. 장기적 측면에서 자유무역은 가난한 국가의 자본과 부유한 국가의 노동에게 상대적으로 불리하게 작용한다. 즉 자유무역은 장기적으로 보았을 때 국가간 노동소유주와 자본 소유주 간의 소득을 균일화시키는 역할을 한다.

지난 50년의 국가별 데이터는 서로 다른 무역정책의 효과를 보여준다. 무역을 제한해 무역의 비중이 작은 국가는 노동에 부가가치를 상대적으로 덜 제공하며 적은 양의 투자를 확보한다. 무역에 개방적인 국가는 소득분배가 균등한 경향이 있고, 노동에 많은 부가가치를 제공하며, 많은 양의 투자를 확보한다. 무역과 이동의 자유에 대한 간섭을 적게 하는 정부는 부유한 이들과 가난한 이들을 포함하는 대부분의 국민에게 평균적으로 최상의 소득을 가져다준다.

핵심 용어

고정환율제도 408	통화정책 410	해외직접투자 418
변동환율 408	핵셔-오린 정리 416	자산전속성 419
재정정책 410	노동 이동성 418	스톨퍼-사무엘슨 정리 420

12

해외원조, 빈곤 그리고 혁명

2010년 4월 8일 수단의 여자아이가 남부 수단의 아코보(Akobo)에 있는 암시장에 내다 팔려고 쌓아놓은 미국원조기구(USAID)와 세계식량계획(World Food Program)으로부터 기증받은 사탕수수 가마니 60개 중 하나를 만지고 있다. 에티오피아와 맞닿은 이곳은 2년 동안의 홍수와 부족 간 충돌로 '지구에서 가장 배고픈 지역'이라고 UN 사절단이 명명할 정도의 심각한 위기가 발생했다. 최근의 조사결과에 따르면 이 지역 어린이의 46%가 영양실조에 걸려있다. 영양실조의 이유 중 하나가 바로 이 사진에 담겨있다. 식량은 가난한 사람들을 구제하기 위해 주어졌지만 부패한 지역 관리들은 개인적 목적으로 암시장에 팔고 있다.

OVERVIEW

– 해외원조는 빈민을 돕기보다 실제로 상황을 악화시킬 수 있다. 해외원조는 불안정한 정부를 민주적으로 만들기보다 더 독재적으로 만들 수 있으며 종국에는 쿠데타로 인한 정치적 불안정을 가져올 가능성이 높다.

– 해외원조의 영향은 부정적이다. 해외원조는 독재자를 풍요롭게 하고 독재정권을 유지시켜 줄 수 있도록 도와준다. 해외원조는 공여국의 유권자들이 원하는 정책을 수혜국으로부터 양보받을 수 있도록 한다. 이러한 정책양보는 원조를 가장 필요로 하고 원조가 제공되는 근본적 원인인 수혜국의 국민에게 피해를 입힐 수 있다.

– 만약 공여국 국민이 이러한 해외원조의 패턴을 변화시키려면 요구 사항도 같이 변해야만 한다. 정부 지도자가 공여국의 작은 이익보다는 세계의 가난한 사람들을 도움으로써 정부에 대한 지지가 올라갈 것이라고 믿게 만들어야 한다.

ASSUMPTIONS CHECK

1. 네 집단이 해외원조에 영향을 받는다. 네 집단 중 한 집단은 원조에 의해 악영향을 받는다. 어떤 집단인가?

a. 공여국 지도자
b. 공여국 유권자
c. 수혜국 지도자
d. 수혜국 유권자

2. 아래의 어떤 것이 공여국 유권자의 해외원조에 대한 견해를 주로 대변하는가?

a. 원조정책의 목표와 결과가 공여국 유권자의 삶을 피폐하게 해도 수혜국의 빈민들을 위해 원조를 주는 것
b. 수혜국 국민의 반대를 무릅쓰고 공여국 유권자가 중요하게 여기는 삶의 방식을 보호할 수 있는 수혜국 정부에게 원조를 주는 것

3. 원조 결정에 있어 __________는 더 중요하다.

a. 수혜국의 필요
b. 공여국 유권자의 정책 선호

4. **혁명가가 독재정부를 쓰러뜨릴 때, 그는 ________.**

a. 민주화 약속을 조건으로 해외원조를 받는다면 민주주의를 더 증진시킬 것이다.

b. 민주화를 이행하지 못할 경우 해외원조가 중단된다면 민주주의를 더 증진시킬 것이다.

5. **해외원조는 ___________**

a. 혁명 후 정부가 혁명 전 정부보다 더 민주적일 가능성을 높인다.

b. 혁명 후 정부가 혁명 전 정부보다 더 독재적일 가능성을 높인다.

ANSWERS

1. d. 원조는 타락한 정부권력을 계속 유지시키는 데 도움이 되기 때문에 수혜국 국민은 가장 큰 피해를 입을 것이다.
2. b. 가난한 이들의 정책적 선호가 공여국의 유권자들과 다른 경우, 공여국의 유권자들은 가난한 이들을 돕기보다 수혜국 정부의 정책적 양보를 선호하는 경향이 있다. 증거들은 이러한 결론을 지지한다.
3. b. 공여국 지도자는 유권자를 만족시키고 권력을 유지하기 위해 지지가 계속 필요하기 때문에 공여국 국민의 정책 선호는 가장 중요하다.
4. b. 자유와 민주주의를 확고히 하기 위한 구체적 행동을 할 때까지 해외원조가 보류된다면 혁명가는 민주화를 촉진할 것이다.
5. b. 해외원조는 혁명을 겪은 정부가 적어도 그 이전의 정부보다 더 독재적인 특징을 가질 기회를 증가시킨다.

지난 몇 년 동안 중동의 많은 국가들이 혁명적 변화를 겪었다. 국제사회는 아랍의 봄이라 불리는 혁명 주체들이 자유와 민주주의를 확장시킬 것이라고 기대했다. 해외원조는 이러한 아랍의 봄과 같은 민주주의 혁명을 불러일으키기 위한 중요한 역할을 했다. 독재정권을 보호하고 민주주의 발전을 저해하는데 일조한 해외원조 역사를 돌이켜볼 때 이는 상당히 놀랍고도 이상한 현상이었다.

수십 년 동안 해외원조는 제대로 된 역할을 해내지 못했다. 가난, 무지, 질병, 불평등과 같은 전반적인 문제들을 해결하지 못했다.[1] 세계화가 반세계화를 주장하는 사람들이 생각하는 것보다 더욱 많은 사람들이 중산층에 진입하는 데 도움을 준 것에 비해 해외원조는 많은 사람들의 기대와 달리 보다 많은 사람들을 경제적, 사회적, 정치적 고통 속에 남겨 두었다. 정부에 의해 주어졌든 비정부기구에 의해 주어졌든 해외원조는 뜻하지 않게 원조의 필요성에 비해 상관없는 사람들을 도와준 것으로 드러났고 오히려 경제적, 정치적 발전을 방해하는 결과를 가져왔다.

해외원조가 이루어내지 못한 것들에 대해 많은 사람들이 동의했지만 이에 대한 해결책이 무엇이고 또한 어떻게 사람들이 빈곤에서 벗어나 자유를 누릴 수 있는가에 대해서는 아직 많은 의문사항이 있다. 이 장에서는 해외원조를 선출인단 관점에서 탐구한다. 나아가 빈곤 해결이 해외원조의 주요 이유가 아니라고 한다면 해외원조 정책을 어떻게 이해해야 하는가를 다룬다. 또한 해외원조가 그 대상이 되는 국민보다 왜 독재자에게 더 환영받는지를 밝히고 민주화를 증진시키지 못하고 저해하는 요인이 되는 이유를 분석한다. 공여국의 지도자가 정책양보에 대한 대가로 수혜국 지도자에게 원조를 제공해왔다는 논쟁의 논리와 증거를 요약했다.

규범적 관점에서는 문제가 될 수 있지만 원조를 위한 정책양보는 공여국과 수혜국의 정치적 지도자의 이익을 극대화시킬 수 있는 자원과 노력의 전략적이고 합리적인 배분이다. 해외원조가 이러한 목적을 위해 제공되는 경우 원조는 빈곤을 완화하고 고통을 줄이기 위해 설계되지 않는다. 또한 민주주의를 증진시킨다는 것은 미사여구에 지나지 않는다. 그런 의미에서 해외원조가 본래의 규범적인 바람직한 목적을 달성하지 못하는 것은 당연한 일이다. 대신 우리가 목격했던 바와 같이 해외원조는 빈곤을 영속시키고 지도자의 정치적 생존을 도와왔다. 아마도 이러한 결과는 우리가 원했던 것이 아니다. 하지만 앞서 지적했듯 지도자가 왜 그러한 선택을 하는지에 대한 동기를 먼저 이해하지 않으면 세상은 바뀌지 않을 것이다.

이 장에서 볼 수 있듯이, 경제원조를 통한 미국의 지원은 판단착오나 미국만의 특

1. 이 장은 Bueno de Mesquita and Smith (2007, 2009, 2010, 2011)에서 상당 부분 발췌했다.

이한 현상이 아닌 세계 모든 민주주의 국가의 지도자가 행할 수 있는 균형 전략의 일부다. 그것은 국가의 '국민'을 위한 통치에서 비롯된 결과라 할 수 있다. 만약 그러한 정책이 우리에게 해를 입힌다면 군사개입 같은 정책 오류(14장 참조)에 따른 잘못은 우리 스스로가 다른 사람의 이익을 우선시함으로써 바꿀 수 있을 것이다. 이것은 실질적으로 어려운 일이라 밝혀졌다.

12.1 해외원조: 문제제기

해외원조는 다른 국가의 정부나, 사람들 혹은 커뮤니티에 주어지는 돈, 상품, 서비스와 같은 것을 기부하는 것이며 대개 무상이나 대출보조 혹은 시장가격 이하의 가격에 제공된다. 해외원조는 정부에 의해 수여되기도 하지만 적십자, 옥스팜(Oxfam), 케어(Care), 국경없는 의사회(Doctors Without Borders) 그리고 수많은 다른 자선단체와 같은 비정부기구에 의해 수여되기도 한다. 이 책에서는 정부 간 해외원조 및 그 결과에 초점을 맞추었고 또한 세계은행(World Bank)과 같은 다자 국제기구에 의한 원조에 대해서도 중요한 논쟁들을 다룬다.

몇몇 예외를 제외하고 해외원조 프로그램은 빈곤을 완화하거나 사회적, 경제적, 정치적 평등을 증진시키거나 자유 또는 정의를 확산시키지 못했다. 해외원조는 원조의 대부분을 횡령하거나 시민의 복지를 위해 어떤 것도 하지 않는 독재자나 선동가들에게 주어지는 경우가 많다. 왜 그런 식으로 해외원조가 운영되고 그 결과 경제성장과 정치적 자유 증진에 효과가 없는가는 격렬한 논쟁의 대상이 되어왔다. 이러한 논쟁들은 학계나 세계은행, 비정부기구, 부유한 국가들의 모임인 경제협력개발기구(OECD)에 영향력 있는 경제학자들 사이에서 주로 이어져왔다. 이러한 논쟁은 해외원조의 부적절한 성과를 주장하는 2개의 상반된 설명에서 비롯한다. 이 논쟁을 설명하기 전에 먼저 성공적인 원조프로그램으로 여겨지는 마셜플랜(Marshall Plan)에 대한 현재적 함의를 살펴보고 원조가 무엇을 할 수 있고 무엇을 할 수 없는가에 대한 이해를 증진시킬 필요가 있다.

마셜플랜: 해외원조의 모델?

제2차 세계대전 이후 가장 중요한 해외원조 노력은 미국 정부에 의해 시작되었다. 국무장관 조지 마셜(George Catlett Marshall)의 이름을 딴 마셜플랜(1947~1951)은 엄청난 규모의 경제지원 프로그램이었다. 마셜플랜기금의 유입으로 미국은 폐허가

된 유럽경제를 재건하고 서유럽을 현재 수준의 번영과 자유를 누릴 수 있도록 하는 책임을 맡았다. 물론 이 해외원조의 노력은 전쟁으로 인해 인위적으로 빈곤 상태에 빠진 고학력의 숙련된 노동자들을 다시금 전쟁 전과 같은 번영의 상태로 돌려놓는 것에 초점이 맞추어졌다. 세계대전 이전에 대부분의 서유럽 국가들이 경제적으로 번영했을 뿐만 아니라 민주주의를 경험했다.

그렇기 때문에 이들 국가들에게는 경쟁적 선거정치와 효율적 경제체제를 최초로 설립하는 것이 문제가 아니라 다시 재건하는 것이 문제였다. 이러한 유럽의 원조 경험과 세계 대부분의 나라의 원조경험의 차이는 2차대전 이후 유럽에서 원조의 성공과 그 이후의 실패를 이해하는 데 때때로 결정적 역할을 한다. 하지만 이러한 설명은 심각한 결함을 지니고 있다.

피상적으로 이해하자면 마셜플랜 원조는 유럽의 경제적 부흥을 가져왔고 원조가 세계에서 가장 가난한 사람들을 구할 수 있는 모범적 모델이 될 것이라고 쉽게 주장할 수 있다. 하지만 모두가 동의하듯이 상관관계가 원인관계는 아니다. 예를 들어 맥도날드 매장이나 골프 코스가 많은 나라들끼리는 서로 전쟁을 하지 않았음이 사실이지만 골프나 햄버거가 분쟁을 방지하는 것이 아님은 분명하다. 마셜플랜의 긍정적인 측면으로는 마셜플랜으로 도움을 받은 국가들의 경우 일반적으로 경제적으로나 정치적으로 세계의 다른 나라보다 번영을 이뤘다는 점이다. 예를 들어 서유럽 경제는 1950년대와 1960년대의 동유럽보다 훨씬 더 성공적으로 성장했다. 후자는 자신의 후원자였던 소련처럼 마셜플랜의 기금을 거부하고 다소 천천히 성장했다. 그런데 왜 동유럽 국가들은 원조를 거부했는가? 그러한 거부가 성장 둔화의 원인인가? 아니면 다른 이유가 있었는가? 서유럽 경제가 동유럽 경제보다 쉽게 전쟁에서 회복했는지에 대한 해답은 이러한 질문에서 시작해야 한다. 이러한 질문에 대한 답을 찾아가는 과정에서 해외원조의 사용과 남용에 대한 설명의 힌트를 찾을 수 있다.

마셜플랜은 유럽의 사회기반시설을 구축하고 생산성을 향상시키는 것보다 훨씬 더 많은 것을 포함했다. 사실 이 계획은 수혜국에게 엄청난 경제적 제약 조건을 부과했고 많은 조건들이 얽혀 있었다. 누구에게도 무임승차가 허용되지 않았다. 제5장에서 다뤄진 세력전이이론에 따르면 시장지향적인 경제는 자유무역체제를 지지한다. 마셜플랜 기금의 수혜국은 자유시장 정책을 추구하기로 동의했다. 이것은 수혜국이 민간 산업을 국유화하지 않고도 재건을 위한 자금을 확보할 수 있다는 것을 의미했다. 이러한 국유화 금지는 동유럽과 소련이 차용한 중앙 계획 사회주의 경제를 고려할 필요가 없다는 것을 의미했다. 사회주의 정부는 국경 내에서 운영되는 거의 모든 비즈니스 및 산업을 소유하고 있었다. 그들은 자유시장 자체가 거의 없었으며 그것이 경제적 · 정치적 구조의 기초가 되었다. 따라서 마셜플랜 원조자금의 조건은 친 소련 정부를 마셜플랜에서 배제하는 것에 있다.

마셜플랜 참가자는 또한 예산의 균형을 맞추고 인플레이션을 통제하고 환율을 적정선에서 유지하기로 동의했다. 원조 기금을 제외한 이러한 정책들은 마셜플랜의 참여국들이 왜 높은 성장률을 이룰 수 있었는지, 반면에 이러한 정책들 대신 대안적 경제 모델을 단행한 동유럽의 저성장을 설명하는 해법으로 많은 경제학자들은 인식하고 있다(Milward 1984; De Long and Eichengreen 1993).

원조 기금만이 마셜플랜의 성공 원인이 아니었다는 추가 증거로는 유럽의 교통 사회 기반시설의 많은 부분은 마셜플랜이 발표되기도 전에 이미 복구가 되었다는 것이다(De Long and Eichengreen 1993). 더 확실한 증거로서는 마셜플랜의 수혜국이 받은 기금의 액수와 성장속도 사이에 큰 연관성이 없다는 것에 있다(Eichengreen 외. 1992) 예를 들어 네덜란드는 국민총생산(GNP)의 약 5%를 원조액으로 받은 반면 서독은 그 절반 이하 금액을 받았다. 그럼에도 불구하고 서독은 1948~1951년 사이에 연평균 10% 이상 성장한 반면 네덜란드는 매년 5% 이하 성장에 그쳤다. 결국 원조를 받은 나라와 그렇지 않은 나라를 비교할 때와는 달리 원조를 받은 나라들 사이를 비교해보면 경제성장과 원조액은 큰 상관관계가 없는 것으로 나타났다.

마셜플랜 원조를 받는 국가들이 빠른 속도로 성장했던 것은 사실이지만 원조 자체가 큰 변화를 이끌어냈다고 말하기에는 한계가 있다는 것을 지금까지 설명했다. 사실 경제정책의 변화가 서유럽의 경제성장과 동유럽을 포함한 다른 국가들의 저성장의 근본적 원인일 수도 있다. 이러한 사실들은 제대로 된 목적을 지닌 원조의 증가가 수혜국의 경제성장을 가져온다는 상관관계가 인과관계가 아닌 것을 객관적으로 알려준다. 이에 관해서는 세계의 빈곤과 분쟁의 해결책으로서 원조를 늘리는 것이 아니라 제10장과 제11장에서 다룬 개선된 경제정책을 살펴보아야 한다(Burnside and Dollar 2000; Collier and Dollar 2002; Dollar and Levin 2006). 실제로 해외원조는 역설적으로 경제적 · 정치적 정책의 개선에 심각한 장애가 될 수 있다.

유럽 외의 원조: 바람직하지 않은 사례들

세계의 많은 국가들이 경제성장을 이루어내기 위한 인적자원(건강하고 교육을 받은 생산능력을 가진 사람들, 즉 교육받은 숙련 인력)이 부족한 것을 감안해 미국, 영국, 프랑스 같은 공여국은 원조의 일부분을 서유럽을 제외한 지역에서 교육 증진을 위해 사용해왔다(기본 경제정책보다 더 초점을 맞추었다). 그러나 이러한 노력은 경제성장에 기여하는 데 실패했다. 이러한 실패는 공여국이 필요했던 곳으로 숙련 노동자를 데려오고 시장에 상품의 선적을 용이하게 하는 데 필수적인 사회 기반시설

구축이 수혜국 경제성장에 실패한 것과 비슷하다. 도로, 교량, 학교, 공장, 항만, 공항, 댐 및 관개시설이 세워졌으나 여전히 대부분의 수혜국 사람들은 질병과 가난을 겪고 있었다. 1970년대까지는 해외원조의 문제가 현지 상황에 무지한 외국인이(즉 공여국) 프로그램을 관리하는 것이 논쟁의 주요 사항이었다. 현지 상황을 이해하는 지방의 공무원에게 어떻게 기금을 사용하게 결정하는지 맡기는 것이 바람직한 것인가에 대한 논의가 활발했다(아직도 이러한 논의는 진행 중이다). 당연히 지역의 엘리트는 이러한 논의를 만들어내는데 앞장서고 있다.

또 수혜국 주도 의사결정(즉 의사결정의 지역화)을 통해 원조의 근본 목적인 경제성장, 보건, 교육수준 향상, 성평등 등이 달성되지 못하는 것으로 드러남에 따라 공여국들은 원조에 대해 회의를 갖기 시작했다. 비록 원조가 실패했다고 일반화시키기는 어렵더라도 상당수의 해외원조 수혜국이 시민의 삶의 질을 향상시키지 못하고 오히려 감퇴시켰다.

원조에 관한 논쟁

해외원조의 평균적인 결과가 너무나 좋지 않아 어떤 사람은 해외원조가 상황을 개선시키기보다는 악화시키는 것에 대해 실망했다. 그러나 원조가 실제로 여러 곳에서 가난과 불행을 악화시키거나 혹은 완화시키는 것과는 별개로 원조정책을 입안하는 사람은 보다 나은 해결책을 계속해서 찾고 있다. 이것이 바로 내가 짚어보고 싶은 점이다. 원조 효과성을 증가시키고 싶은 사람은 1) 원조를 증가시키고 싶은 사람, 2)정부보다는 지역의 사업가에게 기회를 주고 수혜국의 선택을 개선시키고 싶은 사람의 두 진영으로 나뉘어져 있다. 해외원조 정책의 전략적 관점을 적용하는 사람들은 어느 진영에도 속하지 않고 두 진영 사이에 걸쳐 경제학자들이 현재 벌이고 있는 원조 관련 논쟁에 대해 비판적 입장을 취하면서 제3의 진영을 이루고 있다. 세계은행과 같은 기구들은 원조 프로그램이 적절히 작동하지 않았던 이유를 분석하고 원조 효과성을 증진시킬 수 있는 변화를 만들기 위해 선출인단 논리를 사용하기 시작했다.

경제적 지원 프로그램의 심각한 문제는 상황 개선을 위한 해외원조가 새 발의 피같이 너무나 적다는 주장이 있다. 예를 들어 미국의 해외 경제원조(이라크 재건에 소요되는 비용 제외)는 국민총생산(GNP)의 약 0.2%와 연방예산 지출의 1%를 차지한다. 공교롭게도 이러한 적은 금액에도 불구하고 미국은 총금액 측면에서는 가장 큰 공여국이다. 미국 국민총생산의 0.2%는 상당한 금액이다. 계산하기에 따라 130억~200억 달러 사이라 할 수 있다. 그렇다 해도 국민총생산의 % 상으로는 경제협력기구에 속한 다른 공여국 중에서는 작은 공여국들 중 하나다. % 상으로는 캐나다는 미국과 비슷하고 영국은 조금 뒤떨어져 있고 프랑스는 미국의 2배가 되는 국내총생산(GDP)의 약 0.4%를 평균적으로 지출하고 있다. 세계적으로 해외 경제지원은 1960년 이후 경제협력기구에 속한 나라의 경제규모의 평균적으로 약 0.3%였고, 그 금액은 지난 10년간 감소했다. % 상으로 가장 관대한 덴마크와 노르웨이 같은 공여국도 국민총생산의 1% 미만을 해외원조로 사용한다.

TRY THIS

아프리카에 있는 10개 국가의 경제성장률을 조사하라. 지난 10년간 이들이 얼마나 많은 해외원조를 받았는지 조사하라. 원조를 가장 많이 받은 국가가 가장 빠르게 성장하고 있는 국가인가?

소액의 원조를 고려해보면 원조가 실패한 하나의 설명으로 공여국들이 얼마나 인색했는가를 단면적으로 보여준다. 예를 들어 경제학자 제프리 삭스(Jeffrey Sachs, 2005)는 원조에 대한 기록을 살펴본 후 빈곤을 완화하고 부자와 빈자 사이에 일어날 수 있는 위기를 없애기 위해 보다 많은 양의 원조가 주어져야 한다고 주장했다. 이 관점은 간단한 해결책으로 귀결될 수 있다. 해외원조에 더 많이 지출하고 그러면 세상은 훨씬 살기 좋은 곳이 될 것이다. 이러한 관점은 공여국의 국민생산량의 0.7%를 평균적으로 공여해야 한다는 UN의 밀레니엄 챌린지 프로그램과 그 맥락을 같이 한다. 당연히 이 프로그램은 미국이 제안한 원조 수준에 스스로도 맞추지 못했을 때도 조지 부시 대통령과 오바마 대통령에 의해 승인되었고 추진되었다.[2]

사실 하나의 간단한 질문만으로도 더 많은 원조가 세계의 빈곤 문제를 해결한다는 생각에 어떤 문제가 있는지를 명확히 보여줄 수 있다. 게임이론을 이용해 이러한 질문을 던져보자. 공여국이 빈곤 완화를 위해 충분한 돈을 쓰지 않고 그 사실이 모두에게 명백하다면 그것에 대한 설명은 빈곤 완화가 해외원조의 실제 목적이 아니지 않을까? 대답의 핵심은 해외원조 지출금액이 균형 전략의 일부분이지 여러 공여국들의 무지에서 비롯된 의사결정이 아니라는 것이다.[3]

2. 한 가지 주목할 점은 조지 부시 대통령이 2002년 좋은 거버넌스, 법치주의, 시민들에 대한 투자, 경제적 자유향상 등을 위해 노력하는 나라들에게 더 많은 원조를 할 것이라고 밝힌 이후 이런 목적으로 미국이 새로이 추가한 원조는 거의 없었다는 점이다. 〈이코노미스트〉는 "정부 지원에서 벗어나 대중에게 힘을 실어주는 방향으로의 원조 전략 변화는 결국 미미한 원조량과 제한된 효과로 끝났다"고 보도했다(2003년 12월 11일, 44쪽). 또한 미의회는 항상 대통령이 요구한 금액보다 적은 액수를 원조에 할당하고 있다.

3. 전략은 게임의 모든 상황에서 발생할 수 있는 완전한 계획이며 균형 상태는 어떠한 행위자도 일방적으로 배반을 하지 않는 행위자들의 전략의 집합이다.

공여국은 얼마나 원조를 하는지 알고 있으며 원조가 어떤 영향을 미칠지도 알고 있다. 그리고 원조가 일반적으로 세계의 빈민들을 위한 더 나은 삶의 질로 귀결되지 않을 것이라는 점도 알고 있다. 인플레이션을 고려한다면 공여국의 해외원조 금액은 1960년대 후반부터 1990년대 후반까지 크게 변화가 없었다. 그 이후로는 % 상으로 보았을 때 실제로 원조를 삭감했다. 소량의 원조액과 원조의 아주 제한된 영향을 보면 엉뚱한 곳에서 원조의 동기를 이해하려 하는 것은 아닌지 생각해보아야 한다. 아마도 공여국은 사실 세계의 빈곤을 감소시키려 하는 것이 아니며 수혜국의 동기 역시 빈곤 감소가 아닐 수도 있다. 우리는 경제학자들 사이에 있는 원조에 관한 논쟁의 두 번째 측면을 이해하면서 다음의 생각을 해볼 수 있다.

원조 논쟁의 다른 주요 관점은 공여국의 인색함보다 수혜국의 정책 실패를 다루고 있다. 예를 들어 번사이드와 달러(Craig Burnside and David Dollar, 2000)는 수혜국에서 적절한 정책이 동반된 경우에만 원조가 빈곤을 완화시킬 수 있다고 주장한다. 즉 앞서 다뤘듯이 마셜플랜이 성공한 이유와 그 맥락을 같이 한다. 지원을 받기 위한 조건으로 적절한 경제정책을 주장하는 것이다. 수혜국의 부적절한 경제정책이 문제의 근본일 뿐만 아니라 수혜국의 의도 자체도 문제로 부각되는 것이다.

대부분의 원조는 정부 간에 일어난다. 넥(Stephen Knack 2010)은 원조가 수혜국 지도자의 부패를 촉진시킬 수 있다고 주장한다. 원조가 부패를 촉진할 수 있다는 것은 원조의 잠재적 이점을 약화시킬 수 있다. 이스터리(William Easterly 2006)를 비롯한 여러 학자들이 수혜국의 행정적 · 관료적 비효율성에 초점을 맞추어 이러한 관점을 주장했다. 그들의 관점에서 원조의 주요한 문제는 삭스(Sachs 2005)가 주장했듯이 얼마나 원조를 주었느냐가 아니라 어떻게 원조가 주어졌느냐이다. 이 견해에 따르면 수혜국 정부는 너무 자주 원조를 횡령하거나 경제적 지원에 대한 올바른 대상에게 지원하는 데 비효율적이다. 예를 들어 윌리엄 · 메리대학의(William and Mary)의 훌륭한 데이터 수집 프로젝트인 원조데이터(AidData)는 세계은행의 원조 프로젝트가 아프리카 국가의 가장 빈곤한 지역이 아니라 친정부 성향의 중상위 소득 지역에 집중되어 있는 것을 보여준다. 원조 프로젝트가 빈곤을 완화하기보다 정부 영향력을 강화시키는 데 사용되었다는 증거다. 원조데이터(AidData)의 제한적인 수준의 정보를 고려한다면 이 패턴이 일반적이라 하는 것은 성급한 감이 있지만 현재까지의 증거는 명백하게 원조지출에 대한 거시적 분석과 일치된다.

이스터리와 다른 학자들은 정부보다 오히려 수혜 지역의 기업이 원조를 받아야 한다고 주장한다. 그것은 수혜 지역의 기업이 중요한 성공을 가져올 수 있고, 현명하게 돈을 사용할 것이라 생각되기 때문이다. 수혜 지역의 사업가들이 작은 식당, 세탁소, 보육소 등을 창업할 수 있도록 소규모 대출을 해주는 은행이 유용한 실례가 될 수 있다.[4] 불행히도 이러한 관점은 수혜 지역의 사업가가 성공해서 지역이나 중앙 정부 지도자에게 잠재적인 위험이 될 수 있을 만큼 자산을 축적할 수 있다는 정치적 결과를 고려하지 않는다. 작은 규모의 성공이 가난과 고통을 완화하기 위한 국가적 수단으로 —국가적 성공으로 이어진 몇 개의 실례에도 불구하고— 성장할 수 있다는 생각은 그럴 듯해 보이지만 그것은 지도자가 항상 권력을 빼앗을 수 있는 잠재적 정적의 출현을 막고 싶어 한다는 점을 간과하고 있다. 부자가 된 사람은 바로 그러한 경쟁에 참여할 잠재적인 경쟁자 군에 속할 것이고 만약 그가 지도자의 관심을 끌 정도로 성공했다면 현재 지도자에게 동조하거나 억압당할 가능성이 클 것이다.

2011년 9월 10일 팔레스타인 청년들이 라말라(Ramallah)의 웨스트뱅크 도시에서 팔레스타인-이스라엘 분쟁에 대한 반미 시위를 벌이면서 반미, 반미국개발처 슬로건을 내걸고 있다. 많은 시위자들이 미국과 같은 공여국에서 살고 싶어 하지만 원조는 반공여국 정서를 불러일으킨다.

해외원조 정책 논쟁은 원조의 효과를 제한하는 주범으로 수혜국의 인센티브나 공여국의 인색함이냐에 대한 의견의 불일치로 귀결된다. 원조량이나 수혜국 정책이나 혹은 2가지가 모두 문제라 할지라도 현재 논쟁의 가정은 공여국이(아마도 수혜국 역시) 원조를 빈곤을 감소시키는 도구로서 본다는 것이다. 그러나 공여국은 제공하는 원조가 부패된 관리들에 의해 쓰여지고 가난한 사람을 돕는 데는 어떠한 도움을 주고 있지 않다는 것을 알고 있다. 마치 공여국이 얼마나 적은 원조를 제공하는지와 그 결과를 아는 것처럼 말이다. 이것은 원조 실패에 관한 현재의 해결책에 문제가 있음을 보여준다. 즉 공여국이 자신의 돈이 어떻게 쓰이고 있는지를 정확히 이해하지 못하고 잘못된 곳에 쓰이고 있음에도 불구하고 계속해서 공여(적절한 수준이라 할지라도)를 하고 있다는 점으로 원조 실패를 접근하는 데 문제가 있다는 것이다. 우리가 균형상태의 설명을 채택한다면 우리 모두가 알고 있는 것 —현금 및 현물 원조의 대부분이 도난당하거나 빈곤을 완화시키는 데 도움이 되지 않는 것— 을 공여국이 모르고 있다는 생각은 틀린 것이다.

4. 은행이 제공하는 소액대출이라고 부르는 것들은 일반적으로 법정 이상의 높은 이율을 가지고 있다. 비영리은행은 미국의 신용카드 회사가 청구하는 것보다 높은 평균적으로 30% 이상의 이자율로 대출을 제공한다. 소액대출을 제공하는 영리은행은 지역의 가난한 기업가에게 50% 이상의 이자율을 부과한다. 물론 이것은 쉽게 지불할 수 없는 이자율이며, 이러한 대출은 소규모 영세사업을 시작하는 데 도움이 되지만 과도한 빚을 질 수 있는 위험성을 지니고 있다.

TRY THIS

10개의 아프리카 국가의 부패순위를 국제투명기구 부패지수를 사용해 현재 연도와 10년 전을 조사하라. 그런 다음 각각의 국가가 지난 10년 동안 총 얼마만큼의 원조를 받았는지 조사하라. 해외원조가 부패를 없애는 데 도움을 주었는가? 원조를 1인당으로 많이 받은 국가가 많이 받지 않은 나라에 비해 부패지수의 순위가 높은가 낮은가?

원조에 대한 세 번째 설명

왜 원조 프로그램이 가난과 불평등을 해소하지 못하는지 세 번째 설명이 있다. 이 논점은 원조 프로그램이 성공적으로 실행되고 있지만 실제적으로 빈곤을 해소하는 것이 목적이 아니며 민주주의를 부흥시키는 것 또한 전혀 아니라는 것이다.

빈곤 완화나 자유 증진이 원조의 원래 혹은 주요 목적이 아니라는 가능성을 고려해보자. 원조를 더 전략적인 관점에서 혹은 원조 프로그램을 정책양보를 이끌어내기 위한 수단이라는 관점에서 생각해보자. 이렇게 생각하면 원조에 대한 4가지 주요한 질문에 대해 답변할 수 있다. 1) 어떤 국가가 원조를 주는가? 2) 얼마나 주는가? 3) 어떤 국가가 원조를 받는가? 4) 얼마나 받는가? 이 질문에 답하기 위해 어떻게 해외원조가 민주화 역할을 하는지도 알 수 있다. 먼저 이 질문에 답하기 위해 게임이론의 모델을 보여주고 주요 가설을 위한 증거를 제시할 것이다. 이 질문에 대한 더 자세한 답변을 원한다면 부에노 데 메스키타와 스미스(Bueno de Mesquita, Alastair Smith 2007, 2009)를 참조하기 바란다.

선출인단 이론의 전략적 관점에서 4가지 질문에 대한 답변이 가능한데 중요한 것은 원조가 수혜국의 필요성에 기반을 두지 않고 공여국을 위한 정책에 기반을 둔다는 것이다. 실제로 이러한 방식으로 원조를 바라본다면 원조가 정책적 동조를 이끌어낼 수 있다는 점에서 마셜플랜을 설명할 수 있고 왜 그렇게 많은 돈이 필요했는지를 알 수 있다. 마셜플랜에서 보듯 미국 정부가 지지했던 경제정책은 원조를 받은 국가가 받아들일 수밖에 없었음을 보여준다.

2차대전 이후 미국은 서유럽 정부들이 미국의 정책보다 구소련의 정책과 가까운 사회주의적 정책을 수용하는 것을 꺼려했다. 마셜플랜이 냉전과 시작을 같이 했음을 기억해야 한다. 또한 서유럽 국가와 국민을 구소련보다 미국의 국익에 맞게 조정하려는 목적도 있었다. 서유럽과 같은 민주주의 정부들의 정치적 지지를 얻어내는 것은 매우 비싼 대가를 치러야 가능하다. 반면 비민주적 정부의 지지를 얻는 것은 보통 낮은 비용으로도 가능하다.

정책을 위한 원조(Aid-for-policy)는 규범적 측면에서 문제가 될 수 있으나 그것은 공여국과 수혜국에 의한 합리적 자원과 정책의 분배라고 볼 수 있다. 사실은 정책을 위한 원조는 원조에 의해 영향을 받는 4가지 집단 중 세 집단의 이익을 증진시킨다. 원조는 공여하지 않았을 경우에 비해 공여국의 유권자를 만족시키게 만든다. 그렇게 함으로써 민주주의 지도자의 재선을 보다 가능하게 만들어준다. 정책양보를 통해 비민주적 지도자와 그 지지자들을 만족시켜 주기도 한다. 정책양보를 이끌어내기 위해 구매자(공여국)는 만약 원조가 실천되지 않는다면 다른 나라(수혜국)에서 따라 주었으면 하는 정책이 실현되지 않을 것임을 믿어야 한다. 이것은 원조로 팔려나간 정책이 원조를 받는 대상 국가의 국민이 원하는 것이 아니라는 것을 의미한다. 그러므로 원조 대상 국가에서 승자 편에 있는 사람을 제외하고 대개의 수혜국 사람들은 2가지 면에서 불이익을 받는다. 자신이 원하지 않는 정책을 따라야 하고 비민주적이고 독재적인 지도자는 자리에 더 오래 있을 수 있는 여분의 자금을 확보하게 되는 것이다.

원조의 공여와 수여

한 가지 원조를 생각해보는 좋은 출발점은 작은 연합의 지도자와 큰 연합의 지도자가 자리를 유지하기 위한 셈법이다. 작은 연합의 지도자는 자신을 지지하는 후원 세력에게 사적인 혜택을 제공함으로써 자리를 보전하지만 큰 연합의 지도자는 광범위한 지지 세력에게 기본적으로 충분한 공공재 혹은 때때로 클럽재를 제공해야 한다. 공공재는 넓게 국가정책을, 그리고 클럽재는 조직화된 블록의 유권자들을 위한 정책으로 생각하면 된다(Schwartz 1987; Smith and Bueno de Mesquita 2012). 대부분 정치인들은 고속도로, 학교, 국방, 국립공원 설립 등 무엇이 됐건 국내의 프로그램에 한정된 예산을 집중함으로써 가장 큰 효과를 볼 수 있다.

유권자는 자신이 낸 세금이 뭔가 가시적인 혜택으로 돌아오길 바란다. 아주 가끔은 아주 멀리 떨어진 국가를 위해 뭔가 하는 것이 고속도로를 더 늘리거나 노숙자 쉼터를 만드는 것보다 국내 유권자를 만족시키는 더 나은 방책이 될 수 있다. 물론 외국으로 돈을 써서 국내유권자를 기쁘게 할 기회라는 것이 직접적으로 국내에서 유권자를 도울 기회보다 훨씬 적은 것이 사실이다. 그것이 해외원조 지출이 적은 한 가지 명백한 이유이다. 그렇다 해도 가끔 해외로 쓰인 돈이 더 많은 정치적 이득을 남길 수 있고 이는 정치적으로 현명한 선택이 되곤 한다.

원조 프로그램을 선호하게 하는 한 가지 측면은, 적어도 어떤 사람들에게는, 많은 해외원조 프로그램이 국내 유권자를 도울 수 있는 요구사항과 밀접하게 연결되어 있다는 것이다. 예를 들어 미국은 가뭄에 시달리는 아프리카 국가에게 엄청난 양의 식량원조를 하지만 여기에는 조건이 있다. 미국의 생산자로부터 공급되고 미국이 제공하는 교통수단으로 운반된 식량이어야 한다는 것이다. 당연히 유권자 입장에서는 그 돈이 기아에 대처하는 데 쓰이면서도 특히 미국산 제품을 사용하고 미국 소유의 교통수단을 이용한다는 점에 기분이 좋을 것이다. 톰 랜토스(Tom Lantos) 의원(D-CA)은 이 점을 알고 부시 대통령이 해외에서 더 싸게 더 많은 음식을 공급할 수 있는 방법으로 식량원조를 제안했을 때 이 프로그램에 대한 지원은 하룻밤에 사라질 것이라고 말했다. 왜 그런가? 이유는 미국 농산물과 원조의 고리를 끊는 것은 결국 원조로부터 국내 농업 종사자들(잠재적으로 중요한 선거구의)이 받는 혜택을 빼앗는 것과 같은 결과를 가져오기 때문이다. 미국국제개발기구(USAID)가 랜토스 의원의 견해에 혹평을 할 때 간과한 것은 원조가 왜 그렇게 소량의 지출로 이뤄지는지, 즉 원조가 상대적으로 소수의 미국인에게만 도움을 주고 그래서 정치인이 소량의 지출로도 상관없어 한다는 사실이다.[5]

일본과 노르웨이, 스웨덴, 덴마크의 해외원조에서도 유사한 패턴을 볼 수 있다. 예를 들어 슈래더, 후크, 테일러(Peter Schraeder, Steven Hook, and Bruce Taylor 1998)는 스웨덴 원조의 동기가 2가지(친사회주의 이데올로기와 인도주의적 필요성보다 스웨덴의 영향을 크게 할 수 있는 나라에 대한 무역이익)에 기반을 둔 것임을 보여준다. 스티븐 후크 및 광장(Guang Zhang)도 마찬가지로 일본 정부가 '군사지출의 민주화, 인권 그리고 억제'(1998, 1051)에 대한 지원을 제공할 것이라고 발표한 후에도 그 원조는 이타심이 아닌 국가 이익이라는 큰 틀 아래에서 진행되었음을 보여준다. 원조 공여국이 가난한 나라의 가난한 사람들을 위해 좋은 무엇을 찾고 있는 것보다 공여국 자신을 위해 좋은 무엇을 찾고 있다는 메시지를 지속적으로 이들 연구로부터 볼 수 있다.

해외원조를 통해 공여국 지도자가 받는 이득이 큰 경우 원조를 결정한다. 하지만 해외지출로 인한 이득이 그렇게 크지 않기 때문에 해외원조로 나가는 총액은 미미한 실정이다. 많은 국민은 자신이 낸 세금이 인도의 마을에 우물을 파거나 아프리카 어린이를 위한 말라리아 퇴치보다는 처방약과 의료에 대한 지원, 자동차 안전기준 강화, 환경보호, 독성폐기물 처리를 위한 기금 마련 등 국내의 가치 있는 프로젝트에 쓰이길 바란다. 그것이 지도자가 국내 프로그램에 더 많은 돈을 지출하는 이유다. 그렇지 않으면 재선에 성공하기 힘들기 때문이다. 물론 예방과 치료가 가능한 질병으로 불필요하게 죽어가는 불쌍한 아이를 도와주고 싶어 하지만 우리 자신의

5. 밀너와 팅글리(Milner and Tingley, 2011)는 해외원조 법안에 동의하는 의회의원의 투표 가능성이 얼마나 많은 자신의 지역 구민들이 수여국 정부와 긴밀한 관계를 가지고 있는가에 의존한다는 것을 보여준다. 원조에서 지역 주민들의 사적 이익을 담보할 수 없는 지역구 의원은 원조 법안에 반대할 가능성이 높다.

호주머니로부터 비용이 나가기 시작함을 알 때 그 목표는 더 이상 지키기 힘들어진다. 이것이 지나치다고 생각된다면, 정부가 머나먼 땅에서 가난한 사람들을 돕기 위해 당신이 혜택을 누릴 국내 프로그램, 예컨대 낮은 이자의 대학등록금 제도를 중단한다고 생각해보라.

필연적으로 모든 정부는 우리와 마찬가지로 가용한 예산의 제약에 직면하게 되어 있다. 얼마나 많은 좋은 프로그램들이 지원 가능한가에 대해 한계가 있다. 어려운 선택은 불가피하고 정치인은 가장 많은 표를 가져오거나 가장 적은 표를 희생하는 방향으로 선택을 하게 된다. 원조량이 미미하다면 원조에 사용되는 돈이 우리의 건강관리 비용을 조금, 아주 조금 줄이는 것에 대해 그렇게 신경 쓰지 않을 것이다. 그래서 원조는 현재 미미한 양만이 남아 있다. 우리는 합리적인 플랜으로 한 달간 휴대전화 서비스에 사용하는 것보다 훨씬 적은 양의 세금을 원조에 사용한다.

이제 누가 우리의 원조를 받으려 하는가에 대해 생각해보자. 만약 자유롭게 아무런 조건 없이 원조가 주어진다면 누구나 원조를 받기 위해 줄을 설 것이다. 필요한 모두를 돕기엔 너무 그 수가 많기 때문에 원조의 대상을 선택해야만 한다. 전략적 관점에서 보면 지도자에게 한 가지 중요한 요소는 원조로 인해 국내의 정치적 원군의 지지를 강화할 수 있는가 여부이다. 국내의 연합이 민주주의에서와 같이 큰 경우 일반 유권자들이 지지할 수여 대상을 선택해야 할 것이다. 그들은 동일한 금액을 국내 프로그램에 써서 얻는 것보다 원조를 통해 더 큰 수익을 주는 프로그램을 지원할 것이다. 예를 들어 미국의 군사기지를 허용하거나 미국 상품을 위해 더 나은 무역조건을 제공하거나 다른 억압에서 우리의 민족 또는 종교집단을 보호하는 정책양보가 이뤄질 수 있다면 유권자들은 약간의 돈을 원조에 사용하는 데 인색하지 않을 것이다. 미국의 이익과 협조할 의사가 있는 정부는 미국에 대해 적대적 정부보다 원조를 받을 가능성이 훨씬 높은 것이다.

자연실험(natural experiment)을 생각해보자. UN 안전보장이사회(UN Security Council: UNSC)는 상임이사국 5개국과 비상임이사국 10국을 포함해 15개국으로 구성된다. 비상임이사국은 각국이 속한 지역그룹에서 2년의 임기로 선출된다. 대부분의 지역에서 비상임이사국 선출과정은 정치 또는 정책에 의해 크게 영향을 받지 않고 특히 아프리카 같은 지역에서는 교대로 비상임 이사국을 선출한다. 어떤 나라는 비상임이사국으로 선출되기 전에는 어떠한 경제원조도 받지 못했다. 아마도 미국이나 다른 공여국이 원하는 어떤 것도 제공할 것이 없었기 때문일 것이다. 그러나 UNSC의 투표권을 가진다면 얘기는 달라진다. UNSC의 비상임이사국으로 선출되면 어떤 일이 일어날까? [그림 12-1]은 우리에게 중요한 2가지를 보여준다. 첫째, UNSC로의 진입은 이전에 지원을 받지 못하던 나라의 경우 일반적으로 2배 넘게 지

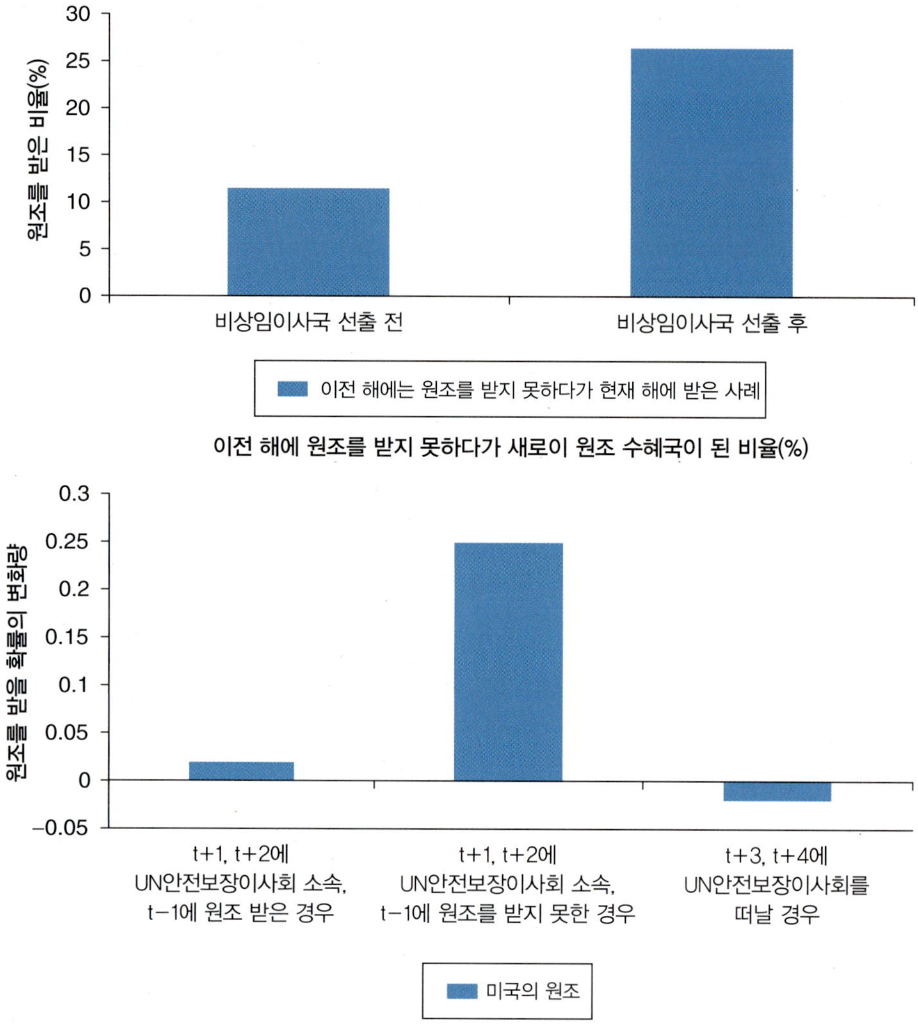

그림 12-1 **미국의 원조: 민주주의, 인구, 소득수준과 매치된 국가들**

원을 받기 시작한다. 둘째, 미국의 경우 비상임이사국에 선출되기 전 원조를 받을 가능성이 낮았던 나라도 일단 선출되고 나면 10배 이상 미국의 원조를 받을 가능성이 높아진다. 비상임이사국의 지위에서 물러나면 그 원조는 일반적으로 끊긴다. 왜 그럴까? 원조를 받은 UNSC의 국가는 원조 없이 UN총회에서 투표할 때보다 미국의 이익과 일관되게 투표하기 때문이다(Bueno de Mesquita and Smith 2010).

알고 보면 [그림 12-1]의 유형은 미국의 원조에만 해당되는 것이 아니다. 모든 공여국은 기본적으로 수혜국으로부터 어떤 유리한 도움을 받을 수 있을 때 원조를 결정한다. 이것이 해외원조를 하는 이유인 것이다.

누가 가장 쉽게 돈에 대한 대가로 정책을 양보할 수 있을까? 우리는 선출인단의 정치에서 해답을 찾을 수 있다. 작은 연합의 지도자는 직을 유지하기 위해 돈이 필요하다. 즉 필수적인 지지자들을 유지하기 위해 충분한 돈을 가지고 있어야 한다. 보통 작은 연합의 지도자는 고위직 군 장성이나 고위관료 아마도 가족 구성원의 충성을 사야만 한다는 것이다. 효과적인 공공정책은 자리를 오래 유지할 수 있는 방법이 아니다. 이는 작은 연합 지도자가 국민을 위해 좋은 정책을 펴는 것을 싫어한다는 것이 아니다. 단지 자신의 연합의 충성도를 유지할 수 있는 지출을 포기하고 좋은 공공정책에 집중한다는 것이 합리적일 수 없다는 것이다. 그렇게 한다면 그 지도자는 실업자로 전락할 가능성이 커질 것이기 때문이다. 그래서 원조 공여국은 민주국가일 가능성이 높다. 왜냐하면 원조 공여 시 수혜국으로부터 정책양보를 원하는데 그 양보가 유권자에게 사적 재화(캐터필러 트랙터의 해외 판매나 미국산 밀의 수출)와 공공재를 생산하는 데 도움을 주기 때문이다. 반면 원조 수혜국은 그 지도자가 생존을 위해 돈을 원할 것이기 때문에 독재국일 가능성이 높다.

한편 모든 잠재적 수혜국이 동등하게 매력적인 것은 아니다. 우리는 수혜국이 다를 수 있는 한 가지(정책에 대한 양보를 돈을 위해 팔 수 있는 능력)를 보았다. 이것은 민주주의 국가에게는 쉽지 않은 일이다. 왜냐하면 민주주의 지도자는 수많은 유권자의 지지가 필요하기 때문이다. 유권자가 원하는 정책을 포기하는 것은 재선에 도움이 되지 않는다. 그러나 이것이 독재국가만이 원조를 받고 민주주의 국가는 절대 못 받는다는 얘기는 아니다. 더 자세히 그 논리를 살펴보자.

A라는 민주주의 공여국 정부를 생각해보자. A는 자국의 유권자를 위해 수혜국으로부터 정책양보를 원할 것이다. 또한 정책양보의 가격은 같은 돈을 국내에서 사용해서 높일 수 있는 재선 가능성의 향상과 비교해서 결정해야 한다. 그래서 A는 원조량을 결정하는 데 까다로울 수밖에 없다. 언제 A가 많은 지출을 할까? A가 정말로 정책양보를 원하고 그 양보가 수혜국 입장에서 포기하기 어려운 경우일 것이다. 언제 그럴까? 민주주의 정부의 경우 정책양보가 어렵기 때문에 수혜국이 될 가능성이 매우 낮다. 하지만 만약 민주주의 정부가 매우 중요한 양보를 A에게 하는 경우 A는 아주 비싼 원조를 기꺼이 지불할 것이다. 그래서 민주주의 국가는 비록 원조를 받을 가능성이 매우 낮지만 원조를 받는다면 아주 많은 양을 받을 것이다. A가 정말 비싼 정책의 양보를 원할 때는 언제나 높은 비용을 원조에 쏟아부을 수밖에 없다. 만일 잠재적 수혜국이 A에게 필요한 정책의 양보 가격보다 높은 가격을 원하는 경우 A는 지원하지 않거나 적은 비용으로 가능한 정도의 작은 정책양보를 위해 수혜국 지도자와 흥정할 것이다. 이 흥정은 작은 연합 지도자가 큰 연합 지도자보다 쉬울 것이다. 작은 연합 지도자는 적은 수의 사람들에게만 보상을 하면 되기 때문에 낮은

가격을 감수할 여유가 있다.

이외에 아직도 원조를 주거나 받는 것을 결정하는 다른 요인들이 있다. 만약 B를 잠재적 원조 수혜국이라면 그리고 B가 많은 양의 국가예산을 가진 꽤 부유한 국가라면 B는 그 예산을 지지자들의 충성을 사는 데 사용할 수 있을 것이다. B가 부유할수록 지지자의 충성을 유지하는데 들어가는 비용의 한계가치는 줄어든다. 다시 말해 B에게 충성유지를 위한 돈의 효용의 형태는 오목하다. 즉 많은 돈이 항상 적은 돈보다는 효용을 증가시키지만 돈의 양이 증가할수록 효용의 증가분은 감소한다는 의미다. 이것은 제11장에서 배운 한계수확체감과 같은 아이디어다. 그래서 똑같은 정책양보를 얻으려 해도 돈에 대한 한계효용이 큰, 즉 가난한 나라의 지도자보다 B와 같이 부유한 지도자에게서 얻는 것이 더 힘들게 된다.

이것은 실제로는 훨씬 더 복잡한 논리를 간단히 보여준 것이다. 그러나 요지는 명확하다. 민주주의 국가는 독재국가보다 원조를 줄 가능성이 높다. 독재국가는 민주주의 국가보다 원조를 받을 가능성이 높다. 원조를 받는 경우 민주주의 국가는 독재국가보다 더 많은 양을 받을 가능성이 높다. 더 큰 정책양보가 이뤄지는 경우 작은 정책양보의 경우보다 많은 양의 원조를 받게 된다. 공여국 관점에서 보면 가난한 나라보다 부유한 국가로부터 정책양보를 받기가 어렵다. 그러므로 가난한 국가가 원조를 받을 가능성이 부유한 국가보다 크지만 원조를 받는 경우만 생각해보면 가난한 국가는 부유한 국가보다 더 적은 양의 원조를 받게 될 공산이 크다. 가난한 국가는 원조의 한계효용이 부유한 국가보다 더 크기 때문이다. [표 12-1]은 이와 같은 중요한 내용을 요약하고 있다.

표 12-1 해외원조: 공여국, 수혜국, 그리고 원조의 양

범 주	어느 나라가 원조를 공여할 가능성이 가장 큰가?	어느 나라가 원조를 수여 받을 가능성이 가장 큰가?	어느 나라가 가장 많은 양의 원조를 공여하는가?	어느 나라가 가장 많은 양의 원조를 받는가?
연합의 크기: 민주주의와 비민주주의	큰 연합의 민주주의 국가	작은 연합의 독재국가	가장 큰 연합의 공여국	큰 연합의 수혜국
이슈의 강도	정치적으로 중요한 양보를 원하는 국가	정치적으로 중요한 양보를 제공할 수 있는 국가	정책양보의 가치가 중요한 국가. 단 원조의 비용이 양보된 정책의 가치보다는 적은 경우	정책양보가 가장 어려운 국가. 단 정책양보의 비용이 공여국이 생각하는 양보된 정책의 가치보다 적은 경우
정부의 수입	수입이 많은 국가	수입이 적은 국가	수입이 많은 국가	수입이 많은 국가

한 가지 짚고 넘어갈 점은 누가 공여국이 되고 누가 수혜국이 되는지 혹은 얼마나 원조를 주고받는지에 대한 이제까지의 논의에서 원조 필요성에 대해서는 말하지 않았다. 이것이 공여국이나 수혜국이 가난한 사람들에 대해 무관심하다는 의미는 결코 아니다. 아마 관심이 있을 것이다. 중요한 점은 공여국과 수혜국 지도자는 권력을 유지하는 데 도움을 주는 도구로서의 원조에 더 관심이 많다는 점이다. 가난한 사람들에게 원조를 주는 것이 그 목표에 방해가 되지 않는 경우 도움을 받게 될 것이다. 그러나 [표 12-1]이 보여주듯 가장 가난한 나라는 많은 양의 원조를 받을 것으로 예상되지 않는다.

오히려 상대적으로 부유하고 민주적인 정부가 지원을 받을 가치가 높은 정책을 포기하고자 하는 경우에 공여국으로부터 많은 양의 원조를 받게 될 것이다. 이러한 점은 중요한 선택적 효과를 초래한다. 만일 원조 가격이 정책양보의 가치보다 비싼 경우 원조를 많이 받기는커녕 잠재적 수혜국은 아무것도 얻지 못하던지 훨씬 적은 양의 원조를 받을 것이다. 이것이 상대적으로 잘사는 민주주의 국가가 가난한 독재국가보다 원조를 받지 못하는 이유다. 그러나 독재국가는 설사 원조를 받을 가능성이 높다 해도 많이 받을 것을 기대해선 안 될 것이다.

이것이 우리가 경험적으로 관찰한 결과다. 세상의 엄청난 불행의 양에 비해 너무 적은 양의 원조가 있는데 이는 삭스(Sachs)와 같은 경제학자의 견해와는 대조적으로 공여국에 의한 실수나 오류에서 비롯된 것도 아니며, 본질적으로 공여국이 인색하기 때문도 아니다. 원조량은 공여국 국민의 국내정치의 필요에 의해 구동된 균형의 일부인 것이다. 공여국 지도자는 국민이 지도자로부터 원하는 만큼을 제공한다.

같은 이유로 두 번째 견해, 즉 수여국의 정부 관료들이 부패해서 많은 원조가 도둑맞기 때문에 더 많은 원조가 불가하다고 주장하는 사람은 원조 논리의 중요한 점을 간과하고 있다. 부패한 관료는 바로 공여국에게 정책양보를 함으로써 국민을 팔아버릴 수 있는 그러한 정책양보가 안보에 관련된 것이건 무역이나 혹은 다른 이슈이건 상관없는 바로 그런 사람들이다. 작은 연합의 독재자가 가장 원조를 받기 쉬운 이유는 그가 정책을 팔아서 그 돈으로 중요한 정치적 동맹의 충성을 지속적으로 살 수 있기 때문이다. 그러므로 부패한 정부에게 원조를 하는 것 또한 균형의 일부가 된다. 이 균형은 수혜국 지도자와 작은 연합을 구성하는 핵심 지지자들의 이익에 의해 그리고 공여국 지도자와 그가 큰 연합을 구성하는 유권자에 의해 결정된다. 오로지 수혜국의 가난한 국민만 이러한 결론에 의해 피해를 입게 되지만 혁명적 대중운동과 정부를 전복시킬 수 없는 환경에서 지도자가 국민을 팔아버리는 것을 막을 방법은 없다.

12.2 원조에 대한 가설들을 위한 증거

원조 수혜국을 결정할 때 선출인단에 기초한 접근은 꽤 비관적이다. 물론 수혜국에 대해 가지고 있는 감정에 따라 가설을 받아들이거나 부정해서는 안 된다. 오직 가설을 뒷받침하는 증거들이 세상이 돌아가는 상황과 맞물려 있을 때 가설을 확신할 수 있고 다음에 무엇을 할 것인지 생각할 수 있다. 보다 나은 결과를 도출해내기 위해 어떤 현상이 일어나고 있으며 그것이 왜 일어나는지에 대한 이해를 먼저 해야 한다. 해외원조의 수행 방식에 불만을 가진 사람은 '우리 즉 인간'이 문제의 한 부분인 동시에 또한 가능한 해결책이라는 것을 염두에 두고 어떻게 하면 원조방식을 변화시킬 수 있는지에 대해 심각하게 고민해야 한다. 무엇보다 이러한 문제를 해결하기 위해 우리에게 이득이 되는 정부 프로그램에 대한 이해나 안위 추구보다 세상에 존재하는 가난한 사람들의 이익을 먼저 고려해야 한다. 가난한 사람들을 더 많이 도와주자는 이상적 주장은 그 주장이 국가지원금에 대한 대다수 유권자의 이해와 배치될 때 큰 영향을 미치지 못할 것이다.

먼저 전체적인 주장을 뒷받침해주는 증거를 살펴보고 이론의 몇몇 예들을 현실을 통해 자세히 살펴보자. 전체적인 맥락은 OECD 국가들이 제공하는 원조의 패턴(OECD 국가들은 해외원조의 대부분을 차지한다)과 어느 나라가 얼마만큼의 원조를 받는지 등을 살펴봄으로써 알 수 있다.

비록 OECD 회원국은 세계 해외원조의 주요 공여국이지만 모두에게 공평한 혜택을 제공하지 않는다. 미국에서 하는 것처럼 누구를 수혜국으로 택할지 고른다. 한 통계자료는 큰 연립정부가 대부분 작은 연립정부보다 공여국인 경우가 많으며 대부분 부유한 민주주의 국가나 전제정권보다 가난한 독재정권에 적은 규모의 원조라도 제공하는 경우가 많다는 것을 보여주고 있다. 하지만 공여한 양에 관해서라면 전체적인 모습은 예상했던 것과는 달라진다. 수혜국 중에서도 큰 연립정부나 부유한 정권이 더 많은 원조를 받으며 무역이나 국가안보와 같은 분야에서 큰 규모의 정치적 양보를 기꺼이 허락하는 나라는 제공할 것이 없는 나라보다 더 많은 원조를 제공받는다. 예를 들어 잠재적인 원조 공여국에 대해 중립적인 외교정책을 펼치는 나라는 이미 적극적으로 원조 공여국을 지지하는 나라들보다 더 많은 원조를 받는다. 그리고 지리적으로 공여국과 가까운 위치에 있는 나라가 멀리 위치해 있는 나라보다 더 많은 원조혜택을 받으며 원조국의 식민지였던 나라(즉 원조국과 더 활발한 무역 가능성이 있는)가 그렇지 않은 국가보다 더 많은 원조를 받는다. 빈곤의 중요한 지표인 기대수명은 경제적인 원조 수혜나 그 금액과는 크게 상관이 없는 것으로 나타나고 있다. 빈곤의 다른 지표인 1인당 국민소득 또한 원조 수혜를 크게 설명하기는 어렵다.

구체적인 사례를 통해 이런 주장들에 대한 확신을 가질 수 있다. 어느 나라가 미국 해외원조의 가장 큰 수혜국일까? 이스라엘, 이집트, 파키스탄은 여러 해 동안 미국의 가장 큰 수혜국이었다. 부유한 민주주의 국가인 이스라엘은 아직도 미국으로부터 상당한 금액의 원조를 받고 있다. 이에 응해 이스라엘은 주요 외교정책 결정 사안에 대해 미국 정부와 매우 긴밀히 협력하고 있으며 미국 정부의 요청에 따라 몇몇 주변 국가에 대한 자체적 군사행동을 취하는 것을 단념했다. 이집트는 1978년 이스라엘과 이집트의 평화협정인 캠프데이비드(Camp David) 동의안에 서명하기까지 미국으로부터 아무런 원조도 받지 않은 상태였다. 하지만 1980~2011년까지 호스니 무바라크(Hosni Mubarak)가 이끄는 이집트 정부가 대중의 반란에 의해 전복되기 전까지 미국의 가장 큰 원조 수혜국 중 하나였다. 아랍의 봄 혁명 이후 미국은 새로운 이집트 정부가 미국의 정책에 협조적인지 여부를 판단하는 동안 몇몇 원조를 잠시 중단했다. 그리고 무바라크의 독재정권 몰락 후 차기 대체 정권이 결정되기 전 새로운 이집트 임시정부가 이스라엘과 미국에 대해 비우호적 정책을 펼침에 따라 원조는 중단되었다.

이집트와 마찬가지로 파키스탄도 미국으로부터 소규모 원조를 제공받고 있었다. 하지만 9.11 테러 이후 파키스탄이 테러와의 전쟁에서 일선에 놓이게 됨에 따라 상황은 급격히 변했다. 파키스탄 지도자에게 알카에다나 탈레반 또는 파키스탄 정보국의 일부에 —파키스탄 정보국은 미국의 이익에 반하는 테러리스트의 공격을 계획하고 실행하는 것을 돕고 있다고 여겨지고 있었다— 대항하는 것은 정치적으로 큰 비용이 드는 일이였다. 이러한 정치적 양보에 대한 비용은 높은 대가가 따르기 때문에 미국은 이를 높이 평가하고 그 대가를 지불해왔다.

그러나 파키스탄 영토에서 미군의 알카에다와의 전쟁이 점점 더 거세지자 정치적으로 살아남기 위해 안과 밖으로 균형을 유지해야 하는 파키스탄의 지도자에게 정치적 압력이 가해졌다. 미국의 특수부대가 파키스탄에 있던 알카에다 지도자인 오사마 빈 라덴을 파키스탄 정부에 사전 통보 없이 사살하자 —미국은 파키스탄 지도층이 빈 라덴에게 정보를 누설할 것을 우려했다— 파키스탄 정부는 미국에 소극적인 태도를 취하기 시작했고 미국은 의회 결정에 따라 원조를 중단했다.

통계자료와 사례연구들은 지속적으로 OECD 공여국들도 미국과 같은 행동을 취하고 있음을 뒷받침하고 있다. 거의 대부분 필요에 기초해 원조를 제공하기보다 정치적 의도를 확대하는 것에 바탕을 두고 있다. 어떻게 권력을 쥐고 있는 정치지도자를 도와줄 수 있는지에 대한 전략적 계산은 누가 공여국이 될지, 누가 수혜국이 될지 이해하는 데 중요하다. 하지만 민주주의를 확대하겠다는 의지는 어떠한가? 민주주의 확대를 위해 원조가 적어도 도움은 되고 있는가?

TRY THIS

미국의 원조를 가장 많이 받는 10개 국가와 가장 적게 받는(원조를 받지 않는 국가는 제외) 10개 국가를 조사해보라. 그 국가는 통치방식에서 그리고 미국의 전략적 혹은 경제적 이익이라는 관점에서 어떠한 차이점이 있는가? 원조의 필요성(출생 시 기대수명, 1인당소득, 의료 혜택의 부족, 그 밖의 삶의 질을 나타내는 지표들을 통해 평가)이라는 측면에서 어떻게 다른가?

12.3 원조, 혁명 그리고 민주화

해외원조가 빈곤을 경감시키는 데 큰 역할을 하지 못하고 있다. 누군가 필요한 이를 위해 돕고 있다는 입에 발린 말과 자기 자신만을 돕고 있는 현실 사이의 격차는 매우 크다. 그러나 해외원조는 간접적인 방법으로 유익할지도 모른다. 원조는 민주주의 발전에 도움이 될 수도 있는 것이다. 그에 대한 증거는 기껏해야 번영과 그에 따른 민주주의 발전, 그 정도의 맥락이지만 민주주의가 번영을 촉진한다는 것은 분명한 사실이다. 따라서 미국의 밀레니엄챌린지 보조금(Millennium Challenge Grant) 프로그램과 같이 원조계획이 민주적 개혁과 결합된다면 해외원조는 원조 수혜국 국민이 원하는 것을 지급한 결과로 간접적으로나마 추후 경제적 성공을 촉진시킬 수도 있다. 슬프지만 이는 모두 사실이 아니다. 오히려 정반대의 내용이 사실이다. 해외원조는 민주화를 가로막는다.

앞서 설명한 바와 같이 원조 수혜국의 가난한 사람들은 결국 정부에 의해 버려진다. 지도자는 스스로의 권력을 유지하기 위해 금전적 목적을 위한 정책을 만들고자 하며, 원조 기부자는 싫어하지만 수혜국 국민은 환영하는 정책을 포기하기도 한다. 이 모든 부당한 대우는 결국 가난한 국가의 사람들이 거리를 점령하도록 부추긴다. 정부를 실각시켜 더 나은 것을 얻을 수도 있다는 희망과 기회를 생각하며 가진 것을 잃을 수도 있는 위험을 감수한다. 지도자가 대중의 반란이라는 위험에 직면했을 경우 이론적으로 그리고 실제로 어떤 일이 발생하는지 살펴보자.

정부에 위협을 가할 만큼 충분한 사람들이 거리로 나가 점령하는 것은 어려운 일이다. 결국 독재정부에서 반란이 일어날 가능성은 매우 높지만 독재자는 불충하다고 여겨지는 사람들을 가두거나 죽이는 데 한 치의 망설임도 없다. 신빙성 있는 위협을 가하기 위해서는 충분한 인원의 사람이 거리로 나가야 한다는 조정문제에 대해서는 여기서 다루지 않는다. 이 문제에 대한 해결책에 관심이 있는 사람은 수잔 로만(Susanne Lohmann 1994)과 에튼 부에노 데 메스키타(Ethan Bueno de Mesquita 2010)의 연구업적을 살펴보기 바란다. 이것이 어떻게 발생하는가에 대해 생각해보는 가장 쉬운 방법은 혁명가의 노력을 통한 티핑포인트(tipping point) 달성이며, 티핑포인트 하에서 열성적 혁명가는 위험을 감수하면서까지 다른 사람들이 같은 일에 동조하도록 이끈다. 이후 거리의 많은 사람들을 보고 더 많은 사람들이 위험을 감수하려 하며 이 과정이 정부가 충분히 위험을 느낄 만한 정도가 될 때까지 계속된다.

이러한 일련의 과정은 2010년 그리고 2011년에 중동 지역에서 일어났다. 정부의 부당한 대우에 좌절감을 느낀 한 사람이 튀니지에서 분신자살을 한 것이 사건의 발단이었다. 이후 수백 명의 그리고 수천 명의 사람들이 이에 동조해 거리로 나아갔다. 결국 죽어간다고 소문이 돌던 튀니지의 독재자는 물러났으며(이후 그는 코마상태에 빠졌다) 정부는 진짜 선거를 하는데 동의했다. 그러는 동안 이집트, 예멘, 바레인, 시리아, 리비아, 그 밖의 국가들에서 국민은 성공할 수 있다는 가능성을 보았고 역시 거리를 점령했다. 얼마 지나지 않아 이집트의 무라바크(Mubarak) 정부는 퇴진했다. 잇따른 반란군(NATO에 의해 지원을 받는)과 리비아의 카다피 정권 사이의 혈전으로 카다피의 독재는 무너졌으며, 이는 지역군벌과 지배세력으로 대체되었다. 바레인에서는 혁명세력을 억누르기 위한 무력이 성공적으로 사용되었으며, 시리아에서는 이 글이 작성되고 있는 이 시점에 바샤르 알 아사드(Bashar al-Assad) 정권에 의해 수천 명이 희생되며 싸움이 계속되고 있다. 1980년대 후반~1990년대 초반 동부 유럽국가에서도 이웃 국가로 반란이 연이어 발생하는 이러한 패턴 양상이 있었으며 결과적으로 사회주의 국가의 붕괴와 소련의 해체를 가져왔다. 대부분의 구 사회주의 국가는 민주화되었다. 이후 일부는 민주화되었지만 일부는 전제적 통치방식(러시아를 포함)으로 되돌아갔다. 이러한 서로 다른 선택을 하게 된 이유를 살펴보자.

2007년 12월 케냐에서, 몇 달 후 짐바브웨에서 많은 사람들이 부당 선거에 항의해 거리를 점거했다. 이 행동은 민주주의라 표현할 수 있는 어떠한 것도 생산해내지 못했고 이전 세력들 간의 연합적 리더십을 이끌어내는 데 그쳤다. 우리는 케냐와 짐바브웨와 같은 곳에서 진짜 민주주의가 어떤 전망을 가질 것인지 그리고 해외원조가 이 전망에 어떤 영향을 미칠 것인지 이해해 보고자 한다.

가끔 사람들은 거리를 점거한다. 그러나 그렇지 않은 경우가 더 많다. 시민들이 거리를 점거할 때 어떤 일이 일어나는가? 2가지 상반된 관점으로 이 질문에 대답해보자, 정부는 이렇게 대응할 수 있다. 1) 민주주의를 증가시킨다 혹은 2) 독재정치를 증가시킨다. 우선 대규모 시위를 실현 가능하게 하는 요소를 전략적 관점에서 생각해보자.

앞에서 배웠듯이 큰 연립정부에 의해 통치되는 경우 많은 공공재가 생산되며, 여기에 조정재 혹은 자유재라 일컬어지는 상품군도 포함된다. 조정재는 함께 의견을 교환하고 행동을 조직화하는 집단행위를 용이하게 하며 이는 제9장에서 언급한 출판의 자유, 언론 자유, 집회의 자유를 포함한다. 이러한 조정재는 많은 사람들이 정부에 대한 의견이나 좋아하지 않는 정책에 대한 비판과 같은 정보를 쉽게 공유할 수 있도록 해준다. 이는 조정재의 2가지 효과를 설명하는 데 중요하다. 또한 국가건설을 위한 선출인단에 기반을 둔 게임이론적 접근방식의 근본적인 가정으로서의 역할을 한다.

1. 한 국가가 더 많은 공공재를 가질수록, 특히 조정재를 가질수록 국민은 정부에 대항해 투쟁할 이유가 적어진다. 국민은 이미 원하고 요구하는 정책을 누리고 있기 때문이다.
2. 한 국가가 더 많은 공공재를 가질수록, 특히 조정재를 가질수록 정부에 대항하는 반란이 일어났을 때 성공할 가능성이 더 높다.

기대효용이라는 측면에서 볼 때 2가지 가정은 이미 공공재가 보편화된 곳에서는 정부에 대한 반란이 상대적으로 적은 효용을 가져다주지만, 일단 반란이 일어나면 성공 확률이 상대적으로 높다는 사실을 보여준다. 따라서 반란에 대한 기대효용은 상대적으로 반란에 성공할 확률이 얼마나 가파르게 상승하는지 그리고 조정재의 변화 정도에 따라 반란을 일으킬 인센티브가 얼마나 가파르게 감소하는지에 따라 결정된다.

반란을 일으키고자 할 때 사람들은 몇 가지 요인을 고려한다. 반란은 비용을 수반하므로 거리로 나가는 것이 어떤 비용을 가져오는지를 생각해야 한다. 죽을지도 모르고 감금될지도 모르며 직장이나 가정을 잃을 수도 있다. 또는 정부가 반정부 시위를 정치의 일부라고 간주해버릴 수도 있다. 미국과 같이 헌법이 집회의 자유, 언론 자유, 출판의 자유를 보장해주고, 시민들의 고충이나 불만사항을 정부에 탄원할 수 있는 권리가 마련되어 있으며, 법치주의가 이 모든 권리들의 실행을 확실히 해주는 곳에서는 시위는 정치의 일상적인 모습이다.

중국에서는 반정부시위가 결코 일상적이지 않다. 2008년 5월 중국에서 큰 지진이 발생한 후 학교의 붕괴로 아이를 잃은 수많은 사람들이 정부에 항의해 시위를 했다. 학교를 안전하게 건설하는 데 쓰여야 할 자금을 부도덕한 건설주와 정부 관료들이 빼돌렸기 때문에 많은 학생들이 희생을 당했다. 정부는 시위에 참가한 사람들을 체포하는 대신 이 안건에 대해 다시는 시위를 하지 않겠다는 조건으로 보상을 지급했다. 북한에서는 시위가 사실상 전례 없는 일이다. 그러나 정부에 대해 조금의 반감이라도 표현하는 사람은 감옥으로 보내지며 상당수는 처형을 당한다. 사담 후세인이 이라크의 지도자였을 때도 마찬가지였다. 정부정책에 동의하지 않은 사람은 감옥으로 보내졌고, 고문을 당했으며, 처형당했다. 따라서 시위가 발생하지 않는다는 것이 결코 사람들이 정부에 대해 만족하고 있다는 표시로 인식될 수는 없다.

그보다는 결과에 대한 두려움 때문에 시위에 참가하는 것을 단념할 수도 있다. 이는 조정재를 제한적으로 공급하는 억압적 정권의 특성 상 반란이 성공적으로 끝날 확률이 굉장히 낮음을 의미한다. 이러한 상황에서 자유를 얻기 위해 반란을 도모하기에는 위험이 너무 크다. 반란이 일어났을 때 대상이 된 정부는 다양하게 반응할 수 있고 (간단히 살펴보았듯이) 그러한 반응은 여러 가지 요소 중 정부가 이용할 수 있는 해외원조와 같은 자유재량의 자금이 얼마나 확보되어 있는가에 따라 영향을 받는다.

기본적인 선출인단이론에서 지금까지는 현직 지도자를 몰아내고 정권을 장악하려는 정치적 도전(국내 또는 국외)만을 고려했다. 지금부터는 관점을 확장시켜 혁명적인 대중운동이 기득권 세력을 몰아내려는 노력을 하는 동시에 정부의 근본적 제도를 바꾸려 노력하는 가능성도 포함된다고 생각해보자. 모든 혁명이 주창하는 바와 같이, 이는 국가를 민주화시켜 가난한 사람들과 현 정부와 제도 하에서 억압받은 사람을 돕고자 한다. 물론 혁명가는 민주주의를 외치고 있지만 그 주장은 가감해 받아들여져야 한다. 미국혁명과 인도, 남아프리카에서 있었던 혁명과 같이 몇몇 성공적인 혁명은 민주주의를 이끌어냈지만 쿠바, 중국, 리비아와 같은 곳에서 있었던 혁명을 포함해 많은 혁명은 민주주의를 이끌어내지 못했다.

반란 혹은 혁명의 위협과 위협을 감소시키기 위한 지도자의 선택을 모델화 해보자. 정부 수입의 근원이 어디인지를 고려해보는 것으로 시작하자. 한 가지 분명한 수입원은 소득세와 정부가 노동자에게 부여한 다른 모든 종류의 세금이다. 또 다른 수입원은 정부가 기름, 다이아몬드, 금과 같은 천연자원을 팔아서 얻게 된 자금이나 사기업에게 천연자원 사용을 허용함으로써 얻는 요금이나 로열티다. 이는 수익을 창출하기 위해 필요한 노동력의 양과는 별도이다. 세 번째 수입원은 해외원조라는 형태로 외국 정부에 의해 지급된 자금이다. 마지막에 언급한 2개의 수입원(해외원조와 천연자원의 사용으로부터 얻는 수입)은 수익창출을 위해 사용되는 노동력의 양과 정비례하게 증감하지 않는다는 공통점이 있으며, 반대로 첫 번째로 언급한 수입원(노동에 부과된 세금)은 정비례하는 특징이 있다. 이는 생산성과 경제성장에 중요한 점을 암시해준다. 사람들이 열심히 일하면, 더 많은 소득을 생산해내며 이로부터 정부는 세금을 부과한다. 낮은 세율은 생산한 것에 대한 더 많은 부분을 가질 수 있게 함으로써 노동자는 더 열심히 일할 유인이 생긴다. 따라서 낮은 세율은 생산성과 생산량을 증가시키고 사람들을 부유하게 만들지만 생산된 부에 대한 정부의 할당량은 적어진다(물론 정부에게 돌아가는 절대적인 가치는 상당히 클 수 있다). 따라서 낮은 세율과 정부에 의한 생산성-공공재 공급은 정부 수입원을 늘리는 한 방안이 된다.

제2장에서 설명한 선출인단이론에서 알 수 있듯, 지도자는 공공재(g)와 사적 재화(z)를 소비하며, 연방정부 유지를 위해 사용되지 않은 돈은 지도자의 재량에 따라 사용되는 자금이 된다.

우리가 살펴볼 공공재의 공급에 대해 명확하게 하기 위해, 현직 지도자(L)에 의해 제공되는 공공재를 g_L이라 하고, 혁명지도자(D)에 의해 제공되는 공공재를 g_D라 부르도록 하자. 공공재의 단가는 p이고 사적 재화의 내재가격은 W다. 지도자의 연합에 속해 있는 구성원이 바로 사적 이익으로 보상을 받는다. 공공재가 생산성을 향상시킨다는 사실을 명심하며, 노동에 대한 세금으로 거둬지는 수익을 각각의 지도자 하에서 tg_L 그리고 Tg_D라 정의해보자. 여기서 $t>T$를 만족한다(다시 말해, 현직 지도자는 혁명 지도자가 약속한 것보다 작은 연방정부를 운용한다. 혁명 지도자는, 거짓일 수도 있지만, 노동에 대한 낮은 세율을 약속한다). t와 T의 값은 각각 현직 지도자에 의해 적용되는 세율, 그리고 혁명가에 의해 적용될 것이라고 제시된 세율을 의미하며, 각 경우 세율은 공급한 공공재(g)에서 비롯한 유익한 효과의 결과로서 국가 전체에서 생산된 부에 대해 적용된다.

$T>0$이라 가정하면 총세수(현직 지도자가 권력을 유지하는 한 tg이고 혁명 지도자가 권력을 차지해 약속한 세율을 적용하면 Tg가 된다)는 공공재의 공급이 늘어날수록 증가한다.[6] (완전하게는 아니지만) 노동과 관련 없는 수입원(천연자원이나 해외원조)은 R로 정의하자. 이 경우 현 정권하의 정부 총수입은 $R+tg_L$로 표현된다. 그렇다면 $R+tg_L \geq pg_L+Wz_L$라는 식이 가능하다. 이는 pg_L+Wz_L(공공재와 사적 재화의 총비용)이 정부 수입($R+tg_L$)을 초과해서는 안 된다는 것을 의미한다. 다시 말해, 예산의 제약이 존재한다는 것이다(적자지출의 가능성은 분석 편의를 위해 배제한다).[7] 혁명 지도자가 권력을 차지해 약속한 세율을 적용한다면 예산 제약이 다음과 같이 표시된다.

$$R+Tg_D \geq pg_D+Wz_D$$

6. 여기서 제시된 단순화된 형태보다 더욱 완전한 형태의 분석에 관심 있는 독자는 Bueno de Mesquita and Smith(2009)의 논문을 읽어보길 권한다. 분석을 가능한 복잡하지 않게 유지하기 위해 세금에 대한 부정행위를 고려하지 않았다. 그러나 높은 세율은 일반적으로 세금에 대한 부정행위를 증가시키며, 소득이나 지하경제 활동을 숨기게 하는 경향이 있다.

7. 해외원조나 천연자원에 의한 수입과 같이 대출은 정부가 노동에 대한 세금을 올리지 않고 취할 수 있는 자금이라는 사실은 분명하다. 여기서 대출과 해외원조는 같은 방식의 분석법을 따른다.

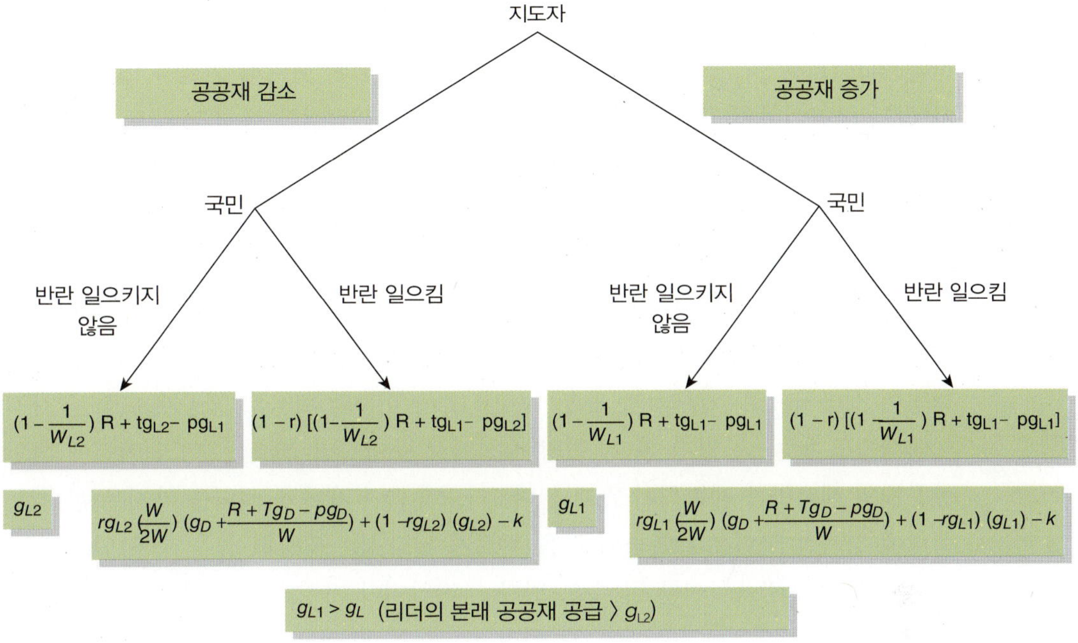

그림 12-2 반란을 피하기 위한 현 지도자의 전략

[그림 12-2]는 부에노 데 메스키타(Bueno de Mesquita)와 스미스(Smith 2009)가 해결했던 것보다 더 단순화된 게임을 소개하고 있다. 2009년 모델은 우연히 2010년 3월 무바라크 정권이 2011년 몰락할 것이라고 예측했으며, 2012년 말리(Mali)가 덜 민주화 될 것이라는 것도 예측했다. 민주주의 국가였던 말리는 실제로 2012년 3월 군사쿠데타로 고통 받았고, 그 결과 여기서 소개한 이 도구는 정권의 불안정성이나 혁명 위협에 대한 정책 대응방안을 예측하는 실용성을 갖추었다고 평가되었다. 이 단순화된 게임에서, 현직 지도자 L은 혁명가 D에 의한 시민들의 반란이라는 실질적 위협에 직면해 있다.

기득권 세력은 국민의 반란을 저지시킬 전략을 찾고 있다. 현 지도자는 2가지 즉각적인 전략을 생각할 수 있다. 위협을 무력화시킬 첫 번째 전략은 공공재, 특히 조정재를 지도자가 어느 정도 나누어주는 것이다. 또 다른 전략은 정반대의 방법으로 공공재의 공급을 줄여 현 지도자의 연합 구성원들에게 제공되는 사적 재화의 비중을 늘리는 것이다. 첫 번째 전략은 사람들을 더 나은 방향으로 이끌며 위협을 무력화시킨다. 두 번째 전략은 사람들이 서로 모이고 반란을 조직하는 것을 어렵게 만들어 정부를 타도하려는 사람들의 자신감을 감소시킴으로써 반란을 저지한다.

[그림 12-2]의 게임에서 지도자는 공공재 소비량을 증가시키거나 감소시키는 선

택을 한다. 정부가 어느 정도의 공공재를 제공하는지 알고 있는 상태에서 국민은 반란을 일으킬 것인지 일으키지 않을 것인지를 결정한다. 여기서 반란을 일으킬 소지가 있는 국민이라 언급된 사람들은 현 지도자의 승리연합에 속하지 않은 이들을 일컫는다. 다시 말해, 반란을 일으킬 수도 있는 이들이 정부로부터 얻을 수 있는 유일한 혜택은 공공재라는 것이다.

국민이 반란을 일으킨다면 정부를 타도하고 민주주의를 지향하는 혁명 지도자 *D*가 새롭게 권력을 잡을 수 있는 기회를 가질 수 있다. 국민이 현 정권을 타도한다면 (현 지도자에게) 최악의 경우, 혁명가는 민주주의를 도입할 것이며($S=2W$)[8] 국민은 혁명이 성공적으로 마무리 될 경우 $W/2W$(i.e., 0.5)의 확률로 공공재는 물론 사적 이익까지도 누릴 수 있게 된다. 혁명이 실패로 돌아가면, 국민은 혁명 이전에 받던 공공재의 혜택만큼 계속해서 받게 된다. 지도자 *D*가 새롭게 권력을 가지든 아니든, 혁명에 참가한 국민은 k 만큼의 값을 치르게 된다.k는 굉장히 높을 수도 있으며 — 목숨을 잃거나 감옥살이를 할 수도 있다— 직업이나 가정, 동료, 사회적 지위를 잃는 것과 같이 상대적으로 낮을 수도 있다.

실질적으로 반란 위협에 직면한 상황에서 지도자 *L*은 공공재, 특히 정부가 생산하는 조정재의 양을 늘릴 것인지 줄일 것인지를 결정한다. 선택은 3가지 요인에 의해 영향을 받는다. 1) 공공재의 증가가 시민들에게 반란을 일으키지 않을 정도의 만족감을 가져다 줄 수 있는가, 2) 공공재의 감소가 반란의 성공확률을 낮추어 사람들이 감히 반란을 일으킬 생각을 하지 않을 수 있는가, 3) 1번과 2번 중 어느 것이 현 지도자에게 유리할 것인가.

[그림 12-2]의 보수를 살펴보자. 마지막 노드에 나열된 첫 번째 보수(위쪽에 나열된 것)는 먼저 움직인 행위자(현 지도자)의 보수이며, 두 번째 보수(아래쪽에 나열된 것)는 국민이 받게 되는 보수를 나타낸다. 이 게임모델은 또한 현 지도자가 공급하는 조정재의 양이 증가하면 반란의 성공 가능성이 높아진다고 가정하고 있다. 일부 공공재(g_{L1})의 증가는 반란의 성공 가능성을 높이지만 동시에 반란을 일으키려는 인센티브를 낮추는 경향이 있다. 반면 또 다른 일부 공공재(g_{L2})의 경우에는 공급 감소가 반란의 성공 확률을 낮추지만 반란을 일으키고자 하는 욕구를 증가시키기도 한다. 이는 성공 확률과 성공 가치라는 2가지 힘의 균형으로 이루어지며, 공공재(특히 조정재)의 공급 메커니즘을 통해 현직 지도자에 의해 인위적으로 조작될 수 있다. 이는 반란에 대한 국민의 예상 결과가 부분적으로는 현정권의 통제 하에 있음을 의미한다. 현정권은 반란 위험을 최소화하기 위해 전략적으로 계산된 수준의 공공

8. 제2장의 내용을 떠올려보면, S는 선출인단(selectorate)을, W는 지배연합을 의미한다.

재(내재적 요인)만 제공하며, 동시에 현 지도자가 제한된 정보를 가지고 운용할 수 있는 제약하에서 자신의 이익과 목적을 최대화시킨다.

반란을 통한 기대수익과 비용 그리고 현 상태를 유지함으로써 기대할 수 있는 결과를 서로 비교함으로써 국민이 반란을 선택할 것인지에 대한 여부를 파악할 수 있다. 게임트리에서 국민이 반란을 통해 얻을 수 있는 보수는 기대효용의 관점에서 길게 서술되어 있다. 긴 표현은 단지 비용(k), 이익(g_D라 표기된 공공재와 사적 재화를 의미한다)으로 가중치를 부여해 반란의 성공/실패 확률(공공재의 공급이 증가할 경우 rg_{L1}, 감소할 경우 rg_{L2})을 계산한 것이다. 앞서 사적 재화를 z라 표기했었다. 이 게임모델이 암시하는 바를 파악하기 위해 사적 재화 z의 가치를 예산과 공공재에 관한 식으로 정리한다. 예산 제약에서 소비를 극대화시키려는 정부의 노력에 근거해 문제를 풀고자 한다. 대수적 변형을 통해 z를 풀면 [그림 12-2]의 두 번째 이익에 관한 식이 도출된다.

$$R + TG_D \geq pG_D + WZ_D \Rightarrow Z_D = \frac{R + Tg_D - pg_D}{W}$$

반란을 일으킬 것인지를 결정함에 있어 국민은 위에 제시된 보수와 현정부를 그대로 유지했을 때 얻을 수 있는 보수(g_{L1} 또는 g_{L2})를 비교한다. 반란을 일으킬 때의 보수가 높으면 반란을 일으킬 것이며, 그렇지 않으면 현정권을 유지할 것이다. 반란이 성공적으로 일어날 확률(r)이 충분히 커서 반란으로 얻을 수 있는 보수가 아무것도 하지 않았을 때의 보수를 훨씬 능가하는 경우를 구하면, 다음 조건을 만족하는 경우에 반란이 일어난다고 볼 수 있다.

$$r > \frac{2kW}{g_L(R - 2g_L W + Tg_D - Pg_D + g_D W)} \qquad \text{식 (12.1)}$$

식 (12.1)을 자세히 살펴보자. 지금까지는 현직 지도자가 공공재를 증가시키는 경우인지 감소시키는 경우인지를 구분하게 해주는 아래첨자를 사용하지 않았다. 식 (12.1)은 복잡해 보이며 실제로도 그렇다. 따라서 복잡한 대수적 절차를 통해 풀기보다는 식 (12.1)을 따르는 수치적 예를 바탕으로 그림을 그려 공공재 공급의 증/감이 어떻게 r의 한계 크기에 영향을 주는지를 알아보고자 한다. 기억해야 할 점은 r은 부분적으로 반란이 성공할 확률을 나타내며, 다른 부분(공급되는 공공재의 양)은 r이 높을 것인지 낮을 것인지에 영향을 미친다.

현 지도자의 목표는 r이 식의 나머지 부분보다 크게 될 가능성을 줄이기 위해 식 (12.1)의 오른쪽 부분을 증가시키는 것이다. 결국 반란은 혁명가가 큰 모험을 감수

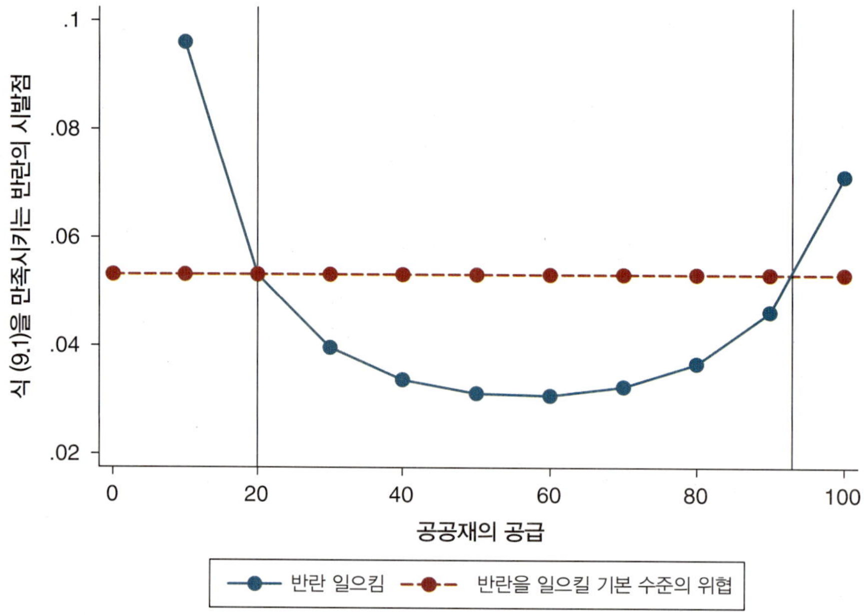

W=50, k=100, D=100에서 공공재, 현 정권 하의 공공재 기준치=20, 수직축은 현 정권 하에서 공급할 수 있는 공공재의 범위를 나타냄(0~100), 천연자원이나 해외원조(R)로부터 얻는 수익은 400으로 지정, 세율은 70이며 공공재의 1단가(p)는 0.

그림 12-3 반란을 일으킬 것인가? 일으키지 않을 것인가?

할 만큼 *r*값이 충분히 큰 경우에 발생한다. *r*값이 식 (12.1)의 오른쪽 부분보다 작거나 같은 경우, 국민은 더 이상 반란을 일으킬 이유가 없어진다. 거리를 점령해 얻을 수 있는 기대이익보다 현 상황에서 더 큰 편익을 누리기 때문이다.

[그림 12-3]은 공공재의 증감에 따른 반란 시발점(대중의 반란을 정당화하기 위해 *r*이 최소한 넘어야 하는 값)의 변화를 보여준다. 여기서 특정값(그림 아래쪽에 나열된)을 가정해 기준으로 삼았으나 이 특정값이 그래프의 개형에는 아무런 영향을 주지 않는다. 그래프는 사실상 일반적 형태를 따른다. [그림 12-3]에서 수평선의 중요한 점을 지나는 두 수직선이 보인다. 20을 지나는 첫 번째 수직선은 반란 위협을 받는 현정권에 의한 공공재 공급의 현 상태를 보여주고 있다. 두 번째 수직선은 93을 지나고 있다. 앞서 가정한 특정값을 사용하면 수직선의 0.05 지점을 지나는 수평선은 *r*값이 식 (12.1)의 오른쪽 부분과 같아지는 곳이다. 공공재 공급이 증가하거나 감소하면 *r*에 대한 반란 시발점(*r*값이 식 (12.1)의 오른쪽 부분을 처음 지날 때의 값)은 변화하게 된다. 이 값이 증가하면 반란을 정당화시키는 조건을 만족시키기 어려워지며 반란이 일어날 가능성은 줄어든다. 공공재 공급의 변화에 따라 이 값이 감소하면 국민의 입장에서 반란을 일으키기 위한 조건만족이 비교적 용이해지며, 반

란이 일어날 가능성은 증가한다. 반란의 위협이 위험수준까지 증가하면 현 지도자 *L*은 위험을 낮추기 위해 정책을 바꿀 수 있다. *L*은 반란을 통한 이익을 줄이기 위해 공공재 공급을 늘릴 수도 있고, 반란으로 인한 리스크를 증가시키기 위해 공급을 감소시킬 수도 있다.

이러한 논리를 바탕으로 [그림 12-3]을 조금 더 자세히 살펴보자. 이 그림의 곡선은 공공재 공급량이 0~100 사이라고 할 때 식 (12.1)로부터 도출된 *r*값을 나타내고 있다. 현 정부가 공급하는 공공재 양이 줄어들면서 20을 나타내는 수직선 왼쪽으로 그래프의 값이 증가하고 있다. 이는 지도자 *L*이 공공재 공급을 20 이하로 감소시킴으로써 국민이 반란을 일으키는 것을 저지할 수 있다는 것을 의미한다. 반란을 도모하려는 시발점이 점점 높아져 위험을 감수하고 반란을 일으킬 조건을 만족시키는 일이 점점 더 어려워지게 된다. 기억해야 할 점은, 수직축이 반란이 성공할 확률은 보여주지는 않으며, 국민이 현상유지를 하는 대신 반란을 선택하기 전에 확률이 얼마나 높아야 하는지를 보여준다. 그래프를 통해 공공재의 공급이 20 이하로 떨어지면 곡선이 급격하게 증가한다는 것을 알 수 있다. 즉 정부에 의한 공공재 생산이 적어질수록 반란을 일으키기 전에 승리에 대한 더 많은 자신감을 가져야 한다는 것을 의미한다(*r*은 1에 점점 더 가까워져야 한다). 결과적으로 공공재 공급의 감소는 반란을 일으킬 매력을 감소시키는 것이다.

공공재 공급량이 0~20 사이인 경우 곡선은 수평선 위에 놓이고, 공급량이 20을 넘어서는 순간 곡선은 현재 상태를 나타내는 기준선 아래로 떨어지기 시작해 공급량이 93 수준이 될 때까지 수평선 아래쪽에 놓여 있게 된다. 공급량이 93을 넘어서면 곡선은 다시 수평선 위로 상승한다. 즉 공급량이 20~93 사이에 있는 경우 공공재 공급을 증가시키는 것은 현 상태에 비해 반란 가능성을 더욱 높여준다. 여분의 공공재는 국민이 받는 부가적 이익을 증가시킴으로써 반란이 성공할 확률을 낮추기보다는 그에 대한 사람들의 자신감을 높여준다. 자신의 권력을 유지하고자 하는 지도자는 20~93 사이의 구간에서 공공재 공급을 원하지 않는다. 공공재 공급이 93 이상인 구간에서는 국민이 반란을 일으킨다면 성공확률이 상당히 높지만 공공재의 부가가치가 충분히 만족스럽기 때문에 반란을 일으킬 이유가 없다.

[그림 12-3]이 보여주듯, 현 정권은 사람들의 반란을 저지하기 위해 공공재의 공급을 늘리거나 줄이는 선택을 할 수 있다. 어떠한 방법이 선택되었는가의 여부는 현 정권이 민주화 되었는지 혹은 더욱 독재화 되었는지와 직접적 관련이 있다. 사유재와 공공재의 비율은 연합의 크기에 의해 결정된다는 사실을 기억할 것이다. 만약 지도자 *L*이 공공재 공급을 20에서 93으로 바꾼다면 사유재에 대한 지도자 *L*의 공공재 공급(예산 제약 식이 고정되어 있다는 가정하에)은 지도자의 지배연합의 규모에 비

해 제대로 역할을 다하지 못할 것이다. 공공재 공급 수준이 20인 경우는 작은 연합정부에게 균형을 이루는 적정량이다. 공공재 공급 수준이 93인 경우는 큰 연합정부에게 적합하다. 앞서 제시한 수치 예에서 후보 결정권자의 규모가 절반 정도인 연합은(새로운 지도자 *D*에 의해 약속된 지배구조) 공공재를 100 수준으로 공급한다. 공공재의 공급수준을 20에서 93으로 증가시킬 때 균형점을 이루기 위해서는 현 정권은 연합의 규모를 반드시 증가시켜야 한다. 반드시 민주화시켜야 한다.

물론 [그림 12-3]에서 알 수 있듯, 현 지도자는 공공재 공급량을 초기의 20 수준에서 0에 가까워지도록 감소시킴으로써 반란 위협을 감소시킬 수도 있다. 그러나 사적 보상에 대한 공공재 공급이 감소할 경우(이 경우에도 예산 제약은 일정하다고 가정한다), 현 정권은 공적, 사적 재화를 공급함에 있어 제대로 된 역할을 다하지 못하게 될 것이다. 이러한 딜레마적 상황의 유일한 해결책은 현 지도자 *L*이 연합의 일부 구성원들을 제거하는 것이며, 이는 정권을 더욱 독재화시킨다. 이 계획이 실행으로 옮겨지기 전에 연합 구성원이 그 가능성을 알아차리거나 기정사실화 되면 쿠데타 위험성이 증가한다. 현 지도자가 일부 구성원 제거에 성공할 수 없다면 또 다른 해결책은 이전 수준으로 계속해서 정부를 독재적 상태로 유지하며, 여기서 사적 보상이라 일컬어지는 부분을 상대적으로 증가시킴으로써 일부 지도자 개인에게 돌아가는 보상을 줄이는 것이다. 이는 현 지도자가 선호하는 방법은 아니지만 구성원을 제거하려는 시도가 쿠데타를 일으킬 가능성이 크다면 지도자 *L*의 최선의 선택이 될 것이다.

반란 위협을 해결하기 위해 공공재(그리고 연합의 규모)를 확장시킬 것인지 축소시킬 것인지 지도자는 어떻게 결정을 하는가? 해외원조나 천연자원(R)으로부터 발생하는 수익이 이 선택에 어떠한 영향을 미치는지 살펴보자. [그림 12-4]는 노동에 무관한 수입의 원천(해외원조와 천연자원)이 국가수입의 백분율로 증가함에 따라 지도자의 복지가 어떻게 변화하는지를 나타내고 있다. 이 그래프에서 지도자는 공공재를 확장시키기보다 오히려 축소시키려 한다는 것을 알 수 있으며, 이러한 경향은 세금을 기반으로 하지 않는 수입의 원천이 커질수록 강해진다. 이는 후보결정권 이론의 논리를 그대로 따르고 있다.

앞서 설명한 바와 같이 후보 결정에 대한 크기가 일정하다고 가정했을 때 연합정부의 규모가 줄어들고 마찬가지로 지도자의 공공재 공급이 축소되면 지도자의 자유재량으로 사용되는 정부수입이 증가한다. 자금은 해외원조와 같은 수입 원천에 대한 접근이 용이할수록 증가한다. 연합의 규모가 작을 경우에도 세율이 높기 때문에 자금은 여전히 증가한다. 해외원조에 관해 한 가지 더 기억해야 할 점은, 원조의 기회는 연합의 규모가 작을수록 높아지며 지도자가 공공재의 소비를 축소시킬 때 자

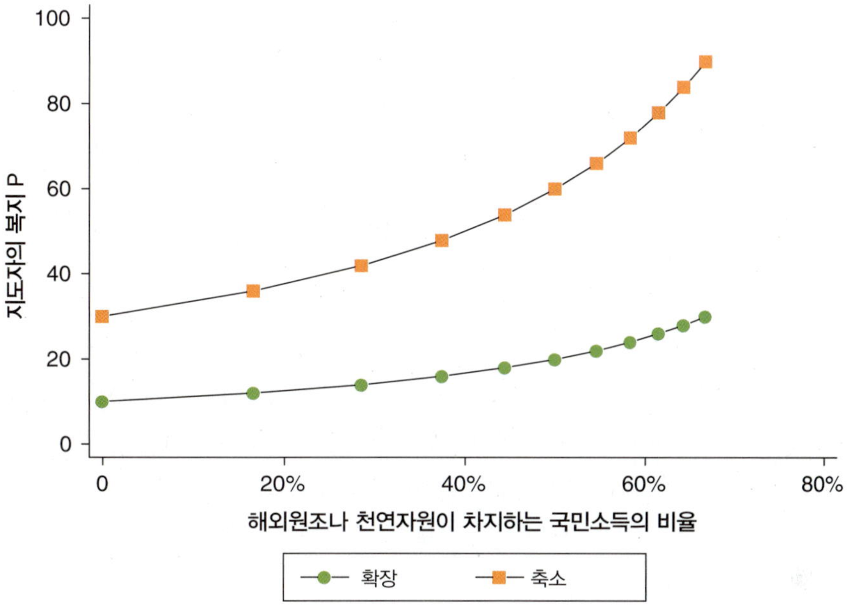

그림 12-4 노동과 무관한 정부 수입의 증가에 따라 공공재를 줄이고 사적 재화의 공급을 증가시키려는 지도자들의 인센티브

금이 지도자가 원하는 방식으로 올 가능성이 높아진다는 점이다.

[그림 12-4]에서 알 수 있듯, 지도자가 자유재량으로 사용할 수 있는 자금으로 예상할 수 있는 지도자의 복지수준(다시 말해, 총수입 – 공적, 사적 재화에 대한 정부지출)은 해외원조나 천연자원으로부터 나오는 수입 비중이 늘어남에 따라 증가한다. 또한 반란 위험성을 제지하기 위해 공공재 공급을 증가시키는 대신 축소시키면, 현 지도자의 복지수준은 더욱 빠르게 증가한다. 공공재 축소가 지도자에게는 매력적인 선택이긴 하지만 축소된 공공재의 양과 공급되고 있는 사유재를 일치시키기 위해 정치적 연합의 규모를 축소시키려 한다면 쿠데타 위험성이 증가한다는 사실은 이미 잘 알려져 있다. 쿠데타 위험성이 상당히 큰 경우에는 지도자가 공공재 공급을 늘리는 선택을 할 것이다.

연합의 구성원을 위해 사용되는 정부수입은 W/S비율이 증가함에 따라(또는 제2장에서 설명한 충성심에 대한 규범이 약해짐에 따라) 커진다. 제약이 없는 세계에서는 지도자가 항상 공공재 공급을 축소시키고 연합의 구성원들을 몰아내는 선택을 할 것이며, 스스로에게 철저한 보안과 수입에 대한 통제권을 부여할 것이다. 반란을 일으키고자 하는 위험에 직면했을 경우에는 [그림 12-3]에서 배운 바와 같이 지도자는 공공재 공급을 늘리거나 줄임으로써 권력을 안전하게 유지할 수 있다. [그림

12-4]에서 알 수 있듯이, 정권의 수입원이 천연자원이나 해외원조와의 관련성이 적어지는 경우 쿠데타 위협을 피하기 위해 공공재 공급을 확산하는 방향으로 기우는 경향이 있다. 예를 들어 이집트에서 무바라크 정권은 미국의 대규모 해외원조에 익숙해져 있었다. 2010년 오바마 대통령은 아프간 전쟁을 위해 해외원조를 50% 삭감했다. 천연자원에 대한 수익이 없고 해외원조가 절반으로 삭감된 상태에서 이집트의 국민은 반란을 일으키기 쉽고, 군대는 위험을 줄이려 하고, 연합의 규모를 축소하기보다 확대시킬 가능성이 커졌다.

이는 [그림 12-4]로부터 알 수 있는 메시지로, 자유재원이 없을 경우 대규모 반란의 위험에 직면한 정권에게 의미 있는 내용이다. 이집트의 경우, 정권에 대한 불만과 함께 나이든 지도자가 해외원조의 삭감으로 재화의 원활한 공급을 보장해주지 못하고, 잇따른 실업률 상승과 곡물과 같은 필수 음식의 가격이 치솟았기 때문이다.

지도자의 복지 규모 차이는 스스로를 곤경에서 구해 줄 자유재원이 많을수록 더 커진다. 노동력을 기반으로 하지 않은 수입이 더 많은 경우 공공재 공급을(그리고 연합의 규모를) 축소함으로써 얻는 이익이 더 크기 때문에 공급 축소가 더 매력적인 선택사항이 되며, 정권이 독재화될 가능성이 더욱 커진다.

시리아의 아사드(Assad) 정권은 큰 부채에 시달렸으며 천연자원을 통한 수입의 감소를 겪었다. 아사드 정권은 빠른 속도로 몰락하거나 친밀한 동맹국인 러시아, 이란, 이라크의 해외원조를 통해 개혁을 할 것이다. 러시아는 무기를 제공하고 경제적 지원을 해주었다. 이란과 이라크는 함께 50억 달러를 현금으로 지급해주었으며 무역 확대를 약속했다. 대규모 자금 투입으로 아사드는 연합 구성원들의 정치적 충성심을 얻을 수 있었으며, 그 결과 살아남아 혁명을 진압할 수 있었다. 그러한 수입의 원천이 없는 경우에는 연합(그리고 공공재)을 축소함으로써 얻는 한계이익이 미미하기 때문에 쿠데타를 피하는 것이 오히려 지도자에게 더욱 중요한 문제가 된다. 따라서 천연자원과 해외원조를 통한 수익이 적은 경우에는 민주화가 반란에 대한 더욱 적절한 대응책이 될 것이다. 즉 해외원조는 민주화를 지연시키는 역할을 할 수 있다.

이 모델의 논리를 설명하는 증거들은 비관적 결론을 강하게 뒷받침한다. 해외원조나 경제학자들이 천연자원의 저주라 일컫는 것은 결국 민주화를 가로막는다. 한 국가가 많은 양의 천연자원을 확보하고 있어 그 상품의 생산을 통해 소득을 벌어들일 때 상대적으로 적은 양의 노동력을 필요로 하며(예를 들어, 원유, 금, 다이아몬드를 통한 수익이 많은 경우), 비민주적 통치기관을 가지고 있는 경우 천연자원의 저주가 발생한다. 예를 들어 작은 연합정부에 의존하는 독재정권은, 부에노 데 메스키타와 스미스(Bueno de Mesquita and Smith, 2009)의 논문에 따르면, 해외원조나 원유수입을 통한 GNP가 10% 상승할 경우 그 사회에 속한 사람들의 자유는 8% 정도 감소한다고 한다. 이와 같은 발견은 불편하기 그지없지만 전략적 관점의 논리로 보면 이상할 것도 없다. 국민의 불만으로 곤경에 처한 정부에게 원조를 제공하는 공여국이 해외원조를 통해 정책양보를 얻어내는 경우, 이는 수혜국의 민주화를 위한 움직임을 저지하는데 일조를 하고, 간접적으로(아마 무의식적으로) 독재정권을 지지하는데 도움이 될 것이고, 심지어는 독재정권을 강화시키는데 도움이 된다. 짐바브웨, 케냐, 이집트와 같이 더 많은 해외원조를 원하며, 민주화 방향으로 나아가고 있다고 주장하는 몇몇 정권을 살펴보는 것은 상당히 의미 있는 일이다. 이 정권들에게 해외원조를 제공해주는 것은 정치적 발전을 돕는 것이 아니라 오히려 가로막는 일이다.

SUMMARY

지금까지의 논의를 정리해보자. 해외원조는 가난한 사람들을 돕는 것에 많은 도움이 되지 못하며, 실질적으로 상황을 더 악화시킬 수도 있다. 또한 해외원조는 반란의 위협을 느끼고 있는 정부가 덜 민주적이고 더 독재적인 방향으로 나아가게 만들며, 독재정권을 심화시키거나 일련의 쿠데타에 따른 불안정을 야기한다. 따라서 세계의 지도자들이 부채부담에 따른 정치적 불안정성을 해결하기 위해 해외원조의 형태로 부채 구제를 요청할 때 수혜자(즉 독재자)가 좋은 거버넌스와 자유의 향상을 위해 해외원조를 사용할 가능성은 낮아진다.

해외원조의 영향은 상당히 해롭다. 비열한 독재자를 배불리며, 권력을 유지시킨다. 해외원조를 통해 공여국의 유권자들은 원하는 정책적 양보를 구입할 수 있지만 도움이 가장 절실한 수혜국 국민, 즉 가장 도움이 필요하다고 간주되는 사람들에겐 오히려 피해가 된다. 이러한 패턴을 바꾸기 위해서는 해외원조를 받는 지도자 고유의 수요나 인센티브를 바꾸어야만 한다. 적은 양의 이익을 스스로 취하는 대신 가난한 사람들을 돕는 것에 더 많은 표를 던지도록 정부를 격려해야 하며, 공공재 공급을 수축하는 대신 확대하는 것이 권력 유지를 위해서도 나은 선택이라는 점을 원조 수혜국에게 확실하게 알려줄 필요가 있다. 이는 훌륭한 결과를 가져올 것이다. 그러나 이타주의가 널리 퍼지지 않은 오늘날 이러한 결과는 일어나기 어려울 것으로 보인다.

핵심 용어

인적자원 439	조정재 455	자유재 455

13

테러리즘은 합리적일 수 있는가?

마스크로 얼굴을 가린 팔레스타인 집권 파타당(Fatah Party)의 한 행동대원이 2009년 2월 서안지구의 도시인 라말라(Ramallah)에서 열린 마흐무드 아바스(Mahmoud Abbas) 대통령 지지 시위에서 팔레스타인 지도자였던 고 야세르 아라파트(Yasser Arafat)와 아바스 대통령의 사진 포스터를 들고 있다. 정치지도자는 자신의 야망을 확대하고 행동을 대내외적으로 정당화하기 위해 종종 강경론자들의 강한 신념을 활용한다.

OVERVIEW

- 민주주의 국가는 비민주주의 국가보다 테러의 목표물이 될 가능성이 더 크다. 이 장에서는 테러의 논리를 살펴본다. 테러의 원인뿐만 아니라 테러리스트의 위협을 해소하기 위한 노력이 갖는 어려움과 기회, 결과를 탐구해 평화를 고양시켜 본다.
- 테러리즘을 인식의 문제 및 약속의 신뢰성과 관련된 어려움으로 생각할 수 있다.
- 인식은 의도치 않은 결과를 양산하는 정책을 촉진할 수 있다.
- 테러리스트의 폭력 순환을 끊거나 감소시키는 유일한 방법은 행동의 변화를 통해서다. 그 변화와 관련된 위험과 비용은 한쪽이 약속을 지키지 않는 경우나, 반테러 노력이 실패해 보다 극단적인 잔존 테러리스트에 의해 폭력이 증가하는 경우다. 이들은 온건한 그룹들이 정부와 타협할 때 더 많은 자원을 갖게 된다.

ASSUMPTIONS CHECK

1. 이스라엘의 유능한 정보기관은 이스라엘과 팔레스타인 사이의 평화협정 협상 기대에 도움이 되는가 혹은 방해가 되는가?
2. 정부는 테러리스트와 협상해 테러리즘의 위험을 감소시킬 수 있는가?
3. 정부는 영토 내에서 활동하는 모든 테러리스트가 수용할 수 있는 양보 이행을 분명히 약속할 수 있는가?
4. 정부와 특정 테러리스트 간의 성공적 협상타결이 테러리스트의 반정부 폭력을 증가시키는 결과를 가져올 수 있는가?
5. 정부가 강경 테러리스트를 패배시킬 수 있을 가능성은 동시에 강경 테러리스트의 승리 가능성을 증가시킬 수 있는가?

ANSWERS

1. 이스라엘 정보기관 모사드(Mossad)는 양질의 반테러 정보를 제공한다. 이는 이스라엘 지도부가 반테러 정보에 대해 팔레스타인 지도부에 크게 의존하지 않는다는 것을 의미한다. 따라서 이스라엘 지도부는 반테러 정보에 대해 팔레스타인에게 양보를 제공할 유인이 상대적으로 적다.
2. 테러리스트에게 협상하자고 제안하는 것은 광신도 테러리스트(가령 이슬람 지하드나 알카에다, 상당수 하마스 구성원들)와 온건파 및 실용파 테러리스트를 분리시키는 데 도움을 준다. 후자(오늘날의 하마스의 상당 부분, 북아일랜드의 과거 IRA의 대부분 구성원들)는 협상에 열려 있으나 물론 정부가 모든 테러리스트와 협상하기를 거부하면 협상에 참여할 기회를 얻지 못한다. 온건파 테러리스트도 자신의 불만을 해결할 수 있는 다른 길이 없다고 믿기 때문에 실제로 테러리즘에 관여할 수 있다.
3. 테러활동을 하는 모든 단체에게 신뢰할 만한 양보를 하는 것은 분명 가능하지 않다. 대표적으로 일부 테러집단이 다른 테러집단에 대한 반테러활동에 도움을 줌으로써 보상을 받을 때만 협상이 신뢰할 만한 것이 될 수 있다.
4. 온건파 및 실용파 테러리스트와의 성공적 협상타결은 반테러활동을 통해 보통은 더 극단적인 나머지 테러집단들을 제거하지 않는다면 폭력 증가를 야기할 수 있다. 이는 정부가 대규모 온건파 테러집단에게 하는 양보에 대해 온건파의 극단적 지지자 일부가 불만을 가지기 때문이다. 불만을 가진 소수는 협상 타결 이후 더 많은 자원을 강경파에게 부여한다. 따라서 강경파는 폭력을 행사할 수 있는 더 많은 자원을 갖게 된다.
5. 온건파 테러리스트와의 협상은 더 많은 자원을 강경파의 손에 쥐어주지만 더 많은 자원과 지지가 정부로 가기도 한다. 특히 반테러 조치를 향상시키거나 남아있는 테러리스트에 대한 정부의 승리 가능성 증가 등의 형태로 이루어진다.

안타까운 사실이지만 해외원조는 종종 우리가 도우려고 생각하는 가난하거나 억압받는 사람들에게 해가 되기도 하는 것 같다. 특히 미국에서 원조를 받는 국가의 많은 사람이 미국 정부를 상당히 싫어한다는 결과는 그다지 놀라운 것이 아니다. 예를 들어, 퓨채리터블트러스트(Pew Charitable Trusts)는 2002년에 42개국에서 가치와 여론에 대해 조사했다. 그들은 특히 미국에 대한 의견을 물었다. 파키스탄에서는 69%의 사람들이 미국에 대해 극도로 부정적 의견을 가지고 있었고, 이집트에서는 그 수치가 79%에 달했다. 다른 40개 조사국에서는 단지 11%가 미국에 대해 극단적으로 부정적 의견을 보여주었다. 파키스탄과 이집트는 2002년에 미국으로부터 평균 16억 달러의 경제 및 군사적 지원을 받고 있었다. 반면 다른 40개국은 평균 9700만 달러의 원조를 받고 있었다.

상관관계가 인과관계와는 다를 수 있지만 상관관계가 인과관계를 반드시 배제하는 것은 아니다. 제12장에서 설명한 것처럼, 특히 원조를 받는 사회의 사람들의 시각에 원조가 왜 그렇게 강하게 부정적 영향을 미치는지를 살펴볼 때는 더 그렇다. 실제 이러한 패턴은 자세한 통계학적 분석에서 입증된다. 미국의 원조를 많이 받는 국가의 국민은 적게 받거나 전혀 받지 않는 국가의 국민보다 미국을 더 싫어한다. 하지만 미국 정부를 싫어하는 바로 그 사람들이 미국에서 살고 싶어 한다고 보고되기도 한다.

사람들이 싫어하는 것은 해외원조가 그들의 끔직한 지도자를 지원해주어 계속 집권하도록 도와준다는 생각인 것 같다. 그들은 또한 새로 이민 온 사람들에게까지도 공공재를 풍부하게 제공해주는 민주주의 사회의 개념을 좋아하는 것 같다. 하지만 비참한 사회에 살고 있는 모든 사람이 원조를 공여하는 민주주의 정부에 대해 이중적 생각을 가지고 있는 것은 아니다. 다른 사람들은 서방이 특히 자신의 정부에 미치려고 하는 정책선호나 압력을 지켜보면서 자신의 개인적인 정책적 바람이 정부에 의해 배반당하지 않기를 원한다. 불만족스런 소수의 사람이 자국 정부나 때로는 서구 민주국가에 대한 극단적 폭력에 관여하게 된다. 그들 중 몇몇은 테러리스트가 된다.

제12장에서는 혁명가나 반란선동가가 될 것 같은 사람들의 사고방식에 대해 알아보았다. 하지만 보통사람들의 마음에 공포를 일으켜 정부정책을 변화시키려고 폭력을 행사하는 사람에 대해서는 많은 설명을 하지 않았다. 이 장은 테러가 얼만큼 합리적이며 효과있는 전략인지를 알아보기 위해 테러리스트와 반테러리스트의 선택을 검토한다.

정책 거래를 위한 해외원조에 분노하는 것이 테러가 발생하는 하나의 요인이지만 유일한 요인은 아니다. 민주주의 국가가 특히 원조공여국이 되고 자생적 테러리스트는 아니지만 국제 테러집단들의 타깃도 된다. 테러리스트의 시각에서 보기에 정책적 목적을 위한 원조로 인해 발생하는 노여움과 분노에 더해 민주주의 국가의 가치는 테러에 취약하기 때문에 매력적인 타깃이 되기도 한다. 민주주의 국가는 법에 의한 통치와 인권보호에 대해 강한 집착을 포함해 공공재에 관심이 크다. 특히 정당한 법절차에 대한 강조는 민주주의 국가가 테러리스트가 선택하는 것과 비슷한 방법을 사용하는 것을 제한하는 역할을 한다. 우리 모두가 알고 있듯 민주주의 정부도 때로는 테러리스트 용의자에 대한 보복의 범위 제한에 좌절해서 보복능력을 향상시키기 위해 9.11 이후 미국의 애국자법(Patriot Act)과 같은 법안을 통과시키게 된다. 이것이 국내 분노를 잠시 동안은 가라앉힐 수 있지만 최소한 미국 역사에서 볼 때 그러한 극단적 행동은 결국 의회에서 폐지되거나 법원에 의해 무효화된다. 이 장은 테러리즘의 전략적 결과와 그 대응에 초점을 맞춘다.

테러리즘에 대한 민주주의 국가의 거의 보편적인 대응은 무자비한 폭력에 대해서는 정부가 심각하게 생각하고 있다는 시그널을 테러리스트와 국내의 유권자 모두에게 보여주는 것이다. 민주주의 국가는 테러리스트와 협상하지 않을 것이라는 정책 선언을 함으로써 테러를 인식하고 있다는 신호를 보낸다. 그러한 신호는 분명 테러리스트의 위협을 억지하고자 하는 것이지만 사실 테러 공격의 위험을 더 높일 수도 있다. 우리는 이것이 왜 그러한지에 대해 이 장에서 테러리즘의 논리를 살펴볼 때 알아볼 것이다.

나의 오래전의 개인적 경험에 따르면 테러리즘과 테러리스트 문제는 우리가 인식하는 것보다 훨씬 더 복잡한 문제다. 1970년 봄 나는 캘커타의 한 중년 신사를 인터뷰한 적이 있었다. 인도의 많은 정당 중 하나의 지도자인 그는 인도 정치에 대한 내 질문에 매우 꼼꼼하게 대답하며 나를 열심히 도와주려 했다. 그는 당시 인도에서 발생하고 있었던 정치적, 종교적 폭력에 매우 강한 혐오감을 지닌 친절하고 부드러운 신사처럼 보였다. 나는 그가 인도의 독립운동에서 간디(Mahatma Gandhi)를 추종했던 사람임에 틀림없다고 생각했다. 1920~1947년까지 영국의 식민지 지배에 저항한 간디의 비폭력 저항운동은 인도의 독립을 성공적으로 가져왔다. 하지만 이 예상은 완전히 빗나가고 말았다.[1]

독립 전 그의 활동에 대한 질문을 받았을 때 이 부드러운 노신사는 안다만(Andaman) 섬에서 영국이 운영한 죄수유형지에서 오랜 기간 힘든 생활을 보냈다고 했다. 그의 범죄는 제2차 세계대전 시 영국군을 수송하고 있던 민간열차를 폭파시

1. 그는 인도의 정치갈등에 대해 매우 평화적인 강령을 가지고 있는 프라자 사회주의 정당(Praja Socialist Party)의 당원이었다.

킨 것이었다. 그는 간디의 비폭력 저항운동에 반대하던 폭력적 반영 인도지하조직에 참여하고 있었던 것이다. 현대 용어로 하면, 그는 테러리스트이거나 해방전사였던 것이다. 어떻게 그처럼 친절한 노신사가 무자비한 폭력에 가담할 수 있었던 것일까? 돌이켜보아 그는 그만의 미묘한 방식에서 간디와 크게 동떨어진 사람이 아니라는 결론을 내리게 된다.

간디는 분명 영국의 인도 점령과 식민지배에 저항하면서 폭력적 대응을 엄격하게 반대했던 것이 사실이다. 하지만 간디 역시 자신의 저항행진이 영국 군대로부터 폭력적 대응을 불러일으킬 것이며, 비무장의 평화시위에 대한 폭력이 영국 시민들 사이에 도덕규범과 법에 의한 지배 및 정당한 법절차를 위반하는 것이라는 인식을 불러일으킨다는 점을 이해하고 있었던 것도 사실이다. 따라서 영국의 신문이 인도의 수많은 평화운동가들이 충돌하여 다치거나 죽어가는 모습을 기사화할 때 영국 국민은 점점 더 분노했고 지속적인 인도 지배에 대한 생각을 누그러뜨릴 수 있게 된 것이다. 폭력을 불러일으키는 간디의 전략이 효과를 발휘한 순간이었다.

테러리스트는 무자비한 폭력이 자신의 목적을 추진하는 데 비슷하거나 훨씬 더 잘 효과를 발휘할 수 있다고 믿는가? 그것은 2001년 9월 11일 미국을 공격한 19명의 테러리스트와 그 후원세력인 알카에다에 던질 수 있는 질문이다. 수많은 사람들을 상대로 한 살상을 스스로 어떻게 정당화할 수 있는가? 그처럼 극악하고 무모한 테러행위를 하게 되는 것은 미국과 미국 시민들에게 어떤 생각을 가지고 있기 때문인가? 간디는 자신의 목적을 달성하기 위해 폭력을 행사하는 사람들 사이의 도덕적 분노에 의존했다. 알카에다는 분명 그렇지는 않았고, 현재도 그렇지 않다. 동시에 알카에다는 사실상 지지자나 잠재적 지지자들에게 도덕적 분노를 불러일으키는 데 도움이 되어, 서방에 있는 어떤 사람도 죄가 없지 않다는 믿음으로 그들을 살인하는 것이 도덕적이라고 설득하는 것 같다. 이 장에서는 이러한 퍼즐의 답을 제시한다. 그 답은 여러분을 놀라게 할지도 모른다. 그것은 국제관계에서 지나친 단순화의 함정을 더 잘 이해하는 데 도움이 되어 현대세계에서의 테러리즘에 대한 더 넓은 시각을 보여줄 것이다. 또한 정책선언이 때로는 그것이 회피하고자 했던 결과를 되려 촉진하는 방식으로 인식을 형성할 수 있다는 사실에 달려있다.

13.1 테러리즘에 대한 믿음

테러리스트는 어떤 사람이며, 그는 어떤 특징을 보여주는가? 내가 테러리즘에 관한 논문을 쓴다면, 단어의 정의를 논하는 데만 수십 페이지를 쓸 것이다. 그것은 분명 논쟁적 개념이다. 종종 언급되듯 어떤 사람에게는 테러리스트가 다른 사람에게는 자유의 전사일 수도 있다. 이 글은 테러리즘에 관한 논문이 아니기 때문에 테러에 대한 꽤 직접적이고 직관적인 정의를 제시하려 한다. 테러리즘은 정부의 정치적 정책이나 행동을 변화시킬 목적으로 수행되는 폭력적 행동이다. 그 타깃이 정부정책을 바꾸거나 강제할 만한 개인적 권한을 가지지 않은 사람을 대상으로 하는 행동을 의미한다. 예를 들어, 2001년 9월 11일 미국에 대한 공격은 이러한 테러리즘 정의에 부합한다. 혼잡한 시장이나 카페, 버스에서 일으키는 자살폭탄테러는 이러한 정의에 부합한다. 군사시설이나 정부시설 공격은 여기에 해당하지 않는다.

테러리즘은 강자, 즉 정책결정자들의 행동을 변화시키기 위해 힘없는 개인에게 해를 입힐 목적으로 이루어지는 모든 폭력적 행동을 포함한다. 전시에 군사시설의 공격은 테러리즘이 아니다. 그러한 공격은 알카에다의 관점에서 보면 이슬람 국가에서 외국군대를 철수시키는 것과 같은 정책을 직접적으로 변화시킬 수 있는 군사조직을 겨냥한 것이다. 반대로 혼잡한 거리에서 시민 아무나에게 행해지는 공격은 정책에 직접적 통제권이 없는 사람을 겨냥한 것이다. 테러리즘의 목적은 사람들에게 두려움과 공포를 확산시켜 테러리스트가 선호하는 방식으로 지도자가 정책을 변경시키도록 압력을 가하는 것이다. 민주주의 국가는 많은 사람의 지지나 압력에 대한 반응에 크게 의존하는 데 비해 독재국가는 그렇지 않기 때문에 민주주의 국가가 테러리스트에게 매력적인 타깃이 된다. 가령 하마스는 이스라엘이 정부를 해산하고 1948년 이후 점령하고 있다고 주장하는 땅을 팔레스타인 사람들에게 돌려주기를 원하는 것이다. 하마스는 이스라엘 군대를 상대로 전쟁을 벌여 승리할 전망이 없으므로 대신 시민들을 공격해 두려움을 만들어내 추후 폭력 감소의 대가로 이스라엘 정부로부터 얻고자 하는 것을 얻을 수 있기를 희망하는 것이다.

많은 사람은 하마스나 알카에다 같은 집단을 보고 모든 테러리스트가 도덕관념이나 예의가 없는 비이성적이고 미친 광신도라 생각한다. 이러한 관점 때문에 정부가 테러리스트와는 협상하면 안 된다고 하는 믿음이 보편적이다. 실제로 영국, 이스라엘, 미국과 같은 많은 국가의 정부는 종종 테러리스트와는 결코 협상하지 않을 것이라고 공개적으로 선언한다. 테러리스트가 잔혹하고 강한 성향을 가진 사람이라는 믿음이 아마도 테러집단을 향한 이러한 대응의 이유일 것이다. 하지만 모두는 아니더라도 몇몇 테러리스트가 애초에 이러한 식으로 행동하게 재촉하는 것도 바로 이런 태도 때문일 것이다. 그러한 강력한 선언이 표를 얻는 데는 도움이 될지 모르지만 테러리스트에 대한 보복이 테러를 억지하는 데 장기적인 효과는 없다는 증거가 있다(Brophy-Baermann and Conybeare 1994). 왜 그런지 알기 위해 테러리즘에 대해 새로운 방식으로 생각하게 해주는 간단한 프레임을 살펴보자.

테러리스트가 되는 사람들 중에 협상이나 폭력의 선호도가 구별되는 두 종류의 사람이 있다고 생각해보자. 첫 번째 타입을 광신도라 부르는데, 이들은 우리가 보통 테러리스트를 생각할 때 떠올리는 단호하고 열광적인 사람이다. 아마도 알카에다는 대부분 이런 광신도에 속한다. 두 번째는 소극적 테러리스트라 부른다. 이들은 목적을 달성하기 위해 협상이나 외교와 같은 전통적 수단을 사용하기를 선호한다. 아마도 팔레스타인해방기구(PLO)나 그 정치적 계승자인 파타(Fatah)의 대부분은 이 종류에 속한다. 하마스는 분명 두 종류를 합친 것인데, 여기에 대해서는 어떤 테러리스트와는 협상을 하지만 모든 테러리스트와는 협상을 하면 안 되는 이점과 어려움을 살펴볼 때 다시 논의한다.

광신도와 소극적 테러리스트 모두 선택을 해야 한다. 테러행위를 시작하거나 일상적인 정치적 거래를 통해 정책을 바꾸기 위해 정치인에게 영향을 미치려 시도할 수 있다. 광신도는 정부가 자신의 제안에 어떻게 대응할 것이라고 생각하는지와 상관없이 테러행위를 선택할 것이다(물론 정부가 그들이 요구하는 것을 그냥 받아들이지 않는 경우지만, 이것은 가능성이 매우 낮은 것으로 여기서는 무시해도 된다). 그는 승자가 모든 것을 가진다는 태도를 가지고 있다. 그의 눈에는 자신의 투쟁이 개인적 목적을 넘어서는 정부를 통제하는 것이다. 반면 소극적 테러리스트는 테러리즘을 시작하기보다는 협상 타결을 위해 보통의 정치적 채널을 이용하고 싶어 한다. 그가 무자비한 폭력을 행사하는 것이 관찰되어도 '소극적' 테러리스트라 부르게 되는 이유는 보통의 방식으로 협상하려는 그의 바람 때문이다. 그는 협상을 원하지만 협상 노력이 어떻게 보상받을 것인지 확신을 못하기 때문에 과거에 정부와 협상한 경험에 비추어볼 때, 정부의 약속을 믿기를 주저할 것이다.

정치적 변화를 위한 선동가의 제안에 정부는 어떻게 대응할 수 있을까? 물론 이는 정부정책에 불만족한 사람이 이익을 증진시키기 위해 어떤 접근방법을 선택하기 전에 고민해야 하는 근본적 질문이다. 정부는 보통 강력한 개인이나 그룹을 심각하게 생각하는데 이는 강력한 적이 정부에 상당한 영향력을 가지고 있기 때문이다. 테러조직은 항상 정부에 영향력이 거의 없는 아주 작고 취약한 불만자들의 모임으로 시작된다. 그들은 보통 정부에 의해 무시되고, 만약 이들이 사회에서 큰 변화가 일어나기를 바라지만 매우 취약할 때는 정부지도자가 이들을 제압하려는 폭압적 정책을 취하는 것이 가능하다. 따라서 정부도 최소한 두 종류 중에 하나가 된다. 정부지도자도 약한 정치적 정적과 호의를 가지고 협상하면서 비록 취약하기는 해도 그들의 고충과 바람을 고려하기를 선호하는 타입이 있다. 반면 이들이 진정 자신의 이익을 중대하게 위협할 수는 없다고 생각하면서 약한 정적을 무시하거나 심지어 억압하기를 선호하는 타입이 있다.

표 13-1 테러리즘 게임의 선호순위

행위자 종류	행위자의 선호순위
정부의 적들 광신도 소극적 테러리스트 자기만족적 적	 테러행위>선의의 협상>억압당하기 선의의 협상>테러행위>억압당하기 선의의 협상>억압당하기>테러행위
정부 반응적 억압적	 선의의 협상>억압>테러의 대상 억압>선의의 협상>테러의 대상

제6장에서 평화비둘기에 대해 설명했다. 이들은 강자에게 이용당하는 것이 두렵기 때문에 협상 대신 폭력을 선택한다. 또한 적이 자신을 억압하기 전에 1차 공격의 이점을 확보해 공격함으로써 이득을 얻을 확률을 높인다. 평화비둘기 개념은 소극적 테러리스트 개념과는 맞지만 광신도와는 맞지 않는다.

이 가능성을 염두에 두고 우리가 자기만족적 적이라 부르는 세 번째 부류의 정부의 적에 대해 생각해보자. 이들은 테러행위에 관여하기보다는 오히려 정부에 의해 이용당하는 것을 받아들이는 개인들이나 집단이다. 이들도 물론 정부가 자신을 이용하기보다는 선의에 의해 협상하기를 원한다. [표 13-1]은 세 부류의 정부 적들의 선호순위와 두 종류의 정부에 대해 보여준다.

정부의 적들이 직면하는 문제를 생각해보자. 적은 정부지도자에게 약간의 정치적 양보를 요구하거나 혹은 정부가 곤경에 처하도록 하려는 희망으로 테러행위를 할 수도 있다. 두 번째 방식이 선택된다면 적들은 사전적으로 테러리스트가 된다. 첫 번째 방식이 선택된다면 적들은 정부가 선의로 협상하기보다는 억압을 해서 처벌할 가능성의 위험을 감수해야 한다.

광신도는 정부가 협상하기 위해 제안에 대응할 수 있다고 생각하더라도 테러행위를 선호한다. 이들은 어떤 양보보다는 완전한 승리를 선호한다. 정부가 이런 적과 충돌할 때는 선의로 협상하려고 노력하거나 협상이 가능한 대안이라고 제안하는 것은 의미가 없다. 광신도는 아무것도 얻지 못하게 되더라도 모든 것을 원한다. 이들은 제5장에서 전쟁에 대한 합리적 원인을 인지할 때 논의했던 분리할 수 없는 결과를 추구한다. 어떤 이슈가 정말 분리할 수 없을 때는(아마도 이런 현상은 드물지만), 유일한 선택은 항복하거나 싸우는 것이다. 이것이 대부분의 사람이 테러리즘의 문제를 보는 방식이다. 하지만 정말 분리가 어려운 이슈는 흔하지 않다.

이미 설명했듯이 미국이나 많은 다른 정부들이 테러리스트와는 협상하지 않겠다는 정책을 선언했다. 이 적들은 확고하고 광신적인 것으로 추정되어 정확히 광신도의 사례에 해당한다. 이들을 다루는 유일한 방법은 아마도 기회가 될 때마다 처벌하는 것이다. 이것이 알카에다에 대한 반테러전쟁의 목적이다. 이러한 방식으로 오사마 빈 라덴 같은 많은 원로 지도자를 처형하고 칼리드 셰이크 모아마드(Khalid Sheikh Mohammad) 같은 사람들을 체포했다. 광신도에게는 정부가 억압적인지 반응적인지의 여부는 아무 관련이 없다. 이들은 원하는 모든 것을 얻거나 아니면 영광의 불길로 나아가기를 원한다. 이 상황에서 선택될 수 있는 유일한 길은 끝까지 싸우는 것이다.

자기만족적 적은 정부의 성향에도 불구하고 테러행위를 하기보다는 협상을 선호한다. 이들이 정부와의 협상보다 테러행위를 선택할 상황은 없다. 이들에게도 정부 성향이 반응적인지 억압적인지의 여부는 상관이 없다. 광신도와는 달리 불만족한 사람들의 거의 대다수를 차지하고 있다. 이들은 싫어하는 정책을 부과하기 위해 해외원조를 하는 것과 같이 정부가 이들에게 하는 것에 분개하지만 테러행동에 완전한 유인이 있는 것은 아니다. 이는 이러한 집단에 대해서는 정부가 양보할 필요가 없다는 것을 의미한다.

소극적 테러리스트는 광신도나 자기만족적 적과는 완전히 다르다. 소극적 테러리스트가 정부와의 협상에 1의 효용을, 테러행위에 0.4의 효용을, 정부의 억압에 굴복하는데 0의 효용을 부여한다고 생각해보자. 이들도 다른 사람들처럼 최대의 이익이 된다고 인식하는 일을 할 것이다. 테러행위를 함으로써 0.4의 효용을 확실하게 확보할 수 있다는 것을 알고 있다. 이들이 협상을 제안할 때 바로잡기를 원하는 많은 것에 정부가 공정하게 반응한다면 훨씬 더 좋은 결과인 1의 효용을 얻을 수도 있다. 하지만 정부가 억압적이라면 협상에서 아무것도 얻을 수 없는 최악의 결과를 가져올 것이다. 이들의 행위는 정부와 억압을 선택할 가능성의 인식에 의존한다. 이것이 이들이 확신하지 못하는 정부와 그 종류에 대한 핵심적 모습이다. 정부의 행동 선택은 종종 그 타입에 대해 불완전한 정부를 제공해주는데 이는 소극적 테러리스트의 행동을 만드는 데 영향을 미친다(하지만 광신도의 행동에 대해서는 아니다).

과거의 경험을 통해 소극적 테러리스트가 0.5의 확률로 정부지도자가 공정하며(p=0.50), 0.5의 확률로 억압적이라고 인식한다면($1-p$=0.50), 협상을 하고 테러행위를 하지 않는 것이 더 좋다. 협상을 함으로써 얻는 기대효용을 계산해 다음의 결론에 도달한다.

$$EU_{negotiation}=(0.50)(1)+(0.50)(0)=0.50$$

즉 소극적 테러리스트에게는 협상 시도의 기대효용은 다음의 가능성과 같다.

공정하고 반응적인 정부의 확률(0.50)×공정한 정부와 거래하는 가치(1)+정부가 억압적일 확률(0.50)×억압받는 것의 가치(0).

따라서 소극적 테러리스트에게 협상 제안의 기대효용은 0.50이다. 테러행위를 할 때의 기대효용을 계산하면 단지 0.40에 불과하다. 따라서 협상을 제안하는 것이 분명 최선의 선택이다. 이 상황에서 소극적 테러리스트는 테러를 감행하지 않을 것이며 어떤 종류의 테러리스트로도 인식되지 않을 것이다. 테러행위에 관련되지 않고 협상을 시도하는 것에 더 가치를 두는 한 이들의 테러행위를 목격하지 못할 것이기 때문에 자기만족적 적과 구별할 수는 없을 것이다.

TRY THIS

이제까지 설명한 세 종류의 정부 적들과 두 종류의 정부에 대해 가능한 행동을 반영하는 게임을 만들어보라. 단순해 보이는 문제가 실제로는 얼마나 복잡한지를 알고 매우 놀랄 것이다.

이 확률이 조금 달라진다면 어떤 일이 발생할까? 예를 들어, 만일 소극적 테러리스트가 정부가 억압적일 확률을 0.65라고 인식한다면 어떻게 될까? 이들의 기대효용을 계산해보면 테러리즘을 더 선호하게 된다.

$$EU_{negotiation}=(0.35)(1)+(0.65)(0)=0.35$$

이 경우 소극적 테러리스트는 테러를 감행하게 될 것이다. 이제 우리는 소극적 테러리스트가 자기만족적 유형이 아니라는 것을 분명히 알게 될 것이다. 하지만 중요한 것은 이 경우 소극적 테러리스트와 광신도를 구별할 수 없게 되는데, 양쪽 모두 동일한 행동을 하기 때문이다. 이 사례에서 광신도와 소극적 테러리스트의 균형점은 동일하다. 이를 게임이론 용어로 공동균형이라 부른다. 물론 우리는 소극적 테러리스트와 광신도를 구분하고자 하는데, 이는 후자의 문제를 해결하는 데는 오직 한 가지 방법밖에 없는 반면, 융통성있고 반응적인 정부가 적절한 대가를 치른다고 가정하면서 후자에게는 테러 위협을 포기하라고 설득할 수 있기 때문이다. 정부가 과거에 끔찍한 일을 저질렀을지도 모르는 소극적 테러리스트에게 무조건 부드럽게만 할 필요는 없다는 사실도 인식하자. 이 수식에서 이들이 50:50의 가능성으로 억압받을 것이라는 사실은 테러를 포기하도록 하기에 충분한 것이다. 정부가 억압적이거나 협상을 하려 할 가능성은 59:41이 되어도 테러행위를 촉진시키지 않는다. 따라서 정부가 실제로는 유화적이기보다는 억압적이라고 인식되면서도 여전히 테러리즘을 유발하지 않을 수도 있다. 하지만 65% 억압적이고 35% 유화적이라면 소극적 테러리스트가 테러전술을 포기하도록 만드는 데 충분하지 않다. 따라서 전략적으로 얼마나 처벌을 하고 얼마나 관용적인지를 정하는 것이 누가 소극적 테러리스트인지(광신도는 정부가 억압적이냐의 여부에 상관없이 지속적으로 공격할 것이기 때문이다), 어떤 집단이 정부가 제안하는 양보의 기대효용을 통제하면서도 소탕되지 않고서 평화적일 수 있을지 아는데 도움을 준다.

정부가 테러리스트와 협상하지 않겠다고 선언한다면, 테러리스트의 가능성이 있는 집단이 정부를 상대하는 최선의 방식에 대해 인식하는 것에 어떻게 영향을 미칠까? 정부는 다음의 메시지를 보낸다. "만약 기회가 된다면 우리는 테러행위에 관여한 모든 이들을 처벌할 것이다." 이런 메시지는 정부에게 예상치도 못하고 바람직하지도 못한 부정적 결과를 가져온다. 정부 유형에 대응한 소극적 테러리스트의 신념이 테러리스트와 협상하지 않겠다는 정부 선언에 의해 영향을 받을 것이다. 특히 민주정부가 공개적으로 협상하지 않겠다고 선언하고 협상하지 않는다면 아마도 제6장에서 살펴본 상당한 청중비용을 치러야 할 것이다. 선거로 당선된 지도자도 다른 지도자들과 똑같이 자리를 유지하기 원하기 때문에 실제로 그럴 의도가 아니라면 협상하지 않겠다고 선언하려 하지는 않을 것이다.

정부 성명이 빈말이나 허세가 아닌 신뢰할 만한 것으로 받아들여진다면 소극적 테러리스트의 생각에서는 정부가 억압적 유형일 가능성이 높아지는 것이다. 정부 선언이 신뢰할 만하면 할수록 소극적 테러리스트가 폭력의 길로 들어설 가능성이 커지고, 보통의 정치적 차이에서 협상의 길로 나갈 가능성은 줄어드는 것이다.

물론 그러한 선언이 신뢰성이 있지 않다거나 해가 되는 것이라도 어떤 정부가 테러리스트와 협상하지 않겠다고 선언하는 정책을 포기하도록 조언하기 전에 주의할 필요가 있다. 많은 민주주의 정부는 사실상 그렇게 선언하고 나서도 테러집단과 협상을 해왔기 때문에 그러한 선언이 엄격한 것은 아니다. 그런 선언을 폐기하는 데서 오는 비용과 폐기하지 않을 때 생기는 비용, 그리고 비용이 너무 커지기 전에 테러 위협을 해결함으로써 생기는 이익을 비교해보아야 한다. 예를 들어 이스라엘은 테러리스트와 협상하지 않겠다고 선언하고, 과거에 팔레스타인해방기구(PLO)를 테러집단으로 지명했다. 하지만 이스라엘은 협상을 했고 결국 팔레스타인자치정부가 설립되었다. 또한 이스라엘에 대한 폭력을 제한하고자 한 PLO의 노력으로 하마스나 이슬람 지하드 등 다른 그룹에도 영향을 미쳤다. 협상을 통해 양측은 모두 상당한 이득을 얻었다.

물론 테러리스트 집단과 협상할 때 융통성을 발휘해야 하는 것처럼 협상 반대 정책을 일괄적으로 포기하는 것에 대해서도 조심해야 한다. 협상 반대 정책을 포기하면 더 많은 집단이 정부로부터 양보를 얻어내기 위해 (소극적) 테러리스트인 것처럼 행동하게 할 가능성이 있다. 개인적 생각으로는 그렇게 위험한 도발을 부릴 만한 사람들이 많아 보이지는 않기 때문에 테러리스트인 척할 사람이 많지는 않을 것인데, 이는 그들이 양보를 얻을 수도 있지만 목숨을 잃을 수도 있기 때문이다. 테러리스트가 되는 비용이 감소함에 따라 경제적 관점에서 테러리스트처럼 행동하려는 수요가 얼마나 늘어날지, 사람들이 정부로부터 양보를 얻어낼 기회가 있을 때 얼마나 반응적인지는 잘 알 수 없다.

정부가 테러리스트와의 협상 여부를 선언할 때 테러리스트의 믿음이 얼마나 반응적인지를 추산할 수 있다면 상당한 도움이 될 것이다. 우리는 베이즈규칙(Bayes's rule)을 활용해 정부 선언에 의해 야기된 생각의 변화 문제를 해결할 수 있다. 베이즈법칙은 이 질문의 답을 준다. 테러리스트건 정부지도자건, 이들의 성향이 당면한 문제에 어떻게 관련이 있든 어떤 것을 말하거나 행동한다고 할 때 특정한 성향일 확률은 얼마나 되는가? 예를 들어 정부가 테러리스트와 협상하지 않겠다고 말했을 때 이 정부가 억압적 성향을 가질 확률은 얼마인가? 이 질문에 대답하기 위해 다음의 계산을 할 수 있다. *P*는 확률, *R*은 억압적 성향, *S*는 협상에 반대하는 선언, ~*R*은 억압적이기보다는 협상을 하려는 정부의 반응적 성향이다.[2]

$$P(R|S)=\frac{P(S|R)P(R)}{P(S|R)P(R)+P(S|\sim R)P(\sim R)}$$

이 수식은 정부가 테러리스트와 협상하지 않을 것($P(R|S)$)이라고 선언하는 경우(|) 정부가 억압적일 것(R)이라는 조건부 확률에 초점을 둘 필요가 있다는 것을 말해준다. 정부가 그렇게 이야기했을 때 정말 그럴 성향일 가능성은 또한 정부가 정말 그럴 의도가 없었을 때 그렇게 언급할 확률에 의존한다. 적절한 가정을 가지고 이 수식을 풀어서 무엇을 얻는지 살펴보자.

정부가 성명을 내기 전에 소극적 테러리스트는 정부가 억압적 유형일 확률을 0.5로 생각한다고 가정하자($P(R)$=0.5). 이는 정부가 억압적 유형이 아닐 확률($P(\sim R)$)도 0.5라는 것을 의미한다. 이 수치는 소극적 테러집단이 실제로 테러행위를 감행

2. 이 수식에서 | 부호는 다음의 것이 주어졌을 때를 뜻하고, ~ 부호는 다음의 것이 아닌 경우를 뜻한다.

하지 않고 대신 정부에게 양보를 받아들이라고 설득하기를 시도할 것이라고 우리가 논의한 이전의 사례와 동일하다. 또한 정부 성향에 대한 불안정성을 최대 수준으로 반영한다.

억압적 정부는 항상 테러리스트와 협상하지 않겠다고 솔직하게 선언한다고 가정하면, $P(S|R)$은 1이다. 억압적 정부는 예상되는 테러집단이나 자국의 국민도 정부가 단호하다는 사실을 분명히 알기를 원한다. 억압적 정부가 아니더라도 협상을 반대한다는 선언을 할 가능성을 50:50으로 가정해보자. 따라서 $P(S|\sim R)=0.5$이다. 반응적 유형의 정부는 테러리스트를 저지하려는 희망으로 협상에 반대한다는 선언을 하는 데 미국이나 이스라엘, 영국의 선언이 가지는 동기와 비슷하다. 적절한 협상을 할 수 있는 기회를 맞더라도 국민에게는 실제보다 더 테러에 단호하다고 설득하고 싶어 할지도 모른다. 따라서 협상불가 선언의 신호는 억압적 정부의 이익과 완전히 일치하며, 초기에 테러리스트를 저지하려는 반응적 정부의 이익과도 일치할 수 있다.

정부가 협상을 하지 않겠다고 선언하고 나면 테러집단은 이 정보를 활용해 정부 성향을 다시 생각한다. 게임이론식으로 얘기하면 테러리스트는 베이즈법칙을 활용해 사후(事後) 믿음을 해소하기 위해 이전의 믿음을 업데이트한다. 베이즈법칙과 정부가 테러리스트와 협상하지 않겠다고 선언했다는 정보를 활용해 어떤 유형의 테러리스트든 정부가 억압적일 확률은 0.50이 된다. 정부의 선언 후 업데이트된 믿음을 위한 베이즈 수식을 풀면 다음의 결과를 발견하게 된다.

$$P(R|S)=\frac{(1)(0.5)}{(1)(0.5)+(0.5)(0.5)}=0.5/0.75=0.67$$

정부가 선언을 하기 전에는 소극적 테러리스트의 믿음은 테러행위를 하지 않도록 결정하는 것이었던 반면 정부 선언이 있고나서는 수식에서 나타나듯 소극적 테러리스트가 이제 협상을 하는 위험과 이와 관련된 비용을 너무 크게 보게 되어 협상을 통해 평화로운 해결을 하기보다는 테러를 선택하게 된다. 테러에 대한 기대효용이 0.40이었다는 것을 기억하라. 따라서 $P(R|S)=0.67$이면, 협상을 시도하는 것은 $0.33(1)+0.67(0)=0.33$이 되며, 이는 물론 테러로부터 오는 0.40의 효용보다 적다.

우리가 살펴본 것처럼 소극적 테러리스트는 정부가 자신을 공정하게 대한다는 확신이 들면 자기만족적 적처럼 문제해결을 위한 평화적 방안을 선택할 것이다. 실제로 테러를 감행하지 않을 것이며 따라서 우리는 그들이 끔찍한 폭력행위를 할 만한 잠재성이 있는지 결코 알지 못할 것이다. 그들은 가시적인 테러리스트 게임에서 선택될 것이다. 하지만 소극적 테러리스트가 정부 의도를 완전히 확신하지 못한다면 정부가 얼마나 억압적인 유형인지에 대한 판단에 따라 협상을 하거나 테러를 선택할지 모른다. 정부가 억압적이라고 확신하면 할수록 폭력을 행사할 가능성은 더 커진다. 정부 입장에서 보면 실제로 폭력이 발생하면 광신도로 추론될 것이며, 따라서 테러리스트가 억압받을 것이라는 메시지를 강하게 전달할 것이다.

결국 신념 강화의 사이클이 확고해질 것이다. 정부의 완고함이 테러의 빈도를 증가시키고, 이것은 또한 정부의 협상불가 입장을 더욱 강화시킬 것이며, 결국 폭력을 더욱 촉진시킬 것이다. 이런 상황은 정부와 소극적 테러리스트가 편견없는 상황에서 시작했더라도 발생할 수 있다. 정부는 단지 테러리스트를 억지하고자 했고 소극적 테러리스트는 양보를 얻을 수 있는 방법을 찾고자 한 것이었지만(후에 살펴보겠지만 이러한 양보는 정부가 허용하기에는 지나치게 큰 것일 수도 있다). 각자는 상대의 진정한 의도를 잘못 인식한 것이었다.

테러리즘에 관한 논의는 인식의 여러 가지 논점을 강조한다. 인식은 되돌아보면 결국 사람들이 잘못된 선택을 하도록 이끌 수 있다. 하지만 그것을 정책결정자의 진정한 의도와 구별할 수 없기 때문에(즉 게임이론의 유형집단에서) 언제 잘못된 결정이 이루어졌는지를 항상 구별할 수는 없다. 테러행위가 실제로는 소극적 테러리스트의 소행일 수도 있으나 그 테러행위만으로는 광신도와 소극적 테러리스트를 구별할 수는 없다(물론 우리가 자기만족적 적을 상대하고 있지 않다는 것은 확신할 수 있다). 이런 불확실성의 결과 광신도와 소극적 테러리스트를 구별할 수 있는 바로 그 협상의 순간에 정부는 협상을 절대 하지 않겠다고 선언하는 부적절한 대응을 선택할지도 모른다. 게임이론의 용어로 설명하면, 협상불가라는 단호한 정책을 선언하지 않는 것이 다른 유형의 의사결정자가 다른 균형전략을 선택한다는 분리균형의 형성을 촉진시킬 수 있다. 이를 통해 광신도의 행위와 소극적 테러리스트를 분리시킬 수 있다. 광신도와 소극적 테러리스트를 분리시키는 방법을 찾지 않고는 테러집단의 극단성을 테스트함으로써 얻어질 수 있는 것보다는 덜 질서있는 세상에 우리를 내맡겨 놓는 것이며, 그로 인해 상당한 불확실성을 제거할 수 있다. 광신도는 어쨌든 자신이 원하는 것을 할 것이기 때문에 별로 손해는 없다. 변하는 것은 소극적 테러리스트의 행동이며, 이것은 우리가 광신도와 싸우고 다른 집단과는 현명하게 타협점을 찾도록 하는 노력에 집중하기에 용이하도록 한다.

옳든 잘못되었든 신념으로서의 인식은 많은 방식으로 행동에 영향을 미친다. 정부가 공정하다는 가능성을 소극적 테러리스트가 과대평가할 수도 있다. 그런 경우에는 테러리스트가 될 잠재성이 있는지 결코 알지 못할 것이다. 우리는 사실 정부에 의해 처벌받는 개인과 집단에 강한 동정심을 가질 수도 있다. 하지만 그 개인과 집단이 상황을 더 정확하게 인식하고 테러를 감행한다면 우리는 그들을 극단적 광신도로 이름붙이고 응징하는 정부 행동을 성원할 것이다. 우리의 대응이 이전에 관찰한 것에 기초해서 형성된 이전의 믿음에 얼마나 의존하고 있는가 생각해볼 필요가 있다. 테러리스트나 정부가 다르게 행동했다면 무슨 일이 발생했을 것인지 우리는 적절히 생각하지 못했다. 우리는 균형경로를 벗어난 균형전략의 요소를 무시하는 경향이 있기 때문이다.

테러리즘과 정부의 혹독한 응징이라는 사이클이 수십 년 동안 아랍과 이스라엘 관계를 유형화해왔다. 하지만 이스라엘 지도자가 협상할 준비가 되어 있고 PLO 지도자가 제안된 협상이 선의로 이루어진 것이라고 믿는다면 이 사이클을 중단하는 것이 가능하다고 증명되었다(Bueno de Mesquita 1990a). 그러나 테러리즘은 중동지역에서 전혀 없어지지 않았다. 양측은 협상과 폭력의 교환을 오가며 경쟁적 지도자들 사이에 신뢰의 증가와 감소의 함수로 오르내렸는데, 후에 살펴보듯, 이는 정부와 테러리스트 사이에 내재된 협상의 속성 때문이다. 하지만 반(半) 자치적인 팔레스타인자치정부가 들어서면서 평화를 향한 실제적이고 지속된 진전이 분명히 이루어졌다. 이 진전은 행동에 대한 대안적 설명이 사실과 부합한다는 인식의 재검토와 현실화를 통해 이룩되었다.

13.2 테러리즘, 신뢰할 만한 약속과 전략적 딜레마

사실관계가 변함에 따라 상대 의도에 대한 믿음도 바뀌며, 이것이 변함에 따라 폭력 수준도 달라진다. 하마스나 이슬람 지하드의 많은 사람들처럼 광신도는 정부와 소극적 테러리스트 사이에 협상이 진전될 때 종종 폭력을 확대시킨다. 더 광범위한 테러 환경에서 보면 광신도는 소극적 테러리스트가 강경론자를 소외시키고 취약하게 만들 수 있는 합의를 할 것을 두려워한다. 폭력을 증가시킴으로써 협상을 좌절시킬 수 있는 억압적 보복처방을 정부가 선택하도록 자극하기를 희망한다. 결국 정부가 억압적이라는 강경론자의 주장에 신뢰성을 주는 것이다(Kydd and Walter 2002). 중도적이고 소극적 테러리스트와 정부의 합의로 인해 더 많은 자원이 극단주의자의 손에 들어가 이들이 일정 기간이라도 폭력을 감행하는데 더 유리하게 만들기도 한다(Bueno de Mesquita 2005a).

파타(Fatah)의 지도자 마흐무드 아바스(Mahmoud Abbas)는 전임자 야세르 아라파트(Yasser Arafat)처럼 광신도는 아니라는 것이 최근의 증거가 보여준다. 그의 문제 중 하나는 이스라엘을 파괴하는데 더 몰두하고 있는 라이벌 조직인 하마스의 극단주의 집단과의 관계를 조율하는 것이었다. 아바스가 반테러 지원을 효과적으로 할 수 있을지, 그리고 이스라엘이 반테러를 촉진시키도록 충분한 양보를 할 수 있을지는 두고보아야 한다. 현재까지는 어느 쪽도 자신의 권력장악에 위험이 될 정도로 의미있는 양보를 해서 정치적 태도를 보이지는 않은 것 같다. 2011년 아바스는 팔레스타인과 이스라엘의 진전 속도나 유무에 좌절하여 공식적으로 UN 가입을 신청했다. 팔레스타인 지도부는 미국이 가입을 반대할 것임을 알고 있었지만 이는 최소한 팔레스타인이 주장하는 영토에서 유대인 정착의 확대문제를 해결하는 데 이스라엘 정부가 소극적이었던 것에 의미있는 정치적 압력을 가하는 것이었다. 더불어 이는 (하마스가 장악하고 있는) 가자지구 외부에 있는 파타 정부에 대한 하마스의 압력을 감소시켰다.

파타 정부가 UN 가입을 신청해 결의를 보여줄 필요가 있듯이, 이스라엘 정부도 정치적으로 중요한 종교정당을 포함해 국민에게 핵심적 지지기반을 팔아넘기지는 않을 것이라고 보여줄 필요가 있다. 결론적으로 양측 모두 국내정치적 이익을 추구하면서도 평화협정에는 진전이 거의 없었다. 물론 그것은 쉽지 않은 일이다. 이제 평화 합의에 도달하는 어려움을 잘 이해하기 위해 협상을 통해 평화를 달성하기 위한 노력에 수반되는 잠재적 폭력의 증가 상황에서 신뢰할 만한 약속의 문제를 생각해보자.[3]

새로운 이스라엘 정부가 선출된 다음 가자지구에서 2차 전쟁이 발생할 수 있다는 루머가 있은 후 들판에서 무장 훈련을 받고 있는 에즈에딘알카삼(Ezzedeen Al-Qassam)의 무장병사. 에즈에딘알카삼 부대는 이슬람 저항운동(Hamas)의 무장조직이다. 1935년에 순교한 에즈에딘 알 카삼의 이름을 딴 이 부대는 자신의 땅을 이스라엘이 점령하고 있다며 몰아내기 위한 투쟁을 지속하고 있다. 이스라엘에 대한 이들의 방식은 이스라엘 정부뿐 아니라 팔레스타인자치정부의 주도 세력이며 중도파인 파타 정부와 종종 충돌한다.

이제까지 소극적 테러리스트와 광신도가 정부의 협상 제안에 어떻게 대응하는지를 설명했다. 우리는 정부가 협상에 의한 평화 달성의 바람에서 억압적일 수도 있고 진지할 수도 있음을 살펴보았다. 양보하는 것이 충분히 가치가 있는 것이라면 양보를 원칙적으로 수용하는 정부와 온건파인 소극적 테러리스트와 강경파 사이의 전략적 상호작용 모델을 사용해 평화를 진전시키는 미묘한 부분을 파헤쳐보자(여기에 광신

3. 이후에 나오는 논의는 테러리스트와 정부간의 협상에서 나타나는 복잡한 약속(commitment)과 역선택의 문제를 다룬 테러리즘 협상게임의 단순화된 버전이다. 이 게임은 이단 부에노 데 메스키타(Ethan Bueno de Mesquita)에 의해 고안되었다. 그의 테러리즘과 관련된 여러 다른 이슈들을 자세히 다룬 연구들은 http://home.uchicago.edu/~bdm/papers.html 에서 찾아볼 수 있다. 특히 2005년의 조정과 화해에 관한 연구, 그리고 2007년과 2008년의 테러리즘 관련 연구들을 읽어보기 바란다.

도는 포함될 수도 안 될 수도 있다). 우리는 온건파와 강경파로 각각 파타와 하마스를 생각하거나 더 미묘하게는 가난한 팔레스타인 사람들의 삶을 개선하기 위해 병원, 고아원, 학교를 운영하는 하마스 내부의 공공재 지향 그룹의 소극적 테러리스트와 이스라엘과의 어떠한 협상도 거부하는 하마스 강경대원을 생각해볼 수도 있다. 아래의 모델에서 다음을 살펴볼 것이다.

1. 다수의 테러집단이 존재하는 상황에서 협상을 하지 않는 집단과 싸우기 위해 다른 집단의 도움이 필요하지 않다면 정부는 테러리스트에게 하는 약속을 이행할 동기가 거의 없다.
2. 정부 제안이 아무리 호의적이라도 정부가 합의를 이행하는 능력에는 한계가 있기 때문에 모든 테러리스트와 협상 타결을 하는 것은 가능하지 않다.
3. 테러는 일부 테러리스트와의 협상에서 양보를 하여 타결함으로써 나머지 모든 테러리스트를 근절하는 데 그들의 도움을 받아 종식시킬 수 있다.
4. 반테러정책이 정부와 협상하지 않는 모든 테러리스를 없애는 데 실패한다면 정부가 덜 극단적인 테러집단과의 합의에 도달한 뒤에도 테러는 감소하기보다 증가하는 경향이 있다.

강경파와 온건파 모두가 가담하는 테러가 발생하고 있다고 가정해보면, 폭력의 현 상황이 우리의 배경 환경이 된다. 또한 팔레스타인자치정부의 파타나 북아일랜드의 아일랜드공화국 임시군인 IRA와 같은 온건 테러집단과 팔레스타인의 이슬람 지하드와 하마스, 북아일랜드의 리얼(Real) IRA 같은 강경파를 구별하는 것이 상식이라고 가정해보자. 이것은 계산의 편의를 위한 것인데, 게임은 각 테러집단의 유형에 대해 불확실성의 원리로 해결될 수 있다. 더 복잡한 게임을 불확실성의 원리로 해결해볼 수 있지만 여기서는 더 일방적이고 단순화된 구조로 해결해보겠다.

게임에 세 참가자가 있다. 1) 정부, 2) 온건파 테러집단, 3) 강경파 테러집단이다. [그림 13-1]은 정부가 협상을 시작하는 전략환경을 보여준다. 이 게임은 상당히 단순화되었음에도 여전히 매우 복잡한 협상게임이기 때문에 가정들이 제시될 때 종이에 하나씩 써야 한다. 그렇게 하면 다시 돌아가서 3자게임에서 무슨 일이 일어나고 있는지 이해하기 편리하다. 이는 테러위협을 해결할 때 생기는 많은 문제와 이슈를 단순화된 형태로 꽤 현실적인 모습으로 표현하는 것이므로 매우 천천히 주의 깊게 살피는 데 도움이 된다. 독자들은 여기서 나오는 함의에 놀라게 될 것이다.

정부는 먼저 일정 정도의 양보를 하면서 행동하거나 혹은 테러리스트와 지속적으로 싸움으로써 완전한 승리를 위해 분투하는 현상유지를 하면서 살 수도 있다. 정부

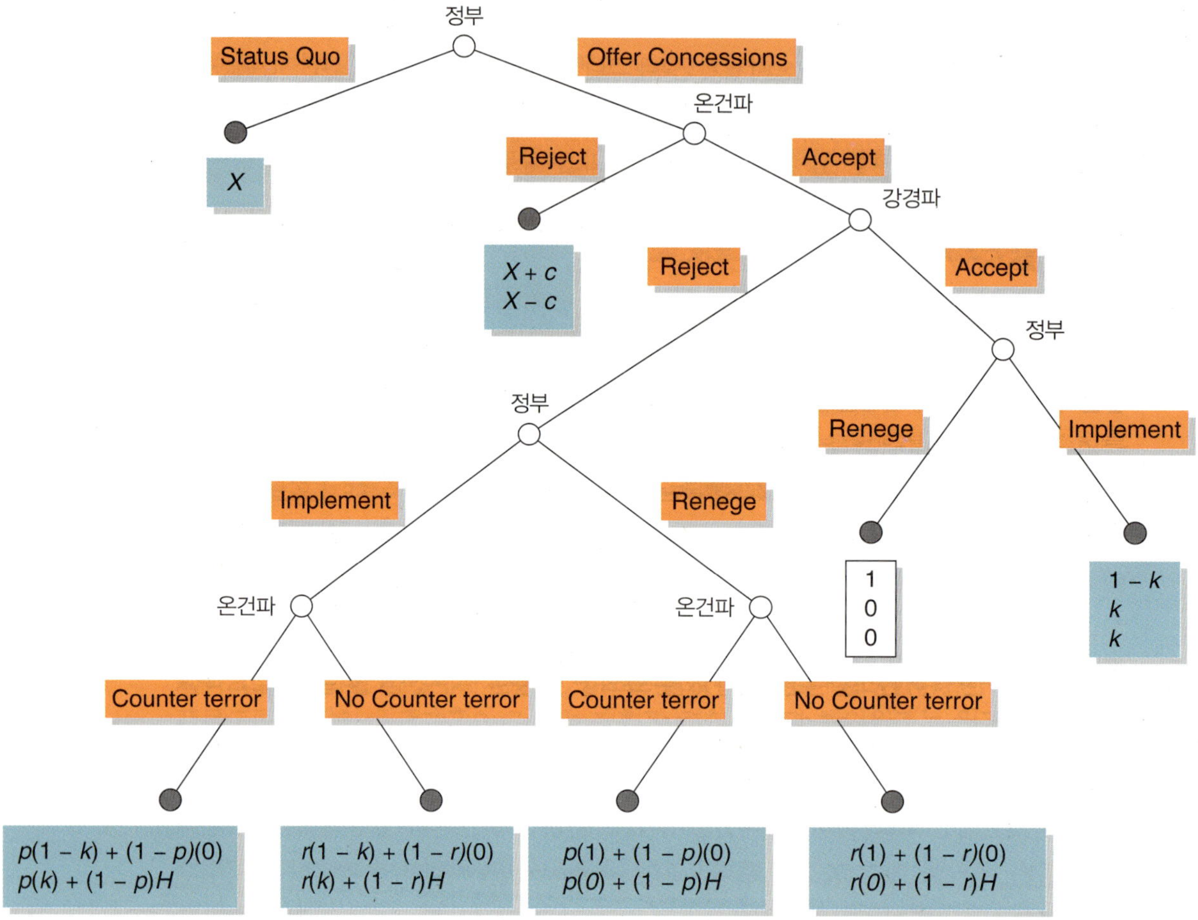

참조: $X=(1-q)[(1-s)(W)+s(H)]+(q)[(1-s)M+s((qM+sH)/q+S)]$. $(1-q)(1-s)$는 온건파와 강경파가 질 확률, 즉 정부가 이길 확률이다. $(1-q)(s)$는 온건파와 정부가 지고 강경파가 이길 확률이다. $(q)(1-s)$는 온건파가 이기고 강경파와 정부가 질 확률이다. $(q)(s)$는 온건파와 강경파가 정부를 누르고 이길 확률로서 두 그룹간 정책요구의 크기와 각각의 승리확률에 근거해서 정책적 합의를 이룬다.

그림 13-1 테러리스트와 협상하기: 문제와 전망

의 승리를 W라 하자. 물론 테러리스트도 승리를 위해 노력한다. 온건파의 승리를 M이라 하고, 강경파의 승리를 H라 하자. 따라서 W, M, H가 가능한 결과다. 각각 정부의 승리, 온건파의 원하는 정도의 폭력 이후의 승리, 강경파의 원하는 정도의 폭력 이후의 승리다. 수식을 간단하게 하기 위해 W에 대한 정부의 효용을 1이라 하고 정부 승리에 대한 두 테러집단의 효용을 0이라 하자.

언급한 대로 정부는 현상유지 하에서 살거나(그 결과의 효용은 X), 테러리스트에게 양보(k)하는 선택이 있다. 양보(k)를 하는 정부의 효용은 $1-k$인데, 이는 양보를 덜 할수록 더 좋다는 것을 의미한다. 테러리스트에게 양보(k)의 효용은 k이다. 제안이 양쪽 테러리스트 그룹 모두에게 받아들여진다면 모든 테러 행위는 종식될 것이다. 양쪽 그룹 모두 제안을 받아들이는 데 동의한다면 이들은 무장해제하게 된다(혹은 상응하는 방식으로 자신의 성격과 위치 및 무기가 어디에 숨겨져 있는지 밝힌다). 그 후 정부는 합의된 양보를 이행하거나(k), 배신하여 노출되고 무장해제된 테러집단을 소탕해 완전한 승리를 거두는 것이다(W).

강경파는 온건 테러리스트보다 훨씬 요구 사항이 많기 때문에 단 하나의 테러집단이 정부 제안을 거절한다면 강경파라 가정한다. 두 그룹 모두 거절한다면 정부가 양보했다는 평가를 받고($+c$) 테러리스트는 제안을 거절했다는 정치적 비용을 부담하는 것($-c$)을 제외하고는 현재 상황의 조건이 계속 유지되는 것이다. 따라서 제안을 하고 거절당하는 것은 정부에게는 $X+c$의 효용을, 테러리스트에게는 $X-c$의 효용을 가진다. 과거에는 테러리스트 지지로 기울었던 사람들이 이제 정부를 지지하게 된다는 것을 의미하므로 정부에 대한 신뢰를 생각할 수 있다. 물론 테러리스트의 정치적 비용은 그들의 거부 전략으로 인한 지지자 및 자원의 손실이다.

강경파의 지배연합($h \in H$로 명명되는데 강경파 지배연합 h가 H의 자원분배를 통제한다)이 거부하고 온건파가 제안을 수용하면 최소한 온건파의 일부는 무장해제하게 된다. 협상을 받아들이는 온건파 그룹을 $m \in M$이라 하며 m은 M의 지배연합이다. 정부는 이제 제안을 이행하거나(k), 배신하여 온건파를 일소하고 강경파만을 적으로 남겨둘 수 있다. 정부의 선택을 따라 온건파는 정부가 강경파의 현재 위협을 해소하는 데 도움을 주는 반테러리즘에 관여하거나, 정부가 양보하면 반테러활동에 도움을 주겠다고 모호한 약속을 하면서 배신할 수 있다.

선호 순서는 다음과 같다.

정부: $W>X+c>X>M>H$; 동일하게 $1>X+c>X>M>0$

온건파: $M>H>X>X-c>W$; 동일하게 $M>H>X>X>c \rangle 0$[4]

강경파: $H>M>X>X-c>W$ 동일하게 $H>M>X>X-c>0$

정부의 전략적 문제는 k를 선택해서(정부가 k보다 W를 선호한다면 정부의 효용은 $1>k(k>0)$), 정부와 온건파의 지배연합($m \in M$; m은 M의 구성원)이 다른 선택

---

4. 다른 가능한 가정은 중도적 테러리스트 그룹이 강경파보다 정부에 의한 완전한 승리를 바란다는 것이다. 그런 그룹이 존재할 수는 있을 것이다. 그러나 왜 그런 중도 테러리스트 그룹이 처음부터 정부와 연합해서 강경파와 싸우지 않았는지 이해하기 어렵다. 이 가상의 중도파는 강경파의 승리보다 정부의 승리를 선호하기 때문에 정부 입장에서는 중도파에게 어떠한 양보도 할 필요성을 느끼지 않을 것이다.

보다 *k*를 선호하는 것인데, 이는 다른 시나리오에서는 *k*와 반테러 지지를 얻는 확률을 전제로 하고, 온건파와 강경파 모두나 강경파에 의해 테러의 폭력이 지속되는 위험성 있는 경우를 말한다.

만일 정부가 양보하고 온건파가 반테러정책을 이행한다면 정부가 강경파를 소탕할 가능성을 *p*라 가정한다. 하지만 온건파가 반테러 지지를 하지 않는다면 강경파를 소탕할 가능성은 *r*이 되며, $p>r$이다(즉 정부는 온건파의 반테러 노력에서 이익을 보는 것이다).

정부의 신뢰성 문제

우리가 주목하는 첫 번째 사항은 정부의 신뢰성에 문제가 있어서 정부와 양쪽 그룹의 테러리스트들이 협의를 이끌어내는 데 불가능하다는 사실이다. 테러리스트에게 매우 매력적인 제안 k를 정부가 한다 해도 강경파는 분명 거절할 것이다. 이는 자신이 정부의 양보 약속에 따라 무장해제를 하게 되면 정부는 분명 배신하고자 하는 유인이 있다는 것을 알기 때문이다. 정부에게는 완전한 승리는 (*W*)가 테러리스트에게 양보하는 (*k*)보다는 항상 더 좋은 것이다. 그러므로 모든 테러리스트가 정부 제안을 받고 무장해제를 한다면 정부가 약속을 어기는 것을 응징할 방법이 없으며, 정부는 합리주의적 이익추구형이라 할 때 저항없이 승리할 기회를 확보하려 할 것이다.

이것이 아마 북아일랜드의 IRA가 수년 동안 무기를 내려놓지 않으려 하고 그 나라의 저항 군사세력도 그렇게 한 이유일 것이다. 무기가 없으면 정부가 약속을 이행하지 않는다 해도 의지할 수단이 없다. 따라서 모두에게 받아들여지는 타협안이 존재한다 해도 [그림 13-1]에서 보여준 것과 같은 환경에서 이행될 가능성은 없다. 이것은 다양한 테러집단이 존재하는 상황에서는 협상에 의해 모든 테러리즘이 종식될 수는 없다는 것을 의미한다. 곧 우리는 훨씬 더 문제되는 합의를 보게 되는데, 테러리즘을 종식시키기 위해 협상의 합의를 달성하기 위해서는 온건파 테러리스트가 정부의 반테러리즘 노력에 협조하는데 동의하는 경우 소탕될 수 있는 강경파의 존재를 필요로 한다. 따라서 강경파를 소탕하지 않고는 협상을 통한 테러리스트 분쟁 해결은 상당히 어려울 것이다.

모든 테러리스트에게 받아들여지는 합의는 어떤 것도 이행되지 못할 것이라는 관찰로 인해 어떠한 합의도 전혀 이루어질 수 없고 이행될 수 없다는 잘못된 결론을 내릴지도 모른다. 지금까지 우리는 강경파가 실제로는 광신도가 아닐지라도 그런 척하면서 제안되는 어떠한 협상안도 거절할 것이라는 정도만 알고 있다. 그는 정부가 제안된 협상안을 실제로 이행하지는 않을 것이라고 확신할지도 모른다. 여전히 강경파가 거절한 제안을 온건파 연합이 수용할 것임은 가능하다. 이제 온건파는 강경파가 거절한 정부 제안 후에 무엇을 할 것인지를 생각해보자. 정부 제안을 받아들이는 것은 무장해제를 하는 것이라고 계속 가정하자.

신뢰할 만한 약속 문제 해결하기

정부는 강경파에 대해 온건파의 반테러 협조를 바라고 있다. 하지만 온건파의 재정적 후원자와 전투원들이 반테러 노력에 자원을 사용하기 전에 정부가 약속한 양보를 이행하는지를 기다려 볼 것이다. 정부가 배신한다면 온건파는 언제나 반테러 노력을 유보하려 할 것이다. 즉 온건파에게 W의 효용은 0이라는 것을 기억한다면 온건파에게 $rW+(1-r)H>pW+(1-p)$이다. $p>r$이라는 가정을 생각한다면 이 불평등은 지속된다는 것을 분명 알 수 있다. 정부가 제안한 양보안을 배신한다면 반테러 지원을 하는 온건파의 기대효용은 $(1-p)H$이며, 반테러지원을 제공하지 않는 그들의 효용은 $(1-r)H$이다. 가정에 따라 반테러활동 도움이 중요하기 때문에 $p>r$이며, 따라서 $1-p<1-r$이다. 여기에서 가정된 조건하에서 온건 테러리스트는 교환되는 양보가 분명하고 이행되지 않고 그것이 나중에 쉽게 거둬들일 수 없는 것이라면, 정부에 반테러 도움을 절대 지원하지 않을 것이다. 따라서 강경파의 존재는 정부가 매력적인 양보를 제안하고 이행할 만한 유인을 만들어준다. 온건파는 이러한 유인을 알고서 협상 레버리지를 향상시키기 위해 강경파 그룹 형성을 촉진시켜 게임을 왜곡시킬 수 있다.

정부가 반테러 지원이 필요해서 약속한 양보를 이행하면 어떻게 될까? 그러면 온건파 테러리스트는 다음의 기대효용을 비교해 반테러지원을 할지 결정해야 한다. 왼쪽은 온건파가 정부의 반테러 노력을 지원해서 얻기를 기대하는 효용이고, 오른쪽은 정부의 반테러활동을 돕겠다는 약속에 배신할 경우의 기대효용이다. 즉 $pk+(1-p)H>rk+(1-r)H$이다. 약간의 대수학적 재배열을 하면 $(p-r)k>(p-r)H$가 되는데, 이는 온건파에게 $k>H$이며, 제안되고 (이행된) 정부의 양보가 온건파에게는 강경파의 정책 목표보다 더 낫다는 단순한 내용에 상응하는 것이다. 이 계산은 여기에서는 논의하고 있지 않지만 정부가 온건파 테러리스트와 거래하기 위해서는 어느 정도를 제안해야 하는지, 시간이 지남에 따라 어떻게 양보해야 하는지를 찾기 시작하는 데 도움이 된다. 정부에게 승리의 효용 $(W)=1$이며 양보의 효용 k는 $1-k(0<k<1)$이며, 어느 정도의 양보를 정부가 제안하고 이행할 가치가 있는지, 온건파는 어느 정도로 반테러 지원을 받아들이고 제공할 필요가 있는지 알아야 한다. 올바른 수준의 양보 문제를 해결함으로써 정부는 자신의 제안이 받아들여질 것이라고 확

신할 수 있고, 온건파는 정부가 합의된 양보를 이행할 것임을 확신할 수 있다. 이를 통해 강경파와의 합의를 막는 약속이행 문제를 해결한다.

정부가 위에서 설명한 계산을 한다면, 약속한 합의를 이행할 때 온건파가 반테러 지원을 할 것이며 정부가 배반할 경우 반테러 지원을 하지 않을 것이라는 사실을 알 수 있다. 즉 정부는 제안하고 이행해서 얻는 것 $pk+(1-p)H$과 배신해서 얻는 것 $rW+(1-r)H$ 중에서 선택해야 한다. 정부는 수용할 만한 결과(양보 k)를 얻을 수 있는 더 좋은 기회(p)와 더 좋은 결과(완전한 승리, W)를 얻을 수 있는 더 빈약한 기회(r) 사이의 교환 거래에 직면한다. 정부가 약속한 양보를 이행하게 하는 k의 가치를 찾기 위해 대수학을 재조정한다면, 다음의 불평등이 지속됨을 전제로 정부는 온건파에게 하는 양보를 이행함으로써 이익을 얻는다. 이는 $p-r/p>k$이다. 즉 강경파를 물리치는 가능성에서의 한계수익은 정부가 온건파 테러리스트에게 부여하는 양보의 비용 이상으로 증가한다.

$p>r$ 및 $r>0$이기 때문에 $(p-r)/p$의 비율은 1보다 작고 따라서 정부가 양보를 이행하고 반테러 지원의 이익을 획득하게 하는 가치는 $k<W$가 된다는 것을 알게 된다. 양보에 대한 정부의 효용(k)은 양보가 더 커짐에 따라 감소하기 때문에 정부는 (효용 k를 최대화하기 위해) 최소한의 양보를 하면서 온건파 테러리스트들로부터 유용한 반테러 도움을 얻기를 원한다. 따라서 $p-r$이 작아질수록 반테러 지원에 대한 가치도 작아지며 적절한 양보가 제공되기 어려워진다.

양보가 더 많아짐에 따라 자신에 대한 양보의 효용(k)이 증가하는 온건파는 정부가 약속을 이행하는 한 많은 양보를 얻어내기 원한다. 따라서 정부에게 적절한 양보를 찾아내는 것은 너무 많은 양보를 하지 않고 반테러 지지를 얻어내는 것과 너무 적게 주지 않고 아무것도 얻어내지 못하는 것 사이에서 미묘한 균형을 찾는 것이다. 온건파에게는 강경파에 대해 자신이 제공할 수 있는 정보의 가치를 강조하는 것이 더 많은 양보를 얻을 기대를 높여준다.

이 협상 단계에서 정부가 배신할 위험성은 항상 존재한다. 하지만 모든 정보가 공유된 지식이라 가정했기 때문에 정부가 제안한 양보를 이행하지 않는다면 온건파는 제안을 받아들이지 않을 것이다. 거의 모든 상황에서 온건파는 정부가 그것을 이행하지 않는다면 (정부의 반테러 노력에 대한 도움을 포함한) 정부 제안을 수용하지 않을 것이다. 온건파는 제안이 이행되는 것으로부터 오는 기대효용이 처음 제시된 제안 $(X-c)$를 거절할 때 얻을 수 있는 것보다 더 좋을 때 정부의 양보를 수용할 것이다. 제안이 다음의 조건을 만족하는 한 온건파는 그것을 선택할 것이다.

$$k \geq \frac{X - c - (1-p)H}{p}$$

정부가 제공하지 않은 정도로 상당히 많은 비용을 부담하지 않게 하면서도 온건파가 반테러 지원을 제공하기에는 충분히 크게 가능한 양보가 항상 있다는 것을 알 수 있다. 자연스럽게 반테러리즘의 가치나 양보의 진정한 가치에 대한 불확실성은 합의의 가능성을 감소시킬 수 있다. 하지만 충분한 정보가 있다면 합의가 이루어질 수 있다는 사실을 최소한 알고 있다.[5]

[그림 13-1]의 모델이 4가지 중요한 경험적 가설을 도출하게 한다고 주장하면서 이 논의를 시작한다. 처음 세 가정은 모델에서 도출되어진 것이다. 즉 우리는 다음 내용을 살펴보았다.

1. 다수의 테러집단이 존재하고 정부가 협상을 하지 않는 집단과 싸우기 위해 집단 일부로부터 반테러 지원에 도움을 받을 필요가 없다면 정부는 테러리스트에게 하는 약속을 이행할 유인이 거의 없다. 모든 테러리스트가 무장해제를 한다면 정부는 양보를 하기보다는 정책을 유지하기를 선호한다.
2. 정부 제안이 아무리 호의적이더라도 그 합의를 이행하게 구속시키는 능력이 없기 때문에 정부가 모든 테러리스트와 협상해서 합의를 이끌어내는 것은 가능하지 않다. 모든 테러리스트가 정부와 협상안에 합의해서 무기를 내려놓을 경우 정부가 약속을 이행하지 않는다 해도 폭력을 사용할 수 있다는 신뢰할 만한 위협능력을 더 이상 가지지 못한다. 이는 정부가 약속을 지키지 않고 무장해제된 테러리스트를 제거하도록 한다.
3. 테러리즘은 일부 테러리스트와의 협상양보를 통해 그들이 반테러활동을 벌여 나머지 테러리스트를 제거하는데 도움으로써 종식될 수 있다. 그러한 협상은 정부의 양보가 폭력을 지속하는데서 얻는 이익과 비교해 온건파 테러리스트에게 충분히 큰 이익이 될 정도이며, 그 양보가 정부가 이행하기보다는 배신하기를 선택하게 하는 정도가 아니라면 가능하다. 이것이 우리가 논의한 양보 크기의 정확한 계산법이다.

이제 네 번째 함의에 대해 살펴보자.

---

5. 정부와 중도 테러리스트 그룹에게 모두 받아들여질 수 있는 양보는 다음의 k를 선택하는 것과 같다.

$$\frac{p-r}{p} > k > \frac{X - c - (1-p)H}{p}$$

13.3 왜 성공적인 협상 이후에도 폭력이 증가할 수 있는가

네 번째 주장은 반테러활동이 강경파를 없애버리는 데 실패한다면 정부와 온건파 테러리스트 사이의 합의가 폭력을 증가시킨다는 것이다. 이를 보여주기 위해 온건파 테러집단과 정부지도자가 합의를 한 뒤에 폭력 수준에 어떤 일이 발생하는지에 관한 시각적인 사례를 구성해보자. [그림 13-2a]는 온건파 테러리스트와의 양보 협상이 타결되기 전에 폭력 수준을 포함해 다른 정책들에 대한 지지 및 배후 자원에 대해 나타내고 있다. [그림 13-2b]는 정부와 온건파 테러집단의 협상 이후의 자원 배분을 보여준다. 이 그림들을 그릴 때 강경파 테러리스트가 통제하는 자원이 많으면 많을수록 더 많은 폭력에 가담한다고 가정한다.

온건파 테러집단과의 협상이 타결되기 전에 테러리스트 폭력에 대한 정부의 불관용 정책을 선호하는 사람들은 불관용 정책을 촉진시키기 위해 (아마도 세금을 통해) 정부에 자원을 제공한다. 정부가 불관용 정책을 지지하고 불만을 해소하는데 도움이 되기 위해 온건파의 폭력 사용을 선호하는 사람들은 온건파의 노력을 돕기 위해 자원을 사용하게 해준다. 즉 온건파 지지자들은 온건파가 관여하는 테러리즘에 비용지원을 위해 자금 기부나 불법적 사업기회 제공, 노동 제공, 임대 등을 준다. 예를 들어 많은 미국인들이 오랫동안 IRA에 알게 모르게 돈을 보냈다. 이 돈은 테러

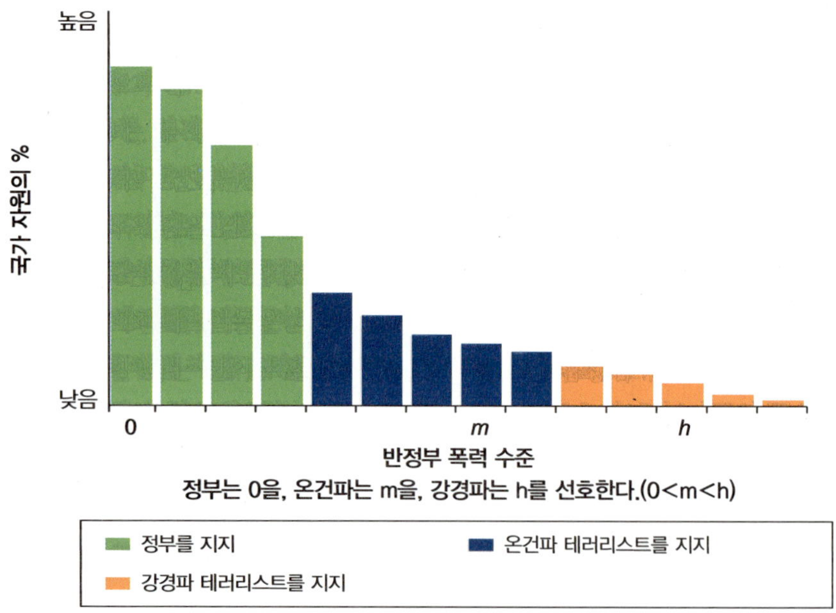

그림 13-2a 협상이 타결되기 전 대안적인 반정부정책을 지지하는 국가자원

리스트의 폭파 및 다른 활동을 지원하는 데 사용되었다. 정부와 온건파 테러리스트 집단에 대해 높은 수준의 테러폭력을 좋아하는 강경파 테러집단의 정책을 더 선호하는 사람들은 강경파를 지지한다. 가령 몇몇 구호기관은 글로벌 지하드나 성전을 촉진시키려는 알카에다의 노력을 지원하는 데 공헌했다고 알려져 왔다.

TRY THIS

[그림 13-1]의 게임은 3명의 행위자를 가정한다. 정부가 또한 합법적인 정치적 반대파를 가지고 있다면 어떻게 되는가? 이 네 번째 행위자를 포함할 때 합법적인 반대파가 정부보다 더 요구사항이 많거나(즉 반대파에게 어떤 결과는 Z>W) 혹은 덜하면(W>Z>X+c) 어떤 함의가 있는가? 이것이 정부가 할 수 있거나 온건파가 수용할 수 있는 양보의 종류를 변화시키는가? 이 내용은 제6장에서 설명한 슐츠의 주장과 어떻게 관계되는가?

[그림 13-2a]는 정부가 온건파와 합의를 하기 전에 정부와 온건파 테러리스트, 강경파 간의 국가자원 조정(즉 사회의 사람들의 자원)을 보여준다. 세 행위자의 위치는 정책 선호로 표시되는데, 각각의 지배연합에 의해 선호되는 폭력 수준을 포함한다(정부와 온건파의 폭력 부재는 M의 m 구성원들에 의해 선호되고, 강경파는 H의 h 구성원들에 의해 선호된다). 막대는 폭력에 대한 각 행위자의 입장에 연합하는 사회의 상대적 자원을 보여주는데, 불만이 얼마나 강하게 정당한 것인지에 대한 표시이다. 폭력을 바라보는 태도가 온건파 테러리스트보다 정부의 시각에 가까운 사

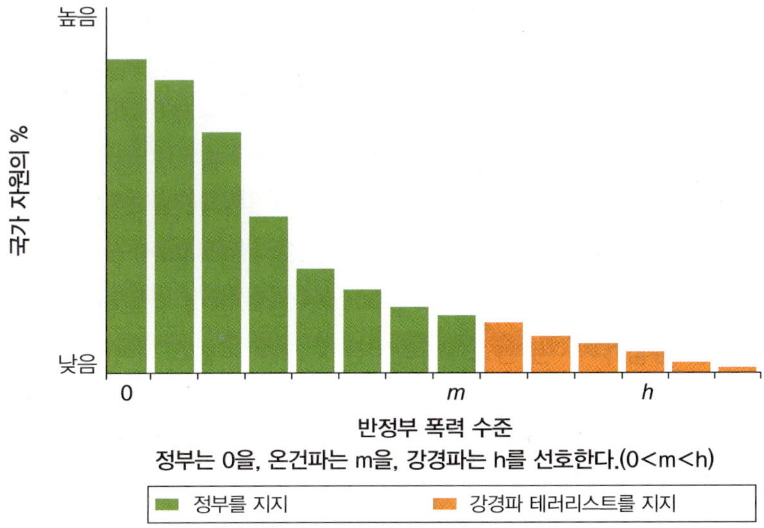

그림 13-2b 협상이 타결되고 난 후 대안적인 반정부정책을 지지하는 국가자원

람들이 통제하는 자원은 정부를 지원한다. 즉 가로축의 정확히 0과 *m* 사이에 있거나(온건파 테러리스트가 선호하는 폭력수준) 이보다 더 적은 사람은 테러리즘과 싸우는 정부에 자원이 활용되게 한다. 폭력에 대한 관용이 정부나 강경파(*h*)보다 온건파 입장에 더 가까운 사람은 온건파에게 자원이 활용되게 한다. 폭력에 대한 시각과 불만의 강도가 가로축에서 강경파 입장(*h*)과 비슷한 사람은 그들에게 지원한다.

[그림 13−2b]는 정부가 온건파와 합의를 한 뒤에 정부 및 강경파 지지 관련 국가자원의 조정을 보여준다. *k*의 값인 합의가 온건파가 받아들이면서도 양보를 최소화하려는 정부에 의해 선택되었다는 사실을 명심하라. 합의가 이루어진 후 합의를 받아들일 만한 것으로($m \in M$) 생각하는 모든 사람은 그것을 선택한다. 합의는 온건파 테러리스트 그룹이 겨우 받아들이도록 유혹하기 위해 선택되었기 때문에, 가령 폭력 수준에 대해(괴롭힘의 관련 수준을 추가해서) 온건파 태도(*m*)와 강경파 태도(*h*) 사이에 해당하는 온건파 테러리스트 그룹 지지자들은 이제 강경파쪽으로 지지를 선회한다. 합의가 그들 시각에 동의하기에 충분하지 않기 때문이다. 따라서 *m*의 오른쪽에 있는 *M*의 모든 구성원은 그러한 합의를 거절하고 이제 *H*를 지지한다. 이러한 그룹을 만족시키는 합의를 제안하는 것은 정부 입장에서는 치르기에 너무 값비싼 것이다.

내가 보여주고 싶은 마지막 결과는 다음과 같다.

온건파에게 양보해서 중립화시키는 것은 정부의 승리 가능성($p > r$)을 높이지만 또한 사회에 폭력을 행사하는 강경파의 능력도 향상시킨다.

누가 누구를 지지하는지를 보여주는 [그림 13−2a]와 [13−2b]의 막대그래프를 비교하면 정부의 힘 —테러리즘과 싸우는데 끌어올 수 있는 자원— 은 온건파의 무장해제와 그들의 반테러활동 지원으로 증가함을 알 수 있다. 이는 [그림 13−2a]와 비교하여 [13−2b]의 녹색 막대의 증가된 숫자에 의해 잘 보여진다. 이러한 여분의 자원은 정부의 반테러 노력을 향상시키며, 이전보다 더 성공가능성을 높인다($p > r$). 만일 강경파 테러리스트가 반테러활동으로 증가된 압박을 견뎌낸다면 사회에서 경험되는 폭력의 총수준을 높이는 위기도 있게 될 것임을 또한 알 수 있다. 이는 [그림 13−2a]보다 [13−2b]에 오렌지색 막대가 하나 더 있다는 것 —과거에는 온건파를 지지했는데 이제 강경파를 지지하는 자원— 에서 쉽게 알 수 있다. 이전에 온건파 테러리스트를 지지했던 더 극단적인 개인들이 이제 강경파에게 자원을 주기 시작했기 때문에 이런 일이 발생한다(이는 이들이 더 이상 돈을 줄 온건파 테러리스트가 없기 때문이다). 정부의 양보는 온건파 테러리스트의 *m* 구성원이나 이들보다 폭력을 덜 사용하는 것을 선호하는 사람들에게 수용될 수 있음에도 불구하고 더 극단적인 *M*의 구성원과 더 괴롭힘을 받는다고 생각해서 이제 사라진 온건파 테러리스트보다 더 많은 폭력을 승인하는 m의 오른쪽 사람들을 만족시키는 데 충분하지는 않다. 이들은 이제 강경파에게 자원을 준다. H의 h에 의해 지지되는 강경파의 정책 선호를 더 좋아하기 때문이다. 따라서 반테러리즘 노력이 강경파 그룹을 소탕하는데 실패할 때는 언제나 온건파와의 협상이 네 번째 가설이 설명하는 것처럼 폭력 수준을 높일 것임을 예상해야 한다. 이는 또한 강경파의 승리 가능성도 높인다. M의 자원 중 일부는 이제 정부에 배분되어 테러리즘에 대한 승리 가능성을 높이지만 여분의 자원을 갖게 된 강경파에 대한 승리 가능성을 반드시 높이는 것은 아니다.

에튼 부에노 데 메스키타(Ethan Bueno de Mesquita 2005a)의 단순화된 모델로부터 끌어낼 수 있는 이 결과는 성공적인 협상 이후 폭력의 빈도가 증가한다고 보고하는 테러리즘에 대한 광범위한 경험적 연구와 일치한다. 이것은 온건파 테러리스트에게도 양보하는 것이 무의미한 것이라고 생각하게 할 수도 있으나 성급하게 그런 결론에 도달하지 않도록 주의해야 한다. 반테러 노력이 강경파를 소탕하는데 실패한 사례들에서 폭력의 증가가 발생한다. 정책적 양보와 반테러리즘 지원을 교환해 강경파 그룹을 완전히 소탕한 사례도 많다. 몇몇 사례에는 1980년대 퀘벡 분리주의 조직인 FLQ(Front de Liberation du Quebec) 소탕, 리얼IRA의 오마(Omagh) 폭탄테러 이후 온건 IRA와 경찰에 의해 수행된 리얼IRA에 대한 북아일랜드의 강력한 반테러리즘 노력, 그리고 영국령 팔레스타인에서 1940년대에 LEHI에 대한 영국과 하가나(Hagannah) 연합의 노력이 있다(Bueno de Mesquita 2005a, 특히 146~147을 참고할 것).

중동, 북아일랜드, 스리랑카나 그 외의 지역에서 장기적인 평화를 달성하는 과제의 도전은 온건파 테러집단을 인지하여 강경파를 체포해 소탕하는 일에 도움을 받는 것이다. 이 일은 상대적으로 온건한 테러리스트와 새롭게 형성된 정부연합이 통제하는 동기와 자원이 강경파를 효과적으로 처벌하기에 충분하다면 성공적으로 이행될 수 있다. 협상을 통해 양보하고 함께 행동함으로써 모든 당사자가 상대로부터 다양한 유형의 적을 분리해내 인식을 순화시키고 믿음을 새롭게 하여 적절한 전략을 선택한다면 가능하다. 정부가 올바른 수준의 양보를 제공할 때 발생하는 유형을 구별함으로써 평화의 약속은 현실로 변화될 수 있다.

13.4 평화의 땅: 신뢰할 만한 약속 문제

앞서 설명한 모델은 이스라엘-팔레스타인 분쟁에서 평화의 기대를 키울 때 예상하지 못한 어려움을 알게 되는데 도움이 된다. 이스라엘인들은 평화를 위해 영토를 교환하라고 요구받는다. 어려움은 2가지다. 1) 각 당사자의 약속의 신뢰성, 2) 팔레스타인-이스라엘 사례에서 평화의 방해물을 해결할 수 있는 양보에 대해 협상모델이 의미하는 것이다.

평화의 땅 협상은 순차적인 전략적 결정을 요구한다. 즉 이스라엘은 팔레스타인 및 다른 아랍 국가들과의 관계 정상화 대가로 영토를 포기한다. 영토는 한번 포기하면 팔레스타인과 아랍 국가들이 협상에서 배신할 경우 다시 회복하기에 엄청난 희생을 필요로 한다. 따라서 영토 문제가 해결되기까지는 평화가 이루어질 것이라고 기대할 수 없기 때문에 그러한 제안의 성공은 상대가 협상의 끝까지 계속 갈 것인지에 대한 이스라엘 사람들의 인식에 달려있다. '협상의 끝'은 반테러리즘 노력에 대한 신뢰할 만하고 가치있는 약속을 포함한다.

정부와 온건파 테러리스트 모두에게 약속의 문제를 해결하는 협상이 합의될 수 있지만 이는 연합하고 약속을 이행하는 것이 스스로에게 이익이 된다고 생각할 때만 가능하다는 것을 살펴보았다. 즉 이스라엘은 아바스 팔레스타인 정부에게 영토(와 다른 이슈들)를 양보할 필요가 있으며, 아바스 정부는 이슬람 지하드나 하마스와 같은 많은 강경파로부터의 위협을 무력화시키기 위해 반테러리즘 능력을 활용해야 한다. 하지만 아바스 정부가 그렇게 하더라도 문제가 존재할 수 있다.

우리는 이 단순한 모델에서 적절한 제안(k)을 찾는다는 상식에 의존하고 있다. 현실세계에서는 모든 관련 정보가 상식이 아니기 때문에 문제는 더 복잡하다. 이스라엘인들은 아바스가 테러 폭력에 반대한다고 분명히 말하려는 것을 알게 되었다. 그러나 그가 효과적인 반테러활동을 할 수 있는 의지와 수단을 가지고 있는지는 알지 못한다. 똑같이 아바스도 이 지역에서 테러리즘을 영원히 종식시키기로 합의하기 위해 팔레스타인인들이 필요로 하는 모든 양보를 이스라엘 정부가 이행할 것인지 확신할 수 없다. 이스라엘이 일부 양보는 이행하고 다른 것에서는 배신할 위험성은 항상 존재한다.

이스라엘 지도부가 아랍국가들의 약속 이행에 대한 확신이 없다면 이스라엘 사람들이 강제할 수 없는 평화 약속에 대해 영토를 포기하도록 기대할 수는 없다. 그러나 아랍 시각에서 보면, 영토에 대한 약속을 받기 전에 평화를 약속하는 것은 똑같이 위험하다. 아랍국가들은 이스라엘이 영토 양보 약속을 깨더라도 평화에서 다시 전쟁으로 돌아갈 수 있겠지만 전쟁상태로 다시 돌아가는 것은 정치적으로나 정서적, 물질적으로나 손실이 큰 것이다. 평화를 양보해도 이스라엘이 영토를 양보할 것이라는 확신은 없다. 각 당사자는 신뢰의 부재로 인해 파레토 개선효과인 상호이익의 결과에 도달하기가 극도로 어려운 협상게임에 빠져 있다. 여기서 문제는 현실보다는 인식에 있다는 것이 당연하다. 각 당사자가 평화협약의 각 부분을 시행할 때 완전히 올바르게 행동하는 것도 가능하다. 문제는 어느 한쪽이 이행하지 않으면 평화협약에 모험하는 비용이 현재의 전쟁상태를 유지하는데 드는 비용을 초과하는 것이 당연하다는 점이다. 그러나 양측 모두 상대의 진정성에 확신이 선다면 어떻게 될까? 그것이 성공적인 평화협상을 만드는데 충분할까? 우리가 사용한 모델이 맞다면 답변은 아마 '아니다'일 것이다.

평화를 추구하는 데 있어 어려운 문제는 반테러리즘 지원의 가치와 관련해서 나타난다. 이스라엘 사람들에게 [그림 13-1] 모델의 논리를 따라가보면, 영토와 같은 양보를 제공하는 것은 가치 측면에서 반테러리즘 정보의 한계가치보다 적은 것으로 제한된다. $(p-r)/p>k$는 양보의 가치를 정부(예를 들어 이스라엘)가 제공하고자 하는 양보의 가치로 정한다. $p-r$은 반테러 정보에 기초해 강경파(이슬람 지하드, 하마스 등)를 물리칠 가능성의 한계증가분이다. 이스라엘 정보기관 모사드(Mossad)는 스스로 반테러 정보를 입수하는 데 굉장히 능하다. 따라서 아바스 정부로부터 추가로 얻는 정보의 한계가치는 작을 것이며, $(p-r)/p$를 작게 만들 것이다. 이것은 이스라엘 사람들이 자신의 균형전략의 일부로서 파타에게 적은 양보만을 제공할 것임을 의미한다. 이스라엘의 양보가 줄어들면서 아바스 정부에 대한 가치도 줄어들고 협상 가능성을 더 낮게 만든다. 극복하기 어려운 평화에 대한 장애물을 강조하는 모델의 함의를 여기서 알게 된다. 직관적으로 생각한 것과는 달리 강경파 적들에 대한 이스라엘의 양질의 정보는 협상에 의한 평화를 매력적이지 않게 만든다. 팔레스타인 사람들을 만족시키기 위해서는 이스라엘 사람들이 반테러정보 활동으로부터 얻는 가치 이상을 포기해야 한다. 팔레스타인의 시각에서 보면, 이스라엘 정부가 제시하는 양보는 정치적 대가를 치르기에는 너무 적다. 따라서 모두가 진지하게 평화를 원한다 해도 평화로운 결과를 이루어내기 어렵다.[6]

SUMMARY

테러리즘은 상당 부분 인식의 문제이며 신뢰할 만한 약속의 어려움과 관련된 것이다. 우리 자신의 행동을 변화시킴으로써 때때로 테러리즘에 관해 경쟁하는 가설들을 분류하는 것이 가능하다. 이는 정확히 중동과 북아일랜드에서 평화 진전을 이끌

6. 다시 말해 (p-r)/p 이 0에 가까워진다 해도 (p-r)/p 를 k 보다는 크게 유지하려 하기 때문에 k값은 작아진다. 이것은 p=대테러지원 하에서 강경파를 이길 확률이 r=대테러지원 없이 강경파를 이길 확률과 그리 다르지 않기 때문이다.

어낸 과정이다. 이 장에서 설명한 테러리즘에 대한 조사는 믿음의 부재가 얼마나 의도하지 않은 결과를 양산하는 정책을 촉진시킬 수 있는지 보여주었다. 단지 행동 변화를 통해 —즉 계산된 위험 정도를 통해— 테러폭력을 중단시키거나 최소한 감소시키는 것이 가능하다. 하지만 한쪽이 약속을 어기는 것과 같은 위험과 비용을 고려하지 않고 그런 행동 변화를 분별없이 요구할 수는 없다. 만일 온건파 테러리스트가 정부와 협상을 하고도 반테러 노력이 실패한다면 남아있는 더 극단적 테러리스트가 더 많은 자원을 확보해 폭력을 증가시킬 것이다. 인식과 전략조건이 얼마나 선택에 영향을 미치는지를 더 잘 이해함으로써 우리는 전 세계에서 평화를 향한 진전을 촉진시킬 수 있다.

핵심 용어

광신도 475
소극적 테러리스트 475
자기만족적 적 476
공동균형 478
업데이트된 믿음 481
사후(事後) 믿음 481
분리균형 482

14

민주적 세계질서:
민주화 없는 평화

제2차 세계대전에서 연합군이 추축국을 1945년에 격퇴한 후 독일의 고위관료가 항복문서에 서명하도록 강제된 사례처럼 폭정과 부패한 통치는 국제적 세력연대에 의해 패배할 수 있다. 그들은 또한 1996년 11월 모부투 세세 세코(Mobutu Sese Seko)가 자이르(Zaire: 현재의 콩고민주공화국)에서 반란부대에 의해 대통령 직에서 쫓겨난 것처럼 국내적 저항에 무너질 수도 있다.

OVERVIEW

- 민주주의 국가는 서로 싸우지 않는 경향이 있기 때문에 민주주의 확산은 평화롭게 만드는 영향이 있다.
- 민주주의 국가는 또한 전쟁에서 정책 성향이 나타나는데 승리국가와 국민이 원하는 것을 할 수 있는 괴뢰정부를 세우고 싶어 한다.
- 불행히도 민주주의의 이러한 측면은 패전국가의 민주주의 국가건설을 오히려 막는 결과를 가져온다.
- 민주주의 국가가 개입을 통해 해외에 민주주의 확산을 촉진시키는 데 성공할 가능성은 매우 낮다. 이는 상대 국가의 국민이 개입국과는 다른 정책 우선사항을 가지고 있기 때문이다.
- 개입국은 상대국의 자유민주주의 보다는 자국이 원하는 정책을 수용하는데 기꺼이 동의할 만한 독재정부나 부정선거에 의한 정치체제를 설립하는 경향이 더 있다. 결과적으로 개입은 민주주의를 고양시키는 데 거의 역할을 하지 못하고 종종 민주주의를 쇠퇴시키고 대체로 진정한 개혁 대신 상징적인 개혁을 추구하게 된다.

ASSUMPTIONS CHECK

1. **민주주의 국가는 독재국가보다 자신이 시작하는 전쟁에서 훨씬 더 많이 승리한다. 이는 ________ 때문이다.**
   a. 민주주의 정부는 전쟁을 결정하는 데 있어 훨씬 더 선택적이기 때문에
   b. 민주주의 군대는 독재정권의 군대보다 장비가 더 잘 갖춰져 있고 더 잘 훈련되어 있기 때문에
   c. 민주주의 국가는 독재국가보다 승리하고자 더 노력하기 때문에
   d. 위의 모두
   e. 위의 어느 것도 아님.

2. **민주주의 국가는 서로 ____________ 싸운다.**
   a. 독재국가가 서로 싸우는 것만큼이나 싸운다.
   b. 독재국가가 서로 싸우는 것보다 더 많이 싸운다.
   c. 거의 안 싸운다.

3. 다른 국가의 분쟁에 군사적으로 개입하는 민주국가는 상대국의 민주화를 크게 촉진시키는가 혹은 크게 방해하는가?

4. 민주평화론은 ______________의 산물이다.
   a. 외교정책에서 민주주의의 우월한 도덕적 윤리적 행동
   b. 승리에 확신이 있을 때만 싸우게 하는 지도자의 동기에 민주주의나 독재와 같은 통치제도가 미치는 영향의 차이
   c. 전쟁 패배 이후 독재국가에 비해 민주국가의 행복에 미치는 위험성
   d. a와 b
   e. a와 c
   f. b와 c

ANSWERS

1. d. 위의 모두. 민주주의 국가는 자국의 군대 장비를 더 잘 갖춰주며, 특히 독재국가보다 병사들의 방어장비를 더 잘 갖춰준다. 민주주의는 전쟁의 승리 가능성이 상대적으로 낮다고 판단될 때는 독재국가보다 더 싸우지 않으려 한다. 민주주의 지도자는 전쟁이 잘못되어 국민으로부터 쫓겨나게 될 경우 독재자보다 더 도박을 하게 된다.
2. c. 민주주의 국가는 서로 거의 싸우지 않는다. 민주주의 국가는 독재국가와는 더 자주 싸운다. 독재국가는 다른 독재국이나 민주국가와 싸우는 전쟁에 대해 덜 선별적이다.
3. 민주주의 국가는 개입하는 상대국의 의미있는 민주적 개혁을 거의 이루지 않는다. 민주주의 개입국은 민주화가 자국의 유권자들이 원하는 것과 상반되는 정책의 추구를 의미한다면, 개입 이후의 시기에 민주화보다는 정책적 조정을 더 선호한다.
4. f. 다른 통치제도에서의 동기에 대한 다른 영향성과 성공적이거나 실패한 전쟁에 대한 지도자와 관련된 위험과 보상은 민주평화론을 형성한다.

1917년

4월 2일 우드로 윌슨(Woodrow Wilson) 대통령이 의회에서 독일에게 전쟁을 선포했을 때 그는 다음을 분명히 했다.

> 세계는 민주주의를 위해 안전한 곳이 되어야 합니다. 정치적 자유의 기초 하에 세계평화가 확립되어야 합니다. 우리는 그 어떠한 이기적인 목표도 가지고 있지 않습니다. 우리는 정복을 원하는 것도 아니고 지배를 원하는 것도 아닙니다. 우리가 자유롭게 선택한 희생에 대해 우리는 어떠한 보상도 물질적 보답도 추구하지 않습니다. 우리는 단지 인류의 권리를 수호하는 사람들일 뿐입니다. 국가의 신념과 자유가 그 권리를 안정하게 할 수 있을 때 우리는 만족하게 될 것입니다.[1]

이 몇 가지 문장으로 윌슨은 인간만큼이나 오래된 문제인 세계평화를 어떻게 달성할 것인가에 대한 해결책을 분명히 제안하였다. 그는 아주 오래전의 칸트(Immanuel Kant)처럼 지구적 민주주의를 촉진시켜 세계질서를 안정시킬 수 있다고 생각했다. 하지만 전쟁이 끝날 때까지 윌슨이나 다른 승전국의 어떤 지도자도 자결권 공약에서 유럽 및 미국의 식민지 해방과 민주화 약속을 하지는 않았다. 민주주의의 확산이 승전국의 이익에 도움이 되지 않았을 때는 그 확신이 완전히 억압되지는 않았지만 분명 억제되었다.

기존 민주주의 국가에 의해 다른 국가로 민주주의가 수출되느냐의 여부는 윌슨의 "우리는 어떠한 이기적 목표도 없다"는 선언이 아니라 이기주의에 의해 결정되었다. 지도자는 자신의 이익을 추구한다고 말하는 것이 분명한 것 같지만, 지구적 민주화 논의에서 이 시각을 반영하는 것이나 그 함의를 찾는 작업은 상당히 부족하다. 민주주의를 고양하는 것이 국가안보나 지도자의 생존에 좋은 것인지의 여부에 대한 엄격한 현실주의적 검토 없이 국내적 이익에 대한 과도한 장밋빛 시각이 논의를 지배해 온 영역이다. 이 장에서는 국내정치와 외교정책 사이의 상호작용에 대한 (현실주의와 구별되는) 현실적(realistic) 시각이 어떻게 민주국가가 민주주의 확산을 촉진하는 경향에 대해 비관적으로 만드는지, 또한 더 민주주의적인 세계가 더 평화로운 세계가 될 것이라는 기대에 대한 낙관주의를 양산하는지 살펴본다.

2005년 조지 W. 부시 대통령의 2기 취임연설에서 그는 분명 의도하지 않게 민주주의 국가건설의 이익을 강조하는 낙관적 시각과 그 부정적 면을 강조하는 완고한 시각 사이에서 존재하는 비판적 갈등을 언급했다. 부시는 이렇게 공언했다.

1. 우드로 윌슨의 1917년 연설의 전문을 보려면www.classbrain.com/artteenst/publish/article_86.shtml 을 참조.

“우리나라에서 자유의 생존은 점점 더 다른 나라에서의 자유의 성공에 의존하고 있습니다. 우리 세계에서 평화에 대한 최고의 희망은 전 세계에서의 자유의 확산입니다.… 따라서 이 세계에서 전제정치를 종식시킨다는 최종적 목적을 가지고 모든 국가와 문화에서 민주주의 운동과 제도의 성장을 추구하고 지원하는 것이 미국의 정책입니다.”

그러나 동일한 취임사에서 그는 또한 이렇게 공언했다.

“나의 가장 소중한 임무는 앞으로의 공격과 새로운 위협에 대항해 이 나라와 국민들을 보호하는 것입니다.”[2]

이 몇 문장에 포함된 생각들 사이에는 커다란 긴장이 존재한다. 어떻게 한 나라가 다른 국가의 민주주의 개혁을 고양시키면서 국가와 국민을 외부 위협으로부터 보호할 수 있겠는가? 앞으로 살펴볼 내용처럼, 하나의 대답은 자유롭고 민주주의적인 사회는 대체로 서로서로 평화롭게 살 것이라는 주장이다. 민주주의 국가는 또한 국내에서 번영하는 경향이 있으며, 제10장과 제11장에서 설명한 것처럼 전 세계적으로 자유무역을 촉진시키며 민주주의를 수출시킬 거버넌스의 형태 혹은 수입해야 할 정부 형태로 매력적인 것처럼 보인다. 그러나 해외의 민주주의 개혁은 외부 위협으로부터 미국인(혹은 세계 다른 지역 시민들)의 안보를 거의 향상시키지 않으며, 심지어 안보를 위협할 수도 있다. 민주주의는 세계평화 질서에 장기적으로는 어느 정도 도움이 될지라도 단기적으로는 평화에 위협이 될 수 있다.

민주화를 통해 평화를 진흥하는 것과 민주화를 통해 국내적 이익을 제한하는 것 사이의 긴장을 잘 이해하기 위해 이 장은 민주주의가 가진 평화유발 효과에 주목한다. 민주평화론이라 알려져 있는 것에 공헌하는 근본적 요소를 제시한 후에 민주주의 정부가 특히 민주주의 확산을 진전시키는 데 정치권력을 사용하지 않게 하는 국내정치적 제한을 설명한다.

14.1 민주평화론

민주평화론의 중심 주장은 민주주의 국가는 비민주주의 국가나 비자유주의적 정권에 대해서는 전쟁을 벌이지 않는 것은 아니지만 민주주의 국가와는 거의 전쟁을 하지 않는다는 점이다. 그러나 민주평화론은 평화적이고 민주주의적 행동에 대한 논의 그 이상이다. 이는 분쟁중인 민주주의 국가에 대해 상당히 잘 확립된 많은 사실

2. 조지 W. 부시의 두번째 취임연설의 전문을 보려면 www.msnbc.msn.com/id/6848112/을 참조.

들을 포함하며, 종합적으로 보면 민주적인 세계질서의 잠재적인 평화적 효과를 설명하는 데 도움을 준다. 종합적으로 민주평화론을 구성하는 광범위한 경험적 규칙들은 다음을 포함한다.

1. 민주주의 국가는 서로 전쟁을 하지 않는 경향이 있다(Maoz and Abdolali 1989; Russett 1993; Ray 1995).
   a. 민주주의 국가는 분쟁이 발생할 경우 평화적 해결을 만들어내는 경향이 있다(Dixon 1994).
   b. 민주주의 국가는 성숙된 민주주의일 때보다는 이행기에 있을 때 더 전쟁을 하는 경향이 있다(Mansfield and Snyder 1995).
2. 민주주의 국가는 상당한 정도로 비민주주의 국가와는 전쟁을 한다(Maoz and Abdolali 1989).
3. 민주주의 국가는 전쟁이 기대했던 것보다도 더 도전적인 것이라 판단하면 승리를 위해 더 열심히 노력하지만 비민주주의 국가는 그렇지 않다(Bueno de Mesquita et al. 2003, 2004; 6장을 보라).
   a. 민주주의 국가는 전쟁에서 승리하는 경향이 압도적으로 높게 나타난다(Lake 1992; Reiter and Stam 1996, 2002).
   b. 민주주의 국가는 독재국가보다 단기간의 전쟁을 하는 경향이 더 크다(Bennett and Stam 1996, 1998b).
   c. 민주주의 국가는 비민주주의 국가만큼이나 취약한 상대와는 전쟁을 꺼리는 경향이 있다. 그러나 민주주의 국가는 스스로 취약한 상대가 되기는 더 꺼린다(Bueno de Mesquita et al. 2003, 2004).
4. 독재국가가 민주주의 국가를 상대로 전쟁을 일으키는 것보다는 민주주의 국가가 독재국가를 상대로 전쟁을 일으키는 성향이 더 크다(Bennett and Stam 1998a).
5. 민주주의 국가는 자신이 시작하는 전쟁에서는 전투 사상자가 더 적다(Siverson 1995).
6. 민주주의 국가는 비민주주의 국가보다 군사적 승리 이후의 평화를 강제하는 데 더 노력을 많이 한다(Bueno de Mesquita et al. 2003, 2004).
7. 민주주의 국가는 강대국으로서 더 큰 제약이 있어서 약소국보다는 전쟁에 참여하는 경향이 더 적다(Morgan and Campbell 1991).

이후에서는 이 몇몇 규칙들에 초점을 두고 설명한다. 각각의 경험적인 규칙들은 논리적으로 선출인단 이론을 따라 설명된다(Bueno de Mesquita et al. 1999; 2003). 여기서는 각각의 요소를 다시 살펴보지는 않으며, 민주주의의 평화적 영향성에 공헌하는 주요 특징들을 강조한다. 그러고 나서 이 평화적 영향성이 불행히도 국가 건립의 민주주의적 노력을 위한 유인은 되지 않는 이유를 연결시킨다.

TRY THIS

민주주의와 전쟁의 정의를 제시해보라. 당신의 정의를 충족하는 둘 혹은 그 이상의 민주주의 국가 사이의 전쟁 사례를 생각할 수 있는가? 사례를 이야기하고, 전쟁의 원인이 무엇이라고 생각하는지 간단히 설명하라. 당신의 정의에 따른 사례를 생각할 수 없다면 분명히 민주주의인 둘 사이의 다음의 폭력적 충돌 사례를 생각해보라. 미국 남북전쟁 시에 미합중국(United States)과 남부연합(Confederate States), 1965년 미국의 도미니칸공화국 침공, 1960년대 아이슬란드와 영국의 어업권 분쟁. 이러한 사건들을 민주평화론 시각에서 직접적으로 설명할 수 있는 성격이 있는가? 그것은 무엇인가?

몇 가지 근거

설명을 하기 전에 약간의 정보를 첨가하는 차원에서 규칙들에 대한 몇 가지 근거를 제시한다. 가장 커다란 주장은 민주주의 국가는 서로 싸우지 않지만 다른 체제의 국가와는 싸운다는 것이다. 민주주의 국가들 사이의 이러한 평화적 경향이 얼마나 강한지는 쉽게 보여줄 수 있다. 예를 들어 —대략적으로 이야기하면— 정부가 지도자 선출과정에서 (지도자의 경쟁적인 충원 방식과 함께) 경쟁적 참여를 보장하는 정도와 지도자를 제한하는 정도, 대다수의 유권자에게 그 과정을 오픈하는 정도로 측정하는 폴리티인덱스(Polity Index)에서 최고 점수를 기준으로 성숙한 민주주의 국가를 정의한다면, 최소한 1815년 나폴레옹 시대의 종식 이후 어떠한 민주주의 사이에서도 전쟁이 발생하지 않았다. 이 사실은 지난 2세기의 대부분의 기간 동안 민주주의 국가의 상대적 희소성을 지적하더라도 다른 유형의 정부가 보여준 패턴과 비교하면 분명하게 나타난다.[3]

민주평화론을 증명하기 위해 엄격하고 높은 수준의 민주주의 기준으로 스스로 제한할 필요는 없다. 폴리티인덱스에서 10개 중 최소한 8개를 만족하면 민주주의 국가로 간주하는 느슨한 기준을 사용하면 1816년 이후 127개의 전쟁 중 단 2개의 전쟁만이 민주주의 국가 사이에서 벌어졌다. 이 전쟁은 1974년 터키와 키프로스의 전쟁,

3. Marshall and Jaggers (2007)을 참조. 폴리티인덱스(Polity Index)는 −10(가장 독재적인 정부)부터 10(가장 민주적인 정부) 사이에 분포한다.

1993년 파키스탄과 인도의 전쟁이다. 각각의 사례는 전쟁을 시작할 때 그 나라들이 민주주의 국가였는지를 의심할 수 있는 (전쟁 이전의 군사쿠데타 같은) 특정한 조건을 가지고 있다. 비민주주의 국가 간의 분쟁에서 보면 5% 정도가 전쟁으로 확대되었지만 민주주의 국가 간의 분쟁은 전쟁으로 확대된 것이 1.5% 미만이었다. 민주주의와 비민주주의가 혼합된 분쟁의 경우 4% 정도가 전쟁으로 확대되었다. 민주주의에 대한 정의를 느슨하게 했음에도 민주주의 국가 간의 전쟁이 그렇게 희소하다는 것은 우연의 일치로 발생했을 가능성이 거의 없다는 것을 의미한다(우연일 가능성은 3.5%에 불과하다).

민주주의 확산이 미치는 평화적 영향력을 제고하는 또 다른 중요한 경험적 규칙은 전쟁이 예상보다 더 어려운 것임이 판명될 때 전쟁승리를 위해 민주주의 국가가 독재국가보다 얼마나 더 노력하느냐 하는 문제와 관련 있다. 제6장에서 민주정부는 전쟁을 선택하는 데 있어 매우 선택적이며, 전쟁을 시작해서 그것이 예상보다 어렵다고 판단되면 독재국가보다 승리를 위해 더 큰 노력을 기울인다는 사실을 설명했다. 먼저 시작한 전쟁에서 민주주의 국가는 93% 승리했으나 독재국가는 단 60%만 승리했다(Reiter and Stam 2002). 이는 독재국가에게는 동전의 양면에 불과하지만 민주주의 정부에게는 상당한 강점이다. 이러한 증거와 제6장에서 제시한 증거를 종합해서 생각해보면 민주평화론에 대한 충분한 근거가 있다고 할 수 있다.

많은 이론이 종합적으로 민주평화론을 구성하는 광범위한 일반화의 일부분을 설명할 수 있다. 여기서는 다른 대안적 설명을 고려하며, 민주평화론의 평화적 요소에 대해 제6장에서 설명하지 않은 선출인단 이론의 의미를 보다 깊이 고찰한다.

14.2 민주평화론의 설명

칸트는 민주주의(더 정확히는 그의 정의에 따른 공화국) 사이의 평화에 대한 설명을 제시했다. 그의 주장은 국민이 전쟁비용을 감수해야 하기 때문에 전쟁을 승인하지 않으려 한다는 것이며, 국민의 승인을 받아야 하는 대표제 정부에서는 전쟁이 흔하지 않다는 것이다. 최근에는 칸트의 주장과 다른 이론적 설명들이 합쳐져 테스트되었다. 예를 들어 마오즈와 러셋(Zeev Maoz and Bruce Russett 1993)은 민주주의 국가가 서로 싸우지 않는 경향이 있다는 관찰에 대해 규범적 설명을 제시하였다. 그들은 민주주의 정부가 국내적 문제에서 타협 정치에 익숙해 있다고 주장했다. 민주주의 정부는 이러한 행동패턴을 다른 민주주의 국가와의 국제적인 관계에서도 보여주었으며, 각각은 상대국 또한 타협의 규범을 내면화해 왔다고 알고 있다는 것이다.

그러나 이런 시각에 따르면 민주주의 국가가 비민주주의 상대국과 충돌할 때는 상대국의 비타협적 규범을 채택해 독재국가의 공격적 성향으로 자국의 생존을 더 잘 지킬 수 있다고 한다.

규범적 이론은 엄격한 이론적 · 경험적 도전을 받았다. 예를 들어 민주주의 국가가 왜 식민지 제국주의 전쟁을 벌이는지에 대해 설명하지 않는다. 이 사례들에서 보면 상대국은 취약해서 공격자인 민주국가의 생존에 어떠한 위협도 되지 않았다. 따라서 규범적 시각에 따르면 그런 전쟁은 발생하지 말아야 한다. 이 전쟁들이 규범적 설명이 잘못되었음을 입증한다.

규범적 설명과는 달리 민주평화론에 대한 선출인단 이론의 설명은 무엇보다도 민주주의 국가가 왜 식민지 제국주의적 팽창 전쟁을 하는지 설명한다. 모든 지도자처럼 민주적 지도자도 쉽게 이길 수 있는 전쟁을 선호한다. 장래의 식민지 적국은 대표적으로 취약하고 쉽게 정복될 수 있다. 제6장에서 설명한 것처럼 선출인단 이론은 민주주의 국가가 왜 영토 취득보다는 정책지향적이거나 리더십 승계 문제에 관해 전쟁을 벌일 가능성이 높은지를 설명해준다.

선출인단 이론은 또한 민주주의 국가가 비민주주의 국가보다 더 많이 다른 라이벌 국가를 전복하고자 하는 의도를 가진 것에 대한 경험적 관찰을 설명해준다(Bueno de Mesquita et al. 2004, Morrow et al. 2006). 민주주의 국가는 자국민에게 정책 이익을 가져다주어야 하기 때문에 전후 평화를 강제할 수 있도록 정복한 국가에 괴뢰정부를 세우는 것이 필요함을 느끼게 된다(Bueno de Mesquita et al. 2003; Lutmar 2009). 이러한 민주주의적 행동의 특성은 민주주의 국가가 특히 민주주의적 국가건설을 촉진하는 데 서투른지의 이유를 검토하는 이 장의 후반부에서 더 크게 나타날 것이다.

성실한 노력의 평화적 혜택

제6장에서 민주주의 국가가 독재국가보다 어려운 전쟁에서 승리하기 위해 더 큰 노력을 기울인다는 주장의 증거와 논리를 공부했다. 전쟁 노력에 대한 이 주장은 이 장의 관심 주제인 민주주의의 확산의 결과에서 유래하는 평화적 영향성에 관한 여러 중요한 함의를 가지고 있다.[4]

두 민주주의 국가가 분쟁에서 대결할 경우 무슨 일이 벌어질지 생각해보자. 두

4. 이들 주장의 모든 수학적 증명은 Bueno de Mesquita et al.의 1999년, 2003년 연구에서 찾아볼 수 있다.

민주국가가 싸우고 있을 때 전쟁은 발생할 것 같지 않다. 각 민주적 지도자는 전쟁이 발생할 경우 열심히 싸우는 동기를 포함해 비슷한 제도적 동기를 가지고 있다(Mintz and Nehemia 1993). 각각은 국민에게 인정받기 위해 정책적 성공을 보여주어야 한다. 각각은 타협하기보다 전쟁을 선택하기 위해서는 그 전에 특히 전쟁에서 승리할 수 있다는 확신을 가져야 한다. 두 라이벌 민주국가의 지도자 모두 동일한 분쟁에서 동시에 승리가 확실하다고 믿을 가능성은 실제로는 거의 제로에 가깝다(Fey and Ramsay 2007; Slantchev and Tarar 2011). 이것이 민주주의 확산이 그 자체로 가지는 강력한 평화적 효과다. 민주주의 국가는 엄청난 행운이 뒤따라야 한다고 생각하는 전쟁을 하기보다는 서로 협상하는 경향이 있다(Lake 1992; Stam 1996, 176-178).

반대로 독재자는 정치적 생존을 군사적 승리보다는 사유재의 분배를 통한 몇몇 핵심적 유권자를 만족시키는 데 의존하기 때문에 국내적 필요성을 위해 자원을 보유한다. 독재자는 공공재를 성공적으로 생산해야 할 큰 필요성이 없다. 결과적으로 독재자는 전쟁에서 민주지도자보다 더 열심히 노력하지 않지만, 전쟁에서 패하더라도 국내에서의 정치적 생존 전망에 커다란 영향력이 없기 때문에 승리 가능성이 낮더라도 종종 전쟁을 수행하곤 한다. 따라서 독재의 확산은 민주주의 확산보다 세계질서에서 평화적 효과를 만들어낼 가능성이 낮다.

분쟁에서 협상 타결을 만들어내도록 하는 민주주의적 압력에 대한 주장은 민주지도자 및 독재자가 전쟁에서 패배한 후에 어떤 일이 발생하는지를 파악한 후 더 강화된다. 패배 이후 과거에 그들에게 발생했던 일이 현재의 지도자에게 알려지고 분쟁에서 어떻게 행동할 것인지 선택하는데 영향을 미친다. 이를 염두에 두고 전쟁 패배 이후 축출된 지도자의 예상 운명을 살펴보자.

이미 알고 있듯 민주적 지도자는 전쟁에서 잘 패배하지 않고 따라서 승리한 상대국에 의해 축출되는 경우가 거의 없다. 이것이 우연이 아님을 살펴보았다. 이는 민주적 지도자가 독재자보다 얼마나 더 신중하게 전쟁을 선택하며 승리를 위해 노력하는지에 관한 것이다. 하지만 민주적 지도자도 종종 전쟁에서 패배한다. 이렇게 되면 승리한 상대국에 의해서보다는 국내 유권자에 의해 축출될 가능성이 크다. 패배한 민주 지도자에게 어떤 일이 발생하며 그것은 패배한 독재자에게 발생하는 일과 어떻게 다른가? 고먼스(Goemans 2000, 2008)와 치오자 및 고먼스(Chiozza and Goemans 2004)는 자리를 상실하게 될 가능성이 전쟁과 평화정책의 선택에 영향을 줄 뿐 아니라 지도자가 자리를 상실할 것이라고 예상하는 정도에도 영향을 미친다고 주장한다. 자리에서 축출된 민주지도자는 회고록을 쓰거나 평화롭게 여생을 보낸다. 축출된 독재자는 더 자주 사형에 처해지고 교도소에 감금되거나 승리한 상대국에 의해 추방되기도 한다. 그는 전쟁 패배 이후 대외적으로 축출될 위험성과 국내

세력에 의해 축출될 위험성을 따져보아야 한다. 독재자는 해외의 승리국에 의해서보다는 보상을 받지 못해 불만을 품은 국내 지지자들에 의해 축출되고 사형당할 가능성이 더 크다.

결과적으로 독재자는 민주적 지도자만큼 전쟁 승리 가능성을 높이기 위해 열심히 노력할 가능성이 더 적다. 또한 분쟁 해결을 위한 협상에서 열심히 노력할 가능성도 적다. 협상을 하게 되면 사적으로 자신의 그룹에게 줘야 할 보상을 상대국에게 주는 것이기 때문이다(Bueno de Mesquita et al. 2004; Morrow et al. 2006; 반대 주장은 Debs and Goemans 2010; 이 주장에 대한 반론은 Svolik 2009, Bak and Palmer 2011). 제6장에서 살펴본 것처럼 민주국가가 독재국가보다 전쟁에서 더 열심히 노력한다는 이론적 주장에 대해 2가지 예외가 있다. 이는 관련된 민주평화론 가설을 올바르게 검증하는데 중요하기 때문에 반복해서 설명한다. 첫째, 전쟁에 패배할 경우 상대국에 의해 축출당할 수 있다고 생각하는 모든 지도자는 승리를 위해 가능한 많은 자원을 동원하려 할 것이다. 둘째, 상대국이 공격국에 비해 취약하고 동기가 부족해 공격국이 독재국인지 민주국인지 상관없이 추가적 노력이 필요하지 않은 경우 나타난다.

식민지 제국주의적 팽창 전쟁은 대표적으로 강력한 국가가 극도로 취약하고 빈약하게 무장해 승리 가능성이 거의 없는 적국에 대해 치르는 전쟁이었다. 앞에서 살펴

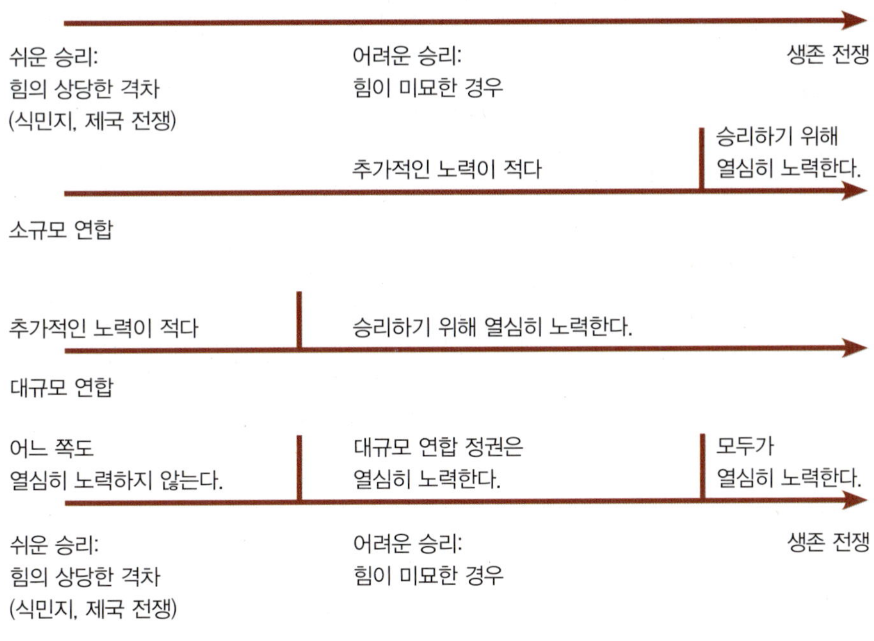

그림 14-1 승리의 어려움에 대한 기대와 승리를 위한 노력 수준

본 것처럼 이 전쟁에서는 공격국이 승리를 위해 특별히 노력할 필요가 없었다. [그림 14-1]은 이 점을 잘 보여준다. 이러한 예외적 상황을 제외하고서 더 많은 민주주의 국가가 존재하는 세계는 분쟁이 발생할 때 평화적 효과가 더 강력함을 의미한다.

지금까지 왜 민주주의적 세계가 전쟁보다는 협상을 통해 분쟁을 해결하는지를 살펴보았다. 또한 왜 민주주의 국가가 독재국가보다 그들이 정복한 상대를 축출하는지에 대한 주장을 살펴보았다. 그러나 여전히 민주주의 지도자가 군사적 승리 이후에 무엇을 하는지, 그의 행동은 전 세계적인 민주주의 확산에 대한 윌슨의 낙관주의적 요구가 무엇을 의미하는지에 대해 많은 의문이 남아 있다. 승리한 민주 지도자가 어떻게 행동하는지 더 자세히 살펴보자.

전후 평화를 강제하기

지금까지 선출인단 이론이 민주국가와 독재국가가 수행하는 전쟁의 차이와 민주국가가 독재국가보다 전쟁에서 더 승리한다는 사실을 설명했다. 전쟁이 종료될 때 어떤 일이 발생하는지 설명하기 위해 선출인단 논리를 사용해보자. 작은 그룹의 지지자들에 의존하는 지도자는 영토나 자연자원, 공물과 같은 사유재를 획득하기 위해 싸우는 경향이 매우 크다. 오나라의 왕 합려(闔廬)의 재상이었던 손자(孫子)는 〈손자병법〉에서 “적으로부터 노획물을 획득할 때 반드시 보상으로 사용해야 하는데 그렇게 해야 부하들이 스스로 싸우고자 하는 강한 욕구를 갖게 된다”고 썼다. 정책보다는 땅과 자원을 위해 싸우는 것의 이점은 전후 평화를 강제하기가 상대적으로 쉽다는 것이다. 결국 정복된 정권이 영토의 양도나 즉각적인 공물을 바치는 약속을 어기기 어렵다. 약속을 어기는 것은 전쟁을 다시 시작하는 것을 의미할 것이다. 그들은 처음부터 전쟁에서 졌기 때문에 다시 한번 싸워서 승리하고자 생각할 이유는 거의 없을 것이다.

그러나 민주국가들은 정책을 두고 다시 전쟁을 하고자 하는 경향이 훨씬 더 크다. 레이건(Ronald Reagan) 대통령의 국방장관이었던 와인버거(Caspar Weinberger)가 주장했듯 “미국은 특별한 개입 상황이 미국이나 동맹국의 이익에 핵심적인 것이 아니라면 해외의 전쟁에 군대를 보내지 말아야 한다.” 작은 동맹의 지도자에게 조언했던 손자와 달리 와인버거는 전쟁이 국가이익의 핵심적 이슈에 관한 것이어야 한다고 주장했다. 그 국가이익은 미국 대통령이 권력을 유지하게 하는 광범위한 유권자들에 의해 정의된다는 것이다. 물론 대규모 동맹정권은 석유와 같은 자연자원에의 접근을 위해 싸울 수도 있다. 하지만 선출인단 이론이 수용된다면 그러한 전쟁은 손자의 시각에서 보기에 몇몇 측근들을 부유하게 하려는 것이 아니라 신뢰할 만하고 예측가능한 석유공급이 시민의 복지와 동맹의 이익에 핵심적인 것이기 때문이다.

정책 양보를 얻어내기 위해 전쟁을 한다면 승자가 돌아가자마자 패배한 정권이 약속을 어기기 쉽다. 따라서 정책 이익을 추구하는 민주적 승리자는 곧바로 자국으로 돌아가지 않는 경향이 크다. 대신 전후 평화와 이에 수반하는 정책 양보를 강제하기 위해 종종 점령군을 뒤에 남겨둘 필요가 있다(Bueno de Mesquita et al. 2004; Lutmar 2009). 이는 패배한 국가의 지도자는 국민이 원하는 정책을 추구할 자유가 없다는 것을 의미한다. 또한 승리한 민주국가는 승리한 독재국가가 평화를 강제할 필요가 없는 것과는 달리 전후 가능한 빠른 시일 내에 자국의 군대를 동원해제할 수 없다는 것을 의미한다.

독재국가의 동원해제에서 예외적 사례는 독재국가인 승리국이 한번의 이익이 아닌 지속적 공물을 얻어내고 싶어하는 경우에 발생한다. 예를 들어 제2차 세계대전 이후 주변 동유럽 국가들을 점령하고 무역과 안보정책에서 피후견국이 되기를 강요한 소련의 상황이었다. 하지만 이것은 예외적 상황이었다. 보통 독재국가는 돈이나 영토를 강탈하고 떠나버린다. [그림 14-2]는 전쟁의 노력과 동원해제의 패턴에서 정권의 지배연합의 크기에 따라 차이가 얼마나 큰지를 분명히 보여준다. 지난 2세기 동안 실제 전쟁에서의 패턴은 6장의 [그림 6-2]에서 설명한 것처럼 거의 선출인

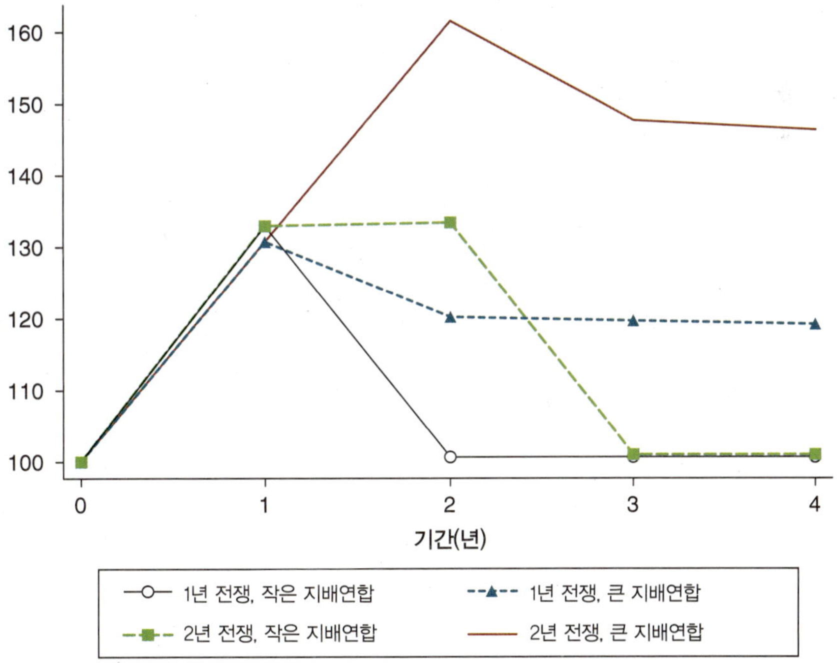

그림 14-2 연합의 크기, 전쟁수행 노력 그리고 전후 동원해제

부시 대통령은 2003년 5월 1일 캘리포니아 연안의 미 항모 에이브레햄 링컨(USS Abraham Lincoln)에서 이라크에서의 주요 전투의 종식을 선언했다. 2007년 5월 1일 민주당 의회 지도자들은 미군 부대의 이라크 철수를 위한 시간표와 분명한 반대 의사를 부시에게 보냈다. 부시의 '임무완수' 연설의 4주년 기념일에 상원 다수당 지도자인 네브래스카 주 상원의원 라이드(Harry Reid)는 부시가 "우리 군대를 내전의 한가운데에 내버려두었으며, 상황 변화가 필요하다"고 말했다.

단 이론이 예측한 것처럼 나타난다는 것이 분명하다.

민주주의 국가는 유익한 세계질서를 촉진시키면서 평화롭게 살고 있다는 생각을 지지하는 논리와 증거를 살펴보았다. 그러나 부시 대통령의 2기 행정부 취임 연설에서 인용된 문구를 돌이켜보면 "우리 세계의 평화를 위한 최고의 희망은 전 세계에서 자유의 확산"이라는 민주평화론적 주장과 "나의 가장 신성한 의무는 이 나라와 국민을 더 이상의 공격과 부상하는 위협으로부터 보호하는 것이다"라는 언급을 조화시켜야 한다. 제12장의 해외원조에서 설명했듯, 평화를 위한 최고의 희망은 국내 지지자들에게 보상하기 위한 세계질서를 건설하기 위해 종종 필연적으로 희생되곤 한다. 우리는 이미 민주주의를 확산하고자 노력하는 민주국가의 근본적 문제에 대한 힌트를 보았다. 민주주의적 국가건설에 대해 생각하면서 앞의 문구에서 어떤 것을 언급했는지 명심해야 한다.

패배한 국가의 지도자는 그 나라의 국민이 원하는 정책을 추구하기에 자유롭지 않다.

14.3 민주주의: 민주화의 장애물

이론상으로 보면 우리 모두가 전 세계에 민주주의가 확대되는 것을 지지한다고 주장하는 것이 쉽다. 또한 국경 안에서 안전하며 우리가 가장 선호하는 정책을 추구하는 데 자유롭다고 주장하는 것이 쉽다. 하지만 이 둘은 종종 조화되지 않는다. 민주주의를 지지하는 것과 우리 자신의 정책 목표와 안보를 지지하는 것 사이에 어려운 선택을 필요로 한다.

현재의 이란이 상당한 민주주의적 한계에도 불구하고 1979년 이슬람 혁명으로 퇴임하기 전의 팔레비 국왕(Shah Mohammad Reza Pahlavi)의 군주 시대보다 얼마나 더 민주주의적인지 생각해보라. 샤 정권에서 이란인들은 지도자를 선택하거나 권력에서 몰아낼 수 있는 권한이 없었다. 오늘날 이란은 경쟁적인 정치 정당과 진정한 승자와 패자를 가르는 선거를 가지고 있다. 어느 위원도(선출되지 않은) 최고위원회의 종교지도자 승인없이 출마할 수 없는 것은 분명하다. 하지만 그 선택권은 샤 왕조시대보다는 훨씬 더 광범위하다. 똑같이 미국이나 다른 서구 민주주의 국가가 민주적으로 선출된 하마스 지도자를 얼마나 팔레스타인 사람들에 대한 합법적 대변인으로 간주하고 있지 않은지 생각해보라. 이란의 신권정치나 팔레스타인의 (최소한 가자지구의) 하마스는 상당히 민주적으로 선출되었음에도 불구하고 미국 안보를 증진시키는 근원으로 환영받지 못한다. 적대적 결과에 대한 당장의 근심이 종종 민주주의를 통해 모두가 인식하는 장기적 이익을 감소시킨다는 것이 명백하다. 민주주의의 수출과 확대의 기록이 상당히 암울하고 실망스럽다는 사실이 당연하다.

윌슨과 부시 대통령의 감동적이고 낙관적인 언급은 미국의 정책이나 현재나 과거의 다른 민주주의 국가의 정책을 희미하게 반영할 뿐이다. 민주주의 증진에 대한 믿음이 진중한 만큼 그 발전이 자국민의 번영에 해가 된다면 민주주의 지도자는 실용주의적 고려로 전 세계의 민주주의적 발전을 거부하게 된다. 이것을 전략적 문제로 간주할 때 민주주의 국가 지도자의 자기이익이 일반적으로 민주주의를 고양하고자 하는 동기를 감소시킨다. 더구나 민주주의를 진흥시키는 일이 실패한다는 것이 아무리 슬픈 일이더라도 그것은 일반적으로 민주주의의 현 지도자가 자국 국민에게 최고의 책임을 다한다는 것을 의미한다. 자신의 의무를 다하고 있는 것이다. 그는 자국 유권자들의 번영을 증진시키고 있는 것이며, 그 과정에서 자신의(혹은 자기 정당의) 재선 가능성을 또한 높이고 있는 것이다. 그것이 민주주의적으로 선출된 지도자의 임무다. 다른 사람이 아닌 자기에게 투표하는 사람에게 효과적 정책을 펼침으로써 자기 자신의 재선 가능성을 높이는 것이다.

많은 군사적 개입이 악의 정권을 몰아내고 국민에 의해 선출된 정권으로 대체하기 위한 바람으로 이루어진다고 주장하는 것이 보통이다. 그러나 군사적 개입의 결과는 그러한 효과를 거의 가지고 있지 않다(Bueno de Mesquita and Downs 2006; Easterly, Satyanath, and Berger 2008). 자국 유권자들을 만족시키는 정책을 수용하기 위한 민주주의의 개입 욕구는 사회를 자유롭게 만들고자 돕겠다는 욕구를 감소시킨다. 2003년 미국의 이라크 개입은 사담 후세인 정권의 몰락을 가져왔다. 그것은 분명 많은 이라크 사람들에게 좋은 것이었다. 하지만 2005년 말 실시된 이라크 자유선거에서 과도정부 총리였던 이브라힘 알 자파리(Ibrahim al-Jaafari)의 정당이 더 많은 지지를 받았음에도 부시 대통령은 알 자파리가 미국의 선택과는 맞지 않는다고 분명히 말했다.

이라크의 미국대사는 부시의 메시지를 최대 시아파 정치조직의 지도자에게 전달하면서 부시는 "다음 총리로 알 자파리를 원하지도 않으며 지지하지도 않으며 받아들이지도 않을 것이다"라고 말했다(Wong 2006). 미국은 공식적으로는 "총리 선택에 대한 결정은 전적으로 이라크인들의 선택에 달려있다"는 입장을 반복했지만 미국 정부는 국민통합정부를 요구했으며 알 자파리를 강력하게 비판했다. 알 자파리의 과도정부는 시아파 군부를 지지하고 있었으며 강력한 대규모 군부를 보유하고 있는 반미 성직자 무크다다 알 사드르(Muqtada al Sadr)의 강력한 지지를 받고 있었다. 수개월의 정치 논쟁과 조정을 거친 후에 자파리가 아니라 누리 알 말리키(Nouri al−Maliki)가 총리로 선출되었다.

부시는 왜 말리키를 원하였는가? 당시 말리키가 훨씬 더 미국의 정책이익에 반응하는 것처럼 보였기 때문이다. 그는 이라크의 총리이지만, 시리아의 시아파 압제정권인 아사드에게 지원하고 있는데, 미국 정부가 공언한 정책과 직접적으로 충돌하는 방식으로 돈을 쓰고 있는 것이다. 물론 그것이 부시 시대에는 큰 문제가 되지 않았다. 모든 지도자는 근시안적이며, 장기적 결과보다는 그 행동이 현재 미치는 정치적 결과에 대해 고민하기 때문이다.

부시는 왜 이라크 유권자들이 분명히 선호한 인사가 아니라 미국의 유권자들이 선호한 인사를 이라크 지도자로 선택하게 압력을 행사했는가? 답은 그의 2기 취임연설의 두 번째 단락에 나타나는데, 국내 유권자에게 핵심적 요소인 미국의 안보를 증진시키려는 바람이었다. 반미 군벌을 강화하는 비용을 감수하고 이라크 내정에 간섭하지 않는 것과 민주주의에 간섭하는 비용을 지불하고 간섭하는 선택 사이에서 부시는 후자를 선택했다. 실제로 그것은 2004년에 부시에게 투표했던 많은 사람들이 원했던 것이다. 이는 이라크에서 강경하게 대응하고 전 세계의 알카에다에게 강경 대응을 함으로써 미국의 안보를 증진시키는 노력을 하는 대통령이었다.

이제 이러한 논리가 어떻게 더 광범위하게 모든 군사적, 비밀의, 정치적 개입으로 확대되는지를 살펴보자. 대외적 개입을 경험한 국가에서는 민주화 정도가 거의 증가하지 않는다는 것을 보게 될 것이다. 이는 개입이 처음에 이루어졌다는 것이 주요 이유는 아니다. 개입국 행정부의 핵심 포인트는 자국의 정치적 성공과 강하게 연결되어 있는 상대국 정책이다. 몇몇 경우에서 개입국은 (예를 들어 내전에서 또 다른 권력 주장자에 의해) 현재 위협받고 있는 정책을 지속시키는데 관심이 있다. 다른 경우에 목적은 현재 추진되고 있는 정책과 다른 정책을 만드는 것이다(Enterline, Balch−Lindsay, and Joyce 2008).

어떤 경우나 관련된 정책은 보다 지구적이고 장기적인 민주화의 공공재보다는 개입국의 국내적 공공재(안보 증진 등)나 사유재(자연자원에의 접근권 증가 등)로 간주되는 것과 밀접하게 연결되어 있다. 상대국의 민주주의 제도가 개입국의 국내적 목표를 달성할 가능성을 실제로 감소시킬 것이라는 믿음을 개입국 행정부가 갖게 되면 민주화 상태는 더욱 감소된다. 결과적으로 개입은 오직 가끔씩만 민주주의적 경로를 개선시킨다. 특히 민주주의적으로 선출된 정치인은 근시안적 시각을 가지고 있다는 것을 절대로 잊어서는 안 된다. 이들에게 장기적인 것은 다음 선거이며 현재 자신의 재선을 희생하면서까지 먼 훗날의 승계자에 도움이 될지도 모를 세계의 유익한 미래 상태가 아니다.[5]

군사적 개입 이후 해외 정권에 대한 접근에서 전략적 시각이 작동하고 있다는 것을 볼 수 있다. 국내정치에 대한 초점은 민주주의 개입국과 독재 개입국, 그리고 UN과 같은 국제기구 사이에 중대한 차이점이 있다는 것을 보여준다. 민주주의 개입국과 그 지배연합이 거의 그렇게 되지는 않지만 국내적 공공재에 우선적 고려를 하도록 유도하면 상대국에 대한 부정적 결과는 독재국이나 그 지배연합이 추구하는 사유재보다는 더 적다. 개입국의 정부 형태와 국가건설의 관계가 어떻게 작동하는지 살펴보자.

민주주의와 국가건설

선출인단 이론에 따르면 지도자가 최초에 다른 국가의 내정에 개입하게 하는 요인은 무엇인가? 지도자가 취하는 어떠한 행동도 최소한 자신의 정치적 생존 전망을 해치는 것으로 기대해서는 안 되며 일반적으로 그러한 전망을 높이는 것으로 설계된다고 가정하고 있음을 명심해야 한다. 이는 민주주의 지도자는 대외적 개입이 대외정책 실패의 선거비용을 스스로 감당해야 하는 것을 방지한다고 기대할 때나 혹은 반대로 대외정책 성공의 선거이익을 얻을 수 있을 때 개입의 전략에 이끌린다는 것을 의미한다. 독재국가의 지도자도 비슷하게 작용한다. 그는 선거비용을 근심할 필요는 없지만 자신의 권력을 유지하게 해주는 부유하고 강력한 개인들의 상태를 유지시켜야 하는데, 이것이 독재국가 지도자도 비슷한 전략적 계산을 하게 만든다.

TRY THIS

미국 연방정부가 전 세계의 민주주의를 발전시키기 위해 군사적 개입이나 새로운 해외원조의 할당 등을 통해 매년 얼마의 예산을 사용하고 있는가? 미 연방정부는 국방과 보건의료, 사회보장, 고속도로 유지, 국립공원 그리고 다른 공공재를 위해 얼마나 많은 돈을 지출하는가? 말로 하는 것이 아닌 예산지출이라는 측면에서 보았을 때 국가건설은 얼마나 큰 우선순위를 가지고 있는가?

5. 이에 관한 대부분의 논의는 Bueno de Mesquita and Downs (2006)에서 볼 수 있다.

정치적 생존을 염두에 두고 우리는 민주화의 목적이 민주 혹은 독재국가의 지배 연합이 가지고 있는 다른 것에 비해 얼마나 높은 우선순위를 가지는지 생각해 볼 필요가 있다. 민주주의 지도자는 연대하는 구성원에게 사유재보다는 공공재를 제공함으로써 정치적 생존을 확보하는 것이 더 효율적이듯, 다른 무엇보다도 연대하는 구성원들이 중요시하는 공공재를 제공하는 것이 더욱 효율적이기 때문에 이것은 중요한 관심이다. 민주주의 국가의 시민들이 다양한 공공재에 대해 어떻게 상대적 중요성을 인식하는지에 대한 신뢰할 만한 이론적 가이드는 없다. 하지만 역사적으로 보면 다른 국가의 민주화는 그 리스트 중 매우 낮게 위치한다. 민주주의 국가는 교육이나 보건의료, 국방과 같은 국내적 공공재보다 대외적 개입에 대한 지출이 더 적을 뿐만 아니라 개입을 할 때도 민주화는 개입의 주요한 이유는 거의 아니다.

아프가니스탄이나 이라크에서의 미국의 활동은 분쟁 중인 어느 한 당사자를 위한 것은 아니지만 미국이 사담 후세인 정권이나 탈레반 정권에 대한 군사작전을 시작했기 때문에 —엄밀히 이야기하면 제3자 개입은 아니지만— 그럼에도 불구하고 개입의 성격을 가지고 있다. 두 사례 모두에서 민주화가 중요한 사후 목적이 되었으나 국내적 논쟁을 지배한 사전적인 정당화는 아프가니스탄의 경우 테러와의 전쟁 및 미국에 대한 9.11 공격의 보복이었으며, 이라크의 경우 전 세계 테러 네트워크와 싸우며 테러리스트의 손에 대량 살상무기가 쥐어지기 전에 제거하기 위한 것이었다.

아프가니스탄과 이라크 개입의 사전 동기에서 민주화가 상대적으로 소홀하게 다뤄진 것은 여론과 외교정책의 다양한 문헌에서 확인된다. 무력사용 결정에 대한 국내적, 국제적 요인의 상대적 중요성에 의견차가 있음에도 위협 인식과 미국 국내 경제상황이 중요한 역할을 했다는 것은 상당한 근거가 있다(Behr and Lyengar 1985; Holsti and Rosenau 1990; James and Oneal 1991; Nincic 1997). 개입을 하는 민주주의 지도자가 주로 해외국가에 민주주의를 수립하고자 하는 욕구로 동기를 부여받거나 승리한 후 민주주의를 선택하게 할 것이라고 기대하게 하는 어떠한 설명도 없다. 위협의 강도(특히 높은 수준의 위협)는 자신이 통치하는 국가의 민주주의 부재보다는 해외 지도자의 정책과 관련된 사안이다. 해외국가의 민주주의 건설은 사실상 개입 예상국의 국내 정치적 상황에는 아무런 구조적 영향이 없다.[6] 다음에 나열된 것은 민주주의 정치인이 공통적 개입의 목적에서 제시하는 우선순위를 반영한 것이다(최우선순위가 첫 번째이다). 이러한 목적들은 각각 미국을 포함한 사례와 함께 나

6. Nincic (1997)은 다른 나라의 민주주의와 인권을 향상에 대한 대중적 지지를 이끌어내려는 대통령의 노력이 실제 무력사용에 미친 영향을 직접 테스트했으나 그 결과는 유의미하지 않았다.

열되어 있다.[7]

1. 개입국 국내의 인명과 재산, 제도의 보호: 위협이 당면한 것이고 행동하지 않을 때 부담하는 예상 비용이 더 크면 클수록 그 임무가 주어지는 우선순위가 높아진다. 사례: 2001년 미국의 아프가니스탄 탈레반 정권의 전복
2. 개입국의 해외 국민의 인명과 재산 보호: 사례: 1983년 그레나다 지도자의 퇴위 이후 미국의 침공
3. 동맹국이나 개입국이 종족상으로나 문화적으로 연결되어 있는 국가의 인명과 재산, 정치제도의 보호: 이러한 목적을 위한 위협의 정도는 1이나 2보다는 더 크다. 사례: 미국이 1958년 레바논에 개입한 단기 개입 및 1982~1984년까지의 장기 개입
4. 개입국의 장기적 안보와 경제적 복지, 국제기구에서 협상력을 지지하는 정책을 가진 국가의 제도적 안정성 보호와 그러한 정책을 갖지 않은 국가의 불안정화. 사례: 1984년 미국의 엘살바도르 개입
5. 다른 국가의 국민 보호 및 소규모의 재산, 제도의 보호. 사례: 1992년 미국의 소말리아 개입

이 리스트는 미국 개입의 동기로서 민주화를 중심된 것으로 보지 않는다. 민주화가 리스트에 없을 뿐만 아니라 5개 목적에 대한 설명과 미국 사례에서 보면 미국이 개입하는 정책을 유지하게 하는 경우 종종 비민주주의 국가를 지원하여 개입하게 된다는 것이 명백하다. 그럼에도 불구하고 민주화가 많은 개입의 주요 동기가 아니며 민주주의 국가가 호의적인 독재국가를 지지하도록 하는 유인이 있다 해도 민주화가 종종 리스트에 있는 많은 목적을 달성하는 데 있어 최선의 수단을 제공해주고 있지는 않은가? 장기적으로 보면 민주주의가 안정성을 증진시켜주고, 보다 나은 삶의 질을 제공해주고, 특히 시민의 생명을 보호해준다는 것은 독재국가보다 더 우수하다는 점을 역사가 보여주고 있다. 이러한 사실이 민주주의를 증진시키는 것이 개입의 원래 목적은 아니었더라도 민주주의 개입국이 순수하게 개인적인 이유로 상대국에서 민주주의를 발전시키는 경향이 있다고 기대하게 하지는 않는가? 이 질문에 대한 답은 보통 '그렇지 않다'이다.

---

7. 무력개입은 개입의 5가지 목적 중 단 하나만을 근거로 이뤄지지 않는다. 그러므로 열거된 사례들은 개입의 주요 근거 정도로 이해하면 된다. 한가지 지적하고 싶은 점은 첫 번째와 두 번째 개입 목적 다음의 3가지 목적들만을 주요 근거로 무력개입을 시도한 사례는 찾아보기 힘들다는 점이다.

이유는 여러 가지다. 첫째, 민주화 비용 및 그것을 누가 부담할 것인가의 문제와 관련이 있다. 국가건설이 이루어질 가능성은 개입국의 경제력뿐만 아니라 상대국 상황에 의해서도 결정된다. 이런 의미에서 개입국의 성격뿐만 아니라 상대국 국민의 본성도 국가건설 과정에서 낮은 성공률에 책임이 있다. 이는 환자그룹의 나이와 신체조건이 어느 정도는 보건의료 체제의 성공/실패 확률에 영향을 끼친다는 것과 같다. 민주화 비용을 결정하는 몇몇 요소는 국가의 정치적 · 경제적 발전수준이나 종족, 종교그룹의 긴장 수준, 평균적인 시민의 교육수준, 시민사회의 건전성, 국민이 살고 있는 정부의 형태, 사법체계의 상황, 언론의 크기와 독립성 등이다. 각 요소에서 상대국의 점수가 낮을수록 성공적인 민주주의를 건설하는 작업은 더 어렵고 비용이 많이 든다.[8]

경험적으로 볼 때, 자국 국민의 생명과 재산을 보호하기 위해 개입하는 경우 상대국은 이 요소들의 많은 부분 혹은 때로는 모든 요소들에서 매우 낮은 점수를 가지고 있다는 것을 알 수 있다. 때로는 잠재적인 상대국 그룹이 빈곤하고, 국내 충돌이 빈번하고, 민주주의 경험이 거의 없는 개발도상국들로 구성된다. 이 국가들은 지속적인 민주주의를 성공적으로 건설하는 비용이 가장 큰 국가 형태에서 개입국이 수립할 수 있는 다른 주요한 정책 목표가 있는 경우 이를 부담하지 않으려 한다.

평균적인 상대국이 평균적 민주주의나 소득이 높은 개발도상국일 경우 민주화 비용은 훨씬 적다. 군대철수 이후 상대국에 민주주의를 건설하는 것을 도와주려는 평균적인 민주주의 개입국의 능력과 의지는 그것이 1차 목적은 아닐지라도 상당히 클 것이다. 하지만 실제로는 그렇지 않다. 안정적인 정당 구조가 발전되고 행정부가 쉽게 전복되지 않는 수준까지 제도화되고 권력이 현실적으로 라이벌 정당에게 평화적으로 이양되기를 기대하는 정도로 민주주의가 강하게 정착되기에 충분한 기간 동안 상황을 유지할 수 있는 엄청난 비용을 감당할 수 있는 것은 오직 부유한 국가뿐이다. 덜 부유하고 강력한 국가는 단지 동일한 수준의 야심을 제공할 만한 사치를 누릴 수 없다. 그들은 제한된 자원으로 인해 개입은 간헐적이고 단기적일 것이며, 국가건설 같은 것을 포함한다 해도 거의 하지 못할 것이다.

TRY THIS

제2차 세계대전은 1945년에 종식되었고 패배한 적국인 독일과 일본에서 군사점령이 이어졌다. 일본과 독일이 미국이나 연합국의 군사적 감시 없이 처음으로 다당제 국가선거를 한 것이 언제인가? 이 선거에서 누가 일본 및 독일의 정치지도자를 선택했는가?

---

8. 국가건설의 비용의 역할과 함의에 대한 심도있는 논의는 Etzioni (2004)에서 볼 수 있다.

개입하는 민주국가가 상대국에서 민주화를 증진시키지 않는 두 번째 이유는 조금 더 미묘하며 심지어 가장 부유한 개입국 측면에서 갖는 기대와 관련이 있다. 이는 일반적으로 상대국의 독재정권이 민주정권보다 더 개입국의 필요에 맞는 정책에 순응하는 경향이 있다는 것이다. 이것은 물론 연대하는 국내 지지자들이 중시하고 원하는 이익을 얻기 위한다는 선출인단 이론의 주요한 부분이다. 개입에서 이것이 사실인 이유를 알아보기 위해 민주주의와 번영을 건설하는 수단으로서 초점을 개입국 정부에서 상대국 정부로 옮겨갈 필요가 있다.

민주주의와 독재국가가 부과하는 상품의 상대적 가격에 대한 설명은 선출인단 이론에 함축되어 있다. 이는 지배연합의 크기 차이 때문에 다른 형태의 재산을 제공함을 강조하는 것이다. 다른 모든 사항이 동일하다면 하나의 공공재는 민주주의 지도자보다는 독재자에게 정치적 가치가 더 적다. 그가 권력을 유지하는 데 역할이 더 작기 때문이다. 이는 정책이 국내적으로 부정적 반응을 양산하더라도 독재국가가 민주국가보다 개입국이 추구하는 정책을 수용하는데 훨씬 용이하다는 점을 의미한다. 예를 들어 하나는 민주국가이고 다른 하나는 독재국가라는 점만 제외하고는 모든 면이 동일한 두 개발도상국이 있는데, 선진국이 향후 5년 동안 상당량의 핵 및 의료 폐기물을 받아들일 것을 요구하는 장기계약을 맺을 기회를 제공한다면, 독재국 지도자는 이러한 일을 하면서 비용을 최소한으로 부과할 것이다. 대부분의 부정적 결과 비용은 독재자의 소규모 지배연합 밖의 사람들에게 부과될 것이기 때문이다. 제12장에서 보았듯 독재자는 개인적 이익이나 작은 연합 구성원들의 이익을 위해 국민의 복지를 희생시키기가 쉽기 때문에 더 저렴하게 이용될 수 있다.

공공재의 상대적 가격산정의 이러한 차이는 민주국가 지도자가 상대국 국민들도 자국 국민과 동일한 선호를 가진다고 확신할 이유가 있는 경우를 제외하고는 민주국가보다는 독재국가와 거래하고 싶어 하는 경향이 있다는 사실을 말해준다. 그렇게 하지 않는 것은 정치적 관점에서 보면 비효율적이며, 단순히 개입국 지도자가 국내적인 정치적 생존을 위해 자신의 지배연합에게 충분한 공공재를 제공할 수 있는 가능성을 감소시키는 것이다. 독재자는 민주주의 국가가 원하는 정책 양보를 할 수 있다. 정책수행과 국내적 공공재가 독재자의 정치적 생존을 위해서 하는 역할이 상대적으로 작기 때문이다. 따라서 자신의 연합 구성원들의 충성심을 유지하기 위한 사유재 보상을 제공할 자금이 필요한 독재자는 인기없는 정책이더라도 재정적 혹은 군사적 지원을 받고서 믿을 만하게 수행할 수 있다. 민주주의 지도자는 정책 이익에 지불함으로써 유권자를 행복하게 할 수 있으며, 그 지불은 민주주의 지도자가 자리를 지킬 수 있도록 도와준다.

이 모든 것은 민주주의 지도자의 이기적 생각으로 말미암아 민주주의 국가건설

임무가 우선순위를 받지 못하게 된다는 점을 주장하는 것은 아니다. 사실은 민주주의 지도자가 지배연합인 핵심 유권자들에게 정책 이익을 전달해주는데 관심을 집중하고 있는 것은 개인적 야심의 결과라기보다는 개입국의 민주적 제도가 기획된 방식 및 민주주의 유권자들이 다른 우선순위에 비해 해외의 제도 건설에 부여하는 가치의 결과다. 선출인단은 유일한 것은 아니지만 주로 상대 국가 정책으로 최초에 개입을 유발했던 상황이 다시 나타나는 것을 방지하는데 관심이 있다. 예를 들어 미국의 보유자산을 사유화하는 것(심지어 격려하거나)을 보호하는 정책이나, 미국의 이익을 저해하는 해외 테러리즘이나 마약거래, 핵 확산을 위해 자금을 모으는 정책을 신속하게 시행하고자 하는 후보를 투표자들이 선택하는 국가에서 민주주의를 건설하고자 하는 미국 대통령에게 미치는 부정적인 선거 결과를 생각해보라. 친미적 정책을 채택하는 해외 지도자가 심지어 대부부의 선진국에서 적용되는 기준에 한참 모자라는 선거과정을 통해 등장하더라도 그가 권력을 갖도록 도와주는 국내 후보에 보상을 주려는 경향이 투표자들은 훨씬 더 강할 것이다.

예를 들어 미국과 민주적으로 선출된 아시프 알리 자르다리(Asif Ali Zardari) 파키스탄 대통령과의 관계가 얼마나 나쁜지, 그리고 이제는 퇴위한 페르베즈 무샤라프(Pervez Musharraf) 장군이 이끌던 파키스탄의 이전 군부 독재정권과 미국이 얼마나 더 좋은 관계였는지를 생각해보라. 무샤라프는 테러와의 전쟁에 협조할 의향이 있었다. 자르다리는 미국이 자신의 정권에 얼마나 많은 돈을 제공하는지 그리고 파키스탄 내에 군사적 반미 그룹이 얼마나 강한지에 따라 태도가 늘 바뀌었다. 자르다리에게는 군부가 자신을 몰아내지 못하도록 하는 것이 미국 정부에 호의적으로 대하는 것보다 정책 및 계산에서 더 큰 부분이었다. 이는 미국 유권자들이 좋아할 일이 아니었으며, 따라서 미국 지도자들이 민주적으로 선출된 지도자인 자르다리나 반미정책을 펴는 베네수엘라의 우고 차베스(Hugo Chavez)에게 강력한 정책을 펴도록 했다. 우리는 미국을 포함해 어디에서도 민주적으로 선출된 지도자가 자신의 유권자들이 투표함을 통해 말하는 것을 무시하도록 기대할 수는 없다.

이러한 상황에서 미국 다수 유권자의 시각에서 만약 그들의 선호와 맞는 정책이 아니거나 너무 많은 비용을 부담하게 하는 정책이라면 미국 대통령이 상대국에서 민주주의 제도를 건설하는 것을 도와줄 기회를 버리는 것이 반민주주의적이라고(이것이 도덕적으로 수용할 만한 것이냐는 다른 문제다) 주장하기는 어렵다. 이러한 태도가 미국 대통령들에게 제한될 것 같지도 않다. 민주주의 개입국이 상대국에서 전통적인 민주주의 제도를 건설하는 데서 나타날 것 같은 정책에 확신하지 못할 때는 그 지도자가 분명하고 우호적인 결과를 가져오는 다른 선택에 이끌리게 되는 것은 당연하다. 그 선택은 종종 민주주의 개입국이 믿기에 자국의 선호와 일치하는 정책을 지지해줄 독재자를 지원하는 것을 포함한다.

미래 정책의 신뢰도를 유지하기 위해 개입국은 독재자가 정치적 생존 전망을 높이기 위해 사용할 수 있는 군사적 지원이나 대외원조에서 차별적인 무역조치까지 다양한 자산을 제공한다(McGillivray and Smith 2004, 2008). 그러한 상황에서 민주주의 제도가 발전할 가능성이 가까운 장래에는 매우 낮다는 것이 그리 놀랄 만한 일은 아니다. 독재자는 권력을 잡게 되면 주로 자신과 소규모 중요 지지자 그룹의 권력과 부를 공고히 하는데 관심을 기울인다.

이는 민주주의 제도를 건설하는 것이 민주주의 지도자의 개입에 아무런 이익이 되지 않는다는 것을 의미하는가? 그렇지는 않으며, 다른 국가의 민주화를 돕는 것이 민주적 지도자의 이익이 되는 최소한 2가지 상황이 있다. 첫째 상황은 상대국이 자국의 장기적인 경제 및 전략적 복지에 핵심이기 때문에 안정적 민주주의 제도가 발전하는 것을 감시하기 위해 상대국에 장기간 주둔하는 높은 비용을 부담해야 한다는 주장을 개입국 유권자들이 받아들일 때 나타난다. 이것은 기본적으로 한국전쟁 이후 한국의 상황이다. 한국이 냉전기간 동안 특히 아시아 지역에서 중요한 핵심이라는 것에 미국 내의 광범위한 초당적 합의가 있었다. 미국의 유권자들은 여전히 단기적 안정에 커다란 우선순위를 두지만 이해관계가 상당히 크기 때문에 독재정권을 구축하는 보다 낮은 비용의 선택을 삼가하려 했다. 예를 들어 이러한 선택은 콩고에서 파트리스 루뭄바(Patrice Lumumba)가 전복되고 모부투 세세 세코(Mobutu Sese Seko)를 결국 권력에 오르게 한 3자 개입(즉 국내 라이벌 간의 분쟁에 해외 국가의 군사적 개입)이 있고 난 후에 나타났다.

민주주의 지도자가 민주주의 제도를 건설하는 두 번째 상황은 상대국 국민이 개입국 국민의 이익과 밀접하게 연대하는 정책 선호를 가지고 있다고 충분히 믿을 근거가 있는 경우다. 이 경우에는 상대국의 선출된 관료들이 결국 개입국의 이익을 침해하는 정책을 추구하는 위험이 작다. 전통적 의미에서 엄격하게는 개입의 결과라 할 수 없지만 2차대전 이후 프랑스의 지도자로 드골(Charles De Gaulle)이 된 것은 이러한 상황을 보여준다.

2가지 상황은 상대적으로 희소하다. 첫째 상황은 부담되는 재정적 · 정치적 비용 때문이다. 국가건설을 위한 장기적 점령은 탈식민지적 개념과 어긋나며, 기껏해야 개입국 유권자들이 보기에 국가안보가 위험에 처해 있다고 믿는 예외적인 사례에서만 정당화될 수 있는 매우 값비싼 작업이다. 둘째 상황은 첫째 상황보다는 더 흔하지만 여전히 희소하다. 이는 국가 지도자가 시민들과 마찬가지로 보통 위험회피적이며 미래보다는 현재에 더 관심을 갖기 때문이다. 다른 국가의 유권자들이 자국의 국내적 지배연합이 바람직스럽지 않다고 믿는 정책을 지지할 것이라는 가능성에 정치적 생명을 거는 지도자는 거의 없다.

14.4 독재국가와 국가건설

민주주의 개입국이 상대국에서 민주주의 제도건설을 거의 선택하지 않는다는 사실은 그들의 행동이 독재국가의 그것에 상응한다는 것을 의미하는가? 라틴아메리카와 아프리카에서 민주주의 국가의 개입 이후 수반되는 실망스러운 결과는 분명 이를 암시해주는 것 같다. 그럼에도 불구하고 독재국 및 민주국가의 지도자가 공공재와 사유재에 부여하는 상대적 가치의 차이는 민주주의가 아무리 취약하게 행한다 해도 독재국가가 더 낫지는 않으며 아마도 훨씬 더 나쁠 것이라고 믿을 근거를 제공한다. 그러나 결과의 차이를 관찰하기는 쉽지 않다. 민주주의 국가는 독재국가가 개입하는 국가와 상당히 다르게 보이는 국가에 개입을 선택하는 경향이 있기 때문이다. 아래에서 살펴보겠지만 상당한 선택의 효과가 있다.

승리연합 논리는 독재 개입국의 지도자가 민주주의 개입국의 지도자보다 상대국이 추구하는 특정 정책을 유지시키는데 관심이 적다고 설명한다. 독재국가 지도자는 자신의 소규모 지배연합의 충성심을 지속적으로 구매하는 것에 실질적으로 사용할 수 있는 세금이나 경성자원의 형태로 지대수익을 얻는데 더 큰 관심을 가지고 있다. 이러한 자원은 상대국 정부가 독재국가일 경우 얻어내기가 더 용이할 것이다. 개입국으로의 상당한 자원 이전은 민주주의 상대국 지도자가 자신의 지배연합이 요구하는 비싼 공공재를 공급할 능력을 감소시킬 것이다. 결과적으로 민주주의 지도자는 다음 선거에서 쫓겨날 가능성이 크다.

독재국가 개입국처럼 독재국가인 상대국의 지도자는 자신의 체제 자체가 지대추구를 하도록 되어 있고 부패를 통해 많은 이들로부터 자원을 이끌어내도록 되어 있으며 그것을 소수의 충성된 연합 구성원에게 넘기기 때문에 작업이 더 쉽다. 그는 공물을 바치는 부담을 지는 대중의 요구에 답할 필요가 없다. 그는 현대 대중 민주주의에 의해 요구되는 훨씬 더 큰 지배연합을 유지하기에 필요한 공공재 비용보다는 훨씬 더 적은 총비용으로 사유재를 공급함으로써 충성스런 소수의 지배연합을 유지할 수 있다. 결과적으로 개입국에 의해 상대국의 독재자는 여전히 개입국의 요구를 충족시킬 만한 충분한 자원을 가지고 있다. 물론 이것은 처음에 안정적인 독재국가가 상대국에서 건설될 수 있음을 가정하는 것이다. 일반적으로 개발도상국에서 새로운 독재국가의 생존율은 그 정부 형태가 오랫동안 지속되지만 보통은 낮다. 그러나 개입 이후 상대국에서 살아남는 새로운 독재국가의 가능성은 상당하다. 이는 새로운 정권이 개입국의 군사력에 의해 도움을 받기 때문이다.

마지막으로, 민주주의 개입국 사례와 달리 독재개입국이 독재국을 건설하는 규칙에 이론적 예외는 없다는 것을 인식할 필요가 있다. 상당량의 공공자원을 전용한 어떤 민주정부도 자신의 연합에 더 많은 공공재를 공급한다는 공약을 하는 경쟁자를 상대로 정치적으로 생존할 수는 없다. 그러므로 지대추구를 하는 독재자는 개입하는 국가에 민주정부 건설을 막으려 하는 것이 당연하다. 이것이 부에노 데 메스키타와 다운스(Bueno de Mesquita and George Down 2006)가 발견한 결론이다. 그러나 이스터리(Easterly)와 그의 동료들(2008)은 개입하는 장소에 대한 선택의 내생성 문제를 수정한 후 냉전기간에 미국과 소련은 동일하게 민주화에는 해로운 국가였다는 사실을 밝혀냈다.

14.5 UN과 국가건설

UN은 어떤가? 국가는 일방적으로 다른 국가에 개입하지 말고 대신 UN에 의존해야 한다는 것이 일반적인 주장이다. 구조적으로 보았을 때 UN 안전보장이사회(UNSC)의 5개 상임이사국 (미국 영국 프랑스 중국 러시아 혹은 P5)은 개입을 허가하는 것과 직접적으로 관련된 UN에서 정책결정자이다. 안보리는 UN이 어디에 개입할 것인지, 상대국에 어떤 효과를 가지려 하는지에서 중요한 역할을 하는 2가지 특성이 있다. 만장일치 결정 규칙과 각 회원국은 UN을 위한 대리인이기보다는 회원국을 위한 대리인이라는 사실이다. 이 구조가 만들어낸 거부권은 각국 대표자 이익과 함께 그 이익이 다른 상임이사국의 이익과 충돌하는 경우 상임이사국의 특정그룹의 이익을 위해 봉사하는 국가에 대한 UN 개입을 방지하는 작용을 한다.

따라서 UN은 민주국가에 의해 바람직스럽지 않다고 여겨지는 상대국의 정책을 변경시키려는 단순한 목적만으로는 거의 개입하지 않으며, 독재국가에서 지대를 얻어내려는 상황에서 개입한다. 이러한 현실이 UN으로 하여금 1~2개 상임이사국의 이익을 위한 도구가 되지 않도록 하는 유익한 효과를 가진다. 하지만 UN이 우리의 기대보다는 덜 효과적인 민주정부 건설자가 되도록 함으로써 별로 행복하지 못한 여러 의미를 보인다. 예를 들어 UN은 2003년에 미국이 이라크에 개입하는 것을 저지하는 데 무력했으며, 또한 러시아가 2008년에 주변국인 조지아에 개입하는 것을 막지도 못했다.

UN이 5개 상임이사국 대리인으로 행동하게 허용하고 싶지 않은 모습이나 자국 이익에 반하는 방식으로 UN이 작용하는 것을 거부하는 상임이사국의 모습은 대부분의 UN 개입이 5개 상임이사국의 정치경제에서 커다란 역할을 하지 않는 국가인 5개 상임이사국의 영향 밖에서 일어난다는 것을 의미한다. 이는 대부분의 UN 개입이 가난한 아프리카와 아시아 국가들에 집중되어 있다는 것을 뜻한다. 예외는, 1990

년 이라크의 침공에서 쿠웨이트를 방어하기 위해 5개 상임이사국이 개입에 동의한 경우다. 석유가 풍부한 쿠웨이트는 5개 상임이사국 일부가 아닌 전체의 정치경제적 이익을 수반하고 있었다. 1990년에는 러시아가 현재보다 덜 중요한 석유수출국이었다. 현재의 러시아가 이라크의 쿠웨이트 침공을 뒤집기 위한 전쟁을 수행하려는 안보리 제안에 동의할 것인지 생각해보는 것은 흥미로운 일이다. 이라크의 침공을 뒤집는 것이 1990년대 초반 원유가격의 가파른 상승을 막는데 도움을 주었다. 실제로 이라크가 쿠웨이트에서 축출된 후 원유가격이 하락했다.

당시 고품질 원유의 수입국이었던 러시아에게 그것은 이득이었다. 주요한 석유수출국인 현재의 러시아에게는 이익이 되지 않을 것이다. 아랍의 봄 동안 러시아는 중동에서 UN 개입을 강하게 반대했다. 러시아는 UN이 아사드 정부에 반대하는데 더 큰 역할을 하도록 허용하는 UN 안보리 결의 제안에 거부권을 행사하거나 제안을 막았다. 러시아는 똑같이 NATO의 리비아 개입도 비난했는데, 러시아의 반대로 UN을 통과하지 못했다.

5개 상임이사국의 거부권의 다른 측면은 재정적인 것이다. 5개 상임이사국이 운영하는 결정규칙에 의해 UN 활동은 5개 상임이사국 지도자가 자국의 유권자들이 요구하는 공공재를 제공함으로써 확보할 수 있는 높은 수준의 정치적 후원 이익을 거의 만들어내지 못할 것이다. 이러한 제한적인 국내 유권자 이익이 5개 상임이사국이(그리고 다른 국가들이) UN 활동에 비용을 부담하고자 하는 의도에 동일한 제한을 주기 때문에 자원이 국제제도에 영속적인 문제가 되는 상황을 만들어낸다.

이는 또한 UN이 계속해서 매년 도움을 필요로 하는 많은 국가에서 최소한의 일을 하거나, 소수 국가에서 더 야심찬 일을 하는 것 사이에서 어려운 선택을 붙들고 있도록 만든다. 제도의 권한과 구성을 보았을 때 회원국이 1개나 2개의 국가에서 지속가능한 민주주의 기초를 구축하는 것보다는 많은 국가에서 평화유지 활동이나 원조에 집중하면서 별 일을 하지 않기를 선택하는 경향이 있다는 것은 놀라운 일이 아니다.

대체로 이러한 추론은 정치경제적 이익에 의해 발생하는 선택의 효과와 5개 상임이사국 사이의 합의의 필요성, 재정적 제한 등이 일반적으로 UN이 민주주의 확산에 긍정적 영향을 지속적으로 미치지 못하게 한다는 예상을 가져오게 한다(Gilligan and Stedman 2003).

14.6 우리는 무엇을 기대하며, 증거는 무엇을 보여주는가?

국가건설에 대한 이론화를 요약하고 외교정책적 맥락에서 국내정치적 계산에 초점을 두면서 군사적 개입과 국가건설에 대한 다음과 같은 가설을 제시한다.

가설 1: 민주국가에 의한 개입은 군사적 개입이 없는 경우의 가설적인 민주주의 발전보다 상대국에서 더 나은 민주주의 발전을 이끌어내지는 못할 것이며, 아마 결과가 더 못할지도 모른다.[9]

가설 2: 독재국가의 개입은 군사적 개입이 없을 경우의 가설적인 민주주의 발전보다 상대국에서 더 못한 민주주의 발전을 가져올 것이다.

가설 3: UN의 개입은 군사적 개입이 없는 경우의 가설적인 민주주의 발전보다 상대국에서 더 나은 민주주의 발전을 이끌어내지는 못할 것이며, 아마 결과가 더 못할지도 모른다.

이 가설들은 전 세계의 민주주의 확산에 낙관적 기대를 가지고 있는 사람들에게는 그리 행복하지 못한 그림을 그려준다. 이 가설들은 이 장의 첫 부분에서 언급한 우드로 윌슨이나 조지 부시의 선언에 반대하고 있다. 물론 가설들은 국내정치가 외교정책을 만들어내는지에 관한 초점에서 논리적으로 이끌어낸 것이기 때문에 실제로 상황이 어떻게 되느냐를 말해주는 것은 아니다. 실제로 어떻게 진행되는지를 알기 위해서는 증거를 살펴보아야 한다.

이스터리(Easterly)와 그의 동료들은(2008) 냉전기 두 초강대국에 대해 위에 제시된 세 가설과 유사한 가설들을 검증했다. 이들이 발견한 것은, 민주주의 초강대국 미국은 정치적이고 비밀스럽고 군사적인 개입 이후에 약 33% 정도 상대국에서 민주주의 수준을 감소시켰다. 또한 비민주주의 초강대국 소련의 경우에서 동일한 정도의 동일한 효과를 발견했다. 부에노 데 메스키타와 다운스(Bueno de Mesquita and Downs 2006)도 이러한 가설들을 1946년~2001년까지 내전을 경험한 국가에서 군사적 개입의 맥락에서 검증했다. 그들은 개입의 5년 및 10년 이후 상대국에서의 제도적 변화를 살펴보았는데, 민주주의의 기본적 기대 변화는 통제했다. 즉 개입을 경험하지 않았지만 경험한 국가들에 상당할 만한 국가에서의 제도적 변화의 패턴. 군사적 개입에 대한 대규모 데이터 검토는 민주주의가 전쟁 이후나 경제적 지원에 대

9. 국제적 개입이 없이 성공한 민주화의 경우를 상정하는 가정적 추리가 분석의 핵심 역할을 한다.

표 14-1 군사 개입의 10년 이후 민주주의 변화와 개입이 없는 경우의 비교

개입 주체	폴리티 민주주의 인덱스의 변화[a]	독재주의 인덱스의 예측 연합 규모의 변화
개입 없음	+7.45	+2.42
독재 국가	−0.01(p<0.01)	+2.42(n.s)
UN	−6.39(p<0.05)	−3.82(p<0.10)
민주주의 국가	−4.55(p<0.01)	−4.14(p<0.05)
미국	+13.01(p<0.05)	+4.82(n.s)
UN과 민주주의 국가	−10.93(p<0.01)	−10.38(p<0.01)
UN과 미국	+6.63(n.s)	−1.41(n.s)

출처: Bruce Bueno de Mesquita and George W. Downs. 2006. "Intervention and Democracy." International Organization, 60, 3 (Summer), p. 646. © Cambridge University Press 2006. 승인하에 재사용됨.

참조: 모든 예측된 백분율은 시간에 지남에 따라 자연스럽게 진행된 10년치의 예상 민주화 정도를 포함한다. 즉 국제적 개입을 경험하지 않은 나라도 시간에 따라 민주주의쪽으로 변화하는 정도를 반영했다는 뜻이다. 통계결과는 개입이 민주적 변화에 미친 효과가 개입을 하지 않은 경우와 비교해 얼마나 통계적으로 유의미한지를 테스트한 것이다. n.s는 통계적으로 유의미하지 않음을 뜻한다.

a: 폴리티인덱스(Polity Index)는 −10(가장 독재적인 정부)부터 10(가장 민주적인 정부) 사이에 분포한다. 그러나 여기서는 분석의 편의를 위해 −10에서 10까지의 스케일을 0(가장 독재적인 정부)부터 100(가장 민주적인 정부)으로 재조정했다. 이로 인한 의미의 변화는 없다. 이 조정은 폴리티 점수를 백분율의 변화로 해석할 수 있다는 장점이 있다. 보통 폴리티 인덱스가 적어도 6보다 작으면 민주적이라고 말하지 않는다. 여기서 조정된 0과 100의 스케일에서는 폴리티 인덱스의 6은 80과 같다.

응해서는 거의 이루어지지 않는다는 가설을 강력하게 지지하였다. [표 14−1]은 개입국의 다른 형태가 10년 이후 상대국의 민주주의 변화 기대에 미치는 영향을 보여준다.

[표 14−1]에서 나타난 것처럼, 폴리티데이터의 민주주의−독재국 인덱스와 선출인단 이론의 연합의 크기 지표로 측정했을 때, 독재국가는 상대국의 통치에 거의 아무런 영향이 없는 반면 UN은 민주주의를 감소시킨다. 동일하게 민주주의는 개입에 의해 상대국의 민주주의를 4~5% 정도 감소시킨다. 민주주의 국가가 UN과 함께 개입할 경우 그 영향은 더욱 악화되어 상대국 정권에서 11%의 민주주의 감소를 나타낸다. 이 수치는 폴리티인덱스가 아닌 연합의 크기에 의해서 보더라도 비슷하다.

하지만 [표 14−1]은 놀라운 사실 하나를 보여준다. 미국이 개입국일 때 예상과는 달리 (폴리티데이터에 기초하면) 13% 정도 민주주의를 증가시킨다. 하지만 미국의 이러한 긍정적 결과는 잘못된 것이다. 민주주의 개입국은 상대국에서 자유민주주의의 실체가 아닌 겉모습을 가지고 있는 정권을 창출하는 동기를 가진다고 예상했던 점을 기억해보라(왜냐하면 진정한 민주주의를 건설하는 것은 너무 비용이 많이 들기 때문에). 주어진 상황에서 이것이 의미하는 것은 상대국의 출발점에 의존한다

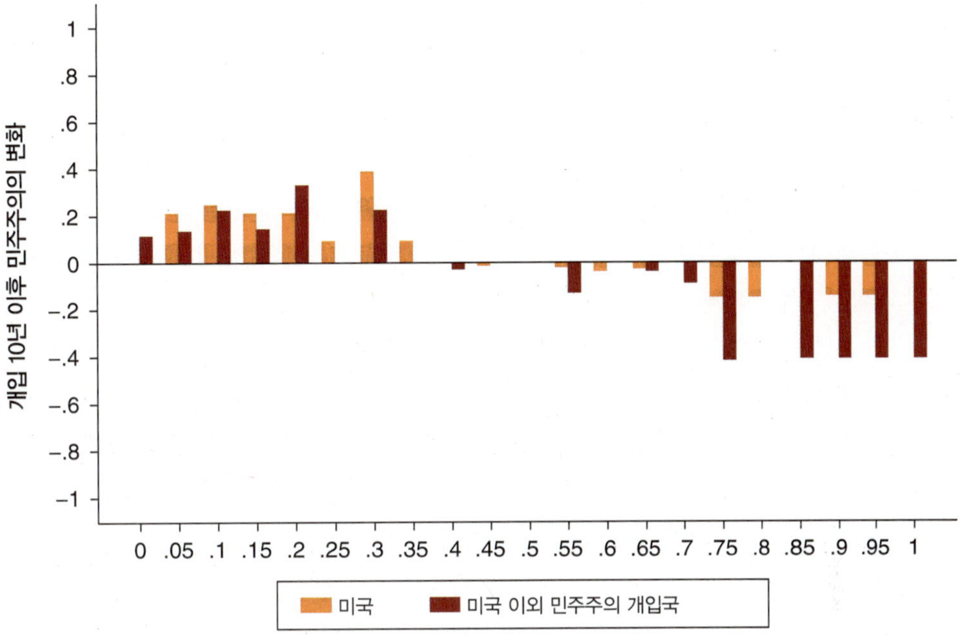

그림 14–3 모든 민주주의 개입국은 상대국에서 상징적인 민주주의 장식물을 촉진한다.

출처: Bruce Bueno de Mesquita and George W. Downs. 2006. "Intervention and Democracy." International Organization, 60, 3 (Summer), p. 646. © Cambridge University Press 2006. 승인하에 재사용됨.

는 것이다. 이는 미국에 대한 기록과 다른 민주주의 국가에 대한 기록 사이의 차이가 상대국에 대한 선택 결과일 가능성을 제기한다. 부유 국가는 특히 어렵지만 전략적으로 중요한 지점에서 개입을 유지하는 경향이 있음을 이미 보여주었다. 미국은 세계에서 가장 부유한 국가다. 미국이 최초에 다른 민주주의 국가가 개입하는 상대국보다 더 독재적인 국가에 개입했다면 미국은 현재 존재하는 민주주의 수준을 감소시킬 기회가 더 적었을 것이며, 이것이 각각의 상대국에 의해 결국 달성된 평균적 민주주의 수준의 차이를 설명할 수 있다.

이것이 사실인지를 알기 위해 개입 시 상대국의 평균적 수준의 민주주의와 10년 이후의 수준을 생각해보자. 그리고 개입국이 미국인지 혹은 다른 민주주의 국가인지에 따라 개입 대상을 나누어보자. 이렇게 하면 엄청난 선택의 효과를 발견하게 된다. (폴리티인덱스나 연합의 크기에 기초한) 평균적인 민주주의 수치는 두 상대국 집단에서 상당히 차이가 있다. 미국이 개입국이었던 국가의 중간점 폴리티인덱스는 −3이다(0~1 사이의 표준화된 척도에서 0.35). 즉 미국은 척도에서 독재국가 쪽으로 강하게 치우쳐 있는 국가에 개입한 것이다. 반대로 다른 민주주의 국가가 개입한 국가의 중간점 폴리티인덱스는 +4인데(표준화된 척도상에서 0.70), 이는 민주주의 쪽으로 강하게 치우쳐 있는 것이다. 미국은 평균적으로 다른 민주주의 개입국보다 정책 동조를 이끌어내기 위해 상대국의 민주주의를 감소시킬 필요가 없다는 것을 의미한다. 또한 지배연합에 의해 (비록 약하겠지만) 선호되는 민주주의의 상징적 겉모습을 향상시킬 동기가 비교적 더 많았다는 것을 의미한다. 이것을 조금 수정한다면, 개입 10년 후의 미국 상대국과 다른 민주주의 개입국에서의 민주주의 수준은 통계적으로 동일하다. 모든 민주주의 개입국은 자신의 정책을 이행하기 위해 상대국의 민주주의적 자유의 정도를 상당히 제한하는 경향이 있다(따라서 민주주의 수준은 상징적인 것이 되며, 실질적인 것은 없다).

이러한 패턴은 [그림 14-3]에 나타나 있다. 그림에서는 개입국이 미국 외의 민주주의 국가일 경우 10년이 지난 후의 민주주의 변화와 개입국이 미국일 경우의 변화를 비교한다. 이 그림은 약간 복잡하므로 천천히 살펴보자. 세로축은 개입 10년 이후 상대국에서 민주주의 수준의 변화를 보여준다. 가로축은 개입 당시의 상대국의 민주주의 수준을 보여준다. 따라서 세로축에서 양의 수치는 시작하는 수준에서 민주주의의 증가를 의미하며, 음의 수치는 감소를 의미한다. 그림이 보여주듯, 개입국이 미국이냐 다른 민주주의 국가이냐에 상관없이 가로축의 독재국가 범위(0.5 이하)에서 시작한 상대국은 10년 이후 민주주의 수준을 증가시켰다. 이들은 민주주의의 상징적 겉모습이 마무리되어 상당히 위로 올라갔으나 실제로 증가하지는 않았다. 가로축의 더 민주주의적 범위(0.5 이상)에서 시작한 상대국은 아래로 떨어지는 경향이 있는데, 이들 모두 세로축의 음의 범위로 떨어짐으로써 덜 민주적이고 더 독재적인 국가가 된 것이다. 위로 올라간 상대국처럼 이들도 결국 단지 상징적 민주주의 모습으로 된 것이다.

상대국의 민주주의 절대 수치 또한 암시하는 것이 있다. 폴리티인덱스에 기초한 민주주의 문헌들의 표준적 구분점은 6이다(−10~+10 척도). 이것을 민주주의 개입 10년 이후의 평균적 민주주의 점수와 비교해보자. 동일한 폴리티인덱스에서 미국 상대국의 경우 단지 0.8이며 다른 민주주의 상대국의 경우 1.0이다. 이는 민주주의로 정의되는 기준점에 한참 미달한다. 두 점수는 실질적으로 동일한데, 2009년의 짐바브웨나 키르기스스탄처럼 민주주의와는 상당히 거리가 먼 국가의 통치 형태에 상응하는 것이다. 결국 평균적으로 모든 민주주의적 개입은 상대국을 동일하게 남겨놓으며 그 결과는 그렇게 예쁜 그림은 아니다.

통계적인 증거는 실패한 민주화의 패턴이 가진 일반적 성격에 대해 분명하게 해준다. 조금 더 초점을 두어 자세하게 움직이는지 살펴보기 위해 국가건설 노력에서 분명한 성공 사례와 실패 사례 몇 가지를 살펴보자. 이 사례들은 왜 외부 개입에 의해 민주화가 잘 이루어지지 않는지에 대해 상세한 정보를 제공해 줄 수 있다.

독일과 일본: 어려운 사례들

누군가 민주주의 정치체제를 건설하는 정책을 말한다면 제2차 세계대전 이후 나치 독일과 제국주의 일본이 어떻게 이러한 높은 목표를 달성할 수 있었는지의 사례를 논의한다. 미국 전 하원의장이자 역사가였던 깅그리치(Newt Gingrich)는 "미국은 다른 국가들이 민주주의가 되도록 도왔던 놀라운 역사를 가지고 있다"고 주장했다(Gingrich 2003). 특히 독일과 일본 (그리고 한국)을 증거로 들면서 민주주의를 발전시킨 경이로운 역사를 설명했다. 그러나 —각각 대규모의 피비린내 나는 값비싼 전쟁 이후의— 민주화 사례들도 전략적 접근의 주의깊은 이야기라기보다는 강제한 것이다.

독일의 제3제국은 1945년 연합국에 무조건 항복했다. 군사 점령이 곧 이어졌으며 연합국이 선택하고 강제한 시민정부가 들어섰다. 나치정권이 무너진 10년 뒤인 1955년까지 서독 지역에 경쟁적이고 군사적으로 감시되지 않은 자유총선거가 존재하지 않았다. 그 사이에 연합국들이 독일 헌법을 기초했으며 선거제도를 만드는 것을 도와주었다. 따라서 독일에 부여된 선거규칙은 상당히 주목할 만한 것이며, 자세히 살펴볼 필요가 있다.

미국이나 영국과 달리 프랑스는 2차대전 때 나치에 점령되었기에 선거제도를 만드는 과정에 있었는데 우리는 연합국이 미국이나 영국, 프랑스에서 작동하고 있는 것과 비슷한 선거제도를 만들었다고 기대할지도 모른다. 미국의 체제는 현재와 상당히 비슷하며, 영국 체제 역시 그러하다. 하지만 독일에 부과된 규칙은 미국이나 영국의 선거에서 사용되는 투표규칙을 전혀 따르지 않았다. 그 규칙은 차이점을 복잡하게 섞어놓은 것도 아니었다.

미국과 영국 모두 비교다수 득표주의(first-past-the-post) 선거제도를 가지고 있었다. 투표의 과반수를 가지고 후보자에게 보상함으로써 양당제 경쟁을 강하게 촉진하는 체제였다. 이 체제에서는 승리자가 선거에서 얻을 수 있는 모든 것을 가진다. 반대로 독일에게는 연합정부에 의존하는 다당제를 실질적으로 보장하는 극단적 형태의 비례대표제가 주어졌다. 이것은 역사적 관점에서 정당화되는 것이 아니었다. 바이마르 독일이 다당제 선거제도를 가지고 있었다는 것은 사실이지만 그것은 히틀러의 국가사회주의노동당(National Socialist Workers' Party)이 국민의회(Reichstag)와 수상직을 장악하는 것을 가능케 했던 체제였다. 따라서 연합국은 12년 동안 지속된 천년제국이 재등장하지 않도록 하는 것을 아마도 염두에 두었을 것이다.

연합국에 의해 부과된 비례대표제의 극단적 형태는 물론 이전의 불행한 독일의 경험을 반복하지 않기 위해 고안되었으나 그것이 유일한 동기는 분명 아니었다. 독일의 선거체제는 연합정부가 형성되어야 함을 분명하게 한 것이었다. 어떤 정당도 정책을 통제할 수 없었으며 따라서 중앙정부가 취약하고 순응적이도록 만든 것이었다. 최소한 점령국의 시각에서 보았을 때 취약하고 순응적인 것이었다. 그들은 특히 소련 및 당시 부상하고 있던 바르샤바조약기구의 위성국가 블록에서의 정책과 관련하여 대외정책적 바람과 국가안보적 근심에서 순응적인 독일 정부의 창설에 관심이 있었다. 그 정치체제는 실제로 그러한 결과를 보장했다.

오늘날 독일은 분명한 민주주의 국가지만, 독일 총리가 승전국인 점령국들의 희망을 정확하게 따르지 않고 상당히 독립적인 외교정책을 펼치게 된 것은 2차대전이 끝나고 4반세기가 지난 후였다. 1970년대 빌리 브란트(Willy Brandt)가 동방정책을 도입하기 전까지 어떤 서독 총리도 NATO나 특히 미국에 의해 지지되는 외교정책에서 벗어나지 않았다. 브란트의 대담한 정책의 시작은 독일이 이웃 동유럽 국가들과 무역을 하고 다른 관계를 추구함으로써 관계개선을 이끌어야 한다는 것을 의미하는 것이었다. 그는 결국 독일은 제10장에서 설명한 무역에 관한 단순한 중력모델을 따라야 한다는 것을 제안한 것이었다. 브란트의 독립적 외교정책은 미국 지도부(와 많은 서독의 보수주의자)를 화나게 만들었다. 서독은 영국과는 어느 정도 잘 지냈는데 브란트는 유럽공동체(European Community)에 가입하기를 원하는 영국의 바람을 따르고 있어서 미국 행정부에게는 주어지지 않은 보상물을 가지고 있었다. 동유럽을 향한 브란트의 독립적 접근법은 냉전기에 가능한 이득을 확보하는데 민감한 미국 행정부에게는 저주와 같은 것이었다.

독일 역사처럼 일본 역사도 미국의 외교적 이익에 부합하는 정책 순응성을 증진시키기 위한 헌법의 기초와 관계된다. 합의제 정치에 익숙한 일본에서 미국이 기초한 헌법은 상대적으로 인구가 희박한 시골의 농촌 유권자들에게 의회의 대표성이라는 측면에서 상당히 호의적이었다. 이 유권자들은 많은 사회주의자와 공산주의 지지자가 있는 도시의 유권자들보다 훨씬 더 보수적이었다. 일본은 1당 정부를 구성했으며, 1955년에 도입된 자유선거 이후 반세기 이상 동안 18개월만 제외하고는 자민당(自民黨)이 집권했다. 자민당 정권은 이제 조금 더 경쟁적인 정당 체제로 분화되어 가는 듯하다. 자민당 정부는 종종 무역정책에서 독립적으로 행동하였으나 미국의 안보정책은 확고하게 지지했다.

일본은 분명 자유로운 사회임에도 불구하고 언론은 상대적으로 통제되어 있다는 것은 주목할 만하다. 프레스클럽에 소속된 미디어만이 정부 정보에 접근이 가능하고, 이에 따라 사실에 대한 정부 주장에 기초해 동일한 언론의 설명을 만들어낸다. 더구나 프리덤하우스에서 분류한 자유사회 가운데 일본은 시민 자유에 대한 점수가 최고점을 받지 못한 몇 안 되는 부유한 국가 중 하나다. 따라서 이러한 민주화 사례는 반대 목소리가 미디어와 일상적인 토론에서 그리고 정부의 최고결정자 그룹에서 반영되는 정도에서 그 자체로 한계가 있다. 전후 일본은 대체적으로 1당 국가였다. 심지어 경제침체와 디플레이션 시대에도 거의 모든 일본 사람들의 고통을 만들어내면서도 자민당은 정부 통제를 그럭저럭 유지해 나갔다. 인도와 멕시코는 오랫동안 1당 민주주의 국가였다고 비판받지만 일본은 대체로 이러한 비판을 받지 않았다. 아마도 멕시코나 인도와 달리 일본의 1당 지배 시기에 미국의 외교정책과 안보이익에 강하게 동의했기 때문일 것이다.

유력한 용의자: 이란, 콩고와 다른 실패 사례들

독일과 일본(혹은 한국)의 성공이 어떤 것이든, 미국과 많은 민주주의 동맹은 민주주의를 진흥시키려는 다른 기회들에서 다양한 기록을 가지고 있다. 우리는 2차대전 이후 미국에게 부여된 민주주의 진흥에 관한 '놀라운 역사'에 의문을 던지지 않을 수 없다.

이란의 경험은 다른 곳에서의 민주화에 앞서 자신의 이익을 내세운 민주주의 국가의 사례다. 모하메드 모사데그(Mohammad Mossadegh)는 1951년부터 영국과 미 중앙정보부가 기획한 쿠데타로 전복된 1953년까지 민주적으로 선출된 총리였다. 그는 일생의 대부분을 이란의 민주주의를 확립하는데 노력하며 보냈지만 (대체로 오늘날의 British Petroleum인)아람코(Aramco)가 소유한 유전지대의 국유화를 승인함으로써 총리로서 미국과 영국을 화나게 했다. 영국과 미국은 민주화 열망이 있었음에도 불구하고 국내정치적 근심이 앞서서 모사데그를 전복시켰으며, 샤(Shah)의 전제통치로 대체되었다. 샤 정권은 민주주의를 향한 어떠한 설명도 제시하지 않았으나 분명 미국과 영국의 정책 요구를 따랐다.

샤 정권은 그가 말기암을 앓고 있다고 알려진 1979년에 무너졌는데, 선출인단 이론에서 중요한 고려 대상이다. 호메이니(Ayatollah Ruhollah Khomeini)가 이끄는 새로운 정부는 신정주의적 유사 민주주의를 설립했다. 호메이니 하에서 이란은 경쟁적인 다당제 선거를 유지했다. (미국 헌법에서 선거권은 18세 이상으로 하고 있지만) 15세 어린이도 선거를 허용하는 광범위한 선거권 부여 규칙이 있었다. 앞서 설명한 것과 같이 이란의 현 집권자들은 —심지어 최고위층 자리도— 종종 선거에서 패배하고 평화롭게 승리자에게 권력을 양도했다. 이란의 명목상의 민주주의에는 분명 심각한 한계점이 있다. 최종적인 정책결정 권한은 유권자에게 있는 것이 아니라 스스로 선택한 소수의 종교지도자에게 있다. 그럼에도 불구하고 호메이니의 이란은 샤 시절보다는 의심의 여지없이 더 민주주의적이었다. 미국은 이러한 민주주의 진보를 칭찬하지 않았고 오히려 이란 정권을 맹렬하게 비판해왔다.

1979년 11월 4일 테헤란 주재 미국 대사관을 점거한 이란 지도자들은 분명 미국 및 서방에 대해 비우호적 태도를 유지해 왔다. 하지만 그것이 핵심이다. 미국 정부는 이란과의 관계를 국가의 정치체제나 민주주의에 대한 진보가 아니라 정책 선택에 기초하여 만들어가기로 했다. 이란의 (샤 정부에서처럼)민주화 없는 정책적 순응과 (호메이니 정부처럼)정책적 순응 없는 민주주의 진보의 선택에서 미국과 많은 다른 민주주의 국가는 순응을 선택했다. 이것이 민주국가 지도자가 유권자들의 정책 이익을 향상시키기 위해 자신을 선출해 준 자국의 유권자에게 민주적 의무에 충실하기 위해 해야 하는 것이다.

이제 콩고민주공화국에 대해 살펴보자. 1960년 6월 파트리스 루뭄바(Patrice Lumumba)는 콩고의 첫 번째 자유선거로 선출된 총리가 되었다. 그는 반년 뒤인 1961년 1월 17일 암살당했다. 루뭄바는 그가 채택한 정책 때문에 서구 민주주의 국가들과 어려움에 봉착했다. 그는 콩고의 벨기에 지배를 격렬하게 반대했고 벨기에 군대와 외교관을 축출하기 위한 노력을 했으며, 모이제 트촘브(Moise Tchombe)가 이끄는 카탕가(Katanga) 지역의 분리주의 운동을 꺾기 위해 소련에 도움을 요청했다. 오늘날 많은 증거는 루뭄바 암살에 미국과 벨기에가 공모했다는 것을 지적하고 있다.[10]

모부투 세세 세코(Mobutu Sese Seko)는 1965년 권력을 장악하고 곧바로 경쟁적 선거와 정적 대부분을 제거했다. 특히 미국과 벨기에로부터 대규모의 해외 경제원조를 받았으며 루뭄바와 달리 반소정책을 취할 준비가 되어 있었다. 모부투는 분명 경제원조의 대부분을 강탈하여 도둑정치(kleptocracy)를 시작했다. 이 단어는 지도자가 국가로부터 강탈하는 것에 기초한 정부 형태를 의미하는데, 바로 모부투의 통치 형태를 묘사하기 위해 만들어진 것이었다. 샤 정권의 이란에서 그랬던 것처럼 서방 국가들은 민주주의를 희생하고 외교정책적 이익을 따르는 콩고 정부를 지지했다.

이란이나 콩고는 예외적 사례가 아니다. 서구 민주주의 국가들은 1992년 알제리에서 민주적으로 선출된 근본주의 이슬람정부를 힘을 모아 반대했으며, 대신 선출된 정부가 권력을 가지지 못하도록 반대한 알제리 군부를 지지했다. 이라크의 미숙한 민주주의는 앞에서 살펴본 것처럼 유권자들의 의지가 다른 방향에 있더라도 정책적으로 순응적인 지도자를 선택하도록 하는 강력한 미국의 압력 하에 있다. 미국

10. 1971년부터 1997년까지 이 국가의 국가명은 자이레였다.

의 정치지도자들은 베네수엘라에서처럼 라틴아메리카나 다른 지역에서 그들의 정책이 미국의 이익과 충돌할 경우 민주적으로 선출된 정부와 함께 일할 의사가 없다. 유럽의 민주주의 국가들도 대체로 동일하게 적용되었다. 각각의 사례에서 민주적으로 선출된 지도자는 그의 행동이 다른 지역의 민주화를 좌절시키더라도 그가 선출될 때 하도록 요구받은 것, 즉 자국의 유권자에게 이익이 되는 정책을 취하는 것(가능하면 다른 국가들의 정책 순응을 포함해)을 하고 있었다.

SUMMARY

민주평화론에서 주장하는 대로 민주주의는 세계에서 평화적 효과를 발휘할 수 있다. 분명 민주주의 국가는 비민주주의 정권에 맞서 싸울 준비가 되어 있다. 하지만 그들은 서로는 거의 싸우지 않는다. 이것은 위대한 민주주의적 가치 때문이 아니라 대규모의 지배연합에 응해야 하는 생존지향 정치지도자의 전략적 행동이 가진 균형 때문이다. 세계가 더 보편적으로 민주화된다면 더 평화로운 곳이 될 것이라고 인식하는 것은 고무적이다. 특히 1980년대 후반 이후 국내 총선거와 혁명을 통해 민주주의를 확산하는 것은 내전이 발생한 곳에서 크게 부진하였다. 민주평화론이 고무적이지만 그것은 또한 논리적으로는 민주화가 민주주의 정부에 의해 촉진될 것이라는 데 회의적인 모습을 가지고 있다.

다른 국가에 개입하는 국가의 지도자는 종종 상대국의 민주화가 자신의 주요한 목적이라고 선언하지만 여러 사례를 통해 이러한 목적은 거의 달성되지 않았다는 것을 살펴보았다. 개입국의 지도자는 종종 권력을 유지하기 위해 자국 유권자들의 정책이익을 만족시켜주기 위해 노력하는 것과 상대국 국민의 민주적 열망을 촉진시켜주는 선택 사이에 직면한다. 변형된 민주국가인 상대국 국민은 개입국의 국내적 지배연합의 것과는 다른 정책적 우선순위를 가지고 있을 것이기 때문에 개입국은 자신이 원하는 정책을 더 이행해 줄 것이라 기대되는 독재정권이나 부정선거 정치체제를 수립하는데 호의적이 되어 자유민주주의를 수립할 기회를 놓쳐버리는 경향이 있다. 결과적으로 개입은 민주주의를 고양하는 효과가 거의 없다. 대신 종종 대부분 상징적인 개혁으로 대체되고 쇠퇴하게 된다.

이러한 결과가 독재 개입국 사례에서 특히 놀라운 것은 아니다. 그러나 민주주의 개입국의 사례에서 많은 이들은 실망스러움을 발견한다. 이 결과를 민주적 개입국의 리더십 실패라고 비판하고 싶은 유혹이 생기지만, 선출인단 이론은 이것이 민주적 제도 그 자체의 한계이며 민주적 대표제의 본성임을 의미한다고 말한다. 민주주의 지도자는 국내 유권자의 대리인이 되도록 헌법적으로 책임을 지고 있다. 투표자의 정책적 우선순위는 상대국의 정책 우선순위와 거의 동일하지 않다. 잘못이 있다면 그것은 민주정부의 동기에 있는 것이 아니라 민주주의 유권자의 정책 우선순위와 민주주의 제도에 의해 만들어진 동기에 있다.

핵심 용어

폴리티인덱스 505	괴뢰정부 507	제3자 개입 516

부록

근대 정치경제 역사와 국제정치

OVERVIEW

- 과거에 일어난 사건과 미래에 일어날 사건은 우연에 의한 것이 아니라 인간이 어떤 선택을 하는지에 달려 있다.
- 국제정세를 이해하기 위해서는 역사적 사실을 알아야 하고, 또한 그러한 사실을 정리할 수 있는 이론이 필요하다.
- 지난 500년의 주요 역사적 사실의 공통적 배경은 현재와 미래를 탐구하기 위한 견해의 일치점을 제공해준다.
- 지난 수백 년 동안의 역사는 세상을 만드는 여러 가지 다른 형태의 거버넌스를 자연스럽게 실험하도록 해준다.

군사분쟁은 외교만큼이나 국제관계의 하나의 요소이며, 이 둘은 종종 풀 수 없을 정도로 얽혀 있다. 유럽 국가들 간의 일련의 조약과 비밀협정은 대륙을 제1차 세계대전으로 빠져들게 했다. 1917년에 미국이 영국과 그 동맹세력에 동참했을 때 유럽의 여러 국가는 '모든 전쟁을 끝내기 위한 전쟁'이라는 명칭을 얻을 정도로 소모전의 교착 상태에 빠지도록 서로 싸우고 있었다.

역사적 사건은 때때로 우연의 연속으로 묘사된다. 그러한 시각은 역사적 사건이 어떻게 실제로 뒤얽히게 되었는지를 살피기보다는 역사적 날짜와 이름을 단지 기억하게끔 한다. 만일 역사의 진전과 변화가 우연히 일어나는 것으로 생각한다면, 미래를 위한 교훈을 과거에 대한 연구를 통해 얻을 수 있다고 믿을 하등의 이유가 없다. 이 책은 그러한 시각에 반해 역사로부터 교훈을 얻을 수 있다는 입장을 고수한다. 비록 역사가 다른 행로를 거쳤을 수도 있음을 쉽게 상상할 수는 있지만 실제 사건들의 흐름이 과거에 우연히 일어났다거나 미래에 우연히 그렇게 일어날 가능성이 있다고 추정해서는 안 된다. 실제로 일어난 사건은 선택되지 않은 다른 일련의 행동의 결과에 크게 의존한다. 예를 들어 왜 미국은 2001년 9월 11일 알카에다의 공격 후에 테러와의 전쟁에 착수했는가? 그 이유는 미국 지도자가 보복하지 않을 경우의 결과는 보복할 경우보다 더 나쁠 것이라 생각했기 때문이다. 반사실적 역사라고 명명되는 이러한 다른 행로는 일어나지 않았던 것이다. 역사는 왜 특정 선택이 결정되었고, 다른 길의 역사로 인도했을 다른 선택은 결정되지 않았는지를 이해할 수 있도록 해줌으로써 우리에게 교훈을 제공한다. 과거 결정에 관해 자세한 정보를 바탕으로 더 잘 고찰하기 위해 그 선택을 했을 당시에 정책결정자가 알고 있었거나 믿고 있었던 것에 관해 알아야 할 필요가 있다.

어떤 결정이 내려졌을 당시 알려져 있던 정보와 나중에 알려진 정보를 구별하는 것은 과거를 판단하고 미래에 대한 주장을 평가하는데 결정적 요인이 된다. 결정은 그로 인한 결과를 알기 전에 내려지는 것이다. 그래서 사건의 흐름과 그 원인을 사전에 파악하는 것은 정책결정자가 다음에 어떤 선택을 할 것인지에 관한 시각을 구상하는데 종종 도움이 된다. 물론 설명이나 인과적 주장을 펼치기 위해 지도자가 선택한 결정을 평가하면서 추후에 알려진 정보를 활용하는 것은 불공평하며 오해하기도 쉽다. 국제관계를 연구하는 역사학자나 정치학자들이 일반적으로 사실 이전에 알려진 것과 사건이 발생한 이후에 알려진 것을 혼동한다.

예를 들어 1차대전과 같은 대규모의 파괴적인 전쟁의 원인을 판정하는데 관심이 있는 많은 학자들은 오직 대규모의 전쟁에만 초점을 맞춰 연구한다(오르갠스키 & 쿠글러 1980; 길핀 1981; 케네디 1987). 그러나 당시의 정책결정자는 자신이 장기간의 광범위하고 엄청난 비용이 드는 전쟁에 빠져들고 있던 것을 알지는 못했다. 그가 이 전쟁이 얼마나 파괴적이 될 것인지를 미리 알았더라면 적어도 몇몇은 그런 엄청난 비용이 드는 무력에 의존하지 않고 해결하기를 더 원했을 것이다. 예를 들어 오늘날 1939년 9월 1일 독일의 폴란드 침공이 2차대전의 시발점이 되었다는 것은 잘 알려져 있다. 그러나 당시 지도자들은 그렇게 될 줄 몰랐다. 사실 그때 신문기사들은 그 침공을 '독일–폴란드 전쟁'이라 지칭했다.[1]

외교정책의 결정, 국제정치의 형세와 주장, 증거에 관한 이해는 근본적으로 다른 2가지 요소인 1) 사실과 2) 이론적 시각에 달려있다. 이 책 14개 장에서는 논리와 증거에 비추어 사실을 평가하는 수단을 설명했다. 이 부록에서는 기본적으로 공유하는 지식을 얻기 위해 중요한 역사적 사건을 다룬다. 독자들이 이 책의 14개 장을 읽기 전에 먼저 또는 14개 장과 함께 나란히 읽어보기를 바란다. 아이디어를 광범위한 역사적 상황에 적용시키는데 도움이 되기 위해 이 부록을 정기적으로 읽어보면 좋을 것이다.

---

1. 예를 들어 1940년 5월 10일 벨기에가 나치의 폭격을 당했을 때 벨기에를 탈출한 필자의 어머니는 2차대전이 1940년 5월 10일에 시작되었다고 항상 말했다. 내가 그보다 8개월 전에 일어난 독일의 폴란드 침공에 관해 묻자 어머니는 "아, 그건 독일–폴란드 전쟁이었어"라고 대답했다.

이 부록은 600년 동안의 과거 정치 및 경제 역사와 관련된 핵심 사건들로 시작된다. 짧은 분량으로 인해 역사의 초보적 개관 정도만 제공한다. 그러므로 몇 세기 동안 다른 형태의 거버넌스의 발전과 정부제도와 관련된 어떤 아이디어들이 압도적이었고, 어떤 아이디어들이 낙오되었는지를 판단하는 데 결정적 분쟁에 특히 관심을 집중한다. 당연히 여기서 다룬 몇 세기의 역사는 여러 방식으로 서술될 수 있기 때문에 사실을 어떻게 연계시킬 것인지를 선택할 때도 길잡이 역할을 하는 가정을 먼저 부과해야 한다. 더 깊이 있거나 다른 방식을 원하는 독자는 한 권 분량의 세계 역사에 관한 설명서들이 많이 있으니 그 중에 어떤 책이든 읽으면 된다. 참고할 만한 책의 리스트를 이 책의 웹사이트 http://college.cqpress.com/bdm에 올려두었다.

1 15세기

1452년과 1453년은 몇 가지 중요한 사건들이 시작된 해였다. 1453년은 비잔틴제국이 멸망한 해였다. 옛 로마제국을 계승한 비잔틴제국이 무너지고 이슬람 세력인 오토만터키제국이 콘스탄티노플을 점령했다. 대부분의 역사학자에게 비잔틴제국의 멸망은 중세기의 끝남과 근대 시기의 시작을 의미한다. 1453년에 중세기가 종결되었다는 주장은 콘스탄티노플의 멸망으로 인한 경제적 결과와 직결되어 있고, 우연찮게도 이후 콜럼버스의 탐험여행으로 예상되는 경제적 결과와도 직결되어 있다.

터키의 승리는 유럽 상인들이 인도 및 다른 아시아 국가들과의 향신료 무역을 위한 육로를 직접 이용하는 것을 막을 수 있음을 의미했다. 아시아를 통하는 육로 개척의 비용과 위험성이 높아지는 바람에 유럽 제국은 인도, 중국, 일본을 통하는 해로를 찾아 나서지 않을 수 없었다. 이와 같이, 스페인이 콜럼버스의 아시아 무역로 탐험을 지원하기로 결정한 것은 비잔틴제국이 오토만터키에 패해 육상 무역로를 이용하는 데 드는 비용이 폭등한 것에 직접적으로 영향을 받은 것이었다. 스페인은 페르디난드(Ferdinand) 왕과 이사벨라(Isabella) 여왕의 권력 유지 욕심과 왕국을 더 부강하게 만들어 개인적으로 더 부강하게 되고 싶은 욕망에 따라 움직인 것이다.

당시 유럽에서 일어난 다른 사건들은 향후 몇 세기에 걸친 분쟁, 심지어는 우리가 살고 있는 현재까지 이어진 분쟁의 시초를 제공했다. 느슨한 형태의 제후국 연방이었던 독일은 1273년부터 합스부르크 왕가에 의해 지배되었다. 합스부르크의 지배력은 1452년 프레데릭 3세(Frederick III)가 신성로마제국 황제로 등극했을 때 더욱 강화되었다. 신성로마제국이 유럽에서 가장 강력한 세속적 권위를 보유했고, 유일하게 가톨릭교회만이 그에 비견할 만한 강력한 권위를 가지고 있었다. 합스부르크 왕

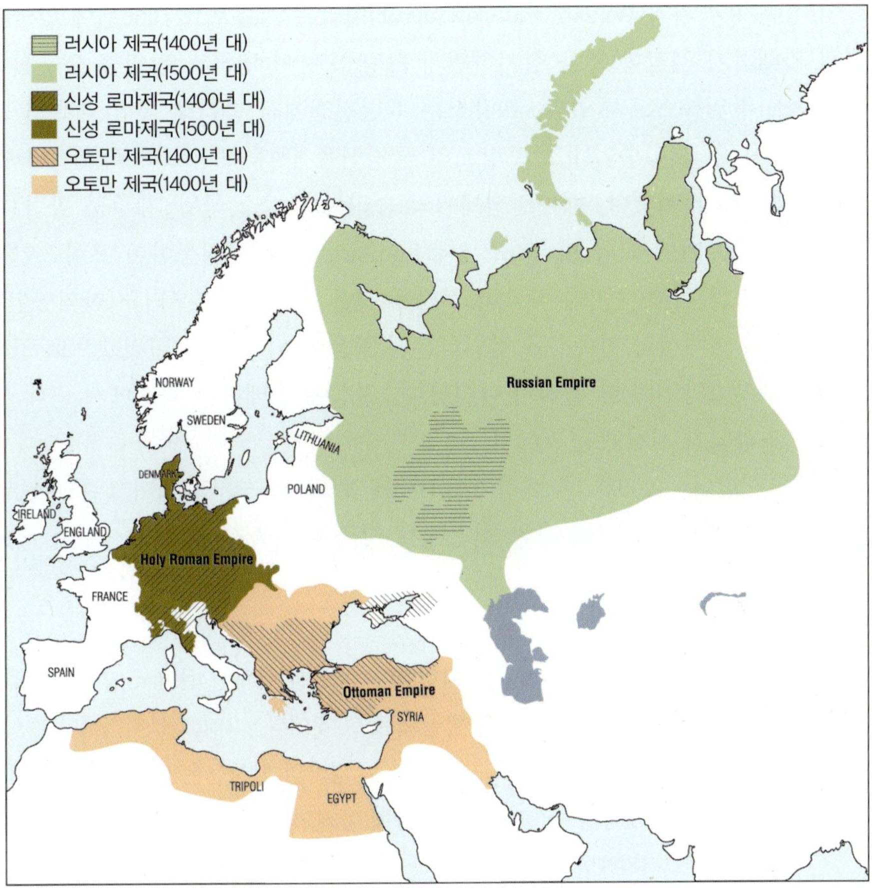

유럽을 지배하기 위한 경쟁을 1400년대와 1500년대 신성로마, 오토만, 러시아 제국의 영토 확장에서 명백히 볼 수 있다.

지도 A-1 신성로마, 오토만, 러시아 제국, 1400~1500년대

가는 1806년 신성로마제국이 붕괴할 때까지 군림했다. 몇 세기 동안 독일의 정치적, 문화적, 군사적 영향력은 약해지기도 하고 강해지기도 하면서 1차대전과 2차대전에서의 야심을 준비하는데 한몫했다. 아마도 현재 독일의 유럽연합 내의 막강한 영향력 역시 15세기 프레데릭 3세 시대로 거슬러 올라갈 수 있을 것이다.

이처럼 1452년과 1453년은 북유럽의 중요한 새로운 세력의 등장과 터키를 통한 남동부 유럽과 아시아 간의 교류의 시작을 목격하는 해였다. 게다가 유럽 강대국들의 영토적 이해관계를 재정립하는데 영향을 미친 사건들도 전개되었다. 서유럽에서는 영국과 프랑스가 1337년~1453년까지 대립해오던 소위 백년전쟁이 드디어 종결되었다. 백년전쟁이 발발했을 때 영국은 현재의 프랑스 영토를 포함하는 광대한 영토를 보유하고 있었다. 영국 왕들은 프랑스 출신인 노르망디 대공 윌리엄(William)

이 정복자 윌리엄(William the Conqueror)이라는 이름으로 1066년에 영국을 점령해서 지배하기 시작한 것을 상기하면서 프랑스 왕이 영국의 왕위를 요구했던 것처럼 프랑스 왕위를 요구했었다. 프랑스는 백년전쟁에서 승리해 유럽 대륙의 거의 모든 영토에서 영국을 쫓아내고 프랑스의 국경선을 근대 프랑스의 국경선에 가깝게 고착화하는데 기여했다. 백년전쟁에서의 승리는 프랑스 국왕 '재주꾼 필립'(Philip the Fair)이 1302년에 교황 보니파스 8세(Boniface VIII)를 침공하며 프랑스인들에게 자국 프랑스를 위해 죽기를 각오하고 싸울 것을 주문하면서부터 시작되었던 과정, 즉 프랑스의 정체성과 민족성을 정립하는데 도움이 되었다. 백년전쟁으로 인해 영국에서도 프랑스와 비슷한 결과가 나타났다. 전쟁에서 패하는 과정에서 근대 영국의 형태가 조성되기 시작했던 것이다.

셰익스피어는 200년 후 헨리 5세(Henry V)와 1415년의 에이그린코트(Agincourt) 전투에서 영국의 승리에 관한 희곡에서 영국의 민족적 자각의 심오한 변화를 가장 잘 표현했다.

> 오늘은 크리스피언의 축제라 불리워진다. 오늘을 무사히 살아서 안전하게 집으로 돌아오는 사람은 오늘이 명명될 때 발끝으로 설 것이다. 그리고 크리스피언의 이름을 들으며 분발할 것이다.… 그리고 침대에 누운 영국의 남자들은 여기에 없었음을 비난받을 것이고, 다른 사람이 성 크리스핀의 날에 함께 싸웠던 것을 이야기할 때 자신은 남자도 아님을 부끄러워해야 할 것이다.
>
> – 〈헨리 5세〉, 제4장 제3막 41~68줄

백년전쟁을 겪으며 영국인의 국민적 의식, 그리고 프랑스인과는 확실히 다른 영국문화가 점진적으로 발전하기 시작했다. 영국은 이미 관습법과 의회 정부체제를 정립해나가고 있었지만 1453년과 그 이후는 영국과 프랑스 역사에서 전환기였다. 영국에서 등장한 정치제도는 가톨릭교회와 부유한 귀족들과 같은 내부 도전세력과 갈등을 겪음으로써 외적 손실이라는 대가를 치렀지만 왕위를 강화하는데 도움이 되었다. 다시 말해, 이러한 제도적 발전은 우연히 일어난 것이 아니라 영국이나 프랑스 왕이 정치적 지위를 확고히 하기 위해 전략적으로 만들어낸 것들이었다.

북유럽에서도 25년쯤 후에 그와 비슷한 결정적 사건들이 일어나기 시작했다. 1480년 이반 3세(Ivan III)가 징기즈칸의 후예인 몽골을 물리치고 러시아 독립국가를 세웠을 때 근대 러시아가 탄생했다. 이반 3세를 계승한 '공포의 이반'(Ivan the Terrible)은 당시 러시아를 현재 러시아처럼 유럽 전역에 정치적 영향력을 미치는 주요 세력으로 만드는 기반을 닦았다.

지구 반대편에서는 또 다른 결정적 사건들이 일어나고 있었다. 1430년 근대 멕시코의 시작은 16세기의 가장 중요한 사건 몇 가지를 일으키는 계기가 되었다. 11~12세기 동안 아즈텍 유목민이 멕시코 계곡의 톨텍 문명을 정복했다. 아즈텍인들은 1349년에 초대 국왕으로 테노치(Tenoch)를 선출했다. 그는 40년 이상을 집권했다. 그 무렵 멕시코에서는 여러 부족들의 경쟁이 치열했다. 그러나 1430년에 테노치티틀란(Tenochtitlan), 텍스쿠코(Texcuco), 트라코펜(Tlacopén)이라는 3개의 아즈텍 도시연맹이 형성되어 제국을 탄생시켰다. 3대 도시연맹은 경쟁 부족과의 전쟁을 통해 빠른 속도로 태평양에서 멕시코만에 달하는 지역에 아즈텍제국을 건설해 나갔다. 그 이후 100년도 안 되어 이 제국은 멕시코 전체를 정복하려는 스페인과 충돌했다.

15세기가 끝날 무렵 스페인은 통일되었다. 교황권을 둘러싼 불화가 해소된 듯했고, 영국과 프랑스는 수십 년의 전쟁을 통해 등장했다. 유럽 군주들은 신세계로 영향력을 확대하려 했다. 그러나 16세기 초 국제질서의 근간을 뒤흔드는 사건들이 발생하고 있었다.

2 16세기

16세기에는 신교개혁의 절정과 그에 따른 유럽의 세속화를 목격하게 되었다. 합스부르크 왕가의 신성로마제국 지배는 신교개혁의 성공을 위한 중요한 배경이 되었다. 마틴 루터(Martin Luther)는 가톨릭교회가 누리던 유럽에서의 종교적, 정치적 패권의 정통성에 도전하며 1517년에 95개 논제를 발표했다. 북유럽의 군주들은 루터의 개혁과 더불어 발생한 무수한 가톨릭 반대 선언과 시위를 교황의 권위를 실추시키고 정치적 경쟁자인 가톨릭교회의 영향력을 약화시키는 정치적 기회로 삼았다. 가톨릭교회 지도세력이 저지른 명백한 타락과 부패에 대한 항의는 군주들의 정치적 이해관계에 도움이 되었다.

종교개혁은 민족주의를 촉진하고 로마 가톨릭교회에 대한 대안으로 신교를 장려함으로써 군주에 대한 충성심을 불러일으키는 기회가 되었다. 신교의 종교적 원칙에 정통성을 부여해 군주는 개인을 파문하거나 성사(聖事)의 기회를 박탈하는 힘을 가톨릭교회로부터 뺏을 수 있었다. 종교개혁 이전에는 서유럽인들이 가톨릭교회의 가르침을 따르지 않는 것은 자신을 혹독한 편견과 엄청난 위험에 노출시키는 행위였다. 가톨릭교회를 개혁하려는 이전의 노력들은 실패했었다. 예를 들어 수사(修士) 지롤라모 사보나롤라(Girolamo Savonarola)는 가톨릭교회의 풍습과 교회 지도자들의 사치스러운 생활방식을 비난하다가 1498년 5월 23일 화형 당했다.

사보나롤라가 교황청의 바로 뒷마당인 자신의 거주지 피렌체에서 성공적으로 하지 못했던 일을 마틴 루터와 다른 종교개혁가들이 멀리 떨어진 북유럽에서 성공했던 것이다. 종교개혁의 시작으로 인해 가톨릭교회를 더 이상 믿지 않던 이들은 자신과 하느님 사이의 매개자로서 가톨릭교회를 필요로 하지 않았다. 유럽인들은 군주의 지지를 받으며 새로운 형태의 기독교 관습을 행할 수 있게 되었고 가톨릭교회는 이로 인해 약화되었다. 가톨릭교회에 대한 인식 변화는 유럽 전역의 세속적 정치제도가 확고한 힘과 영향력을 증대하는데 결정적 역할을 했다. 많은 이들이 더 이상 구원을 받기 위해 가톨릭교회의 승인을 받아야 하거나 가톨릭 사제에게 고해성사를 바칠 필요가 없어졌기 때문에 각 지역의 군주는 주권적 권위를 강화할 수 있었다. 이와 같이, 종교적 믿음에 대한 변화는 초국가적 교회에 반해 국가의 권위에 대한 근본적 변화를 초래했다.

물론 가톨릭 지도자는 자신의 영향력이 쇠퇴하는 것을 무기력하게 당하고만 있지는 않았다. 반종교개혁을 추진했는데 이는 일부 개혁과 일부 신교도 반대자들에 대한 탄압이었다. 17세기에 와서 이러한 유럽의 정치적 · 종교적 분쟁은 곪아 터지게 되었고 1618~1648년까지의 30년전쟁에서 정점에 달했다.

국가의 등장과 주권을 위한 투쟁이 16세기 유럽에서 지속되는 가운데 1520~1566년까지 재위한 술레이만(Suleyman) 대제는 지난 세기 동안의 오토만터키의 성공을 강화시켰다. 그는 상당한 정치적 · 경제적 영향력을 흑해와 지중해 사이의 소아시아에서 북아프리카까지, 심지어 유럽 지역에까지 행사하면서 오토만터키를 오토만제국으로 발전시켰다. 현재에 이르기까지 유럽에서 마지막으로 가장 치열했던 이슬람 세력과 기독교 세력 간의 전투에서 술레이만은 1529년에 비엔나를 포위해 공격했다. 그러나 오토만제국은 패했고, 오토만제국과 이슬람 세력의 영향력은 유럽 대부분 지역에서 밀려나게 되었다. 유럽에서 기독교도와 이슬람 세력 간의 이와 비슷한 충돌은 냉전이 끝날 때까지 다시 발생하지 않았다. 소련의 붕괴는 유고슬라비아가 몇 개의 독립 국가로 분리되는 과정을 재촉했고, 이는 보스니아와 코소보에서 기독교 유럽인들과 무슬림 간의 전쟁을 발발시켰다. 현재 진행 중인 무슬림 극단주의자들과 미국 및 동맹세력들 간의 분쟁 역시 같은 맥락에서 이해될 수 있을 것이다.[2]

2. 비록 기독교와 이슬람 문화 간의 전쟁이라 할 수는 없지만 테러와의 전쟁은 2001년부터 미국과 그 동맹국들과 탈레반과 그 협력세력인 알카에다로 불리는 아프가니스탄의 무슬림 극단주의자들 간에 발생했다. 게다가 미국 주도의 이라크 전쟁이 2003년에 시작되었다. 이러한 전쟁과 테러집단의 서구 문명에 영향을 받은 국가에 대한 공격은 격렬한 감정을 불러 일으켰고, 이로 인해 2004년에 저명한 한 독일 지도자는 유럽연합이 터키를 회원국으로 받아들이는 데 반대하기도 했다. 그는 터키의 EU 참여는 유럽의 이슬람화를 촉진하고 1683년 비엔나 문턱에서 술레이만을 완전히 패배시킨 이래 유럽이 얻었던 것을 무색하게 할 것이라는 입장을 고수했다.

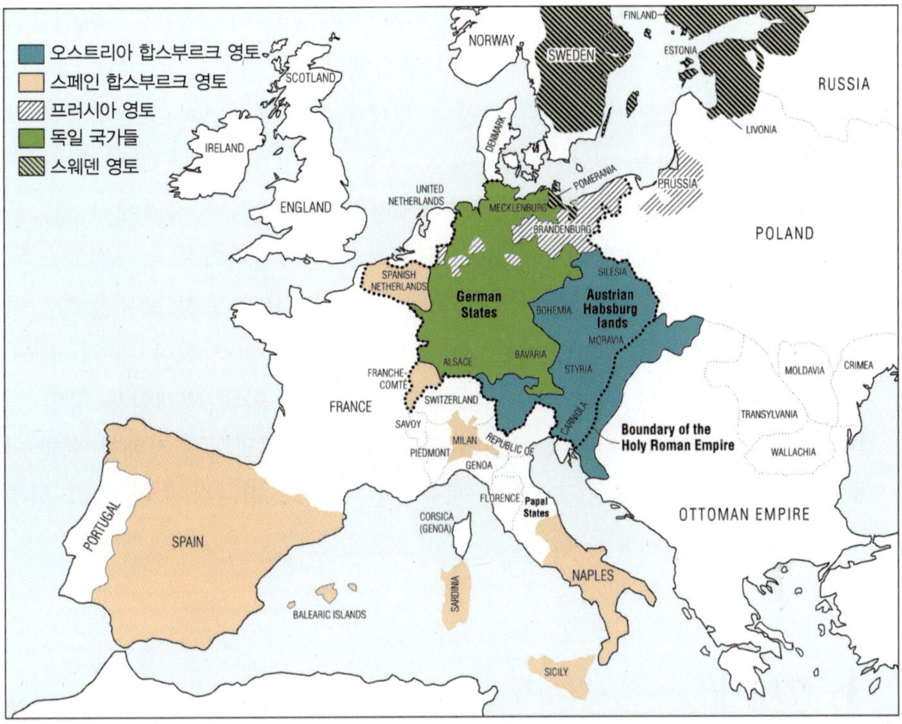

30년전쟁을 종결하고 주권의 진화에 결정적 계기가 된 웨스트팔리아조약은 유럽 지도를 다시 그렸고, 국가들이 준수할 것으로 기대되었던 규범과 국제법적 규칙을 재정립했다. 정치적 이슈에서 가톨릭교회의 영향력은 크게 손상되었고 새로운 국가들 간의 제휴가 이루어졌다. 특이한 것은 30년전쟁에서 패한 어떤 군주도 승자에 의해 왕권을 빼앗기지는 않았다.

지도 A-2 1648년 유럽

15세기에 유럽에서 아시아에 이르는 해로(海路)의 추구는 실패했지만 탐험 과정에서 콜럼버스와 그 이후 탐험가들은 유럽의 지도자들이 아메리카 지역의 막대한 자원에 눈을 뜨게 만들었다. 1518년에 에르난 코르테스(Hernan Cortes)는 자신과 스페인 군주의 재산을 추구하기 위해 아즈텍과 전쟁을 치러 승리했다. 프란시스코 피사로(Francisco Pizarro)가 1533년 현재의 페루인 잉카제국을 멸망시켰을 때 역시 같은 의도를 가지고 있었다. 1590~1600년에 이르기까지 엄청난 양의 재산이 아메리카로부터 유럽으로 향하는 배에 실려갔다. 해적질이 사적 재산과 국가적 부를 축적하는 중요 원천이 되었다. 실제로 스페인은 아메리카 대륙으로부터 추출해오던 재산의 상당 부분을 공해에서 영국 해적들에게 빼앗겼다. 영국 해적은 사략선(私掠船) 승무원이라 불리며 약탈한 재산을 영국 국왕에게 바치고 그중 상당량을 보상받았다. 이는 1588년 스페인 군주로 하여금 바다에서 영국의 위협을 분쇄하기 위해 무적함대를 출정시키는 결정을 내리게 만들었다. 그러나 스페인 함대는 이동성이 용이한 영국의 고속 함정과 폭풍으로 완전히 패배했고 이로 인해 스페인은 쇠퇴하기 시작했으며 영국은 최대 해상세력으로 부상했다.

1500년대 말 무렵 가장 강했던 양대 해상세력인 스페인과 포르투갈은 쇠퇴했다. 이슬람 세력은 (비록 비엔나 입구에서 거의 100년 이후에나 대패하지만) 거의 모든 유럽 지역에서 물러났고, 다만 북아프리카와 소아시아 지역에서 세력을 유지했다. 아메리카 대륙의 엄청난 자원에 대한 착취는 식민지화를 부추겼고, 궁극적으로 북아메리카와 남아메리카에 유럽인의 영구적인 정착과 토지 보유를 확립하게끔 했다. 국제적 경쟁과 무역의 세계는 100년 전에 비해 훨씬 커졌다. 무역, 물물교환, 서비스, 지식, 심지어는 광활한 지역을 가로지르는 문화의 세계화를 향한 근대 운동의 시작이라 평가할 수 있다. 유럽의 최강자인 가톨릭교회는 지배를 위한 마지막 전투에 직면했고 신교의 종교개혁이 북유럽을 휩쓸고 지나감에 따라 그 전투에서 패했다.

3 17세기

유럽의 대부분이 1618~1648년까지 지속된 전쟁에 휩싸여 있었다. 30년전쟁은 일부분 종교전쟁이었고 또한 신성로마제국의 패권을 제거하고 그 대신 여러 주권국가들이 패권을 차지하려는 투쟁이기도 했다. 그 전쟁은 근대국가 주도의 국제체제로의 변환점으로 간주되는 웨스트팔리아조약으로 종결되었다. 30년전쟁 이후의 새로운 국제질서는 자국이 보유한 영토에 대한 주권을 가진 정부가 확정된 국경선을 바탕으로 영토를 다스리는 것이었고, 그 안에서 정치적, 군사적, 경제적, 사회적 생활에 대한 통제권을 행사하는 것이었다. 오늘날 국가가 존재하지 않는 세상은 거의 생각하지 않는다. 그러나 우리가 생각하는 그런 형태의 국가는 항상 존재했던 것이 아니었고 미래에도 영원히 존재하지 않을지도 모른다.

웨스트팔리아조약은 전쟁 종결과 관련된 협정과 조건을 포함하는 100여 개의 구체적 조항으로 구성되었다. 대부분의 조항은 참가국 간의 주요 자원의 배분과 복원에 관한 것이었다. 그러나 몇몇 조항은 영토주권의 정립과 국가의 구체적 권리와 특권에 관한 내용이었다. 제64조는 영토권과 불간섭권 외에도 국가가 숭배할 종교를 결정하는 권한을 정립했다. 이 조항은 유럽에서 가톨릭교회의 종말을 성문화한 것이었다. 제65조는 주권적 권위체의 외교정책에 관한 권한을 구체화했다. 예를 들어 가톨릭교회나 신성로마제국과 같은 어떤 초국가적 권위체도 군주가 자국의 안보를 위해 체결한 동맹을 새로 맺게 하거나 무효화할 수 없게 했다. 마찬가지로 제67조는 주권국가가 외부 압력으로부터 자유롭게 "자국 영토에 대한 완전한 관할권을 가지고" 국내 정책을 결정할 수 있도록 했다.[3]

웨스트팔리아 체제는 의심할 여지없이 국제관계에 일획을 긋는 것이었다. 그러나 30년전쟁의 결과로 갑자기 완전한 근대국가가 툭 튀어나왔다고 생각하면 잘못이다. 11세기 말 그레고리 7세(Gregorius VII) 때부터 시작된 교회와 군주 간의 경쟁이 이미 변화에 대한 시동을 걸었고, 웨스트팔리아조약이 이미 진행되고 있던 그러한 변화를 성문화한 것이었다(Bueno de Mesquita 2000).

30년전쟁이 끝날 무렵 유럽의 세력균형은 근본적으로 변했다. 가톨릭교회의 영향력이 쇠퇴했을 뿐 아니라 정치적 힘이 프랑스로 옮겨갔다. 30년전쟁으로 인해 독일 인구의 거의 절반이 사망했고 프랑스 군주는 유럽에서 새로운 지배자로 등장했다. 프랑스의 등극은 루이 14세의 "내가 바로 국가다"라고 하는 유명한 구절에서 드러나는 것처럼 절대군주의 절정기를 이루었다. 루이 14세는 정부제도와 국가안보에서 혁신자였다. 그는 필요할 때마다 용병을 동원하는 대신 상주군대를 유지한 몇 안 되는 최초의 군주였다. 상주군 체제의 채택은 훈련, 전투기술, 무기체계에서 엄청난 기술적 개선을 유발했고, 이는 절대 세습 군주에 의해 지배되는 국가의 중앙집권적 권위의 강화에 기여했다.

30년전쟁은 상당 기간 점진적으로 진행되어 온 군주제의 변화에 종지부를 찍었다. 중세기 대부분과 1066년 노르만에 의한 영국 정복 이전에도 군주제는 엄격한 세습제가 아니라 선출제였다. 귀족 태생은 왕권을 위한 필수 사항이었고, 직전 군주의 자녀 및 상속자 신분은 왕권을 획득하는데 큰 도움이 되었으나 어쨌든 군주는 최종적으로 선출되었다. 군주 선출제를 통해 때때로 명백한 상속자가 아닌 다른 귀족이 군주로 선택되기도 했다. 국왕 선택을 위한 근본적 방법이 세습제로 전환됨은 외교정책과 관련해 중요한 의미를 담고 있었다. 국왕은 주민에 대한 책임이 별로 없었지만, 특히 세습 국왕은 선출 국왕보다 더 책임질 일이 없어졌다.

선출인단 이론(Selectorate theory)에서 설명한 바와 같이, 지도자가 극소수 주민의 지지만을 필요로 할 경우 사회 전 구성원의 복지를 증진하기보다는 자신과 자신을 따르는 소수의 부귀영화를 증진하려는 유혹을 받게 된다. 그래서 세습군주는 과거 선출군주보다 국민에게 덜 신세를 지게 되었고, 국민의 복지와 안녕으로부터 비교적 자유롭게 된 세습군주는 국민에게 귀속되는 것이 아니라 자신의 소유가 될 부와 권력을 확보하기 위한 모험적 외교정책을 쏟아내게 되었다. 이는 전쟁이 더 격렬

---

3. 제67조의 전문과 원전은 http://fletcher.tufts.edu/multi/texts/historical/westphalia.txt. 참조.

해짐을 의미했다. 계속되는 인기없는 전쟁에 대한 주민의 불만과 전쟁비용으로 징수한 과도한 세금부담으로 인해 선출군주제보다 정권유지가 더 수월했던 세습군주제는 결국 붕괴되었다. 18세기에 와서, 절대 세습군주제의 몰락은 혁명과 정치제도의 극적 변화를 야기시켰고, 이는 부정선거에 의한 독재체제와 자유민주주의라는 2가지 지배적 형태의 근대 정부체제의 등장을 예고했다. 그러나 군주제에 대한 격렬한 위협들은 30년전쟁이 종결되기 이전부터 일어나기 시작했다.

1642~1648년까지의 영국 내전을 통해 하원의원이었던 올리버 크롬웰(Oliver Cromwell)은 영국 군주제를 일시적으로 전복시키는 데 성공하면서 권력을 쥐게 되었다. 영국 국왕 찰스 1세는 1649년에 교수형에 처해졌으며 군주제로부터 독재체제 또는 초기 민주주의로의 변동을 예고했다. 그러나 군주제에 반대하는 크롬웰의 노력은 1658년에 병사하는 바람에 실패했고, 1660년에 군주제는 복원되었다. 군주는 정책 추진에서 의회의 재정적 지원에 더욱 의존하게 됨에 따라 의회의 권력이 증대되었다.

공화정에 대한 실험이 몇 세기 동안에 걸쳐 시행되었다. 르네상스 시기에 이탈리아 공화정이 번영했으나 그 유사 공화정은 과두제에 의해 밀려났다. 네덜란드는 도시의 시장들에 의해 주도된 유사 공화정 형태로 나아가 많은 부를 축적했다. 영국에서처럼 부분적 대의정부 체제로의 이동은 수많은 기업가적 행위와 엄청난 경제적 번영을 몰고 왔다.

1651년 토마스 홉스(Thomas Hobbes)의 〈절대군주〉, 1690년 존 로크(John Locke)의 〈시민정부의 두 가지 협정〉을 포함한 정부에 관한 새로운 아이디어와 토론들은 지배자와 피지배자 간의 사회계약으로서의 정부에 관한 풍부한 시각을 쏟아냈다. 30년전쟁의 종교적 귀결과 더불어 다양한 아이디어는 신세계에 정착하는 정착민이 군주제의 억압적 부담으로부터 탈피하기 위해 고안한 혁신적 형태의 정부를 실험하는데 전념하게 했고, 새로운 정착민이 물결처럼 신세계로 진출하는데 기여했다. 유럽인의 아메리카 대륙에 대한 초기 침략은 (모피, 목재, 새로운 식량과 곡물 등) 교역이 가능한 재화와 광물자원을 손에 넣기 위해 제한적 체류에 초점이 맞추어져 있었지만 새로운 유럽인이 아메리카 대륙에 도착하면서 영구적 정착에 더 관심이 있었다.

덴마크인, 영국인, 프랑스인, 네덜란드인은 사탕수수 재배와 수출과 같은 노예에 의존하는 경제를 구축하며 카리브 연안을 식민지화했다. 네덜란드인이 정착한 뉴암스테르담(훗날의 뉴욕)은 상업의 중심이 되었다. 뉴암스테르담 지사 피터 스튀베산트(Peter Stuyvesant)는 네덜란드 변호사였는데 식민지주의자인 아드리안 반 데 돈크(Adriaen van der Donck)의 끊임없는 정치적 도전에 직면했다. 가장 주요 인물 중한 사람임에도 불구하고 미국 역사에서 잘 알려지지 않은 반 데 돈크 덕분에 뉴암스테르담은 종교의 자유, 이주 및 이동의 자유, 표현의 자유를 포함한 거버넌스에 관한 새로운 아이디어의 산실이 되었다(Shorto 2005; van der Donck(1655) 2010). 현재까지도 반 데 돈크가 작성한 통치헌장은 뉴욕시 헌장의 핵심으로 남아 있고 미국 자유의 기초로 남아 있다.

초대 순례자들과 영국이 싫어서 떠나온 집단은 북아메리카의 동부 연안지역에서 종교의 자유와 경제적 번영을 추구하며 정착했다. 그러나 그들이 추구하던 종교자유는 자신의 종교적 믿음을 실천하는 것이었지 다른 종교적 믿음의 실천을 허용하는 것은 아니었다. 메이플라워호에 승선한 초대 순례자들이 서명한 거버넌스에 관한 협약인 '메이플라워 계약'은 주민 자치제의 초기 모델이 되었고, 미국 역사에 널리 보급되었으며 군주들이 주민에게 적용한 징발 경제정책으로부터의 이탈을 대표하는 통치제도의 개혁을 가능케 하는데 기여했다.

17세기 중후반은 국제정치의 또 다른 극적 변화를 예고했다. 17세기 후반, 윌리엄과 메리(William and Mary)는 영국 왕위에 올랐으나 정당들이 의회에서 중요한 영향력을 행사하는 원천으로 등장했다. 영국 수상직은 더 이상 국왕의 대변인 신분이 아닌 상당한 정치적 결정권을 가진 직책이 되었다. 과학 분야에서 프란시스 베이컨, 르네 데카르트, 아이작 뉴턴, 로버트 보일러 등의 발견은 교육을 받은 사람들이 세상을 이해하는 방법을 변화시키기 시작했다. 자연의 법칙들이 발견되었고, 이성적 주장의 근거로 과학적 실험과 경험적 평가방법이 종교적 신념을 대신하기 시작했다. 이것 역시 군주의 신성한 권리에 의한(즉 신의 뜻에 따른) 지배라는 주장을 약화시켰다. 세상은 다시 국제관계를 지배하는 정치적 · 경제적 요인들의 상당한 변동에 직면했다.

4 18세기

16세기 말에 스페인은 오랜 기간 쇠퇴 일로에 있었다. 18세기가 시작되면서 스페인은 유럽에서 가장 중요한 정치 투쟁에 빠져 들었다. 1701~1714년까지의 스페인 왕위계승전쟁은 세계대전이라 명명될 만했다. 이 전쟁은 스페인, 이탈리아, 프러시아(독일 제후국), 네덜란드, 프랑스, 영국을 포함한 대다수의 유럽 국가들이 참전해 유럽 전 대륙이 전쟁터가 되었을 뿐 아니라 바다에서도 광범위한 지역에서 해군 간의 충돌이 있었다. 전쟁의 직접적 원인은 스페인의 카를로스 2세(Charles II)가 직계 상속자가 없는 상황에서 사망한 것이었다. 카를로스는 프랑스 루이 14세의 손자인

앙주 공작 필립(Philip)이 왕위를 계승할 것을 유언으로 남겼다. 프랑스와 스페인은 필립을 국왕으로 앉히고 두 나라를 합병하기로 합의했다. 그러한 합병은 유럽의 모든 군주들의 안보에 위협이 되었다.

앙주 공 필립을 스페인과 프랑스 합병국의 국왕으로 추대하려는 의도는 영국, 네덜란드, 프러시아, 오스트리아의 동맹을 유발했다. 동맹세력은 스페인 왕위를 오스트리아의 카를 대공(Charles)이 계승해야 한다는 입장이었다. 전쟁이 발발했고, 수많은 전투에서 프랑스가 패했다. 그러나 1711년 오스트리아 황제 요세프 1세(Joseph I)가 사망하고, 그 뒤를 이어 오스트리아 카를 대공이 새로운 신성로마제국 황제로 등극했다. 동맹세력은 카를이 스페인 왕위까지 갖게 되면 오스트리아가 너무 막강한 권력을 쥐게 될 것을 걱정했다. 카를이 새로 황제가 된 이상 합스부르크 왕가가 다시 유럽정치를 지배하게 될 것이라는 위협은 다른 동맹국들로 하여금 프랑스와 타협하게 만들었다.

1713년의 유트레히트조약의 체결로 전쟁은 종결되었다. 필립은 스페인 왕이 되었고, 프랑스와 스페인은 절대 합병하지 않기로 약속했다. 대영제국은 지브롤터, 뉴펀들랜드, 노바스코시아, 허드슨만 지역에 대한 통제권과 라틴아메리카에서 노예무역에 대한 독점권을 확보했다. 유트레히트조약은 유럽에서 더 강한 국가가 되기 위한 프랑스의 계획에 제동을 걸었고 합스부르크 왕가의 영향력 확장을 막았지만 영국이 정치적 주도권을 쥘 가능성을 훨씬 높이는 계기가 되었다.

스페인 왕위계승 전쟁의 후유증으로 프랑스와 대영제국 간의 긴장은 더 증폭되었다. 이들은 유럽에서 7년전쟁을 일으켰고 미주지역에서 이 전쟁과 연계된 1754~1763년까지의 영국-프랑스 전쟁(프랑스-인디언 전쟁이라고도 불림)에서 충돌했다. 영국-프랑스 전쟁은 영국이 오하이오 계곡을 접수하고 미국 인디언 부족들과 협력관계를 맺었을 때 절정에 달했다. 영국의 인디언 부족들을 주권국가로 인정하자 미국 식민지 개척자들은 땅투기를 위해 매입한 오하이오 계곡의 인디언 부족들의 땅에 대한 권리를 빼앗길지도 모른다는 위협을 받게 되었다. 전쟁의 여파는 미국 식민지 개척자들과 영국 간의 관계를 악화시켰고 프랑스와의 관계를 증진시켰다. 조지 워싱턴이 처음으로 군사지도자로 관심을 끌게 된 것도 바로 이 전쟁에서였다.

미주지역에서의 전쟁이 세계역사에 심오한 결과를 초래했음이 향후 밝혀졌지만 7년전쟁에서 주요 전투는 유럽에서 일어난 것으로 간주되었다. 즉 정책결정자들은, 어찌 그럴 수 있었을까 할 정도로 미주지역에서 벌어진 '부수적 전쟁'이 궁극적으로 일어날 세계적 사건들의 근간이 될 것을 예견하지 못했다. 이는 정책결정자들이 알고 있고 믿었던 것을 바탕으로 선택된 결정이 판단되어져야지, 후세 사람들이 알게 된 것을 바탕으로 판단되어져서는 안 됨을 재삼 깨닫게 한다.

유럽에서 프랑스, 오스트리아, 러시아가 영국과 프러시아에 대항해서 싸웠다. 여러 결과들 중에 7년전쟁은 프레데릭(Frederick) 대제가 이끄는 프러시아가 유럽 강대국으로 등장하게끔 했다. 또한 연합왕국(1707년 잉글랜드, 웨일즈, 스코틀랜드가 합쳐진)이 세계 식민지화의 주도국으로 정립되는데 기여했다. 물론 프러시아는 유럽 문제에서 강대국으로 남게 되었고, 1866년의 7주전쟁에서 오스트리아를 패배시키고 근대 독일의 발단으로 성장했다.

7년전쟁과 북미주에서 동시에 진행된 전투로 인해 영국 정부는 엄청난 비용을 지불했다. 비용을 메우는 노력의 일환으로 국왕은 미주 식민지에서 악명높은 인지세를 포함한 새로운 과격한 세금정책에 착수했다. 다시 한번, 군주제는 국민이 찬성하지 않은 정책을 추진하기 위해 국민에게 부담을 지게 했다. 식민지 개척자들은 참정권과 같은 대표성을 보장받지 않고는 세금도 낼 수 없다고 주장했다. 그들은 프랑스 가스코니와의 전쟁을 위한 경비를 마련하기 위해 1297년 영국 에드워드 1세가 헌장확인법(Confirmatio Cartarum)에 서명할 당시 세워진 원칙을 상기시켰다. 이러한 대표성 없는 세금 징수에 반대한다는 주장은 아일랜드의 반 영국 당파들이 계속 주장해 온 것이었다. 모든 영국 국민은 원칙적으로 국왕이 부과하는 세금을 거부할 수 있었다. 점차적으로, 미국 식민지 개척자들의 불만과 영국의 부조리는 미국의 주권을 재촉했고, 1776년에 독립선언으로 이끌었다. 이는 전쟁으로 이어졌고, 식민지 개척자들은 훈련을 잘 받고 제대로 무장한 영국 군대를 이기지 못했다. 그러나 대규모 프랑스 함대가 영국군을 패배시키는데 일조함으로써 향후 미국인이 될 사람들에게 유리한 방향으로 전개되었다. 영국은 1783년 파리조약에 서명하면서 미국의 독립을 수락했다.

새로 독립한 미국의 지도자들은 영국이 자국 관리하의 항구로부터 모든 미국 선박을 출입금지한 상황에서 국제무역을 하며 이윤을 남길 방법을 찾는 동시에, 식민지였던 미국에서 정부다운 정부를 구성하기 위해 박차를 가했다. 가난한 제3세계 후진국이었던 초기 발전단계부터 미국은 해양국가의 잠재력을 보유하고 교역의 중대일로에 있었기 때문에 자유무역과 반보호무역주의를 추진했다. 특히 알렉산더 해밀턴, 조지 워싱턴과 같은 초창기 지도자들이 이런 입장을 취했다(토마스 제퍼슨, 제임스 메디슨과 그외 미합중국헌법 제정자들은 반대 입장을 취했다). 로크, 흄과 그외의 책들을 근거로 새로운 국가 창시자들, 특히 매디슨과 해밀턴은 매사추세츠 출신 존 아담스(John Adams)의 노력에 힘입어 미국 헌법을 제정했고, 그 속에는 귀족 신분보다 능력이 개인의 인생에서 출세의 기본이 되는 민주공화제의 새로운 실험이 포함되었다. 실제로 생각보다 더 많은 일이 이루어졌다. 미국의 거버넌스에 관한 실험은 절대세습 군주제와 징발적 세금정책을 철폐했다. 노예제도는 논쟁의 여지를 남기면서 연방정부 구조라는 타협을 이끌어내는데 중요 요인이 되었다. 100년이 지나서 결국 연방 간의 교섭은 깨졌고, 1861~1865까지 미국 내전이 일어났다.

미국 혁명세력이 성공한 지 얼마 안 되어 유럽에서도 통치의 핵심 수단으로 군주제 지배에 대한 대대적 공격을 경험했다. 프랑스대혁명이 세계를 뒤흔들었을 때 영국은 이미 헌법적 군주제 형태로 변하고 있었다. 프랑스 혁명세력은 군주제를 전복시키고 자유, 평등, 박애의 이념을 근거로 하는, 즉 군주제와는 완전히 반대인 공화정을 선포했다. 새로운 지도세력이 프랑스 통치체제에서 귀족제와 불평등의 흔적을 없애는 과정에서 수천 명의 프랑스 귀족들과 일반 시민을 참수하는 공포시대가 도래했다. 혁명세력이 서로 싸우고, 잘 구성된 정부를 세우는데 실패하는 바람에 혁명은 운이 다했고 프랑스를 혼란에 빠뜨렸다. 1795년에 나폴레옹은 정치적 통제권을 확보하는데 성공했고, 프랑스는 공화정에서 제국으로 표류했다.

5 19세기

나폴레옹은 프랑스를 지배한 직후 유럽의 다른 지역에 눈을 돌렸다. 유럽대륙은 1795~1815년까지 나폴레옹 전쟁에 휘말려들었고, 1804년에 나폴레옹은 황제로 등극했다. 최초의 보편적 군사훈련 체제를 활용한 나폴레옹 군대는 유럽과 북아프리카를 휩쓸었다. 1802년에 나폴레옹은 아미엥 화평에 동의했고, 영국은 프랑스가 이집트에서 철군하는 대신 영국 보유의 식민지 중 많은 지역을 프랑스에게 양도했다. 1805년에 나폴레옹은 트라팔가 해전에서 영국에 패배하면서 더 이상 영국을 침공하려는 프랑스의 위협에 종지부를 찍었다. 1806년에 프러시아는 예나전투에서 패했고, 폴란드에서 점령하고 있던 영토를 빼앗겼는데 이 문제는 향후 제2차 세계대전 발발 시 독일 히틀러의 핵심 이슈가 되었다. 1815년 워털루전투에서 나폴레옹은 결국 패배해 유배되었으며, 유배지에서 독살 당했다.

나폴레옹의 정복은 지울 수 없는 흔적을 남겼다. 그는 유럽 대부분의 지역에 나폴레옹법전을 부과해 거버넌스를 합리화하는데 기여했다. 현재까지도, 유럽의 상당 지역과 한때 프랑스 점령지였던 미국 루이지애나에서 프랑스 법의 영향을 찾을 수 있다. 나폴레옹의 패배에 따라 전승국 오스트리아, 영국, 프러시아, 러시아는 향후 유럽에서 주권적 통치를 위태롭게 하는 미래의 나폴레옹과 같은 행위자의 등장을 방지하려는 희망으로 강대국의 외교정책을 조율하기 위해 (비엔나회의를 통해 형성된) 유럽 협력체제를 구축했다. 유럽 협력체제에 의해 더 극적으로 취해진 행위 중

하나는 바로 전승국들이 프랑스 군주제를 복원하고 프랑스를 강대국 대열로 다시 불러들이는 데 동의한 것이었다.

그러는 동안 1700년대 말 프랑스에서 폭발한 혁명의 폭풍은 약해지지 않은 채 계속되었다. 군주제를 와해시키고 더 인기있는 정부를 수립하고자 하는 노력들이 1830년에 일어났고, 1848년 반체제 청년들이 바리케이드를 치고 저항했을 때도 다시 일어났다. 비록 그런 순간들은 실패했지만 향후 격렬한 변화를 위한 씨를 뿌리는 계기가 되었다.

영국에서 군주는 점점 헌법적으로 상징적 지도자가 되었고, 수상과 의회가 점점 더 권력을 차지하기 시작했다. 1835년에 하원이 권력의 핵심인 새로운 형태의 정부인 입헌군주제를 만든 선거법이 채택되었다. 같은 시기에 영국은 해양을 지배했고 금융은 식민지와 유럽 대부분 지역의 야심을 이루기 위해 필수적인 것이 되었다. 19세기에는 식민지 국가 대영제국의 정책, 특히 인도와 그외 아시아 지역, 아프리카에서 그 주민과 영토에 대한 외부 세력의 점령과 통치에 의한 지배가 절정에 달했다.

영국은 몇 가지 이유로 인해 다른 경쟁국들보다 급성장했다. 섬나라 영국은 식민지 영토를 지원해 발전시키고 식민지 국경선을 외부 위협으로부터 지키기 위해 우세한 해군력을 키웠다. 게다가 유럽대륙에서 가장 먼저 산업혁명이 일어났으며, 기업가적 아이디어를 잘 활용했고 토지에 울타리를 치는 정책은 농업의 생산성을 증대시켰다. 또한 프랑스나 다른 국가보다 상대적으로 자유무역 성향이 강했다. 이러한 성향은 산업의 경쟁력을 더욱 강화했고, 효율성과 빠른 경제성장을 이끌었다.

영국의 새로운 재화와 새로운 시장에 대한 추구는 제국주의적 야심을 부추기는 데 도움이 되었다. 예를 들어 1839~1842년 사이에 영국은 식민지 인도로부터 아편을 중국에 수입하는 것을 막으려다 야기된 아편전쟁을 중국과 치렀다. 영국은 전쟁에서 이겼고, 난징 불평등조약을 체결했다. 이 조항에 따라 영국은 (1997년 7월 1일에 영토에 대한 조차권의 만기로 되돌려 준) 홍콩을 포함한 몇 개의 중국 영토 내 항구들에 대한 통제권을 획득했다. 영국인은 중국 내에서 특별한 대우와 법적 보호를 받게 되었다. 중국은 그 대가로 얻은 게 거의 없었다. 프랑스와 미국의 중국에 대한 불평등조약이 그 뒤를 이어 체결되었고, 이는 제국주의 팽창을 강화했다. 미국은 팽창정책의 일환으로 1846~1848년까지 멕시코-아메리칸 전쟁을 치렀다. 미국은 리오그란데를 멕시코와의 국경으로 설정했고, 텍사스와 캘리포니아를 요구했다. 미국은 현재 평원에 위치한 여러 주들을 포함하는 광대한 영토를 구입(루이지애나)하거나 정복을 통해 소유권을 확보했다. 평원에 있는 주들은 그 지역에서 주권을 가진 인디언 부족에게서 빼앗은 것이었다. 1800년대에 인디언 국가들과 서명한 많은 조약은 현재 면세지역인 인디언 부족 지역에서 인디언이 직접 운영하는 카지노 확산의 법적 근거가 되었다.

그러나 미국 팽창주의 계획은 북미주에만 국한되지 않았다. 1854년에 미군 함대는 막부체제의 일본에 교역을 위해 항구를 개항하도록 강요했다. 막부체제를 다스리던 쇼군 도쿠가와 요시노부(德川慶喜)는 내부의 반대에 부딪쳐 1867년 사임했고 이는 250여 년에 걸친 막부체제의 종말을 고했으며, 일본 최고지도자로서 천황을 다시 옹호하게 되었다. 1868년의 메이지 복고는 무쯔히토(睦仁) 천황이 쇼군시대에 잃었던 전통적 권력을 회복하도록 했다. 메이지유신은 한동안 일본이 더욱 친서구 성향이 되고 서구 이념과 사업 수완에 적응하도록 노력하게 했다. 그러나 1878년 일본에 최초로 설치된 의회에서 군부 정당이 상당한 영향력을 확보했다. 군부는 유럽의 이념에 반대했고 그 대신 팽창적 제국주의에 호의적이었다. 군부는 일본이 아시아 대륙으로 팽창정책을 추구할 것을 적극 권장했다. 이는 1894년의 청일전쟁을 야기시켰고 10년 후 러일전쟁으로 내몰았다. 두 번의 전쟁을 통해 일본은 중국의 상당 부분과 조선을 점령하며 아시아에서 막강한 정치세력으로 탈바꿈했다. 일본의 대아시아 팽창주의 야욕은 2차대전에서 패배할 때까지 계속되었다.

그동안 유럽 대륙에서는, 유럽의 운명을 주도하기 위한 투쟁이 계속되었다. 오토 폰 비스마르크(Otto Eduard Leopold von Bismarck)는 대부분의 유럽 지도자들을 놀라게 할 정도로 빠르고 수월하게 오스트리아를 패배시켰다. 그는 1866년의 7주전쟁 동안 프러시아와 몇몇 소규모 독일 제후국을 합병하는데 처음으로 성공했다. 이 전쟁은 나폴레옹을 패배시킨 결과로 반세기 이전에 만들어진 유럽 협력체제에 종지부를 찍었다. 오스트리아는 강대국 지위를 잃게 될 위험한 상태로 헝가리와의 합병을 강요당했고, 결국 오스트리아-헝가리 제국을 탄생시켰다. 이 새로운 동맹은 오스트리아가 프러시아에 비해 상대적으로 쇠퇴하는 정치적 위치를 버텨내기 위한 시도였다. 4년 후에 비스마르크는 프랑스와 전쟁을 시작했고, 1870~1871년까지의 프랑스-프러시아 전쟁에서 나폴레옹 3세를 패배시켰다. 프랑스를 물리친 비스마르크는 나머지 독일 제후국들을 통일하는데 성공해 현재의 독일을 탄생시켰다. 그는 프러시아/독일을 유럽의 떠오르는 국가로 정립시켰고, 프랑스를 쇠퇴하는 국가로 만들었다. 이는 20세기 양차 대전의 서막이었다.

미국으로서는 19세기가 미주 대륙에서의 팽창의 시기뿐 아니라 해외로 영향력을 확장하기 시작한 시기였다. 또한 경제적으로 급성장하며 대륙 횡단 국가로 성장하는 시기였다. 미국 내전을 치른 후 엄청난 영토를 새로운 주로 편입시켰다. 대륙횡단철도를 건설해 정부가 대륙 전체를 통치할 수 있게 되었고, 대륙 건너편에 사람과 재화를 적은 비용으로 빠르게 수송하는 수단도 제공했다. 대륙횡단철도 건설처럼 파나마운하 건설은 대서양과 태평양 연안의 항구들 간의 재화를 수송하는 시간과 비용을 줄임으로써 미국의 동부 연안과 서부 연안 및 서북부 지역 간의 교역을 아주 활발하게 했다. 19세기 말에 미국은 식민지 개척국가로 활약했고, 스페인–미국 전쟁에서 스페인을 패배시킨 결과로 필리핀과 쿠바에서의 영향력을 확보했다. 미국은 영국 대신 세계에서 가장 부유한 국가로 성장하고 있었다.

6 20세기

15~17세기는 군주제의 강화와 점진적 쇠퇴를 목격했다. 개략적으로 18~19세기까지는 더 민주적 정부 형태와 자본주의 경제를 채택한 국가들이 신흥부국으로 성장하며 영향력을 강화하던 시기였다. 어떤 변화는 법의 원칙의 확산, 생활 여건의 증진에서처럼 행복을 위한 것이었고, 어떤 것은 자신의 운명을 위해 싸우고 추구하기를 원했던 이들에게 식민지 원칙을 적용하는 것과 관련이 있었다. 이러한 몇 세기에 걸친 유형은 20세기에 이르러 극적인 세계적 변화로 절정에 달했다.

제1차 세계대전

군주제와 과두제에 대항한 혁명이 1905년 러시아에서, 1911년 중국에서 일어났다. 멕시코에서도 과두제를 전복시키려는 시민혁명이 시작되었다. 1914년에 이르러 유럽에서 오스트리아–헝가리 제국의 팽창주의 계획과 세르비아 민족주의 간의 긴장은 세르비아의 사라예보에서 오스트리아–헝가리 제국 황태자 프란츠 페르디난드(Franz Ferdinand) 대공의 암살이라는, 겉으로 보기에는 그다지 큰 의미가 없었던 비극적 사건을 일으켰다. 암살사건 직후 오스트리아는 세르비아 정부에 세르비아의 주권 포기를 요구하는 최후통첩을 보냈다. 긴장이 증폭됨에 따라 유럽 열강들은 분쟁을 놓고 편가르기에 돌입했다. 러시아는 세르비아 편에 섰다. 3국협상이라는 조건으로 러시아, 프랑스, 영국 간의 동맹이 체결되었고, 프랑스와 영국 역시 세르비아 쪽에 가담했다. 양자동맹이라는 조건으로 독일과 오스트리아가 동맹을 체결했고, 양국은 루마니아, 터키 등 다른 나라의 지원을 받으며 서로 돕기로 했다. 독일의 공격작전을 두려워한 러시아가 군사를 동원했고, 독일도 이에 응해 군대를 동원했다. 짧은 기간에 세르비아를 놓고 일어난 분쟁은 대륙의 열강이 모두 참전하는 전쟁으로 확전되었다. 대전쟁(추후 제1차 세계대전으로 명명된)이 발발했다.

전쟁은 1914~1918년까지 지속되면서 유럽의 정치적 변화를 엄청난 속도로 진행시켰고, 국제관계를 근본적으로 바꿔버렸다. 전쟁이 끝날 즈음 세상은 최초의 근대

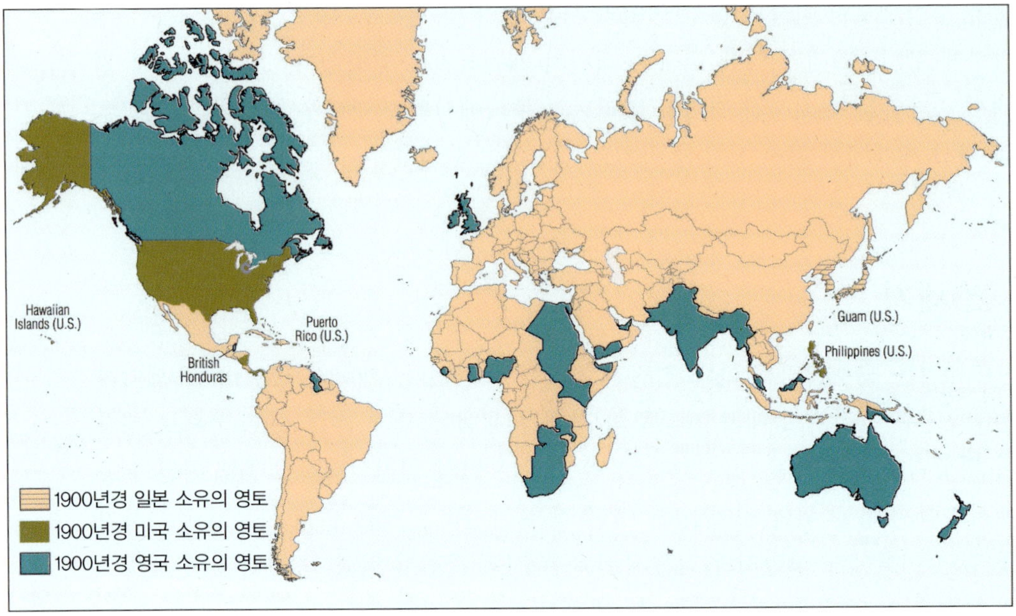

식민지 팽창의 충동은 18~19세기에 특히 강했다. 20세기 초에 식민지주의는 약해지기 시작했고, 아메리카 대륙은 18세기의 지배자들로부터 거의 완전히 독립했다. 그럼에도 불구하고 2차대전이 끝날 때까지 식민지주의는 외교정책과 경제적 팽창을 위한 중요한 특징으로 남아 있었다. 비록 유럽 국가들과 비유럽 국가들 간의 현재의 경제관계에 과거 식민지 징후가 남아 있긴 하지만 세계 어디에도 외부 세력에 의해 통치되는 식민지는 더 이상 존재하지 않았다.

지도 A-3 약 1900년 경 미국, 영국, 일본의 식민지주의

참호 전쟁을 경험했다. 겨자탄(화학무기)이 효율적으로 사용되었고, 이는 미래의 전쟁이 재래식 무기로만 싸우는 전쟁이 아닐 것이라는 망령을 떠올렸다. 근대적 무기는 전사자 수를 엄청나게 늘렸고, 이로 인해 미래의 대격변을 막기 위한 방안을 마련하려는 격렬한 노력들을 불러 일으켰다.

전쟁은 베르사이유조약의 체결로 종결되었는데, 조약의 조건은 프랑스와 다른 승전국들이 전쟁에 든 비용을 만회하는데 도움이 되도록 독일의 엄청난 경제적 보상을 포함하는 독일에게는 혹독한 것이었다. 전쟁 결과 중 하나로 유럽지도가 다시 그려졌다. 오스트리아-헝가리 제국이 지도에서 사라졌고 독립 국가들의 영토가 그려졌다. 독일 세력이 아주 약화되었지만 승전국들, 특히 영국, 프랑스, 러시아의 국력도 마찬가지로 약화되었다. 우드로 윌슨 대통령이 이끄는 미국이 세계 최강국으로 등장했다. 윌슨의 14개 조항은 국제정치의 대대적 변환을 요구했다. 미래 세계대전을 막기 위한 노력으로 전승국들은 윌슨의 아이디어를 바탕으로 집단안보를 통한 평화유지를 위해 국제연맹의 창설을 주도했다. 그러나 고립주의 정책으로 회귀하려는 미국은 국제연맹에 참여하지 않았고 이로 인해 국제연맹은 주요 평화유지 역할을 담당하는데 필요한 수단을 확보하지 못했다.

윌슨의 14개 조항 중 하나는 국민이 자신의 정부를 선택할 수 있는 자유와 관련이 있는 교의였는데, 이는 군주제의 운명을 끝내고 세계가 민주주의를 더 접할 수 있게 하려는 윌슨의 의도를 진전시키는 데 도움이 되었다. 그러나 불행하게도 윌슨은 자결주의가 식민지 국가에 필수적으로 적용되어야 한다는 아이디어는 승인하지 않았다. 베르사이유조약의 이러한 실패에 낙담한 사람 중 하나는 나중에 북베트남 지도자로 부상하는 호치민이라는 청년이었다. 그는 1950년대, 1960~1970년대까지 프랑스에 대항해 베트남전쟁을 이끌었고, 인도차이나와 베트남에서 미국에 대항해 전쟁을 주도했는데, 그 목적 중 일부가 바로 자결권을 얻기 위한 것이었다. 그 과정에서 호치민은 베트남에 독재와 함께 공산주의를 강요했고 그가 한때 옹호했던 자결권의 원칙을 억압했다. 지금까지도 베트남 국민은 자유롭게 정부를 선출할 권리를 획득하지 못하고 있다.

1차대전은 러시아 황제에게 엄청난 타격을 주었다. 1917년에 러시아 황정은 혁명에 직면했다. 러시아혁명은 군주제를 전복하는데 성공했고, 잠시나마 자유민주주의 정부를 세웠다. 그러나 그 정부는 허약했고 레닌(Vladimir Il'ich Lenin)이 이끄는 볼셰비키의 도전에 직면했을 때 단합할 능력이 없었다. 1917~1922년까지 레닌은 러시아를 공산당 주도의 사회주의 정부체제인 소련공화국으로 전환시켰다. 이는 일반 주민은 정치에 관여하기가 어려워짐을 의미했다. (공산주의 체제에 의하면) 일반 주민은 부르주아의 영향을 받기 쉽고 전체 노동자의 공동이익을 보지 못하고 자신이 속한 노동조합의 이익만 추구하기 쉽다는 이유에서였다. 그리하여 사회주의를 향한 올바른 진로를 이해하고 있다고 전제된 프롤레타리아(일반 노동자)의 선봉자인 공산당 엘리트에 의해 모든 결정이 내려졌다.

양차대전 사이의 공백 기간

러시아혁명은 자본주의 대신 칼 마르크스와 프리드리히 엥겔스의 공산주의 이념을 적용하려는 과감한 실험에 착수했다. 공산주의에서 경제적 이상이란, 인간 개개인은 자신의 능력에 따라 사회에 기여하고 그 대가로 사회로부터 필요한 모든 것을 얻는 것이다. 자본주의에서 경제적 이상이란, 시장의 보이지 않는 손이 효율적 성장과 번영을 생산하기 때문에 어떤 개인이나 기업이든 재화와 서비스를 사고파는 가격을 조절할 정도로 거대해질 수 없다는 것이다.

많은 사람들은 공산주의 이념이 당시 최후의 죽음의 고통에 빠져 있던 군주제와 자유민주주의를 오랫동안 계승할 것으로 내다보았다. 공산주의는 경제와 정치 양쪽 분야에서 모두 평등을 도모하는 방향으로 통합할 것 같았다. 그러한 이상은 상당히 호소력 있는 것처럼 보였지만 실제로는 경제와 정치의 기초로서 완전한 실패였다. 국민이 국가로부터 보장받는 것들은 자신이 생산한 것과 관련이 없다고 가정되었기 때문에 생산적으로 될 동기가 없어짐에 따라 주민들은 거의 아무 일도 하지 않고 남의 노동으로부터 이익을 챙기려 하며(소위 무임승차) 자신의 일을 등한시했다. 그 전의 군주제처럼 공산주의/사회주의는 자신이 생산한 양에 비례해 보상을 받지 못했기 때문에 열심히 생산적으로 노동할 동기부여를 주민에게 제공하지 못했다. 열심히 노동한 사람은 요컨대 자신이 거두어들인 것을 열심히 노동하지 않은 다른 사람을 먹여 살리기 위해 징발당하게 되어 있었다. 이와 같이, 군주제처럼 공산주의도 일반 시민을 위한 경제성장과 번영을 방해했다.

공산주의 정치체제는 모든 노동자의 공통적 이익의 존재를 전제로 하는 신념에 근거를 두고 있었다. 공산주의는 모든 계층의 사람들이 국내정책과 외교정책에서 선호하는 것이 같다고 가정했다. 그러한 이유로 반대자는 용납될 수 없었다. 모든 프롤레타리아가 이렇게 같은 선호도를 공유하지 않는 것을 레닌이 목격했을 때, 프롤레타리아가 반대 목소리를 표현할 기회를 억누를 필요가 있었다. 그래서 레닌은 무지하고 감수성이 예민한 노동자들이 혁명의 목적을 훼손할 위험에 대비해 공산당을 조직했다.

그 결과 개인의 생산 동기가 결여돼 경제가 활력을 잃으면서 정치체제도 자연적으로 독재로 빠져들었다. 1920년대 초까지 이미 명백해진 이러한 문제는 레닌의 사망 이후 더 심해졌다. 이오시프 스탈린(Joseph Stalin)이 레닌의 뒤를 이었고, 점차 소련체제를 개인적 독재체제로 개조해 나갔다. 그는 자신의 뜻에 동조하지 않는다는 의심만 들어도 누구든 숙청해버렸다. 1930년 후반 동안에 거의 모든 고위 정치지도자를 인민의 적으로 낙인찍어 처형했다. 스탈린은 우크라이나에 의도적으로 기아를 조장해 자신에게 충성하지 않는 수백만 명의 인민들을 굶어죽게 했다. 그 이전의 절대군주처럼 스탈린은 권력을 유지하는데 필요한 서너 명 남짓한 사람에게만 책임을 지게 되었다.

1차대전 이후 러시아가 공산주의에 빠져 있을 때, 1922년 무솔리니 하의 이탈리아와 1933년부터 히틀러 하의 독일에서는 (이론적으로 인민이 생산수단을 통제하는 공산주의와 달리) 정부가 모든 차원의 경제와 정치행위를 통치하는 파시즘의 전제주의 체제가 시작되었다. 공산주의처럼 파시즘 역시 법의 원칙과 개인의 권리를 무시한 채 혹독한 독재체제를 등장시켰다. 1차대전 이후의 극도의 경제적 어려움은 민주주의 체제이지만 연약한 독일의 바이마르공화국을 독재체제로 대신할 추진력을 제공했다. 1929년 북미주와 유럽 전역에서 시작된 대공황은 세계경제를 침체의 혼란에 빠뜨렸다. 세계무역이 붕괴되자 독일 화폐는 거의 가치가 없을 정도로 폭락했고 전쟁보상금을 지불할 수 없는 지경에 빠졌다. 수백만 명의 노동자가 직장을 잃었다. 이러한 상황에서 히틀러와 추종자들은 라이히슈타크(Reichstag: 독일 의회)에서 의석을 획득하며 인기를 얻었다. 히틀러는 초기 선거의 성공을 커져가는 정치적 영향력으로 탈바꿈시켰고, 영리하고 재빠른 조작을 통해 독일 총통직에 올랐다. 일단 총통이 되자 히틀러는 민주선거를 중지하고 자신과 자신이 만든 국가사회노동당(나치당)이 종신 집권하도록 했다. 히틀러는 독일의 군사력을 재건하고 유럽에서 독일의 지위를 확고히 함에 따라 모든 면에서 인기가 대단했기 때문에 종신집권이 별로 문제되지 않았다.

제2차 세계대전 시기

독일은 제1차 세계대전 이후 베르사이유조약에 따라 군대를 재무장하는 것이 금지되어 있었다. 그럼에도 불구하고 히틀러는 1930년대에 군대 재무장을 실행했고 그 군대로 전쟁 말기에 포기했던 영토를 재탈환했다. 히틀러는 첫 시도에 아무런 제재도 받지 않았기 때문에 대담해졌다. 1938년 뮌헨에서 히틀러는 영국 총리 네빌 챔벌린(Arthur Neville Chamberlain)과 타협을 통해 체코슬로바키아 영토의 일부만을 합병하기로 했다. 챔벌린의 히틀러에 대한 유화정책은 영국에서 환영받았다. 그러나 히틀러가 1939년 9월 1일 폴란드를 침공했을 때 영국은 히틀러의 "더 이상의 영토를 요구하지 않겠다"는 선언이 거짓임을 깨달았다. 영국은 독일의 폴란드 침공 직후에 전쟁을 선포했고, 처칠(Winston Leonard Spencer Churchill)이 신임 수상으로 등장했다. 프랑스와 다른 나라들도 재빨리 독일에 대항해 참전했다.

그러나 러시아는 독일에 전쟁을 선포한 동맹군의 일원이 아니었다. 1939년 여름에 서명한 몰로토프-리벤트롭 협정의 조건으로 스탈린의 소련과 히틀러의 독일은 동맹관계에 있었다. 스탈린과 히틀러는 폴란드 영토의 일부는 독일이 합병하고 나머지는 러시아가 합병한다는 폴란드 분할에 동의했다. 놀랍게도 반공산주의 독일과 표면적으로 반파시즘인 러시아가 공통적 이유로 함께한 것이었다. 그러나 공통의 이해관계는 히틀러가 얼마 후 소련을 침공했을 때 깨졌고, 이는 스탈린이 영국, 프랑스, 미국과 전시동맹을 맺을 수밖에 없게 만들었다.

비록 루스벨트(Franklin Delano Roosevelt) 대통령이 전쟁 초반부터 영국 측에 가담하기를 원했다는 추측이 있긴 하지만 미국은 1941년 12월 7일 일본이 하와이 진주만의 미국 해군기지를 폭격하기 전까지는 유럽에서의 전쟁에 군사적으로 거리를 두고 자국의 경제문제 해결에만 치중했다. 그 전까지는 미국의 전쟁정책은 (차용-임차로 명명한) 상당한 경제적 지원을 영국에 제공했지만 어떤 군사적 가능성이나 공약도 제시하지 않은 것이었다. 1940~1941년, 프랑스, 벨기에, 네덜란드가 독일에 패했던 그 어두운 날들 동안 처칠은 매번의 유창한 연설로 영국은 자유와 민주주의를 방어하기 위해 홀로 서 있음을 기회 있을 때마다 반복했다. 1942년 초에 와서야 미국은 유럽과 아시아에서의 전쟁에 전적으로 동참했다.

진주만 침공 전에 일본의 아시아에서의 팽창적 야욕은 루스벨트에 의해 부과된 무역제재에 의해 좌절되었다. 일본 지도자는 아시아에서 일본이 승리하기 위해서는 미국이 참전하여 일본의 아시아 침공을 저지하기 전에 미국의 참전 의지를 꺾어야 한다는 결정을 내렸다. 그들은 만일 미국 해군을 무력화시키면 미국이 재무장해 보복공격을 하기 전에 아시아의 핵심 지역을 점령할 수 있다고 결론내렸다. 일본 지도자의 희망은 만일 이와 같은 야심을 현실화시키면 미국이 그 현실을 기정사실로 받아들여 비용도 많이 들고 오래 지속될 전쟁에 관여하기보다는 그 결과를 순순히 받아들이는 것이었다. 일본은 진주만을 폭격해 미국 태평양함대를 전멸시켜 그 목적을 달성하기를 바랐다. 일본은 실패했고, 스스로 예상했던 대로 실패의 결과는 전쟁에서 계속 패할 가능성이 높은 것이었다.

미국이 전쟁에 완전히 동참했을 때 경제는 급속도로 성장하기 시작했으며 대공황은 사라져갔다. 독일 군대에 의해 점령된 광대한 지역의 자원이나 수백만 명에 달하는 노예 노동자와 포로들이 독일의 전력에 투입된 것을 감안해도 미국의 산업 능력은 일본이나 독일, 그 동맹 이탈리아에 비견할 수 없을 정도로 막강했다. 동쪽에서 소련, 서쪽에서 미국, 영국, 자유프랑스, 추방당한 폴란드인, 그 외 다른 나라의 강력한 군사적 압박으로 전투 형세는 독일에 불리하게 전개되었다. 마찬가지로 태평양 미드웨이 해전에서 미군 함대의 승리가 일본 함대를 거의 전멸시켜버리는 바람에 아시아에서의 전쟁도 미국에 유리하게 되었다. 1945년 8월 히틀러의 독일은 황폐화되었고 무조건 항복했다. 이탈리아는 국민 스스로가 독재자 무솔리니를 타도하고 연합군 측에 가담했을 때인 1945년 이전에 이미 패배했다. 계속 전쟁을 벌이던 일본은 1945년 8월 미국이 히로시마와 나가사키에 원자탄을 투하했을 때 항복하지 않을 수 없었다. 이러한 행위는 핵무기 시대의 도래를 예고했다. 독일과는 다르게 일본의 항복은 무조건적이 아니었다. 일본은 천황을 존속시키는 것을 허락받았다.

제2차 세계대전은 역사상 가장 치명적이었다. 2천만 명의 러시아인을 포함해 수천만 명이 사망했다. 약 6백만 명의 유대인이 독일의 강제수용소에서 살해당했고, 이는 유럽의 유대민족을 거의 모두 제거한 것이었다. 게다가 나치는 집시, 동성애자, 공산주의자, 슬라브인과 그외 다른 집단을 멸종시키기 위해 색출해냈다. 멸종 행위가 진행되고 있다는 압도적인 증거에도 불구하고 멕시코와 도미니카공화국만이 탈출하는 유대인에게 무조건적으로 개방했을 뿐 나치가 지배하는 유럽으로부터 망명을 시도하는 사람에게 거주지를 기꺼이 제공하는 나라는 거의 없었다. 미국은 엄격한 이민 쿼터를 유지해 심지어 난민 선박을 유럽으로 돌려보내거나 확실한 죽음으로 내몰았다. 전쟁 동안 표면적으로 중립을 지켜온 스위스 정부 역시 나치 정권의 살인적 정책으로부터 도망치는 이들을 위한 안전대피소 제공을 거부했다.

냉전 시기

1945년 쯤에는 나치 독일이 패전할 것이 명백했고, 전후 세계에 대한 계획이 시작되었다. 유럽에서의 전쟁이 끝날 무렵 영국, 미국, 소련의 얄타회담과 그 뒤를 이은 포츠담회담에서 전후 세계의 길잡이 역할을 할 몇 가지 원칙이 세워졌다. 소련 군대에 의해 나치 독일로부터 해방된 대부분의 동유럽은 소련의 통치 하에 놓이게 되었다. 스탈린 정부는 재빠르게 공산 독재주의를 정착시켰다. 독일은 미국, 프랑스, 영국, 소련이 부분적으로 점령하도록 분할되었다. 서유럽에서는 전쟁 중에 독일에 점령되었던 모든 나라들이 주권을 회복했고 지도자를 뽑는 경쟁적 선거를 치렀다. 소련이 점령하지 않았던 독일 지역(즉 서독이라 불리게 되었던 지역)은 승전국들이 새로운 헌법을 제정해 경쟁 선거, 시민의 자유, 법의 지배 등을 포함하는 친미국 민주정부를 세웠다. 마찬가지로 미국은 일본이 민주적 헌법을 제정하는 것도 도왔고, 전후 수십 년 동안 미국의 외교정책을 강력하게 지지하는 자유민주주의 사회로 변모하도록 도왔다.

제2차 세계대전 말 미국은 단연코 세계에서 가장 강하고 부유한 나라였다. 대부분의 세계경제가 전쟁의 폐허 속에 빠져 있었지만 미국 경제는 번창했다. 세계경제를 부흥시키기 위한 노력으로 미국은 1948년에 마셜플랜을 추진했다. 마셜플랜의 경제정책 필요조건과 재정지원은 유럽의 재건을 도왔고, 미국과 도움을 받은 국가 간의 우호관계를 정립하는 데 도움이 되었다. 소련에게도 이러한 지원을 할 용의가 있었지만 소련이 거절했다.

미국 달러를 국제경제 거래의 보루로 정한 브레튼우즈체제의 정립과 UN 설립을 통해 미국은 동맹국의 지원과 더불어 전후 세계의 경제 및 안보의 틀을 세우려고 시도했다. UN은 근본적인 문제를 다루기 위한 2개의 핵심 기구인 1) 총회와 2) 안전보장이사회를 포함하도록 설계되었다. 전자는 모든 회원국 대표로 구성되었다. 후자는 평화에 대한 위협을 다루는 UN의 핵심 수단인 자그마한 기구다. 안전보장이사회는 순환 회원국과 5개의 영구 회원국으로 구성된다. 영구 회원국인 미국, 소련, 프랑스, 영국, 중국은 각각 거부권을 보유한다. 이는 5개국 중 하나라도 반대하면 UN이 안보문제에 간섭할 수 없게 된다는 의미다.

전승국 간의 협력에서 몇 가지 분열이 전후 2년 이내에 일어났다. 1947년에 소련은 협력적 동맹국으로서 미국, 영국, 프랑스 및 다른 국가들과 관계를 지속하지 않을 것임이 분명해졌다. 1946년 소련군 탱크는 이란 침공을 위협하며 이란 국경에 집결했다. 미국의 재빠른 대응은 원유가 풍부하고 전략적 요충지인 이란에서 소련의 영향력이 퍼지는 것을 막았다. 2년 후인 1948년 스탈린은 동맹국 트럭들이 서베를린으로 들어가는 것을 금지해 그 도시에 물자를 수송하는 것을 막았다. 전쟁 막바지에 독일 전체가 분할된 것뿐 아니라 베를린 시 자체도 분할되었다. 베를린은 동독에 있는 도시였고 서베를린은 동독에 둘러싸인 고립 지역이었기 때문에 이러한 일이 일어날 수 있었다. 해리 트루먼 미국 대통령은 소련의 위협에 대항해 서베를린 시민들에게 물자를 보급할 수 있는 공중보급로를 확보했다. 소련은 물러섰고, 서독으로부터 베를린으로의 트럭 진입을 다시 허용했다. 이때쯤 한쪽에는 미국과 그 동맹세력, 다른쪽에는 소련과 그 동맹세력 간의(대략 1947~1989년까지 계속되었던) 냉전이 시작되었음이 확실해졌다.

공산주의와 자본주의, 독재주의와 민주주의 간의 불화는 마오쩌둥(毛澤東) 휘하의 중국 공산당이 국민당 독재정부에 승리하면서 더 심해졌다. 국민당 독재정부는 중국 본토로부터 대만으로 후퇴했고, 그곳에 중국공화국을 설립해 수십 년의 독재체제를 유지하다가 이제 부흥하는 경제와 함께 민주주의를 일궈냈다. 중국은 대만을 주권국가로 인정하지 않고 중국의 일개 성(省)으로 간주한다. 중국 본토는 비록 덩샤오핑(鄧小平)이 경제개혁을 시작한 이래 1979년경부터 놀라운 성장률로 경제발전을 이루었지만 대만의 경제적 성취에 비해 훨씬 뒤처져 있다. 중국은 세계에서 가장 독재적 정부 중 하나를 고수하고 있어서 민주정부와 국민의 경제적 안녕에서 대만에 훨씬 뒤져 있는 상태이다.

냉전은 1950~1953년까지 북한이 한국을 침공했을 때 다시 뜨거워졌다. 2차대전 직후 한국은 공산주의 북한과 반공 독재정부 한국으로 분리되었다. 중국이 북한을 돕기 위해 참전했으며 UN 후원 하에 미국과 여러 나라는 북한과 중국을 원래 분할선이었던 38선 이북으로 밀어내기 위해 참전했다. 1953년에 한국전쟁은 전쟁 이전의 분할선을 재정립한 채 종결되었지만 미군은 그 이후 현재까지 북한이 한국을 재침하지 못하도록 주둔하고 있다. 그러는 동안 한국은 독재주의로부터 민주주의로 변모했고 괄목할 만한 경제성장을 이뤄낸 반면 북한은 세계에서 가장 은둔적이고 비밀적이며 강력한 군사정권으로 성장했다. 북한과 한국은 1950년대에 1인당 국민소득이 비슷했으나 현재 한국은 북한보다 25~30배에 달하는 소득을 누린다.

2차대전으로 인한 압박에 대한 대응과 소련의 반식민주의 주장으로 인한 정치적 압력으로 전후 몇 년간 독립과 식민지의 자치화 물결이 거셌다. 영국은 인도를 포기

지도 A-4 분할된 독일

하는 것에 동의했고, 1940년대 말 인도와 파키스탄이 독립했다. 마찬가지로 팔레스타인의 강력한 독립투쟁 압력으로 인해 영국은 그 지역 통치를 포기했고 이스라엘이 탄생했다. 이후 시작된 이스라엘과 팔레스타인 간의 혈투는 해결되지 않은 가장 위험한 전쟁 중 하나로 아직 계속되고 있다.

1950~1960년대 초반에는 아프리카의 대부분 지역이 식민지 '지배자들'로부터 해방되었다. 불행하게도 식민지화에 대항해 해방된 지역 거의 모두가 자국민의 복지를 향상시키는데 성공하지 못했다. 그 반대로 대부분이 자국의 부와 외국 지원금을 경제와 사회 안녕을 위한 국가계획에 지출하기보다 자신의 개인 은행구좌에 입금하기를 원하는 부패한 관료와 탐욕적 독재자에 의해 지배되는 악덕 독재국가가 되었다. 10년에 걸친 남아프리카공화국과 1966년 독립한 이후의 보츠와나는 민주정부를

구성한 예외적인 2개 국가였다. 지난 10여 년 동안 아프리카 대부분의 국가는 건설적인 방향으로 나아갔으며 이제 쇠퇴보다는 어느 정도의 경제성장을 누린다. 그러나 2012년 말리에서 일어난 쿠데타는 민주주의를 향한 추진력이 나약하고 쉽게 되돌려질 수 있음을 입증한다.

1960년대에 미국과 소련은 함께 존속할 수 있는 장기적 방안을 마련하는데 진전이 있는 것처럼 보였다. 핵무기와 대륙간탄도탄 개발은 양국 분쟁이 지구를 폐허로 만들 수 있는 전쟁으로 확전될 것을 양국이 모두 두려워하는 상호간의 확실한 파괴(Mutually assured destruction: MAD) 상황을 조성했다. 아마도 잠정 협정을 향한 결정적 분기점은 1962년 10월의 쿠바 미사일 위기 직후였다. 피델 카스트로의 성공적 공산주의 혁명으로 인해 소련의 영향력이 쿠바에 퍼졌을 때 존 케네디 대통령이 이끄는 미국은 쿠바 정권을 전복시키기 위해 노력했다. 미국이 계획하고 후원한 피그스만 침공은 민중봉기를 조장하기 위한 쿠바의 국외 추방자들의 침공으로 시작되었다. 그러나 계획은 실패했고 니키타 후루시초프의 소련 정부가 카스트로와 관계를 더 강화하도록 자극했다. 강화된 관계의 표시로 소련은 (미국 입장에서 볼 때) 미국과 라틴아메리카 국가를 위협하기 위해 또는 (소련 입장에서 볼 때) 미국이 쿠바에서 카스트로 정권을 다시 전복시키려는 것을 사전에 막기 위해 쿠바에 미사일을 배치하는 것이었다.

쿠바에 있는 소련 미사일이 정찰 사진에 의해 드러났을 때 케네디는 미사일을 철거할 것을 요구했고, 만일 미사일이 철거되지 않을 경우 핵전쟁의 엄청난 위험이 있음을 강조했다. 미국의 쿠바 해상봉쇄를 포함한 2주 동안의 격심한 긴장 이후 소련은 미사일을 철거하기로 했고, 케네디는 쿠바를 침공하지 않고 터키로부터 미국 미사일을 철거하기로 비밀리에 소련과 합의했다. 위기가 해소된 이후 핵무기를 보유한 초강대국 두 나라는 상호공존을 위한 길을 찾아야만 했다.

평화공존의 전망은 닉슨 대통령 시절 미국과 소련이 서로를 향한 데탕트 정책을 채택했을 때 개선되었다. 무기제한협정이 협상되었다. 1965~1973년까지 미국 및 남베트남과 공산주의 북베트남 간의 베트남전쟁은 미군 철수로 인해 북베트남의 승리로 끝났으며, 베트남은 이제 더 이상 소련과 미국 간의 긴장 원인이 되지 않았다. 그러는 동안 닉슨 대통령과 헨리 키신저 국무장관은 중국과의 대화를 시작했으며, 이는 2차대전 이후 중국 혁명으로 소원해진 수십 년 동안의 미 · 중 간의 접촉과 외교관계를 재개하는 계기가 되었다.

마찬가지로, 1967년과 1973년 아랍-이스라엘 전쟁 이후 닉슨과 키신저는 안와르 사다트(Anwar El Sadat) 이집트 대통령이 이스라엘에 의미심장한 평화제안을 하도록 도왔다. 메나헴 베긴(Menachem Begin) 이스라엘 총리와 사다트는 용감한 결정을 내렸고 1978년 지미 카터 대통령의 중재로 캠프데이비드협정에 서명했다. 이후 이스라엘과 이집트는 외교관계를 유지했고, 이스라엘과 함께 이집트는 상당한 미국의 외교적 지원을 받았다. 그러나 이집트에 대한 지원은 2011년 아랍의 봄 후속으로 이집트 정부가 택할 방향의 명확성을 미국이 기다리는 동안 최근에 중단되었다. 이스라엘과 이집트 간의 평화협정이 한창일 때 암살당한 사다트를 계승한 호스니 무바락 대통령은 이스라엘과의 관계 개선에 더 이상 관심이 없었고 그래서 양국간 관계개선에는 아무런 진전이 없었다.

미국이 이스라엘과 이집트 간의 평화정착을 지원하던 때와 거의 같은 시기에 소련은 1979년 아프가니스탄 침공을 감행하며 긴장완화 분위기를 깨뜨렸다. 카터 대통령은 소련의 행위에 놀랐음을 표하며 소련과의 교역을 줄이고 양국 관계를 냉각시켰다. 1979년에는 호메이니(Ruhollah Khomeini)가 이끄는 무슬림 근본주의자 운동에 의한 이란 왕권이 전복되는 사건을 포함한 중대한 사건들이 일어났다. 1979년 말 이란 수도 테헤란에 있는 미국 대사관 직원들이 인질로 잡히는 사건이 발생했는데 이는 국제법과 외교관례가 심하게 위배된 사건이었다. 직원들은 1년 이상 인질로 잡혀 있었으며 로널드 레이건 대통령 취임식 때 풀려났다. 미국과 이란 관계는 그 이래 긴장 상태로 남아 있었다. 이란혁명은 무슬림세계 전역에 현재의 이슬람 근본주의자 투쟁시대의 서막을 올렸다. 이는 중동, 소아시아, 서부 중국, 인도네시아, 말레이시아 및 아시아의 다른 지역에서의 국제분쟁과 알력의 핵심 원인 중 하나로 계속되고 있다.

1981년 레이건이 대통령에 취임했을 때 그는 소련 정부가 계속되는 경쟁으로 인한 잠재적 경제붕괴와 정책의 근본적 변화 중 택일하게 강요할 목적으로 설계된 대량군비지출 프로그램을 실행했다(스키너, 앤더슨 & 앤더슨 2001). 전략방위구상(SDI 또는 스타워즈)은 미국이 더 이상 상호간 확실한 파괴(MAD)라는 낡은 정책에 묶여 있지 않을 것임을 소련에 알리기 위한 것이었다. 대신 레이건이 이끄는 미국은 탄도미사일 공격의 위협을 무력화시킴으로써 미국 국민의 안전을 보장하는 방안을 추구했다. 이러한 압력이 거세졌을 때 동유럽 전역에서 자발적인 변화를 위한 압력도 거세졌다. 1975년 미국이 동독의 주권을 승인하고 2차대전을 종결시킨 독일의 분할을 영구적인 것으로 묵인하는 내용을 담은 헬싱키 최종의정서에 소련이 합의했다. 대신 소련은 서독을 인정했고, 또한 무엇보다 중요하게도, 인권 및 소련과 동유럽 전역의 인권침해에 관해 보고할 감시단의 권한에 관한 항목에 합의했다. 헬싱키 최종의정서에 의한 감시단과 보고에 대한 정통성은 동유럽에서 반정부 폭동을 가능하게 했다. 예를 들어 폴란드 자유노동조합 전국 조직의 노조운동은 폴란드 출신 교황 요한 바오로 2세(Paulus PP. II)가 지지한 변화에 대한 긍정적 태도뿐 아니라 헬싱키 최종의정서를 통해 보장된 내용의 공개에 의해 더 대담해졌다. 헬싱키 최종의정서는 자국 영토 내에서 주권자가 행하는 일이 외국 세력에 의해 저지당하지 않음을 보장하는 1648년 웨스트팔리아조약의 기본 원칙을 손상시키는데도 일조했다(제11장 참조).

탈냉전 시기의 세계

브레즈네프(Leonid Brezhnev)와 그를 계승했지만 단명한 소련 공산당 서기장이 무대에서 사라지면서 소련은 극적 내부 변화를 겪었다. 고르바초프(Mikhail Gorbachev)가 정권을 획득했고, 곧이어 경제개혁 프로그램과 동유럽의 소련 지배로부터의 자유화를 추진했다. 1988년 마거릿 대처 영국 총리는 소련 블록에서 일어나는 극적 변화에 대응해 냉전 종식을 선언했다. 유럽에서 소련에 의한 탄압의 대표적 상징이었던 베를린장벽(1961년 건설)이 1989년에 무너졌고, 이후 2년도 채 안 되어 소련은 더 이상 존재하지 않았다. 1945~1990년 동안의 미소경쟁은 전 세계에 미국 영향력의 부활, 독일 통일, 전 세계에 민주화의 급상승, 시장경제로의 빠른 전환과 국가계획 주도의 사회주의로부터의 탈피로 대체되었다.

20세기 마지막 10년 동안 새로운 국제질서를 정립하려는 노력이 계속되었다. 냉전 시기에 소규모 분쟁들은 미소간의 분쟁으로 확산될 수 있다는 두려움으로 인해 억제되어 왔다. 그런데 냉전이 종식되고 나니 이러한 소규모 분쟁 가능성이 증대하기 시작했다. 소련이 그림에서 사라짐에 따라 페르시아만과 동유럽 전역에 걸친 많은 인종갈등 지역, 특히 체첸, 보스니아, 코소보, 옛 유고슬라비아 등 여러 지역에서 두드러지게 전쟁이 일어났다. 많은 라이벌 간의 경쟁과 다른 지역의 분쟁들, 특히 테러와의 전쟁, 체첸 독립투쟁, 조지아 지역의 통치와 관련된 분쟁 및 아랍의 봄은 국제관계의 구조적 지형이 변화고 있으며 냉전 종식의 여파를 느낄 수 있음을 알려주는 지표로 지금도 남아 있다.

1990년대에도 뉴욕 세계무역센터에 대한 테러폭발 시도와 아프리카의 미국 대사관 두 곳 파괴 및 예멘 아덴만의 미 해군함정 콜(USS Cole)에 대한 자살 테러 등 미국의 이해관계에 대한 직접적 공격이 있었다. 이러한 분쟁이 있던 반면 냉전 종식은 새로운 분야에서의 협력을 조장하기도 했다. 폴란드, 라트비아, 에스토니아, 리투아니아 등을 포함한 과거 소련권의 다수 국가들이 북대서양조약기구(NATO) 회원국이 되었다. NATO는 원래 소련을 봉쇄하기 위해 설립되었다. 냉전 종식과 더불어 러시아와 관계를 개선했지만 현재 NATO와 러시아의 관계는 다시 경색되고 있다. 2008년 러시아의 조지아 침공과 시리아 바샤르 알 아사드(Bashar al-Assad)의 자국민 학살을 막기 위한 압력을 행사하려는 UN 안보리 결의안에 대한 러시아의 거부권 행사로 인해 서구 국가들과 러시아와의 관계는 소원해졌다.

21세기의 첫 10년 동안 탈냉전의 긴장과 이슬람 근본주의자들의 야심으로 인해 분쟁이 지속되었다. 2001년 9월 11일 알카에다 테러집단이 뉴욕의 세계무역센터와 (국방성 건물인)펜타곤에 비행기를 충돌시켰을 때와 테러리스트가 백악관이나 워싱턴 DC의 다른 정부 건물을 목표로 비행기를 공중납치하는 것을 막기 위해 용감한 승객들이 저항하는 바람에 여객기가 펜실베이니아 지역의 어느 평지에 추락했을 때 미국은 자국 영토에 대한 가장 치명적 공격을 경험했다. 9.11 공격은 1941년 12월 7일 일본의 진주만 폭격보다 훨씬 더 많은 3천여 명의 사상자를 냈다. 알카에다가 전 세계에 이슬람 성전(聖戰)을 조장함에 따라 미국의 동맹국들도 무시무시한 테러 공격에 노출되었다. 2000년대 초에 인도네시아 발리에서 수백 명의 호주인과 인도네시아인이 테러에 의해 목숨을 잃었고, 수백 명의 스페인인들도 테러집단의 공격으로 사망했다.

9.11 테러 직후 미국은 UN 지원 하에 친 알카에다 아프가니스탄 정부를 침공해 전복시켰다. 현재 탈레반은 더 이상 아프가니스탄을 통치하고 있지는 않지만 여전히 심각한 위협으로 남아 있다. 파키스탄의 정치적 불안정 확산과 더불어 아프가니스탄-파키스탄 국경지역에서 확산되는 탈레반의 영향력은 2010년대에 미국과 유럽 동맹국이 직면한 가장 심각한 도전 중 하나가 되고 있다.

중동에서 2010년부터 현재까지 아랍의 봄으로 알려진 일련의 반정부 폭동들이 일어났다. 튀니지에서는 대표성을 보유한 정부로 향한 진전을 의미하는 고무적 지표들과 함께 독재정부가 전복되었다. 이집트의 장기집권 독재자인 무바락 정부 역시 전복되었지만 시민들의 혁명은 배신당한 것처럼 보인다. 현재 군부와 무슬림형제단이 무바락 후임 정권을 놓고 투쟁하고 있다. 무슬림형제단 주도의 신정부가 언론 통제를 재개한 것처럼 이집트에서 완전한 민주정부에 대한 전망은 희박한 것으로 보인다. 리비아 폭동자들은 독재자 카다피 정부를 전복시키는데 성공했지만 리비아혁명이 민주주의를 증진시킬 것이라고 생각한 —이 책의 이론적 초점에서 볼 때 고지식한— 사람들에게 이후 상황은 실망스럽다. 당파와 용병들이 제각기 소규모 영토를 점령해 리비아의 엄청난 원유 자원의 일부를 손에 넣기 위해 서로 싸우고 있다. 이와 비슷한 우울한 이야기들이 바레인, 예멘, 특히 시리아에서의 혁명 노력 이후에 흘러나왔다. 아랍의 봄이 혹한의 겨울로 변해버릴 전망이 아주 높아 보인다.

세계경제 측면에서 냉전 종식은 군사비 지출이 과거보다 덜 중요해짐에 따라 전 세계 국가가 평화배당금을 얻게 될 것으로 예측되었다. 실제로 소련 붕괴 직후 10년 동안 엄청난 경제적 팽창이 있었지만 그 팽창은 많은 나라의 경제를 극도의 궁핍 상태로 내몰게 된 낭비적 지출을 동반하기도 했다. 2012년에 유로화가 붕괴될 수도 있다는 두려움은 사실이었다. 물론 유로화 실험이 실패할 경우 경제적 재앙을 막기 위해 유럽 정부들과 경제 강국이 어려운 유럽경제에 개입할 것이라는 기대도 있었다. 재정적 긴급 원조는 전 세계적으로 일반적인 것이 되었다. 미국은 국내적으로 지출을 늘리는 동시에 이라크와 아프가니스탄에서 전쟁을 치르는 바람에 엄청난 국가부채를 지게 되었다. 그 결말은 오랜 기간의 심각한 경기후퇴였다. 경제적 실패 위협이 선진국들에 퍼져 있고 신흥 경제국에 전염되기 시작함에 따라 회복은 쉽지 않은 상태다. 미국 수준에서 아직 높다고는 하지만 중국의 경제성장률은 상당히 감퇴했고, 인도의 성장률 역시 그랬다. 경제적 불안감을 조성하는 더 강력한 보호주의와 반이민적인 맹목적 애국주의의 압력이 역사적으로 그 뒤를 따랐음을 감안할 때 이러한 감퇴는 세계경제에 대한 엄청난 위험부담의 전조가 된다.

21세기의 지난 10여 년 동안 전 세계적으로 일어난 모든 일이 테러리즘의 확산이나 심각한 경제불황처럼 낙담적인 것만은 아니었다. 멕시코에서는 2000년 7월 2일 비센테 폭스(Vicente Fox)를 대통령으로 선출해 진정한 경쟁적 정치의 새로운 시작을 알렸다. 2006년의 대통령선거에서는 치열하게 경쟁했고 궁극적으로 승리한 펠리페 칼데론(Felipe Calderon)과 경쟁자 안드레스 오브라도르(Andres Obrador) 간의 선거결과는 아주 근접한 것이었다. 비록 오브라도르가 선거를 도둑맞았다고 주장했고 지지자들이 거리로 뛰쳐나갔지만 멕시코 국민 대다수가 선거가 자유롭고 공정했음을 인정함에 따라 곧 진정 국면에 들어갔다.

2012년의 선거에서 오브라도르는 다시 한번 유력한 대통령 후보가 되었다. 그러나 중요한 경제적, 사회적, 정치적 개혁에 대한 약속으로 PRI당의 훨씬 온건한 개혁성향의 엔리케 페냐 니에토(Enrique Pena Nieto) 후보가 선거에서 승리했다. 권력이양이 한 정당에서 다른 정당으로, 그리고 또 다른 정당으로 진행됨에 따라 멕시코는 민주주의를 향한 강력한 공약의 길로 온전하게 들어선 것 같다. 이는 경제에 유리하고 부패를 줄이고 멕시코 국민의 삶의 질을 크게 증진할 것을 약속한다. 비슷한 정치적 개혁의 변화가 탄자니아, 케냐, 나이지리아 등 아프리카의 여러 지역에서도 나타났다. 비록 이 개혁들이 퇴보하기도 했지만 여전히 더 나은 정치적 변화의 조짐이 있다.

SUMMARY

이제까지의 간결한 역사 개관은 국제정치와 관련해 사고하는 데 도움이 되는 배경을 제공한다. 국제정치는 임의로 일어나는 사건들의 결과가 아니다. 저자가 명확하게 하려고 한 것처럼, 사건들은 국제무대의 새로운 상황에 대응하기 위해 정책결정자들이 취한 선택의 결과인 것이다. 이 책에서 제시된 정책결정 선택에 대한 설명과 역사를 연결함으로써 국제무대에서 일어난 사건들이 얼마나 일리가 있는 것들이며, 과거와 현재가 다른 이론적 설명과 얼마나 잘 맞아 떨어지는지 알 수 있다.

증거로서의 역사와 논리로서의 이론 간의 연계는 어떤 분야에서든 이해와 결정을 돕는데 가장 효과적인 방법이라 믿는다. 이 책 전체를 읽은 후라면 독자 역시 이러한 시각을 수용할 것이라 기대한다.

용어 사전

가

가설(Hypotheses) 현실의 일부를 설명하고자 하는 이론을 대변하는 예측.

가정(Assumptions) 이론과 관련된 현상들을 예측하고 설명하는 데 유용한 도구로 사용될 수 있도록 간소화한 조건들의 집합.

가지(Branches) 단지 하나의 가지만이 하나의 선택 마디 또는 종료 마디에 연결되어 게임의 각 선택 지점마다 유일한 형태의 가지로 연결되는 대규모 형태의 게임에서의 선택.

개선된 신뢰값(Updated belief) 경기자의 수정된 사후 신뢰값. 관찰된 불확실한 유형의 경기자의 행동과 이들의 사전 신뢰값을 바탕으로 모든 선택 지점에서 기대되는 행동의 일관성을 파악하기 위한 베이즈 규칙에 의해 결정된 신뢰값이다.

거래 비용(Transaction costs) 행동을 취하는 것에 대한 가격.

거부권(Veto) 논의 중인 특정 문제 또는 정책에 대해 제안된 안을 모든 사람들이 동의한다 해도 이에 상관없이 거절할 수 있는 권한.

건국(Nation building) 국가의 통치 형태를 변경하는 과정. 보통 국가를 더욱 민주적이고 경제적으로 번영할 수 있는 방식으로 변형되는 것을 말한다.

검사(Testing) 특정 이론에서 가설의 실증적 정확성과 가정의 내적 일관성을 확인하는 것.

게임이론(Game theory) 어떤 개인의 선택은 기타 타인들의 선택에 대한 기대에 의거하여 결정되는 전략적 상호작용을 평가하기 위한 수학적 수단을 말한다.

경로의존성(Path dependence) 사건 또는 선택 발생 전의 기회가 사건 또는 선택의 미래 방향을 결정하는 정도.

경제적 권리(Economic rights) 의식주에 대한 권리, 의료혜택을 받을 수 있는 권리, 일을 할 권리와 같은 경제적 복지와 관련된 인권의 중심 권리.

경합 재화(Rival goods) 소모성을 가진 재화. 경합 재화는 고갈될 수 있다.

고비용의 신호(Costly signal) 게임에서의 행위 또는 신호 중에 발송자에게 중요한 무엇인가를 소비하거나 포기해야만 발송이 가능하기 때문에 발송자에게 큰 비용을 발생시키는 행위 또는 신호.

고정환율(Fixed exchange rate) 특정 통화를 다른 통화로 교환할 때의 가치를 시장이 아닌 정부 지시에 따라 결정하는 정책. 따라서 선결정된 특정 통화의 수량으로 고정환율이 적용되어 있는 통화의 특정량을 구입할 수 있다.

곡예 중 첫번째 원칙(First principle of wing walking) 현재 쥐고 있는 패보다 더 나은 패가 나타나지 않는 한 원래 가지고 있던 패(예를 들어, 이론)를 유지해야 한다는 원칙. 그리고 더 나은 패가 나왔다 해도 숙고하여 결정해야 한다는 내용이다.

공간 모델(Spatial models) 의사결정자와 그의 정책 선호도를 선이나 1차 이상의 공간에 표시하여 나타낼 수 있다고 가정하는 추상적 관점의 종류.

공공재(Public goods) 비배제적이며 비경합적인 재화.

공공정책(Public policies) 공공재화 및 사적 재화의 분배에 대한 정부 결정.

공급곡선(Supply curves) 가격변화에 따를 생산자의 행동(생산량)을 나타내는 곡선. 추가적 생산비용이 가격을 넘어가지 않는 범위에서 생산량이 정해짐을 확인할 수 있다. [수요곡선] 참고.

공산주의(Communism) 개인은 각자의 역량에 따라 사회에 기여할 것이며, 그에 대한 대가로 필요한 모든 것을 사회로부터 받을 수 있다는 경제 이념을 가진 이론.

공유재(Common-pool resources) 배제성이 없으나 경합성이 있는 재화.

공유지의 비극(Tragedy of the commons) (비배제적이나 경합적인 자원인) 공유재의 과도한 소비.

공정무역(Fair trade) 한 국가가, 생산국에서 판매되는 재화의 가격보다 저가로 다른 국가에 판매해서는 안 된다는 원칙 하에서 이뤄지는 국가 간의 경제적 교환. 공정무역은 또한 국가 간의 거래에서 평등성 혹은 어느 정도의 균형에 도달하기 위해 노력해야 한다는 이념들을 포함한다.

과학적 방법(Scientific method) 논리적 일관성 및 관찰 또는 실험을 통한 증거가 논리적으로 함축된 예측과 동일한지의 여부에 따라 논거를 평가하는 것.

관세(Tariffs) 정부에서 부과하는 재화(또는 서비스)에 대한 세금 또는 추가 부담금. 자국 내에서 생산되는 유사한 제품(또는 서비스)에는 부과되지 않는 세금 또는 추가 부담금이다.

관찰(Monitoring) 기대와 일치하는 방향으로 경기자가 행동을 결정하는가를 지속적으로 확인하는 것.

괴뢰정부(Puppet governments) 타 국가의 정책을 따를 수 있도록 타 국가가 한 국가에 수립한 정부.

구성주의(Constructivism) 국가 또는 개인의 가치 및 선호 형성에 기초를 둔 국제관계 이론. 구성주의는 선호의 근원과 경험이(기대가 아닌) 선호에 미치는 영향을 설명한다.

국가(States) 주권과 국경 내에서 협정 또는 계약의 집행력을 행사할 수 있고, 외부 위협 또는 습격으로부터 국경을 보호하기 위해 힘을 행사할 수 있는 절대적 권력을 가진 유일한 정치적 독립체. 민족국가(nation-state)와 동일하게 쓰인다.

국가 안보(National security) 신현실주의에서는, 한 국가가 타국의 위협에 대비하여 축적한 군사력의 정도가 그 국가가 주권국가로서 생존 가능 여부를 결정한다.

국내정치(Domestic politics) 국경 내의 정치적 또는 정부 관서, 이념, 정책 및 자원 배분을 위한 경쟁.

국익(National interest) 국가의 후생을 향상시키는 목표의 집합. 보통 국익은 주권 보호, 안보 또는 권력 최대화, 국부 향상의 측면에서 다뤄진다. 둘 이상의 문제가 서로 연결되어 있을 경우 국익 관점에 대한 충돌이 많이 발생할 수 있다.

국제관계(International relations) 국제관계는 관습적으로 정치 또는 정부 부처, 이념, 정책 및 국가 간 자원에 대한 경쟁이라고 알려져 있다. 이 책에서 국제관계는 외교정책과 관련한 최고책임자들이 외교정책의 특정한 목적의 실현 및 정치적 생존을 위해 내/외부적 위협의 예방 필요성 간의 균형을 도모하는 것을 말한다.

국제기구(International organizations) 국제연합(UN) 또는 세계무역기구(WTO)와 같이 주권 국가들이 맺은 협정을 통해 형성된 독립체 또는 구조.

국제 레짐(International regimes) 국제제도, 규칙, 규정 및 규범들. 국제 레짐은 국제정치에서 중요한 이념을 전파하기 위한(국제법 및 국제기구를 포함하는) 총체적 범주를 형성한다.

국제법(International law) 국가 간 또는 여러 국가들의 국민 간의 관계에 적용되는 법 체제. 조약의 형식으로 성문화된 법이다.

군비 확장경쟁(Arms race) 다른 국가나 경쟁 상태에 있는 국가의 무기 확보 또는 외교정책에 대한 대응으로, 둘 이상의 국가 모두 상호적이며, 지속적으로 군비를 확장하는 국가 간의 경쟁이다.

권력(Power) 상대로 하여금 무엇인가를 강제로 하도록 만드는 능력.

규범(Norms) 법적인 규정이라기보다 관행으로 널리 실행되고 있는 것.

균형가격(Equilibrium price) 상품 또는 서비스의 수요와 공급곡선의 교차 지점에서 형성되는 가격.

극체제(Polarity) [양극체제], [다극체제], [단극체제] 참고.

긍정적 외부효과(Positive externality) [외부효과] 참고.

기대효용(Expected utility) 편익에서 비용을 감한 개념. 특정한 행위에 의해 발생할 수 있는 다양한 결과들을 평가하여 획득한 값을 말한다. 각 결과값에 발생 가능 확률을 곱한 후 주어진 선택 행동에 따라 발생할 수 있는 다양한 결과에 대해 앞서 언급된 값들을 모두 합한다. 이 값은 행동이 실행되기 전에 계산될 수 있으며, 선택될 수 있는 대안 행위의 기대효용과 비교해 의사결정자가 가장 큰 기대 순이익을 발생시킬 수 있는 방안을 결정하는 데 사용될 수 있다.

기회비용(Opportunity cost) 포기한 대안 행위 또는 자원 활용의 가격.

기후주기(Climate cycle) 지구의 기후는 장기적인 간격으로 자연적으로 변화한다. 자연의 변화에 따라 따뜻해지고 서늘해진다. 기후변화에 대한 논쟁 중에는 지구온난화가 자연적인 지구의 기후주기에 따른 것인가, 아니면 인간 활동에 의한 것인가에 대한 논쟁이 있다.

나

낮은 수준의 협정(Shallow agreements) 고비용이 들어가는 행동 변화 이행을 약속하는 것을 명시하지 않는 협정. 준수하기가 용이한 국제적 합의를 의미한다.

내생변수(Endogenous) 상황 논리에 따라 결정되는 행위(예를 들어, 의사결정). 내생변수의 값은 독립적인 사실이 아니라 선택에 가깝다. [외생변수] 참고.

내쉬균형(Nash equilibrium) 게임에서 다른 전략으로 변경했을 때 어떤 경기자도 일방적으로 주어지는 이득이 없는 경우를 말한다. 모든 유한한 게임에서는 내쉬균형이 존재한다. 하나의 내쉬균형이 존재할 때는 혼합전략 또는 순수전략 중 하나의 형태로 존재하고, 둘 이상의 내쉬균형이 존재할 때는 순수전략 및 혼합전략 모든 형태로 존재할 수 있다.

내적 비일관성(Internal inconsistencies) 이론의 가정들이 서로 모순되며, 이론에서 도출된 예측이 가정들에서부터 논리적으로 전개되지 않는 것.

내적 일관성(Internal consistency) 이론의 가정들이 서로 모순되지 않으며, 이론에서 도출된 예측이 가정들에서부터 논리적으로 전개되는 것.

노동 이동성(Labor mobility) 한 산업 또는 지역에서 다른 산업 또는 지역으로 노동 이동이 용이한 정도.

높은 수준의 협정(Deep agreements) 협정을 체결하는 체결자들의 행위에 확실하면서도, 고비용의 변화 의무를 부과하는 국제협정.

다

다극체제(Multipolarity) 국제정치를 셋 이상의 강대국들이 지배하고, 나머지 국가는 이 강대국들 중 하나와 연합하는 국제체제의 구조 형태. 다극체제가 양극체제보다 국가 간의 불확실성을 심화시킨다는 점은 공통적으로 인정된다.

다수의 지배(Majority rule) 국가적 측면에서는, 관습적으로 반 이상의 표를 획득한 입장이 채택되는 것. 국제적 측면에서는, 관습적으로 관련 문제의 모든 이해당사자들이 가지고 있는 권력의 다수의 지지를 얻은 입장이 선택된다.

단극체제(Unipolarity) 국제정치에 하나의 강대국이 군림하는 국제체제의 구조.

단봉선호 형태(Single-peaked preferences) 선택의 형태가 주체의 최적점에서의 유클리드 거리에 따라 하락하는 모습으로 나타나는 선호 형태. 주체의 최적점에 멀리 위치한 선택 지점을 가진 대안일수록 주체가 덜 선호하는 선택임을 나타낸다.

단일 행위자(Unitary actors) 국제관계 이론에서 유일한 행위자 또는 독립체로 간주되는 국가. 이러한 이유로 국가의 내부 구조, 구성 또는 구분은 국제 문제에서 국가가 취한 행위와는 무관하다.

달러화(Dollarization) 특정 국가에서 자국의 통화 전체 또는 대부분 미국 달러화를 사용하는 것.

대외원조(Foreign aid) 표면상으로 원조 수령국의 상황을 개선하기 위해 한 국가 또는 기관에서 다른 국가에 제공하는 지원.

도덕적 해이(Moral hazard) 정보 불균형 상황에서, 즉 불확실성이 존재할 때 정보 불균형을 이용해 위험을 감행하는 사람이 부담해야 하는 비용보다 다른 사람이 부담해야 하는 비용이 많은 결과를 초래하는 위험을 감행할 경우 도덕적 해이가 일어난다.

도둑정치(Kleptocracy) 국가를 대상으로 절도행위를 하는 지도층이 수립한 정부 형태.

독립변수(Independent variables) 종속변수를 통해 도출된 여러 값에 대한 설명의 전체 또는 일부를 제공해 줄 수 있을 것이라고 믿는 것들의 모음.

독신자(True believers) 타협에서는 승자독식만 존재한다고 믿고 있기에 협상을 할 생각이 전혀 없는 테러리스트를 말한다.

동맹(Alliances) 국가들 간에 약속하는 협정 또는 조약. 서명국들이 서로를 지지하고, 군사력 지원을 하는 것에 관한 내용을 일반적으로 포함하며, 나열된 여러 조건에 따라 특정한 행동을 취하기로 협정한다.

마지못한 테러리스트(Reluctant terrorists) 테러활동을 하는 사람으로서 폭력보다 협상을 통해 문제를 해결하고자 할 경우, 정부가 신뢰를 가지고 협상에 임할 것이라고 믿지 않는 사람.

무역(Trade) 지역적으로 광대한 범위에서 일어나는 재화, 서비스, 지식, 문화까지도 포함하는 교환.

무역 수용성(Receptivity to trade) 타국에서의 수입에 대한 특정 국가 정책의 개방 정도.

무임승차(Free riding) 비배제적 재화를, 생산에 드는 비용에 대한 지불을 하지 않고 소비하는 행위. [비배제성] 참고.

무정부상태(Anarchic/Anarchy) 국제체제 구조 중 하나로, 국가 간의 동의를 강요할 수 있는 초국가적 권한 부재로 국제문제들이 각 국가의 국익을 바탕으로 한 자력 구제체제의 방식으로 다뤄지는 상태를 말한다. 무정부상태에서는 약속에 구속력이 없으며, 국가 행위가 자력구제를 위해 이루어지는 비협조적게임(noncooperative game)이라 볼 수 있다.

무차별곡선(Indifference curve) 경기자의 최적점에서의 등량곡선에 있는 점들을 모아 2차원적 공간에 표시한 모든 곡선. 무차별 곡선 상에 표시된 모든 점에서 경기자는 동일한 행복을 누린다. [원형 무차별곡선] 참고.

미래의 그림자(Shadow of the future) 현재 편익과 비교하여 미래에 발생하는 편익에 경기자가 부여하는 가치.

민주적 평화(Democratic peace) 민주주의는 민주주의 국가 간에 전쟁을 하지 않는 경향이 있으나 비민주주의 국가와는 전쟁을 한다는 경험적 규칙성.

민주화(Democratization) 비민주주의 국가가 민주주의로 변화를 이행하는 과정.

바

반증 가능성(Falsifiability) 이론들은 검증이 가능하다는 것을 나타낸다. 즉 가설이 잘못되었다는 결론에 이를 수 있다는 원칙하에 조건들이 존재한다는 것을 의미한다.

방아쇠 전략(Grim trigger) 경기자가 약속을 저버리거나 두 번째 경기자에게 보복하는 선택을 취할 경우, 첫 번째 경기자가 그 시점부터 어떠한 종류의 행동을 취하든 상관없이 나머지 모든 경우에 두 번째 경기자에게 보복을 당하는 보복전략.

배제성(Excludable) 소비할 수 있는 소비자를 선택할 수 있는 재화(또는 서비스). 이러한 재화(또는 서비스)는 아주 낮은 비용 혹은 비용을 전혀 들이지 않고도 재화를 아무도 소비할 수 없게 할 수 있다. [비배제성] 참고.

법의 힘(Force of law) 법률동의서 또는 제정법의 구속력 정도를 의미한다.

법치(Rule of law) 법이 강제집행력을 가지고 있고, 누구에게나 동일하게 집행되는 형태의 정부 조직형태. 알려지고 허용된 법 원칙에 부합하여 법 집행이 이뤄진다.

베이즈 규칙(Bayes' rule) 주어진 상황 또는 사건의 조건에 따른 결과의 확률을 계산하는 규칙. 게임이론에서 베이즈 규칙은 학습의 정도를 평가할 때 사용된다. 경기자의 이전 결정은 이들의 선호 또는 기대 보상에 대한 정보를 나타냄으로써 베이즈 규칙은 분석자로 하여금 다른 경기자의 관찰된 행동과 그에 따라 그들이 원하는 보상([신뢰값] 참고)을 비교하여 일관성 정도를 확인할 수 있게 한다. 이를 통해 다른 경기자의 다음 행동 예상 확률을 조정할 수 있다.

변동환율(Float) 수요와 공급에 따라 변동하는 환율.

변수(Variables) 하나 이상의 가치를 포괄하는 특징, 사건 또는 이념. [종속변수], [독립변수] 참고.

보다 선호되는 조합(Preferred-to set) 현재 상태와 같이 반복지점이라고도 불리는 고정된 대안보다 선호되는 모든 결과들의 조합. 경기자의 무차별 곡선의 지점보다 반복지점에 가까운 곳에 위치하는 점을 말한다.

보편적 영역(Universal domain) 모든 가능한 선호도 조합이 허용되며, 개인의 선호도를 종합한 결과에 따라 명확한 사회적 선택으로 이어지는 영역. 개인은 아무 선호도나 취할 수 있다.

보호주의(Protectionism) 특정 산업, 노동자, 자본의 이익을 보호하기 위해 해외 기업과의 경쟁을 포기하는 무역정책.

복수균형(Multiple equilibria) 경기자들이 다른 전략을 취할 경우 단독으로 얻는 이득이 없는 전략이 둘 이상인 경우를 말한다. [내쉬균형] 참고.

부분게임 완전내쉬균형(Subgame perfect Nash equilibrium) 경기자가 각 선택 지점을 예측하고, 자신에게 주어진 선택과 이후 상대가 게임 내에서 행하는 선택을 고려하여 결정되는 내쉬균형. 각 선택 지점에서 경기자는 상대가 해당 시점 이후로 취할 수 있는 행동을 예측한 상태에서 최선의 행동을 선택한다.

부정적 외부효과(Negative externality) [외부효과] 참고.

부활 가정(Resurrection hypothesis) 행위자가 기존에 취했던 행동을 지속적으로 취하는 것을 통해 사실상 확실한 전멸에 이르렀을 경우, 큰 위험을 선택했을 때 겪을 손실 피해가 이미 거의 남아 있지 않은 상태이므로 회생에 대한 희망을 가지고 매우 큰 위험을 감수하는 행동을 취하지 않을 이유가 없다는 가정.

분리균형(Separating equilibrium) 불완전한 정보만이 제공된 상황에서, 다른 유형의 행위자는 각기 다른 선택을 한다는 균형적 행동. 이렇게 다른 행동을 보면서 다른 경기자는 실제로 그가 어떤 유형의 행위자인지 파악할 수 있는 기회를 갖는다.

분배(Distribution) 개인 또는 그룹에 자원을 배분하는 것.

분산(Variance) 자료가 평균에서 분산되는 정도. 분산은 불확실성을 평가하고 표준편차의 제곱값과 동일하다.

불가분재(Indivisible good) 나뉘어서 소비될 수 없는 재화.

불가침조약(Nonaggression pact) 서명국들 중 하나가 공격 받았을 때 나머지 서명국은 공격을 감행한 국가를 지지하거나, 공격 감행국이 되면 안 된다고 규정하는 둘 이상의 국가들의 동맹.

불만(Dissatisfaction) 주어진 상황에 대해 경기자가 보이는 불쾌감의 정도.

불안정성(Instability) 국제체제 구성의 변화. 특히 대규모 전쟁을 통한 주요 국가들의 등장 또는 종말에 관한 변화를 말한다.

불필요 행위자(Inessential actor) 패배연합(losing coalition)을 승리연합(winning coalition) 또는 저지연합(blocking coalition)으로 바꿀 수 없는 행위자.

불확실성(Uncertainty) [정보비대칭] 참고.

브레튼우즈협정(Bretton Woods Agreement) 제2차 세계대전부터 1971년 리처드 닉슨이 해체할 때까지 국제경제의 중추가 되었던 협정. 이 협정은 미국 달러를 금에 고정시켜 1온스의 금이 35달러에 해당하도록 교환가치를 고정시켰다. 미국은 달러와 금이 이와 같은 교환율로 교환되도록 보장하였다. 브레튼우즈를 통해 국제통화기금(International Monetary Fund)과 이후에 세계은행(World Bank)으로 발전하는 국제부흥개발은행(International Bank for Reconstruction and Development)이 설립되었다.

비경쟁재(Nonrival goods) 고갈되지 않는 재화.

비관세장벽(Nontariff barriers) 관세 외에 해외 업체와의 경쟁을 줄이기 위해 고안된 방안.

비교우위(Comparative advantage) 재화 또는 서비스(X재와 Y재)를 생산하는 데 자원이 투입되는 상대적인 효율성. 즉 A가 B와 비교했을 때, Y재보다 X재를 더 잘 생산한다고 할 경우 X재 생산의 비교우위는 A에게 있다.

비균형경로(Off the equilibrium path) 게임트리(game tree)에서 취할 수 있는 행동의 선택. 이 선택은 실제로는 경기자에 의해 결정되는 것이 아니다. 균형경로의 일부가 아니며 균형전략의 일부다. 따라서 이 선택은 일어난 결과를 형성하는 취해지지 않은 행위를 구성한다.

비배제성(Nonexcludable) 규정된 범위에 포함되는 누구든, 다른 사람이 이용 중이라 하더라도 사용할 수 있는 재화(또는 서비스) 종류. 이러한 재화(또는 서비스)는 소비하는 것을 제지하는 것이 불가능하다. 현실적으로 가능하다 해도 극도로 많은 비용을 필요로 한다.

비분리균형(Pooling equilibrium) 불완전한 정보만 주어진 상황에서 각기 다른 유형의 사람들이 서로 다른 유형에도 불구하고 동일한 행동을 선택하는 균형 행동. 비분리균형은 모든 유형의 사람들이 동일한 방식으로 행동하므로 경기자 유형의 파악 및 개선이 일어나지 않는다.

비용(Costs) 행동을 취하거나 취하지 않는 것과 관련된 가격. 행동의 편익에서 비용을 빼면 순이익 또는 순손실을 확인할 수 있다. [기회비용], [거래비용] 참고.

비탄력적 수요(Inelastic demand) 가격 변화의 영향이 없는(또는 미미한 영향의) 재화(및 서비스)의 수요.

비협조적 게임이론(Noncooperative game theory) 의사결정자는 사익이 충족되는 경우에만 서로 협력한다고 가정하는 게임이론. 비협조적 게임에서 약속은 본질적으로 구속력을 갖지 않는다.

빈말(Cheap talk) 경기자가 어떤 행위를 추진할 때 비용이 전혀 들지 않는 행위 또는 신호.

사

사고 절약의 원리(Parsimony) 어떤 이론이 제한된 가정의 집합을 가지고 더 많은 사건 또는 사실을 설명할 수 있을수록 그 이론이 더욱 유용하다는 원리.

사례 분석(Case studies) 특정 사건과 이와 연관된 세부 내용들을 면밀하게 연구하여 이론을 평가하는 것.

사유재(Private goods) 한 사람에게 귀속되면 다른 사람에게 귀속될 수 없는 배제적이며 경합적(예를 들어, 분할 가능하고 소모성 있는)인 재화 또는 사물.

사익(Self-interest) 개인의 이익. 특히 국제관계에서는 지도층이 국가 또는 타인에게 유익한 행동이 지도층 자신에게도 이익이 되는 경우를 제외하고는 자신의 이익을 중시하는 결정을 취하는 것을 말한다.

사전(Ex ante) 결과가 알려지기 전. 현실에서는 이 시점에서 결정이 내려진다.

사전신뢰값(Prior beliefs) 행동을 취하기 전에 신뢰값을 조정하는 것을 용이하게 할 수 있으며, 다른 경기자가 속한 유형에 대한 신뢰. [개선된 신뢰값], [베이즈 규칙], [사후 신뢰값] 참고.

사치재(Luxury goods) 필수적이지 않는 것으로 여겨지며, 보통 값비싸다고 여겨지는 재화(또는 서비스).

사후(Ex post) 사정을 알고 난 후, 즉 결과가 알려진 후. 경기자는 이 시점에서 결정을 내리지 않는다. 경기자가 결과를 알고 결정을 내린다고 가정하는 것 자체가 잘못이다.

사후신뢰값(Posterior belief) 행동 관찰을 통해 완전히 혹은 부분적으로 유형들을 구분한 후 베이즈 규칙을 사용한 경기자 유형에 대한 개선된 신뢰값. [개선된 신뢰값], [베이즈 규칙], [분리균형], [비분리 균형] 참고.

상식(Common knowledge) "나는 무엇인가 알고 있다. 너는 무엇인가 알고 있다. 너는 내가 그 무엇인가를 알고 있는 것을 알며, 나는 네가 내가 무엇인가 알고 있는 것을 안다는 것을 안다. 너는 내가 네가 내가 무엇인가 알고 있는 것을 안다는 것을 알고 있다는 사실을 안다"로 연결되는 정보조건.

생산가능곡선(Production possibility frontier) 주어진 유효한 자원으로 생산할 수 있는 재화의 최대조합을 나타낸 것.

생산력(Productivity) 투입되는 생산요소와 생산량의 비율.

생산요소 이동성(Factor mobility) 생산요소(토지와 같은 원자재, 노동 및 자본과 같은 요소)가 한 산업 또는 지역에서 다른 산업 또는 지역으로 이동하는 것의 용이한 정도를 나타낸다.

생산요소(Factors of production) 생산에 필수적인 구성요소. 토지(그리고 기타 원자재), 노동, 자본이 해당된다.

선출인단(Selectorate) 지도층을 선택할 수 있는 법적으로 유효한 권리를 가진 국민.

선출인단 이론(Selectorate theory) 전략적 사고의 한 가지 사례. 여러 부문의 국제관계는 정부조직의 정치제도 규모 변화에 따라 달라진다고 설명하는 이론이다. 예를 들어 전투 능력, 민주화를 장려 또는 방해하기 위한 대외원조 사용 및 군사개입, 민주적 평화, 민주주의가 제국주의적/식민주의적 확장을 막기 위한 전쟁에 임할 준비가 되어 있는 이유 혹은 민주주의 국가가 독재주의 국가보다 외국의 경쟁자를 제지할 준비가 더 잘 되어 있는 이유 등의 국제관계를 설명할 수 있다.

선택 지점(Choice nodes) 게임에서 참가자가 어떤 행동을 취할 것인지 결정해야 하는 지점.

선택편향(Selection bias) 이론과 연관이 있는 경우만을 선택하여 이로 인해 검증하려는 이론에 반하는 경우들은 제거되는 것.

선택효과(Selection effects) 사례 또는 관찰된 내용이 균형이탈경로(off-the-equilibrium-path) 발생확률로 인해(예를 들어, 반사실적 상황과 같은) 결과에 대해 나누어지는 것.

선호도(Preferences) 개인의 좋아하는 정도를 정리한 것.

세계화(Globalization) 재화, 서비스, 자본의 시장주도적 교환의 세계적 통합으로 이어진 국제적 과정.

세력균형(Balance of power) 균등한 힘의 배분이 국제사회의 평화와 안정에 영향을 미친다는 이론.

세력 전이이론(Power transition theory) 도전국의 세력이 증가하고, 지배국과 동등해졌다가 앞지를 때 패권다툼이 발생한다는 발상에 기초를 둔 이론. 이 이론에서는 국제적 상호작용에 있어서의 규칙과 규정을 수립할 수 있는 권한에 초점을 맞춘다.

속임수(Cheating) 협의한 내용에 반하는 행동을 하는 것. 약속 또는 계약의무를 위반하는 것도 이에 해당된다.

수사법(Rhetoric) 논리와 증거를 사용하는 것이 아니라 언어를 교묘하게 사용하여 설득하고자 하는 노력.

수요곡선(Demand curves) 가격 변화에 대한 소비자의 대응을 보여주는 곡선. [공급곡선] 참고.

수입(Import) 한 국가의 재화(또는 서비스) 또는 생산 과정이 다른 나라의 구매자에 의해 구입되는 것.

수출(Export) 한 국가의 재화(또는 서비스) 또는 제조 공정이 다른 국가의 구매자에게 판매되는 것.

수확체감의 법칙(Law of diminishing returns) 재화(또는 서비스)를 생산할 때, 기타 생산요소들의 수량을 동일하게 유지하고, 특정 생산요소가 추가적으로 1단위 늘어날 때, 이 1단위당 발생하는 수익은 낮아지는 법칙.

순수전략(Pure strategy) 확률에 따르지 않고 확실성에 의거해 취할 행동을 결정하는 전략.

스톨퍼-사무엘슨 정리(Stolper-Samuelson theorem) 노동과 자본이 이동 가능할 경우, 특정 상품의 가격이 올라갈 때 그 상품을 생산하는 데 집중적으로 사용되는 생산요소가 상품가격 상승보다 더 큰 수익을 누릴 수 있다는 이론.

승리집합(Win sets) 상대적인 비교 지점. 보통은 현재 상황(status quo)에서 승리할 수 있는 정책들의 집합을 말한다.

시간적/동태적 비일관성(Time inconsistency) 한 당사자가 거절할 수 없을(토지 양도와 같은) 편익을 다른 당사자에게 (평화와 같은)미래 편익과 현재 교환할 경우에 적용되는 것. 대부분의 경우, 현재에 거절할 수 없을 편익을 받을 수 있는 당사자는(이행을 하기라도 한다면) 약속을 이행하기 전에 받은 더 많은 양도를 얻어내기 위해 편익을 최대한 활용할 것이다.

시민자유(Civil liberties) 사회 내에서 개인이 믿음과 의견을 자유롭게 가질 수 있으며 자유롭게 표현할 수 있는 기본권.

식민 지배(Colonial power) 외부 권력이 점령 및 통치를 통해 국민 및 영토를 지배하는 것.

신뢰값(Beliefs) 불확실성이 존재하는 게임에 참여할 때 경기자는 불확실한 정보에 기반한 다른 선택에 확률을 부여한다. 이러한 확률을 신뢰값이라 하며, 경기자의 주어진 상황에 대한 인식을 반영한다. 신뢰값은 베이즈 규칙을 적용해 행동 및 사전 신뢰값의 일관성 정도를 평가한 후 조정될 수 있다.

신뢰할 만한 약속(Credible commitment) 약속을 내건 주체의 사리를 증가시켜주기 때문에 지켜질 것이라고 다른 경기자가 믿는 약속.

신현실주의(Neorealism) 국가는 이성적이며, 무정부 상태의 국제체제에서의 단일 행위자임을 가정하는 이론. 이러한 국가의 최우선적 첫 번째 관심은 생존에 대한 전망이다. 따라서 신현실주의적 국가는 다른 국가의 위협으로부터 가능한 한 안전한 상태를 형성하기 위해 필요한 모든 행동을 취한다.

신현실주의(Neorealism) 국가들은 무정부 구조이며, 자조체제인 세계에서 자국의 안보를 최우선한다고 가정하는 국제관계 이론.

실험 정확도(Empirical accuracy) 이론의 예측이 실제로 얼마나 사실과 일치하는가를 나타낸 것.

아

안보 딜레마(Security dilemma) 국력 확충은 장기간으로 봤을 때는 국가를 더 약하게 만들 수 있다는 주장. 국력 확충으로 인해 타 국가가 위협을 느끼고, 이들끼리 동맹을 맺거나 성장 중인 국가가 잠정적으로 자국의 주권 상실로 이어질 수 있다는 위협이 느껴질 경우 국가들이 연합 또는 동맹을 맺어 성장 중인 국가의 국력에 대항하는 경우가 해당된다.

안정성(Stability) 국제체제에서 주요 국가들이 취하는 주권 유지.

안주하는 반대자(Complacent opponents) 테러행위에 연루되는 것보다 정부에게 착취를 당하는 것을 감내하는 개인 또는 단체.

약가변성(Sticky) 쉽게 변화되지 않음. 제도 및 자본투자를 논할 때 사용된다.

양극체제(Bipolar/Bipolarity) 국제체제 구조의 하나로, 국제정치가 두 강대국에 의해 지배되어 나머지 모든 국가는 두 강대국 중 하나와 연합하는 형태의 체제. 양극체제가 다극체제보다는 더 적은 불확실성을 나타낸다는 것이 일반적으로 인정된다.

억제전략(Deterrence) 상대방이 취하려고 하는 행동을 하지 않도록 설득하기 위한 전략.

역선택(Adverse selection) 부정적인 결과로 연결되는 선택의 과정(예를 들어, 후보의 경제운용 능력을 이유로 대통령으로 선출되는 것). 경제인으로서의 능력 덕분에 당선된 대통령은 예컨대 외교정책 등 당선인이 부족한 분야에서도 선택을 내려야 한다. 시장경제 측면에서 용이한 신용거래는 불균형적으로 '불량한' 고객을 끌어모으는 결과로 연결될 수 있다. 불량한 고객은 신용을 담보로 거래하고 자신의 의무를 다하지 못하는 고객을 말한다.

역의 인과관계(Reverse causality) 추정 효과가 실제로 원인이고, 원인이 실제로 추정 효과로 나타나는 상황. 예를 들어, 크리스마스트리 판매에 집중하는 이유는 크리스마스가 가까워져 오고 있다는 기대 때문이다.

역진귀납법(Backward induction) 광범위한 형태의 게임들을 해결하기 위한 방법. 역진귀납법을 이용해 광범위한 형태의 게임을 해결하고자 하는 개인은 의사결정 종료지점(terminal node)에서 출발하여 게임 초반으로 거슬러 올라가야 한다. 거슬러 올라가는 각 과정에서 모든 경기자의 차후 선택을 예상하고, 선택한다고 가정하고, 그 시점에서 관련된 각 경기자의 최적 선택을 확인한다.

역할 재구성(Role redefinition) 의사결정자 또는 국가의 정체를 국제기구 또는 다양한 상호관계를 통해 부과된 내용에 따라 재창조하는 것.

예산 제약(Budget constraint) 정부(또는 가정)가 소비할 수 있는 자원의 한계.

온실가스(Greenhouse gases) 이산화탄소, 메탄, 아산화질소, 수증기와 같은 지구온난화의 원인이 되는 가스들.

완전하고 완벽한 정보(Complete and perfect information) 완전한 정보는, 게임에서 경기 내역, 즉 이전에 취해진 모든 행동을 알고 있다는 것을 말한다. 완벽한 정보는, 게임의 모든 종료 마디에서 각 경기자가 획득한 보상의 가치를 알고 있다는 것을 의미한다. 완전하고 완벽한 정보의 게임에서는 불확실성이 존재하지 않는다.

외국인 직접투자(Foreign direct investments: FDI) 한 국가에서 다른 국가의 경제에 투자한 자본.

외부효과(Externality) 때때로 거래에는 양방이 합의한 내용에 포함되지 않는 비용 또는 편익이 발생한다. 이와 같은 파급효과는 거래되는 재화(또는 서비스)의 가격에 반영되어 있지 않다. 예를 들어, 전기사용으로 인해 발생하는 오염과 같은 부정적 외부효과는 전기료에 반영되지 않은 비용을 발생시킨다. 풍력발전을 통해 생성되는 전기로 인해 발생하는 오염 감소 편익과 같은 긍정적 외부효과는 전기료에 반영되어 있지 않은 편익이다.

외생변수(Exogenous) 상황논리에 따라 결정되지 않는 행위(예를 들어, 의사결정). 외생변수의 값은 독립적인 사실로 결정된다. [내생변수] 참고.

우월 전략(Dominant strategy) 경기자가 상대방이 취할 것이라고 예상되는 대응에 상관없이 추구하는 전략. [전략] 참고.

웨스트팔리아 조약(Treaty of Westphalia) 1648년 유럽 국가들 간에 체결된 조약. 국가 주권과 관련된 내용을 담고 있으며, 이는 오늘날의 국제관계를 형성하는 데도 유효한 개념이다.

원형 무차별 곡선(Circular indifference curve) 경기자의 최적점에서의 등량곡선에 있는 점들을 모아 2차원적 공간에 표시한 곡선. 원형의 무차별 곡선의 특징은 최적점이 한가운데 위치하여 중심에서 벗어날수록 가치가 낮아진다.

위계체제(Hierarchy) 국제관계에서의 규범 또는 규칙을 수립하는 등의 국제문제에서 영향력을 행사할 수 있는 정도에 따른 국가들의 서열.

위험 수용(Risk acceptant) 결과가 확실한 선택과 위험한 선택이 발현하는 기대가치가 정확히 동일한 경우에도 확실한 결과보다 위험한 선택을 선호하는 것.

위험 회피(Risk averse) 결과가 확실한 선택과 위험한 선택이 발현하는 기대가치가 동일하다면 위험한 선택보다 확실한 결과를 선호하는 것.

위험중립(Risk neutral) 확실한 선택과 위험한 선택의 기대가치가 정확히 일치하여 확실한 선택과 위험한 선택의 효용이 무차별한 것.

유권자(Constituents) 정권을 잡기 위해서는 이들의 지지를 필요로 하는 정부관료로 대표되는 개인들.

유인양립(Incentive compatible) 상호이익이 발생되는 전략을 선택하는 것이 각 경기자에게 이득이 되어 의사결정에 대한 제약이 되는 것. 유인양립은 본인-대리인 문제에서 본인과 대리인 중에서 한 측만 이익을 보는 것보다 둘 모두에게 이익이 되는 방법을 선호하는 것이 제약으로 인해 보장되기 때문에 본인-대리인 문제를 해결하는 데 도움이 된다. 유인양립적으로 선택을 제약하도록 수립된 제도 또는 기타 기구들은 경기자가 보유하고 있는 개인정보 중에서 게임에 필요한 내용을 솔직하게 공개함으로써 사익이 증가할 수 있도록 보장하는 역할을 한다.

유형(Types) 불완전한 정보만이 제공되는 게임에서는 상대의 선호도 또는 예상되는 보상을 알 수 없다. 이러한 불확실성은 경기자의 유형, 즉 여러 경기자들이 가질 수 있는 선호도 또는 보상과 관련이 있다.

융통성(Flexibility) 속임수나 국제협정의 내용 위반을 협정 유지를 통해 발생하는 이익의 한도 내에서 어느 정도 용인해주는 것.

이론(Theories) 현실에 대한 잠정적 해명. 이론은 연역적이며, 현실을 보는 관점을 제한하는 가정들을 바탕으로 형성된다.

인권(Human rights) 관습적으로 지켜져 왔거나 아니면 법의 힘을 통해 실현되는 여러 국제조약을 통해 개인에게 부여되는 시민적, 정치적, 경제적, 사회적 권리.

인적자본(Human capital) 교육과 보건의 향상에 힘입어 생산기술과 능력을 보유한 사람들. 숙련된 고학력의 사람들을 말한다.

일반형태(Normal form) 행렬에 표시된 보상으로 게임의 대안 전략과 관련한 비용과 편익을 표시하고 있으나 게임에서의 이후 선택은 표시하고 있지 않다.

일차원성(Unidimensional) 1차원적으로 그래프에서 직선으로 표시되는 유효한 것.

자

자본 이동성(Capital mobility) 화폐와 기타 다른 형식의 투자가 한 산업 또는 지역에서 다른 산업 또는 지역으로 이동하는 것이 용이한 정도.

자본주의(Capitalism) 시장의 '보이지 않는 손'이 효율적인 성장과 번영을 이뤄낼 수 있다는 경제 이념.

자산 특정성(Asset specificity) 자산의 특화를 통해 특정 분야의 생산력이 유사한 타 분야의 생산력으로 이전해가지 않도록 하는 것.

자원의 저주(Resource curse) [천연자원의 저주] 참고.

자유구속 전략(Tie the hands) 현 지도자의 정책 또는 기타 선택이 후임자에게 주어지는 선택의 폭을 제한하는 것.

자유권(Freedom rights) [조정재] 참고.

자유무역(Free trade) 시장이 재화(또는 서비스) 간에 교환되는 가격을 정하는 국가 간의 경제적 교환.

자유재(Freedom goods) [조정재] 참고.

자유주의(Liberalism) 국제제도를 통해 또는 지배(패권국) 권력이 협정을 집행할 수 있다는 확신을 통해 국가들이 서로 협력할 수 있다고 가정하는 국제관계 이론.

재산권(Property rights) 정부의 수용 또는 압수를 통해 탈환될 수 없는 개인의 재산 소유력을 나타내는 중요한 권리. 재산권이 없고 개인이 노력의 결과물을 향유할 기회가 없다면 사회 후생을 향상시키기 위한 행동은 실행 유인을 상실한다. 그리고 이렇게 되면

타인의 노력에 대한 무임승차 유혹만 증가한다.

재정거래(Arbitrage) 한 지역에서 재화를 저렴한 가격에 구입하여 다른 지역에서 더 높은 가격으로 판매하는 행위. 재정거래는 특정 재화의 공급이 부족한 시장(예: 높은 가격)에 재화를 조달하고, 그 재화의 가격이 낮은 곳(즉, 원래 공급이 많았던 곳)에서는 공급을 줄여, 다른 시장들 간의 가격을 균등화한다.

재정정책(Fiscal policy) 정부 소비에 대한 결정.

저지연합(Blocking coalition) 승리연합이 형성되는 것을 저지할 정도로는 강하지만 단독적으로 승리를 이뤄낼 수는 없는 연합. [승리연합] 참고.

전개형(게임)(Extensive form) 보상과 행동을 수형도로 나타낸 것. 어떤 선택의 수든 어떤 가지에서 나오지만, 단지 하나의 가지만이 선택 지점 또는 선택 마디로 입력될 수 있다. 이 수형도의 끝에는 게임의 종료 지점을 나타내는 종결 마디라 표시된다.

전략(Strategy) 게임에서 일어날 수 있는 모든 사태에서 취할 수 있는 행동에 대한 완전한 계획.

전략적 시각(Strategic perspective) 자신의 후생을 최대화하기 위한 의도에 따라 결정되는 타인의 예측 행동 및 대응을 고려하여 개인은 자신의 행동을 결정한다는 이론.

전쟁효과(War effort) 한 국가가 전쟁에 들이는, 보통 군사경비로 측정되는 자원량.

절대우위(Absolute advantage) 재화와 서비스를 어느 누구보다 낮은 비용으로 생산할 수 있는 능력.

정보 비대칭(또는 불확실성)(Asymmetric information(or uncertainty)) 완전히 이성적인 존재가 그들에게 기대되는 획득 혹은 손실에 따라 다른 결론에 이르게 하는 정보. 일방은 타방이 알지 못하는 정보를 알고 있다. 쌍방은 서로의 여러 가지 의사결정 종료 지점에서의 예상 보상에 대해 불확실하거나, 그들이 위치한 선택 지점에서 이전 경기의 결정 과정 내용을 알지 못한다.

정부형태 평가지수(Polity Index) 정부가 지도자 선발 과정에서(경쟁을 통해 지도층을 선정하는) 경쟁적 참여를 확보하고, 지도층을 통제하고, 광범위한 국민층에게 과정이 공개되어 있는가를 측정하는 지수. 민주화 정도를 평가하는 데 사용되기도 한다.

정치(Politics) 특히 권력과 부의 통제처럼 특별한 이점을 확보하기 위해 개인과 단체들 간에 경쟁하는 영역을 말한다. [국내 정치] 참고.

제3자 개입(Third-party interventions) 주로 내부 경쟁관계로 인한 분쟁에 국가 외부의 군사력이 개입하는 것.

제재(Sanctioning) 하나 이상의 정부가 다른 정부에서 취한 행위를 정정하도록 하기 위해 주로 경제적 제재의 형태로 처벌을 이행하는 것.

조정재(Coordination goods) 집단들이 조직화하고, 의견을 교환하며, 행동을 조정하는 것을 용이하게 하는 공공재. 출판의 자유, 언론자유와 집회의 자유가 해당된다.

존재가능성 주장(Existence claims) 결과가 구체적 조건에 따라 발생할 수 있다는 것(하지만 발생해야 한다는 것은 아니다)을 주장하는 약한 주장.

종료 지점/최종 마디(Terminal node) 게임이 종료되는 지점.

종속변수(Dependent variable) 이론을 통해 설명이 되어지는 요소.

죄수딜레마(Prisoner's dilemma) 모든 경기자에게 손실을 초래하는 것으로 종료되는 우월 전략 균형의 파레토 열위(Pareto inferior) 게임. 이 게임은 약속에 신뢰성이 결여되어 있을 때 나타나는 불신 문제를 시사한다.

주권(Sovereignty) 특정 범위 안의 권위와 권리. 보통 지리적 범위를 지배할 수 있는 권위와 권리를 의미한다.

주인-대리인 문제(Principal-agent problem) 본인, 예를 들어 투표자가 자신을 대신하여 행동할 수 있도록 선택한 대리인. 당선된 정치인보다 취할 수 있는 정보량이 더 적다. 대리인의 이익은 본인(혹은 본인들)의 이익과 다를 수 있다. 본인들은 주어진 상황이나 대리인의 무능력이나, 혹은 대리인의 지위 악용과 같은 이유로 대리인의 행동이 본인이 원하는 바에서 벗어나지 않을까를 파악하는 데 어려움을 겪는다. 도덕적 해이 및 역선택은 본인-대리인 관계에서 잠정적으로 심각한 문제로 연결될 수 있는 두 가지 경우다.

준수(Compliance) 협정의 조건들에 따라 행동하는 것.

중간투표자정리(Median voter theorem) 단봉 형태의

선호도를 나타낼 경우, 모든 선택자는 순전히 자신의 선호도에 의거하여 선택하며, 승리하기 위해서는 다수의 선택이 필요하다고 할 때, 중위 투표자, 즉 선호 분포에서 가운데에 있는 투표자들이 선택한 입장이 다른 모든 입장을 제치고 승리하는 이론.

중력모델(Gravity model) 지리적 인접 정도와 상대적 경제규모에 따라 국가 간의 무역규모 기대 기준치를 형성한다는 무역의 경제모델.

중상주의(Mercantilism) 무역흑자 추구(주로 귀금속을 획득하는 것과 연관)를 중시하는 정치경제 체제. 이러한 체제는 국가가 자국 정부의 이익을 위해 수출과 수입을 독점적으로 통제하고 식민지화를 장려하는 결과로 이어졌다.

중점(Salience) 어떤 문제, 선택 또는 상황에 부과된 중요성 또는 집중의 정도.

지각(Perceptions) 사건 및 행동에 대한 주관적인 해석. 타인이 취한 행동의 의미에 대한 믿음과 정보를 어떻게 해석하는가에 대한 내용이다. [신뢰값] 참고.

지니계수(Gini index) 한 국가에서 소득 분배 불균형을 측정하는 지표.

지대 추구(Rent-seeking) 부패를 통해 다수로부터 자원을 착취해 연합에 소속된 충실한 소수에게 넘기는 행위.

지배연합(Winning coalition) 경쟁연합을 누를 수 있을 만큼 충분한 자원을 통제하고 있는 개인들의 모임.

집단행동문제(Collective action problem) 실행되면 모두가 향유할 수 있는 이익을 생산하기 위해 다수가 협력하는 것이 어려운 문제. 이러한 문제([무임승차], [속임수] 참고)는 모두에게 이득을 가져올 수 있는 공공재의 과소공급 결과를 낳을 수 있다.

차

참정권(Political rights) 정치적 사상과 이념을 표현하고 이행하는 것과 관련된 특별한 권리. 참정권은 국제인권조약에 명시된 것과 같이, 예를 들어 평화로운 집회의 자유권, 선거권, 정당 형성의 자유권, 피선거권을 포함한다.

천연자원의 저주(Natural resource curse) 수익을 창출하는 상품으로 전환할 때 상대적으로 노동력이 적게 드는 천연자원(예를 들어, 원유, 금, 다이아몬드 등을 통한 큰 수익 창출)을 보유한 국가는 소수의 부유층과 다수의 빈곤층을 형성하는 결과를 낳는다.

청중비용(Audience costs) 지도자가 약속한 내용을 이행하는 데 실패했을 때 지지자들(청중들)이 지도자에게 부과하는 비용.

최선의 대응(Best reply) 게임의 각 선택점에서 다른 경기자의 이전 행동을 고려하여 경기자의 최선 대응이 최대의 보상을 발생하는 것. 최선의 대응은 통찰력과 역진귀납법을 통해 선택되며 다른 경기자가 효용을 최대화하기 위해 취했고 취할 것으로 기대되는 행동이 주어졌을 때 선택 지점에서 최선의 결과를 달성할 수 있도록 한다.

최적점(Ideal point) 특정 문제 또는 문제들을 해결할 때 단일 의사결정자가 가장 선호하는 해결책. 최적점은 의사결정자가 최대의 효용성을 창출할 수 있는 정책 입장을 나타낸다.

충분조건(Sufficient condition) 만약 A이면 B이다. 만약 A가 성립하면 B는 성립한다.

충성도 법칙(Loyalty norm) 선출인단 이론에서, 연합에 속해 있는 일원들은 재임자를 지속적으로 지지하는 것의 기대 순이익이 경쟁자에게로 전향하는 것의 기대 순이익과 동일하거나 더 클 때 재임자를 배신하고 경쟁자에게 전향하기보다 재임자에게 충성하는 법칙.

카

클럽재(Club goods) 배제성이 있으며, 경합성이 없는 재화(상품, 서비스, 정책 결과). [배재성], [비배재성], [경합 재화], [비경합 재화] 참고.

타

테러리즘(Terrorism) 정부정책을 집행하거나 변경할 수 있는 권한이 없는 사람들이 폭력의 대상이 될 때 정부정책을 바꾸기 위한 목적으로 수행하는 모든 폭력 행위.

통화 고정(Currency peg) 한 통화를 다른 통화가치의 변동에 고정하는 것.

통화정책(Monetary policy) 화폐의 공급과 성장률을 결정하는 정책. 중앙은행 또는 통화위원회에서 결정한다. 하지만 때로 정치인이 자신의 정치적 이익을 위해 화폐의 공급을 조작하는 경우도 있다.

통화태환성(Currency convertibility) 어떠한 제약 없이 한 국가의 통화를 다른 국가의 통화로 교환이 가능한 상황.

투영(Reflection) 타인의 시각으로 자신을 보는 것을 배우는 행위.

특화(Specialization) 특정 생산재화를 가능한 한 가장 효율적으로 사용할 수 있도록 생산 활동의 범위를 제한하는 경제원리.

팃포탯 전략(Tit for tat) 게임 내에서 상대가 이전에 사용한 결정을 그대로 적용하는 전략.

파

파레토 개선(Pareto improvement) 상호간에 이득이 발생하는 결과 형식.

파레토 열위(Pareto inferior) 적어도 한 경기자 이상의 경기자들이 손해를 보는 결과 형식. 죄수의 딜레마가 파레토 열위 결과가 나타나는 게임의 가장 전형적인 예이다.

파레토 효율(Pareto efficient) 어떠한 다른 선택으로도 파레토 상태보다 우월한 상태가 없는 선택. 즉 이 선택 외에 어떠한 다른 선택을 취하든 적어도 1명 이상에게 손해를 발생시키게 되는 상태를 말한다.

파시즘(Fascism) 정부가 경제 및 정치 활동의 모든 면을 통제하는 전체주의 정부체제.

패권국(Hegemonic/Hegemon) 어떤 국가들 또는 어떤 그럴싸한 국가들 간의 연합보다도 더 큰 권력을 가진 국가.

팽창주의(Expansionism) 매입 또는 정복을 통해 국가가 영토를 획득하는 것.

편익(Benefits) 무형과 유형의 가치가 있는 것들로 행위자가 취한 행동의 결과로 얻게 되는 것.

평판(Reputation) 과거 유사한 상황에서의 반복적 대응 양식을 바탕으로 주어진 상황에서 특정 국가가 어떠한 대응을 할 것인가에 대한 믿음.

평화비둘기 가정(Pacific dove hypothesis) 약소국이 상대국의 굴복을 받아내기 위해 강요보다는 협상을 선호하고(비둘기와 같고), 이 약소국은 공격 받았을 때 보복보다는 항복을 선호한다면(평화롭다면) 그 국가는 먼저 무력을 사용할 가능성이 높다.

필수 행위자(Essential actors) 패배연합(losing coalition)을 저지연합(blocking coalition)으로 변경시킬 수 있을 만큼 충분한 권력을 지닌 행위자.

필요조건(Necessary condition) A가 성립하지 않으면 B는 성립하지 않는 이론.

필요충분조건(Necessary and sufficient condition) A가 성립하지 않으면 B는 성립하지 않고, A가 성립하면 B는 성립하는 이론.

하

한계비용(Marginal cost) 재화(또는 서비스)의 총비용에 미치는 효과에서, 재화 1단위의 생산이 늘어남으로써 발생하는 효과. 한계비용은 재화 1단위를 추가적으로 생산하기 위해 소모되는 추가적인 자원을 반영한다.

합리성(Rationality) 합리적 인간은 자신에게 가장 이득이 된다고 생각하는 행동을 한다. 제약을 고려한 합리적 인간의 선호는 이행적이고 그에 따라 행동한다.

합법화(Legitimation) 규범 또는 제도가 공동체 내에서 권위를 확보하는 과정.

핵셔-오린 정리(Hecksher-Ohlin theorem) 한 국가경제에서 상대적인 생산요소 풍족도에 따라 그 국가의 수출 및 수입이 결정된다는 이론. 예를 들어 자본이 상대적으로 풍족한 국가는 자본집약적 상품을 수출하며, 생산요소 중 부족한 요소인 노동집약적 상품을 수입하는 경향을 갖는다.

현시선호(Revealed preferences) 사전 선호도는 사후 행동을 통해 발현된다는 가정. 이는 정치에 대한 선호도를 추론하는 데 있어서는 매우 위험한 근거일 수 있다.

협력(Coordination) 공동 또는 상호 보완적인 전략적 선택으로 연결되기 위한 둘 이상의 의사 결정자의 집단행동.

협조적 게임이론(Cooperative game theory) 경기자들 간의 약속이 구속력이 있다(약속이 지켜질 것이다)고 가정하는 게임이론. 협조적 게임이론은 특히 어떤 경기자도 약속을 어겨야 할 이유가 없거나, 계약의 집행이 보장되는 경우에서 발생하는 문제에 당면했을 때 유용하게 사용된다.

혼합전략(Mixed strategy) 예를 들어, 다른 경기자에게 우위를 점유할 수 있도록 하는 분배 문제를 제거 또는 최소화 하는 것과 같이 게임에서 다른 경기자의 행위 선택이 무차별하도록 하기 위한, 확률에 바탕을 둔 행위 선택.

확률(Probability) 특정 행위 또는 사건이 발생할 수 있는 가능성과 정도. 모든 가능한 사건 또는 상황이 구체적으로 정해져 있다면 사건 또는 상황이 일어날 확률의 총합은 1과 동일하다.

환율(Exchange rates) 한 통화로 다른 통화를 구입할 때 사용되는 가격.

효용(Utility) 특정 선택이 다른 선택에 비해 위험 정도에 따라 더 선호되는 정도를 기수적으로 측정한 것.

인명 사전

가

나

다

라

마

바

사

아

자

카

타

파

하

찾아보기

나

다

라

마

바

사

아

자

차

카

타

파

하

숫자

영문

A

B

C

D

E

F

G

H

I

J

K

L

M

N

O

P

R

S

T

U

V

W

Y

역자 소개

김우상(연세대 정치외교학과 교수)

이 책의 원저자인 브루스 부에노 데 메스키타 교수의 지도하에 1988년 미국 로체스터대학에서 국제정치학 박사학위를 취득했다. 스탠포드대학 후버연구소 연구원, 텍사스A&M대학 교수, 숙명여대 교수를 역임했고, 최근에는 주 호주 대한민국 특명전권대사, 한국국제교류재단 이사장을 지냈다. 대표적 저서로 『신한국책략 I, II, III』, 공동역서로 『국제관계론 강의 I, II』가 있으며, World Politics, American Journal of Political Science, Journal of Conflict Resolution, International Studies Quarterly, 한국정치학회보, 국제정치논총 등 국내외 저명 학술지에 다수의 논문을 발표했다.

김재한(한림대 정치행정학과 교수)

서울대 외교학과와 로체스터대학에서 정치학을 공부했다. 원저자인 브루스 부에노 데 메스키타의 지도로 박사논문을 작성했고 또 그와 몇 차례 논문을 공저했다. 국내외 발표한 논문과 저서는 100편이 넘는다. 그중 Journal of Conflict Resolution에 게재한 논문은 국내기관 소속으로 발표된 정치학 SSCI 논문 가운데 가장 많은 피인용으로 일송논문상을 수상했으며 10종의 저서가 대한민국학술원, 문화체육관광부 등의 우수학술도서로 선정되었다. 후버연구소 National Fellow, 교육부 국가석학으로 선정되었다. 세계 3대 인명사전에 등재되어 있다.

황태희(연세대 정치외교학과 부교수)

2001년 뉴욕대학에서 석사, 2007년 미국 로체스터대학에서 국제정치학 박사학위를 취득했다. 이후 텍사스A&M대학 교수(2007~2012), 고려대 교수(2012~2015)를 역임했고 2015년부터 연세대에서 재직 중이다. American Journal of Political Science, International Interactions, International Organization, International Studies Quarterly, Political Analysis, Journal of Peace Research, Journal of Theoretical Politics, Korea Observer, 동서연구, 평화연구 등 저명 학술지에 다수의 논문을 발표했다.

공동 번역자

황지환(서울시립대학교 국제관계학과 교수)

박상현(한국국방연구원 연구위원)

임지혜(조지메이슨대학교 박사 과정)